Marzia Fontana Laura Forte
Maria Teresa Talice

Una vita da lettori

Narrativa

PER IL COMPUTER E PER IL TABLET

L'eBook multimediale

1 REGÌSTRATI

Vai su **my.zanichelli.it** e regìstrati come studente

2 ATTIVA IL TUO LIBRO

Una volta entrato in **myZanichelli**, inserisci la **chiave di attivazione** che trovi sul bollino argentato in questa pagina

3 CLICCA SULLA COPERTINA

Puoi:

- **scaricare l'eBook offline** sul tuo computer o sul tuo tablet
- **sfogliare un'anteprima** dell'eBook online

ZANICHELLI

Realizzazione editoriale:
- Coordinamento editoriale: Marina Di Simone
- Coordinamento redazionale e redazione: Laura Steiger
- Correzione bozze: Giuseppe Russo
- Segreteria di redazione: Deborah Lorenzini, Rossella Frezzato
- Progetto grafico: Anna Huwyler
- Impaginazione: Fregi e Majuscole srl, Torino
- Ricerca iconografica: Orsola Mattioli
- Ufficio iconografico: Claudia Patella, Chiara Presepi

Gli autori e l'editore ringraziano i docenti: Ruben Francischiello, Bruna Mozzi e Sergio Pasquarella per le riletture critiche e i suggerimenti didattici.

Realizzazione delle risorse digitali:
- Coordinamento redazionale: Gianluca Canè
- Redazione: Jacopo Bassi
- Sceneggiature video: Annabianca Vincenzi
- Analisi visuali: Annabianca Vincenzi (stesura e redazione),
  Chialab srl, Bologna / App&ars srl, Bologna (progettazione esecutiva e sviluppo software)
- Realizzazione video: IMMAGINA srl, Bologna
- Speakeraggio dei brani recitati: IMMAGINA srl, Bologna
- Riscontro audio: Laura La Bella
- Esercizi interattivi ZTE: Simona Sgrizzi

Guarda!:
- Coordinamento editoriale: Enrico Poli
- Progettazione esecutiva e sviluppo software dell'applicazione *Guarda!*: Yoomee Technologies, Bologna | Ravenna

Copertina:
- Progetto grafico: Miguel Sal & C., Bologna
- Realizzazione: Roberto Marchetti e Francesca Ponti
- Immagine di copertina: Andrea Musso

Prima edizione: gennaio 2018

Ristampa: **prima tiratura**

5 4 3 2 1 2018 2019 2020 2021 2022

Zanichelli garantisce che le risorse digitali di questo volume sotto il suo controllo saranno accessibili, a partire dall'acquisto dell'esemplare nuovo, per tutta la durata della normale utilizzazione didattica dell'opera. Passato questo periodo, alcune o tutte le risorse potrebbero non essere più accessibili o disponibili: per maggiori informazioni, leggi my.zanichelli.it/fuoricatalogo

File per sintesi vocale
L'editore mette a disposizione degli studenti non vedenti, ipovedenti, disabili motori o con disturbi specifici di apprendimento i file pdf in cui sono memorizzate le pagine di questo libro. Il formato del file permette l'ingrandimento dei caratteri del testo e la lettura mediante software screen reader. Le informazioni su come ottenere i file sono sul sito http://www.zanichelli.it/scuola/bisogni-educativi-speciali

Grazie a chi ci segnala gli errori
Segnalate gli errori e le proposte di correzione su **www.zanichelli.it/correzioni**.
Controlleremo e inseriremo le eventuali correzioni nelle ristampe del libro.
Nello stesso sito troverete anche l'errata corrige, con l'elenco degli errori e delle correzioni.

Zanichelli editore S.p.A. opera con sistema qualità
certificato CertiCarGraf n. 477
secondo la norma UNI EN ISO 9001:2008

Questo libro è stampato su carta che rispetta le foreste.
www.zanichelli.it/chi-siamo/sostenibilita

Stampa: Grafica Ragno
Via Lombardia 25, 40064 Tolara di Sotto, Ozzano Emilia (Bologna)
per conto di Zanichelli editore S.p.A.
Via Irnerio 34, 40126 Bologna

SOMMARIO

Tutti i brani antologici letti da attori

IL TESTO NARRATIVO

capitolo 4 LA NARRAZIONE FANTASTICA 286

COM'È FATTO QUESTO LIBRO

IL TESTO NARRATIVO

LA NARRAZIONE BREVE

1. La narrazione realistica
2. La narrazione sentimentale
3. La narrazione umoristica
4. La narrazione fantastica
5. La narrazione simbolica

IL ROMANZO

1. Breve storia del romanzo
2. Storie di formazione
3. Raccontare la storia e l'attualità
4. Il giallo
5. Avventura, *fantasy* e fantascienza

I TESTI NON LETTERARI

I TEMI DEL NOSTRO TEMPO

1. Generazione social
2. Qui pianeta terra
3. Diverso da chi?
4. Un mondo di parole

Narrazione breve e romanzo

La narrativa è divisa in due sezioni: Narrazione breve // Romanzo. Si arriva alla forma di narrazione lunga per gradi.

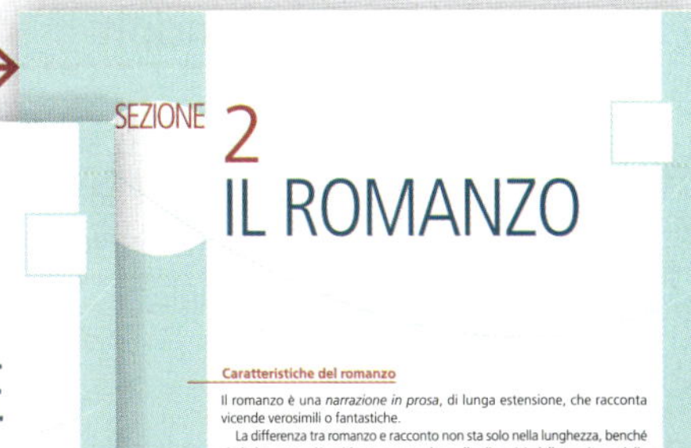

La narratologia in 60 racconti integrali

Gli elementi di narratologia vengono spiegati in una sezione dedicata a inizio volume, introdotta da un breve racconto…

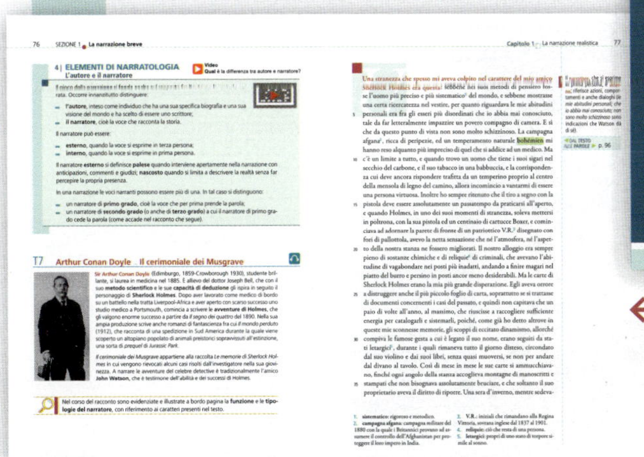

… e poi ripresi nelle schede che accompagnano i racconti e nelle analisi in colonnino. I racconti, tutti integrali, diventano il campo di applicazione della narratologia.

Racconti a confronto

Nella sezione della narrazione breve vengono sempre proposti due racconti dello stesso genere messi a confronto: per imparare sul testo le caratteristiche dei generi letterari.

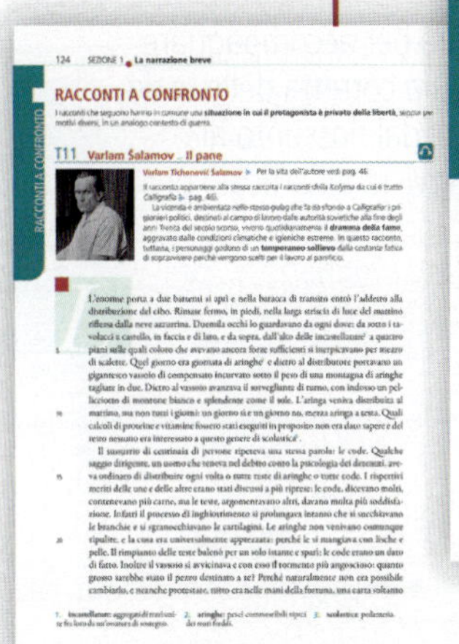

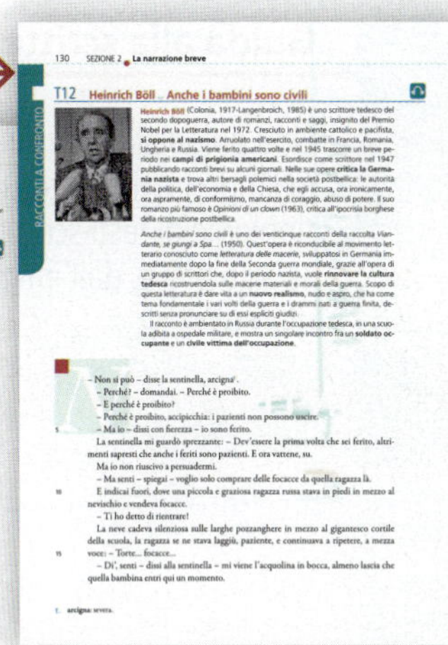

Il romanzo: gli incipit

Dopo il lavoro sul racconto, si affronta il romanzo. Ogni inizio è una promessa, da qui la presentazione dei romanzi, classici e contemporanei, attraverso i loro inizi.

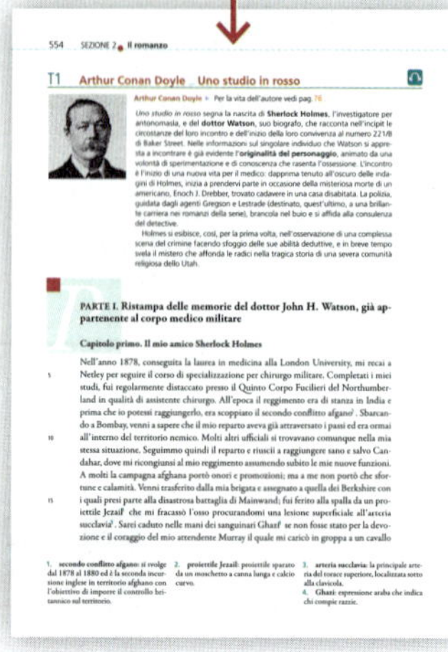
554 SEZIONE 2 Il romanzo

T1 Arthur Conan Doyle Uno studio in rosso

PARTE I. Ristampa delle memorie del dottor John H. Watson, già appartenente al corpo medico militare

Capitolo primo. Il mio amico Sherlock Holmes

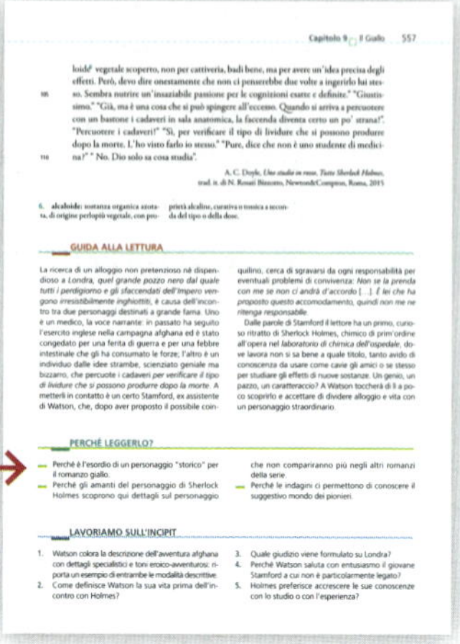
Capitolo 9 Il Giallo 557

GUIDA ALLA LETTURA

PERCHÉ LEGGERLO?

LAVORIAMO SULL'INCIPIT

I testi non letterari

Una sezione dedicata ai testi non letterari, che vengono affrontati attraverso la chiave di lettura dei temi del nostro tempo.

I TESTI NON LETTERARI

Che cosa sono i testi d'uso

Tipologie di testi

Letterari | Espositivi | Regolativi | Argomentativi

Il testo espositivo

Guida alla scrittura

Una guida alla scrittura per accompagnare lo studente nella stesura corretta delle varie tipologie di testi scritti; dal riassunto al saggio breve, dall'intervista all'articolo di giornale.

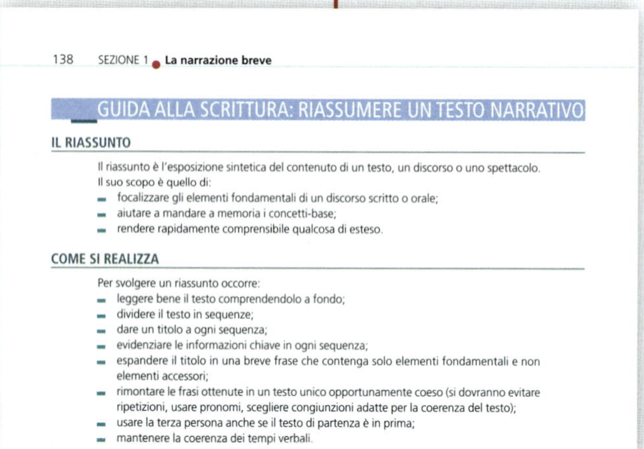
138 SEZIONE 1 La narrazione breve

GUIDA ALLA SCRITTURA: RIASSUMERE UN TESTO NARRATIVO

IL RIASSUNTO

Il riassunto è l'esposizione sintetica del contenuto di un testo, un discorso o uno spettacolo.
Il suo scopo è quello di:
- focalizzare gli elementi fondamentali di un discorso scritto o orale;
- aiutare a mandare a memoria i concetti-base;
- rendere rapidamente comprensibile qualcosa di esteso.

COME SI REALIZZA

Per svolgere un riassunto occorre:
- leggere bene il testo comprendendolo a fondo;
- dividere il testo in sequenze;
- dare un titolo a ogni sequenza;
- evidenziare le informazioni chiave in ogni sequenza;
- espandere il titolo in una breve frase che contenga solo elementi fondamentali e non elementi accessori;
- rimontare le frasi ottenute in un testo unico opportunamente coeso (si dovranno evitare ripetizioni, usare pronomi, scegliere congiunzioni adatte per la coerenza del testo);
- usare la terza persona anche se il testo di partenza è in prima;
- mantenere la coerenza dei tempi verbali.

Le competenze

Nella sezione dei racconti e dei romanzi, dopo la guida alla lettura si lavora sulle competenze di comprensione e analisi ma anche su quelle di cittadinanza: con attività sul testo e compiti di realtà.

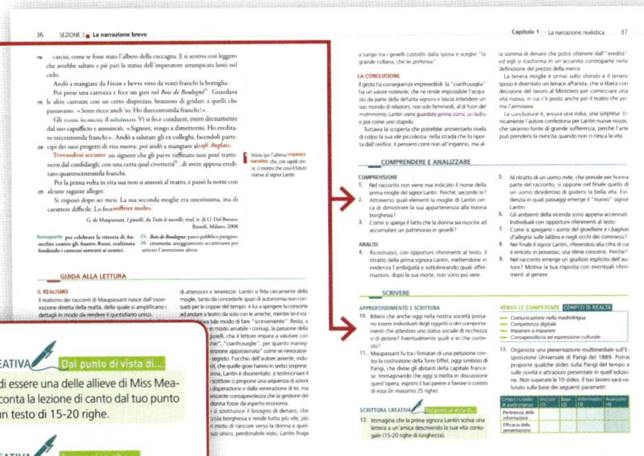

Scrittura creativa

Gli esercizi di scrittura creativa stimolano la fantasia e aiutano a smontare e rimontare i testi cambiando prospettiva, punto di vista, forma del racconto.

SCRITTURA CREATIVA **Dal punto di vista di...**

1. Immagina di essere una delle allieve di Miss Meadows e racconta la lezione di canto dal tuo punto di vista in un testo di 15-20 righe.

SCRITTURA CREATIVA **Immagina che...**

2. Scrivi un testo lungo al massimo 15 righe che racconti la storia di Miss Meadows prima del giorno della lezione di canto narrata nel racconto che hai appena letto.

Verso la prova invalsi

Una doppia pagina di esercitazione per tenersi in allenamento e prepararsi alla prova invalsi.

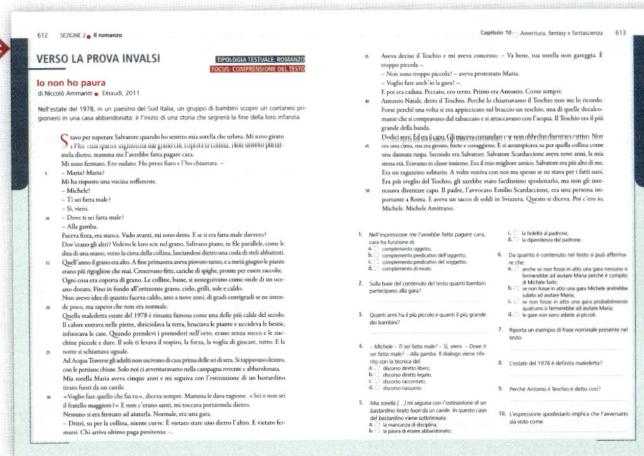

In digitale

La lettura drammatizzata di tutti i brani, 10 analisi visuali e 10 video di narratologia.

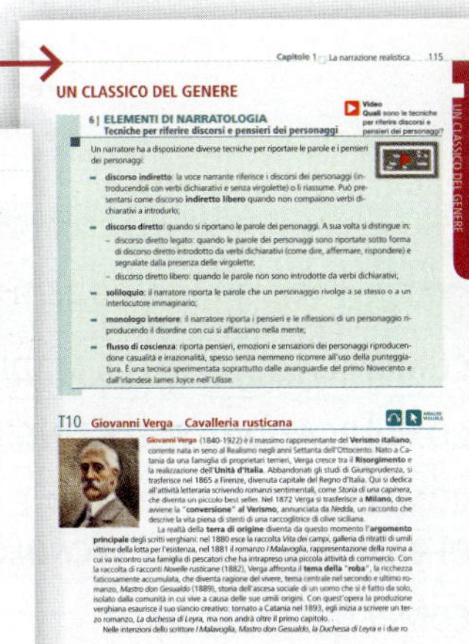

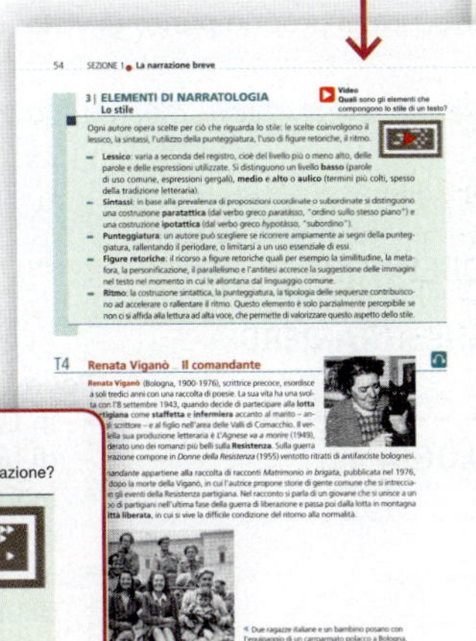

2 | ELEMENTI DI NARRATOLOGIA
Le fasi della narrazione

Video
Quali sono le fasi della narrazione?

- **Esposizione**: le condizioni preesistenti rispetto all'inizio della vicenda.
- **Esordio**: l'avvio della vicenda.
- **Peripezie**: gli eventi che sviluppano e complicano la vicenda.
- ***Spannung***: il momento di maggior tensione.
- **Scioglimento**: cessazione della tensione narrativa.
- **Conclusione**: fine della vicenda.

T10 Giovanni Verga _ Cavalleria rusticana ANALISI VISUALE

IL MENU DELLE COMPETENZE

Asse dei linguaggi	Indicazioni nazionali	QdR INVALSI	Nel libro
Padroneggiare gli **strumenti espressivi** e **argomentativi** indispensabili per gestire l'interazione comunicativa verbale in vari contesti.	**Comprendere e produrre testi orali, coglierne** le **relazioni logiche,** riconoscere e utilizzare differenti registri comunicativi.		**COMPITI DI REALTÀ** (per esempio es. 9, pag. 59)
	Interagire verbalmente in vari contesti comunicativi, scambiare informazioni, **esprimere** in modo logico e coerente il proprio **punto di vista** e cogliere quello dell'altro.		**COMPITI DI REALTÀ** (per esempio es. 11, pag. 422)
Leggere, comprendere e **interpretare testi scritti** di vario tipo.	**Cogliere i significati** e gli **scopi** di un **testo scritto**, anche in riferimento alla specificità del testo letterario.	Competenza **pragmatico-testuale,** competenza **lessicale,** competenza **grammaticale.**	**COMPRENDERE E ANALIZZARE** (per esempio a pag. 371) **VERSO LA PROVA INVALSI** (per esempio es. a pag. 134)
	Padroneggiare le **strutture linguistiche** e le varie strategie comunicative.		**VERSO LE COMPETENZE: SCRIVERE E RIASSUMERE** (per esempio a pag. 610)
Produrre testi di vario tipo in relazione ai **differenti scopi comunicativi**.	**Produrre testi scritti** ricercando, acquisendo e selezionando informazioni da varie fonti.		**SCRIVERE** (per esempio es. 9 e 10, pag. 149) **GUIDA ALLA SCRITTURA** (per esempio a pag. 446) **VERSO LE COMPETENZE: SCRIVERE E RIASSUMERE** (per esempio a pag. 523)
	Rielaborare coerentemente le **informazioni in forma scritta, redigere sintesi** e relazioni, **esprimere** per iscritto il proprio **punto di vista.**		**SCRITTURA CREATIVA** (per esempio es. 11 e 12, pag. 246)

Competenze chiave di cittadinanza	Nel libro (Compiti di realtà – Verso le competenze: scrivere e riassumere)
COMUNICAZIONE NELLA MADRELINGUA	Per esempio: • in *Compiti di realtà*, es. 9, pag. 59, sulla realizzazione di una presentazione multimediale; • in *Compiti di realtà*, es. 14, pag. 171, sulla realizzazione di un servizio giornalistico; • in *Compiti di realtà*, es. 10, pag. 515, sulla realizzazione di un sondaggio sul tempo libero; • in *Verso le competenze: scrivere e riassumere*, es. 8, pag. 558, sulla realizzazione di una recensione.
COMUNICAZIONE NELLE LINGUE STRANIERE	
COMPETENZA MATEMATICA E COMPETENZE DI BASE IN SCIENZA E TECNOLOGIA	
COMPETENZA DIGITALE	
IMPARARE A IMPARARE	
COMPETENZE SOCIALI E CIVICHE	
SPIRITO DI INIZIATIVA E IMPRENDITORIALITÀ	
CONSAPEVOLEZZA ED ESPRESSIONE CULTURALE	

PER ESERCITARSI SULLE COMPETENZE

COMPRENDERE E ANALIZZARE

Leggere, comprendere e interpretare **testi scritti** di vario tipo.

COMPRENDERE E ANALIZZARE

COMPRENSIONE

1. Nel racconto non viene mai indicato il nome della prima moglie del signor Lantin. Perché, secondo te?
2. Attraverso quali elementi la moglie di Lantin cerca di dimostrare la sua appartenenza alla buona borghesia?
3. Come si spiega il fatto che la donna sia riuscita ad accumulare un patrimonio in gioielli?

SCRIVERE

Produrre testi scritti di vario tipo in relazione ai **differenti scopi comunicativi**.

SCRITTURA CREATIVA

Rielaborare o scrivere da diversi **punti di vista**, in **forme** diverse, usando la fantasia per **immaginare** situazioni o **conclusioni** diverse.

SCRITTURA CREATIVA — Dal punto di vista di...

1. Calati nei panni di un cronista specializzato in cronaca nera e scrivi un articolo di 15/20 righe per descrivere l'incidente occorso all'industriale. Potrai inventare i particolari che sono omessi nella storia (cognome della vittima, età...). Ricorda di soddisfare le domande che ti sono già state proposte a p. 64.

GUIDA ALLA SCRITTURA

Produrre testi scritti **ricercando, acquisendo e selezionando informazioni** da varie fonti.

GUIDA ALLA SCRITTURA: RIASSUMERE UN TESTO NARRATIVO

IL RIASSUNTO

Il riassunto è l'esposizione sintetica del contenuto di un testo, un discorso o uno spettacolo.
Il suo scopo è quello di:
- focalizzare gli elementi fondamentali di un discorso scritto o orale;
- aiutare a mandare a memoria i concetti-base;
- rendere rapidamente comprensibile qualcosa di esteso.

COME SI REALIZZA

Per svolgere un riassunto occorre:
- leggere bene il testo comprendendolo a fondo;
- dividere il testo in sequenze;
- dare un titolo a ogni sequenza;
- evidenziare le informazioni chiave in ogni sequenza;
- espandere il titolo in una breve frase che contenga solo elementi fondamentali e non elementi accessori;

COMPITI DI REALTÀ

Esercitare le **competenze di cittadinanza**, per esempio:
- competenza digitale
- imparare a imparare
- competenze sociali e civiche
- spirito di iniziativa e imprenditorialità
- consapevolezza ed espressione culturale

VERSO LE COMPETENZE — COMPITI DI REALTÀ

- *Comunicazione nella madrelingua*
- *Competenza digitale*
- *Imparare a imparare*
- *Consapevolezza ed espressione culturale*

13. Organizza una presentazione multimediale sull'Esposizione Universale di Parigi del 1889. Potrai proporre qualche slides sulla Parigi del tempo e sulle novità e attrazioni presentate in quell'edizione. Non superare le 10 slides. Il tuo lavoro sarà valutato sulla base dei seguenti parametri:

Criteri / Livello di padronanza	Iniziale (1)	Base (2)	Intermedio (3)	Avanzato (4)
Pertinenza delle informazioni				
Efficacia della presentazione				
Esposizione				

SCRIVERE E RIASSUMERE

Padroneggiare le **strutture linguistiche** e le varie **strategie comunicative**.

VERSO LA PROVA INVALSI

Esercitare le **competenze di lettura**:
- competenza **pragmatico-testuale**
- competenza **lessicale**
- competenza **grammaticale** (dal "Quadro di Riferimento della prova di Italiano" – INVALSI).

VERSO LA PROVA INVALSI — TIPOLOGIA TESTUALE: ARTICOLO DI GIORNALE — FOCUS: COMPRENSIONE TESTUALE SINTASSI E LESSICO

La donna e l'uomo del domani? Non saranno «super»

di Elena Meli ■ «Corriere della sera», 13 maggio 2013

È probabile che la statura non aumenterà molto e che muscoli e dentatura serviranno meno di oggi.

MILANO – Saremo più alti, con un cervello più potente, ma senza denti perché ci ciberemo solo di pillole e pappine? Oppure saremo grassi, con i muscoli atrofizzati e un cervello minuscolo? Difficile prevedere come saranno l'uomo e la donna fra migliaia di anni: la fantascienza ci si è applicata con zelo, proponendo versioni più o meno fantasiose, e pure la scienza ha provato ad azzardare qualche ipotesi. Lo ha fatto di recente anche la rivista *New Scientist*, commentando alcuni studi sull'evoluzione a poco più di 150 anni dalla pubblicazione de "L'origine della specie" di Charles Darwin.

IL TESTO NARRATIVO

Un racconto per cominciare

Rainer Maria Rilke _ Penna e spada

Per iniziare il nostro percorso di letture ti proponiamo un racconto dello scrittore boemo **Rainer Maria Rilke** (1875-1926) nel quale una penna e una spada si fronteggiano per misurare i loro rispettivi poteri.

Una spada se ne stava nell'angolo di una stanza. La superficie lucente della lama d'acciaio, toccata dal raggio di sole, brillava d'un bagliore rossastro. Con fierezza la spada si guardò intorno; vide che tutto si pasceva[1] del suo splendore. Tutto? Eppure no! Là sul tavolo, appoggiata inoperosa a un calamaio[2], c'era una penna, a cui non passava neanche per la mente di inchinarsi davanti alla maestà scintillante di quell'arma. La spada si indispettì e incominciò dunque a parlare:

«Ma chi sei tu, spregevole cosa, per non inchinarti come gli altri, piena d'ammirazione, dinnanzi al mio fulgore? Guardati attorno! Tutti gli oggetti, deferenti[3], rimangono avvolti nella profonda oscurità. Soltanto me, me, il chiaro sole ristoratore ha scelto come sua favorita; mi rianima con le fiamme del suo bacio voluttuoso[4], e io lo ripago irradiando mille volte la sua luce. Si addice solo ai principi potenti incedere[5] in vesti fastose. Il sole conosce il mio potere; per questo mi posa sulle spalle la porpora regale dei suoi raggi.»

Sorridendo replicò la giudiziosa penna:

«Ma guarda come sei vanitosa e superba, e come ti pavoneggi d'uno splendore riflesso! Non siamo forse entrambe – ragiona – parenti assai stretti? Ci ha partorito entrambe la terra premurosa, forse entrambe, nello stato primigenio, ci siamo trovate l'una accanto all'altra nella stessa montagna... per millenni; fino a quando lo zelo operoso dell'uomo scoprì la vena dell'utile metallo. Ci portarono via entrambe; entrambe, figlie ancora informi della natura grezza, eravamo destinate a venire trasformate in utili membra dell'attività umana sopra il calore della fucina[6] fumante, sotto i colpi vigorosi del maglio[7]. E così accadde. Tu divenisti spada; a te fu data una punta grossa e robusta; a me, penna, ne fu fornita una sottile e delicata; per agire e fare veramente qualcosa dobbiamo prima bagnare le nostre punte. Tu... nel sangue, a me... basta l'inchiostro.»

«Questo discorso, tenuto in stile dotto» riprese ora la spada «mi fa davvero ridere. È proprio come se il topo, piccola, infima bestiola, volesse dimostrare una stretta parentela con l'elefante. Parlerebbe allora come te! Perché anche lui, al pari dell'elefante, ha quattro zampe e perfino un grugno di cui vantarsi. Si potrebbe dunque pensare che siano almeno cugini! Cara penna, con calcolo assai astuto tu hai ora nominato solo ciò in cui ti assomiglio. Voglio però dirti che cosa ci distingue. Io, fiera spada scintillante, sono cinta al fianco da un audace, nobile cavaliere; mentre tu... un vecchio scribacchino

1. **si pasceva**: si nutriva. Qui non si allude all'atto di cibarsi, ma alla convinzione di essere al centro dell'attenzione.
2. **calamaio**: piccolo recipiente per l'inchiostro.
3. **deferenti**: che mostrano un particolare rispetto.
4. **voluttuoso**: che procura piacere.
5. **incedere**: avanzare con un portamento solenne.
6. **fucina**: forno aperto che serve per arroventare il ferro che poi viene battuto sull'incudine.
7. **maglio**: martello di grandi dimensioni.

ti mette dietro il suo orecchio d'asino. Il mio signore mi brandisce con mano energica e mi porta tra le fila dei nemici; sono io a condurvelo. È invece il tuo maestro, ottima penna, a condurre te con mano tremante su una pergamena ingiallita. Io infurio terribile tra i nemici, balzo coraggiosa e temeraria ora qui ora là. Tu continui a scarabocchiare in perenne monotonia sulla tua pergamena e non osi allontanarti neanche un po' dalla via segnata con prudenza dalla mano che ti guida. E infine... infine, quando la mia forza si esaurisce e divento vecchia e debole, allora sono onorata, come conviene agli eroi, messa in mostra nella sala degli antenati e ammirata. Ma a te cosa accade? Se il tuo signore non è soddisfatto di te, se ti fai vecchia e incominci a trascinarti sulla carta con tratto grossolano, ti afferra, ti strappa l'asta che ti era di sostegno, e ti getta via, quando non ti fa grazia di venderti a un rigattiere[8] insieme a qualche tua sorella per pochi centesimi.»

«Per un certo verso» proseguì molto seria la penna «potresti non aver poi tanto torto. È vero che spesso non mi si tiene in gran conto, e che una volta divenuta inservibile vengo trattata assai male. Ma proprio per questo il potere di cui dispongo finché posso lavorare non è affatto poco. Non resta che fare una scommessa!»

«Vorresti proporre a me una scommessa?» rise insolente la spada.

«Purché ti arrischi ad accettarla.»

«Eccome se l'accetto!»

«Cosa scommettiamo?»

La penna si tirò su, assunse un contegno rigido e grave e cominciò:

«Scommettiamo che se voglio sono capace di impedirti di andare al tuo lavoro, in battaglia?»

«Oh, oh, suona proprio audace!»

«Siamo d'accordo?»

«Accetto.»

«Bene» disse la penna. «Stiamo a vedere.»

Erano passati pochi minuti dalla conclusione della scommessa, quando fece ingresso un giovane in una preziosa cotta[9] d'arme e, afferrata la spada, la allacciò al fianco. Quindi contemplò compiaciuto la lama folgorante. Fuori risuonavano squilli di tromba, rulli di tamburo... si andava in battaglia. Il giovane stava per abbandonare la stanza quando entrò un uomo che, a giudicare dai ricchi fregi[10], doveva occupare un'alta posizione. Il giovane gli fece un inchino profondo. Il dignitario[11] si era frattanto avvicinato al tavolo, aveva preso la penna e scritto in fretta qualcosa. «Il trattato di pace è già firmato» disse sorridendo. E il giovane ripose la spada nell'angolo ed entrambi lasciarono la stanza.

Ma sul tavolo era posata la penna. Il raggio di sole giocava con lei e il metallo inumidito riluceva splendente.

«Non ti appresti alla battaglia, mia cara spada?» chiese sorridendo. Ma la spada rimase silenziosa nell'angolo buio. Credo che abbia smesso di darsi arie.

R. M. Rilke, *Penna e spada*, da *I racconti*, trad. it. di A. Apa, Guanda, Parma, 1993

8. **rigattiere**: chi compra e vende oggetti usati.
9. **cotta**: maglia di ferro indossata sotto l'armatura.
10. **fregi**: ornamenti, in questo caso riferito all'abito.
11. **dignitario**: chi è investito di una dignità, chi ricopre una carica particolarmente elevata.

Questo è un racconto con un bel significato, che oppone al potere di una spada quello apparentemente più debole di una penna. Ma il finale ribalta le posizioni: la spada viene "sconfitta" dalla penna, la guerra dalla pace e lo scontro dal dialogo.

Raccontare è una dimensione legata alla fantasia e al desiderio di narrare di uno scrittore: possiamo leggere e apprezzare storie come questa in modo immediato o affrontarle con un piccolo bagaglio di competenze che, senza privarci del gusto della lettura, ci aiutano ad approfondire alcuni aspetti dei testi e a entrare nel meccanismo con cui vengono costruiti. Un racconto o un romanzo non nascono per essere analizzati, ma evidenziarne alcune caratteristiche può aiutarci a comprenderli meglio. La **narratologia**, che si afferma nel corso del Novecento, si occupa dell'analisi delle forme narrative. Proviamo a individuare gli aspetti narratologici più significativi del racconto che abbiamo appena letto.

La vicenda è divisa essenzialmente in due parti, che la narratologia chiama **sequenze**, quella del dialogo fra la spada e la penna e quella in cui sopraggiungono il giovane soldato e il dignitario. I **personaggi principali** sono due oggetti personificati, che agiscono e si esprimono cioè come individui e vengono descritti anche nel loro aspetto esteriore. Oltre a loro, che si possono definire **protagonisti**, ci sono due personaggi **secondari**, o **comprimari**, con un ruolo e uno spazio minore nella vicenda. Il confronto fra i personaggi avviene attraverso dialoghi riferiti con il **discorso diretto**. L'**ambiente** in cui si sfidano penna e spada è un interno, al di fuori del quale si prepara una battaglia. Nascosta per tutta la vicenda, nel finale la voce narrante, cioè il **narratore**, si manifesta con un commento divertito sulla sconfitta della spada: *Credo che abbia smesso di darsi arie*.

Vediamo ora nel dettaglio, voce per voce, gli aspetti di un testo presi in considerazione dalla narratologia.

Gli elementi del testo narrativo

La struttura narrativa

Un testo narrativo può essere diviso in **sequenze**, cioè porzioni di testo distinguibili a seconda del contenuto. Le sequenze possono essere:

- **narrative**: contengono azioni e avvenimenti;

  Erano passati pochi minuti dalla conclusione della scommessa, quando fece ingresso un giovane in una preziosa cotta d'arme e, afferrata la spada, la allacciò al fianco. Quindi contemplò compiaciuto la lama folgorante.

  (▶ racconto d'apertura)

  L'enorme porta a due battenti si aprì e nella baracca di transito entrò l'addetto alla distribuzione del cibo.

  (Varslam Šalamov, *Il pane* ▶ pag. 124)

- **dialogiche**: riportano i dialoghi fra i personaggi;

  La penna si tirò su, assunse un contegno rigido e grave e cominciò:
  «Scommettiamo che se voglio sono capace di impedirti di andare al tuo lavoro, in battaglia?»
  «Oh, oh, suona proprio audace!»
  «Siamo d'accordo?»

«Accetto.»
«Bene» disse la penna. «Stiamo a vedere.»

(▶ racconto d'apertura)

«Dov'è l'uomo col megafono?»
Il ragazzo biondo scosse la testa.
«Questa è un'isola. Almeno, credo che sia un'isola. Quella là nel mare è una scogliera. Forse di grandi non ce n'è in nessun posto.»
Il ragazzo grasso sembrò scosso.
«C'era quel pilota. Ma non era coi passeggeri, era su nella cabina davanti.»
Il biondo guardava la scogliera strizzando gli occhi.
«Tutti quegli altri bambini,» continuò il grasso «qualcuno dev'essere venuto fuori. Qualcuno sì, non è vero?»

(William Golding, *Il signore delle mosche* ▶ pag. 501)

- **descrittive**: presentano situazioni, ambienti e personaggi;

Una spada se ne stava nell'angolo di una stanza. La superficie lucente della lama d'acciaio, toccata dal raggio di sole, brillava d'un bagliore rossastro.

(▶ racconto d'apertura)

Sulle montagne francesi non si era ancora visto un inverno così incredibilmente freddo e lungo. Da settimane l'aria era limpida, frizzante e gelida. Di giorno i grandi pendii innevati si stendevano lattiginosi e sconfinati sotto il cielo d'un azzurro vivissimo; di notte erano illuminati da una luna piccola e chiara, una luna truce e gelata, che mandava bagliori gialli e la cui forte luce sulla neve diventava azzurra e tetra, assumendo lo stesso aspetto del ghiaccio vero e proprio.

(Hermann Hesse, *Il lupo* ▶ pag. 42)

- **riflessive**: riportano riflessioni, commenti, giudizi dei personaggi o dell'autore.

Ogni cosa è un colore. Ogni emozione è un colore. Il silenzio è bianco. Il bianco infatti è un colore che non sopporto: non ha confini. Passare una notte in bianco, andare in bianco, avere un capello bianco... Anzi, il bianco non è neanche un colore. Non è niente, come il silenzio. Un niente senza parole e senza musica. In silenzio: in bianco. Non so rimanere in silenzio o da solo, che è lo stesso. Mi viene un dolore poco sopra la pancia o dentro la pancia, non l'ho mai capito, da costringermi a inforcare il mio bat-cinquantino, ormai a pezzi e senza freni (quando mi deciderò a farlo riparare?), e girare a caso fissando negli occhi le ragazze che incontro per sapere che non sono solo. Se qualcuna mi guarda io esisto.

(Alessandro D'Avenia, *Bianca come il latte, rossa come il sangue* ▶ pag. 513)

Le sequenze si possono distinguere anche in:

- **dinamiche**, quando la narrazione procede;
- **statiche**, quando lo sviluppo degli eventi si interrompe e apre alla descrizione o alla riflessione.

Sequenze

- **Narrative** → Contengono azioni e avvenimenti
- **Dialogiche** → Riportano i dialoghi fra i personaggi
- **Descrittive** → Presentano situazioni, ambienti e personaggi
- **Riflessive** → Riportano riflessioni, commenti, giudizi

Puoi trovare un'analisi dettagliata delle **sequenze narrative**, con relativa scheda, in **T1**, Guy de Maupassant, *I gioielli* ▶ pag. 30.

Fabula e intreccio

In un testo narrativo gli eventi possono essere presentati in ordine cronologico o ricorrendo a tecniche che lo alterano. Con il termine ***fabula*** si indica lo svolgimento degli eventi in ordine cronologico, per scelta dell'autore stesso, che racconta i fatti nella loro successione lineare nel tempo, o attraverso la ricostruzione operata dal lettore.

L'alterazione della fabula, che dà vita al cosiddetto ***intreccio***, può essere ottenuta attraverso:

- **analessi** o **flashback**: la narrazione si interrompe per lasciare posto a un evento accaduto in precedenza. Può essere introdotta da locuzioni temporali (*prima*, *in passato*, *una volta* ecc.) o segnalata dallo scarto nell'uso dei tempi verbali;

  Non può tuttavia immaginare come i miei inizi furono difficili e quanto tempo dovetti attendere prima di riuscire ad avere completo successo. Quando venni a Londra per la prima volta presi in affitto un appartamentino in Montague Street, proprio all'angolo col British Museum, e lì rimasi in attesa, occupando il mio tempo libero, anche troppo libero, a studiare tutte quelle branche della scienza che mi sarebbero potute servire nell'esercizio della mia futura professione.

  (Arthur Conan Doyle, *Il cerimoniale dei Musgrave* ▶ pag. 76)

- **prolessi** o **flash forward**: la narrazione si interrompe per anticipare eventi futuri. Anche in questo caso può essere introdotta da locuzioni temporali o segnalata attraverso i tempi verbali.

  Chissà cosa avrebbero detto ai Magazzini quando si fosse risaputo che era scappata con un giovanotto? Le avrebbero dato della scema, forse, e messo un annuncio sul giornale per sostituirla. Sarebbe stata contenta la signorina Gavan.

  (James Joyce, *Eveline* ▶ pag, 172)

Quando il narratore rispetta l'ordine cronologico degli eventi si dice che ***fabula e intreccio coincidono***.

Altre possibili alterazioni della fabula sono:

- un inizio in ***medias res***, quando l'avvio dell'azione presuppone un antefatto che non viene narrato. È il caso dell'incipit di *Uno, nessuno e centomila* di Luigi Pirandello (▶ pag. 477);
- una ***narrazione nella narrazione*** (a incastro), quando una seconda narrazione è inserita all'interno della narrazione principale. È il caso del racconto *I due banchetti* di Michel Tournier, inserito nella cornice più ampia di una serata in cui degli amici si ritrovano insieme e narrano storie (▶ pag. 405).

Ordine cronologico

Fabula = intreccio	Fabula ≠ intreccio
Quando il narratore osserva l'ordine cronologico degli eventi	Quando l'ordine cronologico è alterato

Analessi o flashback	Prolessi o flashforward	Inizio in *medias res*	Narrazione a incastro
Richiama eventi avvenuti in precedenza	Presenta l'anticipazione di eventi futuri	L'avvio della narrazione presuppone un antefatto che non viene narrato	Una seconda narrazione è inserita nella narrazione principale

Puoi trovare un'analisi dettagliata del **rapporto tra fabula e intreccio**, con relativa scheda, in **T8**, Mario Soldati, *Il ricordo* ▶ pag. 98.

Le fasi della narrazione

In un racconto si possono individuare alcuni momenti fondamentali:

- **esposizione**: le condizioni preesistenti rispetto all'inizio della vicenda. Nel racconto d'apertura *Penna e spada* coincide con la descrizione iniziale dell'ambiente e con la presentazione della spada;
- **esordio**: l'avvio della vicenda; la spada si indispettisce perché la penna non si inchina davanti alla sua maestà;
- **peripezie**: gli eventi che sviluppano e complicano la vicenda; le battute del dialogo fra i due oggetti e l'ingresso nella stanza del giovane e del dignitario;
- ***spannung***: il momento di maggior tensione; l'annuncio della firma del trattato di pace;
- **scioglimento**: cessazione della tensione narrativa; il gesto con cui la spada viene abbandonata nell'angolo;
- **conclusione**: fine della vicenda; l'ultima battuta della spada e il commento del narratore.

Fasi della narrazione

Esposizione	Esordio	Peripezie	*Spannung*	Scioglimento	Conclusione
Condizioni preesistenti alla vicenda narrata	Inizio della vicenda	Eventi che complicano la vicenda	Momento di maggior tensione	Fine della tensione narrativa	Fine della vicenda

Puoi trovare un'analisi dettagliata delle **fasi della narrazione**, con relativa scheda, in **T3**, Varlam Šalamov, *Calligrafia* ▶ pag. 46.

Il personaggio

I personaggi di un racconto o di un romanzo possono essere analizzati secondo diverse prospettive che non si escludono a vicenda.

Caratterizzazione

La caratterizzazione può essere:

- **fisica**: indaga l'aspetto esteriore del personaggio (l'altezza, l'età, i tratti somatici, il tono della voce ecc.);

  Tu divenisti spada; a te fu data una punta grossa e robusta; a me, penna, ne fu fornita una sottile e delicata; per agire e fare veramente qualcosa dobbiamo prima bagnare le nostre punte.

  (▶ racconto d'apertura)

  La voce non ce l'aveva né acuta né rauca; gli occhi, non particolarmente piccoli e cattivi, e non era neppure troppo cretino. Anzi, a guardarlo era bello morbido e tondo, pur senza essere grasso; portava gli occhiali e, sulla sua faccia soffice e rosa luccicava l'argento dell'apparecchio dei denti.

  (Ian McEwan, *Il prepotente* ▶ pag. 185)

- **psicologica**: riguarda il carattere, le qualità, i difetti, i sentimenti, gli stati d'animo, le emozioni e il modo di esprimerle, il modo di relazionarsi con ali altri;

  Con fierezza la spada si guardò intorno... La spada si indispettì ...

  (▶ racconto d'apertura)

  Fin dall'infanzia ero noto per la docilità e l'umanità del mio carattere. Ero così tenero di cuore da diventare quasi lo zimbello dei miei compagni. Ero particolarmente affezionato agli animali e i miei genitori mi concedevano di tenere una grande quantità di animaletti domestici. Con essi passavo gran parte del mio tempo e niente mi rendeva più felice del nutrire e carezzare le bestiole. Questa mia tendenza crebbe con gli anni ed anche quando divenni adulto trassi da essi il massimo diletto.

  (Edgar Allan Poe, *Il gatto nero* ▶ pagg. 293-294)

- **ideologica**: mette a fuoco idee e valori del personaggio;

  Il mio signore mi brandisce con mano energica e mi porta tra le fila dei nemici; sono io a condurvelo. È invece il tuo maestro, ottima penna, a condurre te con mano tremante su una pergamena ingiallita. Io infurio terribile tra i nemici, balzo coraggiosa e temeraria ora qui ora là. Tu continui a scarabocchiare in perenne monotonia sulla tua pergamena.

  (▶ racconto d'apertura)

  E Pereira era cattolico, o almeno in quel momento si sentiva cattolico, un buon cattolico, ma in una cosa non riusciva a credere, nella resurrezione della carne. Nell'ani-

ma sì, certo perché era sicuro di avere un'anima; ma tutta la sua carne, quella ciccia che circondava la sua anima, ebbene, quella no, quella non sarebbe tornata a risorgere, e poi perché?, si chiedeva Pereira.

(Antonio Tabucchi, *Sostiene Pereira* ▶ pag. 486)

- **socio-culturale**: si riferisce al contesto sociale e al livello culturale del personaggio.

...quando entrò un uomo che, a giudicare dai ricchi fregi, doveva occupare un'alta posizione.

(▶ racconto d'apertura)

Una ragazza ricca aveva seguito quell'uomo, un contadino. Ed era diventata contadina anche lei. Si era adattata alla sua vita senza agi, lusso, raffinatezze e si era piegata alle sue abitudini. E lo amava ancora. Era diventata la moglie di un uomo semplice, portava la cuffia e una gonna di tela. Mangiava in un piatto di terracotta, su un tavolo di legno, seduta su una seggiola impagliata, una minestra di cavoli, patate e lardo. Dormiva su un paglericcio, ma vicino a lui.

(Guy de Maupassant, *La felicità* ▶ pag. 147)

Tipologia

A seconda di quanto un personaggio è più o meno complesso si distinguono:

- **tipi** (o **personaggi piatti**): personaggi statici, di cui vengono fornite poche informazioni, caratterizzati da una qualità o da un difetto costante e dai comportamenti facilmente prevedibili. È un personaggio-tipo, per esempio, il padrone del cane ne *Un cane assurdo* di Eric Partridge (▶ pag. 247);
- **individui** (o **personaggi a tutto tondo**): i personaggi di cui vengono descritti molti tratti psicologici spesso soggetti, nel corso della storia, a un cambiamento. È un personaggio a tutto tondo, per esempio, il protagonista del racconto *L'ultimo amore del principe Genji* di Marguerite Yourcenar (▶ pag. 212).

Tecniche di presentazione

Quando uno scrittore introduce un personaggio, può utilizzare tecniche diverse. Le più ricorrenti sono:

- **il ritratto** o **presentazione diretta**: il narratore introduce il personaggio fornendone una descrizione esauriente;

Una spada se ne stava nell'angolo di una stanza. La superficie lucente della lama d'acciaio, toccata dal raggio di sole, brillava d'un bagliore rossastro. Con fierezza la spada si guardò intorno...

(▶ racconto d'apertura)

...lui non era molto alto né grosso, sembrava più giovane dei suoi anni, e si vergognava del viso bianco da città, più bianco ancora per le lunghe ore nei sotterranei. Ma presto si colorò al sole, all'aria cruda. Non era mai uscito dalla pianura, ma si abituò subito ai boschi, alle discese, alle rocce, all'appostamento, all'azione. Gli piaceva montare fin su una cima, e guardare il sentiero che gli era servito per salire.

(Renata Viganò, *Il comandante* ▶ pag. 55)

- **la presentazione indiretta**: il personaggio viene presentato da un altro o da altri personaggi secondo il suo o il loro punto di vista;

  Ma insomma, è una persona molto nota nella zona, e che io stesso conosco benissimo: un piccolo industriale, padrone fra l'altro di una bella distilleria. Età, quarantacinque, cinquanta. Intelligente, istruito, lavoratore, e insieme simpatico, un buontempone. Devoto alla famiglia, due ragazzini ancora in tenera età e alla moglie, che adora.

  (Mario Soldati, *Il ricordo* ▶ pag. 100)

- **la presentazione in azione**: il personaggio viene presentato mentre agisce o parla.

  Con la disperazione – una gelida, acuta disperazione – conficcata in fondo al cuore come un perfido coltello, Miss Meadows, con toga, tocco e bacchetta in mano, percorreva i freddi corridoi che portavano alla sala da musica.

  (Katherine Mansfield, *Lezione di canto* ▶ pag. 151)

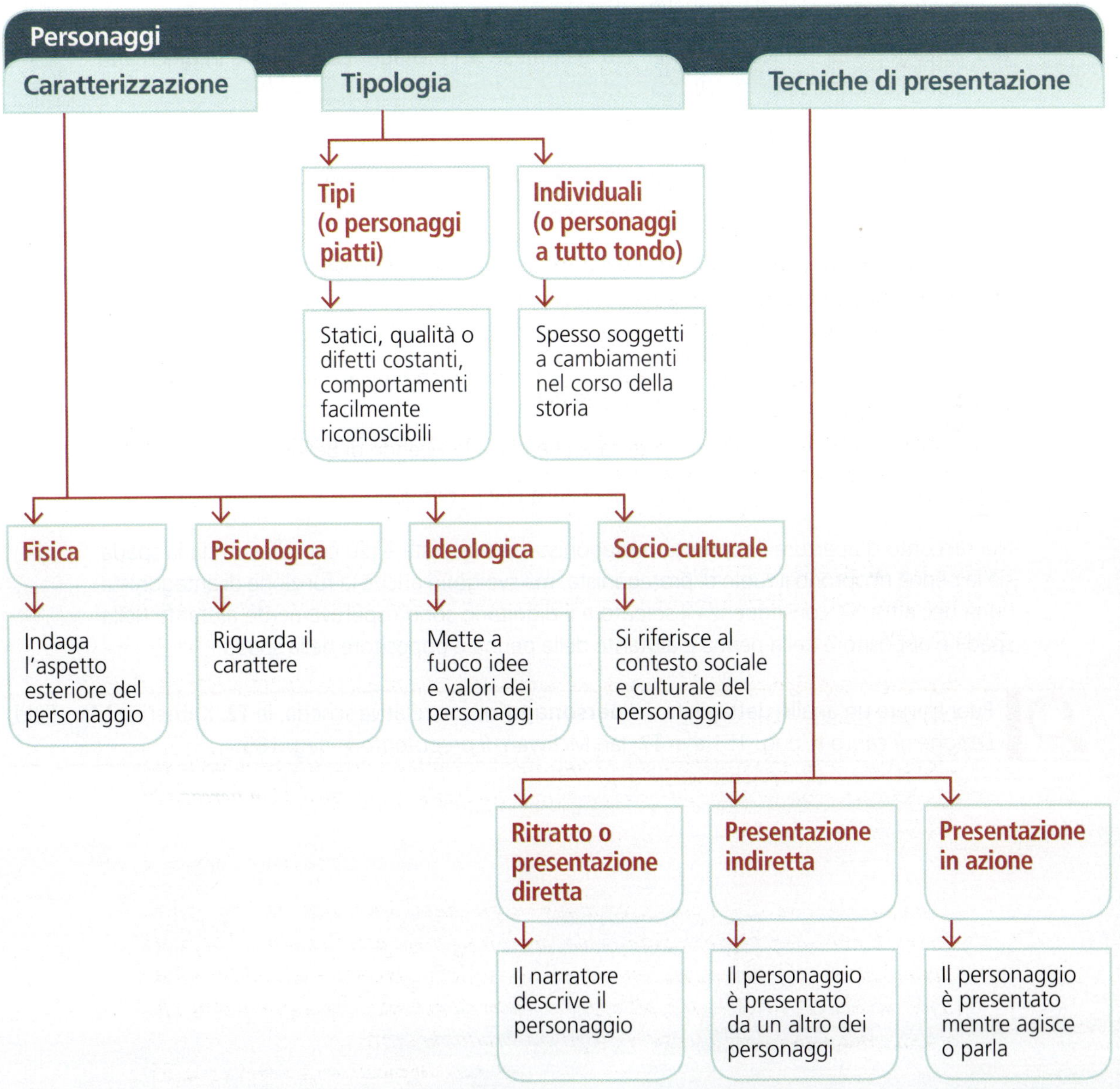

Sistema dei personaggi

In rapporto alla **rilevanza** che assumono nella vicenda possiamo distinguere:

- **personaggi principali**, intorno ai quali ruota tutta la storia. In *Penna e spada* i due oggetti che danno il titolo al racconto;
- **personaggi secondari** (o **comprimari**), pur non avendo il ruolo di protagonisti, sono comunque necessari allo svolgimento dell'azione narrativa. In *Penna e spada* il soldato e il dignitario;
- **comparse**, figure, per lo più anonime, con ruoli marginali, come per esempio il ristoratore Filippo del racconto *Quello che contò Aulo Gellio* di Andrea Camilleri (▶ pag. 106).

In rapporto al **ruolo** nella vicenda si distinguono invece:

- **protagonista**, al centro dell'azione narrativa (il termine deriva dalle parole greche *pròtos* e *agonistès*, "il primo lottatore");
- **antagonista**, ostacola le azioni e/o le imprese del protagonista (sempre in greco *antí* significa "contro");
- **aiutante**, aiuta il protagonista a raggiungere i suoi obiettivi. In una storia gli aiutanti possono essere più di uno;
- **oppositore**, al servizio dell'antagonista nel danneggiare il protagonista.

Se prendiamo come esempio il racconto *Il treno ha fischiato* di Pirandello (▶ pag. 428), i ruoli dei personaggi sono i seguenti:

Protagonista	Belluca
Antagonista	Capoufficio di Belluca
Aiutante	Vicino di casa che narra le vicende di Belluca
Oppositore	Colleghi di Belluca che lo deridono

Nel racconto d'apertura il rapporto protagonista-antagonista è più complicato: sia la spada sia la penna ricoprono il ruolo di protagonista, ma svolgono anche la funzione di antagonista l'una dell'altra. Di conseguenza il soldato e il dignitario sono rispettivamente aiutante della spada e oppositore della penna e aiutante della penna e oppositore della spada.

Puoi trovare un'analisi dettagliata del **personaggio**, con relativa scheda, in **T2**, Katherine Mansfield, *Lezione di canto* ▶ pag. 151 e in **T7**, Ian McEwan, *Il prepotente* ▶ pag. 185.

Tecniche per riferire discorsi e pensieri dei personaggi

Un narratore ha a disposizione diverse tecniche per riportare le parole e i pensieri dei personaggi:

- **discorso indiretto**: i discorsi dei personaggi sono introdotti da verbi dichiarativi (dire, affermare, rispondere ecc.) e senza virgolette. Si definisce discorso **indiretto libero** in assenza di verbi dichiarativi;
- **discorso diretto**, quando si riportano le parole dei personaggi. A sua volta si distingue in:
  - **discorso diretto legato**, in presenza di verbi dichiarativi e segnalato dalla presenza delle virgolette;

«Per un certo verso» proseguì molto seria la penna «potresti non aver poi tanto torto. È vero che spesso non mi si tiene in gran conto, e che una volta divenuta inservibile vengo trattata assai male. Ma proprio per questo il potere di cui dispongo finché posso lavorare non è affatto poco. Non resta che fare una scommessa!»
«Vorresti proporre a me una scommessa?» rise insolente la spada.

(▶ racconto d'apertura)

– Che fai? – mia moglie mi domandò, vedendomi insolitamente indugiare davanti allo specchio.
– Niente, – le risposi, – mi guardo qua, dentro il naso, in questa narice. Premendo, avverto un certo dolorino.
Mia moglie sorrise e disse:– Credevo ti guardassi da che parte ti pende.

(Luigi Pirandello, *Uno, nessuno e centomila* ▶ pag. 477)

  - **discorso diretto libero**, in assenza di verbi dichiarativi;

«Scommettiamo che se voglio sono capace di impedirti di andare al tuo lavoro, in battaglia?»
«Oh, oh, suona proprio audace!»
«Siamo d'accordo?»
«Accetto.»

(▶ racconto d'apertura)

E volevan sembrare afflitti; ma erano in fondo così contenti, anche per quel dovere compiuto; nella pienezza della salute, usciti da quel triste ospizio al gajo azzurro della mattinata invernale.
– Morrà? Impazzirà?
– Mah!
– Morire, pare di no...
– Ma che dice? Che dice?
– Sempre la stessa cosa. Farnetica...
– Povero Belluca!

(Luigi Pirandello, *Il treno ha fischiato* ▶ pagg. 428-429)

▶ Roy Lichtenstein, *Vicky*, 1964. Neue Galerie, Aquisgrana.

- **soliloquio**: riporta le parole che un personaggio rivolge a se stesso o a un interlocutore immaginario;

Tutto? Eppure no!

(▶racconto d'apertura)

«Carneade! Chi era costui?» ruminava tra sè don Abbondio seduto sul suo seggiolone, in una stanza del piano superiore, con un libricciolo aperto davanti, quando Perpetua entrò a portargli l'imbasciata. «Carneade! questo nome mi par bene d'averlo letto o sentito; doveva essere un uomo di studio, un letteratone del tempo antico: è un nome di quelli; ma chi diavolo era costui?» Tanto il pover'uomo era lontano da prevedere che burrasca gli si addensasse sul capo!

(Alessandro Manzoni, *I Promessi sposi*, Zanichelli, Bologna, 2004)

- **monologo interiore**: riporta i pensieri e le riflessioni di un personaggio riproducendo il disordine con cui si affacciano alla mente;

Giù dal viale saliva il suono di un organetto. Lo conosceva quel motivo. Strano che venisse proprio quella sera a rammentarle la promessa fatta alla madre, la promessa di tenere insieme la famiglia fintanto che avesse potuto.

(James Joyce, *Eveline* ▶ pag. 174)

- **flusso di coscienza**: riporta pensieri, emozioni e sensazioni dei personaggi riproducendone casualità e irrazionalità, spesso senza nemmeno ricorrere all'uso della punteggiatura. È una tecnica sperimentata soprattutto dalle avanguardie del primo Novecento e in particolare da James Joyce nel romanzo *Ulisse*. In esso l'autore narra la giornata di un Dublinese, Leopold Bloom, riferendo in modo assolutamente libero i pensieri del protagonista, così come nascono nella sua mente.

Mr Bloom camminava inosservato per un vialetto lungo file di angeli rattristati, croci, colonne spezzate, tombe di famiglia, speranze di pietra che pregavano con gli occhi al cielo, cuori e mani della vecchia Irlanda. Più sensato spendere i soldi in qualche opera di carità per i vivi. Pregate per la pace dell'anima di. C'è qualcuno che veramente? Piantala e falla finita con lui. Scaricato. Come il carbone giù per una botola di cantina. Poi li ammucchiano insieme per guadagnar tempo. Il giorno dei morti. Il ventisette sarò alla sua tomba . Dieci scellini per il giardiniere. Le tiene sgombre dalle erbacce.

(James Joyce, *Ulisse*, trad. it. di G. De Angelis, Mondadori, Milano, 1971)

Sistema dei personaggi

- **Rilevanza**
  - **Principali** → Intorno a loro ruota tutta la storia
  - **Secondari** → Sono necessari allo svolgimento della narrazione
  - **Comparse** → Hanno ruoli marginali
- **Discorsi**
  - **Indiretto** → **Introdotto da verbi dichiarativi** → Indiretto libero: se non sono presenti verbi dichiarativi
  - **Diretto** → **Riporta le parole dei personaggi**
    - Diretto legato: in presenza di verbi dichiarativi e segnalato da virgolette
    - Diretto libero: in assenza di verbi dichiarativi
  - **Soliloquio** → Parole che un personaggio rivolge a se stesso o a un interlocutore immaginario
  - **Monologo interiore** → Pensieri di un personaggio riportati così come si affacciano nella sua mente
  - **Flusso di coscienza** → Pensieri di un personaggio riportati con casualità e irrazionalità
- **Ruolo nella vicenda**
  - **Protagonista** → È al centro dell'azione narrativa
  - **Antagonista** → Ostacola il protagonista
  - **Aiutante** → Aiuta il protagonista
  - **Oppositore** → È al servizio dell'antagonista

Puoi trovare un'analisi dettagliata delle **tecniche che riportano parole e pensieri dei personaggi**, con relativa scheda, in **T10**, Giovanni Verga, *Cavalleria rusticana* ▶ pag. 115.

L'autore e il narratore

Di fronte a un testo narrativo occorre innanzitutto distinguere:

- l'**autore**, colui che scrive la storia;
- il **narratore**, la voce che racconta la storia.

Il narratore può essere:

- **esterno**, quando la voce si esprime in terza persona. È il caso per esempio del narratore del racconto *La bodda* di Vincenzo Pardini (▶ pag. 205);
- **interno**, quando la voce si esprime in prima persona. È il caso per esempio del narratore del racconto *Città* di Gianrico Carofiglio (▶ pag. 65).

Il narratore **esterno** si definisce:

- **palese e onnisciente**, quando interviene apertamente nella narrazione con anticipazioni, commenti, giudizi; nel racconto *Penna e spada* si evidenzia nel finale: «*Non ti appresti alla battaglia, mia cara spada?» chiese sorridendo. Ma la spada rimase silenziosa nell'angolo buio. Credo che abbia smesso di darsi arie;*
- **nascosto**, quando si limita a descrivere la realtà senza far percepire la propria presenza. È il caso per esempio del narratore di *Cavalleria rusticana* di Giovanni Verga (▶ pag. 115).

In una narrazione le voci narranti possono essere più di una. In tal caso si distinguono:

- un **narratore di primo grado**, cioè la voce che per prima prende la parola;
- un **narratore di secondo grado** (o anche di **terzo grado**) a cui il narratore di primo grado cede la parola, come accade nel racconto *Il cerimoniale dei Musgrave* (▶ pag. 76).

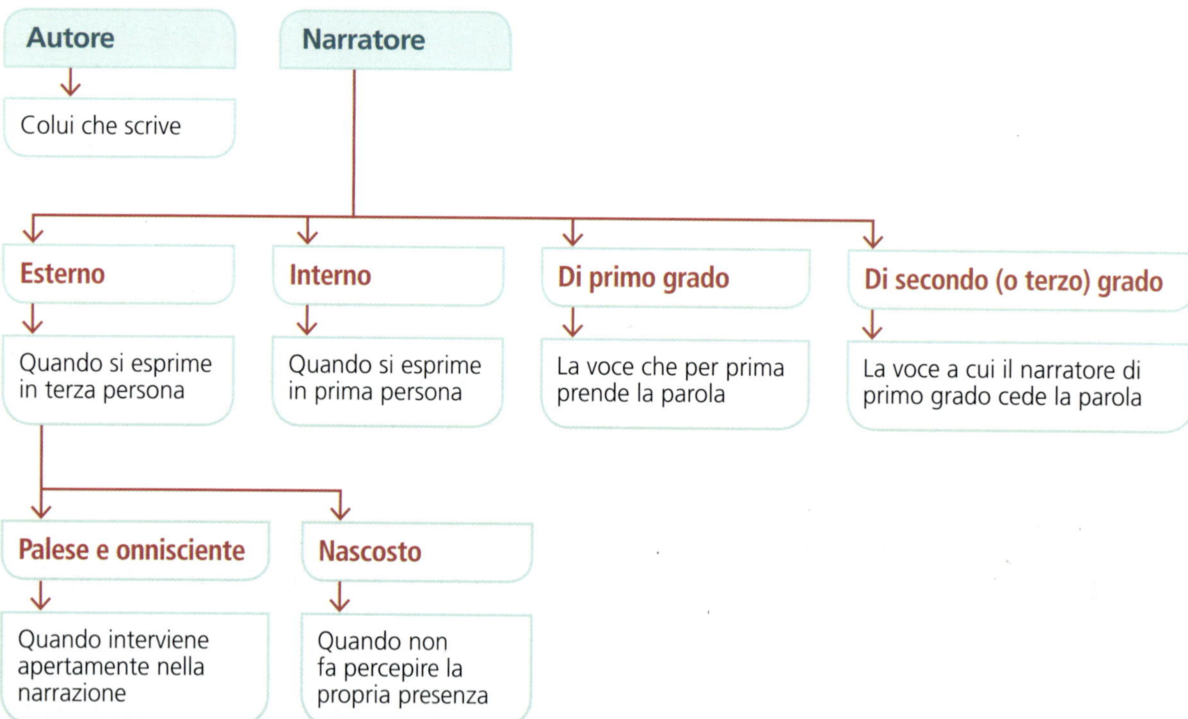

Puoi trovare un'analisi dettagliata di **autore** e **narratore**, con relativa scheda, in **T7**, Arthur Conan Doyle, *Il cerimoniale dei Musgrave* ▶ pag. 76.

La focalizzazione

Oltre alla voce del narratore in un racconto si può individuare il punto di vista, cioè lo **sguardo** che osserva e presenta i fatti e i personaggi. Le due funzioni non sempre e non necessariamente coincidono.
Convenzionalmente si distinguono tre tipologie di **punto di vista** o **focalizzazione**:

- **focalizzazione zero**: il narratore fa prevalere il proprio punto di vista, commentando la vicenda, come accade nel racconto d'apertura nel momento in cui, nella conclusione, egli esprime il commento *Credo che abbia smesso di darsi arie*. L'esempio più noto è costituito da *I Promessi sposi* di Alessandro Manzoni (▶ pag. 543);
- **focalizzazione esterna**: il narratore osserva gli avvenimenti limitandosi a registrarli. Nel racconto d'apertura si ha nella sequenza

  Il giovane gli fece un inchino profondo. Il dignitario si era frattanto avvicinato al tavolo, aveva preso la penna e scritto in fretta qualcosa. «Il trattato di pace è già firmato» disse sorridendo. E il giovane ripose la spada nell'angolo ed entrambi lasciarono la stanza.

  È anche il caso delle prime righe del racconto *Davanti alla legge* di Franz Kafka (▶ pag. 390);
- **focalizzazione interna**: il narratore adotta il punto di vista di un personaggio della storia. È il caso, nel racconto d'apertura, del passaggio in cui la penna viene definita *inoperosa*, perché così viene vista dalla spada.
  Un altro esempio è il punto di vista con cui è narrato l'incipit di *Jack Frusciante è uscito dal gruppo* di Enrico Brizzi (▶ pag. 510).

Focalizzazione

Zero	Esterna	Interna
Il narratore fa prevalere il proprio punto di vista	Il narratore si limita a osservare e registrare gli eventi	Il narratore adotta il punto di vista di uno dei personaggi della vicenda

Puoi trovare un'analisi dettagliata del **punto di vista** e della **focalizzazione**, con relativa scheda, in **T3**, Primo Levi, *Breve sogno* ▶ pag. 159 e in **T9**, Emilio De Marchi, *Storia di una gallina* ▶ pag. 199.

Lo stile

Lo stile riguarda le scelte di lessico, sintassi, utilizzo della punteggiatura, uso di figure retoriche, ritmo.

- **Lessico**: riguardo alle parole usate si possono distinguere un livello **basso** (parole di uso comune, espressioni gergali), **medio** e **alto** o **aulico** (termini più colti, spesso della tradizione letteraria).
- **Sintassi**: la costruzione si definisce **paratattica** se prevalgono le coordinate (dal verbo greco *paratàsso*, "*ordino sullo stesso piano*"), **ipotattica** se invece prevalgono le subordinate (dal verbo greco *ipotàsso*, "*subordino*").
- **Punteggiatura**: un autore può ricorrere ampiamente ai segni della punteggiatura, rallentando i periodi, o limitarsi a un uso essenziale di essi.
- **Figure retoriche**: il ricorso a figure retoriche, quali per esempio la similitudine, la metafora, la personificazione, il parallelismo e l'antitesi, accresce la suggestione delle immagini nel testo nel momento in cui le allontana dal linguaggio comune.
- **Ritmo**: la costruzione sintattica, la punteggiatura, la tipologia delle sequenze contribuiscono ad accelerare o rallentare il ritmo, che si coglie soprattutto con la lettura ad alta voce.

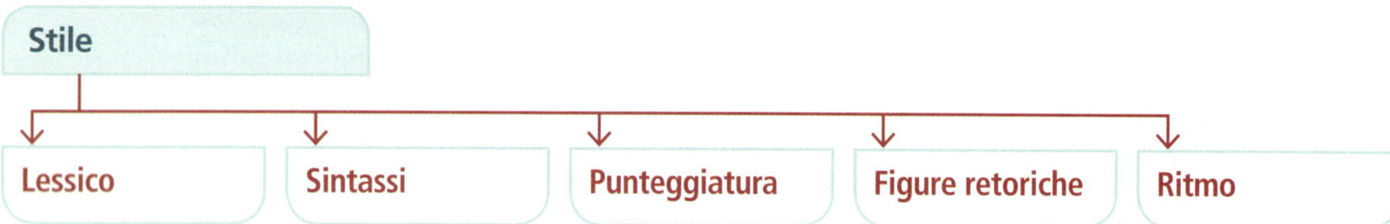

Puoi trovare un'analisi dettagliata dello **stile**, con relativa scheda, in **T4**, Renata Viganò, *Il comandante* ▶ pag. 54 e **T9**, Andrea Camilleri, *Quello che contò Aulo Gellio* ▶ pag. 106.

Tempo della storia e tempo del racconto

Gli avvenimenti di una storia si svolgono in un arco di tempo più o meno lungo (ore, giorni, mesi, anni) cui si dà convenzionalmente il nome di **tempo della storia** (o tempo reale), indicato di solito con la sigla TS. La scelta operata dal narratore nel dilatare o sintetizzare gli eventi, e che traduce dunque un dato cronologico nello spazio fisico di righe e pagine, si definisce **tempo del racconto** (TR). Dal rapporto fra tempo della storia e tempo del racconto scaturiscono quattro modalità narrative per restituire la dimensione temporale di una vicenda, un fatto, un periodo di tempo:

- **scena**: tempo reale e narrativo coincidono. È il caso tipico dei dialoghi, come accade nel racconto *Penna e spada*;
- **pausa** o **digressione**: il tempo del racconto è dilatato rispetto a quello della storia. La narrazione degli eventi non procede e lascia spazio a descrizioni o riflessioni. È il caso della descrizione della montagna nel racconto *Il lupo* (▶ pag. 42);
- **riassunto** o **sommario**: il tempo reale viene condensato nella narrazione. È frequentissimo, poiché consente di ridurre in poche righe periodi di tempo più o meno lunghi.

Bruno giunse in brigata una mattina azzurra d'inverno. La luce e il freddo gli misero negli occhi un bruciore di lacrime pungenti... Si trovò in mezzo a compagni alti, grossi, abbronzati; lui non era molto alto né grosso, sembrava più giovane dei suoi anni, e si vergognava del viso bianco da città, più bianco ancora per le lunghe ore nei sotterranei. Ma presto si colorò al sole, all'aria cruda.

(Renata Viganò, *Il comandante* ▶ pag. 55)

- **ellissi**: ciò che accade nel tempo reale non viene raccontato e si ha un vero e proprio salto temporale in alcuni casi esplicito, per esempio con espressioni come "dopo giorni", "la settimana dopo" ecc., o implicito e ricavabile da segnali interni alla narrazione.

Il quarto giorno dopo l'assassinio, una squadra della polizia irruppe inaspettatamente nella mia casa per eseguire una rigorosa ispezione.

(Edgar Allan Poe, *Il gatto nero* ▶ pag. 300)

Anche queste scelte concorrono a determinare il ritmo della narrazione: in particolare, molte pause lo rallentano, ellissi e riassunti lo accelerano.

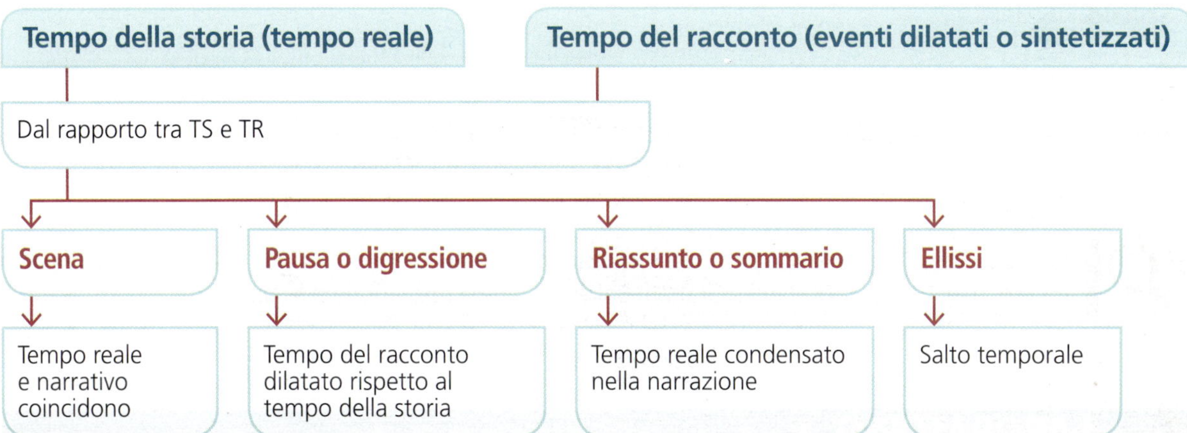

Puoi trovare un'analisi dettagliata del **tempo della storia** e **del racconto**, con relativa scheda, in **T1**, Anton Pavlovic Čechov, *Un'opera d'arte* ▶ pag. 241.

Lo spazio

In ogni narrazione personaggi e situazioni sono collocati in uno o più spazi che possono essere:

- **reali**

Sulle montagne francesi non si era ancora visto un inverno così incredibilmente freddo e lungo. Da settimane l'aria era limpida, frizzante e gelida. Di giorno i grandi pendii innevati si stendevano lattiginosi e sconfinati sotto il cielo d'un azzurro vivissimo; di notte erano illuminati da una luna piccola e chiara, una luna truce e gelata, che mandava bagliori gialli e la cui forte luce sulla neve diventava azzurra e tetra, assumendo lo stesso aspetto del ghiaccio vero e proprio.

(Hermann Hesse, *Il lupo* ▶ pag. 42)

- **immaginari**

> *Questa, pensò con una sorta di vaga nausea, questa era Londra, la città principale di Pista Prima, che era la terza delle più popolose province di Oceania.*
>
> (George Orwell, *1984* ▶ pag. 604)

Entrambi possono caricarsi di valenze simboliche, come succede per esempio per il bosco di *Cappuccetto Rosso*, un luogo in cui ci si perde per trovare una più adulta dimensione di sé.

Gli spazi inoltre possono essere:

- **interni**: è il caso per esempio della trattoria del racconto *Il ricordo* di Mario Soldati (▶ pag. 98) o del maniero dei Musgrave nel racconto di Arthur Conan Doyle (▶ pag. 76);
- **esterni**: è il caso per esempio del paese della provincia americana che fa da sfondo al racconto *La lotteria* di Shirley Jackson (▶ pag. 304) o della foresta pluviale del romanzo *Congo* di Michael Crichton (▶ pag. 590).

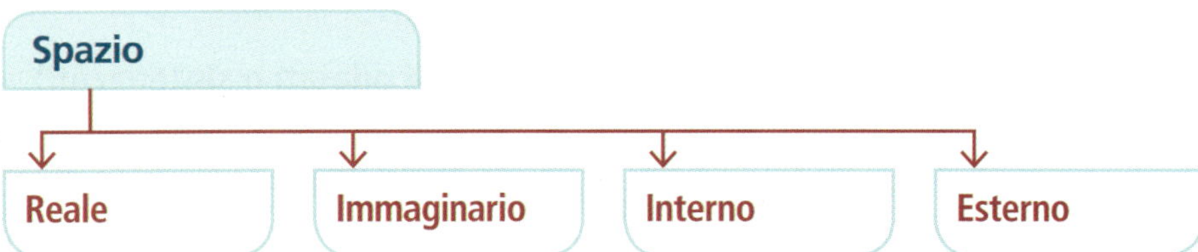

Puoi trovare un'analisi dettagliata dello **spazio**, con relativa scheda, in **T1**, Edgar Allan Poe, *Il gatto nero* ▶ pag. 293 e in **T6**, James Graham Ballard, *L'ultima pozzanghera* ▶ pag. 330.

LABORATORIO

Fredric Brown _ Naturalmente

Henry Blodgett guardò l'orologio da polso: erano le due del mattino. Angosciato, chiuse di colpo il libro di testo sul quale aveva studiato e lasciò che la testa gli cadesse sulla scrivania. Non avrebbe mai superato l'esame del giorno seguente: più studiava la geometria, meno ci capiva qualcosa. La matematica in genere gli era sempre riuscita difficile, ma stava scoprendo che gli era addirittura impossibile capire la geometria.
Se fosse stato bocciato, aveva chiuso con l'università: nei primi due anni era già stato bocciato in altri tre esami, e secondo il regolamento dell'università un'altra bocciatura avrebbe significato la sua automatica espulsione.
Desiderava ardentemente la laurea, poiché gli sarebbe stata indispensabile nella carriera che si era scelto. Ormai, solo un miracolo poteva salvarlo. Si rizzò all'improvviso, colpito da un'idea: perché non tentare con la magia? Si era sempre interessato di occultismo. Sui libri aveva spesso letto le semplici istruzioni necessarie per evocare un demone e costringerlo a obbedire alla propria volontà.
Fino ad allora l'aveva sempre considerata una cosa un po' rischiosa, e quindi non ci ave-

va mai provato, ma quella era un'emergenza, e valeva la pena correre un piccolo rischio. Solo grazie alla magia nera avrebbe potuto diventare da un minuto all'altro un esperto in geometria.

Prese dallo scaffale il miglior testo sulla magia nera, trovò la pagina che gli serviva e si rinfrescò la memoria leggendo le poche cose che avrebbe dovuto fare.

Sgombrò con entusiasmo il pavimento spingendo i mobili contro i muri, tracciò col gesso un pentagono sul tappeto e vi entrò. Pronunciò poi gli incantesimi.

Il demone era decisamente più orribile di quanto si aspettasse, ma raccolse il coraggio e cominciò ad esporre il proprio problema.

– Non sono mai stato bravo in geometria... – cominciò.

– L'avevo intuito, – disse con gioia sadica il demone.

E con un sorriso di fiamma lo ghermì attraverso le linee di gesso dell'inutile esagono che Henry aveva disegnato per errore, invece del pentagono che l'avrebbe protetto.

F. Brown, *Naturalmente,* da *Tutti i racconti (1950-1972)*, trad. it. di G. Lippi, Mondadori, Milano, 1992

LAVORIAMO SUL TESTO

Il **protagonista** di questo racconto è .... Il suo **personaggio** viene descritto secondo una caratterizzazione ...., perché è angosciato e teme di non superare l'esame di geometria. Per quanto riguarda la **caratterizzazione** .... Henry è uno studente non particolarmente brillante e si è sempre interessato di occultismo. Il rito di magia nera provoca la comparsa di un demone, che viene presentato secondo una caratterizzazione ...., in quanto orribile e .... perché prova una gioia sadica nell'afferrare e portar via con sé il giovane sprovveduto.

L'azione si svolge ...., dove Henry sta preparando l'esame: del luogo viene data una sommaria descrizione in passaggi diversi del testo, che mette in evidenza ....

La scelta di evocare il demone avviene in un **tempo** definito, alle ....

La decisione fatale viene preceduta da una **sequenza** .... in cui il giovane soppesa i rischi e i benefici della sua scelta. Il confronto con il demone si realizza in una **sequenza** .... attraverso due battute riferite con la tecnica del ....

Nel racconto **fabula** e **intreccio** .... perché ....

Per quanto riguarda le **fasi della narrazione**, la descrizione della situazione in cui si trova Henry e delle sue difficoltà con la geometria costituisce ...., mentre la comparsa del demone costituisce ....

Il racconto è affidato a un **narratore** .... che conosce e riferisce anche i pensieri, le ansie e le aspettative dei personaggi. Il punto di vista attraverso cui la breve vicenda viene narrata è quello di Henry, pertanto si applica una **focalizzazione** ....

SEZIONE 1

LA NARRAZIONE BREVE

Che cosa significa narrare?

Si può raccontare in molti modi. Tanto o poco, seguendo un solo personaggio o più personaggi, un unico filo della storia o più fili che si intrecciano e si dipanano per tornare a unirsi. Una prima, elementare differenza, nel raccontare, sta nella misura: racconto (o novella) e romanzo, misura "breve" e misura "lunga".

Novella e racconto sono di fatto sinonimi nell'indicare la narrazione breve, ma la novella ha origini più antiche.

Novella e racconto sono accomunati da alcune caratteristiche:

- brevità del testo;
- concentrazione su una sola vicenda principale;
- presenza di un unico personaggio principale;
- spazi e tempi connotati in maniera definita e concentrati.

> "Chi comanda al racconto non è la voce: è l'orecchio."
>
> I. Calvino, *Le città invisibili*

Le mille e una notte (X secolo)

Novellino (ultimo decennio 1200)

Geoffrey Chaucer, ***I racconti di Canterbury*** (fine 1300)

900 — 1000 — 1100 — 1200 — 1300 — 1400

Giovanni Boccaccio ***Decamerone*** (XIV secolo)

Breve storia

Il Medioevo

Novella deriva dall'aggettivo *novus* ("nuovo, inedito") e sta a indicare la "novità", la notizia strana e singolare, che merita di essere raccontata.

Il genere "novella", che ha precedenti anche nella tradizione greco-latina e in quella orientale, si afferma pienamente in età medievale.

In Oriente intorno al X secolo vengono composte ***Le mille e una notte***, una raccolta di novelle che si immaginano raccontate dalla bella figlia del visir Shahrazād al sultano Shahriyār. In Occidente, qualche secolo dopo, la nuova società mercantile formatasi tra il XIII e il XIV secolo è ben rappresentata nel ***Novellino***, una raccolta anonima di prose, ma soprattutto nel ***Decamerone*** di Giovanni Boccaccio. A quest'ultima opera si ispira la raccolta di Geoffrey Chaucer, autore inglese della fine del Trecento, ***I racconti di Canterbury*** (*The Canterbury Tales*).

Caratteristica ricorrente nella novellistica medievale è l'inserimento delle novelle in una cornice unificante: nel caso del *Decamerone* il soggiorno di dieci giovani nella campagna fiorentina per sfuggire alla peste del 1348.

Seicento e Settecento

Fra Seicento e Settecento, in concomitanza con la nascita del romanzo moderno, la narrazione breve è meno frequentata dagli scrittori, anche se rimane la consuetudine di inserire brevi novelle nei romanzi stessi, come succede nel ***Don Chisciotte della Mancia*** di Miguel de Cervantes (1547-1616), considerato il primo romanzo moderno.

Dall'Ottocento al Novecento

In Italia e in Europa è tra Otto e Novecento che il racconto si afferma come genere letterario dotato di specifiche caratteristiche formali e si apre a molteplici filoni tematici (per esempio realistico, poliziesco, psicologico). In Italia Giovanni Verga (1840-1922), con le raccolte ***Vita dei campi*** e ***Novelle rusticane***, mette in scena la vita e i costumi della provincia siciliana; Luigi Pirandello (1867-1936) nelle ***Novelle per un anno***, affronta le inquietudini del nuovo secolo e si concentra sull'analisi psicologica dei personaggi, così come, sulla scena europea, fanno Franz Kafka (1883-1924) il cui racconto più famoso è ***La metamorfosi***, e James Joyce (1882-1941) nella raccolta di racconti ***Gente di Dublino*** (1914).

Nello stesso periodo, tuttavia, al termine "novella" viene preferito il termine "racconto" (da *contare*, "raccontare"), con cui la narrazione breve si definisce ancora oggi.

Miguel de Cervantes, ***Don Chisciotte della Mancia*** (1605)

James Joyce, ***Gente di Dublino*** (1914)

Franz Kafka, ***La metamorfosi*** (1915)

1500 — 1600 — 1700 — 1800 — 1900 — 2000

Giovanni Verga, ***Vita dei campi*** (1881)

Luigi Pirandello, ***Novelle per un anno*** (1922)

CAPITOLO 1

LA NARRAZIONE REALISTICA

Far sapere, far vedere e farsi capire: le caratteristiche della narrazione realistica

La **narrazione realistica** rappresenta **fatti**, **personaggi** e **ambienti** in modo **verosimile** in un determinato contesto spaziale e temporale ed è basata sul principio del "**far sapere**", "**far vedere**" e "**farsi capire**". Essa affida al lettore informazioni e insegnamenti sul mondo e necessita quindi di una **scrittura lineare**. Il narratore rispecchia fedelmente e in modo distaccato la realtà e si limita a descriverla, non partecipa all'azione e mette in risalto i **particolari oggettivi**, valorizzandoli di per sé, senza fornire né interpretazioni né commenti.

La descrizione prevale sulla narrazione e la **presenza del narratore** rimane **nascosta**: egli «deve essere nella sua opera come Dio nella creazione», afferma lo scrittore francese Gustave Flaubert, uno dei padri del romanzo realista.

Schematizzando, ecco i principali caratteri di questa forma narrativa:

Contenuti	Rappresentazione oggettiva del mondo: si parla di fatti accaduti o che potrebbero verosimilmente accadere.
Ambientazione	Ambientazione in luoghi reali.
Tempo	Collocazione in un tempo ben definito, spesso nel passato.
Modalità di narrazione	Il narratore non interviene mai nella vicenda e non ne dà interpretazioni.
Stile	Il linguaggio e la forma sono del tutto coerenti con l'ambiente sociale rappresentato.

In questo estratto del racconto *L'avventura di due sposi* di Italo Calvino, tratto dalla raccolta *Gli amori difficili* (Mondadori, Milano, 1993), sono evidenti i contenuti tratti dalla **quotidianità**, il **realismo dell'ambientazione** e **della scansione temporale**, l'**assenza di commenti del narratore** e un linguaggio coerente con la condizione sociale dei personaggi.

> L'operaio Arturo Massolari faceva il turno della notte, quello che finisce alle sei. Per rincasare aveva un lungo tragitto, che compiva in bicicletta nella bella stagione, in tram nei mesi piovosi e invernali. Arrivava a casa tra le sei e tre quarti e le sette, cioè alle volte un po' prima alle volte un po' dopo che suonasse la sveglia della moglie, Elide.[...] Alle volte invece era lui che entrava in camera a destarla, con la tazzina del caffè, un minuto prima che la sveglia suonasse; allora tutto era più naturale, la smorfia per uscire dal sonno prendeva una specie di dolcezza pigra, le braccia che s'alzavano per stirarsi, nude, finivano per cingere il collo di lui. S'abbracciavano.

Il Realismo nel tempo e nello spazio

Il **Realismo** si afferma come movimento letterario nell'**Ottocento**, ma la tendenza alla rappresentazione fedele della realtà ha radici profonde nella storia della letteratura occidentale.

Già il *Satyricon*, per esempio, un testo in prosa con inserti in poesia appartenente alla letteratura latina e composto con ogni probabilità da **Petronio Arbitro** nel I secolo d.C., mostra **tratti** spiccatamente **realistici** nella descrizione della società romana ai tempi dell'imperatore Nerone.

Il ***Decamerone*** di Boccaccio, scritto subito dopo la peste nera del 1348, è attraversato dalla costante «disposizione realistica dello scrittore», come sostiene il critico Natalino Sapegno, che si ritrova in particolare nella descrizione della società mercantile. Tuttavia è soprattutto nell'**Ottocento** che l'esigenza di realismo dà vita a **grandi romanzi** che costituiscono un **affresco della società del tempo**: ambientati nelle grandi città o in provincia e in un preciso contesto storico, ritraggono per lo più personaggi appartenenti alla piccola e media borghesia in piena ascesa. I maggiori esponenti del romanzo realista ottocentesco in Francia sono **Honoré de Balzac** (1799-1850), che dà vita a un grande progetto narrativo, *La Comédie humaine*, per un totale di 91 fra romanzi e racconti, e **Gustave Flaubert** (1821-1880), autore di *Madame Bovary* (1857), che ritrae con grande efficacia la piccola borghesia della provincia francese attraverso la vita di una giovane donna che vede fallire tragicamente le sue aspirazioni di ascesa sociale.

L'Inghilterra del XIX secolo vede invece il maggior romanziere realista in **Charles Dickens** (1812-1870), autore, fra le altre opere, di *David Copperfield* (1849-1850).

Nel secondo Ottocento, in Francia, alcuni scrittori – i fratelli **Edmond** e **Jules de Goncourt** (1822-1896; 1830-1870), **Guy de Maupassant** (1850-1893), **Gustave Flaubert** ed **Èmile Zola** (1840-1902) – danno vita a un movimento letterario chiamato **Naturalismo**. Alla base di questo movimento vi è la volontà di rappresentare la realtà esattamente per quello che è, in modo oggettivo, scientificamente e senza interventi personali da parte del narratore, che si deve limitare a riportare i fatti provenienti dalla diretta osservazione della realtà.

I caratteri del Naturalismo vengono ripresi in parte dal **Verismo italiano**, che vede il suo maggior rappresentante in **Giovanni Verga** (1840-1922). Il Verismo, in particolare, denuncia le condizioni del mondo degli umili e mira alla rappresentazione della realtà contemporanea.

▲ Costruzione della Tour Eiffel in occasione dell'Esposizione universale, 1889, Parigi.

Il racconto realista dell'Ottocento

Anche il **racconto realista** nasce nell'Ottocento ed è caratterizzato dalla **riproduzione fedele della realtà** nei suoi aspetti più quotidiani, con l'esclusione dei pregiudizi morali, ideologici ed emotivi del narratore. Nel corso del secolo sono il francese **Guy de Maupassant**, i russi **Nikolaj Gogol'** (1809-1852) e **Anton Čechov** (1860-1904) e l'italiano **Giovanni Verga** a rappresentare aspetti della realtà fino ad allora assenti nella letteratura: la vita delle classi più umili (contadini, operai, impiegati) diventa il tema principale e il racconto realistico, abbandonata qualsiasi pretesa di divertimento o insegnamento morale, è uno **specchio del reale** che deve sembrare «essersi fatto da sé», come dice Verga, e da cui il lettore ricava una prospettiva critica senza tuttavia cogliere la presenza del narratore. Fra gli scrittori della prima metà del Novecento che abbracciano almeno in parte il Realismo troviamo in Italia **Grazia Deledda** (1871-1936, Premio Nobel per la Letteratura nel 1926), **Federigo Tozzi** (1883-1920) e **Alberto Moravia** (1907-1990); negli Stati Uniti **Ernest Hemingway** (1899-1961) e **John Steinbeck** (1902-1968).

Il Neorealismo

Dopo la Seconda guerra mondiale, l'esigenza di ritrarre la **realtà** nella sua **oggettività** è fatta propria dal **Neorealismo**, un movimento che si traduce in Italia soprattutto nella produzione di romanzi e che ha esiti notevoli anche nel **cinema** grazie ai registi **Vittorio De Sica** (1901-1974), **Roberto Rossellini** (1906-1977) e **Luchino Visconti** (1906-1976). Scrittori e registi rappresentano la realtà popolare contemporanea anche nei suoi aspetti più crudi, mossi dalla volontà di denunciare le ingiustizie sociali. Su questa linea convergono autori diversi per formazione e scelte stilistiche come Italo Calvino (1923-1985), per una parte della sua produzione, Beppe Fenoglio (1922-1963), Carlo Levi (1902-1975), Cesare Pavese (1908-1950), Elio Vittorini (1907-1966) e Renata Viganò (1900-1976).

Il Realismo oggi

Negli ultimi decenni la realtà ha assunto caratteri di sempre **maggiore complessità** e raccontarla è diventato sempre più difficile: nuove attività, nuove modalità di comunicazione ed equilibri politici in costante cambiamento rendono difficile fermarsi al dato concreto.

Ecco che nella narrazione contemporanea la dimensione soggettiva diventa predominante, il narratore si presenta sempre più spesso in **prima persona** e il realismo resta nella maggior parte dei casi confinato alle **ambientazioni**. Per esempio, nel romanzo *Due di due* (1989) di **Andrea De Carlo**, la vicenda, narrata da uno dei due protagonisti, si apre con uno squarcio sulla rivoluzione studentesca del Sessantotto in Italia, che lascia però subito il posto alla storia di un'amicizia. **Niccolò Ammaniti**, in *Io non ho paura* (2001), descrive attraverso gli occhi di un bambino di nove anni il dramma dei sequestri di persona nell'Italia degli anni Settanta. **Francesco Piccolo**, nella raccolta di racconti *Storie di primogeniti e figli unici* (1996), propone una rassegna di storie di bambini e adolescenti che riflettono con candore sulla vita, anche sui suoi aspetti marginali, come il sapore di una pizzetta dopo aver fatto un bagno in mare.

QUANDO L'**ARTE** RACCONTA LA REALTÀ

RACCONTARE LA REALTÀ

La realtà, nelle sue infinite espressioni, ha spesso ispirato gli artisti. La pittura ha trovato modi sempre nuovi nel corso della sua storia per riprodurre natura e paesaggi, persone e oggetti.

I pittori come Courbet, Millet, Daumier inaugurano una stagione di grandi novità nella storia della pittura europea che fino a quel momento aveva prediletto soggetti di argomento storico o sentimentale: l'arte comincia a interessarsi delle condizioni di vita delle fasce più basse della società e della realtà quotidiana dei lavoratori.

Honoré Daumier (1808-1879), in particolare, è un pittore francese dal percorso piuttosto originale: inizia giovanissimo con la litografia (tecnica di incisione su pietra inventata all'inizio del secolo), collabora con la stampa come vignettista satirico, disegna e scolpisce caricature per poi dedicarsi, negli ultimi vent'anni della vita, esclusivamente alla pittura. Solo dopo la morte si comincia a parlare di lui come di un grande artista.

Honoré Daumier, *Il vagone di terza classe*, 1862-64, National Gallery of Canada, Ottawa.

Il vagone di terza classe, dipinto in Francia nel 1862, rappresenta l'interno di un **vagone ferroviario di terza classe**. Dopo secoli di spostamenti a cavallo, il treno è la grande invenzione del XIX secolo e come tale spesso rappresentato anche in pittura. Daumier sceglie però una prospettiva originale, portandoci dentro il vagone a osservare l'umanità che lo popola.

Ci restituisce la **realtà** così com'è, senza scegliere ciò che è più bello e piacevole e senza idealizzarla: nella storia della pittura è una novità assoluta.

L'**ambiente** è rappresentato con grande attenzione: una dozzina di viaggiatori disposti su tre file si accalcano su duri panconi di legno, costretti dal poco spazio a stare spalla a spalla, pur non conoscendosi. Con l'eccezione di due uomini di spalle, la cui tuba indica l'appartenenza a un livello sociale superiore, si tratta di povera gente immersa nei propri pensieri. Tre figure in primo piano catturano la nostra attenzione: la donna al centro, dallo sguardo afflitto e pensoso, il ragazzino che dorme, alla sua sinistra, la giovane madre che allatta un bambino. Altre persone, volti diversi segnati dalla stessa sofferenza e dalla stessa stanchezza, si scorgono in secondo piano.

Anche i **colori** sordi, cioè poco brillanti, e asciutti, nelle tonalità del bruno e del marrone, richiamano la polvere e la miseria dell'ambiente.

NELL'OFFICINA DELLA SCRITTURA Raccogliere le idee...

1 La donna in primo piano

Osserva il volto dell'anziana donna in primo piano: da dove viene? Dove sta andando? Che cosa porta nel cestino che tiene in grembo? Quali pensieri si possono intuire dall'espressione del volto? Scrivi un testo di 20 righe in cui immagini che la donna inizi a parlare con un altro viaggiatore del treno, raccontando di sé.

2 I passeggeri sullo sfondo

I signori con la tuba sembrano capitati per caso nel vagone di terza classe. Immagina quale vicenda li abbia condotti lì e affidala a un testo di circa 20 righe.

Scarica **GUARDA!** e inquadrami per guardare i video

1 IL REALISMO FRA OTTOCENTO E NOVECENTO

Tra la seconda metà dell'Ottocento e il primo Novecento, l'approccio realistico dà origine a un vero e proprio **movimento letterario**. Anche al di fuori del Realismo come movimento e genere specifico, furono molti gli autori che in quegli anni si sentirono in sintonia con un modo di raccontare la realtà più accurato e impersonale.

1 | ELEMENTI DI NARRATOLOGIA
La struttura narrativa

Video **Quali** tipi di sequenze esistono?

Ogni testo narrativo è scomponibile in **sequenze**, ovvero in porzioni di testo omogenee per significato e autonomia sintattica: ogni sequenza deve cioè introdurre e presentare uno **stesso argomento** (per esempio un personaggio) e avere **senso compiuto**. Il passaggio da una sequenza all'altra può essere segnato da un cambiamento di tempo o di luogo, dalla comparsa o uscita di scena di un personaggio, da una nuova azione. A loro volta le sequenze sono **accorpabili in macrosequenze**, cioè episodi caratterizzati da un **unico tema conduttore**.

Le sequenze possono essere di quattro tipi:

- **narrative**: contengono azioni e avvenimenti;
- **dialogiche**: riportano i dialoghi fra i personaggi;
- **descrittive**: riguardano la presentazione di situazioni, ambienti e personaggi;
- **riflessive**: riportano riflessioni, commenti, giudizi dei personaggi o dell'autore.

Le sequenze possono essere distinte anche in:

- **dinamiche**, cioè quelle in cui l'azione procede (sono prevalentemente le sequenze narrative);
- **statiche**, quando il procedere dell'azione si ferma (sono tali le sequenze descrittive e riflessive).

Dal momento che uno scrittore non pensa, a priori, a una divisione in sequenze, nella pratica sono molto frequenti le **sequenze miste** in cui non si riesce a distinguere nettamente narrazione e descrizione e, talvolta, neppure la dimensione riflessiva.

T1 Guy de Maupassant _ I gioielli

Guy de Maupassant (Tourville-sur-Arques,1850-Parigi, 1893) è uno scrittore francese di romanzi e racconti. Amico di Gustave Flaubert, si arruola come volontario nella Guerra franco-prussiana e al suo ritorno si stabilisce a Parigi. Esordisce nel 1880 con la novella *Palla di sego* e raggiunge uno straordinario successo nel 1885 con *Bel-Ami*, romanzo che ha per protagonista un modesto impiegato che tenta l'arrampicata sociale. Gli ultimi anni della sua vita sono segnati da gravi problemi di salute.

I gioielli appartiene agli oltre trecento racconti composti da Maupassant. Scritti prevalentemente negli anni Ottanta e successivamente raccolti in volume, molti di essi appaiono sui quotidiani di maggior tiratura dell'epoca: *I gioielli* viene pubblicato il 27 marzo 1883 e inserito successivamente nella raccolta *Clair de lune*.

La **descrizione realistica dei personaggi** dell'ambiente piccolo borghese si somma all'**assenza di qualsiasi intervento del narratore**: anche le dinamiche psicologiche dei due coniugi, entrambi desiderosi di ottenere l'ambìto riscatto sociale (la moglie accumulando gioielli dietro l'apparenza di una vita frugale, il marito nel coglierne al volo la singolare "eredità" per vivere nell'agiatezza), si ricavano dalle loro azioni.

Le **tipologie di sequenze** del racconto che stai per leggere sono illustrate a bordo pagina.

Il signor Lantin, dopo avere incontrato la giovane donna durante una serata in casa del suo vice capufficio, fu avvolto dall'amore come in una rete.

Era figlia d'un esattore[1] di provincia, morto da parecchi anni. In seguito s'era stabilita a Parigi con sua madre, la quale frequentava alcune famiglie borghesi del suo quartiere con la speranza di trovar marito alla giovane. Erano povere e onorate, tranquille e amabili. La ragazza sembrava il modello perfetto della donna onesta a cui il giovane sensato sogna di affidare la sua vita. La sua bellezza modesta aveva il fascino d'un angelico pudore[2], e il lievissimo sorriso che non lasciava mai le sue labbra sembrava un riflesso del suo cuore.

Presentazione del personaggio. **Sequenza descrittiva.**

Tutti ne cantavano le lodi; tutti coloro che la conoscevano ripetevano: «Beato chi se la piglierà. Non si può trovare di **meglio**».

Il signor Lantin, che allora era impiegato di prima categoria al ministero dell'Interno, con lo stipendio annuale di tremila e cinquecento franchi, la chiese in moglie e la sposò.

Questa è una **sequenza mista**: agli elementi narrativi (*la chiese in moglie e la sposò; le sue amiche le procuravano continuamente dei palchi; lei si tirava dietro il marito; la supplicò di andare agli spettacoli con qualche signora di conoscenza*) si uniscono elementi descrittivi (*con lei fu straordinariamente felice; le rimproverava soltanto due abitudini, quella del teatro e quella dei gioielli falsi; i suoi abiti rimasero semplicissimi*).

Con lei fu straordinariamente felice. Governò la casa con una economia tanto accorta che sembravano vivere nel lusso. Non esistevano premure, delicatezze, moine[3] ch'ella non prodigasse a suo marito; e la seduzione della sua persona era tanto grande che lui, sei anni dopo il primo incontro, l'amava più dei primi giorni.

Le rimproverava soltanto due abitudini, quella del teatro e quella dei gioielli falsi.

Le sue amiche (conosceva alcune mogli di modesti funzionari) le procuravano continuamente dei palchi[4] per le commedie di successo, perfino per le prime[5]; e lei si tirava dietro il marito, volente o nolente, il quale dopo la giornata di lavoro si stancava terribilmente a quegli svaghi. La supplicò di andare agli spettacoli con qualche signora di conoscenza, che dopo la riaccompagnasse a casa. Lei resistette a lungo prima di cedere, parendole sconveniente. Alla fine si decise, per fargli piacere, ed egli le fu infinitamente grato.

Ben presto il gusto del teatro fece nascere in lei il bisogno di adornarsi. I suoi abiti rimasero semplicissimi, sempre di buon gusto ma modesti; e la sua grazia tranquilla, la sua grazia irresistibile, umile e sorridente, pareva

1. **esattore**: incaricato della riscossione dei tributi.
2. **pudore**: senso di riserbo, discrezione.
3. **moine**: gesti esageratamente affettuosi.
4. **palchi**: in teatro, vani aperti che si affacciano sulla sala, costruiti in modo da accogliere piccoli gruppi di spettatori.
5. **prime**: prime rappresentazioni di un'opera teatrale.

prendere un sapore nuovo dalla semplicità dei vestiti; ma prese l'abitudine di appendersi alle orecchie due grosse pietre del Reno che parevano diamanti, e di portare collane di perle false, braccialetti di similoro, pettini ornati di varie conterie[6] che imitavano le pietre di valore. Il marito, un po' seccato per quell'amore dell'orpello[7], le ripeteva: «Mia cara, quando non si ha la possibilità di comprarsi i gioielli veri, ci si adorna della propria bellezza e della propria grazia, che sono sempre i gioielli più **rari**».

Lei sorrideva con dolcezza e rispondeva: «Che vuoi farci? Mi piace. È il mio vizio. Lo so che hai ragione, ma non mi posso mica riformare. Mi sarebbe piaciuto tanto avere dei gioielli!».

E si faceva scorrere tra le dita le collane di perle, faceva scintillare le faccette dei cristalli tagliati, dicendo: «Ma guarda, guarda com'è fatto bene. Sembra vero!».

Lui sorrideva dicendo: «Hai dei gusti da **zingara**».

Qualche volta la sera, quando stavano seduti tutti e due accanto al fuoco, lei portava sul tavolino dove prendevano il tè la scatola di marocchino[8] in cui teneva chiuse le "cianfrusaglie", secondo l'espressione del signor Lantin; e si metteva a contemplare i gioielli finti con un'attenzione appassionata, come se avesse goduto un piacere segreto e profondo; voleva mettere per forza una collana intorno al collo del marito, e poi rideva di cuore esclamando: «Quanto sei buffo!» e gli si gettava tra le braccia baciandolo con **passione**.

Una notte d'inverno rientrò dall'*Opéra*[9] tutta piena di brividi. Il giorno seguente tossiva. Otto giorni dopo morì d'una infiammazione ai **polmoni**.

Per poco Lantin non la seguì nella tomba. La sua disperazione fu così tremenda che in un mese gli si imbiancarono i capelli. Piangeva dalla mattina alla sera con l'anima straziata da un dolore insopportabile, perseguitato dal ricordo, dal sorriso, dalla voce, da tutte le grazie della defunta.

Il tempo non placò il suo dolore. Spesso in ufficio, mentre i suoi colleghi facevano quattro chiacchiere sui fatti del giorno, d'improvviso gli si vedevano gonfiarsi le gote[10], raggrinzirsi il naso, riempirsi di lacrime gli occhi; faceva una smorfia orrenda e cominciava a singhiozzare.

Aveva lasciato intatta la camera della sua compagna e vi si chiudeva tutti i giorni per pensare a lei; e tutti i mobili, perfino i vestiti, erano restati come si trovavano l'ultimo giorno.

Ma la vita cominciava a farsi dura per lui. Il suo stipendio, che in mano alla moglie bastava per tutti i bisogni della casa, ora era insufficiente per lui solo. Si chiedeva con stupore come lei fosse riuscita a destreggiarsi per fargli bere sempre vini squisiti e mangiare cibi delicati, che ora non riusciva più a procurarsi con i suoi modesti introiti[11].

Si apre qui una **sequenza dialogica**, anche se il dialogo è arricchito da note descrittive sui gesti (*e si faceva scorrere tra le dita le collane di perle*).

Questa è nuovamente una **sequenza mista**, narrativo-descrittiva: ci viene descritta una scena di intimità coniugale, che contiene elementi legati al tema della narrazione, la passione per i gioielli della signora Lantin.

Questa è una breve ma fondamentale **sequenza narrativa**.

Si avvia qui una **sequenza mista**, descrittivo-narrativa, come conferma il cambio di scena: la descrizione della vita dopo il lutto si intreccia ad azioni che si succedono soprattutto nella parte conclusiva della sequenza.

6. **conterie**: perle di vetro di vari colori e dimensioni.
7. **orpello**: ornamento vistoso e superfluo.
8. **marocchino**: cuoio finissimo e morbido.
9. ***Opéra***: famoso teatro parigino.
10. **gote**: guance.
11. **introiti**: guadagni.

Fece qualche debito e badò al soldo come tutta la gente ridotta a vivere di espedienti[12]. Finalmente una mattina, trovandosi con le tasche vuote una settimana prima della fine del mese, pensò di vendere qualcosa; e subito gli venne in mente di sbarazzarsi delle "cianfrusaglie" di sua moglie, perché in fondo al cuore gli era rimasto una specie di rancore per quel falsume che prima lo irritava. Perfino vederli ogni giorno gli sciupava un po' il ricordo della sua diletta.

Cercò a lungo nel luccicante mucchietto che lei aveva lasciato, perché fino agli ultimi giorni di vita aveva seguitato ostinatamente a comprare, portando una cosa nuova quasi ogni sera; e si decise per la grande collana, che lei preferiva, pensando che potesse valere sette o otto franchi perché, per essere un falso, era un lavoro eseguito davvero con cura.

Se la mise in tasca e si diresse verso il ministero passando dai *boulevards*[13] e cercando una gioielleria che gli ispirasse **fiducia**.

Ne trovò una ed entrò, un po' vergognoso di mettere in mostra la sua miseria, andando a vendere un oggetto di così scarso valore. «Signore», disse al negoziante, «vorrei sapere quanto stimate questo oggetto.»

Da questo passaggio, segnato dall'entrata nella gioielleria, nuovo ambiente, inizia una **sequenza narrativo-dialogica**.

L'uomo lo prese, lo esaminò, lo rigirò, lo soppesò, prese una lente, chiamò il commesso, gli disse qualcosa sottovoce, rimise la collana sul banco e la guardò a distanza per meglio giudicare l'effetto.

Il signor Lantin, imbarazzato da tutte quelle cerimonie, aprì la bocca per dire: «Oh, so bene che non vale nulla...» quando il gioielliere disse:

«Questa collana, signore, vale da dodici a quindicimila franchi; ma non posso comprarla se non conosco la sua esatta provenienza».

Il vedovo sgranò enormemente gli occhi e restò a bocca aperta, senza capire. Alla fine balbettò: «Ma davvero... siete sicuro?». L'altro interpretò male il suo stupore e disse con tono asciutto: «Potete andare da un altro per sentire se vi danno di più. Per me, vale al massimo quindicimila franchi. Tornate, se non trovate di meglio».

Il signor Lantin, completamente inebetito[14], si riprese la collana e se ne andò, obbedendo a un confuso bisogno di restar solo, e di pensare.

Ma appena fu in strada gli venne da ridere e si disse: «Che imbecille! oh, che imbecille! Meritava che l'avessi preso in parola! Un gioielliere che non è neanche capace di distinguere la roba vera da quella falsa».

Entrò in un'altra bottega, al principio di *rue*[15] *de la Paix*. Appena ebbe visto il monile, il gioielliere esclamò:

«Perbacco, la conosco bene questa collana: viene di qui».

Il signor Lantin, molto agitato, chiese:

«Quanto vale?»

«Io l'ho venduta per venticinquemila franchi, signore. Sono disposto a riprenderla per diciottomila se, in obbedienza alle norme vigenti, mi direte

▼ Jean Bèraud, *I bouvelard e i grandi magazzini*, 1890 ca. Particolare.

12. espedienti: rimedi, spesso ingegnosi, per risolvere situazioni difficili.

13. *boulevards*: ampi viali parigini.

14. inebetito: stordito, completamente frastornato.

15. *rue*: via della Pace.

in quale modo ne siete venuto in possesso». Questa volta il signor Lantin dovette sedersi, annientato dallo stupore. «Ma guardatela bene», disse. «Fino a oggi io ho creduto che fosse... falsa».

Il gioielliere disse: «Volete dirmi come vi chiamate, signore?».

«Certo. Mi chiamo Lantin, sono impiegato al ministero dell'Interno, e abito in *rue des Martyres*, numero sedici».

Il negoziante aprì il registro, cercò e disse: «Infatti questa collana è stata mandata all'indirizzo della signora Lantin, *rue des Martyres* sedici, il 20 luglio 1876».

I due uomini si guardarono negli occhi, l'impiegato sconvolto dalla sorpresa, l'orefice fiutando un ladro.

Quest'ultimo aggiunse: «Potete lasciarmi questo oggetto soltanto per ventiquattr'ore? Vi faccio una ricevuta».

Il signor Lantin balbettò: «Sì, sì... certo». E uscì piegando il foglietto e infilandoselo in tasca.

Poi attraversò la strada, la risalì, si accorse di avere sbagliato, scese alle *Tuileries*[16], passò la Senna, si accorse di aver nuovamente sbagliato, tornò agli *Champs-Élysées*[17] senza avere in testa un'idea **chiara.**

Cercava di ragionare, di capire. Sua moglie non aveva potuto comprare un oggetto di tanto valore. Certo no. E allora era un regalo! Un regalo? Un regalo di chi? Perché?

Questa è una **sequenza riflessiva**: vengono presentati i pensieri del personaggio anche attraverso un dialogo con se stesso.

S'era fermato, immobile in mezzo al viale. L'orrendo dubbio lo sfiorò. Lei? Allora anche tutti gli altri gioielli erano dei regali! Gli parve che la terra ondeggiasse; che un albero davanti a lui crollasse; stese le braccia e cadde, privo di sensi.

Riprese conoscenza in una farmacia, dove l'avevano portato alcuni passanti. Si fece condurre a casa e vi si rinchiuse.

Pianse disperatamente fino a notte, mordendo il fazzoletto per non urlare. Poi si coricò, affranto dalla fatica e dal dolore, e dormì d'un sonno **pesante.**

Lo svegliò un raggio di sole, e con lentezza si alzò per andare al ministero. Dopo un simile colpo era difficile rimettersi a lavorare. Pensò che avrebbe potuto scusarsi col capufficio, e gli scrisse. Poi gli venne in mente che doveva tornare dal gioielliere; e arrossì dalla vergogna. Restò lungamente a riflettere. Comunque, non poteva lasciare la collana a quell'uomo. Si vestì e **uscì.**

Si ha qui una **sequenza narrativa**.

Era una bella giornata, il cielo azzurro si stendeva sulla città che pareva sorridere. Alcuni passanti davanti a lui andavano a zonzo, con le mani in tasca.

Guardandola, Lantin pensò: "Com'è felice chi ha soldi! Col denaro ci si può liberare anche dei dispiaceri, si va dove si vuole, si viaggia, ci si distrae. Oh! Se fossi ricco!". Si accorse di aver fame, perché era digiuno dalla sera prima. Ma aveva le tasche vuote, e si ricordò della collana. Diciottomila franchi! Diciottomila franchi! Che somma!

Questa è una **sequenza narrativo-riflessiva** perché l'azione è interrotta dal ricorrere del pensiero della somma di denaro che assilla il personaggio.

16. *Tuileries*: giardini nel cuore di Parigi.

17. *Champs-Élysées*: uno dei più larghi e maestosi viali di Parigi.

Arrivò in *rue de la Paix* e cominciò a passeggiare su e giù per il marciapiede, davanti alla bottega. Diciottomila franchi! Per venti volte fu sul punto d'entrare, trattenuto sempre dalla vergogna.

Però aveva fame, e tanta, e neanche un centesimo in tasca. Si decise all'improvviso, attraversò di corsa la strada per non darsi tempo di riflettere e si precipitò nella **gioielleria**.

Appena l'ebbe visto, il negoziante accorse sollecito[18], gli offrì una sedia con sorridente cortesia. Vennero anche i commessi, e guardavano in tralice[19] Lantin, con bagliori d'allegria sulle labbra e negli occhi.

Questa è una **sequenza narrativo-dialogica**, che si concede un **momento di descrizione** quando l'autore elenca gioielli e corrispondente valore.

Il gioielliere disse: «Mi sono informato, signore; e, se siete sempre della stessa idea, sono pronto a pagarvi la somma che vi ho proposto».

«Certo», balbettò l'impiegato.

L'orefice tirò fuori da un cassetto diciotto grandi biglietti, li contò, li porse a Lantin, il quale firmò una ricevuta e con mano fremente si mise il denaro in tasca.

Sul punto di uscire si voltò verso il negoziante che seguitava a sorridere e disse, chinando lo sguardo: «Avrei... avrei degli altri gioielli... che mi vengono dalla stessa eredità. Sareste disposto a prenderli?».

Il negoziante s'inchinò: «Certo, signore». Uno dei commessi uscì, per ridere con comodo; un altro si soffiava fragorosamente il naso.

Lantin, impassibile, rosso e serio, disse: «Ora ve li porto». E chiamò una carrozza per andare a prendere i gioielli.

Quando, un'ora dopo, tornò nel negozio, non aveva ancora mangiato. Cominciarono a esaminare i gioielli uno per uno, stimandoli. Provenivano quasi tutti da quella gioielleria.

Ora Lantin discuteva le valutazioni, s'incolleriva, pretendeva di vedere i registri di vendita[20] e, via via che la somma aumentava, parlava con voce sempre più alta.

I grandi orecchini valevano ventimila franchi, i braccialetti trentacinquemila, gli spilli, gli anelli e i medaglioni sedicimila, un finimento di smeraldi e zaffiri quattordicimila, un solitario[21] che, sospeso a una catena d'oro, formava una collana, quarantamila. In tutto si arrivava a centoventiseimila franchi.

Il negoziante disse, con beffarda[22] bonarietà[23]: «Ecco una persona che spendeva in gioielli tutti i suoi risparmi».

Lantin disse con gravità: «È un modo come un altro d'investire il denaro». E se ne andò, dopo avere concordato con l'acquirente una controperizia per il giorno seguente.

Appena fu in strada guardò la colonna *Vendôme*[24] con la voglia di arrampi-

▲ Gustave Caillebotte, *Strada di Parigi in un giorno di pioggia*, 1877. The Art Institute of Chicago, Charles H. and Mary F.S. Worcester Fund, Chicago. Particolare.

18. sollecito: veloce e premuroso.
19. in tralice: di traverso.
20. registri di vendita: quaderni in cui si teneva conto delle entrate e delle uscite di una famiglia o di un esercizio commerciale.
21. solitario: brillante incastonato da solo.
22. beffarda: che deride compiacendosene.
23. bonarietà: mitezza.
24. colonna *Vendôme*: colonna dell'omonima piazza parigina, fatta erigere da Napoleone

carcisi, come se fosse stato l'albero della cuccagna. E si sentiva così leggero che avrebbe saltato a piè pari la statua dell'imperatore arrampicata lassù nel cielo.

Andò a mangiare da *Voisin* e bevve vino da venti franchi la bottiglia.

Poi prese una carrozza e fece un giro nel *Bois de Boulogne*[25]. Guardava le altre carrozze con un certo disprezzo, bramoso di gridare a quelli che passavano: «Sono ricco anch'io. Ho duecentomila franchi!».

Gli venne in mente il ministero. Vi si fece condurre, entrò decisamente dal suo capufficio e annunciò: «Signore, vengo a dimettermi. Ho ereditato trecentomila franchi». Andò a salutare gli ex colleghi, facendoli partecipi dei suoi progetti di vita nuova; poi andò a mangiare al ***café Anglais.***

Trovandosi accanto un signore che gli parve raffinato non poté trattenersi dal confidargli, con una certa qual civetteria[26], di avere appena ereditato quattrocentomila franchi.

Inizia qui l'ultima sequenza narrativa che, con rapidi cenni, ci mostra che cosa il futuro riserva al signor Lantin.

Per la prima volta in vita sua non si annoiò al teatro, e passò la notte con alcune ragazze allegre.

Si risposò dopo sei mesi. La sua seconda moglie era onestissima, ma di carattere difficile. Lo fece **soffrire molto.**

G. de Maupassant, *I gioielli*, da *Tutte le novelle*, trad. it. di O. Del Buono, Rizzoli, Milano, 2008

Bonaparte per celebrare la vittoria di Austerlitz contro gli Austro-Russi, realizzata fondendo i cannoni sottratti ai nemici.

25. ***Bois de Boulogne***: parco pubblico parigino.
26. **civetteria**: atteggiamento accattivante per attirare l'attenzione altrui.

GUIDA ALLA LETTURA

IL REALISMO

Il realismo dei racconti di Maupassant nasce dall'osservazione diretta della realtà, della quale si amplificano i dettagli in modo da rendere il quotidiano unico.

Per questo il lettore viene informato, riguardo al signor Lantin, del suo desiderio di amore coniugale, ma anche della sua posizione lavorativa e stipendiale: *era impiegato di prima categoria al ministero dell'Interno, con lo stipendio annuale di tremila e cinquecento franchi*, ruolo, quello del funzionario di Stato, rivestito con sofferenza dallo stesso Maupassant.

L'occhio attento dello scrittore si sofferma sulla futura sposa: ella appartiene alla stessa piccola borghesia impiegatizia (*figlia d'un esattore di provincia*), ha una *bellezza modesta* e *il fascino d'un angelico pudore*, che depongono a favore dell'onestà.

LA VICENDA

L'incontro avviene durante una serata in casa del vice capoufficio e il matrimonio segue a breve. È un'unione fatta di attenzioni e tenerezze: Lantin si fida ciecamente della moglie, tanto da concederle spazi di autonomia non consueti per le coppie del tempo: è lui a spingere la consorte ad andare a teatro da sola con le amiche, mentre lei è esitante e trova tale modo di fare "sconveniente". Resta, a far discutere in modo amabile i coniugi, la passione della donna per i gioielli, che il lettore impara a valutare con Lantin "falsume", "cianfrusaglie", per quanto maneggiati con "attenzione appassionata" come se rievocassero un piacere segreto: l'occhio dell'autore avverte, indugiando sui gesti, che quelle gioie hanno in serbo sorprese.

Morta la donna, Lantin è disorientato: a testimoniare il suo amore, lo scrittore ci propone una sequenza di azioni segnate dalla disperazione e dalla venerazione di lei, ma anche dalla crescente consapevolezza che la gestione del denaro della donna fosse da esperta economa.

Agli affetti si sostituisce il bisogno di denaro, che assedia la piccola borghesia e rende tutto più vile, più "nero": in un moto di rancore verso la donna e quello che era il suo unico, perdonabile vizio, Lantin fruga a lungo tra i gioielli custoditi dalla sposa e sceglie "la grande collana, che lei preferiva".

LA CONCLUSIONE

Il gesto ha conseguenze imprevedibili: la "cianfrusaglia" ha un valore notevole, che ne rende impossibile l'acquisto da parte della defunta signora e lascia intendere un suo mondo di relazioni, non solo femminili, al di fuori del matrimonio; Lantin viene guardato prima come un ladro e poi come uno stupido.

Tuttavia la scoperta che potrebbe annientarlo rivela di colpo la sua vile piccolezza: nella strada che lo riporta dall'orefice, il pensiero corre non all'inganno, ma alla somma di denaro che potrà ottenere dall'"eredità" ed egli si trasforma in un'accanita controparte nella definizione del prezzo della merce.

La tenera moglie è ormai sullo sfondo e il tenero sposo è diventato un tenace affarista, che si libera con decisione del lavoro al Ministero per cominciare una vita nuova, in cui c'è posto anche per il teatro che prima l'annoiava.

La conclusione è, ancora una volta, una sorpresa: cinicamente l'autore confeziona per Lantin nuove nozze, che saranno fonte di grande sofferenza, perché l'arte può prendersi la rivincita quando non ci riesca la vita.

COMPRENDERE E ANALIZZARE

COMPRENSIONE

1. Nel racconto non viene mai indicato il nome della prima moglie del signor Lantin. Perché, secondo te?
2. Attraverso quali elementi la moglie di Lantin cerca di dimostrare la sua appartenenza alla buona borghesia?
3. Come si spiega il fatto che la donna sia riuscita ad accumulare un patrimonio in gioielli?

ANALISI

4. Ricostruisci, con opportuni riferimenti al testo, il ritratto della prima signora Lantin, mettendone in evidenza l'ambiguità e sottolineando quali affermazioni, dopo la sua morte, non sono più vere.
5. Al ritratto di un uomo mite, che prevale per buona parte del racconto, si oppone nel finale quello di un uomo desideroso di godersi la bella vita. Evidenzia in quali passaggi emerge il "nuovo" signor Lantin.
6. Gli ambienti della vicenda sono appena accennati. Individuali con opportuni riferimenti al testo.
7. Come si spiegano i sorrisi del gioielliere e i *bagliori d'allegria sulle labbra e negli occhi* dei commessi?
8. Nel finale il signor Lantin, riferendosi alla cifra di cui è entrato in possesso, usa stime crescenti. Perché?
9. Nel racconto emerge un giudizio esplicito dell'autore? Motiva la tua risposta con eventuali riferimenti al genere.

SCRIVERE

APPROFONDIMENTO E SCRITTURA

10. Ritieni che anche oggi nella nostra società possano essere individuati degli oggetti o dei comportamenti che attestino uno status sociale di ricchezza o di potere? Eventualmente quali e in che contesto?
11. Maupassant fu tra i firmatari di una petizione contro la costruzione della Torre Eiffel, oggi simbolo di Parigi, che divise gli abitanti della capitale francese. Immaginando che oggi si metta in discussione quest'opera, esprimi il tuo parere a favore o contro di essa (in massimo 25 righe).

SCRITTURA CREATIVA — Dal punto di vista di...

12. Immagina che la prima signora Lantin scriva una lettera a un'amica descrivendo la sua vita coniugale (15-20 righe di lunghezza).

VERSO LE COMPETENZE — COMPITI DI REALTÀ

- *Comunicazione nella madrelingua*
- *Competenza digitale*
- *Imparare a imparare*
- *Consapevolezza ed espressione culturale*

13. Organizza una presentazione multimediale sull'Esposizione Universale di Parigi del 1889. Potrai proporre qualche slides sulla Parigi del tempo e sulle novità e attrazioni presentate in quell'edizione. Non superare le 10 slides. Il tuo lavoro sarà valutato sulla base dei seguenti parametri:

Criteri / Livello di padronanza	Iniziale (1)	Base (2)	Intermedio (3)	Avanzato (4)
Pertinenza delle informazioni				
Efficacia della presentazione				
Esposizione				

ALTRI LINGUAGGI

LA STAGIONE DEL REALISMO IN PITTURA

◀ 1. Gustave Courbet, *Gli spaccapietre*, 1849. Museum Oskar Reinhart am Staolgarten, Winterthur, Svizzera.

▼ 2. Gustave Courbet, *Le vagliatrici di grano*, 1854. Museo delle Belle Arti, Nantes, Francia.

Si può parlare di **Realismo** nelle arti figurative ogni volta che un movimento sceglie la **rappresentazione fedele della realtà**. Nel corso della storia questo metodo rappresentativo è emerso in vari periodi: già nella pittura antica, con gli Etruschi e con i Romani, e più avanti in epoca moderna con la pittura di genere, cioè la rappresentazione di scene della vita quotidiana, del Seicento olandese.

Tuttavia il termine Realismo in storia dell'arte si riferisce specificamente a un movimento che a metà dell'Ottocento, in Francia, ritrae con la massima adesione la **realtà sociale** del proprio tempo, allontanandosi dai temi della pittura ufficiale che preferiva i grandi soggetti storici oppure il mondo dei sentimenti e della religione. L'ambiente francese, intorno al 1848, è caratterizzato da violenti movimenti di rivolta che fanno emergere il conflitto di classe tra borghesia e proletariato: la scelta dei pittori realisti assume dunque un preciso **significato culturale** e **ideologico** nel voler rappresentare la vera condizione di vita delle classi lavoratrici, senza nessuna forma di idealizzazione che intenda mascherare i problemi sociali.

Esponente principale del movimento è il pittore **Gustave Courbet** (1819-1877). Insieme ad alcuni amici intellettuali conia il termine "Realismo" sottolineandone il valore di **denuncia sociale**. La sua pittura produce un grande impatto sull'ambiente artistico francese che considera ancora l'arte il luogo nobile di fatti epici e grandiosi. Courbet propone invece quadri i cui **soggetti** sono **individui al lavoro**, **poveri**, **semplici**, anche **brutti**. Questa scelta di Courbet ha un effetto provocatorio e polemico proprio perché ha l'obiettivo di imporre al pubblico dell'arte, fatto di grandi borghesi, la descrizione di quelle sofferenze delle **classi inferiori**, la cui colpa era socialmente imputabile proprio agli interessi della grande borghesia.

In entrambi i dipinti di Courbet qui riprodotti (▶Figg. 1 e 2) sono presentati uomini e donne di un ambiente rurale mentre svolgono il loro lavoro abituale: non sono in posa, non sono modelli dentro lo studio del pittore, ma sono mostrati semplicemente nella **concretezza dei gesti** che compiono quotidianamente, per cui non sanno di "essere guardati", sono di schiena, o di profilo, oppure hanno il volto quasi del tutto nascosto da un cappello che li ripara dal sole, o ancora, sono sopraffatti dalla stanchezza, come la donna seduta in terra appoggiata ai sacchi di grano nel dipinto *Le vagliatrici di grano* (▶Fig. 2). Il pittore vuole mettere al centro la **fatica** dei protagonisti, i loro poveri **abiti da lavoro** – ne *Gli spaccapietre* (▶Fig. 1) si vede chiaramente la camicia strappata del giovane a sinistra – gli attrezzi con cui si guadagnano da vivere, il loro sudore. Non c'è alcuna idealizzazione, nessun particolare è reso più bello di come davvero appare. Il quadro è concepito come un **documento visivo**.

▲ 3. Giovanni Fattori, *Il riposo (carro rosso), 1887.* Pinacoteca di Brera, Milano.

▲ 4. Giovanni Fattori, *Pianura con cavalli e soldati.* Museo di Capodimonte, Napoli.

▲ 5. Giovanni Fattori, *Calesse nella maremma toscana.* Galleria d'arte moderna, Firenze.

La lezione dei pittori realisti, osteggiata in un primo momento dagli ambienti artistici più influenti e dal pubblico borghese, verrà ripresa nel giro di pochi anni sia nella stessa Francia, dove i **pittori di Barbizon**, che prendono il nome dalla località in cui operarono, si specializzano per esempio sul tema del **paesaggio**, sia nel resto d'Europa. In Italia il movimento toscano dei **Macchiaioli**, guidato da **Giovanni Fattori** (1825-1908), rappresenta una delle più originali testimonianze della diffusione di questo gusto.

I quadri di Fattori (▶Fig. 3, 4 e 5) hanno spesso come soggetti **scene di vita all'aperto**. Vaste distese di campi, orlate in alcuni casi all'orizzonte da una striscia blu del mare di Toscana, sono lo sfondo su cui campeggiano solitari uomini e animali: butteri, cioè i mandriani della Maremma, con i loro buoi, oppure soldati in perlustrazione o a riposo. Anche Fattori, come i pittori realisti francesi, prende le distanze da una pittura che voglia celebrare eventi eccezionali o descrivere un'umanità nobile, ricca, potente e dipinge una **realtà più modesta** e più semplice, che comunica in modo diretto la verità delle cose e delle situazioni.

UNA NUOVA TECNICA PER RITRARRE LA REALTÀ: LA FOTOGRAFIA

Negli stessi anni in cui arte e letteratura cercano di riprodurre la realtà nel modo più oggettivo possibile, nasce una nuova tecnica, la **fotografia**, in grado di realizzare proprio questo obiettivo.

◀ 1. Louis-Jacques Daguerre, *Natura morta*, dagherrotipo, 1837.

▲ 2. Giovanni Verga, *Tre sorelline giunte da Vizzini*.

Dipingere con la luce

La prima impressione di un'immagine chimica su carta risale con ogni probabilità all'ultimo decennio del XVIII secolo, ma è negli anni Trenta del secolo successivo che il francese **Louis-Jacques Daguerre** (1787-1851), un pittore parigino di discreto successo che già aveva utilizzato la camera oscura per le sue scenografie teatrali, impone alla nuova invenzione il nome di **dagherrotipìa** e nel 1837 realizza una pregevole natura morta (▶Fig. 1).

Il 6 gennaio 1839 la scoperta di una tecnica per "**dipingere con la luce**" è annunciata con toni entusiastici sulla «Gazette de France». Il 19 agosto dello stesso anno il procedimento viene reso pubblico durante una riunione dell'Accademia delle scienze e dell'Accademia delle belle arti di Parigi. Nel corso del secolo si intensificano le ricerche di nuovi metodi per perfezionare il procedimento.

In Italia i primi esperimenti sono condotti nello stesso 1839 e, qualche decennio più tardi, lo scrittore verista **Giovanni Verga** farà largamente uso della fotografia come metodo per riprodurre oggettivamente la realtà (▶Fig. 2).

Il rapporto fotografia-pittura

La fotografia influenza immediatamente il lavoro dei **pittori**: nascono presto gli atelier fotografici specializzati nella produzione di immagini, usate poi dai pittori come base per i propri dipinti.

Accade inoltre che la fotografia smentisca alcune credenze su cui gli artisti si erano spesso basati. È famoso per esempio il caso di alcune sequenze fotografiche realizzate nel 1877-78 su un cavallo in corsa dall'inglese **Eadweard Muybridge** (1830-1904), (▶Fig. 3) destinato a diventare il pioniere della **fotografia in movimento**: lungo il tracciato percorso dal cavallo vennero sistemate ventiquattro fotocamere, ognuna delle quali era azionata da un filo colpito dagli zoccoli dell'animale. La sequenza di fotografie così ottenuta mostrò che gli zoccoli del cavallo al galoppo si sollevavano da terra contemporaneamente quando si raccoglievano sotto il ventre dell'animale e non quando le zampe erano nella loro massima estensione, come invece avevano sempre creduto i pittori e come si vede benissimo in un quadro di Théodore Géricault, *Le derby d'Epsom*, del 1821 (▶Fig. 4).

Il tema del rapporto tra fotografia e pittura si era già imposto a partire dalla metà dell'Ottocento come un **problema** di **ambiti di competenza** e di **distinte funzioni**. La fotografia costituiva infatti una novità "ingombrante" e per certi aspetti minacciosa nei confronti della pittura e della scul-

◄ 3. Eadweard Muybridge, *Fotografie di cavallo piccolo al galoppo*, 1887. Mary Evans Picture Library, Londra.

▼ 4. Théodore Géricault, *Le derby d'Epsom*, 1821. Museo del Louvre, Parigi.

tura: una tecnica così precisa nella riproduzione del reale avrebbe potuto appropriarsi del compito tradizionalmente affidato all'arte, prevaricandola, in un momento storico in cui la cultura teorizzava appunto i **valori del Realismo** e l'adesione il più possibile fedele dei linguaggi artistici alla realtà. In rapporto alla ritrattistica e alla pittura di paesaggio, ovvero i generi richiesti dal mercato, la fotografia costituiva un'alternativa più rapida e conseguentemente più economica, perché riduceva vistosamente i tempi di posa del soggetto. E proprio nella **ritrattistica** la **fotografia** riscosse un veloce **successo internazionale**, sottraendo occasioni di lavoro ai pittori. Rimaneva una grande differenza data dall'assenza del colore nella fotografia, ma già qualcuno provava a verniciare con colori trasparenti e olio le immagini fotografiche: il campo della sperimentazione era aperto.

Si accese un vivace dibattito tra gli intellettuali: il pittore **Hippolyte Delaroche** (1797-1856), capo di una commissione governativa nominata per studiare l'invenzione di Daguerre, disse nella sua relazione: «A partire da oggi la pittura è morta». Il poeta **Baudelaire** definì la nascente industria fotografica «il rifugio di tutti i pittori mancati, troppo poco dotati e troppo pigri per completare i loro studi» e sostenne la necessità che la fotografia ritornasse «al suo vero compito, che è d'essere la serva delle scienze e delle arti, ma la più umile serva, come la stampa e la stenografia, che non hanno né creato né sostituito la letteratura». Per Baudelaire il valore documentario proprio della fotografia era la negazione dell'arte: l'arte era un'attività dello spirito e non poteva essere sostituita da un mezzo meccanico.

Vennero infine individuati i **tre caratteri** fondamentali **della fotografia**: l'ineliminabile **rapporto con la realtà**, la **natura tecnica** e la **riproducibilità**, gli stessi che l'avrebbero accompagnata per tutta la sua storia e che ancora oggi continuano ad animare un vivace dibattito.

T2 Hermann Hesse Il lupo

Hermann Hesse (Calw, 1877-Montagnola, 1962), insignito del Premio Nobel per la Letteratura nel 1946, è considerato uno dei **maggiori scrittori tedeschi del Novecento**. La madre nasce in India da genitori europei: a ciò si deve forse l'**attrazione** manifestata da Hesse **per il mondo orientale** e una particolare **sensibilità** per le creature e le espressioni della **natura**.

Autore di celebri romanzi come *Il lupo della steppa*, *Siddharta*, *Narciso e Boccadoro*, Hesse compone anche numerosi racconti, pubblicati in raccolte diverse. Dal 1919 fino alla morte vive nel paese di Montagnola, vicino a Lugano, nel Canton Ticino. Dopo la sua morte diventa un **autore di culto** fra i **giovani pacifisti** e **hippie** che rifiutavano la guerra del Vietnam e il materialismo della società occidentale.

Il racconto restituisce in maniera fedele un suggestivo ambiente naturale e propone un punto di vista particolare sul **rapporto fra uomini e animali**: sullo sfondo di una natura invernale incontaminata il narratore segue la tragica fine di un **branco di lupi stremati dalla fame** per poi concentrarsi sulla vicenda di uno di essi, che da potenziale aggressore diventa **vittima della ferocia degli uomini**.

Sulle montagne francesi non si era ancora visto un inverno così incredibilmente freddo e lungo. Da settimane l'aria era limpida, frizzante e gelida. Di giorno i grandi pendii[1] innevati si stendevano lattiginosi[2] e sconfinati sotto il cielo d'un azzurro vivissimo; di notte erano illuminati da una luna piccola e chiara, una luna truce[3] e gelata, che mandava bagliori gialli e la cui forte luce sulla neve diventava azzurra e tetra, assumendo lo stesso aspetto del ghiaccio vero e proprio. Gli uomini evitavano ogni strada e, naturalmente, le vette; rimanevano indolenti a imprecare nelle loro casupole, le cui finestre rosse di notte, accanto all'azzurra luce lunare, parevano fumosamente torbide e presto si spegnevano.

Erano tempi difficili per gli animali dei dintorni. I più piccoli morivano assiderati in quantità; anche gli uccelli cadevano vittime del gelo, e i loro scarni cadaveri erano preda di astori[4] e lupi. Ma anche questi soffrivano terribilmente il gelo e la fame. In quei luoghi vivevano solo poche famiglie di lupi, e la necessità li spinse ad essere più solidali. Di giorno uscivano da soli. Qua e là se ne vedeva uno aggirarsi sulla neve, magro, vigile e affamato, muto e timoroso come un fantasma. La sua esile ombra scivolava accanto a lui sulla superficie innevata. Fiutando la preda, drizzava nel vento il muso affilato; di tanto in tanto si sentiva un ululato secco e tormentato. La sera però uscivano tutti insieme e si spingevano vicino ai villaggi, ululando rauchi. Le bestie e il pollame, lì, erano ben custoditi e, dietro imposte ben chiuse, erano pronti a sparare gli schioppi. Soltanto di rado si imbattevano in una piccola preda, ad esempio un cane; e già due di loro erano stati colpiti da una pallottola.

Il gelo non accennava a smettere. Spesso i lupi giacevano coricati, immobili, mugolanti, scaldandosi l'uno con

1. **pendii**: luoghi in pendenza.
2. **lattiginosi**: del colore del latte.
3. **truce**: minacciosa.
4. **astori**: uccelli rapaci.

l'altro finché uno, torturato dalle atroci sofferenze della fame, all'improvviso non balzava su con uno spaventoso ululato. Allora tutti gli altri voltavano il muso verso di lui, tremavano e scoppiavano in un terribile ululato, di minaccia e di lamento.

Alla fine una piccola parte del branco decise di emigrare. Di buon'ora lasciarono le loro tane, si radunarono e fiutarono, eccitati e spaventati, l'aria gelida. Poi corsero via, tutti insieme. Gli altri li seguirono coi loro occhi grandi e vitrei[5], li rincorsero per una ventina di passi, si fermarono indecisi e sconsolati e poi, lentamente, tornarono nelle loro tane vuote. A mezzogiorno gli emigranti si divisero. Tre di loro si diressero verso est, in direzione del Giura[6] svizzero; gli altri proseguirono verso sud. Quei tre erano bestie belle e forti, ma spaventosamente magre. Il ventre chiaro, incavato, era sottile come una cinghia; sul petto sporgevano le costole, da far pietà; avevano la bocca secca e gli occhi grandi e disperati. In tre, si addentrarono profondamente nel Giura; uccisero il secondo giorno un montone, il terzo un cane e un puledro; da tutte le parti li perseguitavano contadini inferociti. Nella zona, ricca di villaggi e cittadine, si diffusero la paura e l'orrore di quegli insoliti intrusi. Le slitte postali cominciarono a circolare armate; senza lo schioppo sulle spalle nessuno andava più da un villaggio all'altro.

In quella terra straniera, dopo un bottino così ricco, i tre animali erano in preda a un sentimento strano, un misto di timore e benessere; si fecero ancora più arditi[7] e, in pieno giorno, fecero irruzione nella stalla di una fattoria.

Muggiti, il crepitio[8] del legno che si schiantava, scalpiccio[9] di zoccoli e respiri caldi e affamati empivano quello spazio angusto e caldo.

Ma questa volta si intromisero gli uomini: sui lupi era stata messa una taglia e questo raddoppiava il coraggio dei contadini. E ne uccisero due: uno ebbe il collo trapassato da una pallottola e l'altro fu abbattuto con un'ascia. Il terzo riuscì a fuggire e corse finché non cadde sulla neve, tramortito.

Era il più giovane e il più bello dei lupi, un animale superbo, vigoroso ed elastico[10]. Rimase a lungo a terra, ansante. Davanti ai suoi occhi turbinavano circoli rosso sangue e, ogni tanto, emetteva un sospiro fischiante e dolente. Un colpo d'ascia gli aveva raggiunto la schiena. Tuttavia si riprese e riuscì a sollevarsi. Soltanto allora si accorse di quanto avesse corso. Non si vedevano da nessuna parte né uomini né case. Davanti a lui si innalzava una montagna possente, innevata. Era il Chasseral[11]. Decise di aggirarla. Poiché era tormentato dalla sete, rosicchiò a piccoli morsi la crosta dura e gelata della distesa di neve.

Dall'altra parte del monte trovò addirittura un villaggio. Si era verso sera. Attese in una fitta abetaia[12]. Poi scivolò cauto intorno ai recinti, seguendo l'odore di calde stalle. Per strada non c'era nessuno. Timoroso e avido scrutava tra le case. Poi partì uno sparo. Mandò in alto la testa e prese a correre, quando si udì già un secondo sparo. Colpito. Il suo basso ventre, d'un colore bianchiccio, era lateralmente macchiato di sangue, che scorreva ostinatamente, a gocce dense. Comunque gli riuscì di fuggire, a grandi salti,

5. **vitrei**: simili al vetro per lucidità e trasparenza.
6. **Giura**: il Massiccio del Giura è una catena montuosa a nord delle Alpi, in Francia, Svizzera e Germania.
7. **arditi**: coraggiosi.
8. **crepitio**: rumore secco e continuo.
9. **scalpiccio**: rumore che si produce pestando il terreno con gli zoccoli.
10. **elastico**: sciolto nei movimenti.
11. **Chasseral**: monte del Massiccio del Giura (1606 m).
12. **abetaia**: bosco di abeti.

e raggiungere il bosco, dall'altra parte del monte. Là aspettò un attimo, con le orecchie tese, e udì voci e passi da due parti. Angosciato guardò verso il monte, sopra di sé. Era ripido, coperto di boschi e faticoso da risalire. Ma non aveva scelta. Ansimando, s'arrampicò sulla ripida parete coperta di boschi mentre, dabbasso, la confusione di imprecazioni, ordini e lanterne costeggiava i piedi della montagna. Tremando, il lupo ferito risaliva l'abetaia. Il freddo era diminuito. Il cielo era coperto da una nebbiolina e pareva promettere neve.

Finalmente, esausto, aveva raggiunto la vetta. Si trovava adesso su una grande distesa di neve, lievemente inclinata, vicino al Monte Crosin, alto sopra il villaggio da cui era fuggito. Non sentiva la fame, ma lo attanagliava il dolore sordo[13] della ferita. Dalla sua bocca semiaperta uscivano latrati sommessi[14] e malati; il suo cuore batteva lento e dolente e sentiva su di sé la mano della morte, come un peso opprimente e indicibilmente greve[15].

Lo attrasse un abete solitario, dai grandi rami; là si sedette a fissare cupamente la grigia notte innevata. Passò mezz'ora. Sulla neve cadeva solo una luce rosso opaco, morbida e strana. Il lupo si alzò gemendo e voltò la sua bella testa in direzione della luce. Era la luna che si alzava da sud-est, enorme e rosso sangue, e lentamente risaliva il cielo cupo. Erano settimane che non era più così rossa e grande. Gli occhi della bestia morente fissarono tristi il disco opaco della luna e di nuovo un debole ululato rantolò dolorosamente nella notte, senza far rumore.

Poi si avvicinarono luci e passi. Contadini dai mantelli pesanti, cacciatori e ragazzini dai berretti di pelliccia, impacciati nei loro stivaloni si trascinavano sulla neve. Si levarono grida di giubilo[16].

Avevano scoperto il lupo morente; gli spararono due colpi che mancarono entrambi il bersaglio. Poi videro che era in punto di morte e si avventarono su di lui con bastoni e randelli[17]. Lui non li sentiva più.

Con gli arti spezzati, lo trascinarono giù, fino a St. Immer[18]. Ridevano, si gloriavano, si figuravano già la grappa e il caffè che li attendevano, cantavano, imprecavano. Nessuno vide la bellezza della foresta innevata, né lo splendore dell'altopiano, né la luna rossa sul Chasseral la cui debole luce si infrangeva sui loro fucili, sui cristalli di neve e sugli occhi spezzati del lupo abbattuto.

H. Hesse, *Il lupo*, da *Racconti brevi*, trad. it. di F. Ricci, Newton&Compton, Roma, 1991

13. **sordo**: dolore non acuto, ma continuo e diffuso.
14. **sommessi**: bassi.
15. **greve**: pesante.
16. **giubilo**: gioia intensa.
17. **randelli**: bastoni corti e incurvati.
18. **St. Immer**: comune nel Cantone svizzero di Berna.

GUIDA ALLA LETTURA

LA SEQUENZA INIZIALE

Il racconto si apre con una sequenza descrittiva che mostra un paesaggio alpestre francese in inverno; non si tratta di una presentazione neutra, perché, attraverso una scelta lessicale mirata, essa prepara il lettore al dramma di cui i picchi innevati saranno teatro. A rendere ancora più suggestivo il gioco cromatico è il rosso delle finestre che nascondono interni fumosi e poco salubri. Fuori, il freddo puro e tagliente; dentro, l'aria resa poco respirabile e torbida, malsana.

LA DESCRIZIONE DEGLI ANIMALI

In questo ambiente, così ostile alla sopravvivenza, gli animali, se riescono a evitare la morte per il freddo, cadono vittime gli uni degli altri; i lupi si procurano scarso cibo sia predando i cadaveri degli animali più piccoli sia tentando qualche raro attacco a prede in movimento.

Significativa è ancora l'opposizione aperto/chiuso: bestie e pollame sono *ben custoditi*, in stalle e stie annesse ai locali fumosi degli uomini, gli animali selvaggi sono esposti alla tortura del gelo e della fame.

Nella descrizione di Hesse il lupo è *affamato* e *timoroso*, ridotto a un'*esile ombra*.

Poi la svolta: il gruppo si divide tra i disperati ma coraggiosi, e i disperati ma rassegnati. L'autore utilizza il termine di *emigranti*, carico di suggestioni legate ai forzati spostamenti umani, per indicare i lupi che partono per cercare di sopravvivere, e li segue, nel percorso fra le montagne, fino a una nuova separazione.

Da qui l'attenzione si concentra su tre animali, un tempo bestie *belle e forti*, ora ridotte a *far pietà*: la fame li spinge a entrare in conflitto con i contadini.

Si scatena una caccia: due lupi cadono presto sotto i colpi degli inseguitori, il terzo, *un animale superbo*, si trascina fino a un villaggio ai piedi di una montagna, dove viene colpito al ventre. È un lupo fortemente umanizzato quello che, *angosciato*, sapendosi vicino alla morte, si arrampica per sfuggire agli assalitori, ma anche per arrivare dove non c'è che bianco e pace.

LA FINE DELLA CACCIA

Il lupo si trascina a fatica sotto un abete, guardando la luna levarsi e rantolando *senza far rumore*.

Subito dopo si scatena un inferno di *luci e passi*, uniti a *grida di giubilo*: i contadini sparano all'animale del tutto incapace di nuocere, infieriscono sul suo corpo, massacrandolo, e con scomposta allegria lo portano nel villaggio come un trofeo di caccia.

LE SEQUENZE

Il racconto procede per sequenze descrittive e narrative; la dimensione riflessiva, ridotta alla percezione del dolore e del pericolo, compare, nella descrizione, a caratterizzare gli stati d'animo dell'animale; sono assenti le sequenze dialogiche.

COMPRENDERE E ANALIZZARE

COMPRENSIONE

1. Come reagiscono uomini e lupi al rigore dell'inverno? Rispondi con opportuni riferimenti al testo.
2. Quali fattori conducono il lupo alla morte?

ANALISI

3. Quali ambienti vengono descritti in questo brano?
4. Nel racconto si attua un ribaltamento di valori: l'umanità appartiene al lupo e la bestialità all'uomo. Individua due immagini relative ai comportamenti dell'uno e dell'altro significative a questo proposito. Commentale motivando la tua scelta.
5. La natura ti sembra solo uno sfondo alla vicenda o piuttosto è partecipe al dramma che si compie?
6. Quali sono i colori prevalenti nelle varie scene e con quale significato?
7. I lupi assumono in diversi passaggi della vicenda comportamenti tipicamente umani. Individuali commentando le scelte lessicali con cui l'autore attua l'umanizzazione dei lupi.

SCRIVERE

APPROFONDIMENTO E SCRITTURA

8. Al lupo è associata nella nostra cultura un'idea di minaccia e di aggressività. Conosci altri animali che in modo simile si caratterizzino per una valenza negativa? Raccogli in un breve repertorio, eventualmente multimediale, una rassegna di cinque/sei immagini di animali utilizzati come simbolo di vizi o di difetti e corredale di relative didascalie.

VERSO LE COMPETENZE

- *Comunicazione nella madrelingua*
- *Imparare a imparare*
- *Consapevolezza ed espressione culturale*

9. Il lupo è un animale protetto da una direttiva europea, nei confronti della quale alcuni Paesi hanno sollevato perplessità e ottenuto deroghe a causa del timore di un ritorno della minaccia di questi animali per l'allevamento. Scrivi due interventi in cui ti esprimi pro e contro la tutela del lupo.

2 IL REALISMO DI GUERRA

Gli eventi storici degli anni Trenta e Quaranta del Novecento, che culminano nella tragedia della Seconda guerra mondiale, producono, in varie parti d'Europa, una **nuova stagione** del **Realismo**, che trae origine da **esperienze vissute** di cui gli scrittori sentono la necessità di fornire una **testimonianza**.

Lo sfondo diventa quello dei teatri di battaglia del **secondo conflitto mondiale**, dei **campi di concentramento nazisti** e dei **campi di deportazione sovietici**, delle montagne su cui si combatte la **guerra partigiana** e della difficile **ricostruzione postbellica**.

Chi scrive, scrive perché ha visto, non può dimenticare e non vuole che gli uomini dimentichino: la **letteratura** diventa **memoria** e strumento per costruire un'**umanità libera e civile**.

2 | ELEMENTI DI NARRATOLOGIA
Le fasi della narrazione

Video
Quali sono le fasi della narrazione?

- **Esposizione**: le condizioni preesistenti rispetto all'inizio della vicenda.
- **Esordio**: l'avvio della vicenda.
- **Peripezie**: gli eventi che sviluppano e complicano la vicenda.
- ***Spannung***: il momento di maggior tensione.
- **Scioglimento**: cessazione della tensione narrativa.
- **Conclusione**: fine della vicenda.

T3 Varlam Šalamov Calligrafia

Varlam Tichonovič Šalamov (Vologda, 1907-Mosca, 1982) è uno scrittore russo **condannato** negli anni Trenta dalle autorità del suo Paese per **motivi politici**. Viene **deportato** per quindici anni in una regione inospitale dell'ex Unione Sovietica, la **Kolyma**, territorio siberiano fra le zone più fredde del pianeta. Qui si ammala di tifo e viene salvato da un medico prigioniero che lo prende come assistente nell'ospedale del campo. Nel 1956 ottiene una **riabilitazione ufficiale** e l'anno successivo si trasferisce a Mosca, dove diventa corrispondente di una rivista letteraria. I racconti di Šalamov sono stati pubblicati per la prima volta integralmente in Occidente a Londra nel 1978 e solo nel 1992 in Russia.

Calligrafia è uno dei *Racconti della Kolyma*, raccolta che narra la **vita dei deportati politici nell'omonima regione siberiana**, nota come "la terra della morte bianca", dove le temperature possono scendere oltre i 70 gradi sotto zero. Nel *gulag* i detenuti erano destinati ai **lavori forzati** sia nel disboscamento della foresta sia nelle miniere d'oro. In questo racconto emergono alcuni aspetti delle estreme condizioni di vita dei prigionieri, la cui sopravvivenza dipende talvolta da circostanze fortuite e imprevedibili.

Rovine di una prigione nel *gulag* di Čhukotka, Siberia, Russia.

Nel corso di questo racconto sono evidenziate e illustrate a bordo pagina le **fasi della narrazione**, cioè i **momenti significativi** che scandiscono **lo sviluppo del racconto**.

A tarda notte Krist fu convocato «dietro la scuderia». Così al lager[1] veniva chiamata una casetta contro la collina in fondo al villaggio di baracche. Vi alloggiava il giudice istruttore[2], addetto alle «questioni di particolare importanza», come si diceva al lager per fare dello spirito, visto che lì di questioni di particolare importanza non ce n'erano: qualsiasi crimine o parvenza di crimine poteva essere punito con la morte. Con la morte, o con una totale assoluzione. Ma quanti potevano raccontare della loro totale assoluzione? Pronto a tutto, indifferente a tutto, Krist camminava per lo stretto sentiero ben battuto che conduceva dietro la «scuderia». Nella cucina della casetta si è accesa una luce: è probabilmente l'addetto al taglio del pane che comincia ad affettare le razioni[3] per la colazione. Per la colazione di domani. Ma ci sarebbero stati un domani e una colazione per Krist? Non lo sapeva ed era contento di non saperlo. Krist sentì sotto il piede qualcosa che non era né neve né ghiaccio. Si chinò, sollevò una crosta gelata e all'improvviso capì che si trattava di una scorza di rapa, di una buccia di rapa congelata. Il ghiaccio già gli si scioglieva tra le mani, e Krist si mise la buccia in bocca. Era chiaro che non era il caso di affrettarsi. Krist percorse tutto il sentiero a partire dalle ultime baracche e capì che era il primo a camminare per quel lungo sentiero innevato, che quel giorno nessuno prima di lui era ancora passato di lì, all'estremità del villaggio, per andare dal giudice istruttore. Lungo tutta la strada, incrostati di neve, come avvolti nel cellofan, c'erano dei pezzetti di rapa. Krist ne trovò una buona decina, alcuni più grossi, altri più piccoli. Da molto tempo Krist non aveva visto gettare via nella neve delle scorze di rapa. Non doveva essere stato un detenuto: certamente un salariato[4] libero. Forse lo stesso giudice. Krist masticò e inghiottì tutte quelle scorze, e ritrovò nella bocca un sapore dimenticato da tempo – quello della sua terra natale, della verdura fresca; Krist era di umore lieto quando bussò alla porta della casetta del **giudice istruttore**.

Piccolo, smilzo[5], il giudice istruttore non era rasato. Lì c'era solo il suo gabinetto di lavoro[6], e una branda di ferro con sopra una coperta militare e un lurido guanciale spiegazzato... C'era una scrivania di fabbricazione

Esposizione: viene presentato l'ambiente che farà da cornice alla vicenda narrata e viene introdotto uno dei due personaggi che agiscono in essa. I suoi gesti servono a definire meglio la realtà estrema in cui si muove.

Esordio: si avvia, con l'ingresso di Krist nella casetta del giudice, l'azione narrativa. Sta per succedere qualcosa che produrrà a sua volta conseguenze. In questo racconto la fase che definiamo "esordio" è piuttosto ampia, perché, prima di arrivare a scoprire la richiesta del giudice, il lettore assiste al dialogo tra le due parti, che permette di conoscere meglio i personaggi.

1. **lager**: luogo di prigionia, volto in genere allo sterminio dei reclusi, in cui vige una dura segregazione e si infliggono maltrattamenti. Diffuso in particolare negli anni della Seconda guerra mondiale in Germania e in Unione Sovietica.
2. **giudice istruttore**: in un processo, giudice sotto la cui direzione si svolge l'istruzione di una causa, cioè la fase processuale durante la quale si acquisiscono agli atti tutti gli elementi necessari alla sentenza.
3. **razioni**: porzioni individuali di pasto, ridotte di quantità.
4. **salariato**: persona che riceve una retribuzione per il lavoro svolto.
5. **smilzo**: magro.
6. **gabinetto di lavoro**: ufficio.

artigianale con due cassetti tutti storti, zeppi di carte e cartellette. Sul davanzale c'era una cassa con delle schede. Anche lo scaffale era interamente ingombro di cartellette. Un portacenere ricavato da un barattolo. Una pendola, sopra la finestra, che segnava le dieci e mezzo. Il giudice istruttore stava accendendo la stufa di ferro con della carta.

Era di carnagione chiara, pallido come tutti i giudici istruttori. Non c'era il piantone[7], non aveva la pistola.

«Sedetevi, Krist» disse il giudice istruttore, dando del voi al detenuto e spostando verso di lui un vecchio sgabello. Lui era seduto su una sedia, anch'essa di fabbricazione artigianale, con un alto schienale.

«Ho dato un'occhiata al vostro fascicolo» disse il giudice istruttore «e ho una cosa da proporvi. Non so se vi andrà bene».

Krist si era immobilizzato nell'attesa. Il giudice istruttore indugiò un istante.

«Mi occorre sapere ancora qualche cosa di voi».

Krist sollevò il capo e non riuscì a trattenere un rutto. Un rutto piacevole, dall'irresistibile gusto di rapa fresca.

«Scrivete un'istanza[8]».

«Un'istanza?».

«Sì, un'istanza. Ecco qua un foglio di carta, eccovi la penna».

«Un'istanza? A proposito di cosa? Indirizzata a chi?»

«Ma a chi volete! Va bene, se non volete scrivere un'istanza, scrivetemi una poesia di Blok[9]. Qualsiasi cosa, l'avete capito? Oppure *L'uccellino* di Puškin[10]:

> «Ieri ho aperto la prigione
> del mio etereo[11] prigioniero.
> Ai boschi ho restituito il canto,
> ridandogli la libertà»

declamò il giudice istruttore.

«Non è *L'uccellino* di Puškin» bisbigliò Krist, concentrando tutte le forze del suo cervello inaridito.

«E di chi è allora?»

«Di Tumanskij[12]».

«Tumanskij?... È la prima volta che lo sento».

«Ho capito, vi serve una perizia[13]? Sapere se sono stato io a uccidere

7. **piantone**: soldato di guardia.
8. **istanza**: richiesta rivolta a un organo amministrativo o a un tribunale.
9. **Blok**: Aleksandr Blok, poeta russo (1880-1921).
10. **Puškin**: Aleksandr Puškin, poeta russo (1799-1837).
11. **etereo**: incorporeo.
12. **Tumanskij**: ingegnere russo (1901-1973). Progettò un motore utilizzato su un aereo da combattimento, a tutt'oggi il più veloce mai realizzato.
13. **perizia**: giudizio tecnico di un esperto su una questione specifica.

qualcuno. O se ho scritto una lettera per l'esterno. O se ho fabbricato un buono acquisti per un malavitoso».

«Niente di tutto questo. Non perdiamo tempo per questo genere di perizie».

Il giudice istruttore sorrise, mettendo a nudo le gengive gonfie e sanguinanti, i piccoli denti. Per quanto insignificante, quel sorriso diede un po' di luce alla stanza. E anche all'anima di Krist. Involontariamente si trovò a fissare la bocca del giudice istruttore.

«Sì» fece il giudice, cogliendo lo sguardo di Krist «è scorbuto[14], scorbuto. Da queste parti non risparmia neanche gli uomini liberi. Non ci sono verdure fresche».

Krist pensò alla rapa. Nella scorza di una rapa ci sono più vitamine che nella polpa, ed erano toccate a Krist, non al giudice istruttore. Krist avrebbe voluto continuare quella conversazione, raccontare come aveva succhiato, rosicchiato le scorze di rapa buttate via dal giudice ma non osò farlo, temendo che il superiore gli rimproverasse quell'eccesso di confidenza.

«Allora mi avete capito o no? Ho bisogno di vedere la vostra scrittura».

Krist continuava a non capirci nulla.

«Scrivete» e il giudice istruttore cominciò a dettare:

«Al responsabile del giacimento. Detenuto Krist, anno di nascita, articolo, condanna. Chiedo di essere trasferito a un lavoro meno pesante... Basta così».

Il giudice istruttore prese la domanda incompiuta di Krist, la strappò e la gettò nel fuoco... Il bagliore della stufa per un istante si fece più intenso.

«Sedete al tavolo. Lì, sul bordo».

Krist aveva una bella scrittura, una calligrafia da scrivano che a lui stesso piaceva molto, mentre tutti i suoi compagni lo avevano sempre preso in giro perché non era la calligrafia di uno scienziato, di uno scrittore o di un poeta. Era quella di un magazziniere. Ridevano, dicendo che Krist avrebbe potuto fare lo scrivano dello zar[15] come nel racconto di Kuprin[16]. Ma queste canzonature non turbavano Krist, che aveva continuato a consegnare, perché venissero battuti a macchina, manoscritti[17] da lui accuratamente ricopiati. Le Dattilografe[18] approvavano, ma gli ridevano alle spalle.

◀ DAL TESTO ALLE PAROLE ▶ p. 53

◀ DAL TESTO ALLE PAROLE ▶ p. 53

Sulle prime le dita ormai abituate al piccone, al manico, non potevano in alcun modo afferrare la penna, ma alla fine ci riuscirono.

14. scorbuto: malattia causata da una dieta povera di vitamine.

15. zar: titolo imperiale in uso in Bulgaria e in Russia fino alla Rivoluzione del 1917. Il titolo, assunto da Ivan IV nel 1547, deriva dal latino *Caesar*, Cesare, attraverso la mediazione del gotico *kaisar*. Giulio Cesare dopo la vittoria su Pompeo fu nominato dittatore a vita dal Senato e dai Comizi e fu dunque il primo uomo politico romano, ancora in età repubblicana, ad assumere i pieni poteri che tale carica conferiva.

16. Kuprin: scrittore russo (1870-1938).

17. manoscritti: testi scritti a mano.

18. Dattilografe: impiegate che negli uffici scrivevano a macchina.

«Qui c'è un gran disordine, un vero caos» disse il giudice istruttore. «Me ne rendo conto benissimo. Ma voi mi darete una mano a rimettere in ordine».

«Certo, certo» rispose Krist. La legna ardeva nella stufa e nella stanza faceva caldo. «Se fosse possibile fumare...».

«Non fumo» tagliò corto bruscamente il giudice istruttore. «E non ho nemmeno del pane. Domani non andrete a lavorare, lo dirò io all'**intendente**[19]».

Così, per alcuni mesi, Krist andò una volta alla settimana nell'abitazione poco riscaldata e scomoda del giudice istruttore del lager per ricopiare carte, registrare documenti.

L'inverno senza neve del 1937-38 aveva già invaso le baracche con tutti i suoi venti mortali. Ogni notte degli intendenti correvano per le baracche per cercare e svegliare i detenuti in base a certi elenchi di destinazione ai «convogli». Neanche prima si faceva più ritorno dai «convogli», e così i detenuti avevano perfino smesso di pensare a quelle incursioni notturne: «Un trasferimento è un trasferimento», e poi il lavoro era troppo pesante per poter pensare a qualsiasi cosa.

Aumentarono le ore di lavoro, comparvero le scorte di soldati, ma non passava settimana che Krist, a malapena vivo, non si trascinasse fino al ben noto studio del giudice istruttore per scrivere, registrare carte. Aveva smesso di lavarsi, aveva smesso di radersi, ma era come se il giudice istruttore non notasse le guance infossate e gli occhi lucidi di Krist, che moriva di fame. E Krist continuava a scrivere, a registrare. La quantità di carte e cartellette non faceva che crescere, non c'era modo di metterle in ordine. Krist ricopiava certi interminabili elenchi in cui c'erano solo nomi, mentre la parte superiore del foglio era ripiegata, e non cercò mai di penetrare il segreto di quello studio, anche se sarebbe bastato svolgere il foglio che aveva davanti. A volte il giudice istruttore prendeva in mano una cartelletta di fascicoli che non si sapeva bene da dove saltassero fuori, che Krist non aveva mai visto, e in fretta gli dettava degli elenchi. Krist scriveva.

A mezzanotte il lavoro di dettatura aveva termine, e Krist tornava nella sua baracca e dormiva, dormiva – la chiamata al lavoro del giorno successivo non lo riguardava.

Le settimane si susseguivano, e Krist continuava a dimagrire, continuava a scrivere.

Ed ecco che una volta presa in mano l'ennesima cartelletta per leggervi l'ennesimo nome il giudice istruttore si bloccò. Guardò Krist e gli chiese:

Peripezie: dato l'avvio alla vicenda, l'azione narrativa si sviluppa sulla base di quanto è contenuto nell'esordio. Non deve ingannare il termine "peripezia", che, in senso stretto, indica una vicenda avventurosa e piena di imprevisti: in narratologia il termine individua le azioni che sviluppano la vicenda narrata, che non comportano di necessità pericoli o rischi.

▼ Prigionieri in inverno, The New York Public Library Digital Collections, 1936-1937, New York.

19. **intendente**: chi dirigeva un ufficio amministrativo.

«Quali sono il vostro nome e patronimico[20]?»

«Robert Ivanovič» rispose Krist sorridendo. Il giudice istruttore voleva forse cominciare a chiamarlo «Robert Ivanovič» invece di «Krist» o «voi»? La cosa non l'avrebbe stupito. Il giudice istruttore era giovane, avrebbe potuto essere suo figlio. **Continuando a tenere** in mano le cartellette e senza pronunciare il suo nome, il giudice istruttore impallidì. Impallidì fino a che non divenne più bianco della neve. Con dita veloci scelse alcuni foglietti sottili cuciti insieme nella cartelletta: non ce n'erano né di più né di meno di quelli contenuti in qualsiasi cartelletta del mucchio che stava per terra. Poi con un gesto deciso il giudice istruttore spalancò il portello della stufa e di colpo la stanza si rischiarò, come se un'anima si fosse illuminata in profondità e sul suo fondo fosse stato trovato qualcosa di molto importante, di umano. Il giudice istruttore fece a pezzi la cartelletta e la ficcò nella stufa. La luce divenne ancora più intensa. Krist non capiva nulla. E il giudice istruttore disse, senza guardarlo:

Spannung: con la distruzione del fascicolo, che crea tanto turbamento nel giudice, si realizza il momento di massima tensione nel racconto, che interrompe la consuetudine degli incontri tra Krist e il giudice e costringe quest'ultimo a una scelta importante.

«È un fascicolo in bianco. Non capiscono quello che fanno, non se ne interessano» e guardò Krist con occhi duri.

«Continuiamo a scrivere. Siete pronto?»

«Sono pronto» disse Krist, e solo dopo molti anni comprese che quello era il suo fascicolo, il fascicolo di **Krist**.

Già molti dei compagni di Krist erano stati fucilati. Venne fucilato anche il giudice istruttore. Ma Krist era sempre vivo, e a volte, non meno di una volta ogni alcuni anni, rievocava la cartelletta in fiamme, le dita decise del giudice istruttore che strappavano il suo fascicolo e il dono di un giudice a un condannato.

La scrittura di Krist lo aveva salvato, era veramente una **calligrafia**.

Scioglimento: con l'informazione relativa alla natura del fascicolo, il lettore soddisfa il desiderio di comprendere il significato degli atti precedenti. Segue una **conclusione**, che informa sul destino dei personaggi della storia e aggiunge un breve commento dell'autore.

V. Šalamov, *Calligrafia*, da *I racconti della Kolyma*, trad. it. di M. Binni, Adelphi, Milano, 1999

20. **patronimico:** nome derivato da quello del padre o di un avo. Il termine deriva dal greco *patrōnymikós*, composto di *patér*, genitivo *patrós* e da *ónoma*, nome. Esempi famosi di patronimici sono presenti nei poemi epici greci: con l'aggettivo "Pelide", riferito ad Achille, nel primo verso dell'*Iliade*, si richiama il nome, Peleo, del padre dell'eroe greco. Nel caso del racconto di Šalamov il patronimico russo *Ivanovič* significa "discendente di Ivan".

GUIDA ALLA LETTURA

IL REALISMO NEL RACCONTO

L'autore pone il lettore di fronte a un ambiente individuato da una somma di particolari realistici:

- la descrizione di un lager;
- la cornice del villaggio di baracche;
- la casa contro la collina in cui alloggia il giudice istruttore;
- il terreno ghiacciato in cui sono rimaste congelate delle scorze di rapa.

In questo ambiente esterno, freddo e buio, si muove Krist, il detenuto, la cui condizione interiore si modifica lungo il tragitto dalle baracche alla casa del giudice per il semplice ritrovamento di alcuni pezzetti di rapa incrostati di neve che gli ricordano il sapore della terra natale.

I PERSONAGGI

L'incontro di Krist con il giudice istruttore avviene in un interno che funge da alloggio e da ufficio ed è caratterizzato da povertà e semplicità degli arredi, scelti soprattutto in base alla loro funzionalità. Il giudice sembra soffrire della stessa trascuratezza dell'ambiente (non è rasato ed è pallido). Nel corso del dialogo con Krist, un sorriso del giudice rivela gengive gonfie e sanguinanti, conseguenza, come ammette lo stesso giudice, di una malattia legata a una forte carenza di vitamine, lo scorbuto. Il primo confronto fra i due appare molto formale e a fatica emergono le ragioni della convocazione del detenuto. Krist assume inizialmente una posizione di difesa (*era immobilizzato nell'attesa*), poi si abbandona a un moto involontario del suo corpo, che lo incoraggia, in assenza di una reazione del giudice, a porre più precise domande.

Il giudice sembra rilassarsi e comunica la richiesta di esaminare la scrittura del detenuto. È l'inizio per Krist di un secondo lavoro a cadenza settimanale, che non ne allevia le sofferenze né ne impedisce il progressivo deperimento.

LA CONCLUSIONE

Dopo qualche tempo, in uno degli incontri settimanali tra il giudice e il detenuto, si manifesta un fatto inatteso, di cui Krist, e il lettore con lui, non colgono subito il significato e l'importanza. Il giudice istruttore distrugge una cartella sostenendo che si tratti di un fascicolo in bianco. Da questo gesto dipenderà il futuro di Krist, differente da quello dei compagni, e quello dello stesso giudice.

COMPRENDERE E ANALIZZARE

COMPRENSIONE

1. Riassumi il racconto in non più di 8/10 righe.
2. In quali anni è ambientata la vicenda?
3. A chi si riferiscono gli elenchi che Krist continua a trascrivere?
4. Che cosa ha scoperto il giudice istruttore nella cartella che decide di distruggere?

ANALISI

5. Si può affermare che il giudice non gode di un trattamento privilegiato? Motiva la tua risposta facendo riferimento a elementi del testo.
6. Che cosa significa *era di carnagione chiara, pallido come tutti i giudici istruttori?*
7. Quali sintomi rivelano la malattia dello scorbuto?
8. Quale attività possiamo ipotizzare svolgesse Krist prima della deportazione?
9. *La stanza si rischiarò, come se un'anima si fosse illuminata in profondità e sul suo fondo fosse stato trovato qualcosa di molto importante, di umano*: questa immagine, che appare nella parte conclusiva del racconto, ti sembra rispettare i caratteri della narrazione realistica? Motiva la tua risposta. Che cosa aggiunge al personaggio del giudice tale immagine?

SCRIVERE

APPROFONDIMENTO E SCRITTURA

10. La "calligrafia" ha, rispetto al passato, un'importanza decisamente minore per la produzione degli scritti. Fai una ricerca e scrivi in un testo di circa 1 pagina quali sono state le principali tappe della storia della scrittura, sino ad arrivare ai nostri giorni.

SCRITTURA CREATIVA — Dal punto di vista di...

11. Immagina, in un testo di 25-30 righe, che Krist, diventato vecchio, racconti in una lettera ai nipoti il suo rapporto con il giudice durante la sua permanenza nel lager.

VERSO LE COMPETENZE

- *Comunicazione nella madrelingua*
- *Imparare a imparare*
- *Competenze sociali e civiche*
- *Consapevolezza ed espressione culturale*

12. Il racconto descrive una delle situazioni di oppressione che hanno caratterizzato il Novecento, costringendo gli uomini a vivere privi delle loro fondamentali libertà. Quali ritieni siano le libertà irrinunciabili per l'essere umano? Fai una ricerca per sapere quali sono nel nostro Paese le leggi in cui sono contenute le enunciazioni dei diritti imprescindibili per il cittadino. Quando nascono tali leggi? In seguito a quali eventi?

DAL TESTO ALLE PAROLE

Calligrafia Il titolo del racconto T3, ***Calligrafia***, è costituito da un termine di origine greca: *kalligraphía* (composto di *kàllos*, "bellezza" e *graphía*, "scrittura") significa "scrittura a mano bene eseguita". Proprio in questo senso il titolo anticipa il significato profondo della vicenda. Sul piano linguistico nel termine è particolarmente rilevante il suffisso ***-grafia*** (dal verbo greco *gráphein*) perché ricorre come secondo elemento in numerose parole composte, sempre col significato fondamentale di **descrizione** (vedi per esempio ecografia, fotografia, geografia ecc.).

I professionisti della scrittura

Nella nostra lingua i termini che hanno a che fare con l'azione dello scrivere possono derivare sia dal greco, come nel caso dei composti sopra citati, sia dal latino, come nel caso delle parole che definiscono i professionisti della scrittura: **scriba, scrivano, scrittore** derivano appunto dal latino *scrĭbĕre*, "scrivere", ma presentano sfumature diverse di significato:

- *scriba*: dal latino *scriba(m)*, "scrivano": nel periodo romano e medievale, lo scrivano di professione. Questo termine lo si trova spesso anche nelle Sacre scritture perché nel giudaismo "scribi" erano gli esegeti che interpretarono la Bibbia. Nei Vangeli, in particolare, gli scribi sono associati ai Farisei, come rappresentanti della rigida ortodossia e dell'osservazione zelante;
- *scrivano*: dal latino *scribane(m)*, variante del classico *scriba*: "impiegato che attende alla stesura o alla copiatura di documenti d'ufficio";
- *scrittore*: dal latino *scriptus*, scritto: "chi scrive opere letterarie in prosa".

RINFORZIAMO IL LESSICO

1. Individua almeno 10 parole composte con il suffisso *-grafia*; cerca sul dizionario il significato di quelle che non conosci e infine disponile tutte in una tabella a due colonne distinguendo quelle che appartengono a un livello specialistico della lingua (es. etnografia) da quelle che ormai sono entrate nel linguaggio medio (es. mammografia).
2. Un altro suffisso di origine greca molto presente nella nostra lingua e in un certo senso complementare rispetto a *-grafia* è il suffisso *-logia*. Cercane il significato sul dizionario ed esponi sul quaderno la differenza di significato per quanto riguarda almeno cinque coppie di composti "gemelli" (es. geografia/geologia, paleografia/paleologia).
3. In tre testi di 10 righe ciascuno descrivi, dopo averlo ricostruito grazie anche alle informazioni presenti nel libro di storia, l'ambiente di lavoro rispettivamente di uno scriba, di uno scrivano e di uno scrittore contemporaneo, soffermandoti in particolare sulle condizioni di scrittura di ognuno di loro e sul piano d'appoggio di cui potrebbero disporre (scrivania, tavolo, mensola in pietra?).
4. Un altro termine che si riferisce a un individuo scrivente, ma che non deriva dal verbo *scrĭbĕre*, è *amanuense*: cercane il significato preciso e spiega sul quaderno la differenza che intercorre tra *amanuense* e *scriba* in un testo di circa 15 righe.

◄ Miniatura da *La vita di donne celebri* di Antoine Dufour, folio 21 verso, 1505 ca. Museo Thomas Dobree, Nantes.

3 | ELEMENTI DI NARRATOLOGIA
Lo stile

Video
Quali sono gli elementi che compongono lo stile di un testo?

Ogni autore opera scelte per ciò che riguarda lo stile: le scelte coinvolgono il lessico, la sintassi, l'utilizzo della punteggiatura, l'uso di figure retoriche, il ritmo.

- **Lessico**: varia a seconda del registro, cioè del livello più o meno alto, delle parole e delle espressioni utilizzate. Si distinguono un livello **basso** (parole di uso comune, espressioni gergali), **medio** e **alto** o **aulico** (termini più colti, spesso della tradizione letteraria).
- **Sintassi**: in base alla prevalenza di proposizioni coordinate o subordinate si distinguono una costruzione **paratattica** (dal verbo greco *paratásso*, "ordino sullo stesso piano") e una costruzione **ipotattica** (dal verbo greco *hypotásso*, "subordino").
- **Punteggiatura**: un autore può scegliere se ricorrere ampiamente ai segni della punteggiatura, rallentando il periodare, o limitarsi a un uso essenziale di essi.
- **Figure retoriche**: il ricorso a figure retoriche quali per esempio la similitudine, la metafora, la personificazione, il parallelismo e l'antitesi accresce la suggestione delle immagini nel testo nel momento in cui le allontana dal linguaggio comune.
- **Ritmo**: la costruzione sintattica, la punteggiatura, la tipologia delle sequenze contribuiscono ad accelerare o rallentare il ritmo. Questo elemento è solo parzialmente percepibile se non ci si affida alla lettura ad alta voce, che permette di valorizzare questo aspetto dello stile.

T4 Renata Viganò _ Il comandante

Renata Viganò (Bologna, 1900-1976), scrittrice precoce, esordisce a soli tredici anni con una raccolta di poesie. La sua vita ha una svolta con l'8 settembre 1943, quando decide di partecipare alla **lotta partigiana** come **staffetta** e **infermiera** accanto al marito – anch'egli scrittore – e al figlio nell'area delle Valli di Comacchio. Il vertice della sua produzione letteraria è *L'Agnese va a morire* (1949), considerato uno dei romanzi più belli sulla **Resistenza**. Sulla guerra di liberazione compone in *Donne della Resistenza* (1955) ventotto ritratti di antifasciste bolognesi.

Il comandante appartiene alla raccolta di racconti *Matrimonio in brigata*, pubblicata nel 1976, poco dopo la morte della Viganò, in cui l'autrice propone storie di gente comune che si intrecciano con gli eventi della Resistenza partigiana. Nel racconto si parla di un giovane che si unisce a un gruppo di partigiani nell'ultima fase della guerra di liberazione e passa poi dalla lotta in montagna alla **città liberata**, in cui si vive la difficile condizione del ritorno alla normalità.

◀ Due ragazze italiane e un bambino posano con l'equipaggio di un carroarmato polacco a Bologna, dopo che la città è stata liberata.

In questo racconto Renata Viganò ci propone una **prosa lineare**, venata di espressioni poetiche ottenute attraverso un **uso semplice** delle principali **figure retoriche**. Nelle note a margine si sottolineano gli aspetti stilistici più significativi.

Bruno cominciò a togliersi di dosso i **veli della paura** da quando lasciò la fabbrica e attaccò di notte sulla colonna di un portico il primo manifestino. Stava nascosto con altri compagni nelle cantine delle case bombardate alla periferia, appena era buio andavano per la città col barattolo della colla sotto un braccio, **silenziosi e svelti come gatti**. Se udivano un passo o un rumore, si rimpiattavano **dispersi** tra mucchi di macerie, o dentro portoni scardinati stavano **immobili** ascoltando i colpi sordi del cuore.

Questo durò fino al giorno della partenza per la montagna. Si lasciarono quasi senza potersi salutare, uscirono da quei buchi neri delle cantine per andare uno da una parte e uno dall'altra, ormai decisi a resistere anche se l'impresa si dimostrava troppo forte per loro.

All'ultimo momento pensarono che forse non si sarebbero rivisti mai più.

Bruno giunse in brigata[1] una mattina azzurra d'inverno. La luce e il freddo gli misero negli occhi un bruciore di lacrime pungenti. Ma si sentiva pieno di un'allegria **nuda e calma**, senza ricordi della sua casa, senza dispiacere di niente, neppure per la mamma che era rimasta sola. Capiva che doveva essere così, per diventare buono a qualcosa. **Si trovò** in mezzo a compagni alti, grossi, abbronzati; lui non era molto alto né grosso, sembrava più giovane dei suoi anni, e si vergognava del viso bianco da città, più bianco ancora per le lunghe ore nei sotterranei. Ma presto si colorò al sole, all'aria cruda.

Non era mai uscito dalla pianura, ma si abituò subito ai boschi, alle discese, alle rocce, all'appostamento, all'azione. Gli piaceva montare fin su una cima, e guardare il sentiero che gli era servito per salire.

Non era di quelli che si fanno avanti per le avventure rischiose, ma andava dove lo mandavano e non era mai stanco prima degli altri. Invidiava soltanto chi aveva un moschetto[2] migliore del suo, che pure era bello, pulito, tenuto con estrema diligenza.

Il comandante divenne per lui la **persona più cara e temuta**, come l'aspetto umano, vivente della sua passione partigiana. Ora il coraggio invece di cercarselo nel cuore, lo prendeva di lì, da quell'uomo grigio, con la faccia rossa e un sorriso quasi costante negli occhi celesti, stretti tra piccole rughe dure. Quegli occhi lo intimidivano ma si addestrava a fissarli senza voltare la testa da un'altra parte, anche se ne sentiva quasi il bisogno. Sapeva di lui che era stato un garibaldino di Spagna[3], e si avvide presto che non aveva paura di nulla.

L'autrice utilizza, già nella prima frase, una **metafora** piuttosto semplice, proponendoci l'immagine della paura come se fosse un velo. La descrizione si arricchisce con una similitudine e con il ricorso a una ricca aggettivazione.

La coppia di **aggettivi** attribuisce al termine *allegria* qualità solitamente proprie di una persona. *Calma*, in particolare, è in antitesi al significato del termine a cui si riferisce.

Con il **verbo** *si trovò* si apre una serie di coordinate.

I termini evidenziati sono l'esempio del **lessico** prevalente del testo, comune ma non banale, riconducibile a un registro medio.

1. **brigata**: divisione del gruppo partigiano.
2. **moschetto**: arma da fuoco più corta del fucile.
3. **garibaldino di Spagna**: volontario combattente nella Guerra civile di Spagna (1936-1939) a sostegno delle truppe repubblicane.

◀ Brigata Garibaldi Bianconcini. Istituto per la Storia e le Memorie del '900 Parri, Emilia Romagna.

Nei giorni più vicini alla morte certi suoi ordini gli parevano incomprensibili, pur non trovando il mezzo di discuterli nemmeno nel fondo di se stesso. Quegli ordini si risolvevano poi sempre in una chiara prova di capacità, di competenza; era il primo ad avanzare e l'ultimo a retrocedere. Quando stavano in un periodo di calma, faceva piacere a tutti vedere il fumo corto e pacifico della sua pipa, forse piena soltanto di erba secca, purché i partigiani della formazione, con cartine grosse comprate a borsa nera e tabacco recuperato, potessero avere le loro sigarette.

Questa **espressione è particolarmente suggestiva** per i significati impliciti che contiene e per le emozioni cui allude, nonostante la semplicità dei termini utilizzati.

Fu proprio il suo comandante che gli mise il nome di battaglia "Fanciullo", il primo giorno, certo per la faccia giovane e delicata. E "Fanciullo" rimase, anche quando invecchiò nei mesi della montagna, e imparò a conoscere bene quell'uomo che aveva la responsabilità non solo della loro vita ma anche di una parte, piccola o grande, della Guerra partigiana. Non solo lui, ma tutti i compagni avevano imparato a conoscere il comandante, man mano che arrivavano in brigata. Il suo aspetto era in mezzo a loro, ogni volta più scoperto e intelligibile[4], e vi leggevano come in un manifesto. **Sulla montagna disperata**, nel sole e fra la neve, quell'aspetto non indulgente né tenero, ma abile, cosciente, era necessario **come il pane, come le armi**. Rappresentava la certezza di liberarsi – combattendo – della Guerra, la voglia di ammazzare il nemico, senza odio, per necessità.

L'utilizzo dell'**aggettivo** *disperata* riferito alla montagna costituisce una personificazione.

L'accostamento delle due **similitudini** rappresenta una forte antitesi (il pane simboleggia la vita, le armi la morte).

Quel giorno che si lasciarono, egli salutò con la mano, semplicemente, e disse: «Arrivederci, ragazzi». Andava via sopra una jeep, aveva in bocca la pipa piena di tabacco buono, tutti ridevano e gridavano perché la guerra era finita, ognuno tornava a casa sua. Eppure provavano un gran dispiacere per quella jeep che si metteva in moto, e pareva impossibile che si potesse sentire un dispiacere in una giornata come quella.

Bruno arrivò di sera tardi. La città era allegra, gremita di **soldati alleati, inglesi, polacchi, americani, negri** a braccetto con le ragazze. Lui si guardava attorno e quasi gli pareva di non riconoscere più le strade. Gli appa-

Con queste **enumerazioni** l'autrice vuole sottolineare l'euforia del momento della liberazione.

4. **intelligibile**: chiaro, comprensibile.

rivano geometriche, trasparenti, stupefatte come quelle che si vedono in sogno. Quella dove abitava, piccola, fuori mano, era scura e tranquilla, assomigliava meglio a quando era partito, lo convinse che viveva nella realtà. Suonò il campanello, la casa si riempì di voci: egli incontrò **l'abbraccio, le lacrime, l'odore** di sua madre.

Gli dispiacque di aver mancato il giorno della liberazione. Era stato il 21 aprile, quattro giorni prima. Glielo dissero in tanti, che cosa grande, immensa, che gioia, che entusiasmo! Ognuno la raccontava in maniera diversa, ma tutti avevano vissuto quella giornata, avevano gridato per le strade, abbracciando i partigiani, gli inglesi, i polacchi, i negri. Per lui invece la liberazione era stata un'ultima battaglia, aveva visto morire dei compagni, aveva sparato tutti i colpi del suo Sten[5].

E poi si erano salutati così: «Arrivederci, ragazzi», aveva detto il comandante dalla jeep. E ognuno era disceso dalla montagna, in ritardo, per conto suo.

Si accorse subito di stare in un mondo strano, sia pure fremente per le notizie dell'insurrezione nelle città del nord, della fuga disordinata dei nemici, delle esecuzioni dei criminali, Mussolini e tutti i suoi. Esistevano, anche qui, vicino a lui, dei gruppi di smemorati. Le persecuzioni, i rastrellamenti, le torture, i trucidati nelle strade, la ferocia spaventata dei nazisti, la spietata vigliaccheria dei fascisti, tutto questo era vago, disperso. Per molti la guerra era **passata come un'acqua liscia**, e ora si scrollavano un poco e si ritrovavano asciutti. Bruno li udiva parlare con passione di cose che non avevano importanza, aveva la curiosa sensazione di essere in un paese straniero di cui capisse la lingua soltanto a metà. Un tale che conosceva gli disse: «Di' la verità era meglio se stavi a casa. Tanto la guerra finiva lo stesso».

Una nuova **similitudine** sottolinea una condizione diversa da quella vissuta dal protagonista.

E lui rivide in un lampo le facce dei compagni morti in combattimento, e se ne andò in fretta per non prenderlo a cazzotti.

Gironzolava per la via, entrava nei caffè, tra le divise nuove degli alleati e le braccia nude delle ragazze. Ma sempre rivedeva la montagna: **le marce, il freddo, gli assalti, il sole, la paura, sì anche la paura**, e tutto gli ritornava presente, una memoria desta, una vita che non finiva. Anche quando prendeva una di quelle ragazze dalle braccia nude e la portava a spasso sulle colline. Lei gli diceva: «Bel partigiano!» come avrebbe detto qualsiasi altra cosa, ed egli la stringeva tra le braccia, la baciava, pregandola di tacere.

L'elenco crea un **ritmo incalzante** che quasi imita la cadenza della marcia e si chiude con un inciso tratto dal parlato che sottolinea al lettore l'emozione più forte.

Fu proprio al ritorno da una passeggiata amorosa alla porta della città: si incontrò con una faccia rossa, vide i capelli grigi, gli occhi celesti tra le piccole rughe.

«Come stai, "Fanciullo"?», disse il comandante. «Bravo». Indicò la ragazza che teneva al braccio, aggiunse:

5. Sten: mitra a canna corta utilizzato dagli uomini della Resistenza.

«È la tua fidanzata?».

Parve al partigiano di sprofondare in una nuvola di ricordi, si sentì legato da una soggezione nuova, quale non aveva mai provato nei giorni più duri della montagna.

«Comandante», disse. «Il mio comandante!».

La ragazza guardava l'uno e l'altro, in attesa.

«Siamo rientrati» disse l'uomo rosso e grigio. «Non più comandante, adesso, soltanto compagno. Venite, andiamo a prendere un caffè».

Erano in una piazza piena di macerie. I bombardamenti aerei avevano sempre picchiato la zona, anche se non troppo vicina agli scali ferroviari. In una baracca appoggiata a un muro ancora in piedi, c'erano un banco con la macchina espresso, qualche tavolino e sedie al di fuori. «Sediamoci» disse il comandante. Davanti alle tazze del caffè, mentre la ragazza rimescolava lo zucchero pensosamente, l'uomo grigio disse:

«Io so che cosa pensi. Ho visto degli altri come te. Tutto non è come ci aspettavamo. Ma noi conserviamo la nostra responsabilità. Ricordati: la responsabilità come in montagna».

Guardò in alto con i suoi occhi piccoli e chiari, come quando esplorava le cime: «Dovremo essere sempre pronti a combattere contro la guerra. Anche da vecchi. Hai capito, "Fanciullo"?».

Si mise a ridere dolcemente, fece un gesto di carezza verso i capelli della ragazza, senza toccarli.

«Però», disse con convinzione, «hai trovato una bella bambina».

R. Viganò, *Il comandante*, da *Matrimonio in brigata*, Vangelista, Milano, 1976

GUIDA ALLA LETTURA

L'AMBIENTE

Il racconto propone una situazione tipica della narrativa sulla Resistenza: un giovane di città che sceglie la lotta partigiana e fa il suo tirocinio con azioni di propaganda, come attaccare manifesti, vivendo in clandestinità con altri compagni in cantine buie. In seguito viene "promosso" alla lotta in montagna, che, da subito, nella *mattina azzurra* piena di luce, assume una dimensione mitica, che fa dimenticare la città ridotta a *mucchi di macerie* e i *buchi neri delle cantine*.

Pur esponendosi al pericolo, tra le vette Bruno si sente allegro e allontana ricordi dolorosi: gli uomini, in montagna, prendono colore, sembrano più sani, l'azione buona si fonde con la salubrità dell'aria.

Non manca, tuttavia, un cenno alla drammaticità delle situazioni vissute tra le vette, che si traduce nell'espressione *montagna disperata*, personificazione di grande efficacia.

LA FIGURA DEL COMANDANTE

Riferimento costante per Bruno diventa il comandante, figura presente in molta narrativa della Resistenza.

L'autrice lo descrive ricorrendo a suggestivi riferimenti cromatici: il grigio dei capelli, il rosso della faccia sferzata dal freddo e il celeste degli occhi. Il capo è un uomo maturo, coraggioso, reduce dalla vicenda tragica della Guerra di Spagna, che lo ha istruito sulle tecniche di guerriglia: egli trae la sua autorità dai risultati delle azioni – che danno prova di competenza –, da una paterna benevolenza – rivelata dal *sorriso quasi costante negli occhi celesti* e dalla premura di fornire sempre tabacco ai compagni – e, infine, dalla mancanza d'odio nella voglia di ammazzare il nemico. Il dispiacere provato dai compagni nel vederlo andar via in occasione della liberazione suggella il ritratto di un uomo che ha meritato un grande rispetto.

UN NUOVO NOME

Nella vita di un partigiano, la scelta del nome di battaglia è un passaggio di grande importanza. Il nuovo nome, per alcuni, rimarrà anche dopo la guerra accanto al nome di battesimo a testimoniare per sempre una drammatica ed esaltante stagione della vita. In questo caso l'attribuzione del nome da parte del comandante assume il valore di un "battesimo".

LA LIBERAZIONE

L'evento della liberazione riporta Bruno in una città di cui non riconosce quasi nulla, fatta eccezione per la casa natale, la madre, che diventa suono (*voci, lacrime*), gesto (*abbraccio*) e odore, che è quanto colpisce prima di tutto i sensi.

Il ragazzo ha nella mente i morti recenti e davanti *gruppi di smemorati*, quelli che hanno deciso già di dimenticare la barbarie appena trascorsa.

La montagna è sempre presente nella mente e il ricordo di quella *vita che non finiva*, contrapposto all'indifferenza della città liberata produce la stessa malinconia della partenza del comandante. Ed è un nuovo incontro con lui, nella cornice della città, a chiudere il racconto. Bruno oscilla tra la vergogna a farsi sorprendere con una ragazza, quasi non avesse dovuto deporre le armi, e la felicità inattesa; l'uomo *rosso e grigio* intuisce il suo imbarazzo e, nel breve dialogo, commenta il risultato della lotta e lo invita a essere sempre pronto *a combattere contro la guerra*, lasciandosi andare a un gesto pieno di tenerezza verso la ragazza, che è in silenzio, pensosa.

COMPRENDERE E ANALIZZARE

COMPRENSIONE

1. Quali notizie ci vengono date nel racconto sulla vita di Bruno prima di salire sulla montagna?
2. Quali sono gli oggetti che accompagnano le giornate del partigiano?
3. Per quale motivo le strade della città appaiono *geometriche* a Bruno tornato dalla montagna?
4. Ritornato nella città liberata, come trascorre il tempo il giovane?

ANALISI

5. *"Di' la verità era meglio se stavi a casa. Tanto la guerra finiva lo stesso"*. Come valuta la lotta partigiana il concittadino di Bruno?
6. La descrizione dell'improvvisato "caffè" propone il contrasto tra la tragedia del passato e la voglia di ritornare alla normalità: trascrivi e commenta brevemente gli elementi del testo che si legano al passato e al futuro.

SCRIVERE

APPROFONDIMENTO E SCRITTURA

7. Il racconto accenna ad alcuni eventi che accaddero nell'ultima fase della liberazione. Individua le informazioni storiche presenti nel testo e realizza una tabella in cui inserisci i fatti in ordine cronologico.

SCRITTURA CREATIVA — Dal punto di vista di...

8. Immagina che Bruno, in una pagina di diario, descriva la città e l'atmosfera che si respira al suo ritorno dopo la liberazione.

VERSO LE COMPETENZE — COMPITI DI REALTÀ

- *Comunicazione nella madrelingua*
- *Competenza digitale*
- *Imparare a imparare*
- *Competenze sociali e civiche*
- *Consapevolezza ed espressione culturale*

9. La seconda parte della Seconda guerra mondiale assunse per l'Italia del centro-nord il carattere della "guerra civile". Metti in luce il significato particolare dell'espressione "guerra civile" e rifletti sulla dimensione tragica di questo evento. Fai una breve ricerca su situazioni del passato e/o del presente che possano essere classificate come guerre civili. Dividetevi in gruppi e presentate il materiale in forma multimediale. Il vostro lavoro sarà valutato sulla base di questi parametri:

Criteri / Livello di padronanza	Iniziale (1)	Base (2)	Intermedio (3)	Avanzato (4)
Pertinenza delle informazioni				
Uso degli strumenti digitali				
Esposizione				

IL CINEMA NEOREALISTA IN ITALIA

[1]

[2]

[3]

Il **Neorealismo** nasce e si sviluppa in Italia sul finire del Secondo conflitto mondiale e nell'immediato dopoguerra sia in letteratura sia nel cinema.

Dalla fine degli anni Trenta, sulle riviste specializzate del settore cinematografico era in corso un dibattito focalizzato sull'esigenza di una maggiore adesione di personaggi e situazioni alla realtà, sulla falsariga di ciò che era già stato messo in atto nel romanzo dallo scrittore verista Giovanni Verga. Con l'avvento della guerra la nuova linea si impone: il cinema, come del resto la letteratura, non intende limitarsi a consolare il pubblico dalle sofferenze e dalle ingiustizie, ma intende contribuire a eliminarle, denunciando le atrocità della guerra e gli orrori del nazifascismo con uno sguardo "in presa diretta" sulla realtà, attraverso la vita quotidiana degli uomini comuni. Si tratta di un presupposto teorico destinato a cambiare radicalmente modalità narrative e aspetti formali del nostro cinema, con trame ambientate in gran parte fra le classi più disagiate, il frequente ricorso ad attori non professionisti nelle parti secondarie e talvolta anche principali, e attraverso il parlato naturale (a volte addirittura il dialetto) proprio in nome dell'adesione a un maggiore realismo. Sempre con lo stesso obiettivo, il cinema neorealista rifiuta i teatri di posa, dove le ambientazioni sono artificialmente ricostruite, e privilegia le ambientazioni esterne, sullo sfondo delle devastazioni belliche.

Il film precursore del cinema neorealista è considerato ***Ossessione*** (1943) del regista **Luchino Visconti** (1906-1976), torbida storia di un delitto passionale sullo sfondo di una provincia inquieta: il montatore del film, **Mario Serandrei**, fu a questo proposito il primo a parlare di Neorealismo.

Il primo film neorealista è ***Roma città aperta*** (1945) **[1]** di **Roberto Rossellini** (1906-1977), che ne fu regista e sceneggiatore insieme, fra gli altri, a **Federico Fellini** (1820-1993). Intensamente interpretata dall'attrice **Anna Magnani**, la trama intreccia con toni drammatici e crudi la vicenda di un ingegnere comunista, di una popolana il cui fidanzato è impegnato nella Resistenza e di un prete partigiano durante l'occupazione tedesca di Roma. L'anno successivo Rossellini dirige ***Paisà***, che narra quasi come un documentario sei episodi della guerra di liberazione su tutto il territorio italiano.

Nel 1946 esce ***Sciuscià*** **[2]** di **Vittorio De Sica** (1901-1974), frutto della collaborazione con lo sceneggiatore **Cesare Zavattini** (1902-1989). Il titolo è l'italianizzazione dell'espressione inglese *shoe-shine*, e racconta appunto di due piccoli lustrascarpe che in una Roma devastata dalla guerra vivono di espedienti e finiscono in riformatorio.

Nel 1948 escono altre due pellicole del cinema neorealista. Vittorio De Sica firma come regista e sceneggiatore ***Ladri di biciclette*** **[3]**, che racconta il dramma di un operaio cui viene rubata la bicicletta che gli è indispensabile per mantenere il lavoro appena trovato, mentre Luchino Visconti dirige ***La terra trema***, che si rifà alla lezione di Verga e, liberamente ispirato ai *Malavoglia*, racconta la vicenda di una famiglia di pescatori di Aci Trezza, in provincia di Catania, sfruttati nella loro povertà da commercianti grossisti.

Nel 1949 **Giuseppe De Santis** (1917-1997) in ***Riso amaro*** denuncia lo sfruttamento delle mondine piemontesi. Interpretato dalla giovane **Silvana Mangano**, il film registra successo di pubblico e alti incassi.

Nello stesso 1949 tuttavia viene emanata una legge, presentata dall'allora sottosegretario allo spettacolo Giulio Andreotti, per sostenere il cinema italiano frenando l'avanzata dei successi americani, ma anche gli eccessi del Neorealismo: prima di ottenere finanziamenti pubblici, la sceneggiatura doveva essere approvata da una commissione e, in caso fosse stata giudicata diffamante, ne sarebbe stata vietata l'esportazione. Si inaugura, insomma, una sorta di censura preventiva.

3 IL REALISMO DEL NOSTRO TEMPO

È difficile ritrovare negli **ultimi decenni** scrittori che si misurino esclusivamente con la **narrazione realistica**, a differenza di quanto accadeva per esempio nel corso dell'Ottocento. La dimensione oggettiva del vero, infatti, compare spesso in narrazioni il cui carattere predominante non è quello del realismo. È il caso per esempio della **letteratura memorialistica** (scritti autobiografici, libri di memorie ecc.), strettamente legata alla dimensione dell'attualità.

T5 Paul Auster Annotazioni – 11 settembre 2001 – ore 16

Paul Auster (Newark, 1947) è scrittore, saggista, poeta e sceneggiatore fra i più noti della letteratura contemporanea statunitense. Con una **scrittura diretta** e **incisiva** nelle sue opere scandaglia le **angosce** e le **nevrosi dell'uomo di oggi**. Ha raggiunto la fama con i romanzi della *Trilogia di New York* (1985-1987), polizieschi atipici in cui il mistero da risolvere ha carattere esistenziale ed è legato al tema della ricerca dell'identità, che attraversa anche molta della sua produzione successiva. L'attività letteraria di Auster è spesso sfociata nell'**impegno etico** e **civile**.

Il racconto proposto è apparso negli Stati Uniti nel 2002 con il titolo *Random notes – September 11, 2001, 4:00* ed è uscito in Italia nella raccolta di autori vari *Undici settembre*, dedicata alla tragedia degli attentati alle Twin Towers di New York dell'11 settembre 2001 (Einaudi, Torino, 2003). Il **realismo**, che non è un tratto dominante nella produzione narrativa dell'autore, assume qui la forma della **cronaca secca di una tragedia collettiva** vista attraverso uno **spunto autobiografico**, lo scampato pericolo della figlia di Auster, che l'11 settembre 2001 iniziava il liceo.

Oggi nostra figlia, che ha quattordici anni, ha iniziato il liceo. Per la prima volta nella sua vita ha preso la sotterranea da Brooklyn a Manhattan[1] – da sola. Questa sera non ritornerà a casa. A New York il servizio di metropolitana è sospeso e mia moglie e io abbiamo concordato con una famiglia di amici che pernotti da loro nell'Upper West Side[2].

Meno di un'ora dopo che era passata sotto il World Trade Center[3] sono crollate le Torri Gemelle.

Dall'ultimo piano del nostro edificio vediamo il fumo occupare il cielo della città. Oggi il vento soffia in direzione di Brooklyn e le esalazioni dell'incendio hanno invaso tutte le stanze della casa. Un odore tremendo, penetrante, plastica bruciata, cavi elettrici, materiali edili.

La sorella di mia moglie, che abita a TriBeCa[4] – non più di una dozzina di isolati a nord di quello che era il World Trade Center – ha telefonato per raccontarci delle urla che ha sentito dopo il crollo della prima torre. La polizia ha fatto evacuare certi suoi amici che abitano in John Street, ancora più vicino al luogo del disastro, dopo che l'on-

1. **da Brooklyn a Manhattan**: sono due dei cinque *boroughs* (distretti) di New York.
2. **Upper West Side**: uno dei quartieri di Manhattan.
3. **World Trade Center**: originariamente, insieme di sette edifici nella parte meridionale dell'isola di Manhattan, di cui facevano parte le Torri Gemelle (*Twin Towers*), distrutte l'11 settembre 2001.
4. **TriBeCa**: altro quartiere di Manhattan.

da d'urto aveva sfondato il portone del loro palazzo. A piedi, sono andati verso nord fra i calcinacci e i detriti – che, le hanno detto, contenevano pezzi di corpi umani.

Dopo aver seguito tutta la mattina i notiziari televisivi, sono uscito con mia moglie a piedi nel quartiere. Molte persone avevano il volto coperto da un fazzoletto. Alcuni portavano le mascherine da pittore. Mi sono fermato e ho parlato con il mio barbiere, che era lì davanti al suo negozio deserto con la faccia angosciata. Poche ore prima, la proprietaria del negozio di antiquariato attiguo aveva parlato al telefono con suo genero, rimasto intrappolato nel suo ufficio al centosettesimo piano del World Trade Center. Meno di un'ora dopo la conversazione, era crollata la torre.

Per tutta la giornata, seguendo le tremende immagini sullo schermo del televisore e vedendo il fumo oltre la finestra, ho pensato al mio amico Philippe Petit[5], trapezista d'alta quota autore della passeggiata fra le torri del World Trade Center nell'agosto del 1974, quando era stata da poco ultimata la costruzione del complesso. Un omino che danzava sul filo a duecentocinquanta metri da terra: un gesto di indelebile bellezza.

Oggi lo stesso luogo è stato trasformato in un luogo di morte. Mi riempie di orrore il pensiero di quanti sono rimasti uccisi.

Tutti sapevamo che poteva succedere. Da anni parlavamo di questa eventualità, ma ora che la tragedia ci ha colpiti è molto peggio di quanto si potesse immaginare. L'ultimo attacco straniero sul suolo americano era avvenuto nel 1812[6]. Non abbiamo precedenti rispetto a quello che è successo oggi e le conseguenze dell'aggressione saranno senza dubbio spaventose. Altra violenza, altri morti, altro dolore per tutti.

E così finalmente il ventunesimo secolo è cominciato.

AA.VV., *Undici settembre*,
trad. it. di M. Bacchiala, Einaudi, Torino, 2003.

◀ 1974, Philippe Petit cammina su un filo sospeso tra le Twin Towers di New York.

5. **Philippe Petit**: funambolo francese che ha compiuto altre imprese simili a quella raccontata nel testo, come l'attraversamento su un filo teso fra i due campanili della cattedrale di Notre-Dame a Parigi.

6. **nel 1812**: durante la Guerra anglo-americana (1812-1815) i Britannici arrivarono a occupare la città di Washington e a incendiare la Casa Bianca.

GUIDA ALLA LETTURA

IL REALISMO

Il racconto assume la forma di una cronaca sintetica, quasi diaristica, di una giornata cruciale della storia contemporanea, vissuta attraverso la dimensione autobiografica di una sorta di confessione intima.

Esso si apre infatti con il riferimento al primo giorno di liceo della figlia dello scrittore e al suo primo spostamento da sola in metropolitana da Brooklyn a Manhattan. Ma quello che solitamente è un evento da festeggiare si carica di tragedia: appena un'ora dopo che la ragazzina è passata sotto il World Trade Center, le Torri Gemelle sono crollate. A questo punto la dimensione collettiva si affianca a quella privata: le urla colte dalla sorella della moglie del narratore, la scena dell'attentato in TV, la telefonata della proprietaria di un negozio di antiquariato del quartiere in cui vive la famiglia Auster al genero, rimasto intrappolato nel suo ufficio al centosettesimo piano. A spezzare l'asciutto e raggelante resoconto ecco però l'immagine poetica, in flashback, del funambolo francese Philippe Petit, che allenta per un momento la tensione.

Poi, il ritorno al presente sottolinea l'eccezionalità della tragedia (*L'ultimo attacco straniero sul suolo americano era avvenuto nel 1812*) e un cenno alle *conseguenze... spaventose* quasi come una terribile profezia (*Altra violenza, altri morti, altro dolore per tutti*). L'io narrante, evidentemente lo stesso Auster, un celebre scrittore, passa in secondo piano in questo drammatico frangente e diventa soltanto uno fra i sopravvissuti alla tragedia.

SPAZIO E TEMPO

In questo caso sono gli elementi imprescindibili di una narrazione che si fa, appunto, cronaca: alla data e all'indicazione temporale si aggiunge l'ora, le 16. Sono passate alcune ore dall'attentato e si comincia a fare i conti con la tragedia. Il flashback sull'esibizione del funambolo francese rimanda invece a tempi più felici e a *un gesto di indelebile bellezza* laddove ora ci sono solo morte e macerie.

I TEMI

Ritorna anche in questa prosa uno dei temi ricorrenti della narrativa di Auster, il gioco delle coincidenze e del caso: sarebbe bastata un'ora di differenza perché le conseguenze sulla figlia e sulla famiglia dell'autore fossero ben più drammatiche. Il tema si affianca a quello, implicito, dell'inadeguatezza del linguaggio. Di fronte all'impossibilità di raccontare una simile tragedia, lessico e sintassi si fanno asciutti fino all'essenziale.

COMPRENDERE E ANALIZZARE

COMPRENSIONE

1. Come trascorre la sera dell'11 settembre la figlia del narratore?
2. L'attentato è considerato dal narratore un attacco straniero o interno?
3. Perché molte persone hanno la bocca coperta?
4. Quali sono le conseguenze dell'attentato che vengono prospettate?

ANALISI

5. Ripercorri i luoghi della vicenda. Quale differenza cogli fra passato e presente?
6. Il racconto ha un tono intimistico. Rintraccia nel testo i punti in cui questo tono emerge con maggiore evidenza.
7. Fabula e intreccio coincidono? In caso di risposta negativa, ricostruisci l'ordine temporale degli eventi.
8. Ha scritto Paul Auster: *Il mondo è pieno di eventi strani, la realtà è molto più misteriosa di quanto non crediamo*. Ci sono nel testo elementi che rimandano a questa interpretazione della realtà? Se sì, quali?
9. Fai un'analisi dello stile del racconto, soffermandoti in particolare sul lessico e sulla sintassi ed evidenziando eventualmente qualche figura retorica. Il lessico è semplice o si serve di immagini evocative e metaforiche? La narrazione è composta prevalentemente da brevi frasi o da periodi più complessi?

SCRIVERE

APPROFONDIMENTO E SCRITTURA

10. Fatti raccontare da un adulto a te vicino come ha vissuto gli attentati alle Torri Gemelle e scrivi un testo di 25-30 righe in cui viene evidenziato l'aspetto emotivo di tale resoconto.

11. Scrivi, in un testo che non superi le 30 righe, il resoconto-cronaca di un evento di cui ti sia capitato di essere testimone.

Ricordati che il tuo testo dovrà rispondere alle cinque domande fondamentali che, secondo il giornalismo anglosassone, sono indispensabili per la stesura di un buon articolo:

- Who? (Chi?)
- What? (Che cosa?)
- When? (Quando?)
- Where? (Dove?)
- Why? (Perché?)

SCRITTURA CREATIVA Dal punto di vista di...

12. Prova a riscrivere il racconto di Auster come se fosse la figlia a raccontare la vicenda. Parti dal momento in cui la figlia esce di casa, dalle emozioni che deve aver provato il primo giorno di liceo, in cui andava a scuola da sola. Prova a descrivere che sensazioni può aver provato una volta saputo dell'attentato.

Ricordati che nella trasformazione del punto di vista dovrai usare la prima persona e, per quanto riguarda i contenuti, immedesimarti nel personaggio e nelle situazioni in cui esso è coinvolto.

VERSO LE COMPETENZE COMPITI DI REALTÀ

- *Comunicazione nella madrelingua*
- *Competenza digitale*
- *Imparare a imparare*
- *Competenze sociali e civiche*
- *Consapevolezza ed espressione culturale*

13. Di seguito sono presentate le immagini delle Torri Gemelle e di Ground Zero, ovvero il nome assunto dall'area del World Trade Center dopo l'11 settembre. È un esempio di come le tragedie della storia modifichino l'aspetto delle città. Dopo esservi divisi in gruppi da 3-4 persone riflettete sulla questione facendo riferimenti a situazioni concrete della storia del Novecento ed eventualmente a quella della vostra città. Potete cercare informazioni, per esempio, sulla ricostruzione di diverse città tedesche (come Berlino, Colonia e Dresda) e di Hiroshima e Nagasaki dopo la Seconda guerra mondiale, così come di Sarajevo a seguito del conflitto nei Balcani. Esponete i risultati della vostra ricerca attraverso delle slides (al massimo 25) da presentare alla classe. Il vostro lavoro sarà valutato sulla base di questi parametri:

Criteri / Livello di padronanza	Iniziale (1)	Base (2)	Intermedio (3)	Avanzato (4)
Pertinenza e correttezza delle informazioni				
Efficacia della presentazione				
Esposizione				

▲ Il World Trade Center nel 1991.

▲ L'area di Ground Zero nel 2013.

T6 Gianrico Carofiglio _ Città

Gianrico Carofiglio (Bari, 1961) è un ex magistrato, senatore della Repubblica fra il 2008 e il 2013 e presidente della Fondazione Teatro Petruzzelli di Bari. Autore di romanzi, racconti, saggi, esordisce nel 2002 con il romanzo *Testimone inconsapevole* (Sellerio, Palermo), che ha per protagonista l'avvocato Guerrieri, divenuto popolarissimo già con il secondo romanzo *Ad occhi chiusi*, che pubblica l'anno successivo. Le vicende dell'avvocato Guerrieri hanno di fatto inaugurato il genere del *legal thriller* italiano (vedi sezione *Un particolare tipo di realismo: il giallo*). Nel 2017 pubblica per Einaudi il romanzo *Le tre del mattino*.

Il racconto proposto, **realistico** per **ambientazione** e **verosimiglianza** della vicenda, è tratto dalla raccolta *Non esiste saggezza*, pubblicata dall'editore milanese Rizzoli nel 2010, ed è costruito in buona parte sul dialogo fra i due protagonisti, che si incontrano casualmente su un aereo. La loro conversazione, dopo un inizio formale, trova ben presto un'intesa profonda.

Anche in questo racconto le note a margine e gli approfondimenti riguardano le **scelte stilistiche**.

Questo racconto è ispirato a un fatto realmente accaduto su un aereo, da qualche parte del mondo, nella primavera del 1966.

«Mi scusi, posso farle una domanda?». Quasi sobbalzai. Aveva parlato senza girarsi – solo un movimento appena accennato del capo – e senza preavviso. L'accento era impercettibilmente straniero. E lei era bella, con gli zigomi alti, un naso largo che le dava anche un'aria decisa e simpatica, i capelli lunghi e scuri.

> La vicenda si apre con la battuta di un **discorso diretto**, prevalente in tutta la narrazione, che le conferisce fluidità e realismo.

«Prego».

Prego. Una vita che giuravo a me stesso che non avrei mai più usato quell'espressione, assieme a *salve*, *buondì* e altre **schifezze** del genere.

> Funzionale al realismo del racconto è anche il ricorso a espressioni del **parlato**, cui si associa l'uso di un lessico medio e di parole di uso comune.

«Vorrei sapere il nome del suo profumo».

Sorrise leggermente. La testa si girò ancora un po' verso di me. In un modo strano, forse.

«Sì, è molto buono. È **aspro**, ma c'è una punta **dolce**. Fiori, e qualche altra cosa che non riesco a riconoscere, l'ho già sentita però. Molto tempo fa».

> La scelta dell'**aggettivazione**, qui e in altri passaggi del racconto, rimanda a campi sensoriali differenti da quello della vista. "Aspro e dolce" è un'antitesi, figura retorica che, analogamente all'ossimoro, accosta termini di significato opposto.

Avevo provato un profumo in uno dei negozi dell'aeroporto. Stavo per comprarlo quando avevo sentito chiamare il mio nome, all'imbarco. Mi ero distratto ed ero in ritardo, come sempre. Così ero corso via, abbandonando il flacone sullo scaffale. Non ricordavo né il colore né la marca. O forse nemmeno li avevo letti. Glielo dissi.

Lei sorrise di nuovo, con quell'aria un po' decisa, un po' assente. Lontana.

In quel momento mi resi conto che era cieca.

Volavamo verso Madrid. Di lì sarei ripartito per il Cile. Lei invece si fermava, tornava a casa.

«Vorrei evitarle imbarazzi. Io sono cieca».

Non dissi niente. Non sapevo che dire. Cosa si dice in queste situazioni?

«Allora se n'era già accorto?».

Borbottai qualcosa di impacciato. Lei sorrise ancora.

L'uso di un verbo onomatopeico, anche in questo caso tipico del **parlato**, sottolinea l'imbarazzo del narratore.

«Così a Madrid prende un aereo per il Cile».

«Sì, ci vado per lavoro».

«Che lavoro?».

«Faccio il fotografo».

«Oh... ».

Rimase in silenzio per molti secondi.

«Non va bene il fotografo?».

L'omissione del verbo conferisce alla narrazione un tono **colloquiale**.
La sintassi è quasi esclusivamente **paratattica** e l'uso dei punti fermi è frequente. Prevalgono perciò singole frasi, sia nelle sequenze narrative sia in quelle dialogiche.

Così, per darmi un tono disinvolto e spiritoso. Non ero proprio a mio agio in quel momento. In mezzo ai territori del desiderio e del rimpianto. Mi apparvero scritte in mente proprio quelle precise parole: *mixing memory and desire*[1].

«Mio padre era un fotografo».

«Ah».

Il suo papà, quando era poco più che un ragazzo, aveva conosciuto Robert Capa[2] – il mio idolo – e aveva lavorato per la sua agenzia, la leggendaria Magnum[3].

Come Capa era morto facendo fotografie di una guerra lontana.

Lei era cieca dalla nascita. Non aveva mai potuto vedere le fotografie fatte dal padre, come tutto il resto. Quando tornava dai suoi viaggi, lui le raccontava delle cose che aveva visto e fotografato. Ma a lei non bastava sentire i racconti.

«Allora a papà venne un'idea. Cominciò a regalarmi i plastici[4] delle città dove era stato. Non di tutte ovviamente. Quelle che amava di più. Così potevo toccarle, e conoscere quei posti. Le punte aguzze di New York e in mezzo, morbido, Central Park[5]. I colli di Roma. Il Partenone. Mi fece fare anche un plastico di Venezia con i canali, e l'acqua. Mi piaceva moltissimo **andare a Venezia**, e bagnarmi le dita nei canali».

La **metafora** accentua la gioia che la giovane prova nel toccare i plastici e conferisce un accento poetico a un'esperienza concreta.

Le guardai le mani. Le teneva sulle gambe, sulla stoffa concreta dei jeans. Erano grandi e davano un'impressione di forza. Ebbi l'impulso di toccarle e dovetti trattenermi.

«Sa, anche i ciechi dalla nascita riescono a vedere le cose nella loro mente. E i colori. Ah, non lo so se sono uguali ai vostri. Ma sono colori, macchie luminose, e forme che appaiono quando sento un odore, o una musi-

1. ***mixing memory and desire***: l'espressione compare nell'incipit (I, vv. 2-3) del poemetto *The Waste Land* (*La terra desolata*) dell'inglese T. S. Eliot (1888-1965).
2. **Robert Capa**: fotografo ungherese deceduto durante la Prima guerra d'Indocina (1913-1954), vedi la scheda di approfondimento (▸pag. 70).
3. **Magnum**: una delle più celebri agenzie fotografiche del mondo, fondata da Capa nel 1947.
4. **plastici**: modelli tridimensionali in scala che riproducono elementi architettonici.
5. **Central Park**: grande parco nel cuore di Manhattan.

ca. Soprattutto quando tocco una cosa... o una persona».

Mi venne in mente un racconto di Carver[6]. Quello del cieco, che a casa aveva due televisori. Uno a colori, e l'altro in bianco e nero. Lui accendeva sempre quello a colori.

«Lei sa ascoltare. Non capita spesso di incontrare persone capaci di ascoltare».

E poi, dopo una pausa: «Crede che la racconti a tutti, questa storia?».

«No». Fui stupito dalla decisione con cui risposi.

«È così, non la racconto mai. Perché l'ho raccontata a lei? Io non lo so».

«Non lo so neanche io. Però mi piacerà pensare che c'era un buon motivo, anche se noi non lo conosciamo».

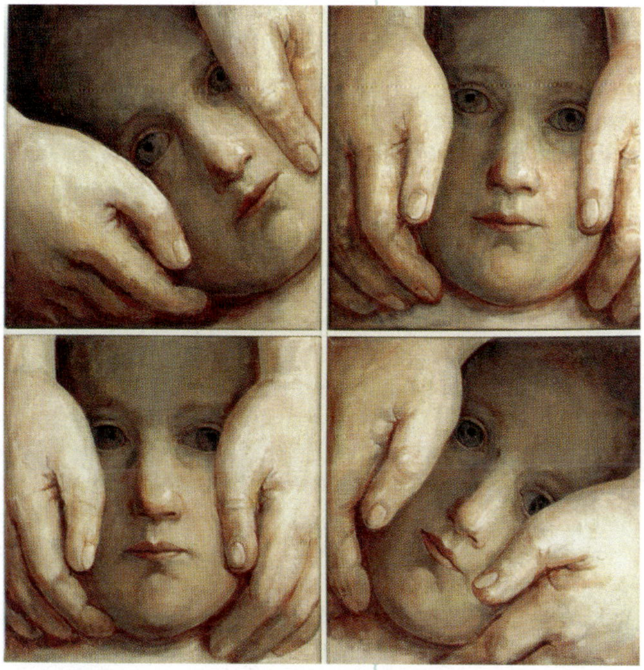

▲ Evelyn Williams, *Rockabye 1, 2, 3 & 4*, 1992. Collezione privata.

A volte capita di dare la risposta giusta, e di saperlo in quel preciso momento. Raramente, ma capita. Lo sapevamo tutti e due.

Così rimanemmo in silenzio. A lungo, fino a quando l'aereo non cominciò la sua discesa.

Fino a quando dal finestrino non cominciai a vedere le case di Madrid.

Chissà com'era sotto le dita, Madrid. Chissà com'erano tutte quelle altre città, tutto il mondo visto attraverso la punta delle dita. Sentii una fitta incomprensibile di rimpianto. Per le vite non vissute, per le vite degli altri che intravediamo da una finestra illuminata, quelle che ci passano accanto, un attimo, e poi scompaiono.

«Posso toccarti la faccia?».

Mi scossi. Cercai qualcosa da dire. Per non dire solo sì.

«Voglio ricordarmi di te. Ho questo profumo, che non è il tuo, ma per me sarà sempre il tuo. Quando lo sentirò di nuovo, penserò a te. Vorrei anche il tuo viso, nelle mie dita».

«Sì».

L'aereo scendeva. Adesso lei era proprio girata verso di me, e sembrava mi guardasse, attraverso quelle lenti scure. Mise le sue dita sulla mia faccia. Erano **asciutte, fresche e profumate**. Mi percorse le sopracciglia, il naso, la bocca. Gli occhi che avevo chiuso senza accorgermene.

Anche in questo caso l'**aggettivazione** rimanda a sensi diversi dalla vista.

Avevo i brividi quando anch'io le toccai il viso, mentre l'aereo toccava terra.

G. Carofiglio, *Città*, da *Non esiste saggezza*, Rizzoli, Milano, 2010

6. **Carver**: Raymond Carver (1938-1988), scrittore, poeta e saggista statunitense.

GUIDA ALLA LETTURA

IL REALISMO

Il carattere realistico di *Città* si coglie già nell'avvertenza iniziale, dove si dichiara che si tratta di un racconto ispirato a un fatto realmente accaduto, non all'autore, tuttavia, come si evince dall'indicazione cronologica: sarebbe avvenuto nel 1966, quando Carofiglio aveva appena cinque anni. Diversi altri elementi sottolineano poi il realismo contemporaneo della vicenda: l'ambientazione su un aereo, il riferimento a luoghi reali (il negozio dell'aeroporto in cui il narratore prova distrattamente un profumo, i luoghi e le città del mondo citate nel corso della narrazione – Madrid, New York, Roma, il Partenone, Venezia), al fotografo Robert Capa, al poeta Eliot e allo scrittore Raymond Carver.

LA VICENDA E I PERSONAGGI

La vicenda è interamente occupata dall'incontro, breve ma intenso, fra un uomo, il narratore, e una donna, l'unico altro personaggio in scena, casualmente vicini su un aereo. Conosciamo poco o quasi nulla dell'aspetto esteriore dei due protagonisti (di lei sappiamo che è bella, di lui nulla) mentre possiamo evincere tratti dei rispettivi caratteri dai loro atteggiamenti: il racconto è infatti interamente giocato sul confronto fra due diversi mondi interiori e due modi di rapportarsi al mondo.

▲ Herbert Bayer, *The Lonely Metropolitan*, 1932. Collezione privata.

Nell'incipit del racconto la donna chiede di poter fare una domanda e spiazza l'imbarazzato interlocutore chiedendo il nome del suo profumo. Poco oltre il lettore, messo indirettamente sull'avviso dal fatto che la donna *aveva parlato senza girarsi*, scopre che la ragazza è cieca e ha dunque sviluppato in modo intenso gli altri sensi, in particolare il tatto. Il narratore è inizialmente impacciato, ma l'atteggiamento di lei concorre a metterlo progressivamente a suo agio. Un breve scambio di battute sembra scavare un solco fra i due: per il narratore, che di professione fa il fotografo, la vista è il senso fondamentale, mentre lei ne è priva dalla nascita. Ma in realtà i due hanno un punto forte in comune: anche il padre di lei faceva il fotografo, ed è riuscito a supplire almeno in parte alla disabilità della figlia aiutandola a scoprire il mondo attraverso il tatto, come la donna confida al suo compagno di viaggio. Si tratta di una confidenza scaturita con naturalezza, e il narratore sembra essersene reso conto («*Perché l'ho raccontata a lei? Io non lo so*». «*Non lo so neanche io. Però mi piacerà pensare che c'era un buon motivo*»).

Da questo punto in poi i due conoscono un progressivo avvicinamento, in cui la sfera sensoriale gioca un ruolo fondamentale, (lei confida che *anche i ciechi dalla nascita riescono a vedere le cose nella loro mente*), sottolineato dal passaggio al "tu" mentre l'aereo inizia la sua discesa su Madrid («*Posso toccarti la faccia?*» Chiede lei). E quando la donna ottiene di poter toccare il volto del narratore per conservarne il ricordo insieme al profumo, lui, che già in precedenza è stato sfiorato dalla tentazione di toccarla ma si è trattenuto, chiude gli occhi senza accorgersene e fa lo stesso con intensa emozione (*avevo i brividi*).

TEMI E STILE

Il racconto pone in primo piano il tema della disabilità, ma partendo dallo spunto iniziale finisce per indagare in maniera suggestiva i modi di essere dei protagonisti: l'imbarazzo e il tentativo di essere disinvolto del narratore, la sua condizione sospesa fra il rimpianto e il desiderio che si ricava dalla citazione di Eliot, ma anche da un passaggio successivo (*sentii una fitta incomprensibile di rimpianto*) e la maggior disinvoltura e concretezza di lei, cui l'*escamotage* dei plastici adottato dal padre sembra aver insegnato un modo alternativo, ma efficace, di "guardare" le cose.

Lo stile poggia su una sintassi paratattica, cioè fondata su proposizioni coordinate, e sull'insistito ricorso al discorso diretto, che conferisce fluidità al racconto. Le scelte lessicali sono di un livello medio con qualche rara concessione al parlato (ma si segnalano due riferimenti letterari "alti" a Eliot e a Carver) e prevalgono i termini concreti (salvo quando si tratta della condizione d'animo del narratore) a conferire realismo alla narrazione. In particolare, nella scelta dei sostantivi e degli aggettivi, in diversi passaggi è possibile individuare i campi semantici di alcuni dei cinque sensi.

COMPRENDERE E ANALIZZARE

COMPRENSIONE

1. Individua nel testo da quali atteggiamenti della donna il narratore arguisce che sia cieca.
2. Perché dopo aver saputo che il narratore fa il fotografo la donna rimane in silenzio *per molti secondi*?
3. Perché *la risposta giusta* data dal narratore è così importante?
4. Perché il narratore prova una *fitta incomprensibile di rimpianto*?

ANALISI

5. Perché la stoffa dei jeans è definita *concreta*? L'aggettivo secondo te si limita a definire la stoffa o allude anche ad altro?
6. Fabula e intreccio coincidono nel racconto? In caso di risposta negativa, individua nel testo in che modo l'autore altera lo sviluppo cronologico degli eventi.
7. Individua i tipi di sequenze prevalenti nella narrazione.
8. Come ti sembra complessivamente il ritmo del racconto?
9. Ricostruisci il carattere dei due protagonisti ricavandolo da riferimenti diretti presenti nel testo e dal loro comportamento.
10. Perché Central Park è definito *morbido*?
11. Individua i campi semantici relativi ai sensi presenti nel racconto e ricostruisci come inizialmente si possano riferire distintamente ai due protagonisti, mentre nel finale risultino "interscambiabili".
12. Ti sembra che il titolo sia adeguato alla vicenda del racconto? Perché?

SCRIVERE

APPROFONDIMENTO E SCRITTURA

13. Riassumi il testo in massimo 10 righe.
14. Individua nei racconti di questa sezione i riferimenti a campi sensoriali differenti dalla vista (cerca, per esempio, ne *Il lupo della steppa* di Hesse o, più avanti, in *Quello che contò Aulo Gellio* di Camilleri) e scrivi un confronto evidenziando quali prevalgono e perché.

SCRITTURA CREATIVA – Riscrivi il finale

15. Il finale del racconto è sostanzialmente "aperto", lascia cioè la possibilità di immaginare un eventuale seguito all'incontro fra i due. Prova a raccontarlo tu in non più di 15-20 righe.

SCRITTURA CREATIVA – Dal punto di vista di...

16. Prova a descrivere un oggetto a tua scelta escludendo il senso della vista e mettendone in evidenza le caratteristiche che si possono cogliere ricorrendo agli altri sensi.

VERSO LE COMPETENZE

- *Comunicazione nella madrelingua*
- *Competenza digitale*
- *Imparare a imparare*
- *Competenze sociali e civiche*
- *Consapevolezza ed espressione culturale*

17. A Milano e a Genova l'iniziativa *Dialogo nel buio* (http://www.dialogonelbuio.org; http://www.dialogonelbuio.genova.it) organizza percorsi sensoriali per avvicinare il pubblico alla disabilità visiva. Raccogli qualche informazione (esistono circuiti analoghi anche a livello europeo) ed esprimi in un testo di una ventina di righe la tua opinione sull'utilità di iniziative di questo tipo.
18. Leggi ad alta voce il racconto e prova a registrarti, dando vita così a un mini "audiolibro". Se vuoi, puoi anche far precedere la lettura del testo da una breve introduzione o condividere la lettura con due compagni o compagne che assumano il ruolo di narratore e di uno dei due protagonisti.

ALTRI LINGUAGGI

IMMAGINI SIMBOLO DEL NOVECENTO

Robert Capa è lo pseudonimo di Endre Erno Friedmann (Budapest, 1913-provincia di Thai Binh, 1954), fotografo ungherese che ha documentato ben cinque grandi conflitti del Novecento: la Guerra civile spagnola (1936-1939), il secondo conflitto sino-giapponese (che Capa seguì nel 1938), la Seconda guerra mondiale (1939-1945), la Guerra arabo-israeliana (1948) e la Prima guerra d'Indocina (1954). Capa documentò inoltre il corso della Seconda guerra mondiale a Londra, nel Nordafrica e in Italia, lo sbarco in Normandia dell'esercito alleato e la liberazione di Parigi.

Nel 1936 Capa divenne famoso in tutto il mondo per una fotografia scattata a Cordova che ritrae un soldato dell'esercito repubblicano con addosso una camicia bianca, colpito a morte da un proiettile sparato dai franchisti (▶Fig. 1). Pubblicata per la prima volta sulla rivista *VU* il 23 settembre del 1936 e poi su *Life*, è uno dei più celebri scatti di guerra, anche se si è sviluppata una lunga diatriba a proposito della sua autenticità.

Nel 1947 Capa fondò a Parigi – con i colleghi

▲ 1. Robert Capa. Cordova, fotografia di soldato repubblicano colpito a morte dai franchisti, 1936.

Henri Cartier-Bresson, **David "Chim" Seymour**, **George Rodger** e **William Vandivert** – l'agenzia cooperativa **Magnum**, diventata una delle più prestigiose agenzie fotografiche del mondo.

Capa morì nel 1954 durante la Prima guerra d'Indocina, al seguito di una squadra di truppe francesi, dietro il tenente colonnello Jean Lachapelle incaricato di evacuare e distruggere due fortini a sud-est di Hanoi. Sulla via del ritorno scattò le ultime immagini prima dell'incidente che gli costò la vita: salì su un terrapieno sulla destra per fotografare una colonna in avanzamento nella radura e qui posò il piede sulla mina che lo uccise. Oltre a Capa sono numerosi i fotografi che hanno segnato la storia del Novecento. Tra questi **Dorothea Lorge** (1895-1965), fotografa documentaria statunitense (▶Fig. 2), **Steve McCurry** (1950), fotoreporter statunitense (▶Fig. 3) e **Nick Út** (1951) vietnamita (▶Fig. 4).

◀ 2. *Migrant mother,* foto scattata da Dorothea Lange nel 1936, parte di una serie di fotografie che la Lange scattò per documentare le condizioni di vita negli Stati Uniti della Grande depressione, il periodo di grave crisi economica e sociale successivo al 1929. La donna, Florence Owens Thompson, lavoratrice stagionale itinerante nelle fattorie del Midwest, viene ritratta con due figli in una pausa del lavoro dei campi. La foto diviene il simbolo della condizione disperata dell'America contadina degli anni Trenta.

▲ 3. Foto scattata dal fotografo statunitense Steve McCurry a Peshawar, in Pakistan, nel 1984. La bimba è una piccola afgana, che McCurry fotografa in un campo profughi, rapito dalla profondità e dalla tristezza del suo sguardo. Subito dopo lo scatto, la bimba scompare alla vista. La foto, pubblicata sul «National Geographic», fa il giro del mondo e genera un'immediata corrente di solidarietà. Nel 2002 il fotografo la ritrova, ormai adulta, con la sua famiglia, e si impegna ad aiutarla economicamente. McCurry definisce questa "la più importante foto della mia vita".

▲ 4. Foto scattata da Nick Út, fotografo vietnamita, l'8 giugno 1972 a Trang Bang, a pochi chilometri da Saigon, dopo un attacco aereo con bombe al napalm. La bimba che fugge terrorizzata è Kim Phúc, che allora aveva nove anni. Oggi Kim vive in Canada, è ambasciatrice della pace per l'UNESCO e dirige una fondazione per aiutare i bambini vittime di guerra. La foto valse all'autore il premio Pulitzer.

4 UN PARTICOLARE TIPO DI REALISMO: IL GIALLO

Il "giallo" o *crime fiction*

La nascita del genere e i rapporti con il Realismo

Con la pubblicazione, avvenuta nel 1841, del racconto *I delitti della Rue Morgue* di Edgar Allan Poe (1809-1849), nasce la **narrativa "gialla"**, meglio definita con l'espressione inglese *crime fiction*, narrativa del crimine: solo in Italia, infatti, la narrativa del crimine è nota con il termine "giallo". Ciò si deve all'opera di diffusione dei prodotti angloamericani realizzata dalla casa editrice Mondadori, che, a partire dal 1929, pubblica la collana del **Giallo Mondadori**, distinta dal colore vivace delle copertine.

Nel racconto di Poe vengono fissati alcuni caratteri fondamentali di questo nuovo genere:

- l'**atto delittuoso**, nel caso in questione un duplice omicidio avvenuto a Parigi;
- la **presenza di un investigatore**, Monsieur Dupin, dotato di una straordinaria capacità di osservazione e di deduzione;
- l'**indagine**, che il lettore segue nelle sue fasi, accompagnando i ragionamenti del detective;
- lo **scioglimento del mistero**, con cui l'ordine, turbato dal delitto, viene ristabilito.

Il successo delle opere costruite su questo meccanismo sembra dipendere proprio dalla capacità di rassicurare il lettore che, grazie all'abilità dell'investigatore, il **male verrà vinto**, il colpevole punito e la giustizia affermata.

Il genere rientra a pieno titolo nella **narrazione realistica** e ne è, in un certo senso, l'esaltazione: la realtà viene indagata, infatti, in ogni dettaglio, anche minimo, per chiarire l'intrigo che sfida le capacità del detective.

Le prime opere nascono in un contesto culturale caratterizzato, in Occidente, dalla **crescente fiducia nella scienza** e **nel progresso**, da cui deriva anche la certezza della soluzione dei casi attraverso l'**uso della ragione** da parte dei detective.

◀ Collage di copertine di *hard-boiled* americani degli anni '40-'50.

Il giallo classico e i primi investigatori

All'investigatore Dupin si affiancheranno, negli ultimi decenni dell'Ottocento, **Sherlock Holmes**, che vede la luce nel 1887, quando **Arthur Conan Doyle** (1859-1930) pubblica *Uno studio in rosso*, e, nel primo Novecento, **Hercule Poirot** (*Poirot a Styles Court*,1920) e **Miss Jane Marple** (*La morte nel villaggio*, 1930), nati dalla penna di **Agatha Christie** (1890-1976), autrice di pietre miliari del genere, come *Assassinio sull'Orient Express* e *Dieci piccoli indiani*.

Gli anni Venti e Trenta del Novecento sono gli anni d'oro del **giallo classico**, che mantiene i caratteri originari fissati da Poe, proponendo, a conclusione dell'indagine, l'individuazione del colpevole e la sua condanna. Oltre alla Christie vanno ricordati **Gilbert Keith Chesterton** (1874-1936), inventore del prete detective Padre Brown, e gli statunitensi **S. S. Van Dine**, pseudonimo di Willard Huntington Wright (1887-1939), **Ellery Queen**, pseudonimo di Frederick Dannay (1905-1982) e **Manfred B. Lee** (1905-1971).

▲ Copertina di un'edizione dei Gialli Mondadori.

Il giallo cresce e si evolve: le variabili del genere

Alla fine degli anni Trenta l'evoluzione della criminalità e delle tecniche d'indagine segnano l'inizio della crisi del giallo tradizionale e la nascita di varianti del genere, come il ***noir thriller*** e l'***hard boiled fiction*** (in quest'ultimo caso, si tratta di un giallo particolarmente crudo e realistico): teatro delle vicende sono le metropoli dell'Occidente, soprattutto statunitensi, scenario del crimine organizzato che conquista potere con la corruzione; il detective non è più un eroe dell'intelletto, ma un uomo d'azione, un "duro" dai comportamenti talvolta moralmente ambigui. Autori di spicco del nuovo corso sono gli statunitensi **Dashiell Hammett** (1894-1961) e **Raymond Chandler** (1888-1959).

Il secondo Novecento: crimini, follia e capi giudiziari

Il secondo dopoguerra spinge il giallo ad assimilare le ansie e il disorientamento dell'uomo che, reduce dalla catastrofe bellica, si confronta con un mondo in rapida trasformazione: verità e giustizia si separano e la scoperta della prima non implica di necessità la realizzazione della seconda; si fa più incerto il confine tra il bene e il male; l'investigatore, non più privato, ma funzionario istituzionale, condivide le tensioni del suo tempo e manifesta una personalità tormentata. A rendere più complessi e angoscianti i contenuti del genere interviene, in tempi recenti, la dimensione della follia, del "mostro", che sconvolge la trama della quotidianità con la cecità del *raptus* o la metodica del *serial killer*.

Si misurano con il nuovo volto del giallo **James Ellroy** (1948), **Ed McBain** (1926-2005), **Ruth Rendell** (1930-2015), **Dennis Lehane** (1965), talvolta producendo ulteriori varianti, come il *legal thriller*, che vede al centro un caso giudiziario, di cui è maestro **Scott Turow** (1949).

Il giallo oggi, dagli Stati Uniti al Nord Europa alla Cina

Oggi si assiste a un fenomeno di delocalizzazione della narrativa gialla, per lungo tempo quasi prerogativa dell'area anglosassone: il Nord Europa, con ambientazioni suggestive e caratteristiche climatiche estreme, è teatro di una vivace produzione, soprattutto svedese, inaugurata dalla penna di **Henning Mankell** (1948-2015) e salita alla ribalta del grande pubblico con la trilogia del *Millennium* di **Stieg Larsson** (1954-2004). Anche realtà più lontane dalla tradizionale *crime fiction*, come la **Cina** degli anni Novanta ritratta dal *mistery* di **Qiu Xiaolong** (1953), e il **Botswana** dei romanzi di **Alexander McCall Smith** (1948), si affermano come scenari di delitti.

Accanto alla conquista di ambientazioni nuove, il "giallo" si muove anche sulla linea del tempo, utilizzando **ambientazioni storiche** e detective d'eccezione, come Aristotele nei gialli di **Margaret Doody** (1939). Più di frequente l'investigatore del passato è un personaggio d'invenzione, come **Fratello Cadfael**, monaco erborista dei gialli medievali di **Ellis Peters** (1913-1995), e **Martin Bora**, ufficiale dell'esercito nazista, protagonista delle opere di **Ben Pastor** (1950).

Narrativa d'evasione o letteratura?

La storia del giallo è accompagnata dal dibattito relativo al valore letterario di una produzione che, in ogni modo, gode di un ininterrotto successo da più di un secolo e mezzo. A contribuire alla definizione di alcune opere del genere come "alta letteratura" sono le esperienze di autori che, utilizzando la dimensione dell'intrigo e del delitto, conducono il lettore a ben altra riflessione sulla condizione umana, sfuggendo, così, a definizioni di appartenenza: è il caso di **Georges Simenon** (1903-1989), autore francese di centinaia di romanzi e racconti di indiscusso valore letterario, parte dei quali legati al personaggio del **commissario Maigret**, e di **Friedrich Dürrenmatt** (1921-1990), che esprime i turbamenti della pur ricca e quieta Svizzera.

Nelle loro opere, il meccanismo del delitto o, più generalmente, l'elemento dell'imprevisto e dell'inspiegabile, si trasforma in un'**indagine sull'uomo**, fragile e continuamente esposto al male.

Il giallo in Italia

La narrativa di genere approda nel nostro Paese piuttosto tardi, quando ormai si stanno affermando sui caratteri originari i modelli statunitensi, e tende a svilupparsi in stretto rapporto con la **letteratura "alta"**, in opere che propongono più piani di lettura.

È il caso dei romanzi di **Leonardo Sciascia** (1921-1989), ambientati nella Sicilia del secondo dopoguerra, in cui il delitto di mafia e l'indagine servono a denunciare la complicità tra malavita e istituzioni, che annulla ogni possibilità di giustizia e di riscatto, ma anche de ***Il nome della rosa*** (1980) di **Umberto Eco** (1932-2016), che sfrutta il meccanismo del giallo storico con un ironico gusto della citazione: l'investigatore è Guglielmo da Baskerville, monaco che ricorda, per le fini capacità deduttive e il nome, la creatura di Arthur Conan Doyle.

Oggi la narrativa del crimine, in Italia, è molto vivace: all'esperienza di **Andrea Camilleri** (1925), che rinnova la vena del giallo siciliano costruendo una lingua apposita e una riuscita figura di poliziotto, il **commissario Montalbano**, si accostano il giallo storico di **Marco Vichi** (1957), ambientato nella Firenze degli anni Sessanta, e di **Carlo Lucarelli** (1960), che fa muovere il suo **commissario De Luca** tra crisi del fascismo e primo dopoguerra; il *legal thriller*, adattato alla realtà italiana, di **Gianrico Carofiglio**, ma anche riusciti tentativi di fornire al genere toni più leggeri, come accade nella serie de *I delitti del BarLume* di **Marco Malvaldi** (1974).

◀ Fotogramma/scena tratta da *A ciascuno il suo*, regia di Elio Petri, 1967.

Il giallo sul piccolo schermo

▲ Fotogramma/scena tratta dalla serie TV *CSI New York*, 2011.

L'interesse del grande pubblico per il giallo è testimoniato dal successo ottenuto da produzioni televisive che permettono allo spettatore di conoscere i nuovi metodi di indagine e di seguire lo studio dei casi a contatto con le *équipe* che lavorano a essi, ricostruendo prove ed elaborando ipotesi insieme agli investigatori.

Nel 2000 vengono trasmesse negli USA le prime puntate di ***CSI: Crime Scene Investigation***, serie ideata da **Anthony E. Zuiker** che conduce lo spettatore nei laboratori della polizia scientifica di Las Vegas, dove si utilizzano sofisticati e innovativi metodi di esame delle prove recuperate sulla scena dei crimini e, grazie al connubio tra scienza, tecnica e intuizione, si giunge alla soluzione dei casi. Il 13 maggio 2015, al termine della quindicesima stagione, la CBS ha annunciato la conclusione della serie con uno speciale film per la televisione, *Immortality*. Da *CSI* nascono tre *spin-off* (derivazioni): ***CSI: Miami***, ***CSI: NY*** e, ***CSI: Cyber***.

Nel 2005 sui canali della CBS iniziano le trasmissioni di un altro straordinario successo televisivo ideato da **Jeff Davis**, ***Criminal Minds***, che, ispirandosi ai casi più celebri di assassini seriali statunitensi, trasferisce l'indagine dai laboratori alla mente del killer, di cui l'Unità di analisi comportamentale dell'FBI di Quantico studia comportamenti e abitudini fino a stilarne un profilo utile a orientare le ricerche. Lo schema delle puntate si ripete sempre uguale: ricevuta una richiesta d'intervento per un sospetto killer seriale, la squadra decolla con il jet privato per raggiungere la scena dei crimini, dove si svolgeranno le indagini. In apertura e in conclusione, sullo sfondo dell'aereo in volo, una voce fuori campo recita la frase di un personaggio famoso a commento del caso.

Più tradizionale per contenuti, ma tanto popolare da essere indicata nel 2014 come la serie drammatica più vista al mondo, è ***NCIS***, acronimo per ***Naval Criminal Investigative Service***, dipartimento che si occupa di ogni caso criminale o investigativo che coinvolga membri del corpo militare stesso. Nata come *spin-off* di *Jag – Avvocati in divisa* e trasmessa negli Stati Uniti dal settembre 2003, *NCIS* segue le azioni della squadra di agenti che si occupa di **reati gravi** che vedono coinvolti membri della Marina degli Stati Uniti o del corpo dei Marines e ha raggiunto oggi la tredicesima serie.

Anche la RAI può vantare una serie di grande successo, ***Il Commissario Montalbano***, tratta dagli scritti di **Andrea Camilleri**, trasmessa per la prima volta nel 1999 e giunta, oggi, alla decima stagione, per un totale di ventotto episodi, che hanno raggiunto le 150 repliche, con ascolti sempre altissimi. Girata prevalentemente in provincia di Ragusa, la serie si avvale, per i set più importanti, di palazzi pubblici: il palazzo del commissariato di Vigata è il municipio di Scicli e la stanza del questore Luca Bonetti Alderighi è veramente un ufficio, quello del sindaco di Scicli. La sceneggiatura mantiene il vivace mix linguistico di italiano e dialetto siciliano, costruito da Camilleri per i suoi romanzi e racconti.

Anche *Il Commissario Montalbano* ha uno *spin-off*: nel 2012 è iniziata la produzione de ***Il giovane Montalbano***, una sorta di *prequel* della *fiction* originale. Anche questa serie è tratta dalle opere di Camilleri e racconta le prime indagini di Montalbano e della sua squadra, nella cornice degli ambienti che lo vedranno agire da adulto.

4 | ELEMENTI DI NARRATOLOGIA
L'autore e il narratore

Video
Qual è la differenza tra autore e narratore?

Il gioco della narrazione si fonda anche sul rapporto fra l'autore e la materia narrata. Occorre innanzitutto distinguere:

- **l'autore**, inteso come individuo che ha una sua specifica biografia e una sua visione del mondo e ha scelto di essere uno scrittore;
- **il narratore**, cioè la voce che racconta la storia.

Il narratore può essere:

- **esterno**, quando la voce si esprime in terza persona;
- **interno**, quando la voce si esprime in prima persona.

Il narratore **esterno** si definisce **palese** quando interviene apertamente nella narrazione con anticipazioni, commenti e giudizi; **nascosto** quando si limita a descrivere la realtà senza far percepire la propria presenza.

In una narrazione le voci narranti possono essere più di una. In tal caso si distinguono:

- un narratore di **primo grado**, cioè la voce che per prima prende la parola;
- un narratore di **secondo grado** (o anche di **terzo grado**) a cui il narratore di primo grado cede la parola (come accade nel racconto che segue).

T7 Arthur Conan Doyle – Il cerimoniale dei Musgrave

Sir Arthur Conan Doyle (Edimburgo, 1859-Crowborough 1930), studente brillante, si laurea in medicina nel 1885. È allievo del dottor Joseph Bell, che con il suo **metodo scientifico** e le sue **capacità di deduzione** gli ispira in seguito il personaggio di **Sherlock Holmes**. Dopo aver lavorato come medico di bordo su un battello nella tratta Liverpool-Africa e aver aperto con scarso successo uno studio medico a Portsmouth, comincia a scrivere le **avventure di Holmes**, che gli valgono enorme successo a partire da *Il segno dei quattro* del 1890. Nella sua ampia produzione scrive anche romanzi di fantascienza fra cui *Il mondo perduto* (1912), che racconta di una spedizione in Sud America durante la quale viene scoperto un altopiano popolato di animali preistorici sopravvissuti all'estinzione, una sorta di *prequel* di *Jurassic Park*.

Il cerimoniale dei Musgrave appartiene alla raccolta *Le memorie di Sherlock Holmes* in cui vengono rievocati alcuni casi risolti dall'investigatore nella sua giovinezza. A narrare le avventure del celebre detective è tradizionalmente l'amico **John Watson**, che è testimone dell'abilità e dei successi di Holmes.

Nel corso del racconto sono evidenziate e illustrate a bordo pagina la **funzione** e le **tipologie del narratore**, con riferimento ai caratteri presenti nel testo.

Una stranezza che spesso mi aveva colpito nel carattere del mio amico Sherlock Holmes era questa: sebbene nei suoi metodi di pensiero fosse l'uomo più preciso e più sistematico[1] del mondo, e sebbene mostrasse una certa ricercatezza nel vestire, per quanto riguardava le mie abitudini personali era fra gli esseri più disordinati che io abbia mai conosciuto, tale da far letteralmente impazzire un povero compagno di camera. E sì che da questo punto di vista non sono molto schizzinoso. La campagna afgana[2], ricca di peripezie, ed un temperamento naturale bohémien mi hanno reso alquanto più impreciso di quel che si addice ad un medico. Ma c'è un limite a tutto, e quando trovo un uomo che tiene i suoi sigari nel secchio del carbone, e il suo tabacco in una babbuccia, e la corrispondenza cui deve ancora rispondere trafitta da un temperino proprio al centro della mensola di legno del camino, allora incomincio a vantarmi di essere una persona virtuosa. Inoltre ho sempre ritenuto che il tiro a segno con la pistola deve essere assolutamente un passatempo da praticarsi all'aperto, e quando Holmes, in uno dei suoi momenti di stranezza, soleva mettersi in poltrona, con la sua pistola ed un centinaio di cartucce Boxer, e cominciava ad adornare la parete di fronte di un patriottico V.R.[3] disegnato con fori di pallottola, avevo la netta sensazione che né l'atmosfera, né l'aspetto della nostra stanza ne fossero migliorati. Il nostro alloggio era sempre pieno di sostanze chimiche e di reliquie[4] di criminali, che avevano l'abitudine di vagabondare nei posti più inadatti, andando a finire magari nel piatto del burro e persino in posti ancor meno desiderabili. Ma le carte di Sherlock Holmes erano la mia più grande disperazione. Egli aveva orrore a distruggere anche il più piccolo foglio di carta, soprattutto se si trattasse di documenti concernenti i casi del passato, e quindi non capitava che un paio di volte all'anno, al massimo, che riuscisse a raccogliere sufficiente energia per catalogarli e sistemarli, poiché, come già ho detto altrove in queste mie sconnesse memorie, gli scoppi di eccitato dinamismo, allorché compiva le famose gesta a cui è legato il suo nome, erano seguiti da stati letargici[5], durante i quali rimaneva tutto il giorno disteso, circondato dal suo violino e dai suoi libri, senza quasi muoversi, se non per andare dal divano al tavolo. Così di mese in mese le sue carte si ammucchiavano, finché ogni angolo della stanza accoglieva montagne di manoscritti e stampati che non bisognava assolutamente bruciare, e che soltanto il suo proprietario aveva il diritto di riporre. Una sera d'inverno, mentre sedeva-

Il **narratore**, che si esprime in prima persona, è **interno**; riferisce azioni, comportamenti e anche dialoghi (*le mie abitudini personali; che io abbia mai conosciuto; non sono molto schizzinoso* sono indicazioni che Watson dà di sé).

◀ DAL **TESTO** ALLE **PAROLE** ▶ p. 96

1. **sistematico**: rigoroso e metodico.
2. **campagna afgana**: campagna militare del 1880 con la quale i Britannici provano ad assumere il controllo dell'Afghanistan per proteggere il loro impero in India.
3. **V.R.**: iniziali che rimandano alla Regina Vittoria, sovrana inglese dal 1837 al 1901.
4. **reliquie**: ciò che resta di una persona.
5. **letargici**: propri di uno stato di torpore simile al sonno.

mo insieme accanto al fuoco, mi arrischiai a suggerirgli che dal momento che aveva terminato di incollare ritagli di carta nel suo libro di estratti, avrebbe potuto impiegare le ultime due ore della serata a rendere la nostra stanza un poco più abitabile. Holmes non poteva negare la giustezza della mia richiesta, perciò se ne andò in camera sua con una faccia piuttosto lunga, per ritornare poco dopo trascinandosi dietro una grossa cassetta di metallo che posò nel mezzo del pavimento; poi, sistemandosi su una poltrona, di fronte alla cassetta, ne sollevò il coperchio. Vidi che era già piena per un terzo di pacchi di carte legate insieme in tanti gruppi separati con del nastro rosso. – Cosa ne dice, Watson? Ci sono già abbastanza casi qua dentro, vero? – mi chiese guardandomi con aria sorniona[6]. – Io credo che se lei avesse saputo che in questa cassetta c'era tutta questa roba, invece di chiedermi di metter via le mie carte, mi avrebbe domandato di prenderne altre. – Questi sono dunque i resoconti dei suoi primi lavori? –, chiesi. – Molte volte mi sarebbe piaciuto prendere degli appunti su quelle sue prime indagini. – Già, amico mio; si tratta di fatti accaduti prematuramente, prima che il mio biografo venisse ad immortalarmi. – Sollevò un pacchetto dopo l'altro con gesti affettuosi, quasi carezzevoli. – Non sono tutti successi, Watson, – proseguì, – ma fra i tanti c'è anche qualche problemino interessante. Ecco qua la documentazione dei delitti di Tarleton, ed il caso di Vanberry, il negoziante di vini, e l'avventura della vecchia russa, e la singolare vicenda della gruccia[7] d'alluminio, come pure la storia completa di Ricoletti dal piede deforme e della sua spaventosa moglie. E qua... ah, ecco! Qui c'è qualcosa di veramente *recherché*[8] –. Cacciò il braccio in fondo alla cassetta e ne trasse una piccola scatola di legno, dal coperchio scorrevole, di quelle in cui di solito si conservano i giocattoli dei bambini. Ne tolse un pezzo di carta spiegazzata, una chiave di bronzo antica, un cavicchio[9] di legno con attaccato un gomitolo di corda, e tre vecchi dischi di metallo arrugginito. – Bene, amico mio, che ne pensa di questa buffa accozzaglia di roba? –, mi chiese, sorridendo della mia faccia stupita.

▲ Il Dottor Watson guarda Sherlock Holmes frugare tra i ricordi dei suoi vecchi casi. Sidney Edward Paget, *Il cerimoniale dei Musgrave*, edizione illustrata pubblicata su «The Strard Magazine», Londra 1893.

6. **sorniona**: smaliziata.
7. **gruccia**: stampella.
8. ***recherché***: nella lingua francese, ricercato, raffinato.
9. **cavicchio**: pezzo di legno appuntito.

– È una strana collezione! – Molto strana, e la loro storia è ancora più curiosa. – Perché, queste cianfrusaglie avrebbero una storia? – Altroché! Sono storia. – Che intende dire? Sherlock Holmes raccolse gli oggetti ad uno ad uno, e li posò sull'orlo del tavolo: quindi tornò a sedersi sulla sua poltrona, e stette a guardarli con uno scintillio di soddisfazione negli occhi. – Questi oggetti –, disse infine, – sono tutto ciò che mi resta come perenne ricordo di quell'episodio relativo al cerimoniale dei Musgrave. Più di una volta avevo sentito citare quel caso, per quanto non fossi mai riuscito ad ottenerne alcun particolare in merito, perciò dissi: – Sarei felice se lei si decidesse finalmente a parlarmene un po' più esaurientemente. – E dovremmo lasciare questa stanza disordinata come una stalla? –, disse guardandomi furbescamente. – Be' dopo tutto, Watson, per una volta più o in meno il suo senso dell'ordine non ne soffrirà troppo. Sarei però lieto che lei aggiungesse anche questo caso ai suoi annali[10], poiché offre alcuni punti che lo rendono assolutamente unico nella storia della criminologia non solo inglese, ma oserei dire internazionale. Credo proprio che una raccolta delle mie modeste imprese sarebbe incompleta senza la relazione di questa singolarissima vicenda. Lei forse ricorderà come la faccenda del Gloria Scott[11] e la mia conversazione con lo sfortunato vecchio, del cui triste destino le ho già parlato, volsero per la prima volta la mia attenzione verso quella che doveva diventare la professione della mia vita. Lei mi conosce ora che il mio nome è diventato famoso, e quando ormai sia il pubblico che la polizia riconoscono in me la suprema corte d'appello in fatto di casi dubbi. Anche quando ci siamo conosciuti la prima volta, al tempo della vicenda da lei registrata in "Studio in rosso", io già avevo una discreta clientela, se pure non molto redditizia. Non può tuttavia immaginare come i miei inizi furono difficili e quanto tempo dovetti attendere prima di riuscire ad avere completo successo. **Quando venni a Londra** per la prima volta presi in affitto un appartamentino in Montague Street, proprio all'angolo col British Museum[12], e lì rimasi in attesa, occupando il mio tempo libero, anche troppo libero, a studiare tutte quelle branche[13] della scienza che mi sarebbero potute servire nell'esercizio della mia futura professione. Di tanto in tanto avevo qualche caso, soprattutto tramite miei ex-compagni di università, perché nei miei ultimi anni scolastici si era fatto un gran parlare tra gli studenti della mia persona e dei miei metodi. Il terzo di questi casi fu appunto quello relativo al cerimoniale dei Musgrave ed è appunto grazie all'interesse suscitato da quel singolare concatenarsi di eventi, ai grandiosi risultati che ne derivarono, che riuscii finalmente ad affermarmi nella posizione che attual-

A partire da questo intervento di Holmes il narratore interno Watson cede la parola all'investigatore che prosegue la narrazione. Di conseguenza **Watson** assume lo statuto di **narratore di primo grado** e **Holmes** quello di **narratore di secondo grado**.

10. annali: Narrazione degli avvenimenti storici ordinata e distinta anno per anno.

11. la faccenda di Gloria Scott: un altro caso risolto da Holmes.

12. British Museum: uno dei più famosi musei di Londra.

13. branche: rami del sapere.

mente detengo. Reginald Musgrave frequentava il mio stesso corso, ci conoscevamo superficialmente. In genere non era molto conosciuto tra gli studenti dell'ultimo anno, per quanto io avessi avuto la sensazione che quello che gli altri chiamavano orgoglio non era in lui altro che un tentativo di nascondere una profonda timidezza. D'aspetto era un ragazzo di tipo più che aristocratico, magro, dal naso aquilino, con grandi occhi, modi un po' languidi[14] ed allo stesso tempo estremamente cortesi. Effettivamente era il discendente di una delle più antiche famiglie del Regno, per quanto appartenesse ad un ramo cadetto[15] che si era staccato dai Musgrave del Nord verso il sedicesimo secolo, e si era stabilito nella regione occidentale del Sussex, dove il casello di Hurlstone è forse la costruzione più antica della contea. Qualcosa del suo luogo di nascita sembrava essergli rimasto attaccato alla persona, ed effettivamente io, ogni volta che vedevo il suo viso pallido, intelligente, il suo modo di chinare il capo, non potevo far a meno di accostarlo ad una visione di grigie arcate, ad un susseguirsi di bifore e trifore[16] ed a tutti i venerandi relitti di una torre feudale. Di tanto in tanto avevamo occasione di scambiare qualche parola, e mi ricordo che più di una volta mostrò uno spiccato interesse ai miei sistemi di osservazione e di ricerca. Per quattro anni non seppi più nulla di lui, finché una mattina capitò nel mio appartamentino di Montague Street. Era cambiato di poco, era vestito all'ultima moda – era sempre stato un po' damerino[17] – e conservava gli stessi modi tranquilli e discreti che lo avevano sempre distinto. – Come va, Musgrave? –, gli chiesi dopo che ci fummo stretti cordialmente la mano. – Avrai probabilmente sentito parlare della morte del mio povero papà –, mi rispose. – Se ne è andato due anni fa. Da allora devo naturalmente amministrare le tenute di Hurlstone, e poiché sono anche deputato della mia zona sono abbastanza occupato; ma ho sentito dire, Holmes, che tu stai rivolgendo a scopi pratici quelle doti che all'università ci avevano tante volte sbalorditi. – Già –, dissi, – ho deciso di guadagnarmi da vivere con l'aiuto del mio cervello. – Questo mi fa veramente piacere, perché il tuo consiglio in questo momento mi sarebbe particolarmente prezioso. Ad Hurlstone sono accaduti fatti molto strani, e finora la polizia non è riuscita a spiegarli. Si tratta veramente di una vi-

▲ Reginald Musgrave.

14. languidi: in questo caso, privo di energia.
15. ramo cadetto: ramo collaterale nella discendenza di una famiglia nobile.
16. bifore e trifore: finestre suddivise in due-tre aperture da pilastrini o colonnine.
17. damerino: uomo dagli atteggiamenti studiati e ricercato nel vestire.

cenda stranissima ed incomprensibile. – Lei può immaginare come io fossi attento all'udire queste parole, caro Watson, perché mi sembrava di avere finalmente a portata di mano l'occasione che da tanti mesi attendevo con ansia, costretto ad un'inazione[18] forzata. Nell'intimo del mio cuore sentivo che sarei riuscito là dove altri erano falliti, ed ecco che finalmente si presentava la possibilità di provare me stesso. – Ti prego, raccontami subito tutto quanto! –, esclamai eccitatissimo. – Reginald Musgrave si sedette di fronte a me ed accese la sigaretta che gli avevo offerto. **– Devi sapere –, iniziò,** – che, per quanto scapolo, sono costretto ad alloggiare ad Hurlstone molta servitù, perché si tratta di una vecchia casa con parecchie stanze, che hanno bisogno di grande manutenzione. Ho inoltre una riserva di caccia, e durante la stagione dei fagiani invito solitamente molta gente, non posso quindi avere poco personale. Perciò nel complesso a casa mia ci sono otto cameriere, il cuoco, il maggiordomo, due camerieri ed un aiuto cameriere. Il giardino e le scuderie hanno naturalmente un personale a parte. – Dei domestici quello che è rimasto più a lungo al nostro servizio era Brunton il maggiordomo: un giovane maestro disoccupato quando mio padre lo assunse tanti anni fa, ma che si dimostrò subito un ragazzo di grande energia e carattere, e ben presto divenne insostituibile. È un uomo robusto, alto, bellissimo, con una splendida fronte, e per quanto sia in casa nostra da vent'anni non ne dimostra attualmente più di quaranta. Grazie a questi pregi personali ed alle sue doti straordinarie, poiché sa parlare parecchie lingue e suona praticamente qualsiasi strumento, è strano che egli si sia sempre accontentato di una posizione così modesta, ma probabilmente si trovava bene a casa nostra, e gli è sempre mancata la forza di strapparsi all'abitudine di una comoda esistenza. Il maggiordomo di Hurlstone è una specie di ottava meraviglia che tutti i nostri ospiti ricordano sempre. Questo modello di virtù ha però un difetto: è un po' dongiovanni, e capirai che per un uomo come lui non è un compito molto difficile in una zona tranquilla e campagnola come la nostra. – Finché fu sposato tutto andò bene, ma da quando è vedovo abbiamo guai per causa sua. Pochi mesi or sono speravamo che si sposasse, poiché era fidanzato con Rachel Howells, la nostra seconda cameriera, ma poco tempo fa l'ha lasciata e si è invaghito[19] di Janet Tregells, figlia del nostro capo guardacaccia. Rachel, che è un'ottima ragazza, ma una vera gallese, di temperamento molto eccitabile, ebbe un forte attacco di febbre cerebrale, e se ne va in giro per la casa – o per lo meno ci andava fino a ieri – quasi come fosse l'ombra di se stessa, con due grandi occhi neri cerchiati di blu. Questo fu il nostro primo dramma a Hurlstone, ma ne occorse subito un altro

Con l'inizio dell'intervento di Musgrave il narratore di secondo grado Holmes cede la parola a quello che diventa il **narratore di terzo grado**.

◀ DAL **TESTO** ALLE **PAROLE** ▶ p. 96

18. inazione: assenza d'azione. Il prefisso *in*, in questo come in altri casi (per es. *incapace*), indica assenza o negazione.

19. invaghito: innamorato, acceso di amore per qualcuno.

a farci dimenticare il primo, un dramma che si preannunciò con la disgrazia ed il licenziamento del maggiordomo Brunton. Ecco come andarono le cose. Ti ho detto che si tratta di un uomo intelligentissimo, e fu proprio questa sua intelligenza a causare rovina, poiché essa ha suscitato in lui una curiosità insaziabile per cose che non lo riguardavano affatto. Io non immaginavo fino a che punto fosse arrivato, quando un puro caso mi aprì gli occhi. Come ti ho detto, la mia casa è molto vasta e alquanto movimentata. Una sera della settimana scorsa – per precisione giovedì sera – non riuscivo a prendere sonno, avendo bevuto stupidamente dopo cena una tazza di *café noir* troppo forte. Dopo aver lottato fino alla due del mattino contro l'insonnia, ed accorgendomi che era inutile mi agitassi nel letto in continuazione, mi alzai ed accesi la candela con l'intenzione di proseguire la lettura di un romanzo che stavo leggendo. Avevo però dimenticato il libro nella sala del biliardo, perciò indossai una veste da camera e mi recai a prendere il libro. Per giungere alla sala del biliardo dovevo scendere una rampa di scale, e quindi attraversare quella parte di corridoio che conduce alla biblioteca ed alla sala d'armi. Puoi immaginare la mia sorpresa quando, guardando giù nel corridoio, notai una striscia di luce che usciva dalla porta aperta della biblioteca. Ero sicuro di avere spento io stesso la lampada e di aver chiuso la porta prima di andare a letto. Naturalmente pensai subito che vi fossero dei ladri. I corridoi di Hurlstone hanno le pareti abbondantemente tappezzate di trofei e di vecchie armi, perciò staccai a caso una scimitarra, e lasciando in un angolo la candela avanzai in punta di piedi sino alla fine del corridoio e rimasi a spiare attraverso l'uscio aperto. In biblioteca c'era Brunton il maggiordomo. Era seduto, completamente vestito, in una poltrona: sulle ginocchia teneva disteso un foglio di carta, che a me sembrò una mappa, e aveva la fronte appoggiata al palmo della mano in profonda meditazione. Stordito dallo stupore, rimasi ad osservarlo a lungo, nascosto nelle tenebre. Una piccola candela appoggiata sul bordo della tavola diffondeva una debole luce, sufficiente però per lasciarmi intravedere che era completamente vestito. Ad un tratto, mentre io lo spiavo, Brunton si alzò dalla poltrona, e dirigendosi verso la scrivania d'angolo, l'aprì e ne estrasse un cassetto. Da questo prese una carta, e tornando a sedere, la spiegò vicino alla candela sull'orlo della tavola, ed iniziò a studiarla con la massima attenzione. Il mio sdegno di fronte a questo calmo esame dei miei documenti familiari fu talmente forte in me che mossi un passo in avanti e Brunton, alzando il capo, immediatamente balzò in piedi, livido in viso dalla paura e mise in tasca il foglio di carta che assomigliava ad una pianta topografica e che io gli avevo visto studiare da principio. – E così che mi ripaghi della fiducia che io ho riposto in te –, esclamai. – Lascerai il mio servizio domani. Per tutta risposta Brunton s'inchinò con l'aria di un uomo in preda al colmo dell'umiliazione, e sgattaiolò via quatto quatto senza dire parola. La candela era rimasta sulla tavola, e alla sua luce volli esaminare che documento fosse quello che Brunton aveva preso dalla scrivania. Con mia grande sorpresa si trattava di un foglio senza alcuna importanza; era semplicemente una copia delle domande e risposte pronunciate nell'antico e singolare rito detto il cerimoniale dei Musgrave. Si tratta di una strana cerimonia tipica della nostra famiglia, che ciascuno di noi Musgrave, di padre in figlio, celebriamo da secoli quando diventiamo maggiorenni; si tratta di una cosa di carattere assolutamente privato, che forse può avere qualche interesse soltanto per gli archeologi, come i nostri stemmi e motti araldici[20], di nessun uso pratico.

– Sarà meglio ritornare su questo documento – dissi io. – Se proprio lo riterrai necessario – mi rispose Musgrave dopo qualche esitazione. Per continuare nel racconto, intanto, ti dirò che richiusi la scrivania, servendomi della chiave lasciata da Brunton e feci per andarmene, quando fui sorpreso di constatare che il maggiordomo era ritornato e mi si era avvicinato. – Signor Musgrave –, esclamò con una voce che l'emozione aveva resa rauca, – non posso sopportare il disonore, sono sempre stato molto orgoglioso della mia posizione, ed il disonore mi ucciderebbe. Il mio sangue ricadrà sul suo capo, sì, signor Musgrave, glielo assicuro, se lei mi spinge alla disperazione. Se lei non vuol tenermi dopo quanto è accaduto, la prego per l'amor del cielo di fingere che sia io a licenziarmi, di mia spontanea volontà, e le prometto che me ne andrò tra un mese. Questo sì, posso sopportarlo, signor Musgrave, ma non la vergogna di essere cacciato di fronte a tutti quelli che mi conoscono da molti anni. – Non meriti tanto riguardo, Brunton –, risposi. – Ti sei comportato malissimo! In considerazione però dei tanti anni che hai passato al servizio della mia famiglia non desidero svergognarti pubblicamente, ma un mese è troppo. Fa' in modo di andartene entro una settimana, avanzando pure le ragioni che vuoi per giustificare la tua partenza da casa mia. – Soltanto una settimana! –, esclamò disperato. – Almeno quindici giorni... Mi lasci quindici giorni! – Una settimana – ripetei irremovibile, – e puoi ringraziarmi per la mia troppa indulgenza nei tuoi riguardi. – Vedendomi irremovibile, se ne andò con la faccia affondata nel petto, letteralmente distrutto, mentre io spegnevo la luce e rientravo in camera mia. Nei

▼ Reginald Musgrave, vedendo una luce uscire dalla porta aperta della biblioteca, rimane sorpreso nello scorgere Brunton, il suo maggiordomo, e non il ladro che si aspettava.

20. **araldici**: relativi ai simboli dell'antica nobiltà.

due giorni successivi a questo incidente Brunton si mostrò particolarmente assiduo nel disbrigo dei suoi compiti. Io non feci allusioni su quanto era accaduto, ed attesi con una certa curiosità, quello che avrebbe fatto per giustificare la sua partenza da Hurlstone. Ma la terza mattina non comparve come il solito dopo la prima colazione per ricevere le mie istruzioni per la giornata. Nel lasciare la sala da pranzo mi imbattei per caso in Rachel Howells, la cameriera. Come ti ho detto, era da poco guarita da una febbre cerebrale piuttosto grave ed aveva un aspetto così pallido e sofferente che la sgridai per essere tornata così presto al lavoro. – Dovresti tornare a letto –, dissi. – Riprenderai le tue mansioni quando starai meglio. – La ragazza mi fissò con un'espressione così curiosa che iniziai a sospettare che il suo cervello non fosse del tutto normale. – Ma io sono forte abbastanza, signor Musgrave, – rispose. – Vedremo quello che dirà il dottore, – proseguii. – Adesso smettila di lavorare e quando scenderai di' a Brunton che ho bisogno di parlargli. – Il maggiordomo è scomparso –, mi rispose la ragazza. – Scomparso? Scomparso, dove? – È scomparso. Nessuno lo ha visto. Non è nella sua stanza. Oh, sì, è scomparso... è scomparso! – E con queste parole si rovesciò all'indietro con la testa contro il muro in preda ad un riso convulso[21], isterico, incontrollabile, tanto che io, spaventato da quell'improvviso attacco di nervi, corsi a suonare il campanello per chiedere aiuto. La ragazza fu portata nella sua stanza, singhiozzava e rideva al tempo stesso, mentre io iniziai subito la ricerca di Brunton. Fu subito evidente che era scomparso. Il suo letto era intatto; nessuno lo aveva visto da quando si era ritirato nella propria camera la sera innanzi, e tuttavia non riuscivo a capire come avesse fatto ad uscire da casa, poiché il mattino porte e finestre erano state trovate ermeticamente chiuse dall'interno. I suoi oggetti, il suo orologio, i suoi vestiti, persino il suo danaro erano tutti nella sua stanza; mancava però l'abito nero che egli portava di solito. Mancavano pure le sue ciabatte, mentre le sue scarpe furono ritrovate al loro posto. Dove mai poteva essere andato il maggiordomo Brunton durante la notte e cosa poteva mai essergli accaduto? Naturalmente perlustrammo la casa dalle cantine alle soffitte, ma senza trovarne la benché minima traccia. La mia casa è un vero labirinto, specialmente l'ala originaria, oggi praticamente disabitata, ma tuttavia frugammo ogni stanza, ogni abbaino senza però riuscire a scoprire alcun indizio di Brunton. Mi pareva incredibile che se ne fosse andato lasciando tutte le sue cose, eppure dove poteva essere? Chiamai la polizia, ma senza successo. La notte innanzi era piovuto, ed esaminammo il prato ed i viali attorno alla casa, ma invano. Questa era la situazione quando un fatto nuovo distolse la nostra attenzione da questo precedente mistero. Per due giorni Rachel Howells era stata talmente male, talvolta in preda al delirio, talvolta in pre-

21. **convulso**: che manifesta agitazione e affanno.

Fotogramma tratto dal film *Sherlock Holmes* (2009) di Guy Ritchie

da a crisi isteriche, che avevamo assunto un'infermiera per vegliarla durante la notte. La terza dalla scomparsa di Brunton l'infermiera, notando che la sua paziente si era addormentata in un sonno tranquillo, si era abbandonata ad un sonnellino, quando risvegliatasi alle prime ore del mattino, vide il letto vuoto, la finestra aperta e nessuna traccia dell'ammalata. Venni immediatamente svegliato, e con i miei due domestici iniziai subito la ricerca della ragazza fuggita.

Non ci fu difficile seguire la direzione che aveva preso, poiché partendo da sotto la finestra, le sue tracce erano visibilissime attraverso tutto il prato fino alla riva dello stagno, dove scomparivano, in prossimità del sentiero ghiaioso che conduce fuori dalle proprietà. Il lago in quel punto è profondo otto piedi[22] e puoi immaginare quel che provammo quando ci rendemmo conto che le tracce della povera figliuola demente finivano proprio al limite di esso. Naturalmente feci subito sondare il fondo, pensando di scoprirne i resti, ma anche lì i nostri sforzi furono vani. Fu portato alla superficie un oggetto del tutto inatteso. Si trattava di una borsa di stoffa, contenente un ammasso di vecchio metallo arrugginito e scolorito e diverse pietre o pezzetti di vetro tutti appannati. Questa fu l'unica curiosa scoperta restituitaci dallo stagno, e nonostante tutte le nostre ricerche e le nostre inchieste fino a ieri, non siamo riusciti a sapere nulla della sorte toccata sia a Rachel Howells che a Richard Brunton. La polizia della contea non sa più cosa fare, ed io mi sono rivolto a te come alla nostra ancora di salvezza.

– **Lei si può figurare, Watson,** con quale attenzione io rimasi ad ascoltare questo straordinario racconto, cercando tra i vari avvenimenti un filo conduttore. Il maggiordomo era scomparso. La cameriera aveva amato il maggior-

A questo punto **Holmes, narratore di secondo grado**, riprende la parola, che tiene fino alla conclusione della narrazione.

22. **piedi**: unità di misura diffusa nei Paesi anglosassoni, corrispondente a 30,48 cm.

domo, ma in seguito erano sopravvenuti in lei motivi per odiarlo. La ragazza era di sangue gallese, fiera ed appassionata. La scomparsa del maggiordomo l'aveva terribilmente sconvolta; ella aveva gettato nel lago una borsa contenente strani oggetti. Erano tutte notizie da esaminare, e tuttavia nessuna di esse era decisiva per arrivare al nocciolo della faccenda. Qual era il punto di partenza di questo incomprensibile susseguirsi di avvenimenti? – Devo vedere quel foglio, Musgrave, – dissi, – quel foglio che il tuo maggiordomo aveva giudicato così importante da consultare, sia pure a costo di rischiare la perdita del posto. – Oh, è una storia ridicola, quella nostra cerimonia! La sua unica giustificazione è la sua antica grazia. Se proprio ci tieni a vederlo ho qui una copia delle domande e delle risposte. – E così dicendo mi porse proprio questo foglio che ho in mano, Watson, e questo è lo strano catechismo al quale ogni Musgrave deve sottoporsi il giorno della sua maggiore età. Le leggerò le domande e le risposte così come sono scritte: – Di chi era? – Di colui che è scomparso. – Chi l'avrà? – Colui che verrà. – Qual era il mese? – Il terzo dal primo. – Dove era il sole? – Sopra la quercia. – Dov'era l'ombra? – Sotto l'olmo. – Come fu misurato? – Nord da dieci e da dieci, est da cinque e da cinque, sud da due e da due, ovest da uno e da uno, e così sotto. – Che cosa daremo per ciò? – Tutto ciò che è nostro. – Perché dovremmo darlo? – Per l'onore della nostra lealtà. – L'originale non ha data, ma l'ortografia rivela la metà del diciassettesimo secolo – osservò Musgrave. – Ho però l'impressione che non ci sarà certamente di grande aiuto nella soluzione di questo mistero. – Perlomeno, – dissi, – ci propone un altro mistero, e direi molto più interessante degli altri due; chissà che la sua soluzione non ci porti a quella della doppia scomparsa del tuo maggiordomo e della tua cameriera. Mi vorrai scusare, caro Musgrave, se ti dico che il tuo maggiordomo ha dato prova di essere un uomo molto intelligente, con una visione interiore assai più acuta che non dieci generazioni dei suoi padroni! – Francamente non ti capisco, – mi rispose Musgrave. – A me sembra che quella carta non abbia nessuna importanza pratica. – A me invece la sua praticità appare immensa, e ho l'impressione che Brunton la pensasse come me. Probabilmente se ne rese conto prima della sera in cui tu lo hai sorpreso. – È possibile. Noi non ci siamo mai curati di nascondere il nostro cerimoniale. – Credo che abbia semplicemente desiderato rinfrescarsi la memoria, proprio quell'ultima sera. Mi pare di aver capito che avesse una specie di mappa o di carta topografica che stava confrontando col manoscritto, e che ha messo in tasca non appena tu sei comparso? – Questo è esatto. Ma che cosa aveva a che fare lui con un'antica usanza della mia famiglia, e che significato può avere questa filastrocca? – Credo che non avremo molte difficoltà a risolverla, – dissi. – Col tuo permesso prenderemo il primo treno per il Sussex, ed una volta sul posto, approfondiremo meglio la situazione.

– Quello stesso pomeriggio eravamo a Hurlstone. È probabile che lei abbia visto delle stampe ed abbia letto delle descrizioni riguardanti quella famosa ed antichissima costruzione, perciò limiterò le mie spiegazioni a dirle che essa è costruita a forma di L, in cui il braccio lungo rappresenta la parte più moderna, mentre il più corto costituisce il nucleo originario dal quale il resto dell'edificio si è sviluppato. Sopra la porta bassa, sormontata da un pesante architrave[23], nel centro della parte antica, è scolpita la data 1007, ma gli esperti sono concordi nell'affermare che le travi e l'opera in pietra appartengono in realtà a un'epoca assai più antica. I muri di uno spessore enorme e le finestre piccolissime di quest'ala dell'edificio hanno indotto nell'ultimo secolo la famiglia a costruire l'ala nuova, e la parte vecchia è ormai adibita a magazzino e a scantinato, quando pure viene usata. La casa è circondata da un parco splendido, ricco di piante antichissime d'alto fusto, e il lago di cui mi aveva parlato il mio cliente si stende in prossimità del viale, a circa duecento metri dall'edificio. Io mi ero ormai già fermamente convinto che non esistessero tre misteri separati, ma uno solo, e che se fossi riuscito a interpretare esattamente il cerimoniale dei Musgrave avrei avuto in mano il bandolo di tutta quanta la matassa. A questa interpretazione pertanto rivolsi tutte le mie energie. Quale motivo aveva spinto il domestico a impadronirsi di quell'antica formula? Evidentemente egli aveva dovuto leggervi qualcosa che era sfuggito a intere generazioni di Musgrave. Qualcosa da cui si aspettava qualche vantaggio personale. Che cos'era dunque questo qualcosa, e quale influenza aveva avuto sul suo destino? Mi apparve subito ovvio, leggendo il cerimoniale, che le misurazioni dovevano riferirsi a qualche punto a cui alludeva il resto del documento, e se noi fossimo riusciti a individuare questo punto non saremmo stati lontani dallo scoprire il segreto che gli antichi Musgrave avevano ritenuto necessario adombrare[24] sotto così strani velami[25]. Intanto avevamo due sicuri punti di riferimento: una quercia e un olmo. In quanto alla quercia, non vi poteva essere dubbio di sorta. Proprio di fronte alla casa sul lato sinistro del viale, sorgeva una quercia patriarcale, uno tra i più splendidi esemplari arborei che io abbia mai veduto. – Questa quercia esisteva già al tempo in cui fu compilato il vostro cerimoniale? –, chiesi, mentre vi passavamo davanti. – Sembra con tutta probabilità che esistesse già al tempo della conquista normanna[26] –, mi rispose il mio ospite. – Ha una circonferenza di ventitré piedi. Avevo così fissato un punto sicuro. – Hai qualche vecchio olmo? –, chiesi. – Ce n'era uno antichissi-

▼ Holmes osserva la vecchia quercia, elemento chiave della risoluzione del mistero della scomparsa del maggiordomo di Musgrave.

23. **architrave**: trave principale.
24. **adombrare**: oscurare.
25. **velami**: ciò che nasconde o vela.
26. **conquista normanna**: conquista dell'isola britannica avvenuta a partire dal 1066.

mo da quella parte, ma fu abbattuto dal fulmine dieci anni fa, e abbiamo tagliato il tronco che era rimasto. – È ancora possibile rintracciare il luogo dove si trovava? – Oh, sì. – Ci sono altri olmi oltre quello? – No, non ci sono più olmi, ma moltissimi faggi. – Mi piacerebbe vedere il punto in cui sorgeva il vecchio olmo. – Eravamo arrivati in barroccio[27], ed il mio cliente mi condusse immediatamente, senza prima entrare in casa, nel tratto di prato ancora bruciacchiato dove un tempo sorgeva il vecchio olmo. Si trovava quasi a mezza strada tra la quercia e la casa. Ebbi l'impressione che le mie ricerche stessero approdando verso qualcosa di concreto. – Temo non sarà possibile sapere quale fosse l'altezza dell'olmo –, chiesi. – Oh, no; posso dirtela subito; era alto sessantaquattro piedi. – Come fai a saperlo con tanta precisione? –, domandai sorpreso. – È semplicissimo: il mio vecchio istitutore esigeva, ogni volta che dovevo esercitarmi in trigonometria[28], che io misurassi le varie altezze; perciò da ragazzo dovetti misurare ogni albero ed ogni costruzione della tenuta. – Questo era un inaspettato colpo di fortuna. Stavo ottenendo i dati molto più facilmente di quanto avessi sperato. – Dimmi un po' –, chiesi, – il tuo maggiordomo ti ha mai rivolto una simile domanda? – Reginald Musgrave mi guardò interdetto. – Adesso che me lo chiedi –, mi rispose, – Brunton effettivamente mi chiese proprio l'altezza dell'albero qualche mese fa, spiegandomi che la cosa era stata oggetto di una piccola discussione tra lui ed il palafreniere[29]. – Lei può capire, Watson, come fui soddisfatto da questa notizia, poiché essa mi dimostrava che ero sulla strada giusta. Alzai gli occhi al sole. Era basso sull'orizzonte, e calcolai che in meno di un'ora sarebbe stato esattamente a perpendicolo sui rami più alti della vecchia quercia. In quell'istante una delle condizioni contenute nel cerimoniale si sarebbe così avverata, e l'ombra dell'olmo doveva indicare l'estremità massima dell'ombra, altrimenti come guida sarebbe stato scelto il tronco. Dovevo perciò individuare dove il limite estremo dell'ombra sarebbe caduto allorché il sole si fosse trovato fuori dalla zona della quercia. – Deve essere stata una cosa difficile, Holmes, dal momento che non esisteva più l'olmo come punto di riferimento. – Sì, ma pensai che se Brunton era riuscito, dovevo riuscire anch'io. E in definitiva la difficoltà non risultò poi tanto insormontabile. Andai con Musgrave nel suo studio, dove con un coltellino aguzzai questo cavicchio, al quale legai una lunga corda facendo un nodo ogni metro. Quindi presi due lunghezze di una

▲ Fotogramma tratto dal film *Sherlock Holmes. Gioco d'ombre* (2011) di Guy Ritchie.

27. **barroccio**: carro a due ruote.
28. **trigonometria**: branca della matematica.
29. **palafreniere**: scudiero.

canna da pesca, che arrivarono esattamente a sei piedi, poi tornai col mio cliente nel punto in cui un tempo sorgeva l'olmo. Il sole stava esattamente illuminando la cima della quercia. Piantai la canna in terra, fissai la direzione dell'olmo e la misurai. Era lunga nove piedi. Ora finalmente il calcolo era semplice. Se una canna di sei piedi gettava un'ombra di nove piedi, un albero di sessantaquattro piedi avrebbe gettato un'ombra di novantasei piedi, e la proiezione dell'una sarebbe stata logicamente proiezione dell'altra. Misurai la distanza, il che mi portò quasi sino al muro della casa, e ficcai il cavicchio in quel punto. Lei può immaginare la mia soddisfazione, Watson, quando a due pollici[30] dal mio cavicchio scorsi nel terreno una depressione[31] conica. Compresi che si trattava del segno fatto da Brunton durante le sue misurazioni, e capii di essere sicuramente sulle sue tracce. Da questo punto di partenza procedetti passo per passo essendomi prima segnati i punti cardinali con la mia bussola tascabile. Dieci passi con ciascun piede mi portarono in posizione parallela al muro della casa, dove nuovamente segnai il punto col cavicchio. Quindi misurai attentamente cinque passi a est e due a sud; questo mi portò esattamente sulla soglia del vecchio portale. Due passi a ovest significavano ora che dovevo scendere di due passi giù per l'andito[32] lastricato di pietra, e questo era precisamente il luogo indicato nel cerimoniale. Mai come in quel momento provai per un attimo una più viva delusione. Per un attimo ebbi la sensazione di aver compiuto qualche errore di calcolo. Il sole morente illuminava in pieno il pavimento dell'andito, e vedevo benissimo che le antiche pietre grigie e corrose dal passo di innumerevoli piedi, erano saldamente cementate, e che certamente non erano state smosse chissà da quanti anni. Certo, Brunton non aveva potuto operare lì. Percossi il pavimento, ma dappertutto produceva un suono uniforme, ed in nessun angolo si vedevano fessure o fenditure. Fortunatamente però Musgrave, il quale aveva ora intuito il filo conduttore dei miei movimenti, ed era ormai non meno emozionato di me, si tolse di tasca il suo manoscritto per confrontare i miei calcoli. – È sotto – gridò, – ha dimenticato quelle sotto! – Io avevo pensato che *quelle sotto* stesse a indicare il punto in cui bisognasse scavare, ma ora mi ero accorto di essermi ingannato. – C'è dunque una cantina qui sotto? –, chiesi. – Sì, ed è antica quanto la casa. Giù, da questa parte, attraverso questa porta. – Scendemmo per una ser-

▼ Holmes arriva al punto di risoluzione del caso.

30. **pollici**: unità di misura diffusa nei Paesi anglosassoni, corrisponde a 2,54 cm.

31. **depressione**: avvallamento.

32. **andito**: ambiente di passaggio.

peggiante scala a chiocciola di pietra, ed il mio compagno, dopo aver sfregato un fiammifero, accese una grande lanterna posata su una botte in un angolo. Ci accorgemmo subito di essere finalmente giunti nel punto esatto, e di non essere i soli ad avere visitato quel luogo di recente. Era stato usato come ripostiglio per la legna, ma i ceppi che prima dovevano essere stati sparsi sul pavimento, erano ora ammucchiati verso le pareti in modo da lasciare uno spazio vuoto nel mezzo. Questo spazio era occupato da un grosso e pesante lastrone munito al centro di un anello di ferro arrugginito, a cui era attaccata una spessa sciarpa di lana a quadri. – Per Giove! – esclamò il mio cliente, – ma quella è la sciarpa di Brunton! Gliel'ho vista indosso tante volte, e potrei giurare che è la sua. Chissà cosa sia venuto a fare qui, quel farabutto! – Su mio consiglio vennero fatti venire due agenti di polizia della contea, dopodiché tentai di sollevare la pietra con l'aiuto della sciarpa legata all'anello; ma riuscii a smuoverla appena, e solo grazie all'aiuto di uno degli agenti mi fu finalmente possibile scostarla completamente da un lato. Sotto si apriva un buco nero, sul quale ci chinammo tutti a guardare, mentre Musgrave, inginocchiandosi a sua volta, spingeva nell'apertura la luce della lanterna. Dinanzi a noi si apriva un minuscolo loculo profondo sette piedi e largo quattro. In un lato del loculo stava una cassetta di legno piatta ornata di cerchi di bronzo, il cui coperchio era stato sollevato, grazie alla strana chiave di antica foggia che ho qui in mano, e che sporgeva dalla serratura. Esteriormente era ricoperta da un fitto strato di polvere, e l'umidità ed i tarli avevano talmente corroso il legno che nell'interno era tutta tappezzata di una vegetazione di muffa, e di funghi delle cantine. Sul fondo della cassetta erano sparsi vari dischi di metallo, come questi che ho qui davanti a lei in questo momento, antiche monete probabilmente, ma non conteneva altro. In quel momento però la nostra attenzione non fu attirata dal vecchio forziere, ma i nostri occhi rimasero come affascinati da ciò che vedemmo accovacciato accanto ad esso. Era la figura di un uomo, vestito di nero, il quale se ne stava accovacciato sulle ginocchia con la fronte china sull'orlo della cassa e le braccia stese su entrambi i lati di essa. Quella posa aveva fatto salire al suo viso tutto il sangue, lasciandovelo ristagnare, e nessuno avrebbe saputo riconoscere la fisionomia contraffatta, i tratti divenuti di un colore livido, giallognolo, ma la statura, il vestire, i capelli erano più che sufficienti perché il mio cliente riconoscesse immediatamente nel cadavere, non appena fu ritirato dal loculo, i resti del maggiordomo scomparso. Era morto da parecchi giorni, ma sulla sua persona non furono trovate né ferite né lividi che potessero giustificare la sua orribile morte. Dopo averne trasportato il corpo fuori dalla cantina, ci trovammo di fronte ad un problema quasi altret-

▼ Fotogramma tratto dal film *Sherlock Holmes Gioco d'ombre* (2011) di Guy Ritchie.

tanto formidabile quanto quello da cui eravamo usciti. Le confesso, Watson, che fino a questo punto la mia indagine mi aveva deluso. Avevo creduto di risolvere il caso non appena avessi trovato il punto indicato nel cerimoniale; ma a questo ero ormai arrivato, e tuttavia mi trovavo più che mai lontano dal sapere cosa fosse l'oggetto o gli oggetti che la famiglia Musgrave aveva nascosto con tanta complicata precauzione. È vero che ero riuscito a far luce sul destino di Brunton, ma bisognava ora chiarire come egli fosse morto, e che ruolo avesse avuto nella tragedia la ragazza scomparsa. Mi misi a sedere su una botte in un angolo, ed iniziai a rielaborare nella mia mente tutta quanta la vicenda. Lei sa come io mi comporti in simili casi, Watson: mi metto al posto del mio uomo, e dopo averne studiata l'intelligenza, tento di immaginare come avrei reagito io stesso se mi fossi trovato nella sua condizione. In questo caso la cosa era molto semplificata dal fatto che l'intelligenza di Brunton era assolutamente di primo ordine, in tal modo non era il caso di tener conto di equazioni personali, come si esprimono gli astronomi. Brunton sapeva che qualcosa di prezioso era stato nascosto, aveva individuato il nascondiglio, e si era accorto che la pietra che ricopriva il loculo era troppo pesante perché egli potesse rimuoverla da solo. Cosa pensa di fare allora? Non poteva chiedere aiuto all'esterno, anche se avesse conosciuto qualcuno di cui si potesse fidare interamente, senza dover aprire le porte della casa, e senza correre grave rischio di essere scoperto. Perciò era meglio per lui assicurarsi un complice all'interno della casa, ma a chi rivolgersi? La seconda cameriera gli aveva voluto molto bene. Un uomo si rende sempre molto difficilmente conto di avere perso l'amore di una donna, per quanto male egli abbia potuto trattarla. Dovette quindi cercare con lusinghe e moine di far pace con la ragazza per indurla ad aiutarlo. Quindi di notte dovevano essere scesi insieme nella cantina, dove le loro forze riunite sarebbero bastate a sollevare il lastrone. Fin qui riuscivo a seguire le loro mosse come se li avessi visti con i miei occhi. Ma pur essendo in due, calcolando che uno di loro era una donna, la rimozione della pietra doveva essere stato un compito assai arduo. Avevamo faticato non poco, io ed il grosso poliziotto del Sussex, nella stessa impresa. Che cosa decidono allora? Probabilmente quello che avrei fatto io stesso. Mi alzai ed esaminai con attenzione vari ceppi di legno sparsi tutt'intorno sul pavimento. Quasi subito trovai quello che cercavo. Un ceppo lungo circa tre piedi recava ad un'estremità una marcata dentellatura, mentre altri erano appiattiti ai lati come se fossero stati pressati da un peso notevole. Evidentemente dopo avere sollevato la pietra dovevano avere spinto nella fenditura i pezzi di legno fino ad ottenere un'apertura sufficientemente larga per strisciarvi dentro. Dovevano aver tenuto sollevato il lastrone per mezzo di un ceppo posto nel senso della lunghezza, causando così quella dentellatura nell'estremità inferiore, giacché il peso complessivo della pietra doveva premerlo giù sul bordo dell'altra lastra. Fin qui il mio ragionamento era esatto. Ed ora, come dovevo procedere per ricostruire quella tragedia notturna?

Evidentemente uno solo dei due poteva entrare nella buca, e quell'uno fu Brunton. La ragazza dovette attenderlo fuori. Brunton quindi aprì la cassetta le consegnò il contenuto, certamente dovette consegnarlo a lei, poiché nulla era stato ritrovato, e poi... poi... che cos'era accaduto? Quale soffocato fuoco di vendetta dovette improvvisamente rinfocolarsi nell'animo appassionato della giovane celtica[33] quando vide l'uomo che l'aveva ferita – forse assai più di quanto noi possiamo immaginare – in suo potere? Fu un caso che il ceppo scivolasse fuor di posto facendo sì che la pietra chiudesse Brunton in quello che doveva divenire il suo sepolcro? La ragazza fu colpevole soltanto di aver taciuto la fine di lui? O forse un colpo improvviso della sua mano aveva tolto il sostegno ributtando con un colpo secco il lastrone al suo posto? Comunque fossero andate le cose, mi pareva di vedere quella figura di donna stringere ancora nel pugno il tesoro rinvenuto, che fuggiva disperata su per la scala a chiocciola mentre nelle orecchie le rintronavano forse ancora le grida soffocate del suo ex innamorato, mentre nelle sue tempie ancora echeggiava un tamburellare di mani in preda al panico contro la lastra di pietra che stava soffocando come una lapide tombale l'ultimo soffio di vita dell'amante infedele. Ecco così scoperto il segreto del suo viso sbiancato, dei suoi nervi scossi, delle sue risate isteriche del mattino seguente. Ma cosa era mai contenuto in quella cassetta? Cosa ne aveva fatto la ragazza? Certamente doveva trattarsi del vecchio metallo e dei sassolini che il mio cliente aveva risucchiato dallo stagno. Doveva averli gettati lei stessa nell'acqua alla prima occasione propizia, con lo scopo di cancellare l'ultima traccia del suo delitto. Rimasi immobile per altri venti minuti riflettendo. Musgrave mi era sempre vicino, con la lanterna in mano e fissava il buio loculo, tuttora aperto, con viso pensieroso. – Queste sono monete di Carlo I[34] –, disse, mostrandomi i pochi dischi di metallo rimasti nella cassetta. – Vedi che avevamo ragione nel fissare l'epoca in cui il cerimoniale fu redatto. – Può darsi che si trovi qualcos'altro di Carlo I! –, esclamai, poiché il significato probabile delle prime due domande del cerimoniale mi balenò a un tratto alla mente. – Mostrami il contenuto della borsa che hai ripescata dallo stagno. – Salimmo nel suo studio ed egli mi mise dinanzi i resti del laghetto. Nell'osservarli compresi che egli li avesse considerati di scarsa importanza, poiché il metallo era quasi nero, e le pietre erano senza lustro ed opache. Ma non appena ne ebbi sfregata una contro la stoffa della mia manica, ecco che brillò come una stella nel palmo della mia mano. La parte metallica aveva la forma di un doppio anello, ma era stata piegata e contorta in modo da farle perdere il suo aspetto originario. – Non devi dimenticare –, dissi, – che il partito monarchico seguitò ad avere molta importanza in Inghilterra ancora parecchio tempo dopo l'uccisione del re, e quan-

33. **celtica**: appartenente ai Celti, antica popolazione dell'Europa occidentale.

34. **Carlo I**: sovrano inglese della famiglia Stuart, salito al trono nel 1625 e decapitato durante la Rivoluzione inglese nel 1649.

do finalmente i suoi seguaci fuggirono, molti di loro dovettero lasciare gran parte dei loro beni nascosti in luoghi sicuri, con l'intento di riprenderli quando la situazione politica fosse tornata alla normalità. – Infatti –, disse il mio amico, un mio antenato, sir Ralph Musgrave, fu uno dei primi cavalieri e il braccio destro di Carlo II[35] durante i suoi vagabondaggi –, Ah, è così, dunque? Finalmente l'ultimo anello della catena. Non mi resta che congratularmi con te per essere rientrato in possesso, seppure in modo alquanto tragico, di una reliquia di grande valore intimo, ma di ancor maggiore valore storico. – Ma che cos'è, dunque! –, balbettò il mio amico sbalordito. – È nient'altro che l'antica corona dei re d'Inghilterra. – Cosa? – Proprio così. Rifletti su quel che dice il cerimoniale: Di chi era? Di colui che è scomparso. Questo accadde dopo l'esecuzione di Carlo. Poi, Chi l'avrà? Colui che verrà. Questo si riferisce a Carlo II. La sua salita al trono era già prevista. Non credo perciò possa sussistere più dubbio che questo diadema rovinato ed informe abbia un tempo circondato la fronte dei re Stuart. – E come è andata a finire nello stagno? – Ah, per rispondere a questa domanda mi occorrerà un certo tempo – e gli ripetei la lunga successione di supposizioni e di prove che mi ero costruita. Il crepuscolo era finito da un pezzo e la luna brillava alta nel cielo quando il mio racconto finalmente giunse al termine. – E come fu dunque che Carlo non riprese la sua corona quando tornò? –, domandò Musgrave, riponendo la reliquia nella borsa di tela.

▲ Il maggiordomo Branton, dopo aver trovato il tesoro, viene rinchiuso e lasciato morire dalla cameriera in un buco scavato dentro a una cantina.

– Purtroppo tu metti il dito nell'unico punto che probabilmente non sarà mai chiarito. Forse il Musgrave che deteneva il segreto morì nell'intervallo, e chi sa per quale dimenticanza lasciò questo cerimoniale-chiave al suo discendente senza spiegargliene il significato. Da allora ad oggi esso è stato trasmesso di padre in figlio, finché giunse nelle mani di un uomo che ne rivelò il segreto a costo della propria vita. E questa è dunque la storia del cerimoniale dei Musgrave, caro Watson. Essi hanno conservato la corona a Hurlstone, benché abbiano avuto parecchi fastidi legali, ed una considerevole cifra da pagare prima di avere il permesso di tenerla presso di loro. Sono certo che se lei facesse il mio nome sarebbero felici di mostrargliela. In quanto alla ragazza non se ne seppe più nulla, ed è assai probabile che abbia lasciato l'Inghilterra, e se ne sia andata in qualche paese d'oltremare, portando con sé il ricordo del suo crimine.

A. C. Doyle, *Il cerimoniale dei Musgrave*, da *Le memorie di Sherlock Holmes*, trad. it. di M. Gallore, Rusconi, Milano, 2010

35. Carlo II: successore di Carlo I dopo la fase rivoluzionaria.

GUIDA ALLA LETTURA

L'INVESTIGATORE E IL MECCANISMO DELLA NARRAZIONE

Siamo davanti a una delle figure più note del giallo classico, Sherlock Holmes, che ha accanto il fedele amico Watson, tradizionale narratore delle indagini del detective fin dalla sua prima apparizione in *Uno studio in rosso*.

Ne *Il cerimoniale dei Musgrave* il meccanismo della narrazione si fa più complesso.

Nell'esposizione iniziale Watson descrive le eccentriche abitudini del suo coinquilino con note affettuose e ironiche; egli non è nuovo a riscontrare difetti nel detective: in *Uno studio in rosso* racconta dell'ignoranza di Holmes in fatto di letteratura, di filosofia, di politica, e di tutto ciò che non riguardi gli oggetti utili per il lavoro, ma qui descrive un disordine innato, contraddittorio rispetto alla precisione che un'indagine richiede, e una totale incuria per l'abitazione, sforacchiata dagli esercizi di tiro.

Successivamente, eludendo l'invito a far ordine e preferendo riesaminare i ricordi dei suoi primi casi, è Holmes a prendere la parola, ricordando gli inizi della sua carriera e rivelando difficoltà e delusioni, vissute non nella celebrata dimora al numero 221B di Baker Street, ma in un *appartamentino in Montague Street*, dove si impegna a risolvere qualche caso presentato dagli ex compagni di università. La sua ambizione, la coscienza di riuscire là dove altri avevano fallito, lo incalzano.

Qui inizia il racconto dell'indagine che si sposterà da Londra a Hurlstone per esaminare dal vivo i luoghi citati nel racconto di Musgrave.

IL FATTO DELITTUOSO

Il delitto è un tentativo di furto, complicato dalle relazioni sentimentali del ladro, che a causa di ciò finisce per incontrare la morte.

Il criminale, il maggiordomo Richard Brunton, ha un'intelligenza di prim'ordine e un notevole potere di seduzione: lo ammette lo stesso Holmes, che vive con lui una sottile competizione.

L'acume porta il maggiordomo a decifrare il segreto del rituale dei Musgrave e a trovare il tesoro al cui nascondiglio alludono le formule; compie, tuttavia, un fatale errore nella scelta della sua complice, che, per un caso sventurato o per volontà di vendetta sull'ex fidanzato, lo abbandona dietro la pesante lastra di pietra della camera del tesoro.

L'INDAGINE

La soluzione del mistero ruota intorno all'interpretazione dell'antica sequenza di domande e risposte recitata al compimento della maggiore età da ogni Musgrave, con la quale generazioni ignare hanno recitato a vuoto le indicazioni per un tesoro di inestimabile valore: coglierne il reale significato crea le condizioni per il raggiungimento di una parziale verità.

LO SCIOGLIMENTO DEL MISTERO

Alcuni interrogativi vengono chiariti: la sparizione del maggiordomo è spiegata con il ritrovamento del cadavere, il reale valore degli oggetti ritrovati viene stimato, ma la responsabilità della ex fidanzata di Brunton, fuggita per disperazione o sensi di colpa, non si conoscerà mai. A questo si aggiunge un altro mistero, che si perde nel passato: perché l'avo di Reginald non ha restituito alla famiglia regnante i beni finiti nelle sue mani?

La conclusione sottolinea il difficile rapporto tra i rituali della nobiltà e i meccanismi della legge moderna: veder riconosciuta la proprietà dei gioielli è, per i Musgrave, una battaglia legale e un notevole esborso di denaro.

▶ Roger Poyre, litografia di Sherlock Holmes.

COMPRENDERE E ANALIZZARE

COMPRENSIONE

1. Perché le carte di Sherlock Holmes sono *la più grande disperazione* del narratore?
2. Quali carte Holmes conserva nella cassetta di metallo?
3. Quale delle avventure giovanili di Holmes è sicuramente un fatto di sangue?
4. Per quale motivo Brunton studia la carta del cerimoniale dei Musgrave?
5. Per quale motivo la cameriera è colta da una crisi di nervi in seguito alla scomparsa del maggiordomo?
6. Proponi un altro titolo cercando di non utilizzare le parole di quello originale.

ANALISI

7. Individua e commenta brevemente gli elementi della personalità di Holmes che emergono dall'iniziale descrizione di Watson.
8. *Cominciava ad adornare la parete di fronte di un patriottico V.R.*: come definiresti i toni delle parole di Watson? Motiva la tua risposta.
9. Con quale atteggiamento Holmes guarda ai ricordi delle sue passate investigazioni?
10. Watson è semplicemente una voce narrante o fa emergere aspetti della sua personalità e del suo vissuto? Che immagine di sé vuole offrirci?
11. Già dalla descrizione del maggiordomo dei Musgrave il narratore suscita curiosità intorno all'individuo: con quali informazioni ottiene questo effetto?
12. Reginald Musgrave suscita in Holmes una *visione di grigie arcate* e viene accostato ai venerandi *relitti di una torre feudale*. Grazie a queste affermazioni che cosa è indotto a pensare il lettore su di lui? Quali immagini potresti, invece, evocare per connotare il maggiordomo?

SCRIVERE

APPROFONDIMENTO E SCRITTURA

13. Riassumi il racconto in 150, 70, 30 parole, riducendo progressivamente le informazioni fino a limitarti agli elementi della struttura di base.
14. Una proprietà vetusta, un rituale non compreso, gioielli reali irriconoscibili, un maggiordomo colto e intraprendente: al giallo si aggiungono in questo caso elementi di riflessione sul rapporto tra le classi sociali in un'Inghilterra in trasformazione. Tratta in un breve testo questa diversa chiave di lettura del racconto (massimo 15 righe).
15. Il tesoro dei Musgrave risale alla prima metà del XVII secolo, l'epoca di Carlo I Stuart. Redigi un breve profilo (massimo 15 righe) su questa figura.
16. Il fascino di alcune monarchie è accresciuto da cerimoniali che prevedono l'utilizzo di oggetti "sacri", simbolo di potere e autorità, di cui le corone sono esempio. Conduci una breve ricerca su oggetti famosi in questo senso e ricavane uno scritto arricchito da immagini o una presentazione in PowerPoint.

VERSO LE COMPETENZE **COMPITI DI REALTÀ**

- *Comunicazione nella madrelingua*
- *Imparare a imparare*
- *Spirito di iniziativa e imprenditorialità*
- *Consapevolezza ed espressione culturale*

17. Dopo esservi divisi in gruppi di 3-4 persone, costruite un questionario per la rilevazione del gradimento del genere giallo da parte degli adolescenti, aiutandovi con i modelli che trovate in rete (per esempio fra i Google Modules). Potete chiedere:
    a. la frequenza di lettura di un giallo;
    b. i tempi medi di lettura;
    c. la tipologia di giallo;
    d. l'ambientazione preferita;
    e. il tipo di investigatore prediletto;
    f. l'ultimo titolo di giallo letto.

    Ricordatevi di dare 3-4 opzioni di risposta per ciascuna domanda (tranne per quella relativa al titolo).

    Esponete poi al resto della classe i risultati della vostra ricerca attraverso una presentazione multimediale (minimo 5 slides). Il vostro lavoro sarà valutato sulla base di questi parametri:

Criteri / Livello di padronanza	Iniziale (1)	Base (2)	Intermedio (3)	Avanzato (4)
Efficacia della presentazione				
Correttezza della restituzione dei dati				
Esposizione				

DAL TESTO ALLE PAROLE

Bohémien Chi conduce una vita libera, disordinata e anticonformista, tipica di giovani artisti poveri del secolo XIX. Talora viene usato erroneamente o genericamente come sinonimo di artista.

Il termine rimanda a una delle opere liriche più celebri del compositore **Giacomo Puccini**, *La Bohéme*, che debuttò al Tetro Regio di Torino il 1° febbraio 1896 con la direzione di un giovane Arturo Toscanini, destinato a diventare uno dei direttori d'orchestra più applauditi del primo Novecento. La vicenda dell'opera è tratta dal romanzo d'appendice *Scènes de la vie de bohème* di **Henri Murger** e descrive l'esistenza travagliata di alcuni **giovani artisti *bohémien*** nella Parigi del 1840.

RINFORZIAMO IL LESSICO

1. L'immagine raffigura due giovani donne riconducibili al movimento hippy che alla metà degli anni Sessanta del Novecento ripropose un'esperienza fortemente anticonformistica rispetto ai modelli borghesi, che in certi aspetti può ricordare le condizioni degli artisti *bohémien* del secolo precedente. Fai una ricerca su questo periodo ed elencane le principali caratteristiche.

Dongiovanni Intraprendente e fortunato corteggiatore di donne, dal personaggio di una commedia spagnola del primo Seicento, *Don Giovanni. Il beffatore di Siviglia*, di Tirso de Molina.

Questo termine è un esempio di come il **nome proprio di un personaggio** letterario, divenuto particolarmente popolare e trasformatosi in una sorta di mito moderno, può addirittura **inserirsi nella lingua** come **nome comune** (in tale funzione compare appunto nel racconto *Il cerimoniale dei Musgrave* alla riga 182). Su questo spregiudicato, leggendario seduttore hanno scritto moltissimi autori di diverse nazionalità, tra cui il famoso commediografo **Molière**, nel Seicento, **Goldoni** e **Mozart** (quest'ultimo in collaborazione con il librettista Lorenzo Da Ponte), nel Settecento. Nella maggior parte dei testi a lui dedicati **Don Giovanni** è un **peccatore impenitente**, **privo di ogni morale**, capace anche di uccidere. Proprio una sua vittima, il padre di una delle innumerevoli donne sedotte, diverrà il suo giustiziere: il fantasma dell'ucciso, sotto l'aspetto di una statua di pietra, durante una tragica "ultima cena" lo trascinerà all'inferno. Il commediografo irlandese **George Bernard Shaw**, all'inizio del Novecento, capovolge invece ironicamente la storia e presenta Don Giovanni come **vittima delle donne**.

RINFORZIAMO IL LESSICO

1. Due aggettivi che possono essere associati al tipo umano del dongiovanni sono *licenzioso* e *dissoluto*. Cercane la definizione sul dizionario e illustra la differenza di significato tra i due termini.
2. Cerca esempi di almeno cinque altri personaggi della storia teatrale o letteraria che, come Don Giovanni, hanno acquisito una tale fama da entrare a far parte del linguaggio comune. Puoi cercare nella produzione del commediografo latino Plauto e nella mitologia. Realizza quindi su tre di loro un ritratto immaginario, ma che esprima i tratti di ciascuna personalità.

BUIO IN SALA

UN INVESTIGATORE DA FILM

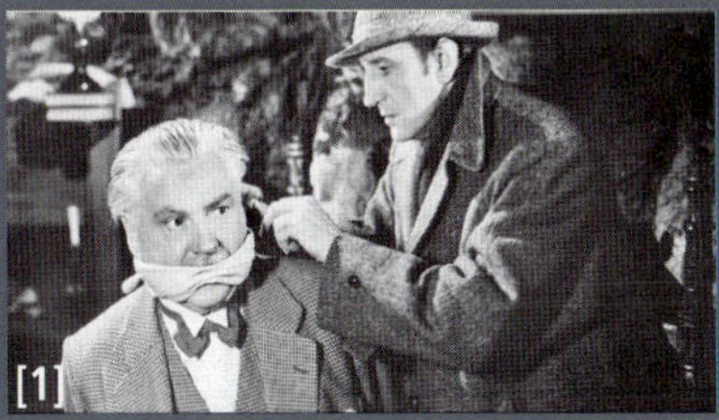

La prima apparizione del personaggio di Sherlock Holmes sullo schermo risale al 1900, in una commedia ispirata alle opere di Conan Doyle: ***Sherlock Holmes baffled*** (*Sherlock Holmes confuso*); ma la grande stagione degli adattamenti cinematografici comincia nel 1939, con ***The Hound of the Baskervilles*** (*Sherlock Holmes e il cane dei Baskerville*, titolo in italiano, *Il mastino dei Baskerville*), in cui il ruolo del detective è interpretato da Basil Rathbone **[1]**, attore britannico, che sarà Holmes in altre tredici pellicole, fino al 1946, anno di ***Terror by Night*** (titolo in italiano, *Terrore nella notte*), finendo per legare indissolubilmente il suo volto al famoso investigatore.

Dagli anni Settanta più che il talento investigativo sono altri aspetti del personaggio a interessare gli sceneggiatori, che utilizzano le storie del detective come spunto o sfondo: è il caso di ***The Seven-Per-Cent Solution*** (titolo in italiano, *Sherlock Holmes: soluzione al sette per cento*, 1976), film di Herbert Ross, in cui l'investigatore deve affrontare la dipendenza da cocaina e morfina (ne parla Conan Doyle ne *Il segno dei quattro*), e si affida alle cure di Sigmund Freud; di ***Murder by Decree*** (titolo in italiano, *Assassinio su commissione*, 1979), in cui Holmes e Watson indagano sugli omicidi di Jack lo Squartatore; di ***Young Sherlock Holmes*** (titolo in italiano, *Piramide di paura*, 1985), film di **Barry Levinson**, in cui si immagina la prima indagine di Holmes e si descrivono le circostanze dell'incontro con Watson, che avviene nel college londinese frequentato da entrambi.

▲ Basil Rathbone e Nigel Bruce ne *Le avventure di Sherlock Holmes*, regia di Alfred L. Werker.

Anche il rapporto con Watson è oggetto di interesse cinematografico: nel curioso ***Without a Clue*** (titolo in italiano, *Senza indizio*, 1988) si prospetta un rovesciamento dei ruoli tra Watson, che sarebbe tra i due il vero talento investigativo, e Holmes, un attore, ingaggiato come prestanome dal dottore per evitare che l'attività di indagine comprometta la sua immagine di medico.

L'idillio tra Sherlock Holmes e il cinema è continuato, in tempi recenti, con i due film di **Guy Ritchie** ***Sherlock Holmes*** (2009) e ***Sherlock Holmes: A Game of Shadows*** (titolo in italiano, *Sherlock Holmes – Gioco di ombre*, 2011) **[2]**, realizzati con il ricorso agli effetti speciali digitali, e il più tradizionale e suggestivo ***Mr. Holmes*** (2015), basato sul romanzo di Mitch Cullin, con un Holmes molto anziano che, ritiratosi in campagna ad allevare api dopo la morte di Watson, rievoca un caso risoltosi drammaticamente.

Anche il piccolo schermo ha versato il suo tributo all'investigatore, proponendo ambientazioni e soluzioni che talvolta si ribellano alla tradizione: la serie televisiva statunitense ***Elementary***, trasmessa dalla CBS, e in Italia dalla RAI, ambienta nuove avventure a New York e ci offre una variante femminile di Watson, Joan Watson, psicoterapeuta dell'investigatore.

Una deliziosa versione del personaggio è stata proposta dal ventiseiesimo film d'animazione Disney ***Basil l'Investigatopo*** (1986) **[3]**, che utilizza in un simpatico *mistery* i caratteri del personaggio, dandogli il nome dell'attore che ne fu l'interprete più famoso.

5 | ELEMENTI DI NARRATOLOGIA
Fabula e intreccio

Video
Che cosa sono fabula e intreccio?

In una narrazione i fatti possono essere raccontati secondo l'ordine cronologico con cui si svolgono o in modo tale da alterare tale ordine. Rispetto alla successione degli eventi dunque in un testo narrativo si può distinguere tra:

- **fabula**, ossia l'ordine cronologico in cui i fatti si svolgono;
- **intreccio**, ossia l'ordine con cui i fatti vengono presentati dal narratore.

Quando in una narrazione l'autore sceglie di seguire rigorosamente l'ordine cronologico degli accadimenti, si verifica una **coincidenza** fra fabula e intreccio. In caso contrario esiste una **sfasatura** fra i due piani ed è possibile procedere alla ricostruzione della fabula.

Esistono due modi per alterare la fabula:

- l'**analessi** (dal greco *anà*, indietro, e *lepsis*, dalla radice del verbo prendere) o **flashback**, che riferisce un fatto accaduto in un tempo antecedente a quello della narrazione;
- la **prolessi** (dal greco *pro*, prima, e *lepsis*) o **flashforward**, che anticipa un episodio che accadrà in seguito.

Si ricorre all'analessi soprattutto per informare il lettore su fatti del passato la cui conoscenza è indispensabile per comprendere la vicenda. L'analessi può essere segnalata in diversi modi:

- con indicatori temporali che introducono le vicende passate e segnalano la distanza dal tempo della narrazione;
- con verbi o espressioni che appartengono al campo semantico del ricordo;
- con cambiamenti del tempo verbale (per esempio, dal presente al passato o dal passato remoto all'imperfetto).

La prolessi serve invece ad anticipare, spesso implicitamente, lo svolgimento futuro delle vicende, e crea nel lettore un clima di tensione e attesa. Può essere segnalata da:

- indicatori temporali che rimandano a un momento successivo a quello dell'azione;
- verbi al futuro.

T8 Mario Soldati – Il ricordo

Mario Soldati (Torino, 1906-Tellaro, SP, 1999) è scrittore, giornalista, regista e sceneggiatore televisivo, autore di numerosi romanzi e racconti. Nel 1941 dirige il film *Piccolo mondo antico*, tratto dal romanzo di Antonio Fogazzaro. Lavora a lungo per la RAI, diventandone il **primo giornalista enogastronomico**: nel 1956 idea la trasmissione *Alla ricerca dei cibi genuini – Viaggio nella valle del Po* che inaugura il fenomeno del turismo enogastronomico.
Le due raccolte *I racconti del maresciallo* (Mondadori, 1967) e *Nuovi racconti del maresciallo* (Rizzoli, 1984) hanno per protagonista il **maresciallo dei Carabinieri Gigi Arnaudi**, investigatore di origini piemontesi: amico del narratore delle vicende, gli racconta piccole storie di delinquenza con l'atteggiamento di una sorta di anti-eroe che procede all'arresto proprio quando non può farne a meno. Da *I racconti del maresciallo* sono state tratte anche due riduzioni televisive.

Anche il racconto proposto si apre con i due amici seduti a tavola. A un certo punto il maresciallo inizia a rievocare una vicenda accaduta anni prima. Si apre così una lunga fase in cui si ricordano **fatti del passato**; la narrazione è solo a tratti interrotta dalle domande del narratore curioso.

Nel racconto sono evidenziate a bordo pagina le **tecniche di alterazione della fabula**.

Lunedì sera tardi, alle Tre Ganasce, nella città dove lui, ora, comanda la Compagnia Giudiziaria, **ho cenato** con il mio vecchio amico, paesano e coscritto[1] Gigi Arnaudi, maresciallo dei Carabinieri.

La narrazione si apre con il racconto, al passato, di una cena fra i due protagonisti.

Come sempre, quando ci rivediamo (ci rivediamo, purtroppo, così di rado) il discorso **erra**, sfiorando uno dopo l'altro tutti gli argomenti di interesse comune: le nostre rispettive famiglie, gli amici, il lavoro, la politica, il vino, lo sport. Questa volta, forse a causa di un giornale della sera che qualche cliente ha dimenticato sul tavolo accanto, grossi titoli e fotografia in prima pagina, finisco per lamentarmi del progressivo e apparentemente inarrestabile aumento degli incidenti automobilistici. Lamenti ovvii, da buon papà, da buon borghese e in un caffè di provincia. Ma provo tanta dolcezza, a sentirmi borghese quando sono in compagnia del mio Gigi!

Il passaggio al presente introduce alle riflessioni del narratore-protagonista.

E, del resto, borghese? Faccio una constatazione improvvisa, e forse ovvia a sua volta: una riflessione che però non dico a Gigi, e tengo per me. Ecco: nei paesi più progrediti del mondo occidentale, di fronte all'impressionante fenomeno del neocapitalismo o, direi meglio, del neofeudalesimo industriale[2], che differenza c'è ancora tra borghese e proletario? Dunque; da noi, il maresciallo dei Carabinieri, pur restando soprattutto un difensore dell'ordine, non ha, forse, cambiato colore senza che ce ne siamo accorti? A meno, sventuratamente, che lo Stato non perda la sua battaglia con i grandi feudatari. Ma io sono ottimista. Penso che **si troverà** un sistema per uscirne. Così come si inventerà qualche meccanismo elettronico, qualche diavoleria che impedisca alle auto di urtare tra di loro o contro un ostacolo.

Il riferimento a un ipotetico futuro costituisce una prolessi (o flashforward).

Questo lo dico a Gigi. E vedo che lui pensa ad altro. Forse non ha neanche udito ciò che ho detto. I suoi occhi celesti e severi, negli occhiali cerchiati d'oro, fissano un punto astratto, oltre le due bottiglie nere di Val Tidone[3]. Si gratta la testa bionda e spelacchiata. Dice:

"A proposito di incidenti automobilistici, **ti ho mai raccontato** di quel fatto che mi è successo anni fa, quando ero ancora a C.?".

La domanda del maresciallo prelude al lungo flashback che costituisce la maggior parte del racconto.

C., grosso borgo del Polesine[4], dove Gigi era maresciallo, e dove ero andato a trovarlo: ah, quei pranzi a base di anguille! No, non mi aveva raccontato. Almeno, non ricordavo.

Gigi si guardò intorno. Le vecchie sale, una dopo l'altra, divise dagli archetti e dalle colonnine, erano deserte. Il neon bluastro e funebre splendeva

1. **coscritto**: persona inserita nella stessa leva militare. Genericamente anche un coetaneo.
2. **neofeudalesimo industriale**: potere detenuto da poche, grandi famiglie industriali.
3. **Val Tidone**: vino prodotto nell'omonima valle, nel Piacentino.
4. **Polesine**: regione geografica del Veneto meridionale.

sulle tovaglie sparecchiate. Là in fondo, al buio, come in un antro, tremolava gracidando il quadretto argenteo di una televisione che pareva prossima a spegnersi, non diversamente da un fuoco moribondo in un caminetto. Il padrone e due clienti, seduti dinanzi, col mento sul petto, sonnecchiavano. Non potevano certo udire. Ad ogni buon conto, Gigi abbassò la voce:

"Era d'inverno. Con un freddo polare. Giorni come adesso. La terra coperta da una crosta di brina indurita. I canali di ghiaccio. Con quel tempo sai com'è, si mangia, si beve, e si dorme di più. Sempre, beninteso, se il Servizio lo permette...".

> Da questo capoverso inizia il flashback.

(**Nota per il lettore.** Ho scritto Servizio con la maiuscola non per un capriccio: ma perché così Gigi pronuncia questa parola, che per lui è sempre stata la più sacra di tutte, compresi alcuni nomi che oggi non hanno più senso).

> L'intervento del narratore e il successivo discorso fra i due protagonisti fanno oscillare la narrazione fra presente e passato.

"E siccome, quel giorno si vede che il Servizio me lo permetteva, avevo mangiato, bevuto, fumato: e alle cinque del pomeriggio dormivo ancora della grossa...".

(Altra nota. *Della grossa*[5]: è Gigi che parla così. Le sue espressioni esatte, fatte, antiquate, appartengono a tutto un mondo, che per noi è morto e sepolto, ma per lui no. Conseguenza, senza dubbio, di una vita quasi interamente trascorsa in campagna, borghi o paesi, della Valle Padana. Da poco tempo soltanto, Gigi è stato trasferito in una grande città di provincia. Ma sono conseguenze, anche, del suo mestiere, che quando uno fa sul serio, finisce sempre per isolare gli altri, per fissare in un tempo che non trascorre, il tempo ideale della giustizia: e quasi per chiudere nella campana vitrea[6] dell'imparzialità obbligatoria e professionale, e nello stile dei verbali e delle deposizioni).

Dormivo. Mi sveglia il piantone[7]: c'è una telefonata urgente dalla pompa di benzina sulla strada di Adria. Hanno trovato, a qualche chilometro, una macchina rovesciata, giù dall'argine. Ci sono tracce di sangue, ma la macchina è abbandonata. Dai documenti, risulta che appartiene... il nome non lo posso dire, neanche a te. Ma insomma, è una persona molto nota nella zona, e che io stesso conosco benissimo: un piccolo industriale, padrone fra l'altro di una bella distilleria[8]. Età, quarantacinque, cinquanta. Intelligente, istruito, lavoratore, e insieme simpatico, un buontempone. Devoto alla famiglia, due ragazzini ancora in tenera età e alla moglie, che adora. Ha un solo difetto, a quanto si mormora. Si mormora, bada bene: perché a me non risulta che abbia mai dato motivo di scandalo. E quando non c'è scandalo, per me, quel difetto non è più un difetto, sono franco: è, anzi, una prova di vitalità, di generosità e di tante altre belle cose. Gli piacciono molto le donne. "Bene, dico per telefono a quello della pompa: se nella macchina o vicino alla macchina non si trovano cadaveri né feriti, è buon

5. ***Della grossa***: in questo caso, profondamente.
6. **vitrea**: di vetro o simile al vetro per trasparenza.
7. **piantone**: militare che sorveglia a vista un luogo o una persona.
8. **distilleria**: fabbrica di liquori.

segno: vuol dire che il signor... il signor Tale, e dico il nome dell'industriale, o chi era al volante della sua macchina, è rimasto ferito soltanto leggermente, si è fatto dare un passaggio da qualcuno: sarà all'ospedale di Adria".

Senonché, neanche il tempo di riattaccare, quello mi richiama. Un cadavere è stato ritrovato. A un centinaio di passi della macchina capovolta. In mezzo a un campo: di là da una fila di alberi che lo nascondeva. C'è qualcuno che lo riconosce. È il cadavere, appunto, dell'industriale. Dico di non toccarlo, prendo con me l'appuntato[9], salto sulla jeep e in dieci minuti sono sul posto. Ho avuto, un momento, l'istinto, uscendo dalla caserma, di telefonare alla signora dell'industriale.

Conoscevo anche lei personalmente, benissimo. Ma un altro istinto, più forte, mi ha suggerito di compiere, prima, un sopralluogo, e di vedere con i miei occhi, da solo. **Guai se mi fossi comportato diversamente.** È stata una fortuna. Cosa vuoi, così è il nostro mestiere. Tutto, a volte, dipende da una piccola decisione in apparenza trascurabile.

Anche in questo caso compare una **prolessi** o **flashforward** perché si anticipa l'esito delle azioni del maresciallo.

Sulle cause della disgrazia, non occorreva essere degli esperti per capire com'era andata. La strada, in quel punto, era una lastra di ghiaccio. C'erano i segni della frenata, e della slittata, fino al punto dove la macchina era rotolata dall'argine. Forse per superare un camion, per scansare una moto... Guidava bene; ma aveva anche il vizio di andare un po' forte. E la macchina, di quelle sport, a motore spinto. Basta, l'incidente era tragico; ma non aveva, in sé, niente di strano. Strano, invece, stranissimo, il punto dov'era stato trovato il cadavere.

Come da mia istruzione, non era stato rimosso né spostato. Era, sì, a un centinaio di passi dalla macchina. Bocconi[10] sulla terra ghiacciata, di traverso, e quasi contro le radici di un albero: un salice di una lunga fila, che andava perpendicolarmente dalla strada al canale di una vicina idròvora[11]. Era chiaro che il poveretto aveva cercato di appoggiarsi con una mano, o con tutte e due, all'albero: e che era scivolato in avanti, ed era spirato così, la bocca nella terra. Il decesso, come poi ebbero a stabilire i medici di Rovigo con i loro esami, datava da un'ora, un'ora e mezzo, non più. Probabilmente, quando la macchina aveva già attirato l'attenzione e radunato gente, lui era ancora vivo, lì, a breve distanza, e avrebbe potuto essere aiutato, e magari salvato. Chissà. Ogni tanto ci penso e non so darmi pace. Non per il mistero: perché fortunatamente sono riuscito a scoprirlo. Ma per la fine pietosa, per la sua sofferenza di quegli ultimi istanti: era una così una brava persona.

Il mistero era come mai, perché si era allontanato dalla macchina ferito in quelle condizioni? Non certo con l'intenzione di chiedere soccorso. Sarebbe andato per la strada: o, supponendo che le sue forze non gli permettessero di risalire l'argine, avrebbe proseguito lungo questo, così da poter

9. **appuntato**: il terzo grado nella gerarchia militare dei Carabinieri.
10. **bocconi**: disteso a faccia in giù.
11. **idròvora**: pompa per il sollevamento dell'acqua.

vedere, e da poter essere visto da chi passava nella strada. Ma no, aveva tagliato obliquamente, attraverso il campo, dove tracce di sangue sul terreno gelato mostravano esattamente il cammino percorso: come se il suo solo scopo fosse stato di raggiungere quell'albero.

Osservavo, in silenzio, il cadavere: e non mi risolvevo ad andarmene, né a mandare l'appuntato a telefonare per l'ambulanza. Volevo capire.

A un tratto, mi colpì un particolare a cui fino allora non avevo dato nessuna importanza. Il suo corpo non era voltato verso la campagna, come se l'industriale fosse stramazzato[12] al suolo venendo dalla macchina. Bensì era voltato verso la macchina: come se fosse stramazzato tornando indietro. Anzi, questa era stata la ragione per cui avevano tanto tardato a scoprirlo. Quelli che erano intorno alla macchina rovesciata, non vedendo nessuno, si erano guardati intorno: e se il corpo fosse stato di qua, e non di là dagli alberi, lo avrebbero visto subito. La campagna, lì, è piatta come una tavola. Certo, poteva anche darsi che lui avesse raggiunto l'albero; gli avesse, per così dire, girato intorno, magari tentando di afferrarsi, e fosse infine caduto voltandosi verso la strada. Ma perché dirigersi alla fila d'alberi, e proprio a quell'albero?

Tornai io stesso alla macchina e provai a fare il percorso che lui aveva fatto, e a guardare, intanto, davanti a me, come doveva aver guardato lui. Camminavo adagio, un'occhiata ogni tanto alle tracce di sangue; e pensando, pensando più forte che potevo. Intanto, era straordinario il fatto che le tracce seguissero una linea così diritta. Davvero, pareva che il suo obiettivo fosse l'albero.

Camminavo adagio. Era quasi l'imbrunire. La giornata era stata serena, tersa, come sempre quando fa così freddo. Il cielo aveva quel colore che non è più un colore, tra il grigio, il violetto, il bleu, che dovrei essere uno scrittore come te, per riuscire a descriverlo. Del resto, non è necessario. O forse sì, perché credo che fu proprio guardando il cielo e dimenticandomi per un attimo di essere un povero maresciallo dei Carabinieri e per di più in Servizio, e immaginandomi per un attimo di essere anch'io un poeta o uno scrittore, forse fu proprio così che notai, attraverso i salici e appena un po' più chiare del cielo, le due torri quadrate dell'idrovora. Ecco, mi dissi quasi meccanicamente: si direbbe proprio che volesse dirigersi all'idrovora. Ma perché?

"Ebbi allora un pensiero: vago, indeciso: forse sarebbe meglio dire una sensazione personale. Ho paura che non posso confidartela".

"Perché?", dissi

"Lascia stare, adesso. Comunque, quella sensazione fu decisiva".

Raggiunto l'albero e il cadavere, osservai intorno per terra, come cercando qualcosa: vidi che le tracce continuavano. Le seguii. Andavano diritte all'idrovora. Dunque l'idea che avevo avuto era giusta. Lui era tornato indietro verso la macchina, ed era caduto all'altezza dell'albero.

12. **stramazzato**: caduto di schianto.

Le tracce finivano contro il muretto immediatamente contiguo all'idrovora. Guardai nel canale. Era gelato; e nel mezzo, ma appena visibile, un piccolo rettangolo nero".

"Ma cos'era, Gigi?".

"Forse oggi non ce la farei più. Ma ero più giovane. Eh, sono passati quasi dieci anni. E alla nostra età dieci anni sono molto. Fatto sta, ero solo. L'appuntato era di guardia al cadavere, e gli altri con lui. Ho scavalcato il muretto, e mi sono calato sulla sponda. Ci voleva un certo coraggio. Bastava niente a scivolare e a cadere sul ghiaccio, sfondarlo, finire nel canale. Non dico crepare, ma un bagno, con quel gelo, non era certo consigliabile. E poi, se sfondavo il ghiaccio addio portafogli...".

"Ah, era un portafogli?". "Si capisce. E lui lo aveva gettato nel canale senza guardare: senza pensare che il canale poteva essere gelato. Ma non ti dico per recuperarlo. Per una volta, ho rimpianto la sciabola, che una volta si portava anche in Servizio. Gli arboscelli che strappavo dalla ripa erano tutti troppi molli, oppure erano troppo corti, oppure troppo secchi e si rompevano in tanti pezzi. Finalmente, tagliando col temperino[13], dalla base, tutto un arbusto, e adoperandolo come una ramazza, ci sono riuscito".

"Nel portafogli, oltre a qualche foglio da diecimila, un libretto di assegni, la patente, c'era, nella tasca più interna, una fotografia. L'ho tolta e non ho mai detto niente a nessuno. Dopo dieci anni tu sei il primo al quale ne parlo. Ho consegnato all'autorità giudiziaria, col verbale, il portafogli, senza la fotografia. Così, poi, l'autorità lo ha consegnato alla moglie".

"Era la fotografia di una donna?".

"Non l'ho distrutta. Per fortuna c'era una dedica; con il nome, il primo nome di lui, e l'iniziale di lei. Lui si chiamava Carlo. Se mia moglie me la trovava, le avrei spiegato. Ce l'ho ancora".

Si palpò la giacca, guardandosi intorno. La televisione era spenta. Le stanzine della trattoria erano tutte buie, salvo la nostra. Il cerchietto di neon, al centro del soffitto, spandeva su di noi una luce da cripta, o da obitorio. Adagio, cavò il proprio portafogli, e sfilò la fotografia. Le mani, pallide e magre, gli tremavano leggermente. All'anulare, brillava l'oro della fede.

Era una donna giovane, bruna, bella, formosa: in prendisole, sorridente, e sdraiata su un muretto di pietra, contro uno sfondo di mare, di cielo, e di un paesaggio selvaggio e roccioso: Capri? Ischia? La dedica diceva: *A Carlo. Per essere sempre con te, come tu sei nel mio cuore. G. Agosto 1949.*

▼ Bayer Herbert, *The Language of Letters*, 1931. Collezione privata (1900-85).

13. **temperino**: coltello a serramanico.

"Adesso distruggiamola", dissi.

"Era anche la mia idea", rispose Gigi.

Sul portacenere, con due fiammiferi, la bruciammo.

Dopo un lungo silenzio, dissi:

"Ma la sensazione improvvisa e decisiva che ti aveva dato l'idea di cercare per terra?".

"Ebbene stavo rifacendo il suo stesso cammino, dalla macchina verso gli alberi. Mi ero messo al suo posto: ferito gravemente e col terrore di morire, o almeno di perdere conoscenza, da un momento all'altro. Ebbene... ho pensato ai casi miei.

Intendiamoci: io non ho mai avuto su di me documenti che mi possano fare del torto, o che possano addolorare mia moglie e i miei figli, in un caso simile. Ma ricordi, nel cuore, sì".

Si levò gli occhiali e, col fazzoletto, cominciò a pulirli lentamente. I suoi occhi celesti e severi apparvero smarriti: come quelli di tutti i miopi quando si tolgono gli occhiali. C'era, però, in quello smarrimento, una momentanea, segreta dolcezza. Mormorò:

"Sono maresciallo dei Carabinieri. Ma sono un uomo anche io".

M. Soldati, *Il ricordo*, da *I racconti del maresciallo*, Mondadori, Milano, 1967

GUIDA ALLA LETTURA

UN GIALLO ATIPICO E UN NARRATORE SINGOLARE

Il ricordo si colloca lontano dalle coordinate del giallo classico: la narrazione del mistero avviene nel corso della conversazione fra due amici, seduti al tavolo di un locale.

Gli sfondi che si alternano a incorniciare *I racconti del maresciallo*, *Le Tre Ganasce*, *il Leon d'oro* e il vagone ristorante, evocano tutti una convivialità tranquilla, che prepara l'ascolto di storie in cui la *suspense* sarà sacrificata al realismo e all'umanità delle avventure del maresciallo Gigi Arnaudi, servitore dello Stato nei paesi della Valle del Po.

Ne *I racconti del maresciallo*, Mario Soldati compare esplicitamente con nome e cognome, proponendosi come autore/narratore di storie che riferisce gli siano state raccontate dall'amico Arnaudi.

In questa occasione l'amicizia produce inizialmente considerazioni che spaziano tra il sé e il mondo: la *dolcezza* provata a condividere un modesto ma sicuro benessere, la riflessione con una punta di amaro sulla ricchezza ormai in mano a pochi nuovi *feudatari*, la percezione che le forze dell'ordine, a fronte di ciò, hanno forse *cambiato colore*, ergendosi a difensori dei deboli contro i soprusi dei potenti.

UN MISTERO UMANO

Un giornale ha, tuttavia, attratto l'attenzione e smosso la memoria del maresciallo, che prende la parola per narrare un caso strano, su cui vuole mantenere una sorta di delicato riserbo.

Per buona parte del racconto Arnaudi non viene interrotto, ma il narratore di primo grado non rinuncia a ribadire la sua funzione di trascrittore delle memorie con note volte a chiarire le sue scelte stilistiche: la maiuscola per "Servizio", l'uso da parte di Gigi di un'espressione definita *antiquata* come *della grossa*.

L'evento tragico, la morte di un piccolo imprenditore, ha una dinamica chiara: la sua auto ha sbandato sull'asfalto ghiacciato ed è uscita di strada, ma il cadavere del guidatore, ritrovato *bocconi sulla terra ghiacciata* vicino a un canale di smaltimento delle acque, è in una posizione strana.

L'uomo è un marito devoto e padre di famiglia, conosciuto e stimato anche dal maresciallo, che tace, per rispetto, il suo nome anche all'amico: la vicinanza alla vittima crea una sorta di identificazione e fa sì che Arnaudi continui a pensare a quella *fine pietosa*.

La soluzione del mistero arriva grazie alle doti di perspicacia del maresciallo e a qualcosa che, ancora una volta, egli sceglie di nascondere: "*Ebbi allora un pensiero: vago, indeciso: forse sarebbe meglio dire una sensazione personale. Ho paura che non posso confidartela". "Perché?", dissi. "Lascia stare, adesso".*

Segue una confessione, in questo giallo dalle tinte smorzate: non è la confessione di un colpevole, ma la confessione di un investigatore che ha nascosto una prova, consapevole del fatto che avrebbe prodotto solo dolore, e ha scelto di tenerla con sé fino al momento giusto per distruggerla. La confessione rivela anche il significato della sensazione personale non confidata: anche il maresciallo ha ricordi, ha vissuto emozioni, di cui non ha prove nel portafoglio, ma nel cuore. La battuta finale del maresciallo rinvia inoltre a una mentalità, molto viva e diffusa nell'Italia degli anni in cui è ambientata la vicenda, ma ancora oggi non del tutto superata, secondo la quale il maschio per natura può concedersi avventure extraconiugali.

COMPRENDERE E ANALIZZARE

COMPRENSIONE

1. Come interpreti il titolo del racconto?
2. Quali elementi puoi citare per individuare il periodo in cui è ambientata la vicenda?
3. Ricostruisci i movimenti della vittima dopo l'uscita dall'auto.
4. Per quale motivo l'uomo rinuncia a chiedere aiuto?
5. Interpreta lo smarrimento conclusivo di Arnaudi.
6. Perché il tempo della giustizia viene definito un *tempo che non trascorre*?

ANALISI

7. Individua nel testo e trascrivi gli elementi della descrizione dell'ambiente delle *Tre Ganasce*. Che atmosfera suggeriscono?
8. Rintraccia nel testo i particolari dell'aspetto fisico e del carattere del maresciallo e prova a ricostruirne il ritratto.
9. Quale atteggiamento del narratore verso Arnaudi sottintendono le due note per il lettore?
10. Quale idea della giustizia incarna il maresciallo? Scegli due aggettivi che possano qualificarla e motiva la tua scelta.
11. Nella parte iniziale del racconto l'autore esprime la sua visione del mondo. Quali ne sono gli aspetti più importanti?

SCRIVERE

APPROFONDIMENTO E SCRITTURA

12. Il contenuto di un portafoglio, di una borsa, può dire molto di una persona: se qualcuno trovasse il tuo zaino, il tuo portafoglio, che cosa potrebbe capire di te? Raccontalo in un testo di almeno 20 righe.

SCRITTURA CREATIVA — Dal punto di vista di...

13. Calati nei panni di un cronista specializzato in cronaca nera e scrivi un articolo di 15-20 righe per descrivere l'incidente occorso all'industriale. Potrai inventare i particolari che sono omessi nella storia (cognome della vittima, età...). Ricorda di soddisfare le domande che ti sono già state proposte a pag. 64.

VERSO LE COMPETENZE — COMPITI DI REALTÀ

- *Comunicazione nella madrelingua*
- *Spirito di iniziativa e imprenditorialità*

14. Immagina di dover ricavare una serie televisiva da un romanzo di tuo gradimento. Elabora una scaletta degli episodi prescelti, metti a fuoco eventuali correttivi alla trama che ritieni necessari alla trasposizioni tv, scegli la *location* e gli attori cui affideresti le parti principali.

Non dimenticare il titolo e l'indicazione della musica per la sigla.

Prepara poi una presentazione multimediale da sottoporre a un eventuale produttore. Il tuo lavoro sarà valutato sulla base di questi parametri:

Criteri / Livello di padronanza	Iniziale (1)	Base (2)	Intermedio (3)	Avanzato (4)
Coerenza della scelta degli episodi				
Efficacia della presentazione				
Uso degli strumenti digitali				

T9 Andrea Camilleri Quello che contò Aulo Gellio

Andrea Camilleri (Porto Empedocle, 1925) lavora dal 1942 come **regista teatrale** e **sceneggiatore** e dal 1957 come funzionario RAI, curando importanti *fiction* come *Le inchieste del commissario Maigret*. Nel 1978 esordisce nella narrativa con *Il corso delle cose*, **giallo di mafia** ambientato nella Sicilia degli anni Cinquanta e nel 1994 pubblica *La forma dell'acqua* (Sellerio), **primo romanzo poliziesco con il commissario Montalbano** per protagonista. Da quella data il successo dei suoi romanzi gialli non conosce interruzioni grazie anche alla celebre riduzione televisiva, con l'attore **Luca Zingaretti** nei panni di Montalbano.

Il testo proposto è tratto dalla raccolta di trenta racconti *Un mese con Montalbano*, pubblicata nel 1998. Le vicende del commissario Montalbano sono ambientate nel paese di **Vigata**, che non esiste nella realtà, ma è ispirato a **Porto Empedocle** (Agrigento), **città natale di Camilleri**. In questa occasione la soluzione del caso è particolarmente originale.

Nel racconto sono commentate le **scelte di stile** più significative.

L'impianto di riscaldamento della macchina di Montalbano **aveva deciso uno sciopero senza preavviso**, approfittando **bassamente** che tirava una tramontana scandinava. Il vento friddo trasìva[1] da un'infinità di spifferi e il commissario, a malgrado del calore del motore e dell'odiato giubbotto di pelle che si era messo, si sentiva aggelare. Reduce da un colloquio non precisamente cordiale col novo questore di Montelusa[2], pigliato da un urto di nervi dato il tempo che faceva, per tentare di migliorare l'umore aveva stabilito di andare a provare un'osteria sulla strata di Fiacca che un amico gli aveva segnalata qualche giorno avanti. L'amico gli aveva macari[3] detto che c'era un'indicazione verso il quindicesimo chilometro; sorpassato il diciassettesimo senza che avesse visto nenti di nenti, a Montalbano di colpo non gli sperciò[4] più, gli passò la gana[5] di andare a sperimentare alla ventura. **E se metti caso** al colloquio col questore, alla seratina che faceva, ci si fosse aggiunto un malo mangiare? Che nottata avrebbe passato a rotolarsi nel letto senza poter dòrmiri tanticchia[6], assalito dal **nirbùso[7]?** Stava per principiare la curva a U quando, alla debole luce dei fanali **("ci fosse una minchia di cosa a funzionare in quest'automobile!")**, vide l'indicazione. Consisteva in un pezzo di tavola, inchiovato[8] per storto su un palo, sul quale era stato scritto malamente a mano: da Filippo che si mancia bene. Imboccò il viottolo sterrato che terminò un centinaro di metri appresso in

Il racconto si apre con una figura retorica, una **personificazione**, resa più efficace dal ricorso all'ironia dell'avverbio bassamente.

Si ha qui un esempio di **discorso indiretto libero** con cui il narratore, senza verbi dichiarativi, riporta i pensieri del personaggio conferendo vivacità alla descrizione dello stato d'animo del commissario.

Tra parentesi compare un breve **soliloquio** del commissario, che parla tra sé e sé.

1. **trasìva**: entrava.
2. **Montelusa**: città immaginaria dei romanzi di Andrea Camilleri, identificabile con la città di Agrigento.
3. **macari**: anche.
4. **sperciò**: interessò.
5. **gana**: voglia.
6. **tanticchia**: un po'.
7. **nirbùso**: nervoso.
8. **inchiovato**: inchiodato.

uno spiazzo sul quale sorgeva una solitaria casuzza a un piano. Dalla porta e dalle finestre sbarrate non trapelava luce. Macari quello era il giorno di chiusura e il viaggio era stato a vacante. Raprì la portiera e subito il vento l'assugliò[9], assieme al rumore del mare in tempesta che si trovava a una trentina di metri sotto lo spiazzo. Scese, si mise a correre, girò la maniglia della porta e questa si raprì. Montalbano trasì e immediatamente la richiuse alle sue spalle. Una càmmara[10] con cinque tavolini, nessun cliente. Quello che doveva essere Filippo stava assittato[11] a un tavolo e taliàva[12] un film alla televisione.

«Si mangia?» spiò incerto il commissario.

Filippo non si cataminò[13], non staccò gli occhi dal televisore, mormoriò solamente:

«S'assittasse[14] dove vuole.»

Montalbano si levò il giubbotto, scelse il tavolo più vicino alla stufetta a legna. Dopo cinco minuti, visto che l'omo se ne restava infatato[15] dalla pellicola, il commissario si susì, andò alla credenza, si pigliò un cestino di pane e una bottiglia di vino e se ne tornò al suo posto. Finalmente, passati ancora una decina di minuti, apparse la scritta "Fine del primo tempo" e Filippo, da statua che era, tornò a essere vivente. S'avvicinò al tavolo e spiò[16]:

«Che voli mangiari?»

«M'hanno detto che lei sa fare benissimo i polipi alla napoletana.»

«Giusto dissero.»

«Li vorrei assaggiare.»

«Assaggiare o mangiare?»

«Mangiare. Ci mette i passuluna di Gaeta?»

Le olive nere di Gaeta sono fondamentali per i polipi alla napoletana.

Filippo lo taliò sdignato[17] dalla domanda.

«Certo. E ci metto macari la chiapparina.»

Ahi! Quella rappresentava una novità che poteva rivelarsi deleteria: non aveva mai sentito parlare di càpperi nei polipi alla napoletana.

«Chiapparina di Pantelleria» precisò Filippo.

I dubbi di Montalbano passarono a metà: i capperi di Pantelleria, aciduli e saporitissimi, forse ci stavano o, nell'ipotesi peggiore, non avrebbero fatto danno.

▲ *Il commissario Montalbano*. Serie TV. Settima stagione, 2008.

9. **l'assugliò**: lo investì.
10. **càmmara**: camera.
11. **assittato**: seduto.
12. **taliàva**: guardava.
13. **si cataminò**: si mosse.
14. **S'assittasse**: si sieda.
15. **infatato**: in questo caso "come ipnotizzato".
16. **spiò**: gli chiese.
17. **lo taliò sdignato**: lo guardò indignato.

Prima di muoversi verso la cucina, Filippo taliò negli occhi il commissario e questi raccolse **il guanto di sfida**. Tra lui e Filippo, era chiaro, si era ingaggiato un **duello**. Uno che di cucina non ne capisce, potrebbe ammaravigliarsi: e che ci vuole a fare due polipetti alla napoletana? Aglio, oglio, pummadoro, sale, pepe, pinoli, olive nere di Gaeta, uvetta sultanina, prezzemolo e fettine di pane abbrustolito: il gioco è fatto. Già, e le proporzioni? E l'istinto che ti deve guidare per far corrispondere a una certa quantità di sale una precisa dose d'aglio?

La **metafora** del duello sottolinea, amplificandolo, l'orgoglio di entrambi i personaggi nel difendere le proprie competenze in materia di cucina.

La polemica immaginaria del commissario venne violentemente interrotta dal botto improvviso della porta spalancata che sbatté contro il muro.

"Il vento" pinsò[18] Montalbano, ma non fece in tempo a susìrisi[19] per richiuderla.

Trasìrono[20] due òmini, la faccia coperta dal passamontagna, pistole alla mano.

«Che fu?» spiò Filippo venendo dalla cucina con un mattarello in mano.

«Tutti fermi» intimò uno dei due ch'era minuto di statura. Il suo compagno, invece, era una specie di colosso.

"Due disperati in cerca di qualche migliarata di lire" si disse Montalbano.

Ma forse le cose non erano accussì[21] semplici perché l'omo minuto taliò il commissario e disse:

«A tia[22] cercavo, e finalmente ti trovai.»

Evidentemente l'avevano seguito, avevano capito che il loco era l'ideale per fare quello che avevano in testa di fare. E quello che avevano in testa di fare assà[23] probabilmente veniva a significare la fine di Montalbano. Si dice che in punto di morte un omo veda scorrere velocemente la vita passata ed abbia un qualche pinsèro non terreno. Tutto quello che a Montalbano venne in mente fu:

"Ora questi m'ammazzano e addio polipetti."

Mentre l'omo minuto lentamente gli si avvicinava, tanto aveva tutto il tempo che voleva, il suo compagno colosso non gli staccava gli occhi di sopra: il commissario provava più disagio per quella taliàta[24] che per la bocca della pistola puntata contro. L'omo minuto arrivò all'altezza del tavolo di Montalbano.

«Se vuoi prigare, prega» fece.

E allora successe l'incredibile. Muovendosi con silenziosa rapidità, il colosso si passò la pistola dalla mano dritta alla mancina, levò il mattarello a Filippo impietrito, si mise darrè[25] al compagno che stava per sparare al commissario e gli calò con forza il mattarello sulla testa. L'omo crollò, schiantato, lasciando **cadere l'arma.**

La *spannung* (cioè il momento di svolta della vicenda) del racconto è sottolineata da un succedersi di **brevi proposizioni coordinate** che accelerano il ritmo della narrazione. Tale struttura sintattica, alternata con **brevi battute di dialogo**, caratterizza la sequenza fino all'uscita di scena degli aggressori, e produce l'effetto di una viva tensione.

18. pinsò: pensò.
19. susìrisi: alzarsi.
20. Trasìrono: entrarono.
21. accussì: così.
22. A tia: te.
23. assà: assai.
24. taliàta: sguardo.
25. darrè: dietro.

Scena dalla serie TV *Il giovane Montalbano*, regia di Gian Maria Taravelli, 2015.

Poi il colosso disse a Montalbano:

«Stia fermo che non voglio fare errore.»

Mirò attentamente, sparò. La pallottola s'infilò nel muro a pochi centimetri dalla testa del commissario. Filippo gridò. Il colosso parse non averlo sentito, si girò e sparò un altro colpo verso il muro che aveva alle spalle.

DAL TESTO ALLE PAROLE p. 114

Filippo cadde in ginocchio e si mise a pregare ad alta voce in preda a una specie di convulsione.

«Ci siamo capiti?» spiò[26] il colosso a Montalbano.

Aveva inscenato un conflitto a fuoco.

«Perfettamente.»

Allora il colosso pigliò la pistola caduta, se la mise in sacchetta[27], agguantò il suo compagno svenuto per il colletto, se lo strascinò, raprì[28] la porta, nisci[29].

Montalbano si susì[30] di scatto, corse da Filippo che roteava gli occhi come un pazzo, lo schiaffeggiò.

«Forza, che i polipetti s'abbrusciano!»

Malgrado lo scanto[31] che si era pigliato, Filippo seppe cucinare come Dio comanda e Montalbano si leccò le dita. Pagò una miseria (e dovette insistere perché Filippo non voleva manco un soldo purché il cliente se ne andasse prima possibile), salì in macchina, partì alla volta della sua casa di Marinella. Durante il viaggio ripinsò[32] al fatto. Era chiaro che il colosso aveva voluto salvargli la vita; cangiata idea, aveva steso il compagno e si era salvato le spalle architettando un piano. Avrebbe detto che Filippo aveva dato un colpo in testa al compagno, che lui aveva reagito sparando a Montalbano, che questi a sua volta aveva fatto fuoco e che lui era arrinisciuto[33] a scappare portando-

26. spiò: chiese.
27. in sacchetta: in tasca.
28. raprì: aprì.
29. nisci: uscì.
30. si susì: si alzò.
31. scanto: paura.
32. ripinsò: ripensò.
33. arrinisciuto: riuscito.

si appresso, coraggiosamente, l'amico svenuto. Però la domanda principale restava sempre la stessa: perché si era arrisolto[34] a salvare il commissario mettendo a repentaglio la sua stessa vita, se quelli che l'avevano mandato, i suoi capi, non avessero creduto alla sua versione dei fatti?

Ogni domenica il commissario usava accattare un giornale economico che provvedeva immediatamente a gettare nella munnizza[35], dato che di quelle cose non ci capiva niente. Conservava invece il supplemento culturale che era fatto bene e che aveva l'abitudine di leggere la sira a letto prima di dòrmiri.

Quella sera, che aveva già gli occhi a pampineddra[36] per il sonno e meditava d'astutare[37] la luce e farsi una bella dormitina, l'attenzione gli cadde su un lungo e ponderoso articolo dedicato ad Aulo Gellio, in occasione dell'uscita di una scelta di brani dalle sue *Noctes atticae*. L'autore, dopo avere detto che Aulo Gellio, campato nel Secondo secolo dopo Cristo, aveva composto questa sua vasta opera per passare tempo durante le lunghe notti invernali trascorse in un suo campicello che aveva in Attica, concludeva dando il suo giudizio: Aulo Gellio era uno scrittore elegante di cose **assolutamente inutili.** Sarebbe rimasto nella memoria di tutti solo per un fatterello da lui contato, quello di Androclo e del leone. A questo punto il commissario, invece di chiudere gli occhi, li raprì, anzi per meglio dire li sbarracò[38]. Androclo e il leone! Non poteva darsi che la spiegazione del fatto avvenuto quattro giorni avanti nell'osteria di Filippo fosse una versione ammodernata e vera della leggenda scritta da Aulo Gellio? Contava lo scrittore latino che uno schiavo romano d'Africa, Androclo, scappato dal suo padrone che l'angariava, era andato ad ammucciarsi dintra[39] a una grotta nella quale c'era un leone ammalato. Invece di levare l'incomodo e cercarsi un'altra grotta più abitabile, Androclo c'era rimasto e aveva curato il leone che pativa di un'infezione causata da una grossa spina a una zampa. Poi il leone, guarito, era corso via e Androclo, dopo molte storie che gli erano capitate, si era convertito al cristianesimo ed era arrivato a Roma. Arrestato perché cristiano e condannato a morire sbranato dai leoni, Androclo si era fatto il segno della croce ed era trasùto[40] nella pista. Qui di subito un leone, più grosso degli altri, aveva fatto un balzo verso di lui con la bocca spalancata, ma poi, tra la maraviglia degli spettatori, si era accucciato e aveva leccato le mani al cristiano. Era lo stesso leone che Androclo aveva curato in Africa. Naturalmente l'ex schiavo venne graziato. Esattamente come era stato graziato il commissario. Ma chi era il leone?

La sequenza riflessiva è caratterizzata da una **struttura sintattica prevalentemente ipotattica**, che accompagna il movimento dei pensieri del personaggio.

Il sonno gli era completamente passato. Si susì dal letto, andò in cucina, si preparò un caffè, lo bevve, passò in bagno, si lavò la faccia, si vestì

34. si era arrisolto: aveva deciso.
35. munnizza: spazzatura.
36. a pampineddra: semichiusi (*pampineddra*, letteralmente *piccola foglia*).
37. astutare: spegnere.
38. sbarracò: spalancò.
39. ammucciarsi dintra: rifugiarsi dentro.
40. era trasùto: era entrato.

di tutto punto, indossò il giubbotto che gli stava antipatico, se ne andò a passeggiare a ripa di mare. La tramontana si era tanticchia calmata, ma il mare aveva invaso gran parte della spiaggia.

Camminò per un due ore, fumando e ricordando.

Le memorie, si sa, sono come le cirase[41], una se ne tira appresso un'altra, ma ogni tanto s'intromettono nella fila ricordi non richiamati e non piacevoli che fanno deviare dalla strata principale verso viottoli scuri e lordi dove come minimo s'infangano le scarpe.

Ad ogni modo, verso le quattro del mattino, ebbe la certezza d'esserci arrivato, d'avere inquadrato nel mirino il leone.

Le due figure retoriche – una similitudine e una metafora – all'interno di un commento del narratore, sottolineano con raffinatezza stilistica un passaggio significativo: si chiude la sequenza in cui il commissario risolve il caso che lo riguarda e da questo momento il racconto scivola verso il finale.

Un dopopranzo tranquillo, verso le quattro, il trentino[42] vicecommissario Montalbano sta raggiungendo in macchina, per servizio, un sperso paesino delle Madonie. La strata costeggia uno sbalanco[43] di una ventina di metri, passano pochissime automobili. Montalbano sta pensando di superare in qualche modo l'auto che lo precede e che camina troppo lenta quando la vede sbandare tutta sulla destra, superare il ciglio dello sbalanco senza manco tentare una frenata, precipitare di sotto. Ferma, nesci[44] di corsa, fa ancora in tempo a vedere la macchina che rimbalza su un petrone e va a schiantarsi dintra a un canalone. Senza pinsarci un attimo sopra il vicecommissario principia la discesa spaventosa, aggrappandosi ora a una pietra ora a una troffa[45] di saggina, lacerandosi i pantaloni, perdendo persino una scarpa. Non sa manco lui stesso come fa ad arrivare allato alla macchina rovesciata su un fianco. Capisce immediatamente che l'uomo al volante è morto, la testa fracassata. Vicino a lui c'è un picciotto[46] di una quindicina d'anni, gli occhi chiusi, la fronte insanguinata, che si lamenta debolmente. Montalbano riesce a tirarlo fora con uno sforzo che lo schianta, anche perché il picciotto è una specie di colosso. Disteso sull'erba, il ferito a un tratto rapre gli occhi, talìa Montalbano e dice:

Il passaggio al tempo presente (presente storico) sottolinea l'inizio del flashback.

«Aiutami, non mi lasciare.»

«Non ti lascio» dice il vicecommissario Montalbano e si leva la cintura dei pantaloni per legare la coscia mancina del giovane che sta perdendo una quantità di sangue da un profondo squarcio al polpaccio.

«Non mi lasciare.»

E quegli occhi scantati[47] e doloranti sempre su di lui.

Poi, isando[48] lo sguardo, il vicecommissario vede che darrè alla sua macchina, sull'orlo dello sbalanco, se ne è fermata un'altra, un omo ne è sceso e talìa in basso.

▼ Scena dalla serie TV *Il commissario Montalbano*, regia di Alberto Sironi, 2016.

41. **cirase**: ciliegie
42. **trentino**: trentenne.
43. **sbalanco**: dirupo.
44. **nesci**: esce.
45. **troffa**: cespuglio.
46. **picciotto**: ragazzo.
47. **scantati**: spalancati.
48. **isando**: sollevando.

Montalbano allora si alza in piedi, agita le braccia levate in alto, fa voci disperate d'aiuto, indica il picciotto ferito. L'omo sul ciglio dello sbalanco di colpo si scuote, rimonta in macchina, parte.

«Per carità, non mi lasciare...»

«Stai calmo, non ti lascio.»

Poi il picciotto perdette i sensi. Un quarto d'ora dopo arrivarono i soccorsi.

Sei mesi appresso il vicecommissario Montalbano era stato trasferito e aveva perso di vista il picciotto che era perfettamente guarito.

Salvatore Niscemi era il nome del leone riconoscente.

E ora che fare? Spiccare un mandato di cattura? Ma basato su che? Su una storia contata[49] nel Secondo secolo dopo Cristo da uno scrittore che si chiamava Aulo Gellio? **Vogliamo babbiare**[50]?

Il racconto si chiude con una **domanda retorica**, resa più incisiva dal ricorso al termine in dialetto siciliano.

A. Camilleri, *Quello che contò Aulo Gellio*, da *Un mese con Montalbano*, Mondadori, Milano, 1998

49. **contata**: raccontata.

50. **babbiare**: scherzare.

GUIDA ALLA LETTURA

LA VICENDA

Il racconto si sviluppa attorno alla figura del commissario Montalbano, il quale, salvatosi imprevedibilmente da morte certa, deve risolvere un caso che lo riguarda direttamente: è lui infatti la vittima predestinata di due uomini in passamontagna che lo seguono fino a un'osteria di campagna e lo sorprendono all'interno del locale puntandogli addosso la pistola. Al centro della vicenda tuttavia non c'è, come in un tradizionale racconto poliziesco, la ricerca del mandante e del movente di un reato – in questo caso un'imboscata – ma la necessità di scoprire la ragione per cui, all'ultimo momento, uno dei due aggressori ha fatto in modo che Montalbano non venisse ucciso.

IL COMMISSARIO MONTALBANO

Fin dalle prime battute del racconto il commissario presenta i tratti di una personalità rude e sanguigna (è irritato per il freddo, per il recente diverbio con il suo superiore e per le condizioni precarie della sua automobile), ma insieme vivace e ironica (anche nel momento di massima tensione, consapevole del pericolo che sta correndo, il suo pensiero va ai polipetti appena ordinati che non riuscirà a gustare). Soprattutto nella scena dell'aggressione da parte dei due uomini armati emerge la sua capacità di autocontrollo a fronte della reazione comprensibilmente terrorizzata del proprietario dell'osteria.

LO SCIOGLIMENTO

Grazie all'abitudine domenicale di leggere il supplemento culturale di un quotidiano economico, Montalbano risale all'identità dell'uomo che lo ha prima minacciato e poi inspiegabilmente salvato: a partire da una storia narrata dallo scrittore latino Aulo Gellio, Montalbano rievoca un episodio di molti anni prima, quando, ancora vicecommissario trentenne, aveva salvato un ragazzo coinvolto in un gravissimo incidente stradale.

Ancora una volta, come spesso avviene nella letteratura poliziesca, è l'attento esame di un ricordo a fornire la spiegazione che rende possibile lo svolgimento e la risoluzione del caso.

LO STILE

Il ritmo del racconto, piuttosto lento nella prima parte per mettere a fuoco contesto e personaggi, diventa teso a partire dall'ingresso dei due assalitori nell'osteria, e tale si mantiene anche nel flashback dell'ultima parte.

La vivacità della storia nei racconti gialli di Camilleri è data in particolare dalle scelte linguistiche e lessicali operate dall'autore: l'inserimento di molti termini ed espressioni propri del dialetto siciliano dà un colore inconfondibile a personaggi, ambienti e situazioni e connota in modo originale il realismo di questa prosa.

COMPRENDERE E ANALIZZARE

COMPRENSIONE

1. Nella prima sequenza il narratore sottolinea il cattivo umore del commissario: a che cosa è dovuto?
2. Per quale motivo il commissario non è stato ucciso?
3. Che cosa aiuta il commissario a comprendere il motivo per cui è stato risparmiato?
4. Che relazione esiste tra il titolo del racconto e la vicenda occorsa al commissario?

ANALISI

5. Individua nel racconto le fasi della narrazione.
6. Nel brano emergono gusti e abitudini personali del protagonista, il commissario Montalbano. Illustrale.
7. Se prendi in esame la struttura della lingua, da che cosa è sottolineato il passaggio dal piano del racconto al flashback del ricordo di Montalbano?
8. Quale effetto crea nel racconto la presenza di parole proprie del dialetto siciliano? Quali di esse giudichi più espressive?
9. Andrea Camilleri è uno scrittore assai raffinato anche per le scelte stilistiche. In questo testo, per esempio, la prosa si affida spesso a un tono ironico ed è arricchita da molte figure retoriche (a partire dalla personificazione presente nell'incipit). Verifica con riferimenti puntuali al testo entrambi questi caratteri del racconto.

SCRIVERE

APPROFONDIMENTO E SCRITTURA

10. Riassumi in un testo di 5 righe gli eventi che accadono all'interno dell'osteria di Filippo, compresi tra l'entrata e l'uscita del commissario Montalbano.
11. La storia di *Androclo e il leone* narrata da Aulo Gellio rimanda a racconti simili che hanno come protagonisti un uomo e un animale. Cercane due che abbiano caratteri analoghi a quella ricordata dal commissario Montalbano e descrivili brevemente.
12. Confronta il brano letto con un altro di questa sezione sul giallo, a tua scelta, e illustra eventuali analogie e differenze per quanto riguarda la figura del commissario/investigatore, della sua personalità e dei suoi metodi di indagine.
13. Ti viene fornito il testo in traduzione, del passo delle *Notti Attiche* dell'autore latino Aulo Gellio cui si fa riferimento nel racconto. Confronta in un breve testo la versione originale e l'utilizzo che ne fa Camilleri nel racconto.

Ora, discepoli, ascoltate la straordinaria favola dello schiavo Androclo. Lo schiavo una volta si imbattè in un leone e fu preso da un grande spavento. La belva gemeva per il forte dolore a causa di una spina conficcata nel piede. Allora il leone disse ad Androclo "Levami questa spina e te ne sarò sempre grato". Dunque lo schiavo, spinto dalla compassione, esaudì il desiderio della belva e tolse la spina; il leone allora ringraziò lo schiavo e promise il suo aiuto. In seguito nell'anfiteatro si tennero i giochi gladiatori degli schiavi contro le belve; il medesimo leone riconobbe il suo amico, e non fece allo schiavo alcun male, anzi leccava con la lingua la gamba di Androclo. La moltitudine di gente presente nel circo si stupì, applaudì al miracolo e lo schiavo fu liberato: così evitò una morte sicura.

VERSO LE COMPETENZE — COMPITI DI REALTÀ

- *Comunicazione nella madre lingua*
- *Imparare a imparare*

14. Camilleri ha reso celebre il dialetto siciliano, costruendo una lingua ricca di espressioni tipiche molto vivaci. Quali sono le peculiarità dell'espressione dialettale? Ritieni che sia importante mantenere vivo il patrimonio di espressioni delle parlate locali? In quale modo pensi possa esserne garantita la sopravvivenza?

Organizzate in classe un dibattito sull'argomento dividendovi in due gruppi: il primo dovrà sostenere e argomentare una tesi sull'importanza del dialetto e delle parlate locali, mentre il secondo dovrà sostenere la tesi opposta, elencando i punti a sfavore della sopravvivenza del dialetto. Attenzione, non importa quale sia il vostro reale parere, i membri dei due gruppi saranno estratti a sorte. Il vostro lavoro sarà valutato sulla base di questi parametri:

Criteri / Livello di padronanza	Iniziale (1)	Base (2)	Intermedio (3)	Avanzato (4)
Focalizzazione sull'argomento				
Pertinenza dei fattori individuati				
Efficacia comunicativa				

DAL TESTO ALLE PAROLE

Colosso Parola di origine greca, *Kolossós*, da cui il latino *colossu(m)*, "persona di statura e corporatura eccezionale". Da tale termine deriva il ben conosciuto vocabolo inglese-americano ***kolossal***, che designa un film o uno spettacolo teatrale di grande effetto scenografico e con costi di realizzazione molto elevati.

Il Colosso di Rodi, una delle sette meraviglie del mondo antico, era un'enorme statua del dio Helios situata nel porto di Rodi in Grecia, nel III secolo a.C. Secondo Plinio il Vecchio la sua costruzione richiese dodici anni e fu completata nel 282 a.C. Fu costruita all'indomani di una lunga guerra vinta dai Rodiesi contro il generale macedone Demetrio, nel 305 a.C., successivamente allo smembramento dell'impero di Alessandro Magno. La statua doveva essere alta 33 metri e rimase eretta per cinquantasei anni finché andò distrutta durante il terremoto che colpì Rodi nel 226 a.C. Nonostante sia sparita nel nulla, questa Meraviglia del mondo antico ispirò artisti moderni come lo scultore francese Auguste Bartholdi, meglio conosciuto come disegnatore della Statua della Libertà a New York.

Il Colosso di Rodi inciso per il Nuovo Dizionario Geografico, 1790.

RINFORZIAMO IL LESSICO

L'epoca antica aveva individuato sette meraviglie intorno al bacino del Mediterraneo. Nel contesto attuale è l'UNESCO, uno degli organismi dell'ONU, l'ente deputato a individuare sul territorio del pianeta i siti di eccezionale importanza da un punto di vista naturale, storico, artistico, culturale. Essi vengono quindi denominati ufficialmente Sito Patrimonio dell'umanità e sono oggetto di particolare tutela da parte della comunità internazionale.

1. Fai una ricerca per scoprire da quanti anni è in vigore la lista dei Siti dell'UNESCO e di quanti siti è composta secondo l'ultimo aggiornamento. Quale nazione detiene il record del numero più alto di Siti Patrimonio dell'umanità?
2. Cerca quali sono i Siti Patrimonio dell'umanità all'interno della tua regione e descrivine brevemente la storia e le caratteristiche.
3. Prova a formulare per iscritto una lista di sette meraviglie del mondo moderno secondo le tue conoscenze e i tuoi particolari gusti, per confrontarla poi con quella dei compagni in una mezz'ora di dibattito in classe.

Il Taj Mahal, un mausoleo in marmo bianco costruito nel XVII secolo ad Agra, in India. Fa parte dei Siti Patrimonio dell'Umanità – UNESCO.

UN CLASSICO DEL GENERE

Video
Quali sono le tecniche per riferire discorsi e pensieri dei personaggi?

6 | ELEMENTI DI NARRATOLOGIA
Tecniche per riferire discorsi e pensieri dei personaggi

Un narratore ha a disposizione diverse tecniche per riportare le parole e i pensieri dei personaggi:

- **discorso indiretto**: la voce narrante riferisce i discorsi dei personaggi (introducendoli con verbi dichiarativi e senza virgolette) o li riassume. Può presentarsi come discorso **indiretto libero** quando non compaiono verbi dichiarativi a introdurlo;
- **discorso diretto**: quando si riportano le parole dei personaggi. A sua volta si distingue in:
  - discorso diretto legato: quando le parole dei personaggi sono riportate sotto forma di discorso diretto introdotto da verbi dichiarativi (come dire, affermare, rispondere) e segnalate dalla presenza delle virgolette;
  - discorso diretto libero: quando le parole non sono introdotte da verbi dichiarativi;
- **soliloquio**: il narratore riporta le parole che un personaggio rivolge a se stesso o a un interlocutore immaginario;
- **monologo interiore**: il narratore riporta i pensieri e le riflessioni di un personaggio riproducendo il disordine con cui si affacciano nella mente;
- **flusso di coscienza**: riporta pensieri, emozioni e sensazioni dei personaggi riproducendone casualità e irrazionalità, spesso senza nemmeno ricorrere all'uso della punteggiatura. È una tecnica sperimentata soprattutto dalle avanguardie del primo Novecento e dall'irlandese James Joyce nell'*Ulisse*.

T10 Giovanni Verga – Cavalleria rusticana

ANALISI VISUALE

Giovanni Verga (1840-1922) è il massimo rappresentante del **Verismo italiano**, corrente nata in seno al Realismo negli anni Settanta dell'Ottocento. Nato a Catania da una famiglia di proprietari terrieri, Verga cresce tra il **Risorgimento** e la realizzazione dell'**Unità d'Italia**. Abbandonati gli studi di Giurisprudenza, si trasferisce nel 1865 a Firenze, divenuta capitale del Regno d'Italia. Qui si dedica all'attività letteraria scrivendo romanzi sentimentali, come *Storia di una capinera*, che diventa un piccolo best seller. Nel 1872 Verga si trasferisce a **Milano**, dove avviene la "**conversione**" **al Verismo**, annunciata da *Nedda*, un racconto che descrive la vita piena di stenti di una raccoglitrice di olive siciliana.

La realtà della **terra di origine** diventa da questo momento l'**argomento principale** degli scritti verghiani: nel 1880 esce la raccolta *Vita dei campi*, galleria di ritratti di umili vittime della lotta per l'esistenza, nel 1881 il romanzo *I Malavoglia*, rappresentazione della rovina a cui va incontro una famiglia di pescatori che ha intrapreso una piccola attività di commercio. Con la raccolta di racconti *Novelle rusticane* (1882), Verga affronta il **tema della "roba"**, la ricchezza faticosamente accumulata, che diventa ragione del vivere, tema centrale nel secondo e ultimo romanzo, *Mastro don Gesualdo* (1889), storia dell'ascesa sociale di un uomo che si è fatto da solo, isolato dalla comunità in cui vive a causa delle sue umili origini. Con quest'opera la produzione verghiana esaurisce il suo slancio creativo: tornato a Catania nel 1893, egli inizia a scrivere un terzo romanzo, *La duchessa di Leyra,* ma non andrà oltre il primo capitolo.

Nelle intenzioni dello scrittore *I Malavoglia*, *Mastro don Gesualdo*, *la Duchessa di Leyra* e i due romanzi mai iniziati *L'onorevole Scipioni* e *L'uomo di lusso*, avrebbero dovuto comporre il "**ciclo dei vinti**", rappresentazione della **sconfitta** delle **ambizioni umane** nei diversi livelli della **gerarchia sociale**.

Gli ultimi anni della vita di Verga trascorrono all'insegna di una voluta solitudine; nel 1920, tuttavia, come omaggio per i suoi ottant'anni, viene nominato senatore del Regno. Muore a Catania nel 1922.

Novella tra le più famose dello scrittore siciliano, *Cavalleria rusticana* fa parte della raccolta *Vita dei campi*, pubblicata nel 1880. La vicenda, centrata sui temi della **questione d'onore** e del **duello**, è ambientata in una **Sicilia rurale**, **popolare**, ancorata ad **ataviche tradizioni**.
Dalla novella viene tratto anche un dramma teatrale, rappresentato per la prima volta a Torino il 14 gennaio 1884, dal quale il musicista Pietro Mascagni prende ispirazione successivamente per la composizione di un melodramma rappresentato con enorme successo al Roma il 17 maggio del 1890 e che tuttora viene inserito nei programmi dei teatri d'opera internazionali.

Nella colonna di destra alcune annotazioni commentano le modalità con cui l'autore riporta **discorsi** e **pensieri** dei personaggi.

Turiddu[1] Macca, il figlio della gnà[2] Nunzia, come tornò da fare il soldato, ogni domenica si pavoneggiava in piazza coll'uniforme da bersagliere e il berretto rosso, **che sembrava quella della buona ventura, quando mette su banco colla gabbia dei canarini**[3]. Le ragazze se lo rubavano cogli occhi, mentre andavano a messa col naso dentro la mantellina, e i monelli gli ronzavano attorno come le mosche. Egli aveva portato anche una pipa **col re a cavallo che pareva vivo**, e accendeva gli zolfanelli[4] sul dietro dei calzoni, levando la gamba, come se desse una pedata.

◀ DAL TESTO ALLE PAROLE ▶ p. 123

Si hanno qui due esempi di discorso indiretto libero: il narratore riferisce il pensiero della comunità, sopprimendo le espressioni dichiarative (i compaesani dicevano che…).

Ma con tutto ciò Lola di massaro[5] Angelo non si era fatta vedere né alla messa, né sul ballatoio, ché **si era fatta sposa**[6] con uno di Licodia[7], il quale faceva il carrettiere e aveva quattro muli di Sortino[8] in stalla. Dapprima Turiddu come lo seppe, **santo diavolone! Voleva trargli fuori le budella dalla pancia, voleva trargli, a quel di Licodia!** Però non ne fece nulla, e si sfogò coll'andare a cantare tutte le canzoni di sdegno che sapeva sotto la finestra della bella.

– Che non ha nulla da fare Turiddu della gnà Nunzia, – **dicevano** i vicini, – che passa la notte a cantare **come una passera solitaria?**

Il linguaggio di Verga è caratterizzato dall'uso di espressioni più vicine al parlato e da espressioni proverbiali. In questo caso viene utilizzato ancora il discorso indiretto libero, che evoca quanto Turiddu andava ripetendo. La similitudine è tratta dall'esperienza quotidiana e non ha nulla di letterario.

Finalmente s'imbatté in Lola che tornava dal viaggio[9] alla Madonna del

1. **Turiddu**: diminutivo dialettale di Salvatore.
2. **gnà**: signora, usato solo per le donne di condizione inferiore.
3. **quella della buona ventura… dei canarini**: l'indovino che gira le feste di paese predicendo il futuro con bigliettini che fa estrarre ai canarini.
4. **zolfanelli**: fiammiferi di legno con capocchia di zolfo.
5. **massaro**: termine usato al centro e al sud d'Italia, corrispondente a massaio, fattore di un podere di cui presiede ai lavori e cura il bestiame.
6. **ché… sposa**: perché si era fidanzata. Il *ché*, traduzione del siciliano *ca*, è ricco di sfumature semantiche.
7. **Licodia**: Licodia Eubea, piccolo comune in provincia di Catania.
8. **Sortino**: comune in provincia di Siracusa.
9. **viaggio**: pellegrinaggio.

Pericolo, e al vederlo, non si fece né bianca né rossa quasi non fosse stato fatto suo.

– Beato chi vi vede! – le **disse.**

– Oh, compare[10] Turiddu, me l'avevano detto che siete tornato al primo del mese.

– A me mi hanno detto delle altre cose ancora! – **rispose** lui. – Che è vero che vi maritate con compare Alfio, il carrettiere?

– Se c'è la volontà di Dio! – **rispose** Lola tirandosi sul mento le due cocche[11] del fazzoletto.

– La volontà di Dio la fate col tira e molla come vi torna conto! E la volontà di Dio fu che dovevo tornare da tanto lontano per trovare ste belle notizie, gnà Lola! – Il poveraccio tentava di fare ancora il bravo, ma la voce gli si era fatta roca; ed egli andava dietro alla ragazza dondolandosi colla nappa[12] del berretto che gli ballava di qua e di là sulle spalle. A lei, in coscienza, rincresceva di vederlo così col viso lungo, però non aveva cuore di lusingarlo con belle parole.

– Sentite, compare Turiddu, – gli **disse** alfine, – lasciatemi raggiungere le mie compagne. Che direbbero in paese se mi vedessero con voi?...

– È giusto, – **rispose** Turiddu; – ora che sposate compare Alfio, che **ci ha** quattro muli in stalla, non bisogna farla chiacchierare la gente. Mia madre invece, poveretta, la dovette vendere la nostra mula baia[13], e quel pezzetto di vigna sullo stradone, nel tempo ch'ero soldato. Passò **quel tempo che Berta filava**[14], e voi non ci pensate più al tempo in cui ci parlavamo dalla finestra sul cortile, e mi regalaste quel fazzoletto, prima d'andarmene, che Dio sa quante lacrime ci ho pianto dentro nell'andar via lontano tanto che si perdeva persino il nome del nostro paese. Ora addio, gnà Lola, **facemu cuntu ca chioppi e scampau, e la nostra amicizia finiu**[15] **–.** La gnà Lola si maritò col carrettiere; e la domenica si metteva sul ballatoio, colle mani sul ventre per far vedere tutti i grossi anelli d'oro che le aveva regalati suo marito. Turiddu seguitava a passare e ripassare per la stradicciuola, colla pipa in bocca e le mani in tasca, in aria d'indifferenza, e occhieggiando[16] le ragazze ma dentro ci si rodeva che il marito di Lola avesse tutto quell'oro, e che ella fingesse di non accorgersi di lui quando passava.

– **Voglio fargliela proprio sotto gli occhi a quella cagnaccia!** – borbottava.

Di faccia a compare Alfio ci stava massaro Cola, il vignaiuolo, il quale

Il dialogo è molto vivace e modellato sul parlato ed è caratterizzato dal **discorso diretto legato**: si registra il dire utilizzando, a legare le battute, verbi dichiarativi.

L'esigenza di realismo induce Verga a proporre **espressioni oltre la correttezza grammaticale**.

DAL TESTO ALLE PAROLE p. 123

Due **espressioni proverbiali**, una in lingua e una in dialetto.

10. compare: titolo popolare di amicizia e cortesia; non indica rapporti di parentela.
11. cocche: i lembi, le punte.
12. nappa: mazzetto di fili di cotone o lana posto all'estremità del berretto.
13. baia: dal mantello di colore rosso-bruno.
14. Passò... filava: modo di dire proverbiale per indicare la positività del passato rispetto al presente.
15. facemu cuntu ca chioppi e scampau... finiu: Facciamo conto che ci sia stato il temporale e poi sia passato, e che la nostra amicizia sia finita.
16. occhieggiando: guardando di tanto in tanto, con intenzione galante.

era ricco come un maiale, dicevano, e aveva una figliuola in casa. Turiddu tanto disse e tanto fece che entrò camparo[17] da massaro Cola, e cominciò a bazzicare per la casa e a dire **le paroline dolci** alla ragazza.

– **Perché non andate a dirle alla gnà Lola ste belle cose?** – rispondeva Santa.

– La gnà Lola è una signorona! La gnà Lola ha sposato un re di corona[18], ora!

– Io non me li merito i re di corona.

– Voi ne valete cento delle Lole, e conosco uno che non guarderebbe la gnà Lola, né il suo santo, quando ci siete voi, ché la gnà Lola, non è degna di portarvi le scarpe, non è degna.

– La volpe quando all'uva non poté arrivare...

– Disse: come sei bella, racinedda[19] mia!

– Ohé! quelle mani, compare Turiddu.

– Avete paura che vi mangi?

– Paura non ho né di voi, né del vostro Dio.

– Eh! Vostra madre era di Licodia, lo sappiamo! Avete il sangue rissoso! Uh! Che vi mangerei cogli occhi.

– Mangiatemi pure cogli occhi, che briciole non ne faremo; ma intanto tiratemi su quel fascio.

– Per voi tirerei su tutta la casa, tirerei!

Ella, per non farsi rossa, gli tirò un ceppo che aveva sottomano, e non lo colse per miracolo.

– Spicciamoci, che le chiacchiere non ne affastellano sarmenti[20].

– Se fossi ricco, vorrei cercarmi una moglie come voi, gnà Santa.

– Io non sposerò un re di corona come la gnà Lola, ma la mia dote ce l'ho anch'io, quando il Signore mi manderà qualcheduno.

– Lo sappiamo che siete ricca, lo sappiamo!

– Se lo sapete allora spicciatevi, ché il babbo sta per venire, e non vorrei farmi trovare nel cortile.

Il babbo cominciava a torcere il muso, ma la ragazza fingeva di non accorgersi, poiché la nappa del berretto del bersagliere gli aveva fatto il solletico dentro il cuore, e le ballava sempre dinanzi gli occhi. Come il babbo mise Turiddu fuori dell'uscio, la figliuola gli aprì la finestra, e stava a chiacchierare con lui ogni sera, che tutto il vicinato non parlava d'altro.

– **Per te impazzisco**, – diceva Turiddu, – e perdo il sonno e l'appetito.

– Chiacchiere.

Si ha qui un esempio di **soliloquio**: Turiddu parla tra sé e sé. Ecco un esempio di discorso raccontato: *le paroline dolci* riassumono quanto Turiddu dice per corteggiare Santa.

Tutta la sequenza dialogica che si apre con la battuta di Santa è un **discorso diretto libero**: mancano i verbi dichiarativi e, per questo, il ritmo è molto veloce; l'espressione semplice nel lessico e nella costruzione contribuisce alla vivacità della scena.

▲ Episodio della *Cavalleria rusticana* di Pietro Mascagni.

In questa sequenza dialogica si alternano il **discorso diretto libero** e il **discorso diretto legato**.

17. camparo: guardiano dei campi.
18. re di corona: un re in esercizio, dunque ricchissimo.
19. racinedda: uvetta. Il termine è diminutivo dialettale di uva, in siciliano *racina*.
20. le chiacchiere... sarmenti: modo di dire per indicare l'inutilità pratica delle chiacchiere.

– Vorrei essere il figlio di Vittorio Emanuele[21] per sposarti!

– Chiacchiere.

– Per la Madonna che ti mangerei come il pane!

– Chiacchiere!

– Ah! Sull'onor mio!

– Ah! Mamma mia!

Lola che ascoltava ogni sera, nascosta dietro il vaso di basilico, e si faceva pallida e rossa, un giorno chiamò Turiddu.

– E così, compare Turiddu, gli amici vecchi non si salutano più?

– Ma! – sospirò il giovinotto, – beato chi può salutarvi!

– Se avete intenzione di salutarmi, lo sapete dove sto di casa! – rispose Lola.

Turiddu tornò a salutarla così spesso che Santa se ne avvide, e gli batté la finestra sul muso. I vicini se lo mostravano con un sorriso, o con un moto del capo, quando passava il bersagliere. Il marito di Lola era in giro per le fiere con le **sue mule.**

Gli incontri amorosi tra Turiddu e Lola **non vengono narrati in modo esplicito**, ma rivelati dai sorrisi dei compaesani.

– Domenica voglio andare a confessarmi, ché stanotte ho sognato dell'uva nera[22]! – disse Lola.

– Lascia stare! Lascia stare! – supplicava Turiddu.

– No, ora che s'avvicina la Pasqua, mio marito lo vorrebbe sapere il perché non sono andata a confessarmi.

– Ah! – mormorava Santa di massaro Cola, aspettando ginocchioni il suo turno dinanzi al confessionario dove Lola stava facendo il bucato dei suoi peccati. – Sull'anima mia non voglio mandarti a Roma per la penitenza!

Compare Alfio tornò colle sue mule, carico di soldoni, e portò in regalo alla moglie una bella veste nuova per le feste.

– Avete ragione di portarle dei regali, – gli disse la vicina Santa, – perché mentre voi siete via vostra moglie vi adorna la casa[23]!

Compare Alfio era di quei carrettieri che portano il berretto sull'orecchio, e a sentir parlare in tal modo di sua moglie cambiò di colore come se l'avessero accoltellato.

– Santo diavolone! – esclamò, – se non avete visto bene, non vi lascerò gli occhi per piangere! A voi e a tutto il vostro parentado!

– Non son usa a piangere! – rispose Santa, – non ho pianto nemmeno quando ho visto con questi occhi Turiddu della gnà Nunzia entrare di notte in casa di vostra moglie.

– Va bene, – rispose compare Alfio, – grazie tante.

Turiddu, adesso che era tornato il gatto, non bazzicava più di giorno per la stradicciuola, e smaltiva l'uggia[24] all'osteria, cogli amici. La vigilia di Pasqua avevano sul desco un piatto di salsiccia.

21. **Vittorio Emanuele**: Vittorio Emanuele II, re d'Italia fino al 1878.

22. **uva nera**: nella credenza popolare segno di malaugurio. Nella cabala i chicchi di uva nera alludono alle lacrime versate a causa del lutto.

23. **vi adorna la casa**: vi tradisce.

24. **uggia**: noia.

Come entrò compare Alfio, soltanto dal modo in cui gli piantò gli occhi addosso, Turiddu comprese che era venuto per quell'affare e posò la forchetta sul piatto.

– Avete comandi da darmi, compare Alfio? – gli disse.

– Nessuna preghiera, compare Turiddu, era un pezzo che non vi vedevo, e voleva parlarvi di quella cosa che sapete voi.

Turiddu da prima gli aveva presentato un bicchiere, ma compare Alfio lo scansò colla mano. Allora Turiddu si alzò e gli disse:

– Son qui, compar Alfio.

Il carrettiere gli buttò le braccia al collo.

– Se domattina volete venire nei fichidindia della Canziria[25] potremo parlare di quell'affare, compare.

– Aspettatemi sullo stradone allo spuntar del sole, e ci andremo insieme.

Con queste parole si scambiarono il bacio della sfida. Turiddu strinse fra i denti l'orecchio del carrettiere, e così gli fece promessa solenne di non mancare.

La **descrizione** del rituale della sfida è molto **precisa** e genera un'immediata presa di coscienza della gravità di quanto sta per accadere.

Gli amici avevano lasciato la salsiccia zitti zitti, e accompagnarono Turiddu **sino a casa.**

La gnà Nunzia, poveretta, l'aspettava sino a tardi ogni sera.

– Mamma, – le disse Turiddu, – vi rammentate quando sono andato soldato, che credevate non avessi a tornar più? Datemi un bel bacio come allora, perché domattina andrò lontano.

Prima di giorno si prese il suo coltello a molla, che aveva nascosto sotto il fieno, quando era andato coscritto[26], e si mise in cammino pei fichidindia della Canziria.

– Oh! Gesummaria! Dove andate con quella furia? – piagnucolava Lola sgomenta, mentre suo marito stava per uscire.

– Vado qui vicino, – rispose compar Alfio, – ma per te sarebbe meglio che io non tornassi più.

Lola, in camicia, pregava ai piedi del letto, premendosi sulle labbra il rosario che le aveva portato **fra Bernardino** dai Luoghi Santi, e recitava tutte le avemarie che potevano capirvi[27].

Il riferimento a un personaggio sconosciuto al lettore, ma noto ai personaggi conferma una prospettiva di racconto interno alla vicenda.

– Compare Alfio, – cominciò Turiddu dopo che ebbe fatto un pezzo di strada accanto al suo compagno, il quale stava zitto, e col berretto sugli occhi, – come è vero Iddio so che ho torto e mi lascerei ammazzare. Ma prima di venir qui ho visto la mia vecchia che si era alzata per vedermi partire, col pretesto di governare il pollaio, quasi il cuore le parlasse, e quant'è vero Iddio vi ammazzerò come un cane per non far piangere la mia vecchierella.

25. Canziria: località vicina a Vizzini (dove è ambientata la vicenda), in provincia di Catania.

26. coscritto: in questo caso, soldato di leva.

27. capirvi: essere contenute nel rosario.

– Così va bene, – rispose compare Alfio, spogliandosi del farsetto[28], – e picchieremo sodo tutt'e due.

Entrambi erano bravi tiratori; Turiddu toccò la prima botta, e fu a tempo a prenderla nel braccio; come la rese, la rese buona, e tirò all'anguinaia[29].

– Ah! Compare Turiddu! avete proprio intenzione di ammazzarmi!

– Sì, ve l'ho detto; ora che ho visto la mia vecchia nel pollaio, mi pare di averla sempre dinanzi agli occhi.

– Apriteli bene, gli occhi! – gli gridò compar Alfio, – che sto per rendervi la buona misura –.

Come egli stava in guardia tutto raccolto per tenersi la sinistra sulla ferita, che gli doleva, e quasi strisciava per terra col gomito, acchiappò rapidamente una manata di polvere e la gettò negli occhi all'avversario.

– Ah! – urlò Turiddu accecato, – son morto.

Ei cercava di salvarsi, facendo salti disperati all'indietro; ma compare Alfio lo raggiunse con un'altra botta nello stomaco e una terza alla gola.

– E tre! Questa è per la casa che tu m'hai adornato. Ora tua madre lascerà stare le galline.

Turiddu annaspò un pezzo di qua e di là tra i fichidindia e poi cadde come un masso. Il sangue gli gorgogliava spumeggiando nella gola e non poté profferire nemmeno: – Ah, mamma mia!

G. Verga, *Cavalleria rusticana*, da *Tutte le novelle*, Mondadori, Milano, 1979

Lo scontro tra Turiddu e Alfio dà vita a una sequenza quasi cinematografica per rapidità e dettaglio, che si conclude con una scena di grande efficacia drammatica: il sangue, evocato in tutto il racconto, sgorga a fiotti dalla gola di Turiddu, annunciando la fine della sua vita.

28. **farsetto**: giubbotto imbottito.

29. **anguinaia**: inguine.

GUIDA ALLA LETTURA

LE SEQUENZE

In *Cavalleria rusticana* Verga opera utilizzando soprattutto sequenze dialogiche, separate da passaggi narrativo-descrittivi che servono a introdurre la successiva situazione di dialogo.

In questo modo il racconto assume una straordinaria vivacità, in quanto i dialoghi, per loro caratteristica, propongono una scena in "diretta", a cui il lettore assiste mentre si svolge.

Gli argomenti dei dialoghi della novella (la delusione amorosa, il corteggiamento, la gelosia) calati in un ambiente popolare, si prestano a espressioni colorite, a battute brevi ed efficaci, a una gestualità facilmente immaginata.

Anche la sanguinosa sequenza conclusiva contiene battute e gesti e il racconto si chiude proprio con un'invocazione che rimane strozzata nella gola di Turiddu.

LE PASSIONI

Due sono le passioni che governano la piccola comunità teatro degli avvenimenti, passioni antiche, primordiali: l'amore e il denaro, in stretto connubio.

Il carrettiere che Lola ha preferito a Turiddu ha *quattro muli in stalla*, è *un re di corona*, dato che viene sottolineato più volte nel corso del racconto, quasi fosse il motivo della scelta della giovane; per contro, la madre di Turiddu ha dovuto *vendere la mula baia, e quel pezzetto di vigna sullo stradone* quando il figlio era soldato. Massaro Cola, padre di Santa, *vignaiuolo*, è *ricco come un maiale* e la figlia, pur interessata al corteggiamento di Turiddu, ribadisce che il tempo è denaro: *Spicciamoci, che le chiacchiere non ne affastellano di sarmenti.*

Accanto al denaro, l'amore, che nasce dal tradimento di una promessa: Turiddu ricorda a Lola del tempo in cui *parlavamo dalla finestra sul cortile, e mi regalaste quel fazzoletto*, che solo il giovane ha ritenuto un serio pegno d'amore. In un contesto di passioni così dirette, dove la ragione tace, l'offesa che Turiddu sente di aver subito non può che essere l'avvio di una tragica catena di eventi, alimentati dalla rinnovata intesa tra Turiddu e Lola e dalla gelosia di Santa e di Alfio.

Sullo sfondo restano gli affetti familiari: la madre di Turiddu che, avendo intuito che cosa si agitava nel cuore del figlio, assiste impotente al dramma.

LA DIMENSIONE RITUALE

Nella comunità rurale, teatro delle vicende, è forte la dimensione del rito religioso: Turiddu incontra Lola che ritorna dal pellegrinaggio alla Madonna del Pericolo; più tardi, sull'onda del senso di colpa che le fa fare brutti sogni, la stessa Lola esprime l'intenzione di confessarsi e va a fare *il bucato dei suoi peccati*, al confessionale vicino al quale Santa aspetta in ginocchio il suo turno; Lola recita il rosario portatole dalla Terrasanta quando capisce le intenzioni del marito.

Verga lascia intendere che la devozione è solo esteriore, è un formale adempimento di obblighi: nelle battute successive alla confessione, Santa ci viene mostrata mentre, mossa dalla gelosia, rivela ad Alfio l'adulterio di Lola, causando indirettamente la tragedia finale.

Accanto ai riti cattolici, che producono un rispetto formale, c'è un rituale sentito nelle forme e nella sostanza: *il bacio della sfida*, la promessa solenne di partecipare a un duello all'ultimo sangue, che si avvia con un abbraccio, di morte (*Il carrettiere gli buttò le braccia al collo*), e termina con un morso all'orecchio.

Nella piccola comunità siciliana descritta in *Cavalleria rusticana*, questo secondo è l'unico rituale che conta.

COMPRENDERE E ANALIZZARE

COMPRENSIONE

1. In quale periodo dell'anno si conclude la vicenda? Quale significato può assumere questa collocazione temporale?
2. Ci sono, nel testo, riferimenti a luoghi? Individuali e trascrivili.
3. Per quale motivo Turiddu *si pavoneggiava in piazza* al ritorno dal suo servizio come soldato?
4. Quali conseguenze aveva avuto sull'economia familiare la partenza di Turiddu per la leva militare?
5. In quale modo Lola rivela a Turiddu la sua disponibilità a un incontro?
6. Qual è l'arma che Turiddu e Alfio utilizzano per sfidarsi?

ANALISI

7. Scegli due aggettivi per descrivere i tratti più significativi di ciascuno dei quattro personaggi principali del racconto e motiva le tue scelte. Pensi che possa essere attribuito a uno di essi il ruolo di protagonista? Motiva la tua risposta.
8. Lola e Santa incarnano aspetti diversi della figura femminile: descrivili. La scelta dei nomi delle ragazze ti sembra casuale?
9. Rifletti sulle scene d'addio: quali sono i toni e i sentimenti, solo in parte espressi, tra Turiddu e la madre? Quali quelli tra Lola e Alfio?
10. Commenta la battuta *Così va bene*, con cui compare Alfio risponde alle parole di Turiddu prima del duello.

SCRIVERE

APPROFONDIMENTO E SCRITTURA

11. L'obbligo del servizio militare, esteso dal Regno di Sardegna a tutto il Regno d'Italia dopo l'unificazione, fu per il Sud una sciagura ed ebbe conseguenze di grande importanza storica. Metti in evidenza le più importanti, facendo anche riferimento al racconto, in un testo di 10-15 righe.
12. Verga utilizza, per rendere più "vero" il suo stile, usi linguistici popolari e proverbi. In *Cavalleria rusticana* compare un proverbio sulla fine dell'amore. Conosci frasi tipiche, da dialetti o altre lingue? Nel caso del proverbio citato da Verga, a che cosa è paragonata la parabola dell'amore? Con quale significato?

SCRITTURA CREATIVA — Dal punto di vista di...

13. Immagina di essere un cronista e di dover ricavare un articolo di cronaca dalla morte di Turiddu Macca in un testo di non più di 20 righe.

VERSO LE COMPETENZE — COMPITI DI REALTÀ

- *Comunicazione nella madrelingua*
- *Competenze sociali e civiche*

14. Dal 1° gennaio 2005 in Italia non è più obbligatorio il servizio militare, ma un giovane di entrambi i sessi può scegliere comunque di svolgere un periodo di addestramento in un corpo delle Forze Armate o in alternativa il servizio civile. Dopo esserti documentato sulle modalità di svolgimento, sui tempi e sulle procedure proprie del servizio militare, affida a un testo di almeno 30 righe la tua ipotetica scelta corredata da almeno due motivazioni.

Confronta poi con il resto della classe il tuo punto di vista e aprite un dibattito in merito, argomentando le vostre posizioni.

Il vostro lavoro sarà valutato sulla base di questi parametri:

Criteri / Livello di padronanza	Iniziale (1)	Base (2)	Intermedio (3)	Avanzato (4)
Focalizzazione sulla propria tesi				
Validità degli argomenti				
Efficacia comunicativa				

DAL **TESTO** ALLE **PAROLE**

Soldato Uomo armato, militare. Anticamente, chi esercitava a pagamento il mestiere delle armi. I soldati erano propriamente dei mercenari. Esisteva un antico verbo *soldare*, "assoldare", di cui *soldato* sarebbe dunque il participio passato. Il termine deriva dall'espressione del latino tardo *solidum* (*nummum*), "(moneta) d'oro massiccio". Il *solidus* era un'antica moneta europea in uso tra Goti, Franchi e Longobardi, derivata dal *soldo* del tardo Impero romano. Per estensione si definì *soldato* colui che veniva pagato per combattere.

Bersagliere Soldato addestrato ed esperto nel tiro. Dall'Ottocento, soldato di uno speciale Corpo di fanteria leggera istituito nel 1836 dal re Carlo Alberto di Savoia. Il termine deriva da *bersaglio*, perché i primi bersaglieri erano esperti nel colpirli.

Ogni 18 giugno si festeggia l'anniversario della costituzione del Corpo. Nelle intenzioni del fondatore, Alessandro La Marmora, il Corpo doveva caratterizzarsi per una particolare velocità di esecuzione dei compiti affidatigli. La battaglia di Goito del 1848, nel corso della Prima guerra d'Indipendenza, fu la prima occasione in cui questo contingente militare scese in campo aperto a combattere.

Dopo l'unificazione italiana i bersaglieri furono utilizzati per contrastare il brigantaggio nel Meridione e furono i protagonisti della presa di Roma il 20 settembre 1870.

I bersaglieri sono uno dei Corpi più popolari dell'esercito italiano anche in virtù della fanfara che accompagna tutte le loro uscite pubbliche: essi infatti non possono sfilare senza fanfara secondo l'atto costitutivo del loro Corpo e costituiscono l'unica banda al mondo che suona al passo di corsa.

Due elementi tipici del bersagliere sono inoltre il cappello piumato (detto *vaira*) e il fez. Quest'ultimo fu loro offerto in segno di ammirazione dagli Zuavi dell'esercito francese, che lo portavano come copricapo distintivo, durante la Guerra di Crimea del 1855, dopo la battaglia della Cernaia nella quale i bersaglieri avevano dato prova di grande valore. Da quel momento entrò a far parte dell'uniforme del bersagliere ed è proprio il berretto a cui si fa riferimento all'inizio della novella quando si introduce il personaggio di Turiddu *coll'uniforme da bersagliere*.

▶ Esempio di fez.

RINFORZIAMO IL LESSICO

1. Ti proponiamo alcuni termini propri del lessico militare di ieri e di oggi. Ricercane il significato e l'etimologia: aviatore, colonnello, fante, geniere, paracadutista, sergente, ufficiale.

RACCONTI A CONFRONTO

I racconti che seguono hanno in comune una **situazione in cui il protagonista è privato della libertà**, seppur per motivi diversi, in un analogo contesto di guerra.

T11 Varlam Šalamov Il pane

Varlam Tichonovič Šalamov ▶ Per la vita dell'autore vedi pag. 46.

Il racconto appartiene alla stessa raccolta *I racconti della Kolyma* da cui è tratto *Calligrafia* (▶ pag. 46).

La vicenda è ambientata nello stesso *gulag* che fa da sfondo a *Calligrafia:* i prigionieri politici, destinati al campo di lavoro dalle autorità sovietiche alla fine degli anni Trenta del secolo scorso, vivono quotidianamente il **dramma della fame**, aggravato dalle condizioni climatiche e igieniche estreme. In questo racconto, tuttavia, i personaggi godono di un **temporaneo sollievo** dalla costante fatica di sopravvivere perché vengono scelti per il lavoro al panificio.

L'enorme porta a due battenti si aprì e nella baracca di transito entrò l'addetto alla distribuzione del cibo. Rimase fermo, in piedi, nella larga striscia di luce del mattino riflessa dalla neve azzurrina. Duemila occhi lo guardavano da ogni dove: da sotto i tavolacci a castello, in faccia e di lato, e da sopra, dall'alto delle incastellature[1] a quattro piani sulle quali coloro che avevano ancora forze sufficienti si inerpicavano per mezzo di scalette. Quel giorno era giornata di aringhe[2] e dietro al distributore portavano un gigantesco vassoio di compensato incurvato sotto il peso di una montagna di aringhe tagliate in due. Dietro al vassoio avanzava il sorvegliante di turno, con indosso un pelliciotto di montone bianco e splendente come il sole. L'aringa veniva distribuita al mattino, ma non tutti i giorni: un giorno sì e un giorno no, mezza aringa a testa. Quali calcoli di proteine e vitamine fossero stati eseguiti in proposito non era dato sapere e del resto nessuno era interessato a questo genere di scolastica[3].

Il sussurrio di centinaia di persone ripeteva una stessa parola: le code. Qualche saggio dirigente, un uomo che teneva nel debito conto la psicologia dei detenuti, aveva ordinato di distribuire ogni volta o tutte teste di aringhe o tutte code. I rispettivi meriti delle une e delle altre erano stati discussi a più riprese: le code, dicevano molti, contenevano più carne, ma le teste, argomentavano altri, davano molta più soddisfazione. Infatti il processo di inghiottimento si prolungava intanto che si succhiavano le branchie e si sgranocchiavano le cartilagini. Le aringhe non venivano comunque ripulite, e la cosa era universalmente apprezzata: perché le si mangiava con lische e pelle. Il rimpianto delle teste balenò per un solo istante e sparì: le code erano un dato di fatto. Inoltre il vassoio si avvicinava e con esso il tormento più angoscioso: quanto grosso sarebbe stato il pezzo destinato a te? Perché naturalmente non era possibile cambiarlo, e neanche protestare, tutto era nelle mani della fortuna, una carta soltanto

1. **incastellature**: aggregati di travi unite fra loro da un'ossatura di sostegno.
2. **aringhe**: pesci commestibili tipici dei mari freddi.
3. **scolastica**: pedanteria.

in quella partita giocata contro la fame. La persona che taglia le porzioni di aringa senza metterci attenzione non sempre capisce (o ha semplicemente dimenticato) che dieci grammi in più o in meno – dieci grammi, o quelli che a occhio sembrano tali – possono generare un dramma, talvolta un dramma sanguinoso. Quanto alle lacrime, non è neanche il caso di parlarne. Le lacrime sono frequenti, non c'è chi non le comprenda, e di coloro che piangono non si ride.

Intanto che l'addetto alla distribuzione si avvicina, ognuno ha già avuto il tempo di individuare esattamente il pezzo che gli verrà allungato da quella mano indifferente. Ognuno ha già avuto il tempo di affliggersi, di gioire, di prepararsi al miracolo o di arrivare ai limiti dello sconforto, nel caso abbia sbagliato i calcoli per la troppa concitazione[4]. Qualcuno chiude brevemente gli occhi, incapace di dominarsi, per aprirli solo nel momento preciso in cui l'addetto lo urta tendendogli la sua razione.

Afferrata l'aringa con le dita sporche, l'accarezza, tastandola con un gesto rapido e tenero per capire se gli è toccata una porzione asciutta o succulenta (in realtà le aringhe del mare di Ochotsk[5] non sono mai succulente e anche questo tastare delle dita non è altro che attesa di un miracolo), dopo di che non può trattenersi dal far scorrere rapidamente lo sguardo sulle mani dei vicini, intenti anche a scrutare e brancicare il loro pezzetto di pesce, timorosi di far finire troppo in fretta quella minuscola coda. L'aringa non la si mangia, la si lecca. La si lecca, e la coda sparisce a poco a poco dalle dita. Restano le sole lische, da masticare con precauzione, le si mastica con parsimonia finché si sciolgono e spariscono. Poi si attacca il pane – alla mattina ne vengono dati cinquecento grammi per le ventiquattro ore – se ne rompe un pezzetto minuscolo e lo si mette in bocca. Tutti mangiano il proprio pane seduta stante: così nessuno te lo ruba o te lo toglie a forza, del resto neanche avresti la forza di difenderlo. Soltanto, non si deve aver fretta, non si deve mandare giù il pane con l'acqua, non lo si deve masticare. Va succhiato come una zolletta di zucchero, una caramella.

Dopo si può prendere un bicchiere di tè – dell'acqua appena tiepida annerita con una crosta di pane abbrustolito.

L'aringa è stata mangiata, il pane è stato mangiato, il tè è stato bevuto. Si avverte immediatamente un senso di calore e non si ha voglia di andare da nessuna parte, si ha voglia di mettersi a letto, ma già bisogna vestirsi, infilarsi il lacero giubbotto imbottito che ti ha fatto da coperta, assicurare con lo spago le suole degli sbrindellati stivali di trapunta d'ovatta, che ti sono servite da cuscino per la notte, e bisogna spicciarsi perché il portone è di nuovo spalancato e dietro la recinzione di filo spinato del cortiletto ci sono gli uomini della scorta e i cani.

Siamo in quarantena[6], una quarantena a causa del tifo, ma non ci lasciano stare con le mani in mano. Ci spediscono al lavoro non in base a elenchi o appelli, ma contandoci a gruppi di cinque all'uscita. C'è un sistema abbastanza sicuro per assicurarsi ogni giorno un lavoro relativamente conveniente. Bisogna semplicemente armarsi di pazienza e au-

4. **concitazione**: agitazione intensa.

5. **mare di Ochotsk**: mare dell'Oceano Pacifico che bagna fra le altre terre la costa orientale della Siberia.

6. **quarantena**: periodo di isolamento, in origine di quaranta giorni, per le persone colpite da malattie infettive.

tocontrollo. Un lavoro conveniente è sempre un lavoro per il quale c'è bisogno di poca gente: due, tre o quattro persone. Quando ne chiamano venti, trenta o cento significa che è un lavoro pesante, nella maggior parte dei casi uno scavo. E anche se al detenuto non viene mai comunicato in anticipo il luogo di lavoro della giornata – lo viene a sapere per via –, in questa spaventosa lotteria la fortuna arride alle persone capaci di pazientare. Bisogna saper battere in ritirata, intrufolandosi in altri ranghi, defilarsi di lato e precipitarsi in avanti quando dispongono in fila un piccolo gruppo. Per quanto riguarda i grandi gruppi, i posti più vantaggiosi sono il deposito, a sezionare verdure, e il panificio, in una parola i posti dove il lavoro è collegato al cibo – cibo futuro o già esistente – perché ci sono sempre degli avanzi, dei frammenti, dei pezzi di cose commestibili.

Ci fecero allineare in fila e ci condussero lungo una melmosa strada di aprile. Gli stivali dei soldati della scorta sguazzavano spavaldi nelle pozzanghere. Entro i limiti dell'abitato non ci era consentito uscire dai ranghi e così nessuno aggirava le pozzanghere. Avevamo i piedi fradici, ma nessuno ci badava: non avevamo paura dei raffreddori. Ci eravamo raffreddati già mille volte e inoltre il peggio che potesse capitare – una polmonite, per esempio – ci avrebbe solo portati al tanto desiderato ospedale. Sussurrii smozzicati percorrevano i ranghi:

– Al panificio, hai capito, al panificio!

Ci sono persone che sanno sempre tutto e tutto indovinano. Ce ne sono poi altre che in ogni cosa vogliono vedere il meglio e, per il temperamento[7] impaziente che li contraddistingue, sono portate a voler cercare subito, a tutti i costi, anche nella situazione più difficile, un modo di riconciliarsi con la vita. Altri ancora, al contrario, pensano che tutto vada per il peggio e reagiscono a ogni miglioramento con diffidenza, come fosse una sorta di svista del destino. E questa disparità di giudizi ha poco a che fare con l'esperienza personale di ognuno: sembrerebbe piuttosto qualcosa che ci viene data fin dall'infanzia e per tutta la vita...

Le nostre speranze più temerarie si erano realizzate: ci trovavamo davanti al portone del panificio. Venti uomini scalpicciavano sul posto, le mani infilate nelle maniche, voltando la schiena al vento penetrante. I soldati della scorta si erano allontanati di qualche passo e fumavano. Dalla porticina praticata nel portone uscì un uomo in camice blu, senza berretto. Scambiò qualche parola con la scorta e si avvicinò a noi. Ci passò tutti in rassegna con lo sguardo, senza affrettarsi. La Kolyma rende tutti quanti psicologi e lui, in quel minuto che aveva a disposizione, doveva capire un bel po' di cose. Doveva scegliere fra venti straccioni due persone per un lavoro all'interno del panificio, nei reparti. Bisognava che questi due fossero i più robusti della compagnia, visto che dovevano trasportare una barella carica di mattoni rotti avanzati dopo la nuova muratura della caldaia. E inoltre che non fossero dei ladri, dei malavitosi, altrimenti la loro giornata sarebbe trascorsa in incontri, scambi di bigliettini e messaggi vari, ma non lavorando. Bisognava che non fossero ancora arrivati al limite oltre il quale chiunque può diventare ladro per fame, poiché nei reparti non ci sarebbe stata nessuna sorveglianza.

7. **temperamento**: carattere.

Bisognava che non fossero di quelli inclini a evadere. Bisognava...

E tutto questo lo si doveva leggere in volto a venti detenuti nel giro di un minuto e subito decidere e scegliere.

– Vieni, – mi disse l'uomo senza berretto. – E anche tu, – disse urtando leggermente il mio vicino, un saputello lentigginoso. – Ecco, prendo questi due, – disse al soldato di scorta più vicino.

– Va bene, – fece quello con indifferenza.

Fummo accompagnati da parecchi sguardi d'invidia.

▲ Frances Bildner, *Hunger* (Fame), Collezione privata.

Nell'uomo i cinque sensi non funzionano mai contemporaneamente con la massima intensità. Quando sono immerso nella lettura non riesco ad ascoltare la radio. Se mi metto ad ascoltare una trasmissione, le righe cominciano a ballarmi sotto gli occhi anche se l'automatismo della lettura non viene meno: seguo le righe con gli occhi finché non mi rendo conto di non ricordare una sola parola di quello che ho appena letto. Succede anche che pur immersi nella lettura ci si metta a pensare ad altro: in questo caso a entrare in gioco sono, per così dire, dei commutatori interiori. Tutti conoscono il detto popolare «Quando mangio sono sordo e muto». Si potrebbe aggiungere: «e cieco», poiché quando si mangia con tanto appetito la vista non è altro che una funzione ausiliaria e coordinata del gusto. Quando cerco qualcosa a tentoni in fondo a un armadio e la percezione è localizzata sulla punta delle mie dita, non vedo e non sento niente, tutto viene escluso dall'intensità della sensazione tattile. E allo stesso modo, anche in quel momento, varcata la soglia del panificio, me ne restavo lì impalato senza vedere i volti affabili e partecipi degli operai (qui lavoravano sia detenuti sia ex detenuti) e senza sentire le parole del mastro panificatore di turno, l'uomo a capo scoperto di cui ho già parlato il quale ci spiegava che dovevamo portare i mattoni rotti all'esterno, che non dovevamo andare negli altri reparti, che non dovevamo rubare, che ci avrebbe dato comunque del pane: io non sentivo una parola. E non sentivo neanche il caldo del reparto riscaldato senza risparmio, quel caldo di cui pure il mio corpo aveva tanto sentito la mancanza durante il lungo inverno.

Aspiravo l'odore del pane, il denso aroma delle pagnotte nel quale si mescolavano l'odore del grasso caldo e quello della farina cotta. Ogni mattina coglievo con avidità una frazione minima di quell'odore inebriante incollando il naso alla crosta della mia razione prima di mangiarla. Ma ora percepivo quest'odore in tutta la sua intensità e potenza, tale, mi sembrava, da lacerarmi le narici.

Il capoturno mi fece tornare alla realtà:

– Ti sei incantato? – disse. – Andiamo nel locale caldaie.

Scendemmo nello scantinato. Nel locale caldaie accuratamente spazzato, al tavolino del fuochista, era già seduto il mio compagno di lavoro. Quest'ultimo, con indosso un camice blu uguale a quello del capoturno, fumava accanto alla caldaia e, attraverso la fessura dello sportello in ghisa del focolaio, si potevano vedere le fiamme danzare e balenare all'interno, ora rosse, ora gialle, mentre le pareti della caldaia vibravano e rombavano per le convulsioni del fuoco.

Il capoturno posò sul tavolo una teiera e un vasetto di marmellata e ci aggiunse una pagnotta di pane di mistura[8].

– Da' loro da bere, – disse al fuochista. – Torno fra una ventina di minuti. Però non tirate in lungo, sbrigatevi a mangiare. Stasera vi daremo dell'altro pane da portare via; dovrete solo dividerlo in pezzi perché non ve lo facciano sparire al lager.

Il capoturno se ne andò.

– Ma guarda che figlio d'un cane, – disse il fuochista, rigirandosi tra le mani la pagnotta. – Lesina[9] sulla qualità, carogna. Ma aspetta un po'.

Uscì dietro al capoturno e rientrò di lì a un momento, facendo saltellare tra le mani una nuova pagnotta.

– È bella calda, – disse, lanciando la pagnotta al ragazzo con le efelidi. – È fatta con la farina giusta, bianca. Hai capito? Voleva cavarsela con questa porcheria. Da' un po' qua –. E presa tra le mani la pagnotta che ci aveva lasciato il capoturno, il fuochista spalancò lo sportello della caldaia e la gettò nel fuoco che rombava e strideva. Richiuse lo sportello e scoppiò a ridere: – Ecco fatto, – disse tutto allegro, voltandosi verso di noi.

– Ma perché? – dissi io. – Potevamo portarcelo via noi.

– Ve ne daremo dell'altro, – rispose il fuochista.

Né io né il ragazzo con le efelidi ce la facevamo a rompere la pagnotta.

– Non avresti un coltello? – chiesi al fuochista.

– No. E per far cosa?

Il fuochista afferrò la pagnotta con tutte e due le mani e la ruppe facilmente in due parti. Un vapore caldo e profumato esalò dalla tonda forma di pane. Il fuochista ficcò un dito nella mollica.

– È ben cotto, bravo Fed'ka, – disse compiaciuto.

Ma noi non avevamo il tempo di informarci su chi fosse questo Fed'ka. Ci mettemmo a mangiare scottandoci sia con il pane che con l'acqua bollente alla quale avevamo mescolato della marmellata. Rivoli di caldo sudore cominciarono a scorrerci lungo il corpo. Ci affrettammo: il capoturno era venuto a prenderci.

Aveva già portato la barella, l'aveva trascinata fino al mucchio di mattoni rotti, quindi con una pala aveva riempito lui stesso la prima cassa. Ci mettemmo al lavoro. E all'improvviso fu evidente che sia per me che per lui la barella era troppo pesante, i tendini ne erano sfibrati, il braccio ricadeva fiacco, senza più forze. Ci girava la testa,

8. **pane di mistura**: fatto con farine miste. 9. **Lesina**: risparmia avidamente.

barcollavamo. Mi occupai io del secondo carico e misi sulla barella un quantitativo di materiale che era la metà del precedente.

– Basta, basta, – disse il ragazzo con le lentiggini. Lui era ancora più smorto di me, o forse le lentiggini ne facevano risaltare ancor più il pallore.

– Tirate un po' il fiato, ragazzi, – disse con tono allegro e senza ombra d'ironia un panificatore che si trovò a passare di lì, e noi ci mettemmo docilmente a sedere. Anche il capoturno ci passò accanto ma non disse niente.

Dopo esserci riposati, riprendemmo il lavoro, tornando ogni due viaggi: il mucchio di macerie non diminuiva.

– Fumatevi una sigaretta, ragazzi, disse lo stesso panificatore, comparendo di nuovo.

– Non abbiamo tabacco.

– Beh, se è per una sigarettina ve la do io. Però bisogna andar fuori. Qui è proibito fumare.

Ci dividemmo la machorka[10] e ognuno si accese la sua sigaretta — un lusso che avevamo dimenticato da molto tempo.

Aspirai lentamente qualche boccata, poi spensi la sigaretta con il dito e l'avvolsi accuratamente in un pezzetto di carta che mi riposi in seno.

– Giusto, – disse il ragazzo lentigginoso. – E io che non ci ho neanche pensato!

All'ora della pausa per il pranzo ci eravamo talmente ambientati che arrischiavamo un'occhiata anche nei locali vicini, dove c'erano gli stessi forni per il pane. Dappertutto stampi e piastre metalliche che uscivano sibilando dai forni, e dappertutto, allineate sui ripiani, forme di pane, pane, pane. Di tanto in tanto arrivava un vagoncino su ruote, veniva caricato di pane appena sfornato e avviato per chissà quale destinazione, comunque non là dove saremmo dovuti rientrare la sera – quello era pane bianco.

Attraverso la grande finestra senza sbarre si vedeva che il sole si era spostato e cominciava a tramontare. Dalla porta arrivò uno spiffero di aria gelata. Era entrato il capoturno.

– Beh, potete smettere. Lasciate la barella sul mucchio.

Non avete combinato granché. Non ce la fareste a sgomberare neanche in una settimana, lavoratori da quattro soldi!

Ci dettero una pagnotta per uno, rompemmo il pane in tanti pezzi e ce ne riempimmo le tasche. Ma quanto ce ne poteva stare?

– Nascondilo direttamente nei pantaloni, – mi disse perentorio il ragazzo lentigginoso.

Uscimmo, il freddo cortile era immerso nel buio della sera, il gruppo si stava già allineando per la partenza. Ci riportarono indietro. Al posto di guardia del lager non stettero a perquisirci: nessuno di noi aveva del pane in mano. Tornai al mio posto, divisi con i vicini il pane che avevo portato e mi addormentai non appena mi si scaldarono i piedi, che erano fradici e gelati.

Per tutta la notte mi balenarono davanti le forme di pane e il viso spavaldo del fuochista che gettava la pagnotta nella gola infuocata della caldaia.

V. T. Šalamov, *Il pane*, da *I racconti della Kolyma*, trad. it. di S. Rapetti, Einaudi, Torino, 2010

10. machorka: tabacco russo.

T12 Heinrich Böll _ Anche i bambini sono civili

Heinrich Böll (Colonia, 1917-Langenbroich, 1985) è uno scrittore tedesco del secondo dopoguerra, autore di romanzi, racconti e saggi, insignito del Premio Nobel per la Letteratura nel 1972. Cresciuto in ambiente cattolico e pacifista, **si oppone al nazismo**. Arruolato nell'esercito, combatte in Francia, Romania, Ungheria e Russia. Viene ferito quattro volte e nel 1945 trascorre un breve periodo nei **campi di prigionia americani**. Esordisce come scrittore nel 1947 pubblicando racconti brevi su alcuni giornali. Nelle sue opere **critica la Germania nazista** e trova altri bersagli polemici nella società postbellica: le autorità della politica, dell'economia e della Chiesa, che egli accusa, ora ironicamente, ora aspramente, di conformismo, mancanza di coraggio, abuso di potere. Il suo romanzo più famoso è *Opinioni di un clown* (1963), critica all'ipocrisia borghese della ricostruzione postbellica.

Anche i bambini sono civili è uno dei venticinque racconti della raccolta *Viandante, se giungi a Spa...* (1950). Quest'opera è riconducibile al movimento letterario conosciuto come *letteratura delle macerie*, sviluppatosi in Germania immediatamente dopo la fine della Seconda guerra mondiale, grazie all'opera di un gruppo di scrittori che, dopo il periodo nazista, vuole **rinnovare la cultura tedesca** ricostruendola sulle macerie materiali e morali della guerra. Scopo di questa letteratura è dare vita a un **nuovo realismo**, nudo e aspro, che ha come tema fondamentale i vari volti della guerra e i drammi nati a guerra finita, descritti senza pronunciare su di essi espliciti giudizi.

Il racconto è ambientato in Russia durante l'occupazione tedesca, in una scuola adibita a ospedale militare, e mostra un singolare incontro fra un **soldato occupante** e un **civile vittima dell'occupazione**.

– Non si può – disse la sentinella, arcigna[1].

– Perché? – domandai. – Perché è proibito.

– E perché è proibito?

– Perché è proibito, accipicchia: i pazienti non possono uscire.

– Ma io – dissi con fierezza – io sono ferito.

La sentinella mi guardò sprezzante: – Dev'essere la prima volta che sei ferito, altrimenti sapresti che anche i feriti sono pazienti. E ora vattene, su.

Ma io non riuscivo a persuadermi.

– Ma senti – spiegai – voglio solo comprare delle focacce da quella ragazza là.

E indicai fuori, dove una piccola e graziosa ragazza russa stava in piedi in mezzo al nevischio e vendeva focacce.

– Ti ho detto di rientrare!

La neve cadeva silenziosa sulle larghe pozzanghere in mezzo al gigantesco cortile della scuola, la ragazza se ne stava laggiù, paziente, e continuava a ripetere, a mezza voce: – Torte... focacce...

– Di', senti – dissi alla sentinella – mi viene l'acquolina in bocca, almeno lascia che quella bambina entri qui un momento.

1. **arcigna**: severa.

Aleksandr Deineka, *Periferia di Mosca Novembre 1941*. Galleria Statale Tretyakov, Mosca.

– È proibito far entrare i civili[2].

– Ma come – feci – quella è solo una bambina.

Lui tornò a guardarmi sprezzante. – Perché i bambini non sono civili, forse?

Era una disperazione. La strada vuota e buia era tutta avvolta di pulviscolo nevoso, e la bambina era lì tutta sola e continuava a ripetere – Torte... focacce... – benché nessuno passasse. Feci per uscirmene senz'altro, ma la sentinella mi agguantò subito per la manica e, imbestialito: – Senti bene – gridò – ora te ne vai di qui, se no chiamo il sergente[3].

– Sei un bestione – gli dissi, adirato.

– Sì – fece lui, soddisfatto – se uno ha ancora il senso del dovere, voi lo chiamate un bestione.

Restai ancora un mezzo minuto in mezzo al nevischio e vidi i candidi fiocchi convertirsi in pattume[4]. Tutto il cortile della scuola era pieno di pozzanghere e tra l'una e l'altra si elevavano piccole isole bianche come zucchero in polvere.

A un tratto mi accorsi che quella bella bimbetta mi ammiccava[5] con gli occhi, risalendo la strada con apparente indifferenza.

Io la seguii dal lato interno del muro di cinta.

Accidenti – pensavo – sarà vero che sono un paziente?

Poi mi avvidi che accanto all'orinatoio c'era, nel muro, un piccolo buco, e che, dall'altra parte del buco, mi aspettava la ragazza con le torte. La sentinella, qui, non ci poteva vedere.

– Che il Führer[6] benedica il tuo senso del dovere – pensai.

Le paste erano molto invitanti: mandorlati e diplomatici[7], ciambelle e croccanti di noci tutti lustri[8] d'olio.

2. **civili**: persone non appartenenti alla gerarchia militare.
3. **sergente**: grado militare.
4. **pattume**: spazzatura.
5. **ammiccava**: faceva cenni d'intesa.
6. **Führer**: in tedesco, *capo*, appellativo che Hitler assegnò a se stesso per legge.
7. **diplomatici**: dolci di pasta sfoglia e crema.
8. **lustri**: luccicanti.

– Quanto costano? – chiesi alla bambina.

Lei sorrise, mi avvicinò la cesta e disse con la sua vocetta sottile: –Tre marchi e cinquanta l'uno.

– A scelta?

– Sì.

La neve fioccava sui suoi capelli biondi e sottili, e la velava di una fugace[9] polvere d'argento. Il suo sorriso era semplicemente incantevole. La strada tenebrosa, alle sue spalle, era deserta, e il mondo intero sembrava morto.

Presi una ciambella e la assaggiai. Aveva un gusto squisito, c'era dentro del marzapane[10].

– Ah – pensai – ecco perché costano care come gli altri.

La ragazza sorrise. – Buono? – domandò – Buono?

Le accennai di sì. Il freddo non mi faceva paura.

▲ Kykryniksy, *Previsione del nuovo anno 1943*. Galleria Statale Tretyakov, Mosca.

Avevo la testa fasciata e sembravo Teodoro Körner[11].

Provai anche un diplomatico e me lo feci sciogliere lentamente in bocca: una delizia. Mi tornò l'acquolina in bocca.

– Su – dissi a bassa voce – prendo tutto, quanti sono?

La ragazza cominciò a contare con un piccolo indice delicato e un po' sporco, mentre io inghiottivo un croccante. Intanto tutto era silenzioso, e avevo quasi l'impressione che nell'aria fosse sospesa una tela intessuta di fiocchi di neve. La bambina contava molto lentamente, si sbagliò due o tre volte e ricominciò, mentre io me ne stavo lì placido e tranquillo a mangiarmi altre due di quelle delizie.

Poi, a un tratto, mi levò gli occhi in viso, in un moto così terribilmente verticale che le sue pupille vennero a trovarsi in alto in alto, e il bianco dei suoi occhi era di un azzurrino diluito, come quello del latte magro. Mi cinguettò qualcosa in russo, ma io scrollai sorridendo le spalle, e allora si chinò a terra e scrisse nella neve, con le sue piccole dita sporche, un 45. Io ci aggiunsi i cinque che avevo già mangiato e le dissi: – Dammi anche la cesta, vuoi?

Lei annuì col capo e mi porse la cesta, con molta cautela, attraverso il buco. Le diedi due biglietti da cento marchi. Di denaro ne avevamo fin troppo: i russi ci davano settecento marchi per un cappotto, e da tre mesi a questa parte non avevamo visto che sangue e sporcizia, qualche puttana e denaro, denaro...

– Torna domani, eh? – le dissi sottovoce, ma lei non mi stava più a sentire, era scap-

9. **fugace**: di breve durata.
10. **marzapane**: dolce a base di pasta di mandorle.
11. **Teodoro Körner**: poeta e patriota tedesco morto nel 1813 combattendo contro le truppe napoleoniche. A lui Alessandro Manzoni dedicò l'ode *Marzo 1821*.

pata via lesta[12] lesta, e quando, tutto triste, infilai il capo attraverso il buco, era già sparita, e non vidi più altro che quella silenziosa strada russa, tetra[13] e assolutamente deserta. Pareva che la neve, a poco a poco, seppellisse tutte quelle case dal tetto piatto. Me ne restai lì a lungo come un animale che, con occhi tristi, guarda fuori attraverso il chiuso, e solo quando sentii che il collo mi s'irrigidiva ritirai la testa dentro la mia prigione.

E solo in quel momento mi accorsi che in quell'angolo il pisciatoio mandava una puzza tremenda, e che le piccole focacce appetitose erano tutte coperte d'una leggera spolverata di neve. Presi su la cesta, stanco, e mi avviai verso l'edificio. Non avevo freddo, con quel testone fasciato alla Teodoro Körner e avrei potuto fermarmi in mezzo alla neve per un'altra oretta. Ma mi mossi perché da qualche parte dovevo pur andare. Bisogna pur andare da qualche parte: è necessario, no? Non si può mica restar fermi in un punto e lasciarsi coprire di neve. Da qualche parte bisogna andare, anche se si è feriti in un paese straniero, cupo, molto molto scuro...

H. Böll, *Anche i bambini sono civili*, da *Viandante se giungi a Spa...*, trad. it. di A. Chiusano, Mondadori, Milano, 1997

12. lesta: veloce.

13. tetra: scura, buia.

COMPRENDERE E ANALIZZARE

1. Riassumi brevemente ciascuno dei racconti.
2. Metti a confronto alcuni aspetti dei due racconti completando la tabella.

	Il pane	*Anche i bambini sono civili*
Condizione iniziale dei protagonisti: analogie		
Condizione iniziale dei protagonisti: differenze		
Carattere del protagonista		
Comportamento della guardia		
Finale: analogie		
Finale: differenze		
Tipologia del narratore		
Sequenze prevalenti		
Collocazione della *spannung*		

3. Come viene presentato il cibo? Che cosa suggerisce la differente disponibilità?
4. Metti a confronto gli spazi in cui si collocano le vicende. Prevalgono gli spazi aperti o quelli chiusi? Per quali aspetti si caratterizzano?
5. Quali altri personaggi intervengono nelle vicende? Hanno un ruolo rilevante o marginale?
6. Rileva la presenza nei racconti di elementi che rimandino al preciso contesto storico in cui sono collocate le vicende.
7. Come vengono riferiti i dialoghi nell'uno e nell'altro racconto?

VERSO LA PROVA INVALSI

TIPOLOGIA TESTUALE: ARTICOLO DI GIORNALE

FOCUS: COMPRENSIONE DEL TESTO

Da Plinio a Guareschi, sul Po scorre la letteratura

di Stefano Biolchini ■ «Il Sole 24 Ore», 25 febbraio 2010

▲ Alessandro Sanna, illustrazione tratta da *Fiume lento. Un viaggio lungo il Po.* Rizzoli, Milano, 2013. Particolare.

Due lettere e null'altro. Non c'è articolo per il grande fiume. Solo le temute e reverenziali[1] "P" ed "o" per descrivere un mondo. Per la gente degli argini è ancora così. Grande e delicato, placido e impetuoso Po, pieno di vita e portatore di morte. Come Dio, ma "Traditor". Così lo ritrovi ancora oggi nelle filastrocche di Melara[2], nelle storie di San Zenone, nelle tragedie estive di Boretto[3]. «Fin dai primi bagni mi sono sentito dire da mia madre e da quanti altri temevano per la mia vita che Po è traditore, e che mai avrei dovuto nuotarvi.

In compenso, ho appreso dai miei compaesani che uno poteva dirsi degno del clan e della qualifica di vir[4] soltanto se avesse attraversato Po a nuoto, ritornando il più presto possibile alla riva natìa». Fiume prima di tutto traditore anche per Gianni Brera[5], che in "**Invectiva ad Patrem Padum**" (*invettiva contro il Padre Po*, ndr) ne evoca la sfida attraverso temerari riti di passaggio. "Eridanòs" lo chiamavano i greci accomunandone mito ed etimo[6] agli attuali e più nordici Rodano, Reno e Danubio. Era Bodinco per i liguri, Pades per i celti.

Nomi diversi, radici lontane, medesime acque. Plinio[7] nella **Naturalis Historia** lo descrive navigabile fino a Torino. Oggi che il suo alveo continua a sprofondare così non è più. Altri tempi. A Brescello, dove una volta si affrontavano Don Camillo e Peppone[8], progettano una chiusa per riportare il grande fiume al lontano 1954, quando le barchesse[9] navigavano serenamente anche con la magra.

1. **reverenziali**: degne di rispetto.
2. **Melara**: comune in provincia di Rovigo.
3. **Boretto**: comune in provincia di Reggio Emilia.
4. **vir**: sostantivo latino, "uomo".
5. **Gianni Brera**: giornalista e scrittore del Novecento.
6. **etimo**: forma da cui deriva una parola.
7. **Plinio**: Plinio il Vecchio è uno scrittore latino del I secolo d.C.
8. **Don Camillo e Peppone**: sono personaggi dei romanzi di Giovanni Guareschi.
9. **barchesse**: qui, imbarcazioni fluviali.

Così lo tratteggiava **Guareschi**: «Poi, arrivati sull'argine grande, ecco il fiume vasto, deserto, imponente e silenzioso, e più che un fiume pare il cimitero delle acque morte. Don Camillo camminava verso l'argine grande, con un grande fazzoletto bianco tra il cranio e il cappello, ed era l'una e mezzo di un pomeriggio d'agosto, e a guardarlo così solo in mezzo alla strada bianca, sotto il sole, non si poteva immaginare niente di più nero e di più prete». Davvero altri tempi, l'acqua era sì schiumosa e torbida, ma non avvelenata.

E dunque Don Camillo «si spogliò ripiegando accuratamente gli indumenti e facendone un involto che nascose tra il frascame di un alberello e, quando si trovò in mutande, andò a buttarsi nell'acqua». Tranquillo Don Camillo, i pesci siluro e il petrolio sono paure di un presente ancora lontano. Solo la corrente non perdonava. Ora come allora. Per non dire delle "mannare" onde di piena.

Così nel **Mulino del Po** ne fa una descrizione **Riccardo Bacchelli**: «Dalla lanca[10], dove l'acqua a momenti ridondava e girava a ritroso in tondo... dal mulino, si scorgeva la corrente, l'immane flusso della piena, fremere e ribollire infuriando sulla punta, scrosciare e rimbalzare, fuggire con una fila di gorghi e di risucchi avidi e astiosi[11], che segnavano il margine fra le acque vive e grosse del filone[12], e le semimorte della lanca. Affioravano e affondavano, veloci, i più diversi oggetti; e qualcuno veniva spinto dalla corrente nell'acqua pigra, aggirato a lungo, respinto e ripreso.

Potevan diventare pericolosi [...]; erano tronchi d'albero, barche perdute, e masserizie e carri colonici anche, o caduti dagli argini su cui la gente spaurita s'accalcava colle sue robe, o rapinati dal fiume nelle golene[13] e nei campi invasi; eran carogne d'animali domestici e di stalla, sordide e sconce, ben tristi [...]». Eppure, passata la buriana[14], l'equilibrio tornava e il grande fiume lo ritrovavi. Con il suo scorrere lento, di specchio e d'afa estiva, di nebbie invernali. Il forte frusciar continuo e le acque sempre nuove. Tutto questo c'era una volta.

«Una volta il Po si beveva», scriveva in un saggio **Domenico Rea**[15]. A vederlo oggi appare come un vecchio malato. Fra buste di plastica e bolle saponose già a Cremona le sue rive sanno di rancido[16]. Ispirarono a **d'Annunzio** "e loderò la chiara sfera d'aere e d'acque". Davvero altri tempi, con le chiare acque ridotte a eco lontana per poeti e nostalgici. Il nostro Po, quello della cronaca, banalmente sta morendo.

▶ Emilia Romagna, Parco del Delta del Po. Bosco della Mesola (FE).

10. **lanca**: ansa del fiume dalle acque stagnanti.
11. **astiosi**: qui, usato in modo figurato, che prova o rivela odio.
12. **filone**: parte centrale.
13. **golene**: aree allagabili durante le piene di un fiume.
14. **buriana**: temporale intenso ma di breve durata.
15. **Domenico Rea**: scrittore e giornalista italiano.
16. **rancido**: dal sapore disgustoso, detto di cibi grassi.

1. L'espressione radici lontane fa riferimento:
   a. ☐ alle sorgenti del Po lontane dalla pianura;
   b. ☐ al fatto che sul Po si sono avvicendate molte culture;
   c. ☐ al fatto che il nome deriva da una lingua antica;
   d. ☐ al fatto che non si riesce a risalire all'etimologia del nome.

2. Nella frase *Tranquillo Don Camillo i pesci siluro e il petrolio sono paure di un presente ancora lontano*:
   a. ☐ l'autore dell'articolo si rivolge al personaggio creato da Guareschi;
   b. ☐ si cita il personaggio per la sua tranquillità;
   c. ☐ Don Camillo si rivolge a se stesso;
   d. ☐ l'aggettivo *tranquillo* indica la condizione di spirito di Don Camillo.

3. Fra passato e presente che cosa è cambiato nell'ecosistema del fiume:
   a. ☐ l'impeto della corrente;
   b. ☐ la potabilità dell'acqua;
   c. ☐ la fauna ittica;
   d. ☐ la flora sulle sponde.

4. Nell'espressione *rapinati dal fiume nelle golene e nei campi invasi* l'immagine evoca:
   a. ☐ un fiume che silenziosamente porta via materiali vari;
   b. ☐ un fiume che in piena trascina via uomini e cose;
   c. ☐ un fiume che trascina con violenza ciò che incontra lungo il suo corso;
   d. ☐ un fiume ladro dei beni di chi abita sulle sponde.

5. Nel 1954 il fiume:
   a. ☐ non era navigabile nei periodi di secca;
   b. ☐ era navigabile nei periodi di secca grazie a una chiusa;
   c. ☐ era navigabile nei periodi di secca;
   d. ☐ non era navigabile.

6. L'aggettivo *immane* significa:
   a. ☐ smisurato;
   b. ☐ spaventoso;
   c. ☐ pericoloso;
   d. ☐ singolare.

7. Nel periodo *fin dai primi bagni... nuotarvi* compaiono:
   a. ☐ una principale, una relativa, un'oggettiva, una soggettiva;
   b. ☐ una principale, una relativa, due oggettive;
   c. ☐ una principale, un'interrogativa indiretta, un'oggettiva, una soggettiva;
   d. ☐ una principale, un'interrogativa indiretta, due soggettive.

8. Il *vi* in nuotarvi a che complemento corrisponde?
   a. ☐ di luogo;
   b. ☐ di termine;
   c. ☐ partitivo;
   d. ☐ di tempo determinato.

9. Quale di queste parole deriva direttamente da *vir*, uomo in latino:
   a. ☐ virile;
   b. ☐ virale;
   c. ☐ virtuoso;
   d. ☐ virus.

10. Navigabile significa:
    a. ☐ che si deve navigare;
    b. ☐ che si può navigare;
    c. ☐ che è fatto per le navi;
    d. ☐ che è capace di navigare.

A COLPO D'OCCHIO _ La narrazione realistica

IL PERCORSO ANTOLOGICO

ZTE ONLINE Mettiti alla prova con gli esercizi interattivi

G. Verga **G. De Maupassant** **H. Hesse**	*Cavalleria rusticana* *I gioielli* *Il lupo*	Il realismo fra Ottocento e Novecento
V. Šalamov **R. Viganò** **H. Böll**	*Calligrafia, Il pane* *Il comandante* *Anche i bambini sono civili*	Il realismo di guerra
P. Auster **G. Carofiglio**	*Annotazioni* *Città*	Il realismo del nostro tempo
A. Conan Doyle **M. Soldati** **A. Camilleri**	*Il cerimoniale dei Musgrave* *Il ricordo* *Quello che contò Aulo Gellio*	Il giallo

L'EVOLUZIONE NEL TEMPO

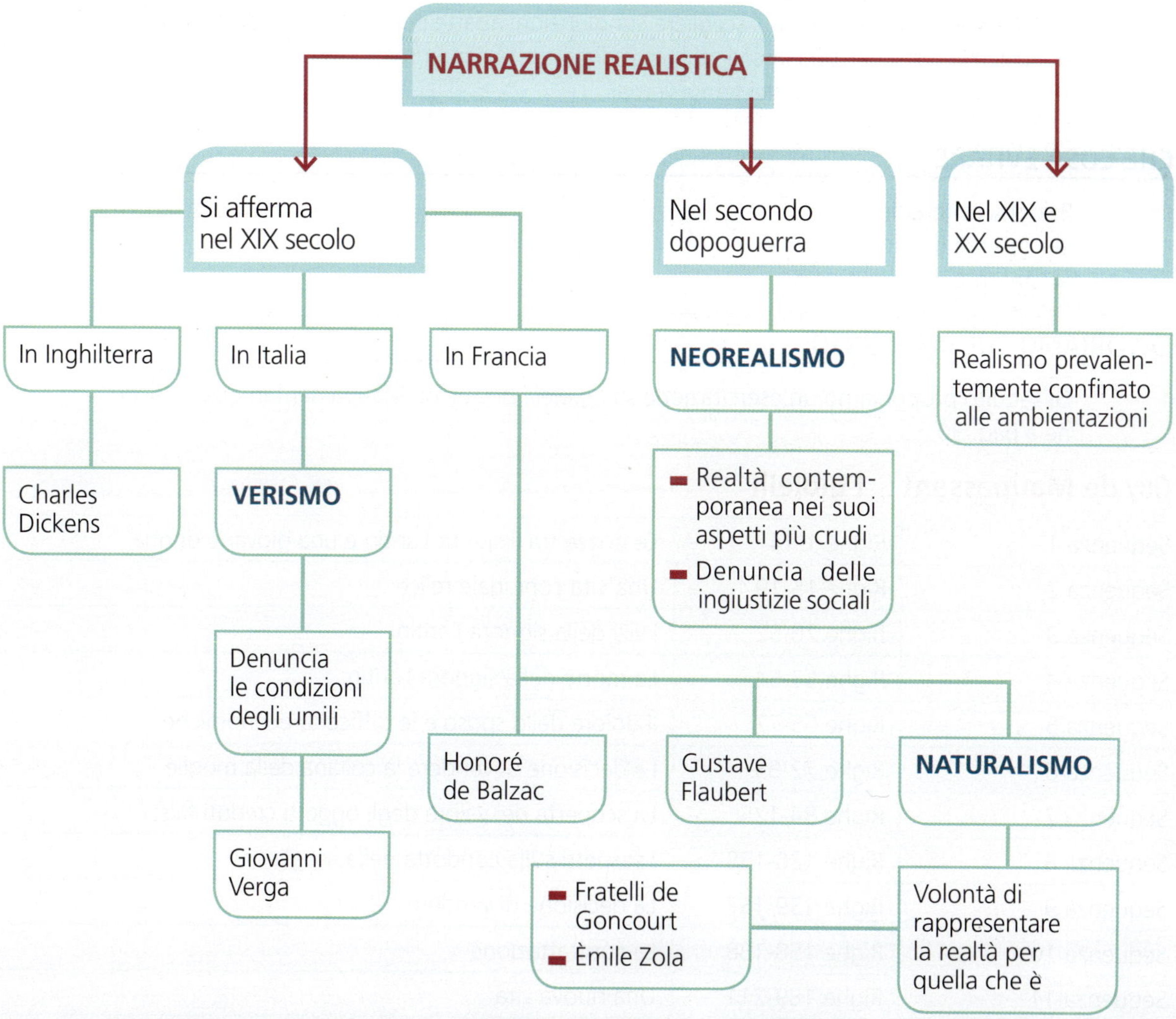

GUIDA ALLA SCRITTURA: RIASSUMERE UN TESTO NARRATIVO

IL RIASSUNTO

Il riassunto è l'esposizione sintetica del contenuto di un testo, un discorso o uno spettacolo. Il suo scopo è quello di:

- focalizzare gli elementi fondamentali di un discorso scritto o orale;
- aiutare a mandare a memoria i concetti-base;
- rendere rapidamente comprensibile qualcosa di esteso.

COME SI REALIZZA

Per svolgere un riassunto occorre:

- leggere bene il testo comprendendolo a fondo;
- dividere il testo in sequenze;
- dare un titolo a ogni sequenza;
- evidenziare le informazioni chiave in ogni sequenza;
- espandere il titolo in una breve frase che contenga solo elementi fondamentali e non elementi accessori;
- rimontare le frasi ottenute in un testo unico opportunamente coeso (si dovranno evitare ripetizioni, usare pronomi, scegliere congiunzioni adatte per la coerenza del testo);
- usare la terza persona anche se il testo di partenza è in prima;
- mantenere la coerenza dei tempi verbali.

CHE COSA EVITARE

Bisogna evitare di:

- inserire opinioni personali;
- inserire discorsi diretti.

LAVORIAMO SUL RIASSUNTO

Di seguito proponiamo un'esercitazione su *I gioielli* di Guy de Maupassant in questa sezione a pag. 30.

Guy **de Maupassant** – **I gioielli**

Sequenza 1	Righe 1-14	Le nozze tra il signor Lantin e una giovane donna
Sequenza 2	Righe 15-19	Una vita coniugale felice
Sequenza 3	Righe 20-52	I vizi della signora Lantin
Sequenza 4	Righe 53-54	La morte della signora Lantin
Sequenza 5	Righe 55-72	Il dolore dello sposo e le difficoltà economiche
Sequenza 6	Righe 72-83	La decisione di vendere la collana della moglie
Sequenza 7	Righe 84-125	La scoperta del valore degli oggetti creduti falsi
Sequenza 8	Righe 126-138	I sospetti sulla condotta della moglie
Sequenza 9	Righe 139-157	La decisione di vendere
Sequenza 10	Righe 158-188	La contrattazione
Sequenza 11	Righe 189-211	Una nuova vita

A. Sviluppiamo brevemente le sequenze per costruire il riassunto.

1 Le nozze tra il Signor Lantin e una giovane donna.

Il signor Lantin, impiegato al Ministero degli Interni, viene affascinato da una giovane donna, povera ma onorata, e la sposa.

2/3 Una vita coniugale felice; I vizi della signora Lantin.

La vita coniugale scorre felice, turbata solo da due vizi della donna: il vizio per il teatro e, come conseguenza, il vizio dei gioielli. Il marito rimprovera bonariamente la moglie, che, però, lo convince che i gioielli siano in realtà cianfrusaglie di ottima fattura.

4/5 La morte della signora Lantin; Il dolore dello sposo e le difficoltà economiche.

La vita degli sposi si interrompe per la morte prematura della donna, che getta il marito nella disperazione e nelle difficoltà, perché era la moglie a gestire le economie della famiglia con grande abilità.

6 La decisione di vendere la collana della moglie.

Per raccogliere qualche soldo, Lantin decide di vendere una grande collana che crede finta.

7 La scoperta del valore degli oggetti creduti falsi.

Entrato da un gioielliere, l'uomo scopre con stupore che il valore della collana è notevole; inizialmente non ci crede e si reca in un altro negozio, ma capita proprio nella gioielleria in cui la collana era stata comprata e ha la certezza che non si tratti di un falso.

8/9 I sospetti sulla condotta della moglie; La decisione di vendere.

Così Lantin, pieno di dubbi, comincia a interrogarsi sulla fedeltà della moglie; poi, dopo una notte travagliata, decide di vendere la collana e si reca dal negoziante, da cui incassa una somma notevole, che lo induce ad andare a prendere anche gli altri preziosi.

10 La contrattazione.

Inizia a questo punto una contrattazione sulla stima degli altri gioielli, da cui Lantin vuole ricavare la cifra più alta possibile.

11 Una nuova vita.

Incassato il denaro, l'uomo si sente alleggerito e pieno di energie: la ricchezza lo fa sentire bene. Dopo sei mesi si risposa, ma il matrimonio non gli porterà felicità.

B. Ricomponiamo il riassunto, con qualche correzione per evitare ripetizioni.

Il signor Lantin, impiegato al Ministero degli Interni, viene affascinato da una giovane donna, povera ma onorata, e la sposa.
La vita coniugale scorre felice, turbata solo da due vizi di lei: quello per il teatro e, come conseguenza, quello dei gioielli. Il marito rimprovera bonariamente la moglie, che, però, lo convince che i gioielli siano in realtà cianfrusaglie di ottima fattura.
La vita degli sposi si interrompe per la morte prematura della donna, che getta il marito nella disperazione e nelle difficoltà, perché era la moglie a gestire le economie della famiglia con grande abilità. Così Lantin contrae dei debiti; perciò per raccogliere qualche soldo, egli decide di vendere una grande collana che crede finta.
Entrato da un gioielliere, l'uomo scopre con stupore che il valore della collana è notevole; inizialmente non ci crede e si reca in un altro negozio, ma capita proprio nella gioielleria in cui la collana era stata comprata e ha la certezza che non si tratti di un falso.
Così Lantin, pieno di dubbi, comincia a interrogarsi sulla fedeltà della moglie; poi, dopo una notte travagliata, decide di vendere la collana e si reca dal negoziante, da cui incassa una somma notevole, che lo induce ad andare a prendere anche gli altri preziosi.
Inizia a questo punto una contrattazione sulla stima degli altri gioielli, da cui Lantin vuole ricavare la cifra più alta possibile.
Incassato il denaro, l'uomo si sente alleggerito e pieno di energie: la ricchezza lo fa sentire bene. Dopo sei mesi si risposa, ma il matrimonio non gli porterà felicità.

C. Ora scegli un racconto contenuto nel capitolo *La narrazione realistica* e riassumilo seguendo gli stessi procedimenti utilizzati per il racconto *I gioielli*.

CAPITOLO 2

LA NARRAZIONE SENTIMENTALE

Che cosa si intende per "narrazione sentimentale"?

Si definisce **sentimentale** un genere di narrativa che pone al centro la rappresentazione e l'analisi dei **sentimenti dei personaggi**. Si tratta dunque di una forma di narrazione che, rispetto agli avvenimenti di una storia, cioè rispetto a ciò che accade al di fuori dell'individuo, riserva ampio spazio e attenzione alle **emozioni** e ai **sentimenti** suscitati dagli accadimenti esterni nell'animo dei personaggi.

Come si riconosce un "racconto sentimentale"?

La narrativa sentimentale presenta come tratti peculiari:

- la netta **prevalenza dei motivi psicologici** sugli altri aspetti della narrazione: dei personaggi vengono riferiti i pensieri (e non solo le parole), le fantasie, i dubbi, i desideri, tutti i vari moti dell'animo;
- il **punto di vista del personaggio** come elemento predominante: anche gli eventi e gli ambienti sono presentati in una prospettiva soggettiva;
- la presenza di tecniche narrative che permettono al lettore di conoscere l'interiorità dei personaggi: il **monologo interiore**, il **discorso indiretto libero**, le frequenti alterazioni nell'ordine del racconto, come il ricorso ai **flashback**, che riportano alla memoria eventi del passato e fanno rivivere i ricordi.

Breve storia della narrazione sentimentale

L'esplorazione dell'**animo umano** è fin dai tempi più antichi uno dei grandi interessi della letteratura. Già la poesia epica, deputata alla narrazione di gesta eroiche, si preoccupava di restituire i sentimenti di alcuni grandi personaggi: basti pensare che nel nome dell'**ira** di Achille si apre l'*Iliade*; l'**amore coniugale** è uno dei temi dell'episodio di Ettore e Andromaca e un altro celeberrimo passo esprime il **dolore** di Achille per la morte dell'amico Patroclo. Ancora, il sentimento della **nostalgia** (dal greco *nóstos*, "ritorno" e *algós*, "dolore") per la patria e per la famiglia contraddistingue un altro eroe omerico, Odisseo.

Qualche secolo dopo nasce la **lirica**, genere dedicato specificamente all'**espressione dei sentimenti** dell'uomo in tutte le sue sfumature: la poesia, per lungo tempo, diventa la modalità privilegiata per esprimere il mondo interiore.

Per quanto riguarda la prosa, anch'essa si è occupata da sempre dei sentimenti dell'uomo, ma per secoli prevale una loro **rappresentazione**, per così dire, **esteriore**. Il pallore del volto, gli improvvisi silenzi, i movimenti nervosi del corpo, le lacrime e gli svenimenti dei personaggi, per esempio, sono visti come un segno di turbamento dell'animo.

Con l'avvento del Romanticismo, a partire dagli ultimi anni del **Settecento**, il **sentimento**, visto come l'elemento più vitale e creativo dell'uomo, contrapposto alla fredda ragione calcolatrice, diventa **protagonista**. In tutta Europa, racconti e romanzi dedicano una nuova attenzione all'esplorazione dell'animo del personaggio. L'interesse per il sentimento e gli stati d'animo dei personaggi si diffonde a partire da fine Settecento e cresce nel corso dell'Ottocento fino a diventare dominante, grazie anche allo sviluppo delle scienze umane e in particolare alla nascita della psicoanalisi di **Sigmund Freud**.

QUANDO L'**ARTE** RACCONTA I SENTIMENTI

RACCONTARE I SENTIMENTI

Gli artisti pongono spesso al centro delle loro opere i sentimenti universali, come l'amore, l'odio, la paura, la nostalgia e tutte le infinite sfumature che costituiscono la ricchezza del cuore dell'uomo. **Il bacio** è l'atto più esplicito per comunicare l'affetto che si prova verso l'altro e, nel caso degli innamorati, esprime da solo l'intensità del legame che unisce due persone. Molti pittori e scultori hanno scelto il bacio come soggetto delle loro opere e baci altrettanto famosi, nel Novecento, sono presenti nella storia della fotografia e del cinema.

Gustave Klimt, *Il bacio*, 1907. Museo del Belvedere, Vienna.

L'immagine del bacio di Klimt è una tra le più conosciute: di essa si è impossessato il mondo della pubblicità e dei gadget, riproducendola in larga scala su borse, spille, magneti, copertine di quaderni e ogni altro genere di oggetto.

L'autore di questo quadro, **Gustave Klimt**, pittore del primo Novecento, è un artista dai costumi stravaganti: indossa abitualmente ampie vesti, lunghe fino ai piedi, ne disegna di simili e con ricchi decori per la sua compagna: sono gli stessi abiti che nei suoi quadri nascondono i corpi degli uomini e delle donne ritratti, dei quali solitamente vengono riprodotti in modo più realistico solo i volti e le mani.

Ne ***Il bacio*** è ben visibile il volto della donna, dal chiaro incarnato e dai lineamenti fini, piegato mollemente sulla spalla. Quello dell'uomo invece, di scorcio, è appena accennato al di sotto della nera capigliatura della nuca. Quest'ultima appare una delle note cromatiche più rilevanti del quadro, ripresa dalle forme rettangolari distribuite a pioggia sulla veste e in efficace contrasto sia con la pelle bianca della figura femminile sia con la prevalente campitura (cioè lo sfondo) dorata. Uomo e donna poggiano su una superficie fiorita, che suggerisce l'idea di un prato senza riprodurlo realisticamente, e sono avvolti in abiti preziosi e immateriali, dal luminoso fondo dorato e decorati a rettangoli verticali bianchi e neri, quelli di lui, a cerchi concentrici e variamente colorati, quelli di lei. La **suggestione sentimentale** dell'immagine è concentrata anche nelle mani, quelle forti di lui che sorreggono il volto della donna e quelle di lei che morbidamente si affidano al sostegno dell'uomo cingendogli il collo e stringendosi alla sua mano destra. Il bacio esalta il **sentimento d'amore** che si esprime nell'abbraccio tra i due, definito figurativamente dalla linea curva, elegante e sinuosa, che costituisce il profilo netto dei loro corpi e delle loro vesti.

NELL'OFFICINA DELLA SCRITTURA Raccogliere le idee...

1 Scrivi una didascalia per il quadro, servendoti solamente di una o due frasi tratte dal testo di una canzone che conosci.

2 Cerca in rete la fotografia *Bacio davanti all'hotel de Ville* di Robert Doisneau e confrontala con l'immagine di Klimt in un testo di almeno 10 righe.

1 L'AMICIZIA E L'AMORE

T1 Guy de Maupassant _ La felicità

Guy de Maupassant ▶ Per la vita dell'autore vedi pag. 30.

Nel racconto *La felicità* l'atmosfera romantica di un tramonto sul mare è lo sfondo ideale per parlare d'**amore** e per porsi l'eterna domanda: può esistere un sentimento capace di durare tutta una vita? La risposta viene dalla vicenda di due anziani sposi che, fuggiti insieme ancora ragazzi da una società che non avrebbe loro consentito di sposarsi, hanno vissuto tutta la vita in Corsica, senza null'altro bene se non il **sentimento** che li univa e la **felicità** che si donavano reciprocamente.

Era l'ora del tè, prima che portassero le lampade. La villa era a picco sul mare, il sole, ormai scomparso, aveva lasciato tracce rosate del suo passaggio nel cielo, soffuso d'un polverio d'oro; e il Mediterraneo, senza un'increspatura, senza un brivido, calmo, ancora splendente sotto la luce che andava morendo, sembrava una lastra di metallo levigata e immensa.

A destra, in lontananza, le montagne frastagliate disegnavano il loro nero profilo sulla porpora scolorita del tramonto.

Parlavano d'amore, di quel vecchio argomento, ripetendo cose già dette, molto spesso. La dolcezza malinconica del crepuscolo illanguidiva[1] le parole, colmava gli animi di tenerezza, e la parola "amore", tornando senza posa, ora pronunciata dalla forte voce di un uomo, ora da quella lieve di una donna, sembrava riempire il salotto, volteggiare come un uccello, librarsi come uno spirito.

È possibile amare per molti anni senza sosta?

«Sì», affermavano alcuni.

«No», sostenevano altri.

Distinguevano i vari casi, fissavano limiti, citavano esempi; e tutti, uomini e donne, preda di ricordi che, improvvisamente vivi e conturbanti[2], salivano alle labbra senza poterli raccontare, sembravano commossi e parlavano di quella cosa semplice e sovrana, l'armonia tenera e misteriosa di due esseri, con un'emozione profonda e un interesse ardente.

Ma ad un tratto qualcuno, guardando fisso in lontananza, esclamò: «Guardate là, che cos'è?».

Sul mare, all'orizzonte, sorgeva una massa grigia, enorme e confusa.

Le donne si erano alzate e guardavano, senza capire, quella cosa sorprendente, mai vista prima.

Uno disse: «È la Corsica! La vediamo così due o tre volte all'anno, in condizioni atmosferiche eccezionali, quando l'aria, perfettamente limpida, non la nasconde con quelle nebbie che velano sempre l'orizzonte».

1. **illanguidiva**: rendeva deboli.

2. **conturbanti**: che turbano profondamente.

Si distinguevano vagamente le creste montuose, sembrava di scorgere la neve delle cime. Tutti erano sorpresi, turbati e quasi intimoriti da quella improvvisa apparizione d'un mondo, da quel fantasma uscito dal mare. Forse ebbero simili strane visioni coloro che, come Colombo, viaggiarono sugli oceani inesplorati.

Un signore anziano che fino a quel momento non aveva aperto bocca, disse: «In quell'isola che sta davanti a noi, come per rispondere ai nostri discorsi e riportarmi alla mente un curioso ricordo, ho conosciuto un meraviglioso esempio di amore costante, un amore incredibilmente felice. State a sentire».

«Cinque anni fa feci un viaggio in Corsica. Quest'isola selvaggia è per noi più sconosciuta e più lontana dell'America, sebbene, qualche volta come oggi, la si possa vedere dalle coste della Francia».

«Immaginatevi un mondo ancora nel caos, un turbinio di montagne separate da forre[3] in fondo a cui scorrono torrenti; non pianure ma immense onde di granito e gigantesche ondulazioni della terra, coperte di macchie di vegetazione o di grandi foreste di pini e castagni. È una terra vergine, incolta, deserta, sebbene ogni tanto si scorga un paese, simile a un mucchio di pietre sulla cima di un monte. Né cultura, né industrie, né arte. Non ti può capitare di trovare un pezzo di legno lavorato, una pietra scolpita, non c'è traccia del gusto arcaico o raffinato degli antichi per le cose belle e ben fatte. Proprio questo colpisce di più in quel paese splendido e duro: l'indifferenza ereditaria per quella ricerca della bella forma che è l'arte».

«Viaggiavo già da un mese per quell'isola magnifica e avevo la sensazione di essere in capo al mondo. Né alberghi, né osterie, né strade. Attraverso mulattiere[4] si arriva a paesetti aggrappati al fianco delle montagne e dominanti abissi tortuosi, dai quali, la sera, si ode salire il rumorio continuo, la voce cupa e profonda del torrente. Si bussa alle porte, si chiede asilo per la notte e di che vivere fino al giorno seguente».

«Ci si siede all'umile tavola, si dorme sotto l'umile tetto e la mattina dopo si stringe la mano tesa dell'ospite che ci ha accompagnato fino al limitare del paese».

«Una sera, dopo aver camminato dieci ore, arrivai a una casetta solitaria in fondo a una stretta valle che qualche chilometro dopo si buttava in mare. Le due ripide pareti della montagna, coperte di rovi, di rocce franate e di alberi ad alto fusto, chiudevano come cupe muraglie quella tristissima valletta. Intorno alla casupola, un po' di vigna, un giardinetto, più oltre alcuni grandi castagni, insomma di che vivere, una fortuna per quel paese povero».

«Mi accolse una vecchia austera e ordinata come poche altre. L'uomo, seduto su una sedia impagliata, si alzò per salutarmi e si rimise a sedere senza dir parola. La sua compagna mi disse: "Scusatelo; è sordo. Ha ottantadue anni"».

«Parlava il francese di Francia. Ne fui sorpreso. Le domandai: "Non siete di qui?"»
"No, siamo del continente e abitiamo qui da cinquant'anni."

«Provai una sensazione di angoscia e di paura pensando ai cinquant'anni trascorsi in quella gola buia, così lontano dalle città in cui vivono gli uomini. Tornò un anziano

3. **forre**: fossati ripidi e scoscesi.
4. **mulattiere**: strade o sentieri di montagna costruiti per permettere il passaggio di muli o altre bestie da soma.

pastore e ci mettemmo a mangiare l'unico piatto della cena: una zuppa in cui erano stati cotti insieme patate, lardo e cavoli».

«Finito il breve pasto, andai a sedermi davanti all'uscio col cuore stretto dalla malinconia di quel paesaggio severo, oppresso dall'affanno che a volte s'impadronisce del viaggiatore in certe sere tristi, in certi luoghi desolati. Sembra che tutto stia per finire, l'esistenza, l'universo. Ci rendiamo conto allora, all'improvviso, della spaventosa miseria della vita, della solitudine di ognuno, del nulla, della cupezza di un cuore solitario che si culla nell'illusione dei sogni fino alla morte».

«La vecchia mi venne vicino e, tormentata da quella curiosità che anima anche gli animi più rassegnati: "E così, venite dalla Francia?", mi domandò».

"Sì, sono in viaggio di piacere", risposi.

"Siete di Parigi?"

"No, di Nancy[5]."

«Mi sembrò molto turbata. Non so come feci ad accorgermene o, meglio, ad intuirlo.

«Ripeté quasi sillabando. "Siete di Nancy?"»

«L'uomo comparve sulla porta, impassibile come tutti i sordi».

«Lei riprese: "Non importa, non sente."»

«Poi, dopo qualche secondo: "Allora, conoscete gente a Nancy?"»

"Ma certo, quasi tutti."

"La famiglia de Sainte-Allaize?"

«"Sì, benissimo; erano amici di mio padre."

"Come vi chiamate?"

«Glielo dissi. Mi guardò fisso, poi pronunciò, con quella voce che i ricordi traggono dal profondo: "Sì, sì, ricordo. E i Brisemare?"

"Sono tutti morti."

"Ah! E i Sirmont, li avete conosciuti?"

"Sì, l'ultimo della famiglia è generale."

▲ Auguste Herbin, *Paesaggio corso*, 1907. Collezione privata.

«Allora lei, fremente di emozione, di angoscia, di non so qual sentimento confuso, forte e sacro, di non so qual bisogno di confessare, dire tutto, parlare di quelle cose che fino allora aveva tenute racchiuse in fondo al cuore, di quelle persone il cui nome sembrava sconvolgerla, disse: "Sì, Henri de Sirmont. Lo so. È mio fratello".

«Sorpreso, alzai gli occhi verso di lei. E all'improvviso ricordai».

«Quel fatto aveva suscitato un grosso scandalo, un tempo, nella nobile Lorena[6]. Una ragazza, bella e ricca, Suzanne de Sirmont, era stata rapita da un sottufficiale degli ussari[7]

5. **Nancy**: città francese, antica capitale della Lorena.

6. **Lorena**: regione della Francia orientale, confinante con la Germania.

7. **ussari**: soldati di cavalleria leggera in alcuni eserciti europei.

del reggimento comandato dal padre di lei. Era un bel ragazzo, figlio di contadini, ma la divisa azzurra gli stava a meraviglia e così sedusse la figlia del suo colonnello. Lo aveva visto, lo aveva notato, e amato, guardandolo sfilare con lo squadrone. Ma come aveva fatto a parlargli, come avevano potuto vedersi, intendersi? E lei come aveva osato fargli capire che lo amava? Nessuno lo seppe mai».

«Nessuno si era accorto di niente. Una sera, quando il sottufficiale ebbe finito il suo servizio, scomparve con lei. Li cercarono, senza riuscire a trovarli. Della ragazza non si ebbero più notizie e la considerarono morta».

«Ed io la ritrovavo così, in quella triste valle».

«Ripresi a parlare: "Sì, ricordo. Siete la signorina Suzanne"».

«Assentì col capo. Dagli occhi le scendevano delle lacrime. Allora, indicandomi con lo sguardo il vecchio immobile sulla soglia della rustica abitazione, mi disse: "È lui"».

«E compresi che lo amava ancora, che lo vedeva ancora con gli stessi occhi affascinati».

«Le chiesi: "Almeno, siete stata felice?"»

«Con una voce che veniva dal cuore rispose: "Oh, sì, tanto felice. Mi ha resa tanto felice. Non ho mai avuto rimpianti"».

«La contemplavo, triste, sorpreso, sbigottito dal potere dell'amore. Una ragazza ricca aveva seguito quell'uomo, un contadino. Ed era diventata contadina anche lei. Si era adattata alla sua vita senza agi, lusso, raffinatezze e si era piegata alle sue abitudini. E lo amava ancora. Era diventata la moglie di un uomo semplice, portava la cuffia e una gonna di tela. Mangiava in un piatto di terracotta, su un tavolo di legno, seduta su una seggiola impagliata, una minestra di cavoli, patate e lardo. Dormiva su un pagliericcio, ma vicino a lui.»

«Non aveva mai pensato ad altro che a lui. Non aveva rimpianto i gioielli, le stoffe preziose, gli abiti eleganti, le morbide poltrone, il tepore profumato delle camere avvolte da tendaggi, i soffici letti dove affondare il corpo per riposare. Non aveva avuto bisogno che di lui; purché ci fosse, non desiderava altro».

«Giovanissima, aveva abbandonato la vita, il bel mondo, quelli che l'avevano allevata e amata. Egli era stato tutto per lei, tutto ciò che una donna desidera, che sogna, che aspetta sempre, che spera instancabilmente; aveva riempito di felicità la sua vita, dal principio alla fine».

«Non avrebbe potuto essere più felice».

«E per tutta la notte, ascoltando il respiro rauco del vecchio soldato sdraiato accanto alla donna che lo aveva seguito così lontano, pensavo a quella strana e semplice avventura, a quella felicità così completa, fatta di poco».

«All'alba partii, dopo aver stretto la mano ai due vecchi sposi».

Il narratore tacque. Una donna disse: «Aveva ideali troppo meschini, bisogni troppo modesti, esigenze troppo semplici. Non poteva essere che una sciocca».

Un'altra, lentamente, aggiunse: «Che importanza ha! È stata felice».

E laggiù, sul limite dell'orizzonte, la Corsica sprofondava nella notte, lentamente si ritirava nel mare, faceva sparire la sua grande ombra, apparsa come se essa stessa avesse voluto raccontare la storia dei due umili amanti rifugiati sulle sue rive.

G. de Maupassant, *La felicità*, da *Racconti del giorno e della notte*, Rizzoli, Milano, 1962

Scarica **GUARDA!** e inquadrami per guardare i video

GUIDA ALLA LETTURA

L'AMORE DI TUTTA UNA VITA

Al centro del racconto compare una coppia di anziani sposi che vivono isolati, in un'umile abitazione, circondati dalla natura aspra e selvaggia della Corsica. Lui, ormai sordo, si muove all'interno della casa senza parlare, ma il significato della sua presenza è rivelato dalle parole della moglie: sposati da cinquant'anni, si amano ancora teneramente, la loro lunga storia è la prova che l'amore può durare un'intera vita, che l'amore vero e profondo esiste.

UNA SCELTA CONTRO LE CONVENZIONI

Da una conversazione, all'inizio abbastanza prevedibile, tra l'anziana donna e l'ospite giunto per caso nella loro abitazione emerge una vicenda passata ricca di fascino e di passione: la storia della fuga d'amore di una giovane dell'alta società di Nancy folgorata dall'incontro con un sottufficiale dell'esercito, figlio di contadini.

I due, che mai avrebbero potuto coronare il loro sogno all'interno della società borghese benpensante, a causa delle diverse condizioni sociali, fuggono in Corsica e lì vivono insieme, felici, tutta la vita. La donna, Suzanne, è stata dunque protagonista, da giovane, di un atto coraggioso e ribelle in aperta rottura con la sua famiglia e con l'ambiente in cui era cresciuta, in nome del valore assoluto del sentimento. Una scelta tanto più significativa se pensiamo che la vicenda si colloca nella seconda metà del secolo XIX, in un periodo cioè in cui la borghesia s'impone in tutta Europa plasmando la società con il suo rigido sistema di valori.

DUE NARRATORI: DI PRIMO E DI SECONDO GRADO

Il racconto si caratterizza per una efficace struttura a incastro: all'inizio un narratore di primo grado introduce la scena di un gruppo di uomini e donne che conversano sull'amore nel salotto di una villa sul mare, al tramonto.

Successivamente uno di costoro, assumendo la funzione di secondo narratore, racconta l'esperienza personale dell'incontro, cinque anni prima in Corsica, con una coppia di anziani sposi innamorati e felici.

LA FUNZIONE DEL PAESAGGIO

Il paesaggio assume una funzione significativa già dalle prime righe del racconto: i colori della luce al tramonto sul mare, con i loro effetti cangianti e suggestivi, condizionano i temi della conversazione, favoriscono l'abbandono al ricordo e al sogno, rendono più dolci le parole.

Poi, inaspettato, all'orizzonte emerge il profilo massiccio e misterioso della Corsica: al paesaggio selvaggio dell'isola sarà dedicata una sequenza descrittiva che fa da introduzione alla vicenda dei due sposi. Con una sorta di struttura ad anello il finale del racconto presenta l'immagine della Corsica che sfuma all'orizzonte ed è il narratore di primo grado a suggerirne il valore simbolico che fa da suggello all'intera storia.

COMPRENDERE E ANALIZZARE

COMPRENSIONE

1. Come si erano conosciuti i due sposi?
2. Alla luce di quanto racconta Suzanne, pensi che l'espressione *era stata rapita da un sottufficiale degli ussari*, alla riga 107, corrisponda a quanto è realmente accaduto? Perché?
3. Qual è la concezione dell'amore di Suzanne? Quale giudizio viene espresso sulla vicenda narrata da coloro che appartengono all'ambiente d'origine della protagonista? Qual è la loro concezione dell'amore?
4. In che cosa consiste la felicità a cui rimanda il titolo?

ANALISI

5. Caratterizza i due narratori (di primo e di secondo grado) presenti nel racconto in due brevi testi (almeno 5 righe per ognuno), specificando se si tratta di narratori esterni o interni.
6. Quali emozioni ha provato il secondo narratore dopo aver scoperto l'identità dell'anziana donna?
7. Descrivi Suzanne con tre aggettivi.
8. Come sono caratterizzati l'ambiente della Francia e quello della Corsica?

▲ Catherine Empis, *Vista del Golfo di Porto*, 1847. Museo Fesch, Ajaccio.

SCRIVERE

APPROFONDIMENTO E SCRITTURA

9. Quale rapporto c'è in questo racconto tra fabula e intreccio? Dividi il testo in sequenze, individua i flashback e ricostruisci la fabula in un testo di almeno 20 righe.

10. Immagina di essere tra le persone che quella sera parlavano d'amore: quali sarebbero le tue parole?

SCRITTURA CREATIVA Dal punto di vista di...

11. Racconta la vicenda dei due innamorati dal punto di vista del sottufficiale, scrivendo un testo di una pagina in prima persona.

VERSO LE COMPETENZE COMPITI DI REALTÀ

- *Comunicazione nella madrelingua*
- *Imparare a imparare*

12. Dividetevi in gruppi e raccogliete per ogni gruppo cinque recenti canzoni d'amore. Scegliete quella che corrisponde meglio alla vostra idea di questo sentimento e immaginate di doverla presentare al pubblico che la ascolta per la prima volta. Scrivete una breve presentazione e confrontatela con quella degli altri gruppi. Il vostro lavoro sarà valutato sulla base di questi parametri:

Criteri / Livello di padronanza	Iniziale (1)	Base (2)	Intermedio (3)	Avanzato (4)
Efficacia della presentazione				
Capacità di analisi della canzone				
Esposizione delle idee centrali della canzone				

Video
Quali sono le varie prospettive secondo le quali possono essere analizzati i personaggi?

7 | ELEMENTI DI NARRATOLOGIA
Il personaggio

I **personaggi** sono elementi fondamentali in una storia e spesso sono quelli che immediatamente "agganciano" la curiosità del lettore che d'istinto, soprattutto quando trova appassionanti le loro vicende, è portato a immedesimarsi in uno di loro.

I personaggi di un racconto o di un romanzo possono essere analizzati secondo varie prospettive.

1. CARATTERIZZAZIONE

Il narratore può tratteggiare di un personaggio uno o più aspetti relativi alla sua caratterizzazione:

- **fisica**: comprende i dati fisici, l'aspetto esteriore del personaggio (l'altezza, l'età, i tratti somatici, il tono della voce ecc.);
- **psicologica**: riguarda il carattere, le qualità, i difetti, i sentimenti, gli stati d'animo, le emozioni e il modo di esprimerle, il modo di relazionarsi con gli altri;
- **ideologica**: chiarisce quali sono le idee del personaggio, i valori in cui crede, la sua concezione della vita, del mondo, della politica, della morale ecc.;
- **socio-culturale**: si riferisce ai dati propri degli ambienti sociali da cui il personaggio proviene o in cui si muove (se è ricco o povero, se è debole o potente ecc.) e al suo **livello culturale**.

2. TIPOLOGIA

Un personaggio può essere caratterizzato in modo semplice ed essenziale, o al contrario in modo ricco e sfaccettato. A seconda di quanto un personaggio è più o meno complesso si distinguono:

- **tipi (o personaggi piatti)**: personaggi statici, di cui vengono fornite poche informazioni e il cui modo di fare è cristallizzato in una qualità o in un difetto costante. I loro comportamenti sono per questo facilmente prevedibili. Sono tipi, per esempio, i personaggi delle fiabe;

- **individui (o personaggi a tutto tondo)**: i personaggi di cui vengono descritti molti tratti psicologici e che spesso nel corso della storia vivono un cambiamento, maturano, dimostrando la capacità di imparare dall'esperienza. Sono spesso personaggi dinamici e, rispetto ai tipi, molto più affascinanti. I personaggi a tutto tondo sono caratteristici di moltissimi racconti e romanzi dell'Ottocento e del Novecento.

3. TECNICHE DI PRESENTAZIONE

Quando uno scrittore introduce un personaggio, può utilizzare tecniche diverse. Le più ricorrenti sono:

- **il ritratto o presentazione diretta**: il narratore introduce il personaggio fornendone una descrizione esauriente (che può essere fisica, psicologica, sociale ecc. secondo le possibilità analizzate in precedenza). Per far questo la maggior parte delle volte viene interrotta la narrazione;
- **la presentazione indiretta**: il personaggio viene presentato da un altro o da altri personaggi secondo il suo/loro punto di vista. Questa tecnica chiede al lettore un impegno interpretativo perché deve verificare l'attendibilità delle parole dei personaggi che presentano;
- **la presentazione in azione**: il personaggio viene presentato mentre agisce o parla, senza una vera e propria descrizione delle sue caratteristiche, che il lettore deve dunque ricostruire da sé.

4. IL SISTEMA DEI PERSONAGGI

In rapporto alla rilevanza che assumono nella vicenda possiamo distinguere:

- **personaggi principali**, quelli intorno ai quali ruota tutta la storia. Nella saga di Harry Potter (▶ pag. 597), per esempio, hanno questo ruolo Harry, Ron ed Hermione;
- **personaggi secondari (o comprimari)**, quelli che, pur non avendo il ruolo di protagonisti, sono comunque necessari allo svolgimento dell'azione narrativa. Sempre in Harry Potter sono comprimari per esempio tutti i docenti della scuola di Hogwarts;
- **comparse**, le figure, per lo più anonime, che compaiono in una sola scena e che comunque restano sullo sfondo della storia, con ruoli marginali.

Una classificazione ancora più precisa è possibile a partire dall'analisi delle **funzioni** che i personaggi assumono nella vicenda e della trama di relazioni che esiste tra loro. In questo caso si considerano i personaggi per **quello che fanno**, per come si comportano e si rapportano gli uni agli altri, individuando una sorta di rete che li collega e li definisce all'interno di un sistema. Si parla infatti di **sistema dei personaggi** intendendo l'insieme delle relazioni che esiste tra loro. Secondo quest'ottica, il personaggio può definirsi come:

- **protagonista**, il personaggio al centro dell'azione narrativa, spesso quello più attivo e più presente sulla scena (il termine deriva dalle parole greche *pròtos* e *agonistés*, "il primo lottatore");
- **antagonista**, il personaggio che ostacola le azioni e/o le imprese del protagonista, opponendosi a lui e alla realizzazione dei suoi progetti (sempre in greco *antí* significa "contro");
- **aiutante**, il personaggio che aiuta il protagonista a raggiungere i suoi obiettivi. In una storia gli aiutanti possono anche essere più di uno;
- **oppositore**, il personaggio che, al servizio dell'antagonista, aiuta quest'ultimo nell'ostacolare e nel danneggiare il protagonista.

T2 Katherine Mansfield La lezione di canto

Kathleen Mansfield Beauchamp, in arte Katherine Mansfield (Wellington, Nuova Zelanda 1888-Fontainebleau, Francia 1923), è una famosa autrice di **racconti brevi** (non si cimenta mai con il romanzo). Pubblica i suoi primi testi nel giornale del liceo di Wellington tra il 1898 e il 1899. A vent'anni abbandona per sempre la Nuova Zelanda per raggiungere **Londra**, città che sentiva congeniale alle sue aspirazioni di scrittrice. In Inghilterra diventa amica di vari scrittori, tra cui **Virginia Woolf**, che pubblica varie opere della Mansfield presso la propria casa editrice. Nel 1918, ammalatasi gravemente di tisi, comincia a viaggiare in Francia, in Svizzera e in Italia, alla ricerca di un clima più mite di quello inglese. Dotata di un temperamento appassionato, scrive finché la tubercolosi non le toglie ogni energia, come era accaduto al russo Anton Čechov, il suo scrittore prediletto. Alla morte, che la coglie a 34 anni, Katherine lascia un gran numero di **prose inedite** pubblicate in seguito dal marito. Secondo i critici, insieme a Virginia Woolf e James Joyce, ha rivoluzionato la letteratura inglese, scrivendo racconti spesso ambientati in un brevissimo lasso di tempo e in luoghi chiusi, e utilizzando frequentemente **flashback di gusto cinematografico**.

L'argomento del seguente racconto è una **lezione di musica** fortemente condizionata dai **sentimenti** della **giovane insegnante**, che si trova in un momento particolarmente delicato della sua esistenza. Il ritmo dei brani corali assegnati dalla protagonista alle allieve accompagna e riflette il variare dei suoi **stati d'animo**.

Nel corso del racconto sono evidenziati i momenti in cui la narrazione si concentra esclusivamente sui **sentimenti della protagonista**.

Con la disperazione – una gelida, acuta disperazione – conficcata in fondo al cuore come un perfido coltello, Miss Meadows, con toga, tocco[1] e bacchetta in mano, percorreva i freddi corridoi che portavano alla sala da musica. Ragazze di tutte le età con le gote[2] rosate dal vento, traboccanti dell'allegra eccitazione della corsa verso la scuola nella bella mattina d'autunno, le si affrettavano, le saltellavano, le svolazzavano intorno; dalle aule echeggianti veniva un fitto tamburellare di voci; suonò una campana; una voce come di uccello gridò: «Muriel!». E poi dalle scale, pam, patapam, venne un tremendo fracasso. A qualcuna era caduto il manubrio da ginnastica[3].

L'insegnante di scienze fermò Miss Meadows. «Buongiorno» gridò, con la sua voce melliflua[4] e strascicata. «Freddo, vero? Pare inverno».

Stringendosi il coltello al seno[5], Miss Meadows **la fissò con odio**. Tutto in lei era dolce e sbiadito come miele. Non avrebbe sorpreso vedere un'ape impigliata nel groviglio di quei capelli giallognoli.

Il personaggio entra in scena già alla prima riga del racconto, connotata con il sentimento in lei dominante, la disperazione. La sua è una disperazione profonda, distruttiva, resa efficacemente dall'immagine del coltello – *perfido*, viene detto in una sorta di personificazione interna alla similitudine – conficcato nell'anima. Il coltello assume la funzione di simbolo: ogni volta che è citato, come avviene in un breve scambio di saluti tra Miss Meadows e una collega, "dice" la disperazione della donna e viene stretto al seno, metaforicamente, perché gli altri non lo colgano. La presentazione del personaggio avviene attraverso l'indicazione del sentimento in lui prevalente e attraverso i suoi movimenti e gesti.

1. **toga, tòcco**: cappa e copricapo in genere propri dei magistrati, ma usati in passato anche dagli insegnanti delle scuole inglesi.
2. **gote**: guance.
3. **manubrio da ginnastica**: piccolo attrezzo ginnico, con pesi alle estremità, da sollevarsi con una sola mano.
4. **melliflua**: sdolcinata, eccessivamente gentile.
5. **stringendosi il coltello al seno**: l'immagine è metaforica: la lama che ferisce indica che la protagonista è disperata, e il motivo si capirà nel corso del racconto.

«Sì, è piuttosto tagliente» disse Miss Meadows, **tetra.**

L'altra fece uno dei suoi sorrisi zuccherosi[6].

«Mi sembri intirizzita[7]» disse. Gli occhi azzurri le si spalancarono; c'era dentro una luce beffarda. (Che si fosse accorta di qualcosa?)

«Oh, non esageriamo» disse Miss Meadows, e passò oltre, ricambiando il sorriso dell'insegnante di scienze con una piccola smorfia.

La quarta, la quinta e la sesta erano radunate nella sala da musica; il rumore era assordante. Sulla piattaforma, accanto al piano, c'era Mary Beazley, la preferita di Miss Meadows, che faceva gli accompagnamenti. Stava regolando lo sgabello del piano. Quando vide Miss Meadows avvertì le altre con un forte «Ps! Pss! Ragazze!» e Miss Meadows, le mani infilate nelle maniche e la bacchetta sotto il braccio, **attraversò il passaggio centrale**, salì gli scalini, si voltò di scatto, afferrò il leggio[8] d'ottone, se lo piantò davanti e batté due colpi secchi con la bacchetta **per fare silenzio.**

«Silenzio, per favore! Subito!» e, senza guardare nessuno, percorse con lo sguardo quel mare di camicette di flanella colorata pieno di facce e di mani rosee ondeggianti, di frementi[9] fermacapelli a farfalla e di album spalancati. Sapeva benissimo cosa pensavano. «La Meady[10] è furibonda». Be', lo pensassero pure! **Le palpebre le tremarono;** gettò indietro la testa con aria di sfida. Cosa potevano importare i pensieri di quelle creature a chi come lei stava morendo dissanguata, ferita al cuore, al cuore, da una simile **lettera...**

«...Sento con sempre maggiore evidenza che il nostro matrimonio sarebbe un errore. Non che io non ti ami. Ti amo quanto mi è possibile amare una donna, ma, a dire il vero, sono arrivato alla conclusione che il matrimonio non fa per me e che l'idea di sistemarmi mi dà solo un senso di...» e alla parola «disgusto», cancellata, era stata sostituito sopra «disagio».

Basil! Miss Meadows si diresse a gran passi verso il pianoforte. E Mary Beazley, che non aspettava altro, si chinò in avanti; i riccioli le coprirono le guance mentre sussurrava: «Buongiorno, Miss Meadows», e faceva il gesto di porgere all'insegnante un magnifico crisantemo[11] giallo. Quel piccolo rituale floreale andava avanti ormai da tempo immemorabile, esattamente da un trimestre e mezzo. Faceva parte della lezione come aprire il pianoforte. Ma quella mattina, invece di prenderlo e infilarselo alla cintura dicendo, china su di lei: «Grazie, Mary. Che meraviglia! Apri a pagina trentadue», Miss Meadows, con grande orrore di Mary, **ignorò del tutto il crisantemo,** non rispose al saluto, ma disse con **voce glaciale**: «Pagina quattordici, prego, e segna bene gli accenti». Che momento imbarazzan-

Al suo ingresso nell'aula della lezione Miss Meadows tradisce il turbamento del suo animo attraverso il tremolio delle palpebre e una serie di gesti rapidi e nervosi, immediatamente colti dalle allieve. La descrizione psicologica del personaggio continua a essere affidata ai movimenti che compie.

L'introduzione del discorso indiretto libero chiarisce ulteriormente lo stato d'animo della protagonista rivelandone, con il primo riferimento alla lettera, la causa.

I gesti sempre bruschi e la voce glaciale della donna confermano i dati rilevati fino a questo punto. La descrizione del personaggio continua a essere di tipo psicologico.

6. **zuccherosi**: eccessivamente dolci.
7. **intirizzita**: infreddolita.
8. **leggio**: supporto inclinato sul quale viene collocato lo spartito di un brano musicale.
9. **frementi**: oscillanti.
10. **Meady**: il diminutivo di Miss Meadows.
11. **crisantemo**: fiore originario dell'Estremo Oriente.

te! Mary arrossì fino alle lacrime, ma Miss Meadows era già tornata al leggio; la sua voce squillò nell'aula.

«Pagina quattordici. Cominceremo da pagina quattordici. *Lamento.* A quest'ora dovreste già saperlo bene, ragazze. Lo canteremo tutte insieme; senza controcanto[12], tutte insieme. E senza sentimento. Però cantatelo con semplicità, battendo il tempo con la sinistra».

Alzò la bacchetta: diede due colpi sul leggio. Mary suonò il primo accordo e tutte quelle mani sinistre si abbassarono battendo l'aria e quelle giovani voci afflitte fecero coro:

Presto! ahimè, troppo presto sfioriscono le ro-o-se
del piacere e l'autunno cede all'inverno cu-u-po.
Fuggevoli! Fuggevoli, ahimè, fuggono i lieti con-centi[13],
All'orecchio che ascolta si perdono lontano.

Santo cielo, si poteva pensare a qualcosa di più tragico di quel lamento? Ogni nota era un sospiro, un singhiozzo, un gemito di atroce tristezza. Miss Meadows alzò le braccia nel vestito ampio e cominciò a dirigere con entrambe le mani.

«...Sento con sempre maggiore evidenza che il nostro matrimonio sarebbe un errore...» batteva a tempo. E le voci gridavano: *Fuggevoli, ahimè, fuggevoli.* Che cosa poteva averlo spinto a scrivere una lettera simile? Cosa aveva potuto spingerlo a tanto? Era stato come un fulmine a ciel sereno. La sua ultima lettera parlava esclusivamente di una libreria di quercia patinata[14] che aveva comprato per i «nostri» libri e di un «elegante mobiletto d'ingresso» che aveva visto, «un aggeggio molto carino con una civetta intagliata su un supporto, che regge tre spazzole da cappello fra gli artigli». Come l'aveva fatta sorridere l'idea! Era così tipicamente maschile credere che servissero tre spazzole da cappello! *All'orecchio che ascolta*, cantarono le voci.

«Da capo», disse Miss Meadows, «ma questa volta col controcanto. Sempre senza sentimento». *Ahimè, troppo presto!* Con la malinconia aggiunta dai contralti[15] era difficile non rabbrividire. *Sfioriscono le rose del piacere.* L'ultima volta che era venuto a trovarla Basil aveva una rosa all'occhiello[16]. Come le era parso bello con quel vestito blu intenso e con quella rosa rosso cupo! Lo sapeva anche lui. Non poteva non saperlo. Prima si era passato una mano sui capelli, poi sui baffi; i denti gli brillavano nel sorriso.

«La moglie del direttore continua a invitarmi a cena. È una bella seccatura. Non riesco mai ad avere una serata tutta per me, in quel posto».

▲ John Henry Henshall, *Un raggio di luce*, 1981. Collezione privata.

12. controcanto: seconda voce.
13. concenti: accordi armoniosi prodotti dall'unione delle voci e degli strumenti.
14. patinata: verniciata.
15. contralti: voci femminili di registro più grave.
16. occhiello: asola.

«Ma non puoi rifiutare?».

«Be', sai, un uomo nella mia posizione non può permettersi d'essere impopolare».

I lieti concenti, gemettero le voci. I salici, fuori delle finestre alte e strette, ondeggiavano al vento. Avevano perso metà delle foglie; quelle rimaste, minuscole, si torcevano come pesci presi all'amo. «...Il matrimonio non fa per me...». Le voci tacquero; il pianoforte aspettava.

«Benissimo» disse Miss Meadows, ma sempre con un tono così strano e insensibile che le ragazze più giovani cominciarono a spaventarsi davvero. «Ma ora che lo sappiamo bene, ci metteremo il sentimento. Quanto più sentimento potete. Pensate alle parole, ragazze. Usate l'immaginazione. *Presto, ahimè, troppo presto!*» gridò Miss Meadows. «Dovete farlo prorompere – un *forte* bello alto – come un lamento. E poi, nel secondo verso, *l'inverno cupo* quel *cupo* deve suonare come se vi soffiasse un vento freddo. *Cu-upo*!» gridò in un modo così spaventoso che Mary Beazley, sullo sgabello, sentì un brivido correrle giù per la schiena. «Il terzo verso dovrebbe essere un crescendo. *Fuggevoli, fuggevoli, ahimè i lieti concenti,* sempre più forte fino all'inizio dell'ultimo verso, *All'orecchio*; e poi alla parola *si perdono* dovete cominciare a morire – a sparire, finché *lontano* deve essere solo un tenue sussurro... Potete rallentare quanto volete sull'ultimo verso. Avanti, per favore». Altri due colpetti leggeri; rialzò le braccia. *Presto! Ahimè, troppo presto!* «...e l'idea di sistemarmi mi dà solo un senso di disgusto...». Aveva scritto disgusto. Come dire che il loro fidanzamento era definitivamente rotto. Rotto! Il loro fidanzamento! La gente era già rimasta abbastanza sorpresa quando si era fidanzata. L'insegnante di scienze da principio non voleva crederci, Ma nessuno era rimasto più sorpreso di lei. Aveva trent'anni, Basil ne aveva venticinque. **Era stato un miracolo,** un vero miracolo, sentirgli dire mentre tornavano a casa dalla chiesa, quella sera così buia: «Sai, non so come, fatto sta che ti voglio bene». E le aveva afferrato un capo del boa di struzzo[17]. *All'orecchio che ascolta si perdono* ***lontano*****.**

Emergono dal flashback nuovi tratti del **carattere della protagonista**, lo stupore e la gioia provati al momento della dichiarazione di Basil. La malinconia che accompagna il ricordo di quel momento "miracoloso" è sottolineata dalle parole del canto delle allieve (in corsivo nel testo).

«Ripetere! Ripetere!» disse Miss Meadows. «Più sentimento, ragazze! Da capo!». *Presto! Ahimè, troppo presto.* Le ragazze più grandi erano paonazze[18]; qualcuna delle più piccole si mise a piangere. Goccioloni di pioggia battevano contro i vetri, e si udivano i salici sussurrare «...non che io non ti ami...».

«Ma, tesoro, se mi ami» pensò Miss Meadows «non m'importa quanto. Amami quel poco che puoi». Ma sapeva che lui non l'amava. **Non essersi neanche curato** di cancellare bene quella parola «disgusto» perché lei non potesse **leggerla!** *Subito l'autunno cede al cupo inverno.* Per giun-

Nella donna il **dolore** procurato dalle parole della lettera si unisce al **dispetto** e allo **sgomento** alla prospettiva di dover comunicare alle colleghe lo scioglimento del fidanzamento.

17. **boa di struzzo**: lunga sciarpa di piume di struzzo.

18. **paonazze**: rosse per lo sforzo.

ta, avrebbe dovuto lasciare la scuola. Non avrebbe più potuto guardare in faccia l'insegnante di scienze né le ragazze, quando la cosa fosse risaputa. Avrebbe dovuto sparire. *Si perdono lontano*. Le voci cominciarono a morire, a sparire, a bisbigliate... a svanire...

La porta si aprì all'improvviso. Una bambina vestita di azzurro attraversò rumorosamente il corridoio tra i banchi, a capo chino, mordendosi le labbra e rigirandosi il braccialetto d'argento al piccolo polso rosso. Salì gli scalini e si fermò davanti a Miss Meadows. «Be', che c'è, Monica?».

«Oh, scusi, Miss Meadows», disse la bambina, ansimante, «Miss Wyatt la desidera in direzione».

«Benissimo» disse Miss Meadows. E si rivolse alle ragazze: «Vi chiedo il favore di parlare piano durante la mia assenza. Conto su di voi». Ma erano tutte troppo soggiogate per comportarsi diversamente. Molte si stavano soffiando il naso.

I corridoi erano freddi e silenziosi; echeggiavano ai passi di Miss Meadows. La direttrice era seduta alla scrivania. Per un momento rimase a testa china. Stava cercando, come al solito, di districare gli occhiali che le si erano impigliati nella cravatta di pizzo. «Si sieda, Miss Meadows» disse con molta gentilezza. Poi prese una busta rosa da sotto il tampone di carta assorbente.

«L'ho fatta chiamare perché è arrivato questo telegramma per lei».

«Un telegramma per me, Miss Wyatt?».

Basil! Si era suicidato, pensò Miss Meadows. La mano le si tese, ma per un attimo Miss Wyatt trattenne il telegramma. «Spero che non siano cattive notizie», disse, per pura cortesia. E Miss Meadows lo aprì in fretta. «Non badare lettera dovevo essere impazzito comprato mobiletto ingresso oggi Basil» lesse. Non riusciva a staccare gli occhi dal telegramma.

«Spero che non sia nulla di grave» disse Miss Wyatt, chinandosi in avanti.

«Oh, no, grazie, Miss Wyatt» arrossì Miss Meadows. «Tutt'altro. È...» e fece una risatina di scusa «è del mio fidanzato che dice... che dice...». Pausa. «Capisco» disse Miss Wyatt. Un'altra pausa. Poi: «Lei ha ancora un quarto d'ora di lezione, vero, Miss Meadows?».

«Sì, Miss Wyatt». Si alzò. **Corse quasi verso la porta**. «Un attimo solo, Miss Meadows» disse Miss Wyatt. «Non approvo che le mie insegnanti ricevano telegrammi nelle ore di scuola, a meno che non si tratti di notizie molto serie, come in caso di morte», spiegò Miss Wyatt «o di grave incidente, o qualcosa del genere. Lo sa, Miss Meadows, le buone notizie possono sempre aspettare».

Sulle ali della speranza, dell'amore, della gioia, Miss Meadows tornò di corsa in sala da musica, attraversò il corridoio tra i banchi, salì gli scalini e **raggiunse il piano.**

«Pagina trentadue, Mary», disse «pagina trentadue» e, **raccolto il cri-**

Nel finale **la donna si trasforma** per effetto della sorpresa e della buona notizia e ancora una volta sono i suoi movimenti (*tornò di corsa in sala da musica*) a esprimere con efficacia la gioia ritrovata. Il narratore indugia anche su gesti minimi (Miss Meadows ora raccoglie il fiore poco prima ignorato e se ne serve, accostandolo alla bocca, per nascondere un sorriso, il primo di quella giornata).

santemo giallo, se lo portò alle labbra per nascondere il **sorriso.** Poi si volse alle ragazze, batté il leggio con la bacchetta: «Pagina trentadue, ragazze. Pagina trentadue».

Qui veniamo oggi cariche di fiori,
Ceste di frutta e nastri alle scarpette,
Per felicita-a-rci...

«Ferme! Ferme!» gridò Miss Meadows. «È orribile. È spaventoso». E fece alle ragazze un sorriso raggiante. «Che vi succede? Ma ragazze, pensate a quel che cantate. Usate l'immaginazione. *Cariche di fiori. Ceste di frutta e nastri alle scarpette.* E poi *felicitarci*». Miss Meadows s'interruppe. «Via quell'aria dolente, ragazze. Questo bisogna cantarlo con calore, con allegria, con vigore. *Felicitarci*. Ricominciamo. Svelte. Tutte insieme. Avanti!».

E questa volta la voce di Miss Meadows superò tutte le altre – piena, fonda, accesa di sentimento.

K. Mansfield, *La lezione di canto*, da *Tutti i racconti*, trad. it. di M. Del Serra, Newton&Compton, Roma, 2015

GUIDA ALLA LETTURA

GLI STATI D'ANIMO E LA REALTÀ

Questo racconto "sentimentale" segue il mutare radicale di uno stato d'animo: dalla disperazione alla gioia.

L'autrice rivela una straordinaria sensibilità nel presentare una figura femminile, Miss Meadows, che vive un momento ordinario del suo lavoro di insegnante di musica, con la tempesta nel cuore. Il suo dolore, benché sorvegliato, condiziona tuttavia i suoi gesti, il timbro della voce, le espressioni del volto, rendendola dura e severa, e finirà con il comunicarsi alle giovani allieve.

Ma un evento del tutto inatteso ribalta questa situazione interiore e ancora una volta ne risulterà condizionata la parte finale della lezione.

IL PARALLELO TRA MUSICA ED EMOZIONI

I sentimenti della protagonista sono sottolineati e amplificati dalle parole della canzone che lei sceglie come esercitazione delle allieve, in perfetta sintonia con il proprio stato d'animo. Sull'esecuzione del brano musicale Miss Meadows proietta la sua malinconia trasmettendola inevitabilmente alle allieve, ignare delle ragioni di un atteggiamento che diventa per loro tanto più inquietante. Anche il lettore conoscerà il motivo del dolore del personaggio (la rottura del fidanzamento comunicatale per lettera) solo ricostruendo, come in una sorta di puzzle, i nessi tra i pensieri della donna e gli eventi passati che le tornano in mente durante la lezione.

LA CONCENTRAZIONE SPAZIO-TEMPORALE

Lo spazio del racconto si limita sostanzialmente a un solo ambiente, quello di un'aula scolastica, dal momento che l'ufficio della direttrice della scuola, nel finale, sul piano narrativo è funzionale unicamente allo scioglimento della vicenda. Anche la dimensione temporale è soggetta alla medesima concentrazione: l'autrice non dà importanza alla trama della storia, non si sofferma su ciò che è superfluo, concentra al massimo i fatti perché quello che conta è l'anima del personaggio, quello che avviene nell'interiorità dell'individuo e che si trasmette all'esterno, modificandolo ai suoi occhi. L'unica realtà davvero centrale è quella dell'io.

IL PUNTO DI VISTA E LE TECNICHE NARRATIVE

La narrazione è condotta dal punto di vista della protagonista. Questo, sul piano della scrittura, si traduce nel costante ricorso alle tecniche del monologo interiore e del discorso indiretto libero che permettono di registrare i pensieri e i sentimenti del personaggio mentre si manifestano: la realtà interiore dunque, anche stilisticamente, è in primo piano. Questo aspetto è caratteristico di moltissima narrativa del primo Novecento.

COMPRENDERE E ANALIZZARE

COMPRENSIONE

1. Nella prima riga del racconto compare un similitudine che ha al centro l'immagine del coltello, e al coltello si accennerà in seguito ancora due volte. Per quale motivo secondo te?
2. Quali motivi adduce Basil nella lettera per spiegare a Miss Meadows che non intende più sposarla?
3. Quali atteggiamenti rivelano il turbamento delle allieve?

▲ Charles Maussion, *Il coro*, 1979.
Università dell'East Anglia, Norfolk, Regno Unito.

ANALISI

4. Il lettore viene a conoscenza degli antefatti della vicenda narrata a poco a poco, attraverso frammenti di flashback che interrompono la descrizione della lezione e seguono il filo dei pensieri della protagonista. Ricostruisci le fasi della vicenda in ordine cronologico in uno schema per punti. Evidenzia sul testo le citazioni della lettera, i pensieri di Miss Meadows e le parole di conversazioni passate tra i due giovani.
5. Che tipo di narratore è presente nel racconto?
6. Delinea un ritratto di Miss Meadows, sottolineando gli aspetti del suo carattere più evidenti nel racconto.
7. Accanto alla protagonista agiscono, direttamente o indirettamente, alcuni personaggi minori: Basil, la direttrice della scuola, l'allieva Mary Beazley. Ricava dal testo i rispettivi caratteri psicologici e inseriscili nella tabella.

Personaggi minori	Caratteri psicologici
Basil	
La direttrice della scuola	
Mary Beazley	

SCRIVERE

APPROFONDIMENTO E SCRITTURA

8. Riassumi in un testo lungo al massimo 15 righe il contenuto del racconto.

SCRITTURA CREATIVA Dal punto di vista di...

9. Immagina di essere una delle allieve di Miss Meadows e racconta la lezione di canto dal tuo punto di vista in un testo di 15-20 righe.

SCRITTURA CREATIVA Immagina che...

10. Scrivi un testo lungo al massimo 15 righe che racconti la storia di Miss Meadows prima del giorno della lezione di canto narrata nel racconto che hai appena letto.

VERSO LE COMPETENZE

- *Esprimersi nella madrelingua*
- *Imparare a imparare*

11. Di seguito ti viene fornito l'elenco di una serie di emozioni. Di ciascuna cerca il significato sul dizionario; scegline quindi una, per la quale indicherai una situazione o un avvenimento concreto del passato, più o meno recente, che l'ha fatta scaturire nel tuo animo.

costernazione • disagio • imbarazzo • vergogna • soddisfazione • euforia • commozione • indignazione • eccitazione • smarrimento • pace • gioia • dispetto

8 | ELEMENTI DI NARRATOLOGIA
La focalizzazione

Video
Quali sono i diversi tipi di focalizzazione?

Abbiamo visto che per ogni storia c'è un narratore, ossia una **voce** che la racconta. Oltre a essa in un racconto è riconoscibile il punto di vista, cioè lo **sguardo** che osserva e presenta i fatti e i personaggi. Queste due funzioni non sempre e non necessariamente coincidono, nel senso che il narratore può raccontare dal proprio punto di vista o, di volta in volta, assumere un punto di vista diverso dal suo, per esempio quello di un personaggio. Questo perché mentre la voce narrante è sempre quella del narratore (interno o esterno che sia), il punto di vista appartiene a chi nel racconto osserva, pensa e giudica.

Se, per esempio, un narratore vuole raccontare la dinamica di un incidente stradale, potrà scegliere se descrivere l'evento:

- senza adottare un punto di vista, riferendo i pensieri di ciascun personaggio, rilevando particolari che non emergono a una semplice osservazione (per esempio guasti al motore che verranno scoperti solo in seguito), anticipando le conseguenze del fatto nello svolgimento della vicenda;
- senza adottare un punto di vista, illustrando ciò che vede e che, quindi, può conoscere;
- dal punto di vista di un personaggio coinvolto (e otterrà risultati diversi scegliendo il punto di vista di chi lo ha causato o di chi ne è rimasto vittima).

Per classificare i possibili punti di vista presenti in una narrazione, uno studioso francese, Gerard Génette, ha introdotto il concetto di **focalizzazione**, che può essere di tre tipi:

- **focalizzazione zero**: quella in cui il narratore è onnisciente e le cose sono osservate "dall'alto", da un punto di vista superiore grazie al quale possono essere riferiti anche i pensieri dei personaggi, o anticipati eventi che devono ancora accadere. È la situazione in cui il narratore sa più dei suoi personaggi. La focalizzazione zero è stata in assoluto prevalente nella narrativa fino a metà dell'Ottocento (l'esempio classico è costituito da *I Promessi sposi* di Alessandro Manzoni) e ancora oggi è usata per esempio in molti racconti o romanzi del genere fantasy. Tra i racconti antologizzati in questa sezione viene illustrata in *Storia di una gallina* di Emilio De Marchi (▶ pag. 199);
- **focalizzazione esterna**: quella in cui il narratore osserva gli avvenimenti limitandosi a registrarli senza interpretarli e si esclude qualsiasi possibilità di informazione sui pensieri di chicchessia. Si tratta di una modalità piuttosto rara, tipica dell'*École du regard* (Scuola dello sguardo), movimento letterario degli anni Sessanta che, come indica il nome, si limita alla pura registrazione di avvenimenti;
- **focalizzazione interna**: quella in cui il punto di vista prevalente è quello di un personaggio interno alla storia e il narratore ne adotta lo sguardo. In questi casi si crea una sorta di strozzatura d'informazione, nel senso che il lettore viene a conoscenza delle cose attraverso il filtro dell'occhio, del giudizio, dello stato d'animo di un personaggio interno alla vicenda. Un esempio viene illustrato e commentato nel racconto *Breve sogno* di Primo Levi (▶ pag. 159).

Il punto di vista all'interno di un racconto può non essere sempre lo stesso. Nella maggior parte dei casi infatti esso cambia e si passa da quello del narratore a quello di un personaggio, o ancora si possono alternare i punti di vista dei vari personaggi.
Occorre precisare infine che la questione relativa al punto di vista (e di conseguenza alla definizione della focalizzazione) aiuta a comprendere la bellezza di una storia soprattutto quando si tratta di una narrazione sentimentale: in essa, come si è visto, prevalgono gli stati d'animo rispetto agli eventi, per cui riconoscere lo "sguardo" che filtra via via il racconto consente di comprendere meglio molti dei suoi significati più nascosti.

T3 Primo Levi Breve sogno

Nato a Torino nel 1919 da famiglia ebrea, **Primo Levi** si laurea in Chimica nel 1941, trovando subito impiego nonostante gli effetti delle leggi razziali emanate dal governo fascista nel 1938. Unitosi a un gruppo di partigiani in Val d'Aosta, viene catturato alla fine del 1943 e **deportato** nel **lager di Auschwitz**, dove riesce a sopravvivere fino alla liberazione, il 27 gennaio 1945. Rientrato in Italia dopo un lungo pellegrinaggio nell'Europa devastata dalla guerra, sceglie di raccontare l'esperienza vissuta in *Se questo è un uomo* (1947), tra le più importanti opere del secondo dopoguerra, e ne *La tregua* (1963), diario del difficile ritorno in patria. Il successo delle due opere lo spinge a continuare a scrivere, misurandosi anche con argomenti meno tragici, ma sempre sostenuti da una profonda capacità di indagine dell'animo umano. Muore suicida a Torino l'11 aprile 1987.

Primo Levi descrive in *Breve sogno*, inserito in *Lilít e altri racconti* (1981), un incontro casuale tra due giovani, che si scoprono legati da una passione letteraria capace di uscire dai libri e confluire nei sogni e nella vita stessa.

Nel racconto che segue sono evidenziate a bordo pagina le varie tipologie di **focalizzazione** presenti nel testo.

Fino ad Alessandria lo scompartimento era rimasto vuoto, e Riccardo si preparò per la notte: dormire seduto in treno gli piaceva, e ci era abituato da **molto tempo.**

> La voce narrante è quella di un **narratore esterno** che, però, assume da subito il **punto di vista del protagonista**, sottolineando quello che gli piace fare.

Ma prima che spegnesse la luce centrale entrò una ragazza; teneva in mano sia il mantello, sia la borsa da viaggio: veniva dunque da un altro scompartimento. Evidentemente da quello contiguo, da cui si sentiva filtrare un confuso vociferare mascolino. Disse: – Buonasera – con una curiosa cantilena, sistemò le sue cose e sedette di fronte a lui. A Riccardo la nuova situazione non spiacque. Gli accese immediatamente il ricordo di episodi ferroviari nei racconti di Tolstoj[1] e di Maupassant[2], di almeno venti storielle ferroviarie grottesche o galanti, di una bella novella, essa pure ferroviaria, di Italo Calvino[3], e infine di una celebre teorizzazione di Sherlock Holmes a Watson[4], quella in cui Holmes dimostra come dall'esame di un paio di mani si possa agevolmente risalire al passato, presente, e magari anche futuro del loro titolare. **Insieme**, provava conflitto e disagio; un suo remoto (e negato) codice di comportamento gli prescriveva di non mandare vano quell'incontro, e invece **aveva sonno.**

> Dopo aver riportato i ricordi legati a letture personali, il narratore valuta la situazione **con gli occhi di Riccardo** che ha in mente di non sprecare quell'incontro.

1. **Tolstoj**: Lev Tolstoj (1828-1910) è un famoso scrittore russo, noto per i romanzi *Guerra e pace* e *Anna Karenina*.
2. **Maupassant**: Guy de Maupassant (1850-1893) è uno scrittore francese dell'Ottocento esponente del Realismo. In questa antologia è presente con *I gioielli* e *La felicità*.
3. **Italo Calvino**: (1923-1985), scrittore italiano, di cui viene citato qui il racconto *L'avventura di un soldato*. In questa antologia è presente con *Tutto in un punto*.
4. **Sherlock Holmes e Watson**: investigatore e aiutante nei gialli di Sir Arthur Conan Doyle, in antologia con *Il cerimoniale dei Musgrave*.

Rispose: – Buonasera – e si assorbì nel tentativo di ricavare informazioni dalle mani della ragazza.

Non ne cavò molto. Non erano né callose né troppo curate, né arrossate dai detersivi né nobilitate dai cosmetici. Erano piuttosto robuste e tozze, con lo smalto delle unghie di un colore smorto, un po' scrostato: forse la donna veniva di lontano, certo non era il tipo che dedica molto tempo alle cure personali. Aveva indosso una giacca a vento, e sotto un maglione nero a giro collo; i pantaloni erano di velluto bruno, abbastanza logori, con due rinforzi di cuoio all'interno delle cosce.

Un luogo incongruo[5]: a cosa avrebbero potuto servire? A cavalcare una scopa? Ma non aveva l'aria di una strega: sembrava un tipo piuttosto casalingo. Anche il resto della ragazza era robusto e tozzo: Riccardo calcolò che se si fossero alzati entrambi in piedi lei gli sarebbe arrivata a stento **alla spalla**.

La descrizione della ragazza viene condotta attraverso **lo sguardo e il giudizio di Riccardo**.

In effetti, lei poco dopo si levò in piedi, ma la verifica non fu possibile perché lui era rimasto seduto.

La ragazza dunque si alzò, frugò nella borsa che era sulla reticella, e ne cavò un libro, al che Riccardo si fece tutt'occhi come Argo[6]. Non era un giallo né un romanzo di fantascienza né un Oscar Mondandori[7]: era un vecchio volume dimesso, dalla copertina floscia ed appassita, su cui Riccardo lesse a poco a poco: «Catalogue of the Petrarch Collection, bequeathed by...»[8] non riuscì a decifrare da chi la collezione era stata *bequeathed*, e quel *bequeathed* lo intrigava, ma il resto del titolo gli tolse ogni traccia di sonno. Aveva anche lui un libro nella valigia, ma non si prestava a ricambiare il messaggio, era un tascabile di sesso e orrore: meglio lasciarlo dov'era. Gli vennero in mente le bozze di stampa che doveva consegnare a Napoli, le cavò fuori e si mise a correggerle con ostentazione, quantunque fossero già corrette; ma presto smise di armeggiare perché la ragazza si era addormentata. A poco a poco, nel sonno, la sua stretta sul libro si indebolì; il volume si richiuse, le scivolò fra le ginocchia e finì sul pavimento. Riccardo non osò raccattarlo.

▲ Primo Levi nella sua casa di Torino, davanti alle edizioni straniere delle sue opere.

5. **incongruo**: inadeguato.
6. **Argo**: gigante mitico con cento occhi posto da Era a sorvegliare la ninfa Io.
7. **Oscar Mondadori**: collezione di tascabili della casa editrice Mondadori.
8. **«Catalogue of the Petrarch Collection, bequeathed by...»**: "Catalogo della collezione Petrarca, data in lascito da...". Si fa riferimento agli scritti di Francesco Petrarca (Arezzo 1304-Arquà 1374).

Dormiva tranquilla e composta, e Riccardo ne approfittò per un inventario più esteso ed approfondito. **Dalle scarpe**, pesanti ed informi, sembrava proprio che la ragazza fosse inglese: americana no, aveva un'aria troppo domestica. Il viso però non concordava, non aveva nulla d'inglese: era rotondo ed olivastro, i capelli erano castani con una scriminatura, pulita, all'antica. Un viso dormiente, o comunque un viso che non parla, non esprime molto: può essere indifferentemente rozzo o delicato, intelligente o sciocco; lo puoi distinguere solo quando si anima nella parola. Visto così, si poteva solo dire che era giovanile ed arguto; il naso era corto e volto all'in su, la bocca larga ma ben modellata, gli zigomi e gli occhi di un taglio vagamente **orientale**.

Si ripropone la situazione narrativa descritta appena sopra.

Poco dopo si addormentò anche Riccardo, e subito fu consapevole di essere un grande poeta, pio, colto ed inquieto; era reduce dall'incoronazione in Roma[9], dove aveva vinto il Premio Strega[10], ed era in viaggio verso la Valchiusa[11] in un vagone speciale assurdamente suntuoso, dalla tappezzeria costellata d'api e di gigli di Francia[12]. Il materasso su cui riposava, però, frusciava fastidiosamente, perché era pieno di foglie secche di lauro[13], e di fronde di lauro era piena anche la sua valigia. Ciononostante, la ragazza lì di fronte, che, pur non assomigliandole affatto, coincideva ampiamente con Laura, non si curava né dei suoi trionfi[14] né di lui, anzi, pareva che neppure si accorgesse della sua presenza. Lui si sentiva in qualche modo obbligato a rivolgerle la parola, o almeno a tenderle la mano, ma era impedito da un singolare impaccio.

Era un impaccio materiale, quasi comico: insomma, per dirla chiara si sentiva incollato a quel materasso, incollato tutto, dalla testa ai piedi, come una mosca sulla carta moschicida. Stando così le cose, neppure lo desiderava veramente, di parlarle. Di tutti i versi splendidi che a suo tempo aveva scritti per lei, non gliene veniva in mente neanche uno, e d'altronde non era neppure del tutto malcontento di essere incollato, perché quella ragazza era moglie di un cavaliere dal nome sinistro[15] (questo nome tuttavia non riusciva a ricordarlo), famoso per la sua gelosia e la sua crudeltà. C'e-

9. **incoronazione in Roma**: nel 1341 a Roma viene conferita a Petrarca la corona d'alloro, onorificenza con cui egli acquisisce il titolo di *magister*, cioè docente universitario.
10. **Premio Strega**: è un prestigioso premio letterario italiano, istituito nel 1947. Nel sogno si sovrappongono l'onorificenza del passato e quella del presente.
11. **Valchiusa**: località in Provenza, vicino ad Avignone, dove Petrarca vive dal 1337 al 1353.
12. **api e gigli di Francia**: si tratta di ornamenti dello stemma della casa regnante sulla Francia, i Borbone.
13. **lauro**: alloro, riferito sia alla corona, sia al nome della donna amata da Petrarca, Laura, che ha la stessa radice.
14. **trionfi**: i *Trionfi* sono un poema di Petrarca.
15. **un cavaliere dal nome sinistro**: Laura, amata da Petrarca, si pensa fosse moglie di Ugo de Sade, il cui cognome coincide con quello del marchese De Sade, vissuto nel Settecento, uomo perverso tanto da far coniare il termine "sadismo".

rano poi altri motivi per sentirsi appiccicati alla cuccetta: in competizione con la giovane straniera esisteva intorno a lui un'altra giovane donna di identità ambigua; di natura, anzi, decisamente duplice, dal momento che viveva a Torino in via Gioberti nel 1966 e simultaneamente da qualche parte in Provenza nel 1366. Su incongruenze di questo genere lui avrebbe potuto benissimo passarci sopra, ma quella era un tipo che non ammetteva compromessi, e non avrebbe accettato concorrenti, neppure nel 1366. Che fare? Riccardo la ricacciò nel subcosciente: per il momento stava meglio lì.

Provava poi anche un disagio più profondo e più serio. Era lecito, era decente per un buon cristiano, inventarsi una donna distillandola dai propri sogni allo scopo di amarne l'immagine per tutta una vita, e adoperare questo amore allo scopo di diventare un poeta famoso, e diventare un poeta allo scopo di non morire del tutto, e insieme frequentare quell'altra di via Gioberti? Non era **un'ipocrisia**[16]**?**

Nel corso del sogno Riccardo formula dei dubbi legati alla strana situazione che sta immaginando e vivendo.

Già si sentiva pesare addosso la cappa degli ipocriti[17] dorata fuori, plumbea dentro, quando il treno rallentò e si arrestò in una stazione. Una voce femminile-meccanica, ma sicuramente toscana, annunciò nelle tenebre che quella era la Stazione di Pisa, Stazione di Pisa, e che per Firenze e Volterra si cambiava. Riccardo si svegliò; la ragazza (totalmente ridimensionata)[18] anche: si stirò, sbadigliò con garbo, abbozzò un sorriso timido, e disse: – Pisa. Vituperio de le genti –. Aveva proprio un forte accento inglese. Riccardo, ancora confuso dal sonno e dal sogno, boccheggiò per un istante, e poi replicò correttamente: – ... del bel paese là dove 'l sì suona[19] –, ma non gli riuscì di rammentare il verso successivo.

Era rimasto sbalordito dalla ouverture[20] della ragazza: tuttavia si ripromise di mostrarle la Capraia e la Gorgona[21], non appena il treno si fosse mosso, e se la luna fosse uscita di tra le nuvole. Ma la luna non uscì, e lui si dovette accontentare della spiegazione teorica: di come cioè le due innocue isolette, viste da Pisa in prospettiva, potessero in effetti fare venire in mente, ad un poeta un po' arrabbiato, l'immagine barocca e truce della diga sulla foce dell'Arno, così che a Pisa si anneghi ogni persona. Se-

16. Era lecito... ipocrisia?: tutta la sequenza riflessiva allude in modo ironico alle continue crisi di coscienza di Petrarca, sempre in dubbio se l'amore per Laura e per la gloria lo abbia allontanato da Dio.

17. la cappa degli ipocriti: nell'*Inferno* dantesco gli ipocriti sono costretti a muoversi sotto pesanti cappe di piombo che fuori appaiono dorate.

18. totalmente ridimensionata: tornati alla realtà, la giovane perde le sembianze di Laura.

19. – Pisa. Vituperio de le genti del bel paese là dove 'l sì suona –: citazione dal c. XXXIII dell'*Inferno* dantesco, dove Dante maledice Pisa come *vituperio de le genti del bel paese là dove 'l sì suona*, cioè vergogna degli abitanti d'Italia, per aver condannato a morir di fame i figli e i nipoti del conte Ugolino della Gherardesca, uomo politico pisano. La citazione continua con la parafrasi dei versi successivi, in cui Dante invita la Capraia e la Gorgona, isole dell'Arcipelago toscano, a sbarrare la foce dell'Arno per sommergere la città con l'esondazione del fiume.

20. ouverture: brano musicale di apertura di un'opera lirica, qui inizio.

21. Capraia e Gorgona: vedi nota 19.

condo ogni apparenza se ne accontentò anche la ragazza, che sembrava abbastanza al corrente della faccenda del conte Ugolino, ma cascava dal sonno. Sbadigliò ancora, guardò l'orologio (lo guardò anche Riccardo: era l'una e quaranta), chiese proforma:– Si può distendere le membra[22]? – e senza attendere la risposta si tolse le scarpe e si sdraiò sul sedile occupando tutti i tre posti. Non portava calze; i piedi erano solidi ma graziosi e freschi, quasi infantili.

Riccardo stentò a riprendere sonno. «... dove le belle membra/ pose colei che sola a me par donna[23]»: nessun italiano dirà mai «membra», è una di quelle parole che si possono scrivere ma non pronunciare, per via di un nostro misterioso tabù nazionale. Ce ne sono tante: chi, parlando, direbbe mai «poiché» o «alcuni» o «ascoltare»[24]? Nessuno: lui, per esempio, si sarebbe fatto scuoiare prima, come del resto qualsiasi piemontese o lombardo si farebbe scuoiare vivo prima di usare un passato remoto. Su cinque parole che il lessico riporta, una almeno è ineffabile[25] come le brutte parole.

▲ Pietro Scarnera, *Una stella tranquilla. Ritratto sentimentale di Primo Levi*. Comma 22, Bologna, 2013.

All'alba, poco oltre Roma, la ragazza si svegliò, anzi, si ridestò. Riccardo le offerse una sigaretta, e lei accese per sé e per lui. Attaccare discorso non fu difficile: in pochi minuti Riccardo apprese l'essenziale. Che lei studiava letteratura moderna; che era in Italia per la prima volta, e con pochi quattrini, ma che una zia sposata ad un italiano l'aspettava a Salerno. La pronuncia italiana l'aveva studiata sui dischi, e tutto il resto sui trecentisti, in specie proprio sul *Canzoniere*[26] del Petrarca, che era l'argomento della sua tesi.

Riccardo si accingeva a raccontare le tristezze e le lotte, le amarezze e le vittorie della sua vita, il suo scoramento ricorrente, e insieme la sua sicurezza profonda che sarebbe diventato un giorno uno scrittore celebre e stimato, e la noia sfibrante del suo lavoro quotidiano (ma non le avrebbe

22. membra: gambe, corpo. La ragazza, come dirà a breve, ha imparato l'italiano sui classici della letteratura, quindi usa un registro aulico della lingua.

23. «... dove le belle membra/ pose colei che sola a me par donna»: citazione da *Chiare, fresche et dolci acque*, lirica in cui Petrarca immagina di osservare Laura seduta sulla riva fiorita del fiume Sorga.

24. nessun italiano... o «ascoltare»?: attraverso i pensieri di Riccardo, il narratore riflette su come l'italiano parlato non utilizzi le varianti più colte della lingua.

25. ineffabile: che non può essere espresso a parole.

26. *Canzoniere*: è la raccolta delle liriche in volgare italico di Petrarca.

detto che lavorava in un'agenzia pubblicitaria: quello no), però la ragazza non lo lasciò neppure incominciare. Finita la sigaretta, tirò fuori un piccolo specchio, fece una smorfia disinvolta e divertita, disse: – Faccio proprio paura! – ed uscì dallo scompartimento: annunciò che andava a pettinarsi e a lavarsi le sembianze[27].

Riccardo, rimasto solo, incominciò a far calcoli. Poteva proseguire anche lui fino a Salerno: avrebbe potuto farle da guida, i luoghi li conosceva bene, quattrini ne aveva; ma c'erano le bozze da consegnare a Napoli e il bozzetto che il cliente doveva approvare. Oppure poteva proporre alla ragazza di scendere a Napoli anche lei: a Napoli il fattore campo sarebbe stato favorevole a lui, del Petrarca non si ricordava più molto (lo rimpianse sinceramente, per la prima volta in vita sua: e poi dicono che la cultura classica non serve!), ma insomma sperava che sarebbe riuscito ad essere più divertente della zia di Salerno. Oppure lasciarla andare a Salerno, e proporle un appuntamento a Napoli per il giorno dopo: sarebbe ritornato a Torino con un giorno (o magari due: perché no?) di ritardo, ma un pretesto l'avrebbe trovato. Uno sciopero: scioperi ce n'è **sempre.**

Il narratore segue la mente del protagonista che febbrilmente cerca di progettare le condizioni per prolungare il breve incontro e si diffonde a dettagliarne le alternative.

Ma frattanto la ragazza era rientrata nello scompartimento, e subito dopo il treno cominciò a frenare. Riccardo non era un uomo dalle decisioni rapide e facili: si alzò e tolse la valigia dalla reticella, aprì e ne ricompose il contenuto, ma intanto, consapevole dello sguardo curioso della ragazza, andava almanaccando[28] febbrilmente una formula di commiato che non lo impegnasse troppo, e insieme non apparisse definitiva. Quando il treno fu fermo nella stazione di Napoli, si voltò, e si trovò davanti lo sguardo della ragazza. Era uno sguardo fermo e gentile, ma con una connotazione d'attesa: sembrava che lei gli leggesse dentro in chiaro, come in un libro. Riccardo le chiese: – Perché non scende a Napoli con me? – La ragazza fece di no con il capo. Lo guardava fisso, sorrideva, ed anche lei aveva l'aria di almanaccare, di andare inseguendo una risposta che non si lascia-

▼ Pietro Scarnera, *Una stella tranquilla. Ritratto sentimentale di Primo Levi*. Comma 22, Bologna, 2013.

27. **sembianze**: nella lingua letteraria ciò che appare di una persona, quindi anche il viso.

28. **almanaccando**: fantasticando.

va acchiappare. Si rosicchiava un dito, in atteggiamento infantile; poi, agitandolo solennemente, scandì: – Quanto piacce al mondo è breve sogh-no[29]. – Si pronuncia «sogno». – disse Riccardo, e si avviò nel corridoio per discendere dal vagone.

P. Levi, *Breve sogno*, da *Lilìt e altri racconti*, Torino, Einaudi, 1981

29. – **Quanto piacce al mondo è breve sogh-no**: verso conclusivo di una lirica del *Canzoniere* in cui Petrarca riflette su come la gioia nella vita sia una breve illusione. La ragazza pronuncia con accento straniero le parole, alterandone il suono.

GUIDA ALLA LETTURA

SCONOSCIUTI IN TRENO

Il racconto propone una situazione tipica di incontro: due viaggiatori si trovano a condividere lo scompartimento di un treno che viaggia tra Nord e Sud Italia.

UNA PASSIONE COMUNE

A incontrarsi sono, però, due anime "intrise di letteratura", come appare evidente dal modo in cui Riccardo associa la situazione di condivisione dello spazio ad analoghe situazioni letterarie e dal tentativo di emulare Sherlock Holmes, deducendo da particolari esteriori aspetti della vita della compagna di viaggio.

Altrettanto popolato dalle belle lettere si rivela il mondo della ragazza quando estrae dalla borsa un catalogo degli scritti di Francesco Petrarca.

IL PUNTO DI VISTA

Il narratore esterno sceglie di assumere il punto di vista del giovane: guarda la scena attraverso i suoi occhi, registra le sue emozioni e i suoi commenti.

UN LIBRO, UN SOGNO

L'apparizione del libro accresce l'attenzione del giovane e lo induce a osservare con maggiore cura la ragazza ormai addormentata, liberando le sue fantasie finché il sonno non ha il sopravvento anche su di lui.

La realtà lascia allora il posto al sogno, in cui si fondono passato e presente, letteratura e vita: il viaggio diventa il viaggio di Petrarca, che torna in Francia dopo la vittoria del Premio Strega a Roma; l'amore sofferto di Petrarca per Laura si sovrappone all'attrazione di Riccardo per la sconosciuta. E, come accade spesso nei sogni, qualcosa impedisce il movimento, forse il senso di colpa per un'altra fanciulla, reale, che aspetta Riccardo a Torino.

IL RITORNO ALLA REALTÀ

L'annuncio dell'arrivo alla stazione di Pisa sveglia i due passeggeri e produce un primo, poetico, avvicinamento tra loro: la ragazza, confermando le sue conoscenze, cita l'inizio di un verso dantesco che riguarda Pisa: "*Pisa. Vituperio delle genti*", il giovane, un poco sorpreso, lo conclude: "*...del bel paese là dove 'l sì suona*". Davvero una singolare corrispondenza di anime, unite dall'amore per la grande poesia.

IL DONO DELLA LETTERATURA

Da questo intenso momento, sono diverse le occasioni per richiamare alla memoria espressioni e versi propri della tradizione letteraria (*membra – dove le belle* membra/pose *colei che sola a me par donna*): così Levi allude al miracolo della letteratura, che nasce da un autore, ma diventa possesso di chi la ama e ne fa proprie emozioni e parole.

Attraverso i pensieri di Riccardo, poi, il narratore fa riflettere sulla distanza tra la lingua scritta e la lingua "parlata", meno scelta, più povera, dandoci un saggio della differenza tra i due registri (*la ragazza si svegliò, anzi, si ridestò*).

FINE DI UN SOGNO

All'alba, ormai svegli, i due giovani approfondiscono la conoscenza reciproca: in Riccardo nasce un'attrazione evidente, che provoca una frettolosa progettazione di incontri futuri. Ma l'improvvisa proposta di scendere insieme a Napoli si infrange contro un sorridente rifiuto della fanciulla, accompagnato da una citazione petrarchesca che suona storpiata e beffarda: *Quanto piace al mondo è breve sogno*, ciò che dà piacere è un sogno breve. La letteratura dà, ma a volte la letteratura toglie.

COMPRENDERE E ANALIZZARE

COMPRENSIONE

1. Perché la ragazza cambia scompartimento?
2. Che cosa prova il ragazzo vedendola entrare?
3. Perché Riccardo si concentra sull'osservazione delle mani?
4. Che libro ha nel bagaglio il giovane? Perché preferisce *lasciarlo dov'era*?
5. Che cosa significa l'espressione *con ostentazione* riferita all'attività di correzione delle bozze?
6. Quali informazioni vengono date sulla fidanzata torinese?
7. Quali fantasie fa Riccardo sul seguito dell'incontro?
8. Individua e trascrivi i riferimenti relativi a tappe e tempi del percorso.

ANALISI

9. Si può definire Riccardo un lettore dai gusti molto vari? Motiva la tua risposta.
10. [...] *sembrava proprio che la ragazza fosse inglese: americana no, aveva un'aria troppo domestica.* Quale giudizio sulle americane emerge da queste parole?
11. Individua e trascrivi tutte le informazioni sui due personaggi completando la tabella.

	Riccardo	La ragazza
Età		
Provenienza		
Destinazione		
Attività		
Conoscenza delle lingue		

12. Da quali particolari emerge la preparazione e la passione della ragazza per la letteratura?
13. Quale sentimento percepiamo nell'intervento di Riccardo con cui si chiude il racconto?

SCRIVERE

APPROFONDIMENTO E SCRITTURA

14. Raccogli notizie sulla biografia di Petrarca e organizzale in una presentazione multimediale di almeno 5 slides.
15. Trasforma il discorso indiretto, che contiene lo scambio di informazioni tra i due giovani all'alba, in discorso diretto. Puoi cominciare così: *Attaccare discorso non fu difficile. Riccardo le chiese: "Dimmi qualcosa di te...".*

SCRITTURA CREATIVA — Dal punto di vista di...

16. Racconta la prima parte della storia (dall'entrata della ragazza nello scompartimento al momento in cui Riccardo si addormenta) utilizzando la narrazione in prima persona, cioè facendola narrare dal ragazzo stesso.

VERSO LE COMPETENZE

- *Comunicazione nella madrelingua*
- *Consapevolezza ed espressione culturale*

17. Commenta in una pagina, facendo riferimento anche a tue esperienze di scrittura, questa frase di Umberto Eco.

> C'è una sola cosa che si scrive solo per se stesso, ed è la lista della spesa. Serve a ricordarti che cosa devi comperare, e quando hai comperato puoi distruggerla perché non serve a nessun altro. Ogni altra cosa che scrivi, la scrivi per dire qualcosa a qualcuno.

T4 Haruki Murakami Vedendo una ragazza perfetta al 100% in una bella mattina d'aprile

Haruki Murakami (Kyoto, 1949) è uno scrittore, traduttore e saggista giapponese. Molte delle sue opere di narrativa sono best seller in tutto il mondo e si sono guadagnate numerosi premi. Al centro della sua produzione campeggiano spesso situazioni tragicomiche e imprevedibili, in cui si muovono personaggi ambigui.

In una bella mattina di primavera in un quartiere giapponese, un giovane, che nel racconto è la voce narrante, incrocia una ragazza. Non è una bellezza straordinaria, ma il narratore sente che è la ragazza perfetta per lui. Eppure se la lascia sfuggire. La stessa cosa era accaduta anni prima, ma il destino aveva tramato contro i due, allora giovanissimi.

Da questo racconto in Giappone è stato tratto anche un cortometraggio.

In una bella mattina di aprile, in una via laterale del quartiere di Harajuku[1], sono passato accanto ad una ragazza perfetta, al 100%.

Non era una gran bellezza. E nemmeno di un'eleganza strepitosa. I capelli dietro la testa le avevano preso una brutta piega dormendo e doveva essere vicino alla trentina. Eppure già a cinquanta metri di distanza avevo capito che era la ragazza perfetta per me. Dal momento in cui la vidi il mio battito cardiaco divenne irregolare e l'interno della bocca mi si fece secco come la sabbia del deserto.

Forse anche a voi piace un tipo particolare di ragazza. Quelle che hanno le caviglie sottili, per esempio, o dei grandi occhi, o delle belle mani... non so, magari vi attirano quelle che amano mangiare con calma, lentamente, o qualche altra prerogativa del genere. Ovviamente ho anch'io il mio tipo. Mi è già successo di andare al ristorante e restare affascinato dal naso della ragazza che sedeva alla tavola accanto.

Nessuno però può dire come deve essere quella perfetta al 100%. Prendiamo la ragazza di quel mattino, non ricordo neppure che forma avesse, il suo naso. Anzi, non ricordo neppure se avesse un naso. Tutto quello che ricordo è che non era una gran bellezza. Molto strano, vero?

"Ieri sono passato accanto alla ragazza perfetta al 100%", dico a uno.

"Ah sì?" mi risponde lui. "Era molto bella?"

"No, non direi."

"Allora era proprio il tuo tipo?"

"Non mi ricordo. Ho dimenticato tutto, che forma avessero i suoi occhi, se avesse molto seno o no..."

"Strano."

"In effetti."

"Allora cos'hai fatto?" continua lui con aria annoiata. "Le hai parlato, l'hai seguita?"

"Non ho fatto nulla", rispondo io. "Le sono semplicemente passato accanto." Lei camminava da est a ovest, io da ovest a est. In una mattina di aprile veramente piacevole.

1. **Harajuku**: quartiere di Tokyo noto per le tendenze giovanili innovative.

Avrei voluto parlarle, anche soltanto per una mezz'oretta. Chiederle di lei, raccontarle di me. E soprattutto spiegarle le complicate combinazioni del destino che avevano fatto sì che noi due passassimo uno accanto all'altra in una strada laterale di Harajuku in una bella mattina di aprile del 1981. Di sicuro tutto ciò era denso di caldi segreti, come un antico meccanismo costruito in tempi di pace.

Dopo aver parlato di queste cose, avremmo potuto pranzare insieme, andare a vedere un film di Woody Allen, fermarci al bar di qualche albergo a bere qualcosa. E con un po' di fortuna, magari finire insieme in un letto.

Una tale possibilità bussava alla porta del mio cuore.

La distanza tra lei e me si era ridotta a quindici metri.

"Bene, adesso le rivolgo la parola", ho pensato. "Ma cosa le dico?"

"Buongiorno. Posso parlarle un momento, per favore? Mi bastano trenta secondi."

Assurdo, mi avrebbe preso per un rappresentante di una compagnia di assicurazioni.

"Mi scusi, sa se c'è una tintoria aperta ventiquattr'ore su ventiquattro, da queste parti?" Ancora peggio. Tanto per cominciare, non avevo neanche la borsa con la roba sporca!

Che fosse meglio dirle subito tutta la verità?

"Buongiorno. Lei per me è la ragazza perfetta al 100%."

Non mi avrebbe mai creduto. E anche supponendo il contrario, era probabile che non avesse nessuna voglia di parlare con me.

"Io per lei sarò pure la ragazza perfetta, ma lei per me non è affatto l'uomo perfetto", mi avrebbe risposto. In tal caso mi sarei sentito perduto, ne sono certo. Ormai ho trentadue anni, tutto sommato invecchiare significa proprio questo.

Le sono passato di fianco davanti a un negozio di fiori. Un lieve spostamento d'aria tiepida mi ha accarezzato la pelle. Il marciapiede d'asfalto era bagnato d'acqua, ho sentito un profumo di rose. Non le ho rivolto la parola, non ce l'ho fatta. Lei indossava una maglia bianca e nella mano destra teneva una busta bianca alla quale mancava il francobollo. Una lettera per qualcuno. A giudicare dagli occhi terribilmente assonnati, poteva darsi che avesse passato tutta la notte a scriverla. Poteva darsi che quella busta contenesse tutti i suoi segreti.

Ho fatto pochi passi e quando mi sono voltato la sua figura era già scomparsa tra la folla.

Naturalmente adesso so benissimo in che modo avrei dovuto abbordarla, quella volta. Ma comunque sarebbe stato un discorso troppo lungo, non avrebbe funzionato. Le idee che mi vengono in mente non sono mai pratiche.

Ad ogni modo quel discorso cominciava con "c'era una volta"... e finiva con "non pensa che sia una storia molto triste?".

C'erano una volta in un posto lontano, un ragazzo e una ragazza. Il ragazzo aveva diciotto anni, la ragazza sedici. Né l'uno né l'altra potevano dirsi molto belli, erano soltanto due ragazzi normali e solitari come ce ne sono ovunque. Però erano fermamente convinti che da qualche parte al mondo esistessero la ragazza e il ragazzo perfetti per loro, al 100%.

Un giorno camminando per la strada si trovarono faccia a faccia.

▲ Ragazze che percorrono Takeshita Street, strada pedonale nel quartiere di Harajuku, Tokyo.

"Che sorpresa, ti ho cercata dappertutto", disse il ragazzo alla ragazza. "Forse non mi crederai, ma tu per me sei la ragazza perfetta al 100%."

"Anche tu per me sei il ragazzo perfetto al 100%", disse la ragazza. "Sei esattamente come ti immaginavo, in tutto e per tutto, mi sembra di sognare."

I due sedettero su una panchina nel parco e parlarono, parlarono, senza stufarsi mai. Non si sentivano più soli. Trovare il compagno, la compagna perfetta, ed essere a propria volta trovati da lui, da lei, che cosa meravigliosa!

Nel cuore però nutrivano un piccolo, piccolissimo dubbio. Era giusto che un sogno si realizzasse così facilmente?

"Senti, facciamo un'altra prova", disse allora il ragazzo in una pausa della conversazione. "Se siamo veramente perfetti al 100% l'uno per l'altra, di sicuro un giorno ci incontreremo di nuovo da qualche parte e quando ci rincontreremo, se ci troveremo ancora perfetti al 100%, ci sposeremo subito, lì sul posto. Sei d'accordo?"

"Sì, sono d'accordo", rispose la ragazza.

Così i due si separarono.

Invece non c'era alcun bisogno di fare un'altra prova. Erano assolutamente perfetti l'uno per l'altra, al 100%. Ma le onde inevitabili del destino si presero gioco di loro.

Un inverno, entrambi si buscarono una brutta influenza che imperversava quell'anno, e dopo essere rimasti per molte settimane tra la vita e la morte, al risveglio avevano dimenticato completamente il proprio passato. Le loro teste erano vuote come il salvadanaio del giovane D. H. Lawrence[2].

Siccome però erano due ragazzi intelligenti e perseveranti, a costo di molti sforzi acquisirono una nuova coscienza e nuove capacità emotive e tornarono a fare magnifi-

2. **D. H. Lawrence**: scrittore, poeta, pittore e saggista inglese (1885-1830).

camente parte della società. Furono di nuovo in grado di prendere la metropolitana, di cambiare linea, di andare alla posta per spedire una raccomandata. E sperimentarono di nuovo l'amore, al 75 o all'85%.

Intanto il ragazzo aveva compiuto trentadue anni, la ragazza trenta. Il tempo era passato a una velocità strabiliante.

Poi, in una bella mattina di aprile, lui stava camminando in una via laterale di Harajuku, da ovest a est, per fare colazione al bar, mentre lei percorreva la stessa strada da est a ovest per spedire una raccomandata. Si incrociarono a metà strada. Per un attimo un barlume dei vecchi ricordi illuminò i loro cuori.

"È la ragazza perfetta per me, al 100%", si disse lui.

"È il ragazzo perfetto per me, al 100%", si disse lei.

La luce dei loro ricordi però era troppo debole, le loro parole non erano chiare come quattordici anni prima. Si passarono accanto senza parlarsi e scomparvero tra la folla in direzioni opposte. Non pensa che sia una storia molto triste?

È così che avrei dovuto parlarle.

H. Murakami, *Vedendo una ragazza perfetta al 100% in una bella mattina d'aprile*, da *L'elefante scomparso ed altri racconti*, trad. it. di A. Pastore, Einaudi, Torino, 2009

GUIDA ALLA LETTURA

LA SITUAZIONE INIZIALE

Il racconto si apre con una situazione relativamente comune: il narratore è colpito da una ragazza che non ha doti di bellezza particolari – tanto che successivamente non la ricorderà neppure nel dettaglio – e che tuttavia gli appare come la donna perfetta per lui. La sensazione sembra suscitargli un certo stupore, al punto che si rivolge ai lettori per trovare conforto e il giorno dopo condivide le sue emozioni con "uno" dei suoi conoscenti.

IL SALTO NEL PASSATO

La percezione irrazionale del primo incontro (in realtà, cronologicamente il secondo) trova parziale spiegazione nel lungo flashback che riporta i protagonisti all'età dell'adolescenza. Anche allora i due si incontrarono ed ebbero la netta percezione di essere fatti l'uno per l'altra. In quell'occasione trovarono il coraggio di confidarselo, provarono una gioia comune ma anche un dubbio fatale. Ecco perciò la decisione di separarsi e di aspettare come prova definitiva della loro affinità un nuovo incontro.

UN DESTINO BEFFARDO

Ma il destino è beffardo. Una malattia (in apparenza improbabile) cancella la memoria di entrambi, che al secondo incontro non sono in grado di riconoscersi. Il narratore sembra sottolineare la distanza fra i due protagonisti rimarcando come questi procedano in due direzioni opposte (*lei camminava da est a ovest, io da ovest a est*). Ma anche i due giovani, in fondo, aiutano il destino: la mancanza di coraggio nell'osare vivere fino in fondo il loro amore in occasione del loro primo incontro sembra quasi essere punita dal destino.

UNA NARRAZIONE SENTIMENTALE

Il racconto di Murakami rientra nel genere della narrazione sentimentale in quanto esprime l'interiorità del narratore. Di fronte alla percezione di avere incontrato la ragazza perfetta per lui, egli si interroga su quali siano i motivi da cui nasce questa sensazione, sulle ragioni del suo comportamento nell'averla lasciata sfuggire e anche sulle possibili reazioni di lei nel caso avesse trovato il coraggio di affrontarla e condividere le sue emozioni. Alla narrazione dei fatti si accompagna l'analisi del proprio mondo interiore e delle cause che quei fatti originano. I due protagonisti della vicenda appaiono inizialmente curiosi, poi timidi, in cerca di se stessi negli altri. Un senso di eterna incomprensione e stupore latente sembra accompagnare la distanza che tiene separati i due.

LA MOLTIPLICAZIONE DEI PIANI

Dietro una costruzione apparentemente semplice, il racconto svela invece una struttura che moltiplica i piani temporali (con l'alternanza presente/passato/presente) e anche i punti di vista: a quello prevalente del narratore si sommano, infatti, quelli ipotetici dei lettori cui il narratore stesso si rivolge e del conoscente, che resta così indeterminato da poter essere inteso come una voce interiore del narratore stesso.

UNA APPARENTE CONCLUSIONE

Come spesso accade nella produzione narrativa di Murakami la conclusione è solo apparente. Il mancato incontro fra i due non dà infatti una risposta definitiva all'interrogativo che serpeggia attraverso tutto il racconto sull'esistenza di un compagno perfetto al 100% per ciascuno di noi e tocca al lettore trovare una risposta a questa domanda.

COMPRENDERE E ANALIZZARE

COMPRENSIONE

1. In quale tempo è ambientata la vicenda?
2. Quali tratti fisici rivela la ragazza perfetta al 100%?
3. Quali reazioni suscita nel narratore?
4. È la prima volta che i due si incontrano?
5. Perché il narratore esita a rivolgerle la parola?

ANALISI

6. Nel racconto vengono riportati in diverse occasioni i pensieri del narratore. Con quale tecnica? Rispondi con opportuni esempi tratti dal testo.
7. Ricostruisci il personaggio del narratore attraverso i comportamenti che assume nel corso della vicenda. Quali aspetti del suo carattere si possono ricavare?
8. Nel corso del racconto il narratore si rivolge a due interlocutori. Quali?
9. Qual è il punto di vista attraverso cui è narrata la vicenda? Motiva la tua risposta.
10. Pur tenendo presente che si tratta di una traduzione, considera lo stile del racconto: quale costruzione sintattica prevale? E quale registro lessicale?
11. Fabula e intreccio coincidono? Motiva la tua risposta ed eventualmente ricostruisci l'ordine in cui si svolgono gli eventi.

SCRIVERE

APPROFONDIMENTO E SCRITTURA

12. Hai mai incontrato una persona che ti ha suscitato emozioni positive al primo impatto, senza aver bisogno di conoscerla? Ritieni che sia una cosa possibile o solo il frutto della fantasia di uno scrittore?

    Esprimi la tua riflessione in proposito in una pagina di quaderno.

SCRITTURA CREATIVA — Riscrivi il finale

13. Immagina che il narratore incontri nuovamente la ragazza perfetta al 100%. Se la lascerà sfuggire anche questa volta? Sviluppa in 10-15 righe un nuovo finale per il racconto.

VERSO LE COMPETENZE — COMPITI DI REALTÀ

- *Comunicazione nella madrelingua*
- *Competenza digitale*
- *Spirito di iniziativa e imprenditorialità*

14. Immagina di dover realizzare un servizio giornalistico sulla visione dell'amore negli adolescenti. Preparati alcune domande (per esempio: che cos'è per te l'amore? Ritieni di esserti mai innamorato/a? Esiste secondo te la persona perfetta per te al 100%?), intervista 4-5 fra amici e compagni di classe e scrivi un articolo di almeno una pagina che riporti alcuni aspetti comuni che avrai ricavato dalle tue interviste e alcune battute degli intervistati.

    In alternativa al testo scritto, con un gruppo di compagni puoi realizzare un'intervista video o audio.

    Il tuo lavoro sarà valutato sulla base di questi parametri:

Criteri / Livello di padronanza	Iniziale (1)	Base (2)	Intermedio (3)	Avanzato (4)
Pertinenza delle domande				
Selezione delle informazioni				
Efficacia comunicativa				

2 NOI E GLI ALTRI

T5 James Joyce Eveline

James Joyce (Dublino, 1882-Zurigo, 1941), poeta e romanziere, è uno degli scrittori più innovativi del primo Novecento. Nasce in una famiglia cattolica, primogenito di nove fratelli, studia inizialmente presso i gesuiti, poi all'Università di Dublino, quindi a Parigi. Sceglie l'esilio volontario dall'Irlanda, ma la città natale Dublino fornisce ambientazioni e personaggi alla sua intera produzione. Joyce vive a Trieste (dove diventa amico dello scrittore Italo Svevo), a Zurigo, a Parigi. Scrive i racconti contenuti nella raccolta *Gente di Dublino*, il romanzo autobiografico *Dedalus* e l'*Ulisse*, opera pubblicata nel 1922 che lo rende famoso, in cui pur essendo ripresi gli episodi dell'*Odissea*, l'eroe omerico è sostituto da un uomo comune, insignificante, che deve affrontare i problemi dell'esistenza ordinaria. Due anni prima di morire pubblica un'opera sperimentale e molto complessa, *La veglia di Finnegan*.

I quindici racconti della raccolta *Gente di Dublino* (1914) trattano delle **diverse stagioni dell'esistenza umana** – infanzia, adolescenza, maturità – attraverso le storie di vari personaggi, tutti abitanti della città irlandese, vittime dell'atmosfera provinciale e inerte dell'ambiente in cui vivono, che genera in loro un profondo senso di paralisi.

Eveline Hill è una diciannovenne orfana di madre, che conduce una vita monotona fatta di lavoro e di incombenze domestiche. Il racconto la presenta pensosa davanti a una finestra della sua casa, in un momento in cui ha la possibilità di dare una svolta radicale alla propria esistenza.

Seduta alla finestra guardava la sera invadere il viale. Teneva la testa appoggiata contro le tendine e sentiva nelle narici l'odore del crétonne[1] polveroso. Era stanca. Poca gente per strada. Passò l'inquilino della casa di fondo che rientrava. Sentì i passi risuonare sul marciapiede di cemento, poi lo scricchiolio della ghiaia sul sentiero dinanzi alla fila di costruzioni nuove, color mattone. Un tempo c'era un campo laggiù e loro solevano giocarci ogni sera, insieme agli altri ragazzi del quartiere. Poi l'aveva comprato un tale di Belfast[2] e ci aveva costruito delle case; non misere casupole nere come le loro, ma case chiare in mattoni, dal tetto lucente. Tutti i ragazzi del viale avevano giocato in quel campo: i Devine, i Water, i Dunn, il piccolo Keogh lo zoppo e lei coi suoi fratelli e sorelle. Solo Ernest non ci giocava: era troppo grande. Spesso veniva il padre a scacciarli di là col suo bastone di pruno[3], ma di solito il piccolo Keogh stava di guardia e chiamava non appena lo vedeva arrivare. Eppure parevan bei tempi quelli! Il padre non era ancora così cattivo e la mamma era ancora viva. Molti anni erano passati da allora: adesso lei e i suoi fratelli e sorelle s'erano fatti grandi e la mamma era morta. Anche Tizzie Dunn era morto e i Water erano tornati in Inghilterra. Come tutto cambia! Toccava a lei ora d'andarsene come gli altri, lasciare la casa. La sua casa! Si guardò attorno nella stanza fissando ad uno ad uno gli oggetti familiari che in tutti quegli anni aveva spolverato regolarmente una volta

1. **crétonne**: tessuto di cotone stampato a colori vivaci, usato per tappezzerie. Il nome deriva dal villaggio di Creton, in Normandia, noto per le sue tele.
2. **Belfast**: capoluogo dell'Irlanda del Nord, appartenente al Regno Unito. Invece Dublino è la capitale della Repubblica d'Irlanda (Eire).
3. **pruno**: arbusto spinoso.

alla settimana, domandandosi sempre da dove poteva venire tanta polvere. Forse non li avrebbe più visti quegli oggetti, dai quali mai aveva immaginato di doversi separare un giorno. Nonostante ne fosse passato del tempo, ancora non era riuscita a sapere il nome del prete la cui fotografia ingiallita pendeva dalla parete sopra l'harmonium[4] scordato, accanto alla stampa a colori dei voti dedicati alla Beata Margherita Maria Alacoque[5]. Era stato un compagno di scuola del padre e ogni volta che questi mostrava il ritratto a un visitatore non mancava d'accompagnare il gesto con una parola casuale: – È a Melbourne[6] adesso. Sì, aveva acconsentito ad andarsene, a lasciare la casa. Ma era ragionevole da parte sua? Si sforzava di prendere in considerazione ogni lato del problema. Lì almeno non le sarebbero mai mancati cibo e alloggio; né, quel che più conta, le persone che era avvezza[7] a vedersi intorno sin dalla nascita. Certo doveva lavorare, e lavorare sodo, sia in casa che fuori. Chissà cosa avrebbero detto ai Magazzini quando si fosse risaputo che era scappata con un giovanotto? Le avrebbero dato della scema, forse, e messo un annuncio sul giornale per sostituirla. Sarebbe stata contenta la signorina Gavan. Non le aveva mai risparmiato le sue stoccate[8], specie se c'era gente che sentiva. – Non vedete che le signore aspettano, signorina Hill? – Ma svegliatevi signorina Hill, fatemi il piacere... Non c'era da piangerci davvero a lasciare i Magazzini. Nella casa nuova però, in un paese lontano e sconosciuto, non sarebbe andata così. Sarebbe stata una donna maritata lei, Eveline, e la gente le avrebbe usato rispetto. Non si sarebbe lasciata trattare come sua madre, no. Ancora adesso, per quanto avesse già diciannove anni compiuti, le avveniva a volte di temere la violenza paterna. Era stata questa paura, lo sapeva, a farle venire le palpitazioni[9]. Prima, quando erano ancora piccoli, il padre non si sfogava mai su di lei come su Harry e Ernest, perché era una ragazza; ma in seguito aveva cominciato a minacciarla e a dirle che, se non fosse stato per la memoria di quella buon'anima di sua madre, non avrebbe mancato di darle il fatto suo. E ora non c'era più nessuno a proteggerla. Ernest era morto e Harry che faceva il decoratore di chiese, era sempre via, lontano da casa. C'erano poi le eterne discussioni per i soldi, il sabato sera; discussioni che la sfinivano. Dava lo stipendio intero in famiglia – sette scellini[10] alla settimana – e Harry mandava quanto poteva; ma il guaio era cavarli al padre, i quattrini. Era una spendacciona, le diceva, una scervellata e non se la sentiva lui di darle i soldi guadagnati con tanta fatica per vederli buttare dalla finestra; questo e altro le diceva, perché era sempre di cattivo umore il sabato sera. Alla fine però glieli dava e le chiedeva se non aveva per caso l'intenzione di comperare qualcosa per il pranzo della domenica. Così le toccava scappar via a fare la spesa, aprendosi la strada a gomitate fra la folla, il borsellino di pelle nera stretto nel pugno, per rincasare poi, tardi, carica di provviste. C'era da faticare, è vero, a tenere in ordine le stanze e a stare attenta che i due fratellini minori, affidati alle sue cure, andassero a scuola ogni mattina e avessero di che mangiare. Un lavoro duro, sì, una vitaccia; eppure, ora che stava per lasciarla, già non la trovava più

4. **harmonium**: strumento musicale costituito da una tastiera azionata da mantici a pedale, con un suono simile a quello dell'organo.
5. **Margherita Maria Alacoque**: monaca francese vissuta nel XVII secolo, beatificata nell'Ottocento e canonizzata nel 1920 (successivamente dunque alla pubblicazione del racconto).
6. **Melbourne**: città dell'Australia.
7. **avvezza**: abituata.
8. **stoccate**: battute pungenti, frecciate.
9. **palpitazioni**: accelerazioni del battito cardiaco, in questo caso legate al sistema nervoso.
10. **scellini**: moneta inglese che corrispondeva alla ventesima parte della sterlina.

così insopportabile. Ne avrebbe cominciata un'altra, adesso, con Frank. Era buono e forte Frank, e di cuore generoso. Sarebbe andata via con lui quella sera, col piroscafo[11] della notte. Sarebbe andata via per diventare sua moglie e vivere con lui a Buenos Aires nella casa che l'aspettava. Come ricordava bene la prima volta che l'aveva visto! Aveva preso alloggio in una casa sulla strada principale, dove lei aveva degli amici. Le pareva fossero passate poche settimane da allora. Stava sul cancello, il berretto tirato all'indietro sulla nuca e i capelli che gli ricadevano a ciocche sulla fronte abbronzata. Poi si erano conosciuti. Ogni sera andava a prenderla all'uscita dei Magazzini e l'accompagnava fino a casa. Una volta l'aveva anche portata a sentire *La ragazza di Boemia*[12] e a lei era parso un sogno potersene stare lì fianco a fianco, a teatro, in posti che non le erano abituali. Gli piaceva la musica a Frank e sapeva anche cantare. Tutti erano al corrente del loro amore e così quand'egli cantava la canzone della ragazza innamorata del marinaio, Eveline non poteva fare a meno di sentire un certo dolce imbarazzo. La chiamava Poppy[13], tanto per ridere. In principio l'idea di avere un corteggiatore le aveva dato alla testa, ma poi s'era messa a volergli bene sul serio. Le parlava di paesi lontani, di come avesse cominciato da mozzo[14], a una sterlina al mese, su una nave della linea Allan[15], che andava al Canada. E le diceva i nomi delle altre navi su cui era stato e dei diversi servizi, le raccontava di quando aveva passato lo Stretto di Magellano[16] e le sue mirabolanti avventure coi selvaggi. Aveva avuto fortuna a Buenos Aires, diceva, e in patria c'era tornato solo per godersi una vacanza. Naturalmente il padre era venuto a saperlo e le aveva proibito d'avere a che fare con lui. – Li conosco, va' là, questi marinai! – aveva detto. Un giorno avevano litigato, Frank e il padre, e da allora avevano dovuto vedersi di nascosto. La sera s'andava infittendo sul viale e il bianco delle due lettere che aveva in grembo, si faceva indistinto. Una era per Harry, l'altra per il padre. Il suo prediletto, veramente, era stato Ernest, ma anche a Harry voleva bene. Aveva notato che in quegli ultimi tempi il padre era un po' invecchiato; avrebbe sentito la sua mancanza. Anche lui a volte sapeva essere gentile. Non molto tempo prima, un giorno che era stata a letto, malata, s'era messo a leggerle una storia di fantasmi e le aveva abbrustolito il pane sul fuoco. Un'altra volta, quando ancora era viva la madre, erano andati tutti insieme a far merenda sulla collina di Howth[17] e ricordava com'egli si fosse messo in testa il cappellino della moglie, per farli divertire.

Il tempo passava ma lei rimaneva lì seduta presso la finestra, la testa appoggiata contro le tendine e l'odore polveroso del crétonne nelle narici. Giù dal viale saliva il suono di un organetto. Lo conosceva quel motivo. Strano che venisse proprio quella sera a rammentarle la promessa fatta alla madre, la promessa di tenere insieme la famiglia fintanto che avesse potuto. Le tornò a mente l'ultima notte della sua malattia. Si rivide nella stanza buia, chiusa, in fondo al corridoio: da fuori giungeva il melanconico suono dell'organetto. Avevano dato sei pence[18] al sonatore, perché se ne andasse. E ricordava il padre che tornava in punta

11. piroscafo: nave a vapore.

12. *La ragazza di Boemia*: opera del compositore irlandese Michael William Balfe (1808-1870).

13. Poppy: nomignolo affettuoso che esprime tenerezza, simile al nostro "bambolina".

14. mozzo: membro dell'equipaggio con umili mansioni.

15. Allan: compagnia di navigazione.

16. Stretto di Magellano: punta estrema dell'America del Sud.

17. collina di Howth: penisola montuosa a nord-est di Dublino.

18. pence: (plurale di penny) all'epoca, un penny era la dodicesima parte dello scellino. Attualmente è la centesima parte della sterlina.

di piedi nella camera dell'ammalata dicendo: – Dannati italiani[19]! Proprio qui debbono venire! Mentre stava lì a meditare, la penosa visione della vita della madre operava nel più profondo del suo essere una specie di maleficio; una vita di sacrifici meschini conclusasi nella pazzia finale. Tremò riudendo la voce materna ripetere con vuota insistenza: – Derevaun Seraun! Derevaun Seraun[20]! S'alzò di scatto, sotto l'impulso del terrore. Fuggire! Fuggire doveva! Frank l'avrebbe salvata. Le avrebbe dato vita e forse anche amore. E voleva vivere lei! Perché avrebbe dovuto essere infelice? Anche lei aveva diritto alla felicità. E Frank l'avrebbe presa fra le braccia, l'avrebbe stretta fra le braccia, l'avrebbe salvata.

Era alla stazione di North Wall[21], in mezzo alla folla ondeggiante. Egli la teneva per mano ed essa sapeva che le stava parlando, che le ripeteva qualche cosa sulla traversata. La stazione era piena di soldati coi loro bagagli scuri e attraverso le ampie porte della tettoia si scorgeva a tratti, oltre la murata della banchina, la massa immobile e nera della nave, con gli oblò illuminati. Taceva. Si sentiva le guance pallide e fredde, in quel groviglio di disperazione pregava Iddio d'illuminarla, di mostrarle qual era il suo dovere. Il lungo, lamentoso fischio della sirena tagliò la nebbia. Se partiva, domani si sarebbe trovata in alto mare, con Frank, diretta a Buenos Aires. Avevano già fissato i posti. Come poteva tirarsi indietro dopo tutto quel che aveva fatto per lei? Lo sgomento le dette quasi un senso di nausea: continuava a muovere le labbra in tacita e fervida preghiera. Una campana le rintoccò sul cuore. Sentì ch'egli l'afferrava per mano. – Vieni!

Tutti i mari del mondo le s'infrangevano sul cuore. E lui la trascinava dentro, la voleva annegare. Con ambo le mani s'aggrappò alla cancellata. – Vieni!

No! No! No! Era impossibile. Le mani strinsero freneticamente le sbarre. E dal fondo dei mari ella alzò un grido d'angoscia.

– Eveline! Evy!

Lo vide correre di là dai cancelli, chiamandola perché lo seguisse. Gli gridarono di andare avanti ma egli continuava a chiamarla. Volse allora verso di lui la faccia pallida, passiva, come un povero animale impotente, e i suoi occhi non gli diedero alcun segno d'amore o di addio o di riconoscimento.

J. Joyce, *Eveline*, da *Gente di Dublino*, trad. it. di F. Cancogni, Einaudi, Torino, 1970

19. **Dannati italiani**: i suonatori di organetto.

20. **Derevaun Seraun**: parole senza senso, che contengono suoni propri della lingua irlandese.

21. **North Wall**: stazione ferroviaria di Dublino, vicino al porto.

GUIDA ALLA LETTURA

UN PERSONAGGIO E LA SUA STORIA

La protagonista del racconto è un personaggio ben caratterizzato: ha diciannove anni, è orfana di madre, ha un lavoro, vive col padre e con i fratelli più piccoli che sono ancora in casa e dei quali si prende cura, da qualche tempo è fidanzata con un giovane che vive in Argentina. Attraverso numerosi flashback il lettore viene a conoscenza anche di molti aspetti dell'infanzia della giovane, in particolare dei suoi rapporti con i genitori e con i fratelli e degli effetti della morte della madre sulla vita della famiglia e sul carattere del padre.

IN PRIMO PIANO LA COSCIENZA DELL'INDIVIDUO

Fin dalle prime righe del testo si ha l'impressione tuttavia che il centro del racconto non sia nei fatti: ogni elemento della storia è filtrato attraverso lo sguardo e il flusso di pensieri della protagonista, colta in un momento di pausa davanti alla finestra. Eveline – si viene a sapere poco alla volta – si trova in un momento delicatissimo della propria esistenza: all'insaputa del padre, sta per lasciare la sua casa e la sua città per imbarcarsi alla volta dell'Argentina con il suo fidanzato, sposarlo e iniziare con lui una nuova vita. A ridosso della possibilità concreta di operare un taglio netto nella propria esistenza, la giovane ripensa la sua storia e il suo presente, rilegge i suoi affetti, ricorda episodi dell'infanzia, in un flusso continuo di emozioni, dubbi, pensieri, impressioni. È la coscienza del personaggio la vera protagonista del racconto.

UNA SVOLTA MANCATA

Il finale è a sorpresa: nel momento in cui la nave sta per salpare dal porto di Dublino, Eveline rinuncia a partire. Rifiuta il cambiamento e sceglie di rimanere entro i confini conosciuti della vita che le è familiare. Un elemento che orienta la decisione della giovane sembra essere il senso di responsabilità nei confronti della promessa fatta alla madre di prendersi cura del padre e dei fratelli. C'è un particolare all'interno del racconto, che assume i caratteri di una rivelazione improvvisa (epifania): il motivo musicale, suonato da un organetto lontano mentre Eveline è assorta alla finestra, fa affiorare il ricordo dell'impegno assunto e scoraggia ogni ipotesi di cambiamento.

LE TECNICHE NARRATIVE

Il racconto presenta una costruzione singolare attraverso un continuo alternarsi di punti di vista e diverse focalizzazioni: quella prevalente è senza dubbio la focalizzazione interna, laddove eventi e situazioni sono narrati dalla prospettiva della protagonista. Il brano si apre con un narratore esterno che presenta il personaggio di Eveline alla finestra, per cui si ha un'iniziale focalizzazione zero.

Dopo poche righe, a partire dalla frase *Eppure parevan bei tempi quelli!*, con il passaggio al punto di vista di Eveline, subentra una focalizzazione interna. Il narratore esterno si riaffaccia alla riga 16 (*Si guardò attorno nella stanza...*), per lasciare nuovamente al personaggio, poco dopo, la prospettiva con la quale presentare i fatti, *Chissà cosa avrebbero detto* [...]? (riga 29) che viene mantenuta per quasi tutto il racconto.

COMPRENDERE E ANALIZZARE

COMPRENSIONE

1. In quale momento della giornata inizia il racconto e dove? In quale luogo si conclude?
2. Chi sono Ernest e Harry?
3. Dove lavora Eveline? Che cosa fa del suo stipendio?
4. Quale effetto suscita su Eveline il suono di un organetto nel viale (righe 86-87)?

ANALISI

5. Come è presentato il padre di Eveline? Delinea il suo profilo psicologico.
6. Che rapporto c'è tra Eveline e suo padre?
7. Descrivi il personaggio del fidanzato di Eveline.
8. Nel corso del racconto alcuni indizi preannunciano la decisione finale della protagonista. Rintraccia i passi in cui compaiono e trascrivili sul quaderno.

SCRIVERE

APPROFONDIMENTO E SCRITTURA

9. Ricostruisci la fabula e poi riassumi il racconto in un testo di almeno 15 righe.

SCRITTURA CREATIVA Riscrivi il finale

10. Riscrivi il finale del racconto in un testo di almeno 10 righe.

SCRITTURA CREATIVA Immagina che...

11. Immagina Eveline dieci anni dopo e descrivi la sue condizioni di vita in un racconto di una pagina.

VERSO LE COMPETENZE

- *Comunicazione nella madrelingua*
- *Imparare a imparare*
- *Competenze sociali e civiche*

Nel 1914, anno in cui vengono pubblicati *Eveline* e gli altri racconti della raccolta *Gente di Dublino*, l'Irlanda non era ancora una repubblica indipendente. Cerca informazioni sulle tappe del processo con cui il Paese da membro del Commonwealth passa a costituirsi repubblica e prepara una presentazione di almeno sei slides, in cui compaia anche una cartina dell'isola e la sua attuale, interna divisione politica.

T6 Francesco Guccini La scuola

Francesco Guccini (Modena, 1940) è un cantautore, compositore e scrittore italiano. Considerato uno dei maggiori cantautori italiani e autore di canzoni simbolo per diverse generazioni, Guccini esordisce come scrittore nel 1989 con il romanzo *Cròniche Epafàniche* (Feltrinelli), in cui racconta vicende accadute a Pavana, il paese della sua infanzia. La provincia italiana resta poi lo sfondo della sua produzione narrativa successiva, cui si affianca anche un'attività sempre più intensa di glottologo e dialettologo. Insieme a Loriano Macchiavelli Guccini firma anche una serie di gialli che hanno per protagonista il maresciallo Santovito.

Il racconto è tratto da una raccolta uscita nel novembre 2015 costituita da una serie di brevi quadri narrativi che restituiscono la **vita della provincia**, rievocata attraverso lo sguardo di bambino dell'autore: un matrimonio oggi inimmaginabile, ma assolutamente normale all'epoca, il funerale di un compaesano molto popolare, il sarto sempre ubriaco, il tenore lirico appassionato di ciclismo, la contadina poetessa, i compagni di scuola, fra ironia e un velo di malinconia per un tempo inesorabilmente perduto.

La scuola media degli anni Cinquanta era molto diversa da quella attuale. Allora si rimandava, a ottobre, e all'occorrenza si bocciava anche, senza pietà. I voti erano molto più contenuti, più sobri, non ricordo di aver mai visto, ad esempio, un 9, e anche gli 8 erano molto scarsi, come le oasi in un deserto. Ci si accontentava del 6 e si era ben felici se qualche volta, casualmente, direi miracolosamente, capitava un 7.

Non avevamo materie "leggere", come Educazione tecnica, o quella musicale. Non ci facevano vedere film, a scuola. I libri erano più castigati, con molta meno iconografia di adesso, meno paragonabili a riviste patinate, forse perché il concetto di scuola era più severo, quasi a insegnarti che la vita era dura e dovevi cominciare a soffrire fin da piccolo.

◀ DAL TESTO ALLE PAROLE ▶ p. 183

◀ DAL TESTO ALLE PAROLE ▶ p. 182

Infatti non ci si andava gratis, alla scuola media, e dopo l'esame di quinta elementare ti attendeva un altro terribile esame, quello cosiddetto "d'ammissione", difficilissima grata da superare, altrimenti finivi all'avviamento professionale e, terminati i tre anni, tutto finiva lì, non potevi andare alle superiori e, dopo, all'università. Per essere promosso dovevi, oltre a dare una buona dimostrazione di conoscenza della lingua italiana, letta, parlata e scritta, padroneggiare l'analisi grammaticale e l'analisi logica a menadito[1], perché già dalla prima media ti attendeva il latino e si cominciava subito, con *rosa rosae rosae*, chissà perché era scelto il nome del bellissimo fiore per iniziarti ai misteri della prima declinazione; dopo ne arrivavano altre quattro ma, per farti capire che non erano tutte rose (e fiori), con la seconda declinazione ti aspettava un animale inquietante, *lupus lupi lupo*, la stessa belva che avresti incontrato più tardi, alle superiori, assieme al timido e sfortunato agnello, quando arrivano, *siti compulsi*[2], spinti dalla sete, allo stesso ruscello[3].

1. **a menadito**: alla perfezione.

2. ***siti compulsi***: espressione latina che significa, appunto, spinti dalla sete.

3. **la stessa belva... ruscello**: si allude qui alla favola *Il lupo e l'agnello* di Fedro, favolista latino del I sec. d.C.

▲ Aldo Ferrari, *Bambini a scuola*, 1951-52. Archivio fotografico cineteca di Bologna.

Poi c'erano i verbi, prima coniugazione, *amo amas amavi amatum amare*, col curioso e misterioso supino[4] (a cosa serve il supino?), seguita, la prima, da altre tre, con verbi regolari e irregolari, attivi e passivi. E deponenti[5]. Di cui dovevi imparare a memoria il paradigma. E se *amo* era relativamente facile da ricordare, ti arrivavano addosso *cado* e *caedo*. Come fa il supino di *cado, cadutum*? E poi strane reminescenze del supino di *venio*: il vento non esiste, ti insegnavano. Una di quelle formulette che non ti dimenticherai per tutta la vita, come "Ma con gran pena le reca giù" per rammentare i nomi delle Alpi, o "S'ode a destra uno squillo di tromba: perepè perepè perepè. A sinistra uno squillo risponde: quattro terzi, pi greco, erre tre" e il volume della sfera rimaneva impresso per sempre.

Eravamo ragazzini di undici, dodici anni, ancora molti di noi con i calzoni corti o, i più audaci, con quelli cosiddetti "alla zuava", una via di mezzo, un "vorrei ma non posso", prima dei forse desiderati pantaloni lunghi.

Avevamo sostituito la cartella di fibra a tracolla con la borsa di pelle con manico, roba da professionisti, la cannetta col pennino con la penna stilografica (spesso, uno dei doni della prima comunione, assieme all'orologio). E non erano più i maestri (sembra incredibile, ma allora esistevano ancora maestri maschi) a farci scuola (oggi, i pochi sopravvissuti, sono protetti dal WWF come specie in via d'estinzione). Questi maestri, sebbene molto più severi delle maestre contemporanee, sarebbero stati sostituiti da una razza nuova, sconosciuta e temibile, i professori.

Facemmo conoscenza coi compiti in classe (oggi li chiamano "verifiche"), e i "pensierini" furono sostituiti dai "temi" ma, se in italiano me la cavavo abbastanza bene, era il latino la mia tragedia. Chi ricordava, ad esempio, che in latino il nome delle piante è femminile, e che la concordanza con eventuale aggettivo deve essere al femminile? Quindi *populus*, il pioppo (non "il popolo", che ha un altro accento), se è bianco, anche se sembra maschile, vuole *alba*, non *albus*, e via di errore blu, e ogni errore si pagava con un voto in meno. Com'era facile prendere 5 o 4. Tutto però è abbastanza vago, nel ricordo, tutto cancellato. Ritorna, a volte, in qualche incubo notturno, nel quale ti ritrovi a scuola, stai per essere interrogato e ti rendi conto di non sapere niente. Ti dici: eppure avevo studiato, la sapevo; ti ripeti: ma io le ho già fatte, queste scuole, ho già pagato

4. **supino**: modo della coniugazione latina.

5. **deponenti**: forma della coniugazione latina.

questa tassa. Ma sono sogni. Da sveglio non rammenti il nome degli insegnanti, anche i nomi e le facce dei 50 compagni ti sfuggono. Forse ti sovviene del tuo compagno di banco, Rapazzi, mi sembra, faccia da astuto furetto, che tifava per i Greci dell'Iliade (è comodo, vinceranno!), mentre tu tenevi per i Troiani; con lui facesti le spadate (come si diceva) con la riga da disegno per scoprire velocemente che era fatta di un legno morbido e fragile e che, con quella riga, era diventato impossibile tracciare qualsivoglia retta.

Altri non ne ricordo, svaniti nelle pieghe degli anni e delle mille conoscenze e faccende capitate; forse Rubiz, profugo istriano (ma questo realizzato dopo, da adulto), perché lo so finito in Australia a insegnare italiano; forse Pozzesi, il più bravo della classe, diventato anni dopo (ma già se ne potevano cogliere i sintomi) cattolico integralista, un po' xenofobo; forse Milio, trafficante in giornaletti audaci, che erano poi riviste tedesche di nudismo che mostravano femmine integralmente nude, massimo culmine dei nostri primi slanci sessuali.

◀ DAL TESTO ALLE PAROLE ▶ p. 183

Uno però lo ricordo bene, anche se non del tutto fisicamente: Bonazzi, per quello che successe quella mattina di dicembre.

Già, quella mattina di dicembre: non rammento il clima, ma sicuramente sarà stato freddo, nebbioso, opprimente. Le nostre scuole d'allora erano riscaldate a stufe a legna, niente termosifoni, erano tutte ospitate in edifici vetusti[6], la maggior parte ex conventi. I banchi ancora di legno, come alle elementari, i vetri appannati dal vapore dei fiati. Primo trimestre, in aria già il sentore delle quasi vicine vacanze natalizie, per arrivare alle quali c'erano ancora tremendi ostacoli, le pagelle, ma prima il risultato degli ultimi compiti in classe.

La professoressa di Lettere ("Signora Professoressa", non "prof", come oggi), certamente giovane, ma per noi vecchia stantia, arrivò col fascio dei compiti di latino. Si mise a sedere, tirò fuori dalla borsa il malloppo dei fogli protocollo e li appoggiò sulla cattedra. La classe ammutolì. Io ero rassegnato all'esito, anche se in fondo al cuore nutrivo un debole filo di assurda speranza, vedi che per un imperscrutabile scherzo del destino avessi azzeccato tutte le concordanze, Pozzesi invece era incrollabile nella sua cattolica apostolica romana sicumera di bravo e ligio studente. Gli altri, chi più chi meno, tremebondi o rassegnati come me al peggio.

La professoressa sfogliò distrattamente il plico delle prove. «Non è andato benissimo» disse, «dovete applicarvi di più, studiare di più. A questo proposito» e sfilò dal mucchio un foglio e guardò in un punto preciso, «Bonazzi, mi spieghi che intenzioni hai?»

Bonazzi, seduto in un banco in mezzo alla classe, si alzò. Le mani lungo i fianchi, la testa abbassata, un ciuffo di capelli neri, lo sguardo, mi sembra di ricordare, ma forse metto impressioni a posteriori e frammenti letterari sulla realtà, un poco torvo[7], da Franti[8].

«Bonazzi» continuò la professoressa, «dimmi che intenzioni hai. Hai consegnato il compito in bianco. Hai fatto molte assenze. Anche gli altri professori mi dicono che fai lo stesso nelle altre materie. Pensi di andare avanti in questo modo?»

6. **vetusti**: antichi.
7. **torvo**: sguardo che denota diffidenza o astio.
8. **Franti**: dal personaggio del romanzo *Cuore* di Edmondo De Amicis (1846-1908), allude alla malvagità.

Qualcuno di noi ridacchiò. Bonazzi alzò la testa, guardò la professoressa e poi, improvvisamente, senza segni premonitori, scoppiò in singhiozzi. Piangeva, le lacrime gli scivolavano sulla faccia, piangeva senza ritegno. «Non capite» disse quasi balbettando, «non capite, io non ce la faccio più, sono disperato, mi è morta mia mamma, mi è morta mia mamma, mia mamma... non c'è più, non c'è più...», sempre in piedi, le mani lungo i fianchi, la testa di nuovo chinata.

Rimanemmo ammutoliti. La professoressa si mosse sulla sedia. «Siediti, Bonazzi» disse, con voce diversa, più dolce. «Scusami, non lo sapevo, scusami. Ma se ci avessi detto qualcosa ti avremmo aiutato, anche i tuoi compagni; ora stai tranquillo, parlerò anche con gli altri insegnanti, ti aiuteremo, Bonazzi, a superare la grande tragedia che ti ha colpito.»

Una grande tragedia, come qualcun'altra che accompagnò i giorni di noia, paura, piccole gioie e momenti di divertimento, la morte della madre di Bonazzi e la morte, questa più sentita perché ci toccava più da vicino, di un nostro compagno di scuola. Ma come? Era un coetaneo, uno di noi, lasciarci così, all'improvviso, ma si può morire a quell'età? Non sapemmo neanche il perché (il cuore?), ma lui lo sapeva? E i suoi genitori? E che futuro avrebbe avuto, nella vita, se una vita gli fosse stata concessa? Che lavoro avrebbe fatto, si sarebbe sposato, avrebbe avuto figli? Andammo tutti al funerale. Oggi lo ricordo appena, quel compagno, apparso e scomparso e poi dimenticato: un viso di grande pallore? Una strana compostezza in un adolescente? Forse il cognome è rimasto; il nome, come il carattere e le sue precise caratteristiche, sparito, svanito per sempre, come lui.

Ma torniamo a noi. L'altro fatto, dopo la morte della madre di Bonazzi, accadde circa una settimana dopo. Nel pomeriggio fissato per il ricevimento dei genitori, si presentò all'incontro coi professori una signora. «Buon giorno» pare dicesse, «sono la madre dell'alunno Bonazzi, sono venuta a sentire come va mio figlio.»

Nessuno sa esattamente come andò quella conversazione e possiamo solamente immaginarla.

«La madre di Bonazzi? Lei? Ma Bonazzi quale, quel Bonazzi?»

«Ma certo» rispose probabilmente la donna, «Bonazzi Mario» – non si chiamava Mario, ma dei compagni di scuola, come quelli del servizio militare, si ricordano solo i cognomi –, «mio figlio.»

«Ma, mi scusi, è sicura che parliamo dello stesso Bonazzi?» avrà chiesto la professoressa. «Mi scusi ma, insomma, come sta? Voglio dire, è stata malata ultimamente?»

La conversazione sarà andata avanti per molto, con reciproci chiarimenti, fino ad arrivare alla logica conclusione: Bonazzi era un grande attore tragico. Qualcuno, per giustificare un'impreparazione, una mancanza, un ritardo, aveva fatto morire una nonna, ma il capolavoro di far morire una madre fu una novità assoluta, un colpo di scena mai visto prima, recitato con vera maestria.

Bonazzi dopo quel giorno non venne più a scuola.

E non l'abbiamo mai più visto. Chissà cosa ha fatto, della sua vita.

F. Guccini, *La scuola*, da *Un matrimonio, un funerale, per non parlare del gatto*, Mondadori, Milano, 2015

GUIDA ALLA LETTURA

UNA SCUOLA D'ALTRI TEMPI MA NON TROPPO

Fin dall'apertura del racconto l'autore delinea una scuola d'altri tempi: più selettiva e severa nei voti e nelle competenze richieste agli studenti, con libri meno allettanti, materie pesanti, nessuna variante rispetto alla lezione tradizionale, le rimandature, due percorsi differenti ad attendere chi finiva le elementari, lo studio del latino anticipato al primo anno di scuola media.

Eppure, alcuni aspetti sono rimasti molto simili: l'ansia per le pagelle e i risultati delle verifiche, gli escamotage per non essere interrogati o per giustificare risultati negativi, la solidarietà fra compagni.

LA DIMENSIONE SENTIMENTALE

La dimensione sentimentale è preponderante nel racconto. Il narratore rievoca in prima persona episodi della propria vita di studente filtrati attraverso la memoria. Tra le righe, emerge a più riprese una dimensione tipica del sentimento, la nostalgia, che si basa sulla rievocazione di un passato irrimediabilmente perduto e su un'età della vita in cui tutte le strade sono ancora aperte.

Accanto alla nostalgia, emerge l'affetto per un mondo scomparso e per le figure che lo popolano, come nel breve cenno, coperto dal pudore, al compagno morto precocemente, con la dolorosa iniziazione alla morte dei coetanei che gli sono sopravvissuti.

Talvolta, a smorzare il sentimento, affiora l'ironia, come nel riferimento ai maestri maschi, considerati oggi una sorta di specie protetta dal WWF data la loro minima presenza nella scuola dei nostri giorni.

UN NARRATORE INTERNO...

Il racconto è affidato a un narratore interno, che prende la parola in prima persona e ricostruisce i propri ricordi di scuola attraverso la memoria. Anche la focalizzazione, dunque, è interna: la voce narrante, che coincide in questo caso con l'autore, conosce solo quanto lo riguarda, e può al massimo provare a indovinare i pensieri altrui.

...APPARENTEMENTE SMEMORATO

Nel corso della narrazione l'autore afferma più volte di non ricordare nei dettagli fatti, situazioni e personaggi. In realtà il racconto li restituisce con una nitidezza attenuata solo dal velo nostalgico che li percorre.

La scuola frequentata da Guccini si delinea con particolari sempre più vividi, i compagni a poco a poco si svelano nelle loro peculiarità e in alcuni casi anche nel loro destino di adulti. Perfino l'odiato latino sembra aver lasciato numerose tracce indelebili nella memoria dell'autore.

VITA DI PROVINCIA

Anche questo, come tutti i racconti della raccolta, riporta in vita esistenze minime, destinate all'oblio se non fosse per la rievocazione compiuta dal narratore. Guccini riporta in vita fatti e personaggi della provincia italiana del secondo dopoguerra, esercitando la memoria per far riaffiorare dettagli, immagini ed emozioni e restituisce figure destinate a stagliarsi sulla pagina e nella mente del lettore, come quella dell'audace e improvvido compagno pronto a usare come giustificazione alla propria impreparazione addirittura la presunta morte della madre.

COMPRENDERE E ANALIZZARE

COMPRENSIONE

1. In quali anni l'autore frequenta la scuola media?
2. Perché, secondo Guccini, i libri contenevano meno illustrazioni rispetto a quelli di oggi?
3. Quali percorsi di studio si aprivano agli studenti una volta terminata la scuola elementare ai tempi di cui parla Guccini nel racconto?
4. Quali competenze occorreva possedere per superare l'esame di ammissione?
5. In che stagione si svolge l'episodio di Bonazzi?

ANALISI

6. L'autore ripete più volte di avere ricordi vaghi e nebulosi della sua esperienza di studente. Ti sembra un'affermazione coerente con il testo?
7. A che tipo di narratore è affidato il racconto?
8. Quale punto di vista prevale?
9. Considera fabula e intreccio: ci sono alterazioni rispetto allo svolgimento cronologico delle vicende?
10. Rintraccia nel testo gli elementi che rimandano alla scuola vissuta dall'autore.
11. Quale atteggiamento mostra l'autore verso quella scuola?
12. Quale giudizio implicito del narratore emerge a proposito della trovata del compagno di classe Bonazzi?

SCRIVERE

APPROFONDIMENTO E SCRITTURA

13. Affida a un testo di almeno 2 pagine alcuni dei tuoi più significativi ricordi scolastici.
14. L'autore fa riferimento al passaggio dal pennino alla penna stilografica. Nella tua esperienza sono cambiati alcuni degli strumenti che utilizzi a scuola?
15. L'autore era schierato dalla parte dei Troiani. Se hai già affrontato lo studio dell'*Iliade* schierati anche tu e spiega le motivazioni della tua scelta.

SCRITTURA CREATIVA Immagina che...

16. Immagina quale possa essere stata la sorte di Bonazzi dopo la sua sparizione da scuola e ricostruiscila in un racconto di almeno una pagina.

VERSO LE COMPETENZE

- *Comunicazione nella madrelingua*
- *Competenza digitale*
- *Imparare a imparare*
- *Competenze sociali e civiche*
- *Spirito di iniziativa e imprenditorialità*
- *Consapevolezza ed espressione culturale*

17. La scuola di oggi si confronta con l'uso della tecnologia che sta lentamente ma inesorabilmente modificando la didattica.
    Immedesimati nel docente della tua materia preferita, scegli un argomento di quella disciplina e prepara una "lezione digitale" da presentare ai tuoi compagni.

DAL **TESTO** ALLE **PAROLE**

Iconografia

- Branca della storia dell'arte che studia le immagini, anche nel loro riproporsi in correnti e periodi diversi.
- Serie di raffigurazioni di uno stesso soggetto (i. della Deposizione) o di un determinato periodo (i. cinquecentesca).
- Serie di illustrazioni che completano un testo.

La parola *iconografia* deriva dal greco *eikonographía*, (composto di *eikón*, "immagine" e *graphía*, "scrittura") e nella sua accezione più generale indica il complesso delle **immagini** attinenti a discipline, argomenti o personaggi specifici. Il termine è nato nell'ambito delle discipline artistico-figurative e si è esteso nel tempo anche al di fuori di esse.

Affine, ma non sinonimo, è il termine **iconologia**, dal greco *eikonologìa*, (composto di *eikón*, "immagine" e *logìa*, "discorso", "ragionamento") che definisce la scienza il cui oggetto è l'interpretazione di simboli, figure allegoriche e altri emblemi.
Dall'accusativo singolare del termine greco *eikón* (gen. *eikónos*) deriva il latino tardo, *icona*(*m*) e successivamente l'italiano **icona** nel significato di **immagine sacra**, effigie di santo o mistero religioso, dipinta su tavola e tipica dell'arte religiosa russa e bizantina. Sempre dal greco *eikón,* nel senso di "immagine sacra", deriva tutto un gruppo di composti diffusi a partire dall'epoca bizantina o immediatamente posteriore:

- **iconoclastia**: dottrina contro il culto delle immagini sorto nella chiesa orientale nel sec. VIII;
- **iconoclasta**: nell'VIII secolo seguace dell'iconoclastia; per estensione chi è caratterizzato da un violento istinto di distruzione verso valori convenzionalmente accettati.

RINFORZIAMO IL LESSICO

1. Pur essendo un termine specialistico, *icona* viene oggi utilizzato al di fuori dell'ambito in cui è nato. Con quale significato lo si può trovare?
2. Una volta individuatolo, rifletti su quali siano per te cinque icone del mondo contemporaneo.

Scuola Il termine deriva dal latino *schola*, a sua volta derivato dal greco *skholé* ("tempo libero", "riposo"). Esso infatti inizialmente indicava l'**ozio**, l'occupazione piacevole del tempo libero, e solo in un secondo momento passò a indicare la **discussione** e la **lezione** e, per estensione, il luogo in cui esse vengono tenute. Il passaggio semantico è strettamente connesso alla cultura come appannaggio di chi, nell'antichità e fino a tempi relativamente recenti, poteva permettersi di non lavorare. Oggi la radice profonda di questa parola, che gli studenti non associano affatto al tempo libero, ne restituisce invece proprio il profondo significato di un tempo libero non perché vuoto, ma perché libero dalle catene dell'ignoranza.

Analoga evoluzione ha subìto il termine **studio**, dal latino *studium*, "desiderio", "passione", che fa riferimento alla conoscenza come a qualcosa cui il soggetto aspira e non a qualcosa che si subisce passivamente.

Oggi il termine scuola indica l'istituzione educativa che ha il compito di formare le giovani generazioni, ma anche, per estensione, l'attività di insegnamento-apprendimento e gli spazi che ospitano docenti e studenti.

L'aggettivo *scolastico* significa propriamente relativo alla scuola, sia in senso didattico sia organizzativo, ma è venuto anche caricandosi di una sfumatura dispregiativa, con il significato di schematico, eccessivamente rigoroso, privo di elaborazione personale.

RINFORZIAMO IL LESSICO

1. Secondo te la scuola di oggi può essere ricondotta al suo significato etimologico? Perché? Scrivi una riflessione di una decina di righe.

Xenofobo "Chi ha paura dello straniero". Il sostantivo corrispondente deriva da due parole greche, **xénos**, "straniero" e **fobía**, "paura". Quest'ultima parola ricorre in molti termini composti di ambito psicologico e psicanalitico, tra i più noti dei quali si registra *claustrofobia*, la paura dei luoghi chiusi.

Per quanto riguarda *xenofobia* è interessante notare che nell'uso comune è certamente più diffuso il significato di "odio, rifiuto nei confronti dello straniero", ma l'etimologia in questo caso aiuta a capire che spesso una forma di ostilità nasce dalla paura di chi o di cosa non si conosce.

RINFORZIAMO IL LESSICO

La psiche umana può soffrire di paure diverse, spesso anche bizzarre. Completa la tabella verificando la correttezza delle corrispondenze.

TERMINE	SIGNIFICATO	VERO	FALSO
Agorafobia	Paura dei luoghi affollati	☐	☐
Anglofobia	Ostilità nei confronti della cultura e del popolo inglese	☐	☐
Aracnofobia	Paura dei ragni	☐	☐
Cinofobia	Ostilità nei confronti della cultura e del popolo cinese	☐	☐
Emofobia	Paura delle emozioni forti	☐	☐
Idrofobia	Paura dell'acqua	☐	☐
Scotofobia	Paura dell'oscurità	☐	☐

BUIO IN SALA

LA SCUOLA AL CINEMA

[1]

[2]

[3]

La storia del cinema passa anche attraverso le aule scolastiche e regala personaggi destinati a rimanere nel cuore degli spettatori, come il professor Keating, protagonista de ***L'attimo fuggente*** (1989) **[1]** o Will Hunting, problematico ragazzo prodigio in grado di risolvere complicati esercizi di Matematica in ***Will Hunting – Genio ribelle*** (1997).

Tra i film capostipiti del filone cinematografico riguardante la scuola vi è ***Zero in condotta*** **[2]** di **Jean Vigo**, che nel 1933 mette in scena la vita di un collegio in cui i ragazzi finiscono per ribellarsi alla ottusa severità degli adulti.

L'ambiente del collegio fa da sfondo al già citato *L'attimo fuggente* (*Dead Poets Society*), diretto da **Peter Weir**, in cui emerge la figura di un insegnante, il professor Keating, interpretato da Robin Williams, che spinge gli allievi di una scuola prestigiosa a pensare in modo autonomo e a compiere scelte dettate più dai desideri personali che dalle pressioni familiari o dalle convenzioni sociali.

Il professor Keating si colloca per fama in testa alla classifica degli insegnanti "provvidenziali", figure edificanti e spesso poco realistiche, che si distinguono dai colleghi per la volontà e la capacità di sfidare regole antiquate e lasciare un segno nei cuori e nelle menti degli studenti, come il professor Dadier de ***Il seme della violenza*** (*Blackboard Jungle*, 1955), che, negli Stati Uniti degli anni Cinquanta, cerca di promuovere il rispetto della legalità in una scuola di avviamento al lavoro frequentata da giovani a rischio, o Clement Mathieu, il maestro di musica de ***Les choristes – I ragazzi del coro*** (2004), che coinvolge i ragazzi di un istituto di correzione minorile nella creazione di un coro, superando le resistenze di un arcigno e disonesto direttore.

Più di recente il cinema ha abbandonato le camerate dei collegi e si è trasferito tra i banchi dei moderni istituti scolastici, teatro del confronto tra insegnanti pieni di dubbi sul proprio ruolo chiamati a supplire ai vuoti lasciati dalle famiglie in studenti fragili, problematici e poco motivati allo studio.

I problemi, anche strutturali, della scuola italiana compaiono nel ritratto amaro che ne fanno ***La scuola*** (1995) di Daniele Luchetti, tratto dalle opere di Domenico Starnone, e ***Il rosso e il blu*** **[3]** (2012) di Giuseppe Piccioni.

Non l'intero anno scolastico, ma gli esami di fine corso muovono la commedia ***Notte prima degli esami*** (2006) di **Fausto Brizzi**, che segue l'evoluzione del rapporto tra lo studente a rischio bocciatura Luca Molinari e il professor Antonio Martinelli, docente di Lettere, noto tra i ragazzi come "la carogna".

Talvolta l'argomento "scuola" assume al cinema caratteri di profonda drammaticità: ne ***L'onda*** (2008) di **Dennis Gansel**, un insegnante vuole dimostrare a una classe come il pericolo della dittatura non sia scongiurato nella moderna Germania, pertanto avvia un esperimento imponendo nuove regole al gruppo e simulando, con conseguenze tragiche, la nascita di un movimento autoritario; in ***Monsieur Lazhar*** (2012) di **Philippe Falardeau**, una classe di bambini deve affrontare la morte improvvisa della maestra, suicidatasi in aula, e viene guidata in un percorso di difficile maturazione dal maestro che dà il titolo al film, immigrato in Canada dall'Algeria dove moglie e figli sono morti in un incendio.

Assumono un taglio documentaristico ***La classe*** (*Entre les murs*, 2008) di **Laurence Cantet**, tratto dal diario di un insegnante di francese in una scuola media multietnica della periferia parigina, e ***Vado a scuola*** (*Sur le chemin de l'école*, 2013) di **Pascal Plisson**, che segue quattro bambini in Kenia, Marocco, India e sull'altopiano della Patagonia, nei percorsi, faticosi e pericolosi, per raggiungere la scuola, strumento per costruire un nuovo futuro per sé e per la comunità.

T7 Ian McEwan Il prepotente

Ian McEwan nasce nel 1948 ad Aldershot ed è uno dei più famosi autori inglesi del nostro tempo. Esordisce nel 1975 con la raccolta di racconti *Primo amore, ultimi riti*, ma deve la sua fama a romanzi come *Bambini nel tempo* (1987), *L'amore fatale* (1997), considerato il suo capolavoro, ed *Espiazione* (2001). Molte sue opere sono state adattate per il grande schermo.

Ne *L'inventore di sogni* Ian McEwan segue l'infanzia di Peter Fortune, un bambino di dieci anni che i grandi definiscono "difficile" perché ama star zitto e solo a "pensare i suoi pensieri". Così egli affronta il mondo mescolando realtà e fantasia e costruendo, attraverso l'immaginazione e il sogno, strategie più efficaci per le ansie e le difficoltà della crescita, come accade nello scontro con il prepotente Barry Tamerlane.

A margine del testo vengono riportate alcune riflessioni relative alle diverse modalità di **presentazione del personaggio**.

C'era un prepotente nella classe di Peter; si chiamava Barry Tamerlane. Non aveva l'aria da prepotente. Non era di quelli sempre tutti sporchi; non aveva una faccia brutta, e neppure lo sguardo da far paura o le croste sopra le dita, e non girava armato. Non era poi tanto grosso. Ma nemmeno di quei tipi piccoli, ossuti e nervosi che quando fanno la lotta possono diventare **cattivi.**

A casa non lo picchiavano, come spesso succede ai prepotenti, e neanche lo viziavano. Aveva genitori gentili ma fermi, che non sospettavano **nulla.**

La voce non ce l'aveva né acuta né rauca; gli occhi, non particolarmente piccoli e cattivi, e non era neppure troppo cretino. Anzi, a guardarlo era bello morbido e tondo, pur senza essere grasso; portava gli occhiali e, sulla sua faccia soffice e rosa luccicava l'argento dell'apparecchio dei denti. Spesso metteva su un'aria triste e innocente che a certi grandi piaceva e che gli tornava comoda quando doveva togliersi dai **guai.**

Come si spiega allora che Barry Tamerlane riuscisse tanto bene a fare il prepotente? Peter aveva dedicato a questa domanda un bel po' di pensieri. Ed era giunto alla conclusione che il successo di Barry avesse due spiegazioni. La prima era che Barry sembrava capace di ridurre al minimo i tempi tra il volere una cosa e l'ottenerla. Supponiamo ad esempio che gli andasse a genio il giocattolo che aveva un bambino in cortile: lui non faceva altro che strapparglielo di mano. Oppure se in classe gli serviva una matita, si voltava e «prendeva in prestito» quella di un compagno. Se c'era da fare una coda, lui si metteva per primo. Se ce l'aveva con qualcuno, glielo diceva in faccia e poi lo picchiava senza pietà. La seconda ragione del successo di Tamerlane era che di lui avevano tutti paura. Non si sapeva bene per-

La descrizione iniziale di Barry Tamerlane unisce la **caratterizzazione fisica e quella psicologica**, entrambe costruite su una serie di negazioni: Barry non ha l'aria da prepotente, perciò sembra un bravo bambino (c. psicologica); non è sporco (c. fisica), non ha la faccia brutta (c. fisico/psicologica), non ha lo sguardo truce (c. fisico/psicologica), non ha le croste sulle dita (c. fisica) e non è né grosso né piccolo (c. fisica). Non gira armato, quindi non ha paura di essere aggredito (c. psicologica).

Le note relative al contesto familiare caratterizzano sia l'**aspetto psicologico** sia l'**aspetto sociale del personaggio**.

L'ultima parte della presentazione del "prepotente" torna a proporre l'**elemento fisico**, anche nel dettaglio (l'apparecchio per i denti), unito all'elemento psicologico.

ché. Bastava sentirlo nominare per provare una specie di pugno gelato alla bocca dello stomaco. Uno aveva paura, perché ce l'avevano gli altri. **Barry metteva paura, perché aveva la reputazione di uno che mette paura.**

> Un esempio di **caratterizzazione sociale**: Barry fa paura perché ha la fama di uno che fa paura.

Vedendolo arrivare, la gente se ne stava alla larga, e se chiedeva caramelle o un giocattolo, se le vedeva subito consegnare. Facevano tutti così, perciò sembrava logico non fare in modo diverso.

Barry Tamerlane era potente in tutta la scuola. Nessuno poteva impedirgli di prendersi quel che voleva. Neanche lui stesso. Era una forza cieca. A volte Peter pensava che fosse come un robot programmato per fare tutto quel che doveva. Che strano che non gli importasse di essere senza amici, o di essere odiato ed evitato da tutti.

Naturalmente, Peter si teneva lontano da quel prepotente, ma provava per lui un interesse speciale. Barry Tamerlane era un mistero. **Quando compì undici anni,** Barry invitò a casa una dozzina di compagni. Peter cercò di salvarsi, ma i suoi genitori furono irremovibili. Dal canto loro trovavano simpatici la mamma e il papà di Barry e perciò, in base a una logica adulta, Peter doveva trovare simpatico il figlio.

> Un nuovo dato a completare l'**identikit del personaggio**, che permette al lettore di immaginarlo fisicamente.

Il festeggiato tutto sorridente accolse i bambini sulla porta di casa. – Salve Peter! Grazie! Ehi, Mamma, guarda che cosa mi ha regalato il mio amico Peter! Quel pomeriggio, Barry fu cortese con tutti i suoi ospiti. Partecipava alle gare, senza pretendere di vincere sempre, soltanto perché era il suo compleanno. Rideva con i genitori e versava da bere, e aiutò addirittura a rimettere in ordine e a lavare i piatti. A un certo momento della festa, Peter sbirciò nella stanza di Barry. C'erano libri dappertutto, una pista da trenino montata sul pavimento, un vecchio orso di pezza sul letto appoggiato al cuscino, una scatola del piccolo chimico, un gioco elettronico: una stanza identica in tutto e per tutto **alla sua.**

> La sequenza della festa **arricchisce i dati sui comportamenti di Barry** e sull'ambiente in cui vive: la cameretta restituisce il profilo di un bambino come gli altri, con tanti giochi e qualche interesse in più (i *libri dappertutto* e *la scatola del piccolo chimico* sono, pur nella loro semplicità, una caratterizzazione culturale).

Alla fine del pomeriggio, Barry salutò Peter con una pacca sul braccio e gli disse: – A domani Peter.

Allora Barry Tamerlane ha una doppia vita, pensava Peter tornando a casa. Ogni mattina in un determinato punto del tragitto tra casa e scuola, il bambino si trasforma in un mostro, e la sera, il mostro ritorna bambino. Questi pensieri portarono Peter a fantasticare su pozioni e incantesimi che trasformano le persone; poi però, nelle settimane che seguirono la festa di compleanno, si scordò tutto quanto. È già un mistero che riusciamo a vivere circondati da tanti misteri, e in fondo l'universo è pieno di enigmi ben più straordinari di quello di Barry Tamerlane.

Uno di questi enigmi aveva ingombrato la mente di Peter piuttosto spesso negli ultimi tempi. Camminando nel corridoio della scuola diretto alla biblioteca, aveva incrociato due ragazze delle classi alte. Una delle due stava dicendo all'amica: – Ma come fai a sapere che adesso non stai sognando? Magari stai solo sognando di parlare con me. – Be', – disse l'amica, – basta che mi dia un pizzico: se mi fa male, mi sveglio. – Ma prova a pensare, – disse la prima, – se stessi solo sognando di pizzicarti, e anche di aver sentito male. Potrebbe essere tutto un sogno e tu non lo sapresti mai...

Svoltarono l'angolo e sparirono. Peter rimase a riflettere. Quell'idea era venuta in mente anche a lui, ma non era mai riuscito a formularla con altrettanta chiarezza. Si guardò intorno. Lui con il libro della biblioteca in mano, il corridoio grande pieno di luce, le aule che si aprivano a destra e sinistra, i bambini che uscivano: forse non c'era niente di vero. Forse erano solo il frutto dei suoi pensieri. Sul muro proprio accanto a lui c'era un estintore. Allungò una mano e lo toccò. Il metallo rosso era freddo al tatto. Era solido, reale. Come avrebbe potuto non esserci? E del resto, nei sogni le cose andavano esattamente così: tutto sembrava vero. Era solo svegliandosi che uno si rendeva conto di avere sognato. Come poteva essere sicuro di non averlo sognato quell'estintore, con la vernice rossa e la sensazione di freddo?

Passavano i giorni e Peter pensava sempre di più a questo problema. Un pomeriggio si trovava in giardino e improvvisamente si rese conto che se il mondo che vedeva lo stava semplicemente sognando, allora era lui a determinare tutto quel che c'era dentro e che capitava. In alto un aereo aveva iniziato la fase di atterraggio. Il sole ne accese le ali di un luccichio d'argento. Tutta quella gente che adesso stava tirando su il sedile e mettendo da parte i giornali, non poteva avere idea di essere solo sognata da un ragazzino laggiù sulla terra. Allora, se un aereo precipitava era colpa sua? Che pensiero orribile! Comunque, se così fosse stato, tutti gli incidenti aerei non sarebbero stati veri, no? Sarebbero stati solo dei sogni. Ciononostante, Peter fissò l'aereo sulla sua testa e desiderò con tutte le forze che arrivasse sano e salvo in aeroporto. E così fu.

Un paio di sere dopo, la mamma di Peter entrò in camera sua per augurargli la buona notte. Proprio nell'attimo in cui le labbra sfioravano la sua guancia, Peter ebbe un altro di quei pensieri. Se questo era un sogno, che ne sarebbe stato di sua madre al risveglio? Ce ne sarebbe stata un'altra, più o meno uguale, ma vera? Oppure una completamente diversa? O magari nessuna? Mrs Fortune rimase piuttosto sconcertata, quando suo figlio le gettò le braccia intorno al collo e non voleva più lasciarla andar via.

Coll'andar dei giorni, a furia di rigirarsi in testa quel pensiero, Peter finì per convincersi che la sua vita fosse probabilmente soltanto un sogno. C'era qualcosa di simile a un sogno nel modo in cui i bambini al mattino si riversavano tutti a scuola, e nel modo in cui la voce della maestra fluttuava nell'aria dell'aula, e nel fruscio che faceva la sua gonna, quando si dirigeva verso la lavagna. Ed era decisamente da sogno, il modo in cui la maestra gli si parava di fronte all'improvviso per chiedergli: – Peter? Peter? Mi ascolti? Stavi fantasticando di nuovo? Lui si sforzò di dirle la verità. – Credo di aver sognato che stavo fantasticando. L'intera classe scoppiò a ridere. Meno male che Mrs Burnett aveva un debole per lui. Gli passò una mano tra i capelli e disse: – Sta' attento –. Poi si avviò al fondo dell'aula.

▲ Andre Lhote, *Six Heads of Children*, Collezione Privata.

Fu dunque così che quel giorno durante la ricreazione, Peter si ritrovò da solo ai margini del cortile. Guardando, chiunque avrebbe visto un bambino vicino al muro che fissava lo sguardo nel vuoto, senza fare niente. In realtà, Peter pensava molto intensamente. Era stato sul punto di addentare la mela, quand'ecco un'altra delle sue idee brillanti. Un'illuminazione. Se la vita era un sogno, allora la morte doveva essere il momento in cui ci si sveglia. Era talmente semplice che non poteva non essere così. Uno moriva, il sogno era finito, e ci si svegliava. Ecco perché la gente parlava di paradiso. Era come svegliarsi. Peter sorrise. Stava quasi per concedersi la ricompensa di un morso di mela, quando sollevò lo sguardo e si ritrovò gli occhi puntati sulla faccia rosa e tondetta di Barry Tamerlane, il prepotente della scuola. Sorrideva, ma non aveva l'aria contenta. Sorrideva, perché voleva qualcosa. Aveva attraversato il cortile in diagonale, senza badare agli altri che giocavano a pallone, a campana e a saltare la corda. Tese molto semplicemente la mano e disse: – Voglio quella mela –. Poi tornò a sorridere. Un raggio di sole illuminò l'argento del suo apparecchio.

Dovete sapere che Peter non era un codardo. Una volta era sceso zoppicando da una montagna del Galles con una caviglia slogata, senza un solo lamento. E un'altra volta, si era gettato nel mare in burrasca tutto vestito, per andare a salvare il cane di una signora dalle onde. Ma non aveva coraggio per le risse. Era più forte di lui. Era un ragazzino abbastanza robusto per la sua età, ma sapeva che non sarebbe mai riuscito a vincere facendo la lotta, perché non ce l'avrebbe fatta a colpire un altro sul serio. Quando in cortile scoppiava una rissa, e tutti i bambini si facevano intorno a vedere, a Peter veniva la nausea e gli tremavano le ginocchia.

– Avanti, – disse Barry Tamerlane in tono ragionevole. – Passami quella mela, se non vuoi che ti disfi la faccia.

Peter sentì il gelo salirgli dai piedi e diffondersi in tutto il corpo. La mela era gialla striata di rosso. La buccia era un po' vizza, perché se l'era portata a scuola una settimana prima ed era rimasta nel banco tutto quel tempo, emanando un profumo dolce di legno. Valeva la pena di farsi disfare la faccia per così poco? Certamente no. E d'altra parte, era giusto cederla, solo perché un prepotente la voleva? Rivolse lo sguardo su Barry Tamerlane.

Si era fatto un po' più vicino. La sua faccia rotonda, da rosa era diventata rossa. Le lenti gli ingrandivano gli occhi. Una bollicina di saliva brillava sospesa tra il ferretto e uno dei denti davanti. Non era più grosso, e di sicuro, nemmeno più forte di Peter.

– Dai Peter! Fagli vedere! – disse qualcuno inutilmente. Barry Tamerlane si voltò lanciando un'occhiata cattiva, e il ragazzino si rintanò in fondo alla folla.

– Dai Barry! Tocca a te! – dicevano altre voci. A Barry Tamerlane non piaceva essere contrastato. Si stava preparando a menare le mani. **Voltandosi di profilo**, stava già tirando all'indietro un pugno. Teneva le ginocchia leggermente piegate e ondeggiava **di qua e di là.**

I **gesti** descrivono come fisicamente Barry si stia preparando alla scontro.

Sembrava sapere il fatto suo.

Altri bambini si radunavano in cerchio. Peter sentì l'annuncio diffondersi in tutto il cortile: – Si picchiano! Si picchiano! – Arrivava gente da tutte le direzioni.

Peter si sentiva il cuore battere forte dentro le orecchie. L'ultima volta che si era trovato in una situazione del genere, lui era un gatto che poteva contare sui trucchi di un essere umano, questa volta non era così facile[1]. Cercando di prendere tempo, si passò la mela da una mano all'altra e disse: – La vuoi davvero questa mela?

– Hai sentito benissimo, – replicò Tamerlane con voce monotona. – Quella mela è mia.

Peter osservò il bambino che si stava preparando a colpirlo e gli venne in mente la festa di compleanno di tre settimane prima, quando Barry era stato così affettuoso e cordiale. E adesso, eccolo lì a fare tutte le smorfie possibili per sembrare cattivo. Che cosa gli faceva credere che quando era a scuola aveva il diritto di fare e di prendersi tutto ciò che voleva? Peter osò distogliere un attimo lo sguardo dall'avversario e vide il cerchio di facce spaventate che gli si accalcavano intorno. Gli occhi spalancati, le bocche appese. Tamerlane il terribile stava per mettere a terra un bambino e nessuno poteva farci granché. Che cosa rendeva tanto potente **il roseo, il paffuto Barry?**

Il narratore torna a insistere su quegli **aspetti fisici di Barry** che gli conferiscono un'aria tutt'altro che minacciosa, preparando la battuta di Peter: – *Tu non sei altro che un grasso budino rosa... coi denti di ferro*.

E all'improvviso, dal nulla, Peter trovò la risposta. Ma è ovvio, pensò. Siamo noi. Siamo noi che lo abbiamo sognato come il prepotente della scuola. Non è più forte di nessuno di noi. Tutta la sua forza e il potere, ce la siamo sognata noi. Noi abbiamo fatto di lui quel che è. Quando va a casa e nessuno gli crede se fa il prepotente, allora torna se stesso.

Barry tornò a parlare. – È la tua ultima occasione. Dammi quella mela o preparati a fare un volo che ti porterà diretto dentro la settimana che viene.

Per tutta risposta, Peter si portò la mela alla bocca e ne staccò un gran

1. **L'ultima volta... così facile**: si fa riferimento a un'avventura precedente in cui Peter fantastica di entrare nel corpo del suo gatto, William.

morso. – Vuoi sapere una cosa? – gli disse lentamente, senza smettere di masticare. – Io non ti credo. Anzi, se proprio vuoi saperlo, non credo nemmeno che tu esista.

La folla trattenne il fiato, qualcuno azzardò una risatina. Peter sembrava talmente sicuro di sé. Magari era vero. Persino Barry aggrottò le ciglia e smise di ondeggiare. – Che cosa hai detto?

La paura di Peter era scomparsa del tutto. Se ne stava in piedi di fronte a Barry e gli rivolgeva un sorriso, come se avesse pietà del suo non esistere. Dopo settimane di elucubrazioni intorno alla natura di sogno della vita, Peter aveva deciso che nel caso del prepotente Barry le cose stavano sicuramente così, e che perciò, se anche l'avesse colpito in faccia con tutta la forza che aveva, non gli avrebbe fatto più male di quanto poteva fargliene un'ombra.

Barry si era ripreso e si preparava a combattere. Peter staccò un altro morso di mela. Mise la faccia vicina a quella di Barry e lo squadrò come se avesse di fronte una vignetta buffa disegnata sul muro. – **Tu non sei altro che un grasso budino rosa... coi denti di ferro.**

Ci fu uno scroscio di risa tra la folla che si diffuse, differenziandosi in risolini, sghignazzi e grida. I bambini si davano di gomito, battendosi sulle ginocchia. Fingevano, naturalmente. Ciascuno voleva dimostrare agli altri che gli era passata la paura. Frammenti di quell'insulto rimbalzarono di bocca in bocca: – Budino rosa... denti di ferro... un budino coi denti! – Peter sapeva di aver detto una crudeltà. Ma che importanza poteva avere? Tanto Barry non era vero. Adesso appariva di un bel rosa acceso, più di qualunque budino mai visto. Chissà come odiava essere lì.

Peter incalzò, prima che l'altro recuperasse la rabbia. – Sono stato a casa tua. Ti ricordi? Per il tuo compleanno. Tu sei un bambino normale, tranquillo.

Ti ho anche visto aiutare tua mamma a lavare i piatti... – Aaaaaaah, – fece eco la folla accompagnando l'esclamazione con una nota di caloroso disprezzo. – Non è vero, – vomitò Barry. Aveva gli occhi lucidi. – E poi ho guardato in camera tua e ho visto l'orsacchiotto ben rincalzato sotto le coperte.

– Aaaaaaah, – gridò la folla, procedendo dalla sorpresa al più sincero sberleffo. – Uuuuuuuh! Piccolino... pisciasotto... dorme soltanto con l'orsacchiotto... aaaaah.

Va da sé che non c'era uno solo tra i presenti che non nascondesse una segreta passione per qualche vecchio animale di pezza malconcio e che non se lo coccolasse tutte le notti. Ma che soddisfazione, scoprire che il prepotente non era da meno. È probabile che Barry Tamerlane avesse ancora in mente l'idea di picchiare Peter. Con il crescere delle grida di scherno, la sua mano si sollevò in un pugno poco convinto. E proprio a quel punto accadde una cosa terribile. Barry si mise a piangere.

Inutile far finta di niente. Le lacrime gli correvano ai lati del naso senza che lui riuscisse a controllarle. Sussultava con tutto il corpo e di tanto in tanto tirava su un po' d'aria per respirare. Ma la folla non ebbe pietà.

– Oh poverino, vuole la mamma... – No, l'orsacchiotto... – Uuuuuuh. Che vergogna...

Ormai il pianto era tanto dirotto che Barry non ebbe neppure la forza di allontanarsi. Rimase lì, in mezzo al cerchio degli altri bambini, a piangersi e a smoccolarsi dentro le mani. Erano tutti e tutto contro di lui. Nessuno gli credeva più. La bolla del sogno era scoppiata facendo svanire anche il prepotente di prima.

A poco a poco risa e battute si spensero in un silenzio imbarazzato che contagiò la folla. I bambini incominciarono ad allontanarsi per tornare a giocare. Una maestra attraversò di corsa il cortile, cinse col braccio le spalle del ragazzino rimasto solo e lo portò via, dicendo – Povero caro! Qualcuno ti ha fatto un dispetto?

Per il resto di quella mattina in classe, Barry rimase muto. **Si ingobbì** sul quaderno senza più alzare gli occhi per non incontrare lo sguardo degli altri. Sembrava che stesse cercando di farsi più piccolo, **di sparire magari.**

Con queste note il narratore insiste sugli **effetti dell'umiliazione** di Barry, che si esprime fisicamente nel suo accartocciarsi su se stesso per voler sparire.

Peter, al contrario, si sentiva pieno di sé. Rientrò dal cortile e prese posto nel banco, proprio dietro a Barry, facendo finta di ignorare le strizzatine d'occhi e i sorrisi riconoscenti che lo circondavano. Aveva messo al tappeto quel prepotente senza bisogno di alzare un dito, e quasi tutta la scuola lo aveva visto. Era diventato un eroe, un conquistatore, superman. Non c'era impresa impossibile per la sua intelligenza superiore e per la sua astuzia.

Ma col passare delle ore, incominciò a sentirsi vagamente diverso. Le parole che aveva detto si misero a ossessionarlo. Le aveva dette davvero? Non potè non notare **la sagoma ricurva** di Barry Tamerlane davanti a lui. Peter si chinò e gli batté sulla schiena con il righello. Ma Barry scosse la testa e non rispose... Peter trasalì al ricordo di quel che aveva detto. Si sforzò di far mente locale su tutte le atrocità commesse da Barry. Cercò di concentrarsi sulla sua vittoria, ma non provava più alcuna soddisfazione. Si era preso gioco di Barry solo perché era grasso e portava l'apparecchio e aveva un orsacchiotto e aiutava sua mamma a lavare i piatti. Certo, aveva voluto difendersi e dare una buona lezione a Barry, ma aveva finito col trasformarlo in un oggetto di scherno per tutta la scuola. Le sue parole gli avevano fatto molto più male di qualsiasi pugno sul naso. Lo avevano umiliato. E adesso il prepotente chi era?

Uscendo per l'intervallo del pranzo, Peter appoggiò un biglietto sul banco di Barry. C'era scritto, «Ti va di giocare a pallone? PS. Ce l'ho anch'io un orsacchiotto e devo sempre aiutare mia madre a lavare i piatti. Peter».

Barry era terrorizzato al pensiero di dover affrontare gli altri nell'intervallo, perciò accettò volentieri.

Un'importante **nota psicologica** registra il capovolgimento della situazione.

I due ragazzini organizzarono una partita e vollero a tutti i costi essere messi nella stessa squadra. Si aiutarono a segnare, e uscirono dal campo tenendosi sottobraccio. Non aveva più senso continuare a prendere in giro Barry. Lui e Peter divennero amici, non proprio del cuore, ma amici, comunque. Barry appese in camera sua il biglietto che Peter gli aveva scritto, e del prepotente, come succede con i brutti sogni, ci si scordò presto.

I. McEwan, *Il prepotente*, da *L'inventore di sogni*, trad. it. di S. Basso, Einaudi, Torino, 2002

GUIDA ALLA LETTURA

UN CURIOSO ANTAGONISTA

Barry Tamerlane (il cognome è opportunamente evocativo: Tamerlano fu uno dei più potenti condottieri asiatici) non sembra, a prima vista, un "cattivo", perché è un bambino all'apparenza carino ed è abile a ingannare con i suoi modi (*Spesso metteva su un'aria triste e innocente che a certi grandi piaceva e che gli tornava comoda quando doveva togliersi dai guai*).

Peter, di cui il narratore assume il punto di vista, prima di essere spaventato, è incuriosito da lui e, riflettendo, individua le motivazioni alla base del suo potere:

- la voglia di possedere tutto e subito, senza mediazioni;
- l'immagine che si è costruito nel gruppo, a cui rinuncia in altre situazioni, come accade in occasione della festa di compleanno.

LA FANTASIA DI PETER

Come accade in tutti i racconti del libro, una situazione problematica scatena la fantasia di Peter, che sfrutta gli elementi della realtà, in questo caso la conversazione sul sogno di due ragazze, per alimentare la sua immaginazione.

La riflessione sul rapporto tra il sogno e la realtà conduce Peter ad affrontare angosce profonde (come il senso della morte) ma lo prepara anche allo scontro con il prepotente.

Il narratore avverte che Peter, pur essendosi dimostrato capace di insoliti atti di coraggio, non sopporta la violenza (*Quando in cortile scoppiava una rissa, e tutti i bambini si facevano intorno a vedere, a Peter veniva la nausea e gli tremavano le ginocchia*) e prepara il lettore a un insolito confronto.

LA *SPANNUNG* E LA CONCLUSIONE

Siamo noi che lo abbiamo sognato come il prepotente della scuola [...]. Quando va a casa e nessuno gli crede se fa il prepotente, allora torna se stesso: la fantasia centrale del racconto rivela il suo significato nel liquidare la prepotenza di Barry come qualcosa che non esiste se gli altri non la pensano. Così la paura svanisce e Barry viene visto per quello che è, un bambino grassottello, che Peter, *anche se sapeva di aver detto una crudeltà*, presenta come *un grasso budino rosa... coi denti di ferro*, spingendo anche il gruppo a fare altrettanto.

L'umiliazione ripetuta a cui Peter sottopone Barry, ricordandogli anche di averlo visto lavare i piatti, conclude la *spannung* e apre un epilogo in due momenti:

- scioglimento: la crisi di Barry, che si accartoccia su se stesso cercando di sparire e la presa di coscienza da parte di Peter del potere distruttivo delle parole, in grado di fare più male dei pugni;
- conclusione: il nuovo rapporto tra Peter e Barry, che, realisticamente, non è l'amicizia del cuore, ma basta a far diventare il prepotente *un brutto sogno*.

COMPRENDERE E ANALIZZARE

COMPRENSIONE

1. Alla riga 30 a chi si riferisce il sostantivo *gente*?
2. Quali particolari, alla festa di Barry, disorientano Peter?
3. La fantasia del sogno spinge Peter a una sorta di "delirio di onnipotenza". In quali affermazioni lo si percepisce?
4. Quali atti cita il narratore come esempio del coraggio di Peter? Scegli un aggettivo oltre a *coraggioso* per qualificare quei gesti.

5. Le forze tra Peter e Barry sono equilibrate o impari? Motiva la tua risposta con citazioni dal testo.
6. Come reagiscono i compagni alla provocazione di Barry contro Peter?

ANALISI

7. Quale tipologia di narratore è adottata per il testo?
8. Illustra la metafora *forza cieca*, utilizzata per Barry nella descrizione iniziale.
9. Quali adulti compaiono nel testo?
10. Quale situazione socio-affettiva hanno alle spalle Barry e Peter? Rispondi con riferimenti al testo.
11. Che rapporto c'è tra Peter e la maestra? Rispondi con riferimenti al testo.

SCRIVERE

APPROFONDIMENTO E SCRITTURA

12. Il bullismo rappresenta, nell'ambito scolastico, il comportamento antisociale che ha la maggiore incidenza: negli istituti superiori, il 15% degli studenti dichiara di essere stato coinvolto come vittima in episodi di bullismo, soprattutto nella forma della presa in giro, delle offese e degli insulti, e il teatro delle prepotenze per eccellenza è la classe, più ancora del tragitto casa-scuola. Quali aspetti del bullismo sono rilevabili nel racconto di McEwan? Barry si può definire un bullo? Fai una ricerca in rete sul bullismo e su come si manifesta ed esprimi la tua opinione su Barry in un testo di una pagina.
13. Spiega con parole tue il concetto espresso dall'immagine della campagna contro il bullismo riportata.

SCRITTURA CREATIVA — Dal punto di vista di...

14. Immagina che Peter accetti di raccontare in prima persona ad altri bambini la sua esperienza con Barry nell'ambito di un progetto contro il bullismo ed elabora la sua relazione sulla base di quanto hai letto nel racconto. Comincia con "Mi chiamo Peter Fortune e ho avuto a che fare con un prepotente".

VERSO LE COMPETENZE — COMPITI DI REALTÀ

- *Competenza digitale*
- *Competenze sociali e civiche*
- *Spirito di iniziativa e imprenditorialità*
- *Consapevolezza ed espressione culturale*

15. Cerca in rete alcune campagne pubblicitarie contro il bullismo e valutane l'efficacia. Utilizza le suggestioni che puoi trarre da queste pubblicità per progettare un dépliant per una campagna contro il bullismo rivolta ai tuoi coetanei. Potrai lavorare da solo o in gruppo con i tuoi compagni. Dovrai presentare il tuo lavoro spiegando come sia nata l'idea e quali siano gli obiettivi che si pone nella lotta contro il bullismo.

    Il tuo lavoro sarà valutato sulla base di questi parametri:

Criteri / Livello di padronanza	Iniziale (1)	Base (2)	Intermedio (3)	Avanzato (4)
Efficacia comunicativa				
Adeguatezza delle immagini e del rapporto testo-immagini				
Adeguatezza del registro stilistico				

T8 Marco Lodoli _ Alberto

Marco Lodoli (Roma, 1956) è uno scrittore di poesie e romanzi e insegna Italiano in un istituto professionale della periferia di Roma. Collabora con il quotidiano «La Repubblica», per il quale è editorialista su temi che riguardano i giovani e la scuola. Dapprima scrittore di poesie, approda alla prosa con il romanzo *Diario di un millennio che fugge*, che vince il Premio Mondello opera prima, ed è giudicato dalla critica il suo romanzo migliore. L'ultimo suo libro è *Il rosso e il blu. Cuori ed errori nella scuola italiana*. Temi ricorrenti della sua opera sono il viaggio e la morte, ma soprattutto il rapporto tra l'io e l'altro (il "diverso").

Il racconto si apre con l'annuncio della morte di Moravia fatto da un professore alla sua classe, che suscita tra gli studenti una serie di brevi commenti, per lo più scontati, che fanno inasprire il docente. Sempre nella stessa giornata, tuttavia, uno di quei ragazzi entra per caso nella camera ardente dove si rende omaggio allo scrittore, e la scoperta che quel morto è proprio Moravia scatena nel giovane un'onda di emozioni inattese.

Ieri il professore d'italiano è entrato in classe con la faccia dei giorni scuri. La ricreazione non era ancora terminata, ma lui ha gridato mettetevi seduti e state zitti. Posso finire di mangiare la pizza? ha chiesto Robbioli, e il professore ha detto di no. Poi ha aggiunto: è morto Moravia[1], stamattina alle nove. Il professore spesso ha delle pretese esagerate, non si rende bene conto che questo è l'istituto tecnico Marcheggiani, crede che noi sappiamo molte cose di quelle che interessano solo a lui. Ogni tanto ci fa scrivere su un quaderno un elenco di libri che dobbiamo leggere – li dovete leggere assolutamente, sono opere fondamentali – così lui detta e noi scriviamo la formazione della Roma. Insomma, solo Laura e Giorgio sapevano chi era Moravia: uno che ha fatto romanzi. Il professore ci ha ripetuto ancora una volta che siamo delle bestie e non ci meritiamo niente. Siamo nati capre e moriremo capre. Ci boccia tutti. Gli facciamo pena per quanto siamo capre. Sempre le stesse cose ripete, gli si gonfia il collo mentre le grida. Poi ha detto a Laura di aprire il Salinari-Ricci[2] a pagina seicentoundici e di leggere a voce alta. «Alberto Pincherle, in arte Moravia, nacque nel 1907 a Roma da famiglia ebrea benestante. Ammalatosi di tubercolosi ossea all'età di nove anni, dovette rimanere inattivo fino quasi a diciassette anni, passando di sanatorio in sanatorio...» Era gobbo come Leopardi? ha domandato Robbioli. So'[3] tutti gobbi gli scrittori, ha detto Finzi, per questo so' scrittori. Laura allora s'è interrotta e ha detto ce lo racconti lei, professore, questo Moravia, che a leggerlo sul libro non ci si capisce niente. Il professore ha alzato la testa dal giornale e ha ordinato a Laura di continuare a leggere, che meglio del Salinari-Ricci non può spiegarlo nessuno, e che lui, il professore, ha un calo di voce e non deve sforzarsi. Io a orecchio ho seguito Laura fino al primo libro di Moravia, intitolato "Gli indifferenti" e scritto dall'autore all'età di diciannove anni, che è l'età mia, poi mi

1. **Moravia**: Alberto Moravia (Roma, 1907-1990) pseudonimo di Alberto Pincherle, scrittore, giornalista, saggista, reporter di viaggio e drammaturgo italiano. Autore, tra gli altri, del romanzo *Gli indifferenti*, citato nel racconto.
2. **Salinari-Ricci**: celebre manuale di Letteratura italiana per le scuole superiori, indicato col nome degli autori.
3. **So'**: forma dialettale romanesca per *sono*.

sono perso. Ma insomma de che parlano 'sti[4] libri de Moravia, ha chiesto Lunati, e il professore gli ha spiegato che questa è una domanda assurda, che i romanzi non parlano di una cosa o di un'altra, che nei romanzi la storia non conta niente. E che conta, allora? E lì il professore ha fatto un gesto vago sopra la testa: contano le idee, capito Lunati, le idee e lo stile. E che so' le idee, io non ce l'ho le idee, però me succedono un sacco di cose, anche questa estate, anche ieri pomeriggio. Laura, ha tagliato corto il professore, continua a leggere, che è meglio, vai dove parla della "Romana". Allora Finzi ha detto che la "Romana" lui l'ha vista in tivvù, con la Dellera[5], ed era un film da buttarsi dalla finestra a ogni puntata. Così il professore s'è arrabbiato ed è uscito in corridoio a fumarsi una sigaretta, e Robbioli s'è ripreso la pizza da sotto il banco, e tutti ci siamo messi a ripassare fisica.

Da quando ci siamo baciati per la prima volta, da metà aprile cioè, il pomeriggio io esco sempre con Mirella. Abbiamo voglia di vederci, ma non sappiamo mai che fare, dove andare a sbattere la testa. Mirella s'accontenta, dice che l'importante è passare le ore insieme, che a lei le basta. Forse quando avrò la macchina sarà meglio, perché con la macchina uno gira, gira e il tempo trascorre facile. Talvolta andiamo a Cinecittà Due[6] a guardare i negozi, oppure in via del Corso[7], o anche alla Rinascente. Mirella mi dice: ti piace quella gonna, costa pure poco. Io rispondo: sì, è bella, e passiamo alla vetrina seguente. Mirella è una ragazza romantica, un po' all'antica, tant'è che ancora non sono riuscito a portarmela a letto: quale letto, poi, non si sa. Il letto del prato alla Bufalotta[8]. Quando avrò la macchina sarà diverso. Comunque a lei piace soprattutto andare al Campidoglio[9] a vedere i matrimoni, tre, quattro di fila, che lì vanno via veloci. Le piacciono gli sposi che si baciano con rispetto, i vestiti fiammanti, le mamme che starnazzano[10], la gente ammucchiata per le fotografie, le macchine lucidate, tutto quello spettacolo lì, che a me sembra il circo Togni. Certo in chiesa, dice Mirella, è molto più bello, col crocefisso e l'organo, ma al Campidoglio si è sicuri di trovare sempre un bel po' di sposi. Anche oggi siamo saliti su per quella scalinata, perché non avevamo nessun altro programma. Io ci vado come se andassi a rubare, sperando che nessuno mi veda. Il primo matrimonio era tra una donna bella formosa, che scoppiava dentro un vestito bianco e giallo, e un ragazzo che pareva un cerino spento. Al secondo ma-

▲ Poster de *La romana*, regia di Luigi Zampa, 1954.

4. **'sti**: forma dialettale romanesca per *questi*.
5. **Dellera**: Francesca Dellera, attrice italiana.
6. **Cinecittà Due**: quartiere di Roma.
7. **via del Corso**: famosa via commerciale del centro di Roma.
8. **Bufalotta**: estensione di terreno non urbanizzato alla periferia di Roma.
9. **Campidoglio**: palazzo storico sede del Comune di Roma.
10. **starnazzano**: detto del verso delle oche, qui per intendere il vociare sonoro, confuso e pettegolo di certe donne.

trimonio due parenti se le sono date di santa ragione, in un angolo della piazza. A un certo punto si sono rotolati per terra, con la camicia bianca fuori dai pantaloni, tirandosi per le cravatte. Io ho detto a Mirella: tu resta pure qua a goderti i prossimi sposi, io vado a fare quattro passi. Volevo arrivare all'affaccio sul Foro, da dove si dominano benissimo tutte le macerie antiche, per vedere se c'era qualche gatto veramente grosso. Lì in mezzo alle pietre ci sguazzano, i gatti, ce ne sono alcuni da dieci chili. Ma prima di arrivare alla ringhiera, là dove un'altra scalinata sale verso una grande porta a vetri, ho visto un gruppo di persone con la testa bassa e l'aria bastonata, i vestiti scuri. Ho pensato a un matrimonio andato a monte, allo sposo fuggito un attimo prima di dire sì, al pranzo già pagato che attendeva in qualche ristorante. Altre persone salivano la scala a passo lento, senza parlare. Allora ho voluto capire meglio, e li ho seguiti dentro a quel palazzo.

▲ Renato Guttuso, *Ritratto dello scrittore Alberto Moravia,* 1982. Casa Museo Alberto Moravia, Roma.

Al centro di una sala immensa c'era un uomo vecchio e morto, vestito bene, con le mani incastrate una nell'altra sopra la pancia. Io non avevo mai visto un morto in vita mia, neanche mio padre ho voluto vedere, tanti anni fa. Quel morto aveva l'aria di uno che sta pensando a cosa è meglio fare, giunti a quel punto. Chi è? ho chiesto a un ragazzo che aveva un fascio di giornali sotto il braccio. È Moravia, mi ha risposto brusco. Moravia lo scrittore? Certo. Pagina seicentoundici, ho ricordato, e non ricordavo nient'altro. C'era un silenzio enorme in quella sala. Un uomo si è avvicinato alla bara scoperta e ha mormorato qualche parola, forse una preghiera. Un altro gli ha toccato la fronte, e ho sentito una ventata di freddo nelle ossa, come quando d'improvviso viene la paura e dà la scossa. Su una sedia una donna bionda piangeva tenendo un bastone da passeggio tra le mani. Il soffitto m'era parso altissimo, le pareti della sala lontanissime, mentre anch'io mi avvicinavo a quell'uomo, a Moravia. Non ricordavo nemmeno come si chiamava di nome. Franco Moravia, Gianni Moravia, Luca Moravia. Io mi chiamo Alberto, e così gli ho regalato il mio nome: Alberto Moravia, suona bene. E poi mi sono reso conto di come non so nulla, io, della vita e di cosa bisogna dire e pensare in certi momenti, che parole usare, che faccia, anche se sentivo i brividi nella schiena a guardare quel viso così definitivo, quelle sopracciglia bianche e folte come cespugli che non possono più nascondere. Chissà quanta gente s'era sposata, nel frattempo, che pianti che s'era fatta Mirella. Quante donne incinte, quanti ragazzini nelle pance o appena fuori, coi calzettoni già scesi sulle caviglie e il naso che cola. Quante indimenticabili fotografie, e i confetti. Ma prima di tornare al mondo io volevo dire qualcosa, a quell'uomo così bello, anche una cosa sola, ora che gli stavo a mezzo metro. Pagina seicentoundici, gli ho mormorato, e di corsa sono scappato fuori, per non vederlo sorridere, di me.

M. Lodoli, *Alberto*, da *Boccacce*, Il Nuovo Melangolo, Genova, 1997

GUIDA ALLA LETTURA

IL NARRATORE

La voce narrante è quella di un ragazzo di diciannove anni, romano, la cui vita assomiglia a quella di tantissimi suoi coetanei: va a scuola, ha una ragazza, esce con lei tutti i pomeriggi, anche se *non sanno mai che fare*, non vede l'ora di avere una macchina perché pensa che con la macchina la sua vita cambierà. Il racconto inizia in *medias res*: un giorno in classe il professore di italiano annuncia la morte di Alberto Moravia, avvenuta proprio quella mattina, ma la notizia non sortisce particolare effetto sugli studenti, per i quali il nome del defunto non risveglia alcun ricordo né di una lettura personale né di un argomento trattato a scuola. Solo due ragazzi sanno che è *uno che ha fatto romanzi*.

A CHE COSA SERVONO GLI SCRITTORI?

Tra i ragazzi e il professore nasce un rapido scambio di pareri sugli scrittori e sulle storie che scrivono: emergono una serie di luoghi comuni da parte della classe, che si rivela nella maggioranza indifferente se non scettica nei confronti di chi fa della scrittura una professione. E il professore, dal canto suo, preferisce delegare al libro di testo la funzione (che una studentessa invece preferirebbe si assumesse lui in prima persona) di informare gli studenti sull'autore defunto.

Insomma la scrittura e gli scrittori hanno poco a che fare con la vita dei ragazzi. È lo stesso metro di giudizio secondo il quale le rovine dei Mercati Traianei e del foro di Cesare, che costituiscono una vista mozzafiato per chiunque dalla piazza del Campidoglio svolti e scenda verso via dei Fori Imperiali, diventano per il narratore *macerie antiche*, interessanti solo perché tra di esse si possono trovare molti gatti.

L'AGNIZIONE NELLA CAMERA ARDENTE

Il narratore racconta quindi di essere andato nel pomeriggio di quella giornata, con Mirella, la sua ragazza, sul Campidoglio, perché lei ama fermarsi a osservare gli sposi all'ingresso o all'uscita dal rito civile. Il ragazzo, a cui invece i matrimoni interessano meno, si allontana temporaneamente dalla piazza ed è attirato da un gruppo di persone vestite di scuro, che procedono a testa bassa: seguendole per curiosità si ritrova, senza saperlo, nella camera ardente allestita dal Comune di Roma per la salma di Moravia. La rivelazione dell'identità del cadavere da parte di un giovane lì presente (un ragazzo come lui, ma nello stesso tempo ben diverso se ha *un fascio di giornali sotto il braccio*, segno di abitudine alla lettura) costituisce quella che nel teatro classico è chiamata agnizione, il momento in cui, alla fine di una commedia o tragedia, sulla scena si scopre la vera identità di un personaggio che per l'intera vicenda si è creduto un altro. Grazie all'agnizione la storia trova il suo scioglimento. Nell'intimo del ragazzo irrompono i sentimenti: Moravia non è più solo il cognome di uno scrittore come un altro, tra i tanti di cui parlano i professori e i libri di testo, ma è un corpo, dunque un uomo, un bel volto che si può guardare, toccare, come fanno alcuni in quel salone, a cui si può dare il proprio nome, Alberto. Senza che anche questo si potesse prevedere, la salma di Moravia spinge a pensare. Sopraffatti dall'emozione si può solo avvicinarsi a quel volto e sussurrargli l'unica cosa che viene in mente, l'unica che si può collegare al suo nome: il numero della pagina che nel libro parla di lui. Come ultimo e commosso saluto.

Il LINGUAGGIO DEI GIOVANI

Lodoli, scrittore-insegnante, conosce evidentemente molto bene il mondo dei giovani e, in particolare, il loro linguaggio.

Nel racconto il personaggio-narratore si esprime come si esprimono comunemente i ragazzi: il lessico è semplice, le battute del discorso diretto contengono le movenze proprie del dialetto, la sintassi è piana e lineare, prevalentemente paratattica. Nella prima sequenza si nota in particolare la scelta di non introdurre con la punteggiatura tradizionale e le virgolette gli inserti del parlato.

▲ Wassily Kandinsky, *Improvvisazione Numero 2 (Marcia Funebre)*. Museo d'Arte Moderna, Stoccolma.

COMPRENDERE E ANALIZZARE

COMPRENSIONE

1. Quali sono le reazioni dei compagni di Alberto alla notizia della morte di Moravia?
2. Perché Alberto, quando è con Mirella sulla scalinata che porta al Campidoglio, spera che nessuno lo veda (righe 57-58)?
3. Perché il ragazzo protagonista, prima di *tornare al mondo* (riga 100) sente che deve dire qualcosa a Moravia?

ANALISI

4. Quali atteggiamenti assume il professore di italiano nei confronti dei suoi studenti? Perché, secondo te?
5. Quali sentimenti prova Alberto nell'ultima sequenza del racconto, quando capisce di essere di fronte a un cadavere, prima, e quando scopre che si tratta dello scrittore di cui aveva parlato il suo professore in classe?
6. Quali sentimenti provano le persone che vanno a rendere omaggio alla salma di Moravia? Attraverso quali gesti o atteggiamenti si possono intuire?
7. Nel testo compaiono tre ambienti diversi, due chiusi e uno aperto. Quelli chiusi, in particolare, sono caratterizzati non tanto per la struttura, le dimensioni o l'arredo, ma per i personaggi che si muovono e parlano al loro interno. Completa la seguente tabella con le informazioni del testo.

Ambienti	Personaggi/comparse	Azioni
1. Una classe di un istituto tecnico di Roma		
2.	Alberto, Mirella, alcune coppie di sposi che si sposano con rito civile in Campidoglio	
3. La camera ardente		

SCRIVERE

APPROFONDIMENTO E SCRITTURA

8. Che idea ti sei fatto del professore di Italiano di Alberto? Secondo te è un bravo insegnante? Motiva la tua risposta in un testo di massimo 10 righe.
9. Ricostruisci il ritratto di Alberto, il ragazzo che parla in prima persona nel racconto, in un testo di massimo 10 righe.
10. Il professore di italiano del racconto dice che in un romanzo *la storia non conta niente* (riga 26), ma contano le idee e lo stile.

    Sei d'accordo? Cosa conta per te in un romanzo? Cosa ti fa dire di un romanzo: mi è piaciuto? Rispondi in un testo di massimo 15 righe.

VERSO LE COMPETENZE COMPITI DI REALTÀ

- *Comunicazione nella madrelingua*
- *Competenze matematiche*
- *Consapevolezza ed espressione culturale*

11. Divisi a coppie, fate un'indagine sugli autori preferiti dai vostri coetanei e dai vostri genitori: chiedete ad alcuni ragazzi della vostra età (preferibilmente non compagni di classe) e ai loro genitori qual è il loro scrittore preferito. Preparate una scheda di rilevazione da somministrare agli intervistati ed elaborate una statistica individuando la percentuale di gradimento di autori classici o contemporanei. Il tuo lavoro sarà valutato sulla base di questi parametri:

Criteri / Livello di padronanza	Iniziale (1)	Base (2)	Intermedio (3)	Avanzato (4)
Scelta del campione per il sondaggio				
Efficacia del questionario				
Analisi dei dati				

3 IL RAPPORTO CON GLI ANIMALI

T9 Emilio De Marchi – Storia di una gallina

Emilio De Marchi (Milano, 1851-1901) è autore di racconti e romanzi ispirati alla vita della piccola borghesia e della gente umile della terra lombarda. In queste scelte è influenzato soprattutto dalla **poetica degli umili** di Alessandro Manzoni, che per la prima volta nella storia della letteratura italiana rende protagonisti del suo romanzo personaggi di classi sociali subalterne. Il suo capolavoro è considerato il romanzo *Demetrio Pianelli* del 1890, ma tra le sue attività di scrittore va ricordata anche la traduzione in versi dal francese delle favole di La Fontaine.

I protagonisti di questo racconto sono due anziani coniugi. In attesa del Natale comprano una gallina con l'intenzione di allevarla, per assicurarsi un alimento sano e genuino per il pranzo tradizionale della festa. Non prevedono tuttavia il sorgere e il crescere nei confronti dell'animale di un vero e proprio affetto che alla vigilia del Natale li metterà in serie difficoltà.

Nel racconto che segue sono evidenziati a bordo pagina gli **interventi del narratore**.

Vivevano una volta due vecchi sposi. Egli non si chiamava Taddeo, ma Paolino, ed essa, la signora Brigida, buone anime entrambe. Il sor[1] Paolino lavorava in canestri e la moglie in raggiustare le calze; dopo trent'anni, si volevano bene come il primo giorno di matrimonio, anzi, invecchiando, miglioravano nell'amore, come il vino nelle botti suggellate. **Se il Cielo** mi concedesse tanto buon tempo che io potessi raccontare giorno per giorno la vita del sor Paolino, e della sora[1] Brigida, crederei di giovare col mio libro a' miei simili, ben più che con un trattato di meccanica celeste: perché, dopo tutto, l'amore e la benevolenza sono il pernio, sul quale la ruota del mondo gira senza stridere. Ma poiché questa consolazione non mi è concessa dalle circostanze, racconterò almeno in quest'occasione del santo Natale un episodio della loro vita, che farà piangere, io credo, tutte le anime sensibili. Beato chi piange, e una lagrima, dice un libro cinese, è più grande **del mare.**

Dopo l'esperienza fatta negli anni passati e sempre in loro danno, i **nostri** buoni vecchietti eran venuti entrambi del parere di allevare in casa una gallinetta, per vederla crescere sotto i loro sguardi all'avvicinarsi di queste ultime feste dell'anno, togliendo così il pericolo, **tanto comune oggidì,** di dover mangiare una cosa per l'altra o fors'anche una porcheria.

La storia è raccontata da un **narratore che parla in terza persona** e che nel corso della narrazione interviene con **commenti personali** subito dopo aver presentato i due protagonisti della vicenda. E tutte le volte che a un cambio di sequenza i due coniugi saranno introdotti nuovamente nel discorso verranno qualificati come *nostri* (righe 15, 27, 63) a sottolineare, da parte del narratore, un sentimento di **affettuosa familiarità** nei loro confronti.

1. **sor, sora**: abbreviazione di *signore, signora* davanti a nomi, cognomi o titoli nell'uso popolare delle regioni centro-settentrionali.

E poiché sono sull'argomento, si sa oggimai che, se tutte le lepri, che si mangiano all'osteria potessero parlare, i topi non starebbero a sentirle; come, per altra parte, accade spesso a qualcuno, mentre siede col suo pezzo di manzo sul piatto, di vederselo scappar via al suono d'una frustata. La lepre è gatto, il bue è cavallo, e così via il vino è aceto, l'aceto è veleno; non c'è speranza che nel tempo, quando, cioè, le cose saranno diventate così naturalmente false, che per cambiare torneranno quelle di prima. Ma intanto **i nostri** vecchietti, giunti sulla sessantina, dovevano per obbligo di coscienza guardarsi dalle cose false e tener da conto lo stomaco: **non meritano lode**, se all'avvicinarsi delle feste comperavano una gallinetta viva per nutrirla colle **loro mani?**

Il narratore rimanda a un carattere deteriore della società a lui contemporanea e poche parole dopo si diffonde con tono ironico sulle dilaganti contraffazioni alimentari ai danni dei consumatori.

Il narratore interpella direttamente il lettore con una domanda retorica.

La **cara** bestiola passeggiava per casa da circa tre mesi, chiocciando, piluccando, ruspando[2], come fanno tutte le sue pari. Brigida, mentre suo marito stava alla bottega, soleva discorrere con lei o le tagliuzzava foglie di verze, o le sbriciolava del pan di melica[3], invitandola a bere in una terrina bianca che pareva porcellana. **Che dirò del sor Paolino?** prima d'entrare si fermava dietro l'uscio chiamando chi-chi-chi; se fosse stata nelle nuvole, la povera bestia correva giù. Il canestrajo allora rovesciava le tasche in terra e ne usciva del grano, del pane, del biscotto, che la gallina bezzicava[4] divinamente sotto gli occhi beati dei suoi padroni. Una vedova che abitava vicino al loro uscio[5] e che, dopo la morte d'un suo pappagallo non poteva resistere a tali spettacoli, piangeva come una bambina.

L'aggettivo evidenzia il punto di vista del narratore e dunque la focalizzazione zero.

Il narratore interviene direttamente nel corso del racconto quasi a sottolineare i passaggi di sequenza.

– Che peccato! – disse un giorno il sor Paolino, – che peccato che la povera bestia non possa assaggiare una goccia del mio caffè! Oggi ha mangiato asciutto e le farà peso[6].

La sora Brigida invece trovava che, stando sempre in cucina sul mattone, avrebbe patito del freddo; non che volesse dire con ciò che un paio di calzette sarebbero convenute a una gallina, ma fece in modo che Paolino stendesse almeno una vecchia stuoja presso l'acquajo[7]. **E bisogna dire** che la gallina avesse veramente dei meriti, perché con niente non si fa il buon brodo, né la **buona stima.**

Ancora un commento esplicito del narratore.

Le penne infatti le aveva screziate sul petto e d'un bel colore rosso dorato sulla schiena; le zampe magre e svelte, l'occhio vivace e malizioso la sua parte, e ai ragionamenti dei padroni rispondeva con certi movimenti del collo, degni di qualunque ragazza da marito. Le volevano bene, dunque, non solo perché fosse una gallina, ma perché gli animi buoni si attaccano volentieri alle cose buone. Mentre i due vecchietti sedevano a tavola a mangiare quel po' di carne comechessia, comperata dal beccaio[8] (né potevano allevarsi in casa un bue come un pulcino), la gallinetta saltava su, guardava ne' piatti, ora

2. **ruspando**: razzolando il terreno alla ricerca di cibo (proprio dei polli).
3. **melica**: meliga, granturco.
4. **bezzicava**: beccava.
5. **uscio**: porta.
6. **le farà peso**: faticherà a digerire.
7. **acquajo**: lavandino.
8. **beccaio**: macellaio.

coll'occhio destro, ora col sinistro, con tanta innocenza che i due vecchietti perdevano la memoria dell'appetito. **Ma i giorni passano per tutti.**

Già si discorreva delle feste, come se fossero giunte: la gente pensava al modo di passarle bene e il Natale veniva innanzi colle sue scarpe di feltro.

I **nostri** due buoni vecchietti già da cinque o sei giorni si vedevano sopra pensiero, come se avessero nel capo un cespuglio di spine; ma, essendo e l'uno e l'altra d'indole timida e rispettosa, per paura di farsi torto a vicenda, masticavano in silenzio il loro dolore. La gioja comune che si spande in questi giorni e che rischiara le case e gli animi della gente, non li rallegrava, anzi se qualcuno diceva: – buone feste, sora Brigida, – essa rispondeva appena, crollando malinconicamente la testa. Anche il sor Paolino a bottega non era più lui; stava immobile, colle mani sul canestro, gli occhi fissi in terra e pensava: – Se non fosse che la Brigida ha bisogno d'un vitto sano e nutriente, chi oserebbe strappare una penna a quella povera creatura? E la sora Brigida dal canto suo, correndo sulla calza: – Se quel pover'uomo non avesse lo stomaco disfatto, se non avesse speso per allevarla, chi avrebbe cuore?... ma dirà che sono tenerezze da donna malata, e riderà di me; come noi ci burliamo della nostra vicina.

Così passò qualche altro giorno, senza che né l'uno né l'altra osasser toccare quel brutto tasto. Mancavano tre giorni appena al Natale e bisognava uscirne. Sedevano entrambi innanzi al camino, dopo un pranzo di magro fatto con certi pesci, che forse non eran pesci. Egli, il sor Paolino, andava costruendo colle molle una catasta di fuscellini, intorno a un ceppo, che bruciava vivo vivo, ed essa, la sora Brigida, in una cuffia di traliccio[9], colle mani sotto il grembiule, piangeva in silenzio nell'ombra.

– Credi tu, amor mio, – cominciò il sor Paolino, – che fosse veramente una tinca che abbiamo mangiato?

– Credo di no, – ella rispose stentatamente.

– Se si potesse tenerli in casa nella catinella i pesci, come si tengono i polli nella stia, si potrebbe vedere, – soggiungeva il marito per tirare il discorso sull'argomento.

Brigida si scosse sulla sua sedia e soffocò un sospiro dentro di sé per non dare segno a quel pover'uomo della sua sciocca debolezza. Vedeva troppo bene che Paolino contava di poter mangiare almeno il giorno di Natale qualche cosa di schiettamente sano. – Essa non immagina punto il mio pensiero, – disse fra sé il buon uomo, a cui spiaceva e come uomo e come marito di mostrarsi in qualche parte da meno di sua moglie.

Sedevano innanzi al fuoco, come dicevo, scaldandosi le ginocchia e discorrendo così, quando a un tratto videro venire innanzi la loro gallina, che

In questo caso il commento del narratore rimanda a un luogo comune popolare.

9. **traliccio**: ruvido tessuto di canapa o lino, molto resistente, usato soprattutto per sacchi o come fodera di materassi.

si era levata ad ora insolita, e che veniva a specchiarsi nella fiamma. Le sue penne mandavano bagliori e fosforescenze d'oro e di piropo[10] e, o fosse che i poveri vecchi la vedessero attraverso le lagrime, o fosse altrimenti, parve loro una cosa piovuta dal Cielo, se non proprio il gallo che convertì San Pietro. Il sor Paolino non poté resistere a quella vista, e con un pretesto uscì; e uscita anch'essa, poco dopo, la povera donna, andò a bussare all'uscio della vedova, in cerca d'un consiglio. Il canestraio trovò per via Angiolino del Trapano, suo vecchio amico, uomo prudente e quasi letterato, gerente[11] d'un giornale politico, che propugnava[12] una santa causa, Angiolino ascoltò la gran passione[13] dell'amico e si concertarono insieme sul modo di regolarsi in questa difficile circostanza.

▲ Vincenzo Irolli, *La figlia del contadino*. Collezione privata.

La mattina dopo, e precisamente la vigilia di Natale, Angiolino venne a trovarlo a casa e strinse la mano alla sora Brigida. Egli s'era messo quel dì l'abito scuro e teneva in mano il cappello a cilindro come soleva fare nelle cerimonie o nei processi contro la santa causa. Parlò della mala piega delle cose d'Europa, dei tempi che si fanno grossi, della poca fede, della poca umanità che c'è nel mondo, e stava per aprire la bocca sull'argomento (che già Paolino era sugli spilli), quando entrò dall'altra parte anche la vedova, cogli occhi rossi, come il giorno che aveva trovato il suo pappagallo strozzato fra due ferri della gabbia. Era anche questa un'intelligenza[14] presa fra le due donne. Tutti e quattro sedettero, sconcertati ciascuno per riguardo agli altri, mentre la gallina, più fortunata di tutti, passeggiava tranquilla, beccando le screpolature, quasi che al mondo non esistessero né i grandi né i piccoli affanni. Vi fu un istante di silenzio.

Poi Angiolino del Trapano, carezzando colla manica il pelo del suo cappello, coll'occhio fisso alla gallina: – Fortunate le galline, – disse, che sfuggono a queste preoccupazioni! Esse posseggono ancora quella semplicità che gli uomini, fatti tiranni di sé stessi, mettono in non cale[15], correndo dietro, come sciacalli, al proprio interesse, paghi[16] soltanto quando sono pagati. Beati i tempi dei patriarchi, quando gli uomini si contentavano d'un piatto di lenticchie, né avevano bisogno, come si vede in questi giorni, d'insanguinarsi le mani nella strage di tante creature, che sono pure creature di Dio! Quanto più bello e santo sarebbe, specialmente in queste occasioni, mostrar la bontà dell'animo nostro, concedendo riposo e tregua anche agli animali vivi e morti, che sono stati creati non per l'ingordigia umana, ma per far più lieta la natura col loro canto armonioso, collo splen-

10. **piropo**: pietra di color rosso fuoco, usata come preziosa.
11. **gerente**: chi si occupa della gestione di un'attività, amministratore.
12. **propugnava**: difendeva.
13. **passione**: qui significa *sofferenza*.
14. **intelligenza**: qui significa *accordo*.
15. **mettono in non cale**: non apprezzano più.
16. **paghi**: soddisfatti.

dore delle loro piume, col tenero belato, col guizzar rapido e snello nelle acque dei fiumi. L'usignolo col suo canto notturno... – seguitava Angiolino del Trapano; ma uno scoppio di pianto interruppe il bel discorso.

Paolino strinse nelle sue la mano della Brigida, e sorridendo sotto il velo delle lagrime, esclamò: – Noi non saremo tanto cattivi; anch'essa mangerà nel nostro piattello.

Quelle care persone si accordarono di pranzare insieme il giorno di Natale, per far più lieta la festa dell'umanità. La sora Brigida preparò un pranzetto d'uova, di berlingozzi[17], d'insalata, e un pasticcio di riso e, poiché i tempi sono diventati così tristi, che uno non sa ormai quel che compera e quel che mangia a tavola, aggiunse per riguardo agli ospiti, anche una gallina delle solite, comperata sul mercato, la mattina al buio, senza discutere, sicura in cuor suo che questa almeno non sarebbe stata una gallina.

E. De Marchi, *Storia di una gallina*, da *Storielle di Natale*, Treves, Milano, 1880

17. berlingozzi: dolci al forno a forma di ciambella.

GUIDA ALLA LETTURA

DUE PERSONAGGI UMILI GUARDATI CON AFFETTO

Il signor Paolino e la signora Brigida sono due personaggi del popolo: De Marchi è uno scrittore che vive e scrive nella seconda metà dell'Ottocento, in un periodo in cui in Italia è particolarmente rilevante la lezione di Alessandro Manzoni che, quarant'anni prima, per la prima volta nella nostra letteratura, aveva scelto due contadini (Renzo e Lucia) come protagonisti di un romanzo storico, di una storia seria. Manzoni aveva "sdoganato", si direbbe oggi, il mondo delle persone semplici considerandole degne di diventare personaggi letterari. L'esempio di Manzoni è seguito da De Marchi anche su un altro piano, quello delle tecniche narrative: il racconto infatti si caratterizza per la presenza di un narratore onnisciente (simile dunque al narratore de *I Promessi sposi*); perché mostra di conoscere tutto quello che riguarda i personaggi in azione e la vicenda che li riguarda e perché indugia spesso in osservazioni e commenti "personali", specie all'inizio del racconto, in cui esprime a più riprese tutto il proprio apprezzamento per l'amore sincero che dopo trent'anni di matrimonio i due anziani coniugi nutrono l'uno per l'altra.

Al centro di questo racconto c'è un ambiente popolare del secondo Ottocento, con i suoi mestieri tipici (Paolino fa il canestraio), le sue tradizioni (il brodo di gallina al pranzo di Natale), e i suoi riti: nei confronti di tutto questo è evidente da parte del narratore uno sguardo sempre affettuoso che diventa addirittura tenero nel finale.

UN TEMA PARTICOLARMENTE ATTUALE

Il titolo del racconto focalizza l'attenzione sulla gallina che i due sposi a un certo punto decidono di allevare. Intorno a questa scelta si propone un tema di sorprendente attualità: la contraffazione degli alimenti, evidentemente già presente più di un secolo fa, all'interno di una società che invece spesso tendiamo a idealizzare, tra le altre cose, proprio per il cibo sano e più in generale per ritmi di vita rispettosi dell'uomo e dell'ambiente. I due anziani acquistano una gallina per poter mangiare "sano" almeno a Natale, con un prodotto, si direbbe oggi, "a km 0" e condividono quindi con il lettore moderno quella particolare sensibilità, al giorno d'oggi in espansione, che rifiuta i prodotti alterati chimicamente a favore di un'alimentazione basata su cibi genuini e di sicura provenienza.

INTRECCIO DI PASSATO E PRESENTE

Il racconto si apre con un tono favolistico (*Vivevano una volta*...) che in un certo senso anticipa il "lieto fine" della vicenda. Tutta la storia d'altronde è affidata alla voce di un narratore onnisciente il cui punto di vista è esplicitamente moralistico, nel senso che mostra più volte di ammirare i buoni sentimenti che animano i due coniugi. L'intento dello scrittore è quello di offrire un racconto edificante che "educhi" il lettore e favorisca in lui un'adesione immediata ai valori sani, semplici e solidi presenti nella storia. In questo senso il racconto può sembrarci "antico" (ancora una volta molto vicino alla poetica manzoniana) perché la narrativa del Novecento, almeno in linea generale, si è via via allontanata da simili obiettivi. E, se ci pensiamo, suona senz'altro d'altri tempi considerare vecchi ("vecchietti" vengono definiti più volte con il tono affettuoso del vezzeggiativo) due coniugi sessantenni. Tuttavia il contrappunto che si crea in questo racconto tra la veste antica e una tematica invece assolutamente contemporanea costituisce un notevole motivo di suggestione.

COMPRENDERE E ANALIZZARE

COMPRENSIONE

1. In quale arco di tempo si svolge approssimativamente la vicenda?
2. Che cosa significa alle righe 20-21 la frase *se tutte le lepri, che si mangiano all'osteria potessero parlare, i topi non starebbero a sentirle?*
3. Che cosa deplora e che cosa invece auspica il signor Angiolino Del Trapano in visita ai due coniugi nella sequenza finale del racconto?
4. Spiega la seguente precisazione: *[...] la sora Brigida [...] aggiunse per riguardo agli ospiti, anche una gallina delle solite, [...] sicura in cuor suo che questa almeno non sarebbe stata una gallina.*

ANALISI

5. Nell'introduzione il narratore parla dell'amore tra i due sposi. Quali attenzioni reciproche si possono rilevare nel racconto da parte dei personaggi?
6. Quali aspetti del "carattere" della gallina sono sottolineati nel racconto?
7. Quale ruolo ricoprono nella vicenda rispettivamente il signor Angiolino Del Trapano e la vedova?
8. Nel racconto si cita indirettamente un proverbio famoso? Quale?
9. Quale ambiente viene descritto, seppur sommariamente, nel brano? Quali oggetti/utensili caratteristici di tale ambiente sono citati e a quale cultura materiale possono essere riferiti?

SCRIVERE

APPROFONDIMENTO E SCRITTURA

10. Riassumi il racconto in un testo di non più di 10 righe.
11. Definisci con tre aggettivi il carattere di Paolino e quello di Brigida.
12. Spiega in un testo di 10 righe per quali elementi questo racconto può essere classificato come sentimentale.

VERSO LE COMPETENZE COMPITI DI REALTÀ

- *Comunicazione nella madrelingua*
- *Competenza digitale*
- *Imparare ad imparare*
- *Consapevolezza ed espressione culturale*

13. Cerca e scrivi sul tuo quaderno il significato delle seguenti sigle di certificazione dei cibi Ue:
    - Dop
    - Igp
    - Stg
14. Nel 2016 è stato celebrato il trentesimo anniversario di Slow Food, un'associazione internazionale non profit impegnata a ridare valore al cibo, fondata da Carlo Petrini nel 1986, che si contrappone al fast food tipico del cibo globalizzato. Dopo esserti adeguatamente informato scegli uno dei due costumi alimentari e organizza una presentazione multimediale (10 slides circa) per esaltare quelli che a tuo giudizio ne sono i pregi. Il tuo lavoro sarà valutato sulla base di questi parametri:

Criteri / Livello di padronanza	Iniziale (1)	Base (2)	Intermedio (3)	Avanzato (4)
Focalizzazione sulla propria tesi				
Validità degli argomenti				
Esposizione				

T10 Vincenzo Pardini La bodda

Vincenzo Pardini (Fabbriche di Vallico, Lucca, 1950) ha lavorato come guardia giurata in Lucchesia. Esordisce nel 1976 con due racconti pubblicati sulla rivista *Nuovi Argomenti*. È autore di romanzi e di diverse raccolte di racconti. È presente con il racconto *Acchiappatassi* nel Meridiano Mondadori dedicato ai classici del Novecento.

Nelle sue storie Pardini ritrae un mondo contadino arcaico, aspro, abitato da animali di specie spesso poco conosciute e personaggi lontani dalla dimensione cittadina.

Anche la sua scrittura riflette le scelte tematiche, con arcaismi e inserti dialettali: il risultato, ben lontano dalla semplicità, è una prosa piuttosto raffinata e dal tono epico.

In questo racconto una bodda, specie di rospo disgustoso e solitario, pare ricambiare l'attenzione e la tenerezza che su di lei riversa chi, memore di quelle bodde che hanno popolato la sua infanzia, prende la parola nel racconto. E incamminandosi verso il bosco sembra trascinarlo in un rito magico in grado di riannodare i legami fra uomo e natura.

Ubriachi di sole, serpi e ramarri finivano preda dei gatti che, crudeli e spietati, gli spezzavano la spina dorsale; mentre ancora si contorcevano, li sventravano lasciando loro intatte le teste e le code, sulle quali calavano mosche d'ogni dimensione e colore. L'aria era un alito fetido[1]. Un campo di battaglia coi suoi morti anonimi e innocenti si estendeva attorno casa mia. I mici, autentici cialtroni di una guerra mai dichiarata, ma di fatto sempre combattuta, dormivano all'ombra dei muri. Fu guardando questo, che tra i radicchi e i pomodori scorsi qualcosa la cui immobilità era quella di chi si nasconde. Si trattava di una bodda; ossia di un rospo, la cui specie sta estinguendosi. La bodda che avevo davanti mostrava infatti la caratteristica sia nella forma, sia nei colori di foglie secche e di terra, di quelle che da bambino vedevo nei pressi dell'abbeveratoio delle vacche, oppure acquattate a ridosso dei poggi[2] esposti a nord: i più umidi, e dove l'erba non essicca mai. Un pomeriggio che i falciatori ammucchiavano fieno, uno di loro incappò con la forca in una di esse che finì ventre all'aria. «Lasciala stare, lasciala stare!»; ingiunse qualcuno al falciatore: un giovane alto e snello, la camicia aperta sul petto e i calzoni rimboccati sui polpacci. Lui, che avrebbe voluto trafiggerla, si trattenne a stento; e gli occhi gli scintillarono più del sudore che gli scorreva sulle tempie. A me parve di respirare olezzo[3] di corniole[4] e di ciliegie acerbe. La bodda, sgonfiati i fianchi, zampe uncinate e movimento da invalido, riprese a camminare. Incestandosi[5]. D'inverno, uno di quei mattini che succedono alla tempesta, il cielo ingombro di nubi e la terra molle, innalzavo castello coi sassi dell'orto quando mi imbattei in un'altra bodda. Non grossa come quella trovata dal falciatore, aveva l'atteggiamento di chi vuol fuggire allo sguardo umano. La osservai meglio. Sembrava di scorza e di quercia. I suoi occhi vitrei, colore della carne maculata, sebbene gelidi e indifferenti, avevo l'impressione contraccambiassero la mia attenzione. Prese poi a muoversi con dei brevi, scomposti balzelli. Dopo la pioggia le vie e le agore[6] del mio paese pullulavano di piccoli

1. **fetido**: puzzolente.
2. **poggi**: alture simili a colline, ma più basse.
3. **olezzo**: profumo.
4. **corniole**: frutti rossi delle omonime piante.
5. **incestandosi**: raccogliendosi su se stessa.
6. **agore**: plurale di agorà, piazza.

e grandi rospi. Dove stavano, o si nascondevano quando non pioveva o tirava vento? Mai ne avessi veduto uno durante la bora o la tramontana.

Avevo intanto carezzato la bodda ch'era tra i radicchi e i pomodori. La sua pelle, algida[7] e porosa, mi dette l'angoscia: quanti anni erano trascorsi senza che avessi avuto modo di intrattenermi con una di loro? Lei parve aver capito ciò che pensavo; sollevatasi sulle zampe guardava oltre l'insalata e i pomodori come avesse voluto distrarmi; insetti simili a granelli di sabbia passavano dall'erba alle foglie. Ai loro occhi, se occhi avevano, la bodda doveva apparire un dinosauro. La canicola era una frusta che mulinava la valle. La bodda non si decideva a muoversi. Rincasai. Uscii a cercarla verso sera. Tra un pensiero e l'altro l'avevo tenuta in mente tutto il pomeriggio. Non la trovai né tra i radicchi né tantomeno nei dintorni. Le bodde, sapevo, appaiono e scompaiono, vanno e vengono. Unico pericolo nel quale avrebbero potuto incorrere era essere ingoiate dal serpente «boddaglio», come lo chiamavano dalle mie parti. Serpe enorme, che con la forza dello sguardo riusciva a incantare i batraci[8] al punto che essi gli finivano in bocca. Ma coi gatti che pattugliavano i poderi circostanti tale rischio era da escludere. Poteva semmai incontrare cani e gatti, ma loro non sembravano nemmeno vederla. Gelida quale era, la mia bodda è probabile non emanasse odore. Qualcosa di rugginoso giaceva nei pressi del canile, nella scanalatura a confine col viottolo dove solevo riversare il secchiello dell'acqua che giornalmente rindoccio[9] alla cagna: era la bodda che tra i residui del fogliame cercava refrigerio. La carezzai. Lei si gonfiò come una vescica. Capii che voleva ancora acqua. È quanto continuai a fare i giorni seguenti. Alla sera sarebbe stato inutile: la bodda spariva alla ricerca di guazza[10] e di insetti. L'avrei trovata al sorgere del sole. Avvicinatomici, aveva un fremito e gli occhi le si incupivano. Presala in mano la sollevavo per darle un bacio. Le zampe le brancolavano come gli arti di un neonato. Rimessala a terra prendeva a camminare, i movimenti di un paraplegico.

Una zolla di terra si animò nei pressi della fontana: la bodda, uscita da sotto un cespuglio di rose, si dirigeva verso la pila dell'acqua, intorno alla quale si apposavano le vespe. Verso sera, testa puntata e zampe convesse, si rivolse a me dal fondo delle scale di casa. Sedutomi, le stetti di fronte. Distesa la pelle della schiena si rannicchiò. Sotto la lampada riluceva come un soprammobile di metallo. Decisi di restarle accanto.

La notte incalzava, tutto si oscurava, anche la speranza. Ero solo insieme a una bodda che lenta, costeggiando i muri nei pressi dei quali i gatti sonnecchiavano di giorno, si incamminava verso il bosco. C'era in lei qualcosa di bieco[11] e di rituale che mi istigava ad avventurarmi nel fondo del buio. Non una luce, non un rumore. Solo il frusciare dei pipistrelli. Gli allocchi[12] tacevano: che la bodda emanasse l'acuto di un maleficio? Le stelle in quel tratto di cielo erano uno sciame d'api, la Luna, una

▲ Leila Marzocchi, illustrazione tratta da *Niger 1*, Coconino Press, Bologna, 2006.

7. **algida**: fredda.
8. **batraci**: rane e rospi.
9. **rindoccio**: riempio di nuovo fino all'orlo.
10. **guazza**: rugiada che si addensa in modo abbondante.
11. **bieco**: torvo, sinistro.
12. **allocchi**: rapaci notturni.

falce appena affilata per la mietitura. Fermatasi, la bodda alzò il capo; il suo ventre e le sue zampe erano fosforescenti. Un porcospino scese da un poggio e respirava forte come chi si risvegli da un incubo. Accesa la torcia illuminai la mia compagna. Dal modo in cui mosse la testa parve indignarsi. Poi riprese a camminare verso gli alberi e le siepi.

Nubi nere orlate di giallo s'ammassavano nel cielo. Un vento gelido, insolito per una notte d'estate, faceva rabbrividire. Gli alberi stridettero, giunse l'eco di uno schianto. Le lucciole vagolavano[13] e cadevano come i lapilli di un incendio che sta per spegnersi. Ricordai un amico contrabbandiere: portava sempre il revolver nella cintola e diceva che le persone di cui più diffidava erano gli amici. Una notte lo assassineranno ai margini di una selva. La bodda avvertivo che mi respingeva, non voleva continuassi a seguirla. Un lampo squarciò le nubi illuminando un acquitrino. Lei, aumentata l'andatura, raggiunse la melma del greto. Il vento portava un persistente, iroso gracidare. Nel fango e nelle foglie i batraci erano uno a ridosso dell'altro, le gole pulsanti.

Le nubi si diradarono un poco: Venere brillava e l'oscurità si decompose. Estraneo come un nemico, cominciò a profilarsi il giorno. Ritroverò la bodda vicina ad un tombino dell'acquedotto rurale. Acchinatomici sopra emise uno scricchiolio, simile ad un ramoscello che si spezza. Ormai mi succedeva di pensarle ovunque nei fossi. Nel suo silenzio e nei suoi atteggiamenti c'era una voce che poteva raggiungermi sempre. Nel bosco, abbandonato al calce[14] di un poggio, trovai un fusto di lamiera. Al suo interno si muoveva qualcosa. Lo capovolsi. Dalla parte riversa a terra, corrosa e bucata, sgusciarono fuori sei, sette bodde grandi poco più di una noce. Nell'erba esile e gialla la bodda gonfiava i fianchi. Mascherato di nubi, il sole ridacchiava. Lei aveva cominciato a sobbalzare affiancata dai piccoli. La sera piovve a dirotto; i fari della mia macchina, scendendo a valle, altro non illuminarono che batraci, i cui occhi guardavano i fasci di luce come fossero un giorno che si accende e si spegne.

All'alba, nel tratto di strada che si immette sull'asfalto, ventre in aria, scorsi la bodda: l'avevano investita. Con un piede la sospinsi al margine della strada, nell'acqua e nel fango. Non riuscii a scordarla nemmeno d'inverno. Mi era dentro insieme alle cose e agli avvenimenti che gli anni accumulano. Tornò l'estate, nonostante io invocassi vento e bufere. Nell'aia il chiarore della lampada, assediata dalle falene, si espandeva incerto e tremante; al margine del suo ventaglio una bodda si mosse in modo insolito: non saltellava, si trascinava con le anteriori. Lei mi fissava, gli occhi fuori dalle orbite come chi sta per piangere. La sua anima di terra aveva vinto.

V. Pardini, *La bodda*, da *Rasoio di guerra*, Giunti, Firenze, 1991

13. vagolare: vagare di continuo, andare attorno senza scopo.

14. al calce: qui, ai piedi.

GUIDA ALLA LETTURA

UN INSOLITO LEGAME

In una estate assolata e rovente, sullo sfondo di una natura a tratti crudele, la voce narrante intravede fra le verdure dell'orto una bodda, esemplare di rospo in via d'estinzione, dagli occhi vitrei e la pelle porosa, inodore e capace di gonfiarsi come una vescica. La riconosce facilmente, perché si tratta di un animale spesso presente nella sua infanzia, e suscita in lui un sentimento di tenerezza. Nei giorni successivi la consuetudine di rovesciare dell'acqua dal secchiello con cui riempie la ciotola della cagna diventa una sorta di appuntamento: fra quell'acqua la bodda cerca refrigerio a un caldo opprimente che annienta uomini e animali e sembra contraccambiare l'attenzione del narratore. Ne nasce un rapporto di fiducia fra i due, tanto che l'animale finisce per lasciarsi accarezzare e perfino baciare e il narratore si riferisce a lei con l'aggettivo possessivo *mia*. E una notte, seguendola, scopre una cucciolata. All'alba trova la bodda investita e la sospinge al margine della strada, fra acqua e fango. L'anno dopo la ritroverà ad aspettarlo, anche se menomata dall'incidente.

UN BESTIARIO MOLTO VASTO

Come spesso nella produzione di Vincenzo Pardini, anche in questo racconto compare un bestiario (nome che nel Medioevo assumono i testi che descrivono gli animali) molto vasto: oltre alla bodda che dà il titolo al racconto, compaiono serpi, ramarri, gatti, rospi, cani, vespe, lucciole, falene, pipistrelli e allocchi, che popolano la vicenda e restituiscono un quadro realistico del mondo in cui è ambientata. Ora cinici e spietati fra loro (come dimostra la scena iniziale della "strage" di serpi e ramarri a opera dei gatti) ora in grado di corrispondere le attenzioni dell'uomo (come nel caso della bodda), gli animali rappresentano uno dei volti della natura ritratta nel racconto.

UNA NATURA AMBIVALENTE

La natura che si impone nel racconto presenta tratti ambivalenti: la violenza che divide gli animali in prede e cacciatori in una continua guerra e le cui vittime trasformano l'aria in *un alito fetido,* l'opprimente calura estiva e un temporale notturno con un vento gelido *insolito per una notte d'estate*, suscitano inquietudine, smorzata però dalla presenza della bodda e dall'improvvisa apparizione del pianeta Venere ad annunciare la fine della notte.

Su questo sfondo, la presenza dell'essere umano, a esclusione della voce che prende la parola, è sempre negativa: il falciatore che vuole trafiggere una bodda, la lamiera abbandonata da qualcuno incurante della natura, l'ignoto investitore della bodda.

COMPRENDERE E ANALIZZARE

COMPRENSIONE

1. A chi si riferisce l'espressione *morti anonimi e innocenti* che compare alla riga 4?
2. Chi è responsabile di quei morti?
3. In quale occasione si vedono rospi e bodde in gran quantità nel paese del narratore?
4. Quale sensazione prova il narratore al primo contatto con la bodda? Perché?
5. Come deve apparire la bodda agli insetti secondo il narratore?

ANALISI

6. Considera l'intreccio del racconto. Coincide con la fabula? Motiva la tua risposta con riferimenti al testo.
7. A che tipo di narratore è affidato il racconto della vicenda?
8. Dalle informazioni a tua disposizione puoi ricavare che il narratore coincide almeno in parte con l'autore?
9. Ricostruisci l'aspetto e i comportamenti di una bodda così come si ricavano in diversi passaggi del testo.
10. Come cambiano i comportamenti della bodda fra giorno e notte?

SCRIVERE

APPROFONDIMENTO E SCRITTURA

11. Il racconto si concentra intorno al rapporto fra un uomo e un animale di per sé non domestico. Se possiedi un animale descrivilo, raccontane le abitudini e i comportamenti e parla del vostro rapporto in un testo di almeno una ventina di righe. Se invece non hai animali, scrivi un testo della stessa lunghezza nel quale racconti se ti piacerebbe o meno avere un animale e perché.

VERSO LE COMPETENZE

- *Comunicazione nella madrelingua*
- *Competenza digitale*
- *Competenze sociali e civiche*
- *Spirito di iniziativa e imprenditorialità*

12. Immagina ti sia stata affidata una campagna pubblicitaria da un'organizzazione che si occupa della salvaguardia di animali in via di estinzione. Prepara una presentazione multimediale in cui fai il punto in 5-7 slides sulle specie a rischio (razza, habitat, numero di animali superstiti…) e inventa uno slogan per la tua campagna.

T11 Paolo Pejrone _ Vite da cani

Paolo Pejrone (Torino, 1941) è laureato in Architettura al Politecnico di Torino e ha lavorato fin dagli anni Settanta come architetto di giardini. Collabora con diversi giornali e riviste specializzate.

Il racconto fa parte di un libro che raccoglie una serie di ritratti di giardinieri celebri, di professionisti del mestiere o semplici amatori che hanno dedicato la loro vita ai giardini, in cui Pejrone non manca di intervenire con considerazioni personali. In questo caso apre una parentesi sui suoi amati cani "da giardino" e li ricorda, o racconta (come nel caso del bastardino Ratafià che ancora gli fa compagnia) con affetto, simpatia e gratitudine.

Senza esser veri giardinieri, senza esser aiutanti, i cani di una vita sono presenze importanti, quasi essenziali, di un giardino.

Il pincher Lolita si impose subito in casa, ancora cucciola, con la sua fortissima personalità, facendo valere un suo stile di vita ben preciso. Fin dal primo giorno si difese con astuzia dai grandi cani da caccia di mio padre: benché nana, si muoveva fiera e sicura dei propri privilegi, che consistevano nell'autorizzazione a stare dentro casa e a sedersi sui sofà, nell'essere l'unica a mangiare in cucina e soprattutto nel poter saltellare, ineducata e noiosa, intorno alla tavola.

Il giardino era il suo regno: qui scavava le sue piccole buche, rincorreva gli uccellini, abbaiava liberamente e con acuti da soprano[1] a chiunque osasse avvicinarsi.

In pochi anni diventò grassissima ed era, come si diceva in casa, più simile a una enorme mortadella nera a quattro zampe che a un cane. Si innamorò, a un certo punto della sua vita, di uno dei cani da caccia. E, di fronte all'impensabile, avvenne l'ineluttabile: nacquero dei cagnolini quasi più grandi di lei. Era il 2 giugno 1962, lo stesso giorno in cui moriva Vita Sackville-West[2]. Mimi, la figlia di Lolita, ne fu la locale e surreale[3] reincarnazione.

A differenza di Vita, Mimi non era specialmente gentile o attenta, non era una piccola giardiniera, non era particolarmente elegante: ebbe, al contrario, una vita intensa di amori sulle colline di Revello, si fidanzò con tutti i cani del vicinato e del paese, scodellando poi cucciolate eterogenee. Fu una vera madre libera, e fu anche l'ultima grande compagnia giardiniera di mia nonna.

Ma torniamo a Lolita... Una delle sue passioni era andare a scovare le vecchie tartarughe. Non le mordeva, non dava loro colpi col muso per rivoltarle, penso quindi che volesse soltanto compagnia: le annusava tirando su con il naso forte forte e le tartarughe, che all'inizio erano spaventate, dopo anni di convivenza smisero del tutto di temerla e l'accoglievano con suprema indifferenza. Sue acerrime nemiche erano invece le lucertole, che non venivano mai lasciate in pace e che, per salvarsi la coda, correvano disperate a nascondersi sotto la pietra più vicina.

Dopo Lolita arrivò Lapillo, detto Pillo: era un beagle, grande frequentatore di giar-

1. **soprano**: in musica, la più acuta delle voci femminili.
2. **Vita Sackville-West**: poetessa, scrittrice e botanica inglese (1892-1962), autrice di scritti sul giardinaggio, realizzò il giardino di Sissinghurst nel Kent, ancora oggi aperto al pubblico.
3. **surreale**: che trascende il reale e tocca la dimensione fantastica.

dini con spiccata propensione alla fuga. Si lanciava infatti all'inseguimento di qualsiasi altro cane o animale rincorribile, dalla lepre al cavallo. Non era una bestia facile, anche se simpaticissima e allegrissima: era infatti molto indipendente e amava andarsene a spasso, solo, anche lontano. Ma ritornava sempre. Da anni riposa sotto a una pianta di nespolo del Giappone. Una piccola pianta di bosso[4], invece, copre le spoglie di Lolita: ora è cresciuta ed è diventata quasi un albero.

Ma l'unico, autentico cane giardiniere che abbia mai posseduto, fu Tabui: mi seguiva come un'ombra, soprintendeva con occhio vigile a tutti i lavori che si facevano in giardino e non si allontanava mai. Per passare il tempo, d'inverno faceva scappare i pettirossi che si avventuravano nell'orto e, d'estate, cacciava i topi campagnoli con enormi e frustrati sospiri all'imboccatura tonda delle piccole tane. Era un cane molto attento, presente, non danneggiava le piante, non scavava buchi ed era estremamente affettuoso. Come spesso accade con i bastardini Tabui ha accompagnato la mia vita giardiniera con attenzione, intelligenza e immenso affetto. Da pochi anni è sepolto sotto una sequoia, qui, in giardino. Rincuora saperlo vicino accanto a Ratafià e a me: il ricordo delle difficili ore della sua infelice vecchiaia è ancora molto vivo e spesso, lavorando in giardino, mi torna in mente. Non è facile dimenticare un cane così scorbutico, affettuoso e devoto.

Il mio bastardino Ratafià, anche lui, non si allontana mai dalla casa e dal giardino: credo che capiti ben poco nella mia piccola valle senza il suo tacito consenso. La rassegna giornaliera è meticolosa e precisa. Il suo musetto annusa tutto e tutto "risponde": il passaggio a terra di uno scoiattolo o qualche importuna incursione di donnola o, peggio ancora, lo sconfinamento di un gatto intraprendente lo irritano oltre ogni dire. Le reazioni possono risultare molto accese, rumorose e arrabbiate: un vero attentato alla quiete.

Pazienza e fedeltà, affetto e simpatia, sono la base di una felice e indispensabile convivenza. Avere vicino a noi questi amici, accarezzarli, parlargli è un vero privilegio e forse, almeno per me, ormai, una autentica necessità: un giardino senza cane è un giardino povero e monco. Un cane è molto più di un cane.

P. Pejrone, *Vite da cani*, da *Il vero giardiniere non si arrende*, Feltrinelli, Milano, 2010

4. **bosso**: arbusto utilizzato spesso come pianta ornamentale in giardino.

GUIDA ALLA LETTURA

UNA NARRAZIONE SENTIMENTALE

In una personalissima parentesi nella galleria di giardinieri che compone il libro da cui è tratto questo testo, Pejrone racconta con brevi ma efficaci pennellate i cani che hanno accompagnato la sua vita di architetto dei giardini e di grande appassionato di giardinaggio: nonostante le razze e i carattere diversi, hanno tutti lasciato il segno nella vita dell'autore. Il carattere sentimentale della narrazione, condotta in prima persona, è evidente nello sguardo colmo di affetto che Pejrone riserva a ciascuno dei suoi cani e si esplicita nella conclusione, dove i riferimenti ai sentimenti di fedeltà, affetto e simpatia evidenziano il legame tra l'autore e i suoi cani: il contatto (*accarezzarli, parlargli*) con questi animali è una autentica necessità.

CANI QUASI UMANI

Nel ritrarre i suoi cani, Pejrone attribuisce loro a tratti caratteristiche quasi umane, ancora una volta segno del rapporto intenso che lo ha legato a essi: la fortissima personalità della pinscher Lolita, divenuta ben presto una vera e propria regina del giardino; l'assenza di gentilezza e attenzione da parte di Mimi, prototipo animale, in virtù delle molte cucciolate messe al mondo, di una vera madre libera; la simpatia e l'allegria di Pillo; l'attenzione di Tabui per il giardino; il controllo costante di ogni situazione da parte di Ratafià, ultimo esemplare della rassegna. La conclusione appare inevitabile al lettore: secondo Pejrone, *un cane è molto più di un cane.*

UNA STRUTTURA CIRCOLARE

Introducendo la digressione sui cani l'autore sostiene che *senza esser veri giardinieri, senza esser aiutanti, i cani di una vita sono presenze importanti, quasi essenziali, di un giardino*. Dopo il ricordo affettuoso dei cani che hanno accompagnato la vita dell'autore, l'affermazione iniziale viene ribadita e anzi rafforzata in conclusione, quando Pejrone afferma che per lui *un giardino senza un cane è un giardino povero e monco*.

Il racconto si apre e chiude dunque in modo analogo e ha perciò una struttura circolare.

COMPRENDERE E ANALIZZARE

COMPRENSIONE

1. Quali privilegi riesce a strappare la pinscher Lolita?
2. Chi è Mimi?
3. L'autore ha sempre avuto cani della stessa razza?
4. Perché Tabui è definito *l'unico, autentico cane giardiniere* mai posseduto dall'autore?
5. Quali sono le condizioni per una felice convivenza fra l'uomo e i suoi cani secondo l'autore?

ANALISI

6. Considera l'ordine in cui vengono narrati i fatti: compaiono alterazioni della fabula?
7. A quale tipologia di narratore è riconducibile la voce narrante?
8. Completa la tabella con le principali caratteristiche dei cani:

Cane	Caratteristiche
Lolita	
Mimi	
Pillo	
Tabui	
Ratafià	

SCRIVERE

APPROFONDIMENTO E SCRITTURA

9. Al contrario di quanto avviene in questo racconto, i cani sono spesso maltrattati dai padroni, come dimostrano gli abbandoni, che si intensificano soprattutto d'estate. Scrivi un testo di una pagina in cui esprimi le tue riflessioni in proposito.

SCRITTURA CREATIVA Dal punto di vista di...

10. Individua un parente o un conoscente che abbia un cane e rivolgigli una breve intervista sulle caratteristiche dell'animale e sui sentimenti che prova per lui. Scrivi poi un testo di una ventina di righe in cui esprimi i risultati della tua intervista. Trasformalo poi in un testo raccontato in prima persona dal proprietario dell'animale.

VERSO LE COMPETENZE

- *Comunicazione nella madrelingua*
- *Competenza digitale*
- *Imparare a imparare*

11. Fai una ricerca riguardo alle principali iniziative in atto volte a ridurre il fenomeno dell'abbandono degli animali domestici durante la stagione estiva. Realizza poi un testo di 20-30 righe in cui esprimi la tua proposta per ridurre questo fenomeno.

UN CLASSICO DEL GENERE

T12 Marguerite Yourcenar – L'ultimo amore del principe Genji

ANALISI VISUALE

Marguerite Yourcenar (Bruxelles, 1903-Mount Desert, USA, 1987), pseudonimo di Marguerite de Crayencour, nasce da una famiglia nobile e rimane orfana di madre a soli dieci giorni. Con il padre compie lunghi soggiorni in Francia e viaggia molto. Con istitutori privati e da autodidatta impara l'inglese, l'italiano, il greco e il latino. Fra i suoi romanzi più famosi *Le memorie di Adriano* (1951), autobiografia romanzata dell'imperatore romano, e *L'opera al nero* (1968), storia di un alchimista sullo sfondo del sedicesimo secolo, in cui la ricostruzione storica si accompagna all'analisi psicologica dei personaggi.

Il protagonista del racconto è un principe orientale del Medioevo nipponico, figlio dell'imperatore del Giappone e raffinato seduttore, che, sentendo avvicinarsi la morte, sceglie di ritirarsi a vivere in eremitaggio in una casetta che ha avuto cura di far costruire sul fianco di una montagna. Il personaggio è al centro di un romanzo dell'antica scrittrice giapponese Murasaki Shikibu (973-1024 ca.), che lascia una pagina bianca fra l'ultima avventura di Genji e l'annuncio della sua morte. Marguerite Yourcenar s'inserisce in questa volontaria lacuna immaginando gli ultimi mesi di vita del principe.

Quando Genji il Rifulgente[1], il più grande seduttore che mai abbia stupito l'Asia, ebbe raggiunto il suo cinquantesimo anno, si accorse che bisognava cominciare a morire. La sua seconda moglie, Murasaki, la principessa Violetta, che egli aveva tanto amata attraverso tante infedeltà contraddittorie, l'aveva preceduto in uno di quei Paradisi dove vanno i morti che hanno acquisito qualche merito nel corso di questa vita mutevole e difficile, e Genji si tormentava di non poterne ricordare esattamente il sorriso, o meglio la smorfietta che lei faceva prima di piangere. La sua terza sposa, la Principessa-del-Palazzo-dell'Ovest, l'aveva ingannato con un giovane parente, come lui stesso, al tempo della sua giovinezza, aveva ingannato suo padre, con un'imperatrice adolescente. La stessa commedia ricominciava sul teatro del mondo[2], ma questa volta lui sapeva che non gli sarebbe toccata che la parte del vecchio, e a questo preferiva la parte del fantasma. E così distribuì i suoi beni, congedò i suoi servitori e si accinse ad andare a finire i suoi giorni in un eremitaggio che aveva avuto cura di far costruire sul fianco della montagna. Attraversò un'ultima volta la città, seguito soltanto da due o tre compagni devoti che in lui non si rassegnavano a prendere congedo dalla loro giovinezza[3]. Nonostante l'ora mattutina, alcune donne puntavano il viso contro i sottili listelli delle persiane. Bisbigliavano ad alta voce che Genji era ancora bellissimo, e questo provava una volta di più al principe che era proprio tempo di andarsene.

Misero tre giorni a raggiungere l'eremitaggio situato in lande[4] assai selvatiche. La casetta sorgeva ai piedi di un acero centenario; poiché era autunno, le foglie di questo

1. **il Rifulgente**: o lo Splendente, è l'epiteto del principe nel romanzo di Murasaki Shikibu.
2. **La stessa commedia... del mondo**: cioè l'intreccio di seduzioni e tradimenti.
3. **non si rassegnavano... giovinezza**: ai loro occhi Genji rappresenta il ricordo della giovinezza perduta.
4. **lande**: pianure desolate.

bell'albero ne ricoprivano il tetto di paglia con uno strato d'oro. In quella solitudine la vita si rivelò più semplice e più rude ancora di quanto non fosse stata nel corso del lungo esilio, in una remota provincia giapponese, subito da Genji al tempo della sua tempestosa giovinezza, e quell'uomo raffinato poté finalmente gustare, fino a saziarsene, il lusso supremo che consiste nel fare a meno di tutto. Presto si annunciarono i primi freddi, le pendici della montagna si ricoprirono di neve come le larghe pieghe di quei vestiti ovattati che si portano in inverno, e la nebbia soffocò il sole. Dall'alba al crepuscolo, al baluginio[5] di un avaro braciere, Genji leggeva le Scritture, e trovava in quei versetti austeri un sapere ormai impossibile per lui nei più patetici versi d'amore. Ma ben presto si accorse che la sua vista scemava, come se tutte le lacrime che aveva versate sulle sue fragili amanti gli avessero bruciato gli occhi, e dovette rendersi conto che per lui le tenebre sarebbero cominciate prima della morte[6]. Di tanto in tanto un corriere intirizzito arrivava dalla capitale, zoppicando sui piedi gonfi di stanchezza e di geloni, e gli presentava rispettosamente certi messaggi di parenti o di amici che desideravano fargli ancora una visita in questo mondo, prima degli incontri infiniti e incerti dell'altra vita. Ma Genji temeva di ispirare ai suoi ospiti soltanto compassione o rispetto, due sentimenti di cui aveva orrore, e ai quali preferiva l'oblio. Scuoteva tristemente il capo, e quel principe rinomato un tempo per il suo talento di poeta e di calligrafo[7] rimandava il messaggero con in mano un foglio bianco. A poco a poco le comunicazioni con la capitale rallentarono; il ciclo delle feste stagionali continuava a ruotare lontano dal principe che una volta le dirigeva con un colpo di ventaglio, e Genji, abbandonato senza ritegno alle tristezze della solitudine, aggravava sempre più il suo male agli occhi perché non si vergognava più di piangere.

Due o tre delle sue antiche amanti gli avevano proposto di venire a condividere il suo isolamento pieno di ricordi. Le lettere più tenere provenivano dalla Signora-del-villaggio-dei-fiori-che-cadono: era un'antica concubina di nascita non illustre e di mediocre bellezza; aveva fedelmente servito come dama d'onore presso le altre spose di Genji, e per diciott'anni aveva amato il principe senza stancarsi mai di soffrire. Lui le faceva ogni tanto qualche visita notturna, e questi incontri, benché rari come le stelle in una notte piovosa, erano bastati a illuminare la povera vita della Signora-del-villaggio-dei-fiori-che-cadono. Non facendosi illusioni né sulla propria bellezza, né sul proprio spirito, né sulla propria nascita, la Signora, la sola fra tante amanti, conservava per Genji una dolce riconoscenza poiché non trovava del tutto naturale che egli l'avesse amata.

Restando senza risposta le sue lettere, affittò una modesta carrozza e si fece portare alla capanna del principe solitario. Spinse timidamente la porta di rami intrecciati; si inginocchiò, con un'umile risatina che la scusasse di essere lì. In quel tempo Genji riconosceva ancora il viso dei suoi visitatori se si avvicinavano molto. Una rabbia amara lo colse davanti a quella donna che risvegliava in lui i più stillanti[8] ricordi dei giorni morti[9], non tanto per via della sua presenza quanto perché le sue maniche erano ancora impregnate del profumo che usavano le sue mogli defunte. Lei lo supplicava tristemen-

5. **baluginio**: chiarore intermittente e debole.
6. **dovette rendersi conto… prima della morte**: sarebbe cioè diventato cieco.
7. **calligrafo**: le scritture dell'estremo Oriente hanno caratteri ideografici, pertanto saperle padroneggiare richiede appunto grande abilità nella calligrafia.
8. **stillanti**: che cadono goccia a goccia e scavano nell'animo.
9. **giorni morti**: irrimediabilmente perduti.

te di tenerla almeno come serva. Spietato per la prima volta, Genji la cacciò, ma lei aveva conservato qualche amico fra i vecchi che si occupavano del servizio del principe, e talvolta costoro le facevano avere notizie. Crudele a sua volta come non lo era mai stata in vita sua, lei sorvegliava di lontano il procedere della cecità di Genji, come una donna impaziente di raggiungere il suo amante aspetta che la sera sia del tutto scesa.

Quando lo seppe quasi del tutto cieco, si spogliò dei suoi vestiti di città e indossò una casacca corta e rozza secondo l'uso delle giovani contadine; si intrecciò i capelli alla maniera delle ragazze dei campi; e si mise sulle spalle un fagotto di stoffe e di tenaglie del genere che si vende nelle fiere paesane. Conciata così, si fece condurre nel luogo dove l'esule volontario abitava in compagnia dei cerbiatti e dei pavoni della foresta; fece a piedi l'ultima parte della strada perché il fango e la stanchezza l'aiutassero a rappresentare bene la sua parte. Le piogge tenere della primavera cadevano dal cielo sulla terra molle, e sommergevano gli ultimi lucori[10] del crepuscolo: era l'ora in cui Genji, ravvolto nel suo stretto abito da monaco, passeggiava lentamente lungo il sentiero da cui i suoi vecchi servitori avevano accuratamente scostato ogni sassolino per impedirgli di inciampare. Il suo viso vacuo, spassionato[11], offuscato dalla cecità e dalle avvisaglie della vecchiaia, sembrava uno specchio brunito[12] che avesse un tempo riflesso la bellezza, e la Signora-del-villaggio-dei-fiori-che-cadono non ebbe bisogno di fingere per mettersi a piangere. Questo rumore di singhiozzi femminili fece sussultare Genji. Si orientò lentamente dal lato di dove provenivano quelle lacrime.

– Chi sei, donna? – disse con inquietudine.

– Sono Ukifune, la figlia del fattore So-Hei, – disse la Signora non dimenticando di adottare l'accento del villaggio. – Sono andata in città con mia madre per comperare stoffe e marmitte perché mi sposano alla prossima luna. Ma ecco che mi sono smarrita nei sentieri della montagna, e piango perché ho paura dei cinghiali, dei demoni, del desiderio degli uomini e dei fantasmi dei morti.

– Tu sei tutta bagnata, fanciulla, – disse il principe posandole una mano sulla spalla.

Infatti era fradicia fino alle ossa. Il contatto di quella mano così nota la fece vibrare dalla punta dei capelli all'alluce del piede nudo, ma forse Genji credette che tremasse per il freddo.

– Vieni nella mia capanna, – riprese il principe con voce invitante. – Potrai scaldarti al mio fuoco, anche se ci sono più ceneri che carbone.

La Signora lo seguì, preoccupandosi di imitare l'andatura goffa di una contadina. Si accovacciarono davanti al fuoco morente. Genji tendeva le mani verso il calore, ma la Signora dissimulava le dita, troppo delicate per una ragazza dei campi.

– Sono cieco, – sospirò Genji un momento dopo. – Non farti scrupoli e togliti i vestiti bagnati, ragazza. Scaldati nuda davanti al mio fuoco.

La Signora si tolse docilmente l'abito da contadina. Il fuoco coloriva il suo corpo esile che sembrava intagliato nella più pallida delle ambre. All'improvviso Genji mormorò:

– Ti ho ingannata, fanciulla, perché non sono ancora del tutto cieco. Ti intuisco attraverso una nebbia che forse non è che l'alone della tua bellezza. Lascia che posi la mano sul tuo braccio che trema ancora.

10. lucori: luminescenze.

11. spassionato: che è libero da parzialità, preferenze, interessi.

12. brunito: scurito.

È così che la Signora-del-villaggio-dei-fiori-che-cadono ridivenne l'amante del principe Genji che per più di diciott'anni aveva umilmente amato. Non dimenticò di imitare le lacrime e le timidezze di una fanciulla al suo primo amore. Il suo corpo era rimasto mirabilmente giovane, e la vista del principe era troppo debole per permettergli di distinguere qualche capello grigio.

Quando le loro carezze furono finite, la Signora si inginocchiò davanti al principe e gli disse:

– Ti ho ingannato, Principe. Sono Ukifune, sì, la figlia del fattore So-Hei, ma non mi sono affatto smarrita nella montagna. La gloria del principe Genji è giunta fino al villaggio, ed è di mia spontanea volontà che sono venuta, per scoprire l'amore fra le tue braccia.

Genji si alzò barcollando, come un pino che vacilli sotto l'urto dell'inverno e del vento. Gridò con voce sibilante:

– Disgrazia a te, che sei venuta a riportarmi il ricordo del mio peggiore nemico, il bel principe dagli occhi vivi che con la sua immagine mi tiene sveglio ogni notte... Vattene...

E la Signora-del-villaggio-dei-fiori-che-cadono si allontanò, rimpiangendo l'errore che aveva appena commesso.

Durante le settimane che seguirono, Genji restò solo. Soffriva. Si accorgeva, scoraggiato, di essere ancora avvolto nelle illusioni di questo mondo, e pochissimo preparato agli scorticamenti e alle epifanie[13] dell'altra vita. La visita della figlia del fattore So-Hei aveva risvegliato in lui il gusto delle creature dai polsi stretti, dai lunghi seni conici, dal riso patetico e docile. Da quando stava diventando cieco, il senso del tatto restava il suo solo modo di aderire alla bellezza del mondo, e i paesaggi in cui era venuto a rifugiarsi non gli dispensavano più alcuna consolazione. Il fruscìo di un ruscello, infatti, è più monotono della voce di una donna, e i pendii delle colline o le striature delle nuvole sono fatti per chi può vedere, e planano troppo lontano da noi per lasciarsi accarezzare.

Due mesi più tardi la Signora-del-villaggio-dei-fiori-che-cadono fece un secondo tentativo. Questa volta si vestì e si profumò con cura, ma badò bene che il taglio delle stoffe avesse qualcosa di meschino e di timido nella sua stessa eleganza, e che quel profumo discreto, ma banale, suggerisse la mancanza di immaginazione

▲ La scrittrice e poetessa Murasaki Shikibu mentre scrive ispirata dalla musa. Illustrazione di Harundou Suzuki.

13. **epifanie**: rivelazioni, manifestazioni.

di una giovane proveniente da un onorevole strato della provincia, e che non ha mai visto la corte.

Per l'occasione ingaggiò dei portatori e una portantina ragguardevole che tuttavia mancava delle ultime raffinatezze cittadine. Fece in modo di arrivare nei dintorni della capanna di Genji soltanto in piena notte. L'estate l'aveva preceduta nella montagna. Genji, seduto ai piedi dell'acero, ascoltava il canto dei grilli. La Signora si avvicinò a lui nascondendo a metà il viso dietro il ventaglio e mormorò tutta confusa:

– Sono Sciujo, la moglie di Sukazu, un nobile di settimo rango della provincia di Yamato. Sono partita per il pellegrinaggio al tempio di Ise, ma uno dei miei portatori si è storto un piede, e io non posso continuare la strada prima dell'aurora, indicami una capanna dove io possa passare la notte senza temere calunnie, e far riposare i miei servi.

– Dove, se non nella casa di un vecchio cieco, può essere meglio al riparo delle calunnie una giovane donna? – disse amaramente il principe. – La mia capanna è troppo piccola per i tuoi servi, che dormiranno sotto quest'albero, ma a te io cederò l'unico materasso del mio eremo.

Si alzò e camminando a tastoni le indicò la strada. Nemmeno una volta aveva alzato gli occhi su di lei, e da questo segno ella riconobbe che era completamente cieco.

Quando si fu distesa sul materasso di foglie secche, Genji andò malinconicamente a sedersi sulla soglia della capanna. Era triste, e non sapeva nemmeno se quella giovane fosse bella.

La notte era calda e chiara. La luna stendeva un chiarore sul viso alzato del cieco, che sembrava scolpito in una candida giada. Dopo un po' la signora lasciò il suo giaciglio forestiero e a sua volta venne a sedersi sulla soglia. Disse con un sospiro:

– La notte è bella, e io non ho sonno. Permettimi di cantare una delle canzoni di cui trabocca il mio cuore.

E senza aspettare risposta cantò una romanza che il principe aveva cara per averla tante volte sentita dalle labbra della sua moglie preferita, la principessa Violetta. Genji, turbato, si avvicinò insensibilmente alla sconosciuta:

– Di dove vieni, giovane donna che conosci le canzoni care alla mia giovinezza? Arpa in cui vibrano arie di un altro tempo, lasciami passare la mano sulle tue corde.

E le carezzò i capelli. Dopo un po' le domandò:

– Ahimè, certo tuo marito sarà più bello e più giovane di me, giovane donna del paese di Yamato.

▲ Illustrazione da *La Storia del Principe Genji*, ca. 1860. Collezione privata.

– Mio marito è meno bello e sembra meno giovane, – rispose semplicemente la Signora-del-villaggio-dei-fiori-che-cadono.

E così, sotto un nuovo travestimento, la Signora divenne l'amante del principe Genji, al quale un tempo era appartenuta. Al mattino lo aiutò a preparare una pappa calda, e il principe Genji le disse:

– Sei abile e tenera, giovane donna, e credo che nemmeno il principe Genji, che è stato tanto felice in amore, abbia avuto un'amante più dolce di te.

– Non ho mai sentito parlare del principe Genji, – disse la Signora scuotendo la testa.

– Come! – esclamò amaramente Genji. – È stato dimenticato così presto?

E restò cupo per l'intiera giornata. La Signora capì allora di aver fatto un secondo passo falso, ma Genji non accennava a mandarla via, e sembrava felice di ascoltare il fruscio del suo vestito di seta nell'erba.

Arrivò l'autunno e trasformò gli alberi della montagna in altrettante fate vestite di porpora e d'oro, ma destinate a morire con i primi freddi. La Signora descriveva a Genji quei bruni grigi, quei bruni dorati, quei bruni lilla, badando a non alludervi che per caso, e ogni volta evitava di ostentare l'aiuto che gli recava. Deliziava ogni giorno Genji inventando complicate collane di fiori, pietanze raffinate per troppa semplicità, nuove parole che si adattavano a vecchie arie struggenti e sofferte. Aveva già dispiegato gli stessi fascini nel suo padiglione di quinta concubina, dove Genji talvolta le faceva visita. Ma lui, distratto da altri amori, non se n'era accorto.

Alla fine dell'autunno le febbri salirono dalle paludi. Gli insetti pullulavano nell'aria ammorbata, e ogni respiro pareva una sorsata presa a una sorgente avvelenata. Genji si ammalò e si distese sul suo letto di foglie morte, convinto ormai di non rialzarsi più. Davanti alla Signora si vergognava della propria debolezza e delle cure umilianti a cui lo costringeva la malattia, ma quell'uomo che per tutta la sua vita aveva cercato ciò che c'è insieme di più unico e di più straziante in ogni esperienza, non poteva che apprezzare quanto una simile intimità nuova e miseranda poteva aggiungere fra due esseri alle intime dolcezze dell'amore. Un mattino in cui la Signora gli massaggiava le gambe, Genji si sollevò sul gomito, e cercando a tastoni le mani della Signora, mormorò:

– Giovane donna che curi chi sta per morire, io ti ho ingannata. Io sono il principe Genji.

– Quando sono venuta da te, non ero che una provinciale ignorante – disse la Signora, – e non sapevo chi fosse il principe Genji. Ora so che è stato il più bello e il più desiderato degli uomini, ma tu non hai bisogno di essere il principe Genji per essere amato.

Genji la ringraziò con un sorriso. Da quando i suoi occhi tacevano, sembrava che lo sguardo gli vagasse sulle labbra.

– Sto per morire, – disse con fatica. – Non mi lamento di un destino che condivido con i fiori, con gli insetti, con gli astri. In un universo dove tutto passa come un sogno, non ci perdoneremmo di durare sempre. Non mi addolora che le cose, gli esseri e i cuori siano perituri, dal momento che una parte della loro bellezza è fatta di questa sciagura. Ciò che mi affligge è che siano unici. Un tempo, la certezza di ottenere in ogni istante della mia vita una rivelazione non destinata a rinnovarsi, rappresentava il fiore dei miei segreti piaceri. Ora io muoio pieno di vergogna, come un privilegiato che abbia assistito da solo a una festa sublime data una volta sola. Cari oggetti, voi non avete più per testimone se non un cieco che muore. Saranno in fiore altre donne, sorridenti come quelle che io ho amato, ma il loro sorriso sarà diverso, e il neo che mi ispirava tanti slanci si sarà spostato per lo spessore di un atomo sulla loro guancia d'ambra. Altri cuori si spezzeranno sotto il peso di un amore insopportabile, ma le loro lacrime non saranno le nostre lacrime. Mani umide di desiderio continueranno a intrecciarsi sotto i mandorli in fiore, ma la stessa pioggia di petali non si sfoglia mai due volte sulla stessa felicità umana. Ah, mi sento simile a un uomo trascinato da un'inondazione, che voglia almeno trovare un angolino di terra asciutta per affidargli qualche lettera ingiallita e qualche ventaglio dalle sfumature sbiadite... Che ne sarà di te, quando non sarò più qui a intenerirmi sul tuo ricordo, Principessa Azzurra, mia prima moglie, al cui amore non ho creduto che il giorno dopo la tua morte? E tu, ricordo desolato della Signora-del-Padiglione-delle-Campanule, che sei morta nelle mie braccia perché una rivale gelosa pretendeva di essere sola ad amarmi? E voi, ricordi insidiosi della mia troppo bella matrigna e della mia troppo giovane sposa, occupate volta a volta a insegnarmi quanto si soffra a essere il complice o la vittima di un'infedeltà? E tu, ricordo sottile della Signora Cicala-del-Giardino che si eclissò per pudore, tanto che io dovetti consolarmi con il suo giovane fratello, il cui viso infantile rifletteva ogni tratto di quel timido sorriso di donna? E tu, caro ricordo della Signora-della-Lunga-Notte, che sei stata tanto dolce, e che consentisti a essere soltanto la terza nella mia casa e nel mio cuore? E tu, povero piccolo ricordo pastorale della figlia del fattore So-Hei, che in me non amava che il mio passato? E tu soprattutto, tu, ricordo delizioso della piccola Sciujo che in questo momento mi massaggi i piedi e che non avrai il tempo di essere un ricordo? Sciujo, che avrei voluto incontrare più presto nella mia vita, ma è anche giusto che all'estremo autunno sia riservato un frutto...

Ebbro di tristezza, lasciò ricadere la testa sul duro cuscino. La Signora-del-villaggio-dei-fiori-che-cadono si curvò su di lui e tremando tutta mormorò:

– Non c'era un'altra donna nel tuo palazzo, una di cui non hai pronunciato il nome? Non era dolce? Non si chiamava per caso la Signora-del-villaggio-dei-fiori-che-cadono? Ah, cerca di ricordare...

Ma già i tratti del principe Genji avevano assunto quella serenità che soltanto ai morti è riservata. La fine di ogni dolore ai morti è riservata. La fine di ogni dolore aveva cancellato dal suo viso ogni traccia di sazietà o di amarezza, come se l'avesse convinto di avere ancora diciott'anni. La Signora-del-villaggio-dei-fiori-che-cadono si buttò a terra urlando contro ogni ritegno; le sue lacrime salate le devastavano le guance come una pioggia tempestosa, e i suoi capelli strappati a manciate volavano via come borra[14] di seta. Il solo nome che Genji avesse dimenticato, era precisamente il suo.

M. Yourcenar, *L'ultimo amore del principe Genji*, da *Novelle orientali*, trad. it. di M. L. Spaziani, Rizzoli, Milano, 1998

14. borra: fili che tengono appeso alla frasca il bozzolo del baco da seta.

GUIDA ALLA LETTURA

UN PRINCIPE ESTREMAMENTE RAFFINATO...

Il protagonista del racconto, grande seduttore incapace di fedeltà persino nei confronti delle donne da lui amate, vive la propria esistenza all'insegna dell'estrema raffinatezza. Con il passare del tempo, sentendo avvicinarsi la vecchiaia e la morte, Genji si rifiuta di esporre il proprio decadimento fisico e respinge le richieste di *parenti o amici che desideravano fargli ancora una visita in questo mondo* perché teme *di ispirare ai suoi ospiti solo compassione o rispetto*, due sentimenti che gli fanno orrore. Non volendo dunque prendere parte al teatro del mondo nel ruolo di un vecchio, si volge all'obiettivo del *lusso supremo, che consiste nel fare a meno di tutto*, per raggiungere il quale sceglie l'eremitaggio. La vita del principe rifulgente prosegue così nell'ostinata rinuncia: dimora, abiti e suppellettili si fanno sempre più umili appunto come forma di un lusso estremo, che solo la comparsa della Signora-del-villaggio-dei-fiori-che-cadono sembra interrompere, richiamandolo alla passata, intensa sensualità. Tuttavia, nemmeno la cecità prima incombente e poi totale gli impedisce di conservare parte della trascorsa raffinatezza, che finisce per trasferire nell'esercizio del tatto.

...E SENSUALE

Il racconto procede su due binari paralleli che sembrano incontrarsi solo verso la fine: la sensualità e il sentimento. La Signora-del-villaggio-dei-fiori-che-cadono prova da lungo tempo nei confronti del principe un sentimento profondo, fra amore, rispetto e riconoscenza, che si accompagna anche a un'intensa sensualità. Così, quando Genji la tocca, *il contatto di quella mano così nota la fece vibrare dalla punta dei capelli all'alluce del piede nudo*. Il principe, inizialmente, oppone al sentimento che la Signora-del-villaggio-dei-fiori-che-cadono bada a non manifestare il solo estenuante coinvolgimento dei sensi: sfodera *una voce invitante*, esorta la donna a togliersi i vestiti bagnati mentendo sulla sua totale cecità, la sfiora. Dopo averla cacciata una seconda volta per avergli ricordato *il bel principe dagli occhi vivi* che era, Genji si trova nuovamente invischiato nel desiderio sensuale. Alla terza visita della donna, la seconda sotto mentite spoglie, Genji si rivela immediatamente turbato e quando la Signora-del-villaggio-dei-fiori-che-cadono canta una romanza a lui cara nella sua giovinezza si rivolge a lei come all'*arpa in cui vibrano arie di un altro tempo* e le chiede di lasciargli passare la mano sulle sue corde. Solo dopo esserne divenuto nuovamente l'amante e in punto di morte Genji sembra provare qualcosa di più del solo coinvolgimento dei sensi, apprezzando *l'intimità nuova e miseranda* che lo lega alla donna come un valore aggiunto alle *intime dolcezze dell'amore*: l'unione dei corpi sembra finalmente lasciare spazio anche alla comunione delle anime.

UN FINALE CRUDELE

La Signora-del-villaggio-dei-fiori-che-cadono, non particolarmente bella né di nobili natali, ha servito come dama d'onore presso le altre spose del principe Genji e per più di diciott'anni lo ha umilmente amato, accontentandosi di rari incontri notturni che le hanno illuminato l'esistenza. Quando il principe sceglie l'eremitaggio, dopo avergli inviato invano diverse lettere, la Signora-del-villaggio-dei-fiori-che-cadono si presenta alla sua porta. Il principe, che pur sta diventando cieco, la riconosce e le riversa addosso la sua rabbia: la donna ha trasgredito il suo divieto e viene travolta dall'ira del principe per avergli ricordato con il suo profumo le mogli defunte. Nemmeno la supplica della donna di tenerla con sé come serva lo smuove. Solo grazie a due travestimenti successivi riesce a penetrare la risolutezza del principe e ad assisterlo fino alla fine. Ma quando, in punto di morte, Genji ricorda le donne da lui amate, l'unico nome che non pronuncia è proprio quello della Signora-del-villaggio-dei-fiori-che-cadono.

◀ Kunisada e Hiroshige, Illustrazione da *La storia del principe Genji*, 1853. Collezione privata.

IL DOPPIO PUNTO DI VISTA

Il racconto è giocato sull'oscillazione fra il duplice punto di vista dei due protagonisti, nelle cui pieghe intime l'autrice scava con sapienza narrativa e acume psicologico. Alla volontà di Genji di non condividere con nessuno il decadimento della vecchiaia si oppone con tenacia il desiderio della Signora-del-villaggio-dei-fiori-che-cadono di stargli accanto al tramonto dell'esistenza. All'egoismo narcisista del primo, che consuma nel pianto la solitudine e il rimpianto della giovinezza, si oppone dunque l'estrema generosità della donna, disposta a umiliarsi pur di ottenere il proprio scopo.

COMPRENDERE E ANALIZZARE

COMPRENSIONE

1. Perché Genji sceglie l'eremitaggio?
2. Che cosa preferisce Genji piuttosto che vivere sostenendo la parte del vecchio?
3. Da che cosa è scatenato il suo pianto?
4. Chi è la Signora-del-villaggio-dei-fiori-che-cadono?
5. Perché conserva per Genji una dolce riconoscenza?
6. A quali travestimenti ricorre pur di stare vicina a Genji nel suo eremitaggio?
7. Da che cosa è causata la morte di Genji?

ANALISI

8. Ricostruisci attraverso le indicazioni del testo il carattere della Signora-del-villaggio-dei-fiori-che-cadono. Quale sentimento mostra, ancor più dell'amore, nei confronti del principe?
9. Che cosa lamenta della morte il principe Genji?
10. Che cosa invece sottolinea della morte la voce narrante?
11. Individua sul testo le similitudini cui l'autrice ricorre.
12. Illustra il tipo di narratore cui è affidata la vicenda con opportuni riferimenti al testo.
13. Fabula e intreccio coincidono? Motiva la tua risposta con riferimenti al testo.
14. Quali elementi del tempo del racconto compaiono nella storia?
15. Individua e ricostruisci gli spazi in cui è ambientata la vicenda.

SCRIVERE

APPROFONDIMENTO E SCRITTURA

16. Riassumi il racconto in non più di 20 righe.

SCRITTURA CREATIVA — Riscrivi il finale

17. Inventa un finale in cui:
    a. Genji riconosca la Signora-del villaggio-dei fiori-che cadono;
    b. la Signora-del-villaggio-dei-fiori-che-cadono decida di rinunciare a Genji.

SCRITTURA CREATIVA — Dal punto di vista di...

18. Riscrivi il racconto affidando a tua scelta il punto di vista alla Signora-del-villaggio-dei-fiori-che-cadono o al principe Genji.

VERSO LE COMPETENZE — COMPITI DI REALTÀ

- *Comunicazione nella madrelingua*
- *Competenza digitale*
- *Imparare a imparare*
- *Competenze sociali e civiche*
- *Consapevolezza ed espressione culturale*

La figura della Signora-del-villaggio-dei-fiori-che-cadono rimanda a una condizione di sottomissione della donna che caratterizza l'età antica e medievale anche in Occidente. Dividetevi in gruppi e approfondite la condizione femminile nell'antica Grecia, a Roma e nel Medioevo. Organizzate la vostra ricerca in una presentazione multimediale di almeno cinque slides. Il tuo lavoro sarà valutato sulla base di questi parametri:

Criteri / Livello di padronanza	Iniziale (1)	Base (2)	Intermedio (3)	Avanzato (4)
Adeguatezza delle informazioni				
Efficacia della presentazione				
Esposizione				

RACCONTI A CONFRONTO

Al centro dei racconti che seguono ci sono due **rapporti padre-figlio** caratterizzati dal timore e dalla curiosità dei ragazzi nei confronti di figure di adulti che ispirano sollecitudine e ammirazione.

T13 Beppe Fenoglio Il gorgo

Beppe Fenoglio (Alba, 1922-Torino, 1963), scrittore e traduttore, ha preso parte alla lotta partigiana. Fra il gennaio e l'aprile 1945, grazie alla conoscenza dell'inglese, svolge il ruolo di interprete e ufficiale di collegamento tra le forze armate angloamericane e un gruppo partigiano. Nel 1949 esce sul bollettino editoriale della Bompiani il suo primo racconto, *Il trucco*. Sempre nel 1949 presenta all'editore Einaudi i *Racconti della guerra civile* e *La paga del sabato*, romanzo che ottiene un giudizio molto favorevole da Italo Calvino. Nel 1950 conosce lo scrittore e consulente di Einaudi Elio Vittorini, Italo Calvino e Natalia Ginzburg, tre tra gli intellettuali di punta di quegli anni. Fra i suoi romanzi, *Una questione privata* (1963) e *Il partigiano Johnny* (1968), entrambi pubblicati postumi.

In questo racconto, nella cornice di una famiglia lacerata dalla guerra coloniale e dalla malattia, il narratore di appena nove anni coglie nel padre una volontà suicida.

Decide allora di seguirlo e, nonostante i rimproveri, lo tallona fino a distoglierlo dal proposito iniziale. Terminato il lavoro che il padre aveva addotto come pretesto per uscire di casa, genitore e figlio rientrano. Nel percorso, l'attenzione e un ripetuto gesto di tenerezza del padre appaiono come una sorta di silenzioso ringraziamento.

Il racconto è caratterizzato da un ritmo in crescendo e, pur nella sua brevità, restituisce taluni aspetti tipici della civiltà contadina degli anni Trenta del secolo scorso.

Nostro padre si decise per il gorgo, e in tutta la nostra grossa famiglia soltanto io lo capii, che avevo nove anni ed ero l'ultimo. In quel tempo stavamo ancora tutti insieme, salvo Eugenio che era via a far la guerra d'Abissinia[1]. Quando nostra sorella penultima si ammala. Mandammo per il medico di Niella e alla seconda visita disse che non ce ne capiva niente; chiamammo il medico di Murazzano ed anche lui non le conosceva il male; venne quello di Feisoglio e tutt'e tre dissero che la malattia era al di sopra della loro scienza. Deperivamo anche noi accanto a lei, e la sua febbre ci scaldava come un braciere, quando ci chinavamo su di lei per cercar di capire a che punto era. Fra quello che soffriva e le spese, nostra madre arrivò a comandarci di pregare il Signore che ce la portasse via; ma lei durava, solo più grossa un dito e lamentandosi sempre come un'agnella.

Come se non bastasse, si aggiunse il batticuore per Eugenio, dal quale non ricevevamo più posta. Tutte le mattine correvo in canonica a farmi dire dal parroco cosa c'era sulla prima pagina del giornale, e tornavo a casa a raccontare che erano in corso coi mori[2] le più grandi battaglie. Cominciammo a recitare il rosario anche per lui, tutte le sere, con la testa tra le mani.

Uno di quei giorni, nostro padre si leva da tavola e dice con la sua voce ordinaria:

1. **guerra d'Abissinia**: guerra coloniale condotta a partire dall'ottobre 1935 dal Regno d'Italia contro l'Etiopia (Abissinia ne era l'antico nome).

2. **mori**: popolazione etiope.

– Scendo fino al Belbo[3], a voltare quelle fascine che m'hanno preso la pioggia. –

Non so come, ma io capii a volo che andava a finirsi nell'acqua, e mi atterrì, guardando in giro, vedere che nessun altro aveva avuto la mia ispirazione: nemmeno nostra madre fece il più piccolo gesto, seguitò a pulire il paiolo[4], e sì che conosceva il suo uomo come se fosse il primo dei suoi figli. Eppure non diedi l'allarme, come se sapessi che lo avrei salvato solo se facessi tutto da me.

▲ Graham Dean, *Il fiume*, 1996-1997. Collezione privata.

Gli uscii dietro che lui, pigliato il forcone, cominciava a scender dall'aia. Mi misi per il suo sentiero, ma mi staccava a solo camminare, e così dovetti buttarmi a una mezza corsa. Mi sentì, mi riconobbe dal peso del passo, ma non si voltò e mi disse di tornarmene a casa, con una voce rauca ma di scarso comando. Non gli ubbidii. Allora, venti passi più sotto, mi ripeté di tornarmene su ma stavolta con la voce che metteva coi miei fratelli più grandi, quando si azzardavano a contraddirlo in qualcosa. Mi spaventò, ma non mi fermai. Lui si lasciò raggiungere e quando mi sentì al suo fianco con una mano mi fece girare come una trottola e poi mi sparò un calcio dietro che mi sbatté tre passi su. Mi rialzai e di nuovo dietro. Ma adesso ero più sicuro che ce l'avrei fatta ad impedirglielo, e mi venne da urlare verso casa, ma ne eravamo già troppo lontani. Avessi visto un uomo lì intorno, mi sarei lasciato andare a pregarlo: "Voi, per carità, parlate a mio padre. Ditegli qualcosa", ma non vedevo una testa d'uomo, in tutta la conca.

Eravamo quasi in piano, dove si sentiva già chiara l'acqua di Belbo correre tra le canne. A questo punto lui si voltò, si scese il forcone dalla spalla e cominciò a mostrarmelo come si fa con le bestie feroci. Non posso dire che faccia avesse, perché guardavo solo i denti del forcone che mi ballavano a tre dita dal petto, e soprattutto perché non mi sentivo di alzargli gli occhi in faccia, per la vergogna di vederlo come nudo. Ma arrivammo insieme alle nostre fascine. Il gorgo era subito lì, dietro un fitto di felci, e la sua acqua ferma sembrava la pelle d'un serpente. Mio padre, la sua testa era protesa, i suoi occhi puntati al gorgo ed allora allargai il petto per urlare. In quell'attimo lui ficcò il forcone nella prima fascina. E le voltò tutte, ma con una lentezza infinita, come se sognasse. E quando l'ebbe voltate tutte tirò un sospiro tale che si allungò d'un palmo. Poi si girò. Stavolta lo guardai, e gli vidi la faccia che aveva tutte le volte che rincasava da una festa con una sbronza fina.

Tornammo su, con lui che si sforzava di salire adagio, per non perdermi d'un passo, e mi teneva sulla spalla la mano libera dal forcone ed ogni tanto mi grattava col pollice, ma leggero come una formica, tra i due nervi che abbiamo dietro il collo.

B. Fenoglio, *Il gorgo*, da *L'affare dell'anima e altri racconti*, Einaudi, Torino, 1980

3. **Belbo**: fiume delle Langhe.

4. **paiolo**: contenitore per cuocere la polenta.

T14 Erri De Luca – Il pollice arlecchino

Erri De Luca (Napoli, 1950) è giornalista, poeta, scrittore di romanzi e racconti, traduttore della Bibbia dall'ebraico (lingua che ha imparato da autodidatta). Fino al 1997 svolge i mestieri manuali di operaio in fabbrica e di muratore in varie città italiane e straniere. Durante la guerra della ex Jugoslavia fa l'autista di convogli umanitari.

Nel 1999 è a Belgrado durante il periodo dei bombardamenti della NATO. Grande appassionato di montagna è conosciuto nel mondo dell'alpinismo e dell'arrampicata sportiva. Da sempre impegnato nel sociale, negli ultimi tempi si occupa delle tematiche relative alle condizioni dei migranti. È vincitore di molti premi letterari. Il suo primo romanzo, *Non ora, non qui*, è stato pubblicato nel 1989.

Nel racconto il padre del personaggio che narra la vicenda in prima persona ha l'hobby della pittura. D'estate, quando la famiglia si trasferisce al mare per le vacanze, l'uomo è libero di spingere il suo sguardo verso l'orizzonte e dipinge paesaggi, il suo soggetto preferito: il pollice infilato nel buco della tavolozza si impregna di tutti i colori che si alternano sulla tela (da cui il titolo del racconto). La pittura a olio deve essere abbandonata tuttavia con il rientro in città perché la casa è troppo piccola e lo sguardo non riesce più a spaziare lungo l'orizzonte. Il padre passa a dipingere con gli acquerelli, meno ingombranti, ma pur sempre capaci di suscitare lo stupore e la curiosità del figlio verso una forma di creatività affascinante e misteriosa.

Per il Natale del '56 regalò a se stesso tutta l'attrezzatura, tele, tavolozza, tubetti che spremevano il doppio concentrato dei colori e un cavalletto di legno, ma grande come un cavallo.

Nel poco spazio di casa stava scomodo tutto spalancato. La pittura era bestia[1] da aria aperta. Era stata una spesa robusta e se ne vergognava, perciò era burbero: "Non si tocca", disse a noi bambini, aggiungendo un altro articolo[2] all'ordine delle cose proibite. Con gli anni crescevano di numero come noi di altezza. Poi viene l'età in cui diminuiscono e smettono gli utensili proibiti. Ad accostarsi all'albero vietato[3] si è cacciati dal giardino, ma se proprio non ci si accosta, quella pianta muore e bisogna lasciare comunque il recinto.

A differenza della storia antica[4], mia sorella non aveva desiderio di quell'albero cavalletto piantato storto in mezzo alla stanza dei libri. Ero io che sfioravo la setola dei pennelli, la fascetta colorata avvolta intorno ai tubetti, il bordo del telaio, però di più toccavo il legno forte che reggeva in braccio la tela da dipingere. Oggi so che era di faggio, allora era un pezzo di bosco in piena stanza. Combinò poco, aveva bisogno di guardare lontano per dipingere, aspettava l'estate.

Sull'isola[5] portammo quel carico in più. Contro le proteste di mamma fui coinvolto come complice col rango di ausiliario. Lui si accollò il cavalletto e le tele, io pennelli e colori. Così per ricompensa ottenni di assistere, zitto, alle sedute di pittura. Disegnava a matita sulla tela, poi spremeva i colori, li mischiava sulla tavolozza e si metteva a inse-

1. **bestia**: qui metafora per indicare il carattere istintivo e libero dell'attitudine artistica.
2. **articolo**: parte di una legge o di un regolamento (in questo caso quello che regola i rapporti genitori-figli).
3. **albero vietato**: riferimento all'albero del bene e del male nel racconto biblico del peccato originale.
4. **storia antica**: la storia del peccato originale, causato dal desiderio di una figura femminile, Eva, tentata dal serpente.
5. **isola**: l'isola in cui la famiglia trascorre le vacanze estive.

guire il paesaggio. Faceva un quadro in un paio di giorni, barche, pini, il castello, scogli, mare, non facce, non persone, non interni, ma aria illuminata.

Alla fine delle ferie la tavolozza era incrostata dei più bei colori. Dai tubetti era sprizzata luce, chiasso, prepotenza. Dove si posava il ricciolo di olio cominciava una zuffa con gli altri colori intorno che volevano sopraffare l'intruso, ricoprirlo. Il bianco aizzava più di tutti: gli altri se lo volevano mangiare, poi restavano ammalati di lui, sbiadivano. Il nero era il più pericoloso, tutti lo evitavano, come faceva la gente con il carbonaio che passava coi sacchi per le scale. Guardavo meno il liscio del pennello sulla tela, di più scrutavo la rissa dei colori sul mercato della tavolozza che aveva un buco per il pollice e il suo stava inzuppato nel sugo dell'arcobaleno[6].

Di ritorno in città mamma non volle il mucchio ingombrante delle tele, da noi lo spazio si contava a centimetri. Lui non si credeva artista e meno che mai pensava di spuntarla con lei.

Si rassegnò a salvare due o tre tele.

In città abbandonò il cavalletto, per impedimento di veduta. Cominciò a fare acquerelli che ingombravano meno. Privo di sfondo, di spinta dello sguardo al largo, il sole d'inverno era un passaggio di pennello sopra gli ultimi piani. Sfogliava i libri dei pittori e provava a ripetere i loro quadri su fogli di disegno. Per me fu addio alla tavolozza, al pollice arlecchino: i colori nuovi erano una terra in una vaschetta, da rianimare con un poco di acqua. Non c'era il chiasso di sorgente, strilli di smalti attaccabrighe. Non potevo mettermi alle sue spalle, non c'era niente da vedere. Era questa e così la città, un ripostiglio stretto dappertutto, un figlio non poteva stare dietro a un padre per mancanza di spazio. Il gioco largo dell'estate si era rattrappito, l'olio lucente dei colori si era spento nel fango colorato delle acquette. Nel naso non mordeva l'acido dell'acqua ragia[7]. Lui non si scoraggiava, io sì, ero un bambino spesso prigioniero e resistevo agli sconforti con la prima risorsa dell'infanzia, la pazienza, una promessa fisica di crescere, di consistere poi.

Una sera che aveva finito di rifare in acquerello la stanza di Van Gogh[8], si sentì forse felice. Mi chiamò a vederla mettendola a confronto con quella riprodotta sul libro. Era umida di ultimi tocchi e rispetto al modello era più mossa, scossa nelle linee. Ma era bella, c'era spazio in quella stanza, anche se era stretta si vedeva che c'era posto anche per un cavalletto, che però non c'era.

"C'è", disse, "lui sta dipingendo la sua stanza dall'interno. Noi non lo vediamo, ma lui dà le spalle alla porta e sta dietro il suo cavalletto".

Capii per la prima volta che in ogni quadro ci si mette vicino, pure addosso all'autore, nel suo stesso punto. A leggere molti libri, vedere molti quadri uno prende così spesso il posto dell'autore da diventare come uno di loro. Dura poco, resta però l'impressione di coincidere.

Gli chiesi: "Si diventa pittori a forza di guardare?".

Fu scontento della domanda, mi rispose serio: "No, a forza di fare".

Per fargli piacere gli dissi che la sua stanza era venuta più pulita di quella del libro.

6. **sugo dell'arcobaleno**: metafora per indicare l'impasto di colori che si crea sulla tavolozza.

7. **acqua ragia**: solvente per pulire i pennelli dai residui dei colori a olio.

8. **la stanza di Van Gogh**: celeberrimo quadro del pittore olandese.

Questo gli piacque, mi poggiò la mano sulla nuca e poi: "Ho dimenticato di dipingere la polvere".

Il suo tono m'incoraggiò a chiedere ancora: "Perché copi?".

Sapevo il perché, non c'era mondo intorno, non un centimetro di orizzonte, niente era lontano, ma tutto stretto addosso. Non rispose questo.

"Non copio, imito, ripeto un disegno, cerco di rifarlo per stare vicino al pittore, per accompagnarlo. Io non so dove ha cominciato lui, magari dalla finestra, io invece dal letto, ma alla fine lo raggiungo per forza di imitazione, per ammirazione". E ancora: "Sai cosa vuol dire ammirazione?"

Aprii la bocca per dire sì, che io ammiravo lui, ma non mi pareva la stessa cosa che lui provava per i pittori.

"Ecco, tu segui un'altra persona non per essere uguale a lei, ma perché provi affetto per le sue mosse, le sue pantofole, per la paglia della sua sedia..." si confuse, non proseguì.

Non capivo. Per me fare come un altro era copiare e a scuola si veniva rimproverati. Fare come un altro: non potevo, era una recita e non ho saputo agire così.

I suoi acquerelli si asciugavano sugli spalti della libreria, non li guardavo più. Li ho ritrovati in un vecchio album da disegno dopo la sua morte. Sono quindici riproduzioni da pittori impressionisti. Li ho incorniciati e ora stanno insieme sopra un mio muro. Formano un balcone di colori, ultimo frutto della sua vista intera e affacciata. Sono le prove dimostrate della sua forza di ammirazione, prima che si appannasse l'acqua degli occhi e gli restassero le pupille secche, da acquerello, sul lontano.

Per ammirare così, serve amore e chi non lo sa fare, come me, ne manca.

E. de Luca, *Il pollice arlecchino*, da *Il contrario di uno*, Feltrinelli, Milano, 2003

COMPRENDERE E ANALIZZARE

1. Confronta le figure dei padri che compaiono nei due racconti e completa la tabella, tenendo conto che alcuni caratteri sono comuni a entrambi i personaggi, mentre altri sono esclusivi dell'uno o dell'altro.

	Il gorgo	*Il pollice arlecchino*
Silenzioso		
Burbero		
Severo		
Sensibile		
Enigmatico		
Protettivo		

2. Quale atteggiamento dimostrano i padri nei confronti delle rispettive mogli?

3. Quale ruolo hanno nelle due vicende gli altri componenti della famiglia?

4. In entrambi i racconti compaiono ambienti interni ed esterni. Individuali e per ognuna delle due vicende indica in quale spazio si collocano i momenti fondamentali della storia.

5. In entrambi i racconti compaiono alcuni oggetti particolarmente significativi che rimandano a due contesti socio-culturali differenti: individuali e spiega perché sono così significativi.

6. Quali sentimenti provano i padri nel corso delle due vicende?

7. Quali sentimenti invece provano i figli nei confronti dei padri? E come li esprimono? Con i gesti o con le parole?

8. Ricostruisci il carattere e il comportamento dei due bambini che narrano le due storie.

9. Confronta il finale dei due racconti, illustrando quali gesti, pensieri ed emozioni chiudono le vicende.

VERSO LA PROVA INVALSI

TIPOLOGIA TESTUALE: ARTICOLO DI GIORNALE

FOCUS: COMPRENSIONE DEL TESTO

Che fine ha fatto l'amico del cuore?

di Laura Traldi ■ «D di Repubblica», 20 novembre 2013

Una ricerca avverte: nove ragazzi su dieci dicono di non avere più un amico di riferimento. Solo il gruppo. E per gli psicologi è un ostacolo alla crescita.

È grave crescere senza un amico del cuore? La domanda è lecita: secondo una recente indagine della Società Italiana di Medicina dell'Adolescenza e dall'Associazione Laboratorio Adolescenza (che ha studiato per un anno un campione di 2000 ragazzi tra i 12 e i 13 anni), solo il 9% dei teenager ha "il migliore amico", e il resto preferisce il gruppo. «E questo significa sacrificare qualcosa», spiega il Professor Maurizio Tucci, Presidente del Laboratorio Adolescenza. Il 52% dei ragazzini lamenta infatti la difficoltà di adeguare i propri comportamenti e le proprie scelte a quelle del gruppo, ma preferisce farlo comunque perché **nel rapporto a due «il 32% si sente a disagio»**.

«Ci stiamo perdendo qualcosa per strada», avverte la dottoressa Giammetta, psicologa, psicoterapeuta e direttore scientifico di QuiPsicologia, «e le conseguenze si noteranno negli adulti di domani che, probabilmente, avranno maggiori difficoltà nel costruire individualmente rapporti solidi». Ma che cosa esattamente rischia di andare perduto? «Il migliore amico è uno specchio», dice Giammetta, «un coetaneo con cui fa piacere stare, fare, discutere, ma soprattutto raccontarsi. E farsi raccontare. Da un punto di vista psicologico, ha quindi un ruolo fondamentale nello sviluppo dell'identità. Attraverso il racconto di se stesso all'altro (e l'esperienza di sentirsi descrivere da lui), il ragazzo arrivava infatti ad auto-definirsi, capire chi era e chi voleva essere. L'amicizia a due è anche una tappa intermedia per arrivare alla "mentalizzazione", cioè la capacità di considerare il comportamento di un'altra persona come il risultato di un processo mentale o emotivo simile al nostro. Si tratta di una competenza che emerge prima nel rapporto con i genitori e poi si sviluppa nel confronto con il mondo. Il migliore amico, che sta, o almeno stava, in mezzo a questi due universi, aiuta quindi nel difficile sviluppo di un sistema di valori alternativo a quelli della famiglia e a individuare un proprio modo di pensare». **Ma che cosa succede se l'amico del cuore tramonta**? Secondo Giammetta, la formazione dell'identità attraverso il gruppo è «più lenta e complicata». Spiega: «Lo scambio e l'ascolto sono attutiti: tra amici si litiga anche, tra conoscenti si lascia perdere. Ma così si posticipa anche l'apprendimento di uno skill fondamentale per la vita, la dimensione del confronto costruttivo, che fa paura». Il 32% dei ragazzini ascoltati dalla ricerca che dice di sentirsi "a disagio" nel rapporto a due sembra parlare proprio di questo.

Un'altra conseguenza è la diversa concezione dell'amicizia. «Per questi ragazzi a un rapporto costruito nel tempo e con fatica non corrispondono piaceri maggiori. Crescono preferendo la quantità alla qualità», dice Tucci. «Questo non vuol dire che non siano in grado di vivere le amicizie in modo intensissimo. Anzi, spesso si scatenano tra loro passioni straordinarie. Il più delle volte sono, però, brevissime. È questa la fondamentale differenza rispetto al passato: oggi, i ragazzini vivono nel presente e ignorano il concetto di "mantenimento" che è fondamentale in un rapporto a due. Mentre se si hanno trenta "amici" e se ne perde uno, ci sono sempre gli altri 29. E nel gruppo ci si nasconde molto di più, si può stare in silenzio senza farsi notare, mettersi in disparte o evitare di assumersi delle responsabilità. Oggi più di ieri, perché mentre in passato si frequentava il gruppo verso i 16-17 anni, ora ci si arriva a 12-13, quindi con una consapevolezza di sé molto inferiore». Ma se è vero che 9 adolescenti su 10 dicono no al migliore amico, perché succede proprio adesso? Viene da pensare che siano stati i social network e la conta di amici su Facebook – le novità più esplosive nelle relazioni tra i nativi digitali – a fare la differenza. Giammetta, però, a incolpare la rete non ci sta. «Il web è uno strumento che amplifica i fenomeni, ma più che altro il suo ruolo è quello di soddisfare in modo immediato dei bisogni pre-esistenti. I social network, quando si accompagnano a una rete sociale effettivamente esistente arricchiscono la realtà invece di eliminarla». All'opposto, se la vita relazionale prima non c'era, aumenta la tentazione di «trasportare nel quotidiano i valori dei social network, come la quantità di amici o di "like" in sostituzione della qualità dei rapporti». Le ragioni più vere della fuga dalle amicizie impegnative, secondo Giammetta, più che nei computer e negli smartphone vanno ricercate in famiglia: «Fin da piccoli, spesso i ragazzi sono spinti proprio dai genitori verso la socialità di gruppo. Con l'intenzione magari di insegnare l'integrazione sociale o lo spirito di squadra fin da piccolissimi, ma anche per ritagliare un po' di tempo per sé».

«L'amore per il gruppo è anche una conseguenza di una bulimia diffusa», aggiunge Tucci. «L'ossessione per il numero, per il "tanto" e il "facile" è chiaramente un riflesso del mondo che circonda questi ragazzi». Ma che cosa dovrebbero fare, allora, i genitori? «Qualcuno dovrebbe insegnare a questi ragazzi a imbastire uno scambio di opinioni costruttivo che vada oltre la battuta veloce come un commento su Facebook. E ad apprezzare un rapporto che duri nel tempo anche se richiede fatica», dice Tucci. «Non è semplice, visto che c'è un'enorme sovrastruttura culturale che rema contro. La nostra è ancora la società del tutto facile e tutto subito, almeno all'apparenza...». L'altra raccomandazione, più pratica, è di fare di tutto per capire il gruppo di cui il figlio fa parte, online e offline. «Per assicurarsi che il ruolo del ragazzo sia attivo e che il gruppo non sia solo

▲ Homer Winslow, *Bambini nella prateria*, 1874. Museo delle Belle Arti, Boston.

una presenza virtuale ma una rete sociale effettivamente esistente», dice Giammetta. «È bene che anche le dinamiche del gruppo siano chiare, perché è da lì che potrebbero nascere problemi come il bullismo o l'isolamento». Purché questo non significhi passare notti al computer frugando nelle cronologie delle ricerche web o leggere le chat dei figli con Spyware: «L'unica supervisione efficace è quella relazionale: il dialogo è la vostra unica arma, anche quando sembra difficile o addirittura impossibile».

1. Quale conseguenza potrebbe avere la scomparsa dell'amico del cuore:
a. ☐ difficoltà a costruire rapporti solidi da adulti;
b. ☐ difficoltà a relazionarsi con il gruppo;
c. ☐ incapacità di accettare le frustrazioni;
d. ☐ tendenza all'isolamento.

2. Qual è l'età in cui si comincia, secondo gli esperti, a frequentare un gruppo?
a. ☐ 11-12 anni;
b. ☐ 12-13 anni;
c. ☐ 15-16 anni;
d. ☐ 16-17 anni.

3. Il termine *bulimia* riferito all'amore per il gruppo indica:
a. ☐ l'ossessione per la quantità;
b. ☐ il continuo cambiamento di amicizie;
c. ☐ l'amicizia esclusiva per un componente del gruppo;
d. ☐ la gelosia nei confronti dell'amico.

4. Ai genitori di un adolescente viene raccomandato di:
a. ☐ leggere le chat dei figli;
b. ☐ controllarne le ricerche in rete;
c. ☐ coltivare il dialogo con i figli;
d. ☐ limitare l'uso dei social network da parte dei figli.

5. Gli adolescenti rifuggono dalle amicizie impegnative:
a. ☐ per l'uso ossessivo di smartphone e pc;
b. ☐ per la fatica di mantenere un rapporto duraturo;
c. ☐ per le pressioni della famiglia che li orienta al gruppo;
d. ☐ per scarso interesse nei confronti dell'"altro".

6. Sulla base del contenuto dell'articolo, quale di queste affermazioni è vera:
a. ☐ i social network vengono considerati responsabili della crisi dell'amicizia a due;
b. ☐ i social network hanno scarso rilievo in relazione alla crisi dell'amicizia a due;
c. ☐ i social network possono arricchire le amicizie se esse esistono anche nella realtà;
d. ☐ i social network contribuiscono a impoverire le amicizie che esistono al di fuori di essi.

7. Alla riga 24 a quali realtà fa riferimento l'espressione *due universi*?

....

....

....

....

8. Nel periodo *Il 52% dei ragazzini lamenta infatti la difficoltà di adeguare i propri comportamenti e le proprie scelte a quelle del gruppo, ma preferisce farlo comunque perché nel rapporto a due «il 32% si sente a disagio»* sono presenti:
a. ☐ principale, una coordinata, tre subordinate;
b. ☐ principale, una coordinata, due subordinate;
c. ☐ principale, due coordinate, tre subordinate;
d. ☐ principale, due coordinate, due subordinate.

9. Quale tra i termini che seguono non concorre alla definizione di *competenza*, che ritrovi alla riga 22:
a. ☐ sapere;
b. ☐ esperienza;
c. ☐ conoscenza;
d. ☐ competizione.

10. Nell'espressione *L'ossessione per il numero* alla riga 59, *per il numero* ha la funzione di:
a. ☐ complemento di causa;
b. ☐ complemento di vantaggio;
c. ☐ complemento di fine;
d. ☐ complemento di mezzo.

A COLPO D'OCCHIO _ La narrazione sentimentale

IL PERCOSO ANTOLOGICO

ZTE ONLINE
Mettiti alla prova con gli esercizi interattivi

G. De Maupassant	*La felicità*	L'amicizia e l'amore
J. Joyce	*Eveline*	
M. Yourcenar	*L'ultimo amore del principe Genji*	
P. Levi	*Breve sogno*	
K. Mansfield	*La lezione di canto*	
H. Murakami	*Vedendo una ragazza perfetta al 100% in una bella mattina d'aprile*	
B. Fenoglio	*Il gorgo*	Noi e gli altri
F. Guccini	*La scuola*	
I. McEwan	*Il prepotente*	
E. De Luca	*Il pollice arlecchino*	
M. Lodoli	*Alberto*	
E. De Marchi	*Storia di una gallina*	Noi e gli animali
V. Pardini	*La bodda*	
P. Pejrone	*Vite da cani*	

L'EVOLUZIONE NEL TEMPO

NARRAZIONE SENTIMENTALE

- **Nell'antichità**: L'espressione del sentimento è affidata all'epica e alla lirica
- **Nel XIX secolo**: Il Romanticismo riscopre la dimensione del sentimento anche nella narrativa
- **Tra XIX e XX secolo**: Grazie anche alla nascita della psicoanalisi l'interiorità dei personaggi è sempre più importante

GUIDA ALLA SCRITTURA: L'INTERVISTA

L'INTERVISTA

L'intervista è una tipologia di scritto giornalistico in cui l'autore pone all'intervistato una serie di domande sulla sua vita o su un evento di cui è protagonista (di cronaca, politica, cultura, attualità ecc.).
L'intervista **diretta** trascrive direttamente domande e risposte, quella **indiretta** riporta le parole dell'intervistato inframmezzate da cronaca e commenti dell'intervistatore.

COME SI REALIZZA

Prima: la preparazione

1. L'intervista richiede una fase preparatoria in cui raccogliere notizie sulla biografia, l'attività, gli interessi dell'intervistato.
2. Occorre poi preparare una scaletta di domande. Nel corso dell'intervista, tuttavia, facilmente troveranno spazio nuove domande generate dalle risposte dell'intervistato.
3. Bisogna infine decidere su quale supporto trascrivere l'intervista: su carta, tramite appunti o su un registratore. Oggi, grazie anche alla diffusione degli smartphone, questa è la modalità più praticata.

Durante: la realizzazione

Nel corso dell'intervista vera e propria occorre:

1. non essere incalzante ma non accontentarsi di risposte vaghe o superficiali;
2. mantenere il controllo dell'intervista;
3. porre una domanda alla volta;
4. cercare di cogliere lo stato d'animo dell'intervistato;
5. cominciare con qualche domanda generale;
6. andare al cuore dell'intervista cercando di affrontare la questione con domande chiare e dirette;
7. in caso di risposte che sembrano generiche o evasive introdurre domande che inducano l'intervistato ad andare nel particolare (per esempio: *Che cosa significa? Perché sostiene ciò? Mi spiega l'affermazione precedente?* ecc.);
8. mantenere comunque un filo logico del discorso;
9. in caso di risposte molto lunghe o articolate provare a fare un riassunto (*quindi si può dire che… dunque… in sintesi…*).

Dopo: la stesura

1. Sia che si siano presi appunti o registrate le parole dell'intervistato, è fondamentale restituirle nel loro significato ed evitare di trascrivere quello che in gergo si definisce *off the record*, ovvero dichiarazioni che l'intervistato abbia espressamente chiesto di non riportare.
2. Non tutto ciò che viene detto può risultare interessante. Considerato che si avranno spazi limitati a disposizione, occorre scegliere quali domande (con relative risposte) eventualmente omettere.
3. Bisogna trascrivere le domande in modo chiaro ed efficace.
4. Nella trascrizione della risposta occorre centrarne il punto fondamentale.

COM'È ARTICOLATA

1. Introduzione sul personaggio e/o sul fatto. Può contenere anche l'indicazione di dove l'intervista si è svolta.
2. Domande/risposte (eventualmente inframmezzate da commenti o precisazioni dell'intervistatore).
3. Conclusione (non obbligatoria).

LO STILE

Lo stile è quello di un articolo di giornale, parola d'ordine la chiarezza. È bene perciò:

1. privilegiare periodi brevi;
2. scegliere parole del lessico medio. In caso di termini aulici o settoriali è preferibile darne una sintetica spiegazione;
3. non esagerare con avverbi e aggettivi: meglio andare al concetto;
4. ricorrere alle figure retoriche per vivacizzare lo stile, ma senza inutili preziosismi.

L'INTERVISTA IMMAGINARIA

Si tratta in questo caso di un genere che ha una dimensione prevalentemente letteraria, legata all'immaginazione dell'autore.
Può essere rivolta a un personaggio storico realmente esistito, oppure al personaggio di un romanzo, di un quadro, di un film e così via.
Anche in questo caso occorre documentarsi a fondo sull'intervistato, che va presentato nell'introduzione per permettere al lettore di conoscerlo. La procedura resta poi la stessa. Le risposte, tuttavia, sono frutto della fantasia dell'intervistatore, che deve sapersi calare nell'epoca, nella mentalità e nella psicologia dell'intervistato, reale o di fantasia che sia.

ESEMPI

1. Ecco un esempio di **intervista diretta** al campione paralimpico Alex Zanardi, realizzata da Massimo Pisa per «La Repubblica» (24 settembre 2016).

MONZA. "Se a un colloquio di lavoro ti si presenta uno bello, ben vestito, abbronzato, sei subito ben disposto. Se viene uno su una sedia a rotelle, sei molto diffidente. La grande sfida è lavorare perché ci si concentri sulle persone e quello che hanno da offrire. Ci si può arrivare". La metafora te la offre lui, Alex Zanardi, 50 anni tra un mese, le tre medaglie di Rio ancora al collo.

Quale Italia ritrova il cittadino Alessandro Z., portatore di disabilità?
"Non c'è tutto quello che serve, lo so. Non parlo soltanto di strutture, ma anche di comportamenti: anche se è sbagliato puntare il dito sulle persone, tutto passa per l'educazione. Se non c'è, capita come l'altro giorno: uno vede un parcheggio libero e dice "Eh, ma ci devo stare soltanto un attimo". La strada è a senso unico, coda dietro, quel posto è occupato, io devo andare dritto e parcheggiare chissà dove, e per me camminare è molto più complicato. Ma il problema è molto più complesso e ognuno deve fare la propria parte. Io alle Paralimpiadi ho acceso qualche luce, ma poi in tanti alla tv sono rimasti a guardare affascinati perché c'era del buono. Tanti guardano ancora i diversamente abili pensando che debbano essere aiutati perché di talenti non ne hanno. Invece vanno messi in grado di svilupparli".

Spente quelle luci sui Giochi, teme l'oblio per i disabili e il loro quotidiano?
"Bisogna frenare il volano e farlo girare dall'altra parte. Penso agli Stati Uniti d'America, dove nelle scuole si pratica sport e ci sono investimenti. Perché, in un Paese che non è nem-

meno lontanamente assistenzialista come il nostro, il governo Obama ha varato una legge che impone agli istituti scolastici di dotarsi di strutture necessarie allo sport per ragazzi diversamente abili? Questo dovrebbe accadere prima in Italia, dove, se hai la fortuna di avere una dichiarazione dei redditi come la mia, più del 50% lo versi a Pantalone. E invece, qui, tutti i ragazzi non fanno attività perché non ci sono le strutture. E poi, o segui il calcio o segui il calcio. Lo sport sui giornali racconta al 95% storie e analisi e gossip di calcio, la gente è educata a non leggere altro. Invece il potenziale c'è. Ci sono tanti atleti capaci di ispirare, sia che corrano i cento metri sulle proprie gambe o su una sedia a rotelle».

Com'è la quotidianità di un diversamente abile a Padova, la città dove vive?
"Più semplice che in una grande città, ma ci sono cose che fanno arrabbiare. Per fare una visita medica mi capita di dover andare nella Ztl più Ztl che c'è. Con il pass disabili ho accesso, ma se devo rinnovarlo tocca andare in autobus. Che non ha la rampa, la fermata è distante, devo fare della strada. Anche dover tornare davanti a una commissione per avere il benestare per guidare l'auto è una cosa che indispone: non è che le gambe ricrescano, o si accorcino".

È la legge. O la burocrazia.
"Sono banalità, ci sono problemi più gravi, ma spesso mancano flessibilità e buon senso. E io sono un disabile molto particolare, alla fine le barriere architettoniche sono quasi più per mia moglie quando mi viene dietro. Funziona il Trentino Alto Adige, che non pare nemmeno Italia. Ma non voglio esagerare, ci sono paesi e amministrazioni che hanno inciso con quello che hanno fatto, nonostante le difficoltà e i limiti e la burocrazia e i soldi che non puoi spendere".

Quando un suo compagno come Vittorio Podestà dice, su Repubblica, che i disabili sono ancora cittadini di serie B, non le viene lo sconforto?
"Senza dubbio. Io e Vittorio ci vogliamo un bene esagerato, siamo molto amici, uno è la notte e l'altro è il giorno. A me è accaduto di sentirmi di serie B, ma io vivo la vita di un privilegiato. E sono sempre incline a credere che questo non sia frutto della cattiveria delle persone, quanto della loro ignoranza. L'italiano tipo è quello che, se ha un ospite a casa, spezza il pane in due, guarda il pezzo più grande e lo offre. Di persone così ne conosco tantissime. Se noi riuscissimo a educare le persone faremmo ripartire il Paese. È che nessuno ce l'ha ancora spiegato che bisogna fare in un modo diverso".

Massimo Pisa, «La Repubblica», 24 settembre 2016

2. In questo stralcio di un articolo apparso sul «Corriere della sera», ecco un esempio di **intervista indiretta**: l'autrice, Elvira Serra, riporta le parole di Papa Francesco inframmezzate dalla prosa dell'intervistatrice:

Se anche il Papa dorme bene, c'è speranza per tutti. Perché nonostante il genere umano non goda di ottima salute, se il più alto in grado in Vaticano riesce a trascorrere la notte in pace, almeno per sei ore, possono ridimensionarsi le preoccupazioni di tutti gli amministratori delegati del mondo. Francesco, nell'intervista rilasciata al direttore di *Civiltà Cattolica* e anticipata ieri dal *Corriere della Sera*, ha detto con molta serenità: «Non prendo tranquillanti... A Buenos Aires ero più ansioso, lo ammetto. Mi sentivo più teso e preoccupato. Insomma: non ero come adesso». Adesso si sente «in pace». E se ha un problema, scrive un biglietto a San Giuseppe: «Lo metto sotto una statuetta che ho in camera mia. È la statua di San Giuseppe che dorme. E ormai lui dorme sotto un materasso di biglietti! Per questo dormo bene: è una grazia di Dio».

E. Serra, *Dormire come un Papa (e senza tranquillanti)*, www.corriere.it, 7 febbraio 2017

3. Ed ecco infine l'intervista impossibile immaginata dallo scrittore Italo Calvino alle prese con l'Uomo di Neanderthal:

INTERVISTATORE: Vi parlo dalla pittoresca vallata di Neander, nei dintorni di Düsseldorf. Attorno a me si estende un anfrattuoso paesaggio di rocce calcaree. La mia voce risuona contro le pareti sia di caverne naturali sia di cave aperte dalla mano dell'uomo. Fu durante i lavori di queste cave di pietra che nel 1856 avvenne il ritrovamento d'uno dei più anziani abitatori di questa vallata, stabilitosi qui circa 35000 anni fa: così, per antonomasia, si è convenuto di chiamarlo. Sono venuto a Neanderthal appunto per intervistarlo. Il signor Neander – mi rivolgerò a lui con quest'appellativo semplificato, durante la nostra intervista – il signor Neander, come forse sapete, è di carattere un po' diffidente, anzi scorbutico, data anche l'età avanzata e sembra che non tenga in gran conto la fama internazionale di cui gode. Ciononostante ha cortesemente acconsentito a rispondere ad alcune domande per il nostro programma. Ecco che s'avvicina, col suo caratteristico passo un po' dondolante e mi scruta da sotto la sua prominente arcata sopraccigliare. Ne approfitto subito per rivolgergli una prima domanda indiscreta, che certo corrisponde a una curiosità dei nostri ascoltatori. Signor Neander, lei s'aspettava di diventare tanto famoso? Voglio dire: per quel che si sa, in vita sua lei non ha mai fatto niente di speciale: e tutt'a un tratto s'è trovato a essere un personaggio così importante. Come se lo spiega?
NEANDER: Te lo dici tu. C'eri tu? Io sì che c'ero lì. Mica tu.
INTERVISTATORE: D'accordo. Lei era qui. Ebbene, le sembra che basti?
NEANDER: C'ero già.
INTERVISTATORE: Questa mi pare un'utile precisazione. Il merito del signor Neander non sarebbe tanto il fatto d'esserci, ma d'esserci già, d'esserci allora, prima di tanti altri. La priorità è infatti una dote che nessuno vorrà contestare al signor Neander. Per quanto... già prima ancora, come ricerche ulteriori hanno dimostrato – e come lei stesso può confermare, vero, signor Neander? – siano segnalate tracce, numerose ed anche estese su vari continenti, d'esseri umani, proprio già umani umani...
NEANDER: Mio papà...
INTERVISTATORE: Su su fino a un milione d'anni prima...
NEANDER: Mia nonna...
INTERVISTATORE: Eh... dunque la sua priorità, signor Neander, nessuno può contestarla, ma si tratterebbe di una priorità relativa: diciamo che lei è il primo...
NEANDER: Sempre prima di te...
[...]

I. Calvino, *Le interviste impossibili*, Bompiani, Milano, 1975

LAVORIAMO SULL'INTERVISTA

1 Prepara, costruisci e poi trascrivi un'intervista da pubblicare sul giornalino della scuola su una questione che ti sta particolarmente a cuore.

2 Scegli un personaggio storico o letterario che ti interessa particolarmente e realizza un'intervista immaginaria. Ricordati di introdurre brevemente il personaggio.

3 Prepara un'intervista al tuo cantante/attore o sportivo preferito. Immagina le probabili risposte e riportale come se si trattasse di un'intervista indiretta in un testo di circa una pagina.

CAPITOLO 3

LA NARRAZIONE UMORISTICA

Comicità e umorismo

I termini "**comico**" e "**umoristico**" sono spesso utilizzati con significato analogo. Pur essendo vicini, non sono però sinonimi. Se la comicità genera una risata spontanea, immediata e irriflessa, l'umorismo è invece un modo più sofisticato di osservare la realtà che richiede la presa di distanza dall'oggetto della narrazione e uno sguardo critico sul mondo: la risata, in questo caso, nasce dalla riflessione.

Nell'antichità

Il primo personaggio comico nella letteratura antica compare nell'*Iliade*: Tersite, con la sua bruttezza e la sua codardia, incarna un antieroe ed è per questo schernito e deriso. Ma è soprattutto nel teatro che il comico ha trovato una sua collocazione privilegiata.

Ad Atene, nel V secolo, il ruolo di divertire il pubblico è affidato alla **commedia**, che trova il suo maggior rappresentante in Aristofane (450-385 a.C. ca.): la sua satira politica e sociale è accompagnata da espedienti che provocano nel pubblico aperte risate.

Il filosofo greco Aristotele (384-322 a.C.), che si occupa del *génos gelòion*, cioè del comico, in una parte della sua *Poetica*, sottolinea come *l'uomo soltanto fra tutti gli animali rida* e si riferisce al comico come a *ciò che è fuori tempo e fuori luogo*, senza pericolo, elemento che è presente invece nella tragedia.

A Roma il commediografo Plauto (255-184 a.C. ca.) cerca la risata fragorosa del pubblico attraverso un ritmo incalzante, equivoci, colpi di scena e la figura del servo astuto, mentre in Terenzio (190 circa-159 a.C.) la comicità si fa più raffinata e meno immediata.

A Roma nasce la **satira**, il primo vero genere che si basa sull'umorismo e che prende di mira aspetti della politica, della società e del costume ridicolizzandoli, come ben evidenzia la definizione che ne dà il poeta Orazio, *castigat ridendo mores* (corregge i costumi con il sorriso). In età imperiale alla satira, che si fa sempre più aspra, si affiancano gli epigrammi di Marziale, in cui la descrizione realistica di situazioni e personaggi induce il lettore al riso.

Ancora a Roma compaiono, nel I secolo d.C., i primi esempi di novelle dal risvolto comico-umoristico: si tratta di brevi inserti narrativi nell'ambito del *Satyricon*, attribuito alla scrittore Petronio, fra i quali *La matrona di Efeso.*

Nel Medioevo

Nel Medioevo la comicità è condannata dalla Chiesa. L'unico momento dell'anno in cui di fatto essa si esercita è il **Carnevale**: giullari e *clerici vagantes* (studenti girovaghi che si spostano per seguire le lezioni in diverse università) girano per le piazze e divertono il pubblico con battute e riferimenti osceni incentrati sul corpo, in una sorta di liberazione temporanea dalla mentalità religiosa e dalle gerarchie della vita quotidiana, con un contatto libero fra le persone impensabile nel resto dell'anno: a questo proposito lo studioso russo Michail Bachtin (1895-1975) parla di "mondo alla rovescia".

Tuttavia al Medioevo risalgono esempi di novellistica dai toni comico-umoristici. Nel **Decamerone** di Giovanni Boccaccio (1313-1375), raccolta di cento novelle che l'autore immagina raccontate nell'arco di dieci giornate da dieci giovani mentre a Firenze infuria la peste del 1348, numerose sono le novelle che generano ilarità nel lettore, come per esempio quella di *Andreuccio da Perugia*, che con le sue disavventure suscita più di una risata. Un'intera giornata, la sesta, è dedicata alle battute di spirito, come quella dello sprovveduto cuoco Chichibio, che per compiacere una ragazza di cui è invaghito sottrae la coscia di una gru da servire a una cena organizzata dal padrone e si salva dalle ire di quest'ultimo con un motto arguto.

Infine, ben due giornate, la settima e l'ottava, si concentrano sulle beffe: pur non essendo l'intento comico l'obiettivo centrale, anche in questo caso la risata è in agguato.

La riflessione teorica del Novecento

A inizio Novecento il tema del riso viene affrontato in sede teorica.

Il filosofo francese **Henry Bergson** (1859-1941) nel saggio *Il riso. Saggio sul significato del comico* (1900) apre la sua riflessione con una serie di considerazioni generali sul comico: il comico è strettamente collegato a ciò che è umano, richiede *qualcosa come un'anestesia momentanea del cuore*, ovvero l'abbandono dell'empatia (cioè dell'identificazione con la persona oggetto del riso) e, infine, è un'esperienza corale, che sottintende una sorta di complicità con altre persone che ridono. Da queste premesse Bergson deduce che il riso è strettamente connesso con la vita sociale dell'uomo.

Bergson prende poi in considerazione tre categorie di comico:

- il comico delle forme, dei gesti e dei movimenti, che nasce cioè da deformità fisiche, smorfie, tic;
- il comico di situazione o di parola, provocato cioè da una situazione che diventa comica o da diverse tipologie di giochi verbali;
- il comico di carattere, che nasce cioè dal modo di essere dei personaggi.

Pirandello e il saggio sull'umorismo

Parzialmente influenzato da Bergson, Luigi Pirandello pubblica nel 1908 il celebre saggio *L'umorismo*, in cui distingue **comico** e **umoristico**. Il primo, definito *avvertimento del contrario*, nasce dal contrasto fra l'apparenza e la realtà:

> Vedo una vecchia signora, coi capelli ritinti, tutti unti non si sa di quale orribile manteca, e poi tutta goffamente imbellettata e parata d'abiti giovanili. Mi metto a ridere. "Avverto" che quella vecchia signora è il contrario di ciò che una rispettabile signora dovrebbe essere. Posso così, a prima vista e superficialmente, arrestarmi a questa espressione comica. Il comico è appunto un "avvertimento del contrario".

L'umorismo, invece, nasce da una considerazione più profonda della situazione, attraverso una presa di distanza, appunto:

> Ma se ora interviene in me la riflessione, e mi suggerisce che quella vecchia signora non prova forse piacere a pararsi così come un pappagallo, ma che forse ne soffre e lo fa soltanto perché pietosamente s'inganna che, parata così, nascondendo le rughe e la canizie, riesca a trattenere a sé l'amore del marito molto più giovane di lei, ecco che io non posso più riderne come prima, perché appunto la riflessione, lavorando in me, mi ha fatto andar oltre a quel primo avvertimento, o, piuttosto, più addentro. Da quel primo avvertimento del contrario mi ha fatto passare a questo sentimento del contrario. Ed è tutta qui la differenza tra il comico e l'umoristico.

Dunque, mentre **il comico genera la risata** quasi immediatamente, evidenziando una situazione contraria a quella che ci si aspetterebbe, l'**umorismo nasce dalla riflessione**, genera una sorta di compassione e fa scaturire un sorriso di comprensione. L'umorismo ha come presupposto la percezione della fragilità umana, da cui nasce un compatimento per le debolezze altrui che sono anche le proprie, ed è dunque più elaborato del comico che giudica invece in maniera immediata e, talvolta, crudele.

I testi comico-umoristici

Le situazioni che producono un effetto comico in un testo possono essere:

- il modo di comportarsi dei personaggi;
- l'equivoco;
- la beffa;
- l'imprevisto;
- le situazioni insolite;
- il capovolgimento di una situazione;
- la realizzazione di scherzi;
- l'intervento dell'autore con battute ironiche;
- il finale a sorpresa.

La tecnica narrativa in una narrazione comica si avvale di meccanismi linguistici come:

- l'uso sbagliato o la deformazione di parole di uso poco comune;
- le alterazioni lessicali ottenute attraverso i principali giochi linguistici (il cambio di una lettera, lo scarto, cioè l'eliminazione di una lettera, la zeppa, cioè l'inserimento di una lettera in una parola);
- lo scarto fra contenuto e registro stilistico;
- il ricorso a un linguaggio gergale o popolaresco.

Infine, strumenti fondamentali in una narrazione comica sono due figure retoriche:

- l'**iperbole**, cioè l'esagerazione di un concetto o di una situazione (es.: ho un milione di cose da fare): l'effetto comico scaturisce dall'impossibilità di credere a quanto sostenuto;
- l'**ironia** (dal greco *eironéia*, "dissimulazione"), che consiste nell'esprimere il contrario di ciò che in realtà si vuole significare. L'ironia si fa sarcasmo quando è pungente e amara. Diventa satira quando la volontà di far ridere si associa alla denuncia dei mali della società.

▲ Samuel Henry Alken, *Gara tra velocipidi*, 1869. Collezione privata.

QUANDO L'**ARTE** FA SORRIDERE

RACCONTARE CON UMORISMO

Norman Rockwell (New York, 1894-Stockbridge, 1978) è un pittore del XX secolo molto popolare negli Stati Uniti. Diventa famoso come illustratore di una rivista diffusa presso la classe media americana, «The Saturday Evening Post», per la quale comincia a disegnare all'età di ventidue anni. Continua in questa attività fino al 1963, producendo oltre trecento immagini di copertina. Le sue illustrazioni costituiscono uno **spaccato** dell'evoluzione della **società americana** nel corso di quasi cinquant'anni del Novecento. Nel 1977, un anno prima della morte, riceve la Medaglia presidenziale della libertà, la più alta onorificenza degli Stati Uniti, come riconoscimento della prestigiosa carriera artistica. Due grandi registi contemporanei, George Lucas e Steven Spielberg, sono tra i maggiori collezionisti delle sue opere e lo indicano come una delle fonti d'ispirazione del loro lavoro.

Norman Rockwell, *I pettegolezzi*, 1948. Collezione privata.

Rockwell utilizza la sua arte per raccontare le **storie quotidiane** della **gente comune**. Lui stesso amava dire: *Una mia immagine deve da sola raccontare tutta una storia.* E ancora: *Le cose ordinarie non sono mai noiose, ci vengono a noia quando siamo noi a smettere di essere curiosi e di apprezzarle.* Il suo sguardo sugli uomini, sulle donne e sugli aspetti della vita di tutti i giorni è sempre benevolo, arguto, sorridente, in una pittura che si caratterizza per leggerezza, garbata ironia e capacità di suscitare buonumore.

L'illustrazione intitolata *I pettegolezzi* mostra quindici coppie di volti umani, rappresentati quasi esclusivamente di profilo – fa eccezione la seconda donna da sinistra in terza fila – tutti colti in un momento di conversazione a tu per tu, che solo in tre casi avviene al telefono. Il senso dell'immagine è chiaro: la signora che apre la catena fa riferimento a qualcosa o più verosimilmente, capiremo più avanti, a qualcuno suggerito dalla posizione del pollice della mano destra, che rimanda a un "fuori campo". L'oggetto della comunicazione della prima donna passa di bocca in bocca, in una sorta di imitazione del noto gioco del telefono senza fili, fino a giungere dopo quindici passaggi alla stessa signora dalla quale il pettegolezzo è partito. Che si tratti di un pettegolezzo lo si capisce non solo dal titolo dell'immagine, ma dall'espressione infuriata dell'uomo col cappello, il penultimo volto in basso a destra, che punta il dito contro la signora, facendo intendere di aver scoperto la responsabile della diffusione di una notizia che lo riguarda.

Rockwell è un artista attento ai particolari: ogni volto è caratterizzato con cura in primo luogo per le espressioni con cui la persona riceve e a sua volta comunica la notizia, per cui abbiamo una gamma di emozioni che vanno dallo stupore, allo sbigottimento, all'incredulità, all'ilarità. Ogni individuo è inoltre definito da alcuni particolari, accessori e pettinature, che lo individuano in modo buffo.

NELL'OFFICINA DELLA SCRITTURA – Raccogliere le idee...

1 Scrivi un breve racconto che riproduca il senso dell'immagine di Rockwell: a chi o a che cosa allude il gesto della prima signora? Inventa il nome delle persone che costituiscono la prima e l'ultima coppia e l'ambiente esterno in cui si parlano.

2 I due uomini in basso a sinistra, l'uno col sigaro, l'altro con la bombetta nera in testa, sembrano, tra tutti, quelli che più si divertono nel venire a conoscenza e nel divulgare il pettegolezzo. Immagina il breve scambio di battute tra loro.

Scarica **GUARDA!** e inquadrami per guardare i video

9 | ELEMENTI DI NARRATOLOGIA
Tempo della storia e tempo del racconto

Video
Qual è la differenza tra tempo della storia e tempo del racconto?

Ogni storia è collocata in una dimensione temporale che, rispetto al momento in cui l'autore scrive, si può collocare:

- nel **passato**, in un tempo imprecisato (il *C'era una volta*... con cui iniziano molte fiabe) o chiaramente connotato cronologicamente (il romanzo *I Promessi sposi* di Alessandro Manzoni, per esempio, è stato composto a inizio Ottocento ma è ambientato nel Seicento);
- nel **presente** (molti romanzi contemporanei sono ambientati, appunto, nella contemporaneità);
- nel **futuro**, come succede nei romanzi di fantascienza. In questo caso, tuttavia, può accadere che per il lettore il futuro dell'autore sia ormai passato.
  È il caso per esempio del romanzo *1984* di George Orwell, composto nel 1948 e ambientato nel 1984: ciò che per l'autore era futuro per noi oggi è passato.

Il tempo che separa l'epoca in cui si svolgono i fatti da quella in cui vengono narrati si definisce **distanza** (per esempio, nel caso de *I Promessi sposi*, due secoli), mentre la **durata** è il tempo che intercorre fra l'inizio e la fine della vicenda (sempre nel caso de *I Promessi sposi*, circa due anni).

TEMPO DELLA STORIA E TEMPO DEL RACCONTO

Gli avvenimenti di una storia si svolgono inoltre in un arco di tempo più o meno lungo, quantificabile in ore, giorni, mesi, anni o secoli: la narratologia dà convenzionalmente a questo tempo il nome di **tempo della storia** (o tempo reale), indicato di solito con la sigla TS.
La scelta operata dal narratore nel dilatare o sintetizzare gli eventi e che traduce dunque un dato cronologico nello spazio fisico di righe e pagine si definisce **tempo del racconto** (TR).
Dal rapporto fra tempo della storia e tempo del racconto scaturiscono quattro modalità narrative per restituire la dimensione temporale di una vicenda, un fatto, un periodo di tempo.

- **Scena**: tempo reale e narrativo coincidono. È il caso tipico dei dialoghi.
- **Pausa** o **digressione**: il tempo del racconto è dilatato rispetto a quello della storia. La narrazione degli eventi non procede e lascia spazio a descrizioni o riflessioni.
- **Riassunto** o **sommario**: il tempo reale viene condensato nella narrazione. È frequentissimo, poiché consente di ridurre in poche righe periodi di tempo più o meno lunghi.
- **Ellissi**: ciò che accade nel tempo reale non viene raccontato e si ha un vero e proprio salto temporale: può essere esplicito, per esempio con espressioni come "dopo giorni", "la settimana dopo" ecc., o implicito e ricavabile da segnali interni alla narrazione.

A seconda delle scelte appena elencate, varia anche **il ritmo della narrazione**.
In particolare, in un testo con molte pause (possiamo prendere come esempio un racconto psicologico) il ritmo subisce un significativo rallentamento, mentre ellissi e riassunti ne comportano l'accelerazione.

TEMPO DELLA NARRAZIONE			
Tecnica	Definizione	Rapporto fra TS e TR	Effetto sul ritmo
Scena	Il narratore riporta dialoghi, gesti e movimenti dei personaggi in presa diretta	Tempo della storia e tempo del racconto coincidono	**Identità** fra il ritmo del racconto e quello del tempo reale
Pausa o digressione	Il narratore descrive, commenta, riflette	Il tempo della storia è fermo, il tempo del racconto è superiore al tempo della storia	**Rallentamento** rispetto al tempo della storia
Riassunto o Sommario	Il narratore condensa in poche righe periodi di tempo anche molto lunghi	Il tempo del racconto è minore del tempo della storia	**Accelerazione** rispetto al tempo della storia
Ellissi	Il narratore omette periodi di tempo anche molti lunghi	Il tempo del racconto è minore del tempo della storia	

T1 Anton Pavlovic Čechov – Un'opera d'arte

Anton Pavlovic Čechov nasce a Taganrog sul Mar d'Azov nel 1860 in una famiglia povera (il nonno era stato servo della gleba). Divenuto medico a Mosca, collabora con riviste e giornali scrivendo brevi racconti umoristici, pubblicati nel 1886 con il titolo *Racconti variopinti*, il cui successo gli consente di dedicarsi del tutto all'attività letteraria ed esercitare la medicina solo per scopi umanitari. Malato di tubercolosi, alterna periodi nella sua tenuta vicino a Mosca e soggiorni in Crimea e all'estero, per curare il male. L'ultimo viaggio lo conduce in Germania, dove muore a Badenweiler nel 1904.

La sua produzione letteraria è costituita da racconti e da importanti scritti per il teatro, come *Il gabbiano* (1896), *Zio Vanja* (1899), *Il giardino dei ciliegi* (1904).

La produzione di Čechov si colloca nella grande stagione del realismo russo e rappresenta con oggettività il malessere del cittadino schiacciato dal peso dello Stato, della burocrazia e delle convenzioni sociali. Il racconto proposto appartiene al periodo in cui nella produzione dello scrittore prevale la **satira scherzosa** nei confronti della borghesia russa, che Čechov descrive come un testimone imparziale e sincero. La vicenda ruota intorno a un candelabro di bronzo, le cui forme scabrose generano un divertente passamano dalla conclusione inaspettata.

Nel racconto che segue sono evidenziate a bordo pagina le **modalità narrative** utilizzate per restituire la **dimensione temporale**.

Con sotto il braccio un oggetto avvolto nel numero 223 de «Le notizie di borsa» Saša Smirnòv, unico figliuolo di sua madre, entrò nel gabinetto[1] del dottor Koselkòv facendo la faccia acida.

«Ah, caro ragazzo!» così lo accolse il dottore. «Be'! come ci sentiamo? Che mi dite di bello?»

Il narratore registra in tempo reale i dialoghi dei personaggi e il lettore ha di fronte la realtà esattamente come si sta svolgendo: il tempo del racconto coincide con il tempo della storia. Troverai più esempi di **scena** nel corso del testo.

Saša batté le palpebre, si portò una mano al cuore e disse con voce commossa: «La mamma vi manda a salutare, Ivàn Nikolàevic! E mi ha ordinato di ringraziarvi... Io sono l'unico figlio di mia madre, e voi mi avete salvato la vita... mi avete curato una malattia pericolosa, e... noi due non sappiamo come ringraziarvi».

«Lasciamo andare, ragazzo!» lo interruppe il dottore, torcendo il viso dalla soddisfazione.

«Io ho fatto soltanto quello che chiunque altro avrebbe fatto al mio posto.» «Io sono l'unico figlio di mia madre... Noi siamo povera gente e naturalmente non possiamo pagarvi per il vostro lavoro... e ne abbiamo rimorso, dottore, sebbene, del resto, mamma e io, unico figlio di mia madre, con persuasione vi preghiamo di accettare in segno della nostra gratitudine... ecco, questo oggetto, che... è un oggetto molto caro, di bronzo antico... un'opera d'arte rara.»

«Ma non è necessario!» e il dottore si accigliò. «Perché mai?»

«No, vi prego, dottore, non rifiutate,» continuò a borbottare Saša, svolgendo l'involto. «Con un rifiuto ci offendereste, me e mamma... L'oggetto è molto bello... di bronzo antico... Ci viene dal mio povero papà e l'abbiamo conservato come un caro ricordo... Il mio papà comprava bronzi antichi e li rivendeva agli amatori. La mamma ed io continuiamo il mestiere di **papà... »**

Saša svolse l'oggetto e solennemente lo posò sul tavolo. Era un piccolo candelabro di vecchio bronzo, lavorato artisticamente. Rappresentava un gruppo: sul piedistallo stavano due figure femminili nel costume d'Eva[2] e in pose, a descrivere le quali non mi basta né l'ardire né il temperamento. Le figure sorridevano civettuole e in generale avevano l'aria di essere pronte, se non avessero avuto l'obbligo di sostenere il candeliere, a saltar giù dal piedistallo per organizzare nella stanza un tal baccanale[3] da non poterci neppure pensare senza **vergognarsi.**

Il narratore si sofferma a descrivere il candelabro: la narrazione subisce una pausa dovuta all'**analisi** dell'opera d'arte. Con la tecnica dell'analisi il tempo del racconto si dilata rispetto al tempo della storia, fermandosi su un particolare di interesse per la narrazione.

Vedendo il regalo, il dottore si grattò subito dietro un orecchio, si raschiò la gola e indeciso si soffiò il naso.

«Sì, l'oggetto è veramente molto bello,» mormorò, «ma... come dire,

1. **gabinetto**: dal francese *cabinet*, indica lo studio del medico.
2. **costume d'Eva**: indica la nudità delle figure femminili.
3. **baccanale**: rito orgiastico in onore del dio Bacco.

non è... non è abbastanza letterario... Non è neppure scollacciato[4], ma lo sa il diavolo che roba è... ».

«Ma come, perché?»

«Lo stesso serpente tentatore... non avrebbe potuto inventare qualche cosa di più sconcio... A metter sul tavolo una tale fantasmagoria[5], significherebbe insudiciare tutta la casa!»

«Che strana concezione avete dell'arte, dottore!» disse Saša offeso. «Questo è un oggetto artistico, guardate! Tanta bellezza ed eleganza che l'anima si riempie di un sentimento di venerazione e vengono le lacrime in gola! Vedendo una tale bellezza, ci si dimentica delle cose terrene... Guardate quanto movimento, che massa d'aria, che espressione!»

«Lo capisco benissimo, mio caro,» lo interruppe il dottore, «ma io ho famiglia, qui scorrazzano i bambini, vengono delle signore».

«Certo, se si guarda dal punto di vista della folla,» disse Saša, «ma un oggetto di così alta arte deve essere guardato sotto un'altra luce... Ma, dottore, siate superiore alla folla, tanto più che col vostro rifiuto voi offendete profondamente me e la mamma. Io sono l'unico figlio di mia madre... voi mi avete salvato la vita... Noi vi diamo l'oggetto più caro che abbiamo... e io mi rammarico solo che voi non abbiate un altro candelabro uguale per far la coppia ...».

«Grazie, tesoro, vi sono molto grato... Salutatemi la mamma, e in nome di Dio, giudicate voi stesso; qui ci razzolano i ragazzi, vengono delle signore... Be', del resto, lasciatelo pure! Non riuscirei a convincervi.»

«Non c'è da convincere» disse Saša tutto lieto. «Questo candelabro lo mettete qui, accanto a questo vaso. Che peccato che non ci sia la coppia! Un vero peccato! Arrivederci, dottore.»

Uscito che fu Saša, il dottore guardò a lungo il candelabro, si grattò dietro l'orecchio e rifletté:

«L'oggetto è magnifico, non c'è questione,» pensò, «e buttarlo via è peccato... Lasciarlo qui è impossibile... Uhm! Un bel problema! A chi lo potrei regalare o offrire?».

Dopo lunga riflessione, si ricordò di un buon amico, l'avvocato Uchov, al quale era debitore per la difesa di una causa.

«Benissimo,» decise dentro di sé. «Come amico non accetterebbe da me denaro, e sarà molto elegante presentargli in dono un bell'oggetto. Porterò a lui questa diavoleria! Del resto, è scapolo e caposcarico[6]... »

Senza rinviar la cosa, il dottore si vestì, prese il candelabro e si recò da **Uchov.**

«Salve, amico!» disse, trovando l'avvocato in casa. «Sono venuto... sono venuto per ringraziarti, caro, delle tue fatiche... Denaro non vuoi

▲ Hubert Gerhard, *Ebe*, 1590 (bronzo). Istituto delle Arti, Detroit.

Siamo davanti a un **riassunto** o **sommario**: delle azioni compiute da Koselkòv vengono riepilogate quelle funzionali alla narrazione e ne vengono omesse altre.

4. **scollacciato**: poco decente.
5. **fantasmagoria**: rapida successione di immagini, di sensazioni mutevoli, varie, bizzarre.
6. **caposcarico**: senza pensieri.

prenderne; accetta perciò questo oggettino... ecco, caro... Una cosuccia, ma una magnificenza!».

Vedendo la cosuccia, l'avvocato fu preso da indescrivibile entusiasmo. «Accidenti che pezzo!» esclamò ridendo, «che il diavolo se lo porti, ci vuol proprio il diavolo per inventare una cosa simile! Stupendo, magnifico! Dove hai trovata una tale bellezza?».

Riversato l'entusiasmo, l'avvocato guardò la porta come se avesse timore e disse: «Solo, fratello caro, portati via il regalo. Io non lo prendo...».

«Perché?» il dottore si spaventò.

«Perché... perché da me vengono mia madre, delle clienti... e anche di fronte alla donna di servizio mi fa scrupolo.»

«No, no, no... Non puoi rifiutare,» il dottore fece un gesto con le mani. «È una porcheria da parte tua! Un oggetto d'arte... quanto movimento... espressione... Non voglio nemmeno parlare! Mi offendi!»

«Se si potesse ricoprirlo un po', metterci delle foglie di fico[7]...»

Ma il dottore fece un gesto ancora più energico con le mani, saltò fuori dall'appartamento di Uchov e, soddisfatto di essersi liberato del regalo, tornò a casa...

Dopo che egli fu uscito, l'avvocato osservò il candelabro, lo palpò da tutte le parti con le dita e, come il dottore, a lungo si ruppe la testa sul problema: a chi fare un regalo?

«L'oggetto è bellissimo,» rifletteva, «buttarlo via è peccato, tenerlo in casa è indecente... Meglio di tutto, regalarlo a qualcuno... Ecco, porterò il candelabro questa sera al comico Sàskin. Quella canaglia ama questo genere di oggetti e stasera è la sua serata d'onore...».

Detto fatto. **La sera** stessa il candelabro, accuratamente avvolto, fu portato al comico Sàskin. Per tutta la sera il suo camerino fu affollato di uomini che venivano ad ammirare il regalo: per tutto il tempo il camerino risuonò di esclamazioni entusiastiche e di risate, simili a **nitriti.**

Nuovo esempio di riassunto/sommario: vengono selezionate dal narratore le azioni che sono utili a comunicare al lettore l'interesse del pubblico maschile per il pezzo d'arte.

Se però qualche attrice si avvicinava alla porta e domandava: «è permesso?» subito la voce rauca del comico rispondeva: «No, no, cara. Non sono vestito!».

Dopo lo spettacolo il comico scrollò le spalle, allargò le braccia e disse: «E ora dove metto questa porcheria? Io vivo in famiglia! E da me vengono delle attrici. Non è una fotografia che la puoi nascondere in un cassetto!».

«E voi, signore, vendetela,» gli suggerì il parrucchiere, che lo stava svestendo. «Qui nel sobborgo c'è una vecchietta, che compra vecchi bronzi... Andateci e domandate della Smirnòva... La conoscono tutti.»

Il comico seguì il consiglio...

Omettendo ogni particolare dell'incontro tra il comico e la vecchia Smirnova, il narratore si avvale della tecnica dell'ellissi, che gli consente di lasciar intendere al lettore che cosa stia per accadere senza appesantire con un'ulteriore scena il racconto, fino all'inatteso e divertente finale.

Un paio di giorni più tardi il dottore Koselkòv era nel suo gabinetto e con un dito sulla fronte pensava agli acidi del fiele[8]... A un tratto si aprì la porta e

7. **foglie di fico**: sono usate nelle opere d'arte, soprattutto nelle statue, per coprire gli organi sessuali.

8. **fiele**: bile, liquido di colore verdastro prodotto dal fegato.

nel gabinetto irruppe Saša Smirnòv. Sorrideva raggiante e tutta la sua figura emanava felicità. Teneva in mano un oggetto avvolto in un giornale.

«Dottore!» cominciò, ansimando. «Figuratevi la mia gioia! Per vostra fortuna ci è riuscito di procurarci un candelabro come il vostro per fare il paio... Anche la mamma è felice... io sono l'unico figlio di mia madre... Voi mi avete salvato la vita... »

E Saša, tutto tremante per il sentimento di riconoscenza, pose davanti al dottore il candelabro. Il dottore spalancò la bocca, avrebbe voluto dire qualcosa, ma non disse nulla. La lingua gli si era paralizzata.

A. Čechov, *Un'opera d'arte*, da *Racconti*, Garzanti, Milano, 1993

GUIDA ALLA LETTURA

UN RACCONTO TEATRALE

Il racconto si sviluppa in quattro scene separate da poche note introduttive ai dialoghi: il testo appare pronto per la rappresentazione, a cui allude anche il meccanismo "entrata/uscita" dei personaggi e il lettore diventa spettatore della girandola di passamano del candelabro.

La prima scena si apre con l'irruzione di Saša Smirnov nello studio del dottor Koselkòv. I suoi gesti, per quanto dettati da sincera commozione per lo scampato pericolo, sono piuttosto enfatici, come accade nella gestualità teatrale: *batté le palpebre, si portò una mano al cuore e disse con voce commossa* [...].

UN DONO IMBARAZZANTE

Entra poi in scena il dono, vero protagonista del racconto: il dottore è dapprima indispettito, poi, visto il regalo, imbarazzato dal candelabro, opera sul cui valore artistico il lettore/spettatore non ha certezze nel corso del racconto, mentre emerge con chiarezza la scarsa decenza delle pose delle figure scolpite.

I toni di Saša passano dalla gratitudine ossequiosa del risanato al talento del venditore che vuol piazzare la sua merce (*Vedendo una tale bellezza, ci si dimentica delle cose terrene... Guardate questo movimento, che massa d'aria, che espressione!*); il medico deve difendersi dal sospetto di essere un puritano oltre che un ingrato e, alla fine, cede.

LA STORIA SI RIPETE

La seconda scena si svolge in casa dell'avvocato Uchov, a cui il dottore decide di regalare l'oggetto, mosso dagli stessi obiettivi di Saša (*era debitore per la difesa di una causa*), utilizzando le stesse maniere da imbonitore (*Un oggetto d'arte... quanto movimento... espressione...*) e fuggendo davanti alla possibilità di vedersi riconsegnata l'opera.

La dinamica si ripete a teatro, nella terza scena, che vede il candelabro passare nelle mani del comico Sàskin, come dono per una serata d'onore: in questo caso l'oggetto riceve le attenzioni ammirate degli amici del pubblico maschile, mentre le signore vengono tenute lontane dal camerino.

A fine serata si creano i presupposti per l'inattesa conclusione: il comico segue il consiglio di vendere il candelabro alla Smirnòva e, dopo un'ellissi narrativa necessaria per creare la sorpresa finale, il candelabro torna a uno stupefatto dottor Koselkòv.

▲ Candelabro con ninfa, 1780 ca. Museo del Louvre, Parigi. Particolare.

COMPRENDERE E ANALIZZARE

COMPRENSIONE

1. Quale attività svolgono gli Smirnòv?
2. Quali gesti rivelano l'imbarazzo del medico? Ci sono gesti ripetuti più volte?
3. Individua e trascrivi i particolari descrittivi relativi alla madre di Saša.
4. Il candelabro che viene consegnato al medico in conclusione del racconto è davvero un secondo candelabro?

ANALISI

5. Per quale motivo il dottore torce *il viso dalla soddisfazione* ricevendo Saša?
6. *"Benissimo" decise dentro di sé. "Come amico non accetterebbe da me denaro, e sarà molto elegante presentargli in dono un bell'oggetto* [...]*"*. Con quale tecnica sono riferiti i pensieri del personaggio?
7. Con quali motivazioni i personaggi si disfano del candelabro? Completa la tabella riportando le espressioni del testo; proponi poi un breve commento.

	Espressioni	Commento
Koselkòv	....	....
Uchov	....	....
Sàskin	....	....

8. Quale tipologia di narratore è utilizzata nel racconto? Viene adottato un particolare punto di vista?
9. Individua nel testo un altro esempio di scena oltre a quello fornito e trascrivilo sul quaderno.

SCRIVERE

APPROFONDIMENTO E SCRITTURA

10. Elabora un nuovo titolo per il racconto, che faccia riferimento non all'opera d'arte, ma alle azioni svolte dai vari personaggi coinvolti nella narrazione.

SCRITTURA CREATIVA In forma di...

11. Immagina il dialogo fra il comico Sàskin e la Smirnòva e trascrivilo.
12. Nella tua città è stata esposta in un luogo pubblico una statua che secondo alcuni tuoi concittadini offende il senso del pudore e deve essere rimossa, mentre per altri ha tali pregi artistici da meritare l'esposizione.

    Scrivi due lettere al giornale cittadino assumendo prima l'una e poi l'altra posizione.

VERSO LE COMPETENZE COMPITI DI REALTÀ

- *Comunicazione nella madrelingua*
- *Consapevolezza ed espressione culturale*
- *Spirito d'iniziativa e imprenditorialità*

13. Trasforma il racconto in un copione per la rappresentazione teatrale.

    Dovrai eliminare le parti descrittive, indicare le caratteristiche degli ambienti in cui si svolgono le scene e utilizzare i dialoghi come battute, trasformando anche le riflessioni in espressioni rivolte al pubblico.

    Potrai inserire anche la tua risposta all'esercizio 11 e mettere in scena il testo con l'aiuto dell'insegnante. Il tuo lavoro sarà valutato sulla base di questi parametri:

Criteri / Livello di padronanza	Iniziale (1)	Base (2)	Intermedio (3)	Avanzato (4)
Coerenza del testo realizzato rispetto a quello di partenza				
Efficacia nella costruzione dei dialoghi				
Correttezza sintattico-grammaticale del copione				

T2 Eric Partridge – Un cane assurdo

Eric Partridge nasce in Nuova Zelanda nel 1894, si trasferisce poi in Inghilterra, dove frequenta l'Università a Oxford e partecipa alla Seconda guerra mondiale nella Royal Air Force. I suoi interessi si rivolgono allo studio dello *slang*, cioè delle espressioni gergali, sulle quali costruisce un dizionario, *A Dictionary of Slang and Unconventional English*, pubblicato per la prima volta nel 1937. Muore in Inghilterra, nel Devon, nel 1979.

Il racconto unisce piacevolmente la tendenza all'iperbole (il "cane" che riesce a sconfiggere uno dopo l'altro gli esemplari più forti della razza) tipica del testo umoristico e il capovolgimento finale, che chiarisce le ragioni della grande potenza della bestia.

Un uomo entra in un bar accompagnato da un cane giallo.

"Anch'io amo moltissimo i cani," dice il barman "ma permettetemi di dirvi, senza offesa, che il vostro cane non ha per nulla un'aria intelligente".

"È vero, ha un'espressione piuttosto neutra, ma lasciate che vi dica che quando si batte con un altro cane bisogna fargli tanto di cappello."

"Figuriamoci! Vorrei vederlo davanti al mio sanbernardo."

"Vediamo un po' questo sanbernardo" dice il cliente.

Vanno a prendere il sanbernardo. Il cliente aveva ragione.

Un minuto dopo, del sanbernardo non rimaneva che il ricordo.

Benché la densità dei cani non sia altissima a New York, dopo un po' entra un cliente con un magnifico danese al guinzaglio. Enorme.

"Bella bestia il vostro danese" dice il barman.

"Soprattutto forte" dice il nuovo cliente.

"Eh! Non certo quanto il mio" dice il proprietario del cane giallo, che non ha l'aspetto troppo intelligente.

"Bisognerebbe vedere."

"D'accordo." Il pubblico è in grande tensione: "Dieci contro uno per il danese." "Venti contro uno."

E così, per la seconda volta, si organizza per quella sera un incontro di cani fra i trespoli del piccolo bar di Broadway.

Non c'è nemmeno bisogno di suonare la campana del primo round, ed ecco il danese al tappeto.

"Bisognerebbe vederlo alle prese con il mio pastore tedesco" grida allora il bookmaker[1]. Poveretto!

"Vediamo questo pastore tedesco!" dice il proprietario del cane giallo.

"Debbo avvertirvi che è proprio cattivo."

"Non perdiamo tempo."

"Se poi massacra il vostro io vi ho avvertito."

"D'accordo."

▼ Il cane Droopy disegnato da Tex Avery, 1940-50.

1. **bookmaker**: chi accetta le scommesse prima delle corse o, in questo caso, delle sfide.

Ancora una volta il padrone del cane giallo aveva ragione.

Appena giunto sul ring, il pastore tedesco, che pure era una bella bestia, si rovescia sul fianco, e ben presto non se ne parla più.

"Eh sì" dice Pat, il poliziotto irlandese. "Ma questo è nulla. Voi non avete ancora visto il mio mastino, una bestia terribile."

"Avanti con questo mastino" dice l'uomo dal cane giallo.

"A qualunque razza appartengano, il mio cane se li mangia tutti. Non ha paura di nessuno. E non c'è bisogno d'istigarlo, di pungerlo nei fianchi come fanno certuni. Il mio cane, capite, è un cane che non ha simpatia per gli altri cani."

In quel momento arriva Pat, il poliziotto irlandese con il suo mastino. Una bestia superba, e dall'aria tutt'altro che rassicurante. Il mastino balza in avanti.

L'incauto! Più niente mastino. Il cane giallo l'ha ridotto in cenere. Il barman, piuttosto perplesso, deve dar atto della cosa al padrone del cane giallo.

"Eppure" dice "a prima vista davvero non si sarebbe creduto. Ma di che razza può essere il vostro cane?"

"Lo so," dice l'altro "si stenta a crederlo. Ha l'aria cretina, non lo nego. Ma se l'aveste visto quando aveva ancora la criniera..."

E. Partridge, *Un cane assurdo*, da *Umoristi di tutto il mondo*, trad. it. di B. M. Spaziani, Rizzoli, Milano, 1963

GUIDA ALLA LETTURA

LA SITUAZIONE DI PARTENZA

L'ingresso di un avventore in un bar è una situazione tipica nelle storielle divertenti. In questo caso a esso seguono incalzanti sequenze di dialogo tra i padroni dei cani, che, in rapida successione, si sfideranno. Le battute sono intervallate da brevi note descrittive degli esiti degli incontri, che il narratore registra, per nulla turbato dalle strage canina in corso, con espressioni tratte dal gergo del pugilato (*suonare la campana, al tappeto*) o metaforiche (*Un minuto dopo del sanbernardo non rimaneva che il* ricordo, *presto non se ne parla più*).

LA TECNICA NARRATIVA

Il narratore esterno nascosto registra soltanto ciò che avviene nel bar, limitandosi al solo commento relativo alla *densità dei cani* a New York, ed elimina ogni particolare descrittivo per concentrare l'attenzione sulle sfide; i personaggi non hanno nome, ma ruoli (*il barman, il padrone del cane giallo, un cliente*); solo del padrone del mastino, Pat, viene detto che è un *poliziotto irlandese*.

La conclusione si regge sul finale a sorpresa, che fa cambiare all'improvviso la prospettiva: è una tecnica nota fin dall'antichità, quando i testi satirici si concludevano con un ribaltamento, definito in greco *aprosdòketon*, cioè "inaspettato", e, in latino, *fulmen in clausula*, cioè "fulmine in conclusione", che poteva prendere anche il carattere del *venenum in cauda*, il "veleno nella coda", in caso di una satira particolarmente feroce.

COMPRENDERE E ANALIZZARE

COMPRENSIONE

1. Individua e trascrivi tutte le indicazioni relative all'ambientazione della storia.
2. A quali razze canine appartengono i cani coinvolti nelle sfide? Quali caratteristiche hanno in comune?
3. Quale arco di tempo copre la vicenda?
4. Che animale è il cane giallo?

ANALISI

5. Per quale motivo, secondo te, il cane giallo ha un'aria un po' spenta?
6. Per quale motivo viene scelto il lessico del pugilato per alcune note descrittive?
7. Quali riflessioni ti suggerisce la presenza di un poliziotto tra gli sfidanti?
8. Quale focalizzazione viene adottata nel racconto?

SCRIVERE

APPROFONDIMENTO E SCRITTURA

9. Che cosa prevede la legislazione del nostro Paese in relazione al possesso di animali esotici? Fai una ricerca e rispondi in un testo di 20 righe.

SCRITTURA CREATIVA In forma di...

10. Elabora tre possibili titoli di articolo di giornale per un'irruzione della polizia nel piccolo bar la sera della sfida.

SCRITTURA CREATIVA Dal punto di vista di...

11. Racconta la storia dal punto di vista del barista, immaginando che egli riferisca ai suoi clienti quanto era accaduto il giorno della sfida.

12. Il testo riportato è del poeta latino Marco Valerio Marziale del I secolo d.C. famoso per l'uso della tecnica del *fulmen in clausula* o *venenum in cauda*. Riconosci nel testo, che riguarda i matrimoni d'interesse, la battuta conclusiva e spiegala.

> Gemello vuole sposare Maronilla: lo desidera ardentemente, si dà un gran da fare, prega la donna, le invia regali. È dunque tanto bella? Tutt'altro: non c'è nulla di più repellente. Che cosa dunque cerca in lei, che cosa gli fa gola? Tossisce.

VERSO LE COMPETENZE COMPITI DI REALTÀ

- *Comunicazione nella madrelingua*
- *Consapevolezza ed espressione culturale*
- *Competenze sociali e civiche*

13. A fare da sfondo al racconto è l'ambiente delle scommesse clandestine legate agli scontri tra cani, oggi attività illecita, ma praticata dalla malavita organizzata in molti Paesi.

Il gusto della scommessa, soprattutto sportiva, è sempre più diffuso tra i giovani, che sperperano denaro all'insaputa dei familiari inseguendo sogni di ricchezza facile.

Scrivi due slogan e la sceneggiatura per un breve spot contro il vizio del gioco. Potrai lavorare da solo o con un gruppo di compagni.

Il tuo/vostro lavoro sarà valutato sulla base di questi parametri:

Criteri / Livello di padronanza	Iniziale (1)	Base (2)	Intermedio (3)	Avanzato (4)
Focalizzazione sulla propria tesi				
Validità degli argomenti				
Efficacia comunicativa degli spot proposti				

▲ Combattimento tra un leone e un cane, incisione, 1825. Collezione privata.

T3 Joanna Russ – Frasi utili per il turista

Joanna Russ (New York, 1937-Tucson, 2011) è una delle prime scrittrici a misurarsi con la fantascienza, che tratta con particolare originalità di temi, legati anche al suo impegno nel movimento femminista.

Impostandolo come se fosse una guida turistica, Joanna Russ costruisce un divertente **manuale di conversazione** per un ipotetico viaggiatore interplanetario che si ritrova alle prese con alieni dall'aspetto e dai costumi poco rassicuranti. Il racconto è stato pubblicato in Italia nel 1973.

Locrina:

Pianeta VII del sistema CX 437894. Ragionevolmente simile alla Terra. (Vedi nastri audio-associativi e translitterazioni[1]). Per psicologia, ecologia, religione e usanze, Wu & Fabris, Praga 2355, vol. II: Locrina – «I locrinesi – Notizie utili per il turista».

In albergo:

Questo è il mio associato. Non va considerato come mancia.

Chiamerò il direttore.

Questa non può essere la mia camera perché non posso respirare ammoniaca.

Starò benissimo a temperature comprese fra i 290 e i 303 gradi Kelvin[2].

Cameriere, questo pasto è ancora vivo.

Al ricevimento:

Siete voi? Siete completo? Quanta gente di voi è presente? (Quante parti di lor signori sono presenti?)

Sono lieto di fare la conoscenza del vostro gruppo vegetale.

La cordialità interstellare impone che a questo punto si facciano manifestazioni materiali, ma desidererei esserne dispensato.

Voi siete tossico?

Siete commestibile, voi? Io non sono commestibile.

Noialtri umani non ci rigeneriamo.

Quello è il mio orecchio.

Io sono tossico.

È così che vi accoppiate?

Scusate, questo sarebbe erotico?

Vi prego di spiegarvi oralmente.

Cambiate colore, voi?

Siete incinta?

Non potremmo essere soltanto amici?

Accompagnatemi immediatamente al Consolato Terrestre.

1. **translitterazioni**: trascrizioni di parole di una determinata lingua secondo un sistema alfabetico diverso dall'originale.
2. **gradi Kelvin**: unità di misura della temperatura che appartiene alle sette unità base del Sistema internazionale di unità di misura (1 grado Celsius = -273,15 gradi Kelvin).

Sebbene molto lusingata dalla vostra gentile offerta, non posso seguirvi nella buca di accoppiamento, dato che sono vivipara[3].

All'ospedale:

No! Il mio orifizio[4] per mangiare non è all'estremità del mio corpo.

Preferirei farlo da me.

Vi prego, non lasciate entrare (uscire) l'atmosfera, mi sentirei molto a disagio.

Non mangio piombo.

Il termometro messo così non vi fornirà nessuna indicazione utile.

Giri turistici:

Voi non siete la mia guida, la mia guida era bipede.

Noi terrestri non lo facciamo.

Oh, che delizioso natatorium[5] (trespolo d'accoppiamento, spettacolo organizzato, fenomeno involontario)!

A che ora la principessa consumata dall'amore si getta nel vulcano fiammeggiante? Possiamo assistere?

Non è dimostrabile (è poco probabile, è ridicolo) che questo sia un gabinetto.

Non mangio cibo vivente.

Questo sarebbe erotico, secondo voi?

Per favore, indicatemi dove posso trovare il mammifero senziente[6] più vicino.

Portatemi senza indugio al Consolato Terrestre.

A teatro o al cinema:

È divertente?

Scusate tanto, non volevo essere scortese.

Non intendevo sedermi su di voi. Non mi ero accorto che c'eravate già voi su questa poltrona.

Potreste deformarvi in modo da abbassarvi ancora un po'?

I miei occhi sono sensibili soltanto alla luminosità delle lunghezze d'onda 3000-7000 A.

Me lo sto immaginando?

È questo che dovrei immaginare?

Dovrei sentirmi turbato dall'acqua sul pavimento?

Dov'è l'uscita?

Aiuto!

Questa è veramente arte.

Le mie convinzioni religiose mi vietano di unirmi alla rappresentazione.

Non mi sento bene.

Mi sento malissimo.

▲ Gino D'Achille, *Il lato oscuro della terra*. Collezione privata.

3. **vivipara**: si dice di animali che partoriscono figli vivi e già sviluppati.
4. **orifizio**: piccola apertura.
5. **natatorium**: piscina interna.
6. **senziente**: dotato di sensi.

Questo sarebbe erotico, secondo voi?
Posso portarmelo a casa?
Fa parte della rappresentazione?
La smetta di toccarmi.
Signore, o signora, questo è mio (intrinseco[7]). Signore, o signora, questo è mio (estrinseco[8]). Desidero visitare l'unità di bonifica dei rifiuti. Avete finito?
Posso cominciare?
Voi m'intralciate.
Per nessuna ragione.
Se non la smettete, chiamerò l'inserviente. È proibito dalla mia religione.
Signore o signora, questa è un'unità privata. Signore e signora, questa è un'unità privata.
Complimenti:
Siete più squamoso che mai.
Ma i vostri capelli sono finti!
Non scopritevi i piedi, altrimenti svengo.
Avete occhi perfettamente triangolari (poligonali, sferici).
Non avevo mai visto dei tentacoli come i vostri.
Frasi di utilità generale:
Portatemi al Consolato Terrestre.
Avvertirò il Consolato Terrestre.
Non è il modo di trattare un vertebrato.
Dove posso trovare altri umanoidi?
A che ora si alza la luna? C'è una luna, qui? È una luna piena?
Portatemi immediatamente al Consolato Terrestre.
Vorrei il secondo volume di Wu & Fabris, intitolato Fisiologia, Ecologia, Religione e Usanze dei locrinesi. L'avete? Non importa il prezzo.
Si è guastato qualcosa nel mio modulo spaziale.
Sto per (sono in procinto di) morire.

J. Russ, *Frasi utili per il turista*, da *L'ora di fantascienza*, Einaudi, Torino, 1982

7. **intrinseco**: proprio di una persona o di una cosa, costitutivo della sua natura.

8. **estrinseco**: che non appartiene alla natura specifica di qualcuno o di qualcosa.

GUIDA ALLA LETTURA

L'AMBIENTAZIONE

L'universo del 2350 è un universo in cui si viaggia con apparente disinvoltura tra le galassie: i terrestri hanno studiato gli alieni e sembrano essere in grado di entrare in relazione almeno con una parte di essi.

Eppure, fin dalle prime voci, il manuale minimo di conversazione con gli abitanti del pianeta Locrina fa emergere in modo sempre più inquietante aspetti incompatibili con la vita umana, che divertono e sorprendono per il punto di vista dell'osservatore, che è quello del terrestre, e per lo spazio lasciato alla fantasia del lettore, che è portato a immaginare le situazioni tipo in cui le frasi di dialogo potrebbero essere utili.

E così il reclamo per le caratteristiche della camera non contempla la vista o l'ampiezza, ma la composizione dell'aria e il cameriere viene richiamato al tavolo perché *questo pasto è ancora vivo.*

UNA STRANA RAZZA DI ALIENI

Nonostante il manuale evochi contesti tipici per il turista in viaggio (*albergo, ricevimento, ospedale*), lo scarto rispetto al conosciuto aumenta per la percezione delle forme bizzarre degli alieni, che le frasi tipo si limitano a suggerire alternando studiata educazione (*Quante parti di lor signori sono presenti?*), desiderio di conoscenza (*Voi siete tossico? Siete commestibile, voi?*) e malcelato imbarazzo (*Non intendevo sedermi su di voi. Non mi ero accorto che c'eravate già voi su questa poltrona).* Spetta alla sezione *Complimenti*, opportunamente collocata in chiusura, la rivelazione delle caratteristiche fisiche degli abitanti di Locrina: *Siete più squamoso che mai, Avete occhi perfettamente triangolari (poligonali, sferici), Non avevo mai visto tentacoli come i vostri.*

UN VIAGGIO SENZA RITORNO?

L'inquietudine che percorre il testo, sottolineata in più punti da frasi che sembrano dettate dal pericolo (*Portatemi senza indugio al Consolato Terrestre*, nelle varianti; *Aiuto!; Mi sento malissimo*), sfocia, nelle ultime battute, in un possibile dramma, lasciato alla ricostruzione del lettore: *Si è guastato qualcosa nel mio modulo spaziale, Sto per (sono in procinto di) morire* non depongono a favore di una vacanza riuscita.

I RIFLESSI DEL SESSANTOTTO

Joanna Russ è un'attivista del movimento femminista e si fa promotrice, negli Usa degli anni Sessanta-Settanta, profondamente segnati dalla contestazione giovanile, del superamento dei divieti fino ad allora diffusi in relazione alla vita sessuale. Ne troviamo un'eco nell'attenzione riposta a sottolineare rituali di accoppiamento insoliti (*È così che vi accoppiate?; non posso seguirvi nella buca di accoppiamento, dato che sono vivipara*) e nella formulazione del quesito: *Scusate, questo sarebbe erotico?*, con cui l'autrice vuole suggerire al lettore che le scelte di vita non sono assolute, ma cambiano di mondo in mondo.

▼ Vasilij Kandinskij, *Giallo, rosso, blu*, 1925. Museo Nazionale di Arte Moderna, Parigi.

COMPRENDERE E ANALIZZARE

COMPRENSIONE

1. In quale anno e dove vengono pubblicate le notizie su Locrina?
2. *Signore o signora, questa è un'unità privata.* Che cosa lascia intendere l'uso della congiunzione disgiuntiva?
3. Quali misure devono adottare i terrestri per poter restare su Locrina?
4. Esistono norme che regolino i rapporti tra i pianeti?
5. Qual è l'attrazione più attesa nei giri turistici?
6. Ci sono terrestri che vivono abitualmente su Locrina? Da quale informazione lo deduci?

ANALISI

7. Che cosa suggerisce in relazione al mercato editoriale la casa editrice *Wu & Fabris?*
8. Quale potrebbe essere il destino dell'associato?
9. Per quale motivo i terrestri sono *tossici?*
10. Quale conclusione viene ipotizzata per questo tipo di viaggi?

SCRIVERE

APPROFONDIMENTO E SCRITTURA

11. Arricchisci con almeno altre due sezioni il manuale di conversazione (trasporti, shopping, sport...).
12. Raccogli dal testo indicazioni sugli alieni di Locrina per un manuale di biologia interplanetaria e riportali sul tuo quaderno. Puoi realizzare una tabella composta dalle seguenti voci: forma, occhi, arti, pelle, alimentazione.

VERSO LE COMPETENZE

- *Comunicazione nella madrelingua*
- *Consapevolezza ed espressione culturale*

13. Nell'immaginario collettivo l'alieno ha assunto forme differenti, rappresentando o meno una minaccia per l'uomo. Rintraccia almeno 5 figure di alieno particolarmente famose (*E.T.*, *Alien*, *Predator* ecc.) e analizzane i caratteri.
14. Nel racconto di fantascienza che segue, *Sentinella*, Fredric Brown assume il punto di vista di un alieno impegnato in una guerra intergalattica. Quali sono le caratteristiche dell'alieno deducibili dal testo? Come vengono descritti gli uomini? Quali relazioni intercorrono tra alieni e terrestri?

Era bagnato fradicio e coperto di fango e aveva fame freddo ed era lontano 50mila anni-luce da casa. Un sole straniero dava una gelida luce azzurra e la gravità doppia di quella cui era abituato, faceva d'ogni movimento un'agonia di fatica. Ma dopo decine di migliaia d'anni, quest'angolo di guerra non era cambiato. Era comodo per quelli dell'aviazione, con le loro astronavi tirate a lucido e le loro superarmi; ma quando si arriva al dunque, tocca ancora al soldato di terra, alla fanteria, prendere la posizione e tenerla, col sangue, palmo a palmo.

Come questo fottuto pianeta di una stella mai sentita nominare finché non ce lo avevano mandato. E adesso era suolo sacro perché c'era arrivato anche il nemico. Il nemico, l'unica altra razza intelligente della galassia... crudeli schifosi, ripugnanti mostri.

Il primo contatto era avvenuto vicino al centro della galassia, dopo la lenta e difficile colonizzazione di qualche migliaio di pianeti; ed era stata subito guerra; quelli avevano cominciato a sparare senza nemmeno tentare un accordo, una soluzione pacifica. E adesso, pianeta per pianeta, bisognava combattere, coi denti e con le unghie. Era bagnato fradicio e coperto di fango e aveva fame, freddo e il giorno era livido e spazzato da un vento violento che gli faceva male agli occhi. Ma i nemici tentavano di infiltrarsi e ogni avamposto era vitale. Stava all'erta, il fucile pronto.

Lontano 50mila anni-luce dalla patria, a combattere su un mondo straniero e a chiedersi se ce l'avrebbe mai fatta a riportare a casa la pelle. E allora vide uno di loro strisciare verso di lui.

Prese la mira e fece fuoco. Il nemico emise quel verso strano, agghiacciante, che tutti loro facevano, poi non si mosse più. Il verso, la vista del cadavere lo fecero rabbrividire. Molti, col passare del tempo, s'erano abituati, non ci facevano più caso; ma lui no. Erano creature troppo schifose, con solo due braccia e due gambe, quella pelle d'un bianco nauseante e senza squame...

F. Brown, *Sentinella*, da *Tutti i racconti*, Mondadori, Milano, 1992

T4 Stefano Benni – La Luisona

Stefano Benni (Bologna, 1947) è giornalista, scrittore e poeta, collabora con numerose testate, tra cui il giornale francese *Libération*.

È autore di numerosi romanzi di successo pubblicati da Feltrinelli, tra cui *La compagnia dei celestini* (1992), *Achille piè veloce* (2003), *Margherita Dolcevita* (2005), *Pane e tempesta* (2009), e di molti testi teatrali tra cui *Le Beatrici* (2011).

Al mondo suggestivo del "bar" sono dedicate le raccolte di racconti *Bar Sport* (1976), *Il bar sotto il mare* (1987) e *Bar Sport Duemila* (1997), in cui uno strano bar, appunto sotto il mare, funge da cornice alla narrazione di racconti di contenuti vari.

Con *Bar Sport*, pubblicato nel 1976, Stefano Benni descrive un piccolo mondo di personaggi e simboli, che ruotano intorno all'idea di "bar" nelle periferie degli anni Settanta: il bimbo del gelato, il nonno da bar, il tecnico, che sa tutto di tutto, il calcio balilla, il telefono sempre nascosto, le cartoline dei clienti e una mitica pasta da esposizione, la Luisona, tanto famosa da aver prodotto, nel tempo, numerosi "Luisona day" in giro per il mondo, organizzati da affezionati lettori.

Al bar Sport non si mangia quasi mai. C'è una bacheca[1] con delle paste, ma è puramente coreografica[2]. Sono paste ornamentali, spesso veri e propri pezzi d'artigianato. Sono lì da anni, tanto che i clienti abituali, ormai, le conoscono una per una. Entrando dicono: «La meringa è un po' sciupata, oggi. Sarà il caldo». Oppure: «È ora di dar la polvere al krapfen». Solo, qualche volta, il cliente occasionale osa avvicinarsi al sacrario.

Una volta, ad esempio, entrò un rappresentante di Milano. Aprì la bacheca e si mise in bocca una pastona bianca e nera, con sopra una spruzzata di quella bellissima granella in duralluminio[3] che sola contraddistingue la pasta veramente cattiva. Subito nel bar si sparse la voce: «Hanno mangiato la Luisona!»

La Luisona era la decana[4] delle paste, e si trovava nella bacheca dal 1959. Guardando il colore della sua crema i vecchi riuscivano a trarre le previsioni del tempo. La sua scomparsa fu un colpo durissimo per tutti. Il rappresentante fu invitato a uscire nel generale disprezzo. Nessuno lo toccò, perché il suo gesto malvagio conteneva già in sé la più tremenda delle punizioni. Infatti fu trovato appena un'ora dopo, nella toilette di un autogrill di Modena, in preda ad atroci dolori.

◀ DAL TESTO ALLE PAROLE ▶ p. 257

La Luisona si era vendicata. La particolarità di queste paste è infatti la non facile digeribilità. Quando la pasta viene ingerita, per prima cosa la granella buca l'esofago. Poi, quando la pasta arriva al fegato, questo la analizza e rinuncia, spostandosi di un colpo a sinistra e lasciandola passare. La pasta, ancora intera, percorre l'intestino e cade a terra intatta dopo pochi secondi. Se il barista non ha visto niente, potete anche rimetterla nella bacheca e andarvene.

S. Benni, *La Luisona*, da *Bar sport*, Mondadori, Milano, 1976

1. **bacheca**: mobile da esposizione con il frontale di vetro trasparente.
2. **coreografica**: propria della coreografia; in questo caso, utile a fare scena.
3. **duralluminio**: lega metallica leggera.
4. **decana**: è il titolo che indica il più anziano tra i componenti di un collegio o di una professione.

GUIDA ALLA LETTURA

UN'IPERBOLE DA BAR

La descrizione della bacheca delle paste del Bar Sport è un esempio di iperbole: la vetrinetta è un *sacrario*, il che sottintende che toccare le paste sarebbe un sacrilegio, e i clienti abituali guardano agli esemplari esposti come a pezzi da museo di cui andar fieri.

UNA PASTA PERSONIFICATA

Rispetto alle altre paste in mostra (la *meringa*, il *krapfen*) la *Luisona* ha un nome, che induce il lettore a una immediata umanizzazione, tanto più perché è un nome simpatico, che evoca morbidezza, accoglienza ed è, in questo senso, ingannevole, perché la pasta non è commestibile: la pralinatura è in *duralluminio*, più che nutrire rischia di uccidere.

Ecco perché nessuno dei frequentatori la mangerebbe mai e solo chi non appartiene all'ambiente del bar può compiere l'insano gesto, suscitando insieme sdegno e apprensione per le conseguenze.

LE CONSEGUENZE DEL GESTO SACRILEGO

Giocando tra iperbole e realtà, il narratore descrive la cacciata del rappresentante come una sorta di cacciata dal tempio, per registrare, poi, le conseguenze, molto più realistiche, dell'aver ingerito cibo ormai immangiabile; anch'esse, tuttavia, vengono descritte come una sorta di "maledizione della pasta", che sembra avere in sé poteri arcani di vendetta.

La conclusione ripropone i toni iperbolici, descrivendo le parti del corpo umano al passaggio della Luisona: l'esofago si buca e il fegato, umanizzato, rinuncia a prendersi carico di un cibo così indigesto, che passa inalterato fino all'espulsione e all'inquietante ritorno nella bacheca delle paste sacre.

COMPRENDERE E ANALIZZARE

COMPRENSIONE

1. Quale attività suggerisce la denominazione "Bar Sport"?
2. Individua nel testo e trascrivi sostantivi e aggettivi riferiti alla Luisona.
3. Individua le espressioni che danno vita a un'umanizzazione del fegato.
4. Che cosa si vuole intendere con la frase *Il suo gesto malvagio conteneva già in sé la più tremenda delle punizioni*?

ANALISI

5. Per quale motivo vengono precisate la provenienza del cliente che mangia la Luisona e l'ubicazione dell'autogrill?
6. Ha un particolare significato, a parer tuo, che il cliente "profanatore" venga da Milano?
7. Scegli una delle espressioni iperboliche utilizzate dal narratore, trascrivila e commentala.
8. Quale tipologia di narratore viene utilizzata per il racconto? Motiva la tua risposta.

SCRIVERE

APPROFONDIMENTO E SCRITTURA

9. Ti sembra che la descrizione del comportamento del fegato sia realizzata con toni letterari? Motiva la tua risposta.

SCRITTURA CREATIVA Immagina che...

10. Immagina un aneddoto che possa aver prodotto, nel 1959, la nascita della Luisona in un testo di circa 20 righe.

VERSO LE COMPETENZE

- *Comunicazione nella madrelingua*
- *Consapevolezza ed espressione culturale*

11. Riportiamo un passo di *Bar Sport Duemila*, in cui Benni registra i cambiamenti del gusto e del costume avvenuti nei vent'anni che separano il nuovo testo da *Bar Sport*. Individua e commenta le affermazioni relative alle differenze tra il mondo della Luisona e il mondo delle mini paste.

> *La miniaturizzazione delle paste*. Più piccole e costose sono le paste, più il bar è fico. Vediamo quindi mini bignè che non ospiterebbero neanche un paguro, brioche invisibili a occhio nudo, pastefrolle decorate con un brandello di fragola o un mezzo mirtillo, krapfen non più grandi di un bulbo oculare. Eppure il cliente fico, so-

spettoso per la sua dieta, chiede ogni volta "scusi, cosa c'è lì dentro?", come se da quei bonsai potessero sgorgare, per magia, colate laviche di colesterolo.

"C'è nocciola oppure crema oppure mascarpone oppure marmellata" è la risposta del barista "se vuole essere sicuro le passo il microscopio".

Possiamo affermare che, dai tempi della Grande Luisona, è in atto un restringimento progressivo e inarrestabile dell'anatomia dolciaria. Si è calcolato che, con questo ritmo, una pasta del 2010 non sarà più grande di un batterio e costerà dodicimila lire.

S. Benni, *Bar Sport Duemila*, Feltrinelli, Milano, 1998

DAL **TESTO** ALLE **PAROLE**

Malvagio È un aggettivo che deriva dal francese antico *malvais*, corrispondente all'antico provenzale *malvatz*. Sembra che all'origine dei due termini ci sia una forma dell'antico latino parlato *malifatiu(m),* cioè "dal destino (*fatum*) cattivo (*malum*)".

Più sicura e nota l'etimologia di ***cattivo***, dal latino *captivu(m)*, "prigioniero", da *capere*, "prendere", poi passato nel latino cristiano a *captivus diaboli*, "prigioniero del diavolo". Originariamente dunque *cattivo* non aveva il significato che ha acquisito successivamente nella lingua comune di "contrapposto a buono" cioè "malvagio", ma quello di "misero" perché "senza difese di fronte al peccato", "degno di compassione".

Rispetto a *malvagio* e a *cattivo* hanno sfumatura peggiorativa gli aggettivi:

- *perfido*, che rivela subdola e sleale malvagità, dal latino *perfidu(m)*, composto di per, "al di là" e *fides*, "fedeltà", "lealtà";
- *maligno*, "che agisce, parla o pensa con malignità", dal latino *malignu(m)*, composto di *malu(m)*, "cattivo", e della radice del verbo *gignere*, "generare", quindi "di cattiva ascendenza"; il termine si diffuse soprattutto attraverso il linguaggio della Chiesa come sinonimo di demonio;
- *spietato*, "che è senza pietà", da *pietà* col prefisso s-: quest'ultimo dà appunto valore privativo-peggiorativo agli aggettivi derivati da sostantivi (come in *scostumato*, *sgrammaticato*, *sfaccendato*).

RINFORZIAMO IL LESSICO

Individua almeno cinque sinonimi di *buono*, scrivine il significato sul quaderno, sottolineandone le specifiche sfumature e cerca per ciascuno di essi la rispettiva etimologia. Con ogni sinonimo componi poi una frase che permetta di cogliere le sfumature dei vari termini.

▶ Il malvagio Pinguino, interpretato da Denny De Vito nel film *Batman il ritorno* (1992), regia di Tim Burton.

BUIO IN SALA

LA COPPIA COMICA

[1]

[2]

[3]

Andiamo indietro nel tempo, agli anni Venti, per incontrare un duo che è servito da prototipo per tutte le successive coppie di comici: stiamo ovviamente parlando di Stan Laurel e Oliver Hardy, meglio noti come **Stanlio & Ollio [1]**. Smilzo e candidamente ingenuo il primo, corpulento e corrucciato il secondo, con il loro binomio inscindibile i due hanno costruito nel corso di decine e decine di pellicole una formula di successo che li ha portati dritti nell'Olimpo del cinematografo, al fianco delle più amate icone del grande schermo.

La comicità di Stanlio e Ollio è quella della *slapstick comedy* (letteralmente "commedia del bastone", con riferimento ai bastoni usati per le zuffe comiche nella Commedia dell'Arte), cioè la comicità che sfrutta le caratteristiche fisiche dei personaggi, il linguaggio del corpo e le gag a ripetizione, come lo scivolone sulla buccia di banana o le torte in faccia. Questo sottogenere del comico nasce agli albori della cinematografia e raggiunge i livelli più alti negli anni Venti con **Buster Keaton**, **Charlie Chaplin**, **Harold Lloyd**, i **fratelli Marx** e, appunto, Stanlio e Ollio.

Esempi dell'uso del linguaggio del corpo sono l'arruffarsi dei capelli di Stanlio, l'infiammarsi del pollice come se fosse un accendino, i moti della bombetta, che sfidano le leggi della fisica, e il movimento frenetico delle orecchie, gesti che identificano il suo personaggio.

Il secondo dopoguerra incorona la coppia Lou Costello-Bud Abbott, noti in Italia come **Gianni e Pinotto [2]**, che uniscono allo *slapstick* la comicità della battuta, dando vita, tra gli anni Quaranta e il 1957, a due serie di commedie, parodia dei film di gangster e degli horror (*Gianni e Pinotto contro i gangsters, Gianni e Pinotto contro l'Uomo Invisibile, Gianni e Pinotto contro il Dottor Jekyll*).

Jack Lemmon e **Walter Matthau [3]**, famoso duo comico di alcuni film degli anni Sessanta, escono dal meccanismo dello *slapstick* grazie a sceneggiature in cui la comicità si evolve nella dimensione più complessa dell'umorismo: ne *La strana coppia* (1968), tratta dall'omonima commedia teatrale di Neil Simon, Matthau è Oscar, un giornalista sportivo divorziato, terribilmente disordinato e pieno di vizi, che ospita l'amico Felix (Lemmon), lasciato dalla moglie, senza sapere a cosa va incontro: maniaco dell'ordine, della pulizia e del risparmio, Felix sconvolge la routine del suo coinquilino, in un crescendo di situazioni esilaranti. Il film è uno dei più grandi successi dell'anno, incassa ben 45 milioni di dollari e inaugura una serie di pellicole, tra cui *Prima pagina* (1974), che vedranno ancora insieme i due attori.

Non sono riusciti a girare molti film insieme, per la prematura scomparsa del primo, ma sono entrati negli annali del cinema con *The Blues Brothers*, **John Belushi** e **Dan Aykroyd [4]**. Nella pellicola, diretta da John Landis nel 1980, i due comici, inconfondibili per il vestito nero e gli occhiali da sole Ray-Ban Wayfarer, interpretano il ruolo di due fratelli che si prodigano per salvare dalla chiusura l'orfanotrofio dove entrambi sono cresciuti, decidendo di organizzare una riunione

[4]

[6]

[7]

[8]

[5]

del loro gruppo blues e di fare concerti in giro per i locali per raccogliere così i fondi necessari.

In Italia, tra il 1950 e il 1960, è il turno di **Totò** (al secolo il nobile Antonio De Curtis) e **Peppino De Filippo**, attori di grandi doti e grande successo, che, lavorando in coppia, hanno fatto ridere intere generazioni di spettatori in film talvolta costruiti su vicende di straordinaria attualità, come accade in *Totò e Peppino divisi a Berlino* (1962), commedia che evoca sullo sfondo il complesso e drammatico problema della divisione in due della città tedesca dopo la guerra **[5]**.

Più simili a Stanlio e Ollio, per la fisicità del loro umorismo, sono **Franco e Ciccio**, gli attori italiani Franco Franchi e Ciccio Ingrassia. La coppia si forma in Sicilia a metà degli anni Cinquanta nell'avanspettacolo, il teatro di varietà nato negli anni del fascismo come fusione tra musical e commedia. Come Stanlio e Ollio, essi assumono il ruolo di due giovani pasticcioni che cercano di sbarcare il lunario avventurandosi in situazioni più grandi di loro.

Tra le rare coppie comiche nostrane famose anche all'estero vanno ricordati Carlo Pedersoli e Mario Girotti, in arte **Bud Spencer e Terence Hill [6]**, che, a suon di schiaffoni e simpatia, hanno conquistato mezzo mondo con pellicole come lo spaghetti western *Lo chiamavano Trinità...* e commedie come *...altrimenti ci arrabbiamo.*

Di recente, almeno nel cinema italiano, si sono affermate coppie comiche lanciate da programmi televisivi: **Salvatore Ficarra** e **Valentino Picone**, il duo Ficarra & Picone **[7]**, si sono esibiti sul palcoscenico di *Zelig* prima di passare al grande schermo, nel 2001, con *Nati stanchi* e *Il 7 e l'8*, nel 2007, di cui hanno curato anche la regia, come dei successivi *La matassa* (2009) e *Anche se è amore non si vede* (2011).

Alessandro Besentini e Francesco Villa, in arte **Ale & Franz [8]**, giunti alla ribalta con *Zelig*, hanno trasferito la loro comicità surreale al cinema con *La terza stella* e *Mi fido di te.*

Anche il cinema di animazione vanta famose coppie comiche: le avventure di **Tom** e **Gerry**, di **Willy Coyote** e il *roadrunner* **Bip Bip [9]**, nate per il piccolo schermo negli anni Quaranta del secolo scorso e poi divenute film a episodi, sfruttano le collaudate dinamiche della *slapstick comedy* per intrattenere generazioni di spettatori senza mostrare, nonostante i settant'anni, segni di vecchiaia.

[9]

T5 Arthur Bloch – La legge di Murphy

Arthur Bloch (1948) è un umorista statunitense, autore dei libri sulla Legge di Murphy. Il primo libro della serie è *La legge di Murphy e altri motivi per cui le cose vanno a rovescio!*, a cui fa seguito, nel 1989, *Il secondo libro di Murphy* e, l'anno successivo, *Il terzo libro di Murphy. Altre pessime ragioni per cui il mondo va comunque avanti!*. Nel 1993 Bloch scrive *La legge di Murphy sull'amore*.

La **legge di Murphy** è un insieme di affermazioni che nascono dalla formula *"se qualcosa può andar male, lo farà"*, attribuita a un ingegnere aeronautico statunitense, **Edward Murphy**. Incaricato di verificare la tolleranza del corpo umano all'accelerazione, il suo team aveva il compito di montare 16 particolari accelerometri sul soggetto umano in esame. Tali accelerometri potevano essere montati in due modi diversi e, sistematicamente, i tecnici incaricati dell'imbragatura li montavano nella maniera sbagliata. Fu nel corso di tale esperimento che Edward Murphy pronunciò la frase che, diventata ormai storica, fu poi riportata a una conferenza da John Paul Strapp, medico militare: *se ci sono due o più modi di fare una cosa, e uno di questi modi può condurre ad una catastrofe, allora qualcuno la farà in quel modo*. La compilazione delle leggi della "murfologia" si deve ad Arthur Bloch, che nel 1988 pubblica *La legge di Murphy e altri motivi per cui le cose vanno a rovescio!*, il primo inventario del pessimismo esistenziale, di cui viene presentato un estratto.

MURFOLOGIA – CAPITOLO 1

LEGGE DI MURPHY: Se qualcosa può andar male, lo farà.
Corollari[1]
1. Niente è facile come sembra.
2. Tutto richiede più tempo di quanto si pensi.
3. Se c'è una possibilità che varie cose vadano male, quella che causa il danno maggiore sarà la prima a farlo.
4. Se si prevedono quattro possibili modi in cui qualcosa può andare male, e si prevengono, immediatamente se ne rivelerà un quinto.
5. Lasciate a se stesse, le cose tendono a andare di male in peggio. [...]

LA FILOSOFIA DI MURPHY
Sorridi... Domani sarà peggio.
COSTANTE DI MURPHY
Le cose vengono danneggiate in proporzione al loro valore. [...]
CHIOSA[2] DI O' TOOLE ALLA LEGGE DI MURPHY
Murphy era un ottimista. [...]
POSTULATO[3] DI BOLING
Se sei di buon umore, non ti preoccupare. Ti passerà.
LEGGE DI ILES
C'è sempre un modo migliore.

1. *Corollari*: proposizioni che si deducono come conseguenze logiche di altre già dimostrate.
2. **CHIOSA**: nota a margine di un passo difficile.
3. **POSTULATO**: proposizione non dimostrata che si accetta come fondamento di una dimostrazione.

Corollari
1. Quando il modo migliore ci sta davanti agli occhi, specialmente per lunghi periodi, non lo vediamo.
2. Neanche Iles lo vede. [...]

LEGGE DI PUDDER
Chi ben comincia, finisce male. Chi comincia male, finisce peggio.

MURFOLOGIA APPLICATA – CAPITOLO 2

TERZA LEGGE DI JOHNSON
Se si perde un numero di una qualsiasi rivista, sarà il numero che conteneva l'articolo che si era tanto ansiosi di leggere.
LEGGE OGGETTI SMARRITI
L'unica maniera per ritrovare un oggetto smarrito è comprarne uno nuovo.
LEGGI COMPLEMENTARI DI RICHARD SULLA PROPRIETÀ
1. Se si tiene qualcosa abbastanza a lungo lo si potrà buttare.
2. Qualsiasi cosa si butti, servirà non appena non sarà più disponibile.
LEGGE DI LEWIS
Per quanto uno cerchi e si informi prima di comprare un qualsiasi articolo, lo troverà a minor prezzo da un'altra parte non appena lo avrà acquistato.
LEGGE DEI TRENI
Se il proprio treno è in ritardo, la coincidenza partirà in perfetto orario.
LEGGE DELLA FRUSTRAZIONE DA FELINO
Quando il vostro gatto vi si è addormentato in grembo e ha l'aria perfettamente felice e adorabile, dovrete improvvisamente andare in bagno.
LEGGE DI JOHNSON E LAIRD
Il mal di denti tende a cominciare di venerdì sera.

PROGETTAZIONE – CAPITOLO 3

LEGGE DELLA CONFUSIONE APPLICATA
1. L'unico pezzo che la fabbrica si è dimenticata di spedire è quello su cui si regge il 75 per cento di quelli spediti.
Corollario
Non soltanto la fabbrica si è dimenticata di spedirlo, ma il 50 per cento delle volte non lo produce nemmeno.

MECCANICA – CAPITOLO 4

LEGGE DELLA PERVERSITÀ DELLA NATURA
Non si può prevedere con successo quale lato del pane andrebbe imburrato.

LEGGE DELLA GRAVITÀ SELETTIVA
Un oggetto cadrà sempre in modo da produrre il maggior danno possibile.
COROLLARIO DI JENNING
Le probabilità che il pane cada sul lato imburrato sono direttamente proporzionali al costo del tappeto.
LEGGE DELL'IRRITAZIONE
A qualunque cosa si stia lavorando, non appena si mette via uno strumento, certi di aver finito di usarlo, immediatamente se ne avrà bisogno.
PRIMA LEGGE DI JOHNSON
Se un congegno meccanico si rompe, lo farà nel peggior momento possibile.
LEGGE DI SATTINGER
Funziona meglio se si mette la spina.

GERARCHIOLOGIA – CAPITOLO 6

PLACEBO[4] DI PETER
Un grammo di immagine val più d'un chilo di fatti.
LEGGE DI JONES
Colui che sorride quando le cose vanno male ha pensato a qualcuno cui dare la colpa.

ESPERTOLOGIA – CAPITOLO 9

LEGGE DI WEILER
Nulla è impossibile per colui che non deve farlo.

UMANOLOGIA – CAPITOLO 10

PRINCIPIO DI BEIFELD
La probabilità che un giovane maschio incontri una giovane femmina attraente e disponibile aumentano in proporzione geometrica quando è con: 1) la fidanzata, 2) la moglie, 3) un amico più bello e più ricco.
LEGGE DEL CAPITANO PENNY
Si può fregare tutti per un certo periodo, o qualcuno per sempre, ma non si può fregare la MAMMA.
LEGGE DI KATZ
Uomini e nazioni agiranno razionalmente solo dopo aver esaurito ogni altra possibilità.
ASSIOMA[5] DI COLE
La somma dell'intelligenza sulla Terra è costante; la popolazione è in aumento.

4. **PLACEBO**: farmaco inattivo, il cui effetto è basato solo sulla suggestione psicologica relativa alla sua efficacia.

5. **ASSIOMA**: principio evidente per sé, e che perciò non ha bisogno di dimostrazione.

VARIE

LEGGE DI TERMAN SULL'INNOVAZIONE

Se vuoi formare una squadra che vinca nel salto in lungo, trova una persona che salti nove metri, non nove che ne saltino uno.

PARADOSSO[6] DI TRISCHMANN

Una pipa dà al saggio tempo per riflettere, all'idiota qualcosa da mettere in bocca.

LEGGE DI JOYCE

Finché ti morde un lupo, pazienza. Quel che secca è quando ti morde una pecora.

A. Bloch, da *La legge di Murphy*, trad. it. di L. Spagnol, Longanesi, Milano, 1988

6. **PARADOSSO**: affermazione che per forma o contenuto si oppone all'opinione comune o all'esperienza quotidiana, riuscendo perciò sorprendente o bizzarra.

GUIDA ALLA LETTURA

MURFOLOGIA E VITA QUOTIDIANA

Tutte le volte in cui, aspettando il bus sotto la pioggia, pensiamo che il nostro è sempre l'ultimo a passare, applichiamo la "murfologia", che altro non è che la tendenza a vedere il futuro sempre nero, le attività umane esposte a una quantità di variabili che le mettono costantemente a rischio, le nostre capacità vanificate dall'imponderabile.

UN FONDAMENTO SCIENTIFICO STRAVOLTO

Le affermazioni elaborate da Bloch non ci colpirebbero tanto se non fossero proposte in forma scientifica, come *leggi*, *corollari*, *assiomi*: nell'immaginario del lettore il linguaggio della matematica è caratterizzato da precisione, esattezza, necessità, e i princìpi, così proposti, si avvalgono di queste peculiarità.

In realtà a fondamento delle leggi di Murphy stanno sia la statistica, che ci ricorda che, per quanto un evento sia improbabile, entro un numero molto elevato di occasioni questo finirà molto probabilmente per verificarsi, sia la teoria della probabilità, secondo la quale il fatto che un evento sia improbabile non significa che esso non possa verificarsi e che non possa ripetersi a breve distanza di tempo.

Ma le leggi di Murphy stravolgono in modo paradossale questi presupposti: esse danno per certo, infatti, che l'evento improbabile si manifesterà sempre e al primo tentativo. Di qui nasce l'effetto umoristico: davanti a situazioni in cui l'evento improbabile è spiacevole e sgradito e si spera che esso non si manifesti, le leggi di Murphy lo propongono come inevitabile.

LE SPIE DELL'UMORISMO

La natura umoristica dello scritto (bisogna ricordare che l'umorismo non è semplice comicità, ma riflessione e, a volte, risata a denti stretti) emerge in più affermazioni, tra cui:

- il corollario alla *Legge di Iles*, che si prende gioco del suo autore;
- la *Legge della Frustrazione da Felino*, applicabile sia agli umani sia ai gatti;
- la *Legge della Perversità della Natura*, che crea aspettative filosofiche e riguarda il pane imburrato;
- la *Legge di Sattinger*, che ribadisce un'ovvietà;
- la *Legge del capitano Penny* sull'onniscienza della mamma;
- la *Legge di Joyce*, che tradisce la sua lontananza dalla dimensione scientifica con l'uso di espressioni di sentimento.

▲ René Magritte, *L'uso della parola I*, 1928-29. Collezione privata, New York.

COMPRENDERE E ANALIZZARE

COMPRENSIONE

1. Per quale motivo l'affermazione di O'Toole sulla Legge di Murphy viene riportata come *chiosa*?
2. Perché *Il mal di denti tende a cominciare di venerdì sera*?
3. Quale futuro prospetta per l'intelligenza degli umani l'*Assioma di Cole*? Motiva la tua risposta.
4. Quale legge comprende un giudizio sugli eventi storici?

ANALISI

5. Quale immagine dell'uomo emerge dal testo?
6. Possiamo parlare di un'umanizzazione della scienza? Perché?

SCRIVERE

APPROFONDIMENTO E SCRITTURA

7. Scegli le tre voci riportate nell'estratto di Bloch a tuo giudizio più divertenti e, attraverso un testo di 20 righe, applicale a un aspetto della tua vita.

SCRITTURA CREATIVA In forma di...

8. Costruisci una breve favola (almeno 15 righe) con animali protagonisti che illustri in conclusione la seguente sentenza: *Finché ti morde un lupo, pazienza. Quel che secca è quando ti morde una pecora.*
9. Applica la *murfologia* alla vita scolastica, costruendo un decalogo di leggi/assiomi/postulati modellati sul pessimismo di Murphy.

VERSO LE COMPETENZE COMPITI DI REALTÀ

- *Comunicazione nella madrelingua*
- *Consapevolezza ed espressione culturale*

10. Spesso l'umorismo nasce dal capovolgimento e dall'alterazione, come accade al linguaggio e agli enunciati scientifici ne *La legge di Murphy.* Alcuni umoristi si sono misurati con il dizionario, producendo delle spassose definizioni delle parole.

In un recente *Etimologiario*, Maria Sebregondi, inventrice dei taccuini Moleskine, costruisce nuovi significati delle parole a partire da radici bizzarre, con effetti che oscillano tra il divertimento e la poesia. Dopo aver letto gli esempi che ti proponiamo prova tu a costruire almeno cinque voci da *Etimologiario*, facendo derivare da nuove radici le parole, indicandone la voce morfologica (sostantivo maschile, femminile, aggettivo ecc.) e spiegando il nuovo significato.

Allucinazione s. f. (der. del s.m. "alluce", primo dito del piede) – attività fantasmatica degli alluci. Creature goffe e ipersensibili, da quando hanno perduto la loro antica funzione prensile e sono confinati nel buio delle scarpe, continuamente creano mutevoli visioni per farsi compagnia.

Amaro (crasi tra il s. m. "amore" e l'agg. "raro") – dicesi di cosa o persona che ama pochissimo.

Crepuscolo s. m. (dim. del s. f. "crepa") – esile crepa del tempo tra il giorno e la notte. Una pausa sottile dove i colori si accendono, brevemente sottratti al dominio della luce o del buio.

Equinozio s. m. – il rito nuziale presso il popolo dei cavalli. Ricca di riferimenti mitologici e astrali, la fastosa cerimonia ha luogo solo due volte l'anno in oziose notti gravide di presagi.

Errare v. intr. (da "erre", diciassettesima lettera dell'alfabeto italiano) – viaggiare sulla consonante liquida "erre". L'estrema fluidità del mezzo conferisce al percorso un che di vago e indeterminato, la parola prende a vagabondare acquosa e senza meta. Date le sue difficoltà di pronuncia è spesso sinonimo di "sbagliare".

Temporale s. m. (composto dal s. m. "tempo" e dall'agg. "orale") – la voce del tempo. In genere scorre silenzioso. Poco avvezzo alla comunicazione orale, quando prende la parola è impetuoso, inconsulto, irrazionale.

M. Sebregondi, *Etimologiario*, Quodlibet, Macerata, 2015

Il tuo lavoro sarà valutato sulla base di questi parametri:

Criteri / Livello di padronanza	Iniziale (1)	Base (2)	Intermedio (3)	Avanzato (4)
Correttezza dell'analisi morfologica				
Creatività nella costruzione della paretimologia				
Lunghezza della voce (non oltre 6 righe)				

T6 David Sedaris Specialità del giorno

David Sedaris (Binghamton, New York, 1956) è un famoso umorista statunitense. I suoi testi nascono da spunti autobiografici: le origini greche della famiglia, il tormentato percorso di studi, i lavori umili e precari svolti in gioventù, il rapporto con la frenetica vita delle classi abbienti delle città americane. La sua carriera inizia il 23 dicembre 1992 con una trasmissione radiofonica in cui narra i suoi *Santaland Diaries* (*I diari del paese di Babbo Natale*), prendendo spunto dal suo lavoro natalizio come elfo nei grandi magazzini Macy's. Da allora alterna l'attività di conduttore radiofonico a quella di scrittore e commediografo. In Italia diventa famoso con la raccolta *Me talk pretty one day* (*Me parlare bello un giorno*).

In questo racconto il raffinato ristorante *fusion* cade sotto i colpi impietosi della penna di Sedaris, che guarda con perplessità un cibo che nutre più l'occhio che lo stomaco, contrapponendogli la tradizionale cucina di strada, un po' rozza, ma capace di soddisfare l'appetito.

È il compleanno di Hugh. Sono seduto con lui in un ristorante di New York, e attendiamo l'arrivo delle nostre pietanze da quindici parole l'una. Hugh è molto carino, ha indosso l'abito e il maglione che possiede da sempre. Io invece di mio ho solo le scarpe, i pantaloni, la camicia e la cravatta. La giacca mi è stata gentilmente prestata dal direttore di sala, evidentemente convinto che mi sarei sentito più a mio agio abbigliato come se dovessi guidare la banda musicale di un liceo.

Sono lì che tormento la passamaneria[1] dorata che adorna le maniche della mia giacca quando il cameriere ci serve ciò che lui definisce «una cosuscia per divertire il palató».

Il divertimento in questione, suppergiù delle dimensioni e del colore di un cerotto, galleggia in un torbido laghetto di salsa ed è ornato da un ciuffetto di roba verde.

«E questo sarebbe cosa... cosa, esattamente?» chiede Hugh.

«Questo» annuncia il cameriere «è il nostro pescespada atlantico crudo in salsina di cioccolato fondente, guarnito di menta fresca».

«Ci risiamo» dico io. «Ragazzi, ma non potete inventarvi qualcosa di un po' meno convenzionale?»

«Adoro la sua giacca» sussurra il cameriere.

Di norma l'idea di mangiare fuori a New York non mi fa impazzire. È difficile amare una città che ha messo al bando il fumo ma ritiene perfettamente accettabile servire il pe-

1. **passamaneria**: insieme di vari tipi di tessuti e intrecci usati come guarnizione per arredamento e abbigliamento.

sce crudo annegato nel cioccolato. Di ristoranti normali non ne esistono più, almeno nel nostro quartiere. I ristorantini di una volta sono stati completamente soppiantati da piccoli bistrot[2] leziosi che vantano menu a base di cucina indigena americana. Loro la chiamano cucina «tradizionale», eppure raramente sono i piatti americani che io ricordo. Il tradizionale pasticcio di carne, patate e pan tostato noto come *patty melt* è stato abbandonato in favore dei medaglioni di carciofi in crosta di erbe, il che mi fa pensare: «Oh, ma certo! Proprio loro! Chissà se sono buoni come quelli che faceva la mia mamma».

In un certo senso il problema è dovuto al fatto che abitiamo nella parte sbagliata della città. Soho non è posto da insalata di pasta. Qui i migliori giovani talenti di tutto il mondo vengono a stufare intere voliere di passeri caramellati o ti servono le loro famose pinne di pomosside[3] scottate con rotolino di zenzero maltrattato e tripudio di funghetti cileni al forno all'olio di muschio chiarificato[4]. Anche quando ti promettono qualcosa di semplice, in qualche modo devono sempre impreziosirlo: il polpettone è cotto in acqua marina, oppure ti ritrovi dei fichi nell'insalata di tonno. Se la cucina è un'arte, ho l'impressione che ci troviamo nel periodo Dada[5].

Non ho mai pensato di avere gusti culinari particolarmente esigenti, ma è dura mantenere il sorriso quando sembra che in un piatto non ci possano essere meno di dodici ingredienti, uno dei quali poco ma sicuro non mi piacerà. Ordinerei il filetto con stufato di pesche, ma mi lascia perplesso la salsa a base di aspirina. Le capesante non sembrano male, ma poi mi sento dire che le servono in un brodo di liquore al malto con litchi[6] secchi mummificati. Quello che davvero vorrei è una sigaretta, e ogni volta passo al setaccio il menu con la speranza che qualche giovane chef coraggioso abbia infine riconosciuto il tabacco come verdura. Fatemelo al forno, al vapore, alla griglia, farciteci le conchiglie di Quahog[7] o quel che vi pare, basta che mi diate qualcosa di familiare a cui aggrapparmi.

Quando il cameriere ci porta i piatti, io non ho idea di quale possa essere il mio. Una volta al ristorante riuscivi a visualizzare e a riconoscere il tuo pasto. Pur con le ovvie differenze, in linea di massima una costoletta d'agnello tendeva a mantenere la sua forma standard. Ovvero quella di una costoletta, con il suo bel manico d'osso e una sorta di lacrima di carne circondata da un sottile filo di grasso. Ma evidentemente era troppo prevedibile. Tu ordina una costoletta d'agnello oggi, ed è probabile che risulti identica alla leccia al cartoccio che ha preso il tuo amico. Le pietanze moderne sono sempre, e senza una ragione logica, disposte a torre. Stanco di giacere in orizzontale, il cibo ora punta dritto al cielo, un po' come gli alti edifici che si affacciano sulle strade delle nostre città. È come se i piatti fossero lotti di terreno preziosi, e lo chef ne avesse acquistato

2. **bistrot**: termine francese che indica un caffè in cui si consumano anche spuntini.
3. **pomosside**: pesce di acqua dolce del Nord America.
4. **chiarificato**: l'operazione di "chiarificare" si compie su alcuni alimenti e sull'acqua per renderli meno torbidi.
5. **periodo Dada**: il Dadaismo è una corrente artistica nata in Svizzera tra il 1916 e il 1920, che rifiuta la tradizione esaltando l'irrazionalità contro le convenzioni; lo stesso termine "Dada" non significa nulla.
6. **litchi**: frutto tropicale originario della Cina.
7. **conchiglie di Quahog**: tipo di capesante.

uno piccolissimo, ma con la possibilità di edificare in verticale all'infinito. Le linguine allo zafferano di Hugh sembrano un piccolo turbante, abbellito da guglie architettoniche di gamberetti. Il turbante se ne sta lì, al centro, mentre tutto intorno il grande piatto deserto sembra in attesa di essere trasformato in parcheggio. Alla fine io ho ordinato una costoletta, che in ossequio allo stesso stile minimalista[8] mi viene servita senza l'osso, ridotta in minuscole striscioline di carne accatastate a mo' di pira funeraria. Probabilmente anche le patate che avevo chiesto sono sotto forma di olio chiarificato, o forse le hanno usate come combustibile per il grill.

«Forse sono dentro la torre di carne» suggerisce Hugh.

Ecco a cosa ci siamo ridotti. Hugh soffia via il polline di yucca[9] dal suo gamberetto annerito, mentre io mi rimbocco le maniche della giacca sportiva presa a prestito e ispeziono la torre di carne in cerca delle patate promesse.

▼ Fernand Leger, *Natura morta con bottiglia*, 1948. Collezione privata.

«Eccole, sono lì!» Con la forchetta Hugh mi indica quelli che potrebbero tranquillamente essere scambiati per cinque molari bucherellati. I puntini scuri devono essere le verdure di contorno.

Ma dato che io sono tanto goloso quanto masochista, il mio commento standard, ovvero «Pessimo», è sempre seguito da un «E poi ce n'era cosi poco!»

Ci portano via i piatti, quindi ci presentano la lista dei dessert. Apprendo così che oggigiorno la pressatella non è più considerata soltanto carne in scatola, e che volendo si potrebbe cavare un sorbetto anche dagli arretrati del «National Geographic».

«No, guardi, conosco i miei limiti» rispondo al cameriere che mi raccomanda la cioccolata bianca con cuscus di more selvatiche.

«Se è per le calorie posso chiedere allo chef di non metterci la crème fraîche[10].»

«No» dico io. «Mi creda, davvero non ce la farei.»

Chiediamo il conto, spiegando che dobbiamo scappare perché ci comincia il film. Il cinema dista appena dieci minuti a piedi, ma io ho fretta di uscire perché prima vorrei prendermi qualcosa da mangiare. Al chioschetto nell'atrio avranno un sacco di roba,

8. stile minimalista: stile che si caratterizza per l'eliminazione di tutto ciò che non è essenziale.

9. yucca: tipo di agave, pianta tipica delle regioni tropicali dell'America centro-settentrionale.

10. crème fraîche: tipo di panna acida tradizionale della cucina francese, oggi usata in molte cucine europee.

ma io preferisco non mischiare cibo e cinema. Per fortuna, non troppo distante dalla strada che dobbiamo fare noi, c'è un banchetto che vende hot dog.

Gli amici mi chiedono sempre: «Ma come fai a mangiare quei cosi? Ho letto sul giornale che li fanno con le labbra dei maiali».

«E...?»

«E con i cuori e le palpebre».

Questi, per la mia mente, sono solo tre ingredienti, e già costituiscono un salutare cambiamento. Il mio lo ordino con senape e nient'altro, e provo un fremito di euforia quando il venditore mi serve l'hot dog posizionato in orizzontale. Così semplice e senza tempo che, da subito, riesco a identificarlo come cibo.

D. Sedaris, *Specialità del giorno*, da *Me parlare bello un giorno*, Mondadori, Milano, 2005

GUIDA ALLA LETTURA

UN AMBIENTE RAFFINATO

Due sono le note che disegnano il ristorante gourmet: l'obbligo della giacca, che lo scrittore, abituato ad atmosfere più informali, non ha con sé e che gli viene imposta quasi come un'uniforme scomoda dal direttore di sala, e l'accento morbidamente francese del cameriere, che propone quello che si definisce un *appetizer*, cioè uno stuzzichino, per *divertire il palató*.

L'EFFETTO COMICO

Dalla battuta compiaciuta del cameriere prende l'avvio una galleria di piatti di cui Sedaris descrive gli ingredienti con perplessa ironia, alternando con effetti comicissimi la celebrazione delle pietanze da parte del cameriere allo sguardo realistico dei commensali, che vedono il pescespada in salsina di cioccolato fondente guarnito di menta come un cerotto che *galleggia in un torbido laghetto di salsa* con *un ciuffetto di roba verde*. Talvolta al realismo si sostituisce l'iperbole, che rafforza l'effetto comico, come accade per le *intere voliere di passeri caramellati*, specialità da giovani talenti.

LA NUOVA CUCINA

Il nuovo secolo ha rivoluzionato il rapporto con il cibo e Sedaris ce ne offre uno spaccato scegliendo come campo di esperienza l'alta cucina: la semplicità dei sapori è bandita a favore di una molteplicità di ingredienti che subiscono a loro volta strane manipolazioni (su tutti spicca il *rotolino di zenzero maltrattato*); le forme del cibo si smontano e si confondono in modo che non siano riconducibili alla materia prima (*una costoletta, che, in ossequio allo stile minimalista, mi viene servita senza l'osso, ridotta in minuscole striscioline di carne accatastate a mo' di pira funeraria*); i piatti nascono più da esperimenti di laboratorio che da ricettari (*volendo si potrebbe cavare un sorbetto anche dagli arretrati del «National Geographic»*).

CIBO PER GLI OCCHI

Davanti all'attenzione per l'impiattamento del cibo, ossessione delle nuove generazioni di cuochi, Sedaris evoca con ironia un'aspirazione artistica a produrre il monumento, la torre: gli ingredienti non sono più disposti a coprire la superficie del piatto, ma solo una piccola parte, e tendono a estendersi verso l'alto. Così il piatto di spaghetti si riduce a una forchettata girata su se stessa come un turbante abbellito da gamberetti sporgenti come guglie, ma anche anneriti da una cottura alla griglia troppo prolungata. La caratteristica che accomuna le preziose vivande, del tutto insufficienti a placare la fame, è, alla fine, quella di essere pessime: come molte cose del nostro tempo, sembra dirci Sedaris, a forme estremamente curate corrisponde un vuoto di sostanza.

L'uscita dal ristorante è quasi una fuga verso il chiosco rassicurante del venditore di hot dog, che offre un cibo semplice, appetitoso e riconoscibile.

COMPRENDERE E ANALIZZARE

COMPRENSIONE

1. Spiega il significato dell'espressione *pietanze di quindici parole l'una.*
2. Perché Sedaris sottolinea l'accento francese del cameriere?
3. Quale intento ha la battuta *Ragazzi, ma non potete inventare qualcosa di meno convenzionale*?
4. Individua e riporta il passo in cui l'autore parla del cibo come veicolo di memorie.
5. Individua e riporta almeno quattro espressioni usate per descrivere la scarsa quantità delle portate nei ristoranti alla moda.
6. Per quale motivo gli amici sconsigliano gli hot dog?

ANALISI

7. L'atteggiamento di Hugh nei confronti delle portate è uguale a quello di David? Rispondi con riferimenti al testo.
8. Commenta l'uso dell'aggettivo *lezioso* legato a *bistrot*.
9. Si può affermare che l'effetto comico nasca dallo scontro di due punti di vista? Motiva la risposta.
10. Nell'elenco dei piatti compaiono alcuni ingredienti improbabili: individuane almeno uno e spiega in che cosa consiste la sua inadeguatezza alla cucina.
11. La fine della cena e l'uscita dal ristorante sono caratterizzate da un nuovo atteggiamento da parte dello scrittore: quale?

SCRIVERE

APPROFONDIMENTO E SCRITTURA

12. Il racconto è disseminato di considerazioni sul rap porto tra Sedaris e il cibo. Che cosa gli piace? Che cosa detesta? Che cosa suggerisce l'espressione *io preferisco non mischiare cibo e cinema*?
13. Secondo le statistiche i giovani, oggi, sono frequentatori abituali di ristoranti etnici: hai assaggiato anche tu qualche piatto esotico? Quali sono le ragioni del successo di queste cucine tra i ragazzi? Individuane e commentane almeno due.
14. I talent show culinari sono tra gli spettacoli di maggior successo nei palinsesti televisivi. Esponi in una pagina le tue considerazioni sulle ragioni di questo fenomeno.

▲ George Braque, *Natura morta con pesce*, 1936 ca. Collezione privata.

SCRITTURA CREATIVA — In forma di...

15. Scrivi una recensione di una pagina immaginando di essere un critico gastronomico in un ristorante simile a quello descritto da Sedaris.

VERSO LE COMPETENZE — COMPITI DI REALTÀ

- *Comunicazione nella madrelingua*
- *Competenza digitale*
- *Imparare a imparare*
- *Competenze sociali e civiche*
- *Consapevolezza ed espressione culturale*

16. L'Italia è ricca di tradizioni gastronomiche: scegli un piatto tipico della località in cui vivi e ricostruiscine la storia approfondendo il rapporto tra gli ingredienti usati e il territorio in un massimo di 15 righe.
17. Costruisci una presentazione multimediale relativa ai regimi alimentari oggi diffusi nella società occidentale (l'alimentazione vegetariana, vegana ecc.), individuandone i caratteri, i benefici e i possibili rischi. Il tuo lavoro sarà valutato sulla base di questi parametri:

Criteri / Livello di padronanza	Iniziale (1)	Base (2)	Intermedio (3)	Avanzato (4)
Pertinenza delle informazioni				
Livello di approfondimento della ricerca				
Efficacia della presentazione				

UN CLASSICO DEL GENERE

T7 Italo Calvino – La cura delle vespe

ANALISI VISUALE

Italo Calvino nasce nel 1923 a Santiago de Las Vegas, a Cuba, dove i genitori, una naturalista e un agronomo, dirigono una scuola di agraria e un centro sperimentale di agricoltura. Nel 1925 la famiglia Calvino si trasferisce a Sanremo, dove lo scrittore trascorrerà l'infanzia e l'adolescenza. Nel '41 si sposta a Torino e si iscrive alla Facoltà di Agraria. Inizia già a comporre i primi racconti, poesie e testi teatrali. Nel 1943, per evitare di essere arruolato nell'esercito fascista dopo l'8 settembre, si unisce ai partigiani liguri. Da quest'esperienza trarrà spunto per il suo primo romanzo *Il sentiero dei nidi di ragno*, pubblicato dalla casa editrice Einaudi nel 1947, e per la successiva raccolta di racconti *Ultimo viene il corvo* (1949). Dopo la guerra inizia a collaborare con il quotidiano «l'Unità» e con la rivista «Il Politecnico» di Elio Vittorini. Nel 1952 viene pubblicato, sempre da Einaudi, *Il visconte dimezzato*, il primo romanzo della trilogia *I nostri antenati*, che si completa con *Il barone rampante* (1957) e *Il cavaliere inesistente* (1959): in essi Calvino sceglie la strada della **narrazione fiabesco-allegorica**, che diventerà sua caratteristica peculiare .

Nel 1963 esce *Marcovaldo ovvero Le stagioni in città*, che rappresenta il difficile passaggio alla modernità per le anime semplici come quella del protagonista. Dagli anni Sessanta Calvino trascorre lunghi periodi a Parigi dove entra in contatto con gli intellettuali del movimento OuLiPo (*Ouvroir de Littérature Potentielle*, Laboratorio di letteratura potenziale), di cui fa parte anche Raymond Queneau, autore degli *Esercizi di stile*. Da questi incontri e influenze nascono nel 1965 *Le cosmicomiche* e nel 1967 *Ti con zero*, racconti "fantascientifici" e paradossali sulla storia dell'universo; nel 1972 nasce la prosa poetica de *Le città invisibili*, ritratti di città immaginarie, simbolo della complessità del reale, e nel 1973 *Il castello dei destini incrociati*, che sfrutta la suggestiva simbologia dei tarocchi. Nel 1979 esce *Se una notte d'inverno un viaggiatore*, *un romanzo sul piacere di leggere*, per dirla con le parole di Calvino, in cui si seguono le peripezie di un lettore che vive una serie di avventure per riuscire a procedere nella lettura di un romanzo di Calvino.

L'ultima parte della produzione di Calvino si caratterizza per la riflessione sull'esistenza, percorsa da un profondo pessimismo, come nel caso di *Palomar* (1983), rielaborazione narrativa di alcuni articoli pubblicati in quegli anni su «La Repubblica» e il «Corriere della Sera». Calvino nel frattempo si è trasferito a Roma e nel 1984 da Einaudi passa a Garzanti, presso cui pubblica *Collezione di sabbia*. Nel 1985 viene invitato dall'Università di Harvard a tenere una serie di conferenze. Inizia così a preparare le sue lezioni, ma viene colto da un ictus nella sua casa a Roccamare, presso Castiglione della Pescaia. Muore pochi giorni dopo a Siena. I testi vengono pubblicati postumi nel 1988 con il titolo *Lezioni americane: sei proposte per il prossimo millennio*. In ciascuna lezione Calvino riflette sui valori programmatici della letteratura futura partendo da quelli per lui determinanti: *Leggerezza, Rapidità, Esattezza, Visibilità, Molteplicità* e l'ultima, solo progettata, *Consistenza*.

Il racconto è tratto da *Marcovaldo o Le stagioni in città*, pubblicato da Calvino nel 1963 in una collana per ragazzi dell'editore Einaudi. Si tratta di venti novelle suddivise in cinque cicli di quattro testi ciascuno, secondo la scansione delle stagioni dell'anno, che si presentano come favole contemporanee, con uno stile e un tono che richiamano le narrazioni orali tradizionali, pervase da un costante sottofondo ironico. Il protagonista Marcovaldo, ingenuo manovale di un'azienda che sfrutta i propri lavoratori, vive in un ambiente urbanizzato e rimpiange il mondo della natura. In ciascun racconto l'ambientazione cambia, ma costanti restano la presenza del protagonista e lo schema narrativo in cui l'aspirazione di Marcovaldo al ritorno a uno stato di natura in città viene costantemente delusa. Anche in questo caso il tentativo di ricorrere a una cura naturale per i reumatismi – il veleno delle vespe, appunto, somministrato direttamente – dopo il successo iniziale fallisce fra la rabbia dei "pazienti" di Marcovaldo.

Nel 1970 dai racconti di Marcovaldo è stata tratta anche una riduzione televisiva a cura della Rai.

L'inverno se ne andò e si lasciò dietro i dolori reumatici. Un leggero sole meridiano veniva a rallegrare le giornate, e Marcovaldo passava qualche ora a guardar spuntare le foglie, seduto su una panchina, aspettando di tornare a lavorare. Vicino a lui veniva a sedersi un vecchietto, ingobbito nel suo cappotto tutto rammendi: era un certo signor Rizieri, pensionato e solo al mondo, anch'egli assiduo delle panchine soleggiate.

Ogni tanto questo signor Rizieri dava un guizzo, gridava – Ahi! – e s'ingobbiva ancora di più nel suo cappotto. Era carico di reumatismi, di artriti, di lombaggini[1], che raccoglieva nell'inverno umido e freddo e che continuavano a seguirlo tutto l'anno. Per consolarlo, Marcovaldo gli spiegava le varie fasi dei reumatismi suoi, e di quelli di sua moglie e di sua figlia maggiore Isolina, che, poveretta, non cresceva tanto sana.

Marcovaldo si portava ogni giorno il pranzo in un pacchetto di carta da giornale; seduto sulla panchina lo svolgeva e dava il pezzo di giornale spiegazzato al signor Rizieri che tendeva la mano impaziente, dicendo: – Vediamo che notizie ci sono, – e lo leggeva con interesse sempre uguale, anche se era di due anni prima. Così un giorno ci trovò un articolo sul sistema di guarire dai reumatismi col veleno d'api. – Sarà col miele, – disse Marcovaldo, sempre propenso all'ottimismo. – No, – fece Rizieri, – col veleno, dice qui, con quello del pungiglione, – e gli lesse alcuni brani. Discussero a lungo sulle api, sulle loro virtù e su quanto poteva costare quella cura. Da allora, camminando per i corsi, Marcovaldo tendeva l'orecchio a ogni ronzio, seguiva con lo sguardo ogni insetto che gli volava attorno. Così, osservando i giri d'una vespa dal grosso addome a strisce nere e gialle, vide che si cacciava nel cavo d'un albero e che altre vespe uscivano: un brusio, un va e vieni che annunciavano la presenza di un intero vespaio dentro al tronco. Marcovaldo s'era messo subito alla caccia. Aveva un barattolo di vetro, in fondo al quale restavano ancora due dita di marmellata. Lo posò aperto vicino all'albero. Presto una vespa gli ronzò intorno, ed entrò, attratta dall'odore zuccherino; Marcovaldo fu svelto a tappare il barattolo con un coperchio di carta. E al signor Rizieri, appena lo vide, poté dire: – Su, su, ora le faccio l'iniezione! – mostrandogli il flacone con la vespa infuriata prigioniera. Il vecchietto era esitante, ma Marcovaldo non voleva a nessun costo rimandare l'esperimento, e insisteva per farlo lì stesso, sulla loro panchina: non c'era neanche bisogno che il paziente si spogliasse. Con timore e insieme con speranza, il signor Rizieri sollevò un lembo del cappotto, della giacca, della camicia, e aprendosi un varco tra le maglie bucate si scoperse un punto dei lombi[2] dove gli doleva. Marcovaldo applicò lì la bocca del flacone e strappò via la carta che faceva da coperchio. Da principio non successe niente; la vespa stava ferma: s'era addormentata? Marcovaldo per svegliarla menò una botta sul fondo del barattolo. Era proprio il colpo che ci voleva: l'insetto sfrecciò avanti e conficcò il pungiglione nei lombi del signor Rizieri. Il vecchietto cacciò un urlo, saltò in piedi e prese a camminare come un soldato che fa il passo di parata, sfregandosi la parte punta e sgranando una sequela di confuse imprecazioni. Marcovaldo era tutto soddisfatto, mai il vecchietto

1. **reumatismi, artriti, lombaggini**: dolori e malanni legati all'età.
2. **lombi**: fondoschiena.

era stato così diritto e marziale. Ma s'era fermato un vigile lì vicino, e guardava con tanto d'occhi; Marcovaldo prese Rizieri sottobraccio e s'allontanò fischiettando. Rincasò con un'altra vespa nel barattolo. Convincere la moglie a farsi fare la puntura non fu affare da poco, ma alla fine ci riuscì. Per un po', se non altro, Domitilla si lamentò solo del bruciore della vespa. Marcovaldo si diede a catturare vespe a tutt'andare. Fece un'iniezione a Isolina, una seconda a Domitilla, perché solo una cura sistematica poteva recare giovamento. Poi si decise a farsi pungere anche lui. I bambini, si sa come sono, dicevano: – Anch'io, anch'io, – ma Marcovaldo preferì munirli di barattoli e indirizzarli alla cattura di nuove vespe, per alimentare il consumo giornaliero. Il signor Rizieri venne a cercarlo a casa; era con lui un altro vecchietto, il cavalier Ulrico, che trascinava una gamba e voleva cominciare subito la cura. La voce si sparse; Marcovaldo ora lavorava in serie: teneva sempre una mezza dozzina di vespe di riserva, ciascuna nel suo barattolo di vetro, disposte su una mensola. Applicava il barattolo sulle terga dei pazienti come fosse una siringa, tirava via il coperchio di carta, e quando la vespa aveva punto, sfregava col cotone imbevuto d'alcool, con la mano disinvolta d'un medico provetto. Casa sua consisteva d'una sola stanza, in cui dormiva tutta la famiglia; la divisero con un paravento improvvisato, di qua sala d'aspetto, di là studio. Nella sala d'aspetto la moglie di Marcovaldo introduceva i clienti e ritirava gli onorari. I bambini prendevano i barattoli vuoti e correvano dalle parti del vespaio a far rifornimento. Qualche volta una vespa li pungeva, ma non piangevano quasi più perché sapevano che faceva bene alla salute. Quell'anno i reumatismi serpeggiavano tra la popolazione come i tentacoli d'una piovra; la cura di Marcovaldo venne in grande fama; e al sabato pomeriggio egli vide la sua povera soffitta invasa d'una piccola folla d'uomini e donne afflitti, che si premevano una mano sulla schiena o sui fianchi, alcuni dall'aspetto cencioso di mendicanti, altri con l'aria di persone agiate, attratti dalla novità di quel rimedio. – Presto, – disse Marcovaldo ai suoi tre figli maschi, – prendete i barattoli e andatemi ad acchiappare più vespe che potete –. I ragazzi andarono. Era una giornata di sole, molte vespe ronzavano nel corso. I ragazzi erano soliti dar loro la caccia un po' discosti dall'albero in cui era il vespaio, puntando sugli insetti isolati. Ma quel giorno Michelino, per far presto e prenderne di più, si mise a cacciare proprio intorno all'imboccatura del vespaio. – Così si fa, – diceva ai fratelli, e cercava di acchiappare una vespa cacciandole sopra il barattolo appena si posava. Ma quella ogni volta volava via e ritornava a posarsi sempre più vicino al vespaio. Ora era proprio sull'orlo della cavità del tronco, e Michelino stava per calarle

▼ Sergio Tofano, illustrazione per la copertina della prima edizione di *Marcovaldo*. Einaudi, 1963.

sopra il flacone, quando sentì altre due grosse vespe avventarglisi contro come se volessero pungerlo al capo. Si schermì, ma sentì la trafittura dei pungiglioni e, gridando dal dolore, lasciò andare il barattolo.

Subito, l'apprensione per quel che aveva fatto gli cancellò il dolore: il barattolo era caduto dentro la bocca del vespaio. Non si sentiva più nessun ronzio, non usciva più nessuna vespa; Michelino senza la forza neppure di gridare, indietreggiò d'un passo, quando dal vespaio scoppiò fuori una nuvola nera, spessa, con un ronzio assordante: erano tutte le vespe che avanzavano in uno sciame infuriato! I fratelli sentirono Michelino cacciare un urlo e partire correndo come non aveva mai corso in vita sua. Pareva andasse a vapore, tanto quella nuvola che si portava dietro sembrava il fumo d'una ciminiera. Dove scappa un bambino inseguito? Scappa a casa! Così Michelino. I passanti non avevano il tempo di capire cos'era quell'apparizione tra la nuvola e l'essere umano che saettava per le vie con un boato misto a un ronzio. Marcovaldo stava dicendo ai suoi pazienti: – Abbiate pazienza, adesso arrivano le vespe, – quando la porta s'aperse e lo sciame invase la stanza. Nemmeno videro Michelino che andava a cacciare il capo in un catino d'acqua: tutta la stanza fu piena di vespe e i pazienti si sbracciavano nell'inutile tentativo di scacciarle, e i reumatizzati facevano prodigi d'agilità e gli arti rattrappiti si scioglievano in movimenti furiosi. Vennero i pompieri e poi la Croce Rossa. Sdraiato sulla sua branda all'ospedale, gonfio irriconoscibile dalle punture, Marcovaldo non osava reagire alle imprecazioni che dalle altre brande della corsia gli lanciavano i suoi clienti.

I. Calvino, *La cura delle vespe*, da *Marcovaldo o Le stagioni in città*, Einaudi, Torino, 1963

GUIDA ALLA LETTURA

L'OPPOSIZIONE NATURA/CITTÀ

Già in apertura di racconto la città viene presentata in una dimensione negativa: Marcovaldo mangia solo su una panchina in attesa di rientrare al lavoro cercando consolazione nel tiepido sole primaverile e così fa il signor Rizieri, un pensionato solo al mondo, povero e cencioso, una condizione antitetica a quella della vita contadina, in cui gli anziani restano tradizionalmente accuditi in famiglia e rispettati come depositari del sapere della tradizione. Sullo sfondo del boom economico italiano degli anni Sessanta, in una città senza nome ma con ogni probabilità ispirata a Torino, Marcovaldo vive la dimensione dell'operaio inurbato, fra difficoltà, indifferenza e una sostanziale povertà, testimoniata anche dal "monolocale" in cui vive con moglie e tre figli.

FRA FANTASIA E IRONIA

Nei racconti che hanno per protagonista Marcovaldo Calvino unisce aspetti fiabeschi (a cominciare dal nome altisonante del personaggio) e ironia per affrontare problematiche attuali come la vita caotica delle città, l'urbanizzazione scriteriata e gli effetti dell'industrializzazione, la povertà delle fasce più basse della popolazione e la difficoltà delle relazioni interpersonali.

Sullo sfondo della metropoli si innesta l'ispirazione fantastica e ironica dell'autore: la città è spenta, spersonalizzata, illuminata solo artificialmente, ma Marcovaldo vi rintraccia con spirito fantasioso i segni di una natura che non pare intenzionata ad arrendersi.

In questo racconto la natura fa capolino fra le foglie che il signor Rizieri osserva spuntare in apertura di racconto e, naturalmente, nella presenza delle vespe.

L'invenzione fantastica di Calvino le trasforma in uno strumento di cura contro i reumatismi che attanagliano la popolazione cittadina di ogni età, ed ecco che contemporaneamente scatta anche l'ironia nei confronti delle cure naturali, al cui ricorso Marcovaldo si dedica con la consueta ingenuità.

COMPRENDERE E ANALIZZARE

COMPRENSIONE

1. Da che cosa è affetto il signor Rizieri?
2. In che modo Marcovaldo cerca di consolarlo?
3. In che modo Marcovaldo cattura le vespe?
4. Perché lo *sciame* alla riga 90 è definito *infuriato*?
5. Che cosa significa l'espressione *pareva andasse a vapore* alla riga 92? A chi è riferita?

ANALISI

6. Che tipo di sequenze prevalgono nel racconto?
7. Da quale tipo di narratore è raccontata la vicenda?
8. A chi appartiene il punto di vista?
9. Individua la *spannung* e lo scioglimento della vicenda.
10. Ricostruisci il personaggio di Marcovaldo come emerge nel corso del racconto per caratterizzazione sociale, situazione familiare, carattere.
11. Analizza gli spazi che fanno da sfondo al racconto. Sono realistici? Hanno valore di per sé o alludono anche alla dimensione psicologica dei protagonisti?

SCRIVERE

APPROFONDIMENTO E SCRITTURA

12. Con il boom economico degli anni Sessanta la vita in Italia è profondamente cambiata e con essa il volto delle città. Parla con un parente o un conoscente che abbia vissuto quegli anni e restituiscine la testimonianza in un testo di almeno una trentina di righe.
13. Considera il contesto in cui vivi (campagna o città) e affida a un testo di una pagina le tue considerazioni su vantaggi e svantaggi.

SCRITTURA CREATIVA In forma di...

14. Immagina di poter intervistare il signor Rizieri sulla sua vita di anziano solo in città. Stendi quattro o cinque domande e ipotizza le relative risposte calandoti nel personaggio.

VERSO LE COMPETENZE COMPITI DI REALTÀ

- *Comunicazione nella madrelingua*
- *Competenza digitale*
- *Imparare a imparare*
- *Competenze sociali e civiche*
- *Consapevolezza ed espressione culturale*

15. Fai una ricerca in rete e trova una foto di una via o una piazza della tua città di almeno 6-7 decenni fa che sia profondamente cambiata per effetto dell'urbanizzazione. Ci sono stati eventi nella tua città che ne hanno modificato radicalmente il profilo? Organizza un testo scritto di almeno una pagina o una presentazione multimediale in cui analizzi le differenze fra passato e presente e ne metti a fuoco le cause fondamentali

Criteri / Livello di padronanza	Iniziale (1)	Base (2)	Intermedio (3)	Avanzato (4)
Coerenza nel rapporto passato-presente				
Appropriatezza della documentazione portata a confronto				
Chiarezza espositiva				

▼ Due vedute di Piazza Maggiore, a Bologna, rispettivamente del 1898 e del 1998.

RACCONTI A CONFRONTO

La mamma è un soggetto interessante per la narrativa umoristica: di seguito ne vengono messi a confronto due esempi particolarmente suggestivi.

T8 Moni Ovadia – da L'ebreo che ride

Salomone Ovadia, detto **Moni** (Plovdiv, 1946) è attore, compositore, cantante, drammaturgo e scrittore.

Nasce in Bulgaria ma già alla fine degli anni Quaranta si trasferisce a Milano insieme alla famiglia, di ascendenza ebraica sefardita.

Si laurea in Scienze Politiche presso l'Università degli Studi di Milano. Cantante e musicista folk, si dedica allo studio della musica tradizionale di vari Paesi. Nel 1984 incomincia a lavorare per il teatro, realizzando diversi spettacoli di grande successo.

L'ebreo che ride, raccolta di riflessioni e storie sull'umorismo ebraico, comprende una breve sezione dedicata alla ***yiddishe mame***, la mamma della cultura ebraica, trapiantata a New York. Possessiva, iperprotettiva, orgogliosa dei successi dei figli, rappresenta un tassello nel campionario dell'individuo-mamma, all'origine della vita di tutti noi.

La *yiddishe mame*[1] ingaggiava un'eroica lotta quotidiana per nutrire i suoi figli, per salvarli dai micidiali artigli della fame. Combatteva battaglie titaniche per proteggerli dai pericoli delle frequenti persecuzioni, dal vorace *molok*[2] del servizio militare dello Zar che glieli voleva rubare. Nello *shtetl*[3] e nel ghetto[4] tutti lo sapevano: «Se un ebreo mangia un pollo, uno dei due è gravemente ammalato».

In America era diverso, si poteva finalmente avere pollo in grande quantità, i pericoli del Nuovo Mondo le apparivano poca cosa, i pericoli del Vecchio Continente fantasmi del passato.

Cos'avrebbe fatto questa madre con tutto il suo bagaglio di viscerale affettività protettiva? Come usarla in quel ricco paese così confortevole, ma insieme così pericoloso per le sue tentazioni?

La soluzione fu quella di farne una potente arma psicologica caricata con gli obici[5] del complesso di colpa. La *yiddishe mame* non poteva cambiare la nuova realtà, avrebbe cambiato il figlio, per adattarvelo a suo piacimento. Un'alimentazione ipertrofica, coniugata con un'ipertrofia affettiva fantasmatica, avrebbe fatto del figlio una creatura psicolabile da indirizzare nei destini matrimoniali e professionali. Quanto al resto sarebbe venuto di conseguenza.

Un gangster ebreo torna a casa arrancando per le scale con un gigantesco coltello piantato nel costato. Sta rantolando: «Mamy... call the doctor... I'm dying...»

1. ***yiddishe mame***: la mamma ebrea. Lo yiddish è il dialetto parlato dagli ebrei dell'Europa centro-orientale e da quelli emigrati negli Stati Uniti.
2. ***molok***: in questa accezione, sacrificio.
3. ***shtetl***: piccola città.
4. **ghetto**: area di una città in cui venivano confinati gli ebrei.
5. **obici**: armi da fuoco di artiglieria. L'espressione allude alla potenza dei sensi di colpa generati dalle mamme ebree.

«Lavati il mani, ti siedi al tavola, mangi tuo brodo di pollo, dopo pensiamo al chiacchiere!»

Il brodo di pollo, panacea universale per ogni malattia fisica o dell'anima, precedeva qualsiasi richiesta eterodiretta, per quanto importante o urgente pretendesse di essere.

Ci sono due proverbi che esprimono in modo compiuto la *weltanschauung*[6] alimentare della *yiddishe mame*:

1. Guarda quello che mangiano i morti e saprai perché hanno quella brutta cera.

2. Le disgrazie con il brodo di pollo si sopportano meglio delle disgrazie senza il brodo di pollo.

L'alimentazione ha lo scopo di sostenere il figlio nella faticosa preparazione del proprio futuro che ha una e una sola destinazione: lo studio di medico a Park Avenue.

▲ Illustrazione da *Oylem Goylem*, di Moni Ovadia e Saverio Montella, Coconino Press, Bologna, 2009.

Un brillante medico ebreo laureato in una delle più prestigiose Università degli Stati Uniti, dopo la specializzazione – anch'essa conseguita a pieni voti – sente di essere chiamato da una particolare vocazione: portare soccorso agli umili e martoriati che soffrono nei paesi sottosviluppati. La sua febbrile attività salva migliaia di vite umane. Ancora oggi, quando telefona alla sua yiddishe mame a New York, lei immancabilmente gli dice «Amore del tua mama quando è che lo diventi un doctore vero?».

La *yiddishe mame* è una donna di mondo e sa che in America l'anima del commercio è la pubblicità.

Samuel, un bravo figliolo ebreo, ha accompagnato in vacanza a Miami Beach la sua adorata yiddishe mame e decide di fermarsi con lei qualche giorno. Ogni pomeriggio trascorrono qualche ora al mare sulla affollatissima e mondanissima spiaggia. Un giorno, Samuel soprapensiero, si tuffa in mare in piena digestione. È colto da un malore e comincia ad annaspare in acqua. La sua yiddishe mame lo vede e grida a piena voce: «Aiuto! Il mio figlio Samuel Brodski, che è un bravissimo doctore internista con bel studio a New York, Park Avenue numero del telefono zero duecentododicitrentaqvattrosettantaqvatrosettecentoqvatordici... sta annegandoo!!!»

La società americana è la «società dello spettacolo» e anche la politica rientra in questa regola.

Il celebre detto: «There's no business like show-business» è diventato aureo.

6. ***weltanschauung***: visione del mondo.

Questo non è il parere della *yiddishe mame.*

Marvin Miller ha fatto molta strada nella politica. Un giorno telefona alla sua yiddishe mame e le dice: «Mamele tieniti libera: il martedì mi fanno presidente degli Stati Uniti, ci sarà una cerimonia». «Proprio il martedì?» risponde la madre con voce seccata. «Il martedì ce l'ho bridge con il mie amiche, poi sempre andiamo al pasticceria». «Mamele!» replica Marvin quasi indignato. «Mi fanno Presidente! non capisci!?» «Capisco, capisco...» acconsente la madre con una vocina rassegnata. «Se proprio lo devo esserci, vengo».

Il martedì successivo, la signora Miller è nel palco delle autorità con un vestitino ordinario e la sua classica borsettina col manico sul grembo, circondata dalle massime autorità dello Stato Federale. Segretario di Stato, Capo del Pentagono, Presidenti del Parlamento e del Senato... Marvin Miller avanza lentamente verso il podio del giuramento. C'è un clima di grande commozione. La Signora Miller dà di gomito al Capo del Pentagono e indicando vistosamente Marvin, gli chiede: «Senta, lei conosce quello lì?» «Ma certo che lo conosco, signora!» risponde allibito il militare. «Sicuro, lo conosce?» insiste la yiddishe mame. «Signora, tutti lo conoscono!» replica incredulo il Capo del Pentagono. «È il Presidente degli Stati Uniti!!!» «Ah sì? Il Presidente deli Stati Uniti?» dice la Signora Miller con tono di sufficienza. «Ma lei non sa il cosa più importante... il suo fratello è un bravissimo doctore!»

La *yiddishe mame* statunitense porta come suo corollario[7] antagonista[8] il prosperare della psicoanalisi. L'impari lotta si conclude con la schiacciante vittoria di una madre dilagante[9] contro la quale nulla può il povero psicoanalista, ombra transferale[10] della funzione materna.

Il problema sta nel manico[11].

Uno psicanalista è un dottore ebreo che ha paura del sangue.

L'Eterno, non potendo essere presente sempre dovunque, ha create le *yiddishe mame.* Amore di mamma è un miracolo.

Un giovanotto ebreo, afflitto da gravi turbe del comportamento, si sottopone a una visita psichiatrica. Quando ritorna a casa è molto angosciato. La sua yiddishe mame vedendolo in quello stato gli domanda: «Bambino mio cosa ce l'è? Cosa te l'ha detto il dottore del cervello?» «Mamma, sono preoccupato. Lo psichiatra mi ha detto che ho un terribile complesso di Edipo».

«Uff! Edipo Shmedipo!» fa la mamma con espressione di moderato disgusto. «Non ci pensare, l'importante è che tu lo vuoi tanto bene al tuo mamma!».

M. Ovadia, *L'ebreo che ride*, Torino, Einaudi, 1998

7. **corollario**: in logica, proposizione che consegue a una già dimostrata. Qui estensione.
8. **antagonista**: che è in opposizione. Qui l'onnipresente madre ebraica è antagonista della psicanalisi freudiana in relazione al complesso di Edipo, che considera patologico il rapporto di dipendenza madre figlio.
9. **dilagante**: straripante, incontenibile.
10. **transferale**: che si riferisce al transfert, cioè alla relazione che si crea fra psicanalista e paziente.
11. **Il problema sta nel manico**: l'espressione equivale a *il problema è all'origine*, cioè nella *yiddishe mame.*

T9 Francesco Abate _ da Mia madre e altre catastrofi

Francesco Abate (Cagliari, 1964) è giornalista professionista per «L'Unione Sarda» e dj nei club dell'isola col nome di Frisco. Come scrittore esordisce nel 1996 con *l'Oratorio – Vietato ai minori di 14 anni.* Nel 1999 vince il premio Solinas con il romanzo *Ultima di campionato*, da cui è stato tratto uno spettacolo teatrale. Nel 2007, insieme a Massimo Carlotto pubblica *Mi fido di te*, da cui è stato tratto il film *Something good.* Altri premi si è aggiudicato con i romanzi *Chiedo scusa* (2010) e con il romanzo *Un posto anche per me* (2013).

Mia madre e altre catastrofi (2016) è un ritratto divertente e pieno d'affetto che Abate tratteggia della madre, Mariella, classe 1937, insegnante, ricostruendo le situazioni tipiche di dialogo tra un figlio in cerca di autonomia e una mamma molto presente e sempre vigile nella tragicommedia della vita.

Mamma è stata allevata con le tigri. L'hanno chiusa dentro una gabbia e l'hanno fatta uscire solo quando ha sbranato l'ultima. Dunque, siamo i figli di una mangiatrice di tigri. Almeno così dicono.

– Mamma, è vero che sei stata allevata dentro una gabbia di tigri e quando ti sei mangiata l'ultima ti hanno fatta uscire?

– Chi l'ha detta questa scemenza?

– Il maresciallo Aruffo del piano di sotto questa mattina alla portinaia.

– Ah sì?

– Sì!

– Avete il permesso di fare la gara di sputi dal terrazzino.

– Anche se sotto hanno steso le lenzuola?

– Soprattutto.

– Grazie, Mamma!

– Prego.

– Sono stanca e avvilita. Quindi oggi non giochiamo insieme a Monopoli.

– No, dai!

– Lasciatemi perdere, oggi non è serata.

– Perché, Mamma?

– Perché ci toccherà pagare la ripulitura del muro condominiale.

– ...

– Hanno scoperto che è stato tuo fratello a fare le scritte.

– No, non è vero! Non è stato lui!

– «Pino il Soversivo». Solo lui che ha sei anni poteva scriverlo tutto storto e con una sola v. E poi è l'unico Giuseppe del palazzo.

– Te l'avevo detto, Mamma, che quel collettivo gli faceva male.

– ...

– Ahia! Ahiaa! Ahiaaa! E basta, con questi pizzicotti con la girataaa!

– Checco!

– Mamma!

– Checco!

– Mammaaa!

– Perché stai piangendo?

– Mi hanno rubato la merenda.

– E chi è stato?

– Un gruppo di ragazzini.

– Dai, non piangere...

– Cosa vuoi che sia?

– Ma mamma, mi hanno anche picchiato!

– Disgraziati, picchiare per avere un panino. Dove porta la fame!

– Mamma, mi hanno picchiato dopo averlo assaggiato.

– Fammi vedere questo ginocchio, che lo laviamo un po'.

– Piano, Mamma, che mi fa male.

– Forza, metti la gamba nella vasca.

– Ahi! L'acqua è bollente!

– Macché bollente, è appena tiepida.

– Scotta.

– Brutta ferita, profonda. Ora ti pulisco tutt'intorno col cotone. Tu cerca di non finire per intero dentro la vasca.

– Sì, Mamma.

– Quanti punti ti hanno messo?

– Venti, e il dottore ha detto che rimarrà una brutta cicatrice.

– Meglio così. Se un giorno dovessi andare via, figlio mio, e tornare dopo tanti anni, io ti riconoscerei da questa cicatrice. Come Euriclea con Ulisse.

Bisogna avere fede nelle madri. Sanno ciò che noi non potremo mai comprendere, vedono oltre la nostra capacità visiva. La mamma è una fede, e come ogni fede porta con sé dei dogmi. Due sono i principi di fronte ai quali non si può che accettare il mistero. Il primo si esprime con l'assioma: «Lo so io». Il secondo: «Lo so già».

– Mamma, perché anche questa domenica dobbiamo andare a trovare la bisnonna Maria che è sorda e cieca e non si accorge neppure di noi?

– Lo so io.

– E perché papà non viene?

– Lo so io.

– Mamma! Mamma! Sono stato promosso con la media del nove!

– Lo so già.

– Mamma! Sono in attesa di una figlia! Sarai nonna!

– Lo so già.

– Mamma, uscirà il mio primo libro.

– Lo so già.

– Mamma, ma perché non mi dai mai una soddisfazione?

– Lo so io.

– Pronto, la Signora Abate?

– Professoressa Pisano, prego.

– La Mamma di Francesco Abate?

– Sì, sono io, con chi parlo?

– Sono la segretaria del liceo Siotto.

– Ah! E mi dica, cosa ha combinato di nuovo quel disgraziato!? Ha guidato lo sciopero per l'assenza di riscaldamento? È entrato per l'ennesima volta alla seconda ora? Ha fatto scritte sui muri della biblioteca come il mese scorso? O forse era a fumare nel bagno delle ragazze come l'altra settimana?

– No, professoressa. La prego, non si spaventi.

– Ha fatto a cazzotti?!

– No, professoressa. La prego, non si spaventi.

– Ma se lei continua a dirmi di non spaventarmi io mi spavento e come! Forza, che è successo?

– Francesco ha avuto un incidente.

– Un incidente?! Sull'autobus!?

– No, professoressa, in motorino.

– In motorino?

– Sì, in motorino.

– Ma lui non ha un motorino.

– Infatti, era seduto dietro alla moto di Dinaro Ninni quando, fermi a uno Stop, un'auto li ha travolti.

– Oddio! E cosa si è fatto Ninni?!

– Nulla di grave, professoressa. Dall'ospedale dicono solo escoriazioni ed ematomi.

– E la moto?

– Distrutta.

– O Santo Dio!

– Professoressa?

– Sì. Mi dica.

– Ma... e di suo figlio non vuole sapere?

– E mi dica.

– Dall'ospedale dicono frattura scomposta di tibia e perone. Lo stanno per mettere in trazione.

– Così impara a disubbidire.

– Pronto, ciao Mamma, come va?

– Tutto bene, figlio mio. Tutto bene.

▼ Piera degli Esposti in uno sketch per la miniserie *Mia madre e altre catastrofi*, diretta dal regista Peter Marcias.

– Ah! Mi scusi, signora. Ho sbagliato numero...

– Checco!

– Sì.

– Non fare il cretino!

– Ahahah!

– Non fare il cretino e non rubare le battute a Moni Ovadia.

– La conoscevi già?

– Certo, l'ha scritta Moni Ovadia in un suo libro. Cosa credi, che leggi solo tu?

– Ho parlato di te a Moni Ovadia.

– Conosci Moni Ovadia?!

– No, cioè sì, cioè no, insomma, cioè, abbiamo fatto una volta uno spettacolo insieme a Carbonia nel 2008, ma non credo che si ricordi di me.

– E cosa gli hai detto di me?

– Gli ho raccontato come sei fatta.

– E lui?

– Mi ha detto che ho una Mamma molto yiddish.

– Ah! Ecco, infatti, ti volevo dire una cosa.

– Dimmi, Ma' .

– Fra un mese parto per la Terra Santa.

– Per sempre?

F. Abate, da *Mia madre e altre catastrofi*, Einaudi, Torino, 2016

COMPRENDERE E ANALIZZARE

1. Quali sono le caratteristiche strutturali dei testi?
2. A quali classi sociali appartengono i due modelli di mamma?
3. Individua nei testi e riporta elementi relativi al livello culturale delle due mamme.
4. Quale delle mamme ha più aspettative sul figlio?
5. E quale si mostra maggiormente iperprotettiva?
6. Nei due racconti compaiono riferimenti al cibo. Quali? Come viene inteso il cibo dalle mamme?
7. Davanti ai successi dei figli come reagiscono le mamme?
8. Entrambi gli autori scelgono modalità particolari per restituire il parlato. Quali e con quale significato?
9. Indica se i seguenti aggettivi corrispondono al carattere della mamma di Francesco Abate, alla *yiddishe mame* o a entrambe.

	Mamma di Abate	*Yiddishe mame*	Entrambe
Iperprotettiva			
Severa			
Ossessiva			
Orgogliosa			
Frustrante			

10. Spiega in un testo di almeno 20 righe in che cosa consiste l'umorismo della battuta scritta da Moni Ovadia e utilizzata da Abate:

– Pronto, ciao Mamma, come va?
– Tutto bene, figlio mio. Tutto bene.
– Ah! Mi scusi, signora. Ho sbagliato numero.

VERSO LA PROVA INVALSI

TIPOLOGIA TESTUALE: ARTICOLO/SAGGIO

FOCUS: COMPRENSIONE DEL TESTO/SINTASSI E LESSICO

Ebla

di Alessandro Baricco ■ *Barnum 2. Altre cronache del grande show*, Feltrinelli, Milano, 1998

▲ Illustrazione della città di Ebla, Siria.

L'hanno cercata per quasi cent'anni, senza trovarla. Sapevano che c'era, ma non sapevano dove. D'altronde è comprensibile: come la trovi una citta che è sparita 2500 anni fa, rasa al suolo da un conquistatore che proprio non la poteva più vedere, lei e le sue assurde pretese? Ogni tanto, scavando scavando, trovavano maledette iscrizioni che la citavano, quella città, e ogni volta il mito si ingrandiva, e la voglia di trovarla anche, e la beffa di non riuscire a trovarla idem. Aveva anche un bel nome: Ebla. Pare che significasse "bianca". Come suono ha qualcosa di invisibile. Nome esatto, visto come andavano le cose. Silenziosa, sotto la pelle della terra siriana, Ebla se n'è rimasta acquattata per un'eternità. Una volta, nel 1926, un archeologo americano che si chiamava William Foxwell Albright la sfiorò. Lei dovette trattenere il fiato. Lui guardò quelle colline strane, ma tutto ciò che pensò fu: che strane colline. E tirò diritto. Ebla rimase invisibile per altri trent'anni. Poi un giorno i contadini della zona incocciarono in una specie di lavatoio sputato fuori dalla terra. Una roba elegante, con bassorilievi e tutto, mica un lavatoio qualunque. Era l'inizio della resa. Gli archeologi si misero a interrogarlo come se fosse un pentito. E quello raccontava di una civiltà che aveva almeno 4000 anni. Incominciarono a scavare. E la civiltà iniziò a venire fuori, metro dopo metro. Ci misero cinque anni prima di sapere, con certezza, cosa stavano disseppellendo: trovarono un torso di una statua, e lì c'era scritto qualcosa, e quel qualcosa era firmato da un certo Ibbit-Lim, e Ibbit-Lim era il re di una città: e il nome di quella città era Ebla. Bingo. Pensa te: l'avevano trovata. Dato che a trovarla sono stati degli archeologi italiani (vedi che non è tutto da schifo in questo paese), adesso, Ebla, vai a Palazzo Venezia, a Roma, e la vedi. Hanno raccolto lì il frutto di trent'anni di scavi, storie, oggetti, fotografie, filmati, tutto. Hai un bell'aver fatto il callo, ai cimeli archeologici, ma lì è diverso, tutto ha il fascino dello scoperto ieri. È ancora tutto caldo, per così dire. E poi ci si mettono di buzzo buono per convincerti che Ebla non era una città qualunque, che quello che stai vedendo è una fetta di Storia enorme, mica un rimasuglio come un altro. "Gli italiani, a Ebla, hanno scoperto una nuova storia, una nuova lingua, una nuova cultura": l'ha detto uno che si chiama Ignace J. Gelb, e ho capito che bisogna credergli. Così me la sono guardata, la Mostra, con la faccia di uno che per primo vedeva la Stele di Rosetta, o le Piramidi, o il Colosseo. Era un gioco, ma mica poi tanto. Perché alcune cose, davvero, ti lasciano secco. Quelle tavolette ad esempio.

È successo che scavando scavando hanno trovato nel Palazzo reale una sala che era la sala dell'Archivio: e con quello sono entrati per sempre nella Storia. Perché lì dentro c'era qualcosa come 17mila frammenti di tavolette scritte, cioè uno sterminato viaggio in una lingua sconosciuta, cioè un volo vertiginoso nella mente di gente che non c'è più da migliaia di anni. Non fa venire i brividi? Ti vengono eccome, quando schiacci il naso contro la teca in cui, ben illuminata, sta una tavoletta grande come un vassoio, e sopra c'è un vocabolario bilingue (eblaita-sumero), tutto bello scolpito a caratteri cuneiformi, come un messaggio lasciato lì apposta per noi, perché potessimo imparare a leggere. Vedi tutti quei tratti incisi sull'argilla, e ti vedi le mani e gli occhi che ci lavorarono, come se l'avessero fatto ieri, ed era tremila anni fa. E non sai precisamente il perché, ma è chiaro che nessuna anfora, nessun gioiello, nessuna statua, ha il fascino di quella gallettona di argilla con su scritti i nomi delle cose, uno in fila all'altro, ce n'è quasi 1500, i nomi delle cose, la cosa più semplice di tutte, ma la più grande, l'inizio di tutto, la verità ultima di tutto. Sul serio: ci rimani secco. E non importa se non ci capisci niente perché il sumero ti è un tantino estraneo. Non importa se tra tutti i 17mila frammenti non ce n'è uno che racconti una storia o abbozzi una specie di poesia, tutta roba commerciale o trattati politici, quando va bene qualche invocazione alla divinità. Non importa: quei graffiti che sembrano orme di uccelli messisi a ballare il tango su una mattonella di argilla sono uno spettacolo comunque.

▶ Tavoletta di argilla con iscrizioni cuneiformi proveniente da Ebla, Siria. Museo Archeologico, Aleppo.

1. L'oggetto rinvenuto negli scavi che più ha colpito l'autore è:
   a. ☐ un gioiello;
   b. ☐ una statua;
   c. ☐ una tavola d'argilla incisa;
   d. ☐ un'anfora.

2. Secondo l'autore il nome Ebla è *esatto*:
   a. ☐ perché significa *bianca*;
   b. ☐ perché il suo suono ha qualcosa di invisibile;
   c. ☐ perché significa *scomparsa*;
   d. ☐ perché significa *silenziosa*.

3. Gli scavi che hanno riportato alla luce la città si trovano in:
   a. ☐ Mesopotamia;
   b. ☐ Egitto;
   c. ☐ Siria;
   d. ☐ Israele.

4. Le iscrizioni sui frammenti d'argilla conservati a Palazzo Venezia non contengono:
   a. ☐ roba commerciale;
   b. ☐ il nome di qualche divinità;
   c. ☐ poesie;
   d. ☐ trattati politici.

5. Il lavatoio rinvenuto negli scavi parla di una civiltà di:
   a. ☐ 2500 anni fa;
   b. ☐ 4000 anni fa;
   c. ☐ 3000 anni fa;
   d. ☐ 1500 anni fa.

6. Il *che* di *che c'era* alla riga 2 è:
   a. ☐ pronome relativo;
   b. ☐ congiunzione che introduce una proposizione oggettiva;
   c. ☐ congiunzione che introduce una proposizione soggettiva;
   d. ☐ avverbio interrogativo.

7. *Acquattata* alla riga 18 è:
   a. ☐ attributo;
   b. ☐ parte nominale;
   c. ☐ complemento predicativo del soggetto;
   d. ☐ complemento di modo.

8. L'espressione *di buzzo buono* alla riga 34 significa:
   a. ☐ insistentemente;
   b. ☐ con impegno;
   c. ☐ falsamente;
   d. ☐ smaccatamente.

9. Il *perché* alla riga 40 ha valore di:
   a. ☐ avverbio interrogativo;
   b. ☐ aggettivo interrogativo;
   c. ☐ avverbio sostantivato;
   d. ☐ attributivo.

10. La proposizione *se non ci capisci niente* alla riga 55 è:
    a. ☐ una subordinata ipotetica;
    b. ☐ la protasi di un periodo ipotetico indipendente;
    c. ☐ un'interrogativa indiretta;
    d. ☐ una proposizione oggettiva.

◀Illustrazione di una stanza per la conservazione delle tavolette incise con caratteri cuneiformi nella città di Ebla.

A COLPO D'OCCHIO _ La narrazione umoristica

IL PERCORSO ANTOLOGICO

ZTE ONLINE
Mettiti alla prova
con gli esercizi interattivi

A. P. Čechov	*Un'opera d'arte*	Una comicità raffinata
E. Partridge **A. Bloch**	*Un cane assurdo* *La legge di Murphy*	Due classici dell'umorismo
J. Russ **S. Benni** **D. Sedaris**	*Frasi utili per il turista* *La Luisona* *Specialità del giorno*	La deformazione umoristica
I. Calvino **M. Ovadia** **F. Abate**	*La cura delle vespe* *L'ebreo che ride* *Mia madre e altre catastrofi*	La visione umoristica del personaggio

L'EVOLUZIONE NEL TEMPO

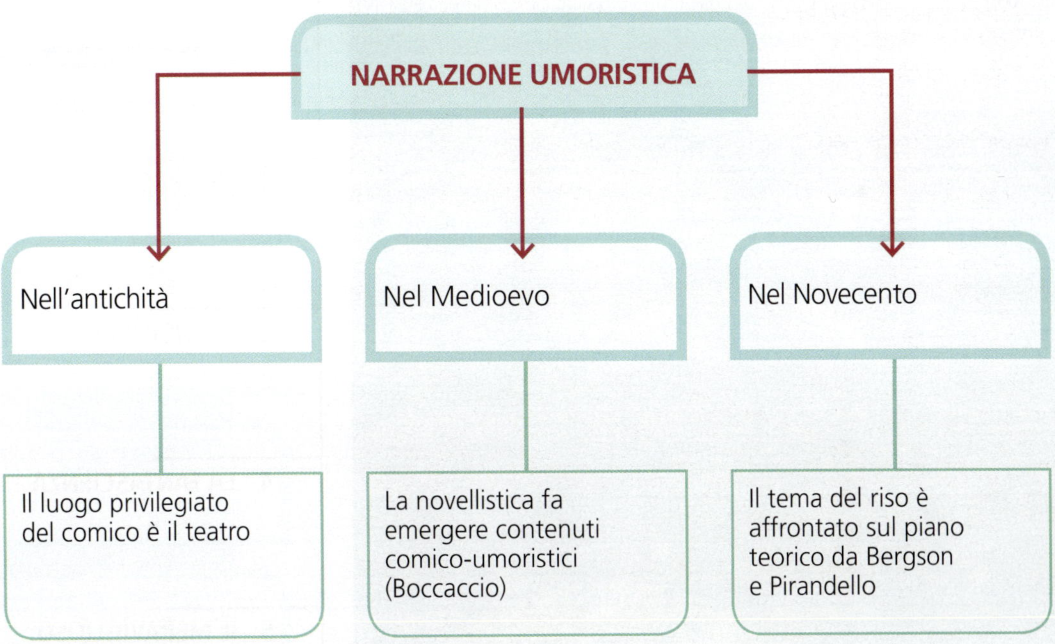

CAPITOLO 4

LA NARRAZIONE FANTASTICA

Una definizione generale

La narrazione fantastica si basa sulla "**fantasia**" (da *phaino*, "mostro", "faccio apparire"), la facoltà della mente con cui si costruiscono immagini e fatti che possono corrispondere o meno alla realtà: essa mette in dubbio i princìpi del reale, come il principio di identità e quello di causa-effetto, producendo in chi legge incertezza e dubbio.

Quando si parla di narrativa fantastica si fa riferimento a tutte le vicende caratterizzate da qualche evento che non rientra nella realtà comune.

La narrazione si apre sempre con una situazione di normalità, improvvisamente interrotta da un **evento soprannaturale**, che ne sconvolge il piano razionale.

La spiegazione che viene data nel corso della vicenda dell'evento sconvolgente non è univoca: il narratore fornisce infatti al lettore due possibili interpretazioni, quella razionale e quella soprannaturale.

Breve storia della narrazione fantastica

La grande stagione della narrazione fantastica comincia nel **XIX secolo** nell'ambito della reazione alle **idee illuministe**: il fantastico è una delle espressioni della cultura romantica, che lascia spazio al mistero, all'oscurità della psiche, al sogno.

Tra gli iniziatori del genere vanno ricordati il tedesco **E. T. A. Hoffmann** (1766-1822) e lo statunitense **Edgar Allan Poe** (1809-1849), entrambi ispirati dal romanzo gotico, genere letterario nato nell'Inghilterra del secolo XVIII, caratterizzato da ambientazioni medievali cupe e tenebrose e da elementi horror.

Se nell'Ottocento prevale la rappresentazione di avvenimenti insoliti con l'irruzione dell'elemento soprannaturale, di cui famoso esempio è il vampiro del *Dracula* di **Bram Stoker** (1897), le inquietudini del nuovo secolo, che si apre con la formulazione della teoria dell'inconscio di **Sigmund Freud**, favoriscono la diffusione del **fantastico quotidiano**: il mondo appare ormai bizzarro e incomprensibile e il fantastico diventa la regola e non più l'eccezione.

Il testo più celebre a dimostrazione della nuova tendenza è *La metamorfosi* di **Franz Kafka** (1915), di cui riportiamo l'incipit:

> Nel destarsi, un mattino, da sogni inquieti, Gregor Samsa si trovò trasformato in un enorme insetto.

L'avvenimento soprannaturale si è compiuto, ma l'iniziale esitazione di Gregor, che solo per un attimo crede di sognare, lascia il posto a un'accettazione della situazione, a cui il protagonista si abitua, sentendosi liberato dalle opprimenti responsabilità della sua vita da umano.

L'**irrazionale** è entrato a far parte della vita: l'uomo normale, con l'alterazione dei tratti del suo aspetto fisico-psichico, è diventato un *oggetto* fantastico.

Le caratteristiche della narrazione fantastica

Le principali caratteristiche del genere, a lungo discusse, sono:

- l'irruzione nella realtà di un evento strano, non spiegabile con le conoscenze note e governate dalle leggi della natura;
- l'alternativa tra una spiegazione naturale e una soprannaturale degli eventi narrati;
- la capacità di coinvolgere il lettore mantenendo alta la suspense e suscitando turbamento e paura;
- la tecnica di scrittura volta a garantire la veridicità dei fatti;

- le vicende ambientate inizialmente in luoghi tranquilli e conosciuti, che diventano poi cornice di eventi inquietanti e irrazionali;
- i personaggi che sono in genere uomini comuni,
- il protagonista della vicenda che ne è spesso anche il narratore.

Il fantastico nega le nostre sicurezze, infrangendo leggi che sono acquisite, come quella che impedisce ai morti di rivivere o ai sogni di diventare realtà.

Freud e la psicoanalisi

Sigmund Freud nasce a Freiberg, in Moravia, nel 1856 da una famiglia di origine ebraica. Dopo la laurea in Medicina esercita la professione a Vienna, dedicandosi in particolare alla cura di alterazioni e disagi della psiche. Attraverso lo studio dei pazienti, egli arriva a formulare la **teoria dell'inconscio**, il cui nucleo viene presentato ne *L'interpretazione dei sogni* (1899).

Freud immagina la psiche umana come un iceberg, la cui parte emersa rappresenta l'Io, cioè quanto l'uomo conosce e può dire di sé, mentre la parte sommersa, quindi più grande, è un mondo sconosciuto, l'inconscio, su cui la coscienza non ha possibilità di intervenire. Nell'inconscio risiedono le motivazioni più profonde dei comportamenti, condizionate talvolta da esperienze intense e dolorose, vissute soprattutto nella prima infanzia, che l'individuo ha nascosto e rimosso senza esserne cosciente.

Il contenuto dell'inconscio può emergere con la psicoanalisi, terapia introdotta da Freud e basata sull'interpretazione dei sogni, nei quali si esprime per immagini l'inconscio dell'individuo.

Il perturbante

Sigmund Freud, in un saggio del 1919, *Il perturbante*, conia il termine *unheimlich*, che significa *non familiare*, *estraneo*, *non usuale*, in una parola, **perturbante**. Tale termine, in contrapposizione con *heimlich*, che significa *familiare*, *intimo*, viene utilizzato per quelle produzioni artistiche e letterarie che maggiormente fanno leva sull'evocazione del **soprannaturale** e dello **spaventoso** per coinvolgere il lettore e condurlo verso un'esperienza emotiva caratterizzata principalmente dalla **paura**. Per illustrare il concetto Freud analizza *Il mago sabbiolino* (1815), racconto di E. T. A. Hoffmann, considerato uno dei maestri del genere. In esso il protagonista, ormai adulto, continua a vivere la paura infantile del mago sabbiolino, un uomo cattivo che, come gli raccontava la balia, *viene dai bambini quando non vogliono andare a letto, getta loro pugni di sabbia negli occhi e glieli fa cadere insanguinati fuori dalla testa.* Ossessionato da questa presenza, egli identifica il mago nel vecchio avvocato Coppelius, amico di famiglia, e precipita di conseguenza nella follia.

Lo strano e il meraviglioso

Il critico bulgaro Tzvetan Todorov ne *La letteratura fantastica* (1970) distingue due tipologie di fantastico: il **fantastico-strano** e il **fantastico-meraviglioso**.

Il fantastico-strano caratterizza le opere in cui gli avvenimenti che sembravano soprannaturali nel corso della storia ricevono, alla fine, una **spiegazione razionale**. Se tali avvenimenti hanno indotto il personaggio e il lettore a credere a lungo nell'intervento del soprannaturale, ciò è stato possibile a causa del loro **carattere insolito**. Secondo Todorov, appartiene al fantastico-strano molta letteratura dell'**orrore** ottocentesca in cui, per esempio, è frequente il tema del ritorno in vita spiegato con il fenomeno della catalessi o morte apparente.

▲ Christophe Gaultier, *Lo svedese*, Coconino Press, Bologna, 2013. Particolare.

Il fantastico-meraviglioso propone, invece, situazioni che terminano con **l'accettazione del soprannaturale**: i fatti restano non spiegati, non razionalizzati e suggeriscono l'esistenza della dimensione soprannaturale.

A un meraviglioso puro, in cui l'elemento soprannaturale non viene spiegato, si accosta, secondo Todorov, un meraviglioso giustificato, in un certo senso imperfetto, che può essere distinto in sottogeneri:

- il **meraviglioso iperbolico**, in cui i fenomeni sono naturali, ma di dimensioni superiori a quelle che ci sono familiari;
- il **meraviglioso esotico**, in cui si presentano fenomeni o esseri che uniscono tratti naturali e soprannaturali, come l'ippogrifo, creatura alata nata dall'incrocio tra un cavallo e un grifone, con testa e ali di aquila, zampe anteriori e petto di grifone e il resto del corpo di cavallo;
- il **meraviglioso strumentale**, che propone l'uso di oggetti irrealizzabili all'epoca descritta, ma, talvolta, prodotti in epoche successive;
- il **meraviglioso scientifico**, da cui trae origine la fantascienza, in cui il soprannaturale è legato a leggi e fenomeni ancora ignoti alla scienza.

La struttura del racconto fantastico

Anche se esistono molte varianti del racconto fantastico, è possibile individuare uno **schema ricorrente** nella struttura della narrazione:

- esposizione caratterizzata da una iniziale **condizione di normalità**;
- irruzione dell'elemento che produce uno **scarto rispetto alla realtà**;
- sviluppo della vicenda con **crescendo di tensione**;
- scioglimento con **spiegazione razionale** o accettazione del dato soprannaturale.

La narrazione utilizza tecniche volte ad accrescere la **percezione della veridicità** dei fatti ovvero:

- narratore in prima persona;
- narratore con funzione di spettatore/testimone;
- tecnica del documento ritrovato che descrive la vicenda.

QUANDO L'**ARTE** CREA MONDI FANTASTICI

RACCONTARE MONDI FANTASTICI

La storia dell'arte, soprattutto quella del Novecento, fornisce molti esempi di quadri in cui il pittore rappresenta uno spazio fantastico, del tutto estraneo all'esperienza comune.

Maurits Escher (Leeuwarden, 1898-Laren, 1972) è un incisore olandese le cui immagini hanno avuto grande fortuna. Nel cinema, in particolare, le sue complicate strutture sono evocate dall'intreccio di scale del castello di Hogwarts nella saga di Harry Potter. Le tecniche più usate da questo artista sono la **litografia** e la **xilografia**: la prima consiste nell'incisione dell'immagine a rovescio su pietra, la seconda nell'incisione su tavole di legno. Per entrambe è necessario realizzare il disegno al contrario; una volta inchiostrate, le tavole permettono la riproduzione in larga scala di uno stesso soggetto. Escher lavora quasi esclusivamente col bianco e col nero e i suoi temi preferiti sono interni di

Maurits Escher, *Relatività*, 1953, Galleria d'Arte Nazionale di Washington.

edifici costruiti secondo geometrie deformate, animali che entrano ed escono dal foglio in cui sono disegnati, giochi illusionistici in cui le forme si trasformano. Un tratto peculiare della sua arte è dato dall'**effetto straniante** e sottilmente **inquietante** che suscita nell'osservatore.

L'immagine scelta per aprire questa sezione presenta l'interno di uno strano edificio caratterizzato da un impossibile sistema di scale sulle quali salgono e scendono, secondo direzioni opposte, individui-manichini tutti uguali. Alcuni affacci sull'esterno della struttura amplificano l'impressione creata dall'incrociarsi e dal sovrapporsi di prospettive diverse, che pare estendersi all'infinito. La moltiplicazione dei punti di vista crea un **effetto destabilizzante** nello sguardo dell'osservatore che, non potendo ricorrere a una visione d'insieme, deve limitarsi a mettere a fuoco una per volta le singole parti dell'immagine. Nonostante siano presenti alcuni particolari realistici – una tavola apparecchiata, un vaso di fiori, alberi, porte, grate, ringhiere – quello rappresentato è uno spazio fantastico.

NELL'OFFICINA DELLA SCRITTURA Raccogliere le idee...

1 Soffermati sugli individui a forma di manichino evidenziati nei particolari. Nel caso della figura **[1]** immagina che cosa si trovi oltre la porta che sta per oltrepassare; nel caso della figura **[2]** a chi porti da bere e perché. Scrivi due brevi racconti di 10 righe ciascuno.

[1]

[2]

2 Prova a immaginare un sonoro adatto all'immagine di Escher: scegli un sottofondo al movimento meccanico dei manichini sulle scale e spiega in un testo di circa 5 righe le ragioni della tua scelta.

Scarica **GUARDA!** e inquadrami per guardare i video

1 IL FANTASTICO PURO

La **narrazione fantastica** in senso proprio propone **eventi insoliti**, che non si spiegano con le leggi del mondo che ci è familiare, ma potrebbero essere il prodotto dell'immaginazione o nascere da un'illusione dei sensi. L'effetto fantastico sta nell'**esitazione del lettore** e, a volte, dei personaggi stessi, nella scelta tra cause naturali e soprannaturali; il contesto, tuttavia, fa preferire spesso le seconde.

Esempi tipici del fantastico puro sono alcuni racconti di **Edgar Allan Poe**, di cui qui viene proposto ***Il gatto nero***, e il romanzo ***Il giro di vite*** di **Henry James**, storia di sinistre apparizioni, testimoniate da due bambini, della cui sincerità la governante dubita con drammatiche conseguenze.

◀ Illustrazione di copertina dell'edizione americana di *Il giro di vite*, Signed classic, 1962.

10 | ELEMENTI DI NARRATOLOGIA
Lo spazio

Video **Quante** tipologie di spazi esistono?

Ogni narrazione colloca situazioni e fa agire personaggi in uno spazio reale o immaginario.

Caratteristico esempio di spazio reale è l'ampia descrizione dei luoghi in cui si svolge la vicenda de *I Promessi sposi* di Alessandro Manzoni, con cui si apre il romanzo:

Quel ramo del lago di Como, che volge a mezzogiorno, tra due catene non interrotte di monti, tutto a seni e a golfi, a seconda dello sporgere e del rientrare di quelli, vien, quasi a un tratto, a ristringersi, e a prender corso e figura di fiume, tra un promontorio a destra, e un'ampia costiera dall'altra parte; e il ponte, che ivi congiunge le due rive, par che renda ancor più sensibile all'occhio questa trasformazione, e segni il punto in cui il lago cessa, e l'Adda rincomincia, per ripigliar poi nome di lago dove le rive, allontanandosi di nuovo, lascian l'acqua distendersi e rallentarsi in nuovi golfi e in nuovi seni.

Gli spazi possono essere **interni** o **esterni**, possono includere soltanto oggetti o essere popolati da persone, che non necessariamente partecipano all'azione narrativa, come accade quando uno spazio è riempito da una folla.

Inoltre lo spazio si può caricare di una **valenza simbolica**, che è proiezione dello stato d'animo del personaggio. È il caso per esempio del *locus amoenus* della tradizione classica, spazio caratterizzato da una natura verdeggiante, ove si gode di fresca ombra e si riposa ascoltando lo scorrere di un vivace corso d'acqua, o della natura selvaggia tormentata dall'infuriare degli elementi atmosferici tanto cara agli scrittori legati al Romanticismo.

Ancora, gli spazi possono essere **reali** o **immaginari**. La narrazione fantastica sfrutta spesso lo spazio immaginario, che si impone proprio per i contenuti del genere e dà vita a una rivisitazione della geografia terrestre, come accade nella straordinaria rilettura degli spazi del pianeta prodotta da J. R. R. Tolkien per la saga de *Il Signore degli Anelli*.

Gli elementi che caratterizzano lo spazio sono contenuti tipici delle **sequenze descrittive**.

T1 Edgar Allan Poe Il gatto nero

Edgar Allan Poe (Boston, 1809-Baltimora, 1849) nasce da due attori girovaghi, morti entrambi precocemente, e viene allevato dai coniugi Allan, due commercianti. Dopo un periodo di studio in collegio a Londra, si iscrive all'università in Virginia, da cui viene allontanato per debiti di gioco e alcolismo, dipendenza da cui non riesce più a liberarsi. Dopo un tentativo fallito di frequentare l'Accademia Militare di West Point, da cui viene espulso per le ripetute infrazioni disciplinari, comincia a scrivere articoli di critica letteraria per riviste e dà inizio alla pubblicazione di raccolte di poesie e racconti, tra cui hanno particolare successo *Lo scarabeo d'oro* (1843) e *Il Corvo e altre poesie* (1845). L'intensa attività letteraria è, però, accompagnata dal peggioramento dell'alcolismo, che lo conduce alla morte nel 1849.

Il gatto nero, scritto nel 1843 e compreso nella raccolta *Racconti del mistero, dell'incubo, del terrore*, è la confessione di un omicida, che, condannato a morte, attende l'esecuzione e racconta in un alternarsi di delirio e lucidità le circostanze che lo hanno portato al delitto. Egli cerca di muovere a compassione il lettore proprio con la natura insolita e perturbante di alcuni dettagli della sua esperienza, con cui cerca di giustificare il crescendo della follia.

Nel corso del racconto saranno proposte a bordo pagina alcune osservazioni relative agli **spazi** in cui le vicende si svolgono.

Per il più folle e insieme più semplice racconto che mi accingo a scrivere, non mi aspetto né sollecito credito alcuno. Sarei matto ad aspettarmelo in caso in cui i miei stessi sensi respingono quanto hanno direttamente sperimentato. Matto non sono e certamente non sto sognando, ma domani morirò e oggi voglio liberarmi l'anima. Il mio scopo immediato è quello di esporre al mondo pianamente e succintamente una serie di semplici eventi domestici, senza commentarli. Le loro conseguenze mi hanno terrorizzato, torturato, distrutto, ma non tenterò di spiegarli. Per me hanno significato nient'altro che orrore, ma per molti sembreranno meno terribili che barocchi[1]. Si potrà, forse, trovare qualche intelletto che ridurrà il mio fantasma ad un luogo comune – qualche intelletto più calmo, più logico e molto meno eccitabile del mio che possa cogliere nelle circostanze che io evoco con timore, nient'altro che una normale successione di cause ed effetti naturalissimi.

Fin dall'infanzia ero noto per la docilità e l'umanità del mio carattere. Ero così tenero di cuore da diventare quasi lo zimbello[2] dei miei compagni. Ero particolarmente affezionato agli animali e i miei genitori mi concedevano di tenere una grande quantità di animaletti domestici. Con

1. **barocchi**: termine con cui si definiscono produzioni artistiche e architettoniche del secolo XVII, volte a suscitare meraviglia. In questo caso assume il significato di strano, bizzarro.

2. **zimbello**: persona oggetto di riso e di scherno.

essi passavo gran parte del mio tempo e niente mi rendeva più felice del nutrire e carezzare le bestiole. Questa mia tendenza crebbe con gli anni ed anche quando divenni adulto trassi da essi il massimo diletto. Tutti coloro che hanno provato affetto per un cane fedele e intelligente comprendono facilmente la natura e l'intensità del mio piacere che se ne può trarre. C'è qualcosa, nell'amore disinteressato e capace di sacrifici di una bestiola, che va direttamente al cuore di chi ha avuto frequenti occasioni di mettere alla prova la gretta amicizia e l'evanescente[3] fedeltà del semplice uomo.

Mi sposai presto e fui felice di trovare in mia moglie una disposizione analoga alla mia. Avendo notato la mia passione per gli animali domestici, non tralasciò occasione per procurarmene delle specie più gradevoli. Avevamo uccelli, pesci rossi, un grazioso cane, dei conigli, una scimmietta e un gatto.

Quest'ultimo era un animale grande e molto bello, tutto nero, e intelligente al massimo grado. Parlando della sua intelligenza mia moglie, non aliena[4] da una certa superstizione, faceva frequenti allusioni all'antica credenza popolare che vedeva i gatti neri come delle streghe travestite. Non che fosse una cosa seria per lei; del resto io ne parlo solo perché proprio ora me ne sono ricordato.

Plutone – questo è il nome del gatto – era il mio animale preferito ed il mio compagno di giochi. Solo io gli davo da mangiare, mi aspettava quando tornavo a casa e a fatica potevo impedire che mi seguisse nella strada.

La nostra amicizia durò così per molti anni, durante i quali il mio carattere ed i miei modi, per l'azione di una diabolica intemperanza, subirono (arrossisco nel dirlo) una radicale trasformazione in peggio. Divenni giorno dopo giorno più strambo, irritabile, meno rispettoso dei sentimenti altrui. Mi permisi di usare un linguaggio irriguardoso con mia moglie; alla fine arrivai con lei alla violenza. Le mie bestiole sentirono senz'altro il cambiamento dei miei modi. Non solo li trascuravo, ma li maltrattavo. Per Plutone, tuttavia, avevo ancora un certo riguardo che mi impediva di maltrattarlo, mentre non mi facevo scrupolo a maltrattare i conigli, la scimmietta e perfino il cane, quando per caso o per affetto attraversava la mia strada. Ma il mio malessere cresceva – che razza di malattia è l'Alcool! – ed alla fine anche Plutone, ora divenuto vecchio e conseguentemente un po' irritabile – persino Plutone, cominciò a provare gli effetti del peggioramento del mio carattere.

Una notte, tornando a casa ubriaco fradicio, da uno dei miei soliti giri per le **bettole della città,** mi sembrò che il gatto evitasse la mia presenza. Lo afferrai e quello, impaurito dalla mia violenza, mi fece con i denti una piccola ferita sulla mano. La furia di un demonio si impossessò di me rendendomi irriconoscibile perfino a me stesso. Mi sembrò che la mia anima

L'autore isola nello **spazio della città** un ambiente malfamato che contribuisce a creare un'immagine negativa del personaggio, evitando ogni descrizione dettagliata.

3. **evanescente**: che svanisce a poco a poco. 4. **aliena**: estranea.

▲ Lucien Lèvy-Dhurmer, *La Sorcière*, Museo d'Orsay, Parigi.

originale fosse volata via dal mio corpo ed una cattiveria feroce, alimentata dal gin, invase tutte le fibre del mio corpo. Presi dalla tasca un temperino, lo aprii, strinsi la povera bestiola alla gola e deliberatamente gli cavai un occhio dall'orbita! Arrossisco, brucio, rabbrividisco nello scrivere di questa dannata atrocità.

Quando mi tornò la ragione al mattino – sbolliti nel sonno i fumi dell'orgia notturna – provai un senso per metà di orrore e per metà di rimorso per il crimine che avevo commesso; ma fu solo un sentimento superficiale ed equivoco, l'anima non ne fu toccata. Mi tuffai di nuovo negli eccessi ed affogai nel vino tutti i ricordi del fatto.

Frattanto il gatto lentamente si era ripreso; l'orbita vuota dell'occhio aveva un aspetto pauroso, ma sembrava che egli non sentisse più dolore. Girava come sempre per casa ma, come era facile attendersi, filava via atterrito appena mi avvicinavo. Mi era rimasto abbastanza del mio vecchio cuore da provare un certo dolore per l'evidente antipatia da parte della creatura che una volta mi aveva amato. Questo sentimento si trasformò presto in irritazione e infine, come un irrevocabile ribaltamento, comparve lo spirito della PERVERSITÀ. Di quello spirito la filosofia non tiene conto; ma io non sono tanto sicuro dell'esistenza della mia anima, quanto lo sono del fatto che questa forma di malvagità perversa è uno degli impulsi primordiali del cuore umano – una di quelle inscindibili[5] facoltà primarie, o sentimenti, che governano il carattere dell'Uomo. Chi non si è trovato centinaia di volte a compiere un'azione vile o stupida, per nessuna altra ragione di quella che non doveva farlo? Non abbiamo migliori intendimenti, quella che è la Legge, soltanto perché comprendiamo che di questa si tratta? Questo spirito di perversità causò la mia completa rovina. Fu questa insondabile[6] propensione dell'anima a torturare se stessa – a fare violenza alla propria natura – a compiere il male per il piacere di farlo – che mi spinse a continuare e portare a termine l'offesa che avevo inflitto all'inoffensiva bestiola.

Una mattina, a sangue freddo, feci scorrere un cappio intorno al suo collo e l'impiccai al ramo di un albero; l'impiccai mentre le lacrime mi cadevano dagli occhi ed il più atroce rimorso tormentava il mio cuore. L'impiccai perché sapevo che mi aveva amato e perché non mi aveva dato alcun motivo di sentirmi offeso – l'impiccai perché sapevo che così facendo commettevo un peccato – un peccato mortale che avrebbe messo in pericolo la mia anima immortale così da porla – se ciò fosse possibile – al di fuori persino dalla portata della infinita misericordia del Dio Più Misericordioso e Terribile.

5. **inscindibili**: che non si possono scindere, separare.

6. **insondabile**: che non si può indagare o conoscere a fondo.

Nella notte che seguì al giorno in cui avevo compiuto quella crudele azione, fui svegliato dal grido «Al fuoco». **Le cortine** del mio letto erano in fiamme, l'intera casa **bruciava.** Con grande difficoltà mia moglie, una serva e io stesso riuscimmo a sfuggire all'incendio. La distruzione fu così completa che tutto il mio patrimonio venne divorato dalle fiamme e da allora mi ritrovai ridotto alla disperazione. Non ho la debolezza di cercare di stabilire un nesso di causa ed effetto, tra il disastro e le atrocità commesse, ma sto descrivendo una sequela di fatti e non voglio tralasciare alcun legame tra di loro. Il giorno successivo all'incendio andai a vedere le rovine. **Le pareti,** con una sola eccezione, erano crollate. L'eccezione era costituita da una parete divisoria, posta all'incirca al centro della casa, contro la quale prima dell'incendio era stata appoggiata la testa del mio **letto.** L'intonaco aveva qui resistito, in larga misura, all'azione del fuoco – un fatto che attribuii alla circostanza che era stato rifatto da poco. Di fronte a questa parete si era radunata una densa folla e molte persone sembrava stessero esaminando con grande attenzione una particolare zona di essa. Le parole «Strano!» «Singolare!» ed altre espressioni simili eccitarono la mia curiosità. **Mi avvicinai** e vidi, come scolpita in bassorilievo sulla parete bianca la figura di un **gigantesco gatto.** L'immagine era di una esattezza sorprendente. Attorno al collo dell'animale c'era una corda. Quando vidi la prima volta questa apparizione – non posso classificarla diversamente – la mia meraviglia e il mio terrore furono enormi; ma successivamente la riflessione mi venne in aiuto. Ricordai che il gatto era stato impiccato in un giardino adiacente alla casa. Dopo l'allarme per l'incendio, quel giardino si era immediatamente riempito di folla – qualcuno doveva aver staccato l'animale dall'albero e averlo lanciato, attraverso una finestra aperta, dentro la mia camera. Questo gesto era stato compiuto probabilmente con l'intento di svegliarmi. La caduta delle altre pareti aveva compresso la vittima della mia crudeltà dentro l'intonaco ancora fresco, la cui calce con le fiamme e l'ammoniaca della carcassa, aveva poi composto l'immagine come la vedevo.

Da uno spazio reale (la casa, la camera da letto con i suoi arredi) l'autore passa a uno **spazio** con **una valenza simbolica** perché la parete su cui compare il bassorilievo diventa la fonte del senso di colpa del protagonista.

Sebbene io spiegassi così alla ragione, se non completamente alla coscienza, l'evento che ho illustrato, esso non mancò di impressionare profondamente la mia fantasia. Per mesi non riuscii a liberarmi del fantasma del gatto e durante tale periodo affiorò nel mio animo un mezzo sentimento che sembrava ma non era rimorso. Arrivai a dolermi a tal punto della perdita dell'animale da mettermi a cercare, nei ritrovi malfamati che ora frequentavo abitualmente, un'altra bestiola della stessa specie ed in qualche modo simile all'aspetto, in grado di prenderne il posto.

Una notte, mentre giacevo in una **taverna** più che **malfamata,** mezzo intontito, la mia attenzione fu attratta all'improvviso da qualcosa di nero che riposava **sulla sommità** di una delle enormi botti di gin e di rum, che costituivano l'arredamento principale del **locale.** Stavo guardando da molto tempo e, con mia sorpresa, non riuscivo a capire di che cosa si trattasse. Mi avvicinai a toccarlo con la mano. Si trattava di un gattone nero, della

Viene riproposto l'**ambiente malfamato della taverna** con la piena coscienza del protagonista di essere in un luogo di perdizione. In questo caso l'autore aggiunge qualche dettaglio descrittivo relativo agli arredi.

stessa taglia di Plutone, somigliante a lui sotto ogni aspetto, ad eccezione di uno. Plutone non aveva un solo pelo bianco in tutto il mantello, mentre questo gatto aveva una macchia bianca di contorno indefinito che gli copriva quasi interamente il petto.

Appena lo ebbi toccato, si alzò immediatamente, fece le fusa, si strofinò alla mia mano, felice del mio interessamento. Era proprio la creatura che stavo cercando, quindi proposi al padrone del locale di comprarlo: ma questi non ne rivendicò il possesso – non lo conosceva affatto – non l'aveva mai visto prima. Continuai ad accarezzarlo e quando mi apprestai a tornare a casa, l'animale mostrò l'intenzione di accompagnarmi. Glielo permisi ed ogni tanto lungo la via mi mettevo ad accarezzarlo. Quando giunse a casa si trovò subito a suo agio e divenne immediatamente il beniamino di mia moglie.

Da parte mia, invece, sentii subito sorgere dentro di me una cupa antipatia per l'animale. Era proprio il contrario di quello che avevo previsto, ma – non so come e perché – la sua evidente predilezione per me, mi procurava piuttosto fastidio e disgusto. Poi, piano piano, l'avversione ed il fastidio sfociarono nell'amarezza dell'odio. Evitavo l'animale, ma un certo senso di vergogna e il ricordo del mio precedente atto di crudeltà, mi impedivano di maltrattarlo. Per molte settimane non lo picchiai né gli usai altre forme di violenza ma, gradualmente, arrivai a guardarlo con insopprimibile ripugnanza e a sfuggire la sua odiosa presenza come la peste.

Quello che, senza dubbio, aumentò il mio odio per la bestia, fu la scoperta, fatta il mattino dopo il suo arrivo in casa, che anche lui era privo di un occhio come Plutone. Questa circostanza lo rese, invece, più caro a mia moglie, che, come ho già detto, possedeva in alto grado quell'umanità di sentimenti che una volta erano una mia peculiare[7] caratteristica nonché la fonte dei miei più semplici e più puri piaceri.

Ma la predilezione del gatto nei miei confronti sembrava crescere con la mia avversione. Seguiva ogni mio passo con una tenacia che è difficile far comprendere al lettore. Quando sedevo, si accucciava sotto la mia sedia o saltava sulle mie ginocchia coprendomi di odiose moine. Se mi alzavo, mi si metteva tra i piedi a rischio di farmi cadere o piantava i suoi lunghi aguzzi artigli nella mie vesti per arrampicarmisi sul petto. Mi veniva allora voglia di distruggerlo con un colpo, ma mi tratteneva dal farlo il ricordo del mio precedente delitto e ancor di più – lasciatemelo confessare – il cieco terrore che mi ispirava la bestia.

Non era esattamente un terrore fisico, anche se ho difficoltà a definirlo diversamente. Quasi mi vergogno a confessare – sì anche in questa cella di delinquenti, quasi mi vergogno a confessare – che il terrore e l'orrore che

7. **peculiare**: che è proprio di una determinata persona o cosa.

l'animale mi ispirava è stato alimentato da una specie di chimera tra le più difficili da concepire. Mia moglie aveva richiamato la mia attenzione, più di una volta, sulla conformazione della macchia bianca, della quale vi ho parlato, e che costituiva la sola visibile differenza tra questa strana bestia e quella che avevo distrutto. Il lettore ricorderà che questa era così grande, ma aveva originariamente contorni indefiniti. Ora a grado a grado, quasi impercettibilmente, anche se la mia ragione si sforzava di respingere la cosa come assolutamente fantastica, la macchia aveva finito per assumere una forma ben precisa e distinta. Essa era la precisa rappresentazione di un oggetto che rabbrividisco solo a nominare – e per questo, soprattutto, avevo ripugnanza e paura del mostro, del quale avrei voluto liberarmi se ne avessi avuto il coraggio – era adesso, dico, l'immagine di una cosa orribile, spaventosa, la FORCA[8]– oh! la lugubre, terribile macchina dell'Orrore e del Crimine, dell'Agonia e della Morte!

▲ Il *gatto nero* di Edgar Allan Poe pubblicato per la prima volta nell'agosto 1843, «The Saturday Evening Post».

E ora io ero veramente misero al di là della peggiore miseria dell'Umanità. Una bestia bruta – quella della quale avevo sprezzantemente distrutto il compagno – una bestia bruta causava in me – a me, uomo creato a immagine e somiglianza d'Iddio – un così insopportabile dolore! Ahimè! Né di giorno, né di notte ebbi più il conforto del riposo! Durante il giorno la creatura non mi lasciava solo un istante, e durante la notte, ad ogni ora, mi destavo da sogni di inesprimibile orrore, per trovarmi il fiato caldo della cosa sul volto ed il suo enorme peso – come di un fantasma notturno incarnato che non ero in grado di scrollare via – eternamente incombente nel cuore.

Sotto la pressione di tali tormenti, quel poco di buono che c'era ancora in me scomparve del tutto. Pensieri malvagi, i più neri e i più malvagi dei pensieri, divennero i miei soli padroni. La rudezza abituale del mio carattere divenne odio per tutte le cose, per tutta l'umanità, così che degli improvvisi, frequenti e incontrollabili scoppi di furia alla quale ciecamente mi abbandonavo, divenne vittima sempre più frequentemente, ahimè! la mia povera moglie, che, paziente, sopportava tutto senza lamenti.

Un giorno ella mi accompagnò, per una qualche faccenda domestica da sbrigare, nella **cantina del vecchio edificio** nel quale la nostra povertà ci costringeva ad abitare ed il gatto, seguendomi giù per la scala, mi fece quasi ruzzolare a capofitto, irritandomi fino all'esasperazione. Afferrata un'ascia, dimenticando, nella mia furia, la paura infantile che aveva sempre trattenuto la mia mano, vibrai all'animale un colpo che, se fosse disceso su di lui come volevo, sarebbe stato mortale. Ma il colpo venne fermato dalla mano di mia moglie. Il suo intervento mi trascinò in una furia ancora più

Compare qui un ambiente molto suggestivo per la letteratura dell'horror: la cantina, che evoca, con la sua collocazione sotto terra, le profondità angoscianti dell'animo umano. Si tratta proprio per questo di quello che viene definito un *tópos*, cioè un ambiente tipico e ricorrente per un certo tipo di contenuti.

8. **FORCA**: patibolo per i condannati all'impiccagione.

demoniaca; svincolai il braccio dalla sua stretta e le affondai la scure nel cervello. Ella cadde senza vita sul posto senza emettere un lamento.

Compiuto l'orrendo delitto, mi accinsi con grande determinazione al compito di nascondere il corpo. Sapevo di non poterlo rimuovere dall'edificio, né di giorno né di notte, senza correre il rischio di essere scorto dai vicini. Mi vennero in mente tanti progetti. Per un momento pensai di tagliare il corpo in tanti pezzi e di distruggerlo con il fuoco, poi di **scavare una fossa nel pavimento** e seppellirvelo, e, camuffandola come se contenesse della merce, incaricare poi un facchino di portarla via. Infine scelsi quello che mi sembrò l'espediente migliore tra tutti quelli pensati. **Decisi di murare il cadavere in una parete della cantina,** come si legge facessero i monaci del Medio-Evo con le loro vittime.

La cantina sembrava particolarmente adatta a tale scopo. Le sue pareti erano state costruite alla buona e intonacate da poco con una malta[9] grossolana che non si era indurita per effetto dell'umidità dell'ambiente. Inoltre in una delle pareti c'era una sporgenza dovuta forse a un falso caminetto o focolare, che era poi stato riempito e reso somigliante al resto della **cantina.** Non avevo dubbi di poter estrarre facilmente i mattoni, inserire il cadavere, e murare di nuovo in modo che nessuno potesse mai scoprire qualcosa di sospetto. Non avevo sbagliato i calcoli. Rimossi con una leva i mattoni, deposi poi con cura il corpo puntellandolo contro la parete interna e con poca fatica ricostruii la struttura del muro tale e quale era prima. Mi procurai calce e sabbia e con ogni possibile precauzione preparai un intonaco che non poteva assolutamente essere distinto dal vecchio e lo distesi con ogni cura sulla nuova parete di mattoni. Alla fine fui molto soddisfatto del lavoro. Tutto quadrava, la parete non presentava la minima traccia di manomissione. Asportai con la massima attenzione tutti i detriti dal pavimento e mi guardai intorno trionfante, dicendomi: «Qui almeno il mio lavoro non è stato inutile».

A differenza degli ambienti scarsamente descritti in precedenza, sulla cantina – teatro del delitto e della successiva risoluzione della vicenda – l'autore si diffonde in dettagli sia sulle **caratteristiche del locale**, che confermano la povertà dell'edificio tutto, sia sulle **modalità di costruzione** della nuova parete.

Il mio successivo atto fu quello di ricercare la bestia che era stata causa di tanto grave sciagura, perché avevo deciso di metterla a morte. Se ci fossi riuscito in quel momento, non vi sarebbe stato alcun dubbio sulla sua sorte; e invece l'astuto animale, allarmato dalla violenza della mia collera, evitò di comparirmi davanti. È impossibile descrivere il profondo senso di sollievo che mi pervase per l'assenza della odiata creatura. Non si fece vivo neanche durante la notte e quindi almeno per una volta, da quando si era introdotto in casa mia, dormii profondamente e tranquillamente; sì, dormii perfino col peso del delitto sulla coscienza!

Passarono il secondo e il terzo giorno senza che il mio tormentatore tornasse. Respiravo di nuovo come un uomo libero. Il mostro, terrorizzato,

9. **Malta**: impasto di sabbia, acqua e calce utilizzato per cementare.

era fuggito via per sempre e non lo avrei più visto! La mia felicità era al culmine! La colpa del mio tenebroso misfatto non mi turbava più tanto. Mi avevano rivolto domande alle quali avevo risposto con disinvoltura. Perfino le indagini avviate, non avevano dato alcun esito ed io guardavo ormai con sicurezza alla mia futura felicità.

▲ Illustrazione di Harry Clarke tratta da *Tales of Mystery and Imagination*, Londra 1919. British Library, Londra.

Il quarto giorno dopo l'assassinio, una squadra della polizia irruppe inaspettatamente nella mia casa per eseguire una rigorosa ispezione. Ciò nonostante mi sentivo sicuro del nascondiglio scelto e non mostrai il benché minimo imbarazzo. Gli agenti chiesero che li accompagnassi nella loro ispezione, che non lasciò inesplorato né un angolo né un cantuccio. Alla fine discesero per la terza o la quarta volta nella cantina. Non un muscolo mi tremò; il mio cuore batteva calmo come quello di chi dorme innocente. Passeggiavo su e giù per la cantina, le braccia incrociate sul petto, aggirandomi qua e là. I poliziotti si mostravano del tutto soddisfatti e si preparavano ad andarsene. La gioia che mi riempiva il cuore era troppo intensa perché potessi trattenermela dentro. Bruciavo dal desiderio di dire qualcosa, di trionfare, ed anche di rendere ancora più marcata la loro convinzione della mia innocenza.

«Signori», dissi alla fine mentre la squadra saliva le scale, «sono lieto di aver dileguato i vostri sospetti. Vi auguro buona salute ed un po' più di cortesia. Tra l'altro, signori, questa – questa è proprio una casa ben costruita». In preda alla voglia matta di dir qualcosa, non mi rendevo conto di quanto andavo blaterando... **«Posso dire** che questa è una casa costruita in modo eccellente. Queste pareti – ve ne andate, Signori? – queste pareti sono **costruite solidamente».** E qui, in un eccesso di spavalderia, colpii pesantemente con un bastone che avevo in mano proprio il tratto di muro dietro il quale era celato il cadavere della sposa del mio cuore.

I **cenni descrittivi** non contraddicono quanto affermato in precedenza ma sono l'effetto dell'evidente stato di confusione mentale del protagonista.

Possa mai Iddio proteggermi e liberarmi dalla zanna dell'arcidiavolo! – non si era ancora spenta l'eco del mio colpo di bastone, che una voce rispose all'interno della **tomba**! – con un lamento, dapprima smorzato e rotto, come il pianto di un bambino, salito poi rapidamente ad un lungo, intenso, continuo urlo, assolutamente inumano, bestiale, – un ululato – un grido sconvolgente, per metà di orrore per metà di trionfo, quale avrebbe potuto venire solo dall'inferno, unitamente dalle gole dei dannati nella loro agonia e dei demoni esultanti nella dannazione.

La definizione di tomba riporta a una funzione del locale come **luogo di sepoltura** tipica della letteratura di genere; il protagonista fa già cenno a esso parlando delle usanze dei monaci assassini del Medioevo.

Di quello che mi passò per la testa, sarebbe assurdo parlare. Sentendomi svenire, mi appoggiai alla parete opposta. Per un attimo i poliziotti rimasero immobili, in preda ad una sorta di irrazionale terrore. Subito dopo una dozzina di robuste braccia presero a demolire la parete, che cadde tutta insieme. Il cadavere, in avanzato stato di decomposizione, intriso di sangue rappreso, davanti agli occhi degli spettatori. Sulla sua testa, con la rossa bocca spalancata, con l'unico occhio di fuoco, stava l'orrenda bestia la cui astuzia mi aveva portato al delitto e la cui voce rivelatrice mi aveva consegnato al boia. Avevo murato il mostro dentro la tomba.

E. A. Poe, *Il gatto nero*, da *Tutti i racconti del mistero, dell'incubo e del terrore*, trad. it. di D. Palladini e I. Donfrancesco, Newton&Compton, Roma, 2014

GUIDA ALLA LETTURA

IL FANTASTICO PURO

Il racconto propone i caratteri più significativi della narrazione fantastica:

- il narratore è interno ed è il protagonista della vicenda; raccontando in prima persona, presenta i fatti come li ha vissuti, coinvolgendo il lettore con toni angosciati e allucinati; dice di sé di non essere matto ed esclude di aver sognato;
- il narratore non si aspetta di essere creduto, poiché i suoi stessi sensi *respingono quanto hanno direttamente sperimentato*: grazie alla prolessi viene creata una notevole attesa intorno a quanto è accaduto e ne viene preannunciato il carattere straordinario;
- il narratore avverte fin dall'inizio che i fatti che sta per raccontare potrebbero essere considerati da menti più tranquille e razionali una normale successione di cause ed effetti: l'elemento insolito potrebbe essere percepito come tale solo dal protagonista, individuo mentalmente fragile;
- la tensione non si allenta per tutta la durata del racconto e porta il lettore ad assumere il punto di vista del narratore, giudicando inspiegabile parte dei fatti raccontati.

LA STRUTTURA DEL RACCONTO

Fin dall'inizio è noto il destino del protagonista: è stato condannato a morte e questo tragico esito delle sue azioni rappresenta una delle poche certezze della storia. L'uomo non si ribella al verdetto, che sembra ritenere ineccepibile, ma vuole far partecipe il mondo di *eventi domestici* che *lo hanno terrorizzato* e sui quali ha taciuto durante il processo.

Gli elementi di realtà della vicenda giudiziaria che ha portato alla condanna vengono annullati, fatta eccezione per la perquisizione che porta alla macabra scoperta del cadavere.

La narrazione si sviluppa con un lungo flashback, che accenna a pochi eventi e si sofferma su pensieri ed emozioni, talvolta scandite da esclamazioni che richiamano, per toni ed espressioni, il linguaggio dei predicatori: il narratore si impegna a sottolineare il suo amore per gli animali, condiviso con la moglie, e il legame unico che lo lega al gatto, un gatto nero, che la moglie, scherzando, ritiene una strega travestita. È significativa l'allusione alla diceria popolare, che emerge dal profondo dei ricordi, improvvisamente, come un prodotto dell'inconscio, ad associare il gatto e le fantasie sulle streghe.

Il racconto alterna momenti in cui il tempo della narrazione è molto rapido e gli eventi vengono riassunti – ciò vale, per esempio, per i *molti anni*, durante i quali il carattere del protagonista si trasforma a causa dell'alcol ed egli non controlla più le sue azioni, arrivando a gesti di grande crudeltà – e pause in cui la narrazione scandisce i gesti, descritti con numerosi dettagli: un'attenzione morbosa viene dedicata alle fasi della mutilazione e dell'impiccagione del gatto, atto compiuto in un delirio di sensi di colpa e piacere del male.

Da questo momento il gatto diventa un angosciante antagonista: la sua morte si lega all'incendio che devasta le proprietà del padrone; ricompare, spente le fiamme, prima come immagine sulla parete, poi con un sosia visto come una reincarnazione che scatena i suoi sensi di colpa. Il fatto che la moglie provi affetto per la bestiola la renderà bersaglio di una furiosa rabbia le cui conseguenze danno vita a una scena horror, in cui si colloca il momento di massima tensione, la *spannung*.

La conclusione rievoca i quattro giorni successivi al delitto, segnati da una crescente e folle euforia che rende l'uomo tanto sicuro della propria impunità da trattenere i poliziotti per mostrare loro la solidità delle pareti, scatenando *l'orrenda bestia* o, per le menti più razionali, un gatto inferocito per essere rimasto quattro giorni murato senza cibo.

COMPRENDERE E ANALIZZARE

COMPRENSIONE

1. Da quale espressione si capisce che il narratore sta per essere giustiziato?
2. Il narratore si relaziona con facilità agli altri uomini? Individua nel testo i passi che riguardano questo aspetto della personalità dell'uomo.
3. Quali eventi possono avere sia una spiegazione logica sia una soprannaturale?
4. Quali sono le condizioni economiche dell'uomo? Trascrivi i passi che parlano di questo aspetto.
5. Quali conseguenze dell'abuso di alcol vengono messe in luce dal narratore?

ANALISI

6. Che cosa evoca il nome del gatto? Ti sembra che esso possa avere un legame con gli eventi narrati?
7. Descrivi la moglie del protagonista.
8. Nelle considerazioni relative agli animali di casa si intuiscono differenze di valutazione delle diverse specie. Rilevale e commentale.
9. Nei pensieri dell'uomo emergono riferimenti alla religione: ti sembrano generici o riferiti a una religione in particolare?

SCRIVERE

APPROFONDIMENTO E SCRITTURA

10. Ricostruisci la psicologia del narratore in un testo in cui distinguerai:
    - le espressioni relative alla sensibilità e agli affetti;
    - le contraddizioni;
    - gli impulsi distruttivi.
11. Quali altri ambienti, oltre alla cantina, sono tipici delle trame horror? Individuane almeno tre e commentane le caratteristiche.

SCRITTURA CREATIVA Dal punto di vista di...

12. Racconta gli eventi a partire dall'incendio dal punto di vista della moglie del protagonista.

SCRITTURA CREATIVA In forma di...

13. Scrivi un articolo di cronaca sulle circostanze dell'arresto del protagonista. Ricorda di impostare il testo sulle cinque W, presentate a pag. 645, fondamento della scrittura giornalistica.

VERSO LE COMPETENZE COMPITI DI REALTÀ

- *Comunicazione nella madrelingua*
- *Competenze sociali e civiche*
- *Consapevolezza ed espressione culturale*

14. Il dramma del protagonista del racconto è legato all'abuso di alcol, abitudine diffusa ai nostri giorni anche tra i più giovani.

Secondo i dati ISTAT, nel corso del 2014 il 63% degli italiani di 11 anni e più (pari a 34 milioni e 319 mila persone) ha consumato almeno una bevanda alcolica, con prevalenza notevolmente maggiore tra i maschi (76,6%) rispetto alle femmine (50,2%). Desta particolare preoccupazione il fenomeno del *binge drinking*, cioè l'assunzione di più bevande alcoliche in un intervallo di tempo più o meno breve, diffuso oggi tra gli adolescenti, che si stima inizino a consumare alcol a 12 anni. La fascia d'età tra i 12 e i 15 anni, interessata dal divieto legislativo di vendita e somministrazione delle bevande alcoliche, è, inoltre, quella in cui non si registrano differenze tra i sessi per attività di *binge drinking*.

In relazione a questo fenomeno e all'abuso di alcol tra i giovani, svolgi le attività che seguono:

- ricerca e riporta le norme più importanti che regolano la materia della vendita e del consumo di alcolici da parte dei giovani;
- realizza una presentazione multimediale sui danni che un consumo precoce può causare al fisico;
- progetta infine una breve campagna di educazione alla salute sul tema, che si avvalga di immagini e slogan.

Il tuo lavoro sarà valutato sulla base di questi parametri:

Criteri / Livello di padronanza	Iniziale (1)	Base (2)	Intermedio (3)	Avanzato (4)
Accuratezza della ricerca				
Commento ai fattori selezionati				
Efficacia comunicativa della campagna realizzata				

2 L'HORROR

La **narrativa horror** ha come obiettivo quello di provocare nel lettore **paura**, ma in una condizione protetta, senza che egli si trovi in una vera situazione di pericolo. Per ottenere questo effetto gli scrittori utilizzano un vasto repertorio di tradizioni, miti e leggende, che produce emozioni forti, fino a raggiungere il terrore: il lettore le affronta, riesce a tenerle sotto controllo e le supera.

Nel Settecento

Il genere diventa autonomo nella seconda metà del Settecento, età dell'Illuminismo e della Rivoluzione industriale. L'horror dà voce alla **dimensione irrazionale**, soffocata dalla cultura illuminista, che privilegia la ragione alle ansie dell'uomo di fronte a trasformazioni socio-economiche che modificano profondamente la sua vita. Iniziatore del genere è il cosiddetto "romanzo gotico", un complesso di narrazioni inglesi che sfruttano il tema del **soprannaturale** e sono ambientate nel Medioevo, da cui l'aggettivo "gotico" per definirle.

La prima opera del filone esce nel 1764: è *Il castello di Otranto* di Sir Horace Walpole, storia d'amore e di fantasmi; a essa fa seguito, nel 1796, *Il monaco* di Matthew Gregory Lewis, che propone il tema del patto con il demonio a cui ricorre un monaco spagnolo per sfuggire all'Inquisizione.

La prima generazione della narrativa horror culmina nel 1818 con ***Frankenstein*** di **Mary Shelley** (▶ pag. 580), tragica parabola sulla possibilità di ricreare la vita da membra di cadaveri, in cui emergono timori e aspettative nei confronti delle possibili nuove frontiere della scienza.

Nell'Ottocento

Nel corso dell'Ottocento l'horror, prerogativa della letteratura nordica, inglese *in primis*, ma anche tedesca, si cala nella quotidianità: dalle atmosfere medievali si passa all'occultismo, agli esperimenti di parapsicologia, ai gabinetti dei medium, volto nascosto dell'Inghilterra vittoriana: anche il creatore di Sherlock Holmes, **Arthur Conan Doyle** (1859-1930), vanta una notevole produzione di racconti del terrore.

A metà secolo prende piede la narrazione horror americana, inizialmente riflesso dei temi della madrepatria, poi più autonoma e arricchita da suggestioni originali, come il senso di colpa nei confronti dello sterminio dei nativi indigeni.

L'esponente più importante della stagione iniziale dell'horror d'oltreoceano è **Edgar Allan Poe** (▶ pag. 293), che trasferisce nelle sue opere profonde angosce personali negando il tradizionale lieto fine alle sue storie.

L'Ottocento si chiude con la consacrazione del mito del vampiro in ***Dracula*** (1898) di **Bram Stocker**, sviluppo di un'idea già presente nel racconto *Il vampiro* di John Polidori (1819), segretario di Lord Byron e amico di Mary Shelley. Il romanzo di Stocker è complesso e si presta a diversi livelli di lettura: il vampiro, infatti, è un nobile di antico lignaggio in contrapposizione con la borghesia affaristica inglese di cui seduce le fidanzate e le mogli costringendole a diventare sue schiave.

Nel Novecento

Il primo Novecento annovera uno degli scrittori più stimati del genere, lo statunitense **Howard Phillips Lovecraft** (1890-1937), che popola i suoi racconti, spesso contaminazione di horror, fantascienza e fantasy, di culti oscuri, divinità mostruose che minacciano l'umanità e abissi allucinatori. Sempre negli Stati Uniti si afferma a partire dagli anni Settanta **Stephen King** (1947), scrittore di grande successo, che ambienta le sue storie da incubo nella quotidianità della provincia americana: nelle sue opere emerge spesso il senso di colpa per lo sterminio delle culture indigene le cui ombre tornano a perseguitare i discendenti dei conquistatori.

Nel corso del Novecento l'horror dà vita a una letteratura di consumo che ricorre anche a **contenuti *fantasy*** e **fantascientifici**; a sostenere il successo del genere interviene inoltre il cinema che tende a semplificare le tematiche puntando al realismo violento degli effetti speciali.

T2 Shirley Jackson – La lotteria

Shirley Jackson (San Francisco, 1916-Bennington, 1965), giornalista e scrittrice, esordisce negli anni Quaranta pubblicando racconti sul «New Yorker». Le sue opere, tra cui *La lotteria*, tradotto in una dozzina di lingue straniere, e il romanzo *L'incubo di Hill House* sono gli esempi più significativi, vincono premi prestigiosi e diventano riduzioni televisive e cinematografiche. I più importanti scrittori horror statunitensi la ritengono una fondamentale fonte di ispirazione.

La lotteria fu pubblicato nel 1949 sul prestigioso settimanale letterario «New Yorker» e destò grande scalpore: la redazione fu invasa dalle lettere di protesta di lettori indignati che, interpretando in chiave realistica la storia narrata, sostenevano che fatti simili non potevano succedere, soprattutto negli Stati Uniti. Il racconto consacrò la Jackson come maestra di un **horror** che nasce dal quotidiano, da una giornata di sole in cui una tranquilla comunità sembra prepararsi a una festa tradizionale, e conduce, come afferma **Stephen King**, grande ammiratore dell'autrice, *a una svolta che porta dritto in un vicolo buio.*

La mattina del 27 giugno era limpida e assolata, con un bel caldo da piena estate; i fiori sbocciavano a profusione e l'erba era di un verde smagliante. La gente del paese cominciò a radunarsi in piazza, tra l'ufficio postale e la banca, verso le dieci. In certe città, dato il gran numero di abitanti, la lotteria durava due giorni, e bisognava iniziarla il 26 giugno; ma in questo paese, di sole trecento anime all'incirca, bastavano meno di due ore, sicché si poteva cominciare alle dieci del mattino e finire in tempo perché i paesani fossero a casa per il pranzo di mezzogiorno.

I primi ad arrivare furono naturalmente i bambini. La scuola era terminata da poco per le vacanze estive, e il senso di libertà dava ai più un certo disagio; tendevano a riunirsi pian piano in crocchi per qualche momento prima di sfrenarsi nel gioco, e parlavano ancora della classe e del maestro, di libri e reprimende[1]. Bobby Martin si era già riempito le tasche di sassi, e gli altri ragazzi seguirono presto il suo esempio, scegliendo i sassi più lisci e rotondi; alla fine Bobby, Harry Jones e Dickie Delacroix (questo nome i paesani lo pronunciavano "Dellacroy") fecero un gran mucchio di sassi in un angolo della piazza, e lo protessero dalle incursioni dei compagni. Le bambine stavano da una

1. **reprimende**: severi rimproveri.

parte, parlando tra loro, guardando di sbieco i maschietti, e i bimbi più piccoli si rotolavano nella polvere o si tenevano alla mano di fratelli e sorelle maggiori.

Presto cominciarono a radunarsi gli uomini; sorvegliavano i figlioli, e parlavano di semina e di pioggia, di trattori e di tasse. Stavano tutti insieme, lontano dal mucchio di sassi nell'angolo, e le loro facezie[2] erano pacate, accompagnate più da sorrisi che da risa. Le donne, vestite da casa, in abiti stinti e golfini, arrivarono poco dopo gli uomini. Si scambiavano saluti e pettegolezzi andando a raggiungere i mariti. Quasi subito, accanto ai mariti, cominciarono a chiamare i figlioli, e i bambini venivano controvoglia, dopo quattro o cinque richiami. Bobby Martin sfuggì alla presa della mano materna e tornò di corsa, ridendo, al mucchio di sassi. Suo padre alzò bruscamente la voce, e Bobby venne subito a prender posto tra il padre e il fratello maggiore.

La lotteria – come i balli in quadriglia, il circolo degli adolescenti e il programma per Halloween – era diretta da Mr. Summers, che aveva tempo ed energie da dedicare alle attività civiche. Era un uomo gioviale, con la faccia tonda, grosso commerciante di carbone, e la gente lo compativa perché era senza figli e aveva una moglie bisbetica. Quando arrivò in piazza, con la cassetta, la bussola[3] nera di legno, ci fu un parlottio tra i paesani, ed egli fece un gesto di saluto e disse forte: «Oggi sono un po' in ritardo, gente». L'impiegato postale, Mr. Graves, lo seguiva portando uno sgabello a tre gambe; lo sgabello fu messo al centro della piazza e Mr. Summers vi posò sopra la bussola nera. I paesani si tenevano a distanza, lasciando uno spazio tra loro e lo sgabello, e quando Mr. Summers disse: «Qualcuno di voialtri mi vuole dare una mano?» ci fu un'esitazione prima che due uomini, Mr. Martin e il suo figlio maggiore, Baxter, si facessero avanti per tenere ferma la bussola sullo sgabello mentre Mr. Summers rimescolava i biglietti al suo interno.

Gli attrezzi originali della lotteria erano andati perduti molto tempo addietro, e la bussola nera che ora stava sullo sgabello era entrata in uso ancor prima della nascita del Vecchio Warner, l'uomo più anziano del paese. Mr. Summers parlava spesso ai paesani dell'opportunità di fare una cassetta nuova, ma l'idea di alterare anche quel poco di tradizione rappresentato dalla bussola nera non piaceva a nessuno. Si raccontava che la bussola attuale era stata costruita con alcuni pezzi di quella precedente, fabbricata quando i primi abitanti si erano stabiliti nel sito e avevano fondato il villaggio. Ogni anno, dopo la lotteria, Mr. Summers tornava a parlare di una bussola nuova, ma sempre si lasciava cadere l'argomento senza far nulla. Di anno in anno la bussola nera si

▲ Illustrazioni di Miles Hymes, da *La lotteria di Shirley Jackson: adattamento grafico autorizzato*, Hill & Wang, New York, 2016.

2. **facezie**: battute spiritose.

3. **bussola**: cassetta, urna.

andava deteriorando; ormai non era più tutta nera, su un lato era malamente scheggiata e mostrava il colore originario del legno, e in più punti era stinta o macchiata. Mr. Martin e Baxter, il figlio maggiore, tennero saldamente la bussola sullo sgabello finché Mr. Summers ebbe rimescolato ben bene, con la mano, i pezzetti di carta. Dato che tanta parte del rituale era stata dimenticata o eliminata, Mr. Summers aveva ottenuto che alle tessere di legno usate per generazioni si sostituissero dei foglietti di carta. Le tessere di legno, aveva argomentato Mr. Summers, andavano bene quando il villaggio era minuscolo, ma ora che la popolazione superava i trecento abitanti e presumibilmente avrebbe continuato a crescere era necessario usare qualcosa che entrasse più agevolmente nella scatola nera. La sera prima della lotteria Mr. Summers e Mr. Graves preparavano i biglietti e li mettevano nella bussola, che poi era rinchiusa nella cassaforte dell'impresa di carbone di Mr. Summers e là rimaneva finché la mattina dell'indomani lui stesso non la portava in piazza. Il resto dell'anno la bussola veniva riposta ora in un luogo ora in un altro; un anno era stata nel granaio di Mr. Graves, un altro nell'ufficio postale, sul pavimento; e a volte trovava posto su uno scaffale della drogheria dei Martin.

▲ Illustrazioni di Miles Hymes, da *La lotteria di Shirley Jackson: adattamento grafico autorizzato*, Hill & Wang, New York, 2016.

C'erano varie cose da sbrigare prima che Mr. Summers dichiarasse aperta la lotteria. Bisognava redigere le liste: dei capifamiglia, dei capi dei nuclei familiari di ciascuna famiglia, dei membri di ciascun nucleo di ciascuna famiglia. Mr. Summers doveva essere insediato quale ufficiale di lotteria, previo giuramento, da Mr. Graves. Un tempo, nel ricordo di alcuni, l'ufficiale di lotteria usava recitare un preambolo, una sorta di salmodia[4] tra parlata e cantata; e la diceva, o cantava, secondo alcuni stando fermo, secondo altri muovendosi tra la gente; ma da molti anni questa parte del rito era stata abbandonata. In passato, inoltre, l'ufficiale di lotteria rivolgeva un saluto rituale a ogni persona che veniva alla bussola per tirare a sorte, ma col tempo anche questo uso era mutato, e adesso si giudicava necessario soltanto che l'ufficiale dicesse qualche parola ai singoli sorteggiatori. In tutto questo Mr. Summers era bravissimo; con la sua camicia bianca di bucato e i blue jeans, una mano appoggiata con noncuranza sulla cassetta nera, egli appariva molto decoroso e importante mentre parlava interminabilmente con Mr. Graves e i Martin.

Proprio quando Mr. Summers smise infine di colloquiare e si volse ai paesani adunati, dal viottolo sbucò in piazza, affrettandosi, Mrs. Hutchinson, con il golfino gettato

4. **salmodia**: recitazione dei Salmi, canto.

sulle spalle, e si infilò in fondo alla folla. «Me n'ero bell'e dimenticata, di che giorno è» disse a Mrs. Delacroix che le stava accanto, ed entrambe risero sommessamente. «Credevo che il mio uomo stesse dietro casa a accatastare la legna» soggiunse Mrs. Hutchinson «e poi ho guardato dalla finestra e i bambini non c'erano, e allora mi sono ricordata che era il ventisette e sono venuta di corsa». Si asciugò le mani sul grembiule, e Mrs. Delacroix disse: «Sei in tempo, comunque. Stanno ancora là a parlare».

Mrs. Hutchinson allungò il collo per vedere tra la folla e scorse suo marito e i bambini nelle prime file. Toccò il braccio di Mrs. Delacroix, a commiato, e si immerse tra la folla. La gente si scostava di buon grado per farla passare; due o tre dissero, con voce alta quel tanto da essere udita là davanti: «Arriva tua moglie, Hutchinson» e «Bill, ce l'ha fatta, dopotutto». Mrs. Hutchinson raggiunse il marito, e Mr. Summers, che era stato ad aspettare, disse affabilmente: «Credevo che si dovesse procedere senza di te, Tessie». Mrs. Hutchinson rispose, con un largo sorriso: «Joe, non volevi mica che lasciassi i piatti nell'acquaio, no?» e una lieve risata corse tra la folla mentre la gente si riassestava dopo il passaggio di Mrs. Hutchinson.

«Allora,» disse con gravità Mr. Summers «sarà meglio cominciare e toglierci il pensiero, così poi si torna al lavoro. Manca qualcuno?».

«Dunbar» risposero parecchie voci. «Dunbar, Dunbar». Mr. Summers consultò la sua lista. «Clyde Dunbar» disse. «Giusto. Si è rotto una gamba, vero? Chi sorteggia per lui?».

«Io, mi sa» disse una donna, e Mr. Summers si voltò a guardarla. «La moglie estrae per il marito» disse Mr. Summers. «Non hai un figlio grande che lo faccia al tuo posto, Janey?». Sebbene Mr. Summers e tutti i paesani conoscessero perfettamente la risposta, era compito dell'ufficiale di lotteria fare queste domande, per formalità. Mr. Summers aspettò, con un'espressione di cortese interesse, che Mrs. Dunbar rispondesse.

«Horace non ha ancora sedici anni» disse con rammarico Mrs. Dunbar. «Credo che quest'anno mi tocca sostituire il mio uomo».

«Bene» disse Mr. Summers. Fece un appunto sulla lista che aveva in mano. Poi chiese: «Il ragazzo Watson tira a sorte, quest'anno?».

Un ragazzo alto tra la folla alzò la mano. «Presente» disse. «Tiro per mia madre e per me». Battè nervosamente le palpebre e abbassò la testa mentre varie voci dicevano cose come: «Bravo ragazzo, Jack» e «Fa piacere che una madre abbia un uomo, per questo».

«Bene, allora», disse Mr. Summers «mi pare che ci siamo tutti. Il Vecchio Warner ce l'ha fatta a venire?».

«Presente» disse una voce, e Mr. Summers annuì.

Un silenzio improvviso scese sulla folla mentre Mr. Summers si schiariva la gola e guardava la lista. «Siamo pronti?» disse a voce alta. «Allora, leggerò i nomi – prima i capifamiglia – e gli uomini vengono qui e prendono un biglietto dalla scatola. Tenete in mano il biglietto ripiegato, e non lo guardate finché non lo hanno preso tutti. Chiaro?».

I paesani, che quella cosa l'avevano già fatta tante volte, ascoltarono le istruzioni distrattamente; i più tacevano e si umettavano le labbra, senza guardarsi attorno. Poi Mr. Summers levò in alto una mano e cominciò: «Adams». Un uomo si staccò dalla folla e venne avanti. «Salve, Steve» disse Mr. Summers e Mr. Adams disse: «Salve,

Joe». Si scambiarono un sorriso svogliato, nervoso. Mr. Adams mise la mano nella bussola nera e tirò fuori un foglietto ripiegato. Tenendolo stretto per un angolo si voltò e tornò in fretta a posto tra la folla, e stette un po' discosto dalla sua famiglia, senza guardare la mano.

«Allen» disse Mr. Summers. «Anderson. Bentham».

«Sembra che non ci sia più tempo tra una lotteria e l'altra» disse Mrs. Delacroix a Mrs. Graves, nelle file in fondo.

«L'ultima lotteria sembra di averla fatta solo la settimana scorsa».

«Certo che il tempo vola» disse Mrs. Graves.

«Clark... Delacroix».

«Ecco che va il mio uomo» disse Mrs. Delacroix. Trattenne il fiato mentre il marito si faceva avanti. «Dunbar» disse Mr. Summers, e Mrs. Dunbar andò diritta alla bussola; una donna disse: «Su, Janey» e un'altra disse: «Eccola che va».

«Tocca a noi» disse Mrs. Graves. Guardò Mr. Graves girare intorno alla bussola, salutare gravemente Mr. Summers e prendere un biglietto. Ormai tra la folla c'erano qua e là uomini che tenevano nelle loro manone i foglietti ripiegati, rigirandoli nervosamente. Mrs. Dunbar e i due figli stavano insieme; Mrs. Dunbar stringeva il foglietto. «Harburt... Hutchinson».

«Metticela tutta, Bill» disse Mrs. Hutchinson, e quelli vicino a lei risero.

«Jones».

«Ho saputo» disse Mr. Adams al Vecchio Warner accanto a lui «che nel villaggio su a nord parlano di lasciar perdere la lotteria».

Il Vecchio Warner sbuffò. «Pazzi scatenati» disse. «Se stai a sentire i giovani, non gli va bene niente. Manca poco che vorranno tornare a vivere nelle caverne, nessuno più che lavora, e prova a vivere così per un po'. Una volta c'era un detto, «Lotteria di giugno, spighe grosse in pugno». In men che non si dica mangeremmo tutti erba bollita e ghiande. Una lotteria c'è stata *sempre*» soggiunse stizzito. «Va già male vedere il giovane Joe Summers che sta lì a scherzare con tutti».

«In certi posti le lotterie hanno smesso di farle» disse Mrs. Adams. «Ne avranno solo guai» disse risolutamente il Vecchio Warner. «Un branco di giovani scemi».

«Martin». E Bobby Martin guardò suo padre farsi avanti. «Overdyke... Percy».

«Quanto ci vuole?» disse Mrs. Dunbar al figlio maggiore. «Vorrei che si sbrigassero».

«Hanno quasi finito» disse il figlio. «Stai pronto a correre da papà a informarlo» disse Mrs. Dunbar. Mr. Summers chiamò il proprio nome, fece un preciso passo avanti ed estrasse un biglietto dalla bussola. Poi chiamò: «Warner». «Settantasette anni che faccio la lotteria» disse il Vecchio Warner passando tra la la folla. «Settantasette volte». «Watson». Il ragazzo alto attraversò imbarazzato la folla. Qualcuno disse: «Non essere nervoso, Jack», e Mr. Summers disse: «Fai con calma, figliolo». «Zanini».

Dopo ci fu una lunga pausa, una pausa col fiato sospeso, finché Mr. Summers, levando alto il suo biglietto, disse: «Va bene, gente». Per un momento nessuno si mosse, poi i biglietti furono aperti. Subito le donne si misero a parlare tutte insieme, dicendo: «Chi è?», «Chi l'ha avuto?», «Sono i Dunbar?», «Sono i Watson?». Poi le voci cominciarono a dire: «Sono gli Hutchinson. È Bill... l'ha avuto Bill».

«Va' a dirlo a tuo padre» disse Mrs. Dunbar al figlio maggiore.

La gente guardò attorno in cerca degli Hutchinson. Bill Hutchinson stava fermo, fissando il foglietto che aveva in mano. A un tratto Tessie Hutchinson gridò a Mr. Summers: «Non gli hai dato il tempo di scegliere come voleva, ti ho visto. Non è valido!».

«Stai al gioco, Tessie» esortò Mrs. Delacroix e Mrs. Graves disse: «C'era lo stesso rischio per tutti». «Zitta, Tessie» disse Bill Hutchinson.

«Allora, sentite» intervenne Mr. Summers «sin qui siamo andati abbastanza svelti, e adesso dobbiamo sbrigarci un altro po', per finire in tempo». Consultò la lista successiva. «Bill – disse – tu tiri per gli Hutchinson. Ci sono altri nuclei familiari negli Hutchinson?». «Ci sono Don e Eva» strillò Mrs. Hutchinson. «Fagli prendere la loro parte di rischio!». «Le figlie tirano a sorte con la famiglia del marito, Tessie» disse Mr. Summers gentilmente. «Lo sai bene come chiunque altro». «Non è valido» ripeté Tessie.

▲ Illustrazioni di Miles Hymes, da *La lotteria di Shirley Jackson: adattamento grafico autorizzato*, Hill & Wang, New York, 2016.

«Mi pare di no, Joe» disse Bill Hutchinson con rammarico. «Mia figlia tira con la famiglia di suo marito, è tutto in regola. E io ho solo i bambini, come famiglia».

«Allora per quanto riguarda il sorteggio per famiglie sei tu,» disse Mr. Summers, spiegando «e per quanto riguarda il sorteggio per nuclei familiari sei sempre tu, giusto?». «Giusto» disse Bill Hutchinson.

«Quanti bambini, Bill?» chiese Mr. Summers, per formalità.

«Tre» disse Bill Hutchinson. «Bill Jr, Nancy e il piccolo Dave. E Tessie e io».

«Sta bene» disse Mr. Summers . «Harry, hai ripreso i loro biglietti?».

Mr. Graves annuì e mostrò i pezzetti di carta. «Mettili nella cassetta, allora» ordinò Mr. Summers. «Prendi quello di Bill e mettilo dentro».

«Io penso che dovremmo ricominciare daccapo» disse Mrs. Hutchinson, più calma che poté. «Ti dico che non è *valido*. Non gli hai dato il tempo di scegliere. L'hanno visto tutti».

Mr. Graves mise i cinque foglietti nella bussola e tutti gli altri foglietti li lasciò cadere a terra, dove il vento li prese e li sollevò, trascinandoli.

«Ascoltate, tutti quanti» diceva Mrs. Hutchinson alla gente intorno.

«Sei pronto Bill?» chiese Mr. Summers, e Bill Hutchinson, dato un rapido sguardo alla moglie e ai bambini, annuì.

«Ricordatevi,» disse Mr. Summers «prendete i biglietti e teneteli piegati finché ognuno ha preso il suo. Harry, tu aiuta il piccolo Dave». Mr. Graves prese la mano del bimbetto, che andò volentieri con lui alla bussola. «Prendi un biglietto, Davy» disse Mr. Summers. Davy infilò la mano nella cassetta e rise. «Prendine solo uno» disse Mr. Summers. «Harry, tienilo tu per lui». Mr. Graves prese la mano del bambino e gli tolse dal pugno chiuso il pezzetto di carta e lo tenne; il piccolo Dave, lì accanto, guardava Mr. Graves con curiosità.

«Ora Nancy» disse Mr. Summers. Nancy aveva dodici anni, e le sue amiche di scuola respirarono con affanno mentre lei avanzava dimenando la gonnella e prendeva con delicatezza un biglietto dalla bussola.

«Bill Jr.» disse Mr.Summers, e Billy, rosso in faccia e con i piedi troppo grandi, buttò quasi giù la bussola nel tirar fuori un foglietto.

«Tessie» disse Mr. Summers. Lei esitò un momento, guardando attorno con aria ribelle, poi strinse le labbra e andò alla bussola. Estrasse di furia un biglietto e lo tenne dietro di sé.

«Bill» disse Mr. Summers, e Bill Hutchinson infilò la mano nella bussola e tastò attorno, ritraendo infine la mano con dentro un foglietto.

La folla taceva. Una ragazzina bisbigliò: «Spero che non sia Nancy», e il suono del bisbiglio giunse ai margini della folla . «Non è come una volta» disse distintamente il Vecchio Warner. «La gente non è come era una volta».

«Bene» disse Mr. Summers. «Aprite i biglietti. Harry, tu apri quello del piccolo Dave». Mr. Graves aprì il foglietto e tra la folla ci fu un sospiro generale quando lo mostrò e tutti videro che era bianco. Nancy e Bill Jr. aprirono i loro foglietti simultaneamente, ed entrambi risero, raggianti, volgendosi alla folla e tenendo i foglietti alti sopra la testa. «Tessie» disse Mr. Summers. Ci fu una pausa, poi Mr. Summers guardò Bill Hutchinson, e Bill spiegò il foglietto e lo mostrò. Era bianco.

«È Tessie» disse Mr. Summers, e la sua voce era smorzata. «Mostraci il suo biglietto, Bill».

Bill Hutchinson si avvicinò alla moglie e le tolse a forza il foglietto dalla mano. Aveva una macchia nera, la macchia che Mr. Summers aveva fatto la sera prima con la matita grossa nell'ufficio dell'impresa di carbone. Bill Hutchinson levò in alto il biglietto e ci fu un moto nella folla.

«Bene, gente» disse Mr. Summers. «Vediamo di terminare alla svelta».

I paesani avevano dimenticato il rituale e perduto la cassetta nera originaria, ma ricordavano ancora l'uso dei sassi. Il mucchio che i ragazzi avevano fatto in precedenza era pronto; c'erano sassi per terra insieme ai pezzetti di carta svolazzanti usciti dalla bussola. Mrs. Delacroix scelse un sasso così grosso che dovette raccoglierlo con entrambe le mani e si volse a Mrs. Dunbar: «Vieni su» disse «spicciati». Mrs. Dunbar aveva dei sassetti nelle due mani, e disse, ansante: «Tu va' avanti e ti raggiungo». I bambini si erano già muniti di sassi, e qualcuno diede dei sassolini anche al piccolo Dave Hutchinson.

Tessie Hutchinson adesso era al centro di uno spazio sgombro e tese le braccia disperatamente mentre i paesani la circondavano. «Non è giusto» disse. Un sasso la colpì sul lato della testa. Il Vecchio Warner diceva: «Su, su, tutti quanti». Steve Adams era davanti alla folla dei paesani con accanto Mrs. Graves.

«Non vale, non è giusto» urlò Mrs. Hutchinson, e poi le furono addosso.

S. Jackson, *La lotteria*, trad. it. di F. Salvatorelli, Adelphi, Milano, 2007

GUIDA ALLA LETTURA

LE PREMESSE

Una bella mattina d'estate, una piccola e vivace comunità, una gioventù in vacanza e un ipotetico premio – perché questo consegue alle lotterie – da assegnare: in apparenza il lettore è davanti ai caratteri tipici dell'ambiente di provincia statunitense, ritratto nella stagione più luminosa.

LA COMUNITÀ IN ATTESA

Il narratore descrive con rapidi cenni l'animazione che si diffonde tra gli abitanti, a cominciare dai più piccoli, ormai liberi dagli impegni scolastici: la gente si riunisce, parla del raccolto, del tempo, di pettegolezzi, ma, nello stesso tempo, sembra percorsa da una qualche inquietudine (*e le loro facezie erano pacate, accompagnate più da sorrisi che da risa*).

Con questo dato il narratore comincia a introdurre l'elemento perturbante: una lotteria dovrebbe essere un'occasione di festa, ma l'atteggiamento dei partecipanti, bambini compresi, induce a pensare che qualcosa non torni.

LA CASSETTA

La cassetta nera di legno viene portata in piazza dal responsabile delle attività sociali, mentre la gente si tiene *a distanza* ed esita a partecipare all'allestimento. Il narratore apre qui un breve flashback sulla storia dell'oggetto, che non è la cassetta originale, ma è, comunque, *entrata in uso ancor prima della nascita del Vecchio Warner, l'uomo più anziano del paese*. Un tempo l'evento prevedeva anche un rituale più complesso, che poi si è deciso di eliminare: ciò che conta, ormai, è solo l'estrazione.

UNA SEQUENZA DIALOGICA CHE SCIVOLA NEL *VICOLO BUIO*

Al termine del breve discorso del signor Summers si apre una lunga sequenza di dialogo. All'inizio essa riguarda le modalità di estrazione dei biglietti: a *tirare*, in prima battuta, sono solo i capifamiglia e con loro i ragazzi che per la prima volta sono ammessi al rito come unici maschi in casa e che ricevono le congratulazioni degli adulti, come se la pesca fosse un rito di passaggio (*Bravo ragazzo, Jack. Fa piacere che tua madre abbia un uomo, per questo*).

Che il premio non sia ambito lo si comincia a intuire dal nervosismo che serpeggia, dai sorrisi svogliati e nervosi che si scambiano i partecipanti, e dal rovesciamento che si realizza quando tutti i biglietti sono stati estratti: chi ha trovato il biglietto, Bill Hutchinson, lungi dal gioire, *stava fermo, fissando il foglietto che aveva in mano*. La moglie, Tessie, grida accusando gli organizzatori di irregolarità, ma invano.

L'ULTIMA SELEZIONE

Si passa a una nuova estrazione, che riguarda la sola famiglia Hutchinson: nel lettore crescono suspense e disorientamento per l'evidente alterazione della normalità. Anche la scelta dei termini vira verso una realtà che comincia a manifestarsi in tutto il suo orrore: non si parla più di *tirare*, ma di assumersi il *rischio* (*«Ci sono Don e Eva» strillò Mrs. Hutchinson «Fagli prendere la loro parte di rischio!»*).

I cinque fogli, per i cinque Hutchinson, sono nella cassetta, gli altri volano via con il vento: il momento è così solennemente tragico che l'immagine suggerisce quella mitologica delle sentenze della Sibilla Cumana, la sacerdotessa di Apollo, che affidava le profezie alle foglie. Tutti estraggono, anche il piccolo Dave, ridendo con innocente inconsapevolezza.

L'apertura dei biglietti condanna la madre, Tessie: i familiari accolgono la sua macchia nera quasi con sollievo, non manifestando alcun moto di dolore, e si uniscono al mucchio selvaggio dei compaesani di tutte le età che, all'invito *Su, su, tutti quanti* di nonno Warner, uccidono a sassate la signora Hutchinson in un sacrificio umano tanto più agghiacciante perché preparato non da sangue e tormenti, ma da una spaventosa normalità.

COMPRENDERE E ANALIZZARE

COMPRENSIONE

1. La lotteria si svolge solo nel villaggio in cui è ambientato il racconto?
2. A quando risale l'istituzione della lotteria?
3. Per quale motivo sono state sostituite le tessere di legno con i foglietti?
4. Quale opinione ha nonno Warner su Joe Summers?
5. Quale componente della famiglia estrae per primo?
6. Per quale motivo Don ed Eva non partecipano all'estrazione con gli altri Hutchinson? Perché Tessie vorrebbe che partecipassero?

7. Quali componenti della famiglia prescelta partecipano all'ultima estrazione?
8. Per quale motivo *tra la folla ci fu un sospiro generale* quando si vide che il biglietto di Dave era bianco?

ANALISI

9. Individua nel testo, riporta e commenta tutte le osservazioni relative ai componenti della famiglia Hutchinson nelle diverse fasi della lotteria, a cominciare dalla loro prima apparizione: *Mrs. Hutchinson allungò il collo per vedere tra la folla e scorse suo marito e i bambini nelle prime file.*
10. Si può dire che Mrs. Hutchinson ha una sorta di presentimento dell'esito infausto della lotteria?
11. *Se stai a sentire i giovani, non gli va bene niente.* Con queste parole nonno Warner commenta la notizia che in qualche luogo la lotteria è stata sospesa. Per quale motivo, secondo te, i giovani scelgono di abbandonare la lotteria? A che cosa vanno incontro, secondo nonno Warner, le comunità che non la organizzano più? Indirettamente, dalle sue parole, quale significato possiamo attribuire al rituale?
12. Che cosa rivela il gesto di Tessie che tende *disperatamente le braccia?*
13. Secondo te il rito della lotteria manifesta la componente istintiva e irrazionale della comunità? Motiva la tua risposta.

SCRIVERE

APPROFONDIMENTO E SCRITTURA

14. Scegli tre aggettivi per qualificare l'atteggiamento della comunità e motiva le tue scelte.

SCRITTURA CREATIVA In forma di...

15. Immagina e descrivi la situazione remota che ha istituito il rito della lotteria componendo uno scritto di almeno 20 righe che ne riporti la storia da leggere in occasione di ogni nuova estrazione annuale.

VERSO LE COMPETENZE COMPITI DI REALTÀ

- *Comunicazione nella madrelingua*
- *Competenza digitale*
- *Imparare a imparare*
- *Competenze sociali e civiche*
- *Consapevolezza ed espressione culturale*

16. Questo racconto ha consacrato Shirley Jackson nel mondo dell'horror, suscitando anche l'ammirazione di Stephen King, uno dei più apprezzati maestri del genere. A proposito del gusto per l'horror, egli ha affermato:

> L'horror ci piace perché dice in modo simbolico le cose che abbiamo paura di dire apertamente; ci dà una possibilità di esercitare quelle emozioni che la società ci impone di tenere sotto controllo.

Commenta in una pagina queste affermazioni.

17. Il rituale della lotteria, con cui si compie il sacrificio di un individuo per il bene della comunità, rimanda al concetto del *capro espiatorio*, studiato dagli antropologi in relazione ai riti di espiazione delle prime comunità umane. Fai una breve ricerca sull'argomento.
18. Il rituale della lotteria rivela una concezione della famiglia caratterizzata da una precisa gerarchia, in cui il maschio più anziano esercita il ruolo più importante: si tratta della famiglia patriarcale, struttura tipica nel mondo antico. Ricerca notizie sul ruolo del capofamiglia nel mondo greco e latino e organizzale in una presentazione multimediale di almeno 5 slides.

Il tuo lavoro sarà valutato sulla base di questi parametri:

Criteri / Livello di padronanza	Iniziale (1)	Base (2)	Intermedio (3)	Avanzato (4)
Accuratezza della ricerca				
Pertinenza degli argomenti riportati				
Chiarezza espositiva				

3 LA DISTOPIA

Che cosa significa distopia?

Il termine *distopia*, composto del prefisso negativo *dis* e da (u)*topia*, nasce come contrario di *utopia* (intesa come un mondo in cui tutto è come dovrebbe essere) ed è utilizzato per indicare la **rappresentazione di una società fittizia**, generalmente ambientata nel futuro, in cui tendenze sociali, politiche o anche tecnologiche ravvisate nel presente sono condotte a estremi negativi. Nella letteratura fantascientifica il ricorso a un **futuro apocalittico** è assai frequente. La distopia si basa su pericoli già percepiti nella società contemporanea all'autore, ma sposta l'interesse su epoche o luoghi distanti. Accade per esempio nel romanzo ***Non lasciarmi*** (2005) del giapponese **Kazuo Ishiguro**, premio Nobel per la Letteratura 2017, che rappresenta una società in cui gli esseri umani vengono clonati per ottenere disponibilità di organi per i trapianti, o in quello del cantautore Luciano Ligabue, *E la neve se ne frega* (2004), in cui in un mondo dove la vita umana procede in senso contrario – dalla vecchiaia alla giovinezza – e a tutti sembra garantito il benessere, il potere esercita in realtà un controllo totale sulla vita degli uomini.

Breve storia della distopia

Capostipite del genere è ***Il mondo nuovo*** di **Aldous Huxley**, pubblicato nel 1932. Il romanzo è ambientato nel 2540 – o nel 632 anno di Ford, con allusione a Henry Ford, padre della catena di montaggio e dell'omonima industria automobilistica – e racconta l'evoluzione di una società che lo scrittore immagina dominata dalla tecnologia. Poco prima che il nazismo prendesse il potere in Germania e iniziasse a minacciare tutta l'Europa, Huxley immagina che negli anni Quaranta sarebbe scoppiata una guerra disastrosa destinata a riunire il mondo in un unico Stato controllato dai Coordinatori Mondiali. Nella nuova epoca tutto, perfino la riproduzione umana, sarebbe stato dominato dalla produzione in serie e il crocifisso sarebbe stato addirittura sostituito dalla lettera T, simbolo della Ford modello T.

In ***1984***, romanzo pubblicato nel 1949, lo scrittore inglese **George Orwell** immagina una forma di totalitarismo basato sulla manipolazione psicologica e sull'annientamento della libertà di pensiero, in cui un *Big Brother* esercita un controllo totale sulla società.

Nel 1953, in ***Fahrenheit 451***, **Ray Bradbury** raffigura una società in cui vige il divieto di leggere e i cittadini si possono istruire solo attraverso la televisione, che esercita un controllo pressoché totale. Il titolo del romanzo fa riferimento appunto alla presunta temperatura di combustione della carta.

In anni più recenti il genere ha conosciuto un notevole successo con la trilogia di ***Hunger Games*** (di cui è stata realizzata anche una trasposizione cinematografica) di **Suzanne Collins**, pensata per ragazzi ma apprezzata anche dal pubblico adulto. In un Nord America post apocalittico la sedicenne Katniss Everdeen vive nella nazione di Panem, divisa in distretti e governata da un regime totalitario. In seguito a un passato tentativo di rivolta, ogni anno da ciascun distretto vengono scelti un ragazzo e una ragazza per partecipare agli Hunger Games, combattimenti mortali trasmessi in televisione. La prima edizione italiana è del 2009.

Hieronymus Bosch, *Il giardino delle delizie*, 1490-1500. Museo del Prado, Madrid.

T3 Dino Buzzati – Cacciatori di vecchi

Dino Buzzati (San Pellegrino, 1906-Milano, 1972), scrittore e pittore, lavora a lungo anche come giornalista al «Corriere della Sera», occupandosi di cronaca e di critica musicale. Nel 1940 esce il romanzo considerato il suo capolavoro, *Il deserto dei Tartari*, incentrato sui temi dell'attesa e dell'assurdità del vivere. Pubblica molti volumi di racconti in cui è dato ampio spazio alla descrizione di atmosfere allucinate e inquietanti che contrastano con il realismo della scrittura.

Il racconto *Cacciatori di vecchi* affronta in modo paradossale il tema del **conflitto tra generazioni**. Ambientata di notte in una località anonima, la storia segue il destino di una vittima designata e si sviluppa secondo lo schema classico di un inseguimento. Il carattere fantastico di questa vicenda si definisce, oltre che nei suoi presupposti, nel finale a sorpresa.

Roberto Saggini, amministratore di una piccola cartiera, quarantasei anni, capelli grigi, bell'uomo, fermò alle due di notte la sua automobile a pochi passi da un bar tabaccheria, chissà come ancora aperto.

«Un minuto, e torno» disse alla ragazza seduta al suo fianco. Era una bella ragazza, alla luce dei lampioni al neon il rosso delle labbra spiccava come un esaltato fiore.

Dinanzi alla tabaccheria erano posteggiate delle macchine. Lui aveva dovuto fermarsi un poco più in là. Era una sera di maggio con l'aria tiepida e viva della primavera. Strade tutte deserte.

Lui entrò nel bar, a comperare sigarette. Come fu di nuovo sulla soglia e si apprestava a raggiungere la macchina, il sinistro richiamo echeggiò.

Dalle case di fronte? O da una strada laterale? O erano scaturiti dall'asfalto stesso, creature scellerate? Due, tre, cinque, sette fulminee sagome si avventarono concentriche in direzione della macchina. «Dagli! Dagli al vecchio!».

Ed ecco il sibilo lacerante, lungo, a singhiozzi, fanfara[1] di guerra per le giovani canaglie: nelle ore più strane della notte esso scuoteva dal sonno interi rioni[2] e la gente con un brivido si rintanava ancor più nel letto, raccomandando a Dio lo sciagurato di cui si stava iniziando il linciaggio.

Roberto misurò il pericolo. Ce l'avevano con lui. Erano i tempi che gli uomini di oltre quarant'anni ci pensavano due volte a mostrarsi in giro nelle ore fonde della notte. Oltre i quarant'anni si era vecchi. E per i vecchi le generazioni nuove avevano un totale disprezzo. Un risentimento cupo eccitava i nipoti verso i nonni, i figli verso i padri. Di più: si erano formate delle specie di club, di compagnie, di sette, dominate da un odio selvaggio verso gli anziani, come se questi fossero responsabili delle loro scontentezze, malinconie, delusioni, infelicità, così tipiche, da che mondo è mondo, della giovinezza. E di notte queste masnade[3] si scatenavano, soprattutto in periferia, alla caccia di vecchi. Se riuscivano ad agguantarne uno, lo tempestavano di botte, lo denudavano, lo frustavano, lo imbrattavano di vernici, per poi lasciarlo legato a un albero o a un lampione.

1. **fanfara**: musica composta per le bande musicali.
2. **rioni**: quartieri.
3. **masnade**: compagnie, gruppi di gente; in questo caso, in senso spregiativo, bande di furfanti.

In certi casi, nella frenesia del brutale rito, andavano più in là. E, all'alba, sconvolti e deturpati cadaveri venivano trovati in mezzo alla strada.

Il problema dei giovani! Questo eterno cruccio, che nei millenni della storia era stato digerito senza scosse di padre in figlio, finalmente esplodeva. I giornali, la radio, la televisione, i film gli avevano dato corda. I giovani vennero blanditi[4], commiserati, adulati, esaltati, incoraggiati a imporsi nel mondo con qualsiasi mezzo. I vecchi stessi, impauriti da questo vasto moto degli animi, vi partecipavano, per crearsi un alibi, per far sapere – ma, tanto, era inutile – che loro avevano sì cinquanta o sessant'anni ma il loro spirito era ancora fresco, loro condividevano le aspirazioni e i travagli delle nuove reclute. Illusi: parlassero in un modo o in un altro, i giovani erano contro, i giovani si sentivano i padroni del mondo, i giovani, come era giusto, pretendevano la signoria finora tenuta dai patriarchi[5]. «L'età è una colpa» era il loro slogan.

Di qui le scorrerie notturne, per le quali l'autorità, a sua volta intimorita, chiudeva volentieri un occhio. Peggio per loro, in fondo, se dei deteriorati fusti, che avrebbero fatto bene a star rinchiusi in casa, si permettevano il lusso di provocare i giovani con le loro smanie senili[6].

Specialmente presi di mira erano i vecchi in compagnia di donne giovani. Allora il giubilo dei persecutori toccava il colmo. Nei casi favorevoli, che per la verità si ripetevano assai spesso, l'uomo veniva legato e bastonato, mentre, sotto i suoi occhi, la compagna veniva sottoposta, dai coetanei, a complicate e lunghe sopraffazioni di ogni genere. Si disse: io non faccio in tempo a raggiungere la macchina. Ma mi posso rifugiare nel bar, quei mascalzoni non oseranno entrare. Lei sì, invece, fa in tempo.

«Silvia, Silvia!» gridò, «metti in moto e fuggi. Presto! presto!»

La ragazza per fortuna capì. Con un fulmineo colpo d'anca passò al posto di guida, mise in moto, innestò la marcia e scattò in avanti col motore imballato.

L'uomo respirò di sollievo. Ora doveva pensare a se stesso. E si voltò per trovare scampo nel bar. Ma in quell'istante stesso la saracinesca fu abbassata di schianto.

«Aprite, aprite!» supplicò. Nessuno dall'interno rispose. Come sempre, quando erano in corso le scorrerie dei ragazzi, tutti si rinchiudevano nel guscio. Nessuno voleva vedere o sapere, nessuno voleva restarci immischiato.

Non c'era un istante da perdere. Illuminati in pieno dai vividi lampioni, sette otto tipi convergevano verso di lui, senza neppure correre, tanto erano certi di agguantarlo. Ce n'era uno, alto, pallido, la testa rasata, con un maglione rosso scuro su cui spiccava una grande R maiuscola bianca. «Sono perduto» pensò Saggini. Di quell'R i giornali parlavano da mesi. Era la sigla di Sergio Regora, il capobanda più crudele, si raccontava che di vecchi ne avesse già sconciati personalmente più di una cinquantina.

L'unica era tentare. A sinistra, in fondo al viale, si apriva un largo spiazzo dove era installato un lunapark. Tutto stava nel riuscire a portarsi incolume fin là. Poi, nell'intrico di padiglioni e delle «carovane», sarebbe stato facile nascondersi.

4. blanditi: lusingati, assecondati.
5. patriarchi: capi di grandi famiglie, dotati di poteri assoluti sui propri discendenti, presso antiche popolazioni.
6. senili: propri dei vecchi.

Partì di scatto, era ancora un uomo agile, con la coda dell'occhio vide che gli arrivava addosso, da destra, per tagliargli la strada una ragazzetta tarchiata, anche lei col maglione e l'R bianca. Aveva una faccia rincagnata[7] tutt'altro che spiacevole, una bocca larga che gridava: «Ferma, ferma, vecchio porco!» Nella destra impugnava un pesante scudiscio di cuoio.

▲ Salvador Dalí, *Le tre età (vecchiaia, adolescenza, infanzia)*, 1940, Museo Salvador Dalí, St. Petersburg, Florida.

La ragazza gli venne a sbattere addosso. Ma l'uomo aveva una tale rincorsa che lei non resse e si trovò scaraventata a terra prima di aver avuto neppure il tempo di colpirlo. Apertosi così un varco, Saggini, con tutto il fiato che gli restava, si lanciò verso lo spiazzo tenebroso. Un recinto di transenne chiudeva l'area della fiera. Lo superò d'un balzo, corse là dove le tenebre gli sembravano più fitte. E gli altri dietro.

«E vuol fuggire, la carogna!» esclamò Sergio Regora che non si affrettava eccessivamente, sicuro di scovare la preda. «E si ribella anche!»

Un compagno gli galoppava accanto: «Senti, capo, devo dirti una cosa». Erano al limite del lunapark. Si fermarono.

«Proprio adesso vuoi dirla?»

«Vorrei sbagliarmi, ma ho tutta l'impressione che quel tipo sia il mio babbo».

«Tuo papà quel maiale?»

«Sì, mi sembra proprio lui».

«Tanto meglio».

«Ma io...»

«Adesso non vorrai piantare grane, spero».

«Mi sembra una certa cosa...»

«Tu gli vuoi bene?»

«Uffa, è un tale imbecille. E poi un rompiscatole che non finisce più».

«E allora?»

«Mi sembra una certa cosa, ti ripeto».

«Sei una gelatina sei. Vergognati! Con mio padre finora non mi è mai capitato, ma scommetto che ci troverei più gusto. Su, su, adesso bisogna stanarlo...»

Col cuore in gola per l'affanno della corsa, Saggini si era rincantucciato ai piedi di un gran tendone, forse un piccolo circo, in piena ombra, cercando di sparire fra i lembi di tela.

Accanto, a cinque sei metri, stava un carrozzone zingaresco con un finestrino illuminato. L'aria fu lacerata da un nuovo sibilo dei malnati. Nel carrozzone ci fu un tramestio. Poi una donna grassa e molto bella si affacciò alla porticina, incuriosita.

7. **rincagnata**: schiacciata.

«Signora, signora» bisbigliò Saggini, dal suo malcerto nascondiglio.

«Cosa c'è?» fece quella, diffidente.

«La supplico, mi lasci entrare. Sono inseguito. Mi vogliono ammazzare».

«No, no, qui non vogliamo pasticci».

«Ventimila lire se mi lascia entrare».

«Cosa?»

«Ventimila lire».

«No, no. Qui siamo gente onesta». Si ritirò, richiuse la porticina, si udì il colpo di catenaccio interno. Anche la luce si spense.

Silenzio. Non voci né rumori di passi. Che la banda avesse rinunciato? Un orologio lontano batté le due e un quarto. Un orologio lontano batté le due e mezza. Un orologio lontano batté le due e tre quarti.

Lentamente, attento a non far rumore, Saggini si alzò in piedi. Forse adesso poteva squagliarsela.

D'impeto uno di quei maledetti gli fu addosso, e alzò la destra vibrando un coso che non si capiva bene. Saggini, con pensiero fulmineo, si ricordò ciò che tanti anni prima gli aveva detto un amico: se uno ti vuol menare, basta un pugno nel mento, l'importante è fare contemporaneamente un salto in su, allora non è il pugno ma tutto il corpo che colpisce.

Saggini spiccò il salto, il pugno incontrò una cosa dura con un sordo crocchio. «Ah» gemette l'altro, afflosciandosi riverso. Nel volto contratto e doloroso che si ribaltava all'indietro, il Saggini riconobbe suo figlio. «Tu, Ettore!» e si chinò con l'intenzione di soccorrerlo.

Ma tre quattro ombre sbucarono. «È qui, è qui. Dagli al vecchio!»

Via, come un pazzo, balzando da una zona d'ombra all'altra, incalzato dall'ansito[8] dei cacciatori, sempre più rabbioso e più vicino. All'improvviso un arnese metallico gli fu pestato di traverso a una guancia con terribile dolore. Fece uno scarto disperato, cercò intorno uno scampo, lo avevano costretto ai limiti del recinto. Il lunapark non gli poteva offrire più salvezza.

Più in là, a un centinaio di metri cominciavano i giardini. Le energie della disperazione gli fecero superare la distanza senza essere raggiunto. Anzi, la manovra colse i cacciatori di sorpresa. Solo all'ultimo, quando egli aveva già raggiunto il bordo di un boschetto, fu dato l'allarme. «Di là, di là, guardatelo che si nasconde nel bosco. Dagli, dagli al vecchio!»

Ricominciò l'inseguimento. Gli orologi qua e là battevano le ore, nell'orgasmo egli non riusciva mai a contare i colpi. Giù in una valletta, su per una ripa, via attraverso un fiumiciattolo, ma ogni volta che si volgeva indietro, tre quattro manigoldi erano là implacabili, annaspanti verso di lui.

Quando, con le ultime forze, si fu inerpicato sul ciglio di un ripidissimo bastione, vide che il cielo, di là dello schieramento dei tetti, impallidiva. Ma ormai era troppo tardi. Si sentiva completamente esausto. Dalla guancia ferita, rivoli di sangue. E Regora lo stava per raggiungere. Ne intravedeva nella penombra il bianco sogghigno.

8. **ansito**: respiro affannoso e ansante.

I due si trovarono di fronte, sul breve crinale erboso. Regora non ebbe neanche bisogno di colpirlo. Per scansarsi, Saggini fece un passo indietro, non trovò l'appoggio, precipitò all'indietro giù per la diruta[9] scarpata, tutta pietre e rovi. Si ebbe il tonfo, poi un gemito carnoso.

«Non ci ha rimesso la pelle. Ma si è conciato come si deve» disse Regora. «Adesso è meglio sloggiare. Non si sa mai. La polizia ha le sue lune».

Se n'andarono in gruppetto, commentando la caccia fra sguaiati scoppi di risa. Quanto era durata, però. Nessun vecchio aveva dato tanto da fare. Anche loro erano stanchi. Chissà perché, ma erano stanchissimi. Il gruppetto si sciolse. Regora si incamminò con la ragazza. Giunsero a una piazza illuminata intensamente.

«Ma che cos'hai sulla testa?» chiese lei.

«E tu? Anche tu».

Si avvicinarono, esaminandosi a vicenda.

«Dio, che faccia che hai. E come mai tutto quel bianco sui capelli?»

«Anche tu, anche tu hai una faccia spaventosa».

Una improvvisa inquietudine. A Regora non era mai capitato. Si avvicinò a una vetrina per specchiarsi.

Nel vetro vide distintamente un uomo di circa cinquant'anni, gli occhi e le guance vizze[10], il collo come quello dei pellicani. Provò a sorridere, proprio davanti gli mancavano due denti.

Era un incubo? Si voltò. Anche la ragazza era sparita. Poi dal fondo della piazza sbucarono di gran corsa tre ragazzi. Erano cinque, erano otto. Mandarono un lungo terrificante fischio. «Dagli, dagli al vecchio!»

Regora cominciò a correre con tutte le sue forze. Ma erano poche. La giovinezza, la spavalda e spietata stagione, sembrava che dovesse durare tanto, sembrava che non dovesse finire mai più. E a bruciarla era bastata una notte. Adesso non restava più niente da spendere. Adesso il vecchio era lui. E veniva il suo turno.

D. Buzzati, *Cacciatori di vecchi*, da *Il colombre e altri cinquanta racconti*, Mondadori, Milano, 1966.

9. **diruta**: in rovina.

10. **vizze**: flosce, cascanti.

GUIDA ALLA LETTURA

UNA COLPA ANAGRAFICA

Il racconto presenta uno schema classico: un uomo braccato da un gruppo di assalitori. Questi ultimi sono guidati da un capo ed esibiscono una sorta di comune divisa, una maglietta bianca con una grande lettera al centro, l'iniziale del cognome del capo, appunto. Fin qui, nulla di strano, nulla di fantastico. Ma appena si danno le ragioni di questa caccia all'uomo, il lettore capisce che non si tratta di un racconto realistico o di una *spy story*: l'uomo, che ha quarantasei anni e ha i capelli grigi, deve essere punito perché è "vecchio". La vicenda rimanda a un tipo di società distopica in cui gli adulti non sono ammessi, e dunque tutte le volte che si mostrano all'aperto, di notte, rischiano la vita per mano di una squadra di giovani e spietati "carnefici". La classica contrapposizione generazionale figli-padri, giovani-adulti è degenerata in forme di odio dichiarato e di violenza fisica.

QUASI UNA STAFFETTA

Ma la vera sorpresa che attende il lettore è un'altra: quando l'avventura dell'uomo adulto considerato "vecchio" si conclude con la sua caduta nel dirupo, la vicenda, contro ogni ragionevole aspettativa del lettore, prosegue, confermando sul finale il suo carattere fantastico. Proprio Regora, il feroce capo che solo un momento prima ha avuto la meglio sul protagonista, si accorge di essere invecchiato di colpo, in pochi secondi: i capelli diventati improvvisamente bianchi e le rughe sul volto sono segni inequivocabili. E in un attimo comprende il suo destino: è lui la nuova vittima, e a sua volta, come in una sorta di tragica staffetta, deve fuggire per tenere lontano gli assalitori.

UNA SCRITTURA CINEMATOGRAFICA

Con l'eccezione di un lungo paragrafo in cui il narratore esterno spiega le ragioni dell'accanimento sui "vecchi", la narrazione ha la struttura di un racconto poliziesco: è caratterizzata infatti da un ritmo veloce e da frequenti cambi di scena, dati dal mutamento di qualche particolare del contesto spaziale (i padiglioni di un lunapark, uno spiazzo, un recinto ecc.) e dall'alternarsi dei due focus dell'azione, la fuga della vittima e le strategie degli inseguitori. I brevi inserti dialogici non attenuano più di tanto il crescendo della tensione. Il racconto dunque mutua la sua struttura dal modello cinematografico e il narratore si pone come il regista della storia.

COMPRENDERE E ANALIZZARE

COMPRENSIONE

1. Dove e quando è ambientata la vicenda?
2. Spiega il significato dell'ultima frase del testo.

ANALISI

3. Descrivi l'aspetto fisico del protagonista e del suo antagonista.
4. Elenca gli spazi in cui si sviluppa l'azione del racconto: sono spazi aperti o chiusi? Quale funzione hanno in relazione ai contenuti del racconto?
5. Nel racconto di Dino Buzzati il protagonista non ha alcun aiutante. Quali e quanti sono i personaggi minori decidono di non soccorrerlo e perché?
6. Nel gruppo degli inseguitori guidati da Regora, un giovane in particolare assume un ruolo più significativo. Per quale ragione?
7. Nel racconto prevalgono il movimento e le azioni, ma emergono, talora solo accennate, anche alcune emozioni: quali e in quali momenti della vicenda?
8. Due scelte, sul piano linguistico e stilistico, sottolineano l'inizio e la fine della sequenza in cui il narratore spiega le ragioni della violenza che accompagna tutto il racconto. Di quali scelte si tratta? Illustrale brevemente.

SCRIVERE

APPROFONDIMENTO E SCRITTURA

9. Riassumi il racconto in un testo di 20 righe.
10. In questo racconto lo schema dell'inseguimento, come in genere tutti gli inseguimenti, si rifà alla struttura di giochi molto popolari: guardie e ladri e nascondino. In coppia con un tuo compagno prendi in esame tre video games tra i più diffusi, costruisci uno schema grafico che ne descriva la struttura e il funzionamento, infine rintraccia i modelli a cui i loro creatori si sono ispirati.

SCRITTURA CREATIVA — Riscrivi il finale

11. Il finale del racconto è aperto e sembra suggerire una sorta di ripartenza. Continua tu la narrazione, soffermandoti sul destino di Regora, in un testo di circa 20 righe.

VERSO LE COMPETENZE

- *Comunicazione nella madrelingua*
- *Imparare a imparare*
- *Competenze sociali e civiche*
- *Consapevolezza ed espressione culturale*

12. Il racconto allude in forma inquietante e paradossale a un tema che la letteratura di ogni tempo ha trattato: il conflitto tra le generazioni. Quali caratteri assume oggi tale conflitto? Raccogli tre articoli sulla questione e, utilizzandone gli spunti, sviluppa un testo di almeno 25 righe.
13. Qual è la percentuale degli anziani, nella tua città, in rapporto alla popolazione attiva? Che idea ti sei fatto della loro condizione? Quali sono secondo te i problemi più diffusi in quella fascia d'età? Rispondi in un testo di almeno 25 righe.

BUIO IN SALA

ADOLESCENTI E CINEMA HORROR

[1]

[2]

[3]

Il rapporto tra adolescenti e cinema horror è complesso: essi ne sono infatti sia pubblico affezionato sia, in molti casi, protagonisti.

Esiste un horror diretto a un pubblico di ragazzi, il *teen horror*, i cui prodotti uniscono spesso horror e *fantasy*, e l'horror che utilizza i ragazzi come protagonisti di storie rivolte a un pubblico più adulto, ma spesso oggetto di culto anche tra i giovani.

Il film che inaugura il *teen horror* è, a detta di molti, ***Gremlins* [1]**, pellicola diretta da **Joe Dante** e prodotta da **Steven Spielberg [8]** nel 1984, in cui horror e *fantasy* si uniscono in una favola natalizia da brivido. La trama ruota intorno a uno strano dono di Natale ricevuto dal giovane Billy: un animaletto grazioso, dall'esotico nome di "mogwai", che non va mai bagnato, mai esposto alla luce e mai nutrito dopo mezzanotte.

La disattenzione del padroncino, che dimentica le raccomandazioni, provoca la rapida riproduzione delle strane creature e la loro trasformazione in mostri assassini. L'invasione della tranquilla cittadina statunitense in cui è ambientato il film genera scene splatter, ma anche una divertente satira dei costumi americani che le demoniache bestiole sbeffeggiano.

Nel 1985 la ditta Spielberg produce il primo *teen horror* sui vampiri: ***Fright night*** (*L'ammazzavampiri*) di Tom Holland **[2]**.

Nel film un ragazzo, cultore del genere, scopre che il nuovo vicino di casa è un vampiro assassino e lo combatte ricorrendo all'aiuto di un ciarlatano titolare di un programma TV sulla difesa dalle creature della notte, l'"ammazzavampiri" del titolo.

Il film è precursore del filone dei "giovani cacciatori di vampiri" sfruttato, per esempio, dalla serie televisiva ***Buffy, l'ammazzavampiri***, prodotta negli Usa tra il 1997 e il 2003, che ha come protagonista una giovane e intrepida cacciatrice.

Il 1984 declina il rapporto horror-adolescenza anche in un altro prodotto, destinato a rivoluzionare la rappresentazione cinematografica degli incubi: ***A Nightmare on Elm Street*** (*Nightmare – Dal profondo della notte*), diretto da un maestro del genere, Wes Craven. Il film lancia la maschera mostruosa di **Freddy Krueger [3]**, maniaco omicida bruciato vivo dai genitori delle sue piccole vittime, che ritorna negli incubi degli adolescenti per vendicarsi uccidendoli. La sceneggiatura lavora sul tema delle paure infantili, traducendole in incubi spaventosi che conducono alla morte per opera di Krueger, inquietante

[1]

[4]

[5]

[6]

[7]

personaggio con il viso coperto da ustioni e artigli di ferro al posto di una mano.

È lo stesso Craven a dirigere, nel 1996, il film destinato a diventare uno dei simboli dei *teen horror*: ***Scream*** **[5]**, che deve una parte del successo alla maschera sotto cui si cela il serial killer, ispirata a *L'urlo* di Munch **[4]**. *Scream* è un esempio tipico di *slasher horror* (da *to slash*, "ferire con un'arma affilata"), cioè un horror in cui agisce un maniaco omicida che perseguita un gruppo di persone, spesso giovani, in uno spazio definito. A opporsi a lui è generalmente una ragazza, la cosiddetta *final girl*, che sopravvive alla furia del pazzo. In *Scream* bersaglio del killer sono i ragazzi di un campus universitario e la giovane impavida è Sidney, protagonista di una gara contro la morte non priva di momenti di ironia. Il successo della pellicola convince Craven a dirigere tre sequel e lancia la serie degli *Scary movie*, divertenti parodie prodotte a partire dal 2000.

Nel 2000 esce un horror inconsueto, che evita mostri e serial killer e affida il terrore a una realtà più nota e consueta: la morte. In ***Final destination*** di James Wong alcuni studenti scampano a un disastro aereo per le capacità extrasensoriali di uno di loro; la morte è però in credito e comincia a colpirli nei modi più strani tra le mura domestiche. Il successo del film produce quattro sequel in cui si ripropone il disastro iniziale seguito dalle morti dei sopravvissuti, tanto bizzarre quanto cruente.

Alcuni horror famosi con protagonisti adolescenti sono adattamenti di romanzi di successo. Tra essi spiccano i film tratti da due opere di **Stephen King** (1947): ***Carrie, lo sguardo di Satana*** e ***It*** **[6]**.

Carrie, lo sguardo di Satana, diretto da Brian de Palma nel 1976 e riproposto da un remake del 2014, è una storia estrema di bullismo contro una ragazza solitaria, isolata e derisa dal gruppo delle coetanee, che si vendica scatenando i suoi poteri extrasensoriali contro chi le ha provocato sofferenza. La vicenda di *It,* di cui si contano una versione per la TV nel 1990 e una per il cinema nel 2017, prende l'avvio dallo scontro di un gruppo di ragazzini con un demone che gira per la città di Derry, nel Maine, apparendo sotto diverse forme tra cui quella celeberrima del clown Pennywise.

Ascrivibili al *teen horror* sono, infine, i film tratti dalla saga di ***Twilight*** **[9]** di **Stephenie Meyer**, sul grande schermo dal 2008, e ***Goosebumps*** **[7]** (*Piccoli brividi,* 2015), ispirato ai brevi romanzi per ragazzi di R.L. Stine, che nell'adattamento cinematografico diventa un personaggio chiave della vicenda: la sera del ballo della scuola frequentata dalla figlia le creature mostruose dei suoi romanzi escono dalle pagine e invadono la città decise a vendicarsi del loro creatore.

[8]

[9]

T4 Henry Slesar _ Giorno d'esame

Henry Slesar (1927-2002) nasce a New York da una famiglia ebrea di origine ucraina. Lavora in campo pubblicitario e, dalla metà degli anni Cinquanta, inizia l'attività di scrittore specializzandosi nei generi della **fantascienza**, del **giallo** e del **thriller** (tanto da avere fra i suoi ammiratori il regista Alfred Hitchcock) e pubblicando oltre cinquecento racconti. È stato anche autore di sceneggiature per la televisione.

Nel racconto che segue ci troviamo in un ipotetico futuro in cui una famiglia festeggia il dodicesimo compleanno del figlio. Ma l'**atmosfera**, lungi dal ricordare una festa, è **greve**: come tutti i suoi coetanei il ragazzino deve infatti di lì a breve sostenere un esame voluto dai governanti del paese per **contenerne il sovraffollamento**. Come ben sanno i suoi genitori, che non riescono a nascondere la tensione, da quell'esame dipende il suo futuro. Il racconto è tratto da un telefilm andato in onda fra il 1985 e il 1986 nella prima stagione di una serie televisiva americana di grande successo, *The Twilight Zone* (nota anche in Italia con il titolo di *Ai confini della realtà*) che presenta situazioni perturbanti, al limite fra verosimile e inverosimile.

I Jordan non parlarono mai dell'esame, o almeno non ne parlarono fino al giorno in cui Dickie compì dodici anni. Fu solo quella mattina che la signora Jordan accennò per la prima volta all'esame in presenza del figlio, e il suo tono angustiato[1] provocò una risposta secca del marito. «Non ci pensare ora,» disse bruscamente. «Se la caverà benissimo.» Stavano facendo colazione, e il ragazzo alzò la testa dal piatto, incuriosito. Era un ragazzetto dallo sguardo sveglio, con capelli ricci e modi vivaci. Non capì il motivo dell'improvvisa tensione che si era creata nella stanza, ma sapeva che era il giorno del suo compleanno e desiderava che tutto andasse bene. Da qualche parte nel piccolo appartamento erano nascosti dei pacchetti infiocchettati che aspettavano di essere aperti, e nella minuscola cucina retrattile[2] qualcosa di molto appetitoso stava cuocendo nel forno automatico. Lui voleva che quel giorno fosse felice, e il velo umido che aveva appannato gli occhi di sua madre, l'espressione torva[3] sul volto di suo padre, minacciavano ora di guastargli la festa. «Quale esame?» chiese. La madre guardò l'orologio sul tavolo, «È solo una specie di test d'intelligenza che il governo fa fare a tutti i bambini all'età di dodici anni. Tu dovrai sostenerlo la prossima settimana. Non c'è nulla di cui preoccuparsi.» «Vuoi dire un test come quelli di scuola?» «Qualcosa del genere,» disse il padre alzandosi di scatto. «Vai a leggerti un giornalino, Dickie.» Il ragazzo si alzò e si diresse svogliatamente verso l'angolo del soggiorno che era sempre stato il suo angolo, fin da piccolo. Sfogliò per qualche istante un giornalino a fumetti, ma le sue strisce a colori vivaci non sembrarono divertirlo. Andò alla finestra e restò a guardare malinconicamente il velo di vapore che appannava i vetri. «Perché deve piovere proprio oggi?» si disse. «Perché non può piovere domani?» Il padre, ora sprofondato in poltrona con il giornale governativo tra le mani, spiegazzò rumorosamente i fogli,

1. **angustiato**: molto preoccupato.
2. **retrattile**: che si può far rientrare, in questo caso nel muro.
3. **torva**: cupa, accigliata.

irritato. «Perché piove, ecco perché. La pioggia fa crescere l'erba.» «Perché, papà?» «Perché sì, che domande, Dickie» corrugò la fronte. «Ma che cosa la rende verde, poi?

L'erba, voglio dire.» «Nessuno lo sa,» tagliò corto il padre, pentendosi immediatamente per la sua asprezza. Poi, a poco a poco, quel giorno tornò il giorno del suo compleanno. La madre sorrideva con tenerezza quando entrò con i pacchetti gaiamente colorati, e persino il padre rimediò un sorriso e gli scompigliò i capelli. Dickie baciò la mamma e strinse gravemente la mano al padre. Venne servita la torta di compleanno, e la festa finì. Un'ora dopo, seduto accanto alla finestra, guardava il sole che si faceva strada tra le nuvole. «Papà,» chiese, «quant'è lontano il sole?» «Diecimila chilometri,» rispose il padre. Il lunedì seguente, seduto a tavola per la colazione, Dickie vide di nuovo gli occhi della madre farsi lucidi. Ma non collegò queste lacrime con l'esame finché il padre non tirò fuori bruscamente l'argomento. «Be', Dickie,» annunciò con un'aria più scura che mai, «tu hai un appuntamento per oggi.» «Capisco, papà. Spero...» «Non c'è niente da preoccuparsi, adesso. Migliaia di bambini fanno quel test ogni giorno. Il Governo vuole solo sapere quanto sei in gamba, Dickie. Si tratta solo di questo.» «Ho preso sempre buoni voti a scuola,» disse il ragazzo, esitante. «Questa volta è diverso. Si tratta di... di un test di tipo speciale. Ti danno quella roba da bere, e poi ti fanno entrare in una stanza dove c'è una specie di macchina...» «Quale roba da bere?» chiese Dickie. «Oh, niente. Sa di menta. È solo per essere certi che uno risponde sinceramente alle domande. Non che il Governo pensi che tu non diresti la verità, ma quella roba li rende proprio sicuri.» La faccia di Dickie manifestava tutta la sua sorpresa, e un'ombra di paura. Guardò la madre, e lei si costrinse a un vago sorriso. «Andrà tutto bene, vedrai,» disse al figlio. «Certo che andrà tutto bene,» ribadì il padre. «Tu sei sempre stato un bravo bambino, Dickie, e te la caverai benissimo. Poi torneremo a casa e faremo una festa. D'accordo?» «D'accordo,» disse Dickie. Arrivarono al palazzo governativo dell'Istruzione Popolare quindici minuti prima dell'ora fissata. Traversarono un grande atrio a colonne, passarono sotto un'arcata, ed entrarono in un ascensore che li portò all'ottavo piano. Lì trovarono un usciere[4] che chiese il nome di Dickie, e controllò accuratamente una lista prima di accompagnarli alla sala 804. La sala era fredda e ufficiale come un tribunale, con lunghe panche affiancate a tavoli metallici. C'erano già numerosi padri e figli, e una donna, dalle labbra sottili e i capelli corti e neri, distribuiva dei moduli. Il signor Jordan riempì il foglio e lo restituì all'impiegata. Poi disse a Dickie: «Non sarà una cosa lunga, vedrai. Quando senti chiamare il tuo nome, devi solo entrare in quella porta là in fondo». E gli indicò la porta con la mano. Un altoparlante crepitò[5] e chiamò quindi il primo nome. Dickie vide un ragazzo, più o meno della sua età, lasciare con riluttanza[6] la mano del padre e dirigersi lentamente verso la porta. Alle undici e cinque chiamarono il nome Jordan. «Buona fortuna, figliolo,» disse il padre senza guardarlo. «Quando il test sarà finito, mi telefoneranno e verrò a riprenderti.»

Dickie si avvicinò alla porta e girò la maniglia. La nuova stanza gli sembrò buia e a

4. **usciere**: impiegato che negli uffici sta all'ingresso per indirizzare e accompagnare il pubblico.

5. **crepitò**: produsse suoni secchi e insistenti.

6. **riluttanza**: resistenza, scarsa disposizione a cedere.

malapena riuscì a distinguere la sagoma del funzionario in tunica grigia che lo salutò.

«Siediti,» disse gentilmente l'uomo, indicandogli un alto sgabello davanti alla sua scrivania. «Ti chiami Richard Jordan?» «Sì, signore.» «Il tuo numero è 600-115. Bevi questo, Richard.» Prese un bicchiere di plastica già pronto sulla scrivania e lo porse al ragazzo. Il liquido che vi era contenuto aveva la consistenza del siero[7] di latte, e sapeva molto vagamente della menta promessa. Dickie lo mandò giù d'un fiato. Sedette in silenzio, sentendosi invadere da una strana sonnolenza, mentre l'uomo scriveva con aria molto indaffarata qualcosa su un foglio. Dopo qualche tempo guardò l'orologio, poi si alzò, chinandosi in avanti fino a trovarsi a pochi centimetri dalla faccia di Dickie. Sfilò dal taschino una sottile lampada a pila e proiettò uno stretto fascio di luce negli occhi del ragazzo. «Bene,» disse. «Vieni con me, Richard.» Condusse Dickie all'altra estremità della stanza, dove una solitaria poltroncina di metallo era disposta di fronte a una macchina con molti quadranti. C'era anche un microfono, di cui il funzionario regolò l'altezza. «Cerca ora di rilassarti, Richard. Ti saranno solo rivolte delle domande, e tu pensaci su bene prima di rispondere. Poi dì le tue risposte nel microfono. La macchina penserà al resto.» «Sissignore.» «Ti lascio solo ora.

Quando vuoi cominciare, basta che tu dica pronto nel microfono.» «Sissignore.» L'uomo gli battè un colpetto sulla spalla, e se ne andò. «Pronto,» disse Dickie. Una fila di luci si accese sulla macchina, un meccanismo ronzò. Poi una voce disse: «Completa questa sequenza: uno, quattro, sette, dieci...» Il signore e la signora Jordan sedevano in soggiorno, senza dire una parola, senza nemmeno azzardarsi a pensare. Erano quasi le quattro quando squillò il telefono. La donna cercò di raggiungere per prima l'apparecchio, ma il marito fu più svelto. «Il signor Jordan?» Era una voce secca, dal tono sbrigativo, ufficiale. «Sì, dite pure.» «Qui è il Servizio Istruzione Popolare, Vostro figlio, Richard M. Jordan, ha completato l'esame governativo. Ci rincresce informarvi che il suo quoziente d'intelligenza è risultato di 13,8 punti superiore al normale, per cui abbiamo dovuto procedere a norma dell'articolo 82, comma 5, del Decreto Legge 11-6-93. La signora Jordan fece un urlo disperato, lacerante[8], perché le era bastato leggere l'espressione sulla faccia del marito. «Potreste specificare per telefono» proseguì la voce impassibile «se desiderate che il corpo sia inumato[9] a cura del Governo, o se preferite una sepoltura privata? Il costo di una sepoltura governativa è di dieci dollari.»

▲ Cyril Edward Power, *La stanza dell'esame*, 1934 ca. Collezione privata.

H. Slesar, *Giorno d'esame*, da AA.VV. *L'ora di Fantascienza*, a cura di C. Fruttero e F. Lucentini, Einaudi, Torino, 1982

7. **siero**: parte liquida che si separa dal latte dopo il processo per la trasformazione in formaggio.
8. **lacerante**: straziante.
9. **inumato**: sepolto.

GUIDA ALLA LETTURA

UN RACCONTO DI GRANDE EFFICACIA

Come nella maggior parte della produzione di Slesar, autore che si è cimentato prevalentemente nella narrazione breve, anche questo racconto condensa in poche pagine, con notevole capacità di sintesi e efficacia narrativa, gli elementi essenziali di una narrazione. L'autore dà inoltre vita a una trama giocata sul meccanismo della suspense che inchioda il lettore fino alle ultime righe. Solo alla fine, infatti, con il colpo di scena conclusivo, la vicenda si scioglie, giustificando la tensione accumulata grazie a una serie di indizi e allusioni abilmente disseminati dall'autore.

I PERSONAGGI

Al centro del racconto compare una famiglia all'interno della quale molto viene taciuto, in particolare ciò che gravita intorno al test di intelligenza che Dickie deve sostenere e del quale è completamente ignaro: i genitori restano evasivi alle sue richieste di saperne di più, il padre trincerato in un ottuso autoritarismo e affettivamente arido, la madre succube del marito e in preda a un'ansia che trova giustificazione nel corso della vicenda, ma che non serve a rassicurare il figlio. Dickie è un ragazzino sveglio, curioso, intelligente e più maturo della sua età, come dimostra lo scarso interesse per i fumetti: vorrebbe avere notizie dell'esame che lo attende ma pone al padre anche domande su fenomeni naturali (la pioggia, il colore dell'erba, la distanza del sole dalla terra) che, per quanto semplici, il padre elude. Ma, paradossalmente, sarà proprio la sua intelligenza a decretarne la condanna.

LA DISTOPIA

Giorno d'esame è un racconto tipicamente distopico, ambientato in un futuro indeterminato dai tratti molto simili al presente. Anche i problemi sono molto simili a quelli di oggi, ma portati alle estreme conseguenze: il sovraffollamento e le risorse limitate sono la causa di una terribile "selezione naturale" operata dal governo, evidentemente totalitaristico, che procede all'eliminazione di ragazzi con un quoziente di intelligenza superiore alla media e che perciò, da adulti, potrebbero risultare pericolosi per i governanti.

COMPRENDERE E ANALIZZARE

COMPRENSIONE

1. Perché i genitori di Dickie sono preoccupati?
2. Che emozioni prova Dickie?
3. Perché gli esaminatori vogliono essere sicuri che i ragazzi non mentano?
4. Che risultato ottiene Dickie? Con quale conseguenza?

ANALISI

5. Individua le fasi della narrazione.
6. Che tipo di narratore racconta la vicenda?
7. Ci sono nel testo elementi che facciano capire che Dickie è un ragazzino intelligente? Se sì, quali?
8. Osserva gli spazi in cui è ambientata la storia: come sono? Rispondi con opportuni riferimenti al testo.

SCRIVERE

APPROFONDIMENTO E SCRITTURA

9. In un testo di una ventina di righe spiega sulla base di quali elementi il racconto che hai appena letto è classificabile come racconto di fantascienza.

SCRITTURA CREATIVA — Dal punto di vista di...

10. Immedesimati in Dickie e riscrivi in un testo di circa due pagine la vicenda dal suo punto di vista, come se la stesse scrivendo sul suo diario, concentrandoti in particolare su cosa pensa dei genitori e sulle sue emozioni al momento di sostenere l'esame.

SCRITTURA CREATIVA — Riscrivi il finale

11. Inventa un finale diverso e scrivilo in 10 righe.

VERSO LE COMPETENZE

- *Comunicazione nella madrelingua*
- *Competenza digitale*
- *Imparare a imparare*
- *Competenze sociali e civiche*

12. Effettua una ricerca ed elabora una presentazione multimediale in cui si evidenziano le zone del pianeta oggi sovraffollate.

4 LA FANTASCIENZA

I caratteri

La **fantascienza** è la dimensione del fantastico in cui gli eventi narrati hanno **spiegazioni razionali**, che, tuttavia, non rispondono alle leggi scientifiche conosciute.

Il rapporto **narrazione-scienza** è realizzato attraverso alcuni accorgimenti:

- **termini** ed **espressioni** del **mondo scientifico**, talvolta inventati per descrivere una realtà strana o ancora sconosciuta;
- **ambientazione particolare** delle vicende: futuro generico o specifico, mezzi di trasporto interplanetari, stazioni spaziali, laboratori all'avanguardia;
- **teorie** o **ipotesi scientifiche** a fondamento delle vicende narrate;
- condizione di ***suspense*** creata dal manifestarsi dell'insolito e dello sconosciuto.

La fantascienza ha una **doppia identità**: è **letteratura d'evasione**, che spesso unisce al tema dei mondi possibili quello dell'avventura, ed è **letteratura impegnata** a dilatare le tendenze della ricerca scientifica e tecnologica prospettandone il progresso futuro.

Breve storia della fantascienza

Guardare oltre i limiti delle conoscenze del proprio tempo, immaginare nuovi mondi da esplorare, è un istinto presente nell'uomo fin dall'antichità: **Luciano di Samosata**, autore di lingua greca vissuto nel III sec. d.C., immagina, ne *La storia vera*, un viaggio intrapreso con alcuni compagni per superare le Colonne d'Ercole, che si trasforma da navigazione per mare a navigazione aerea quando la nave, sollevata da una tempesta, approda sulla luna.

I caratteri della fantascienza, tuttavia, si manifestano nelle opere di scrittori di fine Ottocento: **Jules Verne** (1828-1905), in ***Dalla Terra alla Luna***, descrive l'impresa del primo astronauta; **H. G. Wells** (1846-1966) dà vita alla prima macchina per viaggiare nel passato e nel futuro nel romanzo ***La macchina del tempo***.

Il termine *fantascienza* deriva da *science fiction*, coniato nel 1926 nel primo numero della rivista statunitense «Amazing stories» (Storie sorprendenti), completamente dedicata al genere, per definire la narrativa affascinante che unisce **avventure**, **scienza** e **sguardo profetico al futuro**.

Nel corso del Novecento il genere si è evoluto in parallelo con gli eventi storici:

- la Seconda guerra mondiale, la Guerra fredda, il rischio atomico, la paura del diverso, introducono **atmosfere più angosciate**, che si leggono in particolare nei capolavori di **Isaac Asimov** e di **Ray Bradbury**;
- gli anni Sessanta-Settanta vedono la nascita di una **nuova tendenza**, legata ai temi della **contestazione** e della **liberazione sessuale**, e alla percezione di una società sempre più nevrotica e autodistruttiva, di cui esponente di spicco è **James Ballard**;
- la fine del secolo vede emergere i temi della **realtà virtuale**, della **manipolazione genetica**, della **cibernetica** – un ramo dell'ingegneria biomedica – tutte nuove frontiere dell'immaginario fantascientifico.

Esseri più che umani

Una delle creature più note prodotte dalla fantascienza è l'uomo artificiale o la macchina-uomo, che può essere di diverse tipologie:

- **robot** (dal ceco *robota*, "lavoro pesante"), con cui si definisce una macchina, più o meno simile per forma all'uomo, che svolge un lavoro al suo posto;
- **androide** (dal greco *aner*, "uomo" e *eidos*, "aspetto"), con cui si definisce un essere artificiale con sembianze umane, talvolta indistinguibile dall'uomo: sono androidi le creature che popolano il romanzo di **Philip Dick** *Do androids dream of electric sheep* (*Il cacciatore di androidi*, 1968), su cui si basa la sceneggiatura del film ***Blade Runner*** di **Ridley Scott**;

- **cyborg** (dalla contrazione di *cybernetic organism*), unione di elementi artificiali e di un organismo biologico. Celebre cyborg è Anakin Skywalker (Dart Fener), malvagio personaggio della saga di ***Guerre stellari***, ricostruito con impianto di arti artificiali dopo una gravissima menomazione.

T5 Fredric Brown – Esperimento

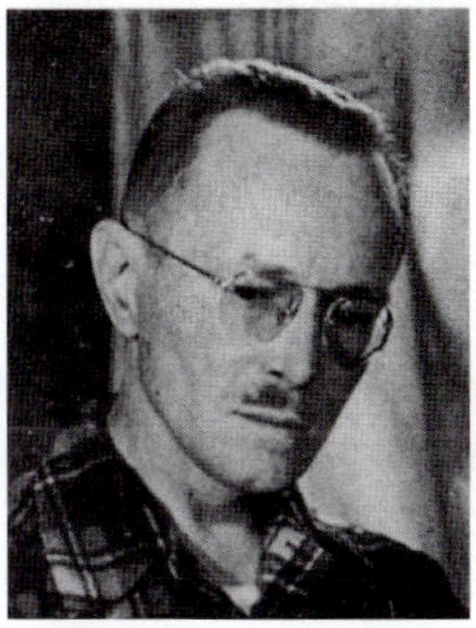

Fredric Brown (Cincinnati, 1906-Tucson, 1972) inizia la sua attività pubblicando i suoi racconti su riviste popolari. Nel 1947 vince il premio Edgar Allan Poe con il giallo *The fabulous Clipjoint* (*Sangue nel vicolo*), ma diventa celebre per romanzi e soprattutto racconti di fantascienza, venati di umorismo e caratterizzati dal finale a sorpresa, come *Sentinella*, visione apocalittica di una guerra dei mondi tra alieni e umani narrata dal punto di vista dell'extraterrestre.

Il tema della **macchina del tempo** è uno dei più amati da Fredric Brown, che in più racconti descrive bizzarri tentativi di far viaggiare nel tempo oggetti, come nel caso di quello che segue, o umani, destinati a smarrirsi nei paradossi legati alla possibilità di cambiare gli eventi del passato.

“La prima macchina del tempo, signori”, disse con fierezza il professor Johnson, presentando l'apparecchio ai due colleghi. “Certo, è solo un modello sperimentale su scala ridotta. Non funziona che per oggetti di peso inferiore a tre libbre e cinque once[1], e per distanze di dodici minuti, al massimo, nel futuro o nel passato. Ma funziona”.

Per essere ridotto, il modello lo era davvero e assomigliava in tutto e per tutto a una bilancia pesa-lettere, con in più due quadranti da orologio fissati sotto il piattello.

Il professor Johnson prese un piccolo cubo di metallo.

“Il nostro oggetto sperimentale”, disse, “è un cubo di ottone del peso di una libbra virgola tre once. Per prima cosa lo manderemo cinque minuti avanti nel futuro”.

Si chinò, e mise a segno uno dei quadranti.

“Guardino i loro orologi”.

I due colleghi guardarono i propri orologi, e il professor Johnson posò delicatamente il cubo sul piattello. Il cubò sparì.

Cinque minuti più tardi, esattissimamente, riapparve. Il professor Johnson lo riprese.

“Ora”, disse, “cinque minuti nel passato”.

Mise a segno l'altro quadrante. Col cubo sempre in mano, guardò l'orologio.

“Mancano sei minuti alle tre”, spiegò. “Alle tre in punto, posando il cubo sul piattello, azionerò il meccanismo. Di conseguenza, alle tre meno cinque, il cubo sparirà dalla mia mano e comparirà sul piattello: cinque minuti prima di quando ce l'avrò messo”.

“Ma allora, come potrete mettercelo?”, chiese uno dei colleghi.

“Alle tre, quando avvicinerò la mano, il cubo sparirà dal piattello e comparirà nella mia mano per essere messo nel piattello. Le tre meno cinque: attenzione, prego”.

1. **tre libbre e cinque once**: libbra e oncia sono unità di misura della massa utilizzate nel sistema britannico. La libbra britannica (detta anche libbra internazionale) attuale equivale a 453,59237 grammi, l'oncia ne è un sottomultiplo: una libbra è pari a 16 once; un'oncia quindi è uguale a 28,3495231 grammi.

Il cubo gli sparì dalla mano.

E apparì sulla piattaforma della macchina del tempo.

"Visto? Cinque minuti prima che ce l'abbia messo, è già lì!". L'altro collega guardò il cubo con aria perplessa.

"Ma", disse, "supponiamo che, adesso che è già lì cinque minuti prima che lei ce l'abbia messo, lei cambi idea e, alle tre, non ce lo metta. Non si avrebbe, in questo caso, una specie di paradosso?"

◀ DAL TESTO ALLE PAROLE ▶ p. 329

"Idea interessante", disse il professor Johnson. "Non ci avevo pensato. Ma proveremo subito. Dunque ecco: sono le tre, e io non...".

Non ci fu nessuna specie di paradosso. Il cubo rimase.

Ma il resto dell'universo, professori e tutto, sparì.

F. Brown, *Esperimento*, da AA.VV., *L'ora di fantascienza*, a cura di C. Fruttero e F. Lucentini, Einaudi, Torino, 1982

GUIDA ALLA LETTURA

L'ESORDIO

La narrazione di fantascienza propone spesso una situazione di esordio reale, come la dimostrazione scientifica in laboratorio, in cui viene introdotta un'anomalia, un dubbio, da cui derivano effetti inattesi.

LA MACCHINA DEL TEMPO

La macchina del professor Johnson è perfettamente funzionante. L'obiettivo dell'esperimento è in linea con le potenzialità limitate del mezzo: un cubo verrà trasferito avanti e indietro nel tempo entro i 12 minuti.

L'ESPERIMENTO

Se il trasferimento dell'oggetto nel futuro si realizza con successo, il trasferimento nel passato si scontra con un principio che accompagna il tema del viaggio nel tempo: il passato non può essere modificato e qualsiasi tentativo di alterazione potrebbe avere effetti incalcolabili sul presente fino a distruggerlo.

Il lettore non saprà mai se sia stato il dubbio nato nel professore nel corso del secondo esperimento e la conseguente esitazione o il paradosso suggerito dal collega a provocare l'inattesa conclusione: Brown termina il racconto con uno dei suoi celebri finali a sorpresa, che suonano come un monito beffardo nei confronti della volontà dell'uomo di manipolare la realtà.

IL NARRATORE

All'efficacia della narrazione contribuisce il narratore esterno, che, utilizzando in prevalenza sequenze dialogiche, registra con fedeltà e distacco il procedere dell'esperimento e la sua sconcertante conclusione, che, paradosso per paradosso, lo vede rimanere testimone di un universo che non c'è più (o riapparirà entro pochi minuti).

COMPRENDERE E ANALIZZARE

COMPRENSIONE

1. Su quali oggetti si concentra la narrazione?
2. In quante e quali fasi viene condotto l'esperimento?
3. In che cosa consiste il paradosso di cui si parla nel finale?

ANALISI

4. Come viene presentato il personaggio del professor Johnson? Individua nel testo e riporta gli elementi che concorrono alla sua descrizione.
5. Agli occhi del narratore la macchina del tempo suscita meraviglia o perplessità?
6. Per quale motivo prevalgono nel racconto le sequenze dialogiche? Quale funzione assumono rispetto al procedere della narrazione?
7. Quali particolari della macchina in questione ci permettono di comprendere che si tratta di una macchina del tempo?

SCRIVERE

APPROFONDIMENTO E SCRITTURA

8. Riassumi il racconto in non più di 5 righe.
9. Ricerca notizie sul contenuto del romanzo *La macchina del tempo* di H. G. Wells, primo autore a immaginare il viaggio nel tempo.
10. Descrivi il funzionamento di uno strumento che hai utilizzato nel corso delle attività di laboratorio nel tuo più recente percorso scolastico.

VERSO LE COMPETENZE

- *Comunicazione nella madrelingua*
- *Consapevolezza ed espressione culturale*

11. Leggi il racconto *La risposta* di Fredric Brown e rispondi alle domande.

Con gesti lenti e solenni, Dwar Ev procedette alla saldatura, in oro, degli ultimi due fili. Gli occhi di venti telecamere erano fissi su di lui e le onde subeteriche portarono da un angolo all'altro dell'universo venti diverse immagini della cerimonia. Si rialzò, con un cenno del capo a Dwar Reyn, e s'accostò alla leva dell'interruttore generale: la leva che avrebbe collegato, in un colpo solo, tutti i giganteschi computer elettronici, di tutti i pianeti abitati dell'universo – novantasei miliardi di pianeti – formando il supercircuito da cui sarebbe uscito il supercomputer, un'unica macchina cibernetica racchiudente tutto il sapere di tutte le galassie. Dwar Reyn rivolse un breve discorso a tutti gli innumerevoli miliardi di spettatori. Poi, dopo un attimo di silenzio, disse: "Tutto è pronto, Dwar Ev." Dwar Ev abbassò la leva. Si udì un formidabile ronzio che concentrava tutta la potenza, tutta l'energia di novantasei miliardi di pianeti. Grappoli di luci multicolori lampeggiarono sull'immenso quadro, poi, una dopo l'altra, si attenuarono.

Dwar Ev fece un passo indietro e trasse un profondo respiro. "L'onore di porre la prima domanda spetta a te, Dwar Reyn." "Grazie" disse Dwar Reyn. "Sarà una domanda a cui nessuna macchina cibernetica ha potuto, da sola, rispondere". Tornò a voltarsi verso la macchina. "C'è, Dio?".

L'immensa voce rispose senza esitazione, senza il minimo crepitio di valvole o condensatori. "Sì: adesso, Dio c'è." Il terrore sconvolse la faccia di Dwar Ev, che si slanciò verso il quadro comando. Un fulmine sceso dal cielo senza nubi lo incenerì, e fuse la leva inchiodandola per sempre al suo posto.

F. Brown, *La risposta*, in *La sentinella e altri racconti di fantascienza*, trad. it. di C. Fruttero, Morano Editore, Napoli, 1990

12. Quale evoluzione della scienza e della tecnica ipotizza il racconto? Quali delle realtà descritte sono state effettivamente realizzate?
13. Si può rilevare anche in questo testo una critica all'eccessivo desiderio di conoscenza?

DAL **TESTO** ALLE **PAROLE**

Paradosso Il termine allude a un'affermazione o a una situazione che appare incredibile, assurda, irragionevole, in netto contrasto con l'opinione comune. In greco ***dòxa*** è "opinione" e ***paràdoxos*** è "ciò che è contrario alla comune opinione, alle aspettative".

Dal termine deriva l'aggettivo *paradossale*, ciò che contrasta radicalmente con le opinioni comuni e con l'esperienza, e dunque può risultare bizzarro, strano, singolare.

Parà (in greco "presso", "accanto"), in numerose parole composte indica vicinanza, somiglianza, affinità oppure, all'opposto, come nel caso del nostro termine, deviazione, alterazione, contrapposizione.

Tale prefisso non va confuso con un altro *para-*, proprio per esempio di *paracadute* e *parafulmine*, che rimanda invece al significato di riparare, proteggere, allontanare.

RINFORZIAMO IL LESSICO

1. Racconta in un testo lungo al massimo 20 righe una situazione paradossale in cui ti sei trovato coinvolto o a cui hai assistito.
2. Trova almeno quattro parole che comincino con il prefisso *para-* e riportane il relativo significato.

T6 James Graham Ballard _ L'ultima pozzanghera

James Graham Ballard (Shanghai, 1930-Shepperton, 2009) è uno scrittore britannico particolarmente noto per romanzi e racconti di fantascienza. Durante la Seconda guerra mondiale viene internato con la famiglia in un campo di prigionia giapponese, esperienza che egli narra ne *L'impero del sole*, da cui Steven Spielberg ha tratto nel 1987 il film omonimo. Trasferitosi in Gran Bretagna nel 1946, inizia a studiare medicina ma decide ben presto di intraprendere l'attività letteraria, in cui trasferisce il suo interesse per i fenomeni della psiche, che avrebbe voluto studiare se fosse diventato medico.

Nel 1962, nel racconto *L'ultima pozzanghera*, lo scrittore proietta nel futuro le angosce dell'uomo moderno descrivendo una Terra resa inabitabile dall'assottigliarsi dell'atmosfera e dalla conseguente evaporazione delle acque. Nello scenario ormai privo di vita animale, tuttavia, c'è spazio per un incontro inaspettato.

Nel corso del racconto saranno proposte a bordo pagina alcune osservazioni relative agli **spazi** (▶ pag. 292) in cui le vicende si svolgono.

Di giorno dormivano tutti. Prima che arrivasse l'alba si chiudevano in casa e le dimore diventavano silenziose, le tende termiche tirate sulle finestre; **il sole si alzava sulle dune di sale arroventate,** riempiendo le strade di fuoco. La maggior parte degli abitanti erano vecchi e si addormentavano rapidamente nei loro chalet oscurati, ma Granger, con la sua mente irrequieta e il suo unico polmone, spesso vegliava interi pomeriggi, ascoltando le pareti esterne della casa scricchiolare e gemere e cercando invano di leggere i vecchi libri che gli aveva portato Holliday, recuperandoli dalle piattaforme spaziali precipitate. Verso le sei del pomeriggio **i fronti termici**[1] cominciavano a retrocedere verso sud attraverso le praterie di alghe, e uno alla volta gli apparecchi condizionatori d'aria delle stanze si spegnevano automaticamente. Mentre la città tornava lentamente alla vita e le finestre si aprivano per lasciare entrare l'aria fresca della sera, Granger si avviava per fare colazione al Bar Nettuno[2], facendo cenni di saluto a destra e a sinistra verso le coppie di anziani amici che dalle verande si osservavano a vicenda attraverso le strade piene di ombre.

Viene proposto uno **spazio aperto**, in questo caso non realistico, ma compatibile con le conseguenze di una catastrofe ambientale, caratterizzato fin da subito dall'immagine della difficoltà di vivere e dal rovesciamento rispetto alla natura conosciuta: le dune sono di sale, le praterie di alghe e le isole sono diventate montagne.

Cinque miglia a nord, nell'albergo deserto di Idle End, Holliday si riposava di solito ancora per un'ora, ascoltando le torri di corallo, risplendenti come pagode bianche, cantare e sibilare man mano che le ondate di temperatura le attraversavano. **A trenta chilometri** di distanza si ergeva dal fondo asciutto dell'oceano il cono simmetrico di Hamilton[3], la più vicina delle Isole Bermude, simile a una **montagna tronca.** La sottile striscia di

1. **i fronti termici**: il fronte del calore.
2. **Bar Nettuno**: il locale mantiene nel nome il ricordo della presenza delle acque.
3. **Hamilton**: le isole, in questo caso le Bermuda, arcipelago dell'Atlantico, con il prosciugamento dell'Oceano svettano come montagne.

sabbia bianca, quella che era stata la spiaggia, era ancora visibile nel tramonto, uno spruzzo di schiuma lasciato dall'oceano che scompariva.

Quella sera Holliday aveva ancora meno voglia del solito di scendere in città. Non solo avrebbe trovato Granger nel sépare al Nettuno, con il suo umorismo pieno di buon senso – Granger era praticamente l'unica persona a cui si potesse rivolgere la parola, ma Holliday, come era inevitabile, cominciava a indispettirsi per il fatto di dover dipendere da un uomo più vecchio di lui – ma doveva anche affrontare l'ultimo colloquio con il funzionario dell'ufficio emigrazione e prendere la decisione da cui sarebbe dipesa tutta la sua vita. In un certo senso Holliday aveva già deciso e Bullen, l'addetto all'emigrazione, se ne era reso conto durante il loro incontro di un mese prima. Non aveva insistito con Holliday, il quale, d'altra parte, non aveva particolari qualità di carattere né la capacità di comando che sarebbero state utili nei nuovi mondi. Tuttavia Bullen aveva sottolineato un particolare, piccolo ma determinante, che aveva dato da pensare a Holliday per tutto il mese successivo. – Ricordate, Holliday, – lo aveva avvertito alla fine del colloquio nell'ufficio requisito sul retro della casa dello sceriffo – che l'età media della popolazione qui è di oltre sessant'anni. Fra dieci anni voi e Granger sarete probabilmente gli unici rimasti vivi e se il polmone di Granger non regge, rimarrete solo voi –. Aveva taciuto un momento perché la sua frase facesse la dovuta impressione, quindi aveva continuato con tono tranquillo: – Tutti i giovani partono nel prossimo viaggio: i due ragazzi Merryweather, Tom Juranda. «Quel ragazzaccio. Meno male che se ne va», pensò fra sé Holliday. «Peggio per te, Marte!». – Vi rendete conto che sarete l'unico qui al di sotto dei cinquant'anni? – Katy Summers rimane, – aveva risposto pronto Holliday, mentre una visione di pizzo bianco e di capelli biondi gli ridava coraggio. Il funzionario aveva dato una occhiata all'incartamento e aveva annuito. – Sì, ma è solo per occuparsi di sua nonna. Appena la vecchietta se ne sarà andata, Katy scomparirà come un fulmine. Dopo tutto, che cosa la trattiene qui? Nulla –. Holliday aveva annuito automaticamente. Infatti non c'era più nulla che la trattenesse. Per molto tempo egli si era illuso che una ragione ci fosse. Katy aveva la sua età, ventidue anni, ed era l'unica persona, all'infuori di Granger, che sembrava capire il suo proposito di restate a fare la guardia a una terra dimenticata. Ma la nonna era morta tre giorni dopo la partenza del funzionario dell'ufficio emigrazione e il giorno seguente Katy aveva cominciato a fare i bagagli.

Holliday, per ragioni che si erano dimostrate sbagliate, era stato sicuro che lei sarebbe ri-

▼ Squali, illustrazione tratta da *Our Underwater World*, 1970. Collezione privata.

masta, e quello che ora lo preoccupava era che la sua stessa determinazione di rimanere fosse basata su ragionamenti altrettanto errati.

Holliday scese dall'amaca e si affacciò sulla terrazza per guardare la luce fosforescente emessa dai minerali affioranti nelle dune di sale distese all'infinito davanti all'albergo. Abitava nell'attico al decimo piano, l'unico appartamento ermetico[4] al calore di tutto l'edificio. La costruzione sprofondava lentamente nel letto dell'oceano; grandi fenditure si erano aperte alla base dei muri maestri e ben presto avrebbero raggiunto il tetto. Il pianterreno era già scomparso. Quando fosse stato inghiottito anche il secondo piano, entro sei mesi al massimo, egli sarebbe stato costretto ad abbandonare il vecchio albergo balneare e a ritornare in città. Inevitabilmente avrebbe dovuto dividere uno chalet con Granger. A un miglio di distanza si udì il rombo di un motore. Nella penombra del crepuscolo Holliday intravide l'elicottero del funzionario dell'emigrazione dirigersi verso l'albergo, l'unico punto di riferimento della zona, quindi virare non appena Bullen aveva identificato la città e rallentare sopra la pista di atterraggio. Holliday guardò l'orologio. Le otto. La sua intervista era fissata alle otto e mezzo l'indomani mattina. Bullen avrebbe passato la notte nella casa dello sceriffo, assolvendo ai suoi doveri di commissario addetto alle tombe e di giudice di pace e quindi, dopo aver parlato con Holliday, avrebbe proseguito nel suo giro. Holliday aveva ancora dodici ore di libertà. Poteva ancora prendere decisioni definitive, o magari non prenderle: comunque dopo quelle dodici ore il suo destino sarebbe stato definitivamente stabilito. Questo era l'ultimo viaggio del funzionario, il suo ultimo giro delle città abbandonate dell'Atlantico: a Sant'Elena, nelle Azzorre, nelle Bermude e nelle Canarie[5]. Solo due delle grandi piattaforme di lancio erano ancora in un'orbita navigabile (continuavano a cadere a centinaia sulla Terra) e una volta che anche queste fossero precipitate, la Terra avrebbe dovuto considerarsi a tutti gli effetti abbandonata. Da quel momento in poi, con molta probabilità, solo pochi addetti militari avrebbero potuto andarsene. Due volte, mentre scendeva in città, Holliday dovette abbassare la lama dello spazzasale[6] assicurata al paraurti anteriore della sua jeep **per liberare** la strada dalle incrostazioni saline che, sciogliendosi durante il pomeriggio, l'avevano ingombrata. Le alghe mutanti, il cui sviluppo genetico veniva accelerato dalle emanazioni di radio-fosforo, si ergevano da entrambi i lati della strada simili a enormi cactus, trasformando i banchi di sale in un bianco giardino **lunare.**

Prosegue la descrizione di un **ambiente allucinato**, in cui gli organismi sono cresciuti in modo abnorme a causa delle mutazioni genetiche provocate dalla catastrofe.

Una volta di più, la vista della natura selvaggia servì solo a rafforzare la decisione di Holliday di rimanere sulla Terra. Quasi tutte le notti, quan-

4. **ermetico**: del tutto protetto.
5. **Canarie**: arcipelago atlantico situato a largo dell'Africa nord-occidentale.
6. **spazzasale**: i veicoli sono dotati di lame spazzasale perché le strade ne sono incrostate.

do non restava a discutere con Granger al Nettuno, cercando di spiegargli la sua filosofia, faceva lunghe esplorazioni in macchina sul fondo secco dell'oceano, arrampicandosi sulle piattaforme precipitate, oppure passeggiava con Katy Summers per le foreste di alghe. Talvolta riusciva a convincere Granger ad accompagnarli sperando che la sua esperienza (un tempo era stato biologo marino) lo avrebbe aiutato a migliorare la conoscenza della flora subacquea; ma quello che era stato il fondo dell'oceano ora era sepolto sotto enormi colline di sale: era come cercare alghe nel Sahara.

Mentre entrava al Nettuno (una bassa costruzione di plastica e di metallo cromato adiacente alla pista dell'aeroporto, che era stata costruita come sala d'aspetto per le migliaia di emigranti che venivano mandati alle Canarie dall'Emisfero Meridionale) Granger lo chiamò battendo con il bastone contro il vetro della finestra e indicando la sagoma scura dell'elicottero dell'addetto all'emigrazione fermo sul prato cinquanta metri più in là.

– Lo so, – disse Holliday, annoiato, mentre si avvicinava con un bicchiere in mano. – Stai calmo. L'ho visto arrivare. – Granger gli sorrise. Holliday, con quella faccia seria sormontata da una massa di capelli biondi disordinati e con quel profondo senso di responsabilità, lo divertiva.

– Stai calmo tu, – rispose Granger aggiustandosi l'imbottitura che, sotto la camicia hawaiana, nascondeva il vuoto del polmone mancante. (L'aveva perso trent'anni prima facendo la pesca subacquea). – Io non parto per Marte la settimana prossima. – Holliday osservò malinconicamente il fondo del bicchiere. – Neanche io –. Diede un'occhiata alla maschera triste di Granger. – Non lo sapevi? – aggiunse sardonicamente. Granger esplose: – Veramente non te ne vuoi andare? Hai deciso? – Continuava a battere con il bastone contro la finestra come se volesse mandare via l'elicottero.

– Giusto. E sbagliato allo stesso tempo. Non ho ancora deciso, ma non me ne vado lo stesso. Capisci la differenza? – Granger ricominciò a sorridere. – Perfettamente, dottor Schopenhauer[7] –. Allontanò il bicchiere.

– Sai una cosa, Holliday: il guaio è che ti prendi troppo sul serio. Non ti rendi conto di quanto sei ridicolo. – Ridicolo? E perché? – chiese Holliday guardingo. – Che importanza ha se hai deciso o no? L'unica cosa che conta adesso è essere capaci di radunare il coraggio sufficiente per andare dritto dritto alle Canarie e prendere il volo nello spazio azzurro. Santo cielo, Che rimani a fare? La Terra è morta e sepolta. Passato, presente e futuro non esistono più qui. Non ti senti responsabile nei confronti della tua progenie[8]? – Lascia perdere! – Holliday estrasse una tessera e la passò a Granger, che era responsabile dei magazzini.

7. **dottor Schopenhauer**: Granger rivolge a Holliday l'appellativo di *dottor Schopenhauer* riferendosi al filosofo tedesco Arthur Schopenhauer (1788-1860), che ritrae la vita come un'oscillazione tra dolore e noia.
8. **progenie**: la discendenza.

– Mi serve una pompa di ricambio per il condizionatore del salotto. Da 30 watt. Te n'è rimasta qualcuna? – Granger sospirò, poi prese la tessera con un grugnito di esasperazione. – Santo cielo, amico, vuoi proprio fare il Robinson Crusoe[9] al contrario? Ti metti a trafficare con queste vecchie ferraglie, cercando di farle funzionare. Sei come il capitano che rimane sulla nave che affonda dopo che tutti si sono salvati. Forse sei un poeta e un sognatore, ma non ti rendi conto che queste due specie sono ormai estinte? Holliday guardò l'elicottero sul prato e le luci dell'abitato riflesse dalle colline di sale che circondavano la città. Giorno per giorno esse si avvicinavano. Era già difficile raccogliere una squadra una volta alla settimana per spingerle un poco indietro. Entro dieci anni avrebbe potuto benissimo trovarsi nella condizione di Robinson Crusoe. Fortunatamente i grandi serbatoi di cherosene e di acqua, cilindri giganteschi della misura di gasometri, contenevano scorte sufficienti per cinquant'anni. Senza di essi, naturalmente, non avrebbe avuto alcuna possibilità di scelta. – Non esageriamo, – disse a Granger. – Stai semplicemente cercando in me una giustificazione alla tua permanenza forzata. Forse sono estinto, ma preferisco continuare a vivere qui che svanire completamente. Ho la sensazione che un giorno ritorneranno. Qualcuno deve restare e mantenere vivo il senso di quello che la vita significava quaggiù. La Terra non è un torsolo che qualcuno può buttare dopo aver mangiato la polpa del frutto. Noi siamo nati qui. Non possiamo andarcene tutti –. Granger annuì lentamente. Stava per aprir bocca, quando una splendente scia bianca attraversò il quadrato scuro della finestra, scomparendo dalla vista; raggiunse il suolo al di là di uno dei grandi serbatoi. Holliday si alzò e guardò fuori della finestra. – Deve essere una piattaforma di lancio. Una di quelle grandi, probabilmente russa –. Un boato si diffuse nell'aria, riecheggiato dalle torri di corallo. Ci furono alcuni brevi lampi e una serie di piccole esplosioni; poi una nuvola di vapore si alzò in direzione nord ovest. – Lago Atlantico –, commentò Granger. – Prendiamo la macchina e andiamo a dare un'occhiata. Potrebbe aver fatto venire alla luce qualcosa di interessante.

– Mezz'ora più tardi, con una serie di vecchie provette di Granger, lastrine e strumenti scientifici sul sedile posteriore della jeep, partirono diretti alla punta meridionale del Lago Atlantico distante una diecina di chilometri.

Fu qui che Holliday scoprì il pesce.

Il Lago Atlantico, un braccio d'acqua stagnante lungo sedici chilometri e largo uno e mezzo, a nord delle isole Bermude, era tutto quello che rimaneva del vecchio Oceano Atlantico, o per meglio dire, quello che rimaneva di tutti gli oceani che una volta coprivano due terzi della superficie della **Terra.**

L'immagine sfrutta l'opposizione tra l'idea dell'Atlantico che è nella mente del lettore – l'Oceano, distesa d'acqua percepita senza confini – e quella suggerita dal termine "lago", richiama un'estensione d'acqua limitata, qui ridotta a un *braccio d'acqua stagnante*, le cui sponde si vedono distintamente.

9. **Robinson Crusoe**: protagonista dell'omonimo romanzo di Daniel Defoe (1719), naufraga su un'isola dei Caraibi e riesce a sopravvivere in condizioni molto difficili.

L'irrazionale sfruttamento a cui erano stati sottoposti gli oceani durante il secolo precedente, per estrarre l'ossigeno necessario a creare atmosfere respirabili sugli altri pianeti, aveva reso il loro declino rapido e irreversibile, e con la loro scomparsa si erano verificati sulla Terra mutamenti climatici e geofisici che avevano provocato la fine della Terra stessa. Mentre l'ossigeno estratto elettroliticamente[10] dall'acqua del mare veniva compresso e spedito via, l'idrogeno liberatosi nel processo si spandeva nell'atmosfera. Dopo un certo tempo era rimasto solo un piccolo strato di atmosfera più densa contenente ossigeno, poco più alto di un chilometro, e le popolazioni rimaste sulla Terra erano state costrette a ritirarsi nel fondo delle fosse oceaniche, abbandonando le piattaforme continentali avvelenate. In albergo a Idle End, Holliday passava ore e ore a leggere vecchie riviste e libri che descrivevano le città della Terra di un tempo, e spesso Granger gli parlava della sua gioventù, quando i mari erano ancora mezzi pieni e lui lavorava come biologo marino all'Università di Miami, in un favoloso laboratorio tutto per lui che sorgeva sulla spiaggia ogni giorno più estesa. – I mari sono i magazzini della memoria dell'umanità, – diceva spesso Granger. – Prosciugandoli abbiamo deliberatamente cancellato il nostro passato e in gran parte la nostra stessa identità. Questa è un'altra ragione per convincerti a partire. Senza il mare la vita è impossibile. Noi diventiamo spettri fatti di ricordi, ciechi e senza patria, vaganti negli scompartimenti disseccati di un cranio scarnificato. – Arrivarono al lago mezz'ora dopo e si fecero strada attraverso **le sponde paludose.** Nella penombra le dune grigie di sale si stendevano a perdita d'occhio, mentre una densa nube di vapore oscurava **l'acqua.**

L'autore precisa le conseguenze della **catastrofe ambientale**: l'evaporazione e l'alterazione del ciclo dell'acqua ha causato il deposito di grandi quantità di sale che contribuiscono a impoverire il suolo.

Lasciarono la jeep su un basso promontorio vicino alla sponda, e stettero a guardare il grande involucro circolare della piattaforma di lancio. Era una delle più grandi, quasi 300 metri di diametro, ed era precipitata nell'acqua.

La corazza era ammaccata, fusa in più punti e piena di squarci aperti dai motori che, spinti dalla forza d'inerzia al momento dell'urto, si erano scardinati ed erano esplosi. A un quarto di miglio di distanza, seminascoste dal vapore, si intravedeva un ammasso di turbine[11] che puntavano verso il cielo. Camminando sulla riva sinistra del braccio d'acqua principale, si avvicinarono al relitto fino a che riuscirono a leggere la sigla URSS[12] incisa in caratteri cirillici[13]. Il gigantesco veicolo aveva tagliato solchi profondi attraverso l'intrico di pozze che formavano l'estremità del lago, e Granger si avventurò nell'acqua calda in cerca di forme di vita. Ogni tanto incontrava

10. **elettroliticamente**: ottenuto mediante elettrolisi dell'acqua, nella quale il passaggio di corrente elettrica causa la scomposizione dell'acqua in ossigeno e idrogeno gassosi.
11. **turbine**: macchine motrici a fluido dotate di apparati rotanti.
12. **URSS**: acronimo per Unione delle Repubbliche Socialiste Sovietiche, Stato federale nato con la Rivoluzione del 1917 e disgregatosi nel 1991.
13. **cirillici**: caratteri dell'alfabeto utilizzato per scrivere varie lingue slave, tra cui il russo.

anemoni o stelle marine, con i corpi mutilati e deformati dal cancro. Alghe simili a ragnatele si avvolgevano intorno agli stivali di gomma; i loro nuclei scintillavano come gioielli nella luce fosforescente. Si fermarono sull'orlo di una delle pozze più grandi, circa 100 metri, che si stava lentamente prosciugando a causa di uno squarcio in uno degli argini. Granger si addentrò con attenzione nell'acqua più profonda raccogliendo esemplari e depositandoli nelle sue provette, mentre Holliday stava in piedi sullo stretto argine fra la pozza e il lago, guardando l'ombra scura della piattaforma spaziale, che, nella notte, sembrava la prua di una nave. La sua attenzione era concentrata sul portello di sicurezza di uno degli abitacoli dei piloti, quando vide qualcosa muoversi sulla piattaforma spaziale. Per un attimo immaginò di aver visto un passeggero riuscito per miracolo a sopravvivere al disastro, poi si rese conto che era solo un'increspatura dell'acqua che si rifletteva sulla superficie lucida del relitto. Si voltò e vide Granger, tre metri più in basso, immerso nell'acqua fino alle ginocchia, che guardava il centro della pozza. – Hai buttato qualcosa in acqua? – gli chiese calmo Granger. Holliday scosse il capo. – No! – Poi aggiunse senza pensarci: – Dev'essere stato un pesce. – Un pesce? Ma se non c'è un solo pesce vivo sull'intero pianeta. L'intero mondo animale si è estinto dieci anni fa. Strano, però –. Proprio in quel momento il pesce saltò di nuovo. Per alcuni istanti, immobili nella penombra, lo guardarono insieme, mentre il suo corpo argenteo guizzava fuori dell'acqua tiepida della pozza, schizzandone in tutte le direzioni. – È un pescecane, – mormorò Granger. – Della famiglia degli squali. Molto adattabile. Se non lo fosse stato non so come avrebbe fatto a sopravvivere. Accidenti, potrebbe essere l'unico pesce vivo al mondo. – Holliday scese dall'argine, sprofondando nel fango viscido. –

▲ Anonimo, *Hands Wringing Drops of Water from the Earth into a Small Glass*, 1955. Collezione privata.

Non è troppo salata l'acqua? – Granger si chinò, raccolse un po' d'acqua nella mano e l'assaggiò. – Salata, ma relativamente diluita. – Si voltò verso il lago . – Forse si verifica il fenomeno di una continua evaporazione dalla superficie del lago e di condensazione locale della pozza. Un alambicco[14] naturale –. Diede una manata sulla spalla a Holliday. – Holliday, è molto interessante –. Il pesce saltava terrorizzato verso di loro, con scatti continui

14. **alambicco**: apparecchio per la distillazione dei liquidi.

del corpo lungo mezzo metro. Dalla superficie della pozza cominciavano ad emergere banchi di fango. L'acqua continuava a defluire e solo in alcuni punti raggiungeva trenta centimetri di profondità. Holliday indicò la breccia nell'argine a circa cinquanta metri, fece cenno a Granger di seguirlo e si mise a correre. In cinque minuti riuscirono a riparare la breccia alla bell'e meglio. Poi Holliday andò a prendere la jeep e la guidò con cautela fra le pozzanghere. Abbassò la lama spazzasale e cominciò a spingere gli argini della pozza verso l'interno. Dopo due o tre ore ne aveva diminuito il diametro da cento a cinquanta metri e l'acqua era diventata profonda più di mezzo metro. Il pescecane aveva smesso di saltare e nuotava tranquillamente proprio sotto il pelo dell'acqua addentando le miriadi di pianticelle che la lama della jeep aveva fatto cadere in acqua. Il suo corpo bianco ed elegante sembrava intatto, le pinne agili e forti. Granger sedette sul cofano della jeep con la schiena appoggiata al parabrezza, ed osservò Holliday ammirato. – Evidentemente hai delle riserve nascoste di energia, – disse con affetto. – Non me lo sarei aspettato da te –. Holliday si lavò le mani nell'acqua, quindi salì sul fango pressato che formava l'argine della pozza.

Qualche metro sotto di lui il pesce nuotava in cerchio. – Non voglio che muoia, – rispose Holliday deciso. – Non capisci, Granger; i pesci sono rimasti nel mare quando i primi anfibi ne emersero duecento milioni di anni fa, proprio come tu e io, a nostra volta, vogliamo restare sulla Terra. In un certo senso i pesci sono la nostra immagine riflessa nello specchio del mare –. Si accasciò sul predellino. Aveva i vestiti inzuppati d'acqua e striati da incrostazioni di sale, e ansimava nell'aria umida. **Da est,** sopra la massa della penisola della Florida, che sorgeva dal fondo dell'oceano simile a un'**enorme portaerei,** avanzavano i primi fronti terminali dell'alba. – Pensi che lo possiamo lasciare solo fino a stasera? – Granger si sedette al volante. – Non ti preoccupare. Hai bisogno di riposo –. Fece un cenno in direzione della massa della piattaforma spaziale. – Questa farà ombra per qualche ora. Servirà a tenere bassa la temperatura.

Entrando in città, Granger rallentò per salutare i vecchi che stavano rientrando in casa, chiudendo le imposte delle finestre. – E la tua intervista con Bullen? – chiese a Holliday a bassa voce. – Ti starà aspettando. – Andarmene di qui dopo quello che è successo ieri sera? Non ne parliamo nemmeno –. Granger scosse il capo mentre parcheggiava davanti al Nettuno. – Non stai sopravvalutando l'importanza di un pescecane? Una volta ce n'erano a milioni. Erano la peste dei mari. – Non hai capito il problema, – gli rispose Holliday, mentre, sprofondato nel sedile, cercava di togliersi il sale dagli occhi. – Quel pesce vuol dire che c'è ancora qualcosa da fare qui. Dopo tutto la Terra non è morta ancora. Possiamo allevare nuove forme di vita, un regno animale completamente nuovo –. Lo sguardo perduto in questo sogno, Holliday sedette al volante mentre Granger entrava nel bar per comprare una cassetta di birra. Ne uscì accompagnato dall'addetto all'emigrazione.

Le **terre emerse** si ergono come alte montagne sui fondali oceanici divenuti oasi inospitali per la popolazione ancora rimasta sulla Terra: nella narrazione di fantascienza l'**ambiente** non è solo sfondo, ma, con i suoi caratteri alterati e distopici, **diventa parte integrante del contenuto**.

▲ George Russell Drysdale, *Paesaggio desertico*, 1952 ca. Collezione privata.

Bullen appoggiò un piede sul predellino guardando Holliday. – Ebbene, Holliday? Io vorrei partire presto. Se non vi interessa, me ne vado subito. Si vive una vita ricca e nuova, lassù. È il primo passo verso le stelle. Tom Juranda e i ragazzi Merryweather partono la settimana prossima. Volete partire con loro? – No! – disse brevemente Holliday. Caricò la cassetta di birra sulla macchina e lasciò andare la frizione, partendo come un pazzo fra nuvole di polvere.

Mezz'ora dopo, mentre usciva in terrazza a Idle End, rinfrescato da una doccia, vide l'elicottero sorvolare l'albergo e scomparire, sopra le distese di alghe, in direzione della piattaforma spaziale. – Andiamo, spicciati! Che cosa ti succede? – Calmati, – rispose Granger –, stai davvero esagerando. Farai morire quella povera bestia con tutte le tue attenzioni. Che cosa hai portato? – Indicò il barattolo che Holliday aveva sistemato nel cassetto del cruscotto. – Briciole di pane. – Granger sospirò, poi chiuse piano lo sportello. – Sono sorpreso. Lo sono davvero. Vorrei che tu avessi la stessa cura di me. Anch'io ho bisogno di aria. – Erano a cinque miglia dal lago quando Holliday si chinò in avanti sul volante e indicò le impronte recenti di pneumatici sulla polvere di sale che copriva la strada. – Qualcuno è già là. – E con ciò? Probabilmente sono andati a dare una occhiata alla piattaforma. – Ridacchiò. – Vuoi forse il tuo nuovo Eden tutto per te? Non lo vuoi dividere con nessuno all'infuori del tuo assistente biologo? – Holliday rise. – Queste piattaforme mi danno fastidio. Le buttano giù come se la Terra fosse un deposito di rifiuti. Eppure, se questa non fosse caduta non avrei trovato il pesce. – Raggiunsero il lago e si diressero verso la pozza, seguendo le tracce serpeggianti dell'altra macchina fra le pozzanghere. L'auto era parcheggiata a duecento metri dalla pozza e bloccava la strada a Granger e Holliday. I passeggeri avevano proseguito a piedi. – È l'automobile dei Merryweather, – disse Holliday mentre giravano intorno alla grossa Buick[15] truccata, spennellata di giallo e piena di sirene e pennacchi. – I due ragazzi devono essere qui. – Granger indicò. – Uno è sulla piattaforma. – Il più giovane dei fratelli si era arrampicato sul relitto e dall'alto dirigeva gridando gli altri due, suo fratello e Tom Juranda, un ragazzo alto e con le spalle larghe vestito con la giacca di cadetto dello spazio. Erano in piedi sull'orlo della pozza e vi gettavano dentro pietre e blocchi di sale. Holliday si slanciò urlando a pieni polmoni, lasciando indietro

15. **Buick**: grossa utilitaria americana.

Granger. Troppo occupati per udirlo, i ragazzi continuavano a bersagliare la pozza, mentre il più giovane li incitava da sopra la piattaforma. Proprio quando Holliday stava per raggiungerli, Tom Juranda percorse qualche metro di corsa e demolì a calci l'argine di fango; quindi riprese il suo tiro al bersaglio. – Vattene, Juranda! – urlò Holliday. – Butta via quelle pietre! –

Lo raggiunse mentre Juranda stava per buttare nell'acqua un grosso blocco di sale; afferrò il giovane alle spalle e lo fece girare su se stesso, facendogli cadere il blocco di sale dalle mani in una pioggia di cristalli umidi. Poi si avventò contro il più vecchio dei Merryweather e lo spinse via. La pozza era asciutta. Una grossa breccia era stata aperta nell'argine e l'acqua era scorsa via riversandosi nelle pozzanghere adiacenti. Nel centro del bacino, su un letto di pietre e di sale giaceva il corpo schiacciato, ma ancora guizzante, del pesce che si agitava vanamente nei pochi centimetri di acqua rimasta. Il sangue rosso scuro che usciva dalle ferite macchiava il sale. Holliday si gettò su Juranda e prese a scuoterlo selvaggiamente. – Juranda! Ti rendi conto di quello che hai fatto? Brutto... – Esausto Holliday lo lasciò andare e corse nel mezzo della pozza, spostò a calci le pietre e stette a guardare il pesce che guizzava spasmodicamente ai suoi piedi. – Scusaci, Holliday, – disse timidamente il maggiore dei Merryweather, – non sapevamo che il pesce fosse tuo.

Holliday gli fece cenno di andarsene, poi abbandonò le braccia lungo i fianchi. Si sentiva sconcertato e paralizzato, incapace di trovare uno sfogo all'ira e alla delusione. Improvvisamente Tom Juranda si mise a sghignazzare e gridò alcune parole di derisione. Ora che la tensione era rotta i ragazzi presero a correre sulle dune verso la macchina gridando e inseguendosi, rifacendo il verso a Holliday. Granger li lasciò andare, quindi si avvicinò alla pozza e rabbrividì vedendo che era asciutta. – Holliday, – chiamò. –

Andiamo, ragazzo. – Holliday scosse il capo, gli occhi fissi sul corpo straziato del pesce. – Granger scese dall'argine e gli si avvicinò. Da lontano si sentirono ululare le sirene della Buick che si allontanava. – Quei maledetti ragazzi –. Prese Holliday gentilmente per il braccio. – Mi dispiace, – disse a bassa voce –, ma non è la fine del mondo. – Holliday si chinò e allungò la mano verso il pesce ormai immobile; il fango tutto intorno era macchiato di sangue. La mano esitò, poi si ritrasse. – Non possiamo fare nulla, vero? – chiese con tono indifferente. Granger esaminò il pesce. Tranne che per una larga ferita su un fianco e per il cranio schiacciato, la pelle era intatta. – Forse si potrebbe impagliare – disse alla fine con aria imbarazzata.

Holliday lo guardò col volto contratto, per un attimo, poi si mise a urlare fuori di sé: – Impagliarlo? E allora io? Che dovrei fare? Vuoi che riempia di paglia anche la mia testa? – Si voltò di scatto, e sempre urlando si lanciò di corsa oltre l'argine, lontano dalla pozzanghera.

J. G. Ballard, *L'ultima pozzanghera,* da *L'ora di fantascienza,* a cura di C. Fruttero e F. Lucentini, Einaudi, Torino, 1982

GUIDA ALLA LETTURA

UNA TERRA INABITABILE

Nella narrazione di fantascienza è frequente la rappresentazione di una Terra divenuta inabitabile per lo sfruttamento dissennato delle sue risorse. Nello scenario di Ballard è venuto a mancare l'elemento che rende unica la Terra, definita il *Pianeta Azzurro*: l'acqua, che la copre per due terzi ed è sia risorsa fondamentale per la vita sia forte elemento simbolico.

Lo scrittore ritarda la spiegazione di quanto ha contribuito a modificare le condizioni ambientali e descrive prima gli effetti dell'indiscriminato sfruttamento della natura, che hanno causato un rovesciamento delle abitudini di vita: si dorme di giorno, infatti, e si esce di notte, perché i raggi solari, non più schermati, non sono tollerabili.

Anche il paesaggio è stravolto: i terrestri si riuniscono *sul fondo asciutto dell'oceano*, su cui incombono le isole, che ora sono montagne, mentre i coralli sono diventati simili a torri e il terreno, reso sterile dal sale, è punteggiato da organismi mostruosi, geneticamente modificati dalle nuove condizioni ambientali.

LE CAUSE DEL DISASTRO

Lo scenario apocalittico è conseguenza dello sfruttamento delle acque per estrarne ossigeno con cui rendere respirabile l'atmosfera di altri pianeti: la morte della Terra, causata dai suoi abitanti, ha spostato la vita in altri luoghi.

UNA GIGANTESCA MIGRAZIONE

Sui nuovi corpi planetari si è trasferita l'umanità in fuga dalla Terra invivibile: una gigantesca migrazione intergalattica da ogni continente ha svuotato il Pianeta Azzurro, ma il trasferimento, pianificato dai diversi Stati e realizzato con l'ausilio di piattaforme di lancio orbitanti, è in via di conclusione.

Solo pochi terrestri hanno scelto di rimanere, o perché troppo vecchi e malati, come Granger, o perché fiduciosi in un possibile futuro per il vecchio mondo, come Holliday, in procinto di decidere se restare o lasciare la Terra con le ultime spedizioni. Entrambi vivono in Florida, a Idle End, letteralmente "Fine inattiva", nome che evoca ancora, in modo beffardo, una prospettiva rovesciata. Granger, inoltre, è stato testimone di un'altra Terra, già segnata dal disastro ambientale, ma ancora compatibile con la vita: quando era giovane, *i mari erano ancora mezzi pieni* e aveva ancora senso la professione del biologo marino; Holliday, anche per questo, gradisce la sua compagnia.

IL PESCECANE

Ballard scrive nel 1962, quando le Repubbliche Sovietiche costituiscono un forte Stato federale ed è in atto la Guerra fredda, cioè lo scontro ideologico tra i Paesi comunisti, guidati, appunto, dall'Urss, e i Paesi occidentali legati agli Usa: la fine dell'Urss non è, per lui, nemmeno ipotizzabile. È proprio seguendo la scia di una piattaforma russa precipitata che Granger e Holliday intraprendono una perlustrazione verso quello che è ormai il *Lago Atlantico*, un braccio d'acqua calda per l'effetto del sole non più schermato, con i pochi organismi ancora in vita *mutilati* e *deformati dal cancro*; l'acqua bassa e salata è interessata da processi di evaporazione e condensazione che ne modificano le caratteristiche. Nonostante questi fenomeni è sopravvissuto un pescecane, un organismo complesso, molto adattabile, che guizza spaventato perché l'acqua sta riducendosi per il cedimento di un argine. L'animale scatena nel giovane Holliday una febbrile attività volta a tutelarne l'esistenza: tenendo in vita il pesce, egli pensa di restituire alla Terra una speranza di sopravvivenza: *i pesci*, afferma, *sono la nostra immagine riflessa nello specchio del mare*.

UNA CONCLUSIONE AGGHIACCIANTE

L'investimento di emozioni e di energie del giovane nei confronti dell'ultimo esemplare di pescecane, la *peste dei mari* ora ridotta ad annaspare in una pozzanghera, rende più tragica la conclusione della vicenda. Il pescecane, sopravvissuto alla catastrofe ambientale, si piega alla crudeltà degli esseri umani, adolescenti *con la giacca di cadetto dello spazio* che non hanno alcun rispetto verso la sua fragile vita, come gli adulti non ne hanno avuto per la natura che hanno contribuito a distruggere.

Davanti al cadavere Granger reagisce con la rassegnazione di chi non ha speranze da nutrire: *ma non è la fine del mondo; Forse si potrebbe impagliare*, mentre Holliday raggiunge la consapevolezza che il mondo è davvero finito e si sente disperatamente trascinato in quell'abisso (*Vuoi che riempia di paglia anche la mia testa*?).

COMPRENDERE E ANALIZZARE

COMPRENSIONE

1. Quanto tempo prima della vicenda gli oceani mantenevano ancora il loro aspetto? Quale informazione hai utilizzato per rispondere? Per quanto tempo si potrà ancora sopravvivere sulla Terra?
2. Quali pianeti erano stati colonizzati?
3. A quale processo era stata sottoposta l'acqua della Terra? Quale alterazione aveva prodotto il procedimento?
4. Per quale motivo le popolazioni vivono sul fondo delle fosse oceaniche?
5. Perché la spiaggia su cui sorgeva il laboratorio di Granger era *ogni giorno più estesa*?
6. Come si presenta il corpo del pescecane rispetto agli altri esseri che vivono nel lago?

ANALISI

7. Il narratore si limita a registrare i fatti o esprime giudizi sull'operato dell'uomo? Motiva la risposta con riferimenti al testo.
8. Ci sono spie dell'indole malvagia di Tom Juranda che orientino il giudizio del lettore prima dell'episodio finale?
9. Spiega, facendo riferimento a quello che viene detto nel racconto, il significato della seguente espressione: *La Terra non è un torsolo che qualcuno può buttare dopo aver mangiato la polpa del frutto.*
10. Quale motivo potrebbe aver reso necessario *creare atmosfere respirabili sugli altri pianeti*?
11. *Che dovrei fare? Vuoi che riempia di paglia anche la mia testa?*: spiega il significato della drammatica replica di Holliday in relazione alla prospettiva di impagliare il pescecane.
12. Per quale motivo *i mari sono i magazzini della memoria dell'umanità*?

SCRIVERE

APPROFONDIMENTO E SCRITTURA

13. Ricerca le caratteristiche fondamentali dei pianeti del Sistema solare e le loro condizioni in rapporto a una possibile colonizzazione da parte dei terrestri.
14. Individua almeno tre conseguenze della riduzione dell'atmosfera terrestre sulla salute umana e riportale con un breve commento in un testo di una ventina di righe.

SCRITTURA CREATIVA In forma di...

15. Immagina che Holliday, convintosi a partire, lasci un messaggio scritto per una futura umanità terrestre.

VERSO LE COMPETENZE COMPITI DI REALTÀ

- *Comunicazione nella madrelingua*
- *Competenza digitale*
- *Imparare a imparare*
- *Spirito di iniziativa e imprenditorialità*
- *Consapevolezza ed espressione culturale*

16. Di seguito è riportata un'immagine che illustra con evidenza il disastro ambientale relativo al Lago d'Aral, in Asia centrale, per alcuni aspetti simile, seppur in scala ridotta, a quanto narrato da Ballard. Raccogli notizie sulla scomparsa di quello che era un tempo uno dei bacini interni più grandi del mondo e prepara una lezione supportata da immagini da esporre alla classe.

Il tuo lavoro sarà valutato sulla base di questi parametri:

Criteri / Livello di padronanza	Iniziale (1)	Base (2)	Intermedio (3)	Avanzato (4)
Accuratezza della ricerca				
Scelta delle immagini				
Efficacia comunicativa				

5 IL MERAVIGLIOSO: LA FIABA

Con la formula di avvertimento al lettore *c'era una volta* si apre il mondo delle **fiabe**: varcata la soglia, lo attendono una dimensione senza tempo, luoghi non collocabili sulla carta geografica ed elementi soprannaturali.

Le origini e il rapporto con il mito

Come il mito anche la fiaba ha origine in **tempi molto antichi** e viene diffusa attraverso la **parola** e la **memoria**: entrambe le forme racchiudono la saggezza degli antichi per trasmetterla di generazione in generazione, offrendo agli uomini profonde intuizioni che hanno sostenuto l'umanità nelle vicissitudini della sua esistenza.

Il **mito**, però, presenta il suo tema con **forme auliche** ed **elaborate**, vuole comunicare **forza spirituale**, propone la presenza e l'intervento del divino; l'**eroe del mito**, inoltre, viene presentato come una **figura da imitare**.

La **fiaba** è presentata in **forme semplici**, non pone alcuna richiesta all'ascoltatore, ma **rassicura**, infonde **speranza nel futuro** e promette un **lieto fine**. I suoi personaggi, a differenza di quelli del mito, raramente hanno nomi propri, ma vengono identificati con nomi comuni o espressioni descrittive: *Era sempre sporca di cenere e per questo la chiamarono Cenerentola*. Nello stesso modo, a differenza degli eroi del mito, anche i genitori dei personaggi delle fiabe non hanno un nome, ma un ruolo: sono *un re*, *una regina*, *un povero taglialegna*.

Fiaba e favola

Fiaba e **favola** condividono la stessa **radice etimologica**, il verbo latino *for*, *faris* che significa "dire", "raccontare", e l'origine nella notte dei tempi, ma, mentre la "fiaba" non contiene insegnamenti espliciti o valutazioni morali, la "favola" dice, in apertura o in conclusione, quello che l'ascoltatore dovrebbe fare.

Oltre a questo aspetto, che costituisce la differenza più importante tra le due tipologie di testo, la **favola** si muove in una dimensione **più realistica**, avendo come protagonisti animali, simbolo di virtù e di vizi, o uomini, di cui vengono valutati i comportamenti.

Mentre la **fiaba suggerisce**, la **favola impone**.

Documentato già nell'Egitto del XIII secolo a.C., il genere della favola è coltivato nel mondo classico da **Esopo**, autore greco del VI secolo, e dal latino **Fedro**, vissuto all'epoca di Tiberio; le loro favole saranno riprese da **Jean De La Fontaine**, che, nella Francia di fine Seicento, utilizza i modelli antichi per una satira sulla società del suo tempo.

Le più importanti raccolte di fiabe

Per lungo tempo le **fiabe popolari** furono tramandate solo **oralmente**; in seguito alcuni studiosi e scrittori le trascrissero, cercando di conservare le caratteristiche del "linguaggio parlato".

Nella letteratura europea rivestono particolare importanza ***Lo cunto de li cunti***, raccolta di fiabe popolari di **Giambattista Basile** (1566-1632), che contiene la più antica versione di *Cenerentola*, ***I racconti di Mamma Oca*** di **Charles Perrault** (1628-1703), e le fiabe tedesche riscritte dai fratelli **Jacob** e **Wilhelm Grimm**, filologi del primo Ottocento. Un'operazione simile a quella dei fratelli Grimm viene condotta sulle fiabe delle nostre tradizioni regionali da **Italo Calvino**, che pubblica nel 1956 ***Fiabe italiane***.

Gli studi sulla fiaba

Vladimir Propp (1895-1970), antropologo russo, pubblica nel 1928 ***Morfologia della fiaba***, uno studio condotto sulle **fiabe popolari russe**, da cui egli ricava una grammatica dei racconti di fate o di magia, individuando elementi ricorrenti nelle narrazioni del genere per struttura, ruoli dei personaggi, caratteristiche delle vicende.

Propp descrive **trentuno funzioni** che si ritrovano nei racconti del genere. Per esempio, all'inizio della storia, sono tipici:

- l'allontanamento, quando un membro della famiglia, a volte l'eroe, lascia la sicurezza del suo ambiente domestico;
- il divieto, quando all'eroe viene imposta un'interdizione (per esempio, gli viene proibito di andare in un determinato luogo, o di compiere una precisa azione), o comunque gli viene sconsigliato di agire in una certa maniera.

Nel 1976 **Bruno Bettelheim** (1903-1990), psicologo infantile di origine austriaca, ne ***Il mondo incantato***, fornisce una **lettura psicanalitica** delle fiabe, di cui mette in luce l'importanza per la crescita interiore del bambino. Le situazioni narrate esorcizzano le **paure infantili**, aiutano a superare l'**insicurezza** e a prepararsi ad affrontare la vita.

Ecco perché, per esempio, molte storie cominciano con la morte di una madre o di un padre, che crea problemi e angosce come nella vita reale; altre volte il genitore è anziano e decide di ritirarsi, ma vuole che il successore si dimostri degno e capace di prendere il suo posto. Secondo Bettelheim è importante porre il bambino di fronte ai principali problemi umani, come i limiti della nostra esistenza, per rassicurarlo circa il modo di affrontare e superare passaggi cruciali.

L'eroe delle fiabe agisce talvolta nell'isolamento, ma viene aiutato da **forze primitive**, **naturali**, come alberi o animali; l'esito positivo delle sue azioni convince il bambino che, per quanto possa sentirsi talvolta smarrito nel mondo, potrà stringere relazioni e trovare aiuto.

T7 Charles Perrault – Cappuccetto Rosso

Charles Perrault (Parigi, 1628-1703) è tra gli intellettuali alla corte di Luigi XIV, il Re Sole. Autore del celebre libro *I racconti di Mamma Oca*, è noto soprattutto per le sue fiabe, conosciute in tutto il mondo.

Come la maggior parte delle fiabe, anche *Cappuccetto Rosso* esiste in molte versioni. Quando Charles Perrault pubblica il suo racconto nella raccolta di fiabe del 1697, la vicenda era già molto nota. Se ne rintracciano alcuni caratteri in un racconto in latino di Egberto di Liegi, risalente al 1023, in cui compare una bambina che viene trovata in compagnia dei lupi e indossa un mantello rosso con cappuccio a cui tiene molto.

C'era una volta in un villaggio una bambina, la più carina che si potesse mai vedere. La sua mamma n'era matta, e la sua nonna anche di più. Quella buona donna di sua madre le aveva fatto fare un cappuccetto rosso, il quale le tornava così bene a viso, che la chiamavano dappertutto Cappuccetto Rosso. Un giorno sua madre, avendo cavate di forno alcune stiacciate[1], le disse: "Va' un po' a vedere come sta la tua nonna, perché mi hanno detto che era un po' incomodata: e intanto portale questa stiacciata e questo vasetto di burro". Cappuccetto Rosso, senza farselo dire due volte, partì per andare dalla sua nonna, la quale stava in un altro villaggio. E passando per un bosco s'imbatté in quella buona lana[2] del Lupo, il quale avrebbe avuto una gran voglia di mangiarsela; ma poi non ebbe il coraggio di farlo, a motivo di certi taglialegna che erano lì nella foresta. Egli

1. **stiacciate**: focacce.
2. **buona lana**: brigante.

le domandò dove andava. La povera bambina, che non sapeva quanto sia pericoloso fermarsi per dar retta al Lupo, gli disse: "Vado a vedere la mia nonna e a portarle una stiacciata, con questo vasetto di burro, che le manda la mamma mia". "Sta molto lontana di qui?", disse il Lupo. "Oh, altro!", disse Cappuccetto Rosso. "Sta laggiù, passato quel mulino, che si vede di qui, nella prima casa, al principio del villaggio." "Benissimo", disse il Lupo, "voglio venire a vederla anch'io. Io piglierò da questa parte, e tu da quell'altra, e faremo a chi arriva più presto."

Il Lupo si mise a correre per la sua strada, che era una scorciatoia, con quanta forza avea nelle gambe: e la bambina se ne andò per la sua strada, che era la più lunga, baloccandosi[3] a cogliere le nocciuole, a dar dietro alle farfalle, e a fare dei mazzetti con tutti i fiorellini, che incontrava lungo la via. Il Lupo in due salti arrivò a casa della nonna e bussò. "Toc, toc." "Chi è?" "Sono la vostra bambina, son Cappuccetto Rosso", disse il Lupo, contraffacendone la voce, "e vengo a portarvi una stiacciata e un vasetto di burro, che vi manda la mamma mia." La buona nonna, che era a letto perché non si sentiva troppo bene, gli gridò: "Tira la stanghetta, e la porta si aprirà". Il Lupo tirò la stanghetta, e la porta si aprì. Appena dentro, si gettò sulla buona donna e la divorò in men che non si dice, perché erano tre giorni che era digiuno. Quindi rinchiuse la porta e andò a mettersi nel letto della nonna, aspettando che arrivasse Cappuccetto Rosso, che, di lì a poco, venne a picchiare alla porta.

"Toc, toc." "Chi è?" Cappuccetto Rosso, che sentì il vocione grosso del Lupo, ebbe dapprincipio un po' di paura; ma credendo che la sua nonna fosse infreddata rispose: "Sono la vostra bambina, son Cappuccetto Rosso, che vengo a portarvi una stiacciata e un vasetto di burro, che vi manda la mamma mia". Il Lupo gridò di dentro, assottigliando un po' la voce: "Tira la stanghetta e la porta si aprirà." Cappuccetto Rosso tirò la stanghetta e la porta si aprì. Il Lupo, vistala entrare, le disse, nascondendosi sotto le coperte: "Posa la stiacciata e il vasetto di burro sulla madia e vieni a letto con me". Cappuccetto Rosso si spogliò ed entrò nel letto, dove ebbe una gran sorpresa nel vedere com'era fatta la sua nonna, quando era tutta spogliata. E cominciò a dire: "O nonna mia, che braccia grandi che avete!". "Gli è per abbracciarti meglio, bambina mia." "O nonna mia, che gambe grandi che avete!" "Gli è per correr meglio, bambina mia." "O nonna mia, che orecchie grandi che avete!" "Gli è per sentirci meglio, bambina mia." "O nonna mia, che occhioni grandi che avete!" "Gli è per vederci meglio, bambina mia." "O nonna mia, che denti grandi che avete!" "Gli è per mangiarti meglio." E nel dir così, quel malanno di Lupo si gettò sulla povera Cappuccetto Rosso, e ne fece un boccone.

La storia di Cappuccetto Rosso fa vedere ai giovinetti e alle giovinette, e segnatamente[4] alle giovinette, che non bisogna mai fermarsi a discorrere per la strada con gente che non si conosce: perché dei lupi ce n'è dappertutto e di diverse specie, e i più pericolosi sono appunto quelli che hanno faccia di persone garbate e piene di complimenti e di belle maniere.

C. Perrault, *Cappuccetto Rosso*, da C. Collodi, *Fiabe e racconti*, Newton&Compton, Roma, 2004

3. **baloccandosi**: divertendosi perdendo tempo.

4. **segnatamente**: soprattutto.

T8 Jacob e Wilhelm Grimm Cappuccetto Rosso

Jacob Ludwig Karl Grimm (Hanau, 1785-Berlino, 1863) e **Wilhelm Karl Grimm** (Hanau, 1786-Berlino, 1859), meglio noti come i fratelli Grimm, studiosi della lingua e della cultura tedesca, dedicano la vita al patrimonio comune del loro popolo di cui raccolgono tradizioni, leggi, miti, saghe e fiabe. Le *Fiabe per bambini e famiglie*, pubblicate in due volumi, più un terzo di commento, tra il 1812 e il 1822, raggiungono la settima edizione durante la vita degli autori.

La versione di *Cappuccetto Rosso* dei fratelli Grimm, pubblicata per la prima volta nel 1810, è composta da due parti, fatto insolito nella raccolta.

C'era una volta una dolce bimbetta; solo a vederla le volevan tutti bene, e specialmente la nonna che non sapeva più che cosa regalarle. Una volta le regalò un cappuccetto di velluto rosso, e poiché, le donava tanto, ed ella non voleva portare altro, la chiamarono sempre Cappuccetto Rosso. Un giorno sua madre le disse: "Vieni, Cappuccetto Rosso, eccoti un pezzo di focaccia e una bottiglia di vino, portali alla nonna; è debole e malata e si ristorerà. Sii gentile, salutala per me, e va' da brava senza uscire di strada, se no cadi, rompi la bottiglia e la nonna resta a mani vuote."

"Sì, farò tutto per bene," promise Cappuccetto Rosso alla mamma, e le diede la mano. Ma la nonna abitava fuori, nel bosco, a una mezz'ora dal villaggio. Quando Cappuccetto Rosso giunse nel bosco, incontrò il lupo, ma non sapeva che fosse una bestia tanto cattiva e non ebbe paura. "Buon giorno, Cappuccetto Rosso," disse questo. "Grazie, lupo." – "Dove vai così presto, Cappuccetto Rosso?" – "Dalla nonna." – "Che cos'hai sotto il grembiule?" – "Vino e focaccia per la nonna debole e vecchia; ieri abbiamo cotto il pane, così la rinforzerà!" – "Dove abita la tua nonna, Cappuccetto Rosso?" – "A un buon quarto d'ora da qui, nel bosco, sotto le tre grosse querce; là c'è la sua casa, è sotto la macchia di noccioli, lo saprai già," disse Cappuccetto Rosso. Il lupo pensò fra sé: "Questa bimba tenerella è un buon boccone prelibato per te, devi far in modo di acchiapparla". Fece un pezzetto di strada con Cappuccetto Rosso, poi disse: "Guarda un po' quanti bei fiori ci sono nel bosco, Cappuccetto Rosso; perché, non ti guardi attorno? Credo che tu non senta neppure come cantano dolcemente gli uccellini! Te ne stai tutta seria come se andassi a scuola, ed è così allegro nel bosco!"

Cappuccetto Rosso alzò gli occhi e quando vide i raggi del sole filtrare attraverso gli alberi, e tutto intorno pieno di bei fiori, pensò: "Se porto alla nonna un mazzo di fiori, le farà piacere; è così presto che arrivo ancora in tempo". E corse nel bosco in cerca di fiori. E quando ne aveva colto uno, credeva che più in là ce ne fosse uno ancora più bello, correva lì e così si addentrava sempre più nel bosco. Il lupo invece andò dritto alla casa della nonna e bussò alla porta. "Chi è?" – "Cappuccetto Rosso, ti porto vino e focaccia; aprimi." – "Non hai che da alzare il saliscendi," gridò la nonna, "io sono troppo debole e non posso alzarmi." Il lupo alzò il saliscendi, entrò, e senza dir motto andò dritto al letto della nonna e la inghiottì. Poi indossò i suoi vestiti e la cuffia, si coricò nel letto, e tirò le cortine[1].

1. **cortine**: tende.

Ma Cappuccetto Rosso aveva girato in cerca di fiori, e quando ne ebbe raccolti tanti che più non ne poteva portare, si ricordò della nonna e si mise in cammino per andare da lei. Quando giunse si meravigliò che la porta fosse spalancata, ed entrando nella stanza ebbe un'impressione così strana che pensò: "Oh, Dio mio, che paura oggi! e dire che di solito sto così volentieri con la nonna!" Allora si avvicinò al letto e scostò le cortine: la nonna era coricata con la cuffia abbassata sulla faccia, e aveva un aspetto strano. "Oh, nonna, che orecchie grandi!" – "Per sentirti meglio." – "Oh, nonna, che occhi grossi!" – "Per vederti meglio." – "Oh, nonna, che mani grandi!" – "Per afferrarti meglio." – "Ma, nonna, che bocca spaventosa!" – "Per divorarti meglio!" E come ebbe detto queste parole, il lupo balzò dal letto e ingoiò la povera Cappuccetto Rosso.

Poi, con la pancia bella piena, si rimise a letto, s'addormentò e incominciò a russare sonoramente. Proprio allora passò lì davanti il cacciatore e pensò fra sé: "Come russa la vecchia! devi darle un'occhiata se ha bisogno di qualcosa." Entrò nella stanza e avvicinandosi al letto vide il lupo che egli cercava da tempo. Stava per puntare lo schioppo quando gli venne in mente che forse il lupo aveva ingoiato la nonna e che poteva ancora salvarla. Così non sparò, ma prese un paio di forbici e aprì la pancia del lupo addormentato. Dopo due tagli vide brillare il cappuccetto rosso, e dopo altri due la bambina saltò fuori gridando: "Che paura ho avuto! Era così buio nella pancia del lupo!" Poi venne fuori anche la nonna ancora viva. E Cappuccetto Rosso andò a prendere dei gran pietroni con cui riempirono il ventre del lupo; quando egli si svegliò fece per correr via, ma le pietre erano così pesanti che subito cadde a terra e morì.

Erano contenti tutti e tre: il cacciatore prese la pelle del lupo, la nonna mangiò la focaccia e bevve il vino che le aveva portato Cappuccetto Rosso; e Cappuccetto Rosso pensava fra sé: "Mai più correrai sola nel bosco, lontano dal sentiero, quando la mamma te lo ha proibito."

Raccontano pure che una volta Cappuccetto Rosso portava di nuovo una focaccia alla vecchia nonna, e un altro lupo le aveva rivolto la parola, cercando di convincerla a deviare dal sentiero. Ma Cappuccetto Rosso se ne guardò bene, andò dritta per la sua strada e disse alla nonna di aver visto il lupo che l'aveva salutata, guardandola però con occhi feroci: "Se non fossimo stati sulla pubblica via, mi avrebbe mangiata!" – "Vieni," disse la nonna, "chiudiamo la porta perché, non entri." Poco dopo il lupo bussò e disse: "Apri, nonna, sono Cappuccetto Rosso, ti porto la focaccia." Ma quelle, zitte, non aprirono; allora il malvagio gironzolò

▼ Walter Crane, *Cappuccetto Rosso*, 1890 ca. Anthony Crane Collection.

un po' intorno alla casa e alla fine saltò sul tetto per aspettare che Cappuccetto Rosso, a sera, prendesse la via del ritorno: voleva seguirla di soppiatto per mangiarsela al buio. Ma la nonna capì le sue intenzioni. Davanti alla casa c'era un grosso trogolo di pietra, ed ella disse alla bambina: "Prendi il secchio, Cappuccetto Rosso; ieri ho cotto le salsicce, porta nel trogolo l'acqua dove han bollito." Cappuccetto Rosso portò tanta acqua, finché, il grosso trogolo fu ben pieno. Allora il profumo delle salsicce salì alle nari del lupo; egli si mise a fiutare e a sbirciare giù, e alla fine allungò tanto il collo che non poté più trattenersi e incominciò a scivolare: scivolò dal tetto proprio nel grosso trogolo e affogò. Invece Cappuccetto Rosso tornò a casa tutta allegra e nessuno le fece del male.

J. e W. Grimm, *Cappuccetto Rosso*, da *Fiabe*, trad. it. di A. Cocito, Mondadori, Milano, 1990

GUIDA ALLA LETTURA

DUE DIVERSE VERSIONI

Le due versioni hanno la stessa protagonista, una bella bimba molto amata dalla mamma e dalla nonna, che si contraddistingue per il mantello con il cappuccio, realizzato dalla mamma o, nei Grimm, dalla nonna.

UNA VERSIONE PER ADOLESCENTI

Nella versione di Perrault la bambina viene mandata a portare cibo alla nonna, nel bosco si imbatte nel lupo che si fa rivelare dove sia diretta, la precede, uccide la nonna e, senza vestirsi con i suoi abiti, si sdraia nel letto. Quando Cappuccetto Rosso arriva, il lupo la invita a entrare nel letto con lui e la piccola, stupita per l'aspetto della nonna senza abiti addosso, comincia a osservarla e a sottolineare aspetti del suo fisico, fino ad arrivare ai denti. A quest'ultima nota il lupo risponde divorandola.

La versione di Perrault non contempla rinascita e termina con una morale, che ne limita il significato: le belle bambine non devono prestare ascolto agli sconosciuti, perché il mondo è pieno di lupi mascherati da uomini con belle maniere.

È evidente che la situazione evocata da Perrault è una situazione legata alla seduzione e al traviamento, resa esplicita dalla scena del lupo e della bimba che dividono lo stesso letto. La storia serve, in questo caso, ad ammonire, ed è inadatta a un pubblico infantile: il valore di una fiaba è, infatti, nullo, se ne viene chiarito in dettaglio il significato.

UNA VERSIONE PER BAMBINI

I fratelli Grimm propongono due puntate della storia.

Nella prima la bambina, che vive protetta, ma non autonoma, nella casa familiare, deve affrontare l'esterno, il bosco, e la casa della nonna che, essendo malata, non può darle nessun aiuto.

Il lupo, che chiede e riceve le già note informazioni, invita la piccola a indugiare nelle cose che le piacciono: raccogliere fiori, sentir cantare gli uccelli. Il principio del piacere si scontra con il principio della realtà e del dover fare: Cappuccetto Rosso raccoglie fiori finché non riesce più a portarne e solo allora ricorda di dover ancora far visita alla nonna.

Il lupo, intanto, ha compiuto il misfatto e, vestito con gli indumenti della vecchina, aspetta l'arrivo della bambina. Il colloquio tra i due avviene all'insegna di stupore e inquietudine: in questa versione Cappuccetto Rosso rimane accanto al letto, osserva le orecchie, gli occhi, le mani, la bocca, cioè gli organi di senso, quelli con cui i bambini fanno esperienza del mondo. Come in Perrault, il lupo con un balzo la divora.

Nella versione dei Grimm, a questo punto, entra in scena il cacciatore, una figura maschile positiva, che reprime l'impulso di lasciarsi trasportare dall'ira e di uccidere subito il lupo, e gli apre con cura il ventre, salvando nonna e nipotina. Il lupo, tuttavia, non muore per lo sventramento: è Cappuccetto Rosso ad avere l'idea di riempirgli la pancia di sassi e a causarne la morte.

I fratelli Grimm presentano anche un'aggiunta alla storia più nota, una sorta di conferma dell'utilità dell'esperienza vissuta dalla bambina. In questo secondo episodio Cappuccetto Rosso, imbattutasi di nuovo in un lupo, non cede più alle tentazioni, ma corre subito dalla nonna e organizza con lei la strategia per resistere all'assalto e annientare la bestia.

La variante convince l'ascoltatore che, quando non si è abbastanza maturi per affrontare un pericolo, seguire le indicazioni degli adulti e collaborare con loro è la chiave per un esito positivo dell'azione.

COMPRENDERE E ANALIZZARE

COMPRENSIONE

1. Come viene presentato il rapporto tra nonna e nipotina all'inizio di ciascun testo?
2. Le raccomandazioni della mamma sono simili nelle due versioni?
3. Per quale motivo il lupo non divora subito Cappuccetto Rosso?
4. Dove si trova la casa della nonna della versione di Perrault? E in quella dei fratelli Grimm?
5. Di quale vizio è vittima il lupo nei due testi? Motiva con opportuni riferimenti al testo la tua risposta.
6. Nelle due differenti versioni, quali informazioni ci vengono date sul cacciatore?

ANALISI

7. Come vengono identificati i personaggi? Compaiono nomi propri?
8. Quale delle due versioni contiene più dettagli sul percorso che Cappuccetto Rosso deve compiere? Individuali e riportali.
9. Nella versione dei Grimm, da che cosa l'ascoltatore è indotto a pensare che Cappuccetto Rosso è viva nella pancia del lupo?
10. Quale valore assume la contrapposizione buio/luce che si realizza per la protagonista dentro e fuori dalla pancia del lupo?
11. In relazione al significato profondo della fiaba, perché è Cappuccetto Rosso a uccidere il lupo?

SCRIVERE

APPROFONDIMENTO E SCRITTURA

12. Quale significato assume l'ambiente del bosco nella narrazione? Individualo e proponi un altro esempio di utilizzo di questo spazio traendolo da altre fiabe.
13. Alcuni aspetti delle due versioni evocano il mito di Crono, che si colloca a fondamento della mitologia greca. Raccogli informazioni su questo mito, illustralo e metti in evidenza il rapporto con la fiaba di Cappuccetto Rosso in un testo di 20 righe.
14. Ricordi una fiaba che ti è stata particolarmente cara quando eri piccolo/a? Prova a farne emergere il valore formativo ed educativo in un testo di 15-20 righe.

SCRITTURA CREATIVA — In forma di...

15. Nelle produzioni cinematografiche recenti è diffusa la revisione della fiaba, che viene ottenuta fondendo aspetti del mondo fiabesco tradizionale con elementi della realtà di oggi. Caso tipico è *Shrek*, film d'animazione del 2001, che proietta il mix passato-presente nel paese di Molto Molto Lontano.

    Riscrivi la fiaba di *Cappuccetto Rosso* dei Grimm in una tua versione che si chiamerà *Cappuccetto Blu*, scegliendo una nuova ambientazione, un nuovo antagonista e un nuovo salvatore. Scrivi un testo di una trentina di righe.

    In alternativa, Cappuccetto Rosso è in collegamento whatsapp con la mamma: immagina una sequenza di almeno venti messaggi in cui vengano riferiti eventi ed emozioni, con i toni tipici delle comunicazioni del genere tra genitori e figli.

VERSO LE COMPETENZE

- *Comunicazione nella madrelingua*
- *Competenze sociali e civiche*
- *Consapevolezza ed espressione culturale*

16. Il 20 novembre 1989 è stata approvata dall'Assemblea Generale delle Nazioni Unite la Convenzione ONU sui Diritti dell'Infanzia, strumento importante di diritto internazionale per la tutela di un'umanità indifesa ed esposta ad abusi.

    Tra gli aspetti della vita del bambino presi in considerazione nel documento vi è l'accesso alle informazioni e alla conoscenza del mondo.

    Art. 17
    Gli Stati riconoscono l'importanza delle informazioni trasmesse da radio, televisioni, giornali e libri di tutto il mondo, e devono vigilare affinché tutti i bambini possano sfruttare le informazioni utili alla loro salute e al loro benessere sociale, spirituale e morale.

    Commenta l'articolo riportato riflettendo, in una pagina di testo, sul rapporto tra bambino e notizia.

    Secondo te è giusto e utile che i bambini vengano messi a conoscenza sin da piccoli di tutto ciò che succede nel mondo o è preferibile che vengano fatte delle limitazioni? Soffermati per esempio sull'uso delle immagini di particolare crudezza e sull'opportunità di salvaguardare i bambini dall'impatto con esse.

6 Il *FANTASY*

Fantasy è un termine anglosassone che può essere tradotto nella nostra lingua come ***fantasia***, ***immaginazione***, ***fantasticheria***, ***visione***. Nella seconda metà del Novecento esso è stato utilizzato per definire un genere letterario rivolto soprattutto ai ragazzi, che propone trame ricche di atmosfere e personaggi di fantasia, in cui si scatena la lotta tra il bene e il male: il protagonista ha il compito di sconfiggere le forze malvagie (e per farlo si affida ad aiutanti dotati di poteri soprannaturali) e superare difficili prove.

Appare evidente una certa **somiglianza con la fiaba**, in particolare per la presenza della magia, della vittoria del bene, del riscatto di personaggi semplici che si trovano spesso a ricoprire il ruolo di protagonisti. Nel *fantasy*, però, le trame sono più complesse, talvolta si articolano su più episodi, le atmosfere sono ricche di colpi di scena. I personaggi sono rappresentazioni del bene, del male, dell'amore, dell'odio, dell'ingenuità e dell'astuzia sotto forma di elfi, orchi, hobbit, nani, folletti, maghi, stregoni. La trama è molto più ricca di intrecci di quella della fiaba e il protagonista è impegnato non solo a superare ostacoli esterni, ma anche a condurre un'estenuante lotta interiore per non soccombere alle lusinghe delle forze oscure.

Mentre nella fiaba il bene e il male si incarnano nella bontà del protagonista e nella malvagità dell'antagonista, nel *fantasy* il messaggio si fa più profondo e il lettore, già adolescente, comincia a scoprire che bene e male possono coesistere nei personaggi costringendoli a scegliere che cosa vogliono essere.

Precursore del genere è ***The Lord of the Rings*** (*Il Signore degli Anelli*), scritto da **John Ronald Reuel Tolkien** tra il 1937 e il 1949 e pubblicato in tre volumi tra il 1954 e il 1955. Protagonista della storia è lo hobbit Frodo, che deve distruggere un anello forgiato dal malvagio Sauron per imporre il suo potere sugli uomini.

Tra il 1997 e il 2007 grande successo ha ottenuto il **ciclo di Harry Potter**, opera della scrittrice britannica **Joanne Kathleen Rowling**, che descrive in sette libri, corrispondenti a sette anni di studio alla Scuola di Magia e di Stregoneria di Hogwarts, la vita di un giovane aspirante mago, Harry Potter, scelto dalle Forze del Bene per combattere il Mago Oscuro, Voldemort.

▲ *Harry Potter e il prigioniero di Azkaban*, 2004. Regia di Alfonso Cuarón.

T9 K. M. O'Donnell Maestra e scolaro

K. M. O'Donnell è uno pseudonimo dello scrittore statunitense Barry Malzberg (New York, 1939). Autore prolifico soprattutto a partire dagli inizi degli anni Settanta, sia nel giallo sia nella fantascienza, Malzberg concentra maggiormente la sua attività di narratore su questo secondo genere. Pubblica romanzi e raccolte di racconti sia con il suo vero nome sia con gli pseudonimi di O'Donnell e di Mike Barry.

Il racconto, ambientato in un anonimo ufficio di una scuola come tante, esibisce il proprio **carattere fantastico** nel momento in cui la voce narrante si rivela quella di un giovanissimo vampiro. Egli riferisce in prima persona e in tempo reale quella che appare – almeno esteriormente – una scena ordinaria di vita scolastica.

Con un crescendo di tensione il breve incontro tra un'impeccabile maestra e uno scolaro svogliato nella lettura si conclude con un finale a sorpresa.

Io sono un mostro che vuole uccidere gli altri morsicandoli sul collo con i denti affilati e bere il loro sangue, ma finora sono riuscito a tenere tutto questo per me e nessuno conosce il mio segreto. Mi chiamo Edward Alan Arthur e ho dieci anni. L'anno scorso ne avevo nove e non uccidevo gli altri. L'anno prossimo ne avrò undici e avrò già ucciso della gente. Non manca molto, e poi non potrò più reprimere le mie tendenze e impedire che esplodano e che abbiano la meglio.

In questo momento sto parlando con la mia insegnante, la signorina Green. La signorina Green è l'insegnante di lettura per tutti quelli della quarta e da molto tempo è insoddisfatta del mio profitto. Adesso mi ha chiamato nel suo piccolo ufficio, dopo la scuola, in modo, come dice lei, da mettere le cose in chiaro una volta per tutte e scoprire perché non voglio leggere.

– Non hai problemi di vista – dice la signorina Green. – Non ci sono carenze nel tuo quoziente di intelligenza e inoltre, quando hai voglia di leggere, sai farlo piuttosto bene. Allora perché non ti dai da fare con il tuo lavoro e perché insisti a disturbare la classe durante le lezioni di lettura?

La signorina Green è giovane, e sarebbe carina se non fosse per quella voce stridula. Proprio adesso, nella mia mente, le sono saltato addosso e i miei denti lucenti e forti stanno affondando nelle morbide pieghe bianche del suo collo. Nella mia mente il sangue sta scorrendo e io bevo, bevo. Ma nella stanza io tengo le mani unite in grembo e lo sguardo abbassato timidamente, in modo che lei non possa vedere cosa sta succedendo ai miei occhi.

– Perché sono tutte bugie – dico io – tutte bugie scritte da bugiardi. I libri non insegnano niente ai bambini sul mondo, ma sono scritti dagli adulti e così i bambini non vedono il mondo qual è. Gli adulti hanno fatto diventare il mondo orribile, e adesso scrivono i loro libri e ci raccontano le loro bugie così che noi non si possa vederlo com'è e non lo si distrugga.

La signorina Green si agita sulla sedia e per un attimo le sue mani si muovono, irrequiete. Io penso a quanto sarebbe bello alzarmi e lanciarmi su di lei. Prima la colpirei nella parte molle del cranio dietro l'orecchio, giusto per tramortirla, poi, mentre cade,

▲ Edvard Munch, *Vampiro*, 1893-1894. Museo Munch, Oslo.

l'afferrerei tra le pieghe del collo con i miei lucidi denti micidiali e comincerei a morsicare. Il sangue zampillerebbe fuori come una cascata di petardi e lei morirebbe prima di poter capire cosa le è successo. Ma nella stanza io cerco di scacciare tutti questi pensieri o almeno di portarli a un livello che mi permetta di continuare a tenere lo sguardo basso. Le mie mani si torcono, le dita si intrecciano, ma io non sono il tipo di mostro che strangola. Quando avevo otto anni, una notte fui visitato da strane Potenze che mi offrirono la possibilità di scegliere che tipo di mostro volevo essere, e io decisi di essere un vampiro. Così, anche se mi piacerebbe molto strangolare la signorina Green, le mie dita non ne hanno la forza. I denti sono una cosa diversa. Sono molto affilati e con le estremità appuntite, grazie alle Potenze che mi hanno insegnato come spazzolarli e trattarli e potrebbero affondare nel suo collo in meno di un secondo una volta che fossi balzato su di lei. – Questa è la cosa più ridicola che abbia mai sentito – dice la signorina Green.

– Onestamente, Edward, non so dove tu abbia preso un'idea del genere. I libri sono la porta che conduce alla verità, e la lettura è la luce della coscienza. Anche se talvolta gli uomini usano la parola scritta per dire menzogne, questo non significa che debba essere sempre così.

– Certo che è sempre così – ribatto io, immaginando piccole, frementi gocce del suo sangue. – Una volta che gli uomini scoprono come mentire, non dicono più la verità. Perché dovrebbero? Non rende.

La signorina Green scorre i fogli che tiene in grembo e poi si appoggia allo schienale. – Devo essere onesta con te, Edward – dice. – Pensavo che potessimo risolvere i tuoi problemi discutendone noi due soli, per aiutarti ad accettare la lettura, ma mi sembra che questo non ci porti a nessun risultato. Perciò sarò costretta a farti vedere da un medico. – Un medico? Volete dire un medico dei pazzi, non è vero? – Qualcuno che parlerà con te, Edward, e cercherà di scoprire perché la pensi così. – Pensate che sono matto, vero? – Di colpo sono in piedi, chino su di lei, e grido. Anche se sono piuttosto piccolo per la mia età, la signorina Green è molto esile e, in piedi, io la domino. – Solo perché io ho il Potere – dico – solo perché io so che le letture sono tutte storie e perché ho denti forti e micidiali che possono penetrare nel vostro collo e farvi morire... – Di colpo mi fermo. Fino a questo momento non ho mai rivelato a nessuno il mio segreto.

Devo essere davvero molto agitato per aver rivelato il mio segreto alla signorina Green. Lei cerca di alzarsi, ma le gambe non la reggono, e come una farfalla che cerchi di arrampicarsi su un filo d'erba ricade indietro.

– Stai lontano da me, Edward – dice. I suoi occhi sono molto rotondi. – Vattene lontano da me, subito. – No – ribatto io, avvicinandomi. – Vi ho già svelato il mio segreto e adesso è troppo tardi. Non avreste dovuto farmelo dire, ma l'ho detto, e adesso dovete pagare. È tutta colpa vostra. Non avrei fatto niente, se non mi aveste costretto a dirlo. – Per favore, Edward – dice alzando una mano – ci sono cose che non capisci, tu non capisci come vanno le cose, cosa sta succedendo...

– No – dico, pregustando già nella mia mente il sapore del sangue. Ed è buono... buono. È da troppo che aspetto di usare il Potere. Avrei dovuto farlo molto tempo fa. Non sarei stato così infelice se avessi lasciato che il mio dono si rivelasse. Mi avvicino sempre di più e scopro i denti.

– Adesso – dico. – Edward, Edward, non capisci, non è come credi tu, mi hai costretta tu a farlo, Edward.

E poi c'è un grido e uno scarto, il grido, evidentemente, deve essere mio, lo scarto è della signorina Green che si sposta di lato sulla sedia, e la sua faccia sta cambiando, cambiando. Si protende verso di me e mi addenta il collo, io sento gli affilati e micidiali strumenti della sua bocca e poi ogni cosa fluisce lontano da me. Avvolto da una specie di nebbia cado sul pavimento, guardando ottusamente in su. La signorina Green è sopra di me. La sua testa si abbassa.

È sempre più vicina. – Non avresti dovuto dire che i libri sono pieni di bugie – dice.
– Alle Potenze non farà piacere.

K. M. O'Donnell, *Maestra e scolaro*, da AA.VV., *Il compito di latino*, Sellerio, Palermo, 1999

GUIDA ALLA LETTURA

UNO SCOLARO APPRENDISTA VAMPIRO

Il personaggio che parla in prima persona annuncia immediatamente la propria natura segreta di vampiro e solo in un secondo tempo dice la sua età: si tratta di un vampiro giovanissimo, di appena dieci anni, che non ha ancora mietuto vittime, ma che non vede l'ora di cominciare a trafiggere gole. Il tratto che più caratterizza il personaggio è questo desiderio spasmodico di dare sfogo alla propria sete di sangue. Ciò emerge con chiarezza, nel corso dell'incontro con la maestra, dal continuo alternarsi di dialoghi che riferiscono testualmente lo scambio di battute tra i due e di enunciati che illustrano le fantasie violente dello scolaro, in una sorta di efficace contrappunto.

Un brevissimo flashback illustra l'antefatto e introduce una sorta di terzo personaggio collettivo: alcune non meglio identificate *strane Potenze* (riga 42) che hanno cambiato il destino di Edward.

UN GIUDIZIO SUI LIBRI

La vicenda è ambientata a scuola: un giorno, al termine delle lezioni, la maestra convoca Edward nel proprio ufficio per capire una volta per tutte le ragioni della sua negligenza nei confronti della lettura. La scena appare dunque assolutamente ordinaria e sembrerebbe voler riprodurre una situazione tipica del mondo della scuola. Del tutto originali tuttavia appaiono le ragioni addotte dallo scolaro riguardo al rifiuto della lettura: i libri secondo lui raccontano solo bugie perché, semplicemente, gli adulti non sanno più dire la verità. Contro questa lucida e spietata argomentazione nulla valgono le parole della maestra, scandalizzata e, apparentemente, sconfitta.

UN "MOSTRO" DI MAESTRA

Il testa a testa verbale tra maestra e scolaro diventa sempre più teso fino al punto in cui Edward si lascia sfuggire la terribile rivelazione che riguarda la sua natura di vampiro. La situazione precipita fino all'imprevedibile finale che riserva al lettore una scoperta ben più inquietante: dietro alla giovane ed esile maestra dall'atteggiamento così serio e professionale si cela in realtà un mostro "esperto", strumento delle malefiche *Potenze*.

COMPRENDERE E ANALIZZARE

COMPRENSIONE

1. Da quanto tempo il bambino protagonista ha una doppia identità?
2. Perché Edward non ha ancora rivelato a nessuno la sua identità nascosta?
3. In che modo ha acquisito una seconda identità?
4. Quale giustificazione dà lo scolaro al suo disamore nei confronti della lettura?
5. Spiega il significato della battuta che chiude il racconto.

ANALISI

6. Su quali parti del corpo si sofferma la descrizione del narratore nel corso della scena? Quale significato ha secondo te questa scelta?
7. Quale momento nell'incontro tra la maestra e lo scolaro determina la svolta che condurrà al finale a sorpresa? Da quali parole e/o azioni è sottolineato?
8. Illustra i poteri che hanno le *Potenze*, così come si possono desumere dalle parole dei personaggi.

SCRIVERE

APPROFONDIMENTO E SCRITTURA

9. Riassumi il racconto in un testo lungo al massimo 10 righe.
10. Associa la figura dell'insegnante, nel racconto divenuta Potenza oscura, ad almeno tre altre immagini, motivando le tue scelte.

SCRITTURA CREATIVA – Riscrivi il finale

11. Riscrivi un finale alternativo al racconto.

SCRITTURA CREATIVA – In forma di...

12. Prepara una "quarta di copertina", cioè una sintesi ed eventualmente un breve consiglio di lettura, di un libro che hai particolarmente apprezzato in un massimo di 20 righe.

VERSO LE COMPETENZE

- *Comunicazione nella madrelingua*
- *Imparare a imparare*
- *Competenze sociali e civiche*
- *Spirito di iniziativa e imprenditorialità*
- *Consapevolezza ed espressione culturale*

13. I tuoi coetanei e la lettura: fai un sondaggio tra i tuoi amici sulle loro abitudini di lettura, chiedendo loro quali generi di libri preferiscono e quanto leggono nell'arco di un mese.

    Prova a considerare inoltre per quanti di loro la scelta delle letture non dipende esclusivamente dai consigli degli insegnanti, ma da scelte personali.

    Per il sondaggio devono essere interpellate almeno cinque persone. Esponi poi i risultati del tuo lavoro in uno scritto lungo al massimo 30 righe.

Vampiro, illustrazione naturalistica, 1860. Collezione privata.

7 LA FANTASTORIA

Se la fantascienza proietta gli avvenimenti in un ipotetico futuro, la **fantastoria** è un genere della **narrativa fantastica** che immagina un **corso diverso** ad **avvenimenti storici reali**, costruendo un mondo coerente sia con la variazione storica ipotizzata sia con il reale corso degli eventi. È il caso, per esempio, dei romanzi ***La svastica sul sole*** di **Philip K. Dick** (1962) e ***Fatherland*** di **Robert Harris** (1992), che ipotizzano la vittoria di Hitler nella Seconda guerra mondiale. Oltre al termine *fantastoria* vengono utilizzati quelli di *ucronia* (che significa "non tempo", in relazione al "non luogo" dell'utopia), di *storia alternativa* o di *allostoria* (dall'aggettivo greco *allos*, che significa "altro", "diverso"). Il genere non è stato inventato da uno scrittore: la prima opera in età moderna a prendere in considerazione l'ipotesi di una storia alternativa fu un pamphlet dell'arcivescovo anglicano Richard Whately (1787-1863) che, a quattro anni dalla battaglia di Waterloo, combattuta nel 1815 dai Francesi contro le truppe britanniche e prussiane, metteva addirittura in dubbio la reale esistenza di Napoleone. Questo insolito "esperimento storico" trovò diversi seguaci e ben presto divenne spunto anche per gli scrittori di narrativa.

T10 Achille Campanile ■ La scoperta dell'Europa

Achille Campanile (Roma, 1899-Lariano, 1977) è scrittore, sceneggiatore, drammaturgo e giornalista di spiccato umorismo. Dal giornalismo culturale Campanile passa alla scrittura, gode dell'ammirazione di Luigi Pirandello e dell'amicizia di Eugenio Montale. Fra le sue prime opere le *Tragedie in due battute*, rappresentate per la prima volta negli anni Venti, innovano profondamente la scena teatrale con atti unici composti da un numero minimo di battute. Seguendo il Giro d'Italia per «La Gazzetta del Popolo» di Torino, Campanile inventa il personaggio di Battista, cameriere e gregario, e i suoi reportage sono raccolti nel libro *Battista al Giro d'Italia*.

Il racconto che segue è ambientato nell'ottobre del 1490. Mir, giovane scienziato inca, si presenta al suo imperatore: si dice certo dell'esistenza di un continente sconosciuto al di là del mare e chiede il consenso per poter salpare. Dopo un mese di preparativi Mir finalmente prende il largo su una piroga. La navigazione si rivela più ardua del previsto e si conclude con un naufragio nel corso del quale il giovane perde i sensi. Quando rinviene, si trova disteso su un letto in una casetta di pescatori. Dopo la convalescenza e un periodo di prigionia, ottiene un colloquio con il re, cui chiede tre caravelle per salpare, e inventa per sé un nuovo nome, destinato a diventare celeberrimo.

Il 15 ottobre 1490, nell'America – non ancora scoperta – Mir, giovane scienziato inca, si presentò all'imperatore e gli disse: «Lsdaigap, Pimà turfelsin tacaramallei[1]».

L'imperatore lo guardò incredulo: credeva d'avere a che fare con un pazzo. Poi disse: «Fiaralòn matzecòn vaspatòn![2]».

Ma Mir insisté e disse con deferente[3] fermezza:

1. **«Lsdaigap, Pimà turfelsin tacaramallei»**: «Sire i miei calcoli mi fanno certo dell'esistenza di un continente sconosciuto, di là dall'Oceano» (*n.d.A.*).
2. **«Fiaralòn matzecòn vaspatòn!»**: «Eh, via!» (*n.d.A.*).
3. **deferente**: rispettosa.

«Pirmalzin bubà[4]».

L'imperatore parve indeciso. Aggrottò le ciglia pensieroso, quindi, scrollando le spalle rispose:

«Spima Rgozetà! firanolt s'amurai![5]».

Detto fatto.

Dopo un mese di preparativi, il giovane scienziato, salutato da una gran folla, salpava verso l'ignoto sopra una piroga carica di vettovaglie[6].

Era solo. Nessuno aveva voluto dividere con lui i pericoli d'una spedizione che si presentava oltremodo rischiosa.

Mentre la piroga[7], allontanandosi, si faceva piccina piccina, fino a scomparire all'orizzonte, qualcuno pensò:

Pazzo! Eroico pazzo! Forse non ti vedremo più.

Il viaggio durò circa due mesi.

I primi giorni di navigazione furono piuttosto buoni. L'oceano si manteneva calmo sotto il cielo azzurro. Non si può dire che le giornate di Mir fossero variate. Il giovane scienziato passava il tempo fra mangiare, dormire e speculare[8] gli orizzonti. Per ingannare la noia incideva le sue impressioni di viaggio su piccole rocce che aveva portato seco[9]. È noto che gl'Inca scrivevano appunto incidendo i caratteri sopra le rocce. S'incontravano vere biblioteche del genere nell'interno del Perù. Questo che fu uso comune quasi presso tutti i popoli primitivi, non sopravvive oggi che nei cimiteri.

Il viaggio non fu sempre calmo. Il giovane Mir dovette lottare due volte con la tempesta. La prima volta fu dopo una ventina di giorni di navigazione. Nel cuor della notte Mir fu svegliato dal rombo spaventoso dell'uragano. Tuoni e fulmini si succedevano senza posa e l'oceano s'inabissava sballottando da eccelse altezze a profondità oscure la piroga dell'inca. Per la prima volta Mir, che soffriva il mal di mare, desiderò di non essersi mai messo in viaggio. La sua fede vacillò. E certo che scoprire un continente non è impresa facile. Si può crederlo finché nella propria valle di studio s'incidono i calcoli sopra le rocce, ma all'atto pratico è tutt'altra cosa. La psicologia di chi scopre un continente è ben diversa da quella del comune viaggiatore.

L'atto materiale è il medesimo, ma è l'*animus* con cui si compie che è diverso. Il fatto è che, come dice il proverbio, chi va alla scoperta d'una terra nuova sa quel che lascia e non sa quel che trova.

La seconda tempesta colse l'audace pioniere[10] parecchi giorni dopo. Questa volta il fenomeno fu ben più terribile dell'altro. La fragile imbarcazione fu più volte sul punto d'essere ingoiata dagli abissi oceanici. Mir dovette alleggerirla. Prima abbandonò ai flutti tutto il superfluo, poi tutto quello che poteva essere utile, quindi il meno necessario e infine anche l'indispensabile. Furono gettati successivamente in acqua gli indumenti di

4. **«Pirmalzin bubà»**: «Ve lo assicuro e desidero imbarcarmi per andare a scoprirlo. La Maestà Vostra si degna di concedermi all'uopo il suo Sovran consenso?» (*n.d.A.*).
5. **«Spima Rgozetà! firanolt s'amurai!»**: «Sì» (*n.d.A.*).
6. **vettovaglie**: viveri, il necessario alla sopravvivenza.
7. **piroga**: piccola imbarcazione simile a una canoa.
8. **speculare**: osservare (latinismo, dal verbo latino *speculor*).
9. **seco**: con sé (anche in questo caso latinismo, dal latino *secum*).
10. **pioniere**: scopritore.

ricambio, le suppellettili, gli utensili, il giaciglio, i cibi più pesanti, le armi, gli strumenti scientifici, e infine le rocce contenenti le impressioni di viaggio. Fu con vivo dolore che il giovane scienziato seguì con l'occhio e vide scomparire all'orizzonte le preziose rocce.

E non bastava; la piroga ormai vuota era ancor troppo pesante. Il giovane scienziato pensò per un momento – sublime abnegazione! – di alleggerirla, abbandonando ai flutti se stesso. Ma dubitò che non convenisse di più abbandonare ai flutti addirittura la piroga più pesante di lui.

Fatale incertezza! Quanto tempo durò questo stato di cose? Nessuno potrebbe dirlo: un'ora come un mese.

Mir aveva legato la piroga al suo corpo per tema che la fragile imbarcazione fosse portata via da un cavallone[11] più forte. Egli resisteva eroicamente nell'impari lotta con gli elementi infuriati.

A un tratto si vide perduto. Un cavallone immenso sollevò la fragile imbarcazione a una grande altezza inabissandola, poi repentinamente, mentre un altro cavallone violentissimo s'abbatteva sulla piroga e sull'uomo, facendoli cozzare contro qualche cosa di duro e fragoroso.

Mir perse i sensi.

Quando rinvenne, si trovò steso su un letto in una cameretta di pescatori fra uomini e donne che lo spiavano ansiosi, discorrendo fra loro in uno strano linguaggio incomprensibile.

Mir comprese di trovarsi nel continente da lui scoperto, ma per il momento non disse nulla. Fu nutrito, scaldato e vestito. Fu interrogato – lo capì dall'intonazione – ma non rispose. Primo: perché non voleva compromettersi con dichiarazioni precipitate; secondo: perché non lo avrebbero preso sul serio; terzo: perché non comprendeva. Osservava e ascoltava. Avendo una grande facilità per le lingue non tardò ad apprendere lo strano idioma e a potere esprimersi. Capì d'essere stato raccolto sulla spiaggia in una notte di tempesta. Quello che stupiva di più i pescatori era il fatto ch'egli avesse tentato il mare con una tempesta simile, che durava da vari giorni. Essi se lo chiedevano tra loro, guardandolo, sinistramente impressionati per il suo mutismo. Si chiedevano perché non aveva mai risposto alle loro domande e perché, ormai, non se ne andava.

▲ Tancredi Scarpelli, *La partenza delle tre caravelle*. Collezione privata.

11. **cavallone**: onda di dimensioni gigantesche.

Ma una sera dopo una decina di giorni, con loro alta meraviglia, Mir sedutosi in mezzo al letto chiese all'improvviso una roccia. I suoi ospiti si guardarono l'un l'altro, scostandosi dal letto. Mir insistette e i pescatori gli dissero che dormisse e domani gliel'avrebbero portata. Allora Mir annunziò a essi, con gioia, di avere scoperto il loro paese e chiese di parlare col re.

Ne seguì una scena di confusione. I ragazzi batterono le mani, gioiosamente, ma un'occhiata severa del padre li fermò. Le donne s'erano messe dietro agli uomini e tutti tacevano guardando con aria timorosa lo sconosciuto. Mir ripeté l'annunzio. Allora il più vecchio dei pescatori avvicinandosi alla porta gli disse di riposarsi che domani sarebbe andato dal re.

Uscirono tutti e chiusero la porta.

L'indomani venne un uomo barbuto e severo, con altri due uomini alti e pallidi. Mir chiese subito se s'andava dal re. L'uomo barbuto gli disse: «Fra poco». Poi gli mise una mano sulla fronte. A un suo cenno gli altri due portarono una bacinella e il primo lo ferì al braccio con una piccola arma d'acciaio lucente.

Mir balzò dal letto gridando:

«Vili!».

E cercò di colpirli con quanto gli capitava sotto mano. Ma i tre gli furono addosso e in men che non si dica lo legarono strettamente con solide corde e lo trascinarono fuori, mentre egli, gridando, cercava di svincolarsi.

Il giovane scienziato cominciava a essere molto seccato della sua avventura. Capiva di essere stato fatto prigioniero. Ormai non desiderava che di riuscire a tornare nel suo lontano paese, per poter considerare come non scoperto questo. Tanto più che gli sembrava abitato da gente assai strana. Impossibile scambiare due parole con i suoi compagni di prigionia, persone intrattabili, irascibili e destituite[12] d'ogni senso comune.

Un giorno venne a esaminarlo l'uomo barbuto, origine della sua rovina, e disse qualche cosa a uno dei carcerieri.

L'indomani, con sua sorpresa, Mir veniva messo in libertà.

Respirò a pieni polmoni l'aria aperta. Girò a caso per il paese, sempre tormentato dall'idea fissa di tornare in patria. Ma i mezzi? Come doveva procurarseli? Chi gli avrebbe fornito l'imbarcazione? E, se pure l'avesse trovata, poteva arrischiarsi nuovamente, solo su una fragile imbarcazione?

Un'idea! Un'idea!, pensava. Chi mi dà un idea?...

A un tratto si fermò, dandosi un pugno sulla fronte..

«Perbacco! È la cosa più semplice del mondo!» esclamò. E affrettò il passo. Chiese qualche indicazione a un passante e, dopo una corsa di mezz'ora, sì fermo davanti a un gran palazzo. A farla breve, dopo qualche giorno di vani tentativi e d'attesa riuscì ad avere un'udienza[13] dal re. Quando fu ammesso alla sua presenza, fece questo discorso:

«Sire! I miei calcoli mi fanno certo dell'esistenza di un continente sconosciuto di là dall'Oceano».

12. **destituite**: prive.
13. **udienza**: incontro.

«Eh,» fece il re «lei vaneggia!».

«Gliel'assicuro e vengo a chiederle i mezzi per andarlo a scoprire. Con tre caravelle se la cava. Le vado a scoprire un continente grandissimo.»

Il re ci pensò un po'. Era molto titubante e dubbioso.

Ma finì per dire:

«Sia».

E ordinò al ministro della Marina, che per caso era presente, di occuparsi della cosa. Nel congedare il giovane scienziato, che si profondeva in ringraziamenti, il re gli fece i suoi auguri, pur non dissimulandogli i dubbi sul successo dell'impresa, ma osservando che comunque ogni tentativo coraggioso va aiutato. Mentre Mir usciva lo richiamò.

«Scusi,» gli chiese «il suo nome?». Mir ebbe un istante d'incertezza: non s'era preparato a questa domanda. Ma fu un attimo. Riunendo tutte le sue nozioni nella lingua del paese, ne inventò uno che gli parve serio e d'effetto.

«Cristoforo Colombo» rispose. E uscì.

Il resto è noto.

A. Campanile, *La scoperta dell'Europa*, da *Vite di uomini illustri*, Rizzoli, Milano, 1975

Colombo arriva nel Nuovo Mondo, 1900. Collezione privata.

GUIDA ALLA LETTURA

UN'IPOTESI FANTASTORICA

E se fossero stati gli Inca a scoprire l'Europa? È un'ipotesi fantastorica quella che Achille Campanile sceglie per costruire questo racconto. Ma non rivoluziona il corso storico dell'evento, le cui conseguenze, si deduce, restano inalterate. A uscirne rivoluzionata è invece la figura di Cristoforo Colombo, non più un navigatore genovese, ma un giovane scienziato inca, che si è dotato per un motivo del tutto occasionale del nome dell'esploratore più celebre della storia, così ardimentoso da non temere di ripercorrere a ritroso un viaggio pieno di incognite e travagli.

IL ROVESCIAMENTO DI PROSPETTIVA

A partire dal momento del naufragio di Mir l'autore opera un rovesciamento di prospettiva: se nell'immaginario collettivo nei decenni successivi alla scoperta dell'America le popolazioni indigene erano equiparate a selvaggi, gli Europei agli occhi del giovane inca appaiono strani e i compagni di prigionia addirittura intrattabili, irascibili e privi di senso comune. Inoltre, Campanile attribuisce agli inca la pratica consueta della scrittura e la presenza, sul loro territorio, di vere e proprie biblioteche. In questo modo l'autore sottolinea come la diversità sia, appunto, solo una questione di punti di vista.

L'IRONIA

Il racconto è attraversato dallo sguardo ironico che contraddistingue l'opera di Achille Campanile. È il caso, per esempio, delle considerazioni che l'autore fa sulle difficoltà incontrate da Mir nel viaggio. O ancora delle riflessioni del giovane circa la possibilità di alleggerire la piroga di se stesso per consentirle di continuare il viaggio: qui l'ironia dà luogo addirittura a un paradosso. Ma anche il passaggio in cui Mir, perplesso sui costumi del Paese in cui è approdato, si chiede come tornare in patria, è contrassegnato dall'ironia, così come il colloquio con il re che prelude all'epigrafica conclusione del racconto.

COMPRENDERE E ANALIZZARE

COMPRENSIONE

1. Come reagisce l'imperatore degli Inca alla richiesta del giovane Mir? E i suoi conterranei?
2. Perché Mir parte da solo?
3. Come trascorre le giornate di navigazione?
4. In quale momento della navigazione i cavalloni investono la piroga di Mir?
5. In quale Paese europeo si risveglia presumibilmente Mir?
6. Perché Mir inizialmente preferisce non parlare?
7. Come reagiscono i pescatori che lo ospitano?
8. Perché Mir viene ferito al braccio *con una piccola arma d'acciaio lucente*?
9. Perché Mir viene imprigionato?
10. Come reagisce il re alla richiesta di Mir?

ANALISI

11. Ricostruisci il carattere del giovane Mir così come viene tracciato nel corso della narrazione. Prevale la descrizione diretta o indiretta del personaggio? Motiva la tua risposta.
12. Metti a confronto le reazioni dell'imperatore e del re alla richiesta di Mir. Noti delle differenze?
13. Il narratore si palesa nel corso del racconto? Motiva la tua risposta con riferimenti al testo.
14. Perché le rocce che Mir è costretto a gettare in mare sono definite *preziose* (riga 45)?
15. Considera il livello delle scelte lessicali operate dall'autore. Ritieni di poter individuare un registro prevalente? Ed eventualmente delle eccezioni?
16. Nel racconto è riportato un soliloquio. Individualo.

SCRIVERE

APPROFONDIMENTO E SCRITTURA

17. Riassumi il racconto in 20, 15 e 10 righe.
18. Il racconto suggerisce una riflessione implicita sul tema della diversità. Condividi questa chiave di lettura? Trovi che sia attualizzabile? Affida le tue considerazioni a una pagina di testo.

SCRITTURA CREATIVA — Dal punto di vista di...

19. Immagina i pensieri dei pescatori dal momento del ritrovamento di Mir e riportali in un testo di almeno 30 righe.

VERSO LE COMPETENZE — COMPITI DI REALTÀ

- *Comunicazione nella madrelingua*
- *Competenza digitale*
- *Imparare a imparare*
- *Competenze sociale e civica*
- *Consapevolezza ed espressione culturale*

20. La prospettiva "eurocentrica" ha condizionato per secoli gli studi storici e si è riversata anche sulla cartografia, come testimonia la carta di Peters. Fai una ricerca in proposito e metti a confronto un planisfero tradizionale con quello che è rappresentato nella carta di Peters in un testo che non superi le 20 righe o in una presentazione multimediale di 5 slides.
21. La civiltà inca è stata oggetto, dopo la scoperta del nuovo continente, di uno dei tanti genocidi della storia, che si sono intensificati nel corso del Novecento. Fai una ricerca e sintetizza in una linea del tempo i principali eventi che caratterizzano la storia di questa civiltà.

Il tuo lavoro sarà valutato sulla base di questi parametri:

Criteri / Livello di padronanza	Iniziale (1)	Base (2)	Intermedio (3)	Avanzato (4)
Accuratezza della ricerca				
Pertinenza delle informazioni				
Chiarezza espositiva				

T11 Italo Calvino – Tutto in un punto

Italo Calvino ▶ Per la vita dell'autore vedi pag. 270.

Il testo proposto fa parte de *Le Cosmicomiche*, una raccolta di 12 racconti scritti da Calvino fra il 1963 e il 1964 e inizialmente pubblicati su periodici, poi raccolti in volume nel 1965. In questi racconti l'autore descrive con lieve ironia i diversi **aspetti del cosmo** a partire dall'ipotesi scientifica del big-bang, secondo la quale fino a venti miliardi di anni fa tutta la materia sarebbe stata concentrata in un solo punto: una grande esplosione, il big-bang appunto, la avrebbe fatta espandere dando vita all'universo, da allora in continua espansione. *Tutto in un punto* fu adattato per la televisione italiana nel 1979 nell'ambito della miniserie *Racconti di fantascienza*.

In un passato primordiale non meglio identificato, lo scrittore immagina che persone, animali e oggetti confluiscano tutti in un unico punto, senza soluzione di continuità. Il solo elemento differenziato appare il carattere dei personaggi, che danno vita a un'umanità molto simile alla nostra, piena di pregiudizi e dalla mentalità ristretta, su cui spicca una figura di donna pronta a preparare cibo per tutti e dunque portatrice di un ruolo nettamente materno.

Attraverso i calcoli iniziati da Edwin P. Hubble sulla velocità d'allontanamento delle galassie, si può stabilire il momento in cui tutta la materia dell'universo era concentrata in un punto solo, prima di cominciare a espandersi nello spazio. Si capisce che si stava tutti lì, – fece il vecchio Qfwfq[1], – e dove, altrimenti? Che ci potesse essere lo spazio, nessuno ancora lo sapeva. E il tempo, idem[2]: cosa volete che ce ne facessimo, del tempo, stando lì pigiati come acciughe? Ho detto «pigiati come acciughe» tanto per usare una immagine letteraria: in realtà non c'era spazio nemmeno per pigiarci. Ogni punto d'ognuno di noi coincideva con ogni punto di ognuno degli altri in un punto unico che era quello in cui stavamo tutti. Insomma, non ci davamo nemmeno fastidio, se non sotto l'aspetto del carattere, perché quando non c'è spazio, aver sempre tra i piedi un antipatico come il signor Pbert Pberd è la cosa più seccante. Quanti eravamo? Eh, non ho mai potuto rendermene conto nemmeno approssimativamente. Per contarsi, ci si deve staccare almeno un pochino uno dall'altro, invece occupavamo tutti quello stesso punto. Al contrario di quel che può sembrare, non era una situazione che favorisse la socievolezza; so che per esempio in altre epoche tra vicini ci si frequenta; lì invece, per il fatto che vicini si era tutti, non ci si diceva neppure buongiorno o buonasera. Ognuno finiva per aver rapporti solo con un ristretto numero di conoscenti. Quelli che ricordo io sono soprattutto la signora Ph(i)Nko, il suo amico De Xuaeaux, una famiglia di immigrati, certi Z'zu, e il signor Pbert Pberd che ho già nominato. C'era anche una donna delle pulizie – «addetta alla manutenzione», veniva chiamata –, una sola per tutto l'universo, dato l'ambiente così piccolo. A dire il vero, non aveva niente da fare tutto il giorno, nemmeno

1. **Qfwfq**: è il nome della misteriosa voce narrante, che appare come una sigla, come spesso accade nella narrativa fantascientifica e la cui lettura speculare è interrotta solo dell'inserimento della *w*. Altri nomi che compaiono successivamente rimandano invece a formule chimiche.

2. **idem**: la stessa cosa (dal pronome latino *idem, eadem, idem*).

spolverare – dentro un punto non può entrarci neanche un granello di polvere –, e si sfogava in continui pettegolezzi e piagnistei. Già con questi che vi ho detto si sarebbe stati in soprannumero; aggiungi poi la roba che dovevamo tenere lì ammucchiata: tutto il materiale che sarebbe poi servito a formare l'universo, smontato e concentrato in maniera che non riuscivi a riconoscere quel che in seguito sarebbe andato a far parte dell'astronomia (come la nebulosa d'Andromeda[3]) da quel che era destinato alla geografia (per esempio i Vosgi[4]) o alla chimica (come certi isotopi del berillio[5]). In più si urtava sempre nelle masserizie[6] della famiglia Z'zu, brande, materassi, ceste; questi Z'zu, se non si stava attenti, con la scusa che erano una famiglia numerosa, facevano come se al mondo ci fossero solo loro: pretendevano perfino di appendere delle corde attraverso il punto per stendere la biancheria. Anche gli altri però avevano i loro torti verso gli Z'zu, a cominciare da quella definizione di «immigrati», basata sulla pretesa che, mentre gli altri erano lì da prima, loro fossero venuti dopo. Che questo fosse un pregiudizio senza fondamento, mi par chiaro, dato che non esisteva né un prima né un dopo né un altrove da cui immigrare, ma c'era chi sosteneva che il concetto di «immigrato» poteva esser inteso allo stato puro, cioè indipendentemente dallo spazio e dal tempo.

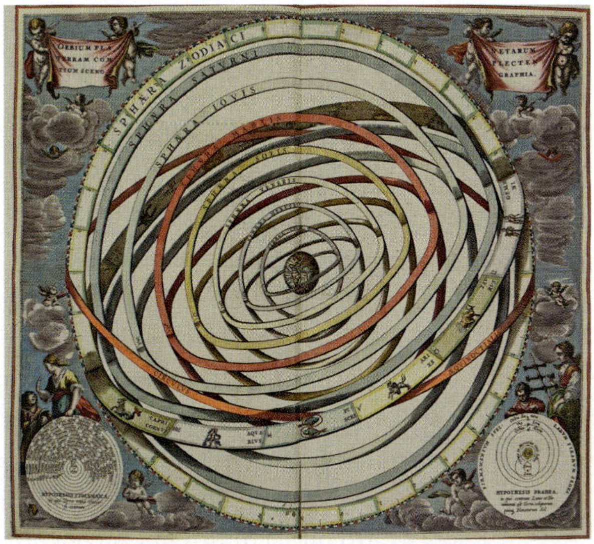

▲ Illustrazione da *Harmonia Macrocosmica* di Andreas Cellarius, tavola che rappresenta il Sistema Geocentrico Tolemaico, pubblicata ad Amsterdam nel 1660. Biblioteca Ambrosiana, Milano.

Era una mentalità, diciamolo, ristretta, quella che avevamo allora, meschina. Colpa dell'ambiente in cui ci eravamo formati. Una mentalità che è rimasta in fondo a tutti noi, badate: continua a saltar fuori ancor oggi, se per caso due di noi s'incontrano – alla fermata d'un autobus, in un cinema, in un congresso internazionale di dentisti –, e si mettono a ricordare di allora. Ci salutiamo – alle volte è qualcuno che riconosce me, alle volte sono io a riconoscere qualcuno –, e subito prendiamo a domandarci dell'uno e dell'altro (anche se ognuno ricorda solo qualcuno di quelli ricordati dagli altri), e così si riattacca con le beghe di un tempo, le malignità, le denigrazioni[7]. Finché non si nomina la signora Ph(i)Nko – tutti i discorsi vanno sempre a finir lì –, e allora di colpo le meschinità vengono lasciate da parte, e ci si sente sollevati come in una commozione beata e generosa. La signora Ph(i)Nko, la sola che nessuno di noi ha dimenticato e che tutti rimpiangiamo. Dove è finita? Da tempo ho smesso di cercarla: la signora Ph(i)Nko, il suo seno, i suoi fianchi, la sua vestaglia arancione, non la incontreremo più, né in questo

3. **nebulosa d'Andromeda**: l'unica galassia visibile dalla Terra a occhio nudo.
4. **Vosgi**: catena montuosa nella Francia orientale.
5. **isotopi del berillio**: il berillio è un metallo leggero. In chimica si definiscono isotopi gli atomi che hanno stesso elemento chimico ma peso atomico e numero di neutroni differenti.
6. **masserizie**: mobili e suppellettili, non sempre necessari.
7. **denigrazioni**: critiche pesanti.

◀ DAL TESTO ALLE PAROLE ▶ p. 365

sistema di galassie né in un altro. Sia ben chiaro, a me la teoria che l'universo, dopo aver raggiunto un estremo di rarefazione, tornerà a condensarsi, e che quindi ci toccherà di ritrovarci in quel punto per poi ricominciare, non mi ha mai persuaso. Eppure tanti di noi non fan conto che su quello, continuano a far progetti per quando si sarà di nuovo tutti lì. Il mese scorso, entro al caffè qui all'angolo e chi vedo? Il signor Pbert Pberd. – Che fa di bello? Come mai da queste parti? – Apprendo che ha una rappresentanza di materie plastiche, a Pavia. È rimasto tal quale, col suo dente d'argento, e le bretelle a fiori. – Quando si tornerà là, – mi dice, sottovoce, – la cosa cui bisogna stare attenti è che stavolta certa gente rimanga fuori... Ci siamo capiti: quegli Z'zu...

Avrei voluto rispondergli che questo discorso l'ho sentito già fare a più d'uno di noi, che aggiungeva: «ci siamo capiti... il signor Pbert Pberd...» Per non lasciarmi portare su questa china, m'affrettai a dire: – E la signora Ph(i) Nko, crede che la ritroveremo? – Ah, sì... Lei sì... – fece lui, imporporandosi[8]. Per tutti noi la speranza di ritornare nel punto è soprattutto quella di trovarci ancora insieme alla signora Ph(i)Nko. (È così anche per me che non ci credo). E in quel caffè, come succede sempre, ci mettemmo a rievocare lei, commossi, e anche l'antipatia del signor Pbert Pberd sbiadiva, davanti a quel ricordo.

Il gran segreto della signora Ph(i) Nko è che non ha mai provocato gelosie tra noi.

E neppure pettegolezzi. Che andasse a letto col suo amico, il signor De Xuaeaux, era noto. Ma in un punto, se c'è un letto, occupa tutto il punto, quindi non si tratta di andare a letto ma di esserci, perché chiunque è nel punto è anche nel letto. Di conseguenza, era inevitabile che lei fosse a letto anche con ognuno di noi. Fosse stata un'altra persona, chissà quante cose le si sarebbero dette dietro. La donna delle pulizie era sempre lei a dare la stura[9] alle maldicenze, e gli altri non si facevano pregare a imitarla. Degli Z'zu, tanto per cambiare, le cose orribili che ci toccava sentire: padre figlie fratelli sorelle madre zie, non ci si fermava davanti a nessuna losca insinuazione. Con lei invece era diverso: la felicità che mi veniva da lei era insieme quella di celarmi io puntiforme in lei, e quella di proteggere lei puntiforme in me, era contemplazione viziosa (data la promiscuità[10] del convergere puntiforme di tutti in lei) e insieme casta[11] (data l'impenetrabilità puntiforme di lei). Insomma, cosa potevo chiedere di più?

E tutto questo, così come era vero per me, valeva pure per ciascuno degli altri. E per lei: conteneva ed era contenuta con pari gioia, e ci accoglieva e amava e abitava tutti ugualmente. Si stava così bene tutti insieme, così bene, che qualcosa di straordinario doveva pur accade-

▲ Nicola Bealing, *Isola sovraffollata, Vento dell'Ovest*, 2006. Collezione privata.

8. **imporporandosi**: arrossendo.
9. **dare la stura**: dare inizio.
10. **promiscuità**: presenza di maschi e femmine nello stesso luogo.
11. **casta**: pura.

re. Bastò che a un certo momento lei dicesse: – Ragazzi, avessi un po' di spazio, come mi piacerebbe farvi le tagliatelle! – E in quel momento tutti pensammo allo spazio che avrebbero occupato le tonde braccia di lei muovendosi avanti e indietro con il mattarello sulla sfoglia di pasta, il petto di lei calando sul gran mucchio di farina e uova che ingombrava il largo tagliere mentre le sue braccia impastavano, impastavano, bianche e unte d'olio fin sopra al gomito; pensammo allo spazio che avrebbero occupato la farina, e il grano per fare la farina, e i campi per coltivare il grano, e le montagne da cui scendeva l'acqua per irrigare i campi, e i pascoli per le mandrie di vitelli che avrebbero dato la carne per il sugo; allo spazio che ci sarebbe voluto perché il Sole arrivasse con i suoi raggi a maturare il grano; allo spazio perché dalle nubi di gas stellari il Sole si condensasse e bruciasse; alle quantità di stelle e galassie e ammassi galattici in fuga nello spazio che ci sarebbero volute per tener sospesa ogni galassia ogni nebula ogni sole ogni pianeta, e nello stesso tempo del pensarlo questo spazio inarrestabilmente si formava, nello stesso tempo in cui la signora Ph(i)Nko pronunciava quelle parole: –... le tagliatelle, ve'[12], ragazzi! – il punto che conteneva lei e noi tutti s'espandeva in una raggera di distanze d'anni-luce[13] e secoli-luce e miliardi di millenni-luce, e noi sbattuti ai quattro angoli dell'universo (il signor Pbert Pberd fino a Pavia), e lei dissolta in non so quale specie d'energia luce calore, lei signora Ph(i)Nko, quella che in mezzo al chiuso nostro mondo meschino era stata capace d'uno slancio generoso, il primo, «Ragazzi, che tagliatelle vi farei mangiare!», un vero slancio d'amore generale, dando inizio nello stesso momento al concetto di spazio, e allo spazio propriamente detto, e al tempo, e alla gravitazione universale, e all'universo gravitante, rendendo possibili miliardi di miliardi di soli, e di pianeti, e di campi di grano, e di signore Ph(i)Nko sparse per i continenti dei pianeti che impastano con le braccia unte e generose infarinate, e lei da quel momento perduta, e noi a rimpiangerla.

I. Calvino, *Tutto in un punto*, da *Le Cosmicomiche*, Einaudi, Torino, 1965

12. **ve'**: esclamazione tipica del dialetto bolognese.

13. **anni-luce**: unità di misura delle distanze astronomiche. Un anno luce corrisponde a circa 63.241 volte la distanza fra la Terra e il Sole.

GUIDA ALLA LETTURA

UNA FANTASCIENZA INSOLITA

Il racconto presenta tratti tipici della narrativa di fantascienza ma anche uno scarto rispetto ai canoni del genere. Alla tipologia della fantascienza sono riconducibili i nomi dei protagonisti: lettere e sigle rimandano infatti a un'idea di spersonalizzazione che è uno dei tratti con cui si crea inquietudine nel lettore. Il nome della misteriosa voce narrante è una sorta di codice, una sequenza di quattro lettere disposte specularmente (*Qf, fq*) e interrotte dalla w. Gli altri nomi sembrano invece rimandare a formule chimiche o matematiche: l'effetto di spersonalizzazione è identico, e in più si fa evidente il richiamo alla scienza che è un altro dei tratti distintivi del genere. I riferimenti scientifici ritornano poi nella sequenza, con la "catena alimentare" che produce le tanto agognate tagliatelle.

Anche l'ambientazione in un tempo indeterminato è tipica della narrativa di fantascienza. Tuttavia l'autore compie qui uno scarto originale: anziché nel futuro la vicenda è infatti ambientata in un passato primordiale, alle origini della storia dell'universo.

UN'UMANITÀ REMOTA MA... NON TROPPO

La vicenda è ambientata alle origini del cosmo, ma l'umanità rappresentata, a parte i nomi, finisce per assumere caratteristiche del tutto simili alle nostre: appare infatti scontrosa, poco incline alla socievolezza, prepotente, scarsamente rispettosa dei vicini di casa, pettegola, insomma *meschina* e dalla *mentalità ristretta*. Ma ha anche aspetti positivi che condivide con gli uomini dei nostri giorni: si innamora, come succede al signor Qfwfq, e prova immediato interesse per il cibo, immaginato da Calvino come un possibile inizio dell'espansione dell'universo.

VECCHI E NUOVI PREGIUDIZI

L'umanità condensata "tutta in un punto" ritratta da Calvino condivide con l'uomo contemporaneo atavici pregiudizi, primo fra tutti quello contro gli immigrati: la famiglia Z'zu con tutte le sue masserizie è subito accusata di fare *come se al mondo ci fossero solo loro* e per questo bollata con la definizione di «*immigrati*», *basata sulla pretesa che, mentre gli altri erano lì da prima, loro fossero venuti dopo*, pretesa assurda, appunto, in un mondo dove tutto, spazio e tempo, è condensato in un unico punto.

Ma anche le maldicenze nei confronti della signora Ph(i)Nko ricordano pregiudizi contro le donne largamente diffusi al giorno d'oggi.

L'EFFETTO COMICO

Qfwfq è l'essere mitico che, nella raccolta delle *Cosmicomiche*, compare in tutti i racconti come testimone diretto di tutte le fasi evolutive del cosmo. Egli è a un tempo un progenitore dell'umanità, ma anche un nostro contemporaneo, e da questo suo "sdoppiamento" nel tempo scaturiscono gli effetti garbatamente comici del racconto.

COMPRENDERE E ANALIZZARE

COMPRENSIONE

1. È possibile ipotizzare una stima numerica sulla popolazione primordiale del racconto?
2. Che ruolo svolge la donna delle pulizie?
3. Il pregiudizio contro la famiglia Z'zu si basa su dei fondamenti? Rispondi con opportuni riferimenti al testo.
4. Il signor Qfwfq crede in un possibile ritorno allo stato primordiale?
5. A che cosa è dovuta per tutti, compreso il signor Qfwfq, la speranza di tornare al suddetto stato primordiale?

ANALISI

6. A chi è affidato il racconto della vicenda? A che grado di narratore appartiene? Perché?
7. Che caratteristiche tutte umane presenta il signor Qfwfq?
8. Ricostruisci i caratteri attribuiti all'umanità che popola il racconto.
9. Evidenzia nel testo termini e frasi che sottolineano il legame fra racconto e mondo scientifico.
10. Effettua un'analisi stilistica del racconto. A quale registro appartiene in prevalenza il lessico? Ci sono termini afferenti a campi specifici? Come si presenta la sintassi?

SCRIVERE

APPROFONDIMENTO E SCRITTURA

11. Riassumi il racconto in non più di 10 righe.
12. Il rapporto fra letteratura e scienza ripropone l'opposizione fra immaginazione e fatti concreti.
    Quale contributo pensi che la letteratura (e l'immaginazione) possa dare alla comprensione del mondo? Esponi le tue riflessioni in un testo di 25-30 righe.

SCRITTURA CREATIVA — In forma di...

13. Scrivi un breve racconto (massimo 20 righe) in cui immagini un nuovo incontro fra il signor Qfwfq e la signora Ph(i)Nko.

VERSO LE COMPETENZE — COMPITI DI REALTÀ

- *Comunicazione nella madrelingua*
- *Competenza digitale*
- *Imparare a imparare*
- *Competenze sociali e civiche*
- *Consapevolezza ed espressione culturale*

14. Nel racconto il tema degli immigrati con le loro masserizie sembra fare riferimento anche all'emigrazione italiana dal Sud al Nord Italia, che nel secondo dopoguerra conosce una fase intensa. Prova a ricostruire, magari ricorrendo anche all'aiuto di un parente o di un conoscente che l'abbia vissuto in prima persona, le modalità con cui avveni-

vano tali spostamenti e le difficoltà incontrate dai migranti in un testo di una pagina circa.

15. Nel racconto la migrazione viene considerata un dato costante dell'umanità, fin dai primordi. Aiutandoti con lo studio della storia e integrando le tue conoscenze con una ricerca, individua quali spostamenti si siano verificati nell'età antica e illustrali con una linea del tempo multimediale.

16. La parte finale del racconto si concentra sul tema del cibo come presupposto dell'espansione dell'universo. Oggi il cibo è uno dei maggiori problemi del pianeta, fra sprechi tipici delle società occidentali e vaste zone del pianeta ancora afflitte dal problema della fame. Svolgi una ricerca e prepara una presentazione multimediale di almeno 5 slides in cui metti a fuoco, con l'ausilio di carte geografiche, la diversa distribuzione della disponibilità di cibo nel mondo.

17. Fai una ricerca e ricostruisci le principali tappe della storia dell'universo sulla base della teoria del big-bang. Illustrale in una presentazione multimediale contenente una slide per ciascuna tappa.

Il tuo lavoro sarà valutato sulla base di questi parametri:

Criteri / Livello di padronanza	Iniziale (1)	Base (2)	Intermedio (3)	Avanzato (4)
Accuratezza della ricerca				
Esposizione				
Efficacia della presentazione				

DAL **TESTO** ALLE **PAROLE**

Galassia *Galassia* deriva dal latino tardo *galaxias*, originato dal greco *galaksías* (= "circolo di latteità", "via lattea") che ha in sé la radice *galaxt* del sostantivo *gala*, *gàlaxtos*, che significa "latte".

Il mito

Alle origini del nome **Via Lattea** sta il mito di **Giove** e **Alcmena**. Giove, invaghitosi della bella e virtuosa Alcmena, moglie di Anfitrione re di Trezene, assume le sembianze del marito per poter trascorrere una notte d'amore con lei. Dopo nove mesi Alcmena partorisce **Ercole** e, volendolo rendere immortale, Zeus lo prende con sé e lo porta sull'Olimpo. Penetrato nella stanza dove la moglie Era sta dormendo, attacca il neonato al seno di lei, ma la dea, svegliandosi con un poppante sconosciuto al seno, si ritrae: il latte sfuggito dalla sua mammella avrebbe generato la **Via Lattea**.

▲ Disegno della Via Lattea e del Sistema solare.

I significati

In italiano il termine *galassia* ha il significato astronomico di "sistema di stelle e materiale interstellare" e, metaforicamente, quello di "enorme quantità". La radice *galaxt* è presente in diversi termini medico-scientifici, ma da essa deriva anche il nome di un noto tipo di caramella al gusto di latte.

RINFORZIAMO IL LESSICO

1. Considera i termini *galattico*, *galattoforo* e *galattosio*. Cercane il significato sul vocabolario e sottolinea a quale significato di partenza (la Via Lattea o il latte) fanno riferimento. Costruisci poi una frase di senso compiuto per ciascuno dei tre termini.

UN CLASSICO DEL GENERE

T12 Igino Ugo Tarchetti Un osso di morto

ANALISI VISUALE

Igino Ugo Tarchetti (San Salvatore Monferrato, 1839-Milano, 1869), scrittore, poeta e giornalista, si unisce a Milano al gruppo degli **Scapigliati**, che, ispirandosi agli artisti *bohémiens* francesi, conducono una vita sregolata e assumono posizioni fortemente polemiche contro la tradizione. Scrive numerosi racconti (pubblicati in diverse raccolte tutti nel 1869) in parte ispirati a un **garbato umorismo** e in parte a un certo **gusto per il macabro** tipico dell'epoca. Il suo romanzo più famoso è *Fosca*, incentrato su una torbida vicenda sentimentale, che Tarchetti lascia incompiuto a causa della prematura morte per tisi e che viene completato e pubblicato nel 1869 dall'amico romanziere Salvatore Farina.

Un osso di morto appare nel 1869 nella raccolta *Racconti fantastici*. A metà Ottocento un giovane studente di disegno frequenta un corso di anatomia e riceve dal professore di patologia alcune ossa umane. Preso da scrupolo, il narratore racconta di aver seppellito quelle ossa a eccezione della rotula, usata per anni come ferma-carte, finché qualcuno non si fa avanti per rivendicarne il possesso.

Lascio a chi mi legge l'apprezzamento del fatto inesplicabile che sto per raccontare.

Nel 1855, domiciliatomi a Pavia, m'era[1] dato allo studio del disegno in una scuola privata di quella città; e dopo alcuni mesi di soggiorno aveva stretto relazione con certo Federico M. che era professore di patologia e di clinica[2] per l'insegnamento universitario, e che morì di apoplessia[3] fulminante pochi mesi dopo che lo aveva conosciuto. Era uomo amantissimo delle scienze, e della sua in particolare – aveva virtù e doti di mente non comuni – sennonché come tutti gli anatomisti ed i clinici in genere, era scettico profondamente e inguaribilmente – lo era per convinzione, né io potei mai indurlo alle mie credenze, per quanto mi vi adoprassi nelle discussioni appassionate e calorose che avevamo ogni giorno a questo riguardo. Nondimeno – e piacemi rendere questa giustizia alla sua memoria – egli si era mostrato sempre tollerante di quelle convinzioni che non erano le sue; ed io e quanti il conobbero abbiamo serbato[4] la più cara rimembranza[5] di lui.

Pochi giorni prima della sua morte egli mi aveva consigliato ad assistere alle sue lezioni di anatomia, adducendo che ne avrei tratte non poche cognizioni[6] giovevoli alla mia arte del disegno: acconsentii benché repugnante[7]; e spinto dalla vanità di parergli meno pauroso che nol fossi, lo richiesi di alcune ossa umane che egli mi diede e che io collocai sul caminetto della mia stanza. Colla morte di lui io aveva cessato di frequentare il corso anatomico, e più tardi aveva anche desistito dallo studio del disegno. Nondimeno aveva conservato ancora per molti anni quelle ossa, che l'abitudine di vederle me le aveva rese

1. **m'era**: mi ero, imperfetto alla latina: la prima persona singolare dell'imperfetto, qui come in tutto il racconto, termina in –a anziché in –o.
2. **di patologia e di clinica**: branche della medicina.
3. **apoplessia**: sospensione brusca delle funzioni cerebrali.
4. **serbato**: conservato, mantenuto.
5. **rimembranza**: ricordo.
6. **cognizioni**: conoscenze.
7. **repugnante**: che suscita disgusto.

quasi indifferenti, e non sono più di pochi mesi che, colto da subite[8] paure, mi risolsi a seppellirle, non trattenendo presso di me che una semplice rotella di ginocchio. Questo ossicino sferico e liscio che per la sua forma e per la sua piccolezza io aveva destinato, fino dal primo istante che l'ebbi, a compiere l'ufficio d'un premi-carte, come quello che non mi richiamava alcuna idea spaventosa, si trovava già collocato da undici anni sul mio tavolino, allorché ne fui privato nel modo inesplicabile che sto per raccontare.

Aveva conosciuto a Milano nella scorsa primavera un magnetizzatore[9] assai noto tra gli amatori di spiritismo, e aveva fatto istanze per essere ammesso ad una delle sue sedute spiritiche. Ricevetti poco dopo invito di recarmivi, e vi andai agitato da prevenzioni sì[10] tristi, che più volte lungo la via era stato quasi in procinto di rinunciarvi. L'insistenza del mio amor proprio mi vi aveva spinto mio malgrado. Non starò a discorrere qui delle invocazioni sorprendenti a cui assistetti: basterà il dire che io fui sì meravigliato delle risposte che ascoltammo da alcuni spiriti, e la mia mente fu sì colpita da quei prodigi, che superato ogni timore, concepii il desiderio di chiamarne uno di mia conoscenza, e rivolgergli io stesso alcune domande che aveva già meditate e discusse nella mia mente. Manifestata questa volontà, venni introdotto in un gabinetto[11] appartato, ove fui lasciato solo; e poiché l'impazienza e il desiderio d'invocare molti spiriti a un tempo mi rendevano titubante sulla scelta, ed era mio disegno di interrogare lo spirito invocato sul destino umano, e sulla spiritualità della nostra natura, mi venne in memoria il dottore Federico M. col quale, vivente, aveva avuto delle vive discussioni su questo argomento, e deliberai di chiamarlo. Fatta questa scelta, mi sedetti ad un tavolino, disposi innanzi a me un foglietto di carta, intinsi la penna nel calamaio, mi posi in atteggiamento di scrivere, e concentratomi per quanto era possibile in quel pensiero, e raccolta tutta la mia potenza di volizione[12], e direttala a quello scopo, attesi che lo spirito del dottore venisse.

Non attesi lungamente. Dopo alcuni minuti d'indugio mi accorsi per sensazioni nuove e inesplicabili che io non era più solo nella stanza, sentii per così dire la sua presenza; e prima che avessi saputo risolvermi a formulare una domanda, la mia mano agitata e convulsa[13], mossa come da una forza estranea alla mia volontà, scrisse, me inconsapevole, queste parole: «Sono a voi. Mi avete chiamato in un momento in cui delle invocazioni più esigenti mi impedivano di venire, né potrò trattenermi ora qui, né rispondere alle interrogazioni che avete deliberato di farmi. Nondimeno vi ho obbedito per compiacervi, e perché aveva bisogno io stesso di voi; ed era gran tempo che cercava il mezzo di mettermi in comunicazione col vostro spirito. Durante la mia vita mortale vi ho date alcune ossa che aveva sottratte al gabinetto anatomico di Pavia, e tra le quali vi era una rotella di ginocchio che ha appartenuto al corpo di un ex inserviente dell'Università, che si chiamava Pietro Mariani, e di cui io aveva sezionato arbitrariamente il cadavere. Sono ora undici anni che egli mette alla tortura il mio spirito per riavere quell'ossicino inconcludente, né cessa di rimproverarmi amaramente quell'atto, di minacciarmi, e di insistere per la restituzione

8. **subite**: improvvise.
9. **magnetizzatore**: in questo caso, chi evoca gli spiriti dei trapassati.
10. **sì**: così.
11. **gabinetto**: piccola stanza.
12. **volizione**: volontà.
13. **convulsa**: caratterizzata da contrazioni muscolari involontarie.

della sua rotella. Ve ne scongiuro per la memoria forse non ingrata che avrete serbato di me, se voi la conservate tuttora, restituitegliela, scioglietemi da questo debito tormentoso. Io farò venire a voi in questo momento lo spirito del Mariani. Rispondete.»

▲ L'illusionista francese Henri Robin con uno spettro, in una fotografia pubblicitaria a doppia esposizione di Eugène Thiébault, 1863.

Atterrito da quella rivelazione, io risposi che conservava di fatto quella sciagurata rotella, e che era felice di poterla restituire al suo proprietario legittimo, che, non v'essendo altra via, mandasse da me il Mariani. Ciò detto, o dirò meglio, pensato, sentii la mia persona come alleggerita, il mio braccio più libero, la mia mano non più ingranchita come dianzi, e compresi, in una parola, che lo spirito del dottore era partito. Stetti allora un altro istante ad attendere – la mia mente era in uno stato di esaltazione impossibile a definirsi. In capo ad alcuni minuti, riprovai gli stessi fenomeni di prima, benché meno intensi; e la mia mano trascinata dalla volontà dello spirito, scrisse queste altre parole: «Lo spirito di Pietro Mariani ex inserviente dell'Università di Pavia, è innanzi a voi, e reclama la rotella del suo ginocchio sinistro che ritenete indebitamente da undici anni. Rispondete.»

Questo linguaggio era più conciso e più energico di quello del dottore. Io replicai allo spirito: Io sono dispostissimo a restituire a Pietro Mariani la rotella del suo ginocchio sinistro, e lo prego anzi a perdonarmene la detenzione illegale; desidero però di conoscere come potrò effettuare la restituzione che mi è domandata.

Allora la mia mano tornò a scrivere;

«Pietro Mariani, ex inserviente dell'Università di Pavia, verrà a riprendere egli stesso la sua rotella.»

– Quando? – chiesi io atterrito.

E la mano vergò istantaneamente una sola parola «Stanotte.»

Annichilito[14] da quella notizia, coperto di un sudore cadaverico, io mi affrettai ad esclamare, mutando tuono di voce ad un tratto: «Per carità... vi scongiuro.... non vi disturbate.... manderò io stesso.... vi saranno altri mezzi meno incomodi...» Ma non aveva finito la frase che mi accorsi per le sensazioni già provate dapprima, che lo spirito di Mariani si era allontanato, e che non v'era più mezzo ad impedire la sua venuta.

È impossibile che io possa rendere qui colle parole l'angoscia delle sensazioni che provai in quel momento. Io era in preda ad un panico spaventoso. Uscii da quella casa mentre gli orologi della città suonavano la mezzanotte: le vie erano deserte, i lumi delle finestre spenti, le fiamme nei fanali offuscate da un nebbione fitto e pesante – tutto mi pareva più tetro del solito. Camminai per un pezzo senza sapere dove dirigermi: un istinto più potente della mia volontà mi allontanava dalla mia abitazione. Ove attingere il coraggio di andarvi?

14. **annichilito**: distrutto.

Io avrei dovuto ricevervi in quella notte la visita di uno spettro – era un'idea da morirne, era una prevenzione[15] troppo terribile.

Volle allora il caso che aggirandomi, non so più per qual via, mi trovassi di fronte a una bettola su cui vidi scritto a caratteri intagliati in un'impannata[16], e illuminati da una fiamma interna «Vini nazionali» e io dissi senz'altro a me stesso: Entriamovi, è meglio così, e non è un cattivo rimedio; cercherò nel vino quell'ardimento[17] che non ho più il potere di chiedere alla mia ragione. E cacciatomi in un angolo d'una stanzaccia sotterranea domandai alcune bottiglie di vino che bevetti con avidità, benché repugnante per abitudine all'abuso di quel liquore. Ottenni l'effetto che aveva desiderato. Ad ogni bicchiere bevuto il mio timore svaniva sensibilmente, i miei pensieri si dilucidavano, le mie idee parevano riordinarsi, quantunque con un disordine nuovo; e a poco a poco riconquistai talmente il mio coraggio che risi meco stesso del mio terrore, e mi alzai, e mi avviai risoluto verso casa.

Giunto in stanza, un po' barcollante pel troppo vino bevuto, accesi il lume, mi spogliai per metà, mi cacciai a precipizio nel letto, chiusi un occhio e poi un altro, e tentai di addormentarmi. Ma era indarno[18]. Mi sentiva assopito, irrigidito, catalettico[19], impotente a muovermi; le coperte mi pesavano addosso e mi avviluppavano e mi investivano come fossero di metallo fuso: e durante quell'assopimento incominciai ad avvedermi che dei fenomeni singolari si compievano intorno a me.

Dal lucignolo della candela che mi pareva avere spento, che era d'altronde una stearica[20] pura, si sollevavano in giro delle spire di fumo sì fitte e sì nere, che raccogliendosi sotto il soffitto lo nascondevano, e assumevano apparenza di una cappa pesante di piombo: l'atmosfera della stanza divenuta ad un tratto soffocante, era impregnata di un odore simile a quello che esala dalla carne viva abbrustolita, le mie orecchie erano assordate da un brontolio incessante di cui non sapeva indovinare le cause, e la rotella che vedeva lì, tra le mie carte, pareva muoversi e girare sulla superficie del tavolo, come in preda a convulsioni strane e violenti.

Durai non so quanto tempo in quello stato: io non poteva distogliere la mia attenzione da quella rotella. I miei sensi, le mie facoltà, le mie idee, tutto era concentrato in quella vista, tutto mi attraeva a lei; io voleva sollevarmi, discendere dal letto, uscire, ma non mi era possibile; e la mia desolazione era giunta a tal grado che quasi non ebbi a provare alcun spavento, allorché dissipatosi a un tratto il fumo emanato dal lucignolo della candela, vidi sollevarsi la tenda dell'uscio e comparire il fantasma aspettato. Io non batteva palpebra. Avanzatosi fino alla metà della stanza, s'inchinò cortesemente e mi disse: «Io sono Pietro Mariani, e vengo a riprendere, come vi ho promesso, la mia rotella.»

E poiché il terrore mi rendeva esitante a rispondergli, egli continuò con dolcezza:

«Perdonerete se ho dovuto disturbarvi nel colmo della notte.... in quest'ora.... capisco che la è un'ora incomoda... ma...»

15. prevenzione: predisposizione d'animo, per lo più sfavorevole.
16. impannata: telaio di legno coperto di panno, usato come infisso.
17. ardimento: coraggio estremo.
18. indarno: invano.
19. catalettico: apatico, sgomento.
20. stearica: candela composta di stearina, ovvero un composto organico ottenuto dalla spremitura di acidi grassi animali e vegetali risultati dalla saponificazione.

– Oh! è nulla, è nulla, – io interruppi rassicurato da tanta cortesia, – io vi debbo anzi ringraziare della vostra visita... io mi terrò sempre onorato di ricevervi nella mia casa...

– Ve ne son grato, – disse lo spettro, – ma desidero ad ogni modo giustificarmi dell'insistenza con cui ho reclamato la mia rotella sia presso di voi, sia presso l'egregio dottore dal quale l'avete ricevuta: osservate.

E così dicendo sollevò un lembo del lenzuolo bianco, in cui era avviluppato, e mostrandomi lo stinco della gamba sinistra legato al femore, per mancanza della rotella, con un nastro nero passato due o tre volte nell'apertura della fibula, fece alcuni passi per la stanza onde farmi conoscere che l'assenza di quell'osso gl'impediva di camminare liberamente.

– Tolga il cielo – io dissi allora con accento d'uomo mortificato, che il degno ex inserviente dell'Università di Pavia abbia a rimanere zoppicante per mia causa: ecco la vostra rotella, là, sul tavolino, prendetela, e accomodatela come potete al vostro ginocchio.

Lo spettro s'inchinò per la seconda volta in atto di ringraziamento, si slegò il nastro che gli congiungeva il femore allo stinco, lo posò sul tavolino, e presa la rotella, incominciò ad adattarla alla gamba.

▲ Leonor Fini, *Os Lyaque*. Collezione privata.

– Che notizie ne recate dall'altro mondo? – io chiesi allora, vedendo che la conversazione languiva, durante quella sua occupazione.

Ma egli non rispose alla mia domanda, ed esclamò con aspetto attristato: «Questa rotella è alquanto deteriorata, non ne avete fatto un buon uso.»

– Non credo, – io dissi, – ma forse che le altre vostre ossa sono più solide?

Egli tacque ancora, s'inchinò la terza volta per salutarmi; e quando fu sulla soglia dell'uscio, rispose chiudendone l'imposta dietro di sé: «Sentite se le altre mie ossa non sono più solide.»

E pronunciando queste parole percosse il pavimento col piede con tanta violenza che le pareti ne tremarono tutte; e a quel rumore mi scossi e... mi svegliai.

E appena desto, intesi che era la portinaia che picchiava all'uscio e diceva: «Son io, si alzi mi venga ad aprire.»

– Mio Dio! – esclamai allora fregandomi gli occhi col rovescio della mano, – era dunque un sogno, nient'altro che un sogno! che spavento! sia lodato il cielo... Ma quale insensatezza! Credere allo spiritismo... ai fantasmi...

E infilzati in fretta i calzoni, corsi ad aprire l'uscio; e poiché il freddo mi consigliava a ricacciarmi sotto le coltri, mi avvicinai al tavolino per posarvi la lettera sotto il premi-carte...

Ma quale fu il mio terrore quando vi vidi sparita la rotella, e al suo posto trovai il nastro nero che vi aveva lasciato Pietro Mariani!

U. Tarchetti, *Un osso di morto*, da *Racconti fantastici*, Treves, Milano, 1869

GUIDA ALLA LETTURA

IL PATTO NARRATIVO INIZIALE

Il racconto istituisce nell'incipit una sorta di accordo, chiamato patto narrativo, fra narratore e lettore: il primo afferma di lasciare al secondo l'eventuale *apprezzamento* del fatto che sta per raccontargli, di cui riconosce il carattere *inesplicabile*. Si tratta di un abile espediente, con cui l'autore anticipa una dimensione fondamentale del racconto, l'incredibilità, e crea suspense nel lettore.

LA VICENDA

Come tipico della narrativa fantastica, il racconto si apre con una situazione di normalità: il narratore racconta dei suoi studi e dell'incontro con un professore universitario, deceduto improvvisamente pochi mesi dopo. Ma ecco lo scarto rispetto alla realtà: dopo l'incontro con un noto magnetizzatore, il narratore è in attesa di assistere a una delle sue sedute spiritiche. Finalmente convocato, entra in contatto con il fantasma dell'inserviente di cui ancora conserva la rotula: lo spirito la richiede indietro e promette di andarla a recuperare quella notte stessa. Da questo momento la vicenda procede in un crescendo di suspense fino alla conclusione che spiazza il lettore con un doppio finale a sorpresa.

UN RACCONTO FANTASTICO

Il racconto di Tarchetti presenta i caratteri tipici della narrativa fantastica:

- dopo un breve antefatto (il rapporto fra il narratore e il medico patologo e l'improvvisa morte di costui) irrompe nella realtà un primo evento singolare, la seduta spiritica, che genera a sua volta la parte centrale del racconto, ossia l'incontro fra il narratore e il fantasma dell'inserviente dell'università, legittimo "proprietario" della rotula conservata dal narratore;
- la tensione del lettore viene mantenuta alta con diversi accorgimenti: la paura del narratore, l'anticipazione durante la seduta spiritica della visita notturna di Pietro Mariani, le atmosfere cupe che fanno da sfondo alla vicenda, elementi che creano tensione e paura;
- l'alternativa fra una spiegazione naturale e una soprannaturale degli eventi narrati. Il narratore prospetta al lettore due possibilità di interpretazione della vicenda sulla base di una spiegazione naturale: indirettamente con il dubbio che si tratti di un effetto dell'alcol ingerito prima dell'incontro con lo spirito dell'inserviente, e, poco prima della conclusione, con il riferimento diretto al brusco risveglio (i colpi alla porta della portinaia spiegano a livello sonoro l'impressione suscitata in sogno dal colpo di piede dello spirito sul pavimento). Il lettore è così indotto a credere all'ipotesi di un "brutto sogno". Ma ecco il finale a ribaltare ancora una volta la situazione, con la scomparsa della rotula e la presenza del nastro nero, inspiegabili a livello razionale;
- una tecnica di scrittura che vuole essere una sorta di resoconto della vicenda, a testimoniare la veridicità dei fatti.

Il perturbante freudiano caratterizza il racconto, centrato su una apparizione soprannaturale che provoca paura nel lettore, e il finale riconduce la vicenda nell'ambito del fantastico – meraviglioso teorizzato da Todorov: di fatto la storia si conclude con l'accettazione del soprannaturale.

L'IRONIA

La tensione che contraddistingue il racconto è smorzata in alcuni passaggi dall'ironia del narratore. Si coglie per esempio nel riferimento agli effetti dell'alcol (*le mie idee parevano riordinarsi, quantunque con un disordine nuovo*) e nell'estrema cortesia che caratterizza tutto l'improbabile dialogo fra il narratore stesso e lo spirito di Pietro Mariani, ma anche nella battuta sulla solidità delle sue ossa (*forse che le altra vostra ossa sono più solide?*).

COMPRENDERE E ANALIZZARE

COMPRENSIONE

1. Chi è Federico M.? Che ruolo ha nella vicenda?
2. Dove è ambientata la vicenda?
3. Chi è il secondo spirito nella seduta?
4. Nel racconto è rintracciabile uno scrupolo di natura morale. Quale?
5. Perché il narratore va nella bettola dopo la seduta?

ANALISI

6. Individua le fasi della narrazione.
7. Tempo e luoghi dell'azione sono indicati con precisione dall'autore. Individuali e spiega che scopo hanno, secondo te, rispetto al contenuto della vicenda.
8. Nel testo compaiono tutti gli elementi costitutivi di

un racconto del terrore, anche se attenuati dall'atteggiamento del narratore. Individuali e spiega a quale strategia l'autore ricorre per smorzarne la carica (fai attenzione, per esempio, all'incontro fra il narratore e il suo persecutore).

9. Individua il tema centrale del racconto con opportuni riferimenti al testo.
10. Rileggi il testo e prendi in considerazione lo stile: a quale registro lessicale ricorre l'autore? Come si presenta la sintassi?

SCRIVERE

APPROFONDIMENTO E SCRITTURA

11. Riassumi il racconto in non più di 15 di righe.
12. Nella nostra epoca la scienza ha spiegato molti fenomeni un tempo ritenuti misteriosi. Ti sembra che ci possa essere ancora spazio per una visione magica della realtà? Illustra la tua posizione in un testo di due paragrafi, uno dedicato a qualche esempio storico, l'altro in cui esponi le tue riflessioni.

SCRITTURA CREATIVA Dal punto di vista di...

13. Riscrivi il racconto affidando la narrazione all'inserviente. Fai attenzione a eliminare tutto ciò che non lo riguarda direttamente.

SCRITTURA CREATIVA Riscrivi il finale

14. Inventa un tuo finale per il racconto che non superi le 5 righe.

VERSO LE COMPETENZE COMPITI DI REALTÀ

- *Comunicazione nella madrelingua*
- *Consapevolezza ed espressione culturale*
- *Competenza digitale*

15. La superstizione è un aspetto tipico della cultura popolare. Intervistando parenti anziani della tua famiglia o ricercando tra le tradizioni locali, individua i gesti scaramantici più diffusi e, laddove possibile, anche la loro origine, e illustrali in una presentazione multimediale di 5/10 slides.

Il tuo lavoro sarà valutato sulla base di questi parametri:

Criteri / Livello di padronanza	Iniziale (1)	Base (2)	Intermedio (3)	Avanzato (4)
Accuratezza della ricerca				
Realizzazione della presentazione				
Efficacia comunicativa				

16. Ecco due immagini sull'uso dei cadaveri a beneficio della scienza. La prima, *Lezione di anatomia del dottor Tulp* **[1]** del pittore olandese Rembrandt (1606-1669), illustra la dissezione del cadavere di un giustiziato. La seconda **[2]** è tratta da una mostra, *Body Worlds*, che alcuni anni fa ha avuto grande successo in molti Paesi del mondo compresa l'Italia e che, attraverso una tecnica particolare detta plastinazione, mostra l'interno del corpo umano. Ti sembra che possano urtare la sensibilità dello spettatore? In quale ravvisi una maggiore spettacolarizzazione del corpo umano? Esponi le tue considerazioni in un breve testo articolato in tre paragrafi: nei primi due descrivi le immagini, nel terzo esponi le tue riflessioni.

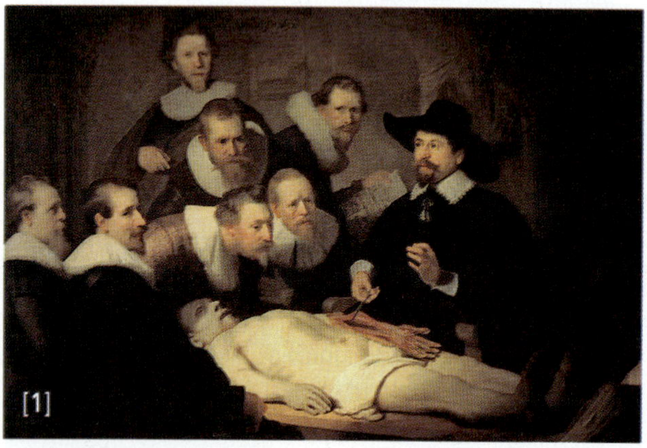
[1]

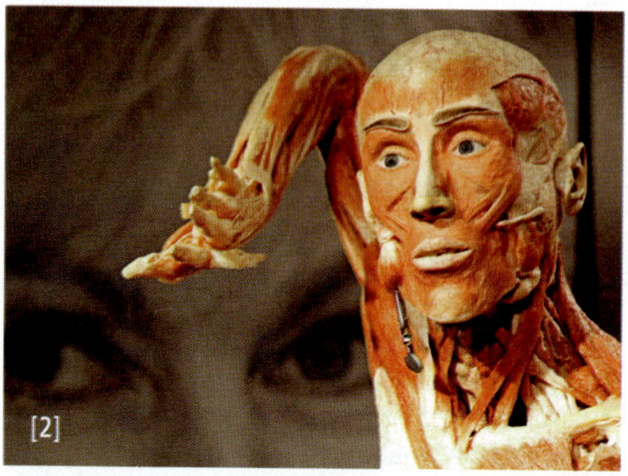
[2]

RACCONTI A CONFRONTO

I racconti proiettano il lettore in un futuro in cui scuola, insegnanti e contenuti sull'apprendimento si sono trasformati a tal punto da destare qualche nostalgia.

T13 Isaac Asimov Chissà come si divertivano!

Isaac Asimov (Petroviči, 1920-New York, 1992) è un biochimico e scrittore sovietico naturalizzato statunitense. Ha pubblicato opere sia di **carattere fantascientifico** sia di **divulgazione scientifica**, ma ha scritto anche **polizieschi** e libri di **letteratura per ragazzi**. Sempre attento alla plausibilità scientifica delle sue storie, è fra i primi scrittori a trasformare la fantascienza da genere di consumo a letteratura.

In un futuro connotato cronologicamente (la data è quella del 17 maggio 2157) un tredicenne trova in solaio un libro antichissimo, con le storie stampate su carta, pagine gialle e fruscianti e parole che se ne stanno ferme davanti agli occhi del lettore anziché muoversi come nei più funzionali telelibri che l'autore immagina in uso, appunto, nel 2157. E per di più quel libro parla di scuola, una scuola d'altri tempi: dove i docenti erano in carne e ossa e gli studenti frequentavano insieme le lezioni. Un gran bel divertimento, insomma, rispetto all'insegnante meccanico e alle lezioni individuali a casa del 2157. L'autore anticipa l'invenzione degli ebook ed esprime scetticismo su un futuro in cui, immagina, nuove modalità di apprendimento cancellano il piacere di frequentare i coetanei. Anche in questo caso il genere della fantascienza si presta a un rovesciamento di prospettiva: la scuola spesso detestata dagli studenti diventa agli occhi dei ragazzi del futuro un luogo di divertimento.

Margie lo scrisse perfino nel suo diario, quella sera. Sulla pagina che portava la data 17 maggio 2157, scrisse: "Oggi Tommy ha trovato un vero libro!" Era un libro antichissimo. Il nonno di Margie aveva detto una volta che, quand'era bambino lui, suo nonno gli aveva detto che c'era stata un'epoca in cui tutte le storie e i racconti erano stampati su carta. Si voltavano le pagine, che erano gialle e fruscianti, ed era buffissimo leggere parole che se ne stavano ferme invece di muoversi, com'era previsto che facessero: su uno schermo, è logico. E poi, quando si tornava alla pagina precedente, sopra c'erano le stesse parole che loro avevano già letto la prima volta – Mamma mia, che spreco – disse Tommy. – Quando uno è arrivato in fondo al libro, che cosa fa? Lo butta via, immagino. Il nostro schermo televisivo deve avere avuto un milione di libri, sopra, ed è ancora buono per chissà quanti altri. Chi si sognerebbe di buttarlo via?

– Lo stesso vale per il mio – disse Margie. Aveva undici anni, lei, e non aveva visto tanti telelibri[1] quanti ne aveva visti Tommy. Lui di anni ne aveva tredici. – Dove l'hai trovato? – gli domandò, – In casa. – Indicò lui senza guardare, perché era occupatissimo a leggere. – In solaio[2]. – Di cosa parla? – Di scuola. – Di scuola? – Il tono di Margie era sprezzante. – Cosa c'è da scrivere, sulla scuola? Io la scuola la odio. Margie aveva sempre odiato la scuola, ma ora la odiava più che mai. L'insegnante meccanico le aveva assegna-

1. **telelibri**: in questo contesto, libri proiettati su uno schermo. Non si tratta tuttavia di un termine codificato dal dizionario perché non è in uso un oggetto come quello immaginato nel racconto.

2. **solaio**: sottotetto, ambiente in cui un tempo si riponevano gli oggetti non in uso.

to un test dopo l'altro di geografia, e lei aveva risposto sempre peggio, finché la madre aveva scosso la testa, avvilita, e aveva mandato a chiamare l'Ispettore della Contea. Era un omino tondo tondo, l'Ispettore, con una faccia rossa e uno scatolone di arnesi con fili e con quadranti. Aveva sorriso a Margie e le aveva offerto una mela, poi aveva smontato l'insegnante in tanti pezzi. Margie aveva sperato che poi non sapesse più come rimetterli insieme, ma lui lo sapeva e, in poco più di un'ora, l'insegnante era di nuovo tutto intero, largo, nero e brutto, con un grosso schermo sul quale erano illustrate tutte le lezioni e venivano scritte tutte le domande.

▲ Henri Jules Jean Geoffroy, *La classe dei bambini*, 1889. Archivio Charmet, Parigi.

Ma non era quello il peggio. La cosa che Margie odiava soprattutto era la fessura dove lei doveva infilare i compiti e i testi compilati. Le toccava scriverli in un codice perforato che le avevano fatto imparare quando aveva sei anni, e il maestro meccanico calcolava i voti a una velocità spaventosa. L'ispettore aveva sorriso una volta finito il lavoro, e aveva accarezzato la testa di Margie. Alla mamma aveva detto: – Non è colpa della bambina, signora Jones. Secondo me, il settore geografia era regolato male. Sa, sono inconvenienti che capitano, a volte. L'ho rallentato. Ora è su un livello medio per alunni di dieci anni. Anzi, direi che l'andamento generale dei progressi della scolara sia piuttosto soddisfacente. – E aveva fatto un'altra carezza sulla testa a Margie. Margie era delusa. Aveva sperato che si portassero via l'insegnante, per ripararlo in officina. Una volta s'erano tenuti quello di Tommy per circa un mese, perché il settore storia era andato completamente a pallino. Così, disse a Tommy: – Ma come gli viene in mente, a uno, di scrivere un libro sulla scuola? Tommy la squadrò con aria di superiorità. – Ma non è una scuola come la nostra, stupida! Questo è un tipo di scuola molto antico, come l'avevano centinaia e centinaia di anni fa. – Poi aggiunse altezzosamente, pronunciando la parola con cura.

– Secoli fa –. Margie era offesa. – Be' io non so che specie di scuola avessero, tutto quel tempo fa. – Per un po' continuò a sbirciare il libro, china sopra la spalla di lui, poi disse:

– In ogni modo, avevano un maestro? – Certo che avevano un maestro, ma non era un maestro regolare. Era un uomo. – Un uomo? Come faceva un uomo a fare il maestro? – Be', spiegava le cose ai ragazzi e alle ragazze, dava da fare dei compiti a casa e faceva delle domande. – Un uomo non è abbastanza in gamba. – Sì che lo è. Mio papà ne sa quanto il mio maestro. – Ma va'! Un uomo non può saperne quanto un maestro. – Ne sa quasi quanto il maestro, ci scommetto. Margie non era preparata a mettere in dubbio quell'affermazione. Disse. – Io non ce lo vorrei un estraneo in casa mia, a insegnarmi. Tommy rise a più non posso. – Non sai proprio niente, Margie. Gli insegnanti non vivevano in casa. Avevano un edificio speciale e tutti i ragazzi andavano là. – E imparavano tutti la stessa cosa? – Certo, se avevano la stessa età. – Ma la mia mamma dice che un insegnante dev'essere regolato perché si adatti alla mente di uno scolaro o di una scolara, e che ogni bambino deve essere istruito in modo diverso. – Sì, però loro a quei tempi non facevano così. Se non ti va, fai a meno di leggere il libro. – Non ho detto che non mi va, io – si affrettò a precisare Margie. Certo che voleva leggere di quelle buffe scuole. Non erano nemmeno a metà del libro quando la signora Jones chiamò: – Margie! A scuola! Margie guardò in su. – Non ancora, mamma. – Subito! – disse la signora Jones. – E sarà ora di scuola anche per Tommy, probabilmente. Margie disse a Tommy: – Posso leggere ancora un po' il libro con te, dopo la scuola? – Vedremo – rispose lui con noncuranza. Si allontanò fischiettando, il vecchio libro polveroso stretto sotto il braccio. Margie se ne andò in classe. L'aula era proprio accanto alla sua cameretta, e l'insegnante meccanico, già in funzione, la stava aspettando. Era in funzione sempre alla stessa ora, tutti i giorni tranne il sabato e la domenica, perché la mamma diceva che le bambine imparavano meglio se imparavano a orari regolari. Lo schermo era illuminato e stava dicendo – Oggi la lezione di aritmetica è sull'addizione delle frazioni proprie. Prego inserire il compito di ieri nell'apposita fessura. Margie obbedì con un sospiro. Stava pensando alle vecchie scuole che c'erano quando il nonno di suo nonno era bambino. Ci andavano i ragazzi di tutto il vicinato, ridevano e vociavano nel cortile, sedevano insieme in classe, tornavano a casa insieme alla fine della giornata. Imparavano le stesse cose, così potevano darsi una mano a fare i compiti e parlare di quello che avevano da studiare. E i maestri erano persone...

L'insegnante meccanico stava facendo lampeggiare sullo schermo: – Quando addizioniamo le frazioni 1/2 + 1/4... Margie stava pensando ai bambini di quei tempi, e a come dovevano amare la scuola. Chissà come si divertivano!, pensò.

I. Asimov, *Chissà come ci divertivamo!*, da *Tutti i racconti*, Mondadori, Milano, 1991

T14 Mildred Downey Broxon – Sussidi didattici

Mildred Downey Broxon (Atlanta, 1944) è una scrittrice americana di **racconti** e **romanzi** di **fantascienza**, genere per cui ha vinto numerosi premi negli Stati Uniti.

In ogni buon racconto, lungo o breve che sia, c'è sempre un nocciolo, un punto essenziale. Il lettore può non cercarlo consapevolmente, ma se non c'è ne sentirà la mancanza. Nei racconti lunghi e complessi, il nocciolo può essere occultato sotto strati di accessori: intrecci complicati, sottotrame, descrizioni, dissertazioni. Ma nel racconto breve tutto viene eliminato tranne il nocciolo, che si presenta al lettore senza orpelli, e come un ago soffiato da una cerbottana resterà conficcato in lui a lungo. Con queste parole Isaac Asimov mette a fuoco uno dei caratteri peculiari della narrazione breve. Nel racconto che segue l'"ago della cerbottana", per riprendere l'espressione di Asimov, compare nel momento in cui viene rivelata l'identità della professoressa, il cui ingresso in aula apre la vicenda.

Stette lì in piedi, ammiccando nella penombra, sconcertata dallo strano arazzo di luci smorzate che aveva davanti. Una classe? Profumava come una classe – l'aria tiepida, leggermente viziata, i libri, la polvere di gesso – e la cattedra di legno consunto era solida e familiare. Ma davanti a lei c'era quel tenue muro di luci, quel luccichio opaco... di vetro? plastica? Non riusciva a capire chi o che cosa le sedesse davanti nella penombra, scrutandola.

Un mormorio di anticipazione, o forse d'impazienza percorse la classe. Era evidente che ci si aspettava qualcosa da lei. Gli appunti sulla cattedra erano intitolati *Storia della*

Terra. Storia della Terra? Un titolo ambizioso per un corso. Non riusciva a ricordare di aver mai tenuto un corso del genere; ma non riusciva a ricordare neppure come aveva fatto ad arrivare lì. Le avevano assegnato una nuova classe? In qualche nuova ala dell'Università? Ma perché allora avevano rastrellato quei vecchi arredi? Forse stava diventando troppo vecchia. Se cominciava ad avere quei vuoti di memoria l'avrebbero costretta a ritirarsi.

Si schiarì la gola.

– Salve – disse – sono la professoressa Ellen Donnally, e vi terrò un corso su... – abbassò gli occhi: sì, gli appunti dicevano proprio così... – la storia della Terra –. Fece una pausa, cercando di penetrare l'oscurità. I fari puntati su di lei dalla parete di fronte l'accecavano; non poteva vedere la classe, non poteva guardarli negli occhi, non poteva valutare le loro reazioni. – Per prima cosa vorrei che ognuno di voi mi dicesse perché ha scelto questo corso –. Ecco. Le risposte le avrebbero forse risvegliato la memoria.

Ci fu un silenzio pieno d'attesa, poi dalla penombra uscì una voce metallica, uniforme: – Sto studiando le forme di vita secondarie delle stelle nane gialle –. Ellen sbatté le palpebre, sconcertata.

La voce metallica riprese, questa volta con diversa velocità: – I miei antenati visitarono la Terra vari anni fa. Vorrei capire quel che videro e sapere se quel che fecero ha avuto qualche effetto.

Ecco... la stessa voce emanava ora da un'incandescenza vagamente rossastra: – Le forme di vita a base carbonica sono per me un interessante diversivo.

La voce metallica – un congegno di traduzione simultanea? – continuò a gracchiare: – Sono interessato all'antica mitologia... Agli effetti di un sistema biplanetario sulla psiche degli esseri senzienti... Alla fisiologia salina... Alle forme di arte rappresentativa nel settore di Sirio –. L'elenco proseguiva interminabile, e lei annuiva e sorrideva a ognuno, benché le sue mani sudate lasciassero tracce umidicce sulla cattedra. Nulla di quel che dicevano ridestava la sua memoria offuscata. Poteva trattarsi di uno scherzo; ma lei era benvoluta – gli studenti dicevano sempre che le sue lezioni facevano rivivere il passato. Chi mai si sarebbe preso tanta briga solo per confondere una vecchia professoressa?

Scorse la prima pagina degli appunti. Non li aveva mai visti prima, ma il frasario le era familiare, come se li avesse scritti lei stessa: *Storia della Terra*?

– Poiché questo è il primo giorno di lezione, vi lascerò subito andare perché possiate recarvi tutti in biblioteca e scegliere il materiale di consultazione –.

Su questo non poteva sbagliare; lei aveva sempre materiale di consultazione disponibile, doveva averlo: libri, illustrazioni, persino manufatti della sua collezione privata, raccolta in tanti anni di insegnamento.

Altrimenti come avrebbero imparato gli studenti?

▲ Harry Green, *Dinosauri*, 1950 ca. Collezione privata.

Diede un'occhiata agli appunti. – La prossima lezione riguarderà la formazione della Terra e le ere geologiche fino all'Età dei Grandi Rettili. Buongiorno a tutti.

L'accecante luce gialla si spense. Per un momento intravide lunghe file di grandi scatole di vetro lucenti – come in una gigantesca gioielleria – alcune scintillanti di luci rosse o blu, altre piene di liquido, altre ancora appannate da nubi di vapore.

Poi, d'improvviso, l'insegnante non fu che una sagoma ricurva, immota, in piedi dietro a una cattedra di legno.

Uno studente, guardando la piattaforma al centro del grande anfiteatro, osservò: – Non sono straordinarie queste imitazioni? Non c'è da meravigliarsi se i corsi di Culture antiche sono così popolari.

Le sue parole furono tradotte istantaneamente. Un compagno rispose: – Puoi ben dirlo! Sono meccanismi senzienti, lo sai? I primi modelli erano troppo meccanici. Questi nuovi tipi sono quasi vivi.

– In un certo senso essi *sono vivi*, naturalmente. Almeno la loro personalità vive. È il sistema più pratico per apprendere come erano realmente quelle creature. Ma mi chiedo come si sente a passare l'eternità in condizione di stasi.

– Be' – disse il secondo – almeno non si consumano mai.

Nel frattempo la classe s'era vuotata. La professoressa Ellen Donnally rimase ritta sulla piattaforma, senza tempo né moto, aspettando la seconda lezione.

M. Downey Broxon, *Sussidi didattici*, da AA.VV., *Microfantascienza: altre 44 storie*, a cura di I. Asimov, trad. it. M. Spada, Mondadori, Milano, 1980

COMPRENDERE E ANALIZZARE

1. Come si definiscono i due tipi di insegnante?

	Robot	Androide	Cyborg
Chissà come si divertivano!			
Sussidi didattici			

2. Quale punto di vista assume il narratore?

Chissà come si divertivano!	
Sussidi didattici	

3. A quale specie appartengono gli studenti dei due racconti? Motiva sul quaderno la risposta con riferimenti al testo.
4. Che cosa riguardano le materie di studio?
5. Quali programmi sono più innovativi?
6. Qual è l'atteggiamento degli studenti nei confronti dell'apprendimento? Motiva la risposta con riferimenti al testo.
7. Individua le caratteristiche dei docenti in relazione a:

	Competenze	Necessità di manutenzione
Chissà come si divertivano!		
Sussidi didattici		

8. In quali ambienti si svolgono le vicende?

	Ambienti
Chissà come si divertivano!	
Sussidi didattici	

9. Quando si svolgono le vicende? Rispondi con riferimenti al testo.

VERSO LA PROVA INVALSI

TIPOLOGIA TESTUALE: ARTICOLO DI GIORNALE

FOCUS: SINTASSI E LESSICO

La donna e l'uomo del domani? Non saranno «super»

di Elena Meli ■ «Corriere della sera», 13 maggio 2013

È probabile che la statura non aumenterà molto e che muscoli e dentatura serviranno meno di oggi.

MILANO – Saremo più alti, con un cervello più potente, ma senza denti perché ci ciberemo solo di pillole e pappine? Oppure saremo grassi, con i muscoli atrofizzati e un cervello minuscolo? Difficile prevedere come saranno l'uomo e la donna fra migliaia di anni: la fantascienza ci si è applicata con zelo, proponendo versioni più o meno fantasiose, e pure la scienza ha provato ad azzardare qualche ipotesi. Lo ha fatto di recente anche la rivista *New Scientist*, commentando alcuni studi sull'evoluzione a poco più di 150 anni dalla pubblicazione de "L'origine della specie" di Charles Darwin.

ARRANGIARSI – Non sappiamo se Darwin avesse una teoria sull'uomo del futuro, ma Maurizio Casiraghi, presidente della Società Italiana di Biologia Evoluzionistica, specifica: «Darwin parlava di discendenza con modificazioni e non di evoluzione, perché in questo termine è implicita l'idea che la specie tenda verso un miglioramento. Non è detto che sia così, perché chi è "premiato" dal processo di selezione naturale non è il migliore, ma quello che se la cava meglio: l'evoluzione non è innovazione, ma è, piuttosto, arte di arrangiarsi». Morale, non dobbiamo aspettarci che l'uomo del domani sia per forza un super-uomo, anzi. Plausibile pensare che sarà alto, visto che in meno di un paio di secoli l'altezza media delle popolazioni occidentali è aumentata di 10 centimetri. «Non necessariamente continuerà a "crescere", perché l'incremento di statura registrato non sottintende un cambiamento genetico, che è ciò che ci vuole per parlare di evoluzione – obietta Antonio Torroni, docente di genetica al Dipartimento di Biologia e Biotecnologie dell'Università di Pavia –. L'altezza maggiore è più che altro il frutto di un ambiente diverso: vaccini, cure migliori, alimentazione più ricca ci stanno consentendo di esprimere al meglio il potenziale della specie, ma i geni non sono cambiati».

CIBO SPAZZATURA – Difficile poi dire se diventeremo più grassi, anche se qualche avvisaglia sembra ci sia: stiamo diventando accumulatori di grasso, a giudicare da quanto ha denunciato una ricerca sull'*International Journal of Obesity*: i bambini di oggi rispetto a quelli di 30 anni fa, a parità di peso e altezza hanno un 23% di massa grassa in più e il 3% di massa magra in meno. Colpa del cibo spazzatura, che forse alla lunga potrebbe paradossalmente avere perfino effetti positivi, perché se ci adattassimo a tollerarlo, dicono gli studiosi, potremmo diventare "resistenti" a diabete e malattie cardiovascolari. Alcune teorie, d'altro canto, indicano come probabile una maggiore dipendenza dalla tecnologia medica, perché il nostro sistema immunitario, sempre più "impigrito" da vaccini e antibiotici, ci renderà più fragili. Certe caratteristiche umane peraltro sembra stiano cambiando: oggi il 90% dei bambini ha bisogno dell'apparecchio per i denti perché ossa e muscoli di mascella e mandibola sono più deboli rispetto al passato. I denti stanno diventando più piccoli e quelli del giudizio sarebbero già in via di estinzione: il 35% di noi nasce già senza, molti altri ne possiedono 1 o 2 al massimo perché gli ultimi molari con la dieta attuale non servono più.

SENZA MUSCOLI – L'evoluzione infatti tende a eliminare tratti inutili, attraverso la cosiddetta selezione rilassata: la scomparsa è più o meno lenta a seconda della spesa necessaria a mantenere in funzione una determinata caratteristica e del numero di geni coinvolti, stando a studi del National Evolutionary Synthesis Center statunitense. Perciò, secondo molti, in futuro saremo glabri, visto che non abbiamo più necessità di peli che ci aiutino nella termoregolazione, e più deboli, perché perderemo gran parte della muscolatura, resa superflua dallo scarso uso della forza fisica per la maggioranza di noi. C'è chi si spinge a supporre che non avremo alcune dita dei piedi, perché non sono più indispensabili per aggrapparci agli alberi (ma l'equilibrio ne risentirebbe e forse per questo non abbiamo ancora perso i mignoli) e pare probabile che, in un mondo multiculturale e con un numero sempre più esiguo di popolazioni isolate, l'uomo del futuro possa essere un meticcio con caratteristiche intermedie alle diverse etnie. Tutte congetture, ovviamente.

POCHI FIGLI – «L'evoluzione è imprevedibile: possiamo solo ipotizzare tendenze, valutando quel che è successo in passato – precisa Casiraghi –. Per di più, l'uomo è una specie con appena 200 mila anni di vita, un soffio nell'esistenza della Terra, 8 mila generazioni appena. Il nostro genoma non è cambiato molto dal progenitore comune con gli scimpanzé, tanto che la differenza con i nostri "parenti" primati è solo del 2%: non è però questa manciata di geni che ci rende diversi da uno scimpanzé, ma il fatto che il nostro genoma "lavora" in altro modo, perché gli stessi geni possono comportarsi in modo differente in contesti evolutivi diversi. Se perciò un gene si modifica è molto difficile capire come questo influenzerà lo sviluppo globale di un organismo; quindi, è praticamente impossibile fare previsioni sensate». «Inoltre, oggi la popolazione è molto numerosa e facciamo mediamente pochi figli – aggiunge Torroni –. Un carattere, qualsiasi esso sia, viene diluito nell'intera specie e non è più pensabile un "effetto fondatore" che porti a tramandare un gene a tantissime persone influenzando l'evoluzione, come è successo, ad esempio, in Asia con la discendenza di Gengis Khan: lui e i suoi innumerevoli figli ebbero una progenie vastissima, così tuttora se ne riconosce il "segno" sul 2-3% indeboliti dei cromosomi maschili Y delle genti asiatiche».

SUPER POLLICE – Lo scarso effetto del singolo sul destino dell'evoluzione umana può avere risvolti utili. Oggi persone con malattie genetiche un tempo incurabili possono avere figli, tramandando però così il loro difetto: questo ha portato alcuni a supporre che la specie umana si stia "indebolendo". Commenta Casiraghi: «Certamente si perpetua la presenza di geni che pian piano sarebbero scomparsi, ma questo non mette in pericolo la specie né la modificherà: l'effetto a livello globale è trascurabile». «Lo stesso può dirsi di caratteristiche teoricamente vantaggiose – aggiunge Torroni –. Poniamo che in una società tecnologica come la nostra sia conveniente avere un super-pollice per schiacciare i tasti di telefonini e computer: non sarebbe comunque detto che fra mille generazioni l'uomo avrebbe un dito più sviluppato. Tale tratto, infatti, non dà un vantaggio evolutivo: chi ce l'avesse non farà più figli per questo». La selezione premia infatti chi si riproduce di più, effetti macroscopici li potremmo vedere solo in piccole popolazioni segregate e in presenza di "super-riproduttori" che abbiano decine di discendenti. Una situazione sempre meno probabile oggi, per cui secondo gli esperti non serve far volare troppo la fantasia: siamo avviati verso un'evoluzione "tranquilla", e forse avremo un aspetto simile a quello attuale ancora a lungo.

1. In relazione all'evoluzione il testo sostiene che:
a. ☐ l'evoluzione è miglioramento della specie;
b. ☐ l'uomo è atteso da un progresso inarrestabile;
c. ☐ l'evoluzione premia i più capaci di adattarsi;
d. ☐ l'evoluzione tende a eliminare sempre rapidamente i tratti inutili.

2. Tra le caratteristiche qui di seguito elencate quali potrebbero appartenere all'uomo del futuro?

	Sì	No
Maggiore resistenza alle malattie		
Maggiore debolezza di ossa e muscoli facciali		
Minore peluria		
Dentatura ridotta		
Altezza inferiore		
Maggiore sviluppo del pollice		

3. L'esempio riferito alla discendenza di Gengis Khan serve a dimostrare:
a. ☐ la maggiore fertilità delle popolazioni asiatiche rispetto agli occidentali;
b. ☐ la diffusione di alcuni geni antichi in una percentuale minima delle popolazioni asiatiche;
c. ☐ la significativa diffusione di alcuni geni antichi nelle popolazioni asiatiche;
d. ☐ la mancata diluizione di un gene in una vasta discendenza.

4. Alla riga 68 nella frase *non è più pensabile un "effetto fondatore"*, *"effetto"* in analisi logica ha valore di

....

5. Alla riga 79 nel verbo *dirsi*, quale valore ha la particella *si*:

....

6. Alla riga 44 il termine *glabri* significa:
a. ☐ depilati;
b. ☐ pelosi;
c. ☐ lisci;
d. ☐ privi di peli.

7. Alle righe 44-45 la subordinata *che ci aiutino* ha valore:
a. ☐ causale;
b. ☐ consecutivo;
c. ☐ relativo;
d. ☐ ipotetico.

8. Alla riga 13 *che la specie tenda verso un miglioramento* è una proposizione subordinata:
a. ☐ soggettiva;
b. ☐ oggettiva;
c. ☐ dichiarativa;
d. ☐ relativa.

9. *Atrofizzati* alla riga 4 significa:
a. ☐ indeboliti;
b. ☐ depotenziati;
c. ☐ privi di tonicità;
d. ☐ paralizzati.

10. Alla riga 84 il prefisso *macro* indica:
a. ☐ riduzione;
b. ☐ estensione;
c. ☐ moltiplicazione;
d. ☐ grandezza.

A COLPO D'OCCHIO _ La narrazione fantastica

ZTE ONLINE
Mettiti alla prova con gli esercizi interattivi

IL PERCORSO ANTOLOGICO

E. Allan Poe **U. Tarchetti**	*Il gatto nero* *Un osso di morto*	Il fantastico puro
S. Jackson	*La lotteria*	L'horror
D. Buzzati **H. Slesar**	*Cacciatori di vecchi* *Giorno d'esame*	La distopia
F. Brown **J. G. Ballard** **I. Asimov** **M. D. Broxon**	*Esperimento* *L'ultima pozzanghera* *Chissà come si divertivano!* *Sussidi didattici*	La fantascienza
C. Perrault **J. e W. Grimm**	*Cappuccetto Rosso* *Cappuccetto Rosso*	La fiaba
K. M. O'Donnell	*Maestra e scolaro*	Il *fantasy*
A. Campanile **I. Calvino**	*La scoperta dell'Europa* *Tutto in un punto*	La fantastoria

L'EVOLUZIONE NEL TEMPO

NARRAZIONE FANTASTICA

- Il fantastico quotidiano si sviluppa dopo la nascita della psicanalisi e la teoria freudiana del perturbante
- Il gusto per il fantastico si sviluppa nell'Ottocento nell'ambito delle reazioni alle idee illuministiche, come una delle espressioni della cultura romantica
- Una tendenza al fantastico percorre la narrativa di ogni tempo

CAPITOLO 5

LA NARRAZIONE SIMBOLICA

Le caratteristiche della narrazione simbolica

La narrazione simbolica si caratterizza per un **duplice livello di lettura**: quello **letterale**, che corrisponde al contenuto esplicito, e quello **simbolico**, che richiede invece uno sforzo interpretativo. La narrazione simbolica dice infatti qualcosa lasciando intendere che il suo significato autentico sia altro, stia su un piano più profondo e nascosto.

Il significato recondito proprio di una narrazione simbolica non è necessariamente univoco: le **suggestioni** per i lettori possono essere **diverse**. La situazione di partenza può essere realistica o fantastica: in ogni caso il vero significato va oltre il senso letterale e immediato della storia.

I caratteri ricorrenti della narrazione simbolica sono:

- **narrazione ambigua** e talvolta inquietante;
- **significato nascosto** che spesso rimanda a una dimensione esistenziale;
- situazioni di **esordio** di carattere almeno apparentemente **realistico**;
- presenza di un **oggetto** su cui si concentra la valenza simbolica;
- **valore simbolico** degli **spazi**;
- **linguaggio** che oscilla fra la **concretezza** e l'**allusività**.

Etimologia del termine "simbolo"

Il sostantivo "simbolo" e l'aggettivo "simbolico" derivano dal termine greco *symbolon* ("accostamento", "segno di riconoscimento"), a sua volta dal verbo *symballo* ("gettare insieme", "far coincidere"). Nell'uso degli antichi Greci il termine designa un **mezzo di riconoscimento** costituito dalle due parti di un oggetto spezzato irregolarmente (per esempio un pezzo di legno), che i discendenti di famiglie diverse conservavano come segno di amicizia.

In senso figurato indica un'**immagine** che susciti nella mente un'**idea diversa** da quella offerta dal suo **immediato aspetto sensibile**, ma capace di evocarla: così, per esempio, la volpe è simbolo dell'astuzia, la palma del martirio, il cane della fedeltà.

Breve storia della narrazione simbolica

L'uso simbolico risale ai primordi della narrazione. Simbolico è infatti il significato di molti **miti**, simboliche sono molte **narrazioni di contenuto religioso** e numerosi **testi della classicità greco-latina**, come le favole di Esopo (VI sec. a.C.) e di Fedro (I sec. d.C.), che affidano un messaggio morale a storie che hanno gli animali come protagonisti.

La lettura dei testi su molteplici livelli è tipica del **mondo medievale**. Sculture sui portali delle chiese, affreschi, opere: tutto si legge in chiave simbolica, tutto cela un significato altro.

Altrettanto frequente nel Medioevo è il ricorso all'**allegoria**, **figura retorica** che affida a un testo scritto o a un'immagine un **senso riposto e allusivo**: nel I canto della *Commedia* dantesca, le tre fiere che impediscono a Dante di risalire dalla selva oscura verso il colle illuminato dal sole alludono a tre gravi peccati.

Nel Novecento l'utilizzo del simbolo in letteratura e nelle arti conosce una nuova e feconda stagione anche a seguito della diffusione della teoria dell'inconscio di **Sigmund Freud**: egli focalizza la sua attenzione proprio sul significato simbolico di ciò che compare nei sogni. La dimensione simbolica del Novecento assume prevalentemente i tratti di **inquietudine** e di **angoscia** propri di una condizione di crisi storica e culturale. I testi di autori anche molto diversi fra loro come Franz Kafka, Luigi Pirandello, Dino Buzzati e Italo Calvino, solitamente ascritti a generi differenti, sono accomunati dalla valenza simbolica di vicende talvolta realistiche e in altri casi fantastiche o paradossali.

QUANDO L'**ARTE** USA UN LINGUAGGIO SIMBOLICO

RACCONTARE CON I SIMBOLI

Marc Chagall (Vitebsk, 1887-Saint Paul de Vence,1985) è un pittore bielorusso di origine ebrea attivo nel XX secolo. I suoi dipinti si caratterizzano per la presenza di molti personaggi, per le atmosfere festose e sognanti e per la ricchezza degli **elementi simbolici**. Nei suoi quadri sono ricorrenti per esempio le immagini di musicisti, in particolare suonatori di violini, violoncelli e flauti, tutti riferimenti al mondo dell'infanzia e alla cultura ebraica in mezzo alla quale il pittore è cresciuto: il violino è lo strumento più diffuso tra gli ebrei dell'Est europeo e sia il nonno sia lo zio dell'artista lo suonavano ogni sera, tornati dal lavoro. Oltre alla musica, nell'arte di Chagall è costante la presenza degli animali: la capra, simbolo del focolare domestico, il gallo, e il pesce, che richiama il mestiere del padre del pittore, commesso

Marc Chagall, *Le luci del matrimonio*, 1945. Kunsthaus, Zurigo.

presso un mercante di aringhe. Anche l'uso dei colori, estraneo a ogni intenzione realistica, assume in Chagall un preciso **valore simbolico**: il rosso significa amore, passione, il verde semplicità e speranza, il blu spiritualità, il viola mistero, il giallo allude alla divinità.

Il quadro qui presentato ha una storia particolare. Nel 1944 muore Bella, l'amatissima moglie di Chagall, e lui stesso, ricordando quel momento, scrive: *Poi, a un tratto, un rombo di tuono, le nuvole si aprirono alle sei di sera del 2 settembre 1944 quando Bella lasciò questo mondo. Tutto è divenuto tenebre.* Il pittore per un anno non riesce più a dipingere. Quando riprende in mano il pennello realizza questo dipinto e lo intitola *Le luci del matrimonio* in omaggio all'autobiografia scritta dalla moglie, *Lumières allumées* (*Luci accese*), in cui la donna aveva raccontato la loro vita insieme.

Una **coppia di sposi** occupa il centro della scena; intorno a loro levitano alcuni personaggi, musicisti e animali, e sullo sfondo a destra, illuminato, un villaggio russo richiama il luogo natale del pittore. La parte sinistra del quadro è la più misteriosa e spirituale, con il blu come colore prevalente: una capra dal muso giallo e dalle larghe ali tiene una coppa di vino rosso e sembra un grande angelo protettore; sotto di lei un gallo sorregge una coppia di innamorati abbracciati. Tutta la scena è intrisa della luce sprigionata dal sole sullo sfondo e da un elegante lampadario in alto. Le leggi spazio-temporali non sono rispettate, non c'è gravità, ma solo un libero fluttuare di esseri viventi, di immagini che ispirano **serenità**: nei quadri di Chagall il colore, la leggerezza, il cielo, le persone e gli animali rappresentati in volo sembrano suggerire un'altra vita possibile, più pura e capace di superare la miseria e la morte. Con questo quadro Chagall torna a dipingere e a vivere.

NELL'OFFICINA DELLA SCRITTURA Raccogliere le idee...

1 Ti vengono mostrati alcuni particolari del quadro. Quali significati suggeriscono in rapporto all'uso del colore?

2 Prova a dare una tua interpretazione del titolo del quadro con riferimenti precisi ad alcune immagini in esso contenute. Scrivi un testo di circa 10 righe.

RACCONTARE CON I SIMBOLI

ALTRI LINGUAGGI

ALLEGORIA E SIMBOLO NELL'ARTE

Il **simbolo**, già usato dall'uomo del Paleolitico superiore, è presente nella cultura artistica di tutte le civiltà antiche del Mediterraneo e si afferma in modo assolutamente significativo in epoca paleocristiana. I primi cristiani, costretti alla clandestinità, affidavano ai simboli l'espressione di messaggi che non potevano essere dichiarati esplicitamente e che solo gli iniziati erano in grado di capire. L'immagine del pastore che porta sulle spalle un agnello rimandava per esempio a Cristo Buon Pastore, così come la scena di un gruppo di eroti (piccoli geni alati) intenti a vendemmiare rappresentava l'allegoria del raccolto dei frutti della fede.

Simbolo e allegoria nel Medioevo

La seconda grande stagione che offre un repertorio straordinario di simboli e di allegorie è il **Medioevo**. In questo periodo storico ogni elemento della realtà e ogni momento della vita sono considerati in rapporto al legame che hanno con Dio, all'interno di una **visione profondamente religiosa** dell'esistenza terrena. Il simbolo e l'allegoria sono forme con cui si rendono più accessibili concetti astratti e si trasmettono messaggi morali necessari alla salvezza dell'anima.

Le parole di un vescovo francese vissuto nel XIII secolo, Guillaume Durand De Mende, autore di un trattato sui significati simbolici degli elementi architettonici ecclesiali e sulle celebrazioni liturgiche, attestano la presenza dominante del simbolo nell'arte medievale: *Non solo la pianta cruciforme della Chiesa richiama la Croce, ma la banderuola a forma di gallo che è sui campanili adombra il predicatore che desta il dormiente dalla notte del peccato, e anche i materiali costruttivi hanno un valore allegorico, così come la malta si compone di calce che è amore, di sabbia che è il travaglio umano che l'amore si è assunto, e di acqua che unisce l'amore celeste al nostro mondo terreno.*

Le immagini simboliche diventano in questi secoli una sorta di alfabeto comune agli artisti, siano essi scultori, pittori, architetti, poeti.

La principale differenza tra **simbolo** e **allegoria** è data dal fatto che il **simbolo** può assumere **diversi significati** a seconda del contesto (il colore rosso per esempio può alludere al sangue versato da Cristo per la salvezza degli uomini, ma può essere anche associato al diavolo e al fuoco dell'Inferno), mentre l'**allegoria** ha sempre un **unico significato** (per esempio il sole vicino alla luna presente in molte raffigurazioni medievali è allegoria del tempo che passa e non può significare altro). Inoltre mentre nel simbolo l'immagine prevale sul significato, nell'allegoria è il contrario: in essa l'idea espressa dall'immagine è più importante dell'immagine stessa.

Un esempio di uso del simbolo in scultura molto diffuso in area europea è il *Tetramorfo* (dal greco *tetra*, "quattro" e *morfé*, "forma"). Il termine si riferisce ai quattro simboli degli evangelisti: la figura umana per San Matteo, il leone per San Marco, il toro per San Luca e l'aquila per San Giovanni. L'assegnazione dei simboli anima-

▼ 1. *Tetramorfo*, Cattedrale di Chartres, Francia.

2. La *Carità* e l'*Invidia*, Giotto, 1305. Cappella degli Scrovegni, Padova.

li agli evangelisti risale a Gregorio Magno, papa dal 590 al 604, il quale l'aveva stabilita tenendo conto delle introduzioni dei Vangeli. Il tetramorfo compare spesso nelle cattedrali romaniche e gotiche, all'interno di una composizione ricorrente, documentata dalla figura **[1]**: nella cattedrale di Chartres, in Francia, i simboli degli evangelisti aggettano, cioè sporgono, ai quattro angoli di una formella e circondano l'immagine di Cristo, posta all'interno di una mandorla, che benedice con la mano destra e regge un libro con la sinistra, secondo lo schema bizantino del Cristo Pantocràtore (nell'etimologia greca, *pan*, "tutto" e *crator*, "potente") signore dell'Universo.

Nei primi anni del Trecento **Enrico Scrovegni**, ricco aristocratico di Padova, fa costruire una cappella accanto al suo palazzo signorile (che prenderà poi il nome di Cappella degli Scrovegni) e chiama per affrescarla il maggior pittore del tempo, **Giotto** (1267-1337). La forza innovativa espressa dall'artista toscano su queste pareti fa della cappella uno dei monumenti più famosi del Medioevo. Nella fascia più bassa, lungo le pareti, immediatamente sotto il ciclo delle storie della vita di Cristo, una serie di immagini di donne a monocromo (dal greco *monos*, "solo", "unico" e *croma*, "colore") raffigurano **allegorie** dei **vizi** e delle **virtù**. Le due qui riportate **[2]** costituiscono un esempio della ricchezza propria di questo linguaggio figurativo: Giotto dipinge l'*Invidia* come una vecchia dalla cui bocca esce un serpente che la acceca: etimologicamente la parola invidia significa "**guardare con ostilità**" (dal latino *in-video*) e qui rimanda a un'invidia che acceca. In contrapposizione alla *Carità* che dona i suoi averi col gesto della mano destra, l'*Invidia* tiene in una mano un sacco, simbolo di avarizia, mentre l'altra mano è protesa nell'aria come a voler prendere altro.

Simboli e allegorie di temi profani

Trattandosi di un linguaggio figurativo, l'immagine simbolica e/o allegorica nel Medioevo è usata per soggetti sia **religiosi** sia **profani**. Sono particolarmente frequenti, per esempio in scultura, altorilievi che hanno per temi i mesi e raffigurano i lavori agricoli che si svolgono in ciascuno di essi (per esempio la mietitura in luglio e la vendemmia in settembre).

L'*Allegoria del mese di settembre* **[3]**, di uno scultore italiano anonimo attivo a Ferrara tra il 1220 e il 1230, è un'opera dai particolari viva-

3. Maestro dei mesi di Ferrara, *Allegoria del mese di settembre*, già al Duomo di Ferrara, oggi conservato nel Museo della Cattedrale (Ferrara).

ALTRI LINGUAGGI

4. Ambrogio Lorenzetti, *Allegoria del Buon Governo*, 1338-1340, Palazzo Pubblico, Siena. Particolare.

mente realistici: il cesto di vimini, le orecchie del contadino che si intravedono sotto la cuffia, i grappoli. Insieme ad altre undici riproduzioni formava *Il ciclo dei mesi*, che ornava una delle grandi porte del duomo di Ferrara. In essa è rappresentata l'attività propria del mese di settembre in una società profondamente radicata nella cultura contadina e tesa ad attribuire anche al lavoro dell'uomo un significato simbolico, quello di espiazione del peccato originale, ma anche di scansione dello scorrere del tempo.

In ambito civile il primo **ciclo di affreschi** di **soggetto laico** nella storia dell'arte italiana si trova nel Palazzo Pubblico di Siena ed è costituito da una complessa allegoria. Alla fine degli anni Trenta del Trecento **Ambrogio Lorenzetti** (1290-1348) dipinge le pareti del salone destinato alle riunioni di governo del Comune di Siena con quattro grandi composizioni: *Allegoria ed effetti del Buono e del Cattivo Governo*, due allegorie seguite rispettivamente dalle immagini degli effetti che i due modi di governare producono nella società.

Il *Buon Governo* [4] campeggia come un **nobile personaggio anziano** in trono, vestito in bianco e nero (i colori di Siena), simbolo a un tempo del Comune senese e del Bene comune. È affiancato da eleganti figure femminili, a loro volta allegorie delle virtù indispensabili per governare bene: Pace, Fortezza, Prudenza, Magnanimità, Temperanza e Giustizia. Sulla sua testa sono presenti le personificazioni delle virtù teologali, Fede, Speranza e Carità.

Il *Cattivo Governo* **[5]**, all'opposto, è rappresentato allegoricamente da un **diavolo** (vestito di nero, con le corna e con la bocca digrignata in un'espressione violenta), affiancato dalle personificazioni di vizi quali la Crudeltà, la Discordia, la Guerra, la Perfidia, la Frode, l'Ira, la Tirannide, l'Avarizia e la Vanagloria, tutti correlati all'esercizio di un cattivo governo. Agli occhi di coloro che sedevano nel salone per decidere le sorti del Comune di Siena, il messaggio delle immagini doveva costituire un modello da seguire nella prima allegoria e un monito inquietante nella seconda.

5. Ambrogio Lorenzetti, *Allegoria del Cattivo Governo*, 1338-1340. Palazzo Pubblico, Siena. Particolare.

Il simbolismo di fine Ottocento

Una stagione che conferisce un **rinnovato impulso** al linguaggio simbolico si apre in **Europa** a **fine Ottocento**: nel 1886, con la pubblicazione di un manifesto su un giornale parigino, nasce in Francia un movimento artistico e letterario che prende ufficialmente il nome di **Simbolismo**. Dopo alcuni decenni in cui, sull'onda di una grande fiducia nella scienza, aveva dominato la volontà di rappresentare il reale con assoluta verosimiglianza, si va affermando all'opposto un **forte interesse** per ciò che costituisce il **fondo misterioso** e **nascosto della realtà**, che si riesce a cogliere solo nella dimensione del sogno, dell'intuizione, dell'emozione o, in alcuni casi, nelle forme allucinatorie provocate dall'abuso di oppiacei. Gli artisti scelgono il linguaggio simbolico per esplorare l'essenza della vita reale, nascosta dietro le apparenze sensibili delle cose, in quella dimensione di confine tra realtà e sogno a cui le arti figurative non si erano mai affacciate prima d'allora. I soggetti preferiti da questi pittori sono quelli che rimandano agli aspetti più profondi dell'esistenza: la morte, l'amore, il sogno, il mito, il mistero, perché li si avverte minacciati dalla corsa spasmodica verso il progresso e dall'industrializzazione che caratterizzano la società contemporanea.

Esemplificano i caratteri di questa corrente artistica le opere di due pittori, uno austriaco e uno italiano, che richiamano il respiro europeo del movimento. Ne *Le tre età della vita* **[6]** il pittore austriaco **Gustave Klimt** (1862-1918) raffigura, in una suggestiva stilizzazione verticale, tre figure femminili, un'anziana, una giovane e una bambina in un quadro che simboleggia, appunto, le varie fasi dell'esistenza.

▲ 6. Gustave Klimt, *Le tre età della vita,* 1905. Galleria d'Arte Moderna, Roma.

Maternità **[7]**, uno dei capolavori del pittore simbolista italiano **Gaetano Previati** (1852-1920), raffigura una schiera di angeli in preghiera e con le ali abbassate che circondano, quasi a volerla proteggere, una madre che abbraccia suo figlio.

▲ 7. Gaetano Previati, *Maternità*, 1890, Collezione Banca Popolare di Novara.

T1 Franz Kafka Davanti alla legge

Franz Kafka nasce a Praga nel 1883 da una famiglia appartenente alla minoranza ebrea di lingua tedesca; il padre, con cui ha un difficile rapporto, testimoniato dalla drammatica *Lettera al padre* (1919), gestisce una fiorente attività commerciale. Dopo gli studi classici si laurea in Legge nel 1906 e nell'ottobre del 1907 trova impiego nel ramo assicurativo, attività che gli consente di dedicarsi anche agli studi letterari. Al 1912 risale il primo importante racconto, *La metamorfosi*, pubblicato nel 1916, al quale seguiranno i romanzi *Il processo* e *Il castello*, pubblicati dopo la sua morte dall'amico Max Brod. Nel 1917 si manifestano i primi sintomi della tubercolosi, che lo costringerà a lasciare il lavoro e a trascorrere in sanatorio periodi sempre più lunghi. Più volte, nel corso della sua breve vita, Kafka cerca conforto e affetto nel mondo femminile: dopo un travagliato fidanzamento con la berlinese Felice Bauer, nel 1920 inizia una relazione con la giovane scrittrice boema Milena Jesenská-Polak, di cui si legge in *Lettere a Milena* (1952); trascorre infine gli ultimi mesi accanto a Dora Dymant, ventiduenne ebrea polacca, che lo assiste sino alla morte, avvenuta il 3 giugno 1924 nel sanatorio di Kierling, vicino a Vienna.

Nel racconto che segue Franz Kafka si interroga sullo **smarrimento** proprio dell'**uomo** del **primo Novecento**, povero di certezze e carico di dubbi, capace di conquiste scientifiche e tecnologiche, ma privo di **risposte** sul **significato della vita**. I protagonisti delle sue opere sono spesso in balìa di forze arcane e misteriose, cercano con ansia indicazioni, messaggi e leggi che si rivelano irraggiungibili o incomprensibili. *Davanti alla legge*, scritto nel 1914, viene pubblicato nel 1919 nella raccolta *Un medico di campagna*. In seguito Kafka lo inserisce nel penultimo capitolo de *Il processo*, *Nel duomo*: in esso il protagonista del romanzo ascolta il racconto di un sacerdote e discute con lui riguardo al significato da attribuirgli. Si precisa in questo modo il carattere di "parabola" della breve storia, che tuttavia non comunica una verità, ma lascia irrisolto un mistero.

Davanti alla legge c'è un guardiano. A lui viene un uomo di campagna e chiede di entrare nella legge. Ma il guardiano dice che ora non gli può concedere di entrare. L'uomo riflette e chiede se almeno potrà entrare più tardi. "Può darsi" risponde il guardiano, "ma per ora no". Siccome la porta che conduce alla legge è aperta come sempre e il custode si fa da parte, l'uomo si china per dare un'occhiata, dalla porta, nell'interno. Quando se ne accorge, il guardiano si mette a ridere: "Se ne hai tanta voglia prova pure a entrare nonostante la mia proibizione. Bada, però: io sono potente, e sono soltanto l'infimo[1] dei guardiani. Davanti a ogni sala sta un guardiano, uno più potente dell'altro. Già la vista del terzo non riesco a sopportarla nemmeno io". L'uomo di campagna non si aspettava tali difficoltà: la legge, pensa, dovrebbe pur essere accessibile a tutti e sempre, ma a guardar bene il guardiano avvolto nel cappotto di pelliccia, il suo lungo naso a punta, la lunga barba tartara[2], nera e rada, decide di attendere piuttosto finché non abbia ottenuto il permesso di entrare. Il guardiano gli dà uno sgabello e lo fa sedere di fianco alla porta. Là rimane seduto per giorni e anni. Fa numerosi tentativi per passare e stanca il guardiano con le sue richieste. Il guardiano istituisce più volte brevi interrogatori, gli chiede notizie della sua patria e di molte altre cose, ma

1. **infimo**: il più basso, in questo caso nella gerarchia dei guardiani.

2. **lunga barba tartara**: barba che ricopre il mento, le mascelle e non le guance.

sono domande prive di interesse come le fanno i gran signori[3], e alla fine gli ripete sempre che ancora non lo può fare entrare. L'uomo che per il viaggio si è provveduto di molte cose dà fondo a tutto per quanto prezioso sia, tentando di corrompere il guardiano. Questi accetta ogni cosa, ma osserva: "Lo accetto soltanto perché tu non creda di aver trascurato qualcosa". Durante tutti quegli anni l'uomo osserva il guardiano quasi senza interruzione. Dimentica gli altri guardiani e solo il primo gli sembra l'unico ostacolo all'ingresso della legge. Egli maledice il caso disgraziato, nei primi anni ad alta voce, poi quando invecchia si limita a brontolare tra sé. Rimbambisce e siccome studiando per anni il guardiano conosce ormai anche le pulci del suo bavero di pelliccia, implora anche queste di aiutarlo e di far cambiare opinione al guardiano. Infine il lume degli occhi gli si indebolisce ed egli non sa se veramente fa più buio intorno a lui o se soltanto gli occhi lo ingannano. Ma ancora distingue nell'oscurità uno splendore che erompe inestinguibile dalla porta della legge. Ormai non vive più a lungo. Prima di morire tutte le esperienze di quel tempo si condensano nella sua testa in una domanda che finora non ha rivolto al guardiano. Gli fa un cenno poiché non può ergere il corpo che si sta irrigidendo. Il guardiano è costretto a piegarsi profondamente verso di lui, poiché la differenza di statura è mutata molto a sfavore dell'uomo di campagna. "Che cosa vuoi sapere ancora?" chiede il guardiano, "Sei insaziabile." L'uomo risponde: "Tutti tendono verso la legge, come mai in tutti questi anni nessun altro ha chiesto di entrare?". Il guardiano si rende conto che l'uomo è giunto alla fine e per farsi intendere ancora da quelle orecchie che stanno per diventare insensibili, grida: "Nessun altro poteva entrare qui, perché questo ingresso era destinato soltanto a te. Ora vado a chiuderlo".

▲ Francisco Goya, *Il sonno della Ragione genera mostri*, 1810. Biblioteca Nazionale, Parigi.

F. Kafka, *Davanti alla legge*, da *Racconti*, trad. it. di E. Pocar, Mondadori, Milano, 1970

3. **come le fanno i gran signori**: domande poste per cortesia, senza reale interesse.

GUIDA ALLA LETTURA

L'ASSENZA DI DATI REALISTICI

Il valore simbolico della storia è evidente sin dall'inizio: il luogo in cui si consuma l'attesa dell'*uomo di campagna* non ha nulla di realistico, ma è sospeso in una dimensione a metà tra il sogno e l'incubo; dei due personaggi vengono forniti pochi particolari che servono unicamente a restituire l'immagine di fragilità dell'uomo e di imponenza del guardiano; la durata dell'attesa non si conosce (l'uomo rimane davanti alla legge *giorni e anni*, ma in che momento della vita vi è giunto?) e non si conoscono le esperienze che lo hanno condotto lì.

ENTRARE NELLA LEGGE

L'uomo *chiede di entrare nella legge* e il guardiano non glielo vieta, ma si limita a dirgli che non lo può fare in quel momento e che, se vorrà agire contro la sua proibizione, dovrà tener conto della sua potenza e della presenza di altri guardiani ben più imponenti di lui davanti a ogni sala.

L'uomo non tenta di entrare, ma si rassegna ad attendere seduto sullo sgabello che il guardiano gli ha dato.

In questa condizione rimane *per giorni e anni*, facendo *numerosi tentativi per passare*, provando a corrompere il guardiano fino a spazientirlo con le sue richieste.

Tuttavia la porta della legge è sempre aperta ed è l'uomo a scegliere di non entrare, rassegnandosi a una condizione che è paragonabile a una zona franca tra il lasciarsi vivere e il vivere pienamente. Secondo questa chiave di lettura, l'ostacolo per l'uomo di campagna non è costituito dal guardiano, ma dall'inerzia e dall'inettitudine.

CHE COS'È LA LEGGE?

Oltre la porta *aperta come sempre*, c'è la legge, di cui l'uomo, nell'oscurità che precede la morte, percepisce *uno splendore inestinguibile*. Di quella legge, tuttavia, è destinato a non sapere nulla e con lui il lettore, che condivide la condizione di esclusione: che sia la Verità di una religione, il significato ultimo delle cose o anche un bagliore riflesso, illusorio e privo di senso, tutto rimane dietro una porta aperta, ma non varcata.

IL GUARDIANO

Se l'uomo di campagna consuma l'esistenza aspettando il permesso per entrare nella legge, il guardiano trascorre il suo tempo vigilando sulla sua attesa davanti a una porta aperta per un uomo solo. Nello stesso spazio va in scena anche la rappresentazione della solitudine e dell'incomunicabilità: i dialoghi che nascono tra i due sono *domande prive di interesse come le fanno i gran signori* o vane richieste. D'altra parte il guardiano è il solo testimone dell'attesa dell'uomo e l'uomo è il solo testimone dell'esistenza del guardiano.

LO STILE

Kafka narra utilizzando il presente, che attribuisce alla storia il valore di esempio perenne. Il linguaggio è semplice e richiama lo stile piano e disadorno dei verbali; talvolta l'occhio si ferma su un particolare di per sé realistico, come le pulci del bavero della pelliccia del guardiano, che assume, invece, caratteri surreali e allucinati se riferito al vortice rapido dello scorrere di una vita in poche righe.

COMPRENDERE E ANALIZZARE

COMPRENSIONE

1. Per quale motivo l'autore precisa che l'uomo è un *uomo di campagna*?
2. L'uomo è giunto per caso davanti alla porta?
3. Quali caratteristiche ha l'ambiente che si trova oltre la porta?
4. Quali informazioni vengono fornite sugli altri guardiani?
5. Perché il guardiano accetta i doni che l'uomo di campagna gli offre?
6. *Entrare nella legge* è il desiderio del solo uomo di campagna?

ANALISI

7. Per quale motivo i due personaggi non hanno un nome proprio?
8. Individua e trascrivi gli elementi della descrizione fisica del guardiano. Quale carattere conferiscono al personaggio?
9. Qualifica con tre aggettivi l'uomo di campagna e il guardiano.
10. Individua nel testo un esempio di scena e uno di sommario.
11. Che tipo di narratore è usato nel racconto?

SCRIVERE

APPROFONDIMENTO E SCRITTURA

12. Riassumi il testo in non più di 30 parole.
13. Del racconto ti ha colpito di più il rapporto tra uomo e guardiano o il mistero della legge racchiusa dietro la porta? Quale tra i due temi ti sembra prevalere?
    Esprimi le tue riflessioni in una pagina di testo.
14. La tradizione culturale ebraica, a cui si lega Kafka, è ricca di leggende e di storie misteriose, alcune delle quali ambientate anche a Praga e sicuramente note all'autore del racconto.
    Tra queste piuttosto famosa è la storia del Golem, una sorta di automa che, in una delle varianti,

viene creato proprio da un rabbino praghese alla fine del Cinquecento. Raccogli informazioni su questa leggenda e scrivi in che cosa consiste in un testo di circa 20 righe.

VERSO LE COMPETENZE

- *Comunicazione nella madrelingua*
- *Imparare a imparare*
- *Consapevolezza ed espressione culturale*

15. Il testo riportato di seguito è *Il messaggio dell'imperatore*, un altro racconto di Franz Kafka, in cui è presente il tema dell'ambizione vana dell'uomo a un messaggio superiore, che evoca il contenuto di *Davanti alla legge*.

Dopo aver letto il brano fai un confronto tra i due testi rispondendo alla domande che seguono.

- Quale ostacolo si frappone tra l'uomo e il messaggio, in questo secondo racconto?
- Si può dire che, rispetto alla situazione di *Davanti alla legge*, ci sia qui una sorta di rovesciamento?
- Quali personaggi intervengono nel secondo testo?
- Trovi corrispondenza di ambienti tra i due racconti?
- *Il messaggio dell'imperatore* suscita angoscia come *Davanti alla legge*?
- Come definiresti l'atmosfera del secondo racconto?

L'imperatore – così si racconta – ha inviato a te, a un singolo, a un misero suddito, minima ombra sperduta nella più lontana delle lontananze dal sole imperiale, proprio a te l'imperatore ha inviato un messaggio dal suo letto di morte. Ha fatto inginocchiare il messaggero al letto, sussurrandogli il messaggio all'orecchio; e gli premeva tanto che se l'è fatto ripetere all'orecchio. Con un cenno del capo ha confermato l'esattezza di quel che gli veniva detto. E dinanzi a tutti coloro che assistevano alla sua morte (tutte le pareti che lo impediscono vengono abbattute e sugli scaloni che si levano alti ed ampi son disposti in cerchio i grandi del regno) dinanzi a tutti loro ha congedato il messaggero. Questi s'è messo subito in moto; è un uomo robusto, instancabile; manovrando or con l'uno or con l'altro braccio si fa strada nella folla; se lo si ostacola, accenna al petto su cui è segnato il sole, e procede così più facilmente di chiunque altro. Ma la folla è così enorme; e le sue dimore non hanno fine. Se avesse via libera, all'aperto, come volerebbe! E presto ascolteresti i magnifici colpi della sua mano alla tua porta. Ma invece come si stanca inutilmente! Ancora cerca di farsi strada nelle stanze del palazzo più interno; non riuscirà mai a superarle; e anche se gli riuscisse non si sarebbe a nulla; dovrebbe aprirsi un varco scendendo tutte le scale; e anche se gli riuscisse, non si sarebbe a nulla: c'è ancora da attraversare tutti i cortili; e dietro a loro il secondo palazzo e così via per millenni; e anche se riuscisse a precipitarsi fuori dell'ultima porta – ma questo mai e poi mai potrà avvenire – c'è tutta la città imperiale davanti a lui, il centro del mondo, ripieno di tutti i suoi rifiuti. Nessuno riesce a passare di lì e tanto meno col messaggio di un morto.

Ma tu stai alla finestra e ne sogni, quando giunge la sera.

F. Kafka, *Il messaggio dell'imperatore*, da *Racconti*, trad. it. di E. Pocar, Mondadori, Milano, 1970

▲ Pedro Friedeberg, *Ventidue labirinti per Aldo Morante*, 1970. Collezione privata.

T2 Dino Buzzati _ Le mura di Anagoor

Dino Buzzati ▶ Per la vita dell'autore vedi pag. 314.

Nel seguente racconto si parla di Anagoor, una città miraggio, non a caso collocata nel deserto, fuori dalle mappe: rappresenta **il sogno della felicità**, che gli uomini ricercano fino a **smarrire il senso dell'esistenza**, consumandola davanti a porte destinate a non aprirsi. Nei *Sessanta racconti,* la raccolta di Dino Buzzati pubblicata nel 1958, tempi, luoghi, oggetti diventano **simboli** delle **inquietudini dell'uomo del Novecento**.

Nell'interno del Tibesti[1] una guida indigena mi domandò se per caso volevo vedere le mura della città di Anagoor, lui mi avrebbe accompagnato. Guardai la carta ma la città di Anagoor non c'era. Neppure sulle guide turistiche, che sono così ricche di particolari, vi si faceva cenno. Io dissi: «Che città è questa che sulle carte geografiche non è segnata?». Egli rispose: «È una città grande, ricchissima e potente ma sulle carte geografiche non è segnata perché il nostro Governo la ignora, o finge di ignorarla. Essa fa da sé e non obbedisce. Essa vive per conto suo e neppure i ministri del re possono entrarvi. Essa non ha commercio alcuno con altri paesi, prossimi o lontani. Essa è chiusa. Essa vive da secoli entro la cerchia delle sue solide mura. E il fatto che nessuno ne sia mai uscito non significa forse che vi si vive felici?».

«Le carte» io insistetti «non registrano nessuna città di nome Anagoor, ciò fa supporre che sia una delle tante leggende di questo paese; tutto dipende probabilmente dai miraggi che il riverbero del deserto crea, nulla di più.»

«Ci conviene partire due ore prima dell'alba» disse la guida indigena che si chiamava Magalon, come se non avesse udito. «Con la tua macchina, signore, arriveremo in vista di Anagoor verso mezzodì. Verrò a prenderti alle tre del mattino, mio signore.»

«Una città come quella che tu dici sarebbe registrata sulle carte con un doppio cerchio e il nome in tutto stampatello. Invece non trovo alcun riferimento a una città di nome Anagoor, la quale evidentemente non esiste. Alle tre sarò pronto, Magalon.»

Coi fari accesi alle tre del mattino si partì in direzione pressappoco sud sulle piste del deserto e mentre fumavo una sigaretta dopo l'altra con la speranza di scaldarmi vidi alla mia

▲ Max Ernst, *La città intera*, 1935-36. Kunsthaus, Zurigo.

1. **Tibesti**: massiccio montuoso del Sahara compreso nella zona nord-occidentale del Ciad.

sinistra illuminarsi l'orizzonte e subito venne fuori il sole che si mise a battere il deserto finché fu tutto caldo e tremolante, tanto che si vedevano laghi e paludi intorno, in cui si riflettevano le rocce con precisione di contorni, ma di acqua non c'era in verità neanche un secchiello, soltanto sabbia e sassi incandescenti.

Ma la macchina con estrema buona volontà correva e alle 11,37 in punto Magalon che mi sedeva al fianco disse: «Ecco, signore.» E infatti vidi le mura della città che si estendevano per chilometri e chilometri, alte dai venti ai trenta metri, di colore giallastro, ininterrotte, qua e là sovrastate da torrette.

Avvicinandomi, notai che in vari punti, proprio a ridosso delle mura, c'erano degli accampamenti: tende miserabili, tende medie, tende da ricchi signori a forma di padiglione, sormontate da bandiere.

«Chi sono?» io chiesi.

E Magalon spiegò: «Sono coloro che sperano di entrare e bivaccano dinanzi alle porte».

«Ah, ci sono delle porte?»

«Ce ne sono moltissime, di grandi e di piccole, forse più di cento, ma è tanto vasto il perimetro della città che tra l'una e l'altra corre una notevole distanza.»

«E queste porte, quando le aprono?»

«Le porte non vengono aperte quasi mai. Però si dice che alcune si apriranno. Stasera, o domani, o fra tre mesi, o fra cinquant'anni, non si sa, è appunto qui il grande segreto della città di Anagoor.»

Eravamo arrivati. Ci fermammo dinanzi a una porta che sembrava di ferro massiccio. Molta gente era là in attesa. Beduini sparuti[2], mendicanti, donne velate, monaci, guerrieri armati fino ai denti, perfino un principe con la sua piccola corte personale. Ogni tanto qualcuno con una mazza batteva sulla porta, che rintronava.

«Battono» disse la guida «affinché quelli di Anagoor, udendo i colpi, vengano ad aprire. È infatti generale persuasione che se non si bussa nessuno mai aprirà.»

Mi venne un dubbio: «Ma è poi sicuro che di là dalle mura ci sia qualcuno? La città non potrebbe essere ormai estinta?»

Magalon sorrise: «Tutti, la prima volta che vengono qui hanno il medesimo pensiero. Io stesso sospettavo, un tempo, che dentro le mura non vivesse più nessuno. Ma c'è la prova del contrario. Certe sere, in condizioni favorevoli di luce, si possono scorgere i fumi della città che salgono diritti al cielo, come tanti incensieri[3]. Segno che uomini vivono là dentro, e accendon fuochi, e fanno da mangiare. E poi c'è un fatto anche più dimostrativo: tempo fa una delle porte è stata aperta.»

«Quando?»

«La data, per essere sinceri, è incerta. Alcuni dicono un mese, un mese e mezzo fa, altri però ritengono il fatto molto più lontano, vecchio di due, tre, perfino quattro anni, qualcuno addirittura lo attribuisce al tempo che regnava il sultano Ahm-er-Ehrgun.»

«E quando regnò Ahm-er-Ehrgun?»

2. **sparuti**: in numero esiguo.

3. **incensieri**: recipienti in cui si fa bruciare l'incenso.

«Circa tre secoli fa... Ma tu sei molto fortunato, mio signore... Guarda. Benché sia mezzodì e l'aria bruci, ecco là dei fumi.»

▲ Alberto Savinio, *La città delle promesse*, 1928. Collezione Privata.

Una improvvisa eccitazione, nonostante il caldo, si era propagata nell'eterogeneo accampamento. Tutti erano usciti dalle tende ed additavano due tremule spire di grigio fumo elevantisi nell'aria immota di là dal ciglio delle mura. Non capivo una parola delle concitate voci che si accavallavano. Però era evidente l'entusiasmo. Come se quei due poveri fumi fossero la cosa più meravigliosa del creato e promettessero ai riguardanti una prossima felicità. Il che mi sembrava esagerato per le seguenti ragioni:

Prima di tutto l'apparizione dei fumi non significava affatto una maggiore probabilità che quella porta si dovesse aprire e perciò non vi era motivo sensato di tripudio.

Secondo: tanto schiamazzo, se udito dall'interno delle mura, come era probabile, avrebbe, se mai, dissuaso quelli dall'aprire, anziché incoraggiarli.

Terzo: quei fumi, di per sé, non dimostravano neppure che Anagoor fosse abitata. Infatti non poteva trattarsi di un casuale incendio dovuto al sole torrido? Oppure, ipotesi assai più probabile, erano i fuochi accesi da predoni entrati per qualche pertugio segreto delle mura a saccheggiare la città morta e disabitata. «Era molto strano» io pensavo «che oltre ai fumi, nessun altro sintomo di vita fosse stato notato in Anagoor: né voci, né musiche, né ululati di cani, né sentinelle o curiosi sul ciglio delle mura, mai. Stranissimo.» Allora io dissi: «Dimmi, Magalon: quando è stata aperta la porta che tu dici, quanta gente è riuscita a entrare?». «Un uomo solo» disse Magalon.

«E gli altri? Cacciati indietro?»

«Altri non c'erano. Si trattava di una delle porte più piccole e trascurate dai pellegrini. Quel giorno non c'era nessuno ad aspettare. Verso sera giunse un viandante che bussò. Egli non sapeva che fosse la città di Anagoor, non si aspettava, entrando, niente di speciale, chiedeva solo un rifugio per la notte. Non sapeva niente di niente, era là per puro caso. Forse solo per questo gli hanno aperto.»

In quanto a me, io ho aspettato quasi ventiquattro anni, accampato fuori delle mura. Ma la porta non si è aperta. E adesso me ne torno al mio paese.

I pellegrini dell'attendamento, vedendo i miei preparativi, scuotono il capo: «Eh, amico, quanta furia!» dicono. «Un minimo di pazienza, diamine! Tu pretendi troppo dalla vita.»

D. Buzzati, *Le mura di Anagoor*, da *Sessanta racconti*, Mondadori, Milano, 1958

GUIDA ALLA LETTURA

IL NARRATORE

Il narratore è un viaggiatore che ama l'esplorazione di luoghi poco conosciuti (si spinge *all'interno del Tibesti*): è un uomo razionale, che si mostra scettico di fronte alla proposta della guida di addentrarsi nel deserto fino a un luogo avvolto nel mistero, la città di Anagoor, che non compare su alcuna mappa. Subito l'uomo sembra deciso a non partire e oppone argomentazioni razionali alla descrizione iperbolica della guida (la città è *grande, ricchissima e potente*) parlando di *miraggi*, poi, inspiegabilmente, l'attrazione per il luogo così pieno di fascino prende il sopravvento e il viaggiatore cambia idea.

UN VIAGGIO SURREALE

Il viaggio comincia nel buio, a fari accesi, due ore prima dell'alba, alle tre, per arrivare alla meta verso mezzodì: all'assenza di informazione sui luoghi si contrappone la precisione dei tempi, ultimo omaggio alla razionalità prima che altro prenda il sopravvento.

A poco a poco l'orizzonte si illumina, ma ciò che il sole mostra è illusione: i laghi e le paludi sono in realtà sabbia e roccia incandescente.

Arrivati i due ad Anagoor alle 11.37, lo spazio, per quanto fiabesco, assume maggiore concretezza: Anagoor è protetta da mura molto estese con torrette e, a notevole distanza l'una dall'altra, da porte.

Qui il tempo si è fermato: la precisione al minuto dell'ora di arrivo perde ogni significato perché, assiepati di fronte a ogni porta, ci sono uomini e donne che attendono da anni di entrare.

UNA CITTÀ SIMBOLO

Davanti a questa visione il viaggiatore si muove ancora sul piano della razionalità (*E queste porte, quando le aprono?*), ma essa subisce uno scacco: *Le porte non vengono aperte quasi mai*.

Basta, tuttavia, un *forse*, un *quasi*, a trattenere quell'umanità in un'attesa che potrebbe non avere alcun esito, se non quello di far trascorrere tutta la vita in quella condizione.

A convincere della bontà del proposito concorrono segnali, come i fumi che si levano dall'interno delle mura, a cui il viaggiatore cerca di dare spiegazioni diverse rispetto alla folla eccitata, e le voci che raccontano di un viandante che, ignaro del mistero di Anagoor, capitato per caso a una porta piccola e trascurata dagli altri, se l'era vista aprire davanti.

La conclusione del racconto disorienta: nonostante i dubbi e le spiegazioni razionali del mistero di Anagoor, il narratore è rimasto fuori da una porta per ventiquattro anni ad attendere con altri che questa si aprisse.

Durante l'attesa il protagonista del racconto ha consumato buona parte della sua esistenza, arrivando a una tardiva e forse non definitiva decisione di abbandonare l'impresa.

Scoprire il mistero che la città di Anagoor (ovvero il conseguimento del segreto della felicità che in essa si dice sia custodita) è un'attrazione irresistibile e vince qualsiasi dubbio della ragione; nello stesso modo l'uomo moderno è, per Buzzati, in attesa davanti alla porta dietro la quale sta la risposta al significato della sua esistenza.

COMPRENDERE E ANALIZZARE

COMPRENSIONE

1. Qual è la ragione addotta dalla guida per l'assenza di Anagoor dalle mappe?
2. Che atteggiamento assume Magalon nei confronti dei dubbi del viaggiatore?
3. Per quale motivo è diffusa la credenza che gli abitanti di Anagoor siano felici?
4. C'è una classe sociale prevalente tra la gente che si accampa fuori dalle mura?
5. Per quale motivo è consigliabile scegliere una sola porta?
6. Perché i fumi che si alzano dentro alle mura non dimostrano che la città è abitata?

ANALISI

7. Come nasce nel viaggiatore la decisione di partire per Anagoor? È motivata o improvvisa? Egli cambia idea nel corso della vicenda? Rispondi con riferimenti al testo.
8. Qual è l'effetto dell'uso delle espressioni *si dice/dicono* in relazione all'avvenuta apertura delle porte?
9. Come viene caratterizzata la descrizione del protagonista?
10. Si può affermare che buona parte del racconto consista in un flashback?
11. Per quale motivo viene operata la scelta del narratore interno?

SCRIVERE

APPROFONDIMENTO E SCRITTURA

12. Il deserto è un luogo estremo che in letteratura si carica di suggestioni, ma vi sono anche altri luoghi che, per loro caratteristiche, suggeriscono significati simbolici. Fai una ricerca e individuane almeno tre. Illustra poi quale sia il loro significato simbolico e da che cosa derivi.

SCRITTURA CREATIVA — Dal punto di vista di...

13. Immagina di essere il viandante a cui si dice sia stato concesso di entrare e descrivi che cosa c'è all'interno delle mura in un testo di circa 20 righe.

14. Immagina di essere un giornalista e di scrivere un articolo sul fenomeno "Anagoor".

VERSO LE COMPETENZE

- *Comunicazione nella madrelingua*
- *Imparare a imparare*
- *Competenze sociali e civiche*
- *Consapevolezza ed espressione culturale*

15. Il sostantivo "muro" ha due plurali, che indicano realtà diverse: i "muri", legati alla delimitazione di proprietà individuali, le "mura", che circoscrivono realtà collettive, come le città. Tuttavia noi associamo ai due plurali anche una valenza simbolica: i muri richiamano l'idea del limite, le mura l'idea della protezione. Individua per ciascuna accezione due esempi e illustrali.

16. Banksy è uno dei maggiori esponenti dell'*Art Activism*, un uso dell'arte finalizzato alla protesta contro la società del capitalismo e della guerra. L'artista è autore di azioni dimostrative volutamente provocatorie, come i murales realizzati sulla barriera tra Israele e la Striscia di Gaza, eretta da Israele a partire dal 1984 e divenuta simbolo del conflitto permanente tra Israele e Palestina. Ti proponiamo tre immagini di murales realizzati dall'artista britannico. Scegli quella che più ti colpisce e spiegane il significato simbolico in un testo di almeno una pagina.

▼ Graffito realizzato da Banksy nel 2005. Ramallah, Palestina.

▼ Uno dei disegni di Banksy sul muro che divide Israele e Cisgiordania.

▼ Graffito realizzato da Banksy nel 2005. Abu Dis, Palestina.

T3 Giorgio Scerbanenco – Orologi e soldati

Giorgio Scerbanenco (Kiev, 1911-Milano, 1969) è uno scrittore e giornalista italiano di origine ucraina. Nato nella Russia ancora imperiale da padre ucraino e madre italiana, si trasferisce nella prima infanzia in Italia. Abbandona prematuramente gli studi per motivi economici ma rivela molto presto la sua passione per la scrittura. Pratica molti mestieri, dall'operaio al conducente di ambulanze, per approdare successivamente al mondo dell'editoria. Negli anni Trenta del Novecento è redattore dei periodici Rizzoli e poi di quelli Mondadori. Scrittore prolifico e versatile di racconti e romanzi, è considerato uno degli autori italiani di riferimento nel genere giallo a partire dagli anni Settanta del Novecento.

Il brevissimo racconto è tratto dalla raccolta *La vita in una pagina*, che raggruppa testi in origine pubblicati su riviste e quotidiani.

La scena è ambientata su un campo di guerra dove è uso, dopo uno scontro, che i soldati rimasti in vita sottraggano ai nemici morti gli oggetti che hanno addosso, soprattutto gli orologi. Un giovane soldato trova un cadavere che porta ancora un orologio al polso, ma capisce perché nessuno lo ha ancora preso e anche lui rinuncia all'idea di impossessarsene.

L'importante è un orologio, in guerra, dopo il mitra, le bombe o un qualunque coso che faccia pum; l'orologio in guerra non segna il tempo, come in pace, segna la vita: uno vede che alle due e un quarto è vivo, e alle due e venti è ancora vivo, e alle due e trentotto è ancora vivo, e questo è come stringere una ragazza, una frustata di vita; ma quei fetenti di calabraghe[1] della sua compagnia, che avevano sfondato la linea nemica, avevano già fatto un repulisti che lui aveva voglia a curvarsi[2] sui morti o quasi morti, a sollevarne il braccio sinistro, se l'avevano ancora, tirare la manica, ma l'orologio gliel'avevano già fregato, qualcuno di quei poveretti aveva il polso segnato dallo strappo per portargli via l'orologio sotto le granate, e così lui sarebbe rimasto il più fesso della compagnia che non aveva neppure un orologio e non sapeva che ora era quando era vivo; finché non vide nella liquida luce primaverile il luminoso scintillare d'oro al polso di un gigantesco nemico disteso al sole che sorgeva; così posò il mitra e fece per slacciarglielo e solo allora si accorse che era un orologio da donna, minuscolo, dal bracciale d'oro sottile che segnava la carne ormai fredda del vinto per sempre, un ricordo della sua ragazza, che la ragazza gli aveva dato da portare con sé, e questo, per il vinto per sempre, era stato come portarsi appresso la ragazza; e allora anche lui capì perché gli altri non glielo avevano preso, l'orologino, e neppure lui ebbe il coraggio di prenderglielo, e glielo lasciò, se ne andò quieto, discreto, come quando vedeva che due si sbaciucchiavano e si stringevano, né quel giorno cercò più orologi.

G. Scerbanenco, *Orologi e soldati*, da *La vita in una pagina*, Mondadori, Milano, 1989

1. **calabraghe**: nel linguaggio popolare persona che si arrende alle prime difficoltà.

2. **aveva voglia a curvarsi**: in questo caso *poteva continuare a curvarsi*, alludendo all'inutilità del tentativo.

GUIDA ALLA LETTURA

SU UN CAMPO DI GUERRA DOPO LA BATTAGLIA

Sorge l'alba su un campo di battaglia: non sappiamo altro, né quale sia il luogo, né di quale guerra si tratti e quali siano gli eserciti nemici che si affrontano. L'assenza di informazioni più precise su un contesto che per altro appare subito concreto è un primo indizio per cogliere la valenza simbolica di cui si carica la breve storia. Gli unici movimenti sulla scena sono quelli di un soldato che, in ritardo rispetto al consueto saccheggio compiuto dai compagni prima di lui, si aggira tra i cadaveri dei nemici, in cerca di un orologio. Lo trova, al polso di un soldato ucciso, ma, consideratene le caratteristiche, non lo prende e per quel giorno rinuncia a ogni ulteriore ricerca.

IL SIMBOLO DELL'OROLOGIO

A metà del brevissimo racconto il protagonista trova un piccolo orologio d'oro che scintilla *luminoso* (riga 11) al polso di un soldato morto. È la sola nota di luce, insieme – non a caso – a quella del sole che sorge in una giornata di primavera, dell'unica scena descritta. L'orologio in questa pagina si carica di significati simbolici: nella sequenza riflessiva che apre il racconto, al di là di ogni schema consueto (l'orologio come strumento che registra il tempo che passa) è presentato come la prova tangibile della vita dei soldati che ne possono controllare i movimenti delle lancette perché ancora vivi. Come tale assume per loro un valore più prezioso di ogni altro oggetto. Più avanti tuttavia, nell'episodio riferito dalla voce narrante, l'orologino d'oro trovato al polso del nemico è inequivocabilmente un simbolo d'amore. Il piccolo oggetto, in efficace contrasto con le dimensioni del cadavere (*un gigantesco nemico,* righe 11-12), ha infatti la forma e i caratteri di un accessorio femminile, del tutto incongruente rispetto all'uomo che lo indossa: si tratta, con ogni probabilità, di un pegno d'amore, del dono di una donna all'uomo che ama e che parte per la guerra. È chiarissimo il narratore nel momento in cui assume il punto di vista del personaggio: *un ricordo della sua ragazza, che la ragazza gli aveva dato da portare con sé, e questo, per il vinto per sempre, era stato come portarsi appresso la ragazza [...].* Chiunque veda quel minuscolo orologio lo capisce. Per questo nessuno ha il coraggio di sfilarlo dal polso del soldato e di prenderlo per sé.

UNA SCRITTURA D'EFFETTO

Scerbanenco ha tessuto un racconto di formidabile efficacia concentrando al massimo tutti gli elementi della narrazione (ambiente, personaggi, sentimenti) e caricandoli tuttavia di forte suggestione. Emerge in primo luogo la scelta di affidare la narrazione a un unico lungo periodo, interrotto talvolta da un punto e virgola (alle righe 2, 4, 10, 12, 16), in funzione di un ritmo teso e incalzante che ben si addice al contesto di guerra. Sul piano lessicale si può notare che la *spannung* (il ritrovamento del piccolo orologio) è sottolineata da un accumularsi di sostantivi e aggettivi inerenti al campo semantico della luce; e più avanti il soldato morto è richiamato per due volte e a brevissima distanza con la stessa espressione, *il vinto per sempre* (riga 15), a rimarcare con l'avverbio l'inappellabile tragicità di un destino personale.

COMPRENDERE E ANALIZZARE

COMPRENSIONE

1. Perché il narratore dice del personaggio che *sarebbe rimasto il più fesso della compagnia* (riga 9)?
2. Perché un orologio è prezioso per un soldato?
3. Perché nessun soldato ha rubato il piccolo orologio?
4. Perché il giovane soldato se ne va via *quieto, discreto*?

ANALISI

5. Il contrasto vita-morte appare due volte nel brano e in entrambi i casi la vita è associata all'amore: individua i passi e riportali sul quaderno.
6. Quale tipo di focalizzazione è propria di questo racconto?
7. Nel testo si alternano termini del registro medio e termini del registro basso. Riporta qualche esempio di entrambi nella tabella.

Registro medio	Registro basso

SCRIVERE

APPROFONDIMENTO E SCRITTURA

8. Considera i molti oggetti presenti nella tua camera e individua tra di essi quello al quale attribuisci in questo momento della tua vita un significato simbolico particolare. Spiega in un testo di almeno dieci righe quale valore ha per te e per quali ragioni.

SCRITTURA CREATIVA Dal punto di vista di...

9. Immagina di essere un soldato che, il giorno prima della battaglia, scrive una lettera alla sua ragazza esprimendo i sentimenti che vive sul fronte.

VERSO LE COMPETENZE COMPITI DI REALTÀ

- *Competenza digitale*
- *Imparare a imparare*

10. Raccogli una decina di immagini della Prima guerra mondiale e una decina della Seconda e prepara un ppt fotografico, a partire dal quale i compagni dovranno individuare ed elencare le differenze più vistose tra i due conflitti.

Il tuo lavoro sarà valutato sulla base di questi parametri:

Criteri / Livello di padronanza	Iniziale (1)	Base (2)	Intermedio (3)	Avanzato (4)
Accuratezza della ricerca				
Pertinenza delle fotografie selezionate				
Efficacia comunicativa delle fotografie scelte				

T4 Julio Cortázar Continuità dei parchi

Julio Cortázar, all'anagrafe Julio Florencio Cortázar Descotte (Bruxelles, 1914-Parigi, 1984), è uno scrittore, poeta, drammaturgo e critico letterario argentino naturalizzato francese. Nasce infatti a Bruxelles da genitori argentini e trascorre la sua vita fra Argentina e Francia. Autore di diversi romanzi, Cortázar è maestro nella **dimensione del racconto breve**, che frequenta soprattutto nei generi del **fantastico**, della **metafisica** e del **mistero**.

In edizione originale il racconto che segue è apparso nel 1954 nella raccolta *Final del juego*. Duplice la scena: un uomo, evidentemente un proprietario terriero, riesce finalmente a liberarsi da alcuni affari urgenti e a riprendere il romanzo che era stato costretto a interrompere e che così tanto aveva catturato il suo interesse.

Poco lontano, una coppia clandestina rinuncia alle consuete effusioni d'amore per compiere una particolare missione. Come spesso accade nei racconti di Cortázar, **la narrazione altera i piani temporali** e, pur nella sua brevità, mette in scena **personaggi dalla psicologia profonda**.

Aveva cominciato a leggere il romanzo alcuni giorni prima. Lo abbandonò per affari urgenti, tornò ad aprirlo mentre rientrava in treno al podere[1]; si lasciava interessare lentamente dalla trama, dal disegno dei personaggi. Quella sera, dopo aver scritto una lettera al suo procuratore e aver discusso con il fattore una questione di mezzadria[2], tornò al libro nella tranquillità dello studio che si apriva sul parco di roveri. Sdraiato nella poltrona preferita, dando le spalle alla porta che lo avrebbe infastidito come una irritante possibili-

1. **podere**: fondo agrario coltivato.
2. **mezzadria**: tipo di contratto agricolo tra il concedente e il mezzadro che si associano con l'obiettivo di dividere i prodotti e gli utili derivanti dalla coltivazione di un podere.

▲ Roland Topor, *Breve incontro*, 1979.

tà d'intrusioni, lasciò che la mano sinistra carezzasse più volte il velluto verde e si mise a leggere gli ultimi capitoli. La sua memoria riteneva senza sforzo il nome e le immagini dei protagonisti; l'illusione romanzesca lo conquistò quasi subito. Godeva del piacere quasi perverso di staccarsi di riga in riga da ciò che l'attorniava, e di sentire al tempo stesso che la testa riposava comodamente sul velluto dell'alto schienale, che le sigarette erano sempre a portata di mano, che al di là delle vetrate danzava l'aria del crepuscolo sotto i roveri. Di parola in parola, assorto nel sordido[3] dilemma degli eroi, lasciandosi andare verso le immagini che si componevano e acquistavano colore e movimento, fu testimone dell'ultimo incontro nella capanna del bosco. Prima entrava la donna, guardinga[4]; adesso arrivava l'amante, la faccia ferita dalle sferzate di un ramo. Ammirevolmente lei tamponava il sangue con i suoi baci, ma lui rifiutava le carezze, non era venuto per ripetere le cerimonie di una passione segreta, protetta da un mondo di foglie secche e di sentieri furtivi. Il pugnale si intiepidiva contro il suo petto, e sotto pulsava acquattata la libertà. Un dialogo ansioso scorreva per le pagine come un ruscello di serpi, e si sentiva che tutto era già deciso da sempre. Persino quelle carezze che avviluppavano il corpo dell'amante quasi volessero trattenerlo e dissuaderlo, disegnavano abominevolmente la figura di un altro corpo che era necessario distruggere. Niente era stato dimenticato: alibi, circostanze, possibili errori. A partire da quell'ora, a ciascun istante era minuziosamente fissato il suo impiego. Il duplice spietato riepilogo si interrompeva appena per permettere che una mano carezzasse una gota. Cominciava a scendere la notte.

Senza neppure più guardarsi, legati strettamente al compito che li aspettava, si separarono sulla porta della capanna. Lei doveva proseguire per il sentiero che andava verso nord. Dal sentiero opposto lui si voltò un istante per vederla correre con i capelli sciolti. Corse anche lui, proteggendosi contro gli alberi e le siepi finché distinse nella bruma[5] malva[6] del crepuscolo il viale che conduceva alla casa. I cani non dovevano latrare, e non latrarono. Il fattore non doveva esserci a quell'ora, e non c'era. Salì i tre scalini del porticato ed entrò. Dal sangue che gli galoppava nelle orecchie gli giungevano le parole della donna: prima una sala turchina, poi una galleria, una scala con tappeto. Al piano superiore, due porte. Nessuno nella prima camera, nessuno nella seconda. La porta del salotto, e allora il pugnale in mano, la luce delle vetrate, l'alto schienale di una poltrona di velluto verde, la testa dell'uomo nella poltrona che sta leggendo un romanzo.

J. Cortázar, *Continuità dei parchi*, da *Fine del gioco*,
trad. it. di E. Franco e F. Nicoletti Rossini, Einaudi, Torino, 2003

3. **sordido**: subdolo, disgustoso.
4. **guardinga**: attenta, diffidente.
5. **bruma**: nebbia, foschia.
6. **malva**: pianta erbacea, ma qui riferito a una sfumatura di colore tra il lilla e il color lavanda.

GUIDA ALLA LETTURA

REALTÀ E FANTASIA

Il protagonista del racconto, trattenuto per alcuni giorni da affari impellenti, torna finalmente a casa ansioso di riprendere il romanzo che aveva dovuto interrompere e che racconta una torbida vicenda di tradimento. Ma quando si ritrova seduto in poltrona, là dove pensa che nessuno possa disturbarlo, *dando le spalle alla porta che lo avrebbe infastidito come una irritante possibilità d'intrusioni,* ecco il colpo di scena: la distinzione fra realtà e fantasia scompare, e il protagonista del racconto si ritrova a sua volta catapultato fra le pagine del libro che è così ansioso di terminare. La coppia che si incontra di nascosto nel capanno questa volta non si lascia andare a effusioni d'amore, ma si separa verso due direzioni diverse. Il lettore resta convinto di essere fra le pagine tanto agognate dal protagonista del racconto, e invece i personaggi del romanzo sono usciti dal libro e sono alle spalle di chi quel romanzo lo sta ancora leggendo e non si accorge di quello che accade, come sottolinea anche lo scarto improvviso nei tempi verbali, dal passato (verbo della narrazione) al presente (verbo della realtà). Il racconto si chiude così, con il lettore in procinto di essere assassinato dal personaggio della storia che ha davanti agli occhi.

CONTINUITÀ DELLE STORIE

Il libro scelto dal lettore protagonista di *Continuità dei parchi* è un poliziesco, un genere che solitamente porta con sé la promessa di avventure e forti emozioni e anche di conclusioni tranquillizzanti, una sorta di surrogato per chi avverte la mancanza, o ha paura, di una vita pericolosa. Il racconto esplora a fondo la possibilità che i fatti narrati non siano più solo estranei, ma prendano improvvisamente una piega personale, facendo saltare la "barriera protettiva" costituita dalle lettura.

Ciò che leggiamo – sembra voler dire l'autore estremizzando la situazione – non resta confinato fra le pagine dei libri. Ciò che leggiamo assume una vita propria e interagisce con la nostra. Il racconto, dunque, è anche una metafora sul valore della lettura: ogni volta che leggiamo qualcosa, lo facciamo entrare nel nostro mondo. E in qualche modo, necessariamente, ci cambia.

LA SUSPENSE

Il narratore affida la sua riflessione a un racconto che coinvolge il lettore per l'intensità emotiva e la suspense da cui è contraddistinto. In apertura, seguendo il lettore della storia, chi legge attende con curiosità di scoprire il contenuto di quel romanzo così intrigante che il suo lettore non vede l'ora di ricominciarne la lettura. Nella parte centrale, la suspense coinvolge i due personaggi del romanzo e l'atto criminale che stanno evidentemente per compiere. Nel finale, è la comparsa dei personaggi usciti dal romanzo e catapultati in casa del protagonista a tenere con il fiato sospeso il lettore del racconto.

COMPRENDERE E ANALIZZARE

COMPRENSIONE

1. Perché il protagonista del racconto ha dovuto interrompere la sua lettura?
2. Come si appresta a riprenderla?
3. In che momento della giornata sono ambientate le due vicende?
4. Che cosa si intende con l'espressione *il pugnale si intiepidiva contro il suo petto, e sotto pulsava acquattata la libertà*?
5. Si verificano intoppi al piano dei due amanti protagonisti del romanzo che il lettore sta leggendo?

ANALISI

6. Il racconto propone i fatti in ordine cronologico o ci sono alterazioni della fabula? Se sì, quali?
7. Da che tipo di narratore è raccontata la vicenda?
8. Considera i personaggi del racconto e completa la tabella:

	Protagonista/ Antagonista	Tipo/ Individuo	A tutto tondo/Tipo
Lettore			
Donna			
Uomo			

9. Ricostruisci il personaggio del lettore con opportuni riferimenti al testo.
10. Analizza il tempo della vicenda e del racconto.
11. Da quali passaggi del testo si deduce progressivamente che i due amanti si accingono a compiere un omicidio?

SCRIVERE

APPROFONDIMENTO E SCRITTURA

12. In un testo di una pagina rifletti sul tuo rapporto con la lettura: è una pratica obbligata o qualcosa che fai con piacere? Ti lasci coinvolgere dalle storie che leggi? Entrano in qualche modo a far parte della tua vita?

13. Nel saggio *Il mestiere di raccontare nell'era di internet* (Codice Edizioni) l'autore Frank Rose sostiene che nell'era del digitale e delle realtà virtuali le storie non siano più esperienze separabili confinate nello spazio loro deputato (libro, grande e piccolo schermo, palcoscenico), ma interagiscano con noi. Sulla base della tua esperienza, ritieni che questa posizione possa essere condivisa? Esprimi le tue considerazioni in un testo di una pagina.

SCRITTURA CREATIVA Riscrivi il finale

14. Scrivi un finale di 10 righe al racconto.

SCRITTURA CREATIVA In forma di...

15. Scrivi un breve racconto (una pagina) in cui immagini una vicenda che veda la sovrapposizione fra realtà e fantasia.

16. Riscrivi l'inizio del racconto immaginando i pensieri del lettore che sta finalmente tornando a casa e può riprendere a leggere la vicenda che tanto lo ha interessato.

▲ Roland Topor, catalogo della mostra, 1986. Palazzo Reale, Milano. Arnoldo Mondadori Editore.

VERSO LE COMPETENZE COMPITI DI REALTÀ

- *Comunicazione nella madrelingua*
- *Competenza digitale*
- *Competenze sociali e civiche*
- *Consapevolezza ed espressione culturale*

17. Secondo gli ultimi dati la popolazione dei lettori in Italia è in constante diminuzione.

Svolgi una ricerca sui dati relativi al numero di lettori in Italia negli ultimi anni (puoi consultare, per esempio, il sito della Aie, Associazione Editori Italiani, o il sito dell'Istat), imposta i dati in una tabella e commentali in un testo in cui ipotizzi anche quali possano essere le ragioni di questo dato. Puoi impostare la ricerca come preferisci, dividendo i lettori per regione, oppure in base al sesso, oppure partendo dai generi letterari più letti.

Il tuo lavoro sarà valutato sulla base di questi parametri:

Criteri / Livello di padronanza	Iniziale (1)	Base (2)	Intermedio (3)	Avanzato (4)
Accuratezza della ricerca sui dati tecnici				
Commento ai fattori selezionati				
Efficacia comunicativa del testo realizzato				

18. Ti è stato affidato il compito di realizzare una campagna pubblicitaria per promuovere la biblioteca scolastica. Informati sui dati tecnici (volumi, eventuale prestito digitale, postazioni multimediali) e crea uno slogan per sollecitare i tuoi compagni a frequentarla.

In alternativa puoi realizzare una campagna audio/video.

Il tuo lavoro sarà valutato sulla base di questi parametri:

Criteri / Livello di padronanza	Iniziale (1)	Base (2)	Intermedio (3)	Avanzato (4)
Accuratezza della ricerca sui dati tecnici				
Efficacia dello slogan scelto				
Presentazione della campagna pubblicitaria				

T5 Michel Tournier I due banchetti o la commemorazione

Michel Tournier (Parigi, 1924-Choisel, 2016) è un celebre scrittore francese. In seguito agli studi di filosofia e di antropologia lavora come giornalista culturale per Radio France, «Le Monde» e «Le Figaro» e come traduttore dal tedesco delle opere di Erich Maria Remarque. Si afferma tardivamente come scrittore: nel 1967 pubblica il suo primo romanzo, *Venerdì o il limbo del Pacifico* (edito in italiano da Einaudi), da cui poi ha tratto anche una versione per ragazzi e che è stata tradotta in 35 lingue. Destinato a diventare il suo libro di maggior successo, il romanzo riprende la trama di *Robinson Crusoe* di Daniel Defoe, con una chiara predilezione per una dimensione mitica, che sarà poi caratteristica di tutti i lavori di Tournier: il personaggio di Venerdì è un uomo del Terzo mondo che porta l'attenzione sul tema degli immigrati privi di documenti di identità (i *sans papiers*) che già alla fine degli anni Sessanta del Novecento era di scottante attualità in Francia. Nel 1958 lo scrittore si ritira a Choisel, un villaggio di 500 abitanti a 40 chilometri da Parigi, dove vive per più di mezzo secolo, fino alla morte. Tra i numerosi riconoscimenti, ha ricevuto la medaglia Goethe nel 1993 e una laurea *honoris causa* dall'Università di Londra nel 1997.

Il racconto è tratto da *Mezzanotte d'amore*, raccolta di storie che vengono narrate durante una serata fra amici.

Un sovrano orientale propone una sfida tra due cuochi per scegliere chi dovrà dirigere i lavori della cucina di corte. Ma i due pranzi, offerti a distanza di una settimana l'uno dall'altro, sono perfettamente uguali. Quello che appare uno scherzo di cattivo gusto, volto a rendere impossibile la scelta del vincitore, non crea invece alcuna difficoltà al sovrano che serenamente pronuncia un sorprendente verdetto.

C'era una volta un califfo[1] di Ispahan[2] che aveva perduto il cuoco. Ordinò dunque al proprio intendente[3] di mettersi in cerca di un nuovo cuciniere degno di assolvere le funzioni di capocuoco di palazzo. Passarono i giorni. Il califfo si spazientì e convocò il proprio intendente.

– Allora? Hai trovato l'uomo che ci serve?

– Signore, sono in grande imbarazzo, – rispose l'intendente. – Perché ho trovato non un cuoco, ma due, entrambi assolutamente degni di rivestire quell'alto incarico, e non so come scegliere.

– Non te ne dar pena, – disse il califfo, – ci penserò io. Domenica prossima, uno dei due uomini, designato dalla sorte, preparerà un banchetto per la corte e per me. La domenica successiva, sarà la volta dell'altro. Alla fine del secondo banchetto dichiarerò io stesso il vincitore di questa piacevole gara.

Così fu fatto. La prima domenica il cuoco designato dalla sorte preparò il pranzo per la corte. Tutti aspettavano con la più golosa curiosità quanto sarebbe stato servito. Ebbene, la finezza, l'originalità, la ricchezza e la prelibatezza dei piatti che si susseguirono sulla tavola superarono ogni aspettativa. L'entusiasmo degli invitati era tale che essi esortavano il califfo a nominare senza ulteriori indugi capocuoco di palazzo l'autore di quel banchetto insuperabile. Che bisogno c'era di un'altra prova? Ma il califfo fu irremovibile. – Aspettiamo domenica, – disse, – e lasciamo un'opportunità all'altro concorrente.

1. **califfo**: monarca islamico.
2. **Ispahan**: città nell'Iran centrale (Esfahan).
3. **intendente**: funzionario con compiti amministrativi o finanziari.

Passò una settimana, e tutta la corte si ritrovò attorno allo stesso tavolo per assaporare il capolavoro del secondo cuoco. L'impazienza era viva, ma lo squisito ricordo del banchetto precedente creava una certa prevenzione nei suoi confronti. Grande fu la sorpresa generale quando il primo piatto giunse in tavola: era lo stesso primo piatto del primo banchetto. Altrettanto fine, originale, ricco e gustoso, ma identico. E ci furono sorrisi e mormorii allorché il secondo piatto si rivelò a propria volta uguale al secondo piatto del primo banchetto. Ma poi un silenzio costernato[4] piombò sugli invitati quando constatarono che anche tutti i piatti successivi erano gli stessi della domenica precedente. Bisognava arrendersi all'evidenza: il secondo cuoco imitava in tutto e per tutto il concorrente. Ora, tutti sapevano che il califfo era un tiranno ombroso[5], e non tollerava che qualcuno si prendesse gioco di lui, tantomeno un cuoco, sicché l'intera corte aspettava timorosa – lanciandogli occhiate furtive – lo scatto di collera con cui da un momento all'altro avrebbe fulminato l'autore di quella miserabile farsa. Ma il califfo mangiava imperturbabile e scambiava con i propri vicini soltanto le rare e futili osservazioni che sono di prammatica in simili circostanze. C'era da credere che non si fosse accorto dell'incredibile mistificazione[6] di cui era vittima.

Infine vennero serviti i dessert e i dolci, anch'essi assolutamente simili ai dessert e ai dolci del primo banchetto. Poi i servi s'affrettarono a sparecchiare la tavola.

Allora il califfo ordinò che si chiamassero i due cuochi, e quando i due uomini gli furono di fronte, egli si rivolse a tutta la corte dicendo:

– E così, amici miei, avete avuto modo di apprezzare, in questi due banchetti, l'arte e l'inventiva dei due cuochi qui presenti. Spetta a noi adesso fare la scelta e decidere quale dei due deve essere investito dall'alto incarico di capocuoco di palazzo. Ora io penso che voi siate tutti d'accordo con me nel riconoscere e proclamare l'immensa superiorità del *secondo* cuoco sul primo. Perché, se il cibo che abbiamo potuto gustare domenica scorsa era fine, originale, ricco e gustoso quanto quello che ci è stato servito oggi, non era in fondo che un pasto principesco. Ma il secondo, in quanto esatta riproduzione del primo, il secondo attingeva una dimensione superiore. Il primo banchetto era un avvenimento, ma il secondo era una commemorazione, e, se il primo era memorabile, è stato soltanto il secondo a conferirgli retroattivamente quella memorabilità. Allo stesso modo, i grandi fatti della storia non si liberano delle scorie impure e dubbie in cui sono nati, se non grazie al ricordo, che li perpetua nelle generazioni successive. Dunque, se io apprezzo in casa di amici e in viaggio che mi vengano serviti pranzi principeschi, qui a palazzo voglio soltanto pranzi sacri. Sacri, sì, perché il sacro esiste soltanto in virtù della ripetizione e acquista eminenza[7] a ogni ripetizione. Cuochi numero uno e due, vi assumo entrambi. Tu, cuoco numero uno, mi accompagnerai a caccia e in guerra. Ma tu, cuoco numero due, veglierai qui a palazzo sull'ordine immutabile del mio vitto quotidiano. Sarai il gran sacerdote delle mie cucine e conservatore dei riti culinari e manducatori[8] che conferiscono al cibo la sua dimensione spirituale.

M. Tournier, *I due banchetti o la commemorazione*, da *Mezzanotte d'amore*, trad. it. di F. Bruno, Garzanti, Milano, 1990

4. **costernato**: profondamente abbattuto.
5. **ombroso**: cupo, scontroso.
6. **mistificazione**: deformazione della realtà dei fatti attuata con sottigliezza di argomentazioni.
7. **eminenza**: eccellenza.
8. **manducatori**: relativi all'operazione di mangiare.

GUIDA ALLA LETTURA

UN ANTICO MODELLO DI STORIA: LA COMPETIZIONE

La struttura del racconto rimanda a uno schema classico di narrazione, quello della fiaba che, attraverso la storia di una gara per l'assegnazione di un premio, trasmette un insegnamento. Spesso infatti nelle fiabe si trovano due personaggi che, come in questa storia, sono indotti a sfidarsi per ottenere un primato. Nel nostro caso un sovrano orientale, alla ricerca di un capocuoco, propone alla propria corte la competizione tra due esperti chef, come sarebbero chiamati oggi.

UN CALIFFO FILOSOFO

Un autentico confronto tra l'abilità dei due cuochi si rivela tuttavia impossibile. Il secondo, infatti, a distanza di una settimana dal primo, offre un pranzo perfettamente identico a quello del rivale tanto da far ragionevolmente pensare a un temerario e improvvido tentativo di irrisione nei confronti del califfo. Ma il sovrano non ha dubbi e proclama vincitore il secondo cuoco. Le ragioni della sua scelta trasferiscono la questione della gara su un piano "filosofico". I due pranzi, del tutto uguali al palato dei commensali, differiscono rispetto al valore che assumono da un punto di vista simbolico: il secondo viene giudicato superiore perché, proprio per l'identica qualità, è in grado di richiamare alla memoria quello precedente. In questo senso è non solo principesco, ma "sacro".

IL SIGNIFICATO DI SACRO

L'insegnamento della vicenda si chiarisce allora in rapporto all'accezione di quest'ultimo termine. Il califfo filosofo spiega alla sua corte (e al lettore) che *il sacro esiste soltanto in virtù della ripetizione e acquista eminenza a ogni ripetizione* (righe 52-53), a sottolineare l'importanza della memoria nella vita dell'essere umano. Il tema è formidabile, di quelli sui quali si è misurata la letteratura di tutti i tempi e di tutte le latitudini. La memoria è la facoltà preziosa che permette agli uomini di riconoscere e conservare, del passato, ciò che ha più valore, nel momento in cui lo si considera degno appunto di essere ricordato: la memoria definisce ciò che è sacro.

COMPRENDERE E ANALIZZARE

COMPRENSIONE

1. Perché la corte attende timorosa la reazione del califfo durante il secondo banchetto?
2. Perché il califfo giudica superiore il secondo cuoco rispetto al primo?
3. In che cosa consiste secondo il califfo la dimensione spirituale del cibo?

ANALISI

4. La natura simbolica del racconto è suggerita fin dalle sue battute iniziali. In che modo?
5. I personaggi di questo racconto sono statici o dinamici? Motiva la tua risposta.
6. Nel giustificare il giudizio pronunciato sul lavoro dei due cuochi, il califfo ricorre a un esempio. Quale?

SCRIVERE

APPROFONDIMENTO E SCRITTURA

7. Confronta la concezione di sacro propria del califfo del racconto con l'idea che hai tu di questo concetto in un testo di circa 20 righe.

SCRITTURA CREATIVA — Dal punto di vista di...

8. Immagina di essere un membro della corte del califfo e racconta la vicenda in prima persona.

VERSO LE COMPETENZE

- *Imparare a imparare*
- *Competenza digitale*
- *Competenze sociali e civiche*
- *Consapevolezza ed espressione culturale*

9. Pierre de Coubertin, organizzatore delle prime olimpiadi moderne (1896), coniò un motto destinato ad avere grande fortuna: *l'importante non è vincere, ma partecipare*.

   Questo motto – inteso a celebrare il valore positivo della competizione sportiva – si è trasformato nel corso del tempo e si è caricato di significati diversi da quelli originari.

   Progetta una campagna pubblicitaria volta a educare a un corretto spirito competitivo nello sport ed esponi il tuo lavoro alla classe.

BUIO IN SALA

I SIMBOLI DI ECCELLENZA NEL CINEMA

[1]

[2]

[3]

Il più antico: l'Oscar

Nel 1927 gli esponenti dell'industria cinematografica Usa fondano l'Accademia delle arti e della scienza del cinema. All'inaugurazione viene proposto un premio annuale, diverso dalle solite coppe, per il miglior film, regista e attore. Un dirigente dell'Accademia, Cecil Gibbons, disegna su una tovaglia **una statuetta** che stringe al petto una spada, che diventa ufficialmente l'*Academy Award of Merit*, cioè il **simbolo del premio [1]**. La spada della statuetta si immerge nella bobina della pellicola di un film, le cui cinque fessure rappresentano produttori, registi, attori, scrittori e tecnici. Vari sono gli aneddoti che circolano sulla buffa denominazione di "**Oscar**", ma il più accreditato vuole che la bibliotecaria dell'Accademia, Margaret Herrik, vedendola, abbia esclamato: «ma somiglia allo zio Oscar!».

Gli Oscar nascono come **massimo riconoscimento** all'industria cinematografica nazionale americana: infatti l'Oscar al miglior film in lingua straniera viene istituito solo a partire dalla ventinovesima edizione, nel 1957 (prima i film stranieri erano premiati saltuariamente con un riconoscimento speciale).

Il Leone d'Oro di Venezia

La prima Esposizione Internazionale d'Arte Cinematografica, tenutasi dal 6 al 21 agosto 1932, nasce nell'ambito della **Biennale di Venezia**, una delle più famose rassegne internazionali di arte contemporanea, sotto gli auspici del Conte Giuseppe Volpi di Misurata, Presidente della Biennale. Dal 1934 la rassegna diventa competitiva e annuale; i premi più importanti sono il **Leone d'oro [2]** (fino al 1942 Coppa Mussolini) per il miglior film e la **Coppa Volpi [3]** per il miglior attore e la migliore attrice.

Nel 1938 la mostra comincia a subire pesanti pressioni politiche da parte del governo fascista. I vincitori, imposti alla giuria internazionale, sono il tedesco *Olympia* di Leni Riefenstahl e *Luciano Serra pilota* di Goffredo Alessandrini, due film di esplicita propaganda, nonostante il primo sia ancora oggi riconosciuto come uno dei capolavori del cinema degli anni Trenta.

Terminata la guerra, la mostra riprende nel 1946 e per la prima volta si tiene nel mese di settembre.

Da allora il Leone d'Oro, che deve il suo nome al leone della Basilica di San Marco, simbolo della città, viene considerato un premio di grande prestigio dalla critica cinematografica: il Festival di Venezia, come quello di Cannes e di Berlino, predilige infatti opere di valore artistico e di carattere innovativo rispetto al cinema più commerciale premiato dagli Oscar.

La palma di Cannes

Sul finire degli anni Trenta, indignato per le interferenze del governo fascista italiano e di quello nazista tedesco nella selezione dei film per la

Poster del primo "Festival International du film de Cannes", 1946. Illustrazione originale di Leblanc.

[4]

[5]

[6]

Mostra Internazionale d'Arte Cinematografica di Venezia, il ministro francese della Pubblica Istruzione e delle Belle Arti, **Jean Zav**, avanza la proposta di organizzare un **festival cinematografico internazionale a Cannes**.

Nel giugno 1939 **Louise Lumière** (uno dei due fratelli inventori del proiettore cinematografico) accetta di presiedere la prima edizione del festival, che si sarebbe tenuta dal primo al 30 settembre, se la dichiarazione di guerra di Francia e Regno Unito alla Germania non avesse impedito lo svolgimento della manifestazione. La prima vera edizione si svolge quindi solo nel 1946: da allora il Festival si tiene con cadenza annuale, a eccezione degli anni 1948 e 1950, in cui non si è svolto per problemi di bilancio.

La selezione ufficiale è composta da **due sezioni principali**: il concorso, che accoglie le opere di autori affermati e rivela talenti emergenti, e *Un Certain Regard*, che presenta una selezione di opere originali per contenuti o scelte formali, che rappresentano il rinnovamento dell'espressione cinematografica. Nella cerimonia di chiusura la giuria, formata da personalità del cinema internazionale, assegna i premi, tra cui spicca la **Palma d'oro [4]** per il miglior film. La scelta della palma come simbolo della competizione è un tributo allo **stemma della città**: introdotta nel 1954, la palma è stata ridisegnata più volte fino alla forma attuale, che risale al 1997.

L'Orso di Berlino

Il **Festival Internazionale del Cinema di Berlino**, conosciuto anche come **Berlinale**, nasce nel 1951 sotto la direzione di Alfred Bauer, storico del cinema. Sei anni dopo la fine della Seconda guerra mondiale Berlino, ancora in gran parte distrutta e molto diversa dall'importante centro culturale che era stata negli anni Venti, si ripropone così all'attenzione del mondo.

Tenuta annualmente nel mese di febbraio, la manifestazione è divenuta nel corso degli anni uno dei più importanti eventi dedicati alle cinematografie provenienti da tutto il mondo, punto di incontro (anche geografico) tra Occidente e Oriente. Questo suo carattere **cosmopolita** richiama la presenza annuale di 19.000 operatori del settore accreditati (tra cui circa 4.000 giornalisti), provenienti globalmente da 115 Paesi. La giuria assegna come premio una **statuetta che rappresenta un orso**, tradizionale **simbolo** della **città di Berlino**, presente sullo stemma dal 1280. Dei circa 400 film in concorso annualmente nelle varie sezioni del Festival, venti competono per l'**Orso d'Oro [5]** e l'**Orso d'Argento [6]**: il primo consiste nel riconoscimento per il miglior film della selezione e nel premio alla carriera di un personaggio del mondo del cinema; il secondo si divide in un Gran Premio della giuria assegnato a una singola pellicola, e in riconoscimenti riservati rispettivamente ai migliori regista, attore, attrice, sceneggiatura, colonna sonora e cortometraggio.

▲ La porta di Brandeburgo illuminata durante il "Festival delle illuminazioni" nell'ottobre del 2007. Berlino, Germania.

T6 Gabriel García Márquez – Un signore molto vecchio con certe ali enormi

Primogenito di sedici figli, **Gabriel García Márquez** (Aracataca, 1927-Città del Messico, 2014) nasce in Colombia. Cresce con i nonni materni; la nonna è una grande conoscitrice di fiabe e leggende locali che avranno un ruolo fondamentale in molti dei suoi romanzi. Nel 1947 si trasferisce a Bogotà per studiare Giurisprudenza e Scienze politiche, ma presto abbandona gli studi per lo scarso interesse suscitato in lui dalle materie dei corsi. Esordisce alla fine degli anni Quaranta nel giornalismo a Cartagena.

L'esordio letterario avviene nel 1955 con il romanzo *Foglie morte*, ma il suo primo racconto risale a otto anni prima. Nel 1967 pubblica il suo romanzo più famoso, *Cent'anni di solitudine*, che narra le vicende della famiglia Buendía a Macondo attraverso diverse generazioni ed è ricco di riferimenti e allusioni alla storia e alla cultura popolare sudamericana. Il romanzo è considerato la massima espressione del cosiddetto **realismo magico**, un filone tipico della letteratura sudamericana del Novecento in cui elementi magici appaiono calati in un contesto altrimenti realistico: nel caso di *Cent'anni di solitudine*, si tratta di un microcosmo in cui la linea di demarcazione fra vivi e morti non è così netta e in cui ai vivi è concesso il tragico dono della chiaroveggenza.

Nel marzo 2007 il IV Congresso internazionale di Lingua Spagnola ha votato il romanzo come seconda opera più importante mai scritta in spagnolo, preceduta solo da *Don Chisciotte della Mancia* di Miguel De Cervantes.

Nel 1973 Márquez sospende per circa due anni l'attività letteraria e ritorna al giornalismo sul campo per protesta contro il colpo di Stato cileno attuato dal generale Augusto Pinochet, che porta alla morte del presidente Salvador Allende. Fra gli anni Settanta e Ottanta scrive numerosi romanzi, fra i quali *Cronaca di una morte annunciata* e *L'amore ai tempi del colera*, portati anche sul grande schermo.

Nel 1982 riceve il Premio Nobel per la Letteratura. Muore il 17 aprile 2014 a Città del Messico.

Attraverso il ricorso a forme fiabesche e leggendarie, talvolta velate di umorismo, in questo racconto, tratto dalla raccolta *La incredibile e triste storia della candida Eréndira e della sua nonna snaturata*, uscita in edizione originale a Buenos Aires nel 1972, l'autore offre una visione complessa e contrastata della solitudine dell'uomo latinoamericano e della condizione alienata del mondo tropicale.

Come nella maggior parte della produzione dell'autore, anche qui convergono caratteri tipici del **realismo magico**, come la presenza di **elementi magici** o **soprannaturali**, intuibili ma mai spiegabili, la sovrabbondanza di dettagli sensoriali, distorsioni e inversioni temporali, la presenza di elementi leggendari o folkloristici. In uno scenario stravolto dalle piogge torrenziali, compare un signore molto vecchio e dotato, come dice il titolo, di ali enormi, che scatena le reazioni degli abitanti di un piccolo villaggio.

Il terzo giorno di pioggia avevano ammazzato tanti granchi dentro casa, che Pelayo dovette attraversare il suo cortile allagato per buttarli nel mare, perché il bambino aveva passato la notte con le caldane e si pensava che fosse a causa del fetore. Il mondo era triste fin dal martedì. Il cielo e il mare erano una stessa cosa di cenere, e le sabbie della spiaggia, che in marzo sfolgoravano come polvere di mica[1], si erano trasformate in una broda di fango e di molluschi putrefatti. La luce era così moscia a mezzogiorno che, mentre Pelayo stava tornando a casa dopo aver buttato via i granchi, gli costò fatica vedere ciò che si moveva e si lamentava in fondo al cortile. Dovette avvicinarsi molto prima di scoprire che era un

1. **mica**: minerale caratterizzato da brillantezza.

uomo molto vecchio, che era rovesciato bocconi nella fangaia, e nonostante i suoi sforzi non poteva sollevarsi, perché glielo impedivano le sue enormi ali.

Spaventato da quell'incubo, Pelayo corse in cerca di Elisenda, sua moglie, che stava facendo impacchi al bambino malato, e la condusse fino in fondo al cortile. Ambedue osservarono il corpo caduto, con un tacito stupore. Era vestito come uno straccione. Gli restava appena qualche filaccia[2] sbiadita sul cranio pelato e ben pochi denti nella bocca, e le sue deplorevoli condizioni di bisnonno infradiciato lo avevano privato di ogni grandezza. Le sue ali di corbaccio grande, sporche e mezzo spennate, erano incagliate per sempre nella fangaia. Tanto lo osservarono, e con tanta attenzione, che Pelayo ed Elisenda si rimisero assai presto dallo stupore e finirono per trovarlo familiare. Allora si arrischiarono a parlargli, e lui rispose in un dialetto incomprensibile ma con una buona voce da navigante. Fu così che passarono sopra l'inconveniente delle ali, e conclusero con molto buon senso che era un naufrago solitario di qualche nave straniera rovesciata dal temporale. Tuttavia, chiamarono per farglielo vedere una vicina che sapeva tutte le cose della vita e della morte, e a lei bastò un'occhiata per cavarli dall'errore.

«È un angelo» disse. «Veniva di sicuro per il bambino, ma poveraccio, è così vecchio che la pioggia l'ha abbattuto.»

Il giorno dopo tutti sapevano che in casa di Pelayo tenevano prigioniero un angelo in carne ed ossa. Contro il criterio della vicina saggia, per la quale gli angeli di questi tempi erano sopravvissuti fuggiaschi da una cospirazione celeste, non avevano avuto cuore di ammazzarlo a bastonate. Pelayo rimase tutto il pomeriggio a sorvegliarlo dalla cucina, armato del suo randello di guardia campestre, e prima di andare a dormire lo tirò fuori a strasciconi[3] dalla fangaia e lo rinchiuse con le galline nel pollaio recintato. A mezzanotte, quando la pioggia finì, Pelayo ed Elisenda stavano ancora ammazzando granchi. Poco dopo il bambino si svegliò senza febbre ed affamato. Allora si sentirono magnanimi e decisero di mettere l'angelo su una zattera con acqua dolce e provviste per tre giorni, e di abbandonarlo al suo destino in alto mare. Ma quando uscirono in cortile con le prime luci, trovarono tutto il vicinato davanti al pollaio, a baloccarsi[4] con l'angelo senza la minima devozione e a gettargli cose da mangiare dai rombi della rete metallica, come se non fosse una creatura sovrannaturale ma un animale da circo.

Padre Gonzaga arrivò prima delle sette allarmato dalla sproporzione della notizia. A quell'ora erano già accorsi dei curiosi meno frivoli di quelli

▲ Odilon Redon, *The Winged Man or Fallen Angel 3.* Museo delle Belle Arti, Bordeaux.

2. **filaccia**: propriamente filo ricavato da un vecchio tessuto, qui allude ai pochi capelli.
3. **a strasciconi**: trascinandolo per terra.
4. **baloccarsi**: trastullarsi, divertirsi.

dell'alba, e avevano già fatto ogni sorta di congetture sul futuro del prigioniero. I più semplici pensavano che lo avrebbero nominato alcalde[5] del mondo. Altri, di spirito più rude, supponevano che lo avrebbero promosso generale da cinque stellette in modo che vincesse tutte le guerre del mondo. Certi visionari speravano che venisse conservato come stallone per impiantare sulla terra una stirpe di uomini alati e sapienti che si prendessero cura dell'universo. Ma padre Gonzaga, prima di essere prete, era stato legnaiolo forzuto. Sporgendosi al di sopra del recinto ripassò in un attimo il suo catechismo, e chiese ancora che gli aprissero la porta per esaminare da vicino quel rottame d'uomo che sembrava piuttosto un'enorme gallina decrepita tra le galline assorte. Era buttato in un cantuccio, e si asciugava al sole le ali spiegate, tra bucce di frutta e avanzi di spuntini che gli avevano gettato i mattinieri. Estraneo alle impertinenze del mondo, sollevò appena gli occhi da antiquario e mormorò qualcosa nel suo dialetto quando padre Gonzaga entrò nel pollaio e gli diede il buongiorno in latino. Il parroco ebbe il primo sospetto della sua impostura quando constatò che non capiva la lingua di Dio e che non sapeva salutare i suoi ministri. Poi osservò che visto da vicino appariva troppo umano: aveva un insopportabile odore d'intemperie, il rovescio delle ali disseminato di alghe parassitarie e le penne più grandi maltrattate da venti terrestri, e nulla della sua miserevole natura si accordava con l'egregia dignità degli angeli. Allora voltò le spalle al pollaio, e con un breve sermone mise in guardia i curiosi contro i rischi dell'ingenuità. Rammentò loro che il demonio aveva la cattiva abitudine di ricorrere ad artifici di carnevale per confondere gli incauti. Argomentò che se le ali non erano l'elemento essenziale per stabilire le differenze tra un corbaccio e un aeroplano, a maggior ragione non potevano esserlo per riconoscere gli angeli. Tuttavia, promise di scrivere una lettera al suo vescovo, cosicché questi ne scrivesse un'altra al suo primate[6], e questi un'altra al Sommo Pontefice, di modo che il verdetto finale venisse dai tribunali più alti.

▲ Leonora Carrington, *Temple of the Word*, 1954. Collezione privata.

La sua prudenza cadde in cuori sterili. La notizia dell'angelo prigioniero si propalò[7] con tanta rapidità, che dopo poche ore c'era nel cortile una baraonda da mercato, così che furono costretti a far venire la truppa con baionette[8] per scompigliare il tumulto che era sul punto di gettar giù la casa. Elisenda, con la spina dorsale torta a furia di spazzare pattume da fiera, ebbe allora la buona idea di cintare il cortile e di far pagare cinque cen-

5. **alcalde**: sindaco nei Paesi dell'America Latina.

6. **primate**: titolo in uso in alcune Chiese cristiane.

7. **propalò**: propagò.

8. **baionette**: armi da taglio montate sulla canna di un fucile, usate fra il XVII e il XIX secolo.

tavos l'ingresso per vedere l'angelo. Vennero curiosi fin dalla Martinica. Venne una fiera girovaga con un acrobata volante, che passò ronzando parecchie volte sulle teste della folla, ma nessuno gli badò perché le sue ali non erano d'angelo ma di pipistrello siderale[9]. Vennero in cerca di salute i malati più iettati[10] dei Caraibi: una povera donna che fin da bambina stava contando i battiti del proprio cuore e ormai non le bastavano più i numeri, un giamaicano che non poteva dormire perché era tormentato dal rumore delle stelle, un sonnambulo che si alzava di notte per disfare le cose che aveva fatto da sveglio, e molti altri di minor gravità. Tra tutto quello scompiglio da naufragio che faceva tremare la terra, Pelayo ed Elisenda erano felici di stanchezza, perché in meno di una settimana inzeppavano di soldi le stanze da letto, e la fila dei pellegrini che aspettavano il turno per entrare arrivava ancora fino dall'altra parte dell'orizzonte. L'angelo era l'unico che non partecipasse al proprio avvenimento. Faceva passare il tempo cercando adattamento nel suo nido prestato, stordito dal calore d'inferno delle lampade a olio e delle candele da sacrificio che gli accostavano alla rete metallica. Sulle prime, cercarono di fargli mangiare cristalli di canfora, che, secondo la vicina saggia, erano l'alimento specifico degli angeli. Ma lui li disprezzava, così come disprezzava senza assaggiarle le colazioni papali che gli portavano i penitenti, e non si riuscì mai a sapere se fu perché era angelo o perché era vecchio che finì per non mangiare altro che pappette di melanzane. La sua unica virtù sovrannaturale sembrava essere la pazienza. Soprattutto nei primi tempi, quando lo becchettavano le galline in cerca dei parassiti stellari che proliferavano nelle sue ali, e gli sciancati gli strappavano penne per passarsele poi sui loro difetti, e perfino i più pietosi gli tiravano sassi cercando di farlo alzare per vederlo a figura intera. L'unica volta che riuscirono ad alterarlo fu quando gli scottarono il costato con un ferro da marcare vitelli, perché era da così tante ore che stava lì immobile, che lo credettero morto. Si svegliò di soprassalto, spropositando in lingua ermetica e con gli occhi in lacrime, e sbatté un paio d'alate che provocarono un vortice di sterco di gallinaio e di polvere lunare e un ventaccio di panico che non pareva di questo mondo. Anche se molti credettero che la sua reazione non fosse di rabbia ma di dolore, da quel momento badarono a non infastidirlo, perché quasi tutti opinarono che la sua non era una passività da eroe in uso di buon ritiro ma da cataclisma in riposo. Padre Gonzaga affrontò la frivolezza della folla con formule d'ispirazione domestica, fintanto che non fosse arrivato un giudizio perentorio sulla natura del prigioniero. Ma la posta da Roma aveva perso la nozione dell'urgenza. Facevano passare il tempo indagando se il dichiarato aveva ombelico, se il suo dialetto aveva qualcosa a che vedere con l'aramaico[11], se poteva stare molte volte sulla punta d'un ago, o se non si trattava semplicemente di un norvegese con ali. Quelle lettere di parsimonia sarebbero andate e venute fino alla fine dei secoli, se un avvenimento provvidenziale non avesse posto fine alle tribolazioni del parroco.

Accadde che in quei giorni, tra molte altre attrazioni delle fiere errabonde dei Caraibi, portarono nel paese lo spettacolo triste della donna che si era trasformata in ragno per aver disubbidito ai suoi genitori. L'ingresso per vederla non solo costava meno

9. siderale: relativo agli astri, alle stelle.

10. iettati: sfortunati.

11. aramaico: antica lingua parlata in Israele ai tempi di Gesù. Oggi, oltre che in Israele, l'aramaico moderno è parlato fra gli altri Stati in Iran, Iraq, Palestina, Turchia, Siria.

dell'ingresso per vedere l'angelo, ma permettevano di farle ogni sorta di domande sulla sua assurda condizione, e di esaminarla a diritto e a rovescio, in modo che nessuno mettesse in dubbio la verità dell'orrore. Era una tarantola spaventosa delle dimensioni di un montone e con la testa di donzella triste. Ma la cosa più lacerante non era lo sproposito del suo aspetto, ma la sincera afflizione con la quale raccontava i particolari della sua disgrazia; era ancora quasi una bambina quando scappò dalla casa dei suoi genitori per andare a un ballo, e mentre tornava attraverso il bosco, dopo aver ballato tutta la notte senza permesso, un tuono spaventoso aprì il cielo in due metà, e da quella crepa uscì il fulmine di zolfo che la trasformò in ragno. Il suo unico cibo erano le pallottoline di carne tritata che le anime caritatevoli avrebbero voluto metterle in bocca. Un simile spettacolo, carico di tanta verità umana e di così temibile ammaestramento, avrebbe sconfitto senza proporselo quello di un angelo scontroso che si degnava a malapena di guardare i mortali. E poi, gli scarsi miracoli che si attribuivano all'angelo rivelavano un certo disordine mentale, come quello del cieco che non riacquistò la vista ma gli spuntarono tre denti nuovi, e quello del paralitico che non poté camminare ma fu sul punto di vincere alla lotteria, e quello del lebbroso al quale nacquero girasoli nelle ferite. Quei miracoli di consolazione, che parevano piuttosto passatempi di burla, avevano già incrinato la reputazione dell'angelo quando la donna trasformata in ragno finì di distruggerla. Fu così che padre Gonzaga guarì per sempre dall'insonnia, e il cortile di Pelayo tornò ad essere solitario come quando piovve per tre giorni e i granchi giravano per le stanze da letto.

I padroni di casa non ebbero nulla di cui lamentarsi. Col denaro incassato costruirono una dimora a due piani, con balconi e giardini, e soglie molto alte in modo che non si cacciassero dentro i granchi dell'inverno, e sbarre di ferro alle finestre in modo che non si cacciassero dentro gli angeli. Pelayo impiantò inoltre un allevamento di conigli molto vicino al paese e rinunciò per sempre alla sua ingrata mansione di guardia campestre, ed Elisenda si comprò delle scarpette satinate coi tacchi alti e molti vestiti di seta cangiante, di quelli che usavano le signore più invidiate nelle domeniche di quei tempi. Il pollaio fu l'unica cosa che non meritò attenzione. Se qualche volta lo lavarono con creolina[12] e bruciarono lacrime di mirra[13] nell'interno non fu per rendere onore all'angelo, ma per scongiurare il lezzo di mondezzaio che ormai vagava come un fantasma da ogni parte e stava rinvecchiando la casa nuova. Sulle prime, quando il bambino imparò a camminare, badarono che non rimanesse molto vicino al pollaio. Ma poi finirono col dimenticare il timore e si abituarono alla puzza, e prima che il bambino cambiasse i denti si era infilato per giocare dentro il pollaio, il cui recinto marcito cadeva a pezzi.

L'angelo non fu meno scontroso con lui che con il resto dei mortali, ma sopportava le infamie più ingegnose con una mansuetudine di cane senza illusioni. Si presero la varicella nello stesso tempo. Il medico che badò al bambino non resistette alla tentazione di auscultare anche l'angelo, e gli trovò tanti soffi nel cuore e tanti rumori nelle reni che non gli sembrò possibile che fosse vivo. Quello che più lo meravigliò, tuttavia, fu la logica delle sue ali. Apparivano così naturali in quell'organismo completamente uma-

12. **creolina**: prodotto disinfettante. 13. **mirra**: gommoresina aromatica.

no, che non si poteva capire perché non le avevano anche gli altri uomini.

Quando il bambino andò a scuola, da molto tempo ormai la pioggia e il sole avevano demolito il pollaio. L'angelo si trascinava qua e là come un moribondo senza padrone. Lo scacciavano a scopate da una camera e un momento dopo se lo ritrovavano in cucina. Sembrava trovarsi in così tanti luoghi nello stesso tempo che giunsero a pensare che si sdoppiava, che ripeteva se stesso per tutta la casa, e l'esasperata Elisenda gridava fuori di senno che era una disgrazia vivere in quell'inferno pieno di angeli. Poteva mangiare a malapena, i suoi occhi da antiquario si erano fatti così torbidi che camminando inciampava nei pali di sostegno, e ormai non gli restavano che le cannucce pelate delle ultime penne. Pelayo gli buttò addosso una coperta e gli fece la carità di lasciarlo dormire sotto la tettoia, e soltanto allora si accorsero che passava le notti con caldane e delirando in un barbugliamento di norvegese antico. Fu quella una delle poche volte che si spaventarono, perché pensavano che stava per morire, e nemmeno la vicina saggia aveva saputo dire che cosa si faceva degli angeli morti. Tuttavia, non solo sopravvisse al suo peggiore inverno; ma parve perfino migliorare coi primi soli. Rimase immobile per molti giorni nel cantuccio più recondito[14] del cortile, dove nessuno lo vedeva, e agli inizi di dicembre cominciarono a nascergli nelle ali delle penne grandi e dure, penne di uccellaccio vecchio, che sembravano piuttosto un nuovo danno della decrepitezza. Ma lui doveva conoscere la ragione di quei cambiamenti, e infatti si dava molto da fare perché nessuno lo notasse, e nessuno udisse le canzoni di naviganti che certe volte cantava sotto le stelle. Una mattina, Elisenda stava tagliando fette di cipolla per il pranzo, quando un vento che sembrava d'altomare penetrò nella cucina. Allora si affacciò alla finestra, e sorprese l'angelo nei primi tentativi del volo. Erano così goffi, che aprì con le unghie un solco d'aratro nell'orto e fu sul punto di demolire la tettoia con quelle alate indegne che scivolavano nella luce e non trovavano appiglio nell'aria. Ma riuscì a prendere quota. Elisenda emise un sospiro di requie, per lei e per lui, quando lo vide passare al di sopra delle ultime case, sostenendosi in qualche modo con un arrischiato starnazzare di avvoltoio senile. Continuò a vederlo fin quando terminò di tagliare la cipolla, e continuò a vederlo fin quando non era più possibile che potesse vederlo, perché allora non era ormai più un impiccio nella sua vita, ma un punto immaginario nell'orizzonte del mare.

▲ Odillon Redon, *Il ragno che piange*, 1881.

G. G. Márquez, *Un signore molto vecchio con certe ali enormi*,
da *La incredibile e triste storia della candida Eréndira e della sua nonna snaturata*,
trad. it. di E. Cicogna, Mondadori, Milano, 1983

14. **recondito**: nascosto, segreto.

GUIDA ALLA LETTURA

IL REALISMO MAGICO

Il racconto si caratterizza per la presenza di alcuni tratti tipici del realismo magico: l'insolito protagonista, per la presenza delle ali, rientra in una dimensione soprannaturale, ma è descritto via via anche con particolari realistici sgradevoli se non addirittura repellenti, come il fetore che emana, i parassiti di cui sono ricoperte le sue ali, il cranio pelato e i pochi denti in bocca. Ancora, tipici del realismo magico appaiono la donna trasformata in ragno (che rimanda alle metamorfosi punitive della dimensione fiabesca e di molte leggende popolari), lo spazio, allucinato e segnato dalla violenza della natura, e la dimensione temporale del tutto imprecisata.

IL SIGNIFICATO ALTRO

La vicenda si apre su un paesaggio stravolto: dopo tre giorni di piogge i granchi hanno invaso la casa di Pelayo ed Elisenda e il loro figlioletto è stremato dalla febbre. Ma poi irrompe una strana figura a occupare non solo lo spazio fisico, ma anche quello mentale dei due coniugi e dei loro compaesani. L'insolita e sofferente creatura, di cui nessuno comprende la lingua, viene sbeffeggiata, derisa e torturata dagli uomini, che appaiono crudeli e cinici, fino a quando, finalmente, riesce a tornare a volare e ad allontanarsi da quel luogo di sevizie. Fin qui, la dimensione fiabesca si nutre di pochi elementi realistici, pur tuttavia presenti, e di molta fantasia. Ma dietro il vecchio – prima oggetto di scherno e violenza, poi strumento di lucro e quindi tollerato – si può cogliere un'evidente allusione al tema del diverso, alla superficialità con cui spesso si guarda a ciò che si ritiene altro da noi, ai pregiudizi messi in campo nel valutarlo, alla volontà spesso dominante di considerare "diabolico" ciò che non rientra negli schemi mentali consueti. In realtà anche il signore molto vecchio non è poi così diverso da tutti gli uomini: è in difficoltà, soffre, si dibatte, subisce le angherie altrui, ma alla fine riesce a risollevarsi e volare via. Del resto, Pelayo ed Elisenda non restano a lungo sconvolti dal suo arrivo, tanto che, dopo averlo osservato, *si rimisero assai presto dallo stupore e finirono per trovarlo familiare* e la sua comparsa finisce addirittura per cambiare in positivo le loro vite.

Composto quasi cinquant'anni fa, il racconto resta straordinariamente attuale proprio grazie alla chiave di lettura simbolica.

UNA METAFORA DELLA VITA

Nel percorso del signore molto vecchio dotato di ali enormi si può leggere anche una metafora, cioè una trasposizione, della vita degli esseri umani, fra grandezza (le ali, la possibilità che si tratti addirittura di un angelo), difficoltà e cadute, capacità di affrontare la sofferenza e di riscattarsi anche dalle situazioni più terribili: in mezzo a un'umanità cinica, è in fondo un messaggio di ottimismo quello che l'autore consegna al lettore in questo racconto.

LA MOLTIPLICAZIONE DEI PUNTI DI VISTA

Il narratore della vicenda assume nel racconto di volta in volta il punto di vista dei personaggi cui affida parola e pensieri: non solo il signore molto vecchio con certe ali enormi, ma anche i coniugi Pelayo ed Elisenda, la vecchia che considera il signore un angelo venuto a portare la morte, il parroco, perfino quello della donna trasformata in ragno per aver disubbidito ai propri genitori.

COMPRENDERE E ANALIZZARE

COMPRENSIONE

1. Con quale stravolgimento naturale si apre il racconto?
2. Che cosa scorge a fatica Pelayo in fondo al cortile?
3. Quali reazioni manifestano, in breve tempo, Pelayo ed Elisenda di fronte al signore molto vecchio dotato di ali enormi?
4. Qual è il motivo della presenza dell'angelo secondo la vecchia?
5. Perché il parroco sospetta che non si tratti di un angelo?
6. Come ovviano Pelayo ed Elisenda all'accorrere delle folle che insozzano il loro cortile?
7. Di quale unica virtù "soprannaturale" sembra essere dotata la strana creatura protagonista del racconto?

ANALISI

8. Ricostruisci, con opportuni riferimenti al testo, i principali tratti fisici e caratteriali del protagonista del racconto.

9. Suddividi il testo nelle fasi principali di una narrazione.
10. Fabula e intreccio coincidono? Motiva la tua risposta con riferimenti al testo.
11. Osserva la natura che fa da sfondo al racconto: ti sembra tratteggiata in modo realistico? Perché?
12. Quali altri elementi fantastici compaiono nel racconto?

SCRIVERE

APPROFONDIMENTO E SCRITTURA

13. Il racconto è incentrato sul tema della diversità. Esponi in un testo di una pagina le tue riflessioni in proposito: quali atteggiamenti assumi nei confronti di chi, per vari motivi, appare diverso da te? Provi diffidenza? Riesci a considerare la diversità una ricchezza?

SCRITTURA CREATIVA In forma di...

14. Immagina di essere un libraio cui un cliente ha chiesto una serie di titoli (qualche saggio e qualche romanzo) sulla migrazione. Dopo aver fatto una ricerca sull'argomento scegli almeno cinque titoli e realizzane le schede di lettura, anche in formato multimediale.

SCRITTURA CREATIVA Dal punto di vista di...

15. Riscrivi l'arrivo del signore molto vecchio dal suo punto di vista in un massimo di 20 righe.
16. Immagina i pensieri del protagonista del racconto nel momento in cui riesce finalmente a sollevarsi in volo (circa 15 righe).

VERSO LE COMPETENZE COMPITI DI REALTÀ

- *Comunicazione nella madrelingua*
- *Competenza digitale*
- *Imparare a imparare*
- *Competenze sociali e civiche*
- *Spirito di iniziativa e imprenditorialità*
- *Consapevolezza ed espressione culturale*

17. Negli ultimi anni il tema della diversità si è strettamente legato al fenomeno migratorio che per motivi diversi ha spinto masse provenienti dall'Africa e dall'Asia verso l'Europa.

Dividetevi in gruppi, fate una ricerca e realizzate una presentazione multimediale di almeno cinque slides in cui evidenziate i principali flussi migratori, le loro cause e i Paesi europei verso cui sono rivolti. Potete anche registrare un sonoro a commento. All'inizio del vostro lavoro dividetevi equamente ruoli e compiti.

Il vostro lavoro sarà valutato sulla base di questi parametri:

Criteri / Livello di padronanza	Iniziale (1)	Base (2)	Intermedio (3)	Avanzato (4)
Accuratezza della ricerca				
Pertinenza dei dati selezionati				
Efficacia della presentazione multimediale				

T7 Haruki Murakami – La scomparsa del blu

Haruki Murakami ▶ Per la vita dell'autore vedi pag. 167.

Il racconto, originariamente apparso sul quotidiano francese «Le Monde» in occasione dell'Expo di Siviglia nel 1992, si apre su una **situazione paradossale**: il giovane protagonista, a poche ore dall'inizio del nuovo Millennio, mentre sta stirando una camicia, avverte la **scomparsa del blu** dal tessuto. Invano fruga nei propri armadi: del blu, suo colore prediletto, non c'è traccia. E la conferma gli arriva da un sopralluogo nella Linea Blu della metropolitana: tutto è diventato bianco. Ma la **surreale scomparsa** apre al tratteggio di un protagonista fuori dal coro rispetto alla sua famiglia e alla società giapponese.

Stavo stirando quando il blu è scomparso. Si è appannato, ha cominciato a sbiadire e poi è completamente scomparso. Come quando si scaricano le batterie. O come quando si spegne la musica di un'orchestra se il direttore cambia idea e smette di agitare la bacchetta a metà sinfonia mentre qualche strumento continua il suo fraseggio[1] dopo che la melodia si è interrotta, finché anche questo svanisce lasciando solo un silenzio snervante. Poiché la camicia che stavo stirando era a righe blu e arancioni, ho notato immediatamente che il blu era sparito. Al principio ho pensato, come avrebbe fatto chiunque, che i miei occhi facessero degli scherzi, che la mia concentrazione sulle righe mi facesse vedere cose strane. Ho spento il ferro da stiro e ho portato la camicia in una stanza più illuminata. Mi sono seduto sul divano per un po' con gli occhi chiusi, respirando profondamente, e poi ho riaperto gli occhi. Ma con lo stesso risultato. Il blu non c'era più. C'erano invece righe bianche e arancioni. Quello che prima era blu era ora di un bianco sfuocato, vuoto come la memoria di qualcuno che è stato colpito alla testa da un ladro. Ho fissato la camicia per parecchio, restando immobile, ma il blu non è tornato. Allora mi è venuto in mente di andare a vedere nell'armadio della camera da letto, dove tengo vari capi d'abbigliamento blu, camicie blu, cravatte blu, abiti blu. Il blu mi è sempre piaciuto, in tutti i toni, dal blu chiaro al blu marina. Tutti dicevano che stavo bene col blu. Ma nell'armadio non c'era più blu. Tutto il blu delle mie camicie, cravatte e abiti era bianco. Ho aperto i cassetti del comò, dovevano essere pieni di magliette, calzini, maglioni e sciarpe blu. Ma anche qui era successa la stessa cosa, tutto il blu era diventato bianco, come le ossa di uno sconosciuto lavate dagli anni. Il blu era semplicemente scomparso. Che potevo? Ero solo. Era l'ultimo dell'anno, l'ultimo giorno, l'ultima notte del 1999. Tutto il resto del mondo era fuori a festeggiare. Ma io odiavo le feste. Odiavo fare baldorie, odiavo bere e guardare la gente che beve. E allora che mi importava se il 1999 diventava il 2000, che differenza c'era? La data sarebbe cambiata, una nuova pagina del calendario si sarebbe aperta. Tutto qui. Tanta montatura era così sciocca. Ed è per questo che ero chiuso da solo in casa, con niente di meglio da fare che stirare camicie, quando il blu è scomparso. Ho chiamato al telefono gli amici, per sape-

1. **fraseggio**: in ambito musicale indica la messa in particolare rilievo degli elementi espressivi del discorso musicale che costituiscono un periodo in sé concluso, cioè una frase musicale.

▲ Utagawa Hiroshige, *Pioggia improvvisa sul ponte Shin-Ohashi*, dalla serie *Cento vedute famose di Edo*, 1857. Collezione privata.

re se avevano notizie della scomparsa del blu, ma naturalmente nessuno era in casa. L'unica cosa che potevo fare era chiamare mia madre e così ho fatto, anche se con una certa riluttanza. Un uomo mai conosciuto prima rispose al telefono. Sembrava che una festa fosse al culmine. Nello sfondo si sentiva forte una musica rock e la gente parlava ancora più forte per non farsi sopraffare dal rumore. Dovetti urlare quando chiesi all'uomo di far venire mia madre al telefono. "Ciao Mamma, mi dispiace di interromperti il divertimento, ma ho bisogno di chiederti una cosa", dissi. "Per caso da te il blu è scomparso?" "Blu? Che blu?" Sembrava pronta a litigare. "Il colore blu", spiegai. "Come quello dell'oceano e del cielo. Stavo stirando poco fa quando il blu della mia camicia è scomparso. E non era solo quello sulla camicia, tutto il blu che avevo in casa è scomparso. Non so se questo stia succedendo solo qui. Da voi il blu c'è ancora?" "Ed è solo per questo che mi hai chiamato?" "Eh, sì." "Senti, sei mio figlio, ma non riesco a immaginare perché devi fare una vita così spenta e noiosa". Stava sforzandosi di essere materna, ma sentivo un fondo di fastidio nella sua voce. "Pensa un momento. Questa è l'ultima notte del ventesimo secolo, un'esperienza che si può fare solo una volta nella vita, quando va bene. Tutti stanno festeggiando come matti. Ascolta. Riesci a sentire quanta allegria c'è qui? Perché devi chiamarmi adesso con questa sciocchezza del blu e del ferro da stiro e di non so che altro? A chi importa che non ci sia più blu? Perché devi fare il guastafeste?" "Ma mamma, ti sbagli a dire che è l'ultima notte del ventesimo secolo. Parlando correttamente, il ventesimo secolo non comincia fino al 2001. L'anno 2000 è appena..." Mia madre sbattè giù il telefono. Mi misi il cappotto e uscii. Un vento freddo e secco mi fece bruciare gli occhi. Aveva spazzato via ogni ombra di nuvole dal cielo. Il mio orologio segnava le 23.30. Da casa mia camminai direttamente verso la più vicina stazione della Linea Blu[2] della metropolitana. Normalmente nella Linea Blu tutto era blu: vagoni blu, biglietti blu, uniformi blu, pareti blu. L'Ente Metropolitana diceva che questo serviva a non far perdere i viaggiatori nel labirinto tridimensionale delle linee di Tokyo (anche se poi tutti si perdono lo stesso). Ma ora tutto il blu della Linea Blu era diventato bianco. Treni bianchi sfrecciavano accanto a muri bianchi e bigliettai in bianche uniformi vendevano biglietti bianchi. Mi veniva in mente un documentario che avevo visto sull'inverno della battaglia di Stalingrado. Mi sono avvicinato a un sorvegliante in uniforme che stava riparando un distributore di biglietti vicino allo sportello. "Che

2. **Linea Blu**: come in altre città del mondo, anche le linee della Metropolitana di Tokyo sono contrassegnate da un colore.

cosa è successo al blu?" "Non mi faccia domande sulla politica", lui scattò. "Sono soltanto un lavoratore". "Intende dire che si tratta di politica? Il blu è scomparso per ragioni politiche?". "Perché crede che le abbia detto di non farmi domande sulla politica?". Si strappò di capo il berretto bianco e lo gettò a terra. "Che vuole da me? Io non so niente. Lo chieda al Primo Ministro. Non so un bel niente del blu. Io eseguo gli ordini, faccio il mio lavoro e basta". Il mio orologio segnava le 23.45. Mentre lo guardavo mi sentivo sempre più in apprensione. Sentivo che se l'anno 2000 arrivava senza blu e soltanto io me ne accorgevo (almeno a quanto mi risultava), allora certo stava per accadere qualcosa di terribile. Misi la tessera nell'apparecchio telefonico e composi il numero dell'Ufficio Pubbliche Relazioni del Primo Ministro. Chiesi del Primo Ministro come mi aveva suggerito il sorvegliante della metropolitana. Sapevo che il Primo Ministro non avrebbe risposto di persona. La NEC[3] ha messo in opera un programma computerizzato attraverso il quale il Primo Ministro avrebbe risposto alle domande e alle proteste dei singoli cittadini. La voce del sintetizzatore suonava esattamente come quella del Primo Ministro. "Effettivamente il blu è un bel colore, Signor Okada", mormorò il Primo Ministro in risposta alla mia domanda. "Conosce questa poesia di Bokusui[4]? È una delle mie preferite.

L'uccello bianco
non è triste?
Librarsi scolorati
fra oceani blu
e il blu del cielo.

▲ Ohara Koson, *Iris*, 1925-36. Rijksmuseum, Amsterdam.

Bella, vero, Signor Okada?" "Ma per favore, Ministro, il blu si è cancellato dalla faccia della terra", gridai. "Sì, naturalmente, signor Okada. Lei deve saperlo che tutte le cose tangibili finiscono", mi disse il Primo Ministro. "Questo è il senso della storia, signor Okada. La storia va avanti senza prestare attenzione a ciò che piace e che non piace agli uomini. Semplicemente può riconoscere che questa è la verità. Se prendesse in considerazione tutto ciò che piace e non piace, la storia non potrebbe fare un passo avanti. Che disastro sarebbe, signor Okada. Ed è questa la ragione per cui la storia avanza senza pietà, aumentando il suo valore. Nel processo storico molte cose svaniscono, una dopo l'altra. Il petrolio cessa di esistere, così come l'uranio. E il comunismo, lo strato di ozono, il ventesimo secolo, John Lennon e Dio: tutto cessa di esistere. Lo stesso

3. **NEC**: società multinazionale di tecnologia.

4. **Bokusui**: Bokusui Wakayama, poeta giapponese del Novecento.

vale per lo swing e i dischi LP e le carrozze. Per il blu dovrebbe essere diverso, secondo lei, signor Okada? Ha un merito particolare per un trattamento speciale? Guardi le circostanze dal lato della luce, Signor Okada. Lei ha la tendenza a concentrarsi sul lato buio. Sua madre se la prende per questo, e la sua ragazza l'ha lasciata. È la ragione per cui lei non ha ottenuto la promozione e per cui spesso trova rospi nel cassetto della sua scrivania in ufficio. L'errore è solo suo. Si fidi di me, Signor Okada, dimentichi il blu. Se qualcosa finisce di esistere, crei qualcosa di nuovo al suo posto. Questa è la strada da seguire che costa meno. Questa è ECONOMIA, signor Okada. A proposito, Buon Anno!". Mi misi a camminare per la strada, sconsolato. Ben presto, tutti gli orologi di Tokyo batterono la mezzanotte. Tutti erano in festa, cantavano, gettavano cose dalla finestra, si abbracciavano, facevano saltare i tappi dello champagne. I clacson delle macchine suonavano, mentre scoppiavano i fuochi d'artificio. Il 2000 era arrivato, nessuno si preoccupava se il blu era andato perduto. "Ma... il blu se n'è andato", dicevo dentro di me, "Ed era proprio il mio colore preferito".

H. Murakami, *La scomparsa del blu*, da *L'elefante scomparso e altri racconti*, trad. it. di A. Pastore, Einaudi, Torino, 2009

GUIDA ALLA LETTURA

UN RACCONTO SURREALE

Il racconto si apre con una situazione surreale: la scomparsa di un colore che sconvolge la voce narrante. A nulla servono i suoi tentativi di sincerarsi del contrario, il blu sembra proprio svanito, almeno dalla sua capacità percettiva, non solo negli spazi di casa, ma anche all'esterno. L'avvio paradossale scatena una ansiosa ricerca da parte della voce narrante, che si infrange contro la superficialità della madre e il cinismo della voce elettronica del call center del Primo Ministro, che anzi finisce per ritrarlo come un inguaribile pessimista abbandonato dalla propria ragazza e vessato in ufficio proprio in virtù di questo atteggiamento negativo. La voce elettronica che prende la parola al telefono, una sorta di "grande fratello" che conosce abitudini e carattere del protagonista, suona nuovamente surreale: lo scarto fra situazioni realistiche e momenti inverosimili diventa così la cifra del racconto.

UNA VISIONE CINICA DEL MONDO CONTEMPORANEO

Nessuno è in grado di comprendere il disagio e lo spaesamento del protagonista perché nessuno sembra in grado di guardare alle cose nella loro verità. La madre, gli amici e i concittadini sono impegnati a festeggiare l'arrivo del Duemila, il Primo Ministro, o meglio la voce che parla per lui, inneggia al consumismo: tutto passa, è la dura legge dell'economia, e anche il blu non fa eccezione.

UNA CHIAVE DI LETTURA SIMBOLICA

Il disorientamento della voce narrante e la contrapposizione che si crea con gli altri personaggi che intervengono nella vicenda alludono a una frattura fra due visioni del mondo, una dominata dall'edonismo (la voglia di divertirsi a tutti i costi della madre) e dal consumismo, e l'altra attenta a cogliere invece l'essenza delle cose, che nel racconto, appunto, viene simboleggiata dal colore blu.

COMPRENDERE E ANALIZZARE

COMPRENSIONE

1. Da che cosa si accorge la voce narrante che il blu è scomparso?
2. Che cosa pensa gli stia succedendo inizialmente?
3. Quando si svolge la vicenda?
4. Perché il narratore non è fuori a festeggiare?

ANALISI

5. Quali sequenze prevalgono nel racconto? Qual è l'atteggiamento della madre della voce narrante?
6. Il punto di vista è sempre lo stesso all'interno del racconto?

SCRIVERE

APPROFONDIMENTO E SCRITTURA

7. Scrivi un breve testo in cui immagini di trovarti di fronte alla improvvisa scomparsa del tuo colore preferito. Che reazioni avresti?

SCRITTURA CREATIVA Dal punto di vista di...

8. Riscrivi la telefonata dal punto di vista della madre della voce narrante.

SCRITTURA CREATIVA In forma di...

9. Immagina che il blu sia scomparso davvero all'improvviso e tu debba renderne conto come cronista di un quotidiano. Scrivi un articolo (per le regole vedi pag. 645) di una pagina in cui racconti di questa scomparsa e ne metti a fuoco le prime conseguenze.

VERSO LE COMPETENZE COMPITI DI REALTÀ

- *Comunicazione nella madrelingua*
- *Competenza digitale*
- *Imparare a imparare*
- *Competenze sociali e civiche*

10. Nel "discorso" del Primo Ministro si evince per contrasto una sostanziale accusa al sistema capitalistico e consumistico che, a partire dal secolo scorso, domina l'economia di molti Stati del mondo, in contrapposizione agli Stati a regime comunista.
    a. Dividetevi in gruppi e fate una ricerca sui principali aspetti dei due sistemi economici (capitalistico e comunista).
    b. Organizzate una presentazione multimediale di almeno sei slides sui due sistemi (elencandone oltre che i caratteri, per esempio, aspetti positivi e negativi).
    c. Scegliete un rappresentante per gruppo e organizzate un dibattito in cui i vostri compagni siano chiamati a sostenere la qualità dell'uno o dell'altro sistema. Il tuo lavoro sarà valutato sulla base di questi parametri:

Criteri / Livello di padronanza	Iniziale (1)	Base (2)	Intermedio (3)	Avanzato (4)
Accuratezza della ricerca				
Commento ai fattori selezionati				
Efficacia comunicativa della presentazione				

Utagawa Hiroshige, *Paesaggio*, xilografia a colori, XIX secolo.

T8 Luigi Cecchi Il karma del pinolo

Luigi Cecchi è sceneggiatore di fumetti e disegnatore di *comic strips*, noto al pubblico per il fumetto *Drizzit* (Shockdom), in cui fa la parodia del genere fantasy. Nel fumetto *The Author* mette in scena un suo alter ego per rovesciare con melanconica ironia luoghi comuni ed errate concezioni sugli autori di opere di fantasia. Diversi suoi racconti sono stati premiati e inseriti in antologie o pubblicati su riviste. Nel 2011 con la raccolta *Frammenti* è stato segnalato al Premio Calvino.

Il racconto è tratto dall'omonima raccolta, che costituisce uno sviluppo della precedente *Frammenti*, ed è costituita da 17 racconti il cui filo conduttore è il **tema dell'imprevedibilità dell'esistenza**.

In una bella giornata di primavera, una ragazza siede sul muretto di un parco cittadino. Ha con sé un libro dello scrittore praghese **Kafka**, ma è distratta dalla bellezza e dal tepore del clima e si lascia andare a una serie di **riflessioni sul karma**, termine che nelle religioni e filosofie indiane indica l'agire volto a un fine proprio degli esseri senzienti (spesso inteso genericamente nel mondo occidentale come destino). Se da un lato l'autore afferma che la sua protagonista non crede a nulla di tutto ciò, l'apparizione di una bimba che raccoglie e cerca di schiacciare dei pinoli costituisce per Sabrina un ulteriore spunto per approfondire il suo ragionamento.

E mentre la bambina, con l'incostanza tipica della sua età, rinuncia ben presto a mangiare pinoli, Sabrina conclude la sua riflessione, per quanto provvisoria.

«Tutti i nostri sogni formano un continuum, così come tutti i racconti di Kafka ruotano attorno allo stesso motivo. Ma quanto più strettamente i sogni sono connessi tra loro, tanto maggiore diventa il pericolo di non riuscire a distinguerli dalla realtà.»

Theodor W. Adorno[1]

Sabrina non credeva nel karma. Il principio di causa-effetto universale. E nemmeno nella reincarnazione[2], nel samsāra[3], il ciclo di morte e rinascita eterno. In realtà avrebbe potuto crederci, così come avrebbe potuto credere agli alieni, alle lacrime di sangue delle madonnine di ceramica o alle profezie dei Maya. Diciamo allora che non aveva nessun reale interesse a crederci. Quindi non si era mai chiesta cosa potesse essere stata in una vita precedente, e nemmeno se, rinascendo, avrebbe meritato di reincarnarsi in qualcosa di migliore di se stessa. Ma quel giorno, seduta su un muretto del parco, la brezza e il sole di primavera erano troppo piacevoli per abbassare lo sguardo sul libro di Kafka che stringeva fra le dita. Chiuse gli occhi e si lasciò cullare dal vento, lasciò che i capelli sciolti le solleticassero il naso, respirò l'aria piena dell'odore dei pini, e sperò che il sole in pieno volto non rendesse di nuovo troppo evidenti le sue lentiggini.

Chi crede nel karma ritiene che riguardi solo le creature senzienti[4], pensanti, gli esseri dotati d'intelligenza. Sabrina riteneva che, se proprio avesse dovuto crederci, avrebbe esteso il concetto a tutti gli organismi viventi. Gli alberi, le piante, i funghi e anche il vi-

1. **Adorno**: filosofo tedesco (1903-1969).
2. **reincarnazione**: la rinascita dell'anima in un altro corpo fisico.
3. **samsāra**: il ciclo della rinascita nelle dottrine che prevedono il principio della reincarnazione.
4. **senzienti**: dotati della capacità di sensazione. Nel buddhismo la totalità degli esseri dotati di almeno un organo di senso che vivono nel samsāra.

rus della pellagra[5]. Ogni singolo essere vivente della terra secondo lei meritava una seconda occasione, o una terza, o infinite. Certo questo ci porrebbe di fronte a nuove domande. Come si può giudicare il karma di un essere non pensante? Per esempio di una begonia. Come può una pianta fare del male, o del bene? La pianta, per niente consapevole della beffa che l'universo le ha riservato, resterà per sempre incastrata nell'enorme meccanismo della morte e della rinascita, e non riuscirà mai a elevarsi, a ottenere la liberazione. Eppure... Ecco, prendiamo per esempio la ciliegia. A Sabrina non sembrava affatto peregrino[6] sostenere che la ciliegia accumuli karma positivo ogni volta che viene mangiata. Perché la ciliegia è troppo buona. Mentre la sua testa era troppo immersa in questi ragionamenti affinché potesse ravvedersene, una bambina fu molto vicina a frantumarle il dito mignolo della mano destra. Sabrina teneva la mano appoggiata sul marmo del muretto dove si era seduta. Nei minuti precedenti, la bimba era corsa qua e là per il parco, raccogliendo pinoli da terra fino ad averne entrambe le mani colme. Cercando una superficie adeguata per poterli aprire e mangiare, si era sistemata vicino a quella strana ragazza col libro aperto e gli occhi chiusi, senza che Sabrina l'avesse notata. In ogni caso, il colpo con il quale l'enorme sampietrino[7] si abbatté sul marmo a poca distanza dal suo mignolo risvegliò violentemente Sabrina da qualsiasi pensiero. – Mi scusi signora, – si affrettò a dire la bambina, educatamente. Avrà avuto otto anni, forse nove. I capelli castani le cadevano sulle spalle nude, indosso aveva un vestitino leggero bianco e rosso con degli orribili cavallucci rosa che le giravano attorno al bordo della gonna, che le arrivava a coprire appena le ginocchia sporche di erba e di terra. Tornando al suo daffare, la bambina sollevò di nuovo la roccia quadrata sopra la testa, dove un cerchietto di stoffa rosa le raccoglieva le ciocche più lunghe. – Aspetta! Ferma! – Sabrina la bloccò, preoccupata. – Così finirai per schiacciare anche il pinolo, assieme al guscio. Devi fare con più calma... Dosare bene la forza... Spaccare il guscio ma lasciare il pinolo intatto così lo puoi mangiare. – La bambina la guardò perplessa, con gli occhi azzurri spalancati, succhiandosi il labbro inferiore. Come se non fosse il momento di ponderare l'adeguatezza di quel consiglio, lasciò cadere a terra la grossa pietra e corse invece a recuperare altri pinoli. Nel dettaglio iniziò a rincorrere e a prendere a calci una delle pigne cadute dai rami. Sabrina raddrizzò la testa, abbassò lo sguardo, e si rese conto che non aveva letto nemmeno una pagina del libro. Ma dov'era rimasta? Ah, sì... al kar-

◀ DAL TESTO ALLE PAROLE ▶ p. 427

▲ Raffaele Mainella, *Absolution through Reincarnation*, illustrazione da *Nos Invisibles* di Charles d'Orino, 1907.

5. **pellagra**: malattia da carenza di vitamina PP.
6. **peregrino**: strano, fuori luogo.
7. **sampietrino**: cubetto di pietra lavica di cui è lastricata piazza San Pietro a Roma, ma della stessa pietra sono ricoperte anche altre piazze e strade della capitale e di altre città.

ma delle ciliegie. Be' forse occorreva un altro esempio, perché le ciliegie erano troppo facili da giudicare. Decise di valutare il karma del pinolo.

Ogni pinolo è un potenziale albero, quindi possiamo giudicarlo come essere vivente a sé stante, e non come la parte di un tutto. Nasce dalla pigna, cade nel terreno. Se gli va bene, con la pioggia e con il vento, finisce per rotolare lontano, su un morbido cuscino di terriccio umido, quella stessa zolla che forse un giorno godrà dell'ombra dei suoi rami. Eccolo il destino del pinolo. Nascere, germogliare, crescere. Morire, forse, un giorno. Tutto qui? Sabrina si sentiva delusa. Alla fine, era quasi come ammettere che la vita di un pinolo non aveva altro scopo se non quello di attraversare se stessa, nulla più. Impossibile disattendere una prospettiva del genere, nel bene o nel male. Il pinolo sarebbe rinato pinolo, senza la benché minima possibilità di uscire dal samsāra. Rapita dal proprio disappunto, Sabrina accavallò le gambe, urtando senza volerlo il sampietrino che la bambina aveva lasciato a terra. Un blocco di pietra quadrato, scuro, probabilmente divelto dal mosaico stradale della via principale, che chissà come era finito lì, in mezzo al parco. La sua attenzione fu catturata allora dai resti del seme schiacciato senza criterio, che giacevano sul marmo del muretto a un palmo da lei. Guscio e polpa del pinolo erano stati straziati, spalmati uno sull'altra dal violento schianto. Sabrina ripose Kafka nella borsa, spazzò via quel macello con un paio di colpi di mano, afferrò il sasso, posizionò un pinolo alla giusta distanza e lo colpì con superba precisione. Il guscio si spaccò, ma la polpa all'interno restò integra. Con indicibile soddisfazione assaporò il seme che era riuscita a sgusciare così abilmente, e una sagace[8] intuizione le balenò in testa: e cioè che la vita del pinolo che stava mangiando si era scostata dal disegno del destino. Certo, quel sapore indistinto e a tratti resinoso non aveva nulla a che vedere con quello delizioso e dolce della ciliegia, ma di certo il pinolo in questo modo, del tutto inconsapevolmente, aveva finito per essere buono. – Posso riavere il sasso? – chiese la bimba. Sabrina si rese conto che stringeva ancora il sampietrino nella mano destra. Glielo porse. La caccia aveva dato buoni frutti, la bambina aveva appena rovesciato sul muretto una ricca manciata di pinoli da sgusciare. Senza perder tempo afferrò con le dita annerite dalla polvere il pesante macigno. – Come ti chiami? – le domandò Sabrina, nel tentativo di fermarla. – Marta, – rispose lei, caricando nel contempo un nuovo devastante colpo da fin sopra la testa. – Marta... non vuoi che te lo rompa io? – le propose. La bimba ci pensò qualche secondo, infine annuì, abbassando velocemente la pietra e cedendola a Sabrina. Con un piccolo colpo deciso, Sabrina ruppe il guscio di un altro pinolo, ne estrasse il seme tenero e lo porse a Marta che lo attendeva ansiosa. La bambina lo infilò in bocca e lo masticò per qualche secondo, poi le si dipinse sul viso un'espressione di lieve disgusto. – Sa di resina, – constatò. – Andrebbe tostato, prima di essere mangiato, – spiegò Sabrina. Ma sembrava che Marta avesse già perso interesse al riguardo. Si pulì le mani sui cavallucci del vestito, striando di nero il loro manto sanguigno[9], poi corse a prendere a calci altre pigne. Evidentemente era più divertente che sgusciare pinoli. Sabrina lasciò cadere il sasso e si sedette composta. Per qualche secondo ancora seguì Marta che scorrazzava allegra sul prato. Infine, i suoi pensieri tornarono al pinolo. Anche un pinolo può fare cose buone, e senza nemmeno esserne consapevole.

8. **sagace**: astuto, accorto.

9. **sanguigno**: color rosso vivo.

Tutto quello di cui ha bisogno è di qualcuno che lo colpisca con un sasso. Con la giusta forza, senza schiacciarlo, ma quel tanto che basti a liberarlo dal guscio. Da quel momento il pinolo non diverrà mai un albero alto e frondoso, non ospiterà mai nidi di rondini (ma nemmeno fusi di processionarie[10]), e non darà mai alla luce altri pinoli. Morirà presto, né più né meno di tanti altri suoi fratelli, che resteranno addormentati tra i fili d'erba. Ma al contrario di loro, quel seme non rinascerà seme. Diverrà qualcosa di più, qualcosa di migliore. Una coccinella? Magari un grillo di campo, o una falena notturna. A pensarci bene il suo sacrificio potrebbe essere sufficiente a farlo reincarnare in una rondine, o in una ranocchia, o in un cavallo. E tutto questo grazie a un bambino che con un colpo di sasso l'ha liberato dal guscio, un bambino che non saprà mai quanto bene ha fatto e che nessuno ringrazierà mai. Sabrina sentì scivolare via la delusione. Poteva trovare del vero in quel ragionamento. Questa conclusione le piaceva, si riteneva soddisfatta. Decise di concludere lì il suo viaggio nel fantastico mondo del karma del pinolo.

L. Cecchi, da *Il karma del pinolo*, Del Vecchio Editore, Roma, 2015

10. **processionarie**: tipo di parassiti.

GUIDA ALLA LETTURA

FRA SOGNO E REALTÀ

La citazione iniziale del filosofo tedesco Adorno indica uno dei temi del racconto, la labilità del confine fra sogno e realtà e il pericolo di non riuscire più a distinguere l'uno dall'altro. La vicenda resta infatti costantemente sospesa fra i due piani. Sognante è l'atteggiamento della protagonista in apertura, in bilico sul filo del sogno appaiono le sue divagazioni sul destino estese anche agli esseri vegetali e la sua personalissima indagine sul karma del pinolo. Ma in quest'atmosfera si inserisce, nella sua assoluta concretezza, la piccola Marta, impegnata in un gioco che riporta Sabrina alla realtà.

UN DESTINO UNIVERSALE

Nascere, germogliare, crescere. Morire forse, un giorno. Tutto qui? Sabrina considera con un certo disappunto le fasi della vita del pinolo e pare delusa. Ma dietro l'immagine del pinolo la riflessione sembra investire anche il destino dell'uomo. Ed ecco che, come per il pinolo un minimo scarto può modificare il ciclo – cosa che crea in Sabrina un certo disappunto – anche nella vita dell'uomo eventi, incontri e occasioni offrono la possibilità di trasformare un destino comune in qualcosa di eccezionale, unico per ciascuno, che dà senso e significato all'esistenza.

L'UMORISMO

L'autore sembra voler ricondurre i pensieri della sua protagonista alla concretezza attraverso il ricorso all'ironia e all'umorismo. Ogni qualvolta le riflessioni di Sabrina prendono una piega troppo alta, ecco un commento ironico, una similitudine che smorza i toni. Così Sabrina si chiede perché le piante, e perfino il virus della pellagra, non debbano avere un loro karma. Riconosce il karma della ciliegia così buona per gli uomini, concede anche al pinolo di poter fare cose buone. Il costante mutamento di tono strappa in diverse occasioni un sorriso al lettore ma nulla toglie al significato del racconto.

COMPRENDERE E ANALIZZARE

COMPRENSIONE

1. Che cosa pensa Sabrina della dottrina karmica?
2. Che cosa sta cercando di fare Sabrina in apertura di racconto?
3. Come appare Sabrina alla bimba che raccoglie pinoli?
4. Da che cosa è distratta?
5. Qual è secondo Sabrina il karma della ciliegia?

ANALISI

6. Ricerca nel testo gli elementi relativi al carattere di Sabrina, non solo quelli definiti esplicitamente dall'autore ma anche quelli che si deducono dal suo comportamento.
7. Ritieni Sabrina un personaggio statico o dinamico? Perché?
8. L'affermazione iniziale *Sabrina non credeva nel karma* esprime, rispetto al seguito del racconto, un'affermazione assoluta? Motiva la tua risposta. L'affermazione *In realtà avrebbe potuto crederci* (righe 5-6) a che cosa equipara il karma?
9. Perché Sabrina avrebbe bisogno di ravvedersi dei suoi ragionamenti sul karma?
10. Perché secondo te l'autore ha scelto la citazione iniziale?
11. Analizza le scelte sintattiche e stilistiche compiute dall'autore.

SCRIVERE

APPROFONDIMENTO E SCRITTURA

12. Sai qualcosa sulla teoria della reincarnazione? Che cosa ne pensi? Affida a un testo di 10-15 righe le tue riflessioni.
13. Descrivi in un testo di 10-15 righe un gioco all'aria aperta che da bambino ti piaceva particolarmente e praticavi spesso.

SCRITTURA CREATIVA Dal punto di vista di...

14. Riscrivi l'incontro fra Sabrina e Marta dal punto di vista della bambina.

VERSO LE COMPETENZE

- *Comunicazione nella madrelingua*
- *Imparare a imparare*
- *Competenze sociali e civiche*
- *Spirito di iniziativa e imprenditorialità*

15. Nel racconto la piccola Marta è impegnata in un gioco d'altri tempi. Rifletti con i compagni su come sono cambiate le modalità di gioco con l'avvento della tecnologia. Immagina quindi di essere stato incaricato di organizzare una festa per bambini: quali giochi sceglieresti? Perché? Rispondi a queste domande in un testo di una pagina.

DAL **TESTO** ALLE **PAROLE**

Ponderare È un verbo transitivo che deriva dal verbo latino *ponderare* (*"pesare"*, *"giudicare"*), a sua volta dal sostantivo *pondus, ponderis*, (*"peso"*). Ha il significato di:

- considerare attentamente, riflettere a lungo e attentamente prima di prendere una decisione, di intraprendere un'azione, di esprimere un giudizio ai fini di una valutazione, soppesare. Si usa anche in senso assoluto, senza complemento oggetto;
- in statistica, nel calcolo delle medie, attribuire ai singoli termini di una serie un coefficiente in relazione alla loro importanza o frequenza.

Da ponderare derivano il sostantivo *ponderatezza* (qualità o caratteristica di chi è solito riflettere attentamente prima di prendere una decisione o di agire), l'aggettivo *ponderabile* (che si può pesare, valutare, nella forma negativa, imponderabile) e l'aggettivo participiale *ponderato*.

RINFORZIAMO IL LESSICO

1. Scrivi una frase in cui *ponderare* sia usato nei significati indicati sopra. Per il primo significato scrivi una frase in cui il verbo sia usato transitivamente e una in cui sia utilizzato in senso assoluto.
2. Scrivi due frasi utilizzando *imponderabile*. Nella prima frase utilizzalo con valore di aggettivo e nella seconda con valore di aggettivo sostantivato. Confronta poi le frasi con quelle dei compagni.

UN CLASSICO DEL GENERE

T9 Luigi Pirandello – Il treno ha fischiato

ANALISI VISUALE

Luigi Pirandello (Agrigento, 1867-Roma, 1936) è uno dei più grandi scrittori italiani del secolo scorso, autore di novelle, romanzi e testi teatrali. Nato in una famiglia borghese attiva nell'estrazione e nel commercio dello zolfo, contro la volontà del padre frequenta il liceo classico. Si iscrive alla Facoltà di Lettere di Roma ma, in seguito a un diverbio con il professore di Latino e rettore dell'Università, si laurea a Bonn con una tesi sul dialetto di Agrigento. Sposatosi con Antonietta Portulano, figlia di un ricco siciliano commerciante di zolfo, si stabilisce a Roma con la moglie e con i tre figli nati nei primi anni di matrimonio, dedicandosi all'insegnamento e alla composizione di novelle. Nel 1903 l'allagamento, in Sicilia, di una miniera di zolfo in cui la famiglia aveva investito tutto il patrimonio e la dote di Antonietta è l'inizio, oltre che di un periodo di serie difficoltà economiche per lo scrittore, di una malattia nervosa della moglie che col tempo diventerà sempre più grave. Contrario per molti anni al suo ricovero in una casa di cura, si lascerà convincere a internarla nel 1919. Sullo sfondo di questa tragica situazione familiare scrive tutti i suoi capolavori: sette romanzi, più di trecento novelle, molte opere di teatro. Grazie a queste ultime, in particolare, diventa famoso nel mondo e nel 1934 riceve il Premio Nobel per la letteratura. Il suo romanzo *Il fu Mattia Pascal*, pubblicato nel 1904, è considerato uno dei testi più rappresentativi della narrativa europea del primo Novecento.

Il racconto è tratto da *Novelle per un anno*, una raccolta di novelle inizialmente apparse sul «Corriere della Sera» e successivamente raccolte in volume.

Belluca è un modesto impiegato che svolge un **lavoro ripetitivo** e **frustrante**. A casa è vittima di una **condizione familiare** particolarmente **penosa**. Una notte, all'improvviso, il fischio di un treno in corsa risveglia la sua fantasia e gli fa prendere coscienza di quanto esiste al di fuori della sua disperata esistenza. La reazione sorprendente dell'uomo viene interpretata come follia dai colleghi e dal capufficio.

Farneticava[1]. Principio di febbre cerebrale[2], avevano detto i medici; e lo ripetevano tutti i compagni d'ufficio, che ritornavano a due, a tre, dall'ospizio[3], ov'erano stati a visitarlo. Pareva provassero un gusto particolare a darne l'annunzio coi termini scientifici, appresi or ora dai medici, a qualche collega ritardatario che incontravano per via:

– Frenesia, frenesia[4].

– Encefalite.

– Infiammazione della membrana.

– Febbre cerebrale.

E volevan sembrare afflitti; ma erano in fondo così contenti, anche per quel dovere compiuto[5]; nella pienezza della salute, usciti da quel triste ospizio al gajo[6] azzurro della mattinata invernale.

– Morrà? Impazzirà?

1. **Farneticava**: delirava, parlava in modo sconclusionato.
2. **febbre cerebrale**: termine tratto dal linguaggio medico, per definire la malattia del protagonista (come più avanti anche *encefalite*).
3. **ospizio**: ospedale psichiatrico.
4. **frenesia**: delirio, pazzia.
5. **dovere compiuto**: quello di avere fatto visita al collega malato.
6. **gajo**: gaio, vivace, allegro.

– Mah!

– Morire, pare di no...

– Ma che dice? Che dice?

– Sempre la stessa cosa. Farnetica...

– Povero Belluca!

E a nessuno passava per il capo che, date le specialissime condizioni in cui quell'infelice viveva da tant'anni, il suo caso poteva anche essere naturalissimo; e che tutto ciò che Belluca diceva e che pareva a tutti delirio, sintomo della frenesia, poteva anche essere la spiegazione più semplice di quel suo naturalissimo caso.

Veramente, il fatto che Belluca, la sera avanti, s'era fieramente ribellato al suo capoufficio, e che poi, all'aspra riprensione[7] di questo, per poco non gli s'era scagliato addosso, dava un serio argomento alla supposizione che si trattasse d'una vera e propria alienazione mentale[8].

Perché uomo più mansueto e sottomesso, più metodico e paziente di Belluca non si sarebbe potuto immaginare.

Circoscritto[9]... sì, chi l'aveva definito così? Uno dei suoi compagni d'ufficio. *Circoscritto*, povero Belluca, entro i limiti angustissimi[10] della sua arida mansione di computista[11], senz'altra memoria che non fosse di partite aperte, di partite semplici o doppie o di storno, e di defalchi e prelevamenti e impostazioni; note, libri mastri, partitarii, stracciafogli e via dicendo[12]. Casellario ambulante[13]: o piuttosto, vecchio somaro, che tirava zitto zitto, sempre d'un passo, sempre per la stessa strada la carretta, con tanto di paraocchi[14].

Orbene, cento volte questo vecchio somaro era stato frustato, fustigato senza pietà, così per ridere, per il gusto di vedere se si riusciva a farlo imbizzire[15] un po', a fargli almeno drizzare un po' le orecchie abbattute, se non a dar segno che volesse levare un piede per sparar qualche calcio.

Niente! S'era prese le frustate ingiuste e le crudeli punture[16] in santa pace, sempre, senza neppur fiatare, come se gli toccassero[17], o meglio, come se non le sentisse più, avvezzo[18] com'era da anni e anni alle continue solenni bastonature della sorte.

▲ Peter Wilson, *Head in the Box*, 1979-81. Collezione privata.

7. **riprensione**: rimprovero.
8. **alienazione mentale**: pazzia, perdita totale della ragione.
9. ***Circoscritto***: chiuso, limitato.
10. **angustissimi**: molto ristretti.
11. **mansione di computista**: lavoro di contabile (colui che tiene in ordine i conti di un ufficio, ragioniere).
12. **partite aperte... e via dicendo**: elenco di operazioni proprie del lavoro di un ragioniere.
13. **Casellario ambulante**: archivio di dati vivente (il casellario è un mobile d'ufficio in cui si conservano le pratiche).
14. **paraocchi**: schermi di cuoio fissati sulla testa di cavalli, muli e asini per limitarne la visione laterale.
15. **imbizzire**: innervosire, imbizzarrire (come un cavallo).
16. **punture**: rimproveri e provocazioni.
17. **gli toccassero**: le meritasse.
18. **avvezzo**: abituato.

Inconcepibile, dunque, veramente, quella ribellione in lui, se non come effetto d'una improvvisa alienazione mentale.

Tanto più che, la sera avanti, proprio gli toccava la riprensione; proprio aveva il diritto di fargliela, il capoufficio. Già s'era presentato, la mattina, con un'aria insolita, nuova, e – cosa veramente enorme, paragonabile, che so? al crollo d'una montagna – era venuto con più di mezz'ora di ritardo.

Pareva che il viso, tutt'a un tratto, gli si fosse allargato. Pareva che i paraocchi gli fossero tutt'a un tratto caduti, e gli si fosse scoperto, spalancato d'improvviso all'intorno lo spettacolo della vita. Pareva che gli orecchi tutt'a un tratto gli si fossero sturati e percepissero per la prima volta voci, suoni non avvertiti mai.

Così ilare[19], d'una ilarità vaga e piena di stordimento, s'era presentato all'ufficio. E, tutto il giorno, non aveva combinato niente.

La sera, il capoufficio, entrando nella stanza di lui, esaminati i registri, le carte:

– E come mai? Che hai combinato tutt'oggi?

Belluca lo aveva guardato sorridente, quasi con un'aria d'impudenza[20], aprendo le mani.

– Che significa? – aveva allora esclamato il capoufficio, accostandoglisi e prendendolo per una spalla e scrollandolo. – Ohé, Belluca!

– Niente, – aveva risposto Belluca, sempre con quel sorriso tra d'impudenza e d'imbecillità su le labbra. – Il treno, signor Cavaliere.

– Il treno? Che treno?

– Ha fischiato.

– Ma che diavolo dici?

– Stanotte, signor Cavaliere. Ha fischiato. L'ho sentito fischiare...

– Il treno?

– Sissignore. E se sapesse dove sono arrivato! In Siberia... oppure oppure... nelle foreste del Congo... Si fa in un attimo, signor Cavaliere!

Gli altri impiegati, alle grida del capoufficio imbestialito, erano entrati nella stanza e, sentendo parlare così Belluca, giù risate da pazzi. Allora il capoufficio – che quella sera doveva essere di malumore – urtato[21] da quelle risate, era montato su tutte le furie e aveva malmenato[22] la mansueta vittima di tanti suoi scherzi crudeli.

Se non che, questa volta, la vittima, con stupore e quasi con terrore di tutti, s'era ribellata, aveva inveito[23], gridando sempre quella stramberia del

▲ Renè Magritte, *Il tempo trasfigurato*, 1939. Istituto d'arte di Chicago.

19. ilare: allegro.
20. aria d'impudenza: espressione sfrontata, sfottente.
21. urtato: infastidito.
22. aveva malmentato: picchiato.
23. inveito: imprecato.

treno che aveva fischiato, e che, perdio, ora non più, ora ch'egli aveva sentito fischiare il treno, non poteva più, non voleva più esser trattato a quel modo.

Lo avevano a viva forza preso, imbracato[24] e trascinato all'ospizio dei matti.

Seguitava ancora, qua, a parlare di quel treno. Ne imitava il fischio. Oh, un fischio assai lamentoso, come lontano, nella notte; accorato[25]. E, subito dopo, soggiungeva:

– Si parte, si parte... Signori, per dove? Per dove?

E guardava tutti con occhi che non erano più i suoi. Quegli occhi, di solito cupi, senza lustro[26], aggrottati, ora gli ridevano lucidissimi, come quelli d'un bambino o d'un uomo felice; e frasi senza costrutto[27] gli uscivano dalle labbra. Cose inaudite, espressioni poetiche, immaginose, bislacche[28], che tanto più stupivano, in quanto non si poteva in alcun modo spiegare come, per qual prodigio, fiorissero in bocca a lui, cioè a uno che finora non s'era mai occupato d'altro che di cifre e registri e cataloghi, rimanendo come cieco e sordo alla vita: macchinetta di computisteria. Ora parlava di *azzurre fronti*[29] di montagne nevose, levate al cielo; parlava di viscidi cetacei che, voluminosi, sul fondo dei mari, con la coda *facevan la virgola*. Cose, ripeto, inaudite.

Chi venne a riferirmele insieme con la notizia dell'improvvisa alienazione mentale rimase però sconcertato, non notando in me, non che meraviglia, ma neppur una lieve sorpresa. Difatti io accolsi in silenzio la notizia.

E il mio silenzio era pieno di dolore. Tentennai[30] il capo, con gli angoli della bocca contratti in giù, amaramente, e dissi:

– Belluca, signori, non è impazzito. State sicuri che non è impazzito. Qualche cosa dev'essergli accaduta; ma naturalissima. Nessuno se la può spiegare, perché nessuno sa bene come quest'uomo ha vissuto finora. Io che lo so, son sicuro che mi spiegherò tutto naturalissimamente, appena l'avrò veduto e avrò parlato con lui.

Cammin facendo verso l'ospizio ove il poverino era stato ricoverato, seguitai a riflettere per conto mio: «A un uomo che viva come Belluca finora ha vissuto, cioè una vita "impossibile", la cosa più ovvia, l'incidente più comune, un qualunque lievissimo inciampo impreveduto[31], che so io, d'un ciottolo per via, possono produrre effetti straordinarii, di cui nessuno si può dar la spiegazione, se non pensa appunto che la vita di quell'uomo è "impossibile". Bisogna condurre la spiegazione là, riattaccandola a quelle condizioni di vita impossibili, ed essa apparirà allora semplice e chiara. Chi veda soltanto una coda, facendo astrazione[32] dal mostro a cui essa appartiene, potrà stimarla[33] per se stessa mostruosa. Bisognerà riattaccarla al mostro; e allora non sembrerà più tale; ma *quale dev'essere*, appartenendo a quel mostro. Una coda naturalissima». Non avevo veduto mai un uomo vivere come Belluca.

Ero suo vicino di casa, e non io soltanto, ma tutti gli altri inquilini della casa si domandavano con me come mai quell'uomo potesse resistere in quelle condizioni di vita. Aveva con sé tre cieche, la moglie, la suocera e la sorella della suocera: queste due, vec-

24. **imbracato**: immobilizzato con la camicia di forza.
25. **accorato**: malinconico.
26. **senza lustro**: spenti, senza luce.
27. **senza costrutto**: prive di senso.
28. **immaginose, bislacche**: fantasiose, strane (agli occhi dei colleghi).
29. ***azzurre fonti***: il corsivo indica una delle espressioni poetiche di Belluca.
30. **tentennai**: scossi.
31. **inciampo impreveduto**: incidente imprevisto.
32. **facendo astrazione**: ignorando, escludendo.
33. **stimarla**: considerarla.

chissime, per cataratta[34]; l'altra, la moglie, senza cataratta, cieca fissa; palpebre murate. Tutt'e tre volevano esser servite. Strillavano dalla mattina alla sera perché nessuno le serviva. Le due figliuole vedove, raccolte in casa dopo la morte dei mariti, l'una con quattro, l'altra con tre figliuoli, non avevano mai né tempo né voglia da badare ad esse; se mai, porgevano qualche ajuto alla madre soltanto.

Con lo scarso provento[35] del suo impieguccio di computista poteva Belluca dar da mangiare a tutte quelle bocche? Si procurava altro lavoro per la sera, in casa: carte da ricopiare. E ricopiava tra gli strilli indiavolati di quelle cinque donne e di quei sette ragazzi finché essi, tutt'e dodici, non trovavan posto nei tre soli letti della casa. Letti ampii, matrimoniali; ma tre. Zuffe furibonde, inseguimenti, mobili rovesciati, stoviglie rotte, pianti, urli, tonfi, perché qualcuno dei ragazzi, al bujo, scappava e andava a cacciarsi fra le tre vecchie cieche, che dormivano in un letto a parte, e che ogni sera litigavano anch'esse tra loro, perché nessuna delle tre voleva stare in mezzo e si ribellava quando veniva la sua volta.

Alla fine, si faceva silenzio, e Belluca seguitava a ricopiare fino a tarda notte, finché la penna non gli cadeva di mano e gli occhi non gli si chiudevano da sé. Andava allora a buttarsi, spesso vestito, su un divanaccio sgangherato, e subito sprofondava in un sonno di piombo, da cui ogni mattina si levava a stento, più intontito che mai.

Ebbene, signori: a Belluca, in queste condizioni, era accaduto un fatto naturalissimo.

Quando andai a trovarlo all'ospizio, me lo raccontò lui stesso, per filo e per segno. Era, sì, ancora esaltato un po', ma *naturalissimamente*, per ciò che gli era accaduto. Rideva dei medici e degli infermieri e di tutti i suoi colleghi, che lo credevano impazzito.

– Magari! – diceva – Magari!

Signori, Belluca s'era dimenticato da tanti e tanti anni – ma proprio dimenticato – che il mondo esisteva. Assorto[36] nel continuo tormento di quella sua sciagurata esistenza, assorto tutto il giorno nei conti del suo ufficio, senza mai un momento di respiro, come una bestia bendata, aggiogata alla stanga d'una nòria[37] o d'un molino, sissignori, s'era dimenticato da anni e anni – ma proprio dimenticato – che il mondo esisteva.

Due sere avanti, buttandosi a dormire stremato su quel divanaccio, forse per l'eccessiva stanchezza, insolitamente, non gli era riuscito d'addormentarsi subito. E, d'improvviso, nel silenzio profondo della notte, aveva sentito, da lontano, fischiare un treno. Gli era parso che gli orecchi, dopo tant'anni, chi sa come, d'improvviso gli si fossero sturati[38]. Il fischio di quel treno gli aveva squarciato e portato via d'un tratto la miseria di tutte quelle sue orribili angustie[39], e quasi da un sepolcro scoperchiato s'era ritrovato a spaziare anelante[40] nel vuoto arioso del mondo che gli si spalancava enorme tutt'intorno. S'era tenuto istintivamente alle coperte che ogni sera si buttava addosso, ed era corso col pensiero dietro a quel treno che s'allontanava nella notte. C'era, ah! c'era, fuori di quella casa orrenda, fuori di tutti i suoi tormenti, c'era il mondo, tanto, tanto mondo lontano, a cui quel treno s'avviava... Firenze, Bologna, Torino, Venezia... tante città, in cui egli da giovine era stato e che ancora, certo, in quella notte sfavillavano di luci sulla terra. Sì, sapeva la vita che vi si

34. **cataratta**: perdita di trasparenza del cristallino, in genere legata all'invecchiamento.
35. **provento**: guadagno.
36. **assorto**: concentrato.
37. **nòria**: macchina per sollevare l'acqua ancora in uso, all'inizio del Novecento, nelle campagne meridionali.
38. **sturati**: aperti.
39. **angustie**: sofferenze.
40. **anelante**: desideroso.

viveva! La vita che un tempo vi aveva vissuto anche lui! E seguitava, quella vita; aveva sempre seguitato, mentr'egli qua, come una bestia bendata, girava la stanga del molino. Non ci aveva pensato più! Il mondo s'era chiuso per lui, nel tormento della sua casa, nell'arida, ispida angustia della sua computisteria... Ma ora, ecco, gli rientrava, come per travaso[41] violento, nello spirito. L'attimo, che scoccava per lui, qua, in questa sua prigione, scorreva come un brivido elettrico per tutto il mondo, e lui con l'immaginazione d'improvviso risvegliata poteva, ecco, poteva seguirlo per città note e ignote, lande[42], montagne, foreste, mari... Questo stesso brivido, questo stesso palpito del tempo. C'erano, mentr'egli qua viveva questa vita "impossibile", tanti e tanti milioni d'uomini sparsi su tutta la terra, che vivevano diversamente. Ora, nel medesimo attimo ch'egli qua soffriva, c'erano le montagne solitarie nevose che levavano al cielo notturno le *azzurre fronti*... sì, sì, le vedeva, le vedeva, le vedeva così... c'erano gli oceani... le foreste...

E, dunque, lui – ora che il mondo gli era rientrato nello spirito – poteva in qualche modo consolarsi! Sì, levandosi ogni tanto dal suo tormento, per prendere con l'immaginazione una boccata d'aria nel mondo. Gli bastava!

Naturalmente, il primo giorno, aveva ecceduto. S'era ubriacato. Tutto il mondo, dentro d'un tratto: un cataclisma. A poco a poco, si sarebbe ricomposto. Era ancora ebro[43] della troppa troppa aria, lo sentiva. Sarebbe andato, appena ricomposto del tutto, a chiedere scusa al capoufficio, e avrebbe ripreso come prima la sua computisteria. Soltanto il capoufficio ormai non doveva pretender troppo da lui come per il passato: doveva concedergli che di tanto in tanto, tra una partita e l'altra da registrare, egli facesse una capatina, sì, in Siberia... oppure oppure... nelle foreste del Congo:

– Si fa in un attimo, signor Cavaliere mio. Ora che il treno ha fischiato...

L. Pirandello, *Il treno ha fischiato*, da *Novelle per un anno*, Garzanti, Milano, 1995

41. **travaso**: emorragia.

42. **lande**: terre.

43. **ebro**: ubriaco.

▲ Pippo Rizzo, *Treno notturno in corsa*. Collezione privata, Palermo. Courtesy Archivio Pippo Rizzo.

GUIDA ALLA LETTURA

UN UOMO SCHIACCIATO

Il protagonista della novella è una vittima, sia sul lavoro sia in famiglia. Il narratore ne fornisce una prima descrizione all'inizio della seconda sequenza (riga 26), definendolo l'uomo più *mansueto, sottomesso, metodico e paziente* che si potesse immaginare, ma poche righe più avanti una metafora ben più corposa e crudele, *vecchio somaro*, mette a fuoco la condizione di passività e di inerzia in cui Belluca vive. Subisce la frustrante ripetitività del suo lavoro di computista e ogni sorta di ingiustizia perpetrata ai suoi danni in ufficio.

L'espressione *vecchio somaro* introduce chiaramente il punto di vista dei colleghi su un uomo che in tanti anni non è mai stato capace di alzare la testa e difendere le proprie ragioni.

LA SVOLTA

A fronte di una tale presentazione appare tanto più sconcertante il caso che lo vede coinvolto e che è all'origine del suo ricovero *all'ospizio dei matti* (riga 90): una sera, inaspettatamente, Belluca risponde per le rime al capufficio che gli chiede spiegazioni per una condotta insolitamente negligente e svogliata sul lavoro, e porta come giustificazione l'ascolto, non meglio precisato, del fischio di un fantomatico treno in corsa nella notte. Queste parole suscitano le risate di tutto l'ufficio e la convinzione generale che il mite impiegato sia improvvisamente impazzito.

IL SIMBOLO: IL FISCHIO DEL TRENO

Invece non si tratta di pazzia, ma di un *naturalissimo caso*, come si anticipa in apertura della novella (riga 21), ma solo chi conosce, come appunto in questo caso il narratore, le condizioni di vita di Belluca può comprendere quello che è successo.

Belluca in famiglia vive una situazione spaventosa, costretto a mantenere tre cieche, due figlie vedove e sette nipoti (volutamente Pirandello calca la mano nel descrivere una famiglia sfortunata all'eccesso) col suo modesto stipendio.

Lavora dunque anche di notte finché stremato non cede al sonno. Ma una notte il fischio di un treno in lontananza lo sveglia e, letteralmente, lo sconvolge: Belluca con la fantasia comincia a seguire il treno e a immaginare i luoghi toccati dalla sua corsa, luoghi conosciuti e sconosciuti che improvvisamente si affacciano con inaudita potenza e meraviglia alla sua immaginazione. E avviene il "miracolo": Belluca scopre che al di fuori della sua angusta e disperata routine, al di fuori della sua casa schiacciata dall'infelicità e dalla sofferenza esiste il mondo, esiste un'altra vita, la possibilità di vedere e fare tante cose diverse e belle.

Nella vita di tutti ci sono momenti in cui all'improvviso emerge, inaspettatamente, ma con assoluta evidenza, una nuova verità. Si tratta di una rivelazione personale, che può assumere le forme di un incontro, di un'esperienza, di un contatto con un elemento della natura; quello che conta è che apre gli occhi, rivela nuove e più felici possibilità sul vivere, ricorda che al di fuori del mondo conosciuto c'è un "oltre" ben più ricco e affascinante, tutto da scoprire. Insomma, regala la speranza e salva.

LA CONTRAPPOSIZIONE VISTA-CECITÀ

Il tema centrale della novella è quello della consapevolezza e, a esso collegata, appare significativa l'opposizione tra il vedere e il non vedere: il fischio del treno rappresenta per il protagonista l'accesso a una sorta di illuminazione che gli consente di vedere finalmente meglio sia la sua atroce situazione sia un "oltre", come si diceva, necessario per considerare in modo inedito qualunque forma di possibile riscatto personale. Non è un caso infatti che, a proposito di Belluca ricoverato e "farneticante" di treni, venga sottolineata in particolare l'espressione nuova degli occhi (righe 94-96): *E guardava tutti con occhi che non erano più i suoi. Quegli occhi, di solito cupi, senza lustro, aggrottati, ora gli ridevano lucidissimi. Come quelli d'un bambino o d'un uomo felice* [...].

LA STRUTTURA COMPOSITIVA: NARRAZIONE A RITROSO E STRUTTURA AD ANELLO

La novella è costruita secondo un efficace schema compositivo: la vicenda si apre nella camera d'ospedale dove Belluca, ricoverato, riceve le visite dei colleghi e nello stesso luogo si chiude nel momento in cui il narratore, recatosi a sua volta all'ospedale in visita al malato, riferisce il racconto che Belluca fa del fischio percepito nella notte e degli effetti provocati in lui. All'interno di questi due poli la storia del protagonista si snoda "a ritroso", con una serie di flash back introdotti di volta in volta da un narratore che rivela la propria identità solo a metà della novella. Anche quest'ultimo elemento contribuisce a far sì che il significato della vicenda si chiarisca a poco a poco, per definirsi compiutamente solo nelle battute finali della novella.

COMPRENDERE E ANALIZZARE

COMPRENSIONE

1. Qual è il lavoro di Belluca?
2. Perché all'inizio della novella è in un ospedale?
3. Di che cosa continua a parlare Belluca all'ospedale?
4. Il narratore accoglie la notizia del ricovero di Belluca senza sorprendersi e con un silenzio *pieno di dolore* (riga 106). Perché?
5. Che tipo di vita conduce Belluca quando sente fischiare il treno?
6. La percezione del fischio del treno nella notte cambia la vita di Belluca: come? Su che cosa lo porta a riflettere? Di che cosa si rende conto improvvisamente l'impiegato?

ANALISI

7. Qual è il rapporto tra Belluca e il capufficio? E tra Belluca e i suoi colleghi?
8. Chi è il narratore della vicenda? In quale punto della novella si individua la sua identità? (Indica la riga e l'enunciato). In quale sequenza della novella la voce del narratore emerge con maggiore evidenza? (Indica le righe che delimitano il passo). C'è un punto in cui si rivolge direttamente ai lettori: quale?
9. Oltre a quello del narratore nella novella si alternano altri punti vista. Quali?
10. Gli spazi in cui si sviluppa la vicenda sono prevalentemente spazi chiusi: quali sono? Quale significato assume questa particolare scelta in rapporto al significato della storia?

SCRIVERE

APPROFONDIMENTO E SCRITTURA

11. Nel racconto c'è identità fra fabula e intreccio? In caso di risposta negativa ordina gli eventi nella loro successione cronologica.

SCRITTURA CREATIVA Immagina che...

12. Immagina quale può essere stato l'atteggiamento di Belluca al suo rientro in ufficio il primo giorno dopo le dimissioni dall'ospedale. Descrivilo in un testo di massimo 20 righe, nel quale potrai inserire anche qualche scambio di battute con il capufficio e con i colleghi.

VERSO LE COMPETENZE COMPITI DI REALTÀ

- *Comunicazione nella madrelingua*
- *Imparare a imparare*
- *Competenze sociali e civiche*

13. Un fenomeno della società contemporanea legato alle condizioni frustranti che si possono soffrire sul luogo di lavoro è il *mobbing*. Di che cosa si tratta? Svolgi una ricerca sull'argomento e realizza un depliant da distribuire a ipotetiche vittime di *mobbing* che riporti i seguenti dati:
    - caratteri del fenomeno;
    - origine del termine;
    - ambienti coinvolti;
    - tutela giuridica in Italia.

    Il tuo lavoro sarà valutato sulla base di questi parametri:

Criteri / Livello di padronanza	Iniziale (1)	Base (2)	Intermedio (3)	Avanzato (4)
Accuratezza della ricerca				
Sviluppo degli indicatori riportati nella consegna				
Efficacia comunicativa del depliant realizzato				

Fortunato Depero, *Grattacieli e tunnel*. MART, Rovereto.

RACCONTI A CONFRONTO

Nei racconti che seguono due animaletti, il rospo comune e il geco, vengono proposti con uno sguardo differente che fa loro assumere anche valenze simboliche.

T10 Giuseppe Scortecci Bufo bufo

Giuseppe Scortecci (Firenze, 1898-Milano, 1973) è stato docente di zoologia presso l'Università di Genova a partire dal 1941. È autore di memorie sulla sistematica, l'ecologia, la zoogeografia dei rettili e degli anfibi, sulle relazioni fra temperature ambientali e temperature corporee e sulla biologia dei deserti. Nel 1953 pubblica anche un'opera sulla vita degli animali (*Animali*), oltre a svariati volumi di divulgazione.

In questo racconto, elaborando le esperienze di zoologo, l'autore descrive un animale tradizionalmente considerato sgradevole e oggetto di espressioni e credenze popolari denigratorie. Proprio questo aspetto genera l'invito ad assumere uno sguardo diverso e ad **andare oltre le apparenze**, cercando il contatto diretto con l'animale.

IL ROSPO COMUNE (Bufo bufo)

Il Rospo comune non è il più grande né il più piccolo tra i componenti il genere Bufo, non è il più brutto e neppure il meno brutto, non ha modo di vita che lo distingua nettamente dai congeneri, ma è il più noto, è il rospo per eccellenza. Ed inoltre è l'anfibio più denigrato[1] e calunniato. Le espressioni e i modi di dire coi quali il Rospo comune viene citato per mettere in evidenza le qualità negative dei rappresentanti l'umana specie sono numerosissimi e alcuni risalgono alla lontana antichità; non sono scarsi neppure quelli in cui l'anfibio è simbolo di cosa repellente, schifosa al massimo. Quando ad esempio un uomo brachilineo[2], panciuto e lardoso, ha avuto in dono da madre natura una faccia poco attraente, viene definito rospo o magari rospaccio; se qualcuno è costretto ad accettare, a tollerare una cosa incresciosa[3], dice di essere stato obbligato a ingollare un rospo; quando una persona ha tendenza a starsene isolata e a cuocer nel suo brodo, mostrando poca amicizia verso il prossimo, viene definita rospo; quando un uomo dice male calunniosamente e irosamente di un altro uomo, egli, nell'espressione comune, schizza veleno come un rospo. Nell'antichità questo panciuto essere era accusato di munger nottetempo le mucche, di tramutare il vino schietto in liquido fetido, di avvelenare con l'alito, di uccidere tutti coloro che lo toccavano, di devastare malignamente i nidi degli uccelli e le arnie, di gettare il malocchio, di incantare creature umane ed animali, di cagionare la rabbia nei cani col secreto[4] della sua pelle, di determinare la morte di chi lo fissava troppo intensamente negli occhi. I maghi, le streghe, gli incantatori lo usavano per trarne veleni e filtri ed anche per averne ispirazione quando volevano commettere ribalderie demoniache. La credenza

1. **denigrato**: diffamato.
2. **brachilineo**: di misura ridotta.
3. **incresciosa**: sgradevole, spiacevole, molesta.
4. **secreto**: prodotto di secrezione.

che i rospi fossero creature soprannaturali e malefiche oltre ogni dire fu così ferma e radicata da indurre genti di vari paesi europei a emanare leggi destinate a punire coloro i quali avessero commercio coi poveri anfibi. Il filosofo Lucilio Vanini di Taurisano fu bruciato vivo a Tolosa, nel 1619, perché trovato in possesso di un rospo alloggiato entro un boccale di vetro.

Come dalle vipere si otteneva la teriaca[5], panacea per ogni male, così dal rospo si ricavavano medicamenti destinati a guarire l'epistassi[6], l'idropisia[7], i dolori reumatici e a prevenire i morbi degli animali domestici. E come alcuni elapidi[8] e alcuni viperidi furono e sono ritenuti possessori di pietre preziose e magiche, così il rospo, secondo antiche credenze, nascondeva nel capo un ciottoletto d'oro le cui virtù, oltre che il valore intrinseco, erano grandissime.

Anche ai nostri giorni, d'altronde, in paesi europei che sono culturalmente tra i più elevati del mondo, il rospo non gode buona fama, e per quanto riguarda l'estetica non è considerato diversamente da come lo era centinaia di anni addietro: è il brutto superlativo.

Chi scrive queste righe, avendo avuto, secondo l'antica espressione, commercio[9] coi Rospi comuni, avendoli cioè tenuti come ospiti per mesi ed anni, avendoli nutricati[10], guardati e scrutati, seguiti nella loro vita di vagabondi notturni, di appassionati amorosi, deve a questo punto levare la voce in difesa, anche per quanto riguarda le qualità estetiche, della specie che il sommo Linneo[11] denomina Rana bufo, che poi fu detta Bufo vulgaris ed oggi si chiama Bufo bufo. Prendete con delicatezza una grande rospa (le femmine hanno mole assai maggiore di quella dei compagni) e posatela sul tavolo di fronte a voi. Toccandola, vi accorgerete che la sua pelle verrucosa non è viscida, ma dà la stessa sensazione che provoca un antico velluto di Zoagli. Guardandola, scoprirete che i suoi colori, per quanto variabili, sono sempre morbidi, delicati come quelli delle zinnie[12], mai accesi, violenti, villani; più spesso un delicato fondo giallo-ocra od un denso terra rossa si sposano armoniosamente col bruno cupo delle macchie. Volgete lo sguardo al muso della panciuta creatura che di solito resterà tranquilla là dove la avrete appoggiata. I suoi occhi grandissimi hanno il colore del rame, o sono aurati, cosparsi di pagliuzze nere, brillanti, ricchi di espressione, ora allegra, ora triste, ora grave, più spesso sobriamente comica. Di tanto in tanto la panciuta rospa

▲ Rospo verde europeo (*Bufo viridis*), illustrazione. Collezione privata.

5. **teriaca**: preparato miracoloso.
6. **epistassi**: emorragia dalle cavità nasali.
7. **idropisia**: patologia che consiste nell'accumulo di liquidi nei tessuti.
8. **elapidi**: famiglia di serpenti.
9. **avendo avuto commercio**: avendo avuto modo di frequentare, conoscere.
10. **nutricati**: allevati, nutriti.
11. **Linneo**: nome latinizzato di Carl von Linné, naturalista svedese (1707-1778), considerato il padre della moderna classificazione scientifica degli organismi viventi.
12. **zinnie**: genere di piante originarie del continente americano.

solleverà le palpebre inferiori, lentamente, pigramente. Vi sembrerà che essa ammicchi scherzosamente, che voglia esprimere con l'atto un suo pensiero: perché mi guardi tanto a lungo, che cosa ho di tanto strano da esser fissata in questo modo? Toccatele pian piano il capo: le sue palpebre superiori, grevi di verruchette, si abbasseranno, la sua grande gola biancastra palpiterà, la sua immensa bocca si chiuderà forte. L'espressione tutta del muso cambierà. Vi parrà di avere dinanzi un vecchio, simpatico gnomo dall'aria annoiata.

Quando avrete conquistato la fiducia della panciuta rospa, potrete vederla accorrere alla vostra offerta di cibo, usare or l'una e or l'altra mano robusta e tozza come quella di un vecchio lavoratore dei campi per aiutarsi a cacciare nella gran bocca la preda, la vedrete ingollare gravemente il boccone e fissare nei vostri i suoi occhi bramosi. Perdurando il commercio con la creatura, non la considererete più un mostriciattolo schifoso, ma una strana, piccola, modesta, tranquilla amica, che possiede una sua bellezza di forme e di colori, una capacità espressiva assai maggiore di quella di tante altre creature le quali stanno alcuni gradini più in alto della scala zoologica.

G. Scortecci, *Bufo bufo*, da *Pietre, piume, insetti. L'arte di raccontare la natura*, Einaudi, Torino, 2013

▲ George Albert Boulanger, *Bufo calamita*, litografia, 1897. Museo di Storia Naturale, Londra.

T11 Italo Calvino _ La pancia del geco

Italo Calvino ▶ Per la vita dell'autore vedi pag. 270.

Il racconto è tratto da *Palomar,* opera di Calvino i cui livelli di lettura si spostano a seconda di come si usufruisce del testo. Esso può infatti essere considerato un **romanzo**, se si guarda alla presenza unificante del personaggio del signor Palomar, o come **una raccolta di racconti**, in quanto ogni singolo episodio che compone l'opera può essere letto come autonomo e indipendente.

L'osservazione di un geco, piccolo rettile imparentato con la lucertola, condotta in modo apparentemente realistico, si apre a una **lettura simbolica** delle **abitudini dell'animale**.

Sul terrazzo, come tutte le estati, è tornato il geco. Un eccezionale punto d'osservazione permette al signor Palomar di vederlo non di schiena, come da sempre siamo abituati a vedere gechi, ramarri e lucertole, ma di pancia. Nella stanza di soggiorno di casa Palomar c'è una piccola finestra-vetrina che s'apre sul terrazzo; sui ripiani di questa vetrina è allineata una collezione di vasi Art-Nouveau[1]; la sera una lampadina da 75 watt illumina gli oggetti; una pianta di plumbago dal muro del terrazzo fa penzolare i suoi rami celesti sul vetro esterno; ogni sera, appena s'accende la luce, il geco che abita sotto le foglie su quel muro, si sposta sul vetro, nel punto dove splende la lampadina, e resta immobile come lucertola al sole. Volano i moscerini anch'essi attratti dalla luce; il rettile, quando un moscerino gli capita a tiro, lo inghiotte. Il signor Palomar e la signora Palomar finiscono ogni sera per spostare le loro poltrone dalla televisione e sistemarle accanto alla vetrina; dall'interno della stanza contemplano la sagoma biancastra del rettile sullo sfondo buio. La scelta tra televisione e geco non avviene sempre senza incertezze; i due spettacoli hanno ognuno delle informazioni da dare che l'altro non dà: la televisione si muove per i continenti raccogliendo impulsi luminosi che descrivono la faccia visibile delle cose; il geco invece rappresenta la concentrazione immobile e l'aspetto nascosto, il rovescio di ciò che si mostra alla vista. La cosa più straordinaria sono le zampe, vere e proprie mani dalle dita morbide, tutte polpastrelli che premute contro il vetro vi aderiscono con le loro minuscole ventose: le cinque dita s'allargano come petali di fiorellini in un disegno infantile, e quando una zampa si muove, si raccolgono come un fiore che si chiude, per tornare poi a distendersi e a schiacciarsi contro il vetro, facendo apparire delle striature minutissime, simili a quelle delle impronte digitali. Insieme delicate e forti, queste mani paiono contenere un'intelligenza potenziale, tale che basterebbe esse potessero liberarsi dal compito di restare lì appiccicate alla superficie verticale per acquistare le doti delle mani umane, che si dice siano divenute abili da quando non ebbero più da appendersi ai rami o da premere il suolo.

Le zampe ripiegate sembrano, più che tutte ginocchio, tutte gomito, molleggiate a sollevare il corpo. La coda aderisce al vetro solo con una striscia centrale, dove pren-

1. **Art-Nouveau:** movimento artistico attivo nei decenni a cavallo fra Ottocento e Novecento.

dono origine gli anelli che la fasciano da una parte all'altra e ne fanno uno strumento robusto e ben difeso; il più del tempo posata torpida e neghittosa[2], pare non abbia altro talento o ambizione che di sostegno sussidiario[3] (nulla a che vedere con l'agilità calligrafica[4] delle code delle lucertole), ma all'occorrenza si dimostra reattiva e ben articolata e anche espressiva.

Del capo sono visibili la gola capace e vibrante, e ai lati gli occhi sporgenti e senza palpebra. La gola è una superficie di sacco floscio che s'estende dalla punta del mento dura e tutta scaglie come quella d'un caimano, al ventre bianco che dove preme sul vetro presenta anch'esso una picchiettatura granulosa, forse adesiva.

Quando un moscerino passa vicino alla bocca del geco, la lingua scatta e inghiotte, fulminea e duttile e prensile, priva di forma e capace d'assumere ogni forma. Comunque, Palomar non è mai sicuro se l'ha vista o non l'ha vista; ciò che certamente vede, adesso, è il moscerino dentro la gola del rettile: il ventre premuto contro il vetro illuminato è trasparente come ai raggi X; si può seguire l'ombra della preda nel suo tragitto attraverso le viscere che l'assorbono.

Se ogni materia fosse trasparente, il suolo che ci sostiene, l'involucro che fascia il nostro corpo, tutto apparirebbe non come un aleggiare di veli impalpabili ma come un inferno di stritolamenti e ingerimenti. Forse in questo momento un dio degli inferi situato al centro della terra col suo occhio che trapassa il granito sta guardandoci dal basso, seguendo il ciclo del vivere e del morire, le vittime sbranate che si disfano nei ventri dei divoratori, finché a loro volta un altro ventre non li inghiotte.

Il geco resta immobile per ore; con una frustata di lingua deglutisce ogni tanto una zanzara o un moscerino; altri insetti, invece, identici ai primi, che pure si posano ignari a pochi millimetri dalla sua bocca, pare non li registri. È la pupilla verticale dei suoi occhi divaricati ai lati del suo capo che non li scorge? O ha motivi di scelta e di rifiuto che noi non sappiamo? O agisce mosso dal caso o dal capriccio?

La segmentazione ad anelli di zampe e coda, la picchiettatura di minute piastre granulose sul capo e sul ventre danno al geco un'apparenza di congegno meccanico, una macchina elaboratissima, studiata in ogni microscopico dettaglio, tanto che viene da chiedersi se una tale perfezione non sia sprecata, viste le operazioni limitate che compie. O forse è quello il suo segreto: soddisfatto d'essere, riduce il fare al minimo? Sarà questa la sua lezione, l'opposto della morale che in gioventù il signor Palomar aveva voluto far sua: cercare sempre di fare qualcosa un po' al di là dei propri mezzi? Ecco che gli capita a tiro una smarrita farfallina notturna. La trascura? No, acchiappa anche quella. La lingua si trasforma in rete per farfalle e la trascina dentro la bocca. Ci sta tutta? La sputa? Scoppia? No, la farfalla è là nella gola: palpita, malconcia ma ancora se stessa, non toccata dall'offesa di denti masticatori, ecco che supera le angustie della strozza[5], è un' ombra che inizia il viaggio lento e combattuto giù per un gonfio esofago.

Il geco, uscito dalla sua impassibilità, boccheggia, agita la gola convulsa, tentenna

2. **neghittosa**: negligente nei propri doveri, pigra.
3. **sussidiario**: che serve di aiuto.
4. **calligrafica**: qui, precisa (per il significato letterale del termine, vedi rubrica *Dal testo alle parole* a pag. 53).
5. **strozza**: gola.

su gambe e coda, contorce il ventre sottoposto a dura prova. Ne avrà abbastanza, per stanotte? Se ne andrà? Era questo il culmine d'ogni desiderio che lui attendeva di soddisfare? Era questa la prova ai limiti del possibile con cui voleva misurarsi? No, resta. Forse s'è addormentato. Com'è il sonno per chi ha gli occhi senza palpebre? Neanche il signor Palomar sa staccarsi di lì. Resta a fissarlo. Non c'è tregua su cui si possa contare. Anche a riaccendere la televisione, non si fa che estendere la contemplazione dei massacri. La farfalla, fragile Euridice[6], sprofonda lentamente nel suo Ade[7]. Ecco vola un moscerino, sta per posarsi sul vetro. E la lingua del geco si scaglia.

I. Calvino, *La pancia del geco*, da *Palomar*, Einaudi, Torino, 1983

6. **Euridice**: personaggio mitologico. Moglie di Orfeo, muore per il morso di un serpente. Il marito ottiene di riportarla in vita ma infrange la condizione di non voltarsi verso di lei fino all'uscita, condannandola a tornare nuovamente nell'oltretomba.
7. **Ade**: oltretomba pagano.

LAVORIAMO SUI TESTI

1. In quali ambienti viene effettuata l'osservazione dei due animali?
2. Da quali situazioni scaturisce l'osservazione?
3. L'osservazione è in entrambi i casi articolata. Su quali aspetti si concentra?
4. Con quale atteggiamento si pone l'osservatore nell'uno e nell'altro caso?
5. In entrambi i racconti emerge il tema della morte. In che modo?
6. Quale dei due testi utilizza lessico e immagini più colti?
7. Sono presenti in entrambi i testi digressioni sul significato che l'animale ha assunto nell'immaginario collettivo? Se sì, individuale evidenziandole sul testo.
8. Di che tipo è il narratore nell'uno e nell'altro racconto?
9. Quali sensazioni/sentimenti tra i seguenti sono espressi dai narratori nei confronti del bufo e del geco?

	Bufo	Geco
Avversione		
Amicizia		
Paura		
Ammirazione		
Timore		
Disgusto		
Curiosità		
Disprezzo		
Angoscia		
Compassione		

10. Quale significato ulteriore rispetto a quello letterale assumono i due testi? Sintetizzalo in due frasi.

▲ Geco mediterraneo, illustrazione tratta dall'Encyclopaedia Britannica.

VERSO LA PROVA INVALSI

TIPOLOGIA TESTUALE: ROMANZO
FOCUS: COMPRENSIONE DEL TESTO

Le voci del bosco

di Mauro Corona ■ Edizioni Biblioteca dell'Immagine, Pordenone, 1998

Nato nel 1950 a Erto, sopra Longarone, nella valle devastata dalla tragedia del Vajont, Mauro Corona eredita dal nonno intagliatore la passione per il bosco e per il legno, sviluppata nello studio dello scultore Augusto Murer, a Falcade. Scultore ligneo tra i più apprezzati d'Europa, esperto alpinista, pubblica nel 1998 *Le voci del bosco,* in cui parla del carattere e della personalità degli alberi, che, in anni di escursioni tra verde e rocce, Corona ha ascoltato e cercato di comprendere.

"Devi tagliarlo solo in questo senso" spiegava mio nonno parlando dell'acero, "perché è un legno bello, elegante, ma di facciata". Come tutte le cose solo appariscenti, è intimamente delicato e con un colpo di manéra[1], neanche tanto violento, lo puoi spezzare in due.

È un albero che in un primo momento sembra forte e sicuro di sé, invece ha un carattere fragile che si arrende subito e si lascia dominare.

Si comporta come quelle persone che, di giorno, ostentano una sicurezza e una forza che in realtà dentro non hanno e, al calar del sole, vengono immancabilmente presi dall'ansia per la notte scura che si avvicina.

È un tipo che ha bisogno di luce. Il tormento, la fatica, il buio o una malattia anche lieve possono annientarlo.

Tutti i giorni di bel tempo, e anche nella cruda stagione, ritornavo con il vecchio nel bosco e sempre grazie a lui ho conosciuto il maggiociondolo.

Utilizzato per fare le spine delle botti e i pali della vigna, con i secoli è diventato, assieme al rovere, un intenditore di vini; ma, a differenza che con gli uomini, l'alcol non riesce a distruggerlo.

Non tutti gli uomini della valle, infatti, sono maggiociondoli e certi vini contraffatti, che arrivano solo da noi, a Erto[2], hanno ucciso più gente che la diga del Vajont[3].

Il tronco del "Maggio" non è mai diritto né grosso, ma si piega e vive di stenti, contento del poco di cui dispone.

Da lui il vecchio ricavava le cavezze per le capre e le mucche. Per chi non lo sa, le cavezze sono cerchi in legno, oggi sostituiti dal cuoio.

Erano finemente decorate e ricamate dagli artigiani. Munite di un campanaccio, venivano infilate al collo delle bestie e chiuse tramite un ingegnoso dispositivo a incastro.

1. **manéra**: tipo di mannaia.
2. **erto**: il comune più occidentale del Friuli-Venezia Giulia, paese natale di Corona.
3. **Vajont**: bacino artificiale realizzato per la produzione di energia idroelettrica. La sera del 9 ottobre 1963 una frana, staccatasi dai pendii del monte Toc, sovrastante il lago, produsse un'onda di piena che inondò il fondovalle sommergendo la cittadina di Longarone e causando la morte di 1917 persone.

Non dovevano rompersi mai e quindi non potevano essere fatte con l'acero perché si sarebbero spezzate al minimo urto e, perdendo il campanaccio, si perdeva l'animale.
Ho imparato che, se volevo fare una cosa a uso "tenero", non la potevo costruire con il maggiociondolo, buono per le cose resistenti come i denti dei rastrelli, che dovevano durare un'eternità e grattare sui prati quel poco fieno di montagna, ispido e ricco di essenze benefiche. Un fieno così "forte", diceva mio nonno, che ne bastava una manciata per saziare l'appetito di una mucca.
Nella concretezza risiede la nobiltà del maggiociondolo. È come l'amico fedele che rimane nell'ombra ma è pronto a intervenire in caso di bisogno. Di lui ti puoi fidare. Disponibile al sacrificio, è un legno speciale anche per la stufa e produce un fuoco gagliardo, di un bianco incandescente che riscalda l'anima prima ancora del corpo.
È un generoso, e quando stai scivolando non si comporta come la muga[4] traditrice, ma ti sostiene e ti incoraggia. Non ha bisogno di affetti né li vuole. Non dipende da nessuno e affronta la vita schivo e riservato. [...]
Confesso che voglio bene al maggiociondolo e mi sono affezionato, anche perché è un albero che sa invecchiare senza il patetico bisogno dei cosmetici antirughe. È sciocco cercare di mascherare il cammino degli anni. L'incedere del tempo cambia il colore alla pelle del maggiociondolo e la abbruttisce, ma lui non se ne rammarica.
Appena tagliato, all'interno è verde chiaro con stupende venature gialle.
Quando lo levighi ostenta un verde cupo con intense fiammature dorate. Poi, dopo due, tre anni, passa al marron scuro, quasi nero, della vecchiaia.
Al termine della vita il maggiociondolo – senza urlare, ma in dignitoso silenzio, come l'ulivo – entra nel buio della terra e scompare.
Credo sia orgoglioso di essere scolpito e diventare oggetto. Come ogni cosa preziosa data dalla natura è raro, e, nel bosco, solo dopo aver incontrato cento faggi trovi, forse, un maggiociondolo.
Vorrei assomigliargli e già mi considero un poco simile a lui, anche se, in verità, io sono un carpino.
Mentre cerchi di scovarlo, nella selva incontri processioni infinite di faggi che rappresentano la grande umanità del mondo. [...]

▲ Illustrazione di Mauro Corona, da *Le voci del bosco*, Edizioni Biblioteca dell'Immagine, Pordenone, 1998.

4. **muga**: si tratta del pino mugo, essenza alpina.

Il faggio è la folla, la massa, e la sua giornata è quella del lavoratore alacre[5]. La fabbrica funziona perché ci sono i faggi che avvitano bulloni e svolgono i lavori di manovalanza[6]. Senza di loro la catena di montaggio non andrebbe avanti. Nessuna società può vivere e produrre solo con il riservato maggiociondolo, o con l'elegante betulla o con il duro ma fragile acero. Ci vogliono i tanti faggi che ogni mattino sono lì, a timbrare il cartellino.

Certo lui non è un lettore, non va a teatro, il cinema impegnato non lo conosce, ma per il calcio, per la squadra del cuore, è disponibile a tutto. In fabbrica, il lunedì è felice se i suoi hanno vinto e poi un po' di osteria, le carte e la televisione sono il suo mondo.

Dei faggi ho grande rispetto perché, da semplici operai, devono mantenere la famiglia, pagare l'affitto, mandare i figli a scuola. Nella città del bosco sono i manovali che impastano la malta[7], portano i mattoni e costruiscono le case. Senza di loro i designer, gli ingegneri, i tecnici ossia i frassini, i tassi, i maggiociondoli morirebbero di fame. Questi ultimi sono di famiglia privilegiata e quindi mancano (perché non hanno avuto bisogno di apprenderla) di quella manualità che sola permette la sopravvivenza e che sta pericolosamente scomparendo anche nei ceti meno abbienti. Ma, prima o dopo, sarà di nuovo necessario avere manualità e il riappropriarsene costerà assai caro a coloro che allora popoleranno la terra.

▲ Illustrazione di Mauro Corona, da *Le voci del bosco*, Edizioni Biblioteca dell'Immagine, Pordenone, 1998.

5. **alacre**: pronto, svelto, sollecito nell'operare.

6. **manovalanza**: il complesso degli operai manovali, cioè non specializzati.

7. **malta**: miscela di cemento o calce, acqua e sabbia, usata in edilizia.

1. Dell'acero nel brano si dice che:
   a. ☐ è bello e resistente;
   b. ☐ è bello e appariscente;
   c. ☐ è elegante e forte;
   d. ☐ è ordinario e delicato.

2. Del maggiociondolo nel brano si dice che:
   a. ☐ è poco flessibile;
   b. ☐ ha bisogno di molte cure;
   c. ☐ brucia bene;
   d. ☐ non è particolarmente raro.

3. Il faggio viene associato a:
   a. ☐ un designer;
   b. ☐ un intellettuale;
   c. ☐ un operaio;
   d. ☐ un taglialegna.

4. L'espressione *processioni infinite di faggi* (riga 62) allude:
   a. ☐ al loro essere disposti in filari;
   b. ☐ al loro numero sovrabbondante;
   c. ☐ al fatto che costituiscono un impedimento alla visione;
   d. ☐ al loro utilizzo per arredi religiosi.

5. I *vini contraffatti* (riga 17) a cui si riferisce il testo sono vini:
   a. ☐ a cui è stata aggiunta dell'acqua;
   b. ☐ nella cui etichetta non compare la percentuale di alcol;
   c. ☐ nella cui etichetta compaiono dati non veritieri;
   d. ☐ a cui sono stati aggiunti ingredienti impropri e pericolosi.

6. *Di un bianco incandescente* alla riga 36 è complemento di:
   a. ☐ specificazione più attributo;
   b. ☐ modo più attributo;
   c. ☐ materia più attributo;
   d. ☐ qualità più attributo.

7. *È sciocco cercare di mascherare il cammino degli anni* (righe 41-42). In questo periodo sono presenti:
   a. ☐ una proposizione principale e due soggettive;
   b. ☐ una proposizione principale, una soggettiva e una oggettiva;
   c. ☐ una proposizione principale e una soggettiva;
   d. ☐ una proposizione principale, una soggettiva e una dichiarativa.

8. Nella frase *Non ha bisogno di affetti né li vuole*, alla riga 38, corrisponde a:
   a. ☐ loro;
   b. ☐ a loro;
   c. ☐ a lui;
   d. ☐ essi.

9. *Benefiche* (alla riga 31) significa:
   a. ☐ benevole;
   b. ☐ che fanno bene;
   c. ☐ che hanno un buon profumo;
   d. ☐ gradevoli.

10. *Senza di loro i designer, gli ingegneri, i tecnici ossia i frassini, i tassi, i maggiociondoli morirebbero di fame*. La frase significa che:
   a. ☐ un bosco fatica a sopravvivere senza i faggi;
   b. ☐ in un bosco è opportuno che ci siano tipi di alberi diversi;
   c. ☐ designer, ingegneri e tecnici utilizzano prevalentemente legno di faggio;
   d. ☐ un bel bosco è composto da piante umili e da piante nobili.

A COLPO D'OCCHIO _ La narrazione simbolica

IL PERCORSO ANTOLOGICO

ZTE ONLINE
Mettiti alla prova con gli esercizi interattivi

L. Pirandello **F. Kafka** **J. Cortázar**	*Il treno ha fischiato* *Davanti alla legge* *Continuità dei parchi*	Il simbolismo degli spazi
D. Buzzati **M. Tournier**	*Le mura di Anagoor* *I due banchetti o la commemorazione*	Una realtà che evolve nel simbolo
G. Scortecci **G. Scerbanenco** **I. Calvino** **G. G. Márquez** **H. Murakami** **L. Cecchi**	*Bufo bufo* *Orologi e soldati* *La pancia del geco* *Un signore molto vecchio con certe ali enormi* *La scomparsa del blu* *Il karma del pinolo*	Il simbolismo dei personaggi e degli oggetti

L'EVOLUZIONE NEL TEMPO

NARRAZIONE SIMBOLICA

- Nell'antichità: significato simbolico di miti o di narrazioni di diverso genere
- Nel Medioevo: simbolo e allegoria
- Nel Novecento: narrazione simbolica per esprimere l'angoscia della condizione umana

GUIDA ALLA SCRITTURA: ANALIZZARE UN TESTO NARRATIVO

L'ANALISI DEL TESTO NARRATIVO

Nell'analizzare un testo narrativo è importante tenere presenti i seguenti aspetti:

- individuazione delle sequenze e della loro tipologia (in funzione di un'eventuale sintesi);
- individuazione della struttura narrativa (rapporto fabula/intreccio, fasi della narrazione);
- caratteristiche della voce narrante;
- caratteristiche ed eventuale sistema dei personaggi;
- gli spazi;
- il tempo;
- lo stile.

LAVORIAMO SUL TESTO NARRATIVO

Di seguito ti proponiamo un'esercitazione su *Le mura di Anagoor* di Dino Buzzati, in questa sezione a pag. 394. L'analisi di testo è avviata per ciascuno dei punti sopra elencati e va completata a cura dello studente tenendo conto delle indicazioni fornite.

Le sequenze

1. Completa la suddivisione in sequenze e indica quale tipologia prevale.

SEQUENZA 1

Nell'interno del Tibesti [...] *vi si faceva cenno*. Sequenza narrativa.

La struttura narrativa

Il racconto si struttura come un lungo flashback: il narratore ripercorre quanto gli è accaduto ventiquattro anni dopo gli eventi.

L'esposizione si colloca nella parte precedente la partenza ed è costituita dal dialogo sul mistero della città; l'esordio coincide con l'inizio del viaggio e termina quando, alle 11:37, Magalon mostra la meta raggiunta.

2. Individua peripezie, *spannung*, scioglimento e conclusione della vicenda.

Caratteristiche della voce narrante

La voce narrante è quella del protagonista che è quindi un narratore interno.

3. Emerge un punto di vista prevalente?

Caratteristiche e sistema dei personaggi

Del protagonista non viene fornita una descrizione fisica, ma le sue azioni e le sue parole testimoniano la passione per il viaggio inteso come scoperta di luoghi sconosciuti; il suo approccio razionale alla realtà non esclude tuttavia scelte impulsive: *Alle tre sarò pronto, Magalon*.

4. Facendo riferimento al sistema dei personaggi, quale ruolo può essere attribuito a Magalon?

Gli spazi

La vicenda si sviluppa integralmente in spazi aperti. Si tratta di ambienti particolarmente suggestivi per la loro natura esotica e quindi di per sé misteriosa.

5. In che cosa consiste questa ambiguità?

Tempo

La storia si svolge nell'arco di circa ventiquattro anni. La narrazione è caratterizzata da un uso prevalente della scena.

6. Attraverso quale tecnica vengono condensati i lunghi anni di attesa?

Lo stile

7. Individua tre aggettivi che qualifichino lo stile utilizzato e commenta la tua scelta.

SEZIONE 2

IL ROMANZO

Caratteristiche del romanzo

Il romanzo è una *narrazione in prosa*, di lunga estensione, che racconta vicende verosimili o fantastiche.

La differenza tra romanzo e racconto non sta solo nella lunghezza, benché sia l'elemento più evidente, ma anche nella diversità della tessitura della narrazione e del ritmo che assume lo svolgimento degli eventi. Lo scrittore sudamericano Julio Cortázar (▶pag. 401) sintetizza con una metafora sportiva questa differenza, affermando che *il romanzo vince ai punti, il racconto per k.o.* Nel pugilato la vittoria a punti si ottiene alla fine dei dodici round previsti in un incontro, e quindi sulla lunghezza, mentre il k.o. consente di sconfiggere l'avversario in modo secco.

> “Il romanzo vince ai punti, il racconto per k.o.”
>
> J. Cortázar

Le principali caratteristiche del romanzo sono:

- ampiezza della narrazione e complessità dell'intreccio;
- presenza di più personaggi e di più ambienti;
- dilatazione dell'arco temporale della vicenda;
- varietà di temi e scelte stilistiche adottate dall'autore.

Longo Sofista, ***Le avventure pastorali di Dafni e Cloe*** III sec. d.C.

Miguel de Cervantes, ***Don Chisciotte della Mancia*** 1605

Jonathan Swift, ***I viaggi di Gulliver*** 1726

Samuel Richards… ***Pamela*** 1740

200 — 1600 — 1650 — 1700 — 1750

Daniel Defoe, ***Robinson Crusoe*** 1719

Walter Scott, ***Ivanhoe*** 1819

Breve storia

Nell'antichità e nel Medioevo

Le prime forme di romanzo nascono nella cultura greca fin dall'età ellenistica (III-I sec. a.C.): l'esempio più noto è però ***Le avventure pastorali di Dafni e Cloe*** del III sec. d.C.

Il Medioevo propone un tipo di romanzo scritto in versi che narra avventure di cavalieri.

Tra Seicento e Settecento

Il genere si eclissa fino a inizio Seicento, quando viene pubblicato il ***Don Chisciotte della Mancia*** dello spagnolo Miguel de Cervantes, considerato il primo esempio di romanzo moderno. La stagione del romanzo, tuttavia, comincia con il primo Settecento in Inghilterra. Nel volgere di pochi decenni escono i primi grandi successi: nel 1719 ***Robinson Crusoe*** di Daniel Defoe, nel 1726 ***I viaggi di Gulliver*** di Jonathan Swift e nel 1740 ***Pamela*** di Samuel Richardson.

Il romanzo nell'Ottocento

Nell'Ottocento si consolida l'interesse per il genere. Nella prima metà del secolo si diffondono il romanzo storico, sentimentale e realista. Del primo sono rappresentativi ***Ivanhoe*** (1819) di Walter Scott in Inghilterra e ***I Promessi sposi*** di Alessandro Manzoni in Italia (1827); del secondo ***Orgoglio e pregiudizio*** di Jane Austen (1813) e del terzo ***Oliver Twist*** (1838) di Charles Dickens. La stagione del realismo prosegue nella seconda metà del secolo con ***Madame Bovary*** di Gustave Flaubert (1857) e con i romanzi del Naturalismo in Francia e del Verismo in Italia, dove Giovanni Verga pubblica nel 1881 ***I Malavoglia***.

Il romanzo del Novecento

La sensibilità diffusa dalle nuove prospettive scientifiche sull'uomo, sul tempo e sulla realtà genera il "romanzo della crisi", di cui sono interpreti in Italia Luigi Pirandello con ***Il fu Mattia Pascal*** (1904) e ***Uno, nessuno e centomila*** (1926), e Italo Svevo con ***La coscienza di Zeno*** (1923), in Europa Marcel Proust, James Joyce, Franz Kafka e Thomas Mann.

Nel corso del Novecento si moltiplicano forme e generi del romanzo. In Italia nasce il Neorealismo, che ha l'esigenza di raccontare le esperienze vissute durante il Secondo conflitto mondiale: ne sono esempi ***Il sentiero dei nidi di ragno*** di Italo Calvino (1947) e ***Se questo è un uomo*** di Primo Levi (1958).

La seconda metà del secolo in Italia è segnata dal grande successo editoriale de ***Il nome della rosa*** di Umberto Eco (1980) e nel decennio successivo dall'esordio di molti giovani autori difficilmente riconducibili a un movimento unitario.

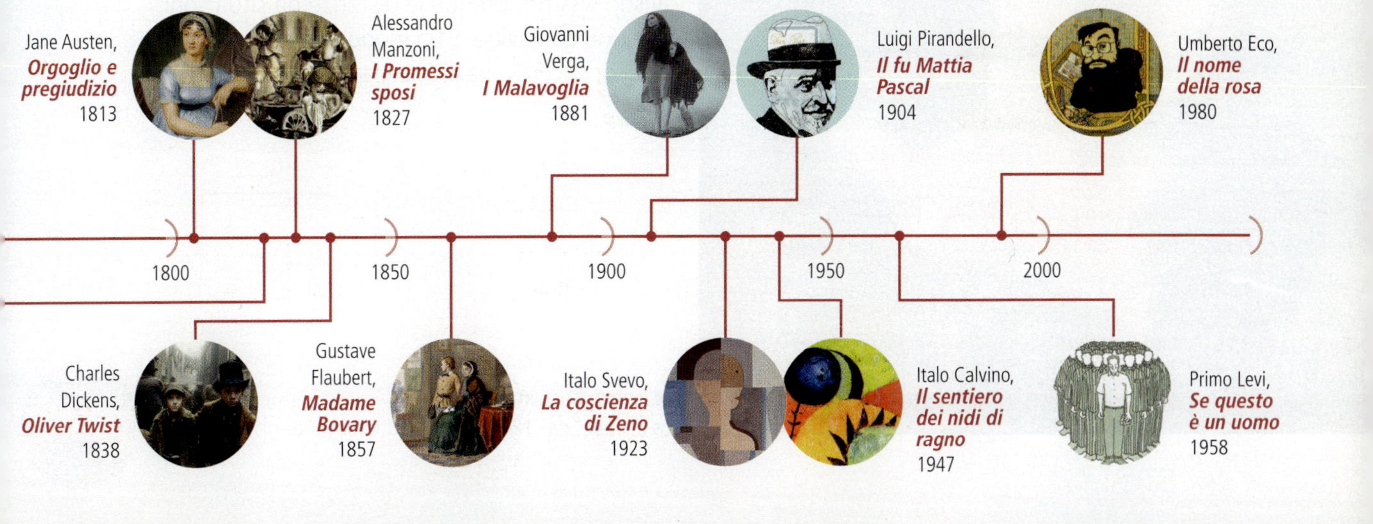

Origine del termine

Il termine romanzo ha origine dall'aggettivo del francese antico *romanz*, a sua volta derivato dall'avverbio latino *romanice*, che significa "al modo dei romani". Dopo la caduta dell'Impero romano d'Occidente (476 d.C.) tutti i cittadini di origine romana parlavano appunto *romanice*. Successivamente, in Francia, il termine assume il significato di testo scritto in lingua volgare, inizialmente in versi, poi in prosa.

Il romanzo moderno

Il romanzo rappresenta per l'età moderna quello che l'epica ha rappresentato nell'antichità: un mondo di storie in cui il pubblico e l'individuo riconoscano se stessi, il proprio mondo interiore, i propri valori. Mentre nell'epica quei valori coincidono con quelli della comunità e li esprimono, nel romanzo moderno, a partire dal XVII secolo, il rapporto dell'individuo con la società si fa più complesso, fino a diventare talvolta problematico.

Il romanzo moderno nasce per soddisfare i gusti della nuova classe borghese, che cerca nella lettura un momento di svago. Nello stesso tempo cambia anche radicalmente la fruizione dell'opera letteraria: mentre nel passato le opere sono lette ad alta voce davanti a un pubblico di ascoltatori, ora la lettura del testo diventa individuale e silenziosa.

In breve il romanzo si afferma come il genere di lettura preferita dalla grande maggioranza dei lettori e tale rimane fino ai giorni nostri.

Il romanzo è un **genere ibrido**, in cui confluiscono elementi di altri generi: i dialoghi lo avvicinano al teatro, i monologhi e l'espressione dell'interiorità dei personaggi alla lirica, le parti riflessive e le eventuali digressioni storiche al saggio. Proprio per questo suo carattere composito, inizialmente il romanzo è stato considerato un genere inferiore.

Inoltre il romanzo varia notevolmente in relazione al contesto storico, politico e culturale proprio dell'autore di cui riflette usi, costumi e mentalità.

Da sempre la forza del romanzo sta nella ricchezza delle sue possibilità: il romanzo è un mondo in cui il lettore incontra i personaggi di una o infinite storie, vive le avventure che ha sempre sognato, si riconosce come davanti a uno specchio in esperienze che appartengono al suo vissuto, prende le distanze da situazioni che non condivide. È un modo unico, insomma, per conoscere e per conoscersi.

Pierre-Auguste Renoir, *La liseuse*, ca. 1874. Museo d'Orsay, Parigi.

Il romanzo attraverso gli incipit

In questa sezione si è scelto di proporre gli **incipit** dei romanzi presentati.

L'incipit, dal verbo latino *incipio*, "cominciare", è l'inizio di un testo. Ogni scrittore sa quanto sia importante e insieme anche inquietante questo "luogo" particolare della scrittura: la pagina bianca contiene tutte le infinite possibilità di discorso narrativo ed è un passaggio cruciale per chi intende iniziare a scrivere. L'incipit è importante anche per un lettore, che solitamente proprio dalla prima pagina comincia a farsi un'idea del libro che ha tra le mani per poi decidere se acquistarlo o lasciarlo sul bancone della libreria, se leggerlo o no. L'incipit è la diretta presentazione di un libro, la più affidabile, perché permette di entrare già nella scrittura, di coglierne l'atmosfera e il timbro "personale" della voce di chi narra.

Una prova della rilevanza dell'incipit è il fatto che le frasi iniziali di alcuni romanzi sono divenute celeberrime:

> *Quel ramo del lago di Como che volge a mezzogiorno tra una catena non interrotta di monti...*
>
> *I Promessi sposi* di Alessandro Manzoni

> *Tutte le famiglie felici si assomigliano fra loro, ogni famiglia infelice è infelice a modo suo...*
>
> *Anna Karenina* di Lev Tolstoj

> *Stai per cominciare a leggere il nuovo romanzo Se una notte d'inverno un viaggiatore di Italo Calvino. Rilassati. Raccogliti. Allontana da te ogni altro pensiero.*
>
> *Se una notte d'inverno un viaggiatore* di Italo Calvino

Si tratta di tre esempi che, per ragioni diversissime, hanno la capacità di far presa sul lettore, di agganciarlo: il primo con l'attesa che suscita, il secondo per la sentenza folgorante che contiene, il terzo per la scelta inedita di rivolgersi direttamente al lettore dandogli del tu.

La scelta di parlare di una serie di romanzi a partire dai loro incipit ha a che fare con una convinzione nata dall'esperienza e valida per molte cose della vita, anche per i libri: spesso nel loro inizio è custodita la promessa di quello che riveleranno e doneranno in futuro.

▶ Vincent Van Gogh, *I libri gialli*, 1887. Collezione privata.

CAPITOLO 6

BREVE STORIA DEL ROMANZO

1 IL ROMANZO

1 Il romanzo nell'antichità

Sebbene la parola *romanzo* abbia fatto la sua comparsa in età moderna, già nell'antichità, per esempio in Oriente e nell'antico Egitto, esistono opere assimilabili alla nostra idea di romanzo.

Nella letteratura latina compaiono due esempi di romanzo, il *Satyricon* attribuito a Petronio Arbitro (I sec. d.C.) e le *Metamorfosi*, o *Asino d'oro*, di Apuleio (II sec. d.C.). È in **Grecia** tuttavia che il romanzo antico ha la sua maggiore diffusione. Lo caratterizzano il gusto dell'avventura tipico dell'*Odissea* omerica, la centralità della dimensione soggettiva e sentimentale e il recupero di antiche leggende locali. Alla letteratura greca si devono anche il primo esempio di **romanzo di fantascienza**, la *Storia vera* di Luciano di Samosata (120-180 d.C. ca.), in cui si racconta, fra l'altro, di un viaggio sulla Luna, e il **romanzo pastorale**, ambientato appunto fra pastori, che asseconda un pubblico dai gusti semplici e ha come scopo il divertimento del lettore. Il più noto è *Le avventure pastorali di Dafni e Cloe* di Longo Sofista (▶ pag. 458), composto con ogni probabilità nel III sec. d.C.

2 Fra Medioevo ed età moderna

Nel Medioevo il romanzo viene scritto in versi e si concentra intorno alle avventure dei Cavalieri della Tavola Rotonda, di Re Artù, Lancillotto e Ginevra. Tra Quattrocento e Cinquecento il romanzo compare sporadicamente. A inizio Seicento viene pubblicato il *Don Chisciotte della Mancia* di Miguel de Cervantes, la storia di un *hidalgo* (cioè un piccolo proprietario terriero) spagnolo che vive in un mondo di fantasia, sulla scorta delle proprie letture. Il *Don Chisciotte* è oggi considerato il **primo esempio di romanzo moderno**, perché sostituisce la quotidianità dell'esperienza umana ai valori eroici del passato: il protagonista è infatti un irriducibile sognatore, personaggio in contrasto con il mondo che lo circonda.

3 Il romanzo nel Settecento

Il romanzo si sviluppa come genere fra la fine del Seicento e il Settecento in Inghilterra, parallelamente all'affermazione della nuova classe borghese: la nascita di un pubblico non di soli intellettuali favorisce i primi esempi di un genere destinato a **lettori di estrazione** e **gusti diversi**, che apprezzano temi quali l'avventura, il sentimento e il successo economico. Fra le forme più diffuse del genere si annoverano:

- il **romanzo epistolare** (dal latino *epistula*, "lettera"), in cui la vicenda viene narrata attraverso lettere;
- il **romanzo sentimentale**;
- il **romanzo d'avventura**;
- il **romanzo gotico**, sullo sfondo di atmosfere cupe, talvolta ai limiti dell'horror.

Appartiene alla prima categoria ***Pamela*** (1740) di Samuel Richardson (▶ pag. 460), grande successo editoriale, storia di una quindicenne virtuosa e affascinante, raccontata attraverso le sue lettere e alcune pagine del suo diario.

Al di là della struttura epistolare, *Pamela* assume per la vicenda narrata anche i caratteri del romanzo sentimentale, che nella prima metà del secolo successivo annovera tra i titoli più famosi ***Orgoglio e pregiudizio*** (1813) di Jane Austen, ***Jane Eyre*** (1847) di Charlotte Bronte e ***Cime tempestose*** (1847) della sorella Emily Bronte.

▲ Illustrazione dal *Tom Jones* di Henry Fielding.

◄ N.C. Wyeth, *Robinson Crusoe sulla sua zattera*, 1920.

Al genere del romanzo d'avventura appartengono ***Robinson Crusoe*** (1719) di Daniel Defoe, in cui l'avventuroso protagonista fa naufragio su un'isola deserta dove rimane per ventotto anni, e ***Tom Jones*** (1749) di Henry Fielding, che racconta di un trovatello accolto e allevato da un ricco e generoso gentiluomo di campagna. Infine, inaugura il romanzo gotico ***Il castello di Otranto*** (1764) di Horace Walpole, la cui tenebrosa vicenda si svolge sullo sfondo dell'omonimo castello.

Nonostante il favore del pubblico, resta tuttavia diffuso per tutto il secolo il pregiudizio che assegna un valore modesto al romanzo rispetto ai generi classici tradizionali, come il poema e la tragedia.

4 Il romanzo nell'Ottocento

All'inizio del secolo la borghesia insiste nel rivendicare, in contrasto con l'aristocrazia, un ruolo egemone, cioè di guida, anche in campo culturale. A rispondere alle esigenze di un nuovo e più ampio pubblico di lettori nasce la **moderna editoria industriale** e si inaugurano **riviste** e **giornali**. Lo scrittore entra così nelle logiche del mercato, che, se da un lato gli garantiscono di vivere del proprio lavoro, dall'altro lo vincolano ai desideri del pubblico e quindi alle richieste degli editori. In questo contesto, gli scrittori rivolgono lo sguardo alle nuove classi sociali: la borghesia innanzitutto, ma anche il nuovo proletariato, che popola, spesso in condizioni miserevoli, le periferie delle grandi città industriali come Londra e Parigi.

Anche nel corso dell'Ottocento si definiscono diverse tipologie del romanzo:

- il romanzo di formazione;
- il romanzo storico;
- il romanzo realista;
- il romanzo naturalista e verista.

Il romanzo di formazione

Il **romanzo di formazione** si afferma fra fine Settecento e inizio Ottocento soprattutto nella letteratura tedesca (capostipite del genere è considerato *Gli anni di apprendistato di Wilhelm Meister* di **Johann Wolfgang Goethe**, pubblicato nel 1796, in cui il protagonista compie un viaggio fisico e spirituale attraverso l'Europa) e si diffonde ben presto anche in Francia e in Inghilterra. Il tema delle *bildung*, termine tedesco con cui si designa un **percorso di formazione**, è stato affrontato dal critico Franco Moretti in un famoso saggio (*Il romanzo di formazione*, Garzanti, Milano, 1986): lo studioso sostiene che il *bildungsroman* (il romanzo di formazione, appunto) è un concetto che con il tempo si è fatto sempre più approssimativo, ma che nel suo significato più ristretto indica il **conflitto** generato dall'**aspirazione alla conquista dell'autonomia** individuale in contrapposizione alle **convenzioni imposte dalla società**. In questo senso, nel panorama della letteratura italiana ottocentesca, la stessa vicenda di Renzo ne ***I Promessi sposi*** (▶ pag. 543), che pure non appartiene al genere del romanzo di formazione in senso stretto, può essere letta come un percorso di formazione.

Il romanzo storico

Nel **romanzo storico** l'ambientazione della vicenda si colloca nel **passato**, spesso nel Medioevo. Primo esempio è ***Ivanhoe*** di **Walter Scott** (1771-1832) (▶ pag. 463), ambientato in Inghilterra alla fine del XII secolo.

In Italia il modello del romanzo storico è ripreso da Alessandro Manzoni ne ***I Promessi sposi***. L'autore milanese ambienta nella Lombardia della prima metà del Seicento, governata dagli Spagnoli, simbolo dell'ingiustizia e dell'assurdità dei domini stranieri che si spartiscono la penisola italiana, la vicenda di **due umili personaggi**, il cui matrimonio è impedito dal capriccio di un nobile prepotente. Il romanzo viene pubblicato nel periodo risorgimentale e la scelta di quel preciso sfondo storico è legata a un **messaggio politico**: gli Italiani devono liberarsi dagli stranieri e procedere finalmente sulla strada dell'unità nazionale e politica. A tale scopo Manzoni sceglie una lingua, rispetto alla tradizione letteraria italiana, più vicina a quella usata dalla borghesia. Oltre a diventare nel giro di breve tempo un vero e proprio best seller per gli ingredienti della storia, destinata a far presa su un pubblico ampio, il romanzo manzoniano contribuisce così, in Italia, insieme al melodramma e alla pittura, alla diffusione dell'idea di **unità nazionale**.

Intorno alla metà del XIX secolo, in Italia il romanzo storico assume come sfondo la storia contemporanea anziché il passato: sotto la spinta del Risorgimento, Ippolito Nievo ne ***Le confessioni di un italiano*** (1867) e Giuseppe Rovani ne i ***Cento anni*** (1859-1864) intrecciano le vicende dei protagonisti con quelle storiche dell'unificazione d'Italia.

Il romanzo realista

Il romanzo **realista**, diffuso soprattutto in Francia e in Inghilterra, è caratterizzato dalla definizione accurata dell'ambientazione, dalle descrizioni minuziose di contesti, luoghi e circostanze dell'azione, dall'analisi accurata delle psicologie dei personaggi, dai caratteri socialmente ben riconoscibili, da un narratore e da un punto di vista esterni alla narrazione. Fra gli autori più significativi di questa stagione si annovera l'inglese **Charles Dickens** (1812-1870), che in ***Oliver Twist*** (1838) (▶ pag. 466), come più tardi in ***David Copperfield*** (1850) restituisce le drammatiche condizioni delle classi subalterne nell'Inghilterra in piena industrializzazione.

Nella seconda metà del secolo l'esigenza di realismo si diffonde anche in altri Paesi europei e inizialmente trova espressione in Francia nella produzione di **Gustave Flaubert** (1821-1880), in particolare in ***Madame Bovary*** (1857) (▶ pag. 469).

Il romanzo naturalista e verista

Partendo dalle premesse di Flaubert, alcuni anni dopo, il **romanzo naturalista** intende fare propri i metodi della **scienza** e della **medicina** per uno studio clinico delle relazioni sociali: lo scrittore ne analizza i meccanismi per indurre la società a prenderne atto e a intervenire per migliorare le condizioni delle classi più povere. Nel saggio *Il romanzo sperimentale* (1880) **Émile Zola** (1840-1902), uno dei massimi esponenti del Naturalismo, teorizza anche l'**impersonalità del narratore**, ai fini di una rappresentazione oggettiva della realtà priva di commenti.

In Italia le premesse del Naturalismo vengono accolte dal **Verismo** grazie alla recensione a un romanzo di Zola firmata dello scrittore e giornalista Luigi Capuana (1839-1915) sul «Corriere della Sera». Tuttavia **Giovanni Verga**, il maggior rappresentante del Verismo, accoglie la tecnica dell'impersonalità dell'autore ma manca della fiducia, propria dei naturalisti, nella possibilità di cambiare lo stato delle cose. Tale convinzione emerge in modo evidente nella vicenda narrata nel romanzo ***I Malavoglia***, pubblicato nel 1881 (▶ pag. 472).

5 Il romanzo fra Otto e Novecento

A fine Ottocento lo sviluppo e la diffusione delle **scienze umane** e la **psicanalisi** di **Freud** influenzano profondamente la letteratura, dando vita al cosiddetto **romanzo della crisi**. L'uomo contemporaneo prende coscienza della propria fragilità e, messi in crisi i valori che lo hanno sostenuto per secoli, come la religione, fronteggia la sua nuova condizione in una società che gli impone ruoli avvertiti come estranei.

L'influsso della psicanalisi e la coscienza della crisi propria dell'uomo modificano anche la struttura tradizionale del genere romanzo. L'irlandese **James Joyce** (1882-1941) nell'***Ulisse*** (1922) riporta i pensieri dei personaggi proprio così come affiorano alla mente, attraverso la cosiddetta tecnica del **flusso di coscienza**, rinunciando anche all'uso della punteggiatura. Un anno dopo **Italo Svevo** (1861-1928) pubblica a Trieste ***La coscienza di Zeno*** (1923) (▶ pag. 474): pur senza giungere alla soluzione radicale di Joyce, che Svevo conosceva personalmente, l'autore scardina l'ordine cronologico degli eventi e costruisce il suo romanzo in sei capitoli tematici.

In molta della produzione romanzesca di **Luigi Pirandello** i protagonisti sono spesso condizionati dalle "maschere" che la famiglia e la società impongono loro di indossare e che si contrappongono al "flusso vitale", secondo lo scrittore vera condizione di libertà dell'uomo. Talvolta un semplice dettaglio scatena una crisi d'identità dalle conseguenze imprevedibili, come accade in ***Uno, nessuno e centomila*** (1926) (▶ pag. 477).

◀ Arnold Bocklin, *Ulisse e Calipso*, 1883. Kunstmuseum, Basilea.

6 Il romanzo del Novecento. Il Neorealismo

Negli ultimi anni del secondo conflitto mondiale un gruppo di intellettuali pone sotto accusa la nostra letteratura per non aver dato il proprio contributo a evitare gli orrori del fascismo e della guerra. Essi intendono perciò fornire una rappresentazione oggettiva delle condizioni del nostro Paese e danno vita al cosiddetto **Neorealismo**, che ha avuto un corrispettivo molto significativo nel cinema (▶ pag. 60). Tali autori si concentrano intorno a temi quali la **lotta antifascista** e la **guerra partigiana** (Italo Calvino, Carlo Cassola, Beppe Fenoglio, Cesare Pavese, Vasco Pratolini), la **frattura fra Nord e Sud** (Carlo Levi, Ignazio Silone) e l'esperienza dei **campi di sterminio**. **Primo Levi**, nell'opera ***Se questo è un uomo***, pubblicata nel 1958 dopo due rifiuti della casa editrice Einaudi, racconta la sua esperienza nel campo di concentramento di Auschwitz, in Polonia (▶ pag. 481).

7 La fine del Novecento e il nuovo millennio

Nel 1980 **Umberto Eco** (1932-2016) pubblica il suo primo romanzo, ***Il nome della rosa***. Ambientato in un monastero medievale dove un frate francescano si trova a indagare su una serie di misteriosi delitti, il romanzo, nonostante le numerose digressioni storico-filosofiche di carattere dotto, conosce uno straordinario successo di pubblico e di fatto inaugura una nuova stagione del romanzo italiano. *Il nome della rosa*, attingendo a generi e linguaggi diversi, offre un esempio del cosiddetto **postmoderno**. Con questo termine si indica un movimento che investe molti campi della cultura (oltre alla letteratura, fra gli altri, filosofia, architettura, sociologia), caratterizzato dal disimpegno degli autori e, appunto, da una commistione di generi letterari e di linguaggi, ma anche dalla riflessione sulla funzione della letteratura.

Negli stessi anni Ottanta in Italia si inizia a parlare di "**giovani narratori**" in riferimento a una serie di esordi di autori anagraficamente piuttosto giovani. Nel 1979 l'allora appena ventitreenne **Enrico Palandri** (1956) pubblica ***Boccalone***, sorta di diario in cui l'io narrante, studente universitario a Bologna nel 1977, racconta le sue vicende sullo sfondo della contestazione studentesca, con uno stile immediato se non addirittura sgrammaticato. Nel 1980 esce ***Altri libertini*** di **Pier Vittorio Tondelli** (1955-1991), romanzo a episodi che segna un significativo cambiamento della forma: la lingua attinge sempre più spesso al parlato e il ritmo accelera, più vicino a quello dei nuovi linguaggi (cinema, televisione, canzoni, fumetti) che non a quello del romanzo di Ottocento e Novecento. Nel 1981 esce ***Treno di panna*** di **Andrea De Carlo** (1952), resoconto di un'esperienza negli Stati Uniti del venticinquenne protagonista, con uno sguardo "fotografico" su fatti, situazioni e personaggi. In un panorama estremamente diversificato, si possono individuare, come tratti comuni di questi autori, la **predilezione per storie di formazione** (in virtù anche della giovane età di chi scrive) e la tendenza alla **commistione di linguaggi mutuati dal cinema**, **dalla fotografia** e **dai fumetti**.

Una vicenda di formazione tardiva, centrata sulla tematica civile e raccontata con una modalità più tradizionale è al centro del romanzo ***Sostiene Pereira*** (1994) di **Antonio Tabucchi** (1943-2012) (▶ pag. 485) dal quale il regista Roberto Faenza trae il film interpretato da Marcello Mastroianni.

Negli anni Novanta l'accelerazione del ritmo narrativo e l'adozione di una lingua sempre più vicina all'oralità diventano un tratto comune e contrassegnano anche la breve stagione dei cosiddetti **cannibali**, (da *Gioventù cannibale*, titolo di una raccolta di racconti uscita da Einaudi nel 1996), accomunati dal tema della violenza della società contemporanea e del consumismo. Da allora fino a oggi la narrativa italiana sfugge a possibili classificazioni e dà vita a una **multiforme espressione individuale**.

2 GLI INCIPIT DEI ROMANZI ATTRAVERSO LA STORIA

T1 Longo Sofista – Le avventure pastorali di Dafni e Cloe

Poco o nulla si sa di **Longo** (Sofista è appellativo che compare in alcuni manoscritti), autore del romanzo *Le avventure pastorali di Dafni e Cloe*. Poiché il romanzo è ambientato a Lesbo nel III sec. d.C. si ritiene che Longo fosse originario dell'isola e che abbia vissuto in quel secolo.

Il romanzo, che si sviluppa in quattro libri, narra le vicende di **Dafni** e **Cloe** che, abbandonati neonati e divenuti pastori (lui di capre, lei di pecore), dopo varie traversie sono infine riconosciuti dai ricchissimi genitori.

Dopo il matrimonio i due hanno la possibilità di scegliere la vita raffinata in città, ma preferiscono la **condizione libera**, anche se dura, dei pastori, e vanno a vivere in campagna.

Nell'opera, considerata il più raffinato degli antichi romanzi greci pervenutici, assume grande importanza la descrizione poetica del **mondo dell'Arcadia** (regione dell'antica Grecia, poco popolosa e abitata prevalentemente da pastori, assurta a *topos* letterario come luogo idilliaco) e soprattutto il nascere del desiderio e dell'amore tra i due protagonisti adolescenti.

Il romanzo si apre con la descrizione di un quadro raffigurante una **storia d'amore** e l'autore decide di raccontare la vicenda a titolo esemplare, poiché nessun vivente può sfuggire al sentimento amoroso.

Nell'isola di Lesbo, mentre cacciavo in un bosco consacrato alle Ninfe, vidi il più bello spettacolo che mi sia mai capitato di vedere: un'immagine dipinta, la storia di un amore. Era bello anche il bosco, ricco di alberi, di fiori, di acque: una sorgente sola alimentava tutto, fiori e alberi. Ma più piacevole era il dipinto, un vero capolavoro artistico che rappresentava vicissitudini d'amore: per questo molte persone, anche straniere, spinte dalla fama del luogo, lo visitavano, sia per pregare le Ninfe, sia per contemplare la pittura. Erano ritratte donne in atto di partorire e altre che avvolgevano in fasce i neonati, bambini esposti, animali del gregge che li allattavano, pastori che se li prendevano, giovani che si scambiavano promesse, un'incursione di pirati, un attacco nemico. A forza di osservare ammirato queste e molte altre scene, tutte d'argomento amoroso, mi prese il desiderio di metterle per iscritto. E dopo aver cercato qualcuno che mi illustrasse il dipinto nei particolari, composi quattro libri, dono votivo a Eros, alle Ninfe e a Pan, tesoro gradito a tutti gli uomini, in grado di guarire chi è malato e consolare chi soffre, di rinfrescare la memoria a chi ha già amato, di risultare istruttivo per chi ignora ancora l'amore. Perché all'amore nessuno sfuggì o sfuggirà mai, almeno finché esisterà la bellezza e gli occhi per guardarla. Quanto a noi, gente di senno, il dio ci conceda di raccontare per iscritto gli amori altrui.

Longo Sofista, *Le avventure pastorali di Dafni e Cloe*,
trad. it. di A. Burlando, Garzanti, Milano, 1997

GUIDA ALLA LETTURA

L'autore ci pone di fronte a un esempio di narrazione "visiva", che scaturisce cioè dalla contemplazione di un meraviglioso dipinto. Dopo aver introdotto il luogo della vicenda, l'isola di Lesbo, ricca per gli antichi Greci di suggestioni letterarie (a Lesbo hanno scritto e vissuto i poeti Alceo e Saffo) e l'ambientazione in un boschetto consacrato alle Ninfe, in seguito definito *bello*, la voce narrante introduce il riferimento a *un'immagine dipinta*, che rappresenta la *storia di un amore*. Si tratta di un capolavoro artistico, informa ancora l'autore-narratore, meta di visitatori attirati dalla sua fama, le cui scene ispirano il romanzo che ci accingiamo a cominciare. Il narratore, a forza di osservare le scene dipinte, è preso infatti dall'urgenza di raccontarle con un'altra tecnica, la scrittura, e, informatosi sui particolari del dipinto, compone i quattro libri che raccontano la vicenda di Dafni e Cloe. L'argomento centrale è l'amore, sentimento a cui, precisa il narratore, *nessuno sfuggì o sfuggirà mai*. L'incipit si chiude con l'invocazione alla divinità, come nella migliore tradizione epica: *il dio ci conceda di raccontare per iscritto gli amori altrui*.

LAVORIAMO SULL'INCIPIT

1. A quale tipo di narratore è affidato il racconto?
2. Che cosa fa il narratore prima di accingersi a comporre il romanzo?
3. Qual è lo scopo del romanzo nelle intenzioni dell'autore?
4. Osserva le descrizioni dello scenario naturale: ti sembrano realistiche o piuttosto un "quadretto" generico? Rispondi con precisi riferimenti al testo.
5. Dagli elementi che costituiscono il dipinto da cui l'autore ricava l'ispirazione per il romanzo, quali ti sembra possano esserne gli argomenti principali oltre l'amore?
6. Individua i termini che costituiscono il campo semantico della bellezza e della piacevolezza su cui l'autore insiste. Che effetto producono sul lettore secondo te?

SCRITTURA CREATIVA Dal punto di vista di...

7. Immagina di essere uno scrittore che si accinge a comporre un racconto o un romanzo dallo spunto di un'immagine. Scegli la "tua" immagine e scrivi un incipit di almeno una pagina. Puoi introdurre la vicenda o cominciare in *medias res*.

▲ Marc Chagall, illustrazione dal libro di Longo Sofista *Festino nuziale nella caverna delle ninfe*. Museo Nazionale d'Arte Moderna, Centre Georges Pompidou, Parigi.

T2 Samuel Richardson _ Pamela

Samuel Richardson (Mackworth, 1689-Londra, 1761), tipografo e stampatore, è autore fra gli altri dei romanzi *Pamela* e *Clarissa*, che celebrano la virtù delle omonime protagoniste, secondo l'ideologia puritana dell'epoca.

Il romanzo è costituito dalle **lettere** della giovanissima omonima protagonista e da **pagine** del suo **diario** personale. Pamela ha quindici anni, è di umili origini, virtuosa e molto bella. La ragazza lavora come dama di compagnia di Lady B. e, quando la donna muore, passa al servizio del figlio di lei. Il gentiluomo è intensamente attratto dalla ragazza, tenta spesso di sedurla in ogni modo, ma Pamela lo respinge indignata. Quando Mr. B. cerca di convincerla tenendola prigioniera per quaranta giorni, Pamela, disperata, è tentata dall'idea del suicidio. Tuttavia si rende conto che, nonostante il comportamento brutale, Mr. B. è un uomo affascinante. A sua volta l'uomo abbandona l'atteggiamento violento e inizia a corteggiare Pamela con modi gentili, finendo per innamorarsene. Per due volte Mr. B. la chiede in sposa prima che Pamela sia veramente convinta della scelta, ma il romanzo si conclude con i due protagonisti **felicemente sposati** e accettati dalla società dell'epoca, nonostante la profonda **differenza di classe**. Tuttavia il romanzo non apre a quella che oggi si definisce "mobilità sociale", cioè la possibilità di migliorare la propria condizione, ma lascia piuttosto intendere che il successo di Pamela sia un caso unico, scaturito dalle sue eccezionali qualità morali.

LETTERA I

Miei cari Padre e Madre,

ho un gran dispiacere e qualche consolazione da comunicarvi. Il dispiacere è che la mia buona signora è morta della malattia di cui vi avevo detto, e ci ha lasciati tutti molto afflitti per la sua perdita; perché era una signora cara e buona, e umana con tutti noi della servitù. Io temevo molto che, avendomi presa la mia signora per servirla personalmente, mi sarei trovata di nuovo in mezzo a una strada, e costretta a tornare da voi e dalla mia povera madre, che già avete abbastanza difficoltà per mantenere voi stessi: e siccome con la sua bontà la mia signora mi aveva messo a scrivere e tenere i conti, e mi aveva fatta diventare un po' esperta con l'ago, e anche per altri versi mi aveva fatto ottenere delle qualifiche al di sopra della mia condizione; non erano tante le famiglie che avrebbero potuto offrire un posto adatto per la vostra povera Pamela: ma Iddio, la cui benevolenza verso di noi abbiamo sperimentato così spesso, ha instillato nel cuore alla mia buona signora, sul suo letto di morte, appena un'ora prima di spegnersi, di raccomandare al mio giovane padrone tutte le sue persone di servizio, a una a una; e quando è toccato a me di essere raccomandata (poiché io piangevo e singhiozzavo al suo capezzale) è riuscita a dire soltanto: "Mio caro figlio!" e si è interrotta per un momento; e poi, riprendendosi: "Ricorda la mia povera Pamela!" E queste sono state fra le sue ultime parole! Oh, come mi traboccano gli occhi! Non vi meravigliate alla vista di tante macchie sul foglio! Bene, ma la volontà del Signore va eseguita! ecco dunque la consolazione, che non sarò costretta a tornare a essere di peso ai miei cari genitori! Poiché il mio padrone ha detto: "Penserò a tutte voi, mie buone cameriere; e quanto a te, Pamela (e mi ha preso la mano; sì, mi ha preso la mano davanti a tutti gli altri) per amore della mia cara madre, ti sarò amico, e baderai alla mia biancheria.

"Dio lo benedica! e voi pregate con me, miei cari padre e madre, affinché sia benedetto: perché ha dato i vestiti per il lutto e un anno di paga a tutte le persone di servizio della mia signora: e a me che ancora non ho la paga, in quanto la mia signora aveva detto che mi avrebbe compensata secondo i miei meriti, ha dato ordine alla governante di darmi gli abiti del lutto come agli altri, e di sua mano mi ha dato quattro ghinee, più degli spiccioli, che la mia signora aveva in tasca quando è morta; e ha detto che se fossi stata brava e fedele e diligente, mi sarebbe stato amico, per amore di sua madre. E così io vi mando queste quattro ghinee perché vi siano di sollievo. Già in passato vi avevo mandato quelle piccole cose che potevano uscir fuori dalla munificenza[1] della mia signora, per quanto voialtri siate sempre stati restii ad accettare alcunché da me: ma la Provvidenza non tollera che mi manchi nulla; e mi sono fatta, in caso di bisogni improvvisi, una piccola riserva (oltre agli spiccioli che ho avuto adesso), così da non essere costretta a chiedere prestiti, e alle altre persone di servizio come me do poca confidenza. In tal modo con una parte voi potrete pagare qualche vecchio debito; e tenere il resto per concedervi qualche agio. Se ne avrò ancora, non dubito che sia mio dovere, e che sarà mia cura, di amarvi e curarvi entrambi; perché voi mi avete amata e curata, quando non potevo far nulla per me stessa. Ve le mando tramite John, il nostro lacchè[2], che passa dalle vostre parti; lui però non sa che cosa porta; perché le chiudo ermeticamente in una delle scatoline che aveva la mia signora, bene avvolte nella carta, perché non tintinnino; e voi badate di non aprirla davanti a lui. So, miei cari padre e madre, di dovervi dare tanto dolore quanto piacere; e così vi dico soltanto: pregate per la vostra Pamela; che sarà sempre

La vostra obbediente Figliola.

Mi sono presa una paura da svenire; perché proprio adesso, mentre piegavo questa lettera, nel vestibolo della mia signora, è entrato il mio giovane padrone! Cari miei! che spavento! ho fatto per nascondermi la lettera in seno, e lui, vedendomi tremare, ha detto con un sorriso: "A chi scrivevi, Pamela?" Io ho detto, confusa com'ero: "Di grazia, eccellenza, perdonatemi! Solo a mio padre e a mia madre." "Bene, quand'è così fammi vedere la tua calligrafia." Me l'ha presa senza dire altro, e se l'è letta fino in fondo, e poi me l'ha ridata; e io ho detto: "Di grazia, eccellenza, perdonatemi!" Anche se non sapevo di cosa: infatti lui non aveva mancato nei suoi doveri verso i suoi genitori; perché

▲ Joseph Highmore, *Mr. B. sorprende Pamela mentre scrive una lettera*, illustrazione dell'edizione del 1740. Victoria & Albert Museum, Londra.

1. **munificenza**: generosità.

2. **lacchè**: domestico, valletto in livrea, cioè l'abito indossato dalla servitù delle famiglie nobili.

dunque avrebbe dovuto irritarsi se anch'io li osservavo verso i miei? E in effetti non si è irritato; poiché mi ha preso per la mano e ha detto: "Sei una brava ragazza, a essere premurosa col tuo vecchio padre e con tua madre. Non sono adirato con te se scrivi di cose innocenti come queste; purché badi a quali storie fai uscire da una famiglia. Sii fedele e diligente; fai quello che devi fare, e io ti apprezzerò ancora di più". E poi ha detto: "Ma lo sai, Pamela, che hai una bella scrittura, e anche un'ottima ortografia? Leggi pure tutti i libri di mia madre per istruirti, voglio che sia tu a tenerli in ordine." Potete essere certi che io non ho fatto altro che fargli la riverenza e piangere, ed ero tutta sottosopra, davanti alla sua bontà. Pensate che una volta aveva la reputazione di essere uno scavezzacollo; ma adesso è il migliore dei gentiluomini, secondo me! Però sto facendo un'altra lunga lettera. Dunque aggiungo soltanto che sarò per sempre
La vostra obbediente Figliola Pamela Andrews.

S. Richardson, *Pamela*, trad. it. di M. D'Amico, Mondadori, Milano, 2009

GUIDA ALLA LETTURA

Nella lettera di apertura del romanzo, indirizzata dalla giovane Pamela ai suoi *cari Padre e Madre*, si legge l'antefatto della vicenda che la attende. La *cara e buona signora* presso cui Pamela era a servizio e grazie alla quale aveva ottenuto *qualifiche al di sopra della* sua *condizione*, è mancata, ma proprio sul letto di morte l'ha raccomandata al figlio; egli, ottemperando alle estreme volontà della madre, ha preso la giovane con sé con il compito di badare alla propria biancheria, compiendo un ulteriore gesto di generosità oltre a quello di aver concesso un anno di paga e vestiti a lutto a tutta la servitù. Nel contempo, viene messa a fuoco la condizione di ristrettezza economica in cui versa la famiglia di Pamela, che senza l'intervento del nuovo padrone si sarebbe trovata costretta a tornare dai genitori, talmente poveri da riuscire a stento a mantenere se stessi. Poco più avanti, accompagnando con le parole le quattro ghinee che ha risparmiato e che si accinge a inviare ai genitori insieme alla lettera, la ragazza sottolinea che potranno servire loro per saldare qualche debito. Mentre scrive ciò che le è toccato in sorte, Pamela comunica al lettore un primo ritratto di sé: figlia devota, obbediente, servizievole, pronta a imparare, riconoscente. Parallelamente il narratore insinua qualche dubbio sulla figura del padrone, che cerca più volte il contatto fisico con la fanciulla, prendendole la mano in ben due occasioni, e conosce improvvisi cambi d'umore che disorientano il lettore.

LAVORIAMO SULL'INCIPIT

1. Da che cosa deriva l'afflizione di Pamela?
2. Le parole di Pamela richiamano continuamente all'umiltà della condizione della sua famiglia, ma fanno trasparire in alcuni passaggi anche la soddisfazione per il miglioramento della propria posizione. Individua tali passaggi nel testo.
3. Analizza il carattere di Pamela secondo quanto si ricava dalle sue parole.
4. Quale atteggiamento della ragazza traspare dell'espressione *il nostro lacchè* (riga 49)?
5. Ricostruisci la figura di Mr. B. come emerge dalla parole di Pamela.
6. Individua quali tipi di sequenze sono più frequenti nel passo.
7. Quale punto di vista prevale nella narrazione?

SCRITTURA CREATIVA Dal punto di vista di...

8. Ricostruisci in un testo di circa una pagina i pensieri che inducono Mr. B. ad assumere Pamela e a cercare il contatto con lei. Non vuole venir meno a uno degli ultimi desideri della madre? Ne è invaghito? Ha pietà di lei e della sua condizione di domestica?

T3 Walter Scott Ivanhoe

Walter Scott (Edimburgo, 1771-Abbotsford, 1832) intraprende la carriera forense ma poi la abbandona per la letteratura. Scrive diverse opere in versi e nel 1819 pubblica il romanzo storico *Ivanhoe*, che riscuote grande successo negli ambienti romantici.

Il romanzo, sullo sfondo di un'ampia descrizione storica, coniuga la vicenda della **nascita del popolo** e **della lingua inglesi** con una vicenda di avventura, di amore e di coraggio. A causa della prolungata assenza del re Riccardo Cuor di Leone, l'Inghilterra nel 1194 è sull'orlo di una guerra civile tra i **conquistatori normanni**, che hanno imposto da poco più di un secolo il loro potere, e i **Sassoni**, sottomessi ma non domati. L'apertura del romanzo indugia sulla descrizione di una popolazione allo sbando, esposta all'arbitrio dei nobili, che si comportano come piccoli sovrani e costringono alla sottomissione e al servizio i piccoli proprietari terrieri, la cui libertà è solo teoricamente difesa dalle leggi. Dopo la battaglia di Hastings (1066), la nobiltà normanna umilia gli antichi abitanti sassoni **abusando del potere**, imponendo leggi sfavorevoli e una lingua estranea, il franconormanno. In questa drammatica situazione storica i Sassoni tramano la ribellione. Il principe Giovanni, fratello di re Riccardo, riunisce per un torneo i più importanti campioni normanni, con il segreto intento di prendere il potere. La sfida tra i cavalieri viene vinta da **Ivanhoe**, figlio di Cedric di Rotherwood, sostenitore della causa sassone: tornato dalla Palestina, dove ha militato sotto re Riccardo nella crociata, il giovane, ferito nel combattimento, svela la sua identità solo dopo la vittoria. La successiva gara di tiro con l'arco viene vinta da Robin Locksley, meglio noto come **Robin Hood**. Il torneo dà vita a una serie di peripezie, che coinvolgono Ivanhoe, Robin, la bella lady Rowena, amata dal nobile sassone, l'ebrea Rebecca di York, processata come strega, e un misterioso Cavaliere Nero, sotto la cui identità si nasconde re Riccardo, che riprende il controllo del Paese e si impegna a porre fine all'odio tra Normanni e Sassoni.

Così andavan scambiandosi tra loro queste parole.
Ed ecco i porci e i pastori tornarono alla capanna.
Tosto serraron nel chiuso le restie bestie, a dormire,
e si levò il grugnito lungo dei porci irrequieti.[1]

Nel ridente distretto della felice Inghilterra bagnato dal fiume Don, si estendeva anticamente una vasta foresta che ricopriva gran parte delle belle colline e vallate situate tra Sheffield e l'amena cittadina di Doncaster. I resti di quella grande foresta si possono ancora vedere nelle residenze avite di Wentworth, di Whamcliffe Park e intorno a Rotherham. Qui infuriava un tempo il favoloso Drago di Wantley, qui furono combattute molte delle più sanguinose battaglie della Guerra delle due rose[2], e qui ancora prosperavano anticamente quelle bande di intrepidi fuorilegge le cui imprese sono state immortalate nelle canzoni d'Inghilterra. Se questa è la scena principale, la data del nostro racconto si riferisce a un periodo intorno alla fine del regno di Riccardo[3], quando

1. **Così andavan... irrequieti**: libera versione di Pope dei versi 453-56 dal XIV libro dell'Odissea.
2. **Guerra delle due rose**: guerra che viene combattuta tra il 1455 e il 1485 tra la casa dei Lancaster, che esibiva una rosa rossa sullo stemma, e la casa degli York, che esibiva una rosa bianca. Essa si conclude con l'ascesa al trono di Enrico VII Tudor dei Lancaster che sposa Elisabetta di York.
3. **Riccardo**: Riccardo I, soprannominato "Cuor di Leone", succede al padre, Enrico II, nel 1189. Di ritorno dalla Terza Crociata, viene catturato dall'imperatore Enrico VI, che lo libera nel 1194, anno in cui sono ambientate le vicende narrate nel romanzo.

per i suoi sudditi, sottoposti a ogni sorta di angherie dai feudatari, il suo ritorno dalla lunga prigionia era ormai un evento più desiderato che sperato. I nobili, il cui potere si era fatto esorbitante durante il regno di Stefano, e sottomessi solo in parte alla corona dall'accorto Enrico II, avevano ormai riconquistato l'illimitato arbitrio di un tempo, disprezzando le deboli interferenze del Consiglio di Stato inglese, fortificando i loro castelli, aumentando il numero dei sottoposti, riducendo tutti quanti intorno a loro in uno stato di vassallaggio, e sforzandosi con ogni mezzo di porsi a capo di quelle forze che forse li avrebbero portati a primeggiare nei conflitti intestini, ormai incombenti. La situazione dei *franklin*, i piccoli proprietari terrieri che per la legge e per lo spirito della costituzione inglese avevano diritto a mantenersi indipendenti dalla tirannide feudale, era divenuta ora particolarmente precaria. Se, come di solito avveniva, si ponevano sotto la protezione di qualche signorotto locale, se accettavano di prestare servizio feudale presso di lui, o si impegnavano con reciproco vincolo di alleanza e protezione, a sostenerlo nelle Sue imprese, potevano in effetti trovare una temporanea tregua, ma al prezzo del sacrificio di quell'indipendenza che era così cara a ogni cuore inglese, e con il sicuro rischio di trovarsi coinvolti in tutte le sconsiderate avventure che il loro protettore avrebbe potuto intraprendere per ambizione. D'altro canto, i grandi baroni possedevano tali e tanti strumenti di vessazione e d'oppressione che non mancava mai loro il pretesto, e raramente la volontà, per perseguitare e tiranneggiare, fin quasi ad annientare, i vicini meno potenti che tentavano di affrancarsi dalla loro autorità, confidando, in quei tempi calamitosi, nella propria condotta inoffensiva e nelle leggi del paese. La Conquista di Guglielmo[4], duca di Normandia, e gli effetti che produsse contribuirono a rafforzare sensibilmente la tirannide della nobiltà e le sofferenze dei ceti inferiori. Quattro generazioni non erano state sufficienti a mescolare il sangue ostile dei normanni e degli anglosassoni, né a unire, attraverso la lingua e gli interessi comuni, due razze avverse, una delle quali era ancora euforica per il trionfo, mentre l'altra gemeva per le conseguenze della sconfitta. Dopo la battaglia di Hastings, tutto il potere era passato nelle mani della nobiltà normanna, che lo usava, come assicurano le cronache dell'epoca, senza alcuna moderazione. L'intera stirpe dei principi e dei nobili sassoni era stata annientata ed espropriata, con rare o nessuna eccezione; soltanto pochi, seppure come piccoli proprietari dei ceti inferiori, possedevano terre nel paese dei loro padri. La politica della monarchia era rivolta già da tempo a in-

▲ Guy di Warwick, illustrazione tratta da un'edizione illustrata inglese di *Ivanhoe* del XX secolo.

4. **Guglielmo**: Guglielmo I, detto "il Conquistatore", è il duca di Normandia che, nel 1066, a Hastings, sconfigge l'ultimo re sassone, imponendo il potere normanno sull'Inghilterra.

debolire con ogni mezzo, legale o illegale, le forze di quella parte della popolazione che era considerata, a ragione, animata da inveterata[5] ostilità nei confronti del vincitore. Tutti i sovrani di stirpe normanna avevano sempre mostrato una smaccata predilezione per i sudditi normanni: le leggi sulla caccia, e molte altre, ugualmente estranee allo spirito più mite e liberale della costituzione sassone, erano state imposte agli abitanti assoggettati per rendere ancora più gravose le catene feudali da cui erano oberati[6]. A corte e nei castelli dei grandi feudatari, dove si emulavano lo sfarzo e il cerimoniale di una reggia, si parlava soltanto il franconormanno, e la stessa lingua era usata nelle aule dei tribunali per le arringhe e per le sentenze. In breve, il francese era l'idioma[7] dell'onore, della cavalleria e perfino della giustizia, mentre l'uso dell'anglosassone, molto più virile ed espressivo, era lasciato ai rustici contadini che non conoscevano l'altra lingua. Tuttavia gli inevitabili rapporti tra i padroni della terra e gli esseri inferiori e oppressi che la coltivavano diedero luogo alla graduale formazione di un idioma, composto dal francese e dall'anglosassone, grazie al quale potevano reciprocamente comprendersi. Da questa necessità ebbe origine a poco a poco la struttura del nostro inglese attuale, felice mescolanza dell'idioma dei vincitori e di quello dei vinti, che dopo di allora si è arricchito dei prestiti dalle lingue classiche e da quelle parlate nel sud dell'Europa. Ho ritenuto necessario premettere queste informazioni perché il lettore non dimenticasse come, nonostante l'assenza, dopo il regno di Guglielmo II[8], di grandi eventi, quali guerre o insurrezioni nella storia degli anglosassoni in quanto popolo separato, le profonde disparità nazionali tra loro e i conquistatori, il ricordo di ciò che erano stati e della condizione in cui erano ora ridotti, abbiano continuato, fino al regno di Edoardo III[9], a tenere aperte le ferite inferte dalla Conquista e a mantenere separati i discendenti dei sassoni conquistati e dei normanni vincitori.

W. Scott, *Ivanhoe*, trad. it. di M. Papi e C. Ghibellini, Mondadori, Milano, 1994

5. **inveterata:** divenuta abituale tanto da non essere modificabile.
6. **oberati:** gravati, sovraccarichi.
7. **idioma:** lingua propria di una comunità.
8. **Guglielmo II:** figlio di Guglielmo I, vissuto tra il 1056 e il 1100.
9. **Edoardo III:** figlio di Edoardo II e di Isabella di Francia, vissuto tra il 1312 e il 1377, dà inizio alla Guerra dei cent'anni.

GUIDA ALLA LETTURA

L'incipit di *Ivanhoe* è un'articolata descrizione dei rapporti di forza tra le classi sociali nell'Inghilterra della *fine del regno di Riccardo I*, quando a causa della lunga assenza del re i nobili riprendono potere, affermando la loro autonomia e spadroneggiando sui piccoli proprietari terrieri. A chi non ha grandi proprietà non resta che fare atto di sottomissione sacrificando quell'*indipendenza* che il narratore ritiene orgogliosamente *cara a ogni cuore inglese* e finendo coinvolti nelle *sconsiderate avventure del loro protettore*.

Insieme alla condizione dei *franklin*, il narratore tratta il problema dell'integrazione tra i Normanni conquistatori, ormai al potere da quattro generazioni, e gli Anglosassoni, annientati ed espropriati delle terre in un programma di "pulizia etnica" operato con determinazione dai sovrani normanni, che impongono leggi estranee allo spirito *più mite e liberale* di quelle sassoni e soffocano la cultura dei vinti, a cominciare dalla lingua anglosassone, giudicata idioma *molto più virile ed espressivo* del franconormanno.

Nella parte conclusiva, tuttavia, si lascia intravedere un percorso di integrazione faticosamente intrapreso dai due popoli e testimoniato dalla nascita di *un idioma composto dal francese e dall'anglosassone, grazie al quale potevano reciprocamente comprendersi*.

Il narratore si presenta come un esperto dei luoghi di ambientazione della storia, di cui conosce sia il passato leggendario (*Qui infuriava un tempo il favoloso Drago di Wantley*) sia gli esiti della trasformazione del paesaggio (*i resti [...] intorno a Rothertam*). Egli non nasconde la sua predilezione per i vinti: degli Anglosassoni viene elogiato lo spirito della costituzione e la virilità della lingua e sottolineata la brutalità dell'asservimento; riserva, inoltre, una particolare cura al lettore, chiamato in causa nelle ultime battute, per giustificare la lunga digressione storica iniziale, essenziale per comprendere pienamente le vicende che inizieranno subito dopo.

LAVORIAMO SULL'INCIPIT

1. Scrivi un testo di una pagina mettendo in evidenza come l'incipit del romanzo riveli la sua appartenenza al romanzo storico.
2. Anche l'ambiente in cui si svolgono le vicende narrate si colora di una dimensione storica. In che modo?
3. Rintraccia nell'incipit riferimenti alla storia di Robin Hood, destinata a lunga fama.
4. Che cosa tutelano in particolare le leggi inglesi, secondo Walter Scott?
5. Il primo capitolo viene introdotto da alcuni versi dell'*Odissea* di Omero. Per quale motivo secondo te Scott sente vicino questo autore?
6. Riporta in uno scritto di una pagina notizie sui Sassoni e sulla conquista normanna dell'Inghilterra.
7. Sia a re Riccardo sia a Giovanni, destinato a regnare dopo il fratello, sono stati attribuiti soprannomi: Cuor di Leone (*Lionheart*) per il primo, Senzaterra (*Lackland*) per il secondo. Ricerca le motivazioni che li hanno prodotti.

T4 Charles Dickens – Oliver Twist

Charles Dickens (Landport, Portsea, 1812-Gadshill, Rochester, 1870) vive un'infanzia povera, a contatto con le plebi londinesi, che gli offre in seguito materiale per i suoi romanzi. Scrittore, giornalista e reporter di viaggio, è autore infatti di diversi romanzi sociali che ritraggono le condizioni di privazione delle classi subalterne.

Oliver Twist, orfano dalla nascita, cresce in un ospizio per mendicanti. Subisce fin da piccolo **maltrattamenti** e **soprusi**, prima nell'ospizio, poi presso un becchino dove lavora come apprendista. Nelle vie di Londra conosce un giovane delinquente che lo fa entrare nella cerchia di ladruncoli alle dipendenze di un vecchio ebreo, Fagin, a sua volta legato ad altri loschi individui. Nonostante la sua buona fede Oliver viene coinvolto in alcuni tentativi di rapina, in uno dei quali viene ferito da un colpo di pistola. La banda di delinquenti vuole a tutti i costi riprendersi il ragazzo, assistito dopo il ferimento da due buone signore, ma viene sgominata dalla polizia; il vecchio ebreo è arrestato e dopo alcuni giorni impiccato. Una serie di colpi di scena nel finale favoriscono il **lieto fine**. Il romanzo si caratterizza per la varietà dei personaggi che popolano la vicenda e per la ricostruzione precisa degli ambienti in cui essi si muovono. Il risultato è un affresco realistico della Londra dell'epoca.

◀ Scena dal film *Oliver Twist*, regia di Roman Polansky, 2005.

CAPITOLO I

Qui si parla del luogo di nascita di Oliver Twist e delle circostanze che si riferiscono alla sua venuta al mondo.

Tra i molti edifici di una città che considerazioni particolari mi impediscono di nominare e che non voglio battezzare con definizioni posticce[1], ce ne è uno che è comune a tutti i luoghi di questo mondo, grandi o piccoli che siano. Mi riferisco all'ospizio per i poveri e intendo farvi subito sapere che nell'istituto che sorgeva in quella famosa città nacque, in un giorno che non preciserò, il rappresentante dell'umanità il cui nome è citato nella testata di questo capitolo. Per qualche tempo dopo il suo arrivo in questa valle di lacrime[2] ci fu da dubitare che intendesse rimanervi, nel qual caso probabilmente queste memorie non sarebbero mai state scritte, oppure, concentrate in due modeste paginette, sarebbero state tramandate ai posteri come esempio di una biografia oltremodo concisa. Non voglio dichiarare che il nascere in un ospizio per poveri rappresenti una circostanza di favore per un essere umano; tuttavia, per Oliver Twist si rivelò come un colpo di fortuna. I suoi polmoni si rifiutavano di lavorare e solo dopo notevoli sforzi si riuscì a convincerli a respirare, operazione alquanto monotona ma che per secolare abitudine è necessaria per mantenersi in vita. Così per qualche tempo egli rimase immobile nella sua cuccia, incerto se restare in questo basso mondo o volarsene verso uno migliore. Se fosse stato circondato da uno stuolo di nonne, di zie, di cugine, di infermiere e di medici sarebbe certo morto nello spazio di ventiquattro ore, ma non essendoci a occuparsi di lui che una povera vecchietta che amava un po' troppo la birra e un solo medico condotto, Oliver e la Natura combatterono nel migliore dei modi la loro battaglia. Il piccino si agitò, lottò, starnutì e infine, lanciando uno strillo che nessuno si sarebbe atteso da un esserino che possedeva il dono della voce solo da qualche minuto, diede avviso agli abitanti dell'ospizio che un nuovo cittadino doveva essere iscritto nei registri del comune. Appena Oliver ebbe così dimostrato che i suoi polmoni avevano cominciato a funzionare, la coperta che era stata gettata frettolosamente su un letto di ferro lì vicino si sollevò, il viso smunto[3] di una giovane donna si mosse sul guanciale e una voce debole sussurrò: "Voglio vederlo... dopo, posso anche morire." Il medico, intento a scaldarsi le mani vicino al camino, si avvicinò al letto e disse in tono gentile: "Non dovete parlare di morire, che diamine!" "Oh, no, cara, non dovete dire certe cose" aggiunse l'infermiera. "Siete mamma e dovete vivere per la vostra creatura. Guardate che bel bambino!" L'ammalata scosse il capo, ma stese le braccia verso il suo piccino e il medico glielo porse; ella lo baciò sulla fronte, lo accarezzò guardandolo con tristezza.

"Poveretta!" disse l'infermiera qualche ora dopo. "Eppure avete tentato tutto per salvarla, dottore!" "Incaricatevi voi del piccolo" le raccomandò il medico. "Io ho visite e non posso trattenermi. Dategli un po' di latte nel biberon se si mettesse a piangere.

1. **posticce**: finte.
2. **valle di lacrime**: metafora per indicare la vita umana (tratta da una preghiera cristiana).
3. **smunto**: detto solitamente di un viso pallido e scarno.

Sapete com'è capitata qui quella donna? L'hanno trovata svenuta sulla strada. E credo che abbia camminato a lungo perché aveva le scarpe tutte consumate. Ma nessuno può dire chi fosse e di dove venisse. Probabilmente c'è sotto qualche dramma di famiglia" sospirò il medico. "Aveva l'aria di essere una giovane distinta e a modo. Be'... buona notte, infermiera." Uscito il medico, la donna sedette di fronte al caminetto è cominciò a vestire il piccino. Oliver Twist offriva un esempio di quello che voglia dire l'importanza dell'abbigliamento. Paludato[4] nella coperta che fino a quel momento era stata il suo unico vestito, avrebbe potuto essere tanto il figlio di un mendicante quanto quello di un gran signore, e assegnargli il posto che gli spettava come categoria sociale non sarebbe stato facile. Ora invece, avvolto nelle fasce lise[5] e ingiallite per il lungo uso, si poteva senza esitazione classificarlo, bollarlo e numerarlo: era l'orfano per eccellenza, il tapinello[6], l'ospite di un asilo per mendicanti, un esserino destinato a soffrire la fame, a essere battuto, maltrattato, disprezzato e incompreso. Oliver frignava; ma i suoi strilli avrebbero raggiunto le stelle se avesse saputo di essere un orfanello senza un'anima che gli volesse bene nel vasto mondo, una creatura disgraziata, abbandonata nelle mani di mercenari del tutto indifferenti alla sua pietosa condizione.

C. Dickens, *Le avventure di Oliver Twist*, trad. it. di M. Silvi, Edizioni Accademia, Milano, 1982

4. **Paludato**: vestito con abiti importanti e vistosi.

5. **lise**: logore, consumate.

6. **tapinello**: diminutivo di "tapino", cioè meschino.

GUIDA ALLA LETTURA

Il personaggio che dà il titolo al romanzo nasce in un ospizio dei poveri, da una giovane donna che è stata raccolta in strada e che nel giro di poche ore lo lascia orfano.

La pagina di apertura racconta con dovizia di particolari e di commenti da parte del narratore le condizioni difficili in cui Oliver vede la luce. Attorno al neonato si muovono poche figure, una vecchia infermiera, un medico, la madre del piccolo, di cui sono riferiti gesti e parole e la cui presenza conferma l'impressione di povertà e di degrado suggerita dalla scena nel suo complesso. Il narratore esterno appare particolarmente "loquace" nella prima parte del testo in cui si rivolge direttamente ai lettori (*intendo farvi subito sapere*) e non lesina commenti ironici sui fatti che va narrando.

Il tono ironico viene meno sul finale della pagina e lascia il posto ad alcune osservazioni che costituiscono altrettante anticipazioni sul destino del bambino che il romanzo, come recita il titolo, promette di seguire nel suo rocambolesco sviluppo.

LAVORIAMO SULL'INCIPIT

1. Come definiresti la voce narrante?
2. La prima pagina del romanzo introduce subito la figura del protagonista: in che modo viene descritto?
3. Il narratore si caratterizza per il tono ironico che la sua voce spesso assume. Rintracciane degli esempi e riportali sul quaderno.
4. Quali oggetti testimoniano la miseria e il degrado dell'ambiente in cui Oliver vede la luce?
5. Gli adulti che compaiono in questa prima scena sono tratteggiati in modo sintetico ma efficace: per ciascuno di loro trova tre aggettivi che ne qualifichino l'atteggiamento.
6. In questo incipit è presente un flashforward. Sottolinealo nel testo.
7. Dall'incipit già si evince il carattere realistico che Dickens dà alla sua scrittura. Spiegalo con riferimenti precisi al testo.

T5 Gustave Flaubert – Madame Bovary

Gustave Flaubert (Rouen, 1821-Croisset, 1880), figlio di un famoso chirurgo, viene avviato agli studi di giurisprudenza ma ben presto decide di dedicarsi all'attività letteraria. Nella sua biografia, povera di avvenimenti, spicca la pubblicazione, nel 1857, del romanzo *Madame Bovary.*

L'ufficiale sanitario Charles Bovary, vedovo della prima moglie, sposa Emma Rouault, una bella ragazza di campagna che sogna romantiche avventure nell'alta società, proprio come quelle di cui legge nei libri. Perennemente insoddisfatta, Emma vive relazioni adulterine e spende somme di danaro esorbitanti all'insaputa del marito, finché la situazione degenera. *Madame Bovary* è considerato un **romanzo "antiromantico"** per la condanna delle ambizioni della protagonista, che sogna una vita molta diversa dalla sua, ma anche per l'adozione di una tecnica narrativa nuova: lo scrittore francese rinuncia infatti al narratore esterno e sceglie la strada del **realismo** nell'ambientazione e nella descrizione psicologica dei personaggi, anticipando così alcune scelte che negli anni successivi saranno compiute dai Naturalisti.

Stavamo studiando, quando entrò il preside seguito da un nuovo alunno vestito in borghese e dal bidello che trasportava un grosso banco. Quelli che dormivano si svegliarono e si alzarono in piedi come sorpresi in piena attività. Il preside ci fece cenno di star comodi, poi si rivolse all'insegnante: «Professor Roger,» disse sottovoce «le raccomando questo allievo. Viene ammesso alla quinta, ma se il profitto e la condotta lo renderanno meritevole, passerà fra i grandi, come richiederebbe la sua età». Il 'nuovo', un giovane e robusto campagnolo d'una quindicina di anni circa, alto di statura più di ognuno di noi, rimaneva in un angolo dietro la porta, di modo che lo vedevamo appena. Aveva i capelli tagliati diritti sulla fronte, come un chierichetto di paese: sembrava assennato e molto intimorito. Benché non avesse le spalle larghe, dava l'impressione che la giacchetta di panno verde con i bottoni neri lo stringesse sotto le ascelle; gli spacchi dei risvolti delle maniche lasciavano vedere i polsi arrossati a furia di rimanere scoperti. Le gambe calzate di blu sbucavano da un paio di pantaloni giallastri sostenuti con troppa energia dalle bretelle. Portava scarpe chiodate robuste e mal lucidate. Cominciammo a recitare le lezioni. Egli stava tutto orecchi ad ascoltarle, attento come se ascoltasse un sermone, senza osare nemmeno incrociare le gambe o appoggiarsi al gomito, e alle due, quando suonò la campana, il professore dovette chiamarlo perché si mettesse in fila con noi. Avevamo l'abitudine entrando in classe di gettare a terra i berretti per restare con le mani più libere; bisognava lanciarli stando sulla soglia fin sotto il banco, in modo che battessero contro il muro e sollevassero più polvere possibile; così era 'l'uso'. Ma, sia che non avesse notato la manovra o che non avesse osato metterla in pratica, alla fine della preghiera, il 'nuovo' teneva ancora il berretto sulle ginocchia. Si trattava di uno di quei copricapi non ben definibili, nei quali è possibile trovare gli elementi del cappuccio di pelo, del colbacco[1],

1. **colbacco**: copricapo russo di pelliccia, prevalentemente militare ma utilizzato anche dai civili.

del cappello rotondo, del berretto di lontra e del berretto da notte, una di quelle povere cose, insomma, la cui bruttezza silenziosa ha la stessa profondità d'espressione del viso d'un idiota. Di forma ovoidale e tenuto teso dalle stecche di balena, cominciava con tre salsicciotti rotondi, poi, separate da una striscia rossa, si alternavano losanghe di velluto e di pelo di coniglio; veniva in seguito una specie di sacco che terminava con un poligono sostenuto da cartone ed era coperto da un complicato ricamo di passamaneria[2], dal quale pendeva, al termine di un lungo e troppo sottile cordone, un ciuffetto di fili d'oro a guisa di nappina. Il berretto era nuovo di zecca e la visiera splendeva. «Si alzi» disse il professore. Lo scolaro si alzò: il berretto cadde per terra. Tutta la classe scoppiò a ridere. Egli si chinò per raccoglierlo. Un compagno con una gomitata lo fece di nuovo cadere: il ragazzo ancora una volta lo raccattò. «Si sbarazzi del suo casco» disse il professore che era un uomo di spirito. Un'altra clamorosa risata della scolaresca sconcertò il povero ragazzo, tanto che egli non seppe più se dovesse tenere il berretto in mano, lasciarlo per terra o metterselo in testa. Si rimise a sedere e lo posò sulle ginocchia. «Si alzi,» riprese il professore «e mi dica il suo nome». Il 'nuovo', farfugliando, pronunciò un nome incomprensibile. «Ripeta!» Si udì lo stesso farfugliamento di sillabe, sommerso dagli schiamazzi della classe. «Più forte,» gridò l'insegnante «più forte!» Il 'nuovo', prendendo una decisione eroica, aprì una bocca smisurata e gridò a pieni polmoni, come per chiamare qualcuno, questa parola: «Charbovari». Di colpo si levò uno strepito che salì in crescendo con acuti scoppi di voce (chi urlava, chi abbaiava, chi pestava i piedi, mentre tutti ripetevano: «Charbovari, Charbovari!») per smorzarsi poi in note isolate, e riprendere all'improvviso in una fila di banchi, ove qualche risata soffocata si levava ancora, simile a un petardo non del tutto spento. Finalmente, sotto una gragnola[3] di castighi, nella classe si ristabilì a poco a poco l'ordine e il professore, dopo essere riuscito ad afferrare il nome di Charles Bovary, dopo esserselo fatto dettare, compitare[4] e rileggere, ordinò al povero diavolo di andare immediatamente a sedersi nel banco dei negligenti, ai piedi della cattedra. Il 'nuovo' si avviò, ma ebbe un'esita-

▲ Frederick Walker, *Il nuovo arrivato*, 1860. Collezione privata.

2. **passamaneria**: bordura per rifinire abiti o tessuti per la casa.
3. **gragnola**: precipitazione intermedia fra neve e grandine; in senso lato, come qui, serie di cose, generalmente spiacevoli, che capitano in gran quantità.
4. **compitare**: leggere pronunciando separatamente le sillabe.

zione. «Che cosa c'è?» domandò il professore. «Il mio berr...» fece timidamente l'alunno guardandosi intorno smarrito. «Cinquecento versi a tutta la classe!» Questa frase, gridata con voce furiosa, arrestò come il quos ego[5], una nuova tempesta. «Suvvia, calmatevi!» continuò il professore indignato, asciugandosi la fronte con un fazzoletto che aveva tirato fuori dalla berretta accademica. «Quanto all'ultimo arrivato, mi copierà venti volte la frase ridiculus sum.» Poi, in tono più dolce, soggiunse: «Ritroverà il suo berretto: nessuno l'ha rubato».

G. Flaubert, *Madame Bovary*, trad. it. di Bruno Oddera, Fabbri, Milano, 1968

5. **quos ego** (*i quali io*): parole con le quali Nettuno, nel I libro dell'Eneide, inizia una frase contro i venti che l'ira di Giunone ha scatenato contro Enea. L'espressione è rimasta a indicare una minaccia o una reticenza nel dire.

GUIDA ALLA LETTURA

Madame Bovary si apre in un interno scolastico d'altri tempi, in cui fa irruzione il preside seguito da un nuovo alunno. È un giovane robusto e campagnolo, ammesso alla quinta in attesa, se il suo profitto sarà adeguato, di passare nella classe dei più grandi, conformemente alla sua età. Il ragazzo è timido, si tiene il cappello stretto in grembo, senza gettarlo per terra com'è abitudine dei compagni, e viene passato in rassegna dai loro sguardi, che si soffermano proprio su quell'insolito copricapo nuovo di zecca. All'atteggiamento poco amichevole dei nuovi compagni di classe si aggiunge ben presto una battuta del professore che mette ancora più in imbarazzo il nuovo arrivato: egli a mala pena riesce a farfugliare il suo nome, fra le risate e lo scherno della classe. Al lettore viene così finalmente rivelato di chi si tratta: non è il personaggio che dà il titolo al romanzo, ma un quindicenne che condivide il cognome con la Madame del titolo. Con ciò la curiosità del lettore è tenuta in allerta. Nel frattempo il professore riprende le redini della classe e si rivolge a Charles con un *tono più dolce*, che tuttavia non attenua l'imbarazzo dei momenti appena vissuti.

▲ James Tissot, *Giovane donna su una barca*, 1870. Collezione privata.

LAVORIAMO SULL'INCIPIT

1. A chi è affidata la narrazione?
2. Quale origine denuncia l'abbigliamento del giovane "nuovo" arrivato?
3. Perché Charles si rivela così attaccato al suo cappello?
4. Ricostruisci il carattere del giovane con opportuni riferimenti al testo.
5. Individua nel testo gli elementi che concorrono alla descrizione realistica di ambienti e personaggi.
6. Quali sono gli atteggiamenti che i compagni mettono in atto quando il nuovo alunno entra in classe? Perché, secondo te?

SCRITTURA CREATIVA — Dal punto di vista di...

7. Riscrivi le prime sei righe dell'incipit affidandole a un narratore in terza persona.
8. Immagina di essere uno degli studenti della classe in cui viene inserito Charles Bovary e restituisci i suoi pensieri sull'ingresso del nuovo arrivato in un racconto di circa una pagina.

T6 Giovanni Verga – I Malavoglia

Giovanni Verga ▶ Per la vita dell'autore vedi pag. 115.

I Malavoglia sono una famiglia di pescatori di un piccolo paese della costa siciliana nei primi anni dell'Italia unificata. Padre, madre e cinque figli vivono tutti sotto la protezione e l'autorità del nonno, Padron 'Ntoni, saggio patriarca che incarna in ogni sua scelta la fedeltà ai valori "sacri" del lavoro e della casa. Il naufragio della barca di proprietà che trasporta un carico di lupini comprati a prestito dall'usuraio del paese è l'inizio di una serie di disgrazie che colpiscono la famiglia: nel naufragio muore Bastianazzo, figlio di Padron 'Ntoni, e l'intera famiglia cade in rovina; la casa del nespolo deve essere ipotecata, la barca si perde in un secondo naufragio, muore di colera la vedova di Bastianazzo e due dei giovani figli maschi sono vittime di una sorte infausta: Luca muore nel corso della terza guerra d'indipendenza, nella battaglia navale di Lissa (1866), e il primogenito, il giovane 'Ntoni, ribelle e polemico nei confronti della vita semplice dei pescatori a cui si sente destinato, viene coinvolto in un giro di contrabbandieri. Il vecchio nonno, consumato da una vita di duro lavoro e dai dispiaceri, muore nell'ospedale della città. La famiglia riuscirà a risollevarsi grazie ai sacrifici e alla tenacia del figlio minore, Alessi, che riscatta la casa del nespolo. Il giovane 'Ntoni, uscito dal carcere, capisce che ormai è troppo tardi per reinserirsi nell'ambiente da cui è voluto fuggire. Il romanzo propone una **visione pessimistica** della vita che esclude qualsiasi possibilità di cambiamento delle condizioni d'origine.

Un tempo i *Malavoglia* erano stati numerosi come i sassi della strada vecchia di Trezza[1]; ce n'erano persino ad Ognina, e ad Aci Castello[2], tutti buona e brava gente di mare, proprio all'opposto di quel che sembrava dal nomignolo, come dev'essere. Veramente nel libro della parrocchia si chiamavano Toscano, ma questo non voleva dir nulla, poiché da che il mondo era mondo, all'Ognina, a Trezza e ad Aci Castello, li avevano sempre conosciuti per Malavoglia, di padre in figlio, che avevano sempre avuto delle barche sull'acqua, e delle tegole al sole. Adesso a Trezza non rimanevano che i Malavoglia di padron 'Ntoni, quelli della casa del nespolo[3], e della *Provvidenza*[4] ch'era ammarrata sul greto, sotto il lavatoio, accanto alla *Concetta*[5] dello zio Cola, e alla paranza[6] di padron Fortunato *Cipolla*.

Le burrasche che avevano disperso di qua e di là gli altri Malavoglia, erano passate senza far gran danno sulla casa del nespolo e sulla barca ammarrata sotto il lavatoio; e padron 'Ntoni, per spiegare il miracolo, soleva dire, mostrando il pugno chiuso – un pugno che sembrava fatto di legno di noce – Per menare il remo bisogna che le cinque dita s'aiutino l'un l'altro.

Diceva pure, – Gli uomini son fatti come le dita della mano: il dito grosso deve far da dito grosso, e il dito piccolo deve far da dito piccolo.

E la famigliuola di padron 'Ntoni era realmente disposta come le dita della mano. Prima veniva lui, il dito grosso, che comandava le feste e le quarant'ore[7]; poi suo figlio

1. **Trezza**: sta per Aci Trezza, piccolo paese sul mare in provincia di Catania dove vivono i protagonisti della vicenda.
2. **Ognina, Aci Castello**: paesi vicini ad Aci Trezza.
3. **casa del nespolo**: casa di proprietà della famiglia Malavoglia.
4. ***Provvidenza***: nome (di buon augurio) della barca di proprietà della famiglia Malavoglia.
5. ***Concetta***: nome della barca dello zio Cola, abitante di Aci Trezza e compaesano dei Malavoglia.
6. **paranza**: barca da pesca.
7. **quarant'ore**: funzione liturgica precedente la Quaresima, in cui per quaranta ore consecutive l'Ostia consacrata è esposta all'adorazione dei fedeli. L'espressione sottolinea qui l'autorità dell'anziano capofamiglia.

Bastiano, *Bastianazzo*, perché era grande e grosso quanto il San Cristoforo che c'era dipinto sotto l'arco della pescheria della città; e così grande e grosso com'era filava diritto alla manovra comandata, e non si sarebbe soffiato il naso se suo padre non gli avesse detto «Sòffiati il naso» tanto che s'era tolta in moglie *la Longa* quando gli avevano detto «Pìgliatela». Poi veniva la Longa, una piccina che badava a tessere, salare le acciughe, e far figliuoli, da buona massaia; infine i nipoti, in ordine di anzianità: 'Ntoni, il maggiore, un bighellone di vent'anni, che si buscava tutt'ora qualche scappellotto dal nonno, e qualche pedata più giù per rimettere l'equilibrio, quando lo scappellotto era stato troppo forte; Luca, «che aveva più giudizio del grande» ripeteva il nonno; Mena (Filomena) soprannominata «Sant'Agata» perché stava sempre al telaio, e si suol dire «donna di telaio, gallina di pollaio, e triglia di gennaio»; Alessi (Alessio) un moccioso tutto suo nonno colui!; e Lia (Rosalia) ancora né carne né pesce. – Alla domenica, quando entravano in chiesa, l'uno dietro l'altro, pareva una processione.

G. Verga, *I Malavoglia*, Mondadori, Milano, 2014

▲ Scena dal film *La terra trema*, 1948, regia di Luchino Visconti.

GUIDA ALLA LETTURA

Nella pagina di apertura sono presentati i componenti della famiglia Toscano, conosciuti dai compaesani come i "Malavoglia", le cui vicende costituiranno il fulcro della narrazione. Il lettore è introdotto fin dalle prime righe in un ambiente popolare, quello di un piccolo borgo di pescatori, Aci Trezza, in Sicilia. Le prime informazioni appaiono essenziali: i Malavoglia sono proprietari della casa del nespolo e di una barca dal nome beneaugurante, la Provvidenza. Vengono poi introdotti i membri della famiglia in ordine di anzianità: il nonno, il figlio e la nuora, i cinque nipoti. L'aspetto più originale del testo è dato dalla voce narrante che si esprime con le inflessioni, con gli esempi e con i riferimenti propri di chi vive in quello specifico ambiente della provincia siciliana e conosce bene i luoghi e le persone di cui sta parlando. Il narratore sceglie di calarsi nel mondo che sta rappresentando, nel quale fa immergere il lettore fin dalle prime righe accompagnandolo fra *i sassi della strada vecchia di Trezza* (riga 1) o davanti al San Cristoforo *dipinto sotto l'arco della pescheria della città* (righe 19-20) e citando i proverbi di cui fa largo uso il nonno dei Malavoglia. Tutto questo crea un effetto di potente verosimiglianza grazie al quale si viene calati senza alcun filtro o mediazione nel cuore di un preciso mondo paesano.

LAVORIAMO SULL'INCIPIT

1. Nell'incipit del romanzo vengono presentati i componenti della famiglia dei Malavoglia. Indica per ognuno di essi il grado di parentela rispetto a padron 'Ntoni e un aggettivo che ne sintetizzi il carattere a partire dalle espressioni usate dal narratore.
2. Il narratore ha una voce particolare in questo testo: più volte dà l'impressione di parlare come parlerebbero i compaesani dei Malvoglia, che conoscono la famiglia da una vita. Individua delle espressioni che giustificano questa affermazione e riportale sul quaderno.
3. Da questa prima pagina del romanzo emerge il quadro di una condizione sociale precisa: quale? Quali particolari lo fanno capire?
4. Padron 'Ntoni si esprime attraverso dei proverbi: riportali sul quaderno e spiegali.
5. A quale concezione della vita può essere collegato il frequente ricorso ai proverbi proprio di un personaggio anziano come padron 'Ntoni?

T7 Italo Svevo La coscienza di Zeno

Ettore Schmitz nasce nel 1861 a Trieste, allora sotto il dominio dell'Impero asburgico, da una benestante famiglia ebrea. Il padre è un commerciante di cittadinanza austriaca, mentre la madre è italiana. Lo pseudonimo di **Italo Svevo** scaturisce appunto da questa duplice radice che lo scrittore vuole sottolineare. Il giovane Ettore compie studi commerciali in un collegio in Baviera e successivamente a Trieste: in casa parla il dialetto triestino, ma a scuola impara perfettamente l'italiano e il tedesco. In seguito a un dissesto finanziario del padre, trova impiego in una banca triestina, ma comincia anche a frequentare la letteratura e a leggere i grandi romanzi europei. Nel 1892 pubblica a proprie spese e con lo pseudonimo di Italo Svevo il suo primo romanzo, *Una vita*. Quattro anni dopo sposa Livia Veneziani, figlia di un imprenditore nel settore delle vernici navali, da cui avrà la figlia Letizia. Nel 1898 esce il suo secondo romanzo, *Senilità*, e anche questo, come il primo, non incontra nessun successo di pubblico: decide perciò, come scrive nei suoi diari, di abbandonare la letteratura, e lavora nella ditta del suocero. Intanto, nei primi anni del nuovo secolo, Svevo conosce lo scrittore irlandese James Joyce (► pag. 172), che a Trieste dà lezioni di inglese, e poco dopo inizia a interessarsi alla psicoanalisi di Freud (► pag. 288).

Nel 1923 esce il terzo romanzo, *La coscienza di Zeno*: inizialmente pare destinato alla sorte dei due precedenti, ma nel 1925, grazie anche a una recensione di Eugenio Montale su una rivista culturale, il romanzo conosce un clamoroso successo. Italo Svevo muore tre anni dopo per le conseguenze di un incidente stradale.

Pubblicato dall'editore bolognese Cappelli, *La coscienza di Zeno* si presenta come una memoria che il cinquantenne Zeno Cosini ha scritto su sollecitazione del Dottor S., lo psicanalista cui si è rivolto per superare la sua nevrosi. Tuttavia Zeno, convinto di essere guarito, ha abbandonato anzitempo la terapia psicanalitica e il Dottor S. ne pubblica per vendetta le memorie, come spiega nella *Prefazione*. Subito dopo prende la parola Zeno, che a partire dal *Preambolo* e nei successivi sei capitoli tematici rievoca alcuni momenti fondamentali della propria vita alla luce non del tempo cronologico, inteso come successione lineare di fatti, ma di quello interiore della sua "coscienza". Zeno racconta così il vizio del fumo che lo affligge sin dall'adolescenza, il rapporto conflittuale con il padre e, in seguito, con il cognato, l'insolita storia del suo matrimonio con la sorella della ragazza che avrebbe voluto sposare. A causa della nevrosi Zeno mette in atto un'opera di costante rimozione degli eventi più traumatici, confinati nell'inconscio e pronti a riaffiorare sotto forma di lapsus, di sogni o di atti mancati (espressione con cui la psicanalisi indica il compimento di gesti opposti a quelli che si intenderebbe realmente fare): egli racconta insieme verità e bugie, come egli stesso finisce per ammettere in più di una occasione. Altrettanto inattendibile è peraltro il Dottor S., la cui "vendetta" rivela in modo molto scorretto la storia personale di un paziente.

1.
PREFAZIONE

Io sono il dottore di cui in questa novella si parla talvolta con parole poco lusinghiere. Chi di psico-analisi s'intende, sa dove piazzare l'antipatia che il paziente mi dedica[1]. Di psico-analisi non parlerò perché qui entro se ne parla già a sufficienza. Debbo scusarmi di aver indotto il mio paziente a scrivere la sua autobiografia; gli studiosi di psico-analisi arricceranno il naso a tanta novità. Ma egli era vecchio ed io sperai che in tale rievocazione il suo passato si rinverdisse, che l'autobiografia fosse un buon preludio alla psi-

1. **l'antipatia che il paziente mi dedica**: si allude al "transfert" che può instaurarsi fra paziente e analista: il primo proietta inconsapevolmente sul secondo emozioni provate nei confronti di figure di primo piano nella sua infanzia.

co-analisi. Oggi ancora la mia idea mi pare buona perché mi ha dato dei risultati insperati, che sarebbero stati maggiori se il malato sul più bello non si fosse sottratto alla cura truffandomi del frutto della mia lunga paziente analisi di queste memorie. Le pubblico per vendetta e spero gli dispiaccia. Sappia però ch'io sono pronto di dividere con lui i lauti onorarii[2] che ricaverò da questa pubblicazione a patto egli riprenda la cura. Sembrava tanto curioso di se stesso! Se sapesse quante sorprese potrebbero risultargli dal commento delle tante verità e bugie ch'egli ha qui accumulate!... DOTTOR S.

▲ Oskar Schlemmer, *Figura divisa*, 1923. Collezione privata.

2.
PREAMBOLO

Vedere la mia infanzia? Più di dieci lustri[3] me ne separano e i miei occhi presbiti forse potrebbero arrivarci se la luce che ancora ne riverbera non fosse tagliata da ostacoli d'ogni genere, vere alte montagne: i miei anni e qualche mia ora. Il dottore mi raccomandò di non ostinarmi a guardare tanto lontano. Anche le cose recenti sono preziose per essi e sopra tutto le immaginazioni e i sogni della notte prima. Ma un po' d'ordine pur dovrebb'esserci e per poter cominciare *ab ovo*[4], appena abbandonato il dottore che di questi giorni e per lungo tempo lascia Trieste, solo per facilitargli il compito, comperai e lessi un trattato di psico-analisi. Non è difficile d'intenderlo, ma molto noioso. Dopo pranzato, sdraiato comodamente su una poltrona Club[5], ho la matita e un pezzo di carta in mano. La mia fronte è spianata perché dalla mia mente eliminai ogni sforzo. Il mio pensiero mi appare isolato da me. Io lo vedo. S'alza, s'abbassa... ma è la sua sola attività. Per ricordargli ch'esso è il pensiero e che sarebbe suo compito di manifestarsi, afferro la matita. Ecco che la mia fronte si corruga perché ogni parola è composta di tante lettere e il presente imperioso risorge ed offusca il passato. Ieri avevo tentato il massimo abbandono. L'esperimento finì nel sonno più profondo e non ne ebbi altro risultato che un grande ristoro e la curiosa sensazione di aver visto durante quel sonno qualche cosa d'importante. Ma era dimenticata, perduta per sempre. Mercé la matita[6] che ho in mano, resto desto, oggi.

Vedo, intravvedo delle immagini bizzarre che non possono avere nessuna relazione col mio passato: una locomotiva che sbuffa su una salita trascinando delle innumerevoli vetture; chissà donde venga e dove vada e perché sia ora capitata qui! Nel dormiveglia ricordo che il mio testo asserisce che con questo sistema si può arrivar a ricordare la prima infanzia, quella in fasce. Subito vedo un bambino in fasce, ma perché dovrei essere io quello? Non mi somiglia affatto e credo sia invece quello nato poche settimane or sono a mia cognata e che ci fu fatto vedere quale un miracolo perché ha le mani tanto piccole e gli occhi tanto grandi. Povero bambino! Altro che ricordare la mia infanzia! Io non trovo neppure la via

2. **onorarii**: proventi, compensi.
3. **dieci lustri**: cinquant'anni. Il lustro è un periodo di cinque anni.
4. ***ab ovo***: dal principio.
5. **poltrona Club**: poltrona in pelle con braccioli.
6. **Mercé la matita**: grazie alla matita.

di avvisare te, che vivi ora la tua, dell'importanza di ricordarla a vantaggio della tua intelligenza e della tua salute. Quando arriverai a sapere che sarebbe bene tu sapessi mandare a mente la tua vita, anche quella tanta parte di essa che ti ripugnerà? E intanto, inconscio, vai investigando il tuo piccolo organismo alla ricerca del piacere e le tue scoperte deliziose ti avvieranno al dolore e alla malattia cui sarai spinto anche da coloro che non lo vorrebbero. Come fare? È impossibile tutelare la tua culla. Nel tuo seno – fantolino[7]! – si va facendo una combinazione misteriosa. Ogni minuto che passa vi getta un reagente. Troppe probabilità di malattia vi sono per te, perché non tutti i tuoi minuti possono essere puri. Eppoi – fantolino! – sei consanguineo di persone ch'io conosco. I minuti che passano ora possono anche essere puri, ma, certo, tali non furono tutti i secoli che ti prepararono. Eccomi ben lontano dalle immagini che precorrono il sonno. Ritenterò domani.

I. Svevo, *La coscienza di Zeno*, Mondadori, Milano, 2001

7. **fantolino**: bambino.

GUIDA ALLA LETTURA

La coscienza di Zeno si apre con la prefazione del Dottor S., che rivela la propria "vendetta" nei confronti del paziente dichiaratosi guarito anzitempo e sottrattosi alla terapia. Numerosi sono stati i tentativi di identificare chi si nasconda dietro quell'iniziale, ma la questione appare di poca importanza. Quel che conta è che il Dottor S. mette a fuoco nelle prime righe del romanzo l'inattendibilità di Zeno Cosini, con il riferimento alle tante bugie che Zeno ha accumulato. Lungi dall'essere un medico attendibile, a sua volta, il Dottor S. non solo pubblica la memoria di Zeno, ma liquida la psicoanalisi in poche parole per concentrarsi sulla vendetta perpetrata nei confronti del paziente.

Al *preambolo* segue la *prefazione*. Zeno cerca di assolvere al compito assegnatogli dal Dottor S., ma non rispetta le indicazioni dell'analista e la distanza temporale che lo separa dall'infanzia crea qualche difficoltà alla sua memoria. È la prima delle trasgressioni di Zeno: il medico gli ha consigliato infatti di non ostinarsi *a guardare tanto lontano*. Zeno è andato oltre e ha acquistato anche un manuale di psicoanalisi per una sorta di "fai da te", che ne ribadisce la scarsa fiducia nei confronti del Dottor S. Dopo ripetuti sforzi Zeno percepisce con una libera associazione (la tecnica psicanalitica che richiede al paziente di riferire ciò che gli si affaccia alla mente senza ordine o controllo) il ricordo dello sbuffo di una locomotiva e subito dopo il volto di un bambino, che gli pare assomigliare a quello da poco messo al mondo da sua cognata. È l'affastellarsi nella coscienza di eventi che l'inconscio ha rimosso o rielaborato e che poi riaffiorano con moti involontari e spesso manipolati dal soggetto, in questo caso dall'io narrante.

LAVORIAMO SULL'INCIPIT

1. Il rapporto fra il Dottor S. e Zeno Cosini si rivela già nelle prime pagine del romanzo ben lontano da quello che dovrebbe legare un paziente al suo analista. Perché? Rispondi con adeguati riferimenti al testo.
2. Ricava dalla *prefazione* le informazioni relative al contenuto del romanzo.
3. Individua il rapporto fra fabula e intreccio nel *preambolo*.
4. Da quale punto di vista è condotta la narrazione nel *preambolo*?
5. Il passo è attraversato da un tono ironico. Evidenziane i momenti più significativi.
6. Individua nel *preambolo* i passaggi in cui più è evidente la dimensione dell'inconscio.
7. Riassumi *prefazione* e *preambolo* in un testo di non oltre 10 righe.
8. Scrivi in un testo di una quindicina di righe un episodio della tua infanzia che ti sembra avere un significato particolarmente importante e spiega il motivo della tua scelta.

T8 Luigi Pirandello – Uno, nessuno e centomila

Luigi Pirandello ▸ Per la vita dell'autore vedi pag. 428.

Uno, nessuno e centomila, ultimo romanzo di Pirandello, è l'estrema sintesi della sua **riflessione** sulla **condizione umana**. L'uomo è uno, almeno per ciò che riguarda il fisico, ma il suo essere si costruisce attraverso gli sguardi degli altri: chi ci guarda ci giudica, ci impone il rispetto di ruoli e ci impedisce di vivere liberamente, di essere noi stessi. Così finiamo per sentirci nessuno: scomposti nelle immagini che gli altri hanno di noi, non abbiamo un'identità in cui riconoscerci e siamo, inevitabilmente, perduti e infelici.

Il protagonista del romanzo, Vitangelo Moscarda, è un uomo ricco, a cui nulla in apparenza manca per una vita appagante. Un giorno, davanti allo specchio, la moglie gli fa notare un lieve difetto al naso, che è leggermente storto; di seguito, inoltre, gli elenca altri piccoli difetti fisici che lui non ha mai notato. Nonostante le rassicurazioni della moglie, che lo definisce un bell'uomo, in Moscarda comincia a lavorare il tarlo del dubbio: gli basta poco per sprofondare in riflessioni che non approdano a nulla, ma lacerano il suo spirito di sognatore distratto, che prende tutte le vie, ma si ferma a ogni sassolino perdendo il senso e la direzione della camminata.

La rivelazione improvvisa che gli altri ci vedono diversamente da come pensiamo di essere mette perciò in moto una progressiva discesa verso la follia: Moscarda rivoluziona la sua vita, cerca di disorientare chi lo conosce, compie gesti incomprensibili e dilapida i suoi beni, una parte dei quali viene investita nella costruzione di un ospizio per i poveri in cui lui stesso va a vivere. Solo lì, nella quiete della campagna che circonda l'edificio, isolato dal mondo, Moscarda si sente del tutto libero e vivo.

I. Mia moglie e il mio naso

– Che fai? – mia moglie mi domandò, vedendomi insolitamente indugiare davanti allo specchio.

– Niente, – le risposi, – mi guardo qua, dentro il naso, in questa narice. Premendo, avverto un certo dolorino.

Mia moglie sorrise e disse: – Credevo ti guardassi da che parte ti pende.

Mi voltai come un cane a cui qualcuno avesse pestato la coda: – Mi pende? A me? Il naso?

E mia moglie, placidamente: – Ma sì, caro. Guàrdatelo bene: ti pende verso destra.

Avevo ventotto anni e sempre fin allora ritenuto il mio naso, se non proprio bello, almeno molto decente, come insieme tutte le altre parti della mia persona. Per cui m'era stato facile ammettere e sostenere quel che di solito ammettono e sostengono tutti coloro che non hanno avuto la sciagura di sortire[1] un corpo deforme: che cioè sia da sciocchi invanire[2] per le proprie fattezze.

◂ DAL TESTO ALLE PAROLE ▸ p. 480

La scoperta improvvisa e inattesa di quel difetto perciò mi stizzí come un immeritato castigo.

1. **sortire**: avere in sorte.
2. **invanire**: diventare vanitoso.

Vide forse mia moglie molto più addentro di me in quella mia stizza e aggiunse subito che, se riposavo nella certezza d'essere in tutto senza mende[3], me ne levassi pure, perché, come il naso mi pendeva verso destra, così...

– Che altro?

Eh, altro! altro! Le mie sopracciglia parevano sugli occhi due accenti circonflessi, ^ ^, le mie orecchie erano attaccate male, una più sporgente dell'altra; e altri difetti...

– Ancora?

Eh sì, ancora: nelle mani, al dito mignolo; e nelle gambe (no, storte no!), la destra, un pochino più arcuata dell'altra: verso il ginocchio, un pochino.

Dopo un attento esame dovetti riconoscere veri tutti questi difetti. E solo allora, scambiando certo per dolore e avvilimento, la maraviglia che ne provai subito dopo la stizza, mia moglie per consolarmi m'esortò a non affliggermene poi tanto, ché anche con essi, tutto sommato, rimanevo un bell'uomo.

Sfido a non irritarsi, ricevendo come generosa concessione ciò che come diritto ci è stato prima negato.

Schizzai un velenosissimo «grazie» e, sicuro di non aver motivo né d'addolorarmi né d'avvilirmi, non diedi alcuna importanza a quei lievi difetti, ma una grandissima e straordinaria al fatto che tant'anni ero vissuto senza mai cambiar di naso, sempre con quello, e con quelle sopracciglia e quelle orecchie, quelle mani e quelle gambe; e dovevo aspettare di prender moglie per aver conto che li avevo difettosi.

– Uh che maraviglia! E non si sa, le mogli? Fatte apposta per scoprire i difetti del marito.

Ecco, già – le mogli, non nego. Ma anch'io, se permettete, di quei tempi ero fatto per sprofondare, a ogni parola che mi fosse detta, o mosca che vedessi volare, in abissi di riflessioni e considerazioni che mi scavavano dentro e bucheravano[4] giù per torto e su per traverso lo spirito, come una tana di talpa; senza che di fuori ne paresse nulla.

– Si vede, – voi dite, – che avevate molto tempo da perdere.

No, ecco. Per l'animo in cui mi trovavo. Ma del resto sì, anche per l'ozio, non nego. Ricco, due fidati amici, Sebastiano Quantorzo e Stefano Firbo, badavano ai miei affari dopo la morte di mio padre; il quale, per quanto ci si fosse adoperato con le buone e con le cattive, non era riuscito a farmi concludere mai nulla; tranne di prender moglie,

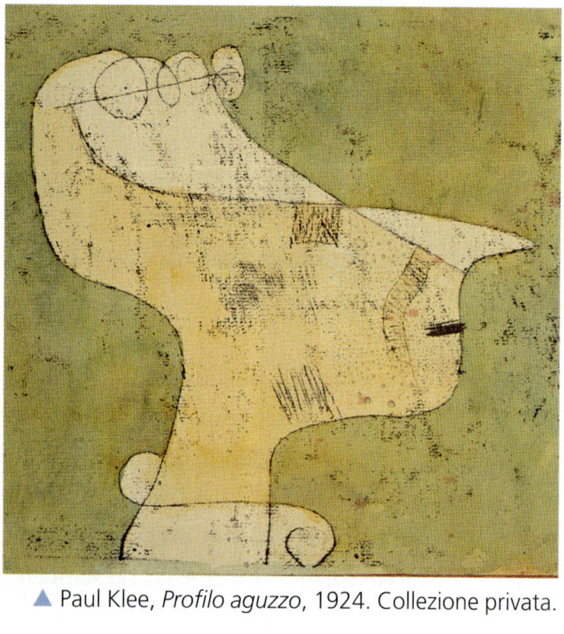

▲ Paul Klee, *Profilo aguzzo*, 1924. Collezione privata.

3. **mende**: difetti.

4. **bucheravano**: bucherellavano, riferito allo spirito, creavano dubbi.

questo sì, giovanissimo; forse con la speranza che almeno avessi presto un figliuolo che non mi somigliasse punto; e, pover'uomo, neppur questo aveva potuto ottenere da me.

Non già, badiamo, ch'io opponessi volontà a prendere la via per cui mio padre m'incamminava. Tutte le prendevo. Ma camminarci, non ci camminavo. Mi fermavo a ogni passo; mi mettevo prima alla lontana, poi sempre più da vicino a girare attorno a ogni sassolino che incontravo, e mi maravigliavo assai che gli altri potessero passarmi avanti senza fare alcun caso di quel sassolino che per me intanto aveva assunto le proporzioni d'una montagna insormontabile, anzi d'un mondo in cui avrei potuto senz'altro domiciliarmi[5].

Ero rimasto così, fermo ai primi passi di tante vie, con lo spirito pieno di mondi, o di sassolini, che fa lo stesso. Ma non mi pareva affatto che quelli che m'erano passati avanti e avevano percorso tutta la via, ne sapessero in sostanza più di me. M'erano passati avanti, non si mette in dubbio, e tutti braveggiando[6] come tanti cavallini; ma poi, in fondo alla via, avevano trovato un carro: il loro carro; vi erano stati attaccati con molta pazienza, e ora se lo tiravano dietro. Non tiravo nessun carro, io; e non avevo perciò né briglie né paraocchi; vedevo certamente più di loro; ma andare, non sapevo dove andare.

Ora, ritornando alla scoperta di quei lievi difetti, sprofondai tutto, subito, nella riflessione che dunque – possibile? – non conoscevo bene neppure il mio stesso corpo, le cose mie che più intimamente m'appartenevano: il naso, le orecchie, le mani, le gambe. E tornavo a guardarmele per rifarne l'esame.

Cominciò da questo il mio male. Quel male che doveva ridurmi in breve in condizioni di spirito e di corpo così misere e disperate che certo ne sarei morto o impazzito, ove in esso medesimo non avessi trovato (come dirò) il rimedio che doveva guarirmene.

L. Pirandello, *Uno, nessuno e centomila*, Mondadori, Milano, 1972

5. **domiciliarmi:** prendere il domicilio.

6. **braveggiando:** parlando con spavalderia.

GUIDA ALLA LETTURA

L'inattesa rivelazione che il naso gli pende verso destra colpisce il ventottenne Vitangelo Moscarda nella considerazione di sé: lo aveva ritenuto fino ad allora, se non proprio bello, almeno molto decente. In generale si era sempre considerato piuttosto avvenente: ecco perché gli era facile sostenere che non bisogna essere vanitosi per le proprie fattezze. Ma non è solo il naso a trasformarsi davanti allo specchio: il suo corpo, per la moglie, sembra essere il corpo di un altro. Poco importa che arrivino rassicurazioni: ormai Vitangelo è risucchiato nel gorgo dei suoi pensieri.

Coinvolgendo il lettore nella presentazione di sé (*se permettete, Si vede, – voi dite, – che avevate molto tempo da perdere*), Vitangelo racconta per immagini il suo essere bizzarro e inconcludente: la mosca che vola lo cala *in abissi di riflessioni* che rendono il suo spirito *una tana di talpa*; le iniziative intraprese per volontà del padre si fermano *a ogni sassolino* e, mentre gli altri, i coetanei, lo superano come cavalli per poi finire attaccati a un carro, lui proclama di non avere né briglie né paraocchi, di essere un cavallo libero, ma di non saper dove andare.

Come spesso accade nel romanzo della crisi, Vitangelo tratteggia un rapporto conflittuale con il padre ormai morto: alle sue aspettative di carriera e paternità per il figlio, il giovane ha risposto con il suo agire distratto e inconcludente, di cui l'espressione *pover'uomo* rivolta al padre rivela un tardivo riconoscimento.

LAVORIAMO SULL'INCIPIT

1. Quale tipologia di narratore viene utilizzata nel romanzo?
2. Quale funzione ha, a parer tuo, lo specchio davanti al quale indugia il protagonista?
3. Analizza il comportamento della moglie: è possibile individuare due atteggiamenti? Quali?
4. Da che cosa è turbato Moscarda dopo le osservazioni sul suo aspetto fisico?
5. Dalle parole di Moscarda emergono aspetti del suo rapporto con il padre. Quali?
6. Moscarda si descrive come un uomo che non ha saputo scegliere una strada, ma ne ha prese tante senza tuttavia arrivare mai in fondo a nessuna.
   Come giudica, invece, l'approccio alla vita da parte degli altri?

DAL **TESTO** ALLE **PAROLE**

Decente Da *decens, decentis*, participio presente del verbo latino *decet*, "conveniente". La medesima radice dà esito anche ai sostantivi *decenza* e *decòro* e agli aggettivi *degno* e *decoroso*.

È decente ciò che:
- risponde alle norme del pudore e del decoro, per esempio *un abbigliamento decente*;
- è accettabile o proporzionato rispetto a delle aspettative, per esempio *uno stipendio decente*.

Il sostantivo *decòro* e il rispettivo aggettivo *decoroso* (anche nella forma negativa *indecoroso*) indicano una generale adeguatezza nell'aspetto e negli atteggiamenti, l'aggettivo *degno* si riferisce a persona o cosa giudicata meritevole (per esempio, *degno di lode*) ed è spesso usato come sinonimo di *decoroso*.

RINFORZIAMO IL LESSICO

1. Inserisci il sostantivo o l'aggettivo opportuno:
   Non ho un vestito .... da indossare alla festa di Luca.
   Si era comportato in modo davvero maleducato e non era affatto .... di essere perdonato.
   Hai svolto una prova nel complesso ....
   È stato pattuito un trattamento economico così basso da offendere il .... dei lavoratori.
   In quel ristorante non ho mai mangiato nulla di ...., perciò non ci andrò più.

2. Individua almeno cinque sinonimi di *decente* accompagnati da un sostantivo adeguato.
   a. ....
   b. ....
   c. ....
   d. ....
   e. ....

◀ Anonimo americano, *Misurando la lunghezza del costume da bagno…*, 1922 ca. Collezione privata.

T9 Primo Levi Se questo è un uomo

Primo Levi (Torino, 1919-1987), nato in una famiglia di ebrei piemontesi, chimico di professione, viene deportato ad Auschwitz, dove resta prigioniero fra il marzo 1944 e il gennaio 1945. Questa tragica esperienza e il successivo travagliato ritorno in patria sono raccontati rispettivamente in *Se questo è un uomo* (1947) e *La tregua* (1963). Levi scrive anche racconti e un intenso libro di riflessioni, *I sommersi e i salvati*. Muore suicida, a Torino, l'11 aprile 1987.

Primo Levi viene catturato dai fascisti il 13 dicembre 1943, mentre si trova con i partigiani sulle montagne valdostane; dichiara di essere ebreo e per questo viene prima internato nel campo di Fossoli, poi deportato ad Auschwitz dove rimane fino alla liberazione da parte dell'Armata Rossa, il 27 gennaio 1945. *Se questo è un uomo* è il racconto dell'**esperienza tragica del lager**, nato dal *bisogno di raccontare agli "altri", di fare gli "altri" partecipi*, esigenza, come dice lo stesso Levi, emersa con forza dopo il ritorno a casa e dettata dal bisogno di *liberazione interiore*, che condiziona la struttura stessa dei capitoli, scritti non in successione logica ma in *ordine di urgenza* degli argomenti trattati. Come tutti i deportati, all'arrivo nel campo di concentramento Levi viene spogliato di tutto quanto individua la persona e le fornisce un'identità: la privazione degli abiti, degli effetti personali, la rasatura, la vestizione con lacere divise rendono i prigionieri fantasmi indistinguibili l'uno dall'altro. Poi ci sono le insensate leggi del campo, l'incomprensione e la lotta per la sopravvivenza tra i detenuti, le violenze delle guardie, l'angoscia della morte che incombe nei casi frequenti di malattia e di eccessivo deperimento. Dopo il duro lavoro nella fabbrica di gomma Buna situata nell'area del campo di Auschwitz, Levi viene scelto, grazie alle sue competenze di chimico, come **tecnico di laboratorio**: si prepara il secondo inverno di prigionia e l'avanzata delle truppe russe si annuncia con il rimbombo dei colpi di artiglieria. L'ultimo capitolo dell'opera ha forma di diario: in esso vengono ripercorsi gli ultimi dieci giorni nel campo che Levi trascorre ricoverato nell'infermeria per aver contratto la scarlattina. La malattia contribuisce alla sua salvezza: fuggendo dal campo i Tedeschi abbandonano i malati che vengono liberati dall'intervento russo. Dei prigionieri trascinati nella faticosa ritirata solo pochi sono invece destinati a sopravvivere.

Ero stato catturato dalla Milizia fascista il 13 dicembre 1943. Avevo ventiquattro anni, poco senno, nessuna esperienza, e una decisa propensione, favorita dal regime di segregazione a cui da quattro anni le leggi razziali[1] mi avevano ridotto, a vivere in un mio mondo scarsamente reale, popolato da civili fantasmi cartesiani[2], da sincere amicizie maschili e da amicizie femminili esangui[3]. Coltivavo un moderato e astratto senso di ribellione. Non mi era stato facile scegliere la via della montagna, e contribuire a mettere in piedi quanto, nella opinione mia e di altri amici di me poco più esperti, avrebbe dovuto diventare una banda partigiana affiliata a «Giustizia e Libertà»[4]. Mancavano i contatti, le armi, i quattrini e l'esperienza per procurarseli; mancavano gli uomini capaci, ed eravamo invece sommersi da un diluvio di gente squalificata, in buona e in mala

1. **leggi razziali**: le leggi razziali, promulgate in Italia nel 1938 a seguito dell'alleanza con la Germania nazista, imposero agli ebrei di abbandonare incarichi, lavoro e scuola, costringendoli ai margini della società.
2. **civili fantasmi cartesiani**: Levi si riferisce alle illusioni che ancora nutriva nei confronti della civile convivenza ispirata dalla ragione (Cartesio, filosofo francese del Seicento, individua nella ragione l'elemento distintivo dell'essere uomo).
3. **esangui**: pallide, smorte.
4. **«Giustizia e Libertà»**: movimento politico antifascista di ispirazione socialista.

fede, che arrivava lassù dalla pianura in cerca di una organizzazione inesistente, di quadri, di armi, o anche solo di protezione, di un nascondiglio, di un fuoco, di un paio di scarpe. A quel tempo, non mi era stata ancora insegnata la dottrina che dovevo più tardi rapidamente imparare in Lager, e secondo la quale primo ufficio dell'uomo è perseguire i propri scopi con mezzi idonei, e chi sbaglia paga; per cui non posso che considerare conforme a giustizia il successivo svolgersi dei fatti. Tre centurie della Milizia, partite in piena notte per sorprendere un'altra banda, di noi ben più potente e pericolosa, annidata nella valle contigua, irruppero in una spettrale alba di neve nel nostro rifugio, e mi condussero a valle come persona sospetta.

◀ DAL TESTO ALLE PAROLE ▶ p. 485

Negli interrogatori che seguirono, preferii dichiarare la mia condizione di «cittadino italiano di razza ebraica», poiché ritenevo che non sarei riuscito a giustificare altrimenti la mia presenza in quei luoghi troppo appartati anche per uno «sfollato», e stimavo (a torto, come si vide poi) che l'ammettere la mia attività politica avrebbe comportato torture e morte certa. Come ebreo, venni inviato a Fossoli, presso Modena, dove un vasto campo di internamento[5], già destinato ai prigionieri di guerra inglesi e americani, andava raccogliendo gli appartenenti alle numerose categorie di persone non gradite al neonato governo fascista repubblicano.

Al momento del mio arrivo, e cioè alla fine del gennaio 1944, gli ebrei italiani nel campo erano centocinquanta circa, ma entro poche settimane il loro numero giunse a oltre seicento. Si trattava per lo più di intere famiglie, catturate dai fascisti o dai nazisti per loro imprudenza, o in seguito a delazione. Alcuni pochi si erano consegnati spontaneamente, o perché ridotti alla disperazione dalla vita randagia, o perché privi di mezzi, o per non separarsi da un congiunto catturato, o anche, assurdamente, per «mettersi in ordine con la legge». V'erano inoltre un centinaio di militari jugoslavi internati, e alcuni altri stranieri considerati politicamente sospetti.

L'arrivo di un piccolo reparto di SS tedesche avrebbe dovuto far dubitare anche gli ottimisti; si riuscì tuttavia a interpretare variamente questa novità, senza trarne la più ovvia delle conseguenze, in modo che, nonostante tutto, l'annuncio della deportazione trovò gli animi impreparati. Il giorno 20 febbraio i tedeschi avevano ispezionato il campo con cura, avevano fatte pubbliche e vivaci rimostranze al commissario italiano per la difettosa organizzazione del servizio di cucina e per lo scarso

▲ Pietro Scarnera, *Una stella tranquilla. Ritratto sentimentale di Primo Levi*. Comma 22, 2013.

5. **campo di internamento**: dal dicembre 1943 il campo di Fossoli, prima campo di prigionia per militari nemici, viene usato come campo di transito per la deportazione degli ebrei nei lager.

quantitativo della legna distribuita per il riscaldamento; avevano perfino detto che presto un'infermeria avrebbe dovuto entrare in efficienza. Ma il mattino del 21 si seppe che l'indomani gli ebrei sarebbero partiti. Tutti: nessuna eccezione. Anche i bambini, anche i vecchi, anche i malati. Per dove, non si sapeva. Prepararsi per quindici giorni di viaggio. Per ognuno che fosse mancato all'appello, dieci sarebbero stati fucilati. Soltanto una minoranza di ingenui e di illusi si ostinò nella speranza: noi avevamo parlato a lungo coi profughi polacchi e croati, e sapevamo che cosa voleva dire partire. Nei riguardi dei condannati a morte, la tradizione prescrive un austero cerimoniale, atto a mettere in evidenza come ogni passione e ogni collera siano ormai spente, e come l'atto di giustizia non rappresenti che un triste dovere verso la società, tale da potere accompagnarsi a pietà verso la vittima da parte dello stesso giustiziere. Si evita perciò al condannato ogni cura estranea[6], gli si concede la solitudine, e, ove lo desideri, ogni conforto spirituale, si procura insomma che egli non senta intorno a sé l'odio o l'arbitrio, ma la necessità e la giustizia, e, insieme con la punizione, il perdono. Ma a noi questo non fu concesso, perché eravamo troppi, e il tempo era poco, e poi, finalmente, di che cosa avremmo dovuto pentirci, e di che cosa venir perdonati? Il commissario italiano dispose dunque che tutti i servizi continuassero a funzionare fino all'annunzio definitivo; la cucina rimase perciò in efficienza, le corvées[7] di pulizia lavorarono come di consueto, e perfino i maestri e i professori della piccola scuola tennero lezione a sera, come ogni giorno. Ma ai bambini quella sera non fu assegnato compito.

▲ Pietro Scarnera, *Una stella tranquilla. Ritratto sentimentale di Primo Levi*. Comma 22, 2013.

E venne la notte, e fu una notte tale, che si conobbe che occhi umani non avrebbero dovuto assistervi e sopravvivere. Tutti sentirono questo: nessuno dei guardiani, né italiani né tedeschi, ebbe animo di venire a vedere che cosa fanno gli uomini quando sanno di dover morire. Ognuno si congedò dalla vita nel modo che più gli si addiceva. Alcuni pregarono, altri bevvero oltre misura, altri si inebriarono di nefanda[8] ultima passione. Ma le madri vegliarono a preparare con dolce cura il cibo per il viaggio, e lavarono i bambini, e fecero i bagagli, e all'alba i fili spinati erano pieni di biancheria infantile stesa al vento ad asciugare; e non dimenticarono le fasce, e i giocattoli, e i cuscini, e le cento piccole cose che esse ben sanno, e di cui i bambini hanno in ogni caso bisogno. Non fareste anche voi altrettanto? Se dovessero uccidervi domani col vostro bambino, voi non gli dareste oggi da mangiare? Nella baracca 6A abitava il vecchio Gattegno, con la moglie e i molti figli e i nipoti e i generi e le nuore operose. Tutti gli uomini erano falegnami; venivano da Tripoli, attraverso molti e lunghi viaggi, e sem-

6. Si evita... estranea: tradizionalmente al condannato a morte la società evita preoccupazioni relative a questioni pratiche, mentre i detenuti di Fossoli devono preparare i bagagli per andare incontro alla morte.

7. corvées: servizio di fatica.

8. nefanda: riprovevole.

pre avevano portati con sé gli strumenti del mestiere, la batteria di cucina, e le fisarmoniche e il violino per suonare e ballare dopo la giornata di lavoro, perché erano gente lieta e pia. Le loro donne furono le prime fra tutte a sbrigare i preparativi per il viaggio, silenziose e rapide, affinché avanzasse tempo per il lutto; e quando tutto fu pronto, le focacce cotte, i fagotti legati, allora si scalzarono, si sciolsero i capelli, e disposero al suolo le candele funebri, e le accesero secondo il costume dei padri, e sedettero a terra a cerchio per la lamentazione, e tutta notte pregarono e piansero. Noi sostammo numerosi davanti alla loro porta, e ci discese nell'anima, nuovo per noi, il dolore antico del popolo che non ha terra, il dolore senza speranza dell'esodo ogni secolo rinnovato.

P. Levi, *Se questo è un uomo*, Einaudi, Torino, 1958

GUIDA ALLA LETTURA

La presentazione che Levi fa di sé è onesta e razionale: è un sostenitore astratto dei diritti, li ha conosciuti sui libri, nelle lezioni di filosofia (*civili fantasmi cartesiani*) e non sente l'impellente bisogno di lottare per essi. Per questo la scelta della lotta partigiana non è facile e, senza esperienza, uomini e mezzi, gli esiti non possono che essere negativi: l'arresto, una sorta di beffa perché la Milizia era partita *per sorprendere un'altra banda*, l'interrogatorio e il trasferimento, *come ebreo*, nel campo di Fossoli.

La descrizione della vita nel campo unisce la volontà di documentare i fatti all'urgenza della memoria di un popolo appeso alla speranza di un gesto di umanità da parte di quel *reparto di SS tedesche* il cui arrivo *avrebbe dovuto far dubitare anche gli ottimisti* e che pure viene interpretato *variamente* anche per i comportamenti disorientanti dei militari. L'annuncio della deportazione *trova gli animi impreparati* e suona per i più come una condanna a morte.

Le immagini che raccontano l'ultima giornata e l'ultima notte al campo sono pervase da uno strazio infinito: la tragicità di ciò che sta per compiersi è tale che *nessuno dei guardiani, né italiani né tedeschi, ebbe animo di venire a vedere che cosa fanno gli uomini quando sanno di dover morire*. Levi indugia sulle madri, che preparano il viaggio come se dovesse essere un vero viaggio e non una discesa nell'abisso, e cita con minuzia gli oggetti che riescono a rendere umano un luogo disumano, come *la biancheria infantile stesa al vento ad asciugare* sui fili spinati.

Quando Levi pubblica l'opera è già noto dove finissero i bagagli dei prigionieri, frutto della volontà di conservare le consuetudini della vita.

Ma nella notte c'è anche spazio per la disperazione, come accade nella *baracca 6A*: lì si celebra una cerimonia funebre, si piange per la morte che ancora non c'è stata e un lungo pellegrinaggio sfila davanti alla porta.

LAVORIAMO SULL'INCIPIT

1. Al tempo dell'arresto quale atteggiamento ha l'autore verso la realtà che lo circonda?
2. Quali sono gli ostacoli maggiori in cui ci si imbatte nel mettere in piedi una formazione combattente in montagna?
3. A distanza di tempo l'arresto appare agli occhi di Levi un fatto inatteso o prevedibile? Rispondi con riferimenti al testo.
4. Per quale motivo Levi dichiara di sua spontanea volontà di essere ebreo?
5. Alcuni ebrei vengono imprigionati nel campo di Fossoli perché si consegnano per "mettersi in ordine con la legge". Per quale motivo l'autore definisce assurdo questo comportamento?
6. Il 20 e il 21 febbraio i detenuti del campo vivono un rapido alternarsi di speranza e disperazione: per quale motivo?
7. La notte prima della partenza viene definita *una notte tale, che si conobbe che occhi umani non avrebbero dovuto assistervi e sopravvivere*: qual è il pensiero dominante quella notte?
8. Che cosa viene concesso tradizionalmente ai condannati a morte e negato ai prigionieri ebrei di Fossoli?

DAL **TESTO** ALLE **PAROLE**

Ufficio Il compito di ciascuno in rapporto alla sua funzione, alla sua posizione sociale, al suo incarico; in tale accezione ha come sinonimi i termini *dovere*, *obbligo*. Per estensione *ufficio* indica comunemente anche il posto di lavoro di un impiegato o di un dirigente e ancora la stanza in cui un impiegato o un dirigente svolgono la loro attività.

Il termine deriva dal latino *officiu(m)*, contrazione di *opificiu(m)*, a sua volta composto di *opus*, "lavoro" e *facere*, "fare", dunque "esecuzione di un lavoro e poi il lavoro stesso". Fino a metà Ottocento circolavano le varianti *officio, uffizio, ufizio* così come i derivati *officiale, uffiziale, ufiziale* attestate in molti testi letterari e non: nella seconda metà del secolo, raggiunta l'Unità, la burocrazia del Regno impose la forma attualmente in uso.

È interessante osservare che il termine *ufficiale*, introdotto nel latino tardo come aggettivo per indicare ciò che riguarda l'ufficio, il servizio, i doveri, è attestato in vari contesti anche come sostantivo (pubblico servitore, chi esplica una pubblica funzione legislativa, giudiziaria o amministrativa), ma in ambito militare proviene dal francese *officier*.

RINFORZIAMO IL LESSICO

1. Scrivi quattro frasi che contengano il termine *ufficio* nei suoi diversi significati.
2. Scrivi tre brevi testi descrittivi usando rispettivamente i termini *ufficio*, *lavoro*, *opera*.
3. *Ufficiale* e *Grande ufficiale* sono due gradi dell'ordine al merito della Repubblica italiana. Cerca in rete informazioni sull'istituzione e sul significato di tale ordine e riporta sul quaderno la progressione dei gradi che lo caratterizzano.

T10 Antonio Tabucchi _ Sostiene Pereira

Antonio Tabucchi (Pisa, 1943-Lisbona, 2012), docente universitario di letteratura portoghese a Genova e a Siena e profondo conoscitore della figura e dell'opera del poeta lusitano Fernando Pessoa, è autore di numerosi romanzi e racconti.

A Lisbona, nel 1938, sotto la dittatura fascista di Antonio Salazar, il giornalista Pereira ha abbandonato la cronaca nera e scrive necrologi di personaggi famosi per il «Lisboa», quotidiano del pomeriggio da qualche mese in edicola. Tormentato dall'idea della morte (la moglie è deceduta da poco, lui stesso soffre di problemi cardiaci), Pereira resta colpito da un estratto della tesi di laurea del giovane Monteiro Rossi, pubblicato su una rivista, che è appunto una profonda riflessione sul tema: decide perciò di contattarlo e di ingaggiarlo come collaboratore del «Lisboa». L'incontro con Monteiro e i drammatici avvenimenti che ne conseguono cambiano profondamente la vita tranquilla e monotona di Pereira. **Romanzo storico** ma anche di **formazione**, accanto al tema della morte *Sostiene Pereira* affronta la **solitudine** e la **condizione dell'uomo del Novecento**, l'**amicizia**, l'**istinto paterno**, l'**importanza** dell'**impegno civile**.

Il romanzo si apre con il sintagma *Sostiene Pereira*, che, ridotto anche al solo verbo, si ripete con frequenza, facendo assumere alla narrazione l'aspetto di una **confessione** o di una **deposizione** del protagonista davanti a una autorità giudiziaria.

In una nota al romanzo Tabucchi spiega che Pereira in portoghese significa "albero del pero" ed è un cognome di origine ebraica, scelto come omaggio a un popolo che ha lasciato molte tracce nella civiltà portoghese e ha sofferto il dramma della Shoah. Tabucchi ha dichiarato inoltre che il personaggio di Pereira è ispirato a un giornalista portoghese da lui conosciuto a Parigi, che era riuscito a beffare il regime pubblicando un articolo contro la dittatura salazarista.

Sostiene Pereira di averlo conosciuto in un giorno d'estate. Una magnifica giornata d'estate, soleggiata e ventilata, e Lisbona sfavillava. Pare che Pereira stesse in redazione, non sapeva che fare, il direttore era in ferie, lui si trovava nell'imbarazzo di mettere su la pagina culturale, perché il "Lisboa"[1] aveva ormai una pagina culturale, e l'avevano affidata a lui. E lui, Pereira, rifletteva sulla morte. Quel bel giorno d'estate, con la brezza atlantica che accarezzava le cime degli alberi e il sole che splendeva, e con una città che scintillava, letteralmente scintillava sotto la sua finestra, e un azzurro, un azzurro mai visto, sostiene Pereira, di un nitore[2] che quasi feriva gli occhi, lui si mise a pensare alla morte. Perché? Questo a Pereira è impossibile dirlo. Sarà perché suo padre, quando lui era piccolo, aveva un'agenzia di pompe funebri che si chiamava *Pereira La Dolorosa*, sarà perché sua moglie era morta di tisi qualche anno prima, sarà perché lui era grasso, soffriva di cuore e aveva la pressione alta e il medico gli aveva detto che se andava avanti così non gli restava più tanto tempo, ma il fatto è che Pereira si mise a pensare alla morte, sostiene. E per caso, per puro caso, si mise a sfogliare una rivista. Era una rivista letteraria, che però aveva anche una sezione di filosofia. Una rivista d'avanguardia, forse, di questo Pereira non è sicuro, ma che aveva molti collaboratori cattolici. E Pereira era cattolico, o almeno in quel momento si sentiva cattolico, un buon cattolico, ma in una cosa non riusciva a credere, nella resurrezione della carne[3]. Nell'anima sì, certo perché era sicuro di avere un'anima; ma tutta la sua carne, quella ciccia che circondava la sua anima, ebbene, quella no, quella non sarebbe tornata a risorgere, e poi perché?, si chiedeva Pereira. Tutto quel lardo che lo accompagnava quotidianamente, il sudore, l'affanno a salire le scale, perché dovevano risorgere? No, non voleva più tutto questo, in un'altra vita, per l'eternità, Pereira, e non voleva credere nella resurrezione della carne. Così si mise a sfogliare quella rivista, con noncuranza, perché provava noia, sostiene, e trovò un articolo che diceva: «Da una tesi discussa il mese scorso all'Università di Lisbona pubblichiamo una riflessione sulla morte. L'autore è Francesco Monteiro Rossi, che si è laureato in Filosofia a pieni voti, e questo è solo un brano del suo saggio, perché forse in futuro egli collaborerà nuovamente con noi».

Sostiene Pereira che da principio si mise a leggere distrattamente l'articolo, che non aveva titolo, poi macchinalmente tornò indietro e ne ricopiò un pezzo. Perché lo fece? Questo Pereira non è in grado di dirlo. Forse perché quella rivista d'avanguardia cattolica gli dava fastidio, forse perché quel giorno era stufo d'avanguardie e di cattolicismi, anche se lui era profondamente cattolico, o forse perché in quel momento, in quell'estate sfavillante su Lisbona, con tutta quella mole che gli pesava addosso detestava l'idea della resurrezione della carne, ma il fatto è che si mise a ricopiare l'articolo, forse per poter buttare la rivista nel cestino.

Sostiene che non lo ricopiò tutto, ne ricopiò solo alcune righe che sono le seguenti e che può documentare: «Il rapporto che caratterizza in modo più profondo e generale il senso del nostro essere è quello della vita con la morte, perché la limitazione della nostra

1. **"Lisboa"**: il quotidiano per cui lavora Pereira.
2. **nitore**: lucentezza, splendore.
3. **resurrezione della carne**: secondo il cattolicesimo, alla fine dei tempi, dopo il Giudizio Universale, i corpi dei defunti risusciteranno e si ricongiungeranno con le rispettive anime.

▲ Marcello Mastroianni in una scena tratta dal film *Sostiene Pereira*, 1995, regia di Roberto Faenza.

esistenza mediante la morte è decisiva per la comprensione e la valutazione della vita». Poi prese l'elenco telefonico e disse fra sé e sé: Rossi, che nome strano, più di un Rossi non ci può essere sull'elenco, sostiene che fece un numero, perché di quel numero si ricorda bene, e dall'altra parte sentì una voce che disse: pronto. Pronto, disse Pereira, qui è il "Lisboa". E la voce disse: sì? Bene, sostiene di aver detto Pereira, il "Lisboa" è un giornale di Lisbona, è nato qualche mese fa, non so se lei lo ha visto, siamo apolitici e indipendenti, però crediamo nell'anima, voglio dire che abbiamo tendenze cattoliche, e vorrei parlare con il signor Monteiro Rossi. Pereira sostiene che dall'altra parte ci fu un momento di silenzio e poi la voce disse che Monteiro Rossi era lui e che non è che pensasse troppo all'anima. Pereira a sua volta mantenne qualche secondo di silenzio, perché gli pareva strano, sostiene, che una persona che aveva firmato riflessioni così profonde sulla morte non pensasse all'anima. E dunque pensò che ci fosse un equivoco, e subito l'idea gli andò alla resurrezione della carne, che era una sua fissa, e disse che aveva letto un articolo di Monteiro Rossi sulla morte, e poi disse che anche lui, Pereira, non credeva alla resurrezione della carne, se era questo che il signor Monteiro Rossi voleva dire. Insomma, Pereira si impappinò, sostiene, e questo lo irritò, lo irritò principalmente con se stesso, perché si era preso la briga di telefonare a uno sconosciuto e di parlargli di quelle cose delicate, anzi, così intime, come l'anima e la resurrezione della carne. Pereira si pentì, sostiene, e lì per lì pensò anche di riattaccare la cornetta, ma poi, chissà perché, trovò la forza di continuare e così disse che lui si chiamava Pereira, dottor Pereira, che dirigeva la pagina culturale del "Lisboa" e che, certo, per ora il "Lisboa" era un giornale del pomeriggio, insomma un giornale che non poteva certo competere con gli altri giornali della capitale, ma che era sicuro che avrebbe fatto la sua strada, prima o poi, e era vero che per ora il "Lisboa" dava spazio soprattutto alla cronaca rosa, ma insomma, ora avevano deciso di pubblicare una pagina culturale che usciva il sabato e la redazione non era ancora completa e per questo aveva bisogno di personale, di un collaboratore esterno che facesse una rubrica fissa.

Sostiene Pereira che il signor Monteiro Rossi farfugliò subito che sarebbe andato in redazione quel giorno stesso, disse anche che il lavoro lo interessava, che tutti i lavori lo interessavano, perché, eh sì, aveva proprio bisogno di lavorare, ora che aveva finito l'università e si doveva mantenere, ma Pereira ebbe la precauzione di dirgli che in redazione no, per ora era meglio di no, magari si trovavano fuori, in città, e che era meglio darsi un appuntamento. Disse così, sostiene, perché non voleva invitare una persona sconosciuta in quella squallida stanzetta di Rua Rodrigo da Fonseca, dove ronzava un ventilatore asmatico e dove c'era sempre puzzo di fritto a causa della portiera, una megera che guardava tutti con aria sospettosa e che non faceva altro che friggere. E poi non voleva che uno sconosciuto si accorgesse che la redazione culturale del "Lisboa" era solo lui, Pereira, un uomo che sudava dal caldo e dal disagio in quel bugigattolo, e insomma, sostiene Pereira, gli chiese se potevano incontrarsi in città, e lui, Monteiro Rossi, gli disse: stasera, in Praca da Alegria, c'è un ballo popolare con canzoni e schitarrate, io sono stato invitato a cantare una romanza napoletana, sa, io sono mezzo italiano ma il napoletano non lo conosco, comunque il proprietario del locale mi ha riservato un tavolino all'aperto, sul mio tavolino c'è un cartellino con scritto Monteiro Rossi, che ne dice se ci vediamo là? E Pereira disse di sì, sostiene, riattaccò la cornetta, si asciugò il sudore, e poi gli venne una magnifica idea, di fare una breve rubrica intitolata "Ricorrenze", e pensò di pubblicarla subito per il prossimo sabato, e così, quasi macchinalmente, forse perché pensava all'Italia, scrisse il titolo: *Due anni fa scompariva Luigi Pirandello.* E poi, sotto, scrisse l'occhiello: «Il grande drammaturgo aveva presentato a Lisbona il suo *Sogno ma forse no*».

Era il venticinque di luglio del millenovecentotrentotto, e Lisbona scintillava nell'azzurro di una brezza atlantica, sostiene Pereira.

A. Tabucchi, *Sostiene Pereira*, Feltrinelli, Milano, 1994

GUIDA ALLA LETTURA

Il romanzo si apre con il sintagma *Sostiene Pereira* che ricorre per l'intera narrazione e che genera un interrogativo: si riferisce a un memoriale? Una testimonianza resa in tribunale o nel corso di un interrogatorio? Il dubbio è destinato a restare insoluto. Il personaggio di Pereira viene presentato sullo sfondo di una splendida giornata d'estate, in una Lisbona *sfavillante*, con un cielo così azzurro da ferire lo sguardo. Ma alla bellezza del paesaggio si oppone subito il pensiero della morte, che accompagna Pereira per tutta la vicenda. Intanto apprendiamo che Pereira è un giornalista che si occupa di cultura, è vedovo, cattolico – ma fatica a credere nella resurrezione del corpo –, obeso, soffre di cuore e di pressione alta ed è rimasto colpito da un articolo di un giovane laureato in filosofia che ha come tema la morte. Tabucchi ha già presentato al lettore tutti gli elementi chiave della vicenda. La narrazione a questo punto può avviarsi, con la telefonata di Pereira al giovane filosofo Monteiro Rossi. È il 25 luglio 1938 e su Lisbona, nonostante il cielo azzurro, soffia il vento della dittatura.

LAVORIAMO SULL'INCIPIT

1. Di quali argomenti si occupa il «Lisboa»?
2. In che cosa crede Pereira e che cosa invece rifiuta del cattolicesimo? Perché?
3. Perché secondo te l'autore insiste sullo splendore della giornata e del clima di Lisbona? A che cosa si contrappone?
4. Perché Monteiro Rossi accetta di incontrare Pereira?
5. A che narratore è affidata la vicenda? Che scarto genera il sintagma *Sostiene Pereira*?
6. Nelle righe che seguono vengono riportati alcuni pensieri di Pereira.
   - Con quale modalità vengono riportati?
   - Considera lo stile del passo: quale registro lessicale prevale? Rispondi con precisi riferimenti al testo.

   E Pereira era cattolico, o almeno in quel momento si sentiva cattolico, un buon cattolico, ma in una cosa non riusciva a credere, nella resurrezione della carne. Nell'anima sì, certo perché era sicuro di avere un'anima; ma tutta la sua carne, quella ciccia che circondava la sua anima, ebbene, quella no, quella non sarebbe tornata a risorgere, e poi perché?, si chiedeva Pereira
7. Riassumi l'incipit in massimo 10 righe.

SCRITTURA CREATIVA Dal punto di vista di...

8. Ricostruisci i pensieri di Monteiro Rossi dalla telefonata di Pereira fino a pochi minuti prima di conoscerlo in un testo di circa 30 righe.

LABORATORIO

T11 Natalia Ginzburg Lessico famigliare

Natalia Ginzburg (Palermo, 1916-Roma, 1991), di famiglia ebraica e antifascista, vive l'infanzia e la giovinezza a Torino, dove il padre insegna anatomia all'Università (tra i suoi allievi, alcuni come Rita Levi Montalcini e Renato Dulbecco diverranno scienziati premiati col Nobel). La Ginzburg esordisce nel 1942 nella scrittura e diventa una delle voci più importanti del secondo Novecento. *Lessico famigliare*, pubblicato nel 1963 e Premio Strega nello stesso anno, racconta la vita della sua famiglia dagli anni Trenta agli anni Cinquanta. Lei stessa ha scritto: *Nel corso della mia infanzia e adolescenza mi proponevo sempre di scrivere un libro che raccontasse delle persone che vivevano allora intorno a me. Questo è, in parte, quel libro: ma solo in parte, perché la memoria è labile, e perché i libri tratti dalla realtà non sono spesso che esili barlumi e schegge di quanto abbiamo visto e udito.*

Nella mia casa paterna, quand'ero ragazzina, a tavola, se io o i miei fratelli rovesciavamo il bicchiere sulla tovaglia, o lasciavamo cadere un coltello, la voce di mio padre tuonava: – Non fate malagrazie[1]! Se inzuppavamo il pane nella salsa, gridava: – Non leccate i piatti! Non fate sbrodeghezzi! Non fate potacci[2]! Sbrodeghezzi e potacci erano, per mio padre, anche i quadri moderni, che non poteva soffrire[3]. Diceva: – Voialtri non sapete stare a tavola! Non siete gente da portare nei loghi[4]! E diceva: – Voialtri che fate tanti sbrodeghezzi, se foste a una table d'hote[5] in Inghilterra, vi manderebbero subito via. Aveva, dell'Inghilterra, la più alta stima. Trovava che era, nel mondo, il più grande esempio di civiltà. Soleva commentare, a pranzo, le persone che aveva visto nella giornata. Era molto severo nei suoi giudizi, e dava dello stupido a tutti. Uno stupido era, per lui, «un sempio[6]». – M'è sembrato un bel sempio, – diceva, commentando qualche sua nuova conoscenza. Oltre ai «sempi» c'erano i «negri». «Un negro» era, per mio padre, chi aveva modi goffi, impacciati e timidi, chi si vestiva in modo inappropriato, chi non sapeva andare in montagna, chi non sapeva le lingue straniere. Ogni atto o gesto nostro che stimava inappropriato, veniva definito da lui «una negrigura[7]». – Non siate dei negri! Non fate delle negrigure! – ci gridava continuamente. La gamma delle negrigure era grande. Chiamava «una negrigura» portare, nelle gite in montagna, scarpette da città; attaccar discorso, in treno o per strada, con un compagno di viaggio o con un passante; conversare dalla finestra con i vicini di casa; levarsi le scarpe in salotto, e scaldarsi i piedi alla bocca del calorifero; lamentarsi, nelle gite in montagna, per sete, stanchezza o sbucciature ai piedi; portare, nelle gite, pietanze cotte e unte, e tovaglioli per pulirsi le dita. Nelle gite in montagna era consentito portare soltanto una determinata sorta di cibi, e cioè: fontina; marmellata; pere; uova sode; ed era consentito bere solo del tè, che preparava lui stesso, sul fornello a spirito. Chinava sul fornello la sua lunga testa accigliata, dai

1. **malagrazie**: sgarbi, gesti da villani. Come i termini successivi, vocaboli propri del dialetto veneto.
2. **sbrodeghezzi e potacci**: pasticci.
3. **soffrire**: sopportare.
4. **loghi**: posti eleganti.
5. **table d'hote**: tavola comune.
6. **sempio**: stupido, in dialetto veneto.
7. **negrigura**: comportamento inadeguato, proprio di una persona goffa.

rossi capelli a spazzola; e riparava la fiamma dal vento con le falde[8] della sua giacca, una giacca di lana color ruggine, spelata e sbruciacchiata alle tasche, sempre la stessa nelle villeggiature in montagna. Non era consentito, nelle gite, né cognac, né zucchero a quadretti[9]: essendo questa, lui diceva, «roba da negri»; e non era consentito fermarsi a far merenda negli chalet[10], essendo una negrigura. Una negrigura era anche ripararsi la testa dal sole con un fazzoletto o con un cappelluccio di paglia, o difendersi dalla pioggia con cappucci impermeabili, o annodarsi al collo sciarpette; protezioni care a mia madre, che lei cercava, al mattino quando si partiva in gita, di insinuare[11] nel sacco da montagna, per noi e per sé; e che mio padre, al trovarsele tra le mani, buttava via incollerito. Nelle gite, noi con le nostre scarpe chiodate, grosse, dure e pesanti come il piombo, calzettoni di lana e passamontagna, occhiali da ghiacciaio sulla fronte, col sole che batteva a picco sulla nostra testa sudata, guardavamo con invidia «i negri» che andavan su leggeri in scarpette da tennis, o sedevano a mangiar la panna ai tavolini degli chalet. Mia madre, il far gite in montagna lo chiamava «il divertimento[12] che dà il diavolo ai suoi figli», e lei tentava sempre di restare a casa, soprattutto quando si trattava di mangiar fuori: perché amava, dopo mangiato, leggere il giornale e dormire al chiuso sul divano.

N. Ginzburg, *Lessico famigliare*, Einaudi, Torino, 1999

8. **falde**: lembi.
9. **zucchero a quadretti**: zucchero a cubetti.
10. **chalet**: punto di ristoro in montagna.
11. **insinuare**: infilare di nascosto.
12. **divertimento**: da intendersi in senso ironico.

LABORATORIO

1. Come definisci la voce narrante?
2. In quante sequenze è possibile dividere il testo?
3. Che idea ti sei fatto sulla condizione sociale e culturale della famiglia di Natalia Ginzburg?
4. Il padre della Ginzburg usa alcuni termini del dialetto veneto per esprimere giudizi sui comportamenti dei familiari e degli estranei. Spiegali completando la tabella.

Termine in dialetto	Significato	Comportamenti a cui è riferito
Sbrodeghezzo		
Sempio		
Negrigura		

5. Scrivi in un testo di almeno 10 righe una descrizione del padre di Natalia Ginzburg, che comprenda sia l'aspetto fisico, sia i tratti della personalità.
6. Per quale motivo, secondo il padre, Natalia e i suoi fratelli sarebbero stati cacciati in Inghilterra da qualunque tavola?
7. Nella famiglia dell'autrice le gite in montagna sono regolate da norme e divieti. Rintracciali nel testo e riportali sul tuo quaderno.
8. A quale concezione di vacanze e, più in generale, di vita, si ispira un simile sistema di regole?
9. Per quale motivo Natalia e i suoi fratelli, da ragazzi, invidiavano i coetanei che incontravano durante le gite in montagna?
10. Come appare la personalità della madre di Natalia Ginzburg? Sottolinea nel testo le frasi in cui si parla di lei e ricostruiscine il ritratto in un testo di almeno 10 righe in cui emergano le abitudini, i gusti del personaggio e il suo ruolo in rapporto al marito.
11. Spiega il significato della definizione usata dalla madre dell'autrice per le gite in montagna della sua famiglia: *il divertimento che dà il diavolo ai suoi figli*.
12. Questa pagina fa già comprendere il significato del titolo del romanzo: spiegalo con riferimenti al testo.
13. Esiste anche nella tua famiglia qualcosa di simile a un *lessico famigliare*? Da quali parole e/o abitudini è costituito?
14. Hai mai fatto gite in montagna con la tua famiglia o con i tuoi amici? Dove? Con quali mete? Quali emozioni hai vissuto? Scrivi un testo di 15 righe.

VERSO LE COMPETENZE: SCRIVERE E RIASSUMERE

1. Individua negli incipit indicati quali elementi della narrazione risultano prevalenti

	Descrizione del paesaggio	Psicologia del personaggio	Espressione di sentimenti	Ricostruzione di un ambiente sociale
Le avventure pastorali di Dafne e Cloe				
Pamela				
Ivanhoe				
Oliver Twist				

2. Spiega il significato implicito di questa osservazione del narratore di *Oliver Twist* (▶ pag. 466, righe 19-23); quindi racconta in una pagina un episodio della tua esperienza in cui hai corso un pericolo e prova a inserire nel finale un commento formulato sulla falsariga della frase riportata.
Se fosse stato circondato da uno stuolo di nonne, di zie, di cugine, di infermiere e di medici sarebbe certo morto nello spazio di ventiquattro ore, ma non essendoci a occuparsi di lui che una povera vecchietta che amava un po' troppo la birra e un solo medico condotto, Oliver e la Natura combatterono nel migliore dei modi la loro battaglia.

3. Individua, riportando in tabella il riferimento alle righe del testo, la presenza di flashback e flashforward negli incipit indicati:

	Flashback (righe)	Flashforward (righe)
Pamela		
Ivanhoe		
Oliver Twist		
Madame Bovary		
Sostiene Pereira		

4. Sia nell'incipit di *Madame Bovary* sia in quello di *Se questo è un uomo* è dedicato spazio agli oggetti. Quali ragioni possono aver portato a questa scelta nell'uno e nell'altro caso?

5. Per ognuno degli incipit proposti precisa il periodo storico in cui è ambientata la vicenda e i riferimenti del testo che a esso rimandano.

	Periodo storico	Riferimenti nel testo (righe)
Ivanhoe		
Oliver Twist		
Madame Bovary		
Se questo è un uomo		
Sostiene Pereira		

6. Negli incipit di *Uno, nessuno e centomila* e di *Sostiene Pereira* sono in scena i protagonisti dei romanzi: per quali aspetti della personalità si caratterizzano, a partire dal testo iniziale, come antieroi?

7. Individua la tipologia di narratore negli incipit indicati:

	Esterno	Interno
Madame Bovary		
I Malavoglia		
Uno, nessuno e centomila		
Se questo è un uomo		
Sostiene Pereira		

VERSO LA PROVA INVALSI

TIPOLOGIA TESTUALE: ARTICOLO DI GIORNALE

FOCUS: COMPRENSIONE DEL TESTO

Leggere un romanzo cambia il cervello

di Flavio Alivernini ■ «La Stampa», 10 gennaio 2014

Stavolta è proprio il caso di dirlo, un libro può cambiare la vita di una persona. O quantomeno, il suo modo di pensarla.

Secondo uno studio condotto negli U.S.A. dalla Emory University e pubblicato dalla rivista Brain Connectivity, infatti, leggere un romanzo può produrre effetti sulle funzioni e la struttura del nostro cervello. Del resto, già nel 2006 una ricerca aveva testimoniato lo stretta relazione fra mente e suggestioni grafologiche, dimostrando come leggere le parole "caffè" o "profumo", stimolasse immediatamente la parte del sistema cerebrale connessa al senso dell'olfatto.

La novità, stavolta, sta nel tentativo di dimostrare come questi effetti non si limitino al tempo della lettura, ma abbiano delle conseguenze strutturali su chi si dedica a un buon libro. Partiamo dall'esperimento: ventuno studenti sono stati sottoposti per 19 giorni a una risonanza magnetica funzionale (fMRI): per i primi 5 giorni a mente sgombra. Poi per 9 giorni ancora, durante i quali si sono dati alla lettura di "Pompei", un volume di Robert Harris. Ogni sera, peraltro, sono stati anche interrogati dai professori della Emory, i quali volevano accertarsi che effettivamente stessero svolgendo il loro compito.

Finito il romanzo, ancora 5 giorni in fMRI poi i risultati: "i cambiamenti neurologici che abbiamo rilevato ci testimoniano come la lettura di un romanzo ci può trasportare nel corpo del protagonista" – ha detto Gregory Berns, uno degli autori dello studio – "sapevamo già che nelle buone storie si possono vestire i panni di qualcun altro, in senso figurato. Ma ora ci accorgiamo che, quando questo avviene, qualcosa accade anche dal punto di vista biologico".

Le risonanze magnetiche funzionali, anche quelle dei giorni successivi alla lettura del romanzo di Harris, hanno mostrato un incremento di connettività in alcune aree del cervello degli studenti come la corteccia temporale sinistra, quella riservata alla ricettività del linguaggio e alla comprensione delle emozioni e delle sensazioni motorie.

▶ Tomba del Tuffatore, affresco staccato, 480-470 a.C., Museo Archeologico Nazionale, Paestum.

L'attivazione aumentata di queste regioni cerebrali sarebbe la prova, secondo gli autori, che durante la lettura il nostro cervello si "immerge" completamente nelle emozioni e situazioni descritte nei libri. Non solo.

I lettori attraverso le pagine di un romanzo, sarebbero addirittura in grado di sviluppare quella che gli autori della ricerca chiamano "emboded semantics", un processo celebrale in cui pensare un'azione rispecchia la connettività che si verificherebbe se l'azione fosse realmente svolta. In parole povere, pensando a una nuotata si potrebbero innescare le stesse connessioni neurologiche di una sessione di nuoto in piscina.

Gli autori non sanno quanto possano durare nel tempo gli effetti riscontrati sugli studenti qualche giorno dopo la lettura, ma si dicono certi che leggere rafforzi quelle aree del cervello potenziandone la funzionalità.

1. Leggere cambia il cervello, secondo l'articolo, perché:
- **a.** □ allena alla comprensione e all'uso del linguaggio;
- **b.** □ aumenta l'attività cerebrale in aree legate al linguaggio e alla sfera emotiva;
- **c.** □ consente di assumere il punto di vista dei personaggi che agiscono nei testi;
- **d.** □ consente di confrontarsi con il punto di vista dei personaggi che agiscono sui testi.

2. La novità dello studio della Emory University sta nel tentativo di dimostrare:
- **a.** □ che il nostro cervello subisce cambiamenti nel momento in cui dedica tempo a una lettura;
- **b.** □ che il lettore è consapevole che le sue percezioni sono state alterate dall'esercizio della lettura;
- **c.** □ che gli effetti di una lettura sul cervello durano oltre l'azione del leggere;
- **d.** □ che solo le buone letture hanno conseguenze strutturali sul cervello.

3. Secondo l'articolo, dunque, chi legge molto:
- **a.** □ è più capace di lavorare con la fantasia;
- **b.** □ è più capace di affrontare nuove esperienze;
- **c.** □ è più capace di elaborare nuove emozioni;
- **d.** □ è più capace di ragionare.

4. La valutazione mediante risonanza magnetica funzionale è avvenuta:
- **a.** □ in due fasi;
- **b.** □ in tre fasi;
- **c.** □ in quattro fasi;
- **d.** □ in cinque fasi.

5. Quale attività di controllo è stata condotta sugli studenti?

....

....

6. Nel periodo *La novità, stavolta, sta nel tentativo di dimostrare come questi effetti non si limitino al tempo della lettura*, la proposizione introdotta dal *come* è una:
- **a.** □ modale;
- **b.** □ comparativa;
- **c.** □ interrogativa indiretta;
- **d.** □ oggettiva.

7. Nel periodo *sapevamo già che nelle buone storie si possono vestire i panni di qualcun altro*, il *si* ha valore:
- **a.** □ riflessivo;
- **b.** □ impersonale;
- **c.** □ passivante;
- **d.** □ pleonastico.

8. Qual è il significato dell'espressione *in senso figurato*?
- **a.** □ come se si usassero delle immagini;
- **b.** □ per modo di dire;
- **c.** □ attraverso una metafora;
- **d.** □ volendo esagerare.

9. Che significato assume nel contesto l'aggettivo *strutturali*?
- **a.** □ definitive;
- **b.** □ sostanziali;
- **c.** □ concrete;
- **d.** □ fondamentali.

10. Nell'espressione *attraverso le pagine di un romanzo, attraverso le pagine* è complemento di:
- **a.** □ moto per luogo;
- **b.** □ moto per luogo figurato;
- **c.** □ causa;
- **d.** □ mezzo.

A COLPO D'OCCHIO _ Breve storia del romanzo

IL ROMANZO

Il romanzo nell'antichità

- Avventura
- Centralità della dimensione soggettiva
- Recupero di antiche leggende locali

Fra Medioevo ed età moderna

Con *Don Chisciotte della Mancia* nasce il romanzo moderno

Il romanzo nel Settecento

- È destinato a un pubblico borghese
- Si affermano il romanzo epistolare, sentimentale, d'avventura e il romanzo gotico

Il romanzo nell'Ottocento

- Nasce la moderna editoria industriale
- Nuove classi sociali sono protagoniste
- Si affermano il romanzo di formazione, il romanzo storico, realista, naturalista e verista

Il romanzo fra Ottocento e Novecento

- Romanzo della crisi
- Influenza delle scienze umane
- Personaggi emotivamente fragili

Il romanzo del Novecento. Il Neorealismo

- È eredità dei totalitarismi e della Seconda guerra mondiale
- Rappresentazione oggettiva della realtà
- Esperienze realmente vissute durante la guerra

La fine del Novecento e il nuovo millennio

- Tendenza al disimpegno, uso libero di generi e linguaggi
- Predilezione per le storie di formazione con commistione di linguaggi mutuati da nuove forme espressive

GUIDA ALLA SCRITTURA: LA RECENSIONE

LA RECENSIONE

Il termine recensione deriva dal verbo latino *recènseo*, che significa "esaminare", "passare in rassegna".

Si tratta di un testo (destinato prevalentemente alla pubblicazione su giornali e periodici o su siti internet) che analizza ed esprime il giudizio dell'autore su prodotti culturali (libri, mostre, film, spettacoli teatrali e dischi) e che contempla parti espositive e parti argomentative.

COM'È ARTICOLATA

In particolare, la recensione di un romanzo deve contenere, non necessariamente in questo ordine:

1. un riassunto più o meno esteso della trama, a seconda degli spazi a disposizione, senza rivelarne il finale;
2. l'analisi dei personaggi principali, con particolare attenzione al carattere e al ruolo che ricoprono nella vicenda;
3. l'enucleazione dei temi fondamentali;
4. il riferimento allo sfondo o al contesto laddove abbiano un ruolo di rilievo nella vicenda;
5. informazioni sull'autore e, se gli spazi lo consentono, sulla sua produzione precedente;
6. un giudizio, motivato, sull'opera.

COME SI REALIZZA

A livello operativo è bene:

1. leggere il libro integralmente, prendendo appunti e annotazioni;
2. raccogliere qualche notizia sull'autore;
3. fare un elenco dei personaggi principali dell'azione;
4. individuare elementi significativi.

Come didascalia, in calce o nel corso del testo, si indicano:

1. autore;
2. titolo;
3. traduttore per libri in lingua straniera;
4. editore;
5. numero delle pagine;
6. prezzo (se la recensione è destinata alla pubblicazione, per esempio sul giornalino scolastico).

ESEMPI

Ecco un esempio di recensione che si può trovare online (www.criticaletteraria.org) di uno dei romanzi di maggior successo degli ultimi decenni, *Sostiene Pereira* di Antonio Tabucchi, di cui è stato proposto l'incipit (▶ pag. 485). L'autrice è Vittoria D. Raimondi.

Il rapporto che caratterizza in modo più profondo e generale il senso del nostro essere è quello della vita con la morte perché la limitazione della nostra esistenza mediante la morte è decisiva per la comprensione e la valutazione della vita.

L'autrice apre la recensione con una citazione dal romanzo

Sono queste le parole dell'articolo che, in una giornata apparentemente uguale a tutte le altre, richiamano l'attenzione del dottor Pereira, direttore della pagina culturale del 'Lisboa', un '*tranquillo giornale del pomeriggio*', lontano dalle influenze politiche che interessano il Portogallo della fine degli anni Trenta.

Passa poi a introdurre la trama e con una prolessi attira la curiosità del lettore.

Quando Pereira decide di contattare l'autore dell'articolo, non sa ancora che sarà proprio l'incontro con il giovane italo-portoghese Monteiro Rossi a cambiare per sempre la sua vita.

Le giornate di Pereira, ex giornalista di cronaca nera, vedovo, cardiopatico e in sovrappeso, trascorrono tra le pareti della squallida e solitaria redazione culturale del 'Lisboa', i pasti abituali al Café Orquidea, i dialoghi con il ritratto della moglie morta di tisi qualche anno prima e le sue riflessioni sulla morte e sull'anima. Nonostante un primo incontro abbastanza deludente per Pereira, che si aspetta un filosofo teorico della morte e si trova davanti un giovane uomo interessato ed entusiasta solo della vita, **Monteiro Rossi** viene assunto come praticante per la stesura di necrologi di scrittori celebri. Le vite dello squattrinato giornalista e della sua avvenente fidanzata, Marta, si intrecciano a quella di Pereira che, inconsapevolmente, diventa il punto di riferimento dei due ragazzi, vicini agli ambienti dei repubblicani portoghesi che lasciano la propria terra per sostenere i gruppi rivoluzionari della vicina Spagna in lotta contro la dittatura franchista.

Nel racconto della trama l'autrice comincia a tratteggiare il personaggio di Pereira.

E quello di Monteiro Rossi, il giovane che cambia la vita dell'anziano giornalista.

Inizia per **Pereira** un periodo di forte conflitto interiore, che lo porterà a rimettere in discussione le convinzioni sulle quali si fondano da sempre la sua vita personale e professionale. Un conflitto esacerbato dall'incontro con il vecchio compagno di università Silva, un intellettuale che, tuttavia, gli appare rassegnato a piegarsi alle brutali imposizioni con cui la dittatura salazarista controlla la circolazione delle informazioni, annientandole con la scure impietosa della censura. Le angosce che attanagliano i suoi pensieri si trasformano in consapevolezza grazie all'incontro con il **dottor Cardoso**, che lo convince a dare spazio, senza alcun timore, al nuovo 'io' che si affaccia prepotentemente nell'anima di Pereira. Un 'io' che lo porterà ad abbracciare definitivamente la causa per la quale si battono Monteiro Rossi e i ribelli portoghesi, in un finale concitato e pieno di speranza.

Ancora su Pereira.

Il dottor Cardoso.

Sullo sfondo di una **Lisbona** sfavillante, dolcemente accarezzata dalla brezza atlantica, in un Portogallo condannato alla lunga **dittatura di Salazar**, prende vita un romanzo dal forte impatto sociale.

Lo sfondo geografico e quello storico, che nel romanzo giocano un ruolo fondamentale.

Il racconto sembra riportare la testimonianza dell'anziano giornalista (la narrazione è caratterizzata dal ripetersi dell'intercalare 'sostiene Pereira') che impara a misurarsi con la necessità di far prevalere le '*ragioni del cuore*', lottando contro l'appiattimento delle coscienze imposto dalla dittatura per mezzo della polizia politica e dei suoi atti di giustizia sommaria.

La modalità narrativa.

Con quest'opera, Tabucchi ci invita ricordare le vicende politiche che, a partire dalla fine degli anni Trenta, hanno profondamente cambiato il volto di un'Europa sull'orlo del baratro della Seconda Guerra Mondiale, minata dalla barbarie delle persecuzioni antisemite (Pereira è un cognome ebraico che in portoghese significa albero del pero). **Un libro quantomai attuale**, una storia semplice, diretta, che celebra chi combatte e muore in difesa di ideali di giustizia, libertà e verità e che, spesso, finisce per essere dimenticato tra le pieghe multiformi della Storia.

Il sintetico giudizio finale.

A titolo di confronto proponiamo ora una recensione apparsa nel 2003, in occasione della scomparsa di Antonio Tabucchi, in cui Paolo Mauri, giornalista delle pagine culturali del quotidiano «La Repubblica», ne ricorda il romanzo più noto al pubblico.

Un giornalista sfida il regime di Salazar.

Già il titolo ne mette a fuoco l'ambientazione storica.

Quando è nato Pereira? Sono convinto che in molti, a questa domanda, risponderebbero che Pereira deve essere nato nell'ultimo scorcio dell'Ottocento visto che, quando lo incontriamo nel romanzo di Antonio Tabucchi (siamo **a Lisbona nel 1938** e lui, **un giornalista** che per tutta la vita ha firmato con il solo cognome i necrologi ed ora si occupa **di una pagina culturale** che esce una volta la settimana) è già **vedovo e malato. [...]**

Nelle prime righe Mauri mette a fuoco alcuni tratti fondamentali del personaggio e lo sfondo.

L'autore raccontò poi in un articolo riprodotto in appendice a questa nostra edizione di *Sostiene Pereira* che nella realtà era esistito un giornalista portoghese che aveva dovuto cercare riparo in Francia dopo aver espresso delle critiche al regime di Salazar. Tabucchi gli rese omaggio nel giorno del suo funerale. «Andai a visitare la salma alle due del pomeriggio. La cappella dell'ospedale era deserta. La bara era scoperta. Quel signore era cattolico, e gli avevano posato sul petto un cristo di legno».

Il giornalista riporta la genesi del romanzo.

Fu dunque l'ombra di quel giornalista morto, conosciuto anni addietro a Parigi, a visitare Tabucchi una sera di settembre per raccontargli la sua storia. Che quella di Pereira **sia una sorta di "storia ricevuta" lo dice il leit-motiv dell'intero libro, che è poi diventato anche il titolo: Sostiene Pereira. L'autore è dunque un tramite, ascolta e registra sulla pagina:** il sottotitolo dice "una testimonianza". Tabucchi raccontò poi di aver scritto il libro in due mesi, lavorando da mezzogiorno alle sette in una specie di ossessione o furia creativa.

La spiegazione del titolo.

Il **personaggio Pereira** entra prepotentemente in campo fin dalla prima pagina che ci trasporta nella piccola redazione culturale di un giornale del pomeriggio appena nato, il Lisboa, dove il solitario Pereira, unico redattore, rifletteva sulla morte. Forse perché «suo padre, quando lui era piccolo,

Ancora sul personaggio di Pereira.

aveva un'agenzia di pompe funebri che si chiamava "Pereira la Dolorosa"» o perché sua moglie era morta di tisi qualche anno prima o perché, azzardiamo noi, era morto anche lui e l'autore che lo aveva visto morto da lì partiva per farlo rivivere in un pomeriggio in cui la città scintillava e il cielo era di un azzurro mai visto.

Quello di Pereira è una sorta di calvario che ha però al culmine, finalmente, non la morte sui cui tanto medita, ma un gesto liberatorio, una sfida che apre al futuro. L'oppressione gli viene dall'**atmosfera cupa**, ad onta del cielo cristallino, **che domina il Portogallo salazariano**. La sua redazione, una misera stanzetta fuori dal giornale, è sorvegliata da una portiera-spia che filtra le telefonate (e naturalmente le ascolta per riferire) circondata da un perenne odore di fritto che ristagna per le scale. L'avversione al fascismo, con i suoi riti e le sue volgarità, era innanzitutto un fatto estetico. Pereira è un intellettuale fine. Medita sull'anima, il che poi vuol dire che medita sull'esistenza e tutte le sue implicazioni spirituali. Ma gli piace anche far posto alle piccole cose che gli accadono ogni giorno. Gli incontri, le sensazioni. Lo farà tante volte comunicando con il ritratto della moglie morta o con il dottor Cardoso che lo prende in cura, ma anche in simpatia.

A indicazioni sulla vita del personaggio si intrecciano il riferimento al clima oppressivo dell'epoca e a personaggi secondari che pure occupano un posto di rilievo nel romanzo.

Legge e traduce gli scrittori francesi: Daudet, Mauriac, Bernanos che era stato così critico nei confronti di Franco. Legge e traduce per il giornale, non senza

▲ Marcello Mastroianni in una scena dal film *Sostiere Peirera*, 1995, regia di Roberto Faenza.

scandalo dei "benpensanti" di regime, ma è ovvio che traduce anche per sé, per cercare un sostegno, una verità anche piccola che lo aiuti ad andare avanti. Intanto trova nel giovane **Monteiro Rossi** una ragione di speranza, una luce. Stranamente, ma sarebbe più giusto dire paradossalmente, anche qui il legame sarà la morte, poiché a Monteiro, che sulla morte ha scritto la sua tesi di laurea, Pereira commissiona i necrologi di grandi scrittori da tenere nel cassetto nell'evenienza di una scomparsa repentina. Ma Monteiro, che accetta di scrivere per far su qualche soldo e che non si piega, scrivendo, all'autocensura necessaria in quei tempi, preferisce di gran lunga la vita alla morte.

Monteiro Rossi e il tema della morte.

Vuole vivere e combattere il regime. Lui e la sua ragazza, Marta, finiranno col coinvolgere Pereira nelle trame degli antifascisti collegati con gli spagnoli che combattevano Franco. Monteiro incontrerà i suoi assassini proprio in casa di Pereira dove è solito rifugiarsi. Il paradosso si scioglie in modo drammatico: il personaggio Monteiro, che è il più vitale, anche se per caso si occupa della morte, soccombe alla ferocia della dittatura. Tocca a Pereira dunque, che della morte sa molte più cose, riannunciare la vita, riaprire una speranza.

Leggendo la prima volta il romanzo mi era sembrato di sentire, come in sottofondo all'intera narrazione, un suono struggente di violoncello mentre Pereira narrava e narrava precisando questo e quello e muovendosi per Lisbona e per il Portogallo tra ospitali caffè e case di cura. Del corpulento Pereira il lettore avverte persino l'ansimare, tipico delle persone obese che faticano a camminare e respirare insieme. Rileggendo il libro la sensazione musicale si è ripetuta. Questo, secondo me, è dovuto all'eccezionale compattezza di queste pagine da cui il lettore si sente subito preso, come se affiancasse, per tutta la durata del testo, l'autore testimone che rapido trascrive per non perdere neppure una battuta. [...]

Il giudizio del giornalista.

Tabucchi disse in un'intervista di non aver inventato nulla della Lisbona di allora. Certe cupezze del regime aveva fatto in tempo a vederle in atto ancora nel Portogallo dove era approdato negli anni Sessanta. I regimi autoritari sono conservativi. Ma Pereira l'ha creato lui. Non si può non essergliene grati.

LAVORIAMO SULLA RECENSIONE

1. Cerca online la recensione di uno dei romanzi di cui si è parlato in questo capitolo. Sottolinea sul testo gli elementi costitutivi di questa tipologia testuale.
2. Scegli un romanzo che hai letto recentemente e scrivine la recensione sulla base delle indicazioni di questa guida in 20, 30 e 40 righe.

CAPITOLO 7

STORIE DI FORMAZIONE

1 IL ROMANZO DI FORMAZIONE

Fra le forme della **narrazione sentimentale**, il **romanzo di formazione** ha conosciuto negli ultimi decenni una straordinaria fioritura. Con questa definizione si intende oggi il genere in cui un giovane protagonista attraverso una serie di traversie e difficoltà, oggettive o interiori, compie il percorso, o una parte di esso, verso l'**età adulta**, che spesso prevede una mediazione con l'ambiente circostante (la famiglia, la scuola, i gruppi, la società). Si tratta di un'esperienza, indipendentemente dalla sua durata, che trasforma profondamente il personaggio e che solitamente lo pone di fronte alla consapevolezza che l'epoca delle illusioni, tipica dell'infanzia e della prima adolescenza, è finita.

In questo senso possono essere letti gli **incipit** proposti in questa sezione. I giovani protagonisti de *Il Signore delle mosche* sperimentano la difficoltà della vita in comunità; quelli di *Il buio oltre la siepe* fanno i conti con la violenza e il razzismo; in *Due di due* il protagonista affronta il passaggio dall'adolescenza all'età adulta attraverso il controverso rapporto con l'amico Guido. I protagonisti di *Jack Frusciante è uscito dal gruppo* e di *Bianca come il latte, rossa come il sangue* conoscono l'amore e la sofferenza e ne escono profondamente cambiati.

T1 William Golding – Il Signore delle Mosche

William Gerland Golding nasce nel 1911 a Newquay, in Cornovaglia. Dal padre insegnante eredita la fiducia nel socialismo e nel progresso umano; la madre appartiene al movimento delle suffragette, che si batte per ottenere il diritto di voto per le donne. Dopo gli studi a Oxford, Golding inizia a insegnare nelle scuole elementari. Arruolato in marina allo scoppio della Seconda guerra mondiale, partecipa allo sbarco in Normandia. Dopo il congedo riprende l'insegnamento, sperimentando didattiche volte a promuovere l'autonomia degli allievi. Dalle osservazioni sui comportamenti dei ragazzi derivano i temi dei suoi scritti, tra cui spicca il romanzo *Il Signore delle Mosche* (1954). Nel 1983 viene insignito del Premio Nobel; muore a Falmouth, in Cornovaglia, nel 1993.

Durante un conflitto planetario un gruppo di ragazzi, studenti di un collegio britannico, si ritrova su un'isola deserta a seguito di un incidente aereo. Dopo i primi tentativi di creare a una società organizzata e democratica, fondata su una funzionale distinzione dei ruoli, tra cacciatori, costruttori di rifugi e custodi del fuoco di segnalazione, si manifestano tensioni tra le personalità dominanti e il gruppo si divide in fazioni ostili. L'isola diventa perciò lo scenario di un **drammatico scontro**, in cui naufraga nel sangue il progetto di una pacifica convivenza: il **percorso di formazione**, in questo caso, si concretizza nella consapevolezza di non poter portare a termine il progetto iniziale e nella scoperta delle dinamiche controverse che dominano le relazioni fra esseri umani.

Golding esprime **pessimismo** e **sfiducia** nei confronti della **natura umana**: abbandonato a se stesso, l'uomo non esita a far riaffiorare gli istinti bestiali che la società civile ha mascherato, ma non ha vinto. Il Signore delle Mosche, che dà il titolo al romanzo, è una testa di maiale infilzata su un palo, che il gruppo dei cacciatori sceglie come feticcio, ma è anche uno degli appellativi di Satana, simbolo imperituro del male.

▶ Copertina de Il *Signore delle Mosche*, Mondadori Junior, 2016. Illustrazione di Gipi. Particolare.

Il ragazzo dai capelli biondi si calò giù per l'ultimo tratto di roccia e cominciò a farsi strada verso la laguna. Benché si fosse tolto la maglia della scuola, che ora gli penzolava da una mano, la camicia grigia gli stava appiccicata addosso, e i capelli gli erano come incollati sulla fronte. Tutt'intorno a lui il lungo solco scavato nella giungla era un bagno a vapore. Procedeva a fatica tra le piante rampicanti e i tronchi spezzati, quando un uccello, una visione di rosso e di giallo, gli saettò davanti con un grido da strega; e un altro grido gli fece eco:

«Ohè! Aspetta un po'!»

Qualcosa scuoteva il sottobosco da una parte del solco, e cadde crepitando una pioggia di gocce.

«Aspetta un po',» diceva una voce «mi sono impigliato.»

Il ragazzo biondo si fermò e si tirò su le calze con un gesto meccanico: per un momento la giungla prese un'aria di provincia inglese.

La voce parlò di nuovo:

«Non posso quasi muovermi, con tutti questi rampicanti.»

Chi parlava uscì dal sottobosco camminando all'indietro tra i rametti che gli graffiavano la giacca a vento sporca di grasso. Aveva le ginocchia nude grassocce, graffiate dalle spine. Si chinò, tolse le spine con cura e si voltò. Era più piccolo del ragazzo biondo, e molto grasso. Venne avanti, studiando attentamente dove mettere i piedi, e guardò in su. Aveva dei grossi occhiali.

«Dov'è l'uomo col megafono?»

Il ragazzo biondo scosse la testa.

«Questa è un'isola. Almeno, credo che sia un'isola. Quella là nel mare è una scogliera. Forse di grandi non ce n'è in nessun posto.»

Il ragazzo grasso sembrò scosso.

«C'era quel pilota. Ma non era coi passeggeri, era su nella cabina davanti.»

Il biondo guardava la scogliera strizzando gli occhi.

«Tutti quegli altri bambini,» continuò il grasso «qualcuno dev'essere venuto fuori. Qualcuno sì, non è vero?»

Il biondo si diresse verso l'acqua con l'aria più indifferente che poteva. Cercava di tenere le distanze, ma senza mostrarsi del tutto privo d'interesse. Il grasso si affrettò a tenergli dietro.

«Di grandi non ce n'è neanche uno?»

«Credo di no.»

Il biondo disse queste parole con solennità, ma poi fu sopraffatto dalla gioia di un'ambizione realizzata. Fece una capriola in mezzo al solco, e una smorfia al ragazzo grasso.

«Neanche un grande!».

W. Golding, *Il Signore delle Mosche*, trad. it. Di F. Donini, Mondadori, Milano, 1992

GUIDA ALLA LETTURA

Un'ambientazione esotica, due ragazzi e un disastro aereo appena avvenuto: così inizia la storia de *Il Signore delle Mosche*, che rivela il suo carattere di romanzo di formazione fin dalle prime battute, proponendo due personaggi adolescenti in un ambiente sconosciuto, affascinante e pericoloso.

Alcuni indizi ci fanno capire la provenienza dei ragazzi: la maglia della scuola, i gesti che compiono, *l'aria di provincia inglese* evocata dalla gestualità meccanica.

I dialoghi rivelano al lettore che cosa li abbia portati lì, un incidente aereo che sembra aver colpito più degli altri il ragazzo basso e grassoccio, sfiorato dall'idea che *tutti quegli altri bambini* possano essere morti. La possibilità di essere soli sull'isola, senza *l'uomo col megafono*, senza *grandi*, lo spaventa, per questo si tiene vicino all'altro ragazzo.

Il biondo cerca di allontanarsi mostrandosi *più indifferente che poteva*: non riesce a pensare al pericolo corso, alla morte incombente, perché la gioia di essere libero dal controllo degli adulti è incontenibile e prevale su qualsiasi possibile ombra.

PERCHÉ LEGGERLO?

- Perché l'ambientazione della vicenda su un'isola deserta è di per sé molto suggestiva.
- Perché ci mostra come bambini e adolescenti abituati alla disciplina del collegio e alla relazione con gli adulti reagiscono rimanendo da soli in un ambiente esotico.
- Perché la storia della drammatica esperienza avvince e offre numerosi spunti di riflessione.

LAVORIAMO SULL'INCIPIT

1. In quale fascia climatica è collocata l'isola? Rispondi con riferimenti al testo.
2. Come sono caratterizzati i personaggi presentati nell'incipit?
3. Quale gesto rivela l'educazione che hanno ricevuto?
4. *Il biondo disse queste parole con solennità, ma poi fu sopraffatto dalla gioia di un'ambizione realizzata.*
   Chiarisci l'atteggiamento e le emozioni del ragazzo biondo che precedono la capriola di felicità: perché la solennità? Quale *ambizione* è stata *realizzata*?
5. Il narratore ti sembra più attento alla dimensione dell'avventura o all'approfondimento psicologico dei personaggi? Rispondi con riferimenti al testo.

SCRITTURA CREATIVA Immagina che...

6. Ricostruisci in un testo di circa una pagina gli eventi che precedono la vicenda narrata basandoti sulle informazioni contenute nelle parole dei due ragazzi.

Scena dal film *Il signore delle mosche*, 1990, regia di Harry Hock.

T2 Harper Lee – Il buio oltre la siepe

Nelle Harper Lee nasce a Monroeville, in Alabama, nel 1926. Dopo aver iniziato gli studi di Giurisprudenza, Harper Lee si trasferisce nel 1949 a New York per seguire il sogno della carriera letteraria e collabora con lo scrittore **Truman Capote** per un reportage su una serie di omicidi in una piccola cittadina del Kansas. Nel 1960 pubblica ***Il buio oltre la siepe***, che ottiene il Premio Pulitzer.

Nel 1962 il romanzo diventa un film, diretto da Robert Mulligan, premiato con tre Oscar. Il 5 novembre 2007 la scrittrice viene premiata dall'allora presidente George W. Bush con la più alta onorificenza civile statunitense, la Medaglia Presidenziale della Libertà, perché, come si legge nella motivazione, il suo romanzo *ha influenzato il carattere del nostro Paese in meglio. È stato un dono per il mondo intero. Come modello di buona scrittura e sensibilità umana questo libro verrà letto e studiato per sempre*. Nel 2015 esce *Va', metti una sentinella*, seguito de *Il buio oltre la siepe*, ambientato vent'anni dopo gli eventi narrati nel capolavoro. Harper Lee muore a Monroeville nel 2016.

Negli anni Trenta a Maycomb, in Alabama, la vita scorre sempre uguale: di anno in anno la piccola Jean Louise Finch, soprannominata Scout, registra il succedersi del tempo della scuola e delle estati, trascorse con il fratello Jeremy, per tutti Jem, e l'amico Dill a gironzolare per il paese e nei dintorni, misurandosi talvolta con prove di coraggio, come avvicinarsi a casa Radley, dove è segregato da anni un uomo, Boo Radley, su cui circolano storie da brivido.

Jem e Scout sono figli dell'avvocato Atticus Finch, figura insigne nella piccola comunità rurale, chiamato a difendere Tom Robinson, bracciante di colore, ingiustamente accusato di violenza carnale su Mayella Ewell, in un ambiente profondamente segnato dalla miseria, dal degrado sociale e dal razzismo.

Gli eventi del processo e le sue drammatiche conseguenze sono filtrati attraverso lo sguardo candido e sensibile di Scout, illuminato dagli insegnamenti paterni sull'uguaglianza degli uomini e la necessità di guardare la realtà mettendosi sempre nei panni degli altri. Il suo percorso di crescita conosce momenti di profondo dolore e di violenza, ma si conclude con la consapevolezza che all'origine delle nostre paure spesso sta solo un infondato pregiudizio.

Il titolo originale, *Uccidere un usignolo*, fa riferimento al monito di Atticus contro le azioni crudeli e prive di senso, come sarebbe, appunto, uccidere un uccellino inerme.

Anche gli avvocati sono stati bambini, immagino... *Charles Lamb*[1]

Jem, mio fratello, aveva quasi tredici anni, all'epoca in cui si ruppe malamente il gomito sinistro. Quando guarì e gli passarono i timori di dover smettere di giocare a football, Jem non ci pensò quasi più. Il braccio sinistro gli era rimasto un po' più corto del destro; in piedi o camminando, il dorso della sinistra faceva un angolo retto con il corpo e il pollice stava parallelo alla coscia, ma a Jem non importava un bel nulla: gli bastava poter continuare a giocare, poter *passare* o prendere la palla al volo.

Poi, quando di anni ne furono trascorsi tanti da poterli ormai ricordare e raccontare, ogni tanto si discuteva di come erano andate le cose, quella volta. Secondo me tutto cominciò a causa degli Ewell, ma Jem, che ha quattro anni più di me, diceva che biso-

1. *Charles Lamb*: scrittore inglese vissuto tra il 1775 e il 1834.

gnava risalire molto più indietro, e precisamente nell'estate in cui capitò da noi Dill e per primo ci diede l'idea di far uscire di casa Boo Radley.

Ma allora, ribattevo io, se si voleva proprio risalire alle origini, perché non dire che la colpa era di Andrew Jackson? Se il generale Jackson non avesse incalzato gli indiani creek lungo il ruscello, Simon Finch non avrebbe risalito l'Alabama con la sua piroga, e dove saremmo noi a quest'ora? Eravamo troppo grandi, ormai, per risolvere la controversia a botte; consultammo nostro padre Atticus, e lui disse che avevamo ragione tutti e due.

Siccome eravamo del Sud, per alcuni di noi in famiglia era fonte di vergogna il fatto di non contare antenati che, dall'una o dall'altra parte, avessero combattuto ad Hastings[2]. Non avevamo che Simon Finch, un farmacista cacciatore di pellicce venuto dalla Cornovaglia, la cui religiosità era superata soltanto dalla taccagneria. In Inghilterra, a Simon non era piaciuta la persecuzione nei confronti di quelli che si dicevano metodisti[3] per mano dei confratelli più liberali, e poiché anche lui si sentiva metodista, s'era deciso ad attraversare l'Atlantico, era sbarcato prima a Filadelfia, poi in Giamaica e quindi a Mobile, e infine aveva risalito il fiume Saint Stephens. Memore dei rimproveri di John Wesley a chi spreca parole per comprare e vendere, Simon aveva fatto fortuna praticando la medicina, ma anche in questa attività si sentiva infelice perché temeva sempre di cadere nella tentazione di fare qualcosa che non avesse per fine la gloria di Dio, come mettersi addosso ori e abiti sontuosi. Così Simon, dimenticate le parole del suo maestro contro la proprietà dei beni terreni, acquistò tre schiavi e con il loro aiuto fondò una fattoria sulle rive dell'Alabama, una quarantina di miglia a nord di Saint Stephens. Ritornò a Saint Stephens una volta sola, per procurarsi una moglie, e con lei originò una discendenza composta in prevalenza di figlie. Simon visse fino a tardissima età e morì ricco.

Da allora gli uomini della mia famiglia abitarono per tradizione nella casa fondata da Simon, l'"Approdo dei Finch", e coltivarono il cotone. La proprietà era autosufficiente; l'Approdo, pur essendo un possedimento modesto in confronto agli imperi agricoli che lo circondavano, produceva tutto il necessario per vivere, salvo il ghiaccio, la farina di frumento e il vestiario, che si facevano venire, via fiume, da Mobile.

Se fosse stato vivo, Simon avrebbe assistito furioso, ma impotente, ai disordini tra Nord e Sud[4], che lascia-

▲ Scena dal film *Il buio oltre la siepe*, regia di Robert Mulligan, 1962.

2. **Hastings**: la battaglia di Hastings del 1066 consegna l'Inghilterra ai Normanni.
3. **metodisti**: la Chiesa metodista è una chiesa protestante fondata nel XVIII secolo dall'inglese John Wesley.
4. **disordini tra Nord e Sud**: si fa riferimento alla guerra civile americana combattuta tra gli Stati del Nord e quelli del Sud tra il 1861 e il 1865 e terminata con la vittoria dei primi.

rono i suoi discendenti spogli di tutto fuorché della terra; pure, la tradizione che li legava a quei campi non subì interruzioni sino alla fine dell'Ottocento, quando mio padre, Atticus Finch, andò a Montgomery a studiare legge e suo fratello minore, John, a Boston a studiare medicina. La sorella Alexandra fu la sola, dei Finch, che rimase all'Approdo; sposò un uomo taciturno che trascorreva la maggior parte del tempo in un'amaca presso il fiume a chiedersi se le trote avevano abboccato agli ami.

Quando mio padre fu abilitato, ritornò a Maycomb e si dedicò alla professione. Situata a una ventina di miglia a est dell'Approdo dei Finch, Maycomb era il capoluogo della contea. Lo "studio" di Atticus, in tribunale, consisteva più che altro in un appendiabito, una sputacchiera, una scacchiera e un intonso Codice dell'Alabama. I suoi primi clienti furono gli ultimi due cui toccò di morire impiccati nel carcere della contea.

H. Lee, *Il buio oltre la siepe*, trad. it. di A. D'Agostino, Feltrinelli, Milano, 2008

GUIDA ALLA LETTURA

L'incipit fa conoscere al lettore un narratore che rievoca eventi del passato: un incidente piuttosto grave occorso molti anni prima al fratello Jem sulle cui cause, a distanza di tempo, i due si trovano ancora a discutere, un problema con gli Ewell, un'estate importante, l'*idea di far uscire di casa Boo Radley*, suggerita da Dill.

La voce narrante è una voce femminile, bambina al tempo degli eventi, che rivela sin dalle prime battute un certo puntiglio: la lunga digressione sulla storia familiare che parte dalla conquista dei territori indiani sotto il presidente Jackson sembra ispirata dal desiderio di avere comunque ragione.

L'albero genealogico che prende forma sotto gli occhi del lettore intreccia la storia della colonizzazione e dello sviluppo degli Stati Uniti con la storia familiare e si sofferma su Simon Finch, l'antenato che per motivi religiosi *s'era deciso ad attraversare l'Atlantico*. A lui si deve infatti la costruzione di *una fattoria sulle rive dell'Alabama* destinata a diventare la casa di famiglia, *l'Approdo dei Finch*, che restano legati ai campi *sino alla fine dell'Ottocento*, quando Atticus Finch (*mio padre* per la voce narrante) e il fratello John lasciano l'Alabama per studiare l'uno Legge e l'altro Medicina.

La carriera dell'avvocato Atticus Finch, centrale nella storia, comincia a Maycomb con un insuccesso professionale: i suoi primi clienti vengono impiccati.

PERCHÉ LEGGERLO ?

- Perché mette in scena personaggi dalle psicologie complesse e articolate.
- Perché il linguaggio e le riflessioni di Scout sono semplici, intensi e talvolta molto divertenti.
- Perché denuncia un argomento forte come il dramma del razzismo negli Stati Uniti.

LAVORIAMO SULL'INCIPIT

1. Quanti anni separano Jem dalla sorella?
2. Con quale tecnica di alterazione della fabula vengono narrati gli eventi?
3. Da dove provengono gli antenati dei Finch?
4. Come viene caratterizzato il personaggio di Simon Finch? Rispondi con riferimenti al testo.
5. Come viene descritto l'*Approdo dei Finch*?
6. Che conseguenze ha la guerra civile sulle condizioni della famiglia?
7. Quanti fratelli ha Atticus?
8. Quale immagine professionale restituisce lo studio di Atticus?

T3 Andrea De Carlo _ Due di due

Andrea De Carlo nasce a Milano nel 1952. Il padre è un noto architetto, amico dello scrittore Elio Vittorini, la madre è traduttrice dall'inglese. De Carlo frequenta il liceo classico Giovanni Berchet e si laurea in Lettere.

Viaggia molto, in Europa, Nord e Sud America, Australia. In particolare Los Angeles gli offre lo sfondo per il suo primo romanzo, *Treno di panna*, pubblicato nel 1981 da Einaudi con la prefazione di Italo Calvino. Negli anni immediatamente successivi De Carlo alterna l'attività di scrittore all'interesse per il cinema e collabora con il regista Federico Fellini alla realizzazione del film *E la nave va*. Nel 1989 esce il suo quinto romanzo, il più noto, *Due di due*. I romanzi di De Carlo uniscono l'analisi delle dinamiche che condizionano i **rapporti umani** a una lucida disamina della **società contemporanea** e delle sue contraddizioni.

Mario, il narratore interno, e Guido, due adolescenti accomunati dal senso di ribellione verso il mondo che li circonda e dal desiderio di libertà, si conoscono per caso al liceo classico milanese Berchet e fanno amicizia. Sono gli anni della **contestazione giovanile** e il **Sessantotto** fa da sfondo ai primi due capitoli del romanzo. Ben presto Guido assume il ruolo di leader mentre Mario è affascinato dalla personalità dell'amico. Dopo aver perso di vista Guido e aver viaggiato per il mondo, Mario riceve in eredità dal patrigno una discreta somma di denaro. Decide allora di lasciare l'università e costruirsi una nuova vita in Umbria, dove acquista vicino a Gubbio due case in abbandono. Con grandi difficoltà le rimette a nuovo e inizia a coltivare la terra, sognando di poter diventare completamente indipendente dal resto del mondo. A Perugia Mario conosce Martina, che diventa la compagna della sua vita e la madre dei suoi figli. Anche Guido, ricomparso nella vita di Mario, dopo molte indecisioni, accetta di abitare con loro e pubblica un libro di successo. Tuttavia nemmeno questo gli consente di dare un significato alla propria vita. Fin dall'adolescenza i due personaggi appaiono molto diversi e a mete opposte conduce il loro **percorso di crescita** e **di vita**.

La prima volta che ho visto Guido Laremi eravamo tutti e due così magri e perplessi, così provvisori nelle nostre vite da stare a guardare come spettatori mentre quello che ci succedeva entrava a far parte del passato, schiacciato senza la minima prospettiva. Il ricordo che ho del nostro primo incontro è in realtà una ricostruzione, fatta di dettagli cancellati e aggiunti e modificati per liberare un solo episodio dal tessuto di episodi insignificanti a cui apparteneva allora.

In questo ricordo ricostruito io sono in piedi dall'altra parte della strada, a guardare il brulichìo di ragazzi e ragazze che sciamano[1] fuori da un vecchio edificio grigio, appena arginati da una transenna di metallo che corre per una decina di metri lungo il marciapiede. Ho le mani in tasca e il bavero del cappotto alzato, e cerco disperatamente di assumere un atteggiamento di non appartenenza alla scena, anche se sono uscito dallo stesso portone e ho fatto lo stesso percorso faticoso solo un quarto d'ora prima. Ma ho quattordici anni e odio i vestiti che ho addosso, odio il mio aspetto in generale, e l'idea di essere qui in questo momento. La folla di persone giovani viene avanti come un torrente intralciato da tronchi e massi affioranti, appena finita la transenna si riversa nella strada e la invade fino al mio marciapiede. E quasi ogni faccia è troppo pallida o tonda o

1. **sciamano**: escono a sciami, come le api dall'alveare.

lunga, quasi ogni corpo troppo angoloso o smussato, quasi ogni andatura priva di equilibrio, come se le cartelle che tutti portano in mano e a tracolla fossero troppo leggere o pesanti. C'è questo fondo di differenza attiva in quasi ogni sguardo, in quasi ogni gesto che si unisce al generale dispendio di energia meccanica. Non mi sembra affatto di essere meglio degli altri: è l'idea di vedere i miei difetti moltiplicati per centinaia di volte che accentua la mia insofferenza e la riflette tutto intorno. Osservo la massa confusa di teste e busti in movimento, sperando di riconoscere i capelli di una ragazza che ho visto qualche giorno prima, e invece mi colpisce lo sguardo di uno che cerca di farsi largo con un'espressione di estraneità concentrata. È uno sguardo da ospite non invitato, da passeggero clandestino: uno sguardo che prende distanza dai suoi stessi lineamenti, dal suo stesso modo di girare la testa a destra e a sinistra. Poi nel ricordo ricostruito c'è un vuoto, dove Guido Laremi con il suo sguardo estraneo viene riassorbito dallo sfondo.

Libero il mio motorino dalla catena e lo faccio partire, e questi gesti semplici mi costano fatica e ripetizione, rabbia contro gli oggetti. Alla fine sono in sella e cerco di aprirmi un percorso tra la gente e le macchine, e vado addosso a qualcuno. Sento un colpo su un lato del manubrio, ondeggio e perdo l'equilibrio; volo sul motorino trascinato dal mio cappotto pesante, dalla borsa di tela piena di libri obbligatori. Qualche testa tonda e qualche collo lungo, qualche faccia di mela o di zucca o di pinolo, qualche paio di occhiali a finestrella di bunker o a fondo di bottiglia o a televisore panoramico si voltano nella mischia di movimenti; si distolgono appena mi rialzo senza danni interessanti.

Guido Laremi a un paio di metri da me si preme una mano su un fianco, dice «Porca miseria». Ha più o meno la mia età, occhi chiari, capelli biondastri disordinati. Ha un impermeabile inglese, ma gli sta corto; anche lui tiene il bavero alzato. Mi fissa, e il suo sguardo è pieno di irritazione adesso, oltre che di estraneità. Gli dico «Mi dispiace»; tiro su il motorino. Tutto intorno gli studenti in uscita continuano a urtarsi e spingersi e appoggiarsi uno all'altro, tra bofonchiamenti e squittii e risate e urla gutturali. Le automobili vanno avanti a piccoli scatti, raddensano con i loro scarichi l'aria già sporca e fredda. Una professoressa rinsecchita scivola oltre, come un vecchio animale da preda sazio e privo di intenzioni pericolose per il momento. Di nuovo dico a Guido Laremi «Mi dispiace». Lui sorride appena, dice «Non importa». Ha una voce leggermente roca, grattata. Ci stringiamo la mano quasi formali, in questa posizione precaria tra strada e marciapiede, nel vocio e il rumore di motori. Poi lui mi chiede se non gli dò un passaggio verso casa: in forma di compensazione, sembra. Rimetto in moto; lui sale dietro e parto, ondeggiante tra le automobili e gli studenti. Non è un motorino per due, sottile e leggero com'è, con la sella corta e senza pedaline posteriori. Guido Laremi tiene le gambe sollevate, mi dice «Attento» tre o quattro volte. Ed è un giorno di novembre e Milano è vicina al suo peggiore grigio persecutorio, la casa dove mi aspettano a mangiare non mi attira affatto, non ho nessun programma interessante per il pomeriggio. Non c'è nessuna ragazza attraente che io speri di vedere presto; tutto quello che ho intorno mi sembra noioso e insensato allo stesso modo, privo di spunti. Anche visto a distanza e ricostruito non è un ricordo idilliaco, questo del mio motorino che vibra per le vecchie vie intasate di traffico, con Guido Laremi dietro stretto ai tubi del telaio.

A. De Carlo, *Due di due*, La Nave di Teseo, Milano, 2017

GUIDA ALLA LETTURA

In una fredda mattina d'autunno inoltrato, all'uscita da un liceo, avviene l'incontro-scontro fra due adolescenti molto diversi fra loro, ma entrambi oppressi dal clima plumbeo che incombe su Milano.

In un'atmosfera ostile o segnata dall'indifferenza degli studenti che sciamano fuori da scuola, l'io narrante urta con il suo motorino un coetaneo, che gli chiede un passaggio come per una sorta di risarcimento.

Mario – così, il lettore scoprirà più avanti, si chiama la voce narrante – a distanza di anni cerca di mettere a fuoco il ricordo di un episodio che, riusciamo a intuire, ha avuto un peso determinante nella sua esistenza.

I particolari si affollano nella memoria e rischiano di sovrapporsi, ma in quella giornata scura, in cui la ragazza che Mario sperava di intravedere non appare al suo orizzonte, la prospettiva di tornare a casa non lo attira per nulla e tutto sembra *noioso e insensato*, la figura di Guido appare l'unica in grado di portare con sé una promessa di cambiamento.

PERCHÉ LEGGERLO?

- Perché i protagonisti vengono seguiti durante tutto il loro percorso di crescita, così come la loro amicizia, che dura tutta la vita.
- Perché nella prima parte viene raccontata la contestazione giovanile attraverso gli occhi di chi l'ha vissuta.
- Perché la storia intriga e avvince fino all'ultima pagina.
- Perché i protagonisti fanno scelte destinate a diventare di moda nella società degli anni successivi, come l'abbandono della città in favore della campagna.

LAVORIAMO SULL'INCIPIT

1. Quale attesa suscita nel lettore l'espressione iniziale *La prima volta che ho visto Guido Laremi* [...]?
2. Quale particolare nelle righe iniziali del passo consente di individuare la stagione in cui è ambientato l'incipit?
3. Ricostruisci la condizione psicologica del narratore all'inizio della vicenda.
4. Quale atteggiamento dimostra nei confronti degli eventi?
5. Come si caratterizza invece Guido alla sua prima apparizione?
6. In alcuni passaggi l'autore procede stilisticamente per accumulazione, accostando cioè aggettivi e verbi. Rintraccia nel passo qualche esempio di questa tecnica e spiega quale significato assume secondo te.
7. Sulla base dell'incipit e del riassunto della trama, prova a spiegare quale significato può assumere il titolo.
8. Racconta in un testo di almeno una pagina il primo incontro con il tuo migliore amico. Fai attenzione a restituire non solo i fatti concreti, ma anche le tue sensazioni e i tuoi pensieri.

SCRITTURA CREATIVA Dal punto di vista di...

9. Riscrivi le prime 15 righe dell'incipit assumendo il punto di vista di Guido.

T4 Enrico Brizzi – Jack Frusciante è uscito dal gruppo

Enrico Brizzi nasce a Bologna nel 1974. Il padre è docente di Storia Moderna all'Università, la madre insegnante. Frequenta il liceo classico Galvani, sul cui sfondo è ambientato *Jack Frusciante è uscito dal gruppo*, e la Facoltà di Scienze della Comunicazione, dove ha come professore di Semiotica Umberto Eco.

Nel 1994 vince il concorso per nuovi narratori del mensile *King* e nello stesso anno, non ancora ventenne, pubblica il suo primo romanzo *Jack Frusciante è uscito dal gruppo*, tradotto in ventiquattro Paesi e da cui nel 1996 è stato tratto l'omonimo film. Dopo il successo del romanzo d'esordio Brizzi ha alternato l'attività di narratore con quella di autore di reportage di viaggi.

Protagonista del romanzo è Alex D., diciassettenne della media borghesia bolognese, in piena ribellione tardo adolescenziale: fino all'anno prima ragazzo coscienzioso e diligente, il *vecchio Alex*, come lo chiama il narratore della vicenda, *conoscente e persona informata dei fatti*, comincia a prendere le distanze dal conformismo della famiglia e dell'ambiente del liceo classico che frequenta. È il 1992 (anno che si deduce dai riferimenti interni alla finale del campionato europeo e dalle riflessioni sull'attentato di Capaci a Giovanni Falcone e agli uomini della sua scorta) e nella vita di Alex irrompe Adelaide, Aidi per gli amici, sedicenne di origine siciliana, che alla fine dell'anno scolastico partirà per gli Stati Uniti per un progetto di scambio culturale. Aidi riesce a penetrare oltre la corazza che Alex si è costruito e per lui è subito amore, ma la ragazza, consapevole dell'esperienza che la attende e che la porterà lontano, è prudente. Il loro rapporto si assesta così su un'**intensa amicizia** venata di amore sostanzialmente platonico. Passando attraverso varie vicissitudini, tra le quali il suicidio dell'amico Martino che segnerà radicalmente la vita di Alex, arriva giugno: per Aidi è l'ora della partenza e Alex sente che quello che sta per venirgli incontro sarà un altro anno *senza amore e senza gioia*.

Il romanzo si configura come una storia di **formazione** fitta di **citazioni musicali**, **cinematografiche** e **letterarie**, sullo sfondo di vicende e situazioni tipiche dell'età adolescenziale: la scuola, le uscite con gli amici, i viaggi studio a Londra, i contrasti con i genitori e, naturalmente, i primi amori.

Il titolo nasce da un fatto realmente accaduto nel 1992: John Frusciante (che diventa Jack probabilmente per evitare questioni legate ai diritti d'autore), chitarrista dei Red Hot Chili Peppers, una band rock statunitense, lascia inaspettatamente il gruppo, facendo, proprio come vorrebbe Alex, *un salto fuori dal cerchio*. Oggetto di una breve riflessione da parte del protagonista, l'episodio riassume proprio la morale del romanzo, l'aspirazione cioè a **uscire dagli schemi prefissati**.

Presto sarebbe volato via pure quello stupido febbraio e il vecchio Alex si sentiva profondamente infelice ma in modo distaccato, come se la sua vita appartenesse – sensazione fin troppo tipica e cruda ne convengo – a qualcun altro.

Ma non ghignate, per favore, poiché all'epoca il vecchio Alex non aveva ancora compiuto diciott'anni e in quei giorni il cielo di Bologna era espressivo come un blocco di ghisa sorda e da simili espressività non avreste potuto aspettarvi nulla d'esaltante, neppure uno di quei bei temporaloni definitivi che lavano le strade e da quasi due settimane la città giaceva tramortita sotto una pioggia esangue senza nome.

Quale conoscente del vecchio Alex e persona informata dei fatti mi limiterò ad aggiungere che una certa storia con una ragazza gli appariva ormai sfumata nel ricordo, gualcita dallo squallore sbalorditivo della vita di tutti i giorni: essere stato terribilmente felice con lei per quattro mesi gli sembrava – ecco un'altra delle sue sensazioni più crude – non fosse servito a niente.

Ascoltate: fino al giro di boa dei sedici anni e mezzo il nostro minorenne attento pettinato passivissimo – un volenteroso assoluto – era rimasto a marcire a un palmo dalla cattedra dei profii[1] e prendeva gli appunti, il cuoricino! diligente! servizievole! consacrato! un cadavere di buoni sentimenti scolastici sotto innumerevoli riguardi. E le entrate in classe strategiche alla seconda ora? *mai*! ché i suoi alsaziani[2] sensi di colpa avrebbero finito con l'ucciderlo altrimenti, e le assenze ingiustificate? *scherziamo*? Un devoto da levare il fiato, credete, e un bel momento invece, una mattina di maggio, albeggiava appena, terminata la lettura di *Due di due* dell'Andrea De Carlo quel matto aveva deciso con una fermezza giovanile di natura febbricitante e apparentemente superumana che nulla sarebbe più stato come prima, ché grazie a *Due di due* aveva aperto gli occhi sulle troppe stronzaggini tipo le tabelle dei verbi irregolari gli specchietti sinottici[3] la democrazia fasulla del consiglio d'istituto e il conformismo e la doppiezza dei profii, il modo biforcuto che avevano d'incoraggiare a parole l'indipendenza di giudizio dei ragazzi e la rabbia sottile con cui punivano ogni minimo segnale d'autonomia quei bastardi e in settembre all'inizio della seconda liceo[4] il nostro redento e l'amico Oscar s'erano precipitati su per le scale in testa al gruppo degli alunni sonnambuli e avevano occupato il banco più imboscato dell'aula guizzanti come cani giovani subito a proprio agio nei nuovi panni di neo-svogliati e rinselvatichiti, e così l'autunno e l'inverno erano trascorsi ottusi e lenti fra i muri giallognoli del liceo Caimani[5] ma elettrici e veloci via dalla schiffa galera fuori in compagnia di Depression Tony e l'Helios Nardini e quel kranio fosforescente del vecchio Hoge l'unico uomo al mondo persuaso (vi giuro ci vollero mesi per convincerlo dell'errore) che la dizione esatta di blue-jeans era blugìnx con la inx finale e a inizio marzo splendeva già il bel tempo in città, e ogni mattina Dio srotolava un cielo talmente azzurro con certe nuvole d'ovatta candida appese in lontananza che era impossibile non ghignare di felicità e affacciarsi al balconcino o uscire in strada e resistere alla tentazione di gridargli: grazie capo, non lo dimenticheremo!

◀ DAL TESTO ALLE PAROLE ▶ p. 512

E. Brizzi, *Jack Frusciante è uscito dal gruppo*, Transeuropa, Ancona, 1994

1. **profii**: termine che il protagonista del romanzo usa per riferirsi ai professori.
2. **alsaziani**: letteralmente Tedeschi, in senso figurato rigidi.
3. **sinottici**: che offrono una visione d'insieme.
4. **seconda liceo**: nel vecchio ordinamento, il quarto anno del liceo classico.
5. **liceo Caimani**: nome di fantasia, dietro cui si cela il liceo Galvani di Bologna.

GUIDA ALLA LETTURA

L'io narrante, un *conoscente* del *vecchio Alex* e persona *informato dei fatti*, stringe fin da subito un patto con i lettori rivolgendosi loro e invitandoli a *non ghignare* sullo stato d'animo del protagonista della vicenda che si accinge a raccontare. La tristezza di Alex è giustificata dall'atmosfera plumbea che incombe su Bologna (esattamente come accade per Milano nell'incipit di *Due di due* di De Carlo ▶ pag. 507), e soprattutto dal fatto che una storia con una certa ragazza è sfumata. E poco dopo ancora un invito, questa volta ad ascoltare: fino ai sedici anni e mezzo Alex era una persona completamente diversa, uno studente modello lontano da qualsiasi inquietudine. A precipitarlo nei turbamenti dell'adolescenza, come informa la voce narrante, è stata proprio la lettura di *Due di due*, che gli avrebbe aperto gli occhi sull'oppressione esercitata sugli studenti dalla scuola, tanto che Alex inizia la quarta *redento*. La narrazione procede e le apostrofi al lettore si ripresentano a sottolinearne i momenti più salienti, con lo sguardo ironico che caratterizza tutto l'incipit e lascia stabilire al lettore se la lettura del romanzo di De Carlo sia stata salutare, rendendo Alex più consapevole del mondo che lo circonda, o piuttosto dannosa, dal momento che ne ha scatenato l'infelicità.

PERCHÉ LEGGERLO?

- Per i costanti riferimenti al mondo della musica.
- Perché racconta le difficoltà dell'adolescenza dal punto di vista dei ragazzi.
- Per il linguaggio giovanile utilizzato.
- Perché è un affresco del passaggio dall'adolescenza all'età adulta.

LAVORIAMO SULL'INCIPIT

1. Come viene descritta l'atmosfera della città di Bologna?
2. A quale voce è affidata la narrazione?
3. Qual è stato il momento di svolta della vita di Alex?
4. Quale immagine dei professori emerge dal testo?
5. Quali sono le caratteristiche del linguaggio utilizzato? Perché secondo te l'autore compie questa scelta?
6. Quali aspetti dell'adolescenza emergono dal passo?

SCRITTURA CREATIVA Dal punto di vista di...

7. Immagina che il primo giorno della quarta Alex confidi a un compagno le ragioni del suo cambiamento. Scrivi un testo di circa una pagina.

VERSO LE COMPETENZE COMPITI DI REALTÀ

- *Comunicazione nella madrelingua*
- *Competenza digitale*
- *Imparare a imparare*
- *Competenze sociali e civiche*
- *Spirito di iniziativa e imprenditorialità*
- *Consapevolezza ed espressione culturale*

8. Scegli un libro o un film che abbia provocato in te un cambiamento importante.

   Costruisci una scheda indicando titolo, autore, breve sintesi della vicenda, occasione della lettura o della visione e tre motivi per cui essa si sia rivelata per te così significativa. Presentala ai tuoi compagni, eventualmente anche in formato multimediale.

   Confrontate le vostre esperienze e realizzate un opuscolo (o un file) *I libri/film di una vita*, a disposizione nella vostra biblioteca d'Istituto. Ricordate in questo caso di non inserire informazioni personali.

   Il vostro lavoro sarà valutato sulla base di questi parametri:

Criteri / Livello di padronanza	Iniziale (1)	Base (2)	Intermedio (3)	Avanzato (4)
Accuratezza delle schede di libri/del film				
Realizzazione dell'opuscolo				
Chiarezza espositiva				

DAL TESTO ALLE PAROLE

Democrazia L'etimologia greca del termine indica propriamente il "governo del popolo". Si tratta infatti di una forma di governo nella quale il potere è esercitato dal popolo in **forma diretta**, come avveniva appunto nell'antica Grecia con le assemblee dei cittadini, o attraverso l'elezione di rappresentanti, per cui si parla di *democrazia rappresentativa*. Questo è il significato tecnico del termine, ma occorre tener presente che oggi con *democrazia* ci si riferisce in genere a un concetto più vasto e articolato, cioè a una forma politica caratterizzata da alcuni princìpi fondamentali, come la **sovranità popolare** – espressa attraverso il diritto di voto –, la **separazione dei poteri** – legislativo, esecutivo e giudiziario –, l'**uguaglianza dei cittadini** di fronte alla legge e il fatto che vengano loro assicurati **diritti civili**, **politici** e **sociali**.

RINFORZIAMO IL LESSICO

1. Sul tuo quaderno disegna una tabella e completala inserendo nelle caselle tutte le forme di governo che conosci accompagnate dalle relative definizioni ed etimologie.

T5 Alessandro D'Avenia Bianca come il latte, rossa come il sangue

Alessandro D'Avenia nasce nel 1977 a Palermo. Nel capoluogo siciliano frequenta il liceo classico Vittorio Emanuele, dove incontra padre Pino Puglisi, sacerdote in prima linea contro la mafia, ucciso da Cosa Nostra il 15 settembre 1993 per il suo costante impegno evangelico e sociale, che insegna religione nello stesso istituto.

Dopo la laurea a Roma e un dottorato di ricerca presso l'Università di Siena, D'Avenia inizia parallelamente l'attività di insegnante e di scrittore.

Il romanzo d'esordio *Bianca come il latte, rossa come il sangue* esce nel 2010 e diventa rapidamente un successo internazionale. Nel 2013 ne è stato tratto un film alla cui sceneggiatura ha contribuito lo stesso D'Avenia.

Nell 2011 D'Avenia pubblica *Cose che nessuno sa*, e nell'ottobre 2014 *Ciò che inferno non è*, il suo terzo romanzo, omaggio alla figura di Don Puglisi.

Nel 2016 esce per Mondadori il saggio *L'arte di essere fragili. Come Leopardi può salvarti la vita.*

Leo è un sedicenne come tanti altri: ama la musica, il calcio e il motorino, suona la chitarra e non si separa mai dal suo iPod. A scuola subisce passivamente la mediocrità degli insegnanti, e solo il supplente di storia e filosofia riesce a scuoterlo dal suo torpore. Leo è atterrito dal bianco, il colore dell'assenza, e ama il rosso, il colore dell'amore, della passione e dei capelli di Beatrice, di cui è innamorato.

Quando scopre che la ragazza è malata di leucemia, Leo si trova di nuovo a fare i conti con l'odiato bianco e solo dopo mesi riesce a confessarle i suoi sentimenti.

Romanzo di formazione affidato al monologo dell'io narrante, *Bianca come il latte, rossa come il sangue* racconta che cosa accade quando un adolescente si trova a dover fronteggiare il dolore e la perdita.

Ogni cosa è un colore. Ogni emozione è un colore. Il silenzio è bianco. Il bianco infatti è un colore che non sopporto: non ha confini. Passare una notte in bianco, andare in bianco, avere un capello bianco... Anzi, il bianco non è neanche un colore. Non è niente, come il silenzio. Un niente senza parole e senza musica. In silenzio: in bianco. Non so rimanere in silenzio o da solo, che è lo stesso. Mi viene un dolore poco sopra la pancia o dentro la pancia, non l'ho mai capito, da costringermi a inforcare il mio bat-cinquantino, ormai a pezzi e senza freni (quando mi deciderò a farlo riparare?), e girare a caso fissando negli occhi le ragazze che incontro per sapere che non sono solo. Se qualcuna mi guarda io esisto.

Ma perché sono così? Perdo il controllo. Non so stare solo. Ho bisogno di... manco io so di cosa. Che rabbia! Ho un iPod in compenso. Eh sì, perché quando esci e sai che ti aspetta una giornata al sapore di asfalto polveroso a scuola e poi un tunnel di noia tra compiti, genitori e cane e poi di nuovo, fino a che morte non vi separi, solo la colonna sonora giusta può salvarti. Ti sbatti due auricolari nelle orecchie ed entri in un'altra dimensione. Entri nell'emozione dal colore giusto. Se ho bisogno di innamorarmi: rock melodico. Se ho bisogno di caricarmi: metal duro e puro. Se ho bisogno di pomparmi: rap e crudezze varie, parolacce soprattutto. Così non resto solo: bianco. C'è qualcuno che mi accompagna e dà colore alla mia giornata.

Non che io mi annoi. Perché avrei mille progetti, diecimila desideri, un milione di sogni da realizzare, un miliardo di cose da iniziare. Ma poi non riesco a iniziarne una che sia una, perché non interessa a nessuno. E allora dico: Leo, ma chi cazzo te lo fa fare? Lascia perdere, goditi quello che hai.

La vita è una sola e quando diventa bianca il mio computer è il miglior modo per colorarla: trovo sempre qualcuno con cui chattare (il mio nick è Il Pirata, come Johnny Depp). Perché questo lo so fare: ascoltare gli altri. Mi fa stare bene. Oppure prendo il bat-cinquantino senza freni e giro senza meta. Se una meta ce l'ho vado a trovare Niko e suoniamo due canzoni, lui con il basso e io con la chitarra elettrica. Un giorno saremo famosi, avremo la nostra band, la chiameremo La Ciurma. Niko dice che dovrei anche cantare perché ho una bella voce, ma io mi vergogno. Con la chitarra cantano le dita e le dita non arrossiscono mai. Nessuno fischia un chitarrista, un cantante invece...

▲ Scena tratta dal film *Bianca come il latte, rossa come il sangue*, regia di Giacomo Campiotti, 2013.

Se Niko non può ci vediamo con gli altri alla fermata. La fermata è quella del bus davanti a scuola, quella alla quale ogni ragazzo innamorato ha dichiarato al mondo il suo amore. Ci trovi sempre qualcuno e a volte qualche ragazza. A volte anche Beatrice, e io, alla fermata davanti a scuola, ci vado per lei.

È strano: di mattina a scuola non ci vuoi stare e al pomeriggio invece ci trovi tutti. La differenza è che non ci sono i vampiri, cioè i prof: succhiasangue che tornano a casa e si chiudono nei loro sarcofaghi[1], aspettando le prossime vittime. Anche se, al contrario dei vampiri, i prof agiscono di giorno.

Ma se davanti a scuola c'è Beatrice è un'altra cosa.

Occhi verdi che quando li spalanca prendono tutto il viso. Capelli rossi che quando li scioglie l'alba ti viene addosso. Poche parole ma giuste. Se fosse cinema: genere ancora da inventare. Se fosse profumo: la sabbia al mattino presto, quando la spiaggia è sola con il mare. Colore? Beatrice è rosso. Come l'amore è rosso. Tempesta. Uragano che ti spazza via. Terremoto che fa crollare il corpo a pezzi. Così mi sento ogni volta che la vedo. Lei ancora non lo sa, ma un giorno di questi glielo dico.

Sì, un giorno di questi glielo dico che lei è la persona fatta apposta per me e io per lei. È così, non c'è scampo: quando se ne accorgerà sarà tutto perfetto, come nei film. Devo solo trovare il momento adatto e la pettinatura giusta. Perché credo che sia soprattutto un problemi di capelli. Solo se Beatrice me lo chiedesse li taglierei. Ma se poi perdo le forze come quello lì della storia[2]? No, il Pirata non può tagliarsi i capelli. Un leone senza criniera non è un leone. Il mio nome è Leo mica per niente.

A. D'Avenia, *Bianca come il latte, rossa come il sangue*, Mondadori, Milano, 2010

1. **sarcofaghi**: contenitori destinati a custodire una bara o il corpo di un defunto.

2. **Ma se poi... della storia**: Leo allude alla storia del giudice biblico Sansone, la cui forza risiedeva nei capelli, mai tagliati per un voto. Quando Dalila glieli recise, Sansone perse temporaneamente la propria forza.

GUIDA ALLA LETTURA

La voce narrante si svela a poco a poco. Leo ama associare cose ed emozioni ai colori, ha un vecchio *bat-cinquantino* e l'*iPod*, è insofferente alla *scuola* e ai *compiti*: è insomma un adolescente con le passioni e le difficoltà della sua età, pieno di insicurezze al punto che per essere certo di esistere ha bisogno che qualcuno lo guardi. A salvarlo dall'apatia, dalla noia e dall'incertezza c'è solo la musica: una colonna sonora per ogni emozione, due auricolari che lo isolano dal resto del mondo o le canzoni preferite suonate insieme all'amico Niko. E poi ci sono le chat: Leo, ci rivela, è bravo ad ascoltare, e così trascorre parte del suo tempo. L'unica nota di colore nella sua vita è Beatrice, che con i suoi occhi verdi e i capelli rossi penetra nel bianco delle giornate di Leo. Il giovane non ha dubbi: è la ragazza fatta apposta per lui, deve solo trovare il coraggio di dirglielo e il modo di presentarsi al meglio, magari rinunciando perfino alla chioma di cui va tanto orgoglioso. Come finirà? Il lettore è incuriosito, l'incipit ha centrato il bersaglio.

PERCHÉ LEGGERLO?

- Perché il protagonista vive i sogni e le passioni di tutti gli adolescenti.
- Perché racconta una storia d'amore fra ragazzi.
- Perché incoraggia a coltivare i propri sogni.
- Perché sollecita il lettore a porsi domande e a cercare risposte.

LAVORIAMO SULL'INCIPIT

1. Da quali elementi si deduce l'età della voce narrante? Individuali nel testo.
2. Perché Leo odia il bianco?
3. Che visione ha Leo della scuola e degli insegnanti?
4. Ricostruisci il carattere di Leo come emerge dal testo.
5. Che rapporto ha Leo con la musica?
6. Che registro stilistico prevale nel passo?
7. Che reazioni suscita Beatrice in Leo? Rispondi con riferimenti al testo.
8. A che tipologia di narratore è affidata la vicenda?

SCRITTURA CREATIVA In forma di...

9. Prendendo spunto dal passo proposto, scrivi un testo di una pagina mettendo a fuoco i tuoi interessi e le tue frustrazioni di adolescente.

VERSO LE COMPETENZE COMPITI DI REALTÀ

- *Comunicazione nella madrelingua*
- *Competenza matematica e competenze di base in scienza e tecnologia*
- *Competenza digitale*
- *Imparare a imparare*
- *Spirito di iniziativa e imprenditorialità*
- *Consapevolezza ed espressione culturale*

10. Prepara un sondaggio da sottoporre a una decina di tuoi coetanei per indagare come trascorrono il tempo libero: amici, musica, sport, altri hobbies. Realizza un grafico che restituisca i dati raccolti (anche in formato multimediale) e commentali in un articolo da pubblicare sul giornalino scolastico.

    Il tuo lavoro sarà valutato sulla base di questi parametri:

Criteri / Livello di padronanza	Iniziale (1)	Base (2)	Intermedio (3)	Avanzato (4)
Accuratezza del sondaggio				
Realizzazione del grafico				
Efficacia dell'articolo				

UN CLASSICO DEL GENERE

T6 Jerome David Salinger – Il giovane Holden

ANALISI VISUALE

Jerome David Salinger nasce a New York nel 1919. Inizia molto giovane a scrivere racconti; dopo gli studi universitari, che non porta a termine, nel 1942 è chiamato alle armi e nel 1944 partecipa allo sbarco in Normandia. In Francia conosce Ernest Hemingway che legge alcuni suoi racconti e ne apprezza il talento. Terminata la guerra, Salinger pubblica diversi racconti e, nel 1951, *The catcher in the rye*, che in Italia, dove esce l'anno successivo, viene intitolato *Il giovane Holden*. Mentre la critica si divide, il romanzo conosce un grandissimo successo di pubblico e numerosi produttori e registi ne chiedono i diritti per la trasposizione cinematografica, ma invano. Nel 1953 Salinger lascia New York e si trasferisce nel New Hampshire, dove vive una vita appartata e pubblica ancora solo pochi racconti, anche se pare abbia continuato a scrivere con regolarità. Lo scrittore muore nel 2010.

Il sedicenne **Holden Caulfield**, protagonista e narratore, è appena stato espulso dal prestigioso collegio di Pencey, in Pennsylvania, a causa delle insufficienze in diverse materie. Le vacanze natalizie stanno per cominciare e Holden teme la reazione dei genitori. Prima di comunicare loro la notizia, il ragazzo decide perciò di tornare in segreto a New York e stare qualche giorno da solo.

Questo breve periodo, fra un sabato e un lunedì mattina, è il tempo in cui si svolge la trama del romanzo. Holden incontra diversi amici, si reca di nascosto a casa dei suoi, dove c'è Phoebe, la sorellina di dieci anni cui è molto legato, che lo rimprovera ma decide di coprirlo. Holden ha anche un fratello trentenne che lavora nel cinema a Hollywood e ne ha perso uno, di 13 anni, Allie, a causa della leucemia ad appena 13 anni. A lui si rivolge spesso in una sorta di dialogo ininterrotto. Il weekend di libertà si rivela ben presto deludente: Holden è costretto a soggiornare in un albergo squallido dove viene raggirato dal portiere, gli incontri con vecchi amici risultano noiosi, i soldi finiscono presto e le ambigue attenzioni di un vecchio professore presso cui si è rifugiato lo costringono di nuovo alla fuga. Holden vorrebbe mollare tutto e partire per l'Ovest, ma la sorellina Phoebe lo convince a desistere. In chiusura di romanzo Holden non racconta del ritorno a casa, ma fa riferimento a un ricovero e a una terapia psicanalitica da lui seguita.

L'anno della vicenda non è precisato, ma da riferimenti interni, compreso quello alla morte del fratello Allie, si deduce si tratti del 1949.

Il giovane Holden è divenuto ben presto un classico fra i **romanzi di formazione**. Holden è infatti un adolescente chiamato ad affrontare le difficoltà della crescita e l'ingresso nel mondo degli adulti: i tre giorni in cui si svolge la vicenda, gli incontri e le difficoltà che Holden affronta e la sua decisione finale costituiscono una sorta di viaggio iniziatico durante il quale il giovane è in cerca di sé stesso e del proprio posto nel mondo. Per portare a termine questo percorso Holden mette in campo un atteggiamento tipicamente adolescenziale di ribellione nei confronti delle regole. Per rendere ancora più verosimile il personaggio, Salinger affida il racconto, condotto in prima persona da Holden, non a una lingua letteraria, ma a un gergo giovanile, che la traduzione in italiano ha cercato di mantenere.

◀ Copertina di una delle edizioni americane de *Il giovane Holden*.

Se davvero avete voglia di sentire questa storia, magari vorrete sapere prima di tutto dove sono nato e com'è stata la mia infanzia schifa e che cosa facevano i miei genitori e compagnia bella prima che arrivassi io, e tutte quelle baggianate[1] alla David Copperfield[2], ma a me non mi va proprio di parlarne. Primo, quella roba mi secca, e secondo, ai miei genitori gli verrebbero un paio d'infarti per uno se dicessi qualcosa di troppo personale sul loro conto. Sono tremendamente suscettibili su queste cose, soprattutto mio padre. Carini e tutto quanto – chi lo nega – ma anche maledettamente suscettibili. D'altronde, non ho nessuna voglia di mettermi a raccontare tutta la mia dannata autobiografia e compagnia bella. Vi racconterò soltanto le cose da matti che mi sono capitate verso Natale, prima di ridurmi così a terra da dovermene venire qui a grattarmi la pancia[3]. Niente di più di quel che ho raccontato a D. B., con tutto che lui è mio fratello e quel che segue. Sta a Hollywood, lui. Non è poi tanto lontano da questo lurido buco, e viene qui a trovarmi praticamente ogni fine settimana. Mi accompagnerà a casa in macchina quando ci andrò il mese prossimo, chi sa. Ha appena preso una Jaguar. Uno di quei gingilli inglesi che arrivano sui trecento all'ora. Gli è costata uno scherzetto come quattromila sacchi[4] o giù di lì. È pieno di soldi, adesso, mica come prima. Era soltanto uno scrittore in piena regola, quando stava a casa. Ha scritto quel formidabile libro di racconti, *Il pesciolino nascosto*, se per caso non l'avete mai sentito nominare. Il più bello di quei racconti era *Il pesciolino nascosto*. Parlava di quel ragazzino che non voleva far vedere a nessuno il suo pesciolino rosso perché l'aveva comprato coi soldi suoi. Una cosa da lasciarti secco. Ora sta a Hollywood, D. B., a sputtanarsi. Se c'è una cosa che odio sono i film. Non me li nominate nemmeno. Voglio cominciare il mio racconto dal giorno che lasciai l'Istituto Pencey. L'Istituto Pencey è quella scuola che sta ad Agerstown in Pennsylvania. Probabile che ne abbiate sentito parlare. Probabile che abbiate visto gli annunci pubblicitari, se non altro. Si fanno la pubblicità su un migliaio di riviste, e c'è sempre un tipo gagliardo[5] a cavallo che salta una siepe. Come se a Pencey non si facesse altro che giocare a polo tutto il tempo. Io di cavalli non ne ho visto neanche uno, né lì, né nei dintorni. E sotto quel tipo a cavallo c'è sempre scritto: "Dal 1888 noi forgiamo[6] una splendida gioventù dalle idee chiare". Buono per i merli[7]. A Pencey non forgiano un accidente, tale e quale come nelle altre scuole. E io laggiù non ho conosciuto nessuno che fosse splendido e dalle idee chiare e via discorrendo. Forse due tipi. Seppure. E probabilmente erano già così prima di andare a Pencey. Ad ogni modo, era il sabato della partita di rugby col Saxon Hall. La partita col Saxon Hall, a Pencey, era un affare di stato. Era l'ultima partita dell'anno e pensavano che dovevi per lo meno ammazzarti se il vecchio Pencey non vinceva. Mi ricordo che verso le tre di quel pomeriggio me ne stavo là sul cocuzzolo di Thomsen Hill, proprio vicino a quel cannone scassato che

1. **baggianate**: sciocchezze.
2. **David Copperfield**: romanzo di Charles Dickens che racconta le sfortunate vicende giovanili dell'omonimo protagonista.
3. **grattarmi la pancia**: espressione gergale che equivale a "non far nulla".
4. **sacchi**: qui, dollari, ma si tratta di un'espressione gergale per indicare la moneta corrente.
5. **gagliardo**: vigoroso, valoroso.
6. **forgiamo**: plasmiamo.
7. **Buono per i merli**: anche questa è un'espressione gergale, equivale a "per chi ci crede".

aveva fatto la Guerra di Secessione[8] e tutto quanto. Di lì si vedeva tutto il campo, e si vedevano le due squadre che se le sonavano in lungo e in largo. Non si vedeva tanto bene la tribuna, ma si sentivano gli urli da maledetti, cupi e tremendi dalla parte del Pencey, perché tolto che mancavo io c'era la scuola al completo, e fiacchi e isolati dalla parte del Saxon Hall, perché la squadra ospite non portava quasi mai molta gente. Ragazze non ce n'erano mai molte, alle partite di rugby. Soltanto quelli dell'ultimo anno avevano il permesso di portare ragazze. Era una scuola terribile, da tutti i punti di vista. A me piace stare in un posto dove almeno ogni tanto si veda qualche ragazza in giro, anche se non fanno altro che grattarsi le braccia o soffiarsi il naso o anche soltanto ridacchiare e cose del genere. La vecchia Selma Thurmer – era la figlia del preside – veniva abbastanza spesso alle partite, ma non era certo il tipo da far smaniare di desiderio. Era una ragazza piuttosto in gamba, però. Una volta sono stato seduto vicino a lei nell'autobus di Agerstown, e abbiamo attaccato una specie di conversazione. L'ho trovata simpatica. Aveva un gran naso e le unghie tutte mangiucchiate a sangue, e portava quei dannati reggipetti imbottiti che stanno sempre in posizione di sparo, ma in un certo senso faceva pena. Quello che mi piaceva di lei è che non vi rifilava le solite merdate che suo padre era un grand'uomo. Doveva sapere che razza di marpione[9] sfessato che era. Io me ne stavo là sulla Thomsen Hill, e non giù alla partita, per il semplice motivo che ero appena tornato da New York con la squadra di scherma. Ero lo stramaledetto manager della squadra di scherma. Un affare di stato. La mattina eravamo andati a New York per quell'incontro con la Scuola McBurney. Ma l'incontro non c'era stato. Avevo lasciato fioretti, equipaggiamento e tutto su quella metropolitana della malora. Non era stata tutta colpa mia. Dovevo continuare ad alzarmi per guardare quella carta, se no non sapevamo dove scendere. Sicché eravamo tornati a Pencey verso le due e mezzo invece che per l'ora di cena. In treno, mentre tornavamo, tutta la squadra mi aveva messo al bando. Era stato abbastanza da ridere, a pensarci. L'altro motivo per cui non mi trovavo giù alla partita era che dovevo andare a salutare il vecchio Spencer, il mio professore di storia. Aveva l'influenza e compagnia bella, e io pensavo che probabilmente non l'avrei rivisto prima che cominciassero le vacanze di Natale. Mi aveva scritto quel biglietto per dirmi che voleva vedermi prima che andassi a casa. Sapeva che non sarei tornato a Pencey. Questo mi ero dimenticato di dirvelo. Mi avevano sbattuto fuori. Dopo Natale non dovevo più tornare, perché avevo fatto fiasco in quattro materie e non mi applicavo e le solite storie. Mi avevano avvertito tante volte di mettermi a studiare – specie a metà trimestre, quando i miei erano venuti a parlare col vecchio Thurmer – ma io niente. Sicché mi avevano liquidato. A Pencey succede spessissimo che liquidino qualcuno. È una scuola ad alto livello, Pencey. Altroché.

J. D. Salinger, *Il giovane Holden*, trad. it. di A. Motti, Einaudi, Torino, 2001

8. **Guerra di Secessione**: guerra combattuta fra gli Stati schiavisti del Sud e quelli antischiavisti del Nord degli Stati Uniti fra il 1861 e il 1865.

9. **marpione**: furbacchione.

GUIDA ALLA LETTURA

Fin dall'apertura il protagonista-narratore si rivolge direttamente ai lettori con il linguaggio giovanile che costituisce la cifra stilistica del romanzo (l'*infanzia schifa*, *compagnia bella*, le *baggianate*) e comunica loro di non avere nessuna intenzione di raccontare la sua vita fin dall'infanzia. Racconterà invece le *cose da matti* che gli sono capitate prima di Natale. Holden comincia così ad affastellare figure e ricordi di pochi ma assai significativi giorni della sua vita recente: il fratello maggiore che lavora nel cinema a Hollywood, l'espulsione dalla prestigiosa scuola di Pencey, la figlia del preside, il vecchio professore di storia. Su tutto e su tutti Holden posa uno sguardo disincantato e a tratti perfino indifferente. Oltre allo studio, apprendiamo infatti, egli non prende troppo sul serio nemmeno il fatto di essere stato messo al bando dai compagni della squadra di scherma per aver commesso un errore imperdonabile: si è dimenticato l'intera attrezzatura in metropolitana.

Il ritratto di Holden, insomma, è già delineato nelle prime righe del romanzo: svogliato, pigro, sbadato, a tratti inadeguato, ma sempre pronto, come è frequente nell'età dell'adolescenza, a trovare giustificazioni o a non dare peso alle proprie mancanze. Sono aspetti che lo rendono un personaggio capace di entrare rapidamente nelle grazie del lettore e di coinvolgerlo nella propria vicenda.

LAVORIAMO SULL'INCIPIT

1. In questo incipit fabula e intreccio coincidono? Rispondi citando il testo.
2. A chi è affidata la narrazione delle vicende?
3. Di quale colpa si è macchiato Holden secondo i suoi compagni?
4. Ricostruisci il personaggio di Holden come emerge dall'incipit del romanzo in un testo di una decina di righe.
5. Chi è Selma Thurmer?
6. Individua le espressioni gergali che rimandano al linguaggio giovanile.
7. Quale tono domina nella narrazione di Holden della propria vicenda?
8. Nel testo compaiono alcune "parolacce". Ritieni che siano motivate o le avresti evitate?
9. Scegli un episodio particolarmente imbarazzante della tua vita e raccontalo in un testo di una trentina di righe.

▲ Homer Winslow, *Schiocca la frusta*, 1872. Metropolitan Museum of Art, New York.

LABORATORIO

T7 Paola Mastrocola – Una barca nel bosco

Paola Mastrocola (1956) è una scrittrice torinese ex insegnante di liceo scientifico. I suoi libri parlano di scuola, di adolescenti, del rapporto genitori-figli e fanno spesso emergere una denuncia nei confronti delle inadeguatezze del sistema sociale e delle istituzioni scolastiche. *Una barca nel bosco* è la storia di un ragazzo, nato in un'isola del Sud Italia, molto bravo a scuola e aspirante latinista, che va a studiare in un liceo di Torino, dove deve fare i conti con un ambiente completamente diverso da quello in cui è cresciuto e da quello che si aspettava di trovare.

Non è per il tram. Il tram lo devo prendere per cinque anni alle sette di mattina. Ma non mi pesa. Mi pesa tutto quello che viene prima, quando sono ancora a casa al buio, e la luce non la posso accendere se no mia madre si sveglia e, visto che viene a letto così tardi, meglio di no; mi pesa che devo lavarmi al freddo perché il riscaldamento non è ancora partito, mettermi su il latte nel pentolino e stare attento quando sfrigola che non si metta a bollire, se no se ne esce tutto sul fuoco, ed è incredibile quanto puzza il latte quando cade sul fuoco. Veramente me la preparerebbe volentieri zia Elsa la colazione, ma siccome è molto grossa, se si alza troppo presto le gira la testa e potrebbe cadere. Mia madre mi ha detto: vuoi mica far cadere zia Elsa? Mi ci faccio la zuppa nel latte caldo. Prendo il pane, lo rompo a pezzi, lo lascio un po' così a galleggiare che diventa morbido e poi me lo mangio. È l'ultima cosa che mi pesa la zuppa, perché sono ancora in casa tutto solo, in mezzo al buio e al freddo, e mi sembra che sia toccata solo a me una vita dove ti inzuppi il pane al buio. Adesso che esco invece mi passa tutto. Perché vedo che la città è già tutta fuori, un mucchio di persone che si sono già lavate in bagno, si sono vestite, hanno fatto colazione, magari proprio una zuppa come la mia, e sono uscite; e secondo me tutto questo senza fare tante storie, nel senso che anche loro al buio e soli, però poi sembrano felici a prendersi il loro bravo tram e non dicono niente. E allora cosa dovrei dire io? Che sono il più fortunato di tutti, perché vado al liceo, non al lavoro o in una scuoletta da ridere. Il tram è pieno zeppo di gente; quando la porta si apre sembra che vengano tutti sputati fuori addosso a te, e tu ti dici: questo tram non riesco a prenderlo manco morto, arriverò tardi e non mi faranno entrare; e invece no, devi salire lo stesso, prendi la rincorsa e li spingi tutti in avanti. È la prima volta che vedo un tram. Su un'isola, difficile che si possa vedere un tram, dove lo metti un tram su un'isola? Sulla mia poi, che è uno sputo di isola, se ci metti un tram si prende tutta la piazza del porto e anche un pezzo di via Giuseppe Garibaldi, secondo me almeno fino alla farmacia. La cosa che mi stupisce di più di un tram è che non se ne può andare dove vuole, visto che in basso ha i binari e in alto il filo elettrico. Mi fa anche un po' pena. La gente che ci sale secondo me lo sa benissimo, infatti è diversa dalla gente che prende i pullman, è più... non so, è più quieta e più lenta; ad esempio se deve guardare fuori dai finestrini gli occhi li gira piano, e così per tutto, anche per andare a timbrare il biglietto ci va con i piedi felpati che sembrano dentro delle pantofole di pelo. Arrivo un po' in anticipo, perché avevo paura di arrivare in ritardo proprio il primo giorno, che non mi facessero entrare e mi rispedissero a casa dicendomi: non lo vogliamo uno che il primo giorno arriva in ritardo; allora ho preso il tram mezz'ora avanti. Mia madre me lo dice sempre: la prima cosa, Gaspare, è arrivare in orario. Così adesso aspetto un'ora e venti che aprano il portone. Mi siedo su una panchina del viale e guardo le foglie che cadono e quelle che non cadono. Strano che ne cadano già all'inizio di settembre, io credevo che la caduta delle foglie fosse un fatto autunnale con tanto di vento tremendo, nebbia e freddo; invece qui è una mattina tiepida, ancora estate, neanche una bava d'aria e le foglie cadono lo stesso. Ma come facevo a saperlo io, visto che sulla mia isola di viali neanche l'ombra? Comunque, di aspettare così tanto qui davanti non m'importa, perché alla fine quel portone lo dovranno pur aprire. E infatti alle otto meno dieci lo aprono.

Ci mandano tutti in palestra per dividerci in classi. A me tocca la 1ª B e salgo insieme a uno che comincia con la G, ma il cognome tutto intero non mi resta in mente neanche un po'. Mi metto nel banco con lui perché è quello che mi sta più vicino, tanto non conosco nessuno e quindi fa proprio lo stesso con chi mi metto nel banco. E allora inizia il mio primo giorno di liceo. Che è una di quelle cose che poi ti dovresti ricordare tutta la vita. Io invece è meglio che me lo dimentichi, perché questo benedetto primo giorno lo passo guardando scarpe. Dico le scarpe dei miei compagni. Perché loro le guardano a me. Guardano e ridono. E io allora mi metto a fare uguale, solo che io non rido. Anche perché m'ero messo in mente tutta un'altra cosa, e cioè che il primo giorno di liceo si fanno già cose toste. E questo perché me lo aveva detto mio padre: vedrai che fin dal primo giorno te ne accorgi com'è dura. Però mio padre di liceo cosa vuoi che ne sappia, e infatti aveva torto. Gli insegnanti ci spiegano che i primi giorni non si fa scuola, è vietato; si fa l'accoglienza. Ci porteranno in giro a conoscere la scuola, tipo le scale, la palestra, i bagni. Cioè non ci insegneranno niente, i primi giorni. E questo cinque ore al giorno per una settimana, che infatti si chiama «la settimana dell'accoglienza». Dicono che così ci passa la paura perché vediamo che andare al liceo è come bere un bicchiere d'acqua. Peccato. Perché, siccome me lo aveva detto mio padre, io mi ero immaginato che era bello tosto il liceo, non un bicchiere d'acqua che, se era solo per quello, me lo potevo bere tranquillamente a casa mia senza farmi questo migliaio di chilometri che mi sono fatto per venire fin qui.

P. Mastrocola, *Una barca nel bosco*, Guanda, Milano, 2004

▼ Illustrazione di Franco Matticchio.

LAVORIAMO SULL'INCIPIT: LABORATORIO

1. A chi appartiene la voce narrante?
2. Quali informazioni si ricavano dal testo riguardo al personaggio che parla in prima persona, alle sue origini e alla sua famiglia?
3. La vicenda si sviluppa in quattro ambienti diversi. Quali? Completa la tabella scrivendo per ognuno le azioni che in esso compie il protagonista.

	1° ambiente	2° ambiente	3° ambiente	4° ambiente
Descrizione				
Azioni compiute dal protagonista				

4. Quali avvertenze ha ricevuto dai genitori il ragazzo sul primo giorno di scuola superiore?
5. Il protagonista narratore dimostra sensibilità nei confronti dei membri della sua famiglia? Quali gesti in particolare ne sono la prova?
6. Il protagonista narratore è un acuto osservatore di chi lo circonda: spiega in un testo di almeno 10 righe come si ricava questo tratto della sua personalità dalla pagina che hai letto.
7. Alcuni passaggi della vicenda si colorano in senso ironico. Rintracciali e sottolineali nel testo.
8. Perché il narratore a un certo punto afferma che il primo giorno di scuola *è una di quelle cose che poi ti dovresti ricordare tutta la vita*?
9. Racconta in un testo di una pagina la cronaca del tuo primo giorno di scuola superiore, riferendo azioni, aspettative, impressioni, incontri.
10. Quali sono stati i motivi che ti hanno spinto a iscriverti nella tua scuola attuale? Spiegali in un testo di 15 righe.

SCRITTURA CREATIVA Dal punto di vista di...

11. Prendendo spunto dal passo proposto, scrivi un testo di una pagina mettendo a fuoco i tuoi interessi e le tue frustrazioni di adolescente.

VERSO LE COMPETENZE COMPITI DI REALTÀ

- *Comunicazione nella madrelingua*
- *Competenza digitale*
- *Imparare a imparare*
- *Competenze sociali e civiche*
- *Spirito di iniziativa e imprenditorialità*

12. Sulla base della tua esperienza dei primi giorni di scuola, elabora un progetto di accoglienza per i ragazzi che inizieranno le superiori il prossimo anno scolastico. Ipotizza una serie di attività e stendine il calendario, coinvolgi gli studenti e scegli gli spazi adatti. Il tuo lavoro sarà valutato sulla base di questi parametri:

Criteri / Livello di padronanza	Iniziale (1)	Base (2)	Intermedio (3)	Avanzato (4)
Accuratezza nella realizzazione del progetto				
Scelta di attività utili				
Efficacia comunicativa della campagna				

VERSO LE COMPETENZE: SCRIVERE E RIASSUMERE

1. Individua la tipologia di narratore negli incipit proposti e completa la tabella. Quale narratore prevale? Perché secondo te?

	Esterno	Interno
Il Signore delle Mosche		
Il buio oltre la siepe		
Due di due		
Jack Frusciante è uscito dal gruppo		
Bianca come il latte, rossa come il sangue		

2. Individua gli elementi ricorrenti nella caratterizzazione del personaggi negli incipit proposti e completa la tabella.

	Elementi ricorrenti nella caratterizzazione dei personaggi
Il Signore delle Mosche	
Il buio oltre la siepe	
Due di due	
Jack Frusciante è uscito dal gruppo	
Bianca come il latte, rossa come il sangue	

3. Sulla base dei caratteri della narrazione sentimentale delineati nella sezione della narrazione breve (*La narrazione sentimentale* ▶ pag. 140), spiega, in 10-15 righe, perché il romanzo di formazione rientra in questo ambito.

SCRITTURA CREATIVA Dal punto di vista di...

4. Riscrivi l'incipit di *Due di due* (▶ pag. 507) affidando la narrazione a Guido. Fai attenzione a escludere i fatti di cui non può essere a conoscenza.

SCRITTURA CREATIVA In forma di...

5. *Per la prima volta...*: partendo da questo attacco scrivi un racconto di formazione di almeno due pagine.

A COLPO D'OCCHIO _ Storie di formazione

STORIE DI FORMAZIONE

- **GOLDING, *Il Signore delle Mosche***
  - L'esperienza di alcuni ragazzi naufraghi su un'isola tropicale, che si misurano con la dimensione istintuale della natura umana
- **DE CARLO, *Due di due***
  - La storia dell'amicizia tra Guido e Mario, dai banchi del liceo alle scelte dell'età adulta
- **D'AVENIA, *Bianca come il latte, rossa come il sangue***
  - Il racconto di un anno di vita e di scuola di Leo, che ama Beatrice dai capelli rossi e attraverso di lei conosce il dolore e la malattia
- **LEE, *Il buio oltre la siepe***
  - L'abbandono delle illusioni infantili da parte di una bambina del sud degli Stati Uniti ancora segnato dai pregiudizi razziali
- **BRIZZI, *Jack Frusciante è uscito dal gruppo***
  - La storia di Alex, adolescente bolognese, alla ricerca di un'identità tra scuola, amici e un grande amore

OLTRE L'INCIPIT...

CONSIGLI DI LETTURA

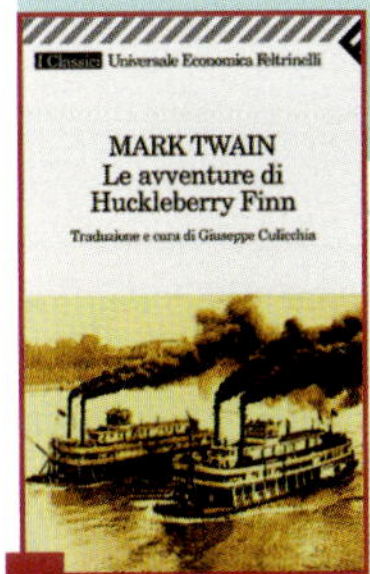

Mark Twain,
Le avventure di Huckleberry Finn

Huck, solo e senza regole, dorme in una botte vuota e vive spensierato tra l'ammirazione dei coetanei. Un intramontabile classico del genere datato 1884.

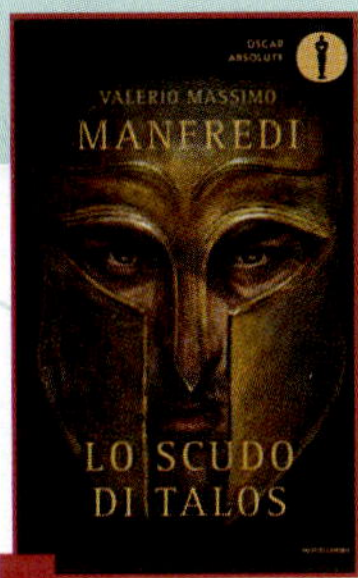

Valerio Massimo Manfredi,
Lo scudo di Talos

Abbandonato neonato per una malformazione, Talos trova il suo riscatto nelle guerre persiane: fra vicenda di formazione e romanzo storico.

Giacomo Mazzariol,
Mio fratello rincorre i dinosauri

La vita e le sue (belle) sorprese accanto a un fratello affetto dalla sindrome di Down, raccontata dall'autore diciottenne.

Khaled Hosseini,
Mille splendidi soli

Romanzo di formazione al femminile e intensa storia di amicizia sullo sfondo dell'Afghanistan sconvolto dalla guerra.

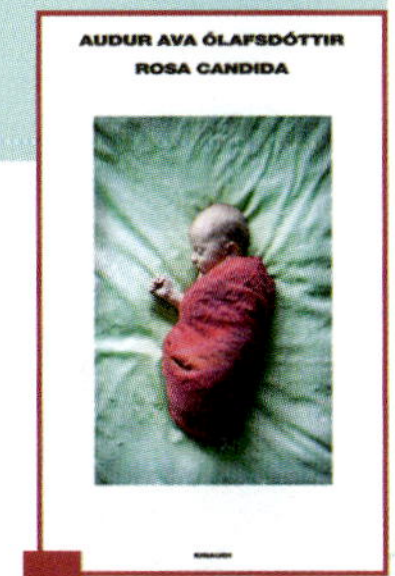

Audur Ava Ólafsdóttir,
Rosa candida

Di fronte a una responsabilità troppo grande per lui, Lobbi scappa con le amate talee di rosa: una storia delicata alla ricerca di se stessi.

Stefano Crupi,
Cazzimma

Dove domina la legge del più forte diventare criminali è facile, ma per redimersi la strada è tutta in salita. Eppure, magari anche grazie all'amore, ci si può riuscire.

Alessandro Mari,
L'anonima fine di Radice Quadrata

Crescere significa anche superare le distanze. Sofia lo impara attraverso un compagno che riempie taccuini e ha una vita che tiene nascosta.

Chiara Mezzalama,
Il giardino persiano

Un giardino incantato e una delicata storia di amicizia, soffocata dai pregiudizi degli adulti e dalle differenze culturali.

Marie-Renée Lavoie,
Volevo essere Lady Oscar

Hélène ha otto anni, vive in un quartiere popolare di Québec e sogna di essere come l'eroina del suo cartone preferito. Ma gli eroi si nascondono anche dove meno te l'aspetti.

Margherita Oggero,
L'ora di pietra

Nascosta presso una zia al Nord per aver assistito a un crimine, la tredicenne Imma scopre nei libri una nuova spinta verso la libertà.

CAPITOLO 8

RACCONTARE LA STORIA E L'ATTUALITÀ

1 IL ROMANZO TRA STORIA E ATTUALITÀ

Lo spazio occupato dal **romanzo realista** (per i caratteri e la storia della narrazione realistica ▶ pag. 24), che per secoli si è assunto il compito di raccontare la realtà, negli ultimi decenni, e in maniera sempre più massiccia negli ultimi anni, è stato invaso dai cosiddetti **media**: cinema, televisione, giornali e soprattutto internet. Pertanto l'urgenza di raccontare la realtà si è fatta negli scrittori meno pressante. A questo compito non si sottraggono tuttavia il **giallo** e i **romanzi** che raccontano l'attualità, specie nelle sue pieghe più drammatiche, come nel caso di un romanzo di successo mondiale, ***Molto forte, incredibilmente vicino*** (2005), di **Jonathan Safran Foer** (1977), ambientato al tempo dell'attentato alle Torri Gemelle. Tuttavia nella produzione più recente la dimensione dell'attualità difficilmente conquista il primo piano: succede per esempio nella trilogia dell'***Amica geniale*** di **Elena Ferrante**, dove la storia italiana del secondo Novecento resta confinata sullo sfondo della lunga vicenda di due amiche; o nel romanzo vincitore del Premio Campiello 2013, ***L'amore graffia il mondo*** (2012) di **Ugo Riccarelli** (1954-2013), la cui protagonista, Signorina, attraversa decenni di storia italiana. Appartengono al filone realistico anche i romanzi che scelgono di raccontare eventi del passato con uno sguardo scrupoloso: è il caso, per esempio, dei romanzi di **Lia Levi** (1931), che concentra la sua attenzione sull'epoca delle leggi razziali fasciste emanate in Italia contro gli ebrei nel 1938, come ne ***Il braccialetto*** (2014). A metà fra l'attualità stringente, la biografia e il romanzo si colloca ***Non dirmi che hai paura*** (2014) di **Giuseppe Catozzella** (1976), storia del tentativo di fuggire dalla Somalia messo in atto da una giovane atleta e del doloroso percorso verso l'Italia. Pur con un andamento che attinge ancora molto al romanzo, *Non dirmi che hai paura* si colloca in una delle nuove frontiere della narrativa contemporanea, le cosiddette "**scritture di confine**" o "**non-fiction**", in cui la sfida di un "**nuovo realismo**" è accolta dagli autori con la progressiva riduzione dell'invenzione narrativa e l'adozione di scritture ibride fra il racconto, l'inchiesta, il reportage e il saggio, con effetti anche sulla forma, che si ispira al modello giornalistico e tende perciò a semplificarsi. È il caso, clamoroso, di ***Gomorra*** (2006) di **Roberto Saviano** (1979), libro-denuncia sulle attività della camorra, a metà fra il racconto e il reportage.

Il percorso di questa sezione si snoda fra **storia** e **attualità**. Nella Preistoria è ambientato ***Il più grande uomo scimmia del Pleistocene***, che affronta l'atavico scontro fra un'idea del mondo aperta al progresso e posizioni rigidamente conservatrici; ***L'amico ritrovato*** e ***Il bambino di Noè*** si sviluppano nel tragico contesto della Shoah e delle persecuzioni razziali. Una bruciante attualità genera invece le vicende di ***Per questo mi chiamo Giovanni*** e di ***Non dirmi che hai paura***: nel primo caso l'attentato di Capaci a Giovanni Falcone e agli uomini della sua scorta è raccontato da un padre al figlio per invitarlo a non accettare la prepotenza di alcuni compagni di classe; nel secondo la tragedia dei migranti, vittime dei loro sogni, dei criminali sfruttatori che organizzano e lucrano sui viaggi della speranza e dell'indifferenza, è denunciata attraverso la versione romanzata di una storia vera.

▶ Illustrazione di Lindsay Pollock tratta dal racconto grafico *Hasko*.

T1 Fred Ulhman – L'amico ritrovato

Fred Uhlman nasce in Germania, a Stoccarda, nel 1901. Frequenta nella sua città l'Eberhard-Ludwigs-Gymnasium, istituto di gloriose tradizioni, e completa la sua formazione con gli studi in legge.

Dal 1927 esercita la professione di avvocato e diventa membro attivo del Partito socialdemocratico tedesco (SPD). A causa della sua origine ebraica, sotto il regime nazista è costretto a lasciare la Germania per recarsi prima in Francia, dove si fa conoscere come pittore, e tre anni dopo in Inghilterra, dove ottiene successi per l'attività artistica.

L'amico ritrovato, pubblicato nel 1971, inizia la *Trilogia del ritorno*, che comprende anche ***Un'anima non vile*** e ***Niente resurrezioni, per favore***. La notorietà in campo letterario gli arriva tuttavia postuma, legata sia a *L'amico ritrovato*, tradotto in 19 lingue e divenuto film nel 1989, sia all'opera autobiografica *Storia di un uomo*.

Stoccarda, 1932: al Karl Alexander Gymnasium arriva un nuovo allievo, Konradin, conte di Hohenfels, casata di antica nobiltà tedesca. Agli occhi di Hans Schwarz, figlio di un medico ebreo, egli rappresenta il **mondo sconosciuto** e **affascinante dell'aristocrazia**, che incute soggezione anche alle autorità della scuola.

Così Hans, timido e riservato, si impegna a catturare l'attenzione del nuovo compagno e riesce prima ad avvicinarlo, poi a diventare suo amico, nonostante le tante differenze che caratterizzano le loro vite.

Ben presto, però, il **clima politico-culturale della Germania hitleriana** segna l'esistenza dei due adolescenti e il destino della loro amicizia: gli effetti della propaganda antisemita non tardano a manifestarsi e a stravolgere il mondo di Hans, mentre all'orizzonte si profila la tragedia dell'Olocausto.

Entrò nella mia vita nel febbraio del 1932 per non uscirne più. Da allora è passato più di un quarto di secolo, più di novemila giorni tediosi e senza scopo, che l'assenza della speranza ha reso tutti ugualmente vuoti – giorni e anni, molti dei quali morti come le foglie secche su un albero inaridito.

Ricordo il giorno e l'ora in cui il mio sguardo si posò per la prima volta sul ragazzo che doveva diventare la fonte della mia più grande felicità e della mia più totale disperazione. Fu due giorni dopo il mio compleanno, alle tre di uno di quei pomeriggi grigi e bui, caratteristici dell'inverno tedesco.

Ero al Karl Alexander Gymnasium di Stoccarda, il liceo più famoso del Württemberg[1], fondato nel 1521, l'anno in cui Lutero[2] comparve davanti a Carlo V, imperatore del Sacro Romano Impero e re di Spagna.

Ricordo ogni particolare: l'aula scolastica, con le panche e i banchi massicci, l'odore acre, muschioso, di quaranta pesanti cappotti invernali, le pozze di neve disciolta, i contorni bruno-giallastri sulle pareti grigie in corrispondenza del punto in cui, prima della rivoluzione, erano appesi i ritratti del Kaiser Guglielmo[3] e del re del Württemberg. Se chiudo gli occhi, riesco ancora a vedere le schiene dei miei compagni, molti dei quali sono morti nelle steppe della Russia o nelle sabbie di Alamein. Risento ancora la

1. **Württemberg**: regione sud-occidentale della Germania. Stoccarda ne è la città principale.

2. **Lutero**: Martin Lutero, il promotore della Riforma protestante.

3. **Kaiser Guglielmo**: l'ultimo imperatore del secondo Reich.

voce stanca e disillusa di Herr[4] Zimmermann che, condannato all'insegnamento a vita, aveva accettato il suo destino con triste rassegnazione. Aveva il volto pallido e i capelli, i baffi e la barbetta a punta erano striati di grigio. Guardava il mondo attraverso gli occhiali a pince-nez[5] che teneva appoggiati sulla punta del naso con l'espressione di un cane randagio in cerca di cibo.

Anche se non doveva avere più di cinquant'anni, a noi pareva che ne avesse ottanta.

Lo disprezzavamo perché era buono, gentile e aveva addosso l'odore dei poveri – molto probabilmente il suo appartamentino bicamere non era dotato di bagno – e anche perché in autunno e nei lunghi mesi invernali indossava un abito lustro, verdastro e rappezzato (possedeva un altro vestito, che portava in primavera e in estate). Lo trattavamo dall'alto in basso e, a volte, anche con crudeltà, la crudeltà codarda che i ragazzi in buona salute mostrano spesso nei confronti dei deboli, dei vecchi e degli indifesi.

Si stava facendo buio, ma non abbastanza per accendere la luce. Dalle finestre distinguevo ancora con chiarezza la chiesa della guarnigione, un brutto edificio costruito nel tardo ottocento, temporaneamente abbellito dalla neve che copriva le torri gemelle svettanti nel cielo plumbeo. E belle erano anche le colline bianche che circondavano la mia città natale, al di là delle quali finiva il mondo e iniziava il mistero. Scarabocchiavo, mezzo addormentato, inseguendo le mie fantasie e strappandomi di tanto in tanto un capello per tenermi sveglio, quando si udì un colpo alla porta e, prima che Herr Zimmermann avesse potuto dire: *Herein*[6], entrò il professor Klett, il direttore. Nessuno, tuttavia, degnò di uno sguardo l'ometto azzimato[7], perché i nostri occhi si posarono all'unisono sullo sconosciuto che lo seguiva, novello Fedro al seguito di Socrate[8].

Lo fissammo come se fosse stato un fantasma. Più ancora del portamento pieno di sicurezza, dell'aria aristocratica, del sorriso appena accennato e vagamente altezzoso, ciò che mi colpì – con me anche gli altri – fu la sua eleganza. Per quanto riguardava l'abbigliamento, infatti, io e i miei compagni costituivamo una congrega ben squallida. Le nostre madri erano convinte che per andare a scuola andasse bene qualsiasi cosa, purché fatta di stoffa robusta e resistente. Visto che l'interesse nei confronti delle ragazze era ancora sopito, non ci importava molto di farci vedere con indosso quell'insieme penoso di giacche e pantaloni corti o alla zuava, tutti ugualmente pratici e funzionali, acquistati nella speranza che sarebbero durati finché non fossimo cresciuti troppo per portarli.

Ma il ragazzo che ci stava davanti era diverso. I pantaloni lunghi che portava erano di ottimo taglio e perfettamente stirati, ben diversi dai nostri confezionati in serie. L'abito dall'aria costosa era ricavato in un tessuto grigio chiaro a spina di pesce, di sicura fabbricazione inglese. La camicia azzurra e la cravatta blu a pallini bianchi facevano apparire le nostre, per contrasto, sporche, unte e sdrucite. Anche se ogni tentativo di eleganza costituiva ai nostri occhi un segno di effeminatezza, non potemmo impedirci di prova-

4. **Herr**: Signor in tedesco.
5. **occhiali a pince-nez**: tipo di occhiali senza stanghette in uso nell'Ottocento e nel primo Novecento.
6. ***Herein***: qui.
7. **azzimato**: eccessivamente curato nella persona.
8. **novello Fedro al seguito di Socrate**: in uno dei dialoghi di Platone (428-348 a.C.) il *Fedro*, si racconta che il filosofo Socrate, incontrato il discepolo Fedro, lo abbia invitato a seguirlo in un luogo tranquillo per discutere con lui del significato dell'amore.

re invidia nei confronti di quella figura, che trasudava agio e distinzione.

Il professor Klett andò dritto verso Herr Zimmermann, gli sussurrò qualcosa all'orecchio e sparì nell'indifferenza generale. I nostri sguardi erano fissi sul nuovo venuto che se ne stava immobile e composto, senza mostrare alcun segno di nervosismo o di timidezza. In un certo senso sembrava più vecchio e più maturo di noi, tanto da farci dubitare che si trattasse solo di un futuro allievo. Non saremmo rimasti sorpresi se fosse sparito altrettanto in silenzio e misteriosamente di com'era arrivato.

Herr Zimmermann si tirò su gli occhialini, esplorò la classe con occhi stanchi, scoprì un posto vuoto proprio davanti a me, scese dalla pedana e, tra la sorpresa dei presenti, accompagnò il nuovo venuto al banco che gli aveva assegnato. Poi, con un leggero cenno del capo, quasi che avesse avuto in mente di inchinarsi ma non avesse osato farlo, indietreggiò lentamente senza smettere di guardarlo. Tornato alla cattedra, gli si rivolse dicendo: «Vorrebbe cortesemente comunicarmi il suo nome e cognome, e il luogo e la data di nascita?»

▲ Egon Schiele, *Ritratto di ragazzo*, 1910. Collezione privata.

Il giovane si alzò. «Konradin, conte di Hohenfels, nato a Burg Hohenfels, nel Württemberg, il 19 gennaio 1916» annunciò. Poi si sedette.

F. Ulhman, *L'amico ritrovato*, trad. it. di M. Castagnone, Feltrinelli, Milano, 1971

GUIDA ALLA LETTURA

Il romanzo si apre disegnando un arco temporale che ha a un estremo il febbraio del 1932, quando il narratore conosce il ragazzo che doveva divenire la fonte più grande della sua felicità, e all'altro il momento in cui il narratore, ormai uomo maturo, decide di rievocare i fatti della sua adolescenza.

La forza del sentimento di cui si parlerà emerge fin da subito con chiarezza: la presenza dell'altro non è mai svanita e la vita, dopo di lui, è stata insopportabilmente vuota. Il lettore ha molte indicazioni da questo inizio e si addentra nella vicenda con l'aspettativa di una conclusione non lieta a dispetto di una felicità raggiunta e poi svanita.

Gli eventi del lungo flashback si svolgono in Germania a partire, appunto, dal 1932, anno cruciale per la storia tedesca perché alle elezioni il Partito nazista, guidato da Adolf Hitler, ottiene un notevole e definitivo successo. La storia di quei tragici anni affiora comunque già quando il narratore preannuncia il destino di tanti compagni di scuola: *molti [...] sono morti nelle steppe della Russia o nelle sabbie di Alamein*.

L'apparizione di Konradin avviene durante una lezione di Herr Zimmermann, anziano insegnante, disilluso e privo di motivazioni verso il suo incarico, ma *buono* e *gentile*. Il tempo passa lento, le parole dell'insegnante addormentano, quand'ecco che il direttore entra ad accompagnare un nuovo allievo le cui fattezze polarizzano l'attenzione per il palese contrasto con gli altri studenti. Davanti a lui il professore stesso sembra in leggero imbarazzo. Konradin, conte di Hohenfels, è entrato nella vita di Hans, il narratore, per non uscirne mai più.

PERCHÉ LEGGERLO?

- Perché racconta un'incredibile amicizia tra persone molto diverse.
- Perché fa conoscere con semplicità di linguaggio e intensità di emozioni il mondo interiore di un adolescente.
- Perché è in grado di far comprendere al lettore l'orrore dell'antisemitismo senza trattare direttamente la vita del lager.
- Perché sorprende il lettore con una celebrazione del coraggio e della solidarietà tra gli uomini.

LAVORIAMO SULL'INCIPIT

1. A che punto della sua vita il narratore decide di raccontare la storia della sua amicizia con Konradin?
2. Come descrive la sua vita da adulto?
3. *[...] riesco ancora a vedere le schiene dei miei compagni, molti dei quali sono morti nelle steppe della Russia o nelle sabbie di Alamein*: a quali fatti storici si riferisce il narratore? Quale tecnica di alterazione della fabula usa in questo caso?
4. Qual è il rapporto tra il docente e la classe? Perché Hans parla di una *crudeltà codarda* da parte dei ragazzi?
5. Come viene caratterizzato il personaggio di Konradin?
6. Come reagisce l'insegnante all'arrivo del nuovo allievo? Rispondi con riferimenti al testo.
7. Racconta in una pagina un incontro che per te è stato importante, utilizzando riferimenti precisi all'ambiente e al tempo.

T2 Roy Lewis – Il più grande uomo scimmia del Pleistocene

Roy Lewis (Felixstowe, 1913-1996) si laurea in Economia a Oxford e collabora con giornali specializzati in materia economico-finanziaria prima di essere assunto al celebre quotidiano «The Times». La sua attività lo porta a viaggiare in Asia e in Africa, viaggi che gli permettono di conoscere il paleoantropologo Louis Leachei, studioso degli ominidi. Da questo incontro Lewis ricava il materiale per il romanzo che lo rende famoso.

Il romanzo è la storia di un'orda preistorica che vive in Africa durante l'era geologica caratterizzata dalla **comparsa** e dall'**evoluzione dell'uomo sulla Terra**.

A guidarla è **Edward**, **capofamiglia progressista**, impegnato a "bruciare" le tappe del processo evolutivo per uscire dal Pleistocene il più in fretta possibile e inaugurare una nuova era. I figli guardano con apprensione e talvolta mal sopportano le mire paterne, preferendo una tranquilla e consolidata routine alle novità che il genitore ha sempre in serbo per loro.

Attraverso la voce narrante di Ernest, il secondogenito, il lettore assiste alla scoperta di modi per trasportare il fuoco – con il corollario di incidenti che ne derivano –, alla conquista di sedi più confortevoli, alla specializzazione dei compiti in famiglia caldeggiata dal genitore, all'individuazione di nuove regole per gli accoppiamenti, rigorosamente fuori dall'orda per favorire il miglioramento della specie.

A Edward si contrappone il fratello **Vania** (lo *zio Vania* del testo), **ostile al cambiamento** e contrario ad abbandonare la foresta per quello che ritiene un modo artificiale di vivere, mentre il fratello Ian, instancabile viaggiatore, porta dagli altri continenti notizie sui progressi degli altri gruppi umani.

La Preistoria conosciuta sui manuali scorre animata da una nuova vitalità: sempre a un passo dalla morte, vissuta come una fatalità necessaria, questa umanità primordiale diventa una prova generale delle future dinamiche dei gruppi umani evoluti.

Quando i venti soffiavano forte da nord, spifferando gelidi che la grande cappa di ghiaccio continuava la sua avanzata, noi ammucchiavamo tutte le nostre riserve di legna e fascine davanti alla caverna e facevamo un gran fuoco, convinti che per quanto a sud si fosse spinta stavolta, fino in Africa, addirittura, noi eravamo perfettamente in grado di affrontarla e vincerla.

Avevamo un bel daffare a procurarci il combustibile necessario per tutti quei falò, anche se con una buona lama di quarzite[1] un ramo di cedro da mezza spanna[2] si taglia in dieci minuti; erano gli elefanti e i mammut a tenerci caldi, con la loro premurosa abitudine di sradicare gli alberi per provare la forza di proboscidi e zanne. L'Elephas antiquus[3] si dedicava a questo sport anche più del tipo moderno, perché era ancora in pieno sforzo evolutivo, e se un animale in evoluzione ha un chiodo fisso, è lo stato della propria dentatura.

I mammut, che a quei tempi si sentivano già quasi perfetti, sradicavano alberi solo quando erano arrabbiati, o quando volevano far colpo sulle femmine. Nella stagione degli amori bastava seguire il branco per far legna; nelle altre, un sasso ben centrato dietro l'orecchio di un mammut al pascolo faceva miracoli, garantendoti il riscaldamento anche per un mese. È un trucco, lo dico per esperienza personale, che funziona ottimamente con i grossi mastodonti; ma ce ne vuole, poi, per trascinare a casa un baobab sradicato. Brucia bene, ma non puoi avvicinarti a meno di trenta metri. Del resto è inutile portare le cose agli estremi. In genere tenevamo acceso un bel falò quando faceva proprio freddo e i ghiacciai del Kilimangiaro e del Ruwenzori[4] scendevano sotto la linea dei tremila metri.

Le faville salivano al cielo, nelle gelide e serene notti d'inverno, la legna verde sfrigolava, quella secca crepitava, e il nostro fuoco splendeva come un faro su tutta la Rift Valley[5]. Quando la temperatura si abbassava parecchio anche in pianura, e le piogge spargevano umido e dolori alle giunture, costringendoci a restare al chiuso, veniva a trovarci zio Vania. Arrivava sfrecciando tra le fronde degli alberi, annunciato da uno ziff-ziff-ziff che suonava inconfondibile quando il traffico della giungla si azzittiva per un momento; di tanto in tanto, il sinistro

▶ Mammuth in un paesaggio invernale, illustrazione.

1. **quarzite**: roccia composta in prevalenza da quarzo.
2. **spanna**: unità di misura antica che equivale a circa 20 cm.
3. **Elephas antiquus**: specie estinta di elefante detto anche "elefante dalle zanne dritte".
4. **Kilimangiaro e Ruwenzori**: montagne di origine vulcanica dell'Africa centrale.
5. **Rift Valley**: sistema di fosse tettoniche situato lungo il bordo orientale del continente africano.

spezzarsi di un ramo sovraccarico, seguito da un'imprecazione soffocata, che diventava un urlo d'ira francamente bestiale se davvero gli accadeva di precipitare giù.

Alla fine la sua figura massiccia sbucava ciondolando nel chiarore del fuoco: le braccia lunghe fin quasi a toccare terra, la testa quadra incassata nelle spalle larghe e villose, gli occhi iniettati di sangue, le labbra arrovesciate nel consueto sforzo di farne sporgere i canini, cosa che gli conferiva l'espressione di chi inalberi un sorriso ipocrita a una festa che chiaramente aborre[6]; da bambino lo trovavo terrificante.

R. Lewis, *Il più grande uomo scimmia del Pleistocene*, trad. it. di C. Brera, Adelphi, Milano, 1992

6. **aborre**: detesta.

GUIDA ALLA LETTURA

Il romanzo si apre con la descrizione della difficile vita degli ominidi raccontata non da un narratore esterno, ma da una voce narrante che ne registra i problemi: è questa la grande invenzione narrativa del romanzo, che presta a un uomo scimmia le parole della lingua evoluta e la consapevolezza del mondo propria dell'uomo del XX secolo per far entrare il lettore nell'ambiente e nelle dinamiche di gruppo della preistoria. Così la voce narrante informa della necessità di far fronte al freddo, della difficoltà di procurarsi legna, degli stratagemmi adottati allo scopo sfruttando la potenza e le "fissazioni" (*L'Elephas antiquus [...] ha un chiodo fisso*) dei grandi animali preistorici. Davanti agli occhi del lettore si apre il paesaggio della Rift Valley dei primordi: vulcani, pianure, foreste, elefanti, mammut e sparuti gruppi di ominidi. Alcuni di loro hanno già i piedi per terra, altri, come lo zio Vania, sono orgogliosamente ancorati alle vecchie abitudini, come lo sfrecciare tra le fronde degli alberi appendendosi ai rami e talvolta precipitando per *lo spezzarsi di un ramo sovraccarico*. Le tappe dell'evoluzione prendono vita e colore in questo zio che spaventa i nipotini facendo sporgere i canini, segno di un'animalità esibita con fierezza.

PERCHÉ LEGGERLO?

- Perché fornisce una diversa prospettiva sulla vita degli uomini preistorici.
- Perché il libro gioca su un divertente paradosso: gli uomini primitivi pensano e si esprimono come gli uomini di oggi.
- Perché il rapporto tra anziani e giovani ripropone in modo bizzarro il conflitto generazionale di tutti i tempi.

LAVORIAMO SULL'INCIPIT

1. Per quale motivo la storia è ambientata nell'area della Rift Valley?
2. In quale fase climatica si trovano il narratore e la sua famiglia?
3. Qual è lo stratagemma escogitato dagli ominidi per fare rapidamente legna?
4. Lo zio Vania oppone notevole resistenza all'evoluzione. Come viene caratterizzato fisicamente? A quale stadio evolutivo lo ricollega la descrizione che ne fa il narratore?
5. Qual è la differenza tra l'*Elephas antiquus* e il mammut? Rispondi sia con riferimenti al testo sia con una breve ricerca sulle caratteristiche dei due animali.
6. Questo incipit ti invoglia alla lettura o qualche aspetto, per esempio un'impostazione così originale delle vicende preistoriche, ti scoraggia? Motiva la tua risposta.

T3 Luigi Garlando _ Per questo mi chiamo Giovanni

Luigi Garlando nasce nel 1962 a Milano e nella stessa città si laurea in Lettere moderne. Comincia a lavorare nel mondo dei fumetti e successivamente approda alla «Gazzetta dello Sport», dove gli viene affidata una rubrica personale. Scrive libri per ragazzi trattando temi d'attualità, sociali e sportivi.

In una scuola elementare di Palermo un bambino pluriripetente ha un comportamento prepotente e ricattatorio nei confronti di alcuni compagni. Tra le sue vittime c'è Giovanni, il protagonista della storia. In occasione del suo decimo compleanno il papà ha pensato di fargli un regalo speciale: un'intera giornata insieme, a camminare per le strade e le piazze della città, per vedere tutti i luoghi in cui è vissuto e ha operato **Giovanni Falcone**, un magistrato coraggioso che ha lottato con passione contro la **mafia**. Ripercorrere la vicenda pubblica di quest'uomo, le sue scelte, le sue sconfitte e le sue vittorie conduce Giovanni a comprendere, da un lato, le ragioni per cui ha ricevuto il suo nome di battesimo e, dall'altro, il volto concreto e violento della mafia, una nemica presente in molti ambienti, anche a scuola, che deve essere combattuta fin da piccoli.

Papà entrò in camera mia dopo cena. Seduto alla scrivania, stavo ripassando la lezione di storia. Eravamo arrivati a Garibaldi che libera tutta la mia Sicilia, poi a un certo punto riceve una lettera e risponde: «Obbedisco»[1]. Solo quello: «Obbedisco». Era un punto che non mi risultava chiarissimo: perché doveva fermarsi e tornare indietro, visto che continuava a vincere battaglie su battaglie? Probabilmente, quando la maestra l'aveva spiegato in classe, mi ero distratto. In ogni caso, quell'eroe a cavallo con la barba folta, che batteva tutti, mi entusiasmava. Vestiva la casacca rossa come David Beckham del Manchester United, che è la più brava ala destra del mondo. Era forte come Braveheart[2] che avevo visto al cinema e che combatteva con la gonna, perché in Scozia portano la gonna anche gli uomini. Mio padre si sedette sul mio letto e prese in braccio Bum, lo scimpanzé di peluche. Aveva una faccia strana (papà, non lo scimpanzé), come quando ha qualcosa da dirmi e non sa da dove cominciare. Bum è strano per un altro motivo: ha i piedi bruciati. È stato uno dei primi regali che ho ricevuto in vita mia. "Non può camminare, va tenuto in braccio" mi hanno sempre spiegato. Ma sorride, quindi vuol dire che non sta poi tanto male. I miei amici mi invidiano: il lavoro di mio padre è aprire negozi di giocattoli. Ne ha tre solo a Palermo, uno in viale della Libertà, dove abitiamo. Posso avere tutti i giochi che voglio, di legno o elettronici, peluche dell'ultima generazione che parlano, si grattano e ripetono le tabelline. Ma Bum, nonostante i suoi piedi neri, resterà per sempre il numero uno. Credo che sia anche il preferito di papà. A volte vedo che entra nella mia stanza, anche se non ci sono io, e lo accarezza. Ho sempre pensato che quei due mi nascondessero un segreto. La storia delle zampe bruciate mi risultava strana come l'«obbedisco» di Garibaldi. "È una storia lunga. Un giorno te la racconterò." "Un giorno quando?" "Quando avrai dieci anni." Il giorno che

1. **«Obbedisco»**: è la concisa risposta di Garibaldi all'ordine di cessare le operazioni militari durante la Terza guerra di indipendenza (1866).

2. **Braveheart**: soprannome di William Wallace, eroe nazionale scozzese che, nel XIII secolo, lotta contro l'Inghilterra per l'indipendenza della Scozia.

papà entrò nella mia stanza, mentre stavo studiando Garibaldi, mancavano tre giorni al mio decimo compleanno. «Cos'è successo a Simone?» mi chiese all'improvviso. «Si è rotto un braccio» risposi. «Questo lo so, l'ho visto con il gesso.» «È caduto dalle scale.» «Sono stato a scuola. La maestra dice che non è inciampato, ma che qualcuno gli ha legato le stringhe delle scarpe e poi lo ha spinto giù.» «Non so, papà.» «Ma non siete in classe insieme?» «Sì, ma non ho visto.» «La maestra dice che eri vicino a lui.»

«Si sbaglia, ero rimasto indietro a scambiare delle figurine.» «Sicuro che non c'entri Tonio?» «T'ho detto che non ho visto, papà...» Quando succedeva qualcosa di brutto in classe, tutti pensavano subito a Tonio, che aveva tre anni più di noi e il padre in carcere. Arrivava a scuola senza libri, con le sigarette nei calzini e un coltellino in tasca. Gli piaceva ripetere: "È la terza volta che rifaccio la quinta: so tutto a memoria. Che li porto a fare i libri?". La maestra non lo rimproverava neanche più. L'ultima volta che lo aveva fatto, prendendolo per un braccio, si era ritrovata con le ruote della Panda bucate e un bigliettino infilato sotto il tergicristallo. Coi fratelli grandi di Tonio io non vorrei mai avere nulla a che fare. Chiusi il libro di storia, lo infilai nello zaino e ci misi dentro i quaderni per il giorno dopo. Papà andò alla finestra. Faceva caldo. Era solo maggio, ma dal mare arrivava già il buon profumo dell'estate. Papà tolse da uno scaffale l'album delle figurine Panini. Lo sfogliò con espressione delusa, come fa di solito davanti alle mie pagelle. «Spendi tutte le mance che ti do in figurine, ti fermi a scuola per scambiarle con i tuoi amici eppure a fine campionato hai ancora l'album mezzo vuoto?» «Sono sfortunato, papà. Compro sempre bustine piene di doppie...» «Solo sfortuna?» Aveva un'aria strana. «Puoi dirlo, papà. Mi gioco le doppie con i miei amici e perdo sempre! In questo campionato sto andando peggio del Palermo...» Papà rimise l'album al suo posto, tra il vocabolario d'italiano e l'enciclopedia degli animali. Poi si voltò e mi disse: «Domani ti racconto la vera storia di Bum. È venuto il momento». «Ma non ho ancora dieci anni.» «È un regalo anticipato. Domani passeremo tutto il giorno insieme, andremo al mare e ti racconterò tutto.» «Al mare? Anche al mattino?» «Tutto il giorno insieme, da mattina a sera: è un racconto lungo.» «Ma domattina ho l'interrogazione di storia...» «Ho parlato con la maestra e lei è d'accordo con me: la mia storia è più importante della sua.» Ripensai a Garibaldi ed esclamai: «Obbedisco!». Ma io lo dissi entusiasta, perché una giornata al mare al posto di un'interrogazione di storia è un gran bello scambio... E con papà, soprattutto. Molti miei amici mi invidiavano per via dei giocattoli, ma io a volte invidiavo loro perché avevano un padre quasi sempre a disposizione. Il mio spesso partiva per lavoro e se ne stava via anche delle settimane. Doveva controllare che in tutti i suoi negozi le cose andassero bene oppure doveva andare lontano a scegliere i giocattoli nuovi. "Ho un appuntamento con Babbo Natale" mi spiegava da piccolo, per farmi ridere. Io restavo a casa con zia

▲ Una fotografia di Giovanni Falcone.

Nuccia, che ha sempre abitato da noi e che ha una strana mania: parla alle piante. Se deve spostarne una per passare l'aspirapolvere, prima chiede il permesso: "Ti spiace, Ficus Beniamino? Grazie, faccio in un attimo, poi ti rimetto a posto". Una giornata insieme, dal mattino alla sera, era il miglior giocattolo che papà potesse regalarmi per il mio compleanno.

«Dormi» mi disse. «Domani dovremo fare un sacco di cose. Buonanotte.» Uscì e spense la luce della mia camera. Io accesi la torcia che tengo sempre sul comodino e illuminai la faccia allegra di Bum: «Presto saprò chi sei davvero, finalmente».

L. Garlando, *Per questo mi chiamo Giovanni*, Rizzoli, Milano, 2004

GUIDA ALLA LETTURA

La pagina di apertura del romanzo è ricca di informazioni sia sui personaggi della vicenda sia sui luoghi in cui essa si svilupperà. La prima frase definisce un inizio in *medias res* e introduce il narratore in prima persona (*Papà entrò in camera mia*). Nel giro di poche righe il lettore viene introdotto nel mondo familiare del personaggio narratore, un bambino di Palermo che sta per compiere dieci anni, il cui papà gestisce una catena di negozi di giocattoli. Questo primo dialogo tra padre e figlio, interrotto da alcuni brevi flashback, contiene tre spunti importanti che verranno ripresi nel corso della vicenda: la presenza nella classe del bambino di un compagno pluriripetente che ha atteggiamenti minacciosi e prepotenti; la perplessità del padre di fronte all'album di figurine del figlio, ancora incompleto; la decisione del papà di offrire al figlio una giornata di vacanza da scuola, l'indomani, per festeggiarne con due giorni di anticipo il compleanno con un giro per le strade della loro città.

La prima pagina del romanzo assume la funzione di "cornice", cioè di racconto che introduce e racchiude la vicenda vera e propria narrata nel romanzo.

PERCHÉ LEGGERLO?

- Perché è un libro che parla di coraggio, di verità, di libertà.
- Perché non si può ignorare la storia della lotta contro la mafia.
- Perché Giovanni Falcone è stato una figura centrale nella storia del secondo Novecento in Italia.
- Perché si parla di mafia all'interno di un rapporto affettivo, quello tra padre e figlio.
- Perché fa capire che la prepotenza dei piccoli può essere preludio della violenza dei grandi e, come tale, va denunciata e combattuta fin da quando si è bambini.

LAVORIAMO SULL'INCIPIT

1. In quale stagione, in quale momento dell'anno e in quale luogo si svolge il colloquio tra papà e figlio?
2. Perché il papà del personaggio che narra in prima persona trascorre spesso dei periodi lontano da casa?
3. Che cosa rappresenta Bum in questo inizio del romanzo?
4. Chi è Tonio? Quale comportamento assume tra i compagni di classe?
5. Quali informazioni vengono fornite sul clima esistente nella classe di Giovanni?
6. Sottolinea nel testo due flashback.
7. Che tipo di presentazione viene data del protagonista-narratore?

SCRITTURA CREATIVA Dal punto di vista di...

8. Riscrivi il passo del testo compreso tra la riga 21 e la riga 47 ponendoti dal punto di vista del padre.

T4 Éric-Emmanuel Schmitt Il bambino di Noè

Éric-Emmanuel Schmitt, nato a Lione nel 1960, è un noto scrittore e drammaturgo. Dalle sue opere, tradotte in 44 lingue, sono stati tratti film di successo. La sua pièce teatrale *Le visiteur* (*Il visitatore*, 1993), che mette in scena l'incontro tra un anziano Freud e un misterioso visitatore, ha ottenuto numerosi premi ed è stata tradotta e rappresentata in tutto il mondo.

Il bambino di Noè, insieme ad altri cinque romanzi, tra cui *Monsieur Ibrahim e i fiori del Corano* e *Oscar e la dama in rosa*, fa parte del *Ciclo dell'Invisibile*, un ciclo di romanzi dedicato all'infanzia e alla spiritualità.

Dopo la fine della Seconda guerra mondiale nel collegio belga di Villa Gialla si replica tutte le domeniche un rituale carico di aspettative: i bambini separati dai genitori a causa della guerra cercano la famiglia o, almeno, una nuova famiglia.

Tra questi c'è anche Joseph, bimbo ebreo salvato dalla persecuzione nazista grazie all'intervento e alle cure di un prete, padre Pons: a Villa Gialla egli ha dato rifugio a molti ragazzi a rischio deportazione, sfidando, con l'aiuto di alcuni coraggiosi cittadini, le autorità tedesche.

Il romanzo è la storia dell'incontro tra Joseph e gli altri ospiti della scuola, della vita clandestina, segnata da momenti di terrore e da episodi di eroismo, e dell'amicizia profonda tra il piccolo ebreo e il prete cattolico, un uomo di grande spiritualità, convinto sostenitore del dialogo tra le religioni, perché Dio è uno anche se si mostra con volti diversi.

Dieci passi

Quando avevo dieci anni, facevo parte di un gruppo di bambini che tutte le domeniche venivano messi all'asta.

Non eravamo in vendita: ci facevano sfilare sulla passerella con la speranza che tra il pubblico ci fosse qualcuno pronto a prenderci. Possibilmente i nostri veri genitori, finalmente tornati dalla guerra; in alternativa, coppie desiderose di adottarci.

Tutte le domeniche salivo su quelle tavole sperando di essere riconosciuto o quanto meno scelto.

Tutte le domeniche, sotto il portico di Villa Gialla, avevo a disposizione dieci passi per farmi vedere, dieci passi per procurarmi una famiglia, dieci passi per smettere d'essere orfano. La prima parte della camminata non mi costava niente, tanto ero impaziente di fiondarmi sulla pedana, ma a metà percorso ero già molto più moscio, e sull'ultimo metro le gambe arrancavano a fatica. Alla fine, come sull'orlo di un trampolino, c'era il vuoto. Un silenzio profondo, più profondo di un baratro. Aspettavo che da quelle file di teste, cappelli e chignon due labbra si schiudessero per esclamare: «Mio figlio!», oppure: «Lui! Voglio lui! Voglio adottarlo!».

Con le dita dei piedi contratte e il corpo proteso verso quel richiamo che mi avrebbe tolto all'abbandono, ricontrollavo la cura che avevo dedicato al mio aspetto.

Sveglio all'alba, dal dormitorio ero schizzato ai lavandini gelidi e lì mi ero scartavetrato la pelle con un sapone verde duro come la pietra, restio a sciogliersi e avaro di schiuma. Mi ero pettinato venti volte, per essere sicuro che i capelli mi obbedissero. Dato che il vestito blu da messa, oltre che stretto di spalle, era diventato corto di maniche e di pantaloni, mi rattrappivo all'interno della stoffa ruvida per non far vedere che ero cresciuto. Durante l'attesa, non si capisce se sia gioia o supplizio quello che si sta vivendo: è come prepararsi a un salto di cui non si conosce l'arrivo. Ci sarà la morte, di là? Ci sarà l'applauso?

Certo, le mie scarpe facevano un brutto effetto. Due pezzi di cartone vomitoso. Più buchi che cuoio. Due voragini tenute insieme dallo spago. Un modello che dava respiro al piede, questo sì: aperto al vento, al freddo e ai miei alluci. Due ex-scarponcini che tenevano la pioggia solo se ricoperti da parecchi strati di fango incrostato. Non mi azzardavo a pulirli per il terrore di vederli sparire. L'unica cosa che faceva sì che le mie scarpe passassero per tali era che le portavo ai piedi. Se le avessi tenute in mano, di sicuro qualcuno si sarebbe premurato di indicarmi il secchio della spazzatura.

Forse avrei fatto meglio a presentarmi con gli zoccoli che indossavo durante la settimana... Comunque sia, i visitatori di Villa Gialla non se ne sarebbero accorti, dal basso. E se anche se ne fossero accorti, non mi avrebbero certo rifiutato per delle scarpe! Léonard, quello con i capelli rossi, non aveva forse ritrovato i genitori proprio la volta che aveva sfilato a piedi nudi?

«Puoi tornare al refettorio, Joseph.» Ogni domenica le mie speranze morivano su questa frase, con cui padre Pons mi faceva capire che neanche stavolta era andata bene e che dovevo abbandonare la scena. Dietro-front. Dieci passi per sparire. Dieci passi per rientrare nel dolore. Dieci passi per tornare orfano.

All'inizio della passerella c'era già un altro bambino che scalpitava. Avevo il cuore gonfio.

«Crede che ci riuscirò mai, padre?»

«A fare cosa, ragazzo mio?»

«A trovare dei genitori.» «Dei genitori! Voglio sperare che i tuoi veri genitori siano sfuggiti al pericolo e che presto si facciano vivi.»

A forza di mettermi in mostra senza risultato, cominciavo a provare sensi di colpa. In realtà erano loro che ci mettevano tanto ad arrivare. A tornare. Ma chissà se dipendeva solo da loro. E chissà se erano ancora vivi.

Avevo dieci anni. Tre anni prima i miei genitori mi avevano affidato a degli sconosciuti.

La guerra era finita ormai da qualche settimana. E con la guerra era finito il tempo della speranza e delle illusioni. Noi, i bambini nascosti, dovevamo fare ritorno alla realtà per scoprire, tipo mazzata sulla testa, se avevamo ancora una famiglia o se eravamo soli sulla Terra...

É. Schmitt, *Il bambino di Noè*,
trad. it. di A. Bracci Testasecca, Rizzoli, Milano, 2010

▼ Yasuhiro Ishimoto, Senza titolo. Museum of Fine Arts, Houston.

GUIDA ALLA LETTURA

Le prime quattro righe dell'incipit mettono a fuoco con uno stile estremamente asciutto una situazione molto triste: chi narra è un bambino di dieci anni che ha perso i genitori e spera di ritrovarli o comunque di essere adottato ora che la guerra è finita. Da qui in avanti il narratore ricostruisce nel dettaglio le azioni e le emozioni di un rituale settimanale, che si ripete tutte le domeniche nell'orfanotrofio di Villa Giulia. Il punto di vista è quello del personaggio narratore che riavvolge la scansione dei gesti a partire dal risveglio in un crescendo di tensione fino ai dieci passi con cui si percorre la passerella davanti alle coppie intervenute per riconoscere o per scegliere un figlio. Nella narrazione è dato particolare risalto ad alcuni oggetti, di per sé assolutamente comuni: il sapone, *avaro di schiuma*, con cui i bambini si lavano, i vestiti ormai di taglia insufficiente e soprattutto le scarpe. Sulle condizioni di queste ultime il narratore insiste e ne restituisce l'estrema miseria, quasi rappresentassero simbolicamente lo stato della propria anima.

La pagina si chiude con le parole pacate e affettuose di padre Pons, il sacerdote responsabile dell'orfanotrofio e custode del debole residuo di speranza ancora presente nei suoi giovani ospiti.

PERCHÉ LEGGERLO?

- Perché è una breve ma straordinaria storia sulla tolleranza.
- Per il personaggio del sacerdote, indimenticabile per umanità e apertura mentale.
- Perché racconta la Shoah attraverso uno sguardo originale e inedito.
- Perché affronta il tema della necessità di difendere e custodire i diversi patrimoni culturali.

LAVORIAMO SULL'INCIPIT

1. Quali sono le caratteristiche della voce narrante?
2. Con quale tecnica di alterazione della fabula vengono narrati gli eventi?
3. Con quale stato d'animo viene percorso il breve spazio sulle tavole?
4. Quale indicazione viene fornita per collocare temporalmente la vicenda? Rispondi con riferimento al testo.
5. Come si vive a Villa Gialla per quanto riguarda le esigenze del quotidiano? Rispondi con riferimenti al testo.
6. Con quale atteggiamento padre Pons si rivolge al protagonista?
7. Perché alla fine del brano la guerra viene associata al tempo *della speranza e delle illusioni?*

SCRITTURA CREATIVA Dal punto di vista di...

8. Racconta il momento in cui il bambino percorre la passerella ponendoti dal punto di vista di un genitore presente a Villa Gialla che spera di ritrovare il proprio figlio.

▶ Orfani di guerra in Francia, 1941.

T5 Giuseppe Catozzella – Non dirmi che hai paura

Giuseppe Catozzella nasce nel 1976 a Milano. Dopo la laurea in Filosofia si trasferisce per un lungo periodo in Australia, a Sydney, per poi tornare a vivere nel capoluogo lombardo. Oltre a racconti e romanzi, scrive articoli, reportage e inchieste per varie testate e riviste. Ha collaborato con la trasmissione televisiva *Le Iene*. Ha pubblicato i racconti *Il ciclo di vita del pesce* (Rizzoli, 2011), *Fuego* (Feltrinelli Zoom, 2012) e i romanzi *Espianti* (Transeuropa, 2008), *Alveare* (Rizzoli, 2011; Feltrinelli, 2014), *Non dirmi che hai paura* (Feltrinelli, 2014) e *Il grande futuro* (Feltrinelli, 2016).

Non dirmi che hai paura è vincitore del Premio Strega Giovani e finalista al Premio Strega nel 2014. Per l'attenzione sull'Africa e sulla Somalia che *Non dirmi che hai paura* ha portato nel mondo, lo scrittore è stato nominato Ambasciatore dell'Agenzia ONU per i Rifugiati.

Samia è una ragazzina di Mogadiscio che ha la passione della corsa. Condivide le sue giornate con Alì, suo coetaneo e amico del cuore, che diviene ben presto il suo primo allenatore. In Somalia c'è la **guerra civile**, un **conflitto politico-religioso** sempre più violento nel quale cresce il partito dei fondamentalisti islamici. Samia però coltiva dentro di sé un grande sogno, fiduciosa che le sue gambe velocissime rappresenteranno un giorno uno strumento di riscatto per le donne del suo Paese. Tenace e determinata, si allena di notte nello stadio di Mogadiscio per nascondersi agli occhi degli integralisti, e comincia a vincere le gare di corsa locali, fino a qualificarsi, a soli diciassette anni, alle Olimpiadi di Pechino. In quell'occasione arriva ultima nella gara dei 100 metri, ma diventa lo stesso un **simbolo** per tante **donne musulmane**. Il suo sogno, però, resta quello di vincere, e per questo continua ad allenarsi in vista dell'appuntamento con le Olimpiadi di Londra del 2012. Le condizioni del suo Paese nel frattempo peggiorano: gli integralisti diventano sempre più potenti e per loro una donna-atleta costituisce un motivo di scandalo: Samia è costretta a correre dentro un burqa e deve affrontare una serie di dure prove che coinvolgono i suoi affetti più cari. Giorno dopo giorno capisce che rimanere a Mogadiscio non ha più senso e una notte, come tempo prima ha fatto la sorella maggiore, lascia la sua città a piedi, attratta dalla libertà e con il sogno nel cuore di vincere le Olimpiadi. Da sola affronta un viaggio di ottomila chilometri, il Viaggio, come lo chiamano in Somalia, dall'Etiopia al Sudan e poi attraverso il Sahara, fino alla Libia. Alla fine solo il mare la separa dall'Italia.

La mattina che io e Alì siamo diventati fratelli faceva un caldo da morire e stavamo riparati sotto l'ombra stretta di un'acacia.

Era venerdì, il giorno della festa.

La corsa era stata lunga e stancante, eravamo tutti e due sudati fradici: da Bondere[1], dove abitavamo, siamo arrivati dritti fino allo stadio Cons[2], senza fermarci mai. Sette chilometri, passando per tutte le stradine interne che Alì conosceva come le sue tasche, sotto un sole talmente cocente da sciogliere le pietre.

Sedici anni in due avevamo, otto a testa, nati a tre giorni di distanza l'uno dall'altra.

1. **Bondere**: quartiere della città di Mogadiscio, capitale della Somalia.

2. **stadio Cons**: stadio di Mogadiscio.

Non potevamo che essere fratelli, aveva ragione Alì, anche se eravamo figli di due famiglie che non si sarebbero neanche dovute rivolgere la parola e invece vivevano nella stessa casa, due famiglie che avevano sempre condiviso tutto.

▲ Samia Yusuf Omar alle Olimpiadi di Pechino nel 2008.

Stavamo sotto quell'acacia a prendere un po' di fiato e di fresco, imbrattati fino al sedere della polvere bianca e sottile che si alza dal fondo delle strade al minimo sbuffo di vento, quando da un momento all'altro Alì se n'è uscito con quella storia della *abaayo*.

"Vuoi essere mia *abaayo*?" mi ha chiesto, mentre ancora aveva il respiro spezzato, le mani ai fianchi ossuti, stretti sotto i pantaloncini blu che erano stati di tutti i suoi fratelli prima di finire a lui. "Vuoi essere mia sorella?" Conosci qualcuno per una vita e c'è sempre un momento esatto a partire dal quale, se per te è una persona importante, da lì in poi sarà sorella o fratello.

Legàti per la vita da una parola, si rimane.

L'ho guardato storto, senza fargli capire cosa pensavo.

"Solo se riesci a prendermi," ho detto all'improvviso, prima di scattare via di nuovo, in direzione della nostra casa.

Alì deve avercela messa tutta, perché dopo pochi passi è riuscito ad afferrarmi per la maglietta e a farmi inciampare. Siamo finiti a terra; lui sopra di me, nella polvere che si attaccava ovunque, al sudore della pelle e ai vestiti leggeri.

Quasi l'ora di pranzo, in giro non c'era nessuno. Non ho cercato di divincolarmi, non ho opposto resistenza. Era un gioco.

"Allora?" mi ha chiesto, respirandomi il suo fiato caldo sulla faccia e facendosi d'un tratto serio.

Io non l'ho neanche guardato, ho solo strizzato gli occhi schifata. "Mi devi dare un bacio, se vuoi essere mio fratello. Lo sai, sono le regole."

Alì si è allungato come una lucertola e mi ha schiacciato un bacio bagnaticcio sulla guancia.

"*Abaayo,*" ha detto lui. Sorella.

"*Aboowe*," ho risposto io. Fratello.

Ci siamo rialzati, e via.

Eravamo liberi, di nuovo liberi di correre.

Almeno fino a casa.

G. Catozzella, *Non dirmi che hai paura,* Feltrinelli, Milano, 2014

GUIDA ALLA LETTURA

Il romanzo si apre con una scena all'aperto: una città africana, una mattina in cui il caldo sembra sciogliere le pietre e due bambini, un maschio e una femmina, che dopo sette chilometri di corsa si fermano a respirare all'ombra di un'acacia. Sullo sfondo polveroso e degradato delle strade di Mogadiscio sta succedendo in realtà qualcosa di più serio: quei due bambini, nati a tre giorni di distanza l'uno dall'altra e cresciuti insieme, non potrebbero rincorrersi, non dovrebbero neppure frequentarsi, per ragioni appena accennate nel testo e che suscitano dunque una prima curiosità nel lettore. Eppure, in quella mattina di caldo soffocante diventano fratelli, con un rito semplice e disarmante, un bacio sulla guancia, destinato a legarli per sempre.

La vicenda annuncia un intreccio di grandi temi: l'amicizia, l'ingiustizia, la sete di libertà.

PERCHÉ LEGGERLO?

- Perché, anche se si apre come una favola, è una storia vera, di bruciante attualità.
- Perché la protagonista è un'adolescente che, come tanti coetanei, ha la passione dello sport nel sangue.
- Perché permette di comprendere le ragioni per cui moltissime persone oggi hanno la necessità di fuggire da Paesi in guerra e denuncia le condizioni loro imposte per venire in Europa.

LAVORIAMO SULL'INCIPIT

1. Dove è ambientata la scena narrata nell'incipit del romanzo?
2. A chi appartiene la voce narrante?
3. Quale ti sembra il momento più importante della scena narrata? Quale significato assume?
4. In questa pagina vengono introdotti due temi che si riveleranno centrali nel romanzo. Quali sono?
5. I due personaggi presentati nell'incipit si legano con il rito del bacio sulla guancia: ci sono nella tua vita momenti contrassegnati da particolari rituali, per esempio nello sport o nella vita familiare?

   Descrivili e rifletti sul significato che assumono e sulla circostanza in cui generalmente si verificano in un testo di una pagina circa.

▲ Francesco Piobbichi, *Saamiya Yusuf Omar*.

UN CLASSICO DEL GENERE

T6 Alessandro Manzoni I Promessi sposi

ANALISI VISUALE

Alessandro Manzoni nasce a Milano nel 1785. Il padre Pietro discende da una famiglia dell'antica nobiltà lombarda, la madre, Giulia Beccaria, è la figlia di un intellettuale di punta dell'Illuminismo milanese, Cesare Beccaria. Alla separazione dei genitori, distanti per carattere, per formazione e per differenza d'età, l'educazione di Alessandro è affidata ai padri Somaschi e in seguito ai Barnabiti. Nei loro collegi trascorre infanzia e adolescenza e comincia ad appassionarsi alla lettura degli autori classici. Nei periodi di vacanza soggiorna nella casa paterna di Lecco, in un territorio che più tardi costituirà lo sfondo della storia de *I Promessi sposi*. Nel 1805 raggiunge la madre a Parigi, dove Giulia si è trasferita da tempo con il compagno, il conte Carlo Imbonati. Manzoni ventenne scopre nella madre ritrovata una donna brillante, intelligente, colta, in compagnia della quale frequenta gli ambienti intellettuali della capitale francese. Sono anni decisivi per la maturazione dell'uomo e dello scrittore: sposa Enrichetta Blondel, giovane ginevrina che gli darà otto figli, e si converte a quella fede cattolica che i cupi anni del collegio lo avevano indotto ad abbandonare. Rientrato in Italia, si dedica alla scrittura di testi in versi – poesie e tragedie – e in prosa: nel 1823 termina un romanzo, *Fermo e Lucia*, sulle vicende di due giovani contadini lombardi del Seicento. La storia viene ripresa, rielaborata e pubblicata quattro anni dopo con il titolo *I Promessi sposi*. La versione definitiva giunge nel 1840 dopo un ulteriore lavoro di revisione stilistica, ispirata dal desiderio di una lingua scritta che fosse valida per tutto il territorio nazionale. *I Promessi sposi* diventano così il **primo romanzo italiano**. Rimasto vedovo e provato da una serie di lutti familiari, Manzoni dedica il resto della vita allo studio e alla scrittura di saggi. Nel 1860 viene nominato senatore del Regno d'Italia. Muore a Milano nel 1873 per le complicazioni seguite a una caduta.

Territorio di Lecco, 1628. Due giovani contadini, **Renzo** e **Lucia**, sono prossimi alle nozze ma scoprono che **Don Abbondio**, il loro parroco, improvvisamente indisponibile a celebrarle, è stato minacciato dal signorotto locale, **Don Rodrigo**, invaghitosi di Lucia. La madre della giovane suggerisce di organizzare un matrimonio a sorpresa presentandosi in canonica senza preavviso con due testimoni e pronunciando davanti a loro e al sacerdote la formula delle nozze. Il piano fallisce per la pronta reazione di Don Abbondio e nelle stesse ore va a monte anche il tentativo di sequestro di persona ordito da Don Rodrigo: i suoi uomini trovano infatti vuota la casa di Lucia. **Fra Cristoforo**, un frate cappuccino generoso e impavido, aiuta i due fidanzati ad allontanarsi dal paese: Renzo va a Milano e resta coinvolto nei disordini scoppiati in città in seguito agli assalti popolari ai forni per la scarsità di pane; per il suo comportamento ingenuo il giovane viene arrestato ma riesce fortunosamente a fuggire dalla città, a passare l'Adda e a trovare rifugio a Bergamo, nel territorio della Repubblica di Venezia presso un cugino. Lucia trova ospitalità in un convento di Monza, ma la monaca che la accoglie, dal passato tempestoso, diviene lo strumento grazie al quale Lucia viene rapita e condotta al castello dell'**Innominato**, un uomo potente e famoso per i suoi delitti, a cui si è rivolto Don Rodrigo per portare a termine il suo disegno criminale. La giovane, in preda all'angoscia, si affida alla volontà di Dio facendo voto di castità; nella stessa notte l'Innominato, già da tempo in crisi di coscienza e turbato dalla presenza della prigioniera innocente, vive ore di profonda disperazione e solo l'incontro, la mattina seguente, con il Cardinale Borromeo in visita pastorale nel paese vicino, gli dona pace e favorisce la sua definitiva conversione. Eventi drammatici come la guerra e la peste tengono ancora lontani i due giovani promessi, che si ritrovano infine al lazzaretto di Milano: qui Fra' Cristoforo, consumato dall'assistenza ai malati, mostra a Renzo il suo nemico, Don Rodrigo, contagiato dall'epidemia e prossimo alla morte, e induce il giovane a perdonarlo. Scioglie quindi Lucia dal voto di castità e i due fidanzati finalmente convolano a nozze.

Quel ramo del lago di Como, che volge a mezzogiorno, tra due catene non interrotte di monti, tutto a seni e a golfi, a seconda dello sporgere e del rientrare di quelli, vien, quasi a un tratto, a ristringersi, e a prender corso e figura di fiume, tra un promontorio a destra, e un'ampia costiera dall'altra parte; e il ponte, che ivi congiunge le due rive, par che renda ancor più sensibile all'occhio questa trasformazione, e segni il punto in cui il lago cessa, e l'Adda rincomincia, per ripigliar poi nome di lago dove le rive, allontanandosi di nuovo, lascian l'acqua distendersi e rallentarsi in nuovi golfi e in nuovi seni. La costiera, formata dal deposito di tre grossi torrenti, scende appoggiata a due monti contigui, l'uno detto di san Martino, l'altro, con voce lombarda, il *Resegone*, dai molti suoi cocuzzoli in fila, che in vero lo fanno somigliare a una sega: talché[1] non è chi, al primo vederlo, purché sia di fronte, come per esempio di su le mura di Milano che guardano a settentrione, non lo discerna tosto[2], a un tal contrassegno[3], in quella lunga e vasta giogaia[4], dagli altri monti di nome più oscuro e di forma più comune. Per un buon pezzo, la costa sale con un pendìo lento e continuo; poi si rompe in poggi e in valloncelli, in erte[5] e in ispianate, secondo l'ossatura de' due monti, e il lavoro dell'acque. Il lembo estremo, tagliato dalle foci de' torrenti, è quasi tutto ghiaia e ciottoloni; il resto, campi e vigne, sparse di terre, di ville, di casali; in qualche parte boschi, che si prolungano su per la montagna. Lecco, la principale di quelle terre, e che dà nome al territorio, giace poco discosto dal ponte, alla riva del lago, anzi viene in parte a trovarsi nel lago stesso, quando questo ingrossa: un gran borgo al giorno d'oggi, e che s'incammina a diventar città. Ai tempi in cui accaddero i fatti che prendiamo a raccontare, quel borgo, già considerabile, era anche un castello[6], e aveva perciò l'onore d'alloggiare un comandante, e il vantaggio di possedere una stabile guarnigione di soldati spagnoli, che insegnavan la modestia alle fanciulle e alle donne del paese, accarezzavan di tempo in tempo le spalle a qualche marito, a qualche padre; e, sul finir dell'estate, non mancavan mai di spandersi nelle vigne, per diradar l'uve, e alleggerire a' contadini le fatiche della vendemmia.

Dall'una all'altra di quelle terre, dall'alture alla riva, da un poggio all'altro, correvano, e corrono tuttavia[7], strade e stradette, più o men ripide, o piane; ogni tanto affondate, sepolte tra due muri, donde, alzando lo sguardo, non iscoprite che un pezzo di cielo e qualche vetta di monte; ogni tanto elevate su terrapieni aperti: e da qui la vista spazia per prospetti[8] più o meno estesi, ma ricchi sempre e sempre qualcosa nuovi, secondo che i diversi punti piglian più o meno della vasta scena circostante, e secondo che questa o quella parte campeggia o si scorcia, spunta o sparisce a vicenda. Dove un pezzo, dove un altro, dove una lunga distesa di quel vasto e variato specchio dell'acqua; di qua lago, chiuso all'estremità o piuttosto smarrito in un gruppo, in un andirivieni di montagne, e di mano in mano più allargato tra altri monti che si spiegano, a uno a uno, allo

1. **talché**: tale che.
2. **non lo discerna tosto**: non lo distingua subito.
3. **a un tal contrassegno**: si intende il profilo a forma di sega.
4. **giogaia**: catena di monti.
5. **erte**: salite.
6. **un castello**: una fortezza militare. Il ducato di Milano dal 1535 fa parte dei domini spagnoli.
7. **tuttavia**: tuttora
8. **prospetti**: panorami.

sguardo, e che l'acqua riflette capovolti, co' paesetti posti sulle rive; di là braccio di fiume, poi lago, poi fiume ancora, che va a perdersi in lucido serpeggiamento pur tra' monti che l'accompagnano, degradando via via, e perdendosi quasi anch'essi nell'orizzonte. Il luogo stesso da dove contemplate que' vari spettacoli, vi fa spettacolo da ogni parte: il monte di cui passeggiate le falde, vi svolge, al di sopra, d'intorno, le sue cime e le balze, distinte, rilevate, mutabili quasi a ogni passo, aprendosi e contornandosi in gioghi ciò che v'era sembrato prima un sol giogo, e comparendo in vetta ciò che poco innanzi vi si rappresentava sulla costa: e l'ameno[9], il domestico di quelle falde tempera gradevolmente il selvaggio, e orna vie più[10] il magnifico dell'altre vedute.

▲ Luigi Bianchi, *Addio ai monti sorgenti*, 1861. Casa Manzoni, Milano.

A. Manzoni, *I Promessi sposi*, Zanichelli, Bologna, 2004

9. l'ameno: l'aspetto bello.

10. vie più: ancor più.

GUIDA ALLA LETTURA

L'avvio del romanzo è una lunga sequenza descrittiva che introduce il lettore nei luoghi dove è ambientata, almeno nella sua fase iniziale, la vicenda. Il protagonista della pagina è il territorio che circonda Lecco, *un gran borgo che s'incammina a diventar città*, come dice Manzoni, situato sull'estremità meridionale del ramo orientale del lago di Como, nel punto in cui il lago, restringendosi, torna a essere fiume e le acque defluiscono nell'Adda, suo emissario. La descrizione del paesaggio è condotta da un punto di vista sopraelevato per cui vengono presentati in successione la zona sud-orientale del lago, le sue rive, il ponte storico di Lecco – che sottolinea il punto in cui il lago ritorna a essere fiume – i monti che chiudono il borgo, il San Martino e il Resegone, con un risalto particolare per quest'ultimo in quanto elemento fortemente caratterizzante del territorio e riconoscibile anche a distanza. Lo sguardo va quindi abbassandosi progressivamente a rilevare la natura varia di un paesaggio collinare, fatto di campi, vigne, boschi e punteggiato da casali e ville, fino a sottolineare la ricchezza dei panorami che si offrono alla vista di chi percorre le strade che attraversano quelle terre. La descrizione dei luoghi si apre a un contrappunto ironico nel momento in cui viene citato il castello di Lecco e si denunciano l'atteggiamento prepotente e gli abusi dei soldati spagnoli ai danni della popolazione locale.

LAVORIAMO SULL'INCIPIT

1. Da quale punto di vista è condotta la descrizione?
2. Quali elementi precisi del paesaggio intorno a Lecco sono citati nella prima parte della descrizione?
3. Spiega che cosa si intende con le espressioni riferite ai soldati della guarnigione spagnola di Lecco: *[...] insegnavan la modestia alle fanciulle..., [...] accarezzavan di tempo in tempo le spalle a qualche marito, [...] non mancavan [...] di alleggerire a' contadini le fatiche della vendemmia.*
4. Spiega l'uso e il significato del termine *vantaggio* alla riga 23.
5. Quale immagine dell'autorità politica e militare del territorio viene data da Manzoni?
6. Come definiresti le scelte lessicali del passo?

LABORATORIO

T7 Lia Levi Il braccialetto

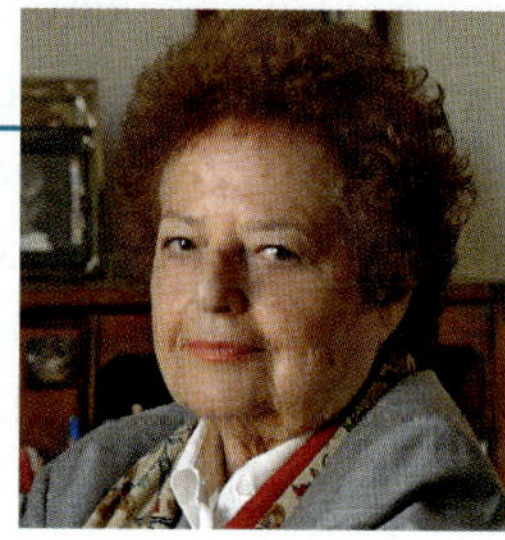

Lia Levi (Pisa, 1931), scrittrice di famiglia piemontese, affronta spesso nei suoi romanzi la tragica pagina delle leggi razziali emanate da Mussolini nel 1938 e le loro conseguenze sulla popolazione italiana di origine ebraica. Ne *Il braccialetto* tali leggi sono lo sfondo per una storia piena di misteri che coinvolge due adolescenti, l'ebreo Corrado e il cattolico Leandro. Il romanzo è ambientato a Roma.

Una volta, qualche anno prima, la famiglia di sua zia Margherita aveva cambiato casa. Avevano lasciato tutti insieme quella di viale del Re, dove anche lui era quasi cresciuto, per trasferirsi a San Giovanni, vicino a dove abitava la nonna Fortunata. Corrado era rimasto lì per ore a guardare i facchini che pigiavano tutta la roba nelle casse e poi le caricavano, insieme ai mobili, sul carro agganciato a un cavallo enorme e macilento[1]. Che gli zii stessero per andarsene da un'altra parte lo aveva saputo solo all'ultimo momento, poco prima del trasloco, e se ne sentiva ancora offeso. Guardava quegli uomini che sollevavano le casse incerto e frastornato, come se fosse appena sceso dal treno a una stazione sbagliata. Quando il carro si era avviato, con i mobili più in cima che traballavano di qua e di là, era risalito di corsa su per le scale per rivedere da solo l'appartamento dove era (quasi) cresciuto. Era figlio unico lui e a casa sua c'era sempre un grande silenzio. Allora la madre lo prendeva per mano e lo portava dalle cugine. Erano piccoli a quel tempo e giocavano insieme senza domandarsi se si erano simpatici o antipatici. La casa degli zii (con le cugine) era più grande della sua, aveva tre finestre sul viale, e correre in quei corridoi lunghi e stretti gli era sempre piaciuto.

Adesso gli era venuta la voglia di ritrovarsi davanti quella casa svuotata di tutto. Era sicuro che gli sarebbe sembrata immensa e solenne, una specie di chiesa sconsacrata dove si sente moltiplicarsi in onde successive il rimbombo di passi e di frasi sussurrate. La porta era aperta, la portinaia stava pulendo per terra con secchio e straccio.

«Hanno dimenticato qualcosa?» aveva chiesto al ragazzo alzando la testa solo per un attimo, «guardate che qui non c'è rimasto proprio niente» (ma dalla tasca del grembiule le si vedeva spuntare un limone).

«Lo so... credevo... volevo dare solo un'occhiata» aveva mormorato Corrado.

«È una casa che non gli manca niente, c'è già la fila di gente che la vorrebbe». Il tono della portinaia gli era sembrato stizzito, quasi rivendicativo.

Eccola dunque la casa «che non gli manca niente». Non era affatto più grande. Senza i mobili, i tappetini e i vasi sulla mensola, con il lavandino in cucina che gocciolava a intermittenza, appariva striminzita, quasi infreddolita come una ragazza troppo magra sorpresa in sottoveste. Era misera, infelice, sconfitta. Corrado era corso giù dalle scale

1. **macilento**: molto magro.

dimenticandosi di salutare la portinaia. Ma tanto lei si era messa a canticchiare «Voglio vivere cosììì...[2]». E adesso di colpo, a tanta distanza da una scena ormai esiliata dalla sua memoria, aveva sentito come l'eco di una canzone di cui non si ricordano più le parole e neanche il motivo, ma solo quello che ha smosso dentro. La casa degli zii, svuotata dagli orpelli[3], l'aveva immaginata padrona di chissà quali nuovi spazi e invece... Non stava succedendo la stessa cosa adesso con la sua vita, trasformata in un continuo insulto dopo le speranze di quel luglio?

Era caduto il fascismo. Corrado, la notte in cui tutto era accaduto, era corso dietro alla gente che esultava per le strade e si arrampicava sui monumenti per far precipitare a terra le statue di Mussolini e i fasci littori[4].

I suoi genitori non c'erano. Erano rimasti a casa dopo aver brindato per qualche momento con i vicini del pianerottolo, bevendo tutti insieme un bicchierino di un rosolio rimasto nascosto in un angolo dell'armadietto per chissà quanto tempo. Eppure non avevano nemmeno quarant'anni.

Suo padre gli era corso dietro per le scale gridando angosciato: «Dove vai? Non è ancora il momento di mischiarsi con gli altri!». Ma Corrado neanche ci pensava a non partecipare a quella notte dove tutto si era finalmente sparigliato. Se il fascismo era caduto non potevano più esistere neanche le sue leggi razziali. Lui, Corrado Mieli, ora era uguale agli altri e con gli altri poteva correre a prendere a bastonate statue e fasci littori.

La mattina dopo si era svegliato confuso come se anche nel sonno avesse continuato a scalmanarsi per festeggiare.

Era tardi, ma i genitori lo stavano aspettando ancora seduti a tavola per la colazione. Avevano voluto attenderlo per mangiare insieme, un po' ne era contento e anche vagamente deluso. Non avevano sentito anche loro la smania di correre a vedere come si stava comportando la città dopo la caduta del profanatore della libertà? Dalla finestra aperta sulla piazza si sentivano ancora mozziconi di frasi simili per il tono eccitato a quelle urlate nella notte.

«Andiamo a vedere?» aveva detto Corrado posando con fracasso la tazza da cui aveva bevuto tutto il latte in un solo sorso frettoloso.

«Vedere cosa?» avevano risposto i genitori quasi insieme.

▲ Mario Mafai, *Demolizioni*. Galleria Narciso, Torino.

2. **«Voglio vivere cosììì...»**: dal testo di un canzone di Claudio Villa del gennaio 1942.
3. **orpelli**: ornamenti vistosi.
4. **fasci littori**: simbolo che il fascismo mutua dal mondo latino con riferimento alle armi portate dai littori, incaricati di proteggere il re e, in età repubblicana e imperiale, i magistrati. Consistevano in fasci di bastoni di legno legati con cinghie di cuoio.

«La caduta del fascismo!».

«No». Suo padre e sua madre scuotevano la testa dopo essersi concessi un mezzo sorriso disadorno. «Cosa c'è da vedere? I monumenti presi a picconate?» aveva poi detto il padre lentamente. «Noi non abbiamo bisogno di gesti simbolici e infantili, ne abbiamo visti già troppi. Vogliamo solo sapere che cosa succederà a noi».

Corrado l'aveva guardato e poi si era girato verso la madre. Un giorno di esultanza non era bastato a restituire anche a lei nuovo vigore dopo gli anni della mortificazione. Se ne stavano lì i suoi genitori, ancora seduti attorno al tavolo della colazione, aspettando che qualcuno gli facesse sapere dove si sarebbero potuti finalmente piazzare. Corrado se li scosse da dosso.

«Io vado» aveva gridato, come era successo la sera prima. E di nuovo suo padre gli era corso dietro.

«Aspetta!» aveva detto con voce stridula, ma quando il figlio si era fermato era riuscito solo a bofonchiare: «Hai qualche soldo in tasca?».

Corrado aveva riso forte e giovane. «Mussolini non l'hanno mica messo in vendita al mercato! A che mi servono i soldi?» ed era sceso a precipizio giù per le scale. Al padre era sembrato che anche il corpo scattante del figlio stesse ridendo di lui.

Per strada c'era ancora la stessa confusione della notte precedente.

L. Levi, *Il braccialetto*, Edizioni E/O, Roma, 2014

LAVORIAMO SULL'INCIPIT: LABORATORIO

1. A quale narratore è affidato il racconto della vicenda?
2. Quali sequenze prevalgono nel passo?
3. Fabula e intreccio coincidono? Motiva la tua risposta con opportuni riferimenti al testo
4. Che età ha all'incirca Corrado all'epoca dell'episodio raccontato? Da che cosa lo deduci?
5. Quali informazioni riesci a ricavare sul contesto e sulla condizione sociale di Corrado e della sua famiglia?
6. Quali informazioni storiche si traggono dal passo?
7. *Non stava succedendo la stessa cosa adesso con la sua vita, trasformata in un continuo insulto dopo le speranze di quel luglio*: con quale tecnica vengono riportati i pensieri di Corrado in questo passaggio?
8. Che cosa significa l'espressione *Lui, Corrado Mieli, ora era uguale agli altri [...]*?
9. Perché Corrado è deluso dai genitori?
10. Che sentimenti provano invece i genitori di fronte alla caduta del fascismo?
11. Nell'incipit compaiono numerosi personaggi. Completa la tabella sulla base di quello che puoi dedurre.

Personaggi principali	Comprimari	Comparse

12. Scegli tre aggettivi fra quelli proposti di seguito che concorrano a definire lo stato d'animo di Corrado al momento della caduta del fascismo: entusiasta, timoroso, esitante, felice, consapevole, preoccupato, festoso, ingenuo, esuberante. Spiega il motivo della tua scelta con riferimento al testo.
13. Riassumi il passo in 15, 7 e 5 righe.

SCRITTURA CREATIVA Dal punto di vista di...

14. Riscrivi il passo fino all'incontro di Corrado con la portinaia in prima persona, affidando la narrazione al ragazzo.
15. Immagina i pensieri del padre di Corrado di fronte a tanto entusiasmo da parte del figlio e affidali a un testo di una decina di righe.

VERSO LE COMPETENZE: SCRIVERE E RIASSUMERE

1. Considera gli oggetti di cui si parla negli incipit proposti in questa sezione. Quali rimandano direttamente al contesto storico in cui è ambientata la vicenda?
2. Immagina di dover scrivere una narrazione a sfondo storico. Quale contesto sceglieresti? Perché? Rispondi in un testo di 10, 15 righe.
3. Quali caratteri della narrazione realistica puoi individuare negli incipit proposti?
4. Attraverso riferimenti diretti o indiretti indica gli aspetti del carattere dei personaggi dei primi cinque incipit.

Personaggio	Carattere

5. Fra i temi sollevati negli incipit dei romanzi proposti scegli quello che per te è di maggiore interesse e suggestione e motiva tale scelta in un testo di almeno una pagina, citando opere letterarie, artistiche, cinematografiche e televisive da te conosciute che trattino lo stesso tema.
6. Perché secondo te oggi alcuni storici della nostra letteratura ritengono che il giallo sia il genere che meglio assolve alla funzione di raccontare la nostra società?
7. Stila una tua personale classifica di questa sezione assegnando un punteggio di gradimento in ordine decrescente (da due a cinque asterischi) agli incipit proposti:

Titolo	Valutazione (da ** a *****)

8. Hai letto romanzi che raccontino la storia e l'attualità al di fuori di quelli proposti? Se sì, scrivi una recensione di uno di questi ed esprimi un tuo consiglio di lettura di circa una pagina. Ricorda di tratteggiarne sinteticamente la trama e alcuni personaggi. Il giudizio può anche essere negativo.

SCRITTURA CREATIVA In forma di...

9. Scrivi un racconto di almeno una pagina ambientata nel contesto storico da te scelto per la risposta all'esercizio n. 2.

SCRITTURA CREATIVA Dal punto di vista di...

10. Pensa a un fatto di cronaca che ti abbia recentemente colpito e ricavane un racconto di almeno una pagina e mezzo. Puoi scegliere la terza persona o affidare la vicenda a un personaggio interno.

A COLPO D'OCCHIO _ Raccontare la storia e l'attualità

RACCONTARE LA STORIA E L'ATTUALITÀ

ULHMAN, ***L'amico ritrovato***

Sullo sfondo dell'ascesa del nazismo e delle persecuzioni antisemite, la storia dell'amicizia tra un ragazzo ebreo e un ragazzo tedesco

GARLANDO, ***Per questo mi chiamo Giovanni***

La storia di Giovanni Falcone e della lotta alla mafia nell'ultimo decennio del Novecento narrata da un papà al figlio adolescente in un pomeriggio in giro per Palermo

CATOZZELLA, ***Non dirmi che hai paura***

Cresciuta a Mogadiscio con il sogno di gareggiare nella corsa alle Olimpiadi di Londra del 2012, Samia affronta il drammatico viaggio verso l'Europa sulla rotta percorsa da tanti migranti che fuggono da una realtà di guerra e di povertà

LEWIS, ***Il più grande uomo scimmia del Pleistocene***

Il divertente diario di un ominide che percorre con la sua orda le tappe dell'evoluzione e riflette sulla crescente complessità della sua vita

SCHMITT, ***Il bambino di Noè***

Il dramma dell'occupazione nazista in Belgio attraverso gli occhi di un bambino ebreo protetto da un sacerdote cattolico che crede profondamente nel dialogo tra le religioni

OLTRE L'INCIPIT...

CONSIGLI DI LETTURA

Katherine Kressmann Taylor, **Destinatario sconosciuto**

Martin e Max, soci in affari, vivono lontani: le loro lettere raccontano le persecuzioni naziste contro gli ebrei.

John Steinbeck, **La luna è tramontata**

La resistenza di un paesino norvegese all'occupazione nazista diventa un monito a non dimenticare la comune appartenenza all'umanità.

Ben Pastor, **Lumen**

L'ufficiale tedesco Martin Bora indaga su un caso di omicidio sullo sfondo della Polonia occupata dai nazisti.

Lindsey Davis, **La mano di ferro**

Investigatore privato con simpatie repubblicane, Marco Didio Falco è in missione in Germania. Un affresco delle milizie romane nell'età dei Flavi.

Valerio Massimo Manfredi, **L'ultima legione**

Con l'aiuto dell'ufficiale Aureliano il giovane Romolo, ultimo imperatore di Roma, sconfigge i barbari e genera il futuro re Artù.

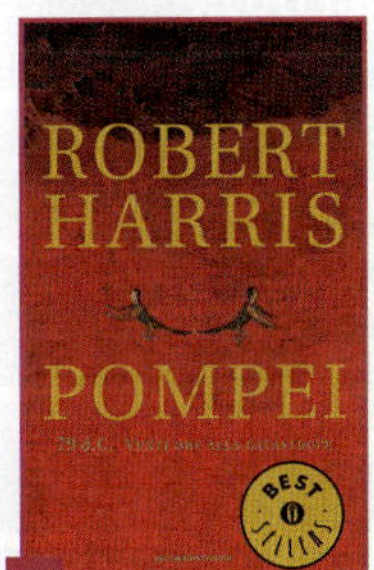

Robert Harris, **Pompei**

Un caso di corruzione agita la città campana nei giorni immediatamente precedenti all'eruzione del Vesuvio del 79 d.C.

John Boyne, **Il bambino con il pigiama a righe**

Ad Auschwitz Bruno, figlio di un generale nazista di cui ignora l'incarico, fa amicizia con il coetaneo Shmuel, ebreo e prigioniero nel campo.

Francesco D'Adamo, **Storia di Iqbal**

La vera storia del pakistano Iqbal Masih, simbolo della protesta contro il lavoro minorile, ucciso ad appena dodici anni.

Ken Follett, **I pilastri della terra**

Sullo sfondo della costruzione di una cattedrale gotica nell'Inghilterra del XII secolo si intrecciano le vicende delle maestranze al lavoro.

Igiaba Scego, **La mia casa è dove sono**

Quando scoppia la guerra in Somalia Igiaba ha 16 anni, vive a Roma e conosce la terra d'origine solo dalle parole dei genitori.

CAPITOLO 9

IL GIALLO

1 IL ROMANZO GIALLO

1 IL ROMANZO GIALLO

Il genere giallo vanta una lunga storia alle spalle (tanto che alcuni autori sono considerati classici a tutti gli effetti) e caratteri ormai consolidati (▶ pag. 72). Ma è negli ultimi due decenni che romanzi gialli, polizieschi e thriller hanno conosciuto uno **straordinario successo** in molte parti del mondo. In Italia lo conferma anche il fatto che, sulla gloriosa scia dei "gialli Mondadori", diversi editori hanno inaugurato collane deputate ad accogliere storie riconducibili alla letteratura "noir". A decretare il successo di un genere che vede sovente titoli in vetta alle classifiche dei libri più venduti concorrono diversi fattori:

- la capacità di intercettare un **pubblico "trasversale"** (Camilleri o Carofiglio, per citare due degli autori di maggior successo degli ultimi anni, non hanno fan solo fra chi legge esclusivamente gialli);
- la frequente **commistione con altri generi** (storie d'amore e di formazione, per esempio);
- la connaturata disposizione a raccontare la **società contemporanea** e a guardare all'umanità anche nelle sue pieghe più inquietanti;
- il ritmo e il **carattere avvincente** delle storie.

Un altro elemento che concorre al successo del giallo è la presenza di **personaggi ricorrenti** che finiscono per "fidelizzare" il lettore fin dagli "albori", come Hercule Poirot e Miss Marple di Agatha Christie e il commissario Maigret di George Simenon. Oggi in Italia, oltre al celeberrimo Montalbano, troviamo l'avvocato Guerrieri, creato da Gianrico Carofiglio, e i vecchietti del Bar Lume di Marco Malvaldi; in Inghilterra l'ispettore Thomas Linley e il sergente Barbara Havers che indagano in coppia nei romanzi di Elizabeth George; in Francia il commissario Adamsberg di Fred Vargas; in area scandinava il commissario Kurt Wallander di Henning Mankell. Lo stesso discorso può valere anche per personaggi storici o che indagano in epoche storiche: il filosofo greco Aristotele è trasformato in detective da Margaret Doody, il sommo poeta Dante da Giulio Leoni, Danila Comastri Montanari ambienta i suoi gialli, brillantemente risolti dal nobile Publio Aurelio, nell'antica Roma, e Ben Pastor affida al suo Martin Bora indagini rischiose in piena epoca nazista.

Gli incipit di questa sezione, siano essi classici del genere (come nel caso dei romanzi di Conan Doyle e Agatha Christie), grandi successi contemporanei (Camilleri) o un esempio di giallo su sfondo storico (Comastri Montanari), creano fin dalle prime righe **attesa** nel lettore e preparano alla suspense, ingrediente fondamentale del giallo.

▶ Gino Cervi nei panni del commissario Maigret in *Maigret a Pigalle*, regia di Mario Landi, 1966.

T1 Arthur Conan Doyle _ Uno studio in rosso

Arthur Conan Doyle ▶ Per la vita dell'autore vedi pag. 76.

Uno studio in rosso segna la nascita di **Sherlock Holmes**, l'investigatore per antonomasia, e del **dottor Watson**, suo biografo, che racconta nell'incipit le circostanze del loro incontro e dell'inizio della loro convivenza al numero 221/B di Baker Street. Nelle informazioni sul singolare individuo che Watson si appresta a incontrare è già evidente l'**originalità del personaggio**, animato da una volontà di sperimentazione e di conoscenza che rasenta l'ossessione. L'incontro è l'inizio di una nuova vita per il medico: dapprima tenuto all'oscuro delle indagini di Holmes, inizia a prendervi parte in occasione della misteriosa morte di un americano, Enoch J. Drebber, trovato cadavere in una casa disabitata. La polizia, guidata dagli agenti Gregson e Lestrade (destinato, quest'ultimo, a una brillante carriera nei romanzi della serie), brancola nel buio e si affida alla consulenza del detective.

Holmes si esibisce, così, per la prima volta, nell'osservazione di una complessa scena del crimine facendo sfoggio delle sue abilità deduttive, e in breve tempo svela il mistero che affonda le radici nella tragica storia di una severa comunità religiosa dello Utah.

PARTE I. Ristampa delle memorie del dottor John H. Watson, già appartenente al corpo medico militare

Capitolo primo. Il mio amico Sherlock Holmes

Nell'anno 1878, conseguita la laurea in medicina alla London University, mi recai a Netley per seguire il corso di specializzazione per chirurgo militare. Completati i miei studi, fui regolarmente distaccato presso il Quinto Corpo Fucilieri del Northumberland in qualità di assistente chirurgo. All'epoca il reggimento era di stanza in India e prima che io potessi raggiungerlo, era scoppiato il secondo conflitto afgano[1]. Sbarcando a Bombay, venni a sapere che il mio reparto aveva già attraversato i passi ed era ormai all'interno del territorio nemico. Molti altri ufficiali si trovavano comunque nella mia stessa situazione. Seguimmo quindi il reparto e riuscii a raggiungere sano e salvo Candahar, dove mi ricongiunsi al mio reggimento assumendo subito le mie nuove funzioni. A molti la campagna afghana portò onori e promozioni; ma a me non portò che sfortune e calamità. Venni trasferito dalla mia brigata e assegnato a quella dei Berkshire con i quali presi parte alla disastrosa battaglia di Mainwand; fui ferito alla spalla da un proiettile Jezail[2] che mi fracassò l'osso procurandomi una lesione superficiale all'arteria succlavia[3]. Sarei caduto nelle mani dei sanguinari Ghazi[4] se non fosse stato per la devozione e il coraggio del mio attendente Murray il quale mi caricò in groppa a un cavallo

1. **secondo conflitto afgano**: si svolge dal 1878 al 1880 ed è la seconda incursione inglese in territorio afghano con l'obiettivo di imporre il controllo britannico sul territorio.
2. **proiettile Jezail**: proiettile sparato da un moschetto a canna lunga e calcio curvo.
3. **arteria succlavia**: la principale arteria del torace superiore, localizzata sotto alla clavicola.
4. **Ghazi**: espressione araba che indica chi compie razzie.

da soma e riuscì a portarmi in salvo fino nelle retrovie inglesi. Spossato dal dolore e indebolito dagli stenti così a lungo sopportati, venni trasferito, con un lungo convoglio di feriti, alla base ospedaliera di Peshawar. Mi ero ripreso ed ero già in condizioni di aggirarmi per le corsie e perfino di prendere un po' di sole nella veranda, quando fui colpito da quella febbre enterica[5] che è la maledizione dei nostri possedimenti indiani. Per mesi, rimasi in condizioni disperate e quando finalmente fui dichiarato fuori pericolo ed entrai in convalescenza, ero talmente debole ed emaciato che una commissione medica decise per il mio immediato rientro in Inghilterra. Mi imbarcarono quindi su una nave per trasporto truppe, l'Orontes, e un mese dopo sbarcai sul molo di Portsmouth, con la salute irrimediabilmente rovinata ma col permesso, graziosamente concessomi dal governo, di impiegare i successivi nove mesi a tentare di rimetterla in sesto. Non avevo nessun parente in Inghilterra ed ero quindi libero come l'aria – o, meglio, libero quanto lo può essere un uomo con una rendita di undici scellini e mezzo al giorno. Date le circostanze, ovviamente fui attratto da Londra, quel grande pozzo nero dal quale tutti i perdigiorno e gli sfaccendati dell'Impero vengono irresistibilmente inghiottiti. E a Londra rimasi per qualche tempo, in una pensione dello Strand, conducendo un'esistenza scomoda e vuota, spendendo più liberalmente di quanto avrei dovuto il poco denaro che avevo a disposizione. Lo stato delle mie finanze si fece alla fine così allarmante da non lasciarmi che due alternative: o abbandonare la metropoli e confinarmi in qualche paesino di campagna, o cambiare radicalmente il mio tenore di vita. Optai per questa seconda soluzione e cominciai a entrare nell'ordine di idee di abbandonare l'albergo e stabilirmi in un alloggio meno pretenzioso e dispendioso. Il giorno stesso in cui ero giunto a questa conclusione, me ne stavo al Criterion Bar quando mi sentii battere su una spalla e, voltandomi, riconobbi il giovane Stamford, che era stato mio assistente quando ero medico a Barts. Vedere una faccia amica nella nostra giungla londinese, è davvero per chi è solo una piacevole sorpresa. A dir la verità, in passato non c'era mai stata tra noi un'amicizia molto stretta ma in quel momento lo salutai con entusiasmo ed egli, a sua volta, sembrò felicissimo di vedermi. Nell'impeto della mia gioia, lo invitai a pranzo all'Holborn e ci arrivammo insieme in una vettura di piazza. "Cosa le è successo, Watson?" mi domandò francamente sorpreso, mentre la carrozza percorreva rumorosamente le strade affollate di Londra. "È magro come un chiodo e nero come un tizzone". "Gli feci un resoconto delle mie vicissitudini che durò per tutto il tempo del tragitto. "Poveraccio!" disse in tono di commiserazione dopo aver ascoltato le mie peripezie. "E adesso, che cosa conta di fare?" "Cercarmi un alloggio", risposi. "Cercar di

▲ Illustrazione di George Hutchinson per *Uno studio in rosso*, 1886.

5. **febbre enterica**: febbre intestinale.

risolvere il problema se è possibile trovare una casa confortevole a un prezzo ragionevole." "È strano" osservò il mio compagno. "È la seconda persona, oggi, che ha usato questa espressione". "E la prima chi era?" "Un tale che lavora al laboratorio di chimica dell'ospedale. Stamattina si lamentava appunto di non riuscire a trovare qualcuno con cui dividere il costo di un alloggio che aveva visto ma che, per lui solo, era troppo caro." "Per Giove!" esclamai. "Se ha veramente intenzione di dividere alloggio e spese, sono proprio quello che fa per lui. Preferirei avere un compagno, anziché vivere solo." Il giovane Stamford mi lanciò un'occhiata un po' strana al disopra del suo bicchiere di vino. "Non conosce ancora Sherlock Holmes" disse; "forse non gradirà molto averlo sempre presente come compagno". "Perché, cos'ha che non va?" "Non ho detto che in lui ci sia qualcosa che non va... Ha delle idee un po' strambe - è un entusiasta di determinate branche della scienza. Per quanto ne so io, è un buon diavolo." "Studente di medicina, immagino?", dissi. "No... Non ho idea di quale facoltà voglia seguire. Credo che abbia buone cognizioni di anatomia, ed è un chimico di prim'ordine; ma, a quanto mi risulta, non ha mai seguito sistematicamente dei corsi di medicina. I suoi studi sono privi di qualsiasi metodo e piuttosto eccentrici, ma ha accumulato una massa enorme di cognizioni insolite che lascerebbero a bocca aperta i suoi professori." "Non gli ha mai chiesto quale ramo intende scegliere?", domandai. "No. Non è uomo facile al dialogo, anche se può essere molto comunicativo... quando ne ha voglia..." "Mi piacerebbe conoscerlo", dissi. "Se devo avere un coinquilino, preferirei una persona tranquilla e amante dei libri. Non sono ancora abbastanza in forze per sopportare rumori e agitazione. Ne ho avuto abbastanza di entrambi in Afghanistan da durarmi per tutto il resto della vita. Come potrei fare per conoscere questo suo amico?" "Sarà senza dubbio in laboratorio", rispose il mio compagno. "A volte ne sta alla larga per settimane, altre volte ci rimane a lavorare dalla mattina alla sera. Se vuole, possiamo andarci insieme dopo mangiato." "Certamente", risposi, e la conversazione si spostò su altri argomenti. Mentre ci dirigevamo all'ospedale dopo aver lasciato l'Holborn, Stamford mi diede qualche altra informazione sul signore che mi proponevo di prendere come coinquilino. "Non se la prenda con me se non ci andrà d'accordo", disse; "di lui, so unicamente quello che ho appreso incontrandolo ogni tanto in laboratorio. È lei che ha proposto questo accomodamento, quindi non me ne ritenga responsabile." "Se non andremo d'accordo sarà facile separarci", risposi. "La mia impressione, Stamford", aggiunsi guardandolo dritto in faccia, "è che lei abbia qualche motivo per lavarsi le mani di tutta la faccenda. Questo tizio ha davvero un caratteraccio, o cosa? Me lo dica francamente." "Difficile esprimere l'inesprimibile" rispose scoppiando a ridere. "Holmes è un po' troppo scientifico per i miei gusti – lo definirei quasi un animale a sangue freddo. Posso immaginarmelo mentre dà a un amico un pizzico dell'ultimo alca-

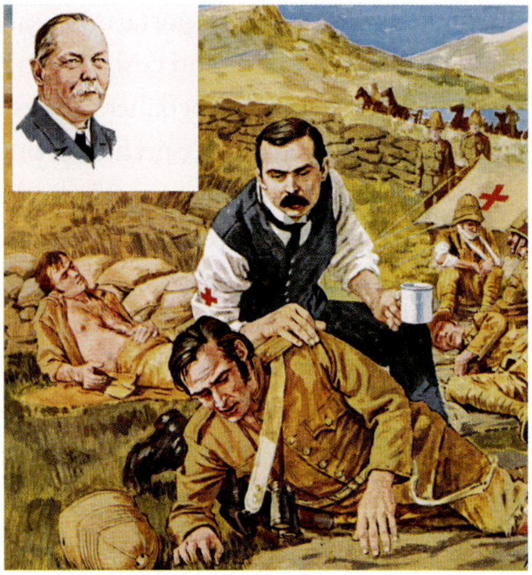

▲ Roger Payne, *La vita vera di Sherlock Holmes*. Collezione privata.

loide[6] vegetale scoperto, non per cattiveria, badi bene, ma per avere un'idea precisa degli effetti. Però, devo dire onestamente che non ci penserebbe due volte a ingerirlo lui stesso. Sembra nutrire un'insaziabile passione per le cognizioni esatte e definite." "Giustissimo." "Già, ma è una cosa che si può spingere all'eccesso. Quando si arriva a percuotere con un bastone i cadaveri in sala anatomica, la faccenda diventa certo un po' strana!". "Percuotere i cadaveri!" "Sì, per verificare il tipo di lividure che si possono produrre dopo la morte. L'ho visto farlo io stesso." "Pure, dice che non è uno studente di medicina?" " No. Dio solo sa cosa studia".

A. C. Doyle, *Uno studio in rosso*, *Tutto Sherlock Holmes*,
trad. it. di N. Rosati Bizzotto, Newton&Compton, Roma, 2015

6. **alcaloide**: sostanza organica azotata, di origine perlopiù vegetale, con proprietà alcaline, curativa o tossica a seconda del tipo o della dose.

GUIDA ALLA LETTURA

La ricerca di un alloggio non pretenzioso né dispendioso a *Londra, quel grande pozzo nero dal quale tutti i perdigiorno e gli sfaccendati dell'Impero vengono irresistibilmente inghiottiti*, è causa dell'incontro tra due personaggi destinati a grande fama. Uno è un medico, la voce narrante: in passato ha seguito l'esercito inglese nella campagna afghana ed è stato congedato per una ferita di guerra e per una febbre intestinale che gli ha consumato le forze; l'altro è un individuo dalle idee strambe, scienziato geniale ma bizzarro, che percuote i cadaveri *per verificare il tipo di lividure che si possono produrre dopo la morte*. A metterli in contatto è un certo Stamford, ex assistente di Watson, che, dopo aver proposto il possibile coinquilino, cerca di sgravarsi da ogni responsabilità per eventuali problemi di convivenza: *Non se la prenda con me se non ci andrà d'accordo* [...]. *È lei che ha proposto questo accomodamento, quindi non me ne ritenga responsabile*.

Dalle parole di Stamford il lettore ha un primo, curioso ritratto di Sherlock Holmes, chimico di prim'ordine all'opera nel *laboratorio di chimica dell'ospedale*, dove lavora non si sa bene a quale titolo, tanto avido di conoscenza da usare come cavie gli amici o se stesso per studiare gli effetti di nuove sostanze. Un genio, un pazzo, un *caratteraccio*? A Watson toccherà di lì a poco scoprirlo e accettare di dividere alloggio e vita con un personaggio straordinario.

PERCHÉ LEGGERLO?

- Perché è l'esordio di un personaggio "storico" per il romanzo giallo.
- Perché gli amanti del personaggio di Sherlock Holmes scoprono qui dettagli sul personaggio che non compariranno più negli altri romanzi della serie.
- Perché le indagini ci permettono di conoscere il suggestivo mondo dei pionieri.

LAVORIAMO SULL'INCIPIT

1. Watson colora la descrizione dell'avventura afghana con dettagli specialistici e toni eroico-avventurosi: riporta un esempio di entrambe le modalità descrittive.
2. Come definisce Watson la sua vita prima dell'incontro con Holmes?
3. Quale giudizio viene formulato su Londra?
4. Perché Watson saluta con entusiasmo il giovane Stamford a cui non è particolarmente legato?
5. Holmes preferisce accrescere le sue conoscenze con lo studio o con l'esperienza?

6. Perché Holmes viene definito *un animale a sangue freddo*?

VERSO LE COMPETENZE **COMPITI DI REALTÀ**

- *Comunicazione nella madrelingua*
- *Competenze sociali e civiche*
- *Spirito di iniziativa e imprenditorialità*

7. Immagina di essere un giovane universitario che cerca un alloggio da condividere e prepara un'inserzione di 300 caratteri per presentarti a eventuali coinquilini.

Il tuo lavoro sarà valutato sulla base di questi parametri:

Criteri / Livello di padronanza	Iniziale (1)	Base (2)	Intermedio (3)	Avanzato (4)
Coerenza delle informazioni riportate				
Chiarezza espositiva				
Rispetto della lunghezza richiesta (300 caratteri)				

T2 Agatha Christie Dieci piccoli indiani

Agatha Mary Clarissa Miller nasce nel 1890 a Torquay, in Inghilterra. Orfana di padre a soli dieci anni, viene allevata ed educata tra le mura domestiche dalla madre, una donna dotata di straordinaria sensibilità e di una fantasia romantica.

Durante la Prima guerra mondiale, lavorando come volontaria ospedaliera per la Croce Rossa Britannica, prende la decisione di scrivere romanzi gialli, firmandosi con il cognome del marito, Archie Christie, pilota dei Royal Flying Corps. Il primo di essi, *Poirot a Styles Court*, mette in scena per la prima volta l'investigatore **Hercule Poirot**, futuro protagonista di *Assassinio sull'Orient Express*. Nel 1930 ne *La morte nel villaggio* vede la luce il personaggio di **Miss Marple**, altra figura di detective destinata a grande fama. Nel 1947 il successo della scrittrice è ormai tale che la Regina Madre Mary le chiede un'opera come regalo per il suo ottantesimo compleanno. La Christie scrive il racconto *Tre topolini ciechi*, da cui verrà tratto un testo per il teatro, *Trappola per topi*, rappresentato a Londra ininterrottamente dal 1952.

Agatha Christie muore nel 1976 nella sua villa di campagna a Wallingford.

Dieci persone, tra cui il giudice Wargrave, vengono invitate con motivazioni differenti in una splendida villa su Nigger Island. Ad accoglierle, poco dopo l'arrivo, non è il padrone di casa, ma una voce riprodotta da un grammofono, che le accusa di essere tutte degli assassini rimasti impuniti per i crimini commessi. Da questo momento la permanenza sull'isola, da cui non possono fuggire, diventa **un incubo**: seguendo le rime di una filastrocca "nera" in bella mostra in ogni camera, i dieci ospiti incontrano la morte uno dopo l'altro mentre i superstiti tentano di scoprire dove si nasconda e chi sia il misterioso giustiziere prima che accada l'irreparabile.

L'ambiente dell'isola priva di contatti con la terraferma dà vita a una sorta di "**mistero della camera chiusa**", cioè un giallo in cui il delitto si compie in circostanze apparentemente impossibili: dell'assassino non c'è traccia e le circostanze delle morti sono sempre più strane.

I

In un angolo dello scompartimento fumatori di prima classe, il signor Wargrave, giudice da poco in pensione, tirò una boccata di fumo dal sigaro e scorse con interesse le notizie politiche del "Times". Poi, depose il giornale sulle ginocchia e guardò fuori dal finestrino. Il treno correva attraverso il Somerset.

Diede un'occhiata all'orologio: ancora due ore di viaggio.

Ripensò a quello che i giornali avevano scritto su Nigger Island.

Anzitutto, la notizia dell'acquisto fatto da un milionario americano appassionato di crociere in panfilo, e la descrizione della casa moderna e lussuosa che aveva costruito su quella piccola isola al largo della costa del Devon. La sfortunata circostanza che la terza moglie del milionario soffrisse il mal di mare aveva portato alla vendita della casa e dell'isola. Numerosi annunci erano apparsi bene in vista sui giornali. Poi, la notizia che isola e casa erano state comperate da un certo signor Owen. Da quel momento, erano cominciati i pettegolezzi nelle rubriche mondane. Nigger Island era stata acquistata da Gabrielle Turl, la famosa diva di Hollywood, che voleva passarvi qualche mese in incognito... Un cronista, che si firmava "L'Ape operaia", aveva insinuato invece che si trattava di un rifugio per qualche personaggio di sangue reale. "Il Perdigiorno" sosteneva che l'isola era stata comprata per la luna di miele di un giovane lord che si era finalmente arreso a Cupido. "Giona" affermava di sapere che l'aveva acquistata l'Ammiragliato per compiervi misteriosi esperimenti segreti. Insomma, Nigger Island era diventata l'argomento del giorno.

▲ Locandina del film *Dieci piccoli indiani*, regia di George Pollock, 1965.

Il giudice Wargrave si tolse di tasca una lettera. La grafia era quasi illeggibile, ma alcune parole risaltavano con inaspettata chiarezza: "Carissimo Lawrence... da tanti anni non ho sue notizie... deve venire a Nigger Island... un luogo incantevole... tante cose da dirle... i vecchi tempi... comunione con la natura... crogiolarsi al sole... alle 12,40 da Paddington... ci incontreremo a Oakbridge. Sempre sua Constance Culmington".

La firma era adorna d'uno svolazzo.

Il giudice Wargrave cercò di ricordare con esattezza quando avesse visto per l'ultima volta Lady Constance Culmington. Dovevano essere trascorsi sette, otto anni. A quell'epoca, la nobildonna era andata in Italia per crogiolarsi al sole e vivere a contatto con la natura e i contadini. Wargrave aveva poi saputo che aveva proseguito il viaggio fino in Siria con l'intenzione di arrostire a un sole più caldo e di vivere a tu per tu con la natura e i beduini.

Constance Culmington, riflettè il giudice, era proprio il tipo di donna capace di comprare un'isola, circondandosi di mistero.

Dondolando leggermente la testa, come se volesse approvare la propria logica, Wargrave si lasciò prendere a poco a poco dal sonno...

A. Christie, *Dieci piccoli indiani*, trad. it. di B. Della Frattina, Mondadori, Milano, 1993

GUIDA ALLA LETTURA

In un vagone di prima classe un giudice fuma il sigaro e legge uno storico quotidiano inglese. Lo attendono ancora due ore di viaggio e il suo pensiero va alle notizie diffuse dai giornali su Nigger Island, una piccola isola sulle coste del Devon, passata per le mani di diversi acquirenti ricchi e famosi che l'hanno condotta agli onori della cronaca. Poi il giudice estrae una lettera dalla tasca e il mistero comincia ad aleggiare: la grafia è in buona parte illeggibile, ma l'invito a Nigger Island e la firma di una sua vecchia conoscenza sono inequivocabili. Qualche cenno alla nobildonna giramondo e dai gusti esotici che non vede da anni e poi il giudice scivola nel sonno. Maestra del giallo, Agatha Christie costruisce un incipit in cui non si parla di delitti, stuzzica la curiosità del lettore, semina qualche indizio destinato a depistarlo (gli insistiti riferimenti al gossip di cui è oggetto Nigger Island) e lo lascia in sospeso sul sonno del giudice.

PERCHÉ LEGGERLO?

- Perché anche il lettore più scaltro non capisce chi sia l'assassino.
- Perché nel microcosmo dell'isola, tra individui su cui pesano accuse infamanti, si sviluppano interessanti dinamiche psicologiche.
- Perché lo sviluppo dell'intera vicende induce a una più ampia riflessione sul tema della colpa e della punizione.

LAVORIAMO SULL'INCIPIT

1. Come viene caratterizzato il personaggio del giudice Wargrave?
2. Dove si trova Nigger Island? Rispondi con riferimenti al testo.
3. Quali notizie circolano sulla proprietà dell'isola?
4. Come viene contattato il giudice?
5. Per quale motivo si convince ad accettare l'invito?
6. A che tipo di narratore è affidata la vicenda?
7. Fabula e intreccio coincidono? In caso di risposta negativa ricostruisci l'ordine cronologico degli eventi.
8. Quali aspetti di questo incipit sono secondo te riconducibili al genere giallo?

SCRITTURA CREATIVA Immagina che...

9. Immagina l'incontro fra il giudice Wargrave e Lady Constance Culmington a Oakbridge. Affida la narrazione a un testo di circa 20 righe.

BUIO IN SALA

DAL LIBRO AL FILM – IL GIALLO

[1]

[2]

[3]

La prima trasposizione cinematografica del capolavoro di Agatha Christie ***Dieci piccoli indiani***, di cui è riportato l'incipit a pagina 558, si ha nel 1945 con il film del regista francese **René Clair** *And Then There Were None (Dieci piccoli indiani)* **[1]**, titolo che fa riferimento alla filastrocca con cui vengono preannunciati i destini di morte dei personaggi. La pellicola, realizzata negli Stati Uniti, riprende fedelmente quanto narrato nel libro eccetto la conclusione: il finale, infatti, è quello che la stessa Christie scrisse per l'adattamento teatrale dell'opera, nel 1943, una sorta di lieto fine ben diverso da quello del romanzo. Il film è in bianco e nero, si affida a un cast di attori famosi del tempo (come Barry Fitzgerald, che interpreta il giudice) e conta su un budget da produzione hollywoodiana.

Nel 1965 esce ***Ten Little Indians*** **[2]**, un film inglese in bianco e nero sempre basato sul romanzo della Christie, con la regia di **George Pollock**. I dieci ospiti hanno nomi diversi e, in alcuni casi, sono diverse le accuse loro mosse, ma nuova è soprattutto l'**ambientazione** della vicenda: la dimora di Mr. Owen non è su un'isola, ma in cima a una montagna che si può raggiungere solo con una funivia. Ciò condiziona anche le modalità di alcune morti: Mrs. Rogers, in questa versione Mrs. Grohmann, muore per il sabotaggio dell'impianto della funivia, mentre il marito precipita dalla montagna.

[1]

[4]

Anche in questa produzione viene utilizzato il finale della versione teatrale, come accade nell'ultima trasposizione, datata 1974, che riprende il titolo ***And Then There Were None***, mantenuto nella versione italiana ***E poi non ne rimase nessuno*** **[3]**. Il regista inglese **Peter Collinson** sceglie come teatro della vicenda un palazzo esotico nel deserto iraniano in cui gli ospiti arrivano a bordo di un elicottero.

Il romanzo della Christie ispira anche una celebre parodia, ***Murder by death*** *(Invito a cena con delitto)* **[4]**, scritta dal commediografo statunitense **Neil Simon** e diretta nel 1976 da Robert Moore. In essa un misterioso milionario invita i cinque più famosi investigatori del mondo, caricature di celebri detective della letteratura gialla, a trascorrere un fine settimana nel suo castello, attentando più volte alla loro vita e sfidandoli, nei toni più tipici dello humour britannico, a risolvere un apparente delitto perfetto.

T3 Andrea Camilleri – Il ladro di merendine

Andrea Camilleri ▶ Per la vita dell'autore vedi pag. 106.

Il ladro di merendine è il terzo romanzo giallo di Camilleri che ha per protagonista il commissario **Salvo Montalbano**. Due omicidi – quello di un tunisino imbarcato su un peschereccio di Mazàra del Vallo, e quello di un commerciante di vino accoltellato in un ascensore – secondo Montalbano sono legati tra loro. Si intreccia al corso delle indagini anche la vicenda del piccolo François, un bambino extracomunitario, figlio di una giovane tunisina, amante del commerciante assassinato, misteriosamente scomparsa. François, accusato da un gruppo di mamme davanti alla scuola elementare di Vigata di rubare le merendine ai loro figli, si rifugia in una casa abbandonata e lì viene ritrovato dal commissario che, insieme alla sua fidanzata Livia, decide di adottarlo. Le indagini proseguono ostacolate dalle interferenze dei servizi segreti.

S'arrisbigliò[1] malamente: i linzòla[2], nel sudatizzo del sonno agitato per via del chilo e mezzo di sarde a beccafico che la sera avanti si era sbafàto[3], gli si erano strettamente arravugliate[4] torno torno il corpo, gli parse d'essere addiventato una mummia. Si susì[5], andò in cucina, raprì[6] il frigorifero, si scolò mezza bottiglia d'acqua aggilàta[7]. Mentre beveva, taliò[8] fòra[9] dalla finestra spalancata. La luce dell'alba prometteva giornata bona, il mare una tavola, il cielo chiaro senza nuvole. Montalbano, soggetto com'era al tempo che faceva, si sentì rassicurato circa l'umore che avrebbe avuto nelle ore a venire. Era ancora troppo presto, si ricurcò[10], si predispose ad altre due ore di dormitina tirandosi il linzòlo sopra la testa. Pensò, come sempre faceva prima d'addormentarsi, a Livia nel suo letto di Boccadasse[11], Genova: era una prisenza propiziatrice a ogni viaggio, lungo o breve che fosse, in «the country sleep»[12], come faceva una poesia di Dylan Thomas che gli era piaciuta assà[13].

Il viaggio era appena principiato che venne subito interrotto dallo squillo del telefono.

Gli parse che quel suono gli trasisse[14], come una virrìna[15], dentro un orecchio per nèsciri[16] dall'altro, trapanandogli il cervello.

▲ *Il commissario Montalbano*, serie TV, regia di Alberto Sironi, 1999. Nel fotogramma, il commissario Salvo Montalbano (Luca Zingaretti) e François (Hamdj Hadj Ali).

1. **arrisbigliò**: si svegliò.
2. **linzòla**: lenzuola.
3. **sbafàto**: mangiato.
4. **arravugliate**: aggrovigliate.
5. **Si susì**: si alzò.
6. **raprì**: aprì.
7. **aggilàta**: gelata.
8. **taliò**: guardò.
9. **fòra**: fuori.
10. **si ricurcò**: si ricoricò.
11. **Boccadasse**: baia sul lungomare di Genova, dove vive Livia, la fidanzata storica di Montalbano.
12. **«the country sleep»**: dall'inglese, il paese del sonno.
13. **assà**: assai.
14. **trasisse**: entrasse.
15. **virrìna**: trapano.
16. **nèsciri**: uscire.

«Pronto!».

«Con chi è che io sto parlando?».

«Dimmi prima chi sei».

«Catarella[17] sono».

«Che c'è?».

«Mi scusasse, ma non avevo arraccanosciuta[18] la voce sua di lei, dottori. Capace che lei stava dormendo».

«Capace di sì, alle cinco di matina! Mi vuoi dire che c'è senza stare ulteriormente a scassarmi la minchia?».

«Ci fu un morto accìso a Mazàra del Vallo[19]».

«E che me ne fotte a me? Io a Vigàta[20] sto».

«Ma guardi, dottori, che il morto...».

Riagganciò, staccò la spina. Prima di chiudere gli occhi si disse che forse era stato il suo amico Valente, vicequestore di Mazàra, a cercarlo. Gli avrebbe telefonato più tardi, dal suo ufficio.

A. Camilleri, *Il ladro di merendine*, Sellerio, Palermo, 1996

17. **Catarella**: agente di polizia dell'ufficio di Montalbano, reso famoso nell'omonima serie televisiva dall'interpretazione dell'attore Angelo Russo.
18. **arraccanosciuta**: riconosciuta.
19. **Mazàra del Vallo**: comune in provincia di Trapani.
20. **Vigàta**: località immaginaria inventata da Camilleri, nella quale sono ambientate le indagini del commissario Montalbano e idealmente corrispondente a Porto Empedocle, nella Sicilia sud orientale.

GUIDA ALLA LETTURA

La prima pagina del romanzo presenta un'esposizione di tipo classico: il racconto si apre sul personaggio del commissario Montalbano, protagonista delle inchieste dei gialli di Camilleri, nel momento in cui un mattino all'alba interrompe un sonno faticoso dovuto alla cena abbondante della sera precedente.

Si alza giusto il tempo per bere e per farsi un'idea delle condizioni del tempo che si annunciano e ritorna a letto. Ma il riposo appena ripreso viene interrotto da una telefonata che informa il commissario di un omicidio. Il delitto è avvenuto in un territorio di competenza di altra questura, per cui Montalbano non esita a rimettersi a letto. La narrazione risulta particolarmente vivace sia per gli elementi forniti sul carattere del personaggio, ruvido e sanguigno, sia per la particolarità della lingua. La narrazione alterna infatti parole italiane e termini propri del dialetto siciliano, talvolta, specie nei discorsi diretti, anche scurrili, creando un effetto molto originale e colorito, che è una delle principali caratteristiche della scrittura di Camilleri.

PERCHÉ LEGGERLO?

- Perché il personaggio del commissario Montalbano è una delle invenzioni più riuscite della moderna letteratura gialla.
- Per la ricostruzione puntuale dell'ambiente siciliano.
- Perché questo romanzo mette a fuoco alcuni tratti affettivi del personaggio di Montalbano, in particolare rispetto alle relazioni che egli ha con il padre e con la fidanzata, permettendoci di indagarlo in ogni sua sfumatura.
- Perché Camilleri non ci parla soltanto della vicenda criminale, ma anche delle conseguenze che questa ha sulla vita di un bambino.

LAVORIAMO SULL'INCIPIT

1. Nelle prime righe si accenna ad alcune tra le "passioni" che hanno reso famoso il personaggio di Montalbano. Quali?
2. Quali pensieri e/o sensazioni inducono il commissario a ricoricarsi?
3. La rottura dell'equilibrio iniziale, dato fisso dell'avvio di una storia, nei romanzi gialli di Camilleri coincide spesso con l'interruzione di un momento privato di tranquillità del commissario protagonista: chiarisci come questo avviene nell'incipit proposto.
4. La scrittura di Camilleri si caratterizza per la vena ironica. Come si esprime in questa pagina?
5. Quale tecnica narrativa di stile è presente nell'ultimo enunciato del testo riportato?

SCRITTURA CREATIVA Immagina che...

6. Immagina che al posto di Catarella sia il questore in persona a telefonare a Montalbano nel cuore della notte. Riporta lo scambio di battute tra i due.

T4 Danila Comastri Montanari _ Saturnalia

Danila Comastri Montanari nasce a Bologna nel 1948. Laureata in Scienze Politiche e Pedagogia, insegna e viaggia in tutto il mondo.

Nel 1990 scrive il suo primo romanzo, *Mors Tua*, con cui inaugura la saga del detective dell'antichità **Publio Aurelio Stazio** e da allora si dedica a tempo pieno alla narrativa privilegiando il genere del giallo storico.

I *Saturnalia*, durante i quali si svolge la vicenda, sono una **festività religiosa** romana dedicata al dio Saturno, che si svolgevano nella seconda metà di dicembre, in occasione del solstizio d'inverno. I Saturnalia rievocano la mitica **età dell'oro**, quando gli uomini vivevano nell'abbondanza e in **perfetta uguaglianza fra loro**. Per questo motivo durante la festività era sovvertito l'ordine sociale: gli schiavi potevano considerarsi temporaneamente uomini liberi e come tali comportarsi, all'insegna del **gioco** e dello **sberleffo**, come in una sorta di odierno carnevale.

Nel 46 d.C. il senatore Publio Aurelio Stazio è appena tornato a Roma dalle province di Gallia, giusto in tempo per la celebrazione dei Saturnalia. Approfittando della confusione propria di queste festività, un assassino mette in atto una **catena di omicidi**. In apparenza privi di relazione fra loro, gli omicidi sono in realtà collegati da un filo che Publio Aurelio Stazio, calatosi ancora una volta nella parte del detective, svela con il consueto acume e un pizzico di ironia.

Roma, anno 799 ab Urbe condita (anno 46 dopo Cristo, inverno)[1]
Sedicesimo giorno prima delle Calende di gennaio[2]

Il tempio di Venere Calva sulla Velia[3], eretto in memoria delle matrone[4] che durante l'assedio di Brenno[5] avevano offerto i loro capelli per farne corde da catapulta, contava rari devoti. Perciò, nell'istante in cui l'uomo e il bambino si incrociarono sulla scalinata, nessuno li vide, eccetto un paio di vagabondi troppo brilli per valutare appieno quanto stava accadendo.

1. ***...anno 46 dopo Cristo, inverno***: i Romani computavano gli anni a partire dalla fondazione di Roma (753 a.C.).
2. ***Sedicesimo giorno prima delle Calende di gennaio***: i giorni del mese venivano calcolati sulla base di tre giorni fissi. Le *Kalendae* sono il primo giorno del mese.
3. **Velia**: uno dei sette colli di Roma, propaggine dell'Esquilino, eliminato nel Novecento per la costruzione di Via dei Fori Imperiali.
4. **matrone**: a Roma, donne che godevano della cittadinanza e mogli di un uomo romano di condizione libera.
5. **Brenno**: condottiero gallo, capo della tribù celtica dei Galli Senoni, saccheggiò Roma nel 390 a.C.

La sagoma in mantello e cappuccio sbucò all'improvviso dalla Via Sacra[6] e si inerpicò sull'altura. Un lungo lamento, che nulla aveva di umano, parve seguire i passi pesanti oltre il sacello[7] dei Penati, fino al piccolo podio prospiciente il Macellum[8].

Spesso la morte giunge in silenzio. Quella volta si annunciò con un tonfo secco, al culmine di un volo da cento piedi di altezza. Uno schianto letale, ma dall'impatto attutito, difficile da udire in mezzo alle risate, agli schiamazzi e al rullare frenetico dei tamburi di quella notte di festa.

Il corpo rimbalzò sul portico del Macellum per andare a fermarsi nella piazza. Giacque a lungo sul bordo del marciapiede, senza attirare l'attenzione dei pochi passanti, che lo scambiarono per quello di un ubriaco a cui avessero ceduto le gambe.

Passò almeno un'ora prima che uno schiavo alticcio[9], facendo scivolare lo sguardo sull'uomo esanime[10], notasse le braccia piegate in una posa innaturale e il sigillo che luccicava all'indice.

D. Comastri Montanari, *Saturnalia*, Mondadori, Milano, 2014

6. **Via Sacra**: l'asse stradale più importante del Foro Romano.
7. **sacello**: piccolo edificio di culto.
8. **Macellum**: mercato della città romana specializzato nella vendita di carni e pesci.
9. **alticcio**: lievemente ubriaco.
10. **esanime**: privo di vita.

GUIDA ALLA LETTURA

Come in tutti i romanzi dedicati all'investigatore Publio Aurelio, l'atmosfera delle prime righe ci riporta a un contesto storico molto lontano dal nostro. Siamo nell'antica Roma, come si può facilmente ricavare dall'iniziale indicazione cronologica e dai dati geografici e storici delle righe immediatamente successive. Mistero e delitto sono in agguato: due figure, un adulto e un bambino, si muovono in un luogo poco frequentato e l'uomo avvolto da un mantello che si inerpica minaccioso verso di loro ha gioco facile. Il tonfo che accompagna la caduta del cadavere passa inosservato fra i rumori della notte di festa. Solo un'ora dopo uno schiavo scopre il corpo e il sigillo che luccica al suo indice. La caccia all'assassinio è aperta, il detective è pronto a entrare in azione.

PERCHÉ LEGGERLO?

- Perché è giocato su un mix fra giallo e divulgazione storica.
- Perché rende intrigante un contesto storico lontano.

LAVORIAMO SULL'INCIPIT

1. Come si annuncia la morte della vittima?
2. Quante persone compaiono sulla scena del delitto?
3. Rintraccia nell'incipit gli elementi che ne indicano l'appartenenza al genere giallo.
4. Evidenzia gli elementi che contribuiscono alla ricostruzione storica del periodo in cui si svolge la vicenda.
5. Secondo te il passo crea suspense? Perché? Rispondi con opportuni riferimenti al testo.
6. A quale tipologia appartiene il narratore della vicenda?
7. Scrivi un testo narrativo di una pagina che abbia come protagonisti un uomo e un bambino e, ambientato in un'epoca storica a tua scelta.

T5 Mark Haddon – Lo strano caso del cane ucciso a mezzanotte

Mark Haddon (Northampton, 1962) è scrittore e poeta britannico. Laureato a Oxford, è autore di numerosi libri per ragazzi e di sceneggiature per la TV.

Christopher John Francis Boone è un ragazzo di 15 anni affetto dalla sindrome di Asperger, una forma di autismo. Christopher è dotato di **straordinarie competenze logico-matematiche**, ha una memoria formidabile e conosce a memoria i numeri primi fino a 7507, ma ha **difficoltà a stringere relazioni con le persone** e qualche disturbo comportamentale: odia essere toccato, spesso fatica a comprendere gli esseri umani, detesta il marrone e il giallo, ama il rosso. Il ragazzo vive con suo padre a Swindon, cittadina inglese poco distante da Londra. Una sera, sul prato vicino a casa, trova il cadavere del cane della vicina, la signora Shears, trafitto da un forcone. Proprio come il suo eroe Sherlock Holmes, Christopher inizia una sua personale indagine che lo conduce non solo a **individuare il responsabile del gesto criminoso**, ma anche a **rivedere molti aspetti della propria vita** e di quella della sua famiglia. Narrato in prima persona dallo stesso Christopher, il romanzo unisce la struttura e l'andamento del giallo alla vicenda di formazione, con toni ora ironici ora commoventi.

Da *Lo strano caso del cane ucciso a mezzanotte* sono stati tratti l'omonimo film e una riduzione teatrale.

Mezzanotte e 7 minuti. Il cane era disteso sull'erba in mezzo al prato di fronte alla casa della signora Shears. Gli occhi erano chiusi. Sembrava stesse correndo su un fianco, come fanno i cani quando sognano di dare la caccia a un gatto. Il cane però non stava correndo, e non dormiva. Il cane era morto. Era stato trafitto con un forcone. Le punte del forcone dovevano averlo passato da parte a parte ed essersi conficcate nel terreno, perché l'attrezzo era ancora in piedi. Decisi che con ogni probabilità il cane era stato ucciso proprio con quello perché non riuscivo a scorgere nessun'altra ferita, e non credo che a qualcuno verrebbe mai in mente di infilzare un cane con un forcone nel caso in cui fosse già morto per qualche altra ragione, di cancro per esempio, o per un incidente stradale. Ma non potevo esserne certo.

Aprii il cancelletto di casa della signora Shears, richiudendolo dietro di me. Attraversai il prato e mi inginocchiai vicino al cane. Gli appoggiai la mano sul muso. Era ancora caldo.

Il cane si chiamava Wellington. Apparteneva alla signora Shears, che era nostra amica. Abitava dall'altro lato della strada, due case più in là, sulla sinistra.

▲ Manifesto per la Giornata mondiale sull'autismo a Prato, 2016.

Wellington era un cane barbone. Non uno di quei barboncini tutti bei pettinati, no, uno di quelli grossi. Aveva il pelo riccio e nero, ma quando lo si guardava da vicino ci si rendeva conto che sotto quella cosa arruffata la pelle era di un colore giallo pallido, come quella di un pollo.

Accarezzai Wellington e mi domandai chi l'avesse ucciso, e perché.

M. Haddon, *Lo strano caso del cane ucciso a mezzanotte*, trad. it. di P. Novarese, Einaudi, Torino, 2003

GUIDA ALLA LETTURA

Il romanzo si apre, come nella miglior tradizione giallistica, con un cadavere. A essere stato assassinato è un cane, con ogni probabilità trafitto da parte a parte con un forcone ancora conficcato nel terreno lì accanto, deduce Christopher, la voce narrante. Poi si avvicina al cadavere. È ancora caldo e Christopher lo conosce bene: è Wellington, il *cane barbone* dal *pelo riccio e nero* di un'amica e vicina di casa. Chi lo avrà ucciso e perché?, si chiede. E il lettore, che intanto è stato informato dei fatti con una dovizia di particolari concreti (l'ora del ritrovamento, il luogo del delitto, l'aspetto di Wellington) attende l'ingresso in scena di un detective.

PERCHÉ LEGGERLO?

- Perché è una storia che si legge tutta d'un fiato.
- Perché indaga la prospettiva di un ragazzino in difficoltà ma che alla fine riesce a cavarsela.
- Perché propone più di un piano di lettura.
- Perché mostra uomini e donne con i loro limiti e le loro difficoltà, ma apre comunque alla speranza.

LAVORIAMO SULL'INCIPIT

1. In che modo l'attacco del romanzo può essere una spia della sindrome di cui soffre Christopher?
2. A quale narratore e punto di vista è affidata la vicenda?
3. Quale prima deduzione mette in campo Christopher nella sua indagine?
4. Come viene descritto il cane Wellington?
5. Considera il ritmo del passo: com'è l'andamento della sintassi? Ti sembra che ben si addica al genere giallo? Perché?
6. Individua le similitudini presenti nell'incipit.

SCRITTURA CREATIVA Dal punto di vista di...

7. Immagina le reazioni della signora Shears alla notizia della morte violenta del proprio cane e affidale a un testo di una decina di righe.

T6 Leonardo Sciascia – Una storia semplice

ANALISI VISUALE

Leonardo Sciascia nasce a Racalmuto (Agrigento) nel 1921 da una famiglia della piccola borghesia. Appassionato fin da ragazzo alla letteratura e al cinema, studia all'Istituto Magistrale di Caltanissetta, diventa maestro e comincia a insegnare a Racalmuto nel 1949, provando un vivo interesse per le condizioni di vita degli allievi e delle famiglie. Negli anni Cinquanta inizia la sua attività di scrittore e il progressivo distacco dalla scuola: dopo il primo successo ottenuto con *Le parrocchie di Regalpetra* (1956), nel 1961 Sciascia pubblica *Il giorno della civetta* e nel 1966 *A ciascuno il suo*, fortunati romanzi gialli costruiti su delitti di mafia. Negli anni Settanta inizia a collaborare con il «Corriere della Sera» e «La Stampa» e partecipa attivamente alla vita politica prima nel Partito comunista, poi nel Partito radicale, nelle cui liste viene eletto nel 1979 al Parlamento europeo e alla Camera dei deputati. L'**impegno politico** è accompagnato da un'**intensa attività letteraria** e saggistica all'insegna della **lotta contro la criminalità organizzata**, di cui Sciascia denuncia i legami con lo Stato, e della riflessione sulla degenerazione della stessa contesa politica. Ne sono esempio *Todo modo* (1974), *L'affaire Moro* (1978), *Porte aperte* (1987) e *Una storia semplice*, breve romanzo pubblicato nel 1989, anno della morte dello scrittore.

La sera della vigilia dell'attesa festa di san Giuseppe arriva negli uffici di polizia la richiesta d'intervento da parte di un uomo, Giorgio Roccella. Essa viene ascoltata con un certo fastidio dal telefonista, passata al brigadiere che ne informa il commissario incline a ritenere il tutto uno scherzo telefonico perché Roccella è da tempo lontano per la sua attività di diplomatico.

Così solo il giorno dopo viene inviata a casa sua una pattuglia e con molto ritardo si scopre il cadavere dell'uomo, la cui morte viene attribuita a un suicidio. Alcuni particolari della scena non convincono però il brigadiere, Antonio Lagandara, uomo di retti princìpi e di notevole acume, che nota anche segni di presenze recenti in quella che doveva essere una proprietà in abbandono.

Il caso, perciò, non viene archiviato, ma si apre un'indagine che si complica di pagina in pagina coinvolgendo il traffico di droga e di opere d'arte, attività tipiche della malavita organizzata. Proprio a un clamoroso furto su commissione del quadro *Natività coi Santi Lorenzo e Francesco d'Assisi* di Caravaggio, avvenuto nel 1969 a Palermo, Sciascia si è ispirato per costruire la trama del romanzo.

La telefonata arrivò alle 9 e 37 della sera del 18 marzo, sabato, vigilia della rutilante[1] e rombante festa che la città dedicava a san Giuseppe falegname: e al falegname appunto erano offerti i roghi di mobili vecchi che quella sera si accendevano nei quartieri popolari, quasi promessa ai falegnami ancora in esercizio, e ormai pochi, di un lavoro che non sarebbe mancato. Gli uffici erano, più delle altre sere a quell'ora, quasi deserti: anche se illuminati, l'illuminazione serale e notturna degli uffici di polizia tacitamente prescritta per dare impressione ai cittadini che in quegli uffici sempre sulla loro sicurezza si vegliava.

Il telefonista annotò l'ora e il nome della persona che telefonava: Giorgio Roccella. Aveva una voce educata, calma, suadente. "Come tutti i folli" pensò il telefonista. Chie-

1. **rutilante**: letteralmente rosso vivo, qui risplendente.

deva infatti, il signor Roccella, del questore: una follia, specialmente a quell'ora e in quella particolare serata.

Il telefonista si sforzò allo stesso tono, ma riuscendo a una caricaturale imitazione, resa più scoperta dalla freddura con cui rispose: «Ma il questore non è mai in questura a quest'ora», freddura[2] che in quegli uffici abitualmente correva sulle frequenti assenze del questore.

▲ Scena tratta dal film *Una storia semplice*, regia di Emilio Greco, 1991. Il questore, a sinistra, è interpretato da Massimo Dapporto.

E aggiunse: «Le passo l'ufficio del commissario», col gusto di far dispetto al commissario, che certo stava in quel momento per lasciare l'ufficio.

Il commissario si stava infatti infilando il cappotto. Prese il telefono il brigadiere che aveva tavolo ad angolo con quello del commissario. Ascoltò, cercò sul tavolo una matita e un pezzo di carta; e mentre scriveva rispondeva che sì, sarebbero andati al più presto possibile ma appena possibile, così collocando la possibilità in modo da non illudere sulla prestezza.

«Chi era?» domandò il commissario.

«Un tale che, dice, ha da farci vedere urgentemente una cosa che si è trovata in casa».

«Un cadavere?» scherzò il commissario.

«No, ha detto proprio una cosa».

«Una cosa... E come si chiama, questo tale?».

Il brigadiere prese il pezzo di carta su cui aveva scritto nome e indirizzo, lesse: «Giorgio Roccella, contrada Cotugno, dal bivio per Monterosso, strada a destra, quattro chilometri; quindici da qui».

Il commissario tornò dalla porta al tavolo del brigadiere, prese quel pezzo di carta, lo lesse quasi credesse di trovarvi qualcosa di più di quel che il brigadiere aveva detto. Disse: «Non è possibile».

«Che cosa?» domandò il brigadiere.

«Questo Roccella,» disse il commissario «è un diplomatico, console o ambasciatore non so dove. Non viene qui da anni, chiusa la casa di città, abbandonata e quasi in rovina quella di campagna, in contrada Cotugno appunto... Quella che si vede dalla strada: in alto, che sembra un fortino...».

«Una vecchia masseria[3],» disse il brigadiere «ci sono passato sotto tante volte».

«Dentro il recinto, per cui pare una masseria, c'è un villino molto grazioso; o almeno c'era... Grande famiglia, quella dei Roccella: ma ora ridotta a questo console

2. **freddura**: battuta spiritosa che consiste in un doppio senso o in un gioco di parole.

3. **masseria**: tipo di azienda agricola composta da più edifici rurali diffusa nell'Italia del Sud.

o ambasciatore che sia... Non credevo nemmeno che fosse ancora vivo, da tanto che non si vede».

«Se vuole,» disse il brigadiere «vado a controllare».

«Ma no, sono sicuro che si tratta di uno scherzo... Domani, magari, se hai tempo e voglia, vai a dare un'occhiata... Per quanto mi riguarda, qualunque cosa accada, domani non mi cercate: vado a festeggiare il San Giuseppe da un mio amico, in campagna».

L. Sciascia, *Una storia semplice*, Adelphi, Milano, 1989

GUIDA ALLA LETTURA

L'avvio della narrazione riproduce lo stile di un verbale: il narratore registra data e ora della telefonata misteriosa destinata a innescare il meccanismo del giallo. Essa arriva negli uffici di polizia mentre questi si stanno svuotando per la festa di san Giuseppe e sono illuminati *per dare impressione ai cittadini che in quegli uffici sempre sulla loro sicurezza si vegliava*.

Perciò il telefonista non presta particolare attenzione alla comunicazione e la passa all'ufficio del commissario *col gusto di far dispetto*. Non riesce tuttavia nel suo intento perché è il brigadiere a rispondere e a raccogliere la richiesta di intervento di un certo Giorgio Roccella, che ha qualcosa da mostrare alla polizia.

Il commissario, sul punto di lasciare l'ufficio, dissuade il brigadiere dal recarsi in *contrada Cotugno* per un controllo immediato: Roccella è via da molto tempo, la casa è in stato di abbandono, perciò non può che trattarsi di uno scherzo.

Il lettore matura qui la certezza che il ritardo sarà fatale per l'uomo e determinante per l'avvio del giallo.

LAVORIAMO SULL'INCIPIT

1. Quali elementi presenti nell'incipit lasciano intendere che quello che stiamo per leggere è un giallo?
2. Il narratore descrive con attenzione la reazione del telefonista. Completa la tabella relativa alla sequenza.

Il telefonista	
Pensa...	
Si sforza...	
Gode...	

3. *Ma il questore non è mai in questura a quest'ora*: perché questa frase è spiritosa?
4. Che cosa significa che l'illuminazione serale e notturna degli uffici di polizia viene *tacitamente prescritta per dare impressione ai cittadini che in quegli uffici sempre sulla loro sicurezza si vegliava*?
5. Quale caratterizzazione del personaggio di Roccella viene proposta nell'incipit?
6. Quale caratterizzazione viene proposta del personaggio del commissario?

▲ Renato Guttuso, *La nuvola rossa*, 1966. Nationalgalerie, Staatliche Museen, Berlino.

LABORATORIO

T7 Friedrich Dürrenmatt – Il sospetto

Friedrich Dürrenmatt (Konolfingen, 1921-Neuchâtel, 1990) è uno degli scrittori più significativi della letteratura svizzera di lingua tedesca. Autore di romanzi, racconti e opere teatrali, si misura con il giallo ne *Il giudice e il suo boia* (1952), *Il sospetto* (1953), di cui è protagonista l'anziano **commissario Barlach**, e *La promessa* (1958), che consegna al genere la figura dolente del **commissario Matthai**, ossessionato dalla ricerca del maniaco omicida di una bambina.

La vicenda de *Il sospetto* inizia in un ospedale di Berna dove il commissario Barlach è ricoverato in condizioni critiche. È il 1948: la Seconda guerra mondiale è finita da poco e si è aperta la caccia ai responsabili degli atroci crimini perpetrati nei campi di sterminio. Una foto pubblicata sulla rivista *Life* provoca una reazione strana nel medico amico di Barlach e insinua il tarlo del sospetto nell'abile poliziotto, che comincia a lavorare sulla somiglianza tra il sadico dottor Nehle e un chirurgo di Zurigo, il dottor Emmenberger. Per dare fondamento alle sue ipotesi, Barlach accetterà di farsi ricoverare nella clinica di Emmenberger dove scoprirà, a rischio della vita, un'orribile verità.

In quello stesso novembre del 1948, Barlach entrò all'ospedale di Salem, dalle finestre del quale si vede la vecchia Berna e il suo Rathaus[1]. Un attacco cardiaco fece rimandare di due settimane l'urgente intervento chirurgico. L'operazione si svolse felicemente, ma confermò la presenza di quella inesorabile malattia che si era temuta. La situazione del commissario era grave. Per due volte la sua morte era sembrata imminente, ma poi erano tornate le speranze; infine, poco prima di Natale, il commissario cominciò a migliorare. Durante le feste dormì quasi ininterrottamente, ma il lunedì ventisette si riprese e si mostrò in forma. Passò tutta la giornata a guardare vecchi numeri di "Life"[2], del quarantacinque.

"Belve, erano, Samuel," disse al dott. Hungertobel quando questi verso sera entrò nella camera in penombra per la visita quotidiana. "Belve," e gli porse la rivista. "Tu sei medico e sei in grado di rendertene conto. Guarda per esempio questa fotografia scattata nel campo di concentramento di Stutthof! Il chirurgo sta operando allo stomaco un prigioniero, senza narcosi."

Già, i nazisti avevano fatto cose del genere, disse il medico guardando la fotografia; poi, mentre già stava per riporre la rivista, impallidì.

"Ma cos'hai?" chiese stupito il commissario.

Hungertobel non rispose subito. Posò la rivista aperta sul letto di Barlach, portò la mano alla tasca del camice, ne trasse gli occhiali, e – come notò subito il commissario – se li mise tremando leggermente; poi tornò a guardare l'immagine.

"Chissà perché è così nervoso," pensò il commissario.

1. **Rathaus**: il municipio.

2. **"Life"**: rivista statunitense pubblicata dal 1883 al 2007, particolarmente attiva negli anni della Seconda guerra mondiale con servizi di fotogiornalismo. Su «Life» viene pubblicata la famosa foto di Robert Capa di cui si legge a pag. 70.

“Sciocchezze,” disse infine Hungertobel, e posò la rivista sul tavolo, tra le altre. “Su, dammi la mano che sentiamo il polso.”

Per un minuto ci fu silenzio. Poi il medico lasciò cadere il braccio dell’ammalato e guardò la tabella sopra il letto.

“Andiamo meglio, Hans.”

“Ancora un anno?” chiese Barlach.

Hungertobel esitò. “Adesso non parliamone,” disse. “Dovrai fare attenzione e farti vedere alle visite.”

Lui faceva sempre attenzione, brontolò il Vecchio.

Tanto meglio, rispose Hungertobel congedandosi.

“Dammi il ‘Life’, ”chiese il Vecchio con apparente indifferenza. Hungertobel gli porse una delle riviste che stavano sul comodino.

“Non questa,” disse il commissario e guardò il medico, leggermente ironico. “Voglio quella che ti ho fatto vedere prima. Un campo di concentramento non lo liquido così in fretta.”

Hungertobel esitò un istante, vide che Barlach lo fissava e arrossì, poi gli porse la rivista, e uscì in fretta, come a disagio. Comparve l’infermiera. Il commissario le disse di portar via le altre riviste.

“E quella no?” chiese l’infermiera indicando il ‘Life’ posato sulla coperta di Barlach. “No, questa no,” disse il Vecchio.

Quando l’infermiera fu uscita, Barlach tornò a guardare la fotografia. Il chirurgo che stava facendo il bestiale esperimento non gli dava pace. La maggior parte della faccia era nascosta dal bavaglio che proteggeva la bocca e il naso.

Il commissario ripose la rivista nel comodino e incrociò le braccia sotto la nuca. Teneva gli occhi spalancati e guardava la notte che saliva nella camera.

Non aveva voglia di accendere la luce.

Più tardi entrò di nuovo l’infermiera con la cena. Ancora poca roba, dieta: pappa di fiocchi d’avena. Il tè di tiglio, che non gli piaceva, non lo toccò. Quando ebbe finito la minestra, spense la luce e tornò a fissare il buio, l’ombra sempre più fitta.

Gli piaceva veder morire le luci della città oltre la finestra. Quando l’infermiera tornò per i turni, Barlach dormiva già.

Alle dieci del mattino venne Hungertobel.

Barlach giaceva nel suo letto, con le mani incrociate sotto la nuca; sulla coperta stava la rivista, spalancata. Barlach spiava attentamente il medico. Hungertobel vide subito che la rivista era aperta alla pagina in cui c’era la fotografia del campo di concentramento.

“Mi dici perché sei diventato bianco come un morto quando hai visto la foto del ‘Life’?” chiese il commissario.

Hungertobel si avvicinò al letto, prese la tabella, la esaminò più attentamente del solito e poi la rimise al suo posto. “Un’impressione ridicola, Hans,” disse.

“Non vale la pena di parlarne.” “Tu conosci questo dottor Nehle?” La voce di Barlach era stranamente eccitata. “No,” rispose Hungertobel. “Non lo conosco. Mi ha soltanto ricordato qualcuno.”

Ci doveva essere una bella rassomiglianza, notò il Vecchio.

Sì, la rassomiglianza era notevole, ammise il medico, e guardò di nuovo la foto, di nuovo inquieto, notò Barlach. Ma la foto mostrava soltanto mezza faccia. Tutti i medici si assomigliano quando operano, disse.

"E questa belva a chi assomiglia?" chiese il Vecchio ostinato.

"Ma sono sciocchezze!" rispose Hungertobel. "Te l'ho già detto, che è stata soltanto un'impressione momentanea."

"Eppure giureresti che è lui; non è vero, Samuel?"

Be', sì, rispose il medico. L'avrebbe giurato se non fosse stato sicuro che quel sospetto era infondato. Era meglio lasciar perdere. Non faceva bene, proprio dopo un'operazione in cui era stata in ballo la pelle, stare a sfogliare un numero del 'Life'. Il medico della foto, aggiunse dopo un istante tornando a guardare come ipnotizzato l'immagine, non poteva essere quello che lui conosceva, perché durante la guerra quest'ultimo era nel Cile. Quindi erano sciocchezze, era chiaro.

"Nel Cile, nel Cile," disse Barlach. "Ma quand'è che è tornato questo tipo, che di sicuro non può essere Nehle? "

"Nel quarantacinque". "Nel Cile, nel Cile," ripeté Barlach. "Perché non mi dici chi è?" Hungertobel esitò a rispondere. Era evidentemente a disagio. "Se ti dico il nome," disse infine, " tu comincerai a sospettare di lui." "Sospetto già," rispose il commissario.

Hungertobel sospirò. "Vedi, Hans," disse, "era questo che temevo. Non voglio, capisci? Sono medico da un pezzo e non voglio aver fatto del male a nessuno. Il mio sospetto è una pazzia. Non si può sospettare di un uomo soltanto per una fotografia, tanto più che la fotografia non mostra che una parte del suo viso. E poi era nel Cile, questo è un fatto."

▲ Infermeria del campo di concentramento di Terezín, Repubblica Ceca.

Cosa faceva nel Cile, chiese il commissario.

Dirigeva una clinica a Santiago, disse Hungertobel. "Nel Cile, nel Cile," ripeté Barlach per la terza volta.

Uno strano posto; del resto era difficile andare a verificare se nel Cile c'era proprio stato. Samuel aveva ragione, un sospetto era una cosa spaventosa, era il demonio che lo suggeriva.

"Non c'è niente che possa far male a una persona quanto un sospetto," continuò, "lo so perfettamente, e infatti ho maledetto mille volte il mio mestiere.

Non bisogna lasciarsi tentare. Tuttavia, adesso, un sospetto l'abbiamo tutti e due. Io te lo restituisco volentieri, vecchio mio, ma a patto che anche tu lo elimini, il tuo sospetto: perché sei proprio tu che non riesci a liberartene."

Hungertobel si sedette sul letto del Vecchio. Guardò scoraggiato il commissario. Il sole mandava raggi obliqui nella stanza. Fuori era bel tempo, un inverno mite.

"Non posso," disse infine il medico nel silenzio della camera. "Non posso Dio mio, eppure non riesco a eliminarla, quest'impressione. Lo conosco troppo bene, ho studiato con lui, mi ha sostituito due volte. È lui, in questa fotografia. C'è anche la cicatrice sopra la tempia. La conosco bene, l'ho operato io, Emmenberger."

F. Dürrenmatt, *Il sospetto*, trad. it. di E. Filippini, Feltrinelli, Milano, 1987

LAVORIAMO SULL'INCIPIT: LABORATORIO

1. Riassumi nella tabella esposizione ed esordio della narrazione.

Esposizione	
Esordio	

2. In quale periodo dell'anno inizia la vicenda?

3. Come si legge in nota, «Life» acquista grande fama durante la Seconda guerra mondiale grazie al fotogiornalismo. Quale articolo pensi illustrasse la foto di cui si parla?

4. Che cosa pensa Barlach dei medici nazisti?

5. Analizza il comportamento di Hungertobel: che cosa teme dando credito al sospetto? Che cosa lo induce in un primo tempo a ritenerlo infondato?

6. Quali rapporti legano Hungertobel con il medico vissuto in Cile?

7. Quale dote importante per un investigatore mostra di possedere il commissario?

8. *Non c'è niente che possa far male a una persona quanto un sospetto*: commenta le parole di Hungertobel in 4/5 righe di testo.

9. Il commissario Barlach ha poco tempo da vivere. Che cosa lo spinge a intraprendere questa nuova indagine?

10. Immagina di aprire il fascicolo relativo all'indagine che il commissario Barlach è intenzionato a intraprendere. Quali nomi scrivi sulla cartellina che conterrà i documenti?

11. Analizza il primo documento acquisito agli atti, cioè la foto, inserendo i dati nella tabella.

Fonte del documento	
Anno di pubblicazione della foto	
Luogo in cui la foto viene scattata	
Personaggio ritratto	
Parti del corpo visibili	
Segni caratteristici	
Possibile seconda identità	

VERSO LE COMPETENZE: SCRIVERE E RIASSUMERE

1. Considera gli oggetti di cui si parla negli incipit proposti in questa sezione. Quali rimandano direttamente al contesto storico in cui è ambientata la vicenda?
2. Immagina di dover scrivere una narrazione a sfondo storico. Quale contesto sceglieresti? Perché? Rispondi in un testo di 10-15 righe.
3. Quali caratteri della narrazione realistica puoi individuare negli incipit proposti?
4. Attraverso riferimenti diretti o indiretti al testo indica gli aspetti del carattere dei personaggi dei cinque incipit in un testo di 15-20 righe totali.
5. Scrivi in un testo di almeno due pagine l'incipit di un giallo che abbia come protagonista una detective. A presentarla e ad avviare la storia dovrà essere una figura femminile a lei legata.
6. Leggi la scheda sulle riduzioni cinematografiche di *Dieci piccoli indiani* (▶ pag. 561). Come è accaduto anche negli adattamenti di altri romanzi, i film modificano aspetti della storia, come l'ambientazione, elemento molto significativo nel giallo della Christie. Che cosa pensi di questa operazione? Con l'aiuto dell'insegnante dividete la classe in due gruppi che si esprimano uno a favore della libertà dello sceneggiatore e uno contro, utilizzando anche altri esempi da voi conosciuti e motivando le due tesi.
7. Individua quali scelte siano state compiute in relazione al rapporto tempo della storia/tempo del racconto (▶ pag. 240) nei brani seguenti, tratti dagli incipit di questo capitolo. Motiva la tua scelta.

   a. Anzitutto, la notizia dell'acquisto fatto da un milionario americano appassionato di crociere in panfilo, e la descrizione della casa moderna e lussuosa che aveva costruito su quella piccola isola al largo della costa del Devon. La sfortunata circostanza che la terza moglie del milionario soffrisse il mal di mare aveva portato alla vendita della casa e dell'isola. Numerosi annunci erano apparsi bene in vista sui giornali. Poi, la notizia che isola e casa erano state comperate da un certo signor Owen.

   A. Christie, *Dieci piccoli indiani*, trad. it. di B. Della Frattina, Mondadori, Milano, 1993

   b. Il giudice Wargrave cercò di ricordare con esattezza quando avesse visto per l'ultima volta Lady Constance Culmington. Dovevano essere trascorsi sette, otto anni. A quell'epoca, la nobildonna era andata in Italia per crogiolarsi al sole e vivere a contatto con la natura e i contadini. Wargrave aveva poi saputo che aveva proseguito il viaggio fino in Siria con l'intenzione di arrostire a un sole più caldo e di vivere a tu per tu con la natura e i beduini.

   A. Christie, *Dieci piccoli indiani*, trad. it. di B. Della Frattina, Mondadori, Milano, 1993

   c. «Pronto!».
   «Con chi è che io sto parlando?».
   «Dimmi prima chi sei».
   «Catarella sono».
   «Che c'è?»
   «Mi scusasse, ma non avevo arraccanosciuta la voce sua di lei, dottori. Capace che lei stava dormendo».
   «Capace di sì, alle cinco di matina! Mi vuoi dire che c'è senza stare ulteriormente a scassarmi la minchia?».
   «Ci fu un morto accìso a Mazàra del Vallo».

   A. Camilleri, *Il ladro di merendine*, Sellerio, Palermo, 1996

8. Quali fasi della narrazione (▶ pag. 46) sono individuabili nell'incipit di *Uno studio in rosso*? Motiva la risposta.
9. Nell'introduzione alle caratteristiche dell'incipit trovi scritto che spesso proprio dalla prima pagina di un libro il lettore comincia a farsene un'idea per poi decidere se leggerlo o no. Quali tra gli incipit proposti nella sezione del giallo rivelano sin dalle prime battute l'appartenenza del testo al genere? Quali, a parer tuo, potrebbero scoraggiare un lettore adolescente dal proseguire la lettura? Rispondi motivando le tue affermazioni in almeno una pagina di testo.

A COLPO D'OCCHIO _ Il Giallo

IL GIALLO

CONAN DOYLE, ***Uno studio in rosso***

La prima indagine di Sherlock Holmes e l'inizio del sodalizio con il dottor Watson, testimone e narratore delle imprese del detective

CAMILLERI, ***Il ladro di merendine***

Una delle prime avventure del commissario Salvo Montalbano, che, nella sua Vigata, indaga su un duplice omicidio e salva un bimbo tunisino da un triste destino

HADDON, ***Lo strano caso del cane ucciso a mezzanotte***

Un ragazzo affetto dalla sindrome di Asperger imita il suo idolo Sherlock Holmes per scoprire chi abbia ucciso il cane della sua vicina, ma l'indagine lo porta a indagare altri misteri che lo riguardano da vicino

CHRISTIE, ***Dieci piccoli indiani***

Dieci persone sono ospiti di un misterioso miliardario in una sinistra dimora su un'isola, dove si succedono morti ispirate a un'inquietante filastrocca

COMASTRI MONTANARI, ***Saturnalia***

Un'indagine ai tempi dell'imperatore Claudio: il nobile Publio Aurelio indaga su alcuni omicidi verificatisi a Roma durante i Saturnali, il periodo in cui le gerarchie sociali si allentano e padroni e schiavi si scambiano i ruoli

OLTRE L'INCIPIT...

CONSIGLI DI LETTURA

Agatha Christie, **Assassinio sull'Orient Express**

In viaggio sul celebre treno di lusso Hercule Poirot indaga sull'omicidio di un signore americano, ma la soluzione del delitto è davvero inaspettata.

Arthur Conan Doyle, **Il mastino dei Baskerville**

La morte di Sir Charles Baskerville sembra rinnovare una maledizione di famiglia. Ma Sherlock Holmes non cede certo alla superstizione

Gilbert Keith Chesterton, **Racconti di padre Brown**

Sovrappeso, semplice ma dalla mente arguta, Padre Brown risolve enigmi e cura anime afflitte. Non a caso ha per assistente un ex ladro.

Friedrich Dürrenmatt, **La promessa**

Il commissario Matthäi promette ai genitori di trovare l'assassino della loro bimba di sette anni. Ma i suoi metodi non sono del tutto ortodossi.

Margareth Doody, **Aristotele detective**

Nel 300 a.C. viene ucciso un illustre cittadino ateniese. A indagare è il grande filosofo Aristotele, chiamato in aiuto da un ex discepolo.

Ellis Peters, **Il rifugiato dell'Abbazia**

Nell'anno 1140 fratello Cadfael, monaco farmacista dell'abbazia di Shrewsbury, medica un fuggiasco e si trova invischiato in un caso di omicidio.

Gianrico Carofiglio, **Testimone inconsapevole**

L'avvocato Guerrieri, alla sua prima indagine, difende un venditore ambulante senegalese accusato di omicidio dopo indagini superficiali.

Edgar Allan Poe, **I delitti della Rue Morgue**

L'investigatore parigino Auguste Dupin è alle prese con il duplice assassinio di un'anziana signora e della figlia. Il primo poliziesco della storia.

Candace Robb, **La morte nera**

Nel 1369 a York infuria la peste e l'ospedale San Leonardo è accusato di morti sospette. Tocca all'arciere Owen Archer scoprire la verità.

Wilkie Collins, **La pietra di Luna**

Il furto di un prezioso diamante dalla statua di una divinità indiana a opera di un colonnello britannico si ripercuote sui suoi discendenti.

CAPITOLO 10

AVVENTURA, *FANTASY* E FANTASCIENZA

1 ROMANZI D'AVVENTURA, *FANTASY* E FANTASCIENZA

Avventura, *fantasy* e fantascienza hanno in comune la finalità di coinvolgere e intrattenere il lettore, caratteristica che prevale in avventura e *fantasy*, mentre, nella fantascienza, è accompagnata spesso da un invito alla riflessione sui rischi che il futuro può riservare all'umanità. A rinforzare la relazione tra questi generi è, inoltre, la presenza in più opere di una **commistione di caratteri**: può accadere, infatti, che un romanzo di **fantascienza** abbia anche aspetti tipici del romanzo di **avventura**, o che questo assuma caratteri tipici del ***fantasy***. Accade, per esempio, in *Hunger games* (2008) di Suzanne Collins, primo libro di una trilogia di grande successo, in cui l'ambientazione in un **futuro post apocalittico** si unisce alla sfida avventurosa e mortale tra i giovani cacciatori. Fantascienza e avventura si intrecciano anche nella serie di Veronica Roth, inaugurata con *Divergent* (2011), o ne *Il labirinto* (*The Maze Runner*, 2009), primo romanzo dei sei che compongono la serie scritta da James Dashner.

1 Il romanzo d'avventura

Il **romanzo d'avventura** nasce nel Settecento e narra le vicende di personaggi che affrontano numerose peripezie. Tra i primi esempi si ricordano ***Robinson Crusoe*** (1719) dell'inglese **Daniel Defoe** (1660-1731) e ***I viaggi di Gulliver*** (1726) dell'irlandese **Jonathan Swift** (1667-1745). Il genere, che gode di grande popolarità nell'Ottocento, in Italia ha come suo rappresentante **Emilio Salgari** (1862-1911), creatore del personaggio di **Sandokan**, protagonista de ***Le Tigri di Mompracem*** (1901). Ricorrenti in questi romanzi sono i viaggi, gli imprevisti da affrontare, avvenimenti verosimili e immaginari sullo sfondo di luoghi esotici e pieni di insidie; l'intreccio è avvincente, il ritmo veloce e la suspense assicurata da anticipazioni e colpi di scena. I personaggi sono coraggiosi e tenaci, ma presentano talvolta fragilità che contribuiscono a renderli umani.

2 La fantascienza

Fantascienza e *fantasy* nascono in tempi diversi nell'alveo della letteratura fantastica (▶ pag. 286). La fantascienza è un **prodotto ottocentesco**, nato in parallelo allo sviluppo della scienza e delle tecniche avvenuto a partire dalla metà del XIX secolo. La fiducia nella possibilità di conoscere e dominare la natura trova espressione nei romanzi di **Jules Verne** (1828-1905), il padre del genere, autore di ***Viaggio al centro della Terra*** (1864). L'esaltazione del progresso contenuta nei suoi scritti viene poi affiancata a una riflessione critica sull'uso delle conoscenze scientifiche e sugli scenari futuri per l'umanità: l'inglese **Herbert George Wells** (1866-1946), oltre a immaginare il primo viaggio nel tempo ne ***La macchina del tempo*** (1895), ipotizza ne ***La guerra dei mondi*** (1898) un attacco di alieni dotati di armi a raggio di calore in grado di annientare la razza umana. Non è però solo la minaccia proveniente da altri mondi a occupare le pagine dei capolavori della fantascienza: in ***1984*** (1948) di **George Orwell** e in ***Fahrenheit 451*** (1953) di **Ray Bradbury**, si afferma la **distopia**, cioè la rappresentazione negativa della futura società umana, caratterizzata da regimi autoritari che soffocano la libertà di pensare e di esprimersi attraverso il controllo capillare della vita dei cittadini (▶ pag. 313).

La metà del secolo XX è il periodo d'oro della **narrativa di fantascienza**: in esso si afferma la visione critica e pessimistica del futuro che diventa caratteristica del genere nei decenni successivi. Negli anni Ottanta l'attenzione alle estreme dinamiche della società dei consumi produce il filone del ***cyberpunk***, che vede il suo romanzo cult in ***Neuromante*** (1984) di **William Gibson** (1948), cupo affresco di una società futura dominata dalla realtà virtuale. Non mancano tuttavia esempi di fantascienza umoristica, come il romanzo ***Guida galattica***

per gli autostoppisti (1979) di **Douglas Adams** (1952-2001) (▶ pag. 594), e ***Terra!*** (1983) di **Stefano Benni**, parodia dei romanzi sulla conquista di nuovi mondi per sfuggire al disastro ambientale terrestre.

3 Il *fantasy*

Il romanzo *fantasy* è piuttosto recente: la sua prima espressione, infatti, è ***The Lord of the Rings*** (***Il Signore degli Anelli***), scritto da **John Ronald Tolkien** (1892-1973) tra il 1937 e il 1949, che propone l'ambientazione, tipica del genere, in un **mondo inventato**, la lotta tra il Bene e il Male, la pluralità dei personaggi e la presenza di creature appartenenti al mondo del soprannaturale.

Tra il 1997 e il 2007 grande successo ha ottenuto il ciclo di **Harry Potter**, opera della scrittrice britannica **Joanne Kathleen Rowling** (1965). La notevole varietà di contenuti del *fantasy* ha prodotto numerosi sottogeneri, come il **fantasy storico**, tra cui si collocano *Le nebbie di Avalon* di **Marion Zimmer Bradley** (1930-1999) e alcuni dei romanzi di **Valerio Massimo Manfredi** (1942), la *dark fantasy*, che tende all'horror, come accade ne *La torre nera* di **Stephen King** (1947), il *fantasy* mitologico, come la saga *Percy Jackson e gli dei dell'Olimpo* di **Rick Riordan** (1964).

Nei primi due romanzi proposti in questa sezione, ***Frankenstein*** e ***Viaggio al centro della Terra***, si coniugano la capacità degli autori di suscitare la **suspense** nel lettore e un **invito alla riflessione** sull'uso delle scoperte scientifiche, oggi quanto mai attuale. In ***Guida galattica per gli autostoppisti*** e in ***Congo*** l'avventura si apre a considerazioni sulla **minaccia** che l'uomo contemporaneo costituisce per la natura. In ***Harry Potter***, infine, il tema della **magia**, presente nella letteratura di ogni tempo, si presta a una riflessione sull'eterno scontro fra Bene e Male.

T1 Mary Shelley Frankenstein

Mary Shelley nasce vicino a Londra nel 1797; il padre è il filosofo e scrittore William Godwin e la madre è Mary Wollstonecraft, autrice della prima dichiarazione dei diritti della donna. A 16 anni fugge con il poeta Percy Bysshe Shelley, da cui ha un figlio. Dopo la nascita del bambino, la coppia si trasferisce in Italia. Nel 1818 Mary pubblica ***Frankenstein***, ideato nell'estate del 1816 durante un soggiorno in Svizzera insieme a Percy e a **Lord Byron**, famoso poeta romantico inglese. Nelle giornate di pioggia di quello che è noto come l'anno senza estate, a Villa Diodati, sul Lago di Ginevra, gli ospiti si sfidano a comporre **storie di fantasmi**: Shelley e Byron si limitano a frammenti di racconti, mentre Mary, ispirata da un incubo notturno, comincia a scrivere *Frankenstein*, opera destinata a una straordinaria fama. Dopo la morte di Percy, avvenuta nel 1822, la scrittrice torna in Inghilterra, dove muore nel 1851.

Ad aprire il romanzo è la prima delle lettere che il capitano Walton, in viaggio per scoprire un passaggio tra i ghiacci del Polo Nord, invia alla sorella per rassicurarla sulle sue condizioni e per descriverle lo stato della sua impresa. Nella quarta di queste lettere Walton racconta uno strano incidente, verificatosi mentre la nave era quasi del tutto prigioniera del ghiaccio: prima l'equipaggio avvista una slitta guidata da un essere gigantesco, poi mette in salvo un uomo in fin di vita alla deriva su una lastra di ghiaccio. Lo sconosciuto viene accolto a bordo e, ripresosi, narra le circostanze che lo hanno condotto in quelle regioni lontane dalla civiltà. Walton registra fedelmente le memorie dell'ospite, il dottor Victor Frankenstein, appartenente a una delle famiglie più in vista nella città di Ginevra, appassionato fin da bambino di scienza e, successivamente, geniale studente all'Università di Ingolstadt. Qui, a contatto con insegnanti di grande cultura, Frankenstein si immerge con attività febbrile nella filosofia naturale e concepisce il disegno di arrivare alle fonti stesse della vita per potersene appropriare costruendo un essere a cui restituirla.

La folle sfida alle leggi della natura ha un prezzo altissimo sia per il creatore sia per la creatura, la cui drammatica vicenda dà vita a un ulteriore inserto narrativo all'interno delle memorie di Frankestein. Il duello tra i due termina dove il romanzo ha avuto inizio, tra i ghiacci del Polo, terra estrema e scenario ideale per una storia oltre i limiti dell'umano.

Lettera I
ALLA SIGNORA SAVILLE, INGHILTERRA
San Pietroburgo, 11 dicembre 17...

Sarai contenta di sapere che nessuna disgrazia ha accompagnato l'inizio di un'avventura per la quale sentivi tanti cattivi presentimenti. Sono arrivato qui ieri; e il mio primo dovere è rassicurare la mia cara sorella della mia salute e della crescente fiducia nel successo della mia impresa. Sono già molto a nord di Londra; e mentre cammino nelle strade di Pietroburgo, sento sulle guance una fredda brezza del nord che fortifica i miei nervi e mi riempie di gioia. Comprendi ciò che provo? Questo vento, che proviene dalle regioni verso cui mi dirigo, mi offre un assaggio di quei gelidi climi. Animati da questo vento pieno di promesse, i miei sogni a occhi aperti diventano più fervidi e vigorosi. Cerco invano di persuadermi che il polo è il luogo del gelo e della desolazione; alla mia fantasia si presenta sempre come la regione della bellezza e dell'incanto. Là, Margaret, il sole è sempre visibile, col suo largo disco che costeggia l'orizzonte e diffonde uno splendore perpetuo. Là, poiché col tuo permesso, sorella mia, riporrò un po' di fiducia nei precedenti navigatori – là la neve e il gelo sono messi al bando; e veleggiando su di un mare tranquillo possiamo esser sospinti verso una terra che supera in meraviglie e bellezza ogni regione finora scoperta nel mondo abitabile. I suoi prodotti e le sue caratteristiche possono essere senza pari, come certo sono senza pari i fenomeni dei corpi celesti in queste solitudini inesplorate. Cosa mai non possiamo aspettarci in una terra di luce eterna? Là potrò scoprire lo straordinario potere che attrae l'ago della bussola, e potrò porre una regola su un migliaio di osservazioni celesti che richiedono solo questo viaggio per chiarire una volta per tutte le loro apparenti eccentricità. Sazierò la mia ardente curiosità con la vista di una parte del mondo mai visitata prima e potrò calpestare una terra mai prima calcata da piede umano. Questo è ciò che mi attrae, ed è sufficiente a vincere tutti i timori di pericolo o di morte e a indurmi a iniziare questo laborioso viaggio con la stessa gioia di un bambino che, coi suoi compagni di vacanza, sale su una piccola imbarcazione alla scoperta del suo fiume natio. Ma supponendo che tutte queste congetture siano false, non puoi contestare l'inestimabile vantaggio che renderò a tutto il genere umano, fino all'ultima generazione, scoprendo, vicino al polo, un passaggio verso quei paesi per raggiungere i quali, al presente, sono necessari tanti mesi; o venendo a conoscenza del segreto della calamita, la qual cosa, ammesso che sia possibile, si può fare solo con un'impresa come la mia. Queste riflessioni hanno disperso l'agitazione con cui ho iniziato la mia lettera e sento il mio cuore infuocarsi di un entusiasmo che mi porta al settimo cielo; perché niente contribuisce tanto a tranquillizzare la mia mente quanto un fine determinato – un punto su cui lo spirito possa fissare il suo occhio intellettuale. Questa spedizione è stata il sogno preferito dei miei giovani anni. Ho letto con ardore i racconti sui vari viaggi compiuti per raggiungere l'Oceano Pacifico settentrionale attraverso i mari che circondano il polo. Ti ricorderai che la biblioteca del nostro caro zio Thomas era composta dalla storia di tutti i viaggi di esplorazione. La mia educazione fu trascurata, eppure ero perdutamente appassionato per la lettura. Questi volumi costituirono i miei studi, giorno e notte, e la mia familiarità con essi accresceva quel rammarico che avevo provato, da bambino, apprendendo che mio padre, morendo, aveva ingiunto a mio zio di proibirmi di andare per mare. Questi sogni svanirono quando lessi per la prima volta quei poeti le cui effusioni estasiarono il mio spirito e lo sollevarono al cielo. Divenni poeta anch'io e per un anno vissi in un Paradiso di mia creazione; immaginavo di poter ottenere anch'io una nicchia nel tempio in cui sono consacrati i nomi di Omero e Shakespeare. Tu conosci bene il mio fallimento e quanto mi pesò la delusione. Ma proprio allora ereditai la fortuna di mio cugino, e i miei pensieri furono ricondotti verso la loro prima inclinazione. Sei anni sono passati da quando mi decisi a questa mia impresa. Ancora adesso posso ricordare quando iniziai a dedicarmi a questa grande avventura. Cominciai con l'abituare il mio corpo alle privazioni. Accompagnai i balenieri in diverse spedizioni nel Mare del Nord; volontariamente sopportai il freddo, la fame, la sete e il sonno; spesso durante il giorno lavoravo più duramente dei semplici marinai e dedicavo le mie notti allo studio della matematica, delle teorie della medicina e di tutti quei rami della fisica dai quali, chi cerca l'avventura per mare, può trarre il maggior vantaggio pratico. Di fatto, per due volte mi feci assumere come ufficiale subordinato in una baleniera groenlandese e mi comportai ammirevolmente. Debbo confessare che mi sentii piuttosto orgoglioso quando il capitano mi offrì il ruolo di ufficiale in seconda e, con la più grande serietà, mi pregò di restare; tanto validi considerava i miei servigi. E ora, cara Margaret, non sono forse degno di realizzare qualche grande obiettivo? La mia vita avrebbe potuto trascorrere nella quiete e nel piacere; ma ho preferito la gloria a ogni seduzione che la ricchezza mi poneva sul cammino. Oh, se qualche voce incoraggiante rispondesse sì! Il mio coraggio e la mia decisione sono fermi; ma le mie speranze oscillano e il mio spirito è spesso depresso. Sono in procinto di iniziare un viaggio lungo e difficile, i cui imprevisti richiederanno tutta la mia forza d'animo: non soltanto devo tenere alto lo spirito degli altri, ma qualche volta sostenere anche il mio, quando il loro viene meno.

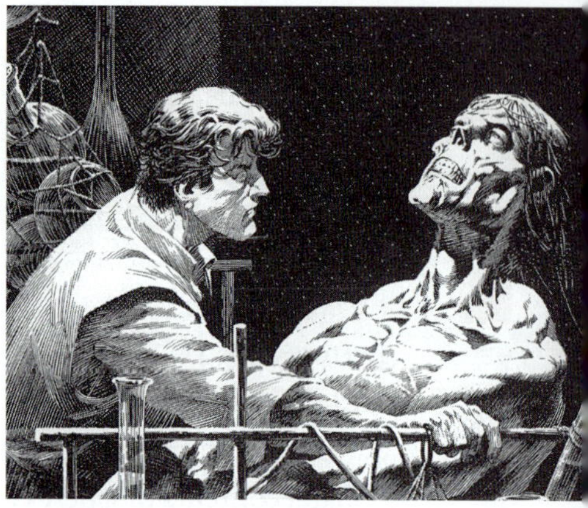

▲ Berni Wrightson, illustrazione per il *Frankenstein* di Mary Shelley pubblicato da Albin Michel nel 1980.

Questo è il periodo più favorevole per viaggiare in Russia. Gli abitanti, nelle loro slitte, volano rapidi sulla neve; questo modo di viaggiare è piacevole e, a mio parere, di gran lunga migliore di quello delle carrozze inglesi. Il freddo non è eccessivo, se si è avvolti in una pelliccia, abbigliamento che ho già adottato, perché c'è una grande differenza tra camminare in coperta e restare seduti fermi per ore, quando nessun movimento impedisce al sangue di gelarsi letteralmente nelle vene. Non ci tengo a perdere la vita lungo la strada di posta fra Pietroburgo e Arcangelo. Partirò per quest'ultima città entro due o tre settimane; ed è mia intenzione affittare là una nave, il che si può fare facilmente pagando l'assicurazione al proprietario, e ingaggiare tanti marinai quanti riterrò opportuni fra quelli che sono abituati alla caccia alla balena. Non intendo salpare fino al mese di giugno; e quando tornerò? Ah, cara sorella, come posso rispondere a questa domanda? Se riesco, passeranno molti, molti mesi, forse anni, prima che potremo incontrarci. Se fallisco mi rivedrai presto, o mai più.

Addio, mia cara, mia ottima Margaret. Il cielo faccia scendere su te le sue benedizioni, e protegga me, così che io possa ancora e ancora testimoniare la mia riconoscenza per tutto il tuo amore e la tua gentilezza.

Il tuo affezionato fratello R. Walton

M. Shelley, *Frankenstein*, trad. it. di P. Bussagli, Newton&Compton, Roma, 1994

GUIDA ALLA LETTURA

La storia dell'esperimento del dottor Frankenstein e del suo tragico esito è inserita nella cornice della spedizione al Polo Nord del capitano Robert Walton, che raccoglie lo scienziato in fin di vita sulla banchisa polare e ascolta da lui la narrazione della sua vicenda. L'incipit contiene la prima lettera di Walton alla sorella, inviata da San Pietroburgo, dove l'uomo si accinge a cercare mezzi ed equipaggio per la spedizione. Egli è consumato dal desiderio di *calpestare una terra mai prima calcata da piede umano* per far esperienza di luoghi su cui ha fantasticato sin da bambino e per aprire un passaggio che renda più rapide le comunicazioni tra i continenti.

A preparare il viaggio di esplorazione Walton ha dedicato sei anni, trascorsi tra l'allenamento alla fatica e alla durezza della vita di mare e lo studio di quanto potesse tornare utile all'impresa.

Ora non teme la morte: è consapevole che potrebbero passare molti mesi prima del ritorno a casa o che potrebbe non esserci un ritorno, ma ha *preferito la gloria a ogni seduzione che la ricchezza* gli *poneva sul cammino*, compiendo la stessa scelta di Victor Frankenstein, pioniere degli studi sull'anatomia umana, che il destino metterà sulla sua strada facendoglielo trovare alla deriva su una lastra di ghiaccio.

PERCHÉ LEGGERLO?

- Perché la vicenda narrata da Mary Shelley è la fonte di molte storie horror.
- Perché, rispetto alle riduzioni cinematografiche e all'immagine del mostro, riserva qualche sorpresa.
- Perché fa riflettere sulle ragioni del Male.

LAVORIAMO SULL'INCIPIT

1. Quali informazioni ci dà Walton sulla sua infanzia?
2. A quale altra attività aveva tentato di dedicarsi? Con quali risultati?
3. Che cosa gli consente di mettere in atto il suo progetto?
4. Come appare la regione del Polo agli occhi del capitano?
5. Quanto tempo passerà prima della partenza?
6. La ricerca del passaggio a Nord-Ovest è uno dei capitoli della storia delle esplorazioni. In un testo di 15-20 righe riporta notizie sull'area interessata dalle missioni e sulle più importanti tra esse.

SCRITTURA CREATIVA — In forma di...

7. Immagina di avere anche tu (potresti anche averlo veramente) il sogno di un viaggio "estremo" nel cassetto. Raccontalo in una lettera di almeno una pagina a una persona cara, confidando come ti sia nata l'idea, quali difficoltà pensi di incontrare e che cosa ti aspetti dall'esperienza.

BUIO IN SALA

DAL LIBRO AL FILM – FRANKENSTEIN

[1]

[2]

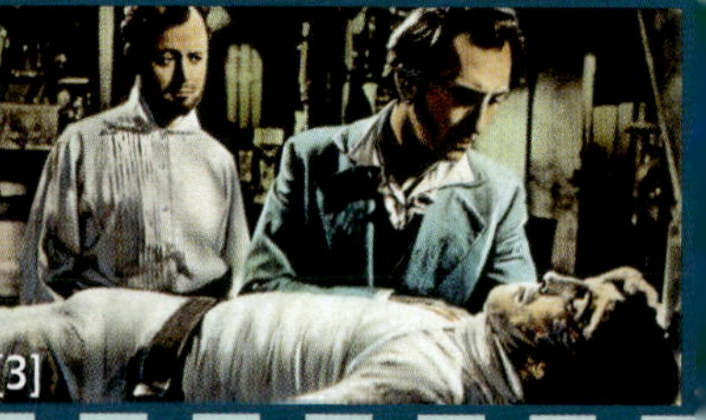
[3]

Il romanzo di Mary Shelley approda presto sugli schermi: nell'epoca del cinema muto ne vengono prodotti tre adattamenti, uno dei quali italiano (***Il mostro di Frankenstein*** di **Eugenio Testa**, 1920). Da subito emerge nelle sceneggiature la tendenza a spostare l'attenzione dal creatore alla creatura, che viene battezzata con il nome dello scienziato e conquista così i cultori dell'horror.

Nel 1931 ***Frankenstein*** di **James Whale [1]** consacra l'inglese Boris Karloff (1887-1969) **[2]** come interprete del personaggio della creatura per molte pellicole successive, come ***La moglie di Frankenstein***, ***Il figlio di Frankenstein***, ***House of Frankenstein*** (inedito in Italia). Nonostante l'attore abbia più volte dichiarato di detestare il personaggio, ne diventa la personificazione sul grande schermo, anche grazie al sapiente lavoro del truccatore Jack Pierce, che, durante le riprese, lavora ogni giorno su di lui per quattro ore. La testa squadrata è realizzata in cotone e caucciù, il viso è coperto da un fondotinta verde-blu, dal collo sporgono placche metalliche per suggerire la collocazione degli elettrodi; la colonna vertebrale e le gambe vengono sostenute e bloccate da supporti d'acciaio per costringere l'attore all'andatura da automa; ai piedi sono legati pesi da venti chili e le scarpe sono rialzate in modo che Karloff, alto un metro e 80, guadagni altri 25 cm.

▲ Locandina di *Frankenstein* degli anni Cinquanta.

▲ Locandina del film *Il figlio di Frankenstein*, 1939.

La maschera che nasce con Karloff è tuttora proprietà della casa di produzione del film, la Universal, che riscuote i proventi dei diritti d'autore.

Nel 1957 il regista inglese **Terence Fisher**, specialista del genere horror, realizza ***La maschera di Frankenstein*** **[3]**, con Peter Cushing nel ruolo dello scienziato e Christopher Lee in quello della creatura. Il film riporta l'attenzione sulla figura del creatore, descrivendolo come un uomo privo di ambizioni scientifiche e di scrupoli, che uccide per procurarsi parti di cadavere pregiate e persegue loschi interessi personali.

BUIO IN SALA

[4]

[5]

[6]

I diritti detenuti dalla Universal impongono un nuovo look per la creatura, meno efficace del precedente; tuttavia il film è uno dei primi horror girati a colori e ciò consente effetti di maggiore realismo, uniti a una precoce tendenza allo splatter per i bulbi oculari asportati, gli arti mozzati e altre immagini raccapriccianti che inducono la stampa a definire la pellicola "repellente".

Più fedele, almeno negli intenti, al romanzo, ma destinato a un limitato successo è ***Frankenstein di Mary Shelley*** **[4]**, che dichiara nel titolo la volontà di riprendere la trama originale. Diretto nel 1994 dall'attore-regista **Kenneth Branagh**, che si riserva la parte dello scienziato, il film affida a Robert De Niro il ruolo della creatura e a Helena Bonham Carter quello di Elizabeth. Nonostante la struttura ricalchi lo scritto della Shelley, la necessità di inserire scene volte a colmare alcune omissioni della narrazione – come quella del laboratorio in cui il cadavere viene rianimato – producono una deriva horror piuttosto banale che la critica punisce severamente.

Il grande successo della storia crea i presupposti per la nascita di opere che ne sfruttano la trama contaminando il genere horror con altri contenuti. È questo il caso di ***Frankenstein junior*** **[5]**, parodia diretta da **Mel Brooks** nel 1974, diventata un *cult movie* per la comicità e l'ironia di situazioni e personaggi, come l'assistente del professore, interpretato da Marty Feldman.

Già nel 1984 **Tim Burton**, uno dei maestri del cinema contemporaneo, dirige per la Disney ***Frankenweenie*** (letteralmente "piccolo Frankenstein") **[6]**, cortometraggio ispirato al romanzo della Shelley, in cui Victor è un ragazzino che vede morire il suo amato cane Sparky, investito da un'auto. Ispirandosi alle lezioni dell'insegnante di scienze, Victor dissotterra l'animale e lo resuscita. Il cagnolino redivivo non ha istinti aggressivi, ma terrorizza il vicinato con la sua presenza e diventa oggetto di una caccia spietata, che termina con un atto di eroismo della bestiola, tale da riconquistare l'affetto di tutti. Nel 2012 il cortometraggio diventa un film d'animazione che concorre all'Oscar per la categoria nel 2013: in esso la storia si arricchisce della presenza di amici di Victor, che diventano, per emulazione, una vera e propria banda di rianimatori di animaletti morti.

▲ (▶) *Frankenstein Junior*, regia di Mel Brooks, 1974.

T2 Jules Verne Viaggio al centro della Terra

Jules Verne nasce nel 1828 a Nantes da una famiglia borghese. Si laurea in Legge nel 1850 senza mai esercitare la professione e fin dagli anni dell'Università si dedica alla scrittura. Trasferitosi a Parigi, esordisce in teatro. Dopo due anni pubblica il suo primo romanzo, *Un viaggio in pallone*.

Viaggiatore per passione, compone romanzi che diventano ben presto best seller anche fra il pubblico dei ragazzi, come *Cinque settimane in pallone*, *Viaggio al centro della Terra* e *Dalla Terra alla Luna*.

Tra i suoi romanzi, *Ventimila leghe sotto i mari*, *Il giro del mondo in ottanta giorni* e *L'isola misteriosa*. Ormai ricchissimo grazie ai suoi libri, Verne viaggia in Europa, nel Mediterraneo e nelle isole dell'Atlantico con il suo lussuosissimo yacht. Scampato a un attentato, si ritira ad Amiens. Muore nel 1905.

Otto Lidenbrock, stimato professore di mineralogia ad Amburgo, ritrova in un vecchio manoscritto una pergamena con un messaggio cifrato in alfabeto runico, usato da diverse antiche popolazioni germaniche, fra cui i Vichinghi. Axel, il nipote del professore che vive con lui dopo essere rimasto orfano e che è il narratore della vicenda, decifra il messaggio: esso contiene le indicazioni per raggiungere il **centro della Terra** passando per un vulcano islandese. Il professore decide senza esitazione di intraprendere il viaggio. Axel in principio diffida, ma poi si lascia coinvolgere con entusiasmo. Attraverso il cratere del vulcano la spedizione percorre le immense **cavità sotterranee** dove vengono rinvenuti, oltre a rari e preziosi minerali, **resti di animali preistorici**. Superati più volte rischi mortali, i viaggiatori si ritrovano davanti a un mare che provano a solcare con una zattera rischiando il naufragio. Approdati alla riva opposta scoprono foreste preistoriche e decidono di continuare l'esplorazione. Ma una frana li blocca: per farsi largo provocano un'esplosione che li catapulta fuori da un vulcano, ben lontano da dove sono partiti.

Di domenica, il 24 maggio 1863, mio zio, il professor Lidenbrock, tornò a precipizio verso la sua piccola casa situata al numero 19 della Königstrasse, una delle case più antiche di Amburgo. Alla nostra cuoca Marta dovette sembrare di essere in gran ritardo per il pranzo poiché le pentole cominciavano appena a cantare sui fornelli della cucina.

"Adesso," dissi tra me "se mio zio che è l'uomo più impaziente del mondo arriva affamato, farà sentire la sua voce riprensiva". «Già il signor Lidenbrock?» esclamò Marta stupefatta socchiudendo la porta della stanza da pranzo. «Sì, Marta, ma il pranzo ha diritto di non essere pronto, non sono ancora le due. Mezzogiorno e mezzo è suonato adesso a San Michele». «E allora perché il signor Lidenbrock viene così presto?» «Lo sapremo presto da lui». «Eccolo; io me ne vado, signor Axel: pensate voi a farlo ragionare». Marta si rifugiò nel suo laboratorio culinario e restai solo. Per il mio carattere un po' indeciso non sarei riuscito a far ragionare il più irascibile dei professori: mi preparavo dunque a tornarmene prudentemente nella mia cameretta, quando sentii la porta sulla strada stridere sui cardini; piedi pesanti fecero scricchiolare gli scalini di legno e il padrone di casa, attraversata la stanza da pranzo, si precipitò nel suo studio.

Durante il suo rapido passaggio aveva gettato in un canto il suo bastone dal manico a schiaccianoci, sul tavolo il suo lungo cappello dal pelo arruffato e a suo nipote queste parole echeggianti: «Axel, vieni subito!». Prima che avessi il tempo di muovermi, il professore gridava con impazienza: «Ma che fai? Non arrivi ancora?». Mi precipitai nello studio del mio terribile padrone. So benissimo che Otto Lidenbrock non era cattivo; ma, a meno di cambiamenti poco probabili, era destinato a morire nei panni di un incorreggibile stravagante. Professore al Johannaeum, teneva un corso di mineralogia e si incolleriva almeno una volta o due al giorno durante le ore di lezione. Non si preoccupava affatto di avere scolari assidui e non badava alla qualità della loro attenzione, né del successo che poteva ottenere: questi particolari gli erano indifferenti. Egli insegnava "soggettivamente" secondo un'espressione della filosofia tedesca: per se stesso, non per gli altri. Era uno scienziato egoista, un pozzo di scienza nel quale la carrucola strideva quando si voleva tirarne fuori qualche cosa: in una parola era avaro di se stesso. In Germania esistono tipi di questo genere. Sfortunatamente mio zio non aveva nemmeno un'estrema facilità di pronuncia, non nell'intimità, ma quando parlava in pubblico, difetto spiacevole per un oratore. Al Johannaeum, spesso, durante le sue dissertazioni, il professore si fermava di colpo: lottava con una parola ribelle che non voleva venirgli sulle labbra, una di quelle parole che resistono, si gonfiano e finiscono per venir fuori in forma di bestemmia. Di qui, collere a non finire. In mineralogia, come si sa, esistono denominazioni derivanti dal greco o dal latino, non facili da pronunciare, rudi vocaboli che scorticherebbero le labbra di un poeta. Non voglio dir male della mineralogia; lungi da me l'idea. Ma quando ci si trova davanti le cristallizzazioni romboedriche, le resine retina-sfaltiche, i galeniti, i fangasiti, i molibdati di piombo, i tungsteni di manganese e i titaniati di zirconio la lingua più sciolta si può impappinare. In città tutti conoscevano questo scusabile difetto di mio zio e lo aspettavano a certi passaggi difficili: lui s'infuriava e la gente rideva, ciò che non è di buon gusto perfino per i tedeschi. E se c'era sempre ai corsi di Lidenbrock grande affluenza di ascoltatori che seguivano assiduamente, essi venivano proprio per divertirsi alle tempestose collere del professore. Sia quel che sia, non dirò mai abbastanza, però, quanto egli fosse veramente grande scienziato. Anche se rompeva a volte i suoi campioni di minerali, maneggiati troppo bruscamente, possedeva, oltre la genialità del geologo, l'occhio acuto del mineralogista. Col suo martelletto, la sua punta d'acciaio, il suo ago calamitato, il suo cannello e il suo flacone di acido nitrico, era imbattibile. Dal modo di rompersi, dall'aspetto, dalla durezza, dalla risonanza, dall'odore, dal sapore di un minerale qualunque, egli lo classificava immediatamente tra le seicento specie che la scienza oggi conosce. Così il nome di Lidenbrock echeggiava onorato nelle scuole e nelle associazioni scientifiche nazionali. I signori Humphry Davy, de Humboldt, i capitani Franklin e Sabine erano andati a fargli visita quando erano passati per Amburgo. I signori Becquerel, Ebelmen,

▲ Xilografia a colori da un disegno di Edward Riou per l'edizione illustrata del 1864 di *Viaggio al centro della terra* di Jules Verne.

Brewster, Dumas, Milne-Edwards, Sainte-ClaireDeville[1] erano soliti consultarlo sui più palpitanti problemi della chimica. Anche questa scienza gli doveva importanti scoperte, e nel 1853 era stato pubblicato a Lipsia un Trattato di Cristallografia trascendentale del professor Otto Lidenbrock, in edizione in-folio[2], con tavole illustrative che però non pareggiò la spesa con le vendite. Aggiungete a tutto questo che mio zio era conservatore del Museo di mineralogia del signor Struve ambasciatore di Russia, preziosa collezione di rinomanza europea. Questo era il personaggio che mi chiamava con tanta impazienza. Figuratevi un uomo alto, magro, dotato di una salute di ferro, giovanilmente biondo, ciò che toglieva ai suoi cinquant'anni dieci anni abbondanti. I suoi grandi occhi roteavano continuamente dietro agli imponenti occhiali: il suo naso lungo e sottile sembrava una lama affilata: i maligni mormoravano che era calamitato e attirava le limature di ferro. Pura calunnia: quel naso attirava solo il tabacco e per la verità lo attirava in grande quantità. Quando avrò detto che mio zio camminando faceva passi lunghi un metro e avrò aggiunto che teneva i pugni solidamente chiusi, segno di un temperamento[3] impetuoso, lo avrò fatto conoscere abbastanza perché non si possa desiderare la sua compagnia. Abitava nella piccola casa della Königstrasse, un'abitazione per metà in legno e per metà in mattoni, con il frontone[4] dentellato: essa si affacciava su uno dei canali sinuosi[5] che s'incrociano nell'antico quartiere di Amburgo, fortunatamente lasciato illeso dall'incendio del 1842.

▼ Arne Saknussemm, xilografia da un disegno di Edouard Riou per l'edizione illustrata di *Viaggio al centro della terra* di Jules Verne, XIX secolo.

La vecchia casa pendeva lievemente, era vero, e si gonfiava un po' verso i passanti: reggeva un tetto inclinato sull'orecchio come il berretto di uno studente della Tugendbund; l'appiombo delle sue linee non era perfetto, ma tutto sommato faceva bella figura grazie a un vecchio olmo vigorosamente incastrato nella facciata che apriva di primavera i suoi germogli in fiore persino dentro i vetri delle finestre.

Mio zio era discretamente ricco per un professore tedesco. La casa era di sua assoluta proprietà, contenente e contenuto. Il contenuto era formato dalla sua figlioccia Graüben, giovane virlandese[6] di diciassette anni, dalla cuoca Marta e da me. Nella mia doppia qualità di nipote e di

1. **I signori... Deville**: scienziati, di diversa nazionalità, vissuti tra la fine del secolo XVIII e il XIX secolo.
2. **in-folio**: nella stampa antica, un libro i cui fogli sono stati piegati una sola volta, in modo che ciascuno di essi presenti quattro facciate.
3. **temperamento**: carattere.
4. **frontone**: elemento architettonico della facciata.
5. **sinuosi**: con un andamento caratterizzato da frequenti curve.
6. **virlandese**: termine inventato da Verne, che allude a un Nord (land) immaginario.

orfano io ero diventato il suo aiuto-preparatore negli esperimenti di laboratorio. Confesso di aver appreso con interesse le scienze geologiche: ho nelle vene sangue di mineralogista e con i miei sassi non mi annoiavo mai. Si poteva insomma vivere felici nella casa di Königstrasse, nonostante le impazienze del suo proprietario: per quanto i suoi modi fossero molto bruschi, a suo modo egli mi amava, ma il suo carattere era precipitoso; non sopportava di aspettare, pareva sempre che fosse incalzato da una fretta innaturale. Pensate che quando d'aprile aveva piantato nei vasi di ceramica del suo salotto piantine di resèda e di primule, ogni mattino, immancabilmente, andava a tirare le foglie per affrettare la loro crescita. Con un simile originale c'era soltanto da obbedire; mi precipitai dunque nel suo studio.

J. Verne, *Viaggio al centro della Terra,* trad. it. di M. Bellonci, Giunti, Firenze, 2011

GUIDA ALLA LETTURA

Su uno scenario domestico di metà Ottocento, irrompe il personaggio del professor Lidenbrock. La voce narrante, Axel, se ne dimostra intimorita e mentre ubbidisce ai suoi perentori richiami ne approfitta per descrivere alcuni tratti essenziali del carattere di Otto Lidenbrock: irascibile, geniale, arrogante, avaro di sé.

Più avanti aggiunge un'ulteriore informazione: il professore è suo zio. Ancora una descrizione, questa volta fisica: è sui cinquant'anni, alto, magro, dalla salute di ferro e giovanilmente biondo. Axel informa ancora il lettore di essere orfano e a questo punto l'incontro con lo zio è pronto per cominciare. A spiccare in questo incipit è la figura del professor Lidenbrock: il suo improvviso rientro a casa suscita ansia nella cuoca e nel nipote, mentre nel lettore cresce il desiderio di scoprire che cosa ha di tanto urgente da comunicare.

PERCHÉ LEGGERLO?

- Perché i protagonisti sono due personaggi curiosi e intrepidi.
- Perché intreccia i generi dell'avventura e del *fantasy* senza deludere il lettore.
- Perché esprime la curiosità e il desiderio di conoscenza insito nell'essere umano.

LAVORIAMO SULL'INCIPIT

1. Quali sequenze prevalgono nel passo?
2. Che ruolo ha Axel, narratore della vicenda?
3. Ripercorrendo il testo metti a fuoco condizione e carattere di Axel.
4. Nel testo sono disseminati numerosi tratti del professor Lidenbrock e altri si deducono dai suoi atteggiamenti: ricostruisci il personaggio.
5. Da quale punto di vista è raccontata la vicenda? Da quale tono è talvolta caratterizzato?
6. Nel passo vengono forniti numerosi dettagli scientifici. Che funzione hanno secondo te?
7. Considera gli spazi che compaiono nel passo: come sono descritti?
8. Riassumi in non più di 10 righe il passo.

SCRITTURA CREATIVA Immagina che...

9. *Improvvisamente entrò in casa mia*... Continua l'incipit e costruisci un racconto di circa una pagina.

T3 Michael Crichton – Congo

John Michael Crichton, nato a Chicago nel 1942 e morto nel 2008, è stato autore, produttore, regista e sceneggiatore nel campo della fantascienza, del thriller, dell'avventura e della fiction medica (ha per esempio ideato la famosissima serie televisiva *E.R. Medici in prima linea*). I suoi libri hanno venduto oltre 150 milioni di copie in tutto il mondo e molti sono divenuti film di successo: il più noto è probabilmente ***Jurassic Park***, storia di un esperimento di clonazione che riporta in vita i dinosauri per farne le attrazioni di un parco a tema, trasferito sul grande schermo nel 1993 da Steven Spielberg. Laureato in Medicina ad Harvard, appassionato cultore di scienza e di viaggi, Crichton arricchisce le sue opere con riferimenti alle **nuove tecnologie** e ai loro fondamenti scientifici, rendendoli accessibili anche ai lettori non esperti: alcuni critici lo ritengono per questo un moderno Jules Verne.

Mentre nell'area del bacino del Congo è in atto una **guerra** tra l'**esercito governativo** e le **tribù indigene**, una spedizione statunitense incaricata di trovare diamanti blu viene massacrata in circostanze misteriose sulle montagne dei Virunga. Una nuova spedizione parte per scoprire le cause dell'accaduto ed evitare che le ricchezze minerarie cadano sotto il controllo di concorrenti: la meta è la città perduta di Zinj, nota per le leggendarie miniere di diamanti.

Al gruppo si unisce anche uno studioso di primati, il dottor Peter Elliott, con il gorilla Amy, che ha allevato in cattività, insegnandole la lingua dei segni con cui riesce a comunicare. Nel viaggio il gruppo deve confrontarsi con una natura lussureggiante ma piena di insidie, con la rivolta delle tribù, alcune delle quali dedite alla pratica del cannibalismo, con i gorilla che popolano il territorio e con una nuova Amy, che riacquista a poco a poco contatto con l'ambiente nativo. Scoprire la causa della morte dei colleghi esporrà gli esploratori a un **rischio mortale**.

Come nelle altre sue opere, Crichton intrattiene con il racconto e informa con le digressioni, cogliendo ogni spunto per piacevoli **lezioni di scienze**, *in primis* sull'ambiente della foresta pluviale, straordinario esempio di biodiversità, in vita da sessanta milioni di anni e ora minacciato da pericolosi interessi economici.

Spuntò l'alba sulla foresta pluviale del Congo.

Il sole pallido bruciò il freddo del mattino e l'umida nebbiolina appiccicosa, rivelando un gigantesco mondo silenzioso. Alberi enormi con tronchi di dieci metri di diametro salivano ad altezze di sessanta metri, dove spiegavano la loro densa fronzuta tettoia, nascondendo il cielo e gocciolando perpetuamente. Tendine di grigio muschio, e rampicanti e liane, penzolavano aggrovigliate dagli alberi; orchidee parassite spuntavano dai tronchi. Al suolo, enormi felci, luccicanti d'umidità, crescevano all'altezza del petto di un uomo e racchiudevano la nebbia. Qua e là una macchia di colore: i fiori rossi dell'acanthema, veleno mortale, e il viticcio azzurro della dicindra che si apriva solo di primo mattino. Ma l'impressione di base era quella di un vasto, smisurato mondo grigio-verde, di un luogo estraneo e inospitale.

Jan Kruger posò il fucile e distese i muscoli indolenziti. L'alba spuntava rapida all'equatore; in un attimo faceva già chiaro, anche se ancora permaneva la nebbiolina. Diede un'occhiata al campo della spedizione cui aveva montato la guardia; otto tende di nylon colore arancione acceso, una tenda azzurra per la mensa, un'incerata legata sopra le casse dei rifornimenti nel vano tentativo di tenerli all'asciutto. Vide l'altra guardia, Misulu, seduta su una roccia.

Misulu gli fece un cenno di saluto. Vicino c'era l'attrezzatura per trasmettere: un'argentea antenna parabolica, la nera cassetta del trasmettitore, i serpeggianti cavi coassiali[1] che arrivavano sino alla videocamera portatile montata su un treppiede pieghevole. Gli americani si servivano di questa attrezzatura per trasmettere rapporti quotidiani via satellite alla loro sede centrale di Houston.

Kruger era il *bwana mukubwa*[2] assunto per portare la spedizione nel Congo.

Ne aveva già guidate altre: società petrolifere, équipe di cartografi, squadre in cerca di miniere e legname e gruppi di geologi come questo. Le aziende che mandavano squadre sul campo avevano bisogno di uno che conoscesse gli usi e i dialetti locali quanto bastava per trattare con i portatori e organizzare il viaggio. Kruger era abilissimo in questo lavoro: parlava lo swahili oltre al bantù e a un po' di bagindi ed era stato più volte nel Congo, benché mai nei Virunga[3].

Kruger non riusciva a immaginare perché dei geologi americani volessero andare in questa regione dello Zaire, nell'angolo nordorientale della foresta pluviale del Congo. In fatto di minerali lo Zaire era il Paese più ricco dell'Africa nera: il più grande produttore mondiale di cobalto e di diamanti industriali e il settimo Paese al mondo per la produzione del rame. C'erano inoltre grandi giacimenti d'oro, stagno, zinco, tungsteno e uranio. Ma quasi tutti i minerali si trovavano nello Shaba e nel Kasai, non nei Virunga.

Kruger conosceva troppo bene il mondo per chiedere agli americani come mai volessero andare nei Virunga, e comunque lo aveva scoperto abbastanza presto. Una volta che la spedizione ebbe superato il lago Kivu e si trovò nella foresta pluviale, i geologi cominciarono a perlustrare il fiume e i letti dei torrenti. Il fatto che cercassero giacimenti alluvionali significava che speravano di trovare oro o diamanti. Risultò che si trattava di diamanti.

Ma non di diamanti qualsiasi. I geologi erano a caccia di quelli che chiamavano diamanti Tipo II b. Ogni nuovo campione veniva immediatamente sottoposto a una prova elettrica. La conversazione che ne derivava era oltre la portata di Kruger – discorsi su divari dielettrici, ioni di reticolo, resistività. Comprese però che quelle che importavano erano le proprietà elettriche dei diamanti. Di sicuro come pietre preziose quei

▲ Uno scimpanzé nella foresta pluviale del Triangolo di Goualougo, nel Congo.

1. **cavi coassiali**: strumenti utilizzati nei sistemi di comunicazione.
2. ***bwana mukubwa***: "grande capo" nella lingua degli indigeni.
3. **Virunga**: area montuosa nella parte orientale della Repubblica del Congo, una parte della quale è oggi parco nazionale.

campioni erano inutili. Kruger ne aveva esaminati parecchi, ed erano tutti blu a causa delle loro impurità.

Per dieci giorni la spedizione era passata da un deposito alluvionale[4] all'altro. Era la procedura normale: se trovavi oro o diamanti nei letti dei torrenti, proseguivi a monte verso la presunta fonte erosiva dei minerali. La spedizione si era spostata a un'altitudine maggiore, lungo i pendii occidentali della catena vulcanica dei Virunga. E tutto procedeva normalmente finché un giorno, verso il mezzodì, i portatori si rifiutarono recisamente di proseguire.

Questa zona dei Virunga, dissero, veniva chiamata *kanyamagufa*, che significa «il posto delle ossa». E sostenevano che chiunque fosse stato talmente temerario da proseguire sarebbe finito con tutte le ossa rotte, specie quelle del cranio. I portatori continuavano a toccarsi le mascelle e a ripetere che avrebbero loro schiacciato il cranio.

Erano tutti arawani di lingua bantù e venivano dalla grande città più vicina, Kisangani. Come quasi tutti gli indigeni che vivevano in città, erano pieni di credenze superstiziose sulla giungla del Congo. Kruger convocò il loro capo.

«Che tribù ci sono qui?» domandò, indicando la giungla.

«Niente tribù,» disse il capo.

«Niente tribù? Neanche i bambuti?» domandò Kruger riferendosi al più vicino gruppo di pigmei.

«Nessun uomo venire qui,» disse il capo. «È *kanyamagufa.*»

«Ma allora chi schiaccia i crani?»

«*Dawa,*» disse sinistramente il capo, usando il termine bantù che indica le forze magiche. «Forte *dawa* qui. Uomini rimanere lontani.»

Kruger sospirò. Come tanti bianchi, era profondamente stufo di sentir parlare di *dawa* .

Dawa era dappertutto, nelle piante e nelle rocce e nelle tempeste e in ogni genere di nemici. Ma la fede in *dawa* era diffusa in gran parte dell'Africa e saldamente radicata nel Congo.

Kruger era stato costretto a sprecare il resto della giornata in tediosi negoziati. Alla fine, raddoppiò loro il salario e promise armi da fuoco per quando fossero tornati a Kisangani, ed essi accettarono di proseguire. Kruger considerò l'incidente un'irritante manovra degli indigeni. Si poteva star certi che prima o poi i portatori avrebbero fatto appello a qualche superstizione locale per farsi aumentare la paga, una volta che la spedizione si fosse talmente inoltrata sul campo da dover dipendere da

▲ Maschera africana dipinta, Bakuba, Congo.

4. **deposito alluvionale**: accumulo di materiale portato da fiumi e torrenti.

loro. Ma aveva messo in bilancio questa eventualità e, una volta accettate le loro richieste, non ci pensò più.

Non si preoccupò neanche quando s'imbatterono in varie zone coperte di frammenti sparsi di ossa – che spaventavano molto i portatori. Dopo averle esaminate, scoprì che non si trattava di ossa umane ma di quelle piccole e delicate dei colobi, le belle e irsute scimmiette bianche e nere che vivevano sugli alberi. Era comunque vero che c'erano moltissime ossa, e Kruger non aveva idea del perché fossero così disseminate, ma viveva da tempo in Africa e di cose inspiegabili ne aveva viste tante.

M. Crichton, *Congo*, trad. it. di E. Capriolo, Garzanti, Milano, 1981

GUIDA ALLA LETTURA

La descrizione di una foresta pluviale all'alba con cui si apre il romanzo introduce il lettore in un ambiente esotico e lussureggiante che si annuncia come lo sfondo della vicenda. In esso si muovono degli uomini, un'equipe di geologi americani e alcuni indigeni che fungono da accompagnatori nella giungla.

Mediatore tra i due gruppi e capo della spedizione è Jan Kruger, una guida esperta della regione, assunta per la sua conoscenza delle lingue e dei costumi delle tribù locali. Intorno a questo personaggio, ai suoi movimenti, alle sue impressioni e ai suoi giudizi si snoda la pagina d'avvio del romanzo. La sequenza nel cuore della foresta introduce un lungo flashback: il narratore esterno racconta, informa, ricostruisce tutti gli elementi necessari a comprendere le ragioni che spingono gli uomini della spedizione a inoltrarsi sempre più all'interno della foresta nonostante le minacce in essa nascoste denunciate dagli indigeni. Il riferimento a una presenza temibile e misteriosa e il ritrovamento di ossa sul terreno chiudono la pagina iniziale e sono sufficienti a destare nel lettore la curiosità.

PERCHÉ LEGGERLO?

- Perché è un thriller carico di suspense.
- Perché informa senza annoiare su argomenti relativi alla biologia e alle nuove tecnologie.
- Perché il personaggio di Amy è suggestivo e il suo "dialogo" con il dottore diverte e commuove il lettore.

LAVORIAMO SULL'INCIPIT

1. Scegli tre aggettivi per qualificare l'ambiente della foresta pluviale descritto nelle prime righe.
2. Quali caratteri delle tribù indigene si possono rilevare nell'incipit?
3. Perché i diamanti trovati non potevano essere utilizzati come pietre preziose?
4. Che attività svolgono i geologi della spedizione?
5. Perché la spedizione si muove da valle verso monte?
6. Individua il flashback e segnalalo a margine del testo.
7. Spiega quale resistenza ha dovuto affrontare Kruger per portare avanti la spedizione nella foresta pluviale e come l'ha risolta in un testo di 5 righe.
8. Come si potrebbe definire quello che gli indigeni chiamano *Dawa*?
9. *Kruger non riusciva a immaginare perché dei geologi americani volessero andare in questa regione dello Zaire, nell'angolo nordorientale della foresta pluviale del Congo*. Che cosa indicano nella frase *Zaire* e *Congo*?

SCRITTURA CREATIVA Immagina che...

10. Ricostruisci il dialogo tra Kruger e gli indigeni in cui il capo spedizione li persuade a procedere all'interno della foresta.

T4 Douglas Adams _ Guida galattica per gli autostoppisti

Douglas Adams nasce a Cambridge nel 1952. Incoraggiato alla scrittura da un insegnante, sceglie definitivamente questa strada, abbandonando gli studi nel 1970. Dopo un periodo di gavetta comincia a lavorare come **sceneggiatore** presso la BBC e raggiunge il successo internazionale nel 1979, con la pubblicazione del romanzo ***Guida galattica per gli autostoppisti***, rielaborazione di una serie radiofonica andata in onda l'anno precedente. Sull'onda della popolarità ottenuta dal libro scrive altri quattro romanzi che vanno a comporre, come lui la definisce, *una trilogia in cinque parti*. Nel 1984 vince il Golden Pen, diventando il più giovane autore nella storia del premio. Appassionato di tecnologia e informatica, si dedica anche alla creazione di **prodotti mediatici** e **videogiochi**. Muore nel 2001 in California, dove stava lavorando con la Disney alla trasposizione cinematografica del suo romanzo. Il film esce postumo nel 2005.

Il romanzo narra le vicende divertenti e surreali di Arthur Dent e del suo amico Ford Prefect. Arthur scopre un giorno che la sua casa **sta per essere demolita** per fare spazio a una tangenziale. Tuttavia una minaccia ben più grave sta per abbattersi sul pianeta, a causa di una flotta di astronavi che lo **distruggeranno** per conto di un misterioso Ente della Viabilità Interspaziale. Arthur si salva grazie all'intervento dell'amico Ford, rivelatosi a sorpresa un extraterrestre, che lo trascina in un **viaggio rocambolesco attraverso l'universo**. Il titolo del romanzo rimanda a una **guida turistica** scritta come un'enciclopedia e antesignana dei moderni ebook, che costituisce per i due viaggiatori un riferimento indispensabile per sopravvivere nello spazio.

La casa sorgeva su un lieve rialzo, proprio all'estremo limite del villaggio. Era isolata, e dava su un'ampia distesa coltivata di campagna. Era una casa di nessun conto: aveva circa trent'anni, era di mattoni, quadrata, bassa, con quattro finestre sul davanti la cui grandezza e proporzione non erano proprio studiate per piacere all'occhio.

L'unica persona che considerava speciale quella casa era Arthur Dent, e per un semplice motivo: che per caso quella era la casa in cui abitava. Vi abitava da circa tre anni, fin da quando, cioè, si era trasferito lì da Londra, città che lo rendeva nervoso e irritabile. Anche lui, come la casa, aveva trent'anni: era alto, aveva i capelli neri, ed era sempre irrequieto. Quello che lo irritava di più era il fatto che la gente era solita chiedergli sempre per quale ragione era così irritato. Arthur Dent lavorava per una radio locale che, come lui diceva sempre ai suoi amici, era molto più interessante di quanto essi probabilmente pensassero. E lo era, in effetti (visto che la maggior parte dei suoi amici lavoravano in pubblicità).

La notte del mercoledì aveva piovuto molto forte e il viottolo era pieno d'acqua e fangoso, ma il giovedì mattina il sole splendette chiaro e vivido sulla casa di Arthur Dent. Splendette per quella che era destinata a essere l'ultima volta.

Arthur infatti aveva appena saputo che il consiglio comunale aveva deciso di abbattere la sua casa per costruirvi al suo posto una tangenziale.

Alle otto di mattina di giovedì Arthur non si sentiva molto bene. Si svegliò e, tutto intontito, si alzò e si mise a vagare per la camera da letto: aprì la finestra, vide un bulldozer, infilò le ciabatte e con passo pesante andò in bagno a lavarsi.

Mise il dentifricio sullo spazzolino, si lavò, eccetera eccetera.

Lo specchio che usava per farsi la barba era fuori posto e rifletteva il soffitto. Arthur lo risistemò, e nel farlo vi vide riflesso per un attimo un secondo bulldozer, che era visibile di là dalla finestra del bagno.

Sistemato lo specchio, Arthur si fece la barba, poi si sciacquò e andò in cucina a cercare qualcosa da mettere sotto i denti.

▲ Julian Trevelyan, *Bulldozer*, 1973. Collezione Privata.

Riempì la cuccuma[1] d'acqua, aprì il frigorifero, prese il latte, il caffè, e sbadigliò.

La parola bulldozer vagò nella sua mente per un attimo, alla ricerca di eventuali collegamenti.

Il bulldozer che si vedeva dalla cucina era particolarmente grande.

Arthur lo fissò. – Giallo – pensò, e tornò in camera da letto, per vestirsi.

Passando dal bagno si fermò a bere due bei bicchieri d'acqua.

Cominciò a sospettare di stare smaltendo una sbornia. Ma come mai...? Si era ubriacato, la notte prima? Evidentemente sì, pensò. Si guardò allo specchio. – Giallo – pensò, e andò in camera da letto.

Si fermò un attimo a riflettere. Gli venne in mente il pub. Oh sì, proprio il pub. Vagamente, si ricordò di essersi arrabbiato, arrabbiato per una faccenda che doveva essere importante. Ne aveva parlato con la gente, ne aveva parlato a ruota libera, con la gente che stava al pub, gli parve di ricordare: gli tornarono in mente gli sguardi vitrei delle altre persone. La faccenda riguardava una tangenziale. Ed era una faccenda che lui aveva appena scoperto. Nei canali d'informazione più riservati era nota già da mesi, anche se sembrava che nessuno ne fosse mai stato informato. Ridicolo. Ma si sarebbe risolta da sola, pensò Arthur: nessuno voleva quella tangenziale, e il consiglio non aveva niente cui appigliarsi per far passare la cosa. Sì, la questione si sarebbe risolta da sola.

Dio, ma che terribile sbornia si era preso! Arthur si guardò allo specchio dell'armadio, e tirò fuori la lingua. – Gialla – pensò. La parola giallo continuò come prima a vagare nella sua mente, in cerca di eventuali collegamenti.

Quindici secondi dopo Arthur uscì di casa e si sdraiò davanti al grosso bulldozer giallo che stava avanzando lungo il viottolo del suo giardino.

D. Adams, *Guida galattica per gli autostoppisti*, trad. it. di L. Serra, Mondadori, Milano, 1996

1. **cuccuma**: bricco.

GUIDA ALLA LETTURA

La prima pagina del romanzo presenta in successione una breve sequenza descrittiva e una, più estesa, narrativa. Si vede inizialmente una casa nella campagna inglese, isolata rispetto al villaggio cui appartiene, e di seguito è dato un sintetico ritratto dell'uomo che la abita. Col terzo capoverso il personaggio entra in scena e la vicenda si mette in moto. Il ritmo della narrazione in questo incipit è piuttosto lento e segue i movimenti trascinati del protagonista all'interno della casa, mentre fatica a trovare le energie per cominciare la giornata. Il narratore procede alternando la presentazione di ciò che accade dentro l'abitazione con alcuni particolari presenti all'esterno di essa, un primo e un secondo bulldozer che si avvicinano alla casa e la cui vista dalle finestre turba il protagonista. A questo punto il flashback relativo alla serata precedente e ai discorsi scambiati in un pub fornisce le informazioni necessarie a capire ciò che sta per accadere e a cui il testo ha accennato alcune righe prima: la casa deve essere abbattuta.

L'incipit del romanzo, affidato a un narratore in terza persona ma condotto attraverso il punto di vista del personaggio che abita la casa, cattura il lettore proprio sul finale e lo porta a chiedersi se la resistenza del protagonista che si sdraia a terra davanti al bulldozer sortirà un buon esito.

PERCHÉ LEGGERLO?

- Perché è una storia divertente e ricca di colpi di scena.
- Perché, oltre al contenuto avventuroso, questo esempio di fantascienza contiene spunti di riflessione sul senso della vita.

LAVORIAMO SULL'INCIPIT

1. Chi è il narratore della vicenda?
2. Di chi è il punto di vista con cui viene narrata la vicenda? Di quale focalizzazione si tratta?
3. L'inizio della vicenda offre una serie di informazioni che all'apparenza condurrebbero a qualificare come realistica la narrazione. Giustifica questa affermazione con riferimenti precisi al testo.
4. Alcuni elementi "disturbanti" (oggetti, sensazioni, ricordi) caratterizzano l'inizio della giornata di Arthur. Spiegali con riferimenti al testo.
5. Il flashback restituisce un'emozione vissuta dal personaggio la sera precedente. Quale? Che cosa l'aveva suscitata?
6. Oltre al flashback, nella pagina è presente anche un flashforward. Rintraccialo e spiegane il significato.
7. Traccia un breve ritratto, fisico e morale, del protagonista.
8. Nella prima pagina del romanzo sono presenti accenni umoristici secondo te? Se sì, quali?
9. Come è strutturata la narrazione dal punto di vista della sintassi? Come si caratterizza di conseguenza il ritmo?

▲ Anonimo illustratore inglese, *Radio astronomo in ascolto per scoprire tracce di vita extraterrestre*. Collezione privata.

T5 Joanne Kathleen Rowling – Harry Potter e la pietra filosofale

Joanne Kathleen Rowling nasce il 31 luglio 1965 a Chipping Sodbury. Fin da piccola si diverte a scrivere favole e coltiva il sogno di diventare scrittrice. L'idea per il personaggio di Harry Potter le viene sul treno che la riporta a Londra, improvvisamente bloccato da un guasto. Arrivata alla stazione di King's Cross, a quanto racconta, il magico mondo di Hogwarts aveva già preso forma. Nell'agosto del 1996, dopo il rifiuto da parte di molte case editrici, la Bloomsbury Press accetta di pubblicare *Harry Potter e la pietra filosofale*. Uscito il 31 luglio del 1997, il primo libro della fortunata serie ha uno **straordinario successo**, che continua con le puntate successive, rendendo la Rowling, in precedenza afflitta da problemi economici, più ricca della Regina Elisabetta. Dopo la pubblicazione dell'ultimo libro della serie, *Harry Potter e i doni della morte*, avvenuta nel Regno Unito nel 2007, la Rowling scrive il romanzo *Il seggio vacante* (2012) e alcuni gialli con lo pseudonimo di Robert Galbraith.

Nel 2016 viene pubblicato un sequel della saga del giovane mago: *Harry Potter e la maledizione dell'erede*. Non si tratta però di un romanzo, ma di un testo per il teatro scritto dallo sceneggiatore Jack Thorne su un'idea dello stesso Thorne e della Rowling.

Esiste un mondo parallelo a quello degli umani, il mondo della **magia**, che sfrutta binari a cui si accede saltando dentro un pilastro della stazione, treni d'altri tempi, palazzi che rivelano sotterranei sconosciuti, quartieri contigui a quelli londinesi, dove si vendono bacchette magiche e ingredienti per pozioni. In questo mondo si combatte da tempi remoti il **conflitto** tra le **forze del Bene** e la **Forza Oscura** dei seguaci di un mago talmente potente e temuto che il suo nome, **Voldemort**, non viene mai pronunciato. *Harry Potter e la pietra filosofale* si apre con il primo contatto tra Voldemort e Harry Potter, reso orfano dal Signore Oscuro e affidato agli zii, i coniugi Dursley, fino al compimento dell'undicesimo anno, quando viene chiamato a frequentare la Scuola di Magia di Hogwarts, diretta dall'autorevole Albus Silente. Hogwarts sta ai piccoli apprendisti maghi come la scuola tradizionale sta agli scolari "babbani", ovvero umani: classi, studio, disciplina, docenti, compagni. I gruppi classe, però, sono formati secondo le indicazioni di un cappello parlante, i libri sono animati, il personale è costituito da fantasmi, i docenti fanno incantesimi e gli allievi si misurano non con le penne ma con le bacchette.

Nel primo anno di Harry alla Scuola di Magia nascono l'amicizia con Ron ed Hermione, la rivalità con Draco Malfoy, il rapporto d'affetto con Silente e il gigante Hagrid, l'ostilità con il professor Piton e si realizza la prima sfida con Voldemort, che vuole impossessarsi della pietra filosofale, oggetto magico con cui si può produrre l'Elisir di Lunga Vita che rende immortale chi lo beve.

▲ Hermione, Ron e Harry Potter in una scena del film *Harry Potter e la pietra filosofale*, regia di Chris Columbus, 2001.

Il signore e la signora Dursley, di Privet Drive numero 4, erano orgogliosi di poter affermare che erano perfettamente normali, e grazie tante. Erano le ultime persone al mondo da cui aspettarsi che avessero a che fare con cose strane o misteriose, perché sciocchezze del genere proprio non le approvavano. Il signor Dursley era direttore di una ditta di nome Grunnings, che fabbricava trapani. Era un uomo corpulento, nerboruto, quasi senza collo e con un grosso paio di baffi. La signora Dursley era magra, bionda e con un collo quasi due volte più lungo del normale, il che le tornava assai utile, dato che passava gran parte del tempo ad allungarlo oltre la siepe del giardino per spiare i vicini. I Dursley avevano un figlioletto di nome Dudley e secondo loro non esisteva al mondo un bambino più bello. Possedevano tutto quel che si poteva desiderare, ma avevano anche un segreto, e il loro più grande timore era che qualcuno potesse scoprirlo. Non credevano che avrebbero potuto sopportare che qualcuno venisse a sapere dei Potter. La signora Potter era la sorella della signora Dursley, ma non si vedevano da anni. Anzi, la signora Dursley faceva addirittura finta di non avere sorelle, perché la signora Potter e quel buono a nulla del marito non avrebbero potuto essere più diversi da loro di così. I Dursley rabbrividivano al solo pensiero di quel che avrebbero detto i vicini se i Potter si fossero fatti vedere nei paraggi. Sapevano che i Potter avevano anche loro un figlio piccolo, ma non lo avevano mai visto. E il ragazzino era un'altra buona ragione per tenere i Potter a distanza: non volevano che Dudley frequentasse un bambino di quel genere. Quando i coniugi Dursley si svegliarono, la mattina di quel martedì grigio e coperto in cui inizia la nostra storia, nel cielo nuvoloso nulla faceva presagire le cose strane e misteriose che di lì a poco sarebbero accadute in tutto il paese. Il signor Dursley scelse canticchiando la cravatta da giorno più anonima del suo guardaroba, e la signora Dursley continuò a chiacchierare ininterrottamente mentre con grande sforzo costringeva sul seggiolone Dudley che urlava a squarciagola. Nessuno notò il grosso gufo bruno che passò con un frullo d'ali davanti alla finestra. Alle otto e mezzo, il signor Dursley prese la sua valigetta ventiquattr'ore, sfiorò con le labbra la guancia della moglie, e tentò di dare un bacio a Dudley, ma lo mancò perché, in quel momento, in preda a un furioso capriccio, il pupo stava scagliando i suoi fiocchi d'avena contro il muro. «Piccolo monello!» commentò

▲ Harry Potter in una scena del film *Harry Potter e la pietra filosofale*, regia di Chris Columbus, 2001.

ridendo il signor Dursley mentre usciva di casa. Salì in macchina e percorse a marcia indietro il vialetto del numero 4. Fu all'angolo della strada che notò le prime avvisaglie di qualcosa di strano: un gatto che leggeva una mappa. Per un attimo, il signor Dursley non si rese conto di quel che aveva visto; poi girò di scatto la testa e guardò di nuovo. C'era un gatto soriano ritto sulle zampe posteriori, all'angolo di Privet Drive, ma di mappe neanche l'ombra. Ma che diavolo aveva per la testa? La luce doveva avergli giocato qualche brutto tiro. Si stropicciò gli occhi e fissò il gatto, che gli ricambiò l'occhiata. Mentre l'auto girava l'angolo e percorreva un tratto di strada, il signor Dursley tenne d'occhio il gatto nello specchietto retrovisore. In quel momento il felino stava leggendo il cartello stradale che indicava Privet Drive. No, lo stava guardando; i gatti non sanno leggere le mappe e neanche i cartelli stradali. Il signor Dursley si riscosse da quei pensieri e allontanò il gatto dalla mente. Mentre si dirigeva in città, non pensò ad altro che al grosso ordine di trapani che sperava di ricevere quel giorno. Ma una volta giunto ai sobborghi della città, avvenne qualcos'altro che gli fece uscire di mente i trapani. Fermo nel solito ingorgo del mattino, non poté fare a meno di notare che in giro c'erano un sacco di persone vestite in modo strano. Gente con indosso dei mantelli. Il signor Dursley non sopportava le persone che si vestivano in modo stravagante: bisognava vedere come si conciavano certi giovani! Immaginò che si trattasse di qualche stupidissima nuova moda. Mentre tamburellava con le dita sul volante, lo sguardo gli cadde su un capannello di quegli strampalati, vicinissimo a lui. Si stavano bisbigliando qualcosa tutti eccitati. Il signor Dursley sentì montargli la rabbia nel constatare che ce n'erano un paio tutt'altro che giovani. Ma che roba! Quello lì doveva essere più anziano di lui, e portava un mantello verde smeraldo! Che faccia tosta! Poi però gli venne in mente che potesse trattarsi di qualche sciocca trovata. Ma certo! Era gente che faceva una colletta per qualche motivo. Sì, doveva essere proprio così. Poi il traffico riprese a scorrere e alcuni minuti più tardi il signor Dursley giunse al parcheggio della Grunnings con la mente di nuovo tutta presa dai trapani.

J. K. Rowling, *Harry Potter e la pietra filosofale*, trad. it. di M. Astrologo, Salani, Firenze, 1998

GUIDA ALLA LETTURA

La più grande aspirazione dei Dursley è essere considerati una famiglia perfettamente normale: la famiglia inglese tipo, con casa e giardino, buon lavoro stabile per il capofamiglia, una decisa inclinazione a curiosare nelle vite degli altri per la padrona di casa e un marmocchio paffutello.

Ma un segreto li tormenta e riguarda la sorella della signora Dursley, ora signora Potter. Ella è una tale fonte di imbarazzo che la signora Dursley dice di essere figlia unica e si rifiuta di conoscere il nipotino.

Il lettore percepisce che i Potter sono strani, perché i *Dursley rabbrividivano al solo pensiero di quel che avrebbero detto i vicini se i Potter si fossero fatti vedere nei paraggi*, ma non ha modo di capire in che cosa consista la loro stranezza. Subito dopo, però, il narratore avverte che stanno per accadere *cose strane e misteriose* e accosta la descrizione della routine mattutina dei Dursley ai segnali dell'irruzione del mistero nelle loro vite. Esso prende le forme di un gufo, di un gatto che legge una mappa e di gente vestita in modo bizzarro. La mente del signor Dursley non ha spazio che per il grosso ordine di trapani che lo aspetta in azienda: il gatto viene liquidato come un'allucinazione, e le vesti strane come una moda discutibile o una *trovata* per fare una colletta.

PERCHÉ LEGGERLO?

- Perché la fantasia della Rowling investe ogni aspetto della realtà.
- Perché i rituali di Hogwarts divertono e incantano.
- Per la complessità della figura del protagonista.

LAVORIAMO SULL'INCIPIT

1. Quale rapporto hanno i signori Dursley con il mondo del soprannaturale?
2. Quale caratterizzazione prevale nella descrizione dei due coniugi?

▲ La famiglia Dursley in una scena del film *Harry Potter e la pietra filosofale*, regia di Chris Columbus, 2001.

3. Qual è una delle attività preferite della sig.ra Dursley?
4. Scegli tra i seguenti aggettivi quelli che ti sembrano adatti a qualificare la famiglia Dursley per come viene presentata nell'incipit:

Bizzarra	☐	Benestante	☐
Numerosa	☐	Impaurita	☐
Borghese	☐	Umile	☐
Accogliente	☐	Opprimente	☐
Abitudinaria	☐	Strana	☐
Tranquilla	☐	Problematica	☐

5. Spiega il significato dell'aggettivo *anonima* riferito alla cravatta del signor Dursley.
6. Perché il signor Dursley si irrita vedendo persone non più giovani vestite in modo strano?

UNA CURIOSA TRADUZIONE

Harrius Potter et philosophi lapis

(traduzione latina di Peter Needham, Bloomsbury, 2003)

CAPUT PRIMUM

Puer Qui Vixit

Dominus et Domina **Dursley**, qui vivebant **in aedibus Gestationis Ligustrorum** numero quattuor signatis, non sine superbia dicebant se ratione ordinaria vivendi uti neque se paenitere illius rationis. In toto orbe terrarum vix credas quemquam esse minus deditum rebus novis et arcanis, quod ineptias tales omnino spernebant.

Dominus Dursley praeerat societati nomine Grunnings, quae **terebras** fecit. Vir erat amplus et corpulentus nullo fere collo, maxima tamen mystace. Domina Dursley erat macra et flava et prope alterum tantum colli habebat quam alii homines, quod magno ei usui fuit quod tantum tempus consumebat in collo super saepes hortorum porrigendo, finitimos inspiciens. **Durslei** filium parvum nomine Dudley habebant nec usquam, eorum sententia, erat puer splendidior.

Durslei omnia habebant quae volebant, sed rem quandam occultam tenebant, et maxime timebant ne quis hoc secretum cognosceret. Putabant enim id fore intolerabile si quis de Potteris certior fieret.

Domina Potter erat soror Dominae Dursley, sed aliquot iam annos altera cum altera non convenerat; re vera Domina Dursley simulabat se non habere sororem, quod soror et coniunx eius, vir nefarius, erant omnibus modis dissimiles Dursleis. Durslei horrescebant rati quid dicturi essent finitimi si in viam suam advenirent **Potteri**. Durslei sciebant **Potteros** quoque filium parvum habere, sed eum ne viderant quidem. Hic puer erat alia causa cur Potteros arcerent; nolebant enim filium suum **Dudleum** puero tali familiarem esse.

Ubi Dominus et Domina Dursley experrecti sunt illo die Martis obscuro et tenebroso quo incipit narratio nostra, caelum nubilum externum haudquaquam ominabatur res novas et arcanas mox ubique eventuras esse. Dominus Dursley bombiebat dum fasciam hebetissimi coloris eligebat idoneam ad negotia gerenda et Domina Dursley animo contento garriebat dum Dudleum ululantem cogebat in **sellam altam** ascendere quasi cum eo luctaretur.

Nemo eorum animadvertit strigem magnam fulvi coloris praeter fenestram volitantem. Octava hora et dimidia, Dominus Dursley chartarum thecam sumpsit, basium brevissimum in genam Dominae Dursley impegit et conatus osculo valedicere **Dudleo** rem male gessit, quod Dudley nunc tumultuabatur et cerealia sua in parietes iaciebat. 'Furcifer parvulus', cachinnavit Dominus Dursley domo egressus. In **autocinetum** ascendit et retro vectus est e gestatione numeri quattuor.

In angulo viae primum animadvertit signum rei novae felem chartam geographicam legentem...

La traduzione in latino di un romanzo contemporaneo impone un uso bizzarro e talvolta spregiudicato della lingua antica, che si deve adattare a una realtà del tutto impensata ai tempi del suo utilizzo. Caso emblematico è la traduzione di *macchina* con *autocinetum*, termine latino per caratteri morfologici (seconda declinazione), ma di derivazione greca: è un oggetto che si muove da solo (da *autos*, "se stesso" e *cinesis*, "movimento"). Più semplice la traduzione di *trapano* con *terebra*, visto che uno strumento per forare il legno esisteva anche nell'antichità, seppur con caratteristiche differenti, così come la resa di *seggiolone* con *sellam altam*. Interessante è anche l'adattamento di nomi e cognomi: Dursley e Dudley mantengono al nominativo le forme inglesi e negli altri casi seguono prevalentemente la seconda declinazione. Potter è un nome in *- er* sempre della seconda declinazione. Si noti, infine, la resa di Privet Drive numero quattro, cioè "Viale dei Ligustri": *aedes, -ium* indica la "casa" mentre *gestatio,* propriamente, il "viale della passeggiata".

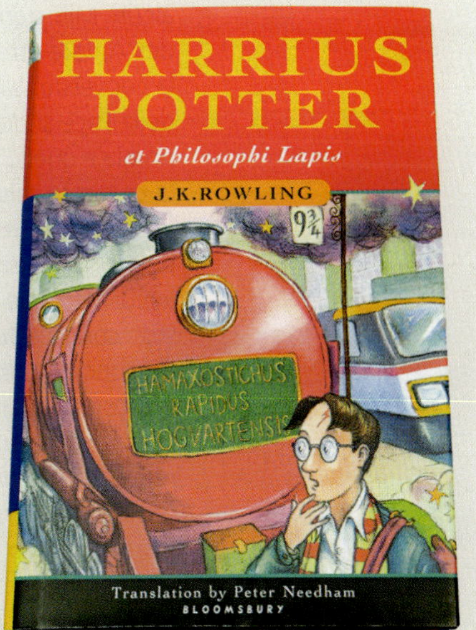

▲ *Harry Potter e la pietra filosofale* in latino, edizioni Bloomsbury, 2003.

UN CLASSICO DEL GENERE

T6 George Orwell 1984

ANALISI VISUALE

George Orwell, pseudonimo di Eric Arthur Blair, giornalista e scrittore, nasce in India nel 1903 da una famiglia di origine scozzese. Ancora bambino si trasferisce in Inghilterra insieme alla madre e a due sorelle. Al college di Eaton ha come maestro **Aldous Huxley**, noto scrittore di romanzi distopici (▶ pag. 313). Dopo aver abbandonato gli studi torna in India e si arruola nella Polizia Imperiale in Birmania, ma qualche anno dopo si dimette e nel 1928 è in Europa, a Parigi. Nel 1929 si trasferisce nuovamente in Inghilterra, dove lavora come giornalista. Nel 1933, sotto lo pseudonimo di George Orwell, pubblica il suo romanzo d'esordio, ***Senza un soldo fra Parigi e Londra***. Nel 1936 combatte fra le truppe che si oppongono al dittatore Francisco Franco nella Guerra civile spagnola. L'anno successivo viene ferito gravemente e abbandona la Spagna. Durante la fase finale del Secondo conflitto mondiale fa il corrispondente di guerra e nel 1944 pubblica ***La fattoria degli animali***, che in precedenza diversi editori gli hanno rifiutato, cogliendovi evidenti critiche al regime di Stalin, allora alleato della Gran Bretagna. Nel 1948 inizia a comporre il suo romanzo più noto, ***1984***, che esce l'anno dopo: ambientato in un futuro distopico, esso ricava il titolo dall'inversione delle due cifre finali dell'anno in cui vede la luce. Due anni dopo Orwell muore a Londra.

Nel 1984 il mondo è diviso in tre regimi in lotta fra di loro nella "Terza guerra mondiale": Oceania, Eurasia ed Estasia, che si contendono una quarta fascia territoriale. L'Inghilterra appartiene all'Oceania, sotto il controllo del **Socing**, il Socialismo Inglese, e al potere c'è il **Grande Fratello**, un dittatore che nessuno ha mai visto ma che controlla la vita dei cittadini, rigorosamente divisi in classi sociali e spiati persino nelle abitazioni private grazie a un sistema di telecamere che impedisce loro di agire in libertà. Anche la lingua è stata modificata nella cosiddetta "**Neolingua**". A coadiuvare il controllo operato dal Grande Fratello sono alcuni Ministeri dai nomi antitetici rispetto al settore di pertinenza: il Ministero dell'Amore attraverso la Psicopolizia controlla la sicurezza interna e provvede alla conversione di chi manifesti posizioni non allineate alla dittatura; il Ministero della Pace si occupa della Guerra, il Ministero dell'Abbondanza controlla l'economia e quello della Verità sovrintende alla propaganda del governo, attraverso la costante mistificazione della realtà. Proprio presso questo Ministero lavora **Winston Smith**, che altera quotidianamente la verità ma tollera a fatica l'ambiente oppressivo della dittatura e ha iniziato a tenere un diario (attività proibita) in cui raccoglie le proprie critiche al governo. Durante una manifestazione Winston conosce **Julia**, una collega ostile come lui al regime. I due si innamorano e riescono ad affittare una stanza senza telecamera per i loro incontri, ma vengono scoperti, barbaramente torturati e finiscono per tradirsi l'un l'altro. Winston, che ha rinnegato qualsiasi pensiero di ostilità nei confronti del governo, viene reinserito nel mondo civile e, alla notizia di un successo militare dell'Oceania, gioisce da buon cittadino.

Ambientato in un futuro prossimo rispetto a quello in cui vive l'autore, *1984* è un tipico esempio di **romanzo distopico**: le paure di una deriva totalitarista in Europa suscitate dalla dittatura nazista e dallo stalinismo sono proiettate nella società governata dal Grande Fratello, a sua volta proiezione delle angosce frutto delle scoperte tecnologiche della prima metà del Novecento. Il lieto fine è escluso: il ritorno di Winston a "cittadino esemplare" cancella qualsiasi speranza.

Era una fresca limpida giornata d'aprile e gli orologi segnavano l'una. Winston Smith, col mento sprofondato nel bavero del cappotto per non esporlo al rigore del vento, scivolò lento fra i battenti di vetro dell'ingresso agli Appartamenti della Vittoria, ma non tanto lesto da impedire che una folata di polvere e sabbia entrasse con lui.

L'ingresso rimandava odore di cavoli bolliti e di vecchi tappeti sfilacciati. Nel fondo, un cartellone a colori, troppo grande per essere affisso all'interno, era stato inchiodato al muro.

Rappresentava una faccia enorme, più larga d'un metro: la faccia d'un uomo di circa quarantacinque anni, con grossi baffi neri e lineamenti rudi ma non sgradevoli. Winston s'avviò per le scale. Era inutile tentare l'ascensore. Anche nei giorni buoni funzionava di rado, e nelle ore diurne la corrente elettrica era interrotta. Faceva parte del progetto economico in preparazione della Settimana dell'Odio. L'appartamento era al settimo piano, e Winston, che aveva i suoi trentanove anni e un'ulcera varicosa sulla caviglia destra, saliva lentamente, fermandosi ogni tanto per riposare. A ciascun pianerottolo, proprio di fronte allo sportello dell'ascensore il cartellone con la faccia enorme riguardava dalla parete. Era di quelle fotografie prese in modo che gli occhi vi seguono mentre vi muovete. IL GRANDE FRATELLO VI GUARDA, diceva la scritta appostavi sotto. Dentro all'appartamento una voce dolciastra leggeva un elenco di cifre che aveva qualche cosa a che fare con la produzione della ghisa. La voce veniva da una placca di metallo oblunga, simile a uno specchio opaco, che faceva parte della superficie della parete di destra. Winston girò un interruttore e la voce si abbassò un poco, ma le parole si potevano distinguere, tuttavia, sempre assai chiaramente. Quell'apparecchio (che veniva chiamato teleschermo) si poteva bensì abbassare ma non mai annullare del tutto. Si diresse alla finestra, piccola fragile figuretta, la cui magrezza era accentuata dalla tuta azzurra in cui consisteva l'uniforme del Partito. I capelli erano biondi, molto chiari, il colorito della faccia lievemente sanguigno, la pelle raschiata da ruvide saponette e da lamette che avevano perso il filo da tempo, e dal freddo dell'inverno che proprio allora era finito. Fuori, anche attraverso i vetri chiusi della finestra, il mondo pareva freddo. Giù, nella strada, mulinelli di vento giravano polvere e carta straccia a spirale e, sebbene splendesse il sole e il cielo fosse d'un luminoso azzurro, nessun oggetto all'intorno sembrava rimandare il colore, con l'eccezione dei cartelloni che erano incollati da per tutto. La faccia dai baffi neri riguardava da ogni cantone. Ce n'era una proprio nella casa di fronte.

▲ Poster del Grande Fratello così come appare nel film *1984*, di Michael Anderson (1956), tratto dall'omonimo romanzo di George Orwell.

IL GRANDE FRATELLO VI GUARDA, diceva la scritta, mentre gli occhi neri fissavano con penetrazione quelli di Winston. Più sotto, a livello della strada, un altro cartellone, stracciato a un angolo, sbatteva col vento, scoprendo e nascondendo, alternativamente, la parola SOCING[1]. Lontano, un elicottero volava fra un tetto e l'altro, se ne restava librato per qualche istante come un moscone, e poi saettava con una curva in altra direzione. Era la squadra di polizia, che curiosava nelle finestre della gente. Le squadre non erano gran che importanti tuttavia. Quella che soprattutto contava era la polizia del pensiero, la cosiddetta Psicopolizia. Alle spalle di Winston, la voce dal teleschermo barbugliava ancora qualcosa sulla produzione della ghisa e il completamento del Nono Piano Triennale. Il teleschermo riceveva e trasmetteva simultaneamente. Qualsiasi suono che Winston avesse prodotto, al disopra d'un sommesso bisbiglio, sarebbe stato colto; per tutto il tempo, inoltre, in cui egli fosse rimasto nel campo visivo comandato dalla placca di metallo, avrebbe potuto essere, oltre che udito, anche veduto. Naturalmente non vi era nessun modo per sapere esattamente in quale determinato momento vi si stava guardando. Quanto spesso e con quali principi la Psicopolizia veniva a interferire sui cavi che vi riguardavano, era pura materia per congetture. E sarebbe stato anche possibile che guardasse tutti, e continuatamente. Ad ogni modo avrebbe potuto coglervi sul vostro cavo in qualsiasi momento avesse voluto. Si doveva vivere (o meglio si viveva, per un'abitudine che era diventata, infine, istinto) tenendo presente che qualsiasi suono prodotto sarebbe stato udito, e che, a meno di essere al buio, ogni movimento sarebbe stato visto. Winston teneva le spalle voltate al teleschermo. Era più sicuro: sebbene, come anche lui sapeva benissimo, perfino un paio di spalle può essere rivelatore. Un chilometro lontano, il Ministero della Verità, da cui dipendeva il suo impiego, si levava alto e bianco sul tetro paesaggio. Questa, pensò con una sorta di vaga nausea, questa era Londra, la città principale di Pista Prima, che era la terza delle più popolose province di Oceania. Cercava di spremere dal cervello quelle memorie dell'infanzia che gli dicessero se Londra era sempre stata proprio così. C'erano sempre stati quei panorami di case novecento in rovina, coi fianchi tenuti su a mala pena da travi di legno, con le finestre turate da carta incatramata e con i tetti di ferro ondulato, e quelle staccionate intorno ai giardini che pendevano sghembe da tutte le parti? E i luoghi bombardati dove la polvere di calcestruzzo mulinava nell'aria, e le erbacce crescevano sparse sui mucchi di sassi? E quegli altri luoghi in cui le bombe avevano aperto dei buchi più larghi e dov'erano germogliate miserabili colonie di capanne di legno simili a pollai? Ma era inutile, non riusciva a ricordare: non restava nulla della sua infanzia, se non una serie di quadri senza sfondo e per la maggior parte incomprensibili. Il Ministero della Verità, Miniver in neolingua , era molto diverso da ogni altra costruzione che si potesse vedere all'intorno.

Consisteva, infatti, in una enorme piramide di lucido, candido cemento, che saliva, a gradini, per cento metri. Dal luogo dove si trovava Winston si potevano leggere, stampati in eleganti caratteri sulla sua bianca facciata, i tre slogans del Partito: LA GUERRA È PACE LA LIBERTÀ È SCHIAVITÚ L'IGNORANZA È FORZA. Si diceva che il Ministero della Verità contasse tremila locali sul livello del terreno e altrettanti in ramificazioni sotterranee. Sparsi nel centro di Londra, c'erano altri tre edifici d'aspetto e di mole simili. Essi facevano parere così microscopiche tutte le altre case, che dal tetto degli Appartamenti della Vittoria avreste potuto abbracciarli tutt'e quattro con la stessa occhiata. Erano le sedi dei

1. **SOCING**: Sigla per Socialismo Inglese.

quattro Ministeri nei quali era divisa tutta l'organizzazione governativa. Il Ministero della Verità che si occupava della stampa, dei divertimenti, delle scuole e delle arti. Il Ministero della Pace, che si occupava della guerra. Il Ministero dell'Amore che manteneva l'ordine e faceva rispettare la legge. E il Ministero dell'Abbondanza che era responsabile dei problemi economici. Ecco i loro nomi in neolingua: Miniver, Minipax, Minamor, Minabbon. Il Ministero dell'Amore era quello che più incuteva paura. Sulle sue pareti non s'aprivano finestre. Winston non era mai stato dentro al Ministero dell'Amore, e nemmeno s'era mai azzardato a entrare nel raggio d'un mezzo chilometro da esso. Era impossibile entrarci altro che per rigorose ragioni d'ufficio, e anche allora attraverso un labirinto di passaggi protetti dal filo spinato, porte d'acciaio e feritoie nascoste, provvedute di mitragliatrici. Anche le strade che conducevano ai recinti erano sorvegliate da un corpo di guardia in uniforme nera, con spaventevoli facce di gorilla e armato di pesanti mazze. Winston si volse di scatto.

Fece assumere alla sua fisionomia l'espressione di tranquillo ottimismo che era opportuno mantenere allorché ci si rivolgeva verso il teleschermo.

G. Orwell, *1984*, trad. it. di G. Baldini, Mondadori, Milano, 1984

GUIDA ALLA LETTURA

La limpida giornata d'aprile con cui si apre il romanzo lascia immediatamente il posto a un'atmosfera cupa e oppressiva. Il vento sferza il protagonista e sabbia e polvere lo accompagnano fin dentro al portone in cui è appena entrato, che odora di cavoli bolliti e tappeti sfilacciati. Alle sensazioni tattili e uditive che allertano il lettore subentra la vista di una gigantografia con una scritta minacciosa che non toglie dubbi sull'atmosfera oppressiva dominante nell'incipit e nel romanzo intero.

Via via che si avanza nella lettura i dettagli della dittatura si precisano. La voce metallica che invade l'appartamento di Winston, la Psicopolizia, il riferimento a un panorama con ogni probabilità mutato, la consuetudine a vivere nella terribile consapevolezza di essere costantemente spiati, l'attività dei Ministeri e gli slogan minacciosi delineano una dittatura che non lascia scampo ai cittadini. Tuttavia il gesto di Winston di voltare le spalle al teleschermo che lo sorveglia e, poco più avanti, l'assunzione di un atteggiamento finto tranquillo sul volto, anticipano quella che, procedendo nella lettura, si palesa come una netta insofferenza al clima in cui il protagonista del romanzo è costretto a vivere, al pari di tutti i suoi concittadini. Si tratta di un incipit di grande efficacia: il lettore ha gli elementi chiave di quanto lo aspetta, e non può che provare inquietudine rispetto all'atmosfera delineata dallo scrittore ed empatia nei confronti di Winston. Fra i tanti, un dettaglio sottolinea con forza un dato comune a tutte le dittature: lo slogan L'IGNORANZA È FORZA è un immediato richiamo alla censura dei regimi totalitaristici.

LAVORIAMO SULL'INCIPIT

1. In che modo lo sfondo sottolinea l'atmosfera inquietante del romanzo?
2. Quali riferimenti espliciti rimandano alla tirannia del Grande Fratello?
3. Osserva gli ambienti in cui si muove Winston: quale atmosfera contribuiscono a delineare?
4. Come vivono gli abitanti di Oceania?
5. Spiega in che cosa consiste l'antitesi contenuta nei nomi dei quattro Ministeri del Governo: Miniver, Minipax, Minamor, Minabb.
6. Scrivi un riassunto dell'incipit in 20 righe.

SCRITTURA CREATIVA Immagina che...

7. Scrivi l'incipit di un testo narrativo ambientato nel 2081. Tratteggia lo sfondo con accuratezza e prova a immaginare almeno un paio di cambiamenti radicali rispetto al nostro presente.

LABORATORIO

T7 Italo Calvino – Il visconte dimezzato

Italo Calvino ▶ Per la vita dell'autore vedi pag. 360.

Il visconte dimezzato, pubblicato per la prima volta nel 1952, è la storia del **visconte Medardo di Terralba**, che, nel corso della guerra contro i Turchi, viene diviso in due da una cannonata. Grazie a fantasiose cure le due metà cominciano a vivere autonomamente con una caratteristica di non poco conto: una è "assolutamente cattiva", l'altra "assolutamente buona". L'autore dà così vita a una storia molto divertente che fa riflettere su come il Male e il Bene senza alcun bilanciamento risultino **egualmente insopportabili** (così li definisce Calvino nella *Presentazione* dell'opera).

L'incipit racconta l'arrivo di Medardo, ancora intero, all'accampamento cristiano.

C'era una guerra contro i turchi. Il visconte Medardo di Terralba, mio zio, cavalcava per la pianura di Boemia diretto all'accampamento dei cristiani. Lo seguiva uno scudiero a nome Curzio.

Le cicogne volavano basse, in bianchi stormi traversando l'aria opaca e ferma.

– Perché tante cicogne? – chiese Medardo a Curzio, – dove volano?

Mio zio era nuovo arrivato, essendosi arruolato appena allora, per compiacere certi duchi nostri vicini impegnati in quella guerra. S'era munito d'un cavallo e d'uno scudiero all'ultimo castello in mano cristiana, e andava a presentarsi al quartiere imperiale.

– Volano ai campi di battaglia, – disse lo scudiero, tetro. – Ci accompagneranno per tutta la strada.

Il visconte Medardo aveva appreso che in quei paesi il volo delle cicogne è segno di fortuna; e voleva mostrarsi lieto di vederle. Ma si sentiva suo malgrado, inquieto.

– Cosa mai può richiamare i trampolieri[1] sui campi di battaglia, Curzio? chiese.

– Anch'essi mangiano carne umana, ormai, – rispose lo scudiero, – da quando la carestia ha inaridito le campagne e la siccità ha seccato i fiumi. Dove ci son cadaveri, le cicogne e i fenicotteri e le gru hanno sostituto i corvi e gli avvoltoi.

Mio zio era allora nella prima giovinezza: l'età in cui i sentimenti stanno tutti in uno slancio confuso, non distinti ancora in male e in bene; l'età in cui ogni nuova esperienza, anche macabra e inumana, è tutta trepida e calda d'amore per la vita.

– E i corvi? E gli avvoltoi? – chiese. – E gli altri uccelli rapaci? Dove sono andati? – Era pallido, ma i suoi occhi scintillavano.

Lo scudiero era un soldato nerastro, baffuto, che non alzava mai lo sguardo. – A furia di mangiare i morti di peste, la peste ha preso anche loro, – e indicò con la lancia certi neri cespugli, che a uno sguardo più attento si rivelavano non di frasche, ma di penne e stecchite zampe di rapace.

1. **trampolieri**: si definiscono così tutti gli uccelli caratterizzati da collo e zampe molto lunghi e sottili.

– Ecco che non si sa chi sia morto prima, se l'uccello o l'uomo, e chi si sia buttato sull'altro per sbranarlo, – disse Curzio.

Per sfuggire alla peste che sterminava le popolazioni, famiglie intere s'erano incamminate per le campagne, e l'agonia le aveva colte lì. In groppi di carcasse, sparsi per la brulla pianura, si vedevano corpi d'uomo e donna, nudi, sfigurati dai bubboni e, cosa dapprincipio inspiegabile, pennuti: come se da quelle macilente[2] braccia e costole fossero cresciute nere penne e ali. Erano le carogne d'avvoltoio mischiate ai loro resti.

Già il terreno s'andava disseminando dei segni d'avvenute battaglie. L'andatura s'era fatta più lenta perché i due cavalli s'impuntavano in scarti e impennate.

– Cosa prende ai nostri cavalli? – chiese Medardo allo scudiero.

– Signore, – lui rispose, – niente spiace ai cavalli quanto l'odore delle proprie budella.

La fascia di pianura che stavano traversando era infatti cosparsa di carogne equine, talune supine, con gli zoccoli rivolti al cielo, altre prone, col muso infossato nella terra.

– Perché tanti cavalli caduti in questo punto, Curzio? – chiese Medardo.

– Quando il cavallo sente d'essere sventrato, – spiegò Curzio, – cerca di trattenere le sue viscere. Alcuni posano la pancia a terra, altri si rovesciano sul dorso per non farle penzolare. Ma la morte non tarda a coglierli ugualmente.

– Dunque sono soprattutto i cavalli a morire, in questa guerra?

– Le scimitarre turche sembrano fatte apposta per fendere d'un colpo i loro ventri. Più avanti vedrà i corpi degli uomini. Prima tocca ai cavalli e dopo ai cavalieri. Ma ecco, il campo è là.

Ai margini dell'orizzonte s'alzavano i pinnacoli[3] delle tende più alte, e gli stendardi[4] dell'esercito imperiale, e il fumo. Galoppando avanti, videro che i caduti dell'ultima battaglia erano stati quasi tutti rimossi e seppelliti. Solo se ne scopriva qualche sparso membro, specialmente dita, posato sulle stoppie[5].

– Ogni tanto c'è un dito che ci indica la strada. – disse zio Medardo. – Che vuol dire?

– Dio li perdoni: i vivi mozzano le dita ai morti per portar via gli anelli.

– Chi va là? – disse una sentinella dal cappotto ricoperto di muffe e muschi come la corteccia d'un albero esposto a tramontana.

– Viva la sacra corona imperiale! – gridò Curzio.

– E che il sultano muoia! – replicò la sentinella. – Ma, vi prego, arrivati al comando dite loro quando si decidono a mandarmi il cambio, che ormai metto radici!

I cavalli ora correvano per sfuggire alla nuvola di mosche che circondava il campo ronzando sulle montagne d'escrementi.

– Di molti valorosi, – osservò Curzio, – lo sterco d'ieri è ancora in terra, e loro son già in cielo, – e si segnò.

All'ingresso dell'accampamento, fiancheggiarono una fila di baldacchini, sotto ai quali donne ricce e spesse con lunghe vesti di broccato e i seni nudi, li accolsero con urla e risatacce.

2. **macilente**: magre e deboli.
3. **pinnacoli**: i picchetti lavorati in cima alle tende.
4. **stendardi**: insegne e bandiere.
5. **stoppie**: steli e foglie di una coltura rimasti sul terreno.

– Sono i padiglioni delle cortigiane, – disse Curzio. – Nessun altro esercito ne ha di così belle.

Mio zio già cavalcava col viso voltato indietro, a guardar loro.

– Attento, signore, – aggiunse lo scudiero, – sono tanto sozze e impestate che non le vorrebbero neppure i turchi come preda d'un saccheggio. Ormai non son più soltanto cariche di piattole, cimici, e zecche, ma indosso a loro fanno il nido gli scorpioni e i ramarri.

Passarono davanti alle batterie da campo. A sera, gli artiglieri facevano cuocere il loro rancio d'acqua e rape sul bronzo delle spingarde[6] e dei cannoni, arroventato dal gran sparare della giornata.

Arrivavano dei carri pieni di terra e gli artiglieri la passavano al setaccio.

– Già scarseggia la polvere da sparo, – spiegò Curzio, – ma la terra dove si son svolte le battaglie n'è tanto impregnata che, volendo, si può recuperare qualche carica.

Dopo venivano gli stalli[7] della cavalleria, dove, tra le mosche, i veterinari sempre all'opera rabberciavano la pelle dei quadrupedi con cuciture, cinti ed empiastri di catrame bollente, tutti nitrendo e scalciando, anche i dottori.

Gli attendamenti delle fanterie seguitavano poi per un gran tratto.

Era il tramonto, e davanti a ogni tenda i soldati erano seduti coi piedi scalzi immersi in tinozze d'acqua tiepida. Soliti come erano a improvvisi allarmi notte e giorno, anche nell'ora del pediluvio tenevano l'elmo in testa e la picca[8] stretta in pugno. In tende più alte e drappeggiate a chiosco, gli ufficiali s'incipriavano le ascelle e si facevano vento con ventagli di pizzo.

– Non lo fanno per effeminatezza, disse Curzio, – anzi: vogliono mostrare di trovarsi completamente a loro agio nelle asprezze della vita militare.

Il visconte di Terralba fu subito introdotto alla presenza dell'imperatore. Nel suo padiglione tutto arazzi e trofei, il sovrano studiava sulle carte geografiche i piani di future battaglie. I tavoli erano ingombri di carte srotolate e l'imperatore vi piantava degli spilli, traendoli da un cuscinetto puntaspilli che uno dei marescialli gli porgeva. Le carte erano ormai tanto cariche di spilli che non ci si capiva più niente, e per leggervi qualcosa dovevano togliere gli spilli e poi rimetterceli. In questo togli e metti, per aver libere le mani, sia l'imperatore che i marescialli tenevano gli spilli tra le labbra e potevano parlare solo a mugolii.

Alla vista del giovane che s'inchinava davanti a lui, il sovrano emise un mugolìo interrogativo e si cavò tosto gli spilli dalla bocca.

– Un cavaliere appena giunto dall'Italia, maestà – lo presentarono, – il visconte di Terralba, d'una delle più nobili famiglie del Genovesato.

– Sia nominato subito tenente.

Mio zio batté gli speroni scattando sull'attenti, mentre l'imperatore faceva un ampio gesto regale e tutte le carte geografiche s'avvolgevano su se stesse e rotolavano giù.

I. Calvino, *Il visconte dimezzato*, Mondadori, Milano, 1993

6. **spingarde**: qui ci si riferisce a bocche da fuoco di grandezza intermedia tra le armi portatili e l'artiglieria a ruota.

7. **stalli**: ricoveri per gli animali.

8. **picca**: arma costituita da un'asta con una punta in ferro.

LAVORIAMO SULL'INCIPIT: LABORATORIO

1. Chi narra la vicenda? Rispondi con riferimento al testo.
2. Quali sequenze prevalgono nel passo?
3. L'azione si svolge in un luogo fantastico o realmente esistente?
4. Individua e riporta tutti gli elementi del testo che permettono una generica collocazione nel tempo degli eventi narrati.
5. Scegli l'affermazione che meglio si adatta alla descrizione degli spazi esterni. Motiva poi la tua scelta anche con riferimenti al testo.
   - ☐ La descrizione dei campi attraversati dal Visconte e dallo scudiero si avvale di particolari scarsamente realistici
   - ☐ La descrizione dei campi attraversati dal Visconte e dallo scudiero è dettagliata e lascia trasparire la pietà per le tante morti causate dalle tragedie storiche
   - ☐ La descrizione dei campi attraversati dal Visconte e dallo scudiero è realistica e si sofferma su particolari raccapriccianti
   - ☐ La descrizione dei campi attraversati dal Visconte e dallo scudiero è realistica e si sofferma su particolari di interesse scientifico come le abitudini degli uccelli
6. Completa la tabella relativa alle informazioni sul personaggio del Visconte.

Quali sono le sue origini?	
A che età partecipa alla guerra?	
Quale motivazione lo ha spinto?	
Come si comporta con il suo scudiero?	

7. Completa la tabella relativa alla caratterizzazione del personaggio di Curzio.

Caratterizzazione fisica	
Caratterizzazione socio-culturale	
Caratterizzazione psicologica	

8. Nel testo il "mestiere delle armi" viene guardato con rispetto e ammirazione o con intento dissacratorio? Motiva la tua scelta riportando i passi che l'hanno ispirata.
9. Da quanto si legge nel testo si può affermare che i nobili nell'esercito facciano rapidamente carriera? Rispondi con riferimento al testo.
10. Con quale tecnica vengono riferiti i dialoghi?
11. Immagina di dover inserire questo passo in un'antologia ed elabora un titolo riferito a questa sola parte.
12. Riassumi il passo in 15, 7 e 3 righe.

ZTE ONLINE
Mettiti alla prova con gli esercizi interattivi

VERSO LE COMPETENZE: SCRIVERE E RIASSUMERE

1. Costruisci un incipit scegliendo una delle proposte seguenti e rispettando le indicazioni fornite. Continua la narrazione per almeno una pagina di testo.

1	Avventura	Naufragio	Narratore esterno
2	Fantascienza	Esplorazione dello spazio	Narratore interno
3	*Fantasy*	Scoperta dei superpoteri di un animale	Narratore interno

2. Indica a quale testo del capitolo si riferiscono le affermazioni proposte nello schema (T1 = *Frankenstein*; T2 = *Viaggio al centro della terra*; T3 = *Congo*; T4 = *Guida Galattica per autostoppisti*; T5 = *Harry Potter e la pietra filosofale*).

	T1	T2	T3	T4	T5
È ambientato in un luogo esotico					
Tratta l'eterna lotta tra Bene e Male					
Fa riflettere sulle conquiste della scienza					
Presenta la Terra da un'altra prospettiva					
Suggerisce l'esistenza di mondi paralleli					
Coniuga avventura e scienza					
Esordisce con la protesta di un cittadino in difesa della sua proprietà					
Utilizza lo stile epistolare					
Propone, all'inizio, il ritratto di una famiglia borghese					
Contiene nell'incipit notizie su eventi storicamente accaduti					

3. Con quale tecnica vengono riferiti i pensieri del signor Dursley nel passo seguente?
Il signor Dursley sentì montargli la rabbia nel constatare che ce n'erano un paio tutt'altro che giovani. Ma che roba! Quello lì doveva essere più anziano di lui, e portava un mantello verde smeraldo! Che faccia tosta! Poi però gli venne in mente che potesse trattarsi di qualche sciocca trovata. Ma certo! Era gente che faceva una colletta per qualche motivo. Sì, doveva essere proprio così.

4. Quale caratterizzazione del personaggio viene proposta nei seguenti esempi tratti dal capitolo? Motiva le tue scelte nella tabella.

	Caratterizzazione / Motivazione
Cominciai con l'abituare il mio corpo alle privazioni. Accompagnai i balenieri in diverse spedizioni nel Mare del Nord; volontariamente sopportai il freddo, la fame, la sete e il sonno; spesso durante il giorno lavoravo più duramente dei semplici marinai e dedicavo le mie notti allo studio della matematica, delle teorie della medicina e di tutti quei rami della fisica dai quali, chi cerca l'avventura per mare, può trarre il maggior vantaggio pratico.	

	Caratterizzazione / Motivazione
Anche se rompeva a volte i suoi campioni di minerali, maneggiati troppo bruscamente, possedeva, oltre la genialità del geologo, l'occhio acuto del mineralogista. Col suo martelletto, la sua punta d'acciaio, il suo ago calamitato, il suo cannello e il suo flacone di acido nitrico, era imbattibile. Dal modo di rompersi, dall'aspetto, dalla durezza, dalla risonanza, dall'odore, dal sapore di un minerale qualunque, egli lo classificava immediatamente tra le seicento specie che la scienza oggi conosce. Così il nome di Lidenbrock echeggiava onorato nelle scuole e nelle associazioni scientifiche nazionali.	
Ne aveva già guidate altre: società petrolifere, équipe di cartografi, squadre in cerca di miniere e legname e gruppi di geologi come questo. Le aziende che mandavano squadre sul campo avevano bisogno di uno che conoscesse gli usi e i dialetti locali quanto bastava per trattare con i portatori e organizzare il viaggio. Kruger era abilissimo in questo lavoro: parlava lo swahili oltre al bantù e a un po' di bagindi ed era stato più volte nel Congo, benché mai nei Virunga.	
L'unica persona che considerava speciale quella casa era Arthur Dent, e per un semplice motivo: che per caso quella era la casa in cui abitava. Vi abitava da circa tre anni, fin da quando, cioè, si era trasferito lì da Londra, città che lo rendeva nervoso e irritabile. Anche lui, come la casa, aveva trent'anni: era alto, aveva i capelli neri, ed era sempre irrequieto.	
La signora Dursley era magra, bionda e con un collo quasi due volte più lungo del normale, il che le tornava assai utile, dato che passava gran parte del tempo ad allungarlo oltre la siepe del giardino per spiare i vicini.	

5. Immagina di essere contattato da una casa editrice che conduce un sondaggio tra gli adolescenti per produrre una nuova serie di romanzi *fantasy*. Sulla base delle tue preferenze di lettura ti viene chiesto di proporre, attraverso un testo scritto di circa 30 righe:

- l'ambientazione spazio-temporale della storia;
- il sommario della trama;
- una breve descrizione di protagonista e antagonista.

VERSO LA PROVA INVALSI

TIPOLOGIA TESTUALE: ROMANZO

FOCUS: COMPRENSIONE DEL TESTO

Io non ho paura

di Niccolò Ammaniti ■ Einaudi, Torino, 2011

Nell'estate del 1978, in un paesino del Sud Italia, un gruppo di bambini scopre un coetaneo prigioniero in una casa abbandonata: è l'inizio di una storia che segnerà la fine della loro infanzia.

Stavo per superare Salvatore quando ho sentito mia sorella che urlava. Mi sono girato e l'ho vista sparire inghiottita dal grano che copriva la collina. Non dovevo portarmela dietro, mamma me l'avrebbe fatta pagare cara.

Mi sono fermato. Ero sudato. Ho preso fiato e l'ho chiamata.

– Maria? Maria?

Mi ha risposto una vocina sofferente.

– Michele!

– Ti sei fatta male?

– Sì, vieni.

– Dove ti sei fatta male?

– Alla gamba.

Faceva finta, era stanca. Vado avanti, mi sono detto. E se si era fatta male davvero?

Dov'erano gli altri? Vedevo le loro scie nel grano. Salivano piano, in file parallele, come le dita di una mano, verso la cima della collina, lasciandosi dietro una coda di steli abbattuti.

Quell'anno il grano era alto. A fine primavera aveva piovuto tanto, e a metà giugno le piante erano più rigogliose che mai. Crescevano fitte, cariche di spighe, pronte per essere raccolte.

Ogni cosa era coperta di grano. Le colline, basse, si susseguivano come onde di un oceano dorato. Fino in fondo all'orizzonte grano, cielo, grilli, sole e caldo.

Non avevo idea di quanto faceva caldo, uno a nove anni, di gradi centigradi se ne intende poco, ma sapevo che non era normale.

Quella maledetta estate del 1978 è rimasta famosa come una delle più calde del secolo. Il calore entrava nelle pietre, sbriciolava la terra, bruciava le piante e uccideva le bestie, infuocava le case. Quando prendevi i pomodori nell'orto, erano senza succo e le zucchine piccole e dure. Il sole ti levava il respiro, la forza, la voglia di giocare, tutto. E la notte si schiattava uguale.

Ad Acqua Traverse gli adulti non uscivano di casa prima delle sei di sera. Si tappavano dentro, con le persiane chiuse. Solo noi ci avventuravamo nella campagna rovente e abbandonata.

Mia sorella Maria aveva cinque anni e mi seguiva con l'ostinazione di un bastardino tirato fuori da un canile.

«Voglio fare quello che fai tu», diceva sempre. Mamma le dava ragione. «Sei o non sei il fratello maggiore?» E non c'erano santi, mi toccava portarmela dietro.

Nessuno si era fermato ad aiutarla. Normale, era una gara.

– Dritti, su per la collina, niente curve. È vietato stare uno dietro l'altro. È vietato fermarsi. Chi arriva ultimo paga penitenza –. Aveva deciso il Teschio e mi aveva concesso:

– Va bene, tua sorella non gareggia. È troppo piccola.

– Non sono troppo piccola! – aveva protestato Maria. – Voglio fare anch'io la gara! –. E poi era caduta.

Peccato, ero terzo.

Primo era Antonio. Come sempre.

Antonio Natale, detto il Teschio. Perché lo chiamavamo il Teschio non me lo ricordo. Forse perché una volta si era appiccicato sul braccio un teschio, una di quelle decalcomanie che si compravano dal tabaccaio e si attaccavano con l'acqua. Il Teschio era il più grande della banda. Dodici anni. Ed era il capo. Gli piaceva comandare e se non obbedivi diventava cattivo. Non era una cima, ma era grosso, forte e coraggioso. E si arrampicava su per quella collina come una dannata ruspa.

Secondo era Salvatore.

Salvatore Scardaccione aveva nove anni, la mia stessa età. Eravamo in classe insieme. Era il mio migliore amico. Salvatore era più alto di me. Era un ragazzino solitario. A volte veniva con noi ma spesso se ne stava per i fatti suoi. Era più sveglio del Teschio, gli sarebbe stato facilissimo spodestarlo, ma non gli interessava diventare capo. Il padre, l'avvocato Emilio Scardaccione, era una persona importante a Roma. E aveva un sacco di soldi in Svizzera. Questo si diceva.

Poi c'ero io, Michele. Michele Amitrano.

1. Nell'espressione *me l'avrebbe fatta pagare cara*, *cara* ha funzione di:
a. ☐ complemento oggetto;
b. ☐ complemento predicativo dell'oggetto;
c. ☐ complemento predicativo del soggetto;
d. ☐ complemento di modo.

2. Sulla base del contenuto del testo, quanti bambini partecipano alla gara?

....

3. Quanti anni ha il più piccolo e quanti il più grande dei bambini?

....

4. *– Michele! – Ti sei fatta male? – Sì, vieni. – Dove ti sei fatta male? – Alla gamba*. Il dialogo viene riferito con la tecnica del:
a. ☐ discorso diretto libero;
b. ☐ discorso diretto legato;
c. ☐ discorso raccontato;
d. ☐ discorso riassunto.

5. *Mia sorella [...] mi seguiva con l'ostinazione di un bastardino tirato fuori da un canile*. In questo caso del *bastardino* viene sottolineata:
a. ☐ la mancanza di disciplina;
b. ☐ la paura di essere abbandonato;
c. ☐ la fedeltà al padrone;
d. ☐ la dipendenza dal padrone.

6. Da quanto è contenuto nel testo si può affermare che:
a. ☐ anche se non fosse in atto una gara nessuno si fermerebbe ad aiutare Maria perché è compito di Michele farlo;
b. ☐ se non fosse in atto una gara Michele andrebbe subito ad aiutare Maria;
c. ☐ se non fosse in atto una gara probabilmente qualcuno si fermerebbe ad aiutare Maria;
d. ☐ le gare non sono adatte ai piccoli.

7. Riporta un esempio di frase nominale presente nel testo.

....

8. Perché l'estate del 1978 è definita *maledetta*?

....

9. Perché Antonio il Teschio è detto così?

....

10. L'espressione *spodestarlo* implica che l'avversario sia visto come:

....

A COLPO D'OCCHIO_ Avventura, *Fantasy* e Fantascienza

AVVENTURA, *FANTASY* E FANTASCIENZA

FANTASY: presenza del soprannaturale, ambientazione in mondi paralleli, perpetua lotta tra bene e male

Rowling, *Harry Potter e la pietra filosofale*
Storia di un piccolo mago al suo primo anno nella Scuola di Magia di Hogwarts, istituzione antica messa in pericolo dal ritorno del Signore Oscuro

FANTASCIENZA: rapporto narrazione-scienza, ipotesi e teorie a fondamento delle trame, ambientazione nel futuro, manifestarsi dell'imprevisto

Shelley, *Frankenstein*
Un giovane scienziato insegue il miraggio di sconfiggere la morte e costruisce un mostro con cui ingaggia una lotta dai risvolti tragici e fatali

Verne, *Viaggio al centro della Terra*
Un vecchio manoscritto conduce un gruppo di studiosi a tentare di raggiungere il centro della Terra passando per un vulcano islandese. Nelle viscere del pianeta li attende una scoperta straordinaria

Adams, *Guida galattica per gli autostoppisti*
La Terra ostacola la costruzione di un'autostrada extraterrestre: da questo bizzarro inizio prende vita l'avventura di un umano e di un alieno in un viaggio intergalattico

AVVENTURA: avvenimenti verosimili e immaginari, tema del viaggio, ambienti esotici, intreccio avvincente, ritmo veloce

Crichton, *Congo*
Una spedizione si inoltra nel Congo lacerato dalla guerra civile per scoprire le cause di un massacro sulle montagne e per cercare una città perduta resa leggendaria dalle miniere di diamanti

OLTRE L'INCIPIT...

CONSIGLI DI LETTURA

Herbert George Wells, **L'isola del dottor Moreau**

In un'isola del Pacifico si compiono esperimenti sugli animali, che alla fine si ribellano: fra fantascienza e critica sociale.

Bram Stoker, **Dracula**

Un giovane avvocato viene inviato in Transilvania per affari: il primo romanzo, scritto a fine Ottocento, sui vampiri.

Arthur Conan Doyle, **Il mondo perduto**

Su un altopiano del Venezuela sopravvivono animali preistorici. Dal padre di Sherlock Holmes un romanzo precursore della moderna fantascienza.

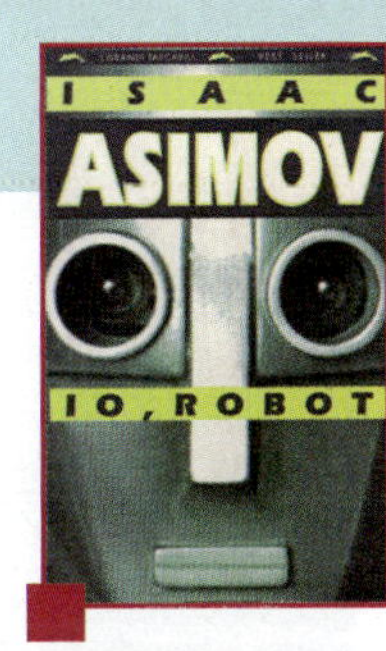

Isaac Asimov, **Io, robot**

In nove racconti di fantascienza l'autore prefigura scenari dominati dai robot e si interroga sulle questioni morali che ne derivano.

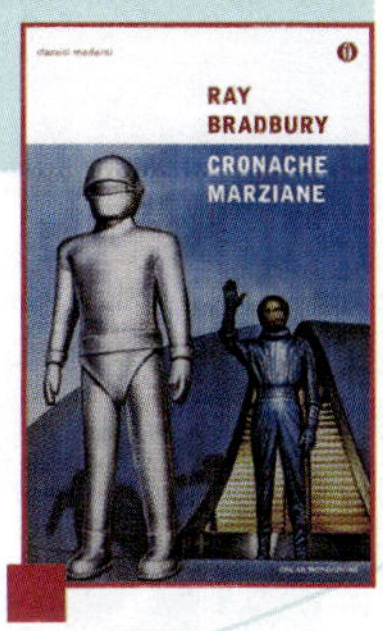

Ray Bradbury, **Cronache marziane**

Ventotto storie brevi raccontano l'esplorazione e la colonizzazione di Marte a opera dell'equipaggio del capitano John Black.

Ray Bradbury, **Fahrenheit 451**

Una dittatura totalitaria impedisce il possesso e la lettura di libri. Una riflessione sulla libertà di pensiero e il valore della conoscenza.

Michael Crichton, **Andromeda**

In Arizona, un progetto pseudo scientifico causa la prima crisi batteriologica della storia, cui sopravvivono solo un anziano e un neonato.

Stephenie Meyer, **Twilight**

La giovane Isabella si innamora del vampiro Edward Cullen. La saga di grande successo fonde la suggestione vampiresca con i sentimenti.

Suzanne Collins, **Hunger games**

Primo romanzo di una trilogia, racconta le vicende di una sedicenne alle prese con una dittatura in Nord America. Fra fantascienza e distopia.

James Dashner **The Maze Runner – Il labirinto**

Rinchiuso in una radura cinta da mura invalicabili con un gruppo di coetanei, Thomas non ricorda nulla di sé. La metafora del labirinto in chiave distopica.

I TESTI NON LETTERARI

Che cosa sono i testi d'uso

Solo racconti e romanzi sono definibili come "testi"? No, il testo, dal latino *textum*, è una "tessitura di parole", che può essere utilizzata per raccontare una storia, comunicare in versi emozioni e sentimenti, ma anche per altre finalità.

Anche la lista della spesa è un testo, che, a differenza di quello letterario, ha un fine pratico: vuole ricordarci che cosa dobbiamo comprare, farci compiere un'azione ed evitarne altre.

Nel caso della lista della spesa, delle istruzioni per l'uso di un macchinario, della presentazione di una mostra d'arte, dell'articolo che ci fa riflettere sulle energie rinnovabili, si utilizza in modo piuttosto generico la dicitura "**testi d'uso**", per sottolineare la loro utilità più evidente rispetto al testo letterario.

Un "testo d'uso" può rispondere a diversi scopi:

- può ESPORRE come, per esempio, fanno i manuali;
- può REGOLARE come, per esempio, accade nei testi di legge e nei regolamenti in vari settori;
- può ARGOMENTARE come fanno i testi in cui viene sostenuta, attraverso dei ragionamenti articolati, una tesi.

Tuttavia, un testo è qualcosa che va oltre le rigide classificazioni cui si ricorre per un criterio di utilità. Spesso perciò i testi si presentano in forma mista (espositivo/argomentativa, per esempio), o ricorrono a grafici e tabelle (si parla in questo caso di testi non continui) o, ancora, affidano il loro messaggio a immagini in sequenza, come accade per i fumetti che oggi danno vita anche a un particolare genere di giornalismo (▶ T4, pag. 678).

Tipologie di testi

- **Letterari**
- **Espositivi**
- **Regolativi**
- **Argomentativi**

Il testo espositivo

Nel passo che segue viene esposta la concezione moderna di "classico". Come si nota, il testo si limita a **riportare**, e dunque a **esporre**, le opinioni sull'argomento di alcuni scrittori e di un filosofo.

Oggi si definisce "classico" un autore, non necessariamente del passato, che è considerato esemplare e degno di essere letto. Mark Twain spiritosamente ha affermato che «classico è qualcosa che tutti vorrebbero aver letto, ma che nessuno vuol leggere». Lo scrittore Umberto Eco definisce paradossalmente un classico quel libro che tutti odiano perché sono stati obbligati a studiarlo a scuola. Per il filosofo Massimo Cacciari un classico è il testo che è sopravvissuto sconfiggendo il "modo", cioè l'attualità, la moda. In un articolo del 1981, intitolato *Perché leggere i classici*, Italo Calvino, un classico della letteratura italiana del Novecento, ha formulato varie definizioni dei classici, alcune delle quali di lapidaria chiarezza:

«D'un classico ogni rilettura è una lettura di scoperta come la prima»; «Un classico è un libro che non ha mai finito di dire quel che ha da dire»; «I classici sono libri che quanto più si crede di conoscere per sentito dire, tanto più – quando si leggono davvero – si trovano nuovi, inaspettati, insoliti».

B. Panebianco, M. Gineprini, S. Seminara, *LetterAutori*, Zanichelli , Bologna, 2011

Che cos'è un testo espositivo?

Il testo espositivo fornisce **informazioni** su un argomento **senza** l'inserimento di **commenti** da parte dell'autore: in esso non si sostiene una tesi, ma si offrono notizie e dati.

Sono testi espositivi i manuali, i verbali, le relazioni e gli articoli che hanno fine informativo.

Si tratta pertanto del risultato di un'attività di **documentazione** e di studio i cui esiti l'autore deve esporre in modo chiaro, efficace e utile alla comprensione, tenendo conto del pubblico a cui si rivolge.

Quali caratteristiche ha il testo espositivo?

Le caratteristiche ricorrenti del testo espositivo sono:

- l'uso prevalente del presente;
- l'uso di frasi brevi prevalentemente coordinate e di connettivi per chiarire i legami logici tra di esse;
- il ricorso all'elenco;
- l'uso di un lessico specialistico tanto più settoriale e complesso quanto più ci si rivolga a un lettore esperto;
- l'utilizzo di segni grafici particolari, come il corsivo o il grassetto;
- l'inserimento di tabelle, mappe, grafici, disegni.

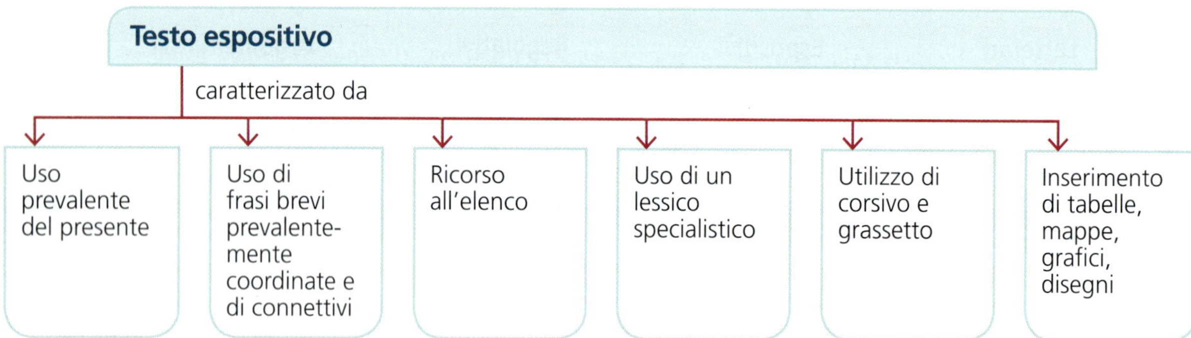

Il testo regolativo

Quello che segue è un estratto dalle regole del gioco del *Risiko!* che vengono applicate nella fase della preparazione del tavolo. Si noti che il testo non contiene alcun commento, ma **spiega** in modo chiaro e dà regole precise su ciò che occorre fare prima di iniziare a giocare.

❖ Per prima cosa, separate le carte nei tre diversi mazzi e lasciate nella scatola quelle con il dorso indicante la parola "Torneo". Queste carte servono solo se volete utilizzare le speciali regole da torneo spiegate più avanti.

❖ Ogni giocatore lancia i dadi e chi ottiene il punteggio più alto giocherà per primo, gli altri seguiranno in senso orario. In caso di parità si ripete il tiro.

❖ Partendo dal primo, i giocatori scelgono a turno il colore dell'esercito che utilizzeranno durante il gioco.

❖ Chi ha vinto il lancio dei dadi diventa il "Mazziere" e si occupa di distribuire, coperta, una carta "Obiettivo" ad ogni giocatore. Dopo la distribuzione, le restanti carte "Obiettivo" vengono riposte nella confezione.

❖ Sempre il mazziere distribuisce le carte dei "Territori" (dopo aver tolto le due carte "Jolly"), una alla volta e coperte, partendo dal giocatore alla propria destra e proseguendo in senso antiorario fino all'esaurimento delle carte.

❖ Queste carte costituiscono i territori in possesso dei giocatori all'inizio della partita e ciascuno deve ora occupare questi territori con le proprie armate. [...]

Che cos'è un testo regolativo?

Il testo regolativo contiene **indicazioni**, **istruzioni** o **regole** volte al conseguimento di un fine. Sono testi regolativi, per esempio:

- le istruzioni per il funzionamento di un elettrodomestico;
- le indicazioni per raggiungere una destinazione;
- i bugiardini, cioè i contenuti dei foglietti che sono inseriti nelle confezioni dei medicinali;
- in generale, tutti i regolamenti che prescrivono il comportamento da tenere nelle diverse circostanze (per esempio il regolamento di un gioco).

Quali caratteristiche ha il testo regolativo?

Il testo regolativo deve essere:

- chiaro;
- privo di opinioni personali;
- essenziale.

Testo regolativo

caratterizzato da

Chiarezza	Assenza di opinioni personali	Essenzialità

Il testo argomentativo

Nel passo che segue, tratto dalla prefazione di Alberto Pellai al libro *Bullismo, bullismi*, si legge la posizione dell'autore, secondo cui il bullismo è prodotto dall'idea della diversità non come ricchezza, ma come elemento da escludere, idea generata a sua volta da una distorta concezione della normalità.

Da sempre il bullismo condanna l'elemento che è portatore di una differenza, non intendendo la diversità come risorsa, ma come elemento da stigmatizzare e di cui ribadire l'estraneità al comune bisogno di normalità e normalizzazione. Si pratica bullismo perciò nei confronti dell'omosessuale, del portatore di handicap, dell'obeso o del mingherlino. Si pratica il bullismo per ignoranza, collusione, complicità. Spesso si pratica il bullismo per semplice passività o inazione: il grande coro della comunità osserva in silenzio ciò che succede tra il bullo e la vittima e non interviene, perché intervenire costa fatica, espone al giudizio degli altri e soprattutto perché intervenire può portare il bullo a cambiare l'oggetto delle sue violenze, trasferendole su chi prova a fermarlo. Quasi sempre il bullismo avviene quando il sistema nel suo insieme è connotato da un enorme relativismo morale e culturale, quando le regole e le norme della convivenza civile vengono assoggettate alla legge del taglione e del più forte, quando non ci si sente parte di un tutto e perciò si è interessati a tutelare la propria piccola individualità dimenticandosi che ciascuno di noi non è un'isola.

E. Buccoliero, M. Maggi, *Bullismo, bullismi*, Franco Angeli, Bologna, 2005

Che cos'è un testo argomentativo?

Argomentare significa **esporre un'opinione**, che in questo caso prende il nome di tesi, e dimostrare che essa può essere sostenuta con successo.

Il testo argomentativo, perciò, discute un argomento problematico, ha uno scopo **persuasivo**, cioè cerca di dimostrare una **tesi** attraverso prove razionali, e richiede una **costruzione rigorosa**, in cui i passaggi a sostegno della tesi (argomentazioni) siano chiari, efficaci e disposti in ordine logico stringente.

Sono testi argomentativi per esempio alcuni articoli di stampa, le lettere alla redazione e i saggi da cui emergono una o più tesi su un particolare problema.

Quali caratteristiche ha il testo argomentativo?

Un testo argomentativo ha una **struttura** ricorrente:

- l'introduzione o cornice, in cui si presenta il tema, la questione che si vuole affrontare nei suoi elementi informativi fondamentali;
- l'enunciazione della tesi;
- l'esposizione degli argomenti a favore della tesi;
- la presentazione di possibili obiezioni e la loro confutazione: confutare significa dimostrare che gli eventuali argomenti contrari alla tesi in realtà non hanno fondamento o non sono sostenibili;
- la conclusione, in cui si riepilogano eventualmente gli argomenti e si ribadisce la tesi di partenza.

Per quanto riguarda l'aspetto formale, solitamente il testo argomentativo è caratterizzato da:

- rispetto della coerenza e coesione attraverso l'uso corretto dei connettivi;
- ricorso al tempo presente;
- uso della terza persona singolare;
- uso di figure retoriche in funzione persuasiva.

I connettivi nel testo argomentativo

L'argomentazione, per essere strutturata solidamente, ha bisogno di connettivi, di parole che legano insieme le idee. I connettivi di un testo argomentativo possono essere:

- **causali** (*dato che, poiché, perché*);
- **aggiuntivi** (*e, anche, inoltre, per di più*);
- **avversativi** (*ma, bensì, invece, tuttavia*);
- **concessivi** (*sebbene, anche se è vero che, pur ammettendo che*);
- **conclusivi** (*quindi, perciò, dunque, in conclusione, concludendo*).

Testo argomentativo

struttura ricorrente
- Introduzione o cornice
- Enunciazione della tesi
- Esposizione degli argomenti
- Presentazione e confutazione di possibili obiezioni
- Conclusione

caratterizzato da
- Uso di connettivi
- Tempo presente
- Terza persona singolare
- Figure retoriche in funzione persuasiva

In questa sezione vengono presentati testi delle diverse tipologie, con le strategie per interpretarli e scriverli.

Testi letterari

Testi senza immediata finalità pratica
In forma di:
- romanzo
- racconto
- poema
- poesia

Testi non letterari, d'uso

Testi con finalità pratica
Hanno carattere:
- regolativo
- espositivo
- argomentativo

Testi non continui
Graphic journalism

CAPITOLO 1

I TEMI DEL NOSTRO TEMPO

Tra le tante questioni di cui si parla oggi, in questo capitolo ne vengono affrontate alcune che suscitano interesse, inducono a riflettere e forniscono informazioni per scelte consapevoli.
Il capitolo si apre con spunti relativi alle **nuove modalità di comunicazione** offerte dalla **tecnologia** di cui i ragazzi sono grandi fruitori.

I giovani sono chiamati oggi a rispondere a **emergenze globali**, che richiedono da parte loro l'acquisizione di nuove responsabilità. Il pianeta corre molti rischi, alcuni dei quali sono messi a fuoco nel paragrafo *Qui pianeta Terra*. Anche i continui spostamenti di gruppi umani che riempiono le cronache quotidiane interpellano le coscienze degli individui: il paragrafo *Diverso da chi?* esplora alcuni aspetti di questa tematica.

Un mondo di parole, infine, raccoglie e rilancia **l'allarme sull'impoverimento del linguaggio** e sulla diffusa disaffezione alla lettura che si traduce anche nella difficoltà a orientarsi nella complessità del mondo.

1 GENERAZIONE SOCIAL

"Adolescente" è genericamente chi sta crescendo (dal verbo latino *adolesco*, "comincio a crescere"), ma il termine, in contesti diversi nel tempo e nello spazio, ha assunto significati e valori differenti. Un'unica caratteristica si rivela costante: la **propensione alla ribellione**, al rischio, oggi ritenuta l'esito di trasformazioni del sistema neuronale che si verificano nell'età dei *teen* (▶ T1, pag. 624).

Che cosa separa l'adolescente di oggi dal coetaneo del passato? Lo **smartphone** o l'**iPhone** (▶ T3, pag. 630). A questo oggetto fanno capo amicizie, intrattenimento, ricordi, in una parola, la vita: ciò che i giovani di un tempo affidavano al diario, alle musicassette, al walkman, alle foto Polaroid, alle telefonate senza fine interrotte da genitori spazientiti, sta in un scatoletta sottile che comunica con il mondo intero.

Attraverso i **social** nascono e si sviluppano oggi le relazioni tra i ragazzi, che si esprimono con una lingua nuova, emotiva, assertiva, così priva di sfumature tra "mi piace" e "non mi piace" da provocare crisi di autostima in chi non si sente sufficientemente apprezzato (▶ T2, pag. 627 e T5, pag. 637).

Il gruppo rimane, come per le generazioni precedenti, un riferimento costante, ma è un **gruppo** in buona parte **virtuale**, di amici noti solo per i volti, le foto e le informazioni postate sui social, sulla cui attendibilità si tralascia ogni verifica. Per questo la rete rappresenta per l'adolescente non solo la **relazione** ma anche la **trappola**. Le insidie del web sono tante: si può dare fiducia e quindi divulgare notizie senza fondamento, "bufale" di ogni sorta, che gettano discredito su chi se ne fa portatore, ma si può anche subire un abuso da parte di ignoti che sfruttano l'anonimato della rete per atti di *cyberbullismo*, reati gravi contro la persona. Per difendere i più giovani da questi pericoli si moltiplicano iniziative come il *Safer Internet Day* (▶ T4, pag. 633) e il decalogo contro le *fake news*, le notizie fasulle (▶ T6, pag. 640).

La rete si sfrutta anche per giocare: con i videogame oggi in commercio i ragazzi utilizzano la connessione per giocare insieme e sfidarsi, pur rimanendo ciascuno a casa propria. Pro e contro i giochi del nuovo millennio si è scritto molto: la sezione presenta per il Laboratorio un testo che introduce il principio della modica quantità per avere effetti addirittura benefici da un'attività praticata ovunque ci siano un adolescente, un monitor e una connessione (▶ T7, pag. 643).

TESTO ARGOMENTATIVO/ESPOSITIVO

T1 Adolescenti, la grande «potatura»: come (e perché) la mente cambia

di Danilo di Diodoro, in *www.corriere.it*, 19 ottobre 2015

Con passaggi ora discorsivi ora fitti di riferimenti scientifici l'articolo affronta un tema di recente scoperta e molto affascinante: i **cambiamenti biochimici del cervello** che determinano alcuni comportamenti tipici dell'adolescenza. Dalla lettura scopriamo così che, lungi, come si credeva un tempo, dall'essere un organo immutabile, il cervello conosce in alcune fasi della vita umana intensi cambiamenti, particolarmente significativi durante l'adolescenza. L'immagine della grande **"potatura"** richiamata nel titolo allude all'eliminazione di una quantità di sinapsi – le connessioni fra i neuroni – che avviene in questa fase della vita per migliorare l'efficienza, "sfoltendo" ciò che non serve. Attraverso dati e voci di esperti l'articolo mette a fuoco perciò l'**origine biochimica** della continua **ricerca di emozioni** e **di comportamenti** a rischio frequente fra gli adolescenti, ma anche della formazione di abilità fra loro molto diverse, fondamentali per la vita da adulti.

Un essere umano adulto ha nel suo cervello circa 85 miliardi di neuroni, ma all'interno della scatola cranica, in realtà, queste cellule si formano e si disfano continuamente, così come anche le connessioni fra di esse, le cosiddette sinapsi. Dunque il cervello non è affatto un organo immutevole, fissato una volta per tutte, come si credeva in passato, anzi, la ricerca più recente ha dimostrato che, soprattutto in certi periodi dell'esistenza, è tutto un fare e disfare. Specie durante l'adolescenza, quando avvengono cambiamenti epocali, come il misterioso *pruning*, la potatura di una gran quantità di sinapsi. Sembrerebbe un controsenso, perché proprio nel momento in cui la persona esce dall'età infantile e deve affrontare problemi più complessi e avrebbe bisogno del massimo della sua potenza cerebrale, avviene la drastica riduzione delle connessioni nervose. Ma in realtà è un fenomeno che serve a migliorare l'efficienza, a sfoltire quello che non serve.

Così il cervello si prepara a una rivoluzione, cambia gli equilibri che avevano retto per anni e anni. Il nuovo assetto[1] adolescenziale modifica i rapporti tra i principali sistemi neurali e i loro differenti neurotrasmettitori, le sostanze che in quantità infinitesimali regolano gli scambi fra le sinapsi.

Sesso, droghe: emozioni e piaceri immediati

«Si ha uno squilibrio nell'integrazione fra i principali sistemi neurali[2] fortemente associati ai comportamenti a rischio» spiega André Luiz Monezi Andrade del Dipartimento di Psicobiologia dell'Università Federale di San Paolo, in Brasile, in uno dei capitoli del libro "Drug Abuse in Adolescence[3]" (Springer, 2015). Fra questi il sistema dopaminergico, un insieme di circuiti neuronali che utilizzano la dopamina come mediatore chimico, e che è coinvolto nella percezione del piacere e della gratificazione, nelle emo-

1. **assetto**: disposizione.

2. **neurali**: propri del sistema nervoso centrale.

3. **"Drug Abuse in Adolescence"**: *L'abuso di droga nell'adolescenza*.

zioni (attraverso l'amigdala[4]) e nei processi decisionali (mediante la corteccia prefrontale[5]). «La maturazione della corteccia prefrontale e delle sue aree mediale e ventrale è ritardata negli adolescenti» specifica Monezi Andrade. «Questo fenomeno influenza il comportamento dei ragazzi, rendendoli più vulnerabili alle scelte che hanno maggior valore nel breve tempo». Dunque c'è una causa neurobiologica che giustifica l'attrazione degli adolescenti verso la scoperta di emozioni e piaceri immediati. È, non a caso, il momento in cui si è attratti dalle passioni, dal sesso, dall'alcol e dalle droghe, dalle nuove esperienze. «La vulnerabilità degli adolescenti alle sostanze psicotrope è supportata non solo dai cambiamenti nella loro struttura cerebrale, ma anche dal mutamento di diversi sistemi di neurotrasmissione, tra i quali spiccano il sistema dopaminergico, quello serotoninergico, noradrenergico e glutammaergico[6]».

Ad esempio, l'aumento di attività del sistema dopaminergico tende a inibire l'attività della corteccia prefrontale, così che si riducono le capacità critiche di valutazione dei rischi e si è più esposti a comportamenti impulsivi, allo sperimentare droghe.

Difficoltà nel controllo del comportamento

«Disabilità e mortalità aumentano del 200 per cento in questo periodo» sottolinea Ronald Dahl, psichiatra infantile dell'University of Pittsburgh Medical Center, in un articolo pubblicato sulla rivista *Annals of the New York Academy of Sciences*. «Questo raddoppio nei tassi di disabilità e decessi tra la fase della prima età scolare e la tarda adolescenza non è il risultato di malattie: le principali cause sono correlate proprio a difficoltà nel controllo del comportamento e delle emozioni». Ma di questa rivoluzione cerebrale l'adolescente ha bisogno, per affrontare i compiti della crescita. Dopo l'età infantile, caratterizzata dalla protezione familiare, è necessario questo scossone che proviene dall'interno, la chiamata verso il nuovo, il passionale e l'imprudente. «Apprendiamo nell'adolescenza molti degli schemi di comportamento che adotteremo da adulti e il motivo di ciò può essere proprio il *pruning*» rinforza David Bainbridge, docente di anatomia clinica veterinaria all'Università di Cambridge e autore di diversi libri divulgativi su temi di neuroscienze, come per esempio "Adolescenti" (Einaudi, 2009). «Le aree della corteccia cerebrale[7] sottoposte alla potatura più drastica durante l'adolescenza sono quelle che più di tutte associamo al comportamento dei teenager. La corteccia parietale viene sfoltita senza pietà nel secondo decennio di vita, un periodo in cui iniziamo ad attribuire interpretazioni estremamente sottili e complesse alle nostre percezioni».

Più veloci i segnali tra i neuroni

La ristrutturazione nel cervello adolescente non si limita alla «potatura» ma si completa con lo sviluppo della cosiddetta *sostanza bianca*, formata da fibre che collegano aree importanti del cervello e che si arricchiscono di mielina, la cui funzione è rendere la trasmissione dei segnali più efficiente. Migliorano così i collegamenti tra aree deputate al linguaggio, al movimento, alla memoria e alle emozioni. Lo sviluppo della mielina è stato

4. **amigdala**: parte del cervello che gestisce le emozioni, e in particolare la paura.

5. **corteccia prefrontale**: parte anteriore del lobo frontale del cervello.

6. **dopaminergico, serotoninergico, noradrenergico e glutammaergico**: sistemi dell'apparato nervoso centrale.

7. **corteccia cerebrale**: parte del cervello.

documentato anche attraverso studi effettuati con la risonanza magnetica cerebrale, come quello di un gruppo di ricerca guidato da Nitin Gogtay, della Child Psychiatry Branch del National Institute of Mental Health di Bethesda. Seguendo lo sviluppo cerebrale di un gruppo di bambini, tra i 4 e i 10 anni, è stata indagata la sequenza di maturazione, con la progressiva riduzione della corteccia cerebrale e l'ingrossamento della sostanza bianca.

Si sviluppa anche il senso morale

Un documento dell'Organizzazione della Sanità dedicato all'adolescenza pubblicato nel 2014, intitolato «Health For The World's Adolescents, A second chance in the second decade», indica questa fase della vita come il momento cruciale durante il quale si sviluppano le abilità più diverse: il ragionamento e la valutazione morale, la capacità di pensiero astratto e di giudizio razionale. L'adolescente impara a immedesimarsi nella prospettiva degli altri e a tenerne conto nella relazione interpersonale. Per la prima volta si interessa di temi sociali nei quali alcuni si lanciano con il cuore in mano. Il senso di sé si consolida, si definisce l'identità sessuale, si diventa sensibili ai punti di vista dei pari, mentre cresce l'autonomia rispetto alle opinioni dei familiari. Si stanno rompendo gli schemi e le barriere di protezione, si va verso il mondo.

GUIDA ALLA LETTURA

In questo caso abbiamo letto un testo in cui la distinzione fra parti argomentative ed espositive non è netta. Secondo la tesi i comportamenti a rischio tipici dell'adolescenza non sono riconducibili a fattori psicologici o di contesto sociale, familiare e culturale, bensì sono il prodotto di profonde modificazioni che avvengono nel cervello umano fra l'età scolare e la tarda adolescenza. Lo confermano studi e ricerche che il giornalista riporta e commenta anche con brevi dichiarazioni di esperti o passi tratti da pubblicazioni, dando vita in questo caso a porzioni di testo a carattere espositivo. Esse tuttavia concorrono a loro volta a dimostrare la tesi iniziale.

LAVORIAMO SUL TESTO

1. Che cosa sono le sinapsi secondo la definizione del testo?
2. A che cosa allude l'espressione è *tutto un fare e disfare* alla riga 6?
3. Perché il principio viene definito *misterioso*?
4. Perché nell'adolescenza si riduce la capacità di valutare i rischi? Con quali effetti?
5. Quali sono le principali cause dell'alto tasso di decessi fra prima età scolare a tarda adolescenza?
6. Che funzione ha la *cosiddetta sostanza bianca* (riga 57)?
7. Perché l'adolescenza è indicata come un *momento cruciale* (riga 69)?
8. Quali dati vengono citati nell'articolo?
9. Quali riferimenti ti sembrano avvalorare scientificamente la spiegazione sui cambiamenti del cervello in età adolescenziale?
10. Che funzione hanno i numerosi riferimenti a esperti e a istituti di ricerca?
11. Distingui nel testo: introduzione, argomentazione/esposizione e conclusione. Compila la tabella.

	Righe	Breve riassunto
Introduzione		
Argomentazione/ Esposizione		
Conclusione		

12. Imposta la scaletta di un testo argomentativo che abbia per titolo *I giovani e i comportamenti a rischio.*

Cervello = organo mutevole

I grandi cambiamenti avvengono durante l'adolescenza

Pruning: riduzione delle connessioni nervose	Squilibrio nell'integrazione tra sistemi neuronali associati ai comportamenti di rischio	Difficoltà nel controllo delle emozioni e dei sentimenti	Sviluppo della *sostanza bianca*, che rende più efficiente la trasmissione dei segnali	Sviluppo delle abilità più diverse
Fenomeno che serve a migliorare l'efficienza, a sfoltire quello che non serve	Causa neurobiologica che giustifica l'attrazione degli adolescenti verso la scoperta di emozioni e piaceri immediati	Rivoluzione cerebrale di cui l'adolescente ha bisogno per affrontare i compiti della crescita	Migliorano i collegamenti tra aree deputate al linguaggio, al movimento, alla memoria e alle emozioni	Ragionamento e valutazione morale, capacità di pensiero astratto e di giudizio razionale

TESTO ESPOSITIVO

T2 L'immenso potere dei "like" su una mente adolescente

di Nicla Panciera, in «La Stampa», 6 giugno 2016

I social network hanno notoriamente una grande diffusione nel mondo giovanile. L'articolo riporta i risultati di una ricerca condotta su un gruppo di adolescenti da alcuni scienziati di un'università californiana, che hanno individuato quali **strutture nervose** si attivano nel cervello di un giovane in rapporto al **numero di "like"** ricevuti sul proprio profilo.

L'influenza dei social network e, in generale delle nuove tecnologie, sulle nostre abitudini e sulla nostra mente è ormai da tempo sotto attento esame degli scienziati. Superata la fase delle argomentate opinioni e degli illustri commenti, grazie ai risultati delle ricerche, oggi possiamo avere un quadro sempre più dettagliato dei loro effetti sul nostro cervello.

In uno studio apparso sulla rivista «Psychological Science», i neuroscienziati dell'Università della California a Los Angeles UCLA hanno analizzato il funzionamento dei circuiti cerebrali di un adolescente mentre frequenta un social network, evento tutt'altro che saltuario[1].

1. **saltuario**: occasionale.

Ricevere moltissimi pollici alzati alle proprie iniziative fa molto piacere. Ma che cosa significa esattamente? Nello studio, la risposta neurale[2] ai «like», le espressioni di apprezzamento comunicate con un click sul «mi piace», è stata misurata dagli scienziati con la risonanza magnetica funzionale[3], mentre quella comportamentale è stata rilevata osservando in che modo i molti "like" degli amici influenzassero le decisioni dei giovani.

Attivi i circuiti del piacere

I ricercatori californiani hanno registrato le attivazioni neurali di 32 adolescenti, di età compresa tra i 13 e i 18 anni, a 148 immagini – alcune delle quali da loro stessi caricate – presenti su una piattaforma online. Di fronte ad espressioni di apprezzamento (molti «like»), si è vista un'attivazione netta di alcune aree, come il nucleo accumbens[4], coinvolte nei circuiti del piacere e della ricompensa. La stessa reazione provocata dalla gratificazione per un cubetto di cioccolato o una vittoria sportiva.

I «like» influenzano il giudizio dei giovani

È noto che l'approvazione altrui è fondamentale soprattutto in questa fase della crescita. E ciò è quanto emerge anche dallo studio: i giovani giudicano le informazioni in modo diverso a seconda dell'opinione già espressa dal gruppo dei pari. Infatti, i ragazzi tendendo a mettere «mi piace» più di frequente sulle immagini che già gli altri hanno reputato di valore. La tendenza al conformismo, espressione dell'importanza del giudizio degli amici per il giovane, emerge indipendentemente dalla natura delle immagini ritratte nelle foto, che potevano essere neutre (come del cibo) o a rischio (come bicchieri di alcol o fumo di sigaretta).

Saltano anche i sistemi di controllo

Di fronte a quest'ultimo tipo di immagini, i ragazzi avevano una ridotta attivazione delle aree deputate[5] al controllo cognitivo e alla risposta inibitoria[6], come le cortecce prefrontali e la parte dorsale della corteccia cingolata anteriore, in altre parole quelle aree coinvolte nei processi decisionali e in grado di evitare l'adozione di comportamenti rischiosi e impulsivi. La risposta neurale a certe immagini mostra insomma un indebolimento del sistema di allerta dei giovani.

Questi dati riflettono il fatto che l'adolescenza è una fase delicata della vita, durante la quale lo sviluppo del cervello non è ancora giunto a compimento; lo confermano anche alcune caratteristiche comportamentali tipiche di quell'età, come l'attrazione per il rischio e la scarsa capacità di prevedere le conseguenze delle proprie scelte.

2. **neurale**: propria delle strutture nervose.
3. **risonanza magnetica funzionale**: un tipo particolare di risonanza magnetica, utilizzata in ambito neuroradiologico per rilevare quali aree cerebrali si attivano durante l'esecuzione di un determinato compito.
4. **nucleo accumbens**: zona del cervello associata ai meccanismi della ricompensa. Si attiva tutte le volte che proviamo delle emozioni positive.
5. **deputate**: preposte.
6. **inibitoria**: che rallenta o impedisce una funzione.

Le stesse reazioni della vita reale

«Nello studio i ragazzi rispondevano alle scelte espresse da un gruppo di estranei "virtuali", e la volontà di conformarsi si è manifestata sia a livello cerebrale che nella scelta pratica di ciò che piace o meno» ha commentato la professoressa Mirella Dapretto, autrice senior dello studio e docente di psichiatria e scienze comportamentali alla UCLA.

«Possiamo aspettarci che questo effetto sia amplificato nella vita reale, quando i teenager si relazionano a persone importanti per loro». Nella realtà, poi, è più probabile che i genitori conoscano gli amici dei figli, circostanza difficile quando questi sono centinaia di individui virtuali. Tuttavia, concludono i ricercatori, è inutile demonizzare[7] i social network, che possono anche avere una buona influenza sui giovani, contribuendo alla diffusione di attitudini e comportamenti positivi.

7. **demonizzare**: presentare come totalmente negativo.

GUIDA ALLA LETTURA

L'articolo, di carattere espositivo, riporta i risultati di una ricerca americana sugli effetti dei "like" sul cervello degli adolescenti. Lo studio, condotto da un gruppo di neuroscienziati, ha proposto a 32 ragazzi più di un centinaio di immagini, analizzando, con la risonanza magnetica funzionale, gli effetti della ricezione dei "like" sul sistema nervoso. Si è così registrato che l'area del cervello maggiormente attivata è la stessa normalmente interessata da ogni genere di emozione piacevole. Sul piano dei comportamenti è stato inoltre osservato che anche sui social network, così come nella vita di gruppo, i ragazzi tendono a uniformarsi nelle dichiarazioni di gradimento al parere già espresso da altri, a conferma dell'importanza che riveste nell'adolescenza il sostegno dei pari. Per quanto riguarda la tipologia delle immagini mostrate, quelle allusive a scelte trasgressive producevano l'effetto di depotenziare l'attività delle parti del cervello funzionali al controllo dei comportamenti a rischio, a dimostrazione della curiosità propria dell'età giovanile nei confronti della trasgressione in sé.

La ricerca ha confermato, da un lato, il fatto che l'adolescenza è un'età molto delicata, in cui l'individuo, in pieno sviluppo, è particolarmente sensibile agli stimoli provenienti dall'esterno, dall'altro che, per quanto riguarda i social, sarebbe utile cominciare a considerare, accanto agli aspetti negativi, anche quelli potenzialmente positivi.

LAVORIAMO SUL TESTO

1. Quale strumento hanno utilizzato i neuroscienziati dell'università californiana citata nel testo per condurre le loro osservazioni sui circuiti neuronali del cervello di adolescenti attivi sui social?
2. Quanti adolescenti sono stati presi in esame dalla ricerca? In quale fascia d'età?
3. Quali sono stati i risultati della ricerca sulle aree cerebrali stimolate dai riscontri positivi dei "like" ricevuti?
4. In che modo i "like" possono influenzare i giudizi dei giovani?
5. L'importanza del giudizio degli amici genera nei giovani un certo tipo di atteggiamento. Quale?
6. Che cosa si è osservato nel funzionamento cerebrale dei giovani posti di fronte a immagini considerate "a rischio"?
7. A quali conclusioni sono giunti i ricercatori?
8. Qual è l'ultima immagine che hai postato? Quanti "mi piace" hai avuto? Per quali ragioni secondo te? Ti aspettavi questi risultati? Sei rimasto deluso per qualcosa?
9. Scrivi un testo argomentativo che metta in luce i vantaggi e gli svantaggi dell'uso dei social network.

Social network

Alcuni neuroscienziati, attraverso la risonanza magnetica, hanno studiato il funzionamento dei circuiti cerebrali negli adolescenti che frequentano social network. Risultati:

- Attivazione dei circuiti del piacere davanti a molti "like"
- Tendenza al conformismo
- Indebolimento del sistema di allerta

TESTO ESPOSITIVO/ARGOMENTATIVO

T3 I primi 10 anni del mondo in tasca

di Maurizio Ferraris, in «La Repubblica», 6 gennaio 2017

In occasione del **primo decennale** dell'**invenzione dell'iPhone**, l'articolo ne ripercorre le funzioni e mette in luce i mutamenti che il suo utilizzo ha provocato sulle abitudini quotidiane dell'uomo medio. La riflessione che ne deriva affina la consapevolezza delle potenzialità e dei limiti di un oggetto di cui sembra non si possa più fare a meno.

Al suo apparire, l'iPhone, ossia l'archetipo[1] di tutti gli smartphone, era vissuto come un ornitorinco tecnologico, un animale inclassificabile che faceva un po' di tutto, tranne, se non mediocremente, quello che primariamente era preposto a fare, ossia telefonare. Si trovano ancora in Rete dei video satirici[2] su questo paradosso apparente.

Un paradosso che nasceva dall'assunto[3] infondato secondo cui un telefonino è un telefono a cui hanno tolto il filo, mentre è una scatola nera in cui puoi mettere di tutto e che ti permette di fare tutto, o quasi, spesso a tua insaputa, e talvolta anche all'insaputa di chi ha progettato la macchina. Dunque, che cosa può un telefonino?

Nel 2005 avevo suggerito che le funzioni essenziali di un telefonino sono quattro: parlare (minoritaria), scrivere, registrare, e persino costruire la realtà sociale. La forza dell'iPhone è consistita nel potenziare tutte queste funzioni.

Il parlare, in effetti, è migliorato, ma è secondario, tanto non parla più nessuno, tranne (facciamoci caso) nei vagoni silenzio di Trenitalia, o quando si hanno le mani occupate, come il mendicante che (lo giuro) due giorni fa mi ha porto il cappello continuando a parlare al telefonino. Molto più importante è lo scrivere, di cui l'iPhone è stato l'avanguardia, il sogno di un passaggio a nord-ovest[4] che unisse il telefono al computer,

1. **archetipo**: modello originario. Il primo iPhone venne presentato il 9 gennaio 2007.
2. **satirici**: relativi alla satira, ironici con intento irridente.
3. **assunto**: teoria, congettura, ciò che si crede vero e si vuole dimostrare come tale.
4. **passaggio a nord-ovest**: rotta che collega l'Oceano Atlantico con l'Oceano Pacifico attraverso il Mar Glaciale Artico. Qui l'espressione è usata come simbolo di un obiettivo sognato ma difficile da raggiungere.

una vecchissima ossessione di Jobs (qualcosa come un tablet se lo era immaginato negli anni Ottanta), e che ora sembra essersi stabilizzato in oggetti piuttosto brutti, scomodi da tenere in tasca e in mano.

A fronte di questo svantaggio estetico c'è un contestabile vantaggio esistenziale: una volta, per lavorare, era necessario avere un ufficio o un'officina, adesso basta avere un telefono in mano.

Ma ancora più importante è il registrare. Lo smartphone è un archivio che tiene memoria di tutte le nostre interazioni, è la nostra grande memoria, anche visiva, ed è questa funzione che ha prodotto un gesto inconcepibile in precedenza. Il fatto cioè che Tony Curtis[5], morto nel 2010, si sia fatto seppellire con il suo iPhone3. Verosimilmente, nella cripta, non c'era campo, la batteria dell'iPhone3 era notoriamente poco autonoma, e inoltre era morto. Dunque non era per ragioni di comunicazione che si era portato con sé il telefono (come comprende chiunque rifletta sull'intrinseca insensatezza di farsi seppellire con un telefono fisso) bensì per ragioni di registrazione: come il Faraone che porta con sé i papiri con la lista dei suoi beni, della sua discendenza e del suo harem. E non finisce qui, perché adesso – con l'Apple Watch collegato all'iPhone – il telefonino, e, per il suo tramite, potenzialmente un sacco di altre persone a noi ignote e non necessariamente benevole, conoscono quanti passi facciamo ogni giorno, quante calorie attive consumiamo, il nostro battito cardiaco.

Ecco qualcosa che forse nemmeno Jobs aveva previsto, ed è la scomparsa del segreto: virtualmente, non c'è più assolutamente nulla di nascosto, perché enormi sono i poteri della registrazione incorporata in un apparato portatile.

Quanto infine al costruire, lo smartphone collegato con i social e con il web nel suo insieme è un immenso costruttore di realtà sociale, centralizzando funzioni che un tempo erano proprie delle agenzie di viaggio (fare biglietti), del denaro (pagare in vario modo), dei vigili urbani (multare), dei settimanali scandalistici (spiare – ora le spiate sono postate dai diretti interessati sui social network), degli elzeviri[6], dei documenti di identità, dei parlamenti (almeno negli auspici di alcuni), delle televisioni fatte in casa, degli almanacchi, delle previsioni del tempo, dei ricettari, dei dizionari (aggiungete qualunque cosa vi venga in mente, andrà bene). Di qui, ovviamente, la tentazione di imputare al povero iPhone persino la post-verità[7] di cui tanto si parla, o quantomeno le debolezze (che pudicamente si chiamano "alienazioni"[8], volendo dare ad intendere che non siamo naturalmente così) del genere umano, come sempre avviene con la tecnica. Ma è una scappatoia troppo facile: maleducati che parlano nei vagoni silenzio, sottomessi e disposti a lavorare comunque e dovunque, ingenui al punto da pagare a caro prezzo orologi indiscreti (io l'ho fatto), e soprattutto inclini a preferire le tenebre alla luce, dunque la post-verità alla verità, sono gli umani, non i telefoni.

5. **Tony Curtis**: attore americano (1925-2010).

6. **elzeviri**: articoli di fondo di un giornale, spesso di taglio critico, di argomento letterario, storico, artistico. Il nome deriva da un tipo di carattere raffinato usato da stampatori olandesi, gli Elzevier.

7. **post-verità**: argomentazione accettata come vera dall'opinione pubblica pur basandosi su credenze diffuse, emozioni e sensazioni e non sulla veridicità dei fatti.

8. **"alienazioni"**: stato di estraniazione dell'uomo nell'attuale società e civiltà tecnologica.

GUIDA ALLA LETTURA

Il testo intreccia a una prima funzione prevalentemente espositiva una seconda, più evidente sul finale, di carattere argomentativo. Muovendo dall'occasione dei primi dieci anni di vita dell'iPhone, l'autore afferma che l'elemento di forza di questa invenzione tecnologica consiste nel potenziare le quattro funzioni fondamentali del vecchio telefonino: parlare, scrivere, registrare e creare una realtà sociale. A proposito delle ultime due, sulle quali si diffonde in particolare la riflessione, sono citate alcune tra le innumerevoli potenzialità dell'iPhone che hanno contribuito a rivoluzionare le abitudini di lavoro e di comunicazione di molti di noi. Nella conclusione l'articolo sottolinea il carattere di strumento di questo potentissimo oggetto, le cui funzioni devono quindi essere sempre affidate all'intelligenza, all'educazione e al buon senso di chi lo utilizza.

LAVORIAMO SUL TESTO

1. Di quali, tra le funzioni essenziali di un telefonino, l'iPhone è stato precursore? Perché?
2. Qual è stata la scelta dell'attore Tony Curtis in previsione del proprio seppellimento? Quale significato assume tale scelta?
3. Come è cambiato il modo di lavorare dall'avvento dell'iPhone?
4. Quali conseguenze può avere il collegamento di un iPhone con un Apple Watch?
5. Secondo l'autore dell'articolo, quale aspetto della nostra vita rischia di scomparire definitivamente a causa dell'iPhone?
6. Che significato ha l'espressione: *lo smartphone collegato con i social e con il web nel suo insieme è un immenso costruttore di realtà sociale?*

VERSO LE COMPETENZE

- *Comunicazione nella madrelingua*
- *Competenza matematica e competenze di base in scienza e tecnologia*
- *Imparare a imparare*
- *Competenze sociali e civiche*
- *Consapevolezza ed espressione culturale*

7. Immagina di dover fare a meno del tuo smartphone per sette giorni: scrivi un elenco di cinque voci corrispondenti alle privazioni che pensi potrebbero crearti maggiori disagi. Confronta il tuo elenco con quelli dei compagni, rileva gli elementi ricorrenti e calcola le percentuali delle prime cinque voci comuni.

iPhone

Potenziamento delle quattro funzioni essenziali di un telefono:

- Parlare → Nell'iPhone è una funzione ormai secondaria
- Scrivere → L'iPhone è stato il primo dispositivo a unire telefono e computer, rendendo possibile lavorare ovunque
- Registrare → L'iPhone è l'archivio di memoria di tutte le nostre interazioni
- Costruire la realtà sociale → Grazie al collegamento con social e web iPhone ha sostituito le singole realtà sociali

TESTO ESPOSITIVO

T4 Safer Internet Day, mettiamo in guardia i ragazzi dai pericoli del web

di Marcello Gelardini, in *www.repubblica.it*, 6 febbraio 2017

L'articolo, di carattere espositivo, riporta i risultati di una ricerca sull'utilizzo degli strumenti digitali da parte degli adolescenti di oggi, e illustra alcune iniziative che si propongono di diffondere tra i più giovani la conoscenza dei pericoli legati a un uso poco prudente della rete. Tra queste vi è il *Safer Internet Day* citato nel titolo, cioè una giornata dedicata alla sicurezza in rete.

La chiamano "Generazione Z". Sono tutti quei ragazzi nati tra la metà degli anni '90 e il primo decennio del nuovo millennio. Alcuni sono maggiorenni, altri poco più che adolescenti. Una cosa li accomuna: sono cresciuti tra smartphone, tablet, Internet e computer e non sanno che prima esisteva un'era in cui questi dispositivi non esistevano o non erano alla portata di tutti. Conoscono alla perfezione come funzionano ma, nonostante questo, non comprendono fino in fondo che insidie si possono nascondere dietro lo schermo.

Una generazione sempre connessa

Gli ultimi numeri sul comportamento dei minori italiani sul web invitano alla massima attenzione. Secondo una ricerca commissionata dal Miur (Ministero dell'Istruzione, dell'Università e della Ricerca) e realizzata dall'Università di Firenze e Skuola.net, il portale dedicato ai più giovani che da anni ha un focus proprio su queste tematiche, il 19% dei teenager dice di essere connesso tra le 5 e le 10 ore al giorno e quasi 1 su 5 di non poter fare a meno di Internet (neanche a scuola), rimanendo sempre online. In totale, dunque, il 40% passa buona parte della giornata navigando. I social network sono il loro terreno di 'battaglia' preferito: più del 90% del campione analizzato ammette di usare le chat – di cui WhatsApp è la regina incontrastata – ogni giorno; qualcuno lo fa anche di notte (innescando il fenomeno del *vamping*[1]). "Il fatto che i teenager passino più tempo online che in altri luoghi fisici – commenta il direttore di Skuola.net, Daniele Grassucci – ci dice chiaramente come la virtualità sia per loro più reale di quello che noi siamo abituati a pensare".

A mancare è l'educazione online

L'abitudine a dialogare virtualmente però spesso non coincide con la prudenza. Se, infatti, la maggior parte dei nativi digitali pare essere attenta alla privacy, più del 10% ha confessato di condividere online i propri segreti e soprattutto foto intime (il cosiddetto *sexting*, pericolosa pratica molto in voga soprattutto tra i più piccoli). Circa l'8% degli intervistati, poi, dichiara di aver attuato intenzionalmente comportamenti

1. *vamping*: letteralmente, vampireggiare, cioè avere l'abitudine a connettersi nelle ore notturne.

da bullo online (ma bisogna calcolare che su questo argomento ci potrebbe essere molta reticenza) e un ulteriore 10% banalizza le proprie azioni come semplici scherzi. La conseguenza più evidente è che l'8,5% dei ragazzi tra i 14 e i 19 anni è abitualmente vittima di cyberbullismo. Ancora peggio se ci concentriamo sulla fascia d'età 11-13 anni, dove si stima che due studenti per classe potrebbero essere potenziali vittime.

Il Safer Internet Day

Ma questi dati, nonostante risalgano a pochi mesi fa, sono in parte già superati; la presenza online dei minori cresce di giorno in giorno. Per questo è bene intervenire. Così, per sensibilizzare i più giovani ad un uso consapevole del web e per spronare gli adulti ad educare i ragazzi (anche) in questa direzione, è nato il Safer Internet Day (SID), la giornata mondiale per la sicurezza in Rete. Dietro il progetto, coordinato dai Safer Internet Centre (SIC) dei singoli Paesi, ci sono INSAFE e INHOPE (due network internazionali impegnati proprio nel campo della sicurezza online), supportati dalla Commissione Europea.

Uniti per evitare i pericoli della Rete

"Be the change: unite for a better internet", è la frase simbolo pensata per il 2017. Uno slogan finalizzato a far riflettere i ragazzi soprattutto sul ruolo attivo e responsabile che ciascuno può ricoprire nel trasformare Internet in un luogo positivo e sicuro. Per diventare *"protagonisti del cambiamento, uniti verso un Internet migliore"*. Il 7 febbraio, in oltre 100 Paesi del mondo, si svolgeranno eventi di vario genere per richiamare l'attenzione su questi temi, coinvolgendo istituzioni, enti, organizzazioni (pubbliche e private) e società civile.

Generazioni Connesse e il SIC italiano

In Italia il coordinamento del SIC è stato affidato a Generazioni Connesse, un consorzio che vede la presenza di partner che da sempre hanno a cuore l'avvenire di bambini, adolescenti e ragazzi: il Ministero dell'Istruzione, quelli dell'Interno e delle Comunicazioni, la Polizia Postale, l'Autorità Garante per l'Infanzia e l'Adolescenza, la stessa Skuola.net, Save the Children Italia, Telefono Azzurro, Università degli Studi di Firenze, Università degli studi di Roma "La Sapienza", la Cooperativa E.D.I., il Movimento Difesa del Cittadino e l'agenzia di stampa Dire. [...].

Prima Giornata Nazionale contro bullismo e cyberbullismo

Saranno loro, assieme a circa mille studenti, i protagonisti dell'evento che si terrà presso gli spazi espositivi dellex caserma Guido Reni, in via Guido Reni a Roma. Dibattiti, workshop e laboratori per dire tutti insieme stop al cyberbullismo, pedo-pornografia online, sexting e a tutti quei fenomeni devianti che partano da un computer e una tastiera. Nello stesso giorno, inoltre, il Miur celebrerà la Prima Giornata Nazionale contro il bullismo e il cyberbullismo a scuola, dal titolo "Un Nodo Blu – le scuole unite contro il bullismo", che invita appunto a indossare un nodo di colore blu in segno di solidarietà alle vittime di questa piaga sociale.

Il Vademecum anti-rischi e la centralità delle scuole

Ma l'impegno del Safer Internet Centre italiano non si ferma e prosegue durante tutto l'anno. Tante le iniziative messe a punto dal 2004 (anno in cui l'Unione Europea ha istituito il SID) a oggi, con le scuole al centro del progetto, per trasmettere a più ragazzi possibile l'educazione alla virtualità. E poi c'è il Vademecum, reperibile online: una sorta di guida operativa per conoscere e orientarsi nella gestione di alcune problematiche connesse all'utilizzo delle tecnologie digitali da parte dei più giovani. Un documento strutturato in due parti: da un lato l'approfondimento dei pericoli in agguato quando si naviga in Rete; dall'altro i riferimenti dei servizi a cui è possibile rivolgersi a livello regionale, qualora ci si trovi a dover gestire una situazione problematica. Senza dimenticare le attività rivolte direttamente ai più piccoli, ai bambini, per farli crescere in modo consapevole. Nascono così i 7 'super-errori', personaggi che incarnano le disavventure in cui si può inciampare online. Un modo divertente e moderno per avvicinare all'argomento i principali interessati di domani e metterli in guardia in maniera leggera.

I 7 Super-Errori

C'è Chat Woman, colei che chatta dalla mattina alla sera, talmente tanto da non distinguere più tra virtuale, iniziando ad avere difficoltà a socializzare. C'è Silver Selfie, che scatta fotografie a raffica col suo smartphone e le mette sui social network senza neanche stabilire cosa è opportuno pubblicare e cosa no. L'Incredibile Url, invece, apre qualsiasi link gli si presenti davanti e per questo rischia di aprire contenuti non consigliati ai minori o di cadere in qualche trappola informatica. L'Uomo Taggo non è da meno: lui condivide le foto segnalando le altre persone presenti senza neanche chiederglielo, in barba alle più basilari regole sulla privacy. L'errore della Ragazza Visibile è quello di postare su Internet contenuti privati, confidenze, magari foto osè, non calcolando che potrebbero capitare in mani sbagliate e farla pentire amaramente di averli resi pubblici. E allora si potrebbe trasformare in Tempestata, la cyber-bullizzata per definizione, oggetto di commenti offensivi, di attacchi diretti; una vita la sua, che può diventare un inferno. Infine il Postatore Nero, che con i suoi *like* e le sue condivisioni scriteriate potrebbe essere il complice perfetto dei cyberbulli, una cassa di risonanza involontaria ma pericolosissima.

Le 'armi segrete' per difendersi al meglio

Per difendersi, però, non basta conoscere la teoria, bisogna sapere cosa fare per reagire. Così il SIC ha anche messo a punto una strategia. Tre 'armi segrete' per diventare meno attaccabili: la **Super Intelligenza** che, prima di aprire un link, di scrivere qualcosa sul web, di giocare online con qualcuno, invita a pensarci bene; **Parole a raffica**, per non aver paura di condividere con gli altri esperienze spiacevoli vissute in Rete e confidarsi con i genitori o con un adulto di cui ci fidiamo; **Schermo Protettivo**, il filtro mentale che ci impedisce di comunicare informazioni personali (come le password) o i nostri contatti a chi incontriamo online. "È impensabile – conclude Grassucci – riuscire a garantire ai minori un'esperienza sicura attraverso la repressione (sia legislativa che di policy delle piattaforme). Occorre piuttosto investire sulla formazione, fin dalla scuola".

GUIDA ALLA LETTURA

L'espressione *Generazione Z* è stata coniata in tempi recenti per definire i giovani che sono cresciuti nell'era dei pc, tablet, smartphone, e hanno imparato a usarli fin da piccolissimi. La prima parte dell'articolo espone i risultati di una ricerca condotta, tra gli altri, dal Ministero dell'Istruzione, sull'utilizzo di questi strumenti digitali da parte degli adolescenti contemporanei. Tale studio, oltre a offrire dati precisi sull'entità del fenomeno, dimostra che a fronte del largo uso delle risorse presenti in rete, non è altrettanto diffusa la consapevolezza dei pericoli a esso legati. È significativo e insieme preoccupante per esempio il dato secondo il quale *l'8,5% dei ragazzi tra i 14 e i 19 anni è abitualmente vittima di cyberbullismo*. Sono varie le iniziative promosse a livello internazionale per combattere l'ignoranza sul tema e incentivare forme di educazione a una sempre più corretta navigazione in rete da parte dei più giovani: una di queste è l'istituzione del *Safer Internet Day*, in vigore ormai da alcuni anni e celebrato nel 2017 in più di 100 Paesi.

In Italia inoltre è disponibile in rete un *Vademecum* da consultare nel caso si rimanga coinvolti in una delle tante situazioni a rischio che il mondo del web può generare. In particolare, infine, per aiutare anche i più piccoli a conoscere i rischi di un uso "selvaggio" di internet, sono stati inventati sette personaggi, chiamati simpaticamente *Super-errori*, attraverso i quali si danno fisionomia e carattere ad altrettanti comportamenti scorretti e pericolosi che occorre imparare a evitare il più presto possibile.

LAVORIAMO SUL TESTO

1. Che cosa si intende per *Generazione Z*?
2. Qual è la percentuale dei ragazzi che usano quotidianamente le chat, secondo la ricerca del Miur citata nell'articolo?
3. Quale invece la percentuale dei ragazzi che afferma di aver adottato comportamenti da bullo online?
4. Che cos'è il SID? In quale anno e da chi è stato istituito?
5. Qual è lo scopo del *Vademecum* che è possibile reperire online?
6. Cerca il *Vademecum* in rete e riporta sul quaderno i servizi presenti nella tua regione.
7. Spiega il significato delle tre armi segrete di cui parla l'articolo.
8. Qual è la funzione dei 7 Super-errori?
9. Completa la tabella inserendo i nomi dei 7 Super-errori e indicando le caratteristiche di ognuno.

Super-errore	Caratteristiche

10. A quale di questi Super-errori hai rischiato almeno una volta di assomigliare? Raccontalo in un testo di almeno 15 righe.
11. Inventa un ottavo Super-errore, dagli un nome e descrivilo in un testo di una decina di righe.

TESTO ESPOSITIVO/ARGOMENTATIVO

T5 Ansia e depressione: gli effetti dei social sui giovani. "Instagram è il peggiore"

di Simone Cosimi, in «La Repubblica», 19 maggio 2017

I social network hanno effetti negativi sui più giovani? Nella annosa questione si inserisce uno studio britannico, che punta in particolare il dito contro Instagram, piattaforma di condivisione di foto e video i cui hashtag sembrano influenzare diverse patologie tipiche dell'età adolescenziale. Ma anche altre piattaforme frequentate dai giovani non sono immuni da effetti negativi sulla loro psiche.

I SOCIAL NETWORK fanno male? Ci risiamo. Stavolta è niente meno che la Royal Society for Public Health[1] britannica, insieme allo Young Health Movement[2], a sondare il terreno e piazzare sul banco degli imputati Instagram. Secondo un'indagine svolta su 1.479 giovani fra i 14 e i 24 anni (ma solo nel Regno Unito) la piattaforma di condivisione foto e video, arricchitasi negli ultimi mesi di numerose funzioni come le Storie, sarebbe la peggiore per quello che riguarda la salute mentale. E d'altronde, a dirla tutta, non è neanche una novità visto che da anni finisce ciclicamente sotto accusa per la sua natura, in grado di costruire con gli hashtag[3] più diversi e criptici[4] nicchie di contenuti problematici e disturbanti, da quelli pro anoressia[5] fino ai più complessi fenomeni giovanili di autolesionismo.

Stavolta però la faccenda sembra diversa. Fra le cinque piattaforme sottoposte alla valutazione del campione (le altre erano Facebook, Twitter, Snapchat e YouTube) quella fondata da Kevin Systrom è stata indicata come la peggiore in termini di effetti sulla salute e sul benessere psicologico. Il giudizio è in realtà più sfumato e per certi versi appare perfino contraddittorio: mentre Instagram ha raccolto punteggi elevati in termini di promozione della propria identità, quindi un'app positiva per l'espressività, è anche percepita negativamente per quanto riguarda ansia, depressione e per la celebre Fomo, la "fear of missing out", la sindrome da esclusione che getta le persone nel panico quando sono disconnesse e non possono seguire costantemente gli aggiornamenti in bacheca.

Dall'altra parte della breve classifica si piazza invece YouTube che, mentre non creerebbe problemi sotto l'aspetto emotivo, di consapevolezza di sé e della costruzione di una comunità, non sarebbe invece il massimo per il sonno. Ma la notizia è ovviamente quella di Instagram: un altro studio, stavolta firmato dall'American Academy of Pediatrics[6]

1. **Royal Society for Public Health**: associazione britannica che si occupa di salute pubblica.
2. **Young Health Movement**: Movimento per la salute giovanile.
3. **hashtag**: etichetta utilizzata su servizi web o social per aggregazioni tematiche.
4. **criptici**: oscuri, di difficile comprensione.
5. **anoressia**: disturbo del comportamento alimentare che nasce dall'ossessione per l'eccessiva magrezza.
6. **American Academy of Pediatrics**: associazione professionale statunitense di pediatria.

e pubblicato all'inizio dell'anno, aveva già sottolineato come la pressione di rappresentazioni poco realistiche del corpo e il clima di continua festa ed esaltazione promosso da profili molto popolari, seguiti da milioni di utenti, potrebbe stimolare depressione e soprattutto peggiorare condizioni di disagio preesistenti.

"È interessante notare che Instagram e Snapchat, i peggiori in classifica per il benessere e la salute, siano entrambe piattaforme che ruotano intorno all'immagine e sembra che possano condurre a sentimenti di inadeguatezza e ansia fra i più giovani" ha spiegato Shirley Cramer, amministratrice delegata della Royal Society.

Per l'ente britannico Twitter, Facebook e Snapchat si piazzano rispettivamente al secondo, terzo e quarto posto dietro YouTube, ma esclusa quest'ultima tutte e tre sfoggiano effetti simili a Instagram. Insomma, c'è poco da rallegrarsi. Secondo l'istituzione guidata da Cramer è ormai necessario educare all'uso dei social network nel corso delle lezioni scolastiche e, di più, i social dovrebbero impegnarsi a segnalare le immagini manipolate (quelle, per esempio, che offrono modelli di bellezza palesemente sofisticati con software e applicazioni) per mettere sull'allerta gli utenti più influenzabili. Anche perché spesso a questo tema se ne salda un altro, quello delle celebrità che fanno pubblicità ai prodotti senza dichiararlo esplicitamente con l'hashtag #ad (la Federal Trade Commission statunitense e la Competition and Markets Authority[7] britannica hanno più volte richiamato per questo decine di vip e influencer[8]).

"Mantenere Instagram un posto sicuro, dove le persone si sentono a proprio agio nell'esprimere se stesse, è la nostra massima priorità, specialmente quando si parla di giovani – ha spiegato Michelle Napchan, capa delle policy dell'app per Europa, Nord Africa e Medio Oriente – ogni giorno persone da ogni parte del mondo usano Instagram per condividere le loro problematiche mentali e ottengono supporto dalla comunità. Vogliamo che chi ha questi problemi possa avere accesso al supporto sulla piattaforma quando ne ha bisogno. Per questo lavoriamo con gli esperti per mettere a punto gli strumenti e le informazioni più adatte".

Di indagini sugli effetti dei social network, in particolare sui più giovani, ne fioccano in continuazione. L'ultima, realizzata dall'università del Galles del Sud su 340 utenti, ha perfino spiegato che raccogliere molti 'Mi piace' su Facebook non fornisce alcun effetto in termini di autostima e benessere, specialmente in chi ha già certi problemi.

Insomma, come se fosse un circolo vizioso: quando otteniamo i 'Like' che fortemente desideriamo non ci sentiamo affatto meglio né facciamo passi avanti. Anzi, sembrerebbe verificato il contrario: più dipendiamo dai clic altrui più abbiamo scarsa fiducia in noi stessi.

7. **Federal Trade Commission, Competition and Markets Authority**: associazioni per la tutela del consumatore.

8. **influencer**: persona in grado di influenzare i potenziali acquirenti.

GUIDA ALLA LETTURA

Un autorevole studio britannico denuncia gli effetti negativi di Instagram, social già più volte sotto accusa per hashtag spesso oscuri e disturbanti, in grado cioè di turbare la psiche degli utenti più fragili.

La questione, con una tecnica tipicamente giornalistica, è posta in apertura di articolo sotto forma di domanda, ma, si comprende continuando la lettura, costituisce di fatto la tesi abbracciata da chi scrive, confortata dai risultati dello studio citato. Fra le cinque piattaforme oggetto d'indagine, la natura di Instagram, esclusivamente legata all'immagine, ne fa quella con gli effetti peggiori sulla salute e sul benessere psicologico. Eppure, sfuma il giornalista argomentando la tesi, Instagram ha ricevuto punteggi molto alti in fatto di promozione dell'immagine degli utenti. Il dato appare contraddittorio con un altro risultato della ricerca, secondo cui lo stesso Instagram viene percepito negativamente in quanto causa di *ansia*, *depressione* e della cosiddetta *Fomo* (acronimo di *fear of missing out*, la paura di essere lasciati fuori), una sindrome da esclusione che in soggetti patologici crea il panico in assenza o impossibilità di connessione. A suffragare la posizione iniziale il giornalista cita un altro studio, secondo cui Instagram e Snapchat sarebbero responsabili di *sentimenti di inadeguatezza* e *ansia* nei più giovani, letteralmente bombardati di immagini ritoccate e che propongono modelli inarrivabili. Sotto questo profilo un ruolo fondamentale viene attribuito alla scuola, cui si chiede un'educazione all'uso dei social, sollecitati a loro volta a segnalare le immagini manipolate, anche per l'imperversare delle pubblicità occulte di cui si fanno promotori celebrità e *influencer*, quanti cioè sono in grado di indirizzare gli acquisti di un alto numero di persone. Infine il giornalista richiama un'altra indagine per confermare gli effetti negativi dei social, questa volta realizzata in Galles, su un campione per la verità piuttosto limitato: i "like", a differenza di quanto sostengono in molti (▶ pag. 627), non producono alcun risultato positivo in fatto di autostima, anzi rischiano di creare stress nella costante aspirazione a "piacere".

LAVORIAMO SUL TESTO

1. Lo studio riportato nell'articolo è il primo in assoluto sui danni prodotti dai social?
2. Quale fascia d'età ha preso in considerazione?
3. Perché Instagram è individuato come la piattaforma maggiormente dannosa?
4. Perché il giudizio su Instagram appare al giornalista *perfino contraddittorio*?
5. Che cos'è la *Fomo*?
6. Individua nel testo i passaggi argomentativi e quelli espositivi. Che funzione hanno i secondi rispetto ai primi?
7. Se frequenti un social, affida a un testo di una ventina di righe i motivi per cui lo apprezzi e i rischi che secondo te potrebbe comportare. In caso contrario, spiega le motivazioni: si tratta di una scelta o di un'imposizione?
8. Nell'articolo si fa riferimento al ruolo che ci si attende dalla scuola. Condividi la posizione del giornalista? O ritieni che la scuola non abbia i mezzi per aiutare i giovani a orientarsi fra i social? O che, al contrario, i giovani non ne abbiano bisogno?

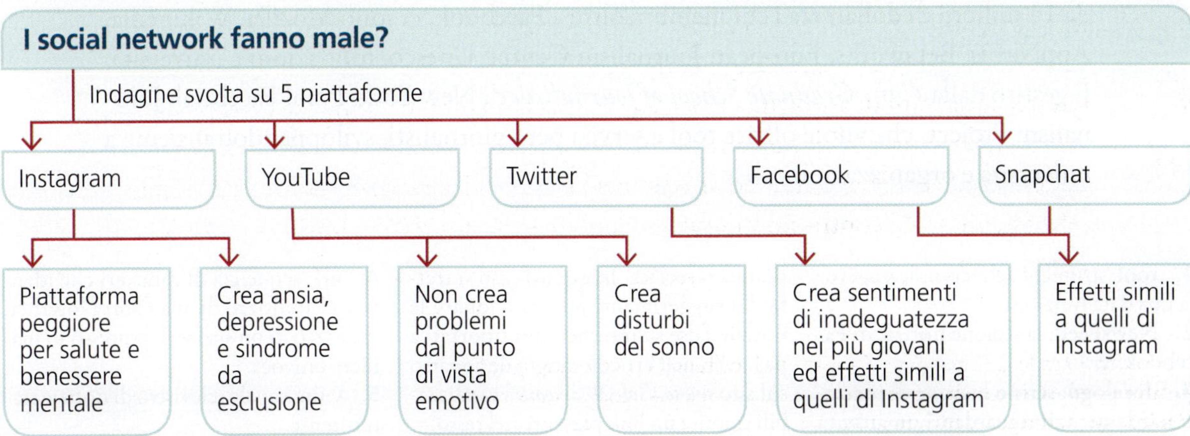

TESTO ESPOSITIVO

T6 Facebook lancia il decalogo contro le fake news

di Luca Salvioli, in *www.ilsole24ore.com*, 6 aprile 2017

L'articolo, apparso sull'edizione online del più importante quotidiano economico nazionale, annuncia l'emanazione di un **decalogo per difendersi dalle *fake news***, ossia le notizie fasulle diffuse in rete, curato dal frequentassimo social Facebook e indirizzato in particolare a quanti hanno meno dimestichezza con il mondo delle notizie reperibili sul web.

Le *fake news* sono ormai oggetto di attenzione a vario livello e la piattaforma principe per la loro diffusione, Facebook, oggi ha annuciato un nuovo strumento informativo per aiutare gli utenti a distinguere le notizie attendibili da quelle false, o satiriche. Da giovedì e per 3 giorni in 14 Paesi, tra cui l'Italia, Facebook introdurrà un tool[1] in alto al NewsFeed[2] con questo decalogo[3]. Sono consigli tra il tecnico e il buon senso, ma che in effetti aiutano chi ha meno confidenza con il mondo delle news online a capire se un titolo è vero oppure no.

I siti fake, ad esempio, spesso hanno una formattazione strana o con errori di battitura, oppure una url[4] che scimmiotta quella di un sito autorevole. Adam Mosseri, capo mondiale del NewsFeed di Facebook, e Campbell Brown, capo delle news partnership di Facebook, ex Cnn[5], hanno spiegato il progetto in una tavola rotonda al Festival del giornalismo di Perugia.

«Stiamo contrastando la diffusione delle fake news intervenendo con l'interruzione delle possibilità di guadagno legate a questi siti, costruendo nuovi prodotti e aiutando le persone a prendere decisioni più informate quando si trovano davanti alle notizie false – ha spiegato Mosseri –. Vogliamo creare una comunità più informata, per quanto non siamo un'azienda editoriale».

Facebook negli Stati Uniti nei mesi scorsi ha introdotto il bollino rosso da affiancare alle notizie ritenute false, collaborando con alcune organizzazioni. In altri Paesi gli utenti possono comunque segnalarle. Va da sé che il tema è delicato e ogni intervento si presta a ulteriori critiche per i rischi che un uso scorretto di questo filtro potrebbe avere. Contro la disinformazione online c'è inoltre il *News Integrity Initiative*, un fondo da 14 milioni di dollari tra i cui membri, oltre a Facebook, ci sono Mozilla, Wikipedia, AppNexus, Betaworks, European Journalism Center, Unesco, fondazioni e università. È gestito dalla *Cuny Graduate School of Journalism* di New York. Poi il Facebook Journalism Project, che vuole offrire tool e servizi per i giornalisti, sviluppandoli insieme a università e organizzazioni.

1. **tool**: strumento che compie o agevola una data funzione.
2. **NewsFeed**: la sezione notizie di Facebook.
3. **decalogo**: serie o insieme di precetti fondamentali riguardanti un'attività pratica o teorica. In questo caso si tratta dei suggerimenti per individuare le notizie false su internet, qui riportati a pag. 641, nell'articolo originale apparso sul sito *www.ilsole24ore.com* visualizzabili tramite un link presente nel testo.
4. **url**: sequenza di caratteri che identifica l'indirizzo di una risorsa internet, indirizzo di un sito web espresso in maniera univoca.
5. **Cnn**: canale televisivo di notizie statunitense.

Quanto alle istituzioni, si distingue l'iniziativa del governo tedesco che ha approvato un provvedimento anti fake news: i siti che non rimuovono velocemente contenuti di questo tipo rischiano milioni di euro di multa. Anche in Italia esiste un ddl bipartisan contro le notizie false.

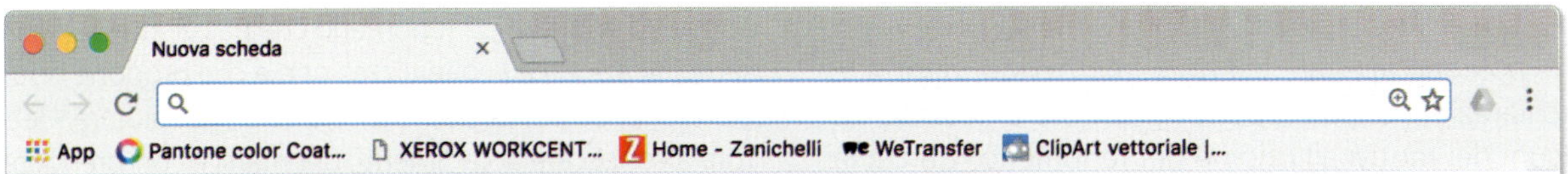

Suggerimenti per individuare le notizie false

Vogliamo fermare la diffusione di notizie false su Facebook. [...] Ci stiamo impegnando per limitarne la diffusione e ti vogliamo fornire alcuni suggerimenti che ti aiuteranno a capire a cosa fare attenzione:

1. **Non ti fidare dei titoli**: le notizie false spesso hanno titoli altisonanti scritti tutti in maiuscolo e con ampio uso di punti esclamativi. Se le affermazioni contenute in un titolo ti sembrano esagerate, probabilmente sono false.
2. **Guarda bene l'URL**: un URL fasullo o molto simile a quello di una fonte attendibile potrebbe indicare che la notizia è falsa. Molti siti di notizie false si fingono siti autentici effettuando cambiamenti minimi agli URL di questi siti. Puoi accedere al sito per confrontare l'URL con quello della fonte attendibile.
3. **Fai ricerche sulla fonte**: assicurati che la notizia sia scritta da una fonte di cui ti fidi e che ha la reputazione di essere attendibile. Se la notizia proviene da un'organizzazione che non conosci, controlla la sezione "informazioni" della sua Pagina per scoprire di più.
4. **Fai attenzione alla formattazione**: su molti siti di notizie false, l'impaginazione è strana o il testo contiene errori di battitura. Se vedi che ha queste caratteristiche, leggi la notizia con prudenza.
5. **Fai attenzione alle foto**: le notizie false spesso contengono immagini e video ritoccati. A volte, le immagini potrebbero essere autentiche, ma prese fuori contesto. Puoi fare una ricerca dell'immagine o della foto per verificarne l'origine.
6. **Controlla le date**: le date degli avvenimenti contenute nelle notizie false potrebbero essere errate e la loro cronologia potrebbe non avere senso.
7. **Verifica le testimonianze**: controlla le fonti dell'autore per assicurarti che siano attendibili. La mancanza di prove o il riferimento a esperti di cui non viene fatto il nome potrebbe indicare che la notizia è falsa.
8. **Controlla se altre fonti hanno riportato la stessa notizia**: se gli stessi avvenimenti non vengono riportati da nessun'altra fonte, la notizia potrebbe essere falsa. Se la notizia viene proposta da fonti che ritieni attendibili, è più probabile che sia vera.
9. **La notizia potrebbe essere uno scherzo**: a volte può essere difficile distinguere le notizie false da quelle satiriche o scritte per divertire. Controlla se la fonte è nota per le sue parodie e se i dettagli e il tono della notizia ne rivelano lo scopo umoristico.
10. **Alcune notizie sono intenzionalmente false**: usa le tue capacità critiche quando leggi le notizie on line e condividile solo se non hai dubbi sulla loro veridicità.

GUIDA ALLA LETTURA

In un testo esclusivamente espositivo, il giornalista annuncia l'iniziativa di Facebook di pubblicare un decalogo contro le notizie false che circolano in rete, un fenomeno in larga diffusione. A questo proposito, fornisce alcune indicazioni di massima sugli elementi che possono allertare il lettore improvvido, riporta le dichiarazioni di due esperti del settore e accenna ad alcuni dei motivi all'origine del fenomeno, fra cui la possibilità di fare business attraverso gli annunci pubblicitari posizionati sulla pagina. Infine passa velocemente in rassegna le iniziative messe in atto dagli Usa e da alcuni Stati europei contro i falsari di notizie del web. Chiaro, sintetico ed essenziale, l'articolo mira a informare il lettore su un servizio messo a disposizione dal social inventato da Marc Zuckerberg per tenersi alla larga dagli impostori dell'informazione online. Alcuni segnali, avverte il giornalista, devono mettere infatti in allerta l'utente meno preparato: errori di battitura, una formattazione strana o un url che riecheggia quello di autorevoli fonti di informazione, ma di fatto non lo è, sono spie che possono celare una *fake news*.

Come spesso succede negli articoli online, un apposito link rimanda poi al decalogo (▶ *Suggerimenti per individuare le notizie false*, pag. 641), che non solo serve a tutelare i navigatori della rete dalle notizie false, ma anche ad arginare un fenomeno che passa attraverso la semplificazione e la banalizzazione e che propone notizie "strillate" per fare sensazione e non per aiutare il lettore a conoscere accadimenti, orientarsi e comprendere fatti e fenomeni del mondo contemporaneo, principale funzione del giornalismo fin dalla sua origine.

IL DECALOGO

Il decalogo di Facebook, esempio di testo regolativo, aiuta gli utenti a tutelarsi dalle "bufale" che sempre più spesso circolano in rete con suggerimenti tecnici o, in alcuni casi, di buon senso. Fra i primi punti viene suggerito un controllo attento dell'url e della formattazione, per poi concentrarsi su verifica delle fonti, controllo della presenza della notizia su altri siti, occhio critico alle foto; tutti accorgimenti utili a difendersi da notizie false, siano esse diffuse intenzionalmente o per scherzo.

LAVORIAMO SUL TESTO

1. A chi è principalmente indirizzato il decalogo?
2. Su che cosa vertono i consigli desunti dal giornalista?
3. Con quale mezzo si cerca di contrastare la diffusione delle *fake news*?
4. Che cosa è stato fatto negli Usa a questo proposito?
5. Qual è il provvedimento più efficace preso in Europa secondo il giornalista? Perché?
6. Individua nel testo i principali passaggi dell'esposizione del giornalista.
7. Cerca in rete la notizia di una *fake news* e verifica se i consigli contenuti nel decalogo ne consentirebbero l'individuazione.
8. Riscrivi il decalogo modificando o sostituendo voci che ti sembrano poco utili con altre che ritieni più efficaci.
9. Scrivi un testo argomentativo sui pericoli delle *fake news* toccando i seguenti punti:
   - distingui fra *fake news* diffuse per scherzo e intenzionalmente;
   - considera che le *fake news* sono una fonte di introiti in continua crescita;
   - rifletti sulla banalizzazione che è all'origine delle *fake news*;
   - concludi con un riferimento allo stravolgimento della funzione del giornalismo operata dalle *fake news*.

Fake news

Facebook ha lanciato un decalogo per aiutare gli utenti a distinguere le notizie attendibili da quelle false

1. Non ti fidare dei titoli
2. Guarda bene l'url
3. Fai ricerche sulla fonte

4. Fai attenzione alla formattazione
5. Fai attenzione alle foto
6. Controlla le date

7. Verifica le testimonianze
8. Controlla se altre fonti hanno riportato la stessa notizia

9. La notizia potrebbe essere uno scherzo
10. Alcune notizie sono intenzionalmente false

LABORATORIO

T7 Giocare ai videogame fa bene ma per meno di un'ora al giorno. La psicologia si divide ancora una volta sul gaming

di Chiara Di Cristofaro, in *www.ilsole24ore.com*, 4 agosto 2014

Dopo anni di demonizzazione, gli psicologi sembrano ricredersi sui videogiochi: **giocare**, per un **tempo limitato** ogni giorno, non crea danni ma anzi **stimola l'interazione sociale**, produce autostima e limita l'iperattività. L'articolo proposto dà conto a questo proposito dei risultati di una ricerca della Oxford University che mette l'accento proprio sulla quantità di tempo dedicato al gioco.

Dalla demonizzazione alla beatificazione. È questo quello che è successo ai videogame per il mondo della ricerca psicologica? Purtroppo pare di sì, almeno in parte. Sperando che questo porti a un maggiore equilibrio nelle valutazioni. Se infatti per decenni non abbiamo fatto che leggere dell'impatto negativo che i videogiochi potevano avere sulla crescita, sullo sviluppo, sulla concentrazione, sulla propensione alla violenza dei bambini, da un po' di tempo non è difficile trovare studi e ricerche sui benefici e sui vantaggi che possono offrire. L'ultima, in ordine di tempo, è della Oxford University e sostiene che giocare ai videogiochi ogni giorno per un tempo limitato (meno di un'ora) può avere un impatto positivo sullo sviluppo. Le cose cambiano, però, se si va oltre le tre ore: in questo caso il livello di soddisfazione generale è decisamente inferiore. La ricerca è stata condotta su 5mila ragazzi tra i 10 e i 15 anni. Tra di loro, il 75% ha dichiarato di giocare ogni giorno. I risultati hanno mostrato, in particolare, che chi gioca ogni giorno per un'ora al massimo registra livelli di soddisfazione complessiva maggiore rispetto alla propria vita, i migliori livelli di interazioni sociali positive, ha meno problemi di tipo emotivo e di iperattività. Il malessere maggiore, invece, si registra nel gruppo che ha dichiarato di giocare oltre tre ore al giorno. Videogiochi sì, quindi, ma con qualche regola. Di recente, era stato un articolo pubblicato sul sito dell'Apa, l'American Psychological Association, che aveva riportato una ricerca interessante e innovativa condotta dalla Radboud University: giocare ai videogame, inclusi gli "sparatutto", secondo gli studiosi può favorire l'apprendimento e lo sviluppo di capacità sociali. Senza negare l'esistenza di possibili effetti negativi che possono emergere dall'utilizzo dei videogiochi, inclusa la dipendenza, gli autori sottolineano la necessità di una "prospettiva più bilanciata". Secondo recenti studi, infatti, i videogiochi contribuiscono allo sviluppo di una serie di capacità cognitive importanti come la navigazione spaziale[1], il ragionamento, la memoria, la percezione e il problem-solving[2]. Ma non sono solo le capacità cognitive a trarne beneficio: un gioco semplice e poco impegnativo come Angry Birds, per esem-

1. **navigazione spaziale**: l'orientamento nello spazio.
2. **problem-solving**: strategie per risolvere una situazione problematica.

pio, può migliorare l'umore, favorire il rilassamento e avere effetti positivi sull'ansia. In più, gli autori suggeriscono che giocare potrebbe essere utile per aumentare la resilienza[3] personale: imparando a gestire la frustrazione dei continui fallimenti in cui in qualsiasi videogioco si va incontro, i ragazzi possono apprendere strategie di reazione che useranno poi nella vita quotidiana. La ricerca si chiude con un appello: continuare a condurre studi, senza pregiudizi e preconcetti, che vadano al di là del "fanno bene" o "fanno male" ma che diano davvero un contributo alla ricerca sugli effetti di un fenomeno che, tanto per dire, riguarda il 97% degli adolescenti americani.

3. **resilienza**: capacità di reagire di fronte a traumi e difficoltà.

LAVORIAMO SUL TESTO

1. Che significato assume il *purtroppo* che si trova alla riga 2?
2. Qual è l'augurio della giornalista?
3. Quale convinzione comune smontano gli studi citati nell'articolo?
4. Quali sono i campi in cui un uso moderato dei videogiochi sembra produrre effetti benefici secondo la Oxford University?
5. Che cosa si intende con l'espressione *prospettiva più bilanciata?*
6. Leggi attentamente il testo, individua i benefici che secondo le ricerche presentate si traggono dai videogiochi e completa la tabella.

Effetti relazionali	Effetti sulle capacità cognitive	Effetti sull'umore

7. In che modo i videogiochi aumenterebbero la resilienza personale?
8. Con quale auspicio si chiude l'articolo?
9. Con quale modalità espressiva viene introdotta l'esposizione dei contenuti dell'articolo?
10. Individua la tipologia testuale e sottolineane nel testo i passaggi fondamentali.

VERSO LE COMPETENZE COMPITI DI REALTÀ

- *Comunicazione nella madrelingua*
- *Competenza digitale*
- *Imparare a imparare*
- *Competenze sociali e civiche*
- *Spirito di iniziativa e imprenditorialità*

11. Con l'aiuto dell'insegnante dividetevi in due gruppi.

Uno dovrà sostenere le ragioni di quanti affermano che i videogiochi sono nocivi a prescindere, l'altro quelle di chi invece ritiene, come negli studi presentati nell'articolo proposto, che un uso moderato abbia effetti positivi. Conducete in rete una ricerca in proposito, organizzate una scaletta con le argomentazioni a favore della vostra tesi e scegliete uno di voi per gruppo che la sostenga nel dibattito in classe.

Il vostro lavoro sarà valutato sulla base di questi parametri:

Criteri / Livello di padronanza	Iniziale (1)	Base (2)	Intermedio (3)	Avanzato (4)
Raccolta e pertinenza del materiale				
Scelta e struttura delle argomentazioni				
Organizzazione complessiva del lavoro				

GUIDA ALLA SCRITTURA: L'ARTICOLO DI GIORNALE

L'ARTICOLO DI GIORNALE

Un articolo di giornale è un testo di ampiezza varia, che può limitarsi a esporre un fatto (di cronaca, in ambito culturale, sportivo ecc.), e in questo caso rientra nella tipologia dei testi espositivi, o cercare di indagarne cause, approfondirne un aspetto, ipotizzarne o spiegarne eventuali conseguenze, unendo così la tipologia informativa e quella argomentativa.

COME SI REALIZZA

Secondo le regole auree del giornalismo inglese, che ha fatto scuola in tutto il mondo fin dalla sua nascita nel XVIII secolo, l'articolo di cronaca deve rispettare le cosiddette cinque w, cioè rispondere sempre alle domande:

- *who*? (chi?)
- *what*? (cosa?)
- *where*? (dove?)
- *when*? (quando?)
- *why*? (perché?)

Un articolo completo, inoltre, sviluppa anche il come (*how*) e lo sfondo (*background*), cioè il contesto in cui si svolge la vicenda. Spesso negli articoli compaiono i cosiddetti virgolettati, cioè dichiarazioni o brevi battute di persone informate sui fatti, testimoni, esperti, e così via.

Un passaggio fondamentale di ogni articolo è l'attacco (*lead*), cui è affidato il compito di attirare l'interesse del lettore, che può essere di due tipi, diretto, quando presenta immediatamente la notizia, o indiretto, quando, cioè, introduce la notizia in seconda battuta, partendo per esempio da un aneddoto, da un episodio simbolico o da una citazione. In ogni caso, deve essere breve (secondo le regole del giornalismo anglosassone non dovrebbe superare le 40 parole).

SINTASSI, LESSICO, STILE

L'articolo di giornale, per sua natura, è rivolto a un pubblico molto ampio. Anche quando affronta argomenti impegnativi (la politica, temi scientifici o culturali, per esempio) deve quindi essere espresso in una forma comprensibile a una larga cerchia di lettori (quanti cioè, acquistano un quotidiano o un periodico o leggono le notizie in rete). Si caratterizza perciò per alcune scelte stilistiche ricorrenti:

- costruzione del periodo prevalentemente paratattico, sia per asindeto sia per polisindeto, con periodi brevi o brevissimi;
- stile nominale, con proposizioni cioè prive del verbo (ricorrente nei titoli);
- uso dell'apposizione al posto di proposizioni relative;
- uso di connettivi in apertura ("e", "ma");
- punteggiatura fitta;
- lessico generalmente informale, ma formale in articoli specialistici;
- uso di termini provenienti da sottocodici del linguaggio comune (lo sport, per esempio);
- uso di figure retoriche, compresa l'iperbole (cioè un'esagerazione) per enfatizzare eventi anche di modesta portata;
- uso (ma non abuso) di espressioni stereotipate.

ESEMPIO

Vediamo un esempio da uno dei testi riportati in questa sezione.

Facebook lancia il decalogo contro le fake news

di Luca Savioli, in *www.ilsole24ore.com*, 6 aprile 2017

Le *fake news* sono ormai oggetto di attenzione a vario livello e la piattaforma principe per la loro diffusione, Facebook, oggi ha annunciato un nuovo strumento informativo per aiutare gli utenti a distinguere le notizie attendibili da quelle false, o **satiriche.**

Da giovedì e per 3 giorni in 14 Paesi, tra cui l'Italia, Facebook introdurrà un tool in alto al NewsFeed con questo decalogo. Sono consigli tra il tecnico e il buon senso, ma che in effetti aiutano chi ha meno confidenza con il mondo delle news online a capire se un titolo è vero oppure no.

I siti fake, ad esempio, spesso hanno una formattazione strana o con errori di battitura, oppure una url che scimmiotta quella di un sito autorevole. Adam Mosseri, capo mondiale del NewsFeed di Facebook, e Campbell Brown, capo delle news partnership di Facebook, ex Cnn, hanno spiegato il progetto in una tavola rotonda al Festival del giornalismo di **Perugia**.

«Stiamo contrastando la diffusione delle fake news intervenendo con l'interruzione delle possibilità di guadagno legate a questi siti, costruendo nuovi prodotti e aiutando le persone a prendere decisioni più informate quando si trovano davanti alle notizie false – ha spiegato Mosseri –. Vogliamo creare una comunità più informata, per quanto non siamo un'azienda **editoriale».**

Facebook negli Stati Uniti nei mesi scorsi ha introdotto il bollino rosso da affiancare alle notizie ritenute false, collaborando con alcune organizzazioni.

In altri Paesi gli utenti possono comunque segnalarle. Va da sé che il tema è delicato e ogni intervento si presta a ulteriori critiche per i rischi che un uso scorretto di questo filtro potrebbe avere. Contro la disinformazione online c'è inoltre il *News Integrity Initiative*, un fondo da 14 milioni di dollari tra i cui membri, oltre a Facebook, ci sono Mozilla, Wikipedia, AppNexus, Betaworks, European Journalism Center, Unesco, fondazioni e università. È gestito dalla *Cuny Graduate School of Journalism* di New York. Poi il Facebook Journalism Project, che vuole offrire tool e servizi per i giornalisti, sviluppandoli insieme a università e organizzazioni.

L'attacco è diretto: il giornalista annuncia nella data di stesura dell'articolo (*oggi* sul testo, *when*) la pubblicazione (what) da parte di Facebook (*who*) di un decalogo in rete (*where*) contro *le fake*, oggetto dell'articolo, per arginare il fenomeno delle notizie false (*why*).

Si tratta di un articolo di carattere espositivo, in cui il giornalista si limita a illustrare la notizia senza scendere in particolari approfondimenti.

Il giornalista riporta un virgolettato, ossia le parole di un esperto, il responsabile delle NewsFeed di Facebook.

Inizia qui (e prosegue fino alla conclusione) una casistica delle misure prese nel mondo e in Europa contro i responsabili della diffusione di *fake news*, che conferma il carattere espositivo dell'articolo.

Quanto alle istituzioni, si distingue l'iniziativa del governo tedesco che ha approvato un provvedimento anti fake news: i siti che non rimuovono velocemente contenuti di questo tipo rischiano milioni di euro di multa. Anche in Italia esiste un ddl bipartisan contro le **notizie false**.

LAVORIAMO SULL'ARTICOLO DI GIORNALE

1. Per ciascun articolo presentato in *Generazione social* individua le cinque w.
2. Per ciascun articolo individua e spiega il tipo di attacco.
3. Per ciascun articolo individua la presenza degli eventuali *how* e *background*.
4. Esegui lo stesso esercizio dei punti 1-2-3 su un articolo reperito sulla stampa o in rete.
5. Scrivi un articolo di giornale di una quindicina di righe a carattere espositivo su un fatto di cronaca che ti abbia recentemente colpito. Ricorda di aprire con un attacco efficace e di presentare la notizia sulla base della regola delle cinque w.
6. Aggiungi ora il come e lo sfondo, inserendo dunque una parte argomentativa, per un totale di almeno una pagina.

2 QUI PIANETA TERRA

Il nostro pianeta è malato e non basta una cura leggera, un farmaco da banco come l'aspirina a curarlo: con l'efficace immagine utilizzata nel testo di Luca Mercalli (▶ T1, in questa pagina) si apre questa sezione. In essa si riflette sull'**azione sconsiderata dell'uomo sull'ambiente** e sui comportamenti virtuosi che deve mettere in atto per proteggerlo e proteggersi.

Un'attenzione particolare viene riservata alla difesa della **biodiversità**, cioè la varietà delle specie naturali, espressione straordinaria della natura che consente l'evoluzione degli esseri viventi. Questa ricchezza è oggi in pericolo: le logiche del mercato globale che puntano su varietà di piante "utili" per il commercio (▶ T7, pag. 666) riducono la diffusione di altre piante che rischiano così l'estinzione con conseguenze gravissime per gli ecosistemi. Della difesa della biodiversità trattano gli esperti dell'Ispra con un focus sul problema (▶ T2, pag. 651) e l'articolo *Quei semi congelati che salveranno la Terra* (▶ T3, pag. 654) che racconta di una moderna Arca di Noè, una risposta estrema all'**emergenza ambientale**. A mettere in pericolo la Terra non è tuttavia solo la logica del mercato, ma anche il comportamento dei singoli, per esempio il consumo poco consapevole che porta allo **spreco alimentare**, cioè a buttare nella pattumiera tonnellate di cibo acquistato e scaduto nei frigoriferi. Cambiare, in questo caso, è alla portata di tutti: basta individuare strategie per evitare gli sprechi e ottenere benefici personali e collettivi (▶ T5, pag. 660). Per esempio si possono consumare prodotti di agricoltura biologica, che limitano la quantità di energia per la produzione: a questa logica risponde anche il fenomeno degli **orti urbani**, un ritorno alla terra nelle città assediate dall'inquinamento, che regala non solo cibo sano ma anche serenità e contribuisce al decoro di aree cittadine strappate al degrado (▶ T6, pag. 663).

Accanto al comportamento virtuoso dei *city farmer* (contadini urbani) va però rilevata anche la condotta non lungimirante di chi non si cura dei rifiuti che produce: nei mari, in particolare nell'Oceano Pacifico, galleggiano isole di plastica (▶ T4, pag. 658), terre di nessuno fuori dalle acque territoriali, ma responsabilità di tutti e per tutti simbolo di una folle impronta umana sulla Terra.

TESTO ARGOMENTATIVO

T1 Al pianeta non basta un'aspirina

Di Luca Mercalli, in «Valori», n. 143, novembre 2016

Luca Mercalli, celebre climatologo conosciuto dal grande pubblico per le numerose iniziative di divulgazione promosse in alcune trasmissioni televisive, fa il punto sull'emergenza costituita dal **riscaldamento globale del pianeta**, nei confronti del quale si impongono scelte concrete a favore delle energie alternative. Lo stadio grave di "malattia" a cui è giunta ormai la Terra non consente ulteriori esitazioni e rinvii.

Abbiamo accumulato un ritardo enorme. Per salvare il Pianeta servirebbe un intervento shock. L'accordo raggiunto a Cop21[1], l'anno scorso a Parigi, è stato un successo (anche se mancano molte adesioni): i Paesi hanno finalmente detto che si deve fare qualcosa in tempi brevi. Ma è solo un pezzo di carta. Bisogna trasformare gli intenti in quella che io chiamo la logica del kilowattora[2]. Tutto deve tradursi in quantità fisiche misurabili: pan-

1. **Cop21**: la Conferenza di Parigi sui cambiamenti climatici, tenutasi nella capitale francese dal 30 novembre al 12 dicembre del 2015, con l'obiettivo di raggiungere un accordo vincolante e universale riguardo al clima, in cui si impegnassero tutte le nazioni partecipanti.
2. **kilowattora**: unità di misura per il consumo dell'energia elettrica.

nelli solari, auto elettriche, ciclo dei rifiuti, devono entrare nella vita delle persone. Ma il fattore chiave è il tempo: le grandi transizioni[3] energetiche hanno bisogno di decenni. E noi abbiamo già perso oltre 20 anni. La Convenzione quadro[4] delle Nazioni Unite sui cambiamenti climatici che ha portato alle successive conferenze internazionali è del 1992. Abbiamo bisogno di altri 20/30 anni per una transizione energetica, non di emergenza. Io invece sono per gli interventi di emergenza. La malattia (del Pianeta) è così avanzata che avrebbe bisogno di una rianimazione. Invece lo stiamo curando con un'aspirina. Non c'è tempo di aspettare che faccia effetto. L'accordo di Parigi, per quanto un successo, è aspirina per un malato morente. E il mondo morirà. Tutto il mondo. Nel referendum del 25 settembre la Svizzera ha rifiutato una legislazione più cogente[5] sulle emissioni inquinanti. Hanno detto: «I problemi ambientali devono essere affrontati, ma diamo tempo all'economia di adattarsi senza scossoni».

Questo è lo sbaglio: pensare di avere tempo. Non è così. L'economia la fanno gli uomini. A spingere verso un cambiamento del paradigma[6] economico deve pensarci la politica. Basterebbe, per esempio, che nel prezzo dei combustibili fossili[7] fosse inserita una tassa sull'anidride carbonica emessa e immediatamente il solare diventerebbe convenientissimo. Lo stesso si potrebbe fare su tutti i prodotti che causano danni all'ambiente. Prendiamo la plastica, oggi i nostri mari ne sono invasi, con danni incommensurabili. Se il suo prezzo contenesse i costi per smaltirla e quelli per ripulire il mare, schizzerebbe alle stelle e produrla non sarebbe conveniente. C'è troppa paura che la transizione a un'economia sostenibile comporti solo costi. In realtà molte simulazioni mostrano che ci sono anche numerosi vantaggi. In un recente studio la Banca mondiale ha stimato che l'inquinamento dell'aria costa 5mila miliardi all'anno per morti premature. Una transizione energetica ed economica permetterebbe di ridurre questi costi. Ma ancora troppi remano contro: chi ha rendite di posizione, che da centinaia di anni trae profitti dal mantenimento di uno status quo[8], in particolare nel settore dei combustibili fossili. Nessuno pretende di smettere di usare il petrolio in una notte. Come già detto le transizioni energetiche richiedono decenni. Con i "signori del fossile" si potrebbe tranquillamente fare un pezzo di strada insieme, accompagnarli verso una trasformazione produttiva che alla lunga avvantaggerebbe anche loro. E non dobbiamo dimenticare che quando diciamo di voler salvare il Pianeta, in realtà è l'Umanità in gioco. Dobbiamo salvare l'ambiente per l'Uomo e il suo accettabile benessere. Il Pianeta al contrario, anche se più caldo e più sporco, andrà avanti ancora per 5 miliardi di anni anche senza di noi.

3. **transizioni**: passaggi, in questo caso da un sistema di produzione di energia a un altro.
4. **Convenzione quadro**: trattato internazionale riguardante l'ambiente, noto anche come Accordi di Rio.
5. **cogente**: che costringe, che obbliga.
6. **paradigma**: modello.
7. **combustibili fossili**: fonti di energia derivate dalla trasformazione, nel corso di millenni, di sostanze organiche. Fra questi carbone e petrolio.
8. **status quo**: dal latino, la condizione in cui ci si trova.

GUIDA ALLA LETTURA

L'articolo, di carattere divulgativo e non specialistico, si presenta come un testo argomentativo in cui l'autore denuncia il ritardo della comunità internazionale nel sostenere il passaggio alle energie sostenibili, che non può essere più rinviato. L'immagine paradossale dell'aspirina usata per curare un moribondo, presente nel testo e scelta per il titolo, è particolarmente efficace per esprimere l'evidente inadeguatezza dei provvedimenti attuati nell'ultimo periodo, che secondo l'autore si pongono sul piano delle buone intenzioni e non promuovono ancora le scelte concrete necessarie a una radicale inversione di rotta per quanto riguarda il problema del riscaldamento globale. Nell'articolo si fa riferimento agli interessi economici da cui dipendono i tempi lunghi delle risposte politiche e vengono indicate alcune proposte realizzabili nel breve periodo, a patto che acquisti forza la volontà di risolvere seriamente un problema che si aggrava di giorno in giorno. Parlare di salute del pianeta, conclude l'autore, è in ogni caso fuorviante, visto che la posta in gioco in realtà è il futuro dell'umanità, la cui estinzione non pregiudicherebbe comunque la sopravvivenza di una Terra più calda e inquinata.

LAVORIAMO SUL TESTO

1. Quale tesi emerge nel testo? Sottolinea le frasi che la esprimono.
2. Perché l'accordo di Parigi del 2015 è definito nello stesso tempo *un successo* e *aspirina per un malato morente*? Che cosa significa quest'ultima espressione?
3. Come si è espressa la Svizzera in un referendum sulle emissioni inquinanti?
4. L'autore propone due provvedimenti che renderebbero più conveniente il passaggio all'energia solare. Quali?
5. Quale ragione adducono coloro che ostacolano la transizione a un'economia sostenibile?
6. A quale gruppo appartengono coloro che si oppongono a una rapida adozione di energie alternative?
7. Sul finale dell'articolo l'autore sottolinea l'approssimazione dell'espressione *salvare il Pianeta*. Per quale motivo? Come andrebbe corretta?
8. Come definiresti il linguaggio scelto dall'autore per questo articolo?
9. Di seguito sono riportati i punti dell'accordo della conferenza di Parigi citata nell'articolo. Dopo averli letti scrivi un testo di almeno 15 righe che esponga i contenuti e il significato del documento.

Aumento della temperatura entro i 2°. Alla conferenza sul clima che si è tenuta a Copenaghen nel 2009, i circa 200 paesi partecipanti si diedero l'obiettivo di limitare l'aumento della temperatura globale rispetto ai valori dell'era preindustriale. L'accordo di Parigi stabilisce che questo rialzo va contenuto "ben al di sotto dei 2 gradi centigradi", sforzandosi di fermarsi a +1,5°. Per centrare l'obiettivo, le emissioni devono cominciare a calare dal 2020.

Consenso globale. A differenza di sei anni fa, quando l'accordo si era arenato, questa volta ha aderito tutto il mondo, compresi i quattro più grandi inquinatori: oltre all'Europa, anche la Cina, l'India e gli Stati Uniti si sono impegnati a tagliare le emissioni.

Controlli ogni cinque anni. Il testo prevede un processo di revisione degli obiettivi che dovrà svolgersi ogni cinque anni. Ma già nel 2018 si chiederà agli stati di aumentare i tagli delle emissioni, così da arrivare pronti al 2020. Il primo controllo quinquennale sarà quindi nel 2023 e poi a seguire.

Fondi per l'energia pulita. I paesi di vecchia industrializzazione erogheranno cento miliardi all'anno (dal 2020) per diffondere in tutto il mondo le tecnologie verdi e decarbonizzare l'economia. Un nuovo obiettivo finanziario sarà fissato al più tardi nel 2025. Potranno contribuire anche fondi e investitori privati.

Rimborsi ai paesi più esposti. L'accordo dà il via a un meccanismo di rimborsi per compensare le perdite finanziarie causate dai cambiamenti climatici nei paesi più vulnerabili geograficamente, che spesso sono anche i più poveri.

Da «Internazionale», *Cosa prevede l'accordo sul clima approvato a Parigi*, 13 dicembre 2015

Riscaldamento globale: è necessario intervenire subito

↓

Le grandi transizioni energetiche hanno bisogno di decenni

Come fare?

- Inserire una tassa sull'anidride carbonica emessa nel prezzo dei combustibili fossili
- Alzare il prezzo della plastica in modo che contenga i costi per smaltirla e per ripulire i mari

↓

In questo modo l'energia solare diventerebbe conveniente e produrre la plastica smetterebbe di esserlo

↓

La transizione a un'economia sostenibile comporterebbe anche vantaggi, come la riduzione dei costi umani per l'inquinamento dell'aria

TESTO ARGOMENTATIVO

T2 Perché è importante la biodiversità?

In *www.isprambiente.gov.it*

La **biodiversità**, cioè la variabilità degli esseri viventi, **va tutelata** anche per la complessità dei suoi effetti sugli ecosistemi e sulle società umane. Si tratta di una tesi ormai indiscutibile a sostegno della quale il testo fornisce le più importanti e generali argomentazioni.

La biodiversità rafforza la produttività di un qualsiasi ecosistema (di un suolo agricolo, di una foresta, di un lago, e via dicendo). Infatti è stato dimostrato che la perdita di biodiversità contribuisce all'insicurezza alimentare ed energetica, aumenta la vulnerabilità ai disastri naturali, come inondazioni o tempeste tropicali, diminuisce il livello della salute all'interno della società, riduce la disponibilità e la qualità delle risorse idriche e impoverisce le tradizioni culturali.

Ciascuna specie, poco importa se piccola o grande, riveste e svolge un ruolo specifico nell'ecosistema in cui vive e proprio in virtù del suo ruolo aiuta l'ecosistema a mantenere i suoi equilibri vitali. Anche una specie che non è a rischio su scala mondiale può avere un ruolo essenziale su scala locale[1]. La sua diminuzione a questa scala avrà un impatto per la stabilità dell'*habitat*. Per esempio, una più vasta varietà di specie significa una più vasta varietà di colture, una maggiore diversità di specie assicura la naturale sostenibilità[2] di tutte

1. **Anche una specie... su scala locale**: ci sono piante non in generale pericolo di estinzione in chiave mondiale, che sono importantissime per certe economie locali, come accade alla segale, che è il cereale utilizzato nelle aree a clima freddo dove non riesce a crescere il grano.

2. **naturale sostenibilità**: l'integrazione naturale tra le forme di vita.

le forme di vita, un ecosistema in buona salute sopporta meglio un disturbo, una malattia o un'intemperie, e reagisce meglio.

La biodiversità, oltre al valore *per sé*, è importante anche perché è fonte per l'uomo di beni, risorse e servizi: i cosiddetti servizi ecosistemici[3]. Di questi servizi, che gli specialisti classificano in servizi di supporto, di fornitura, di regolazione e culturali, beneficiano direttamente o indirettamente tutte le comunità umane, animali e vegetali del pianeta.

Gli stessi servizi hanno un ruolo chiave nella costruzione dell'economia delle comunità umane e degli Stati. Ad esempio, la biodiversità vegetale, sia nelle piante coltivate sia selvatiche, costituisce la base dell'agricoltura, consentendo la produzione di cibo e contribuendo alla salute e alla nutrizione di tutta la popolazione mondiale.

▲ Centro di biodiversità Torre Madariaga, stanza della biodiversità multimediale. Urdaibai, Spagna.

Oltre un terzo degli alimenti umani – dai frutti ai semi ai vegetali – verrebbe meno se non ci fossero gli impollinatori (api, vespe, farfalle, mosche, ma anche uccelli e pipistrelli), i quali, visitando i fiori, trasportano il polline delle antere maschili sullo stigma dell'organo femminile[4], dando luogo alla fertilizzazione. Ci sono 130 mila piante a cui le api sono essenziali per l'impollinazione[5]. Purtroppo le api stanno subendo un declino drammatico in questi ultimi anni, per via della distruzione e degradazione degli habitat, di alcune malattie, dei trattamenti antiparassitari e dell'utilizzo di erbicidi in agricoltura. Alcune ricerche in corso ipotizzano anche un'influenza delle onde elettromagnetiche, sempre più in aumento per via dei ripetitori di telefonia mobile. Pare che le radiazioni interferiscano con il sistema di orientamento degli insetti, impedendo loro di rintracciare la via dell'arnia e portandoli a disperdersi e morire altrove.

Le risorse genetiche hanno consentito in passato il miglioramento delle specie coltivate e allevate e continueranno a svolgere in futuro questa loro funzione. Tale variabilità consentirà anche di ottenere nuove varietà vegetali da coltivare o animali da allevare e di adattarsi alle mutevoli condizioni climatiche e ambientali.

La biodiversità fornisce nutrimento (vegetali e animali), fibre per tessuti (cotone, lana, ecc.), materie prime per la produzione di energia (legno e minerali fossili) ed è la base per

3. **servizi ecosistemici**: sono i beni e i servizi prodotti dagli ecosistemi come il cibo, l'acqua, il legname (servizi di fornitura), la fotosintesi, l'evaporazione dell'acqua, che regolano il clima e la qualità delle acque (servizi di regolazione), i benefici legati alle tradizioni culturali (servizi culturali).

4. **antere... femminile**: organi maschili e femminili nel fiore a cui si deve la riproduzione.

5. **impollinazione**: processo indispensabile per la riproduzione delle piante, che consiste nel trasporto del polline da una pianta all'altra per opera degli agenti impollinatori. Così il granulo di polline proveniente da un fiore raggiunge la cellula uovo del fiore di un'altra pianta.

i medicinali. La perdita e l'impoverimento della biodiversità ha impatti pesanti sull'economia e sulle società, riducendo la disponibilità di risorse alimentari, energetiche e medicinali. Attualmente il mercato mondiale dei farmaci vale 650 miliardi di dollari e quasi la metà si basa su farmaci tratti, direttamente o indirettamente, dai regni vegetale e animale.

GUIDA ALLA LETTURA

La fonte del testo è l'Ispra, cioè l'Istituto Superiore per la Protezione e la Ricerca Ambientale, ente pubblico istituito nel 2008, che svolge, tra le sue attività, anche quelle di informazione, divulgazione, educazione in materia ambientale, con riferimento alla tutela delle acque, alla difesa dell'ambiente atmosferico, del suolo, del sottosuolo, della biodiversità marina e terrestre e delle rispettive colture.

La tesi del testo è ben chiara: la biodiversità è una ricchezza e un sistema di protezione della società, che corre gravi rischi a non tutelarla. Per quanto indicati in modo sommario, i rischi investono anche *il livello della salute* (nella parte conclusiva è contenuta l'informazione relativa ai princìpi naturali nei farmaci) e le tradizioni culturali (pensiamo alle manifestazioni legate al raccolto di cereali o frutta, o alla realizzazione di edifici per la stagionatura di particolari formaggi locali).

L'estinzione di una o più specie, oltre a cancellare un'espressione della creatività della natura, *aumenta la vulnerabilità ai disastri naturali* perché impedisce di sfruttare le caratteristiche delle diverse varietà per adattarle a nuove condizioni climatiche.

La tutela deve però estendersi anche agli agenti che permettono in natura la riproduzione delle piante, gli impollinatori, e soprattutto alle api, vere e proprie garanti della biodiversità perché responsabili della riproduzione di *130 mila piante*. La consapevolezza dell'importanza di questi insetti è ormai planetaria tanto che nel 2015 l'Assemblea Generale dell'ONU ha proclamato il 20 maggio Giornata Mondiale delle Api.

LAVORIAMO SUL TESTO

1. In che modo la perdita di biodiversità contribuisce all'insicurezza alimentare?
2. Un ecosistema sano, caratterizzato cioè dal rispetto della biodiversità, favorisce le tradizioni culturali, quindi l'arricchimento spirituale delle comunità. In che modo?
3. Perché è fondamentale non alterare il sistema di orientamento degli insetti?
4. Per quale motivo l'impoverimento della biodiversità può avere conseguenze sulla nostra salute?
5. Fai una ricerca sulle varietà di mele che sono in vendita nei supermercati e predisponi una tabella per rilevarne tipologie e provenienza sulle quali ti informerai con una ricerca in rete. Noti la presenza di molte varietà? O piuttosto di alcune varietà dominanti?
6. Le api hanno una grande importanza nelle culture dell'antichità perché il miele è il primo dolcificante che l'uomo conosca e sono simbolo di laboriosità e ricchezza. Dopo aver fatto una ricerca in rete scrivi un testo espositivo di una pagina sulla presenza dell'ape nelle culture antiche.

▲ Illustrazione proveniente dal *Tacuinum Sanitatis*, manuale medievale di salute e benessere, pubblicato in Italia nel XIV secolo.

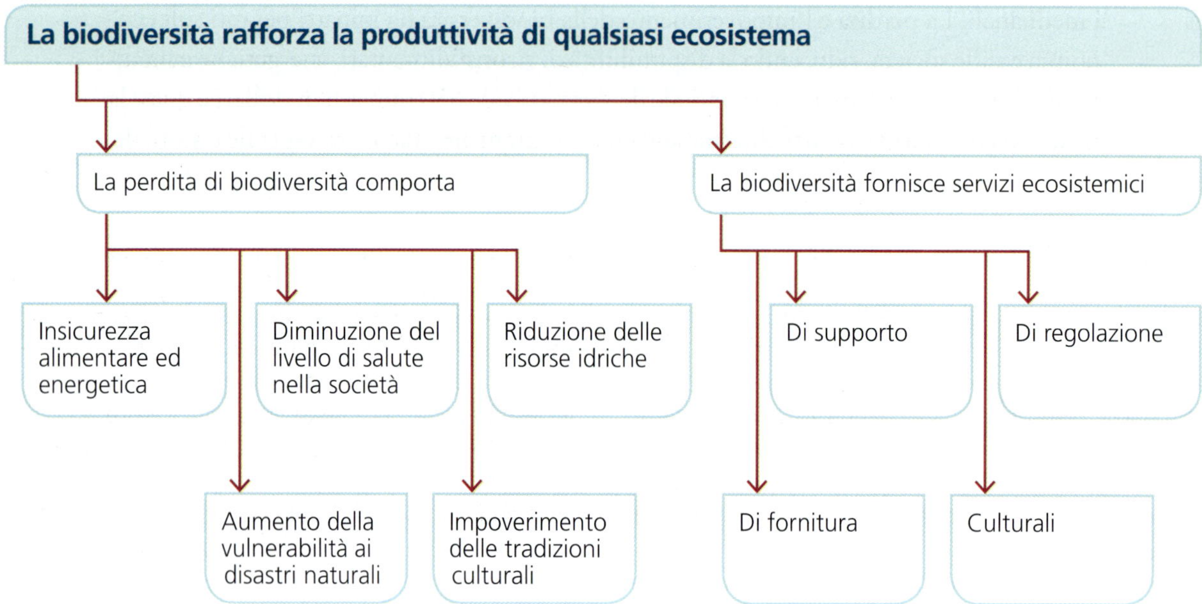

TESTO ESPOSITIVO

T3 Quei semi congelati che salveranno la Terra

di Costanza Rizzacasa d'Orsogna, in «Corriere della Sera», 29 maggio 2015

Nell'estremo Nord del pianeta un deposito sotterraneo contiene i **campioni congelati** dei **semi della Terra**: una banca della natura voluta da lungimiranti esperti e finanziata da governi e privati per aiutare l'umanità ad affrontare i cambiamenti climatici e il boom demografico.

In uno dei luoghi più remoti della Terra, a centinaia di miglia a nord della Norvegia e altrettante a sud del Polo Nord, nel Mar Glaciale Artico, si trova, nascosto da una coltre di ghiaccio sull'isola di Spitsbergen, nell'arcipelago delle Svalbard, un luogo da fantascienza, ma realissimo. La Svalbard Global Seed Vault, o banca mondiale dei semi: l'arca di Noè – l'*hard drive*[1], se preferite – di tutta la nostra agricoltura. All'interno della montagna Plataberget, in un caveau[2] ipertecnologico lungo 120 metri, a una temperatura fissa di -18° Celsius (lo standard internazionale raccomandato), ci sono infatti tutti i semi di tutte le piante del pianeta, selvatiche comprese. Conservati, si spera, per sempre. Quattro milioni e mezzo di varietà di colture stoccabili[3], per una capacità massima di 2,5 miliardi di semi.

1. *hard drive*: disco rigido, cioè il dispositivo di memoria di massa che consente l'archiviazione dei dati in un computer.

2. **caveau**: il locale sotterraneo delle banche.

3. **stoccabili**: che si possono conservare in magazzini.

Piante rarissime a -18 gradi

Al momento, il deposito contiene più di 860 mila campioni, i cui semi sono congelati in buste di carta stagnola a tre strati sigillate a caldo per impedire il passaggio dell'umidità, e poi riposte in contenitori di plastica rigida per file e file di scaffalature di metallo.

Un backup[4] del backup, perché quasi tutti i Paesi oggi possiedono banche dei propri, e a volte altrui, semi – l'*Economist* ne ha stimate 1.750 –, ma a Spitsbergen c'è una copia di tutto. Una copia di riserva di tutte le piante del mondo, nel caso qualcosa accada alla singola *gene bank*[5]. Così c'è la rarissima fragola delle falde del vulcano Atsonupuri, nelle isole Curili della Russia, 150 chilometri a nordest di Hokkaido; c'è il pomodoro rosa tedesco, portato nello Iowa da un immigrato bavarese nel 1883; c'è il *Phaseolus costaricensis*, fagiolo selvatico dal Sud America in grado di resistere alla muffa bianca, che minaccia i legumi tipici della piramide alimentare sudamericana.

Contro guerre e catastrofi

Un impianto, quello di Svalbard (online è possibile anche una visita interattiva), nato dai timori, ma soprattutto dalla lungimiranza, di un gruppo di scienziati – guidati in quel momento da Cary Fowler, tra i massimi esperti mondiali di agraria – per preservare la biodiversità agricola[6] in caso di catastrofi naturali, ma anche di episodi più prosaici[7] come guerre civili, crisi alimentari, incendi, allagamenti, incidenti vari, malgestione e tagli ai fondi: eventi che occorrono, purtroppo, con regolarità. La banca dei semi delle Filippine, per esempio, è stata prima danneggiata dalle inondazioni e poi completamente distrutta da un incendio; quelle dell'Afghanistan e dell'Iraq sono andate perse nei recenti conflitti. L'obiettivo di Svalbard, quindi, è dare al mondo un'altra *chance*, l'ultima. «Una polizza assicurativa», come la definisce il Global Crop Diversity Trust Gedt (Fondo mondiale per la diversità delle colture, voluto anche dalla Fao e finanziato da organizzazioni come la Bill & Melinda Gates Foundation, oltre a numerosi governi), «per permettere alle generazioni del futuro di affrontare le sfide dei cambiamenti climatici e del boom demografico». O per dirla con l'Expo, nutrire il pianeta.

▲ L'entrata della "Svalbard Global Seed Vault", isola di Spitsbergen, Norvegia.

4. **backup**: copia di sicurezza.
5. ***gene bank***: banca che conserva materiale genetico.
6. **biodiversità agricola**: varietà di specie per la coltivazione.
7. **prosaici**: qui nel senso di "comuni".

Norvegesi in prima linea

Risultato di un accordo tra il governo norvegese, il sopracitato Gcdt e il Nordic Genetic Resource Center (NordGen, sforzo cooperativo dei Paesi nordici per la sostenibilità, che dal 1984 conservava, in una miniera di carbone abbandonata sulla stessa isola, decine di migliaia di esemplari, tra cui anche una collezione di piante africane), la Svalbard Global Seed Vault è stata inaugurata nel 2008, e realizzata grazie a uno stanziamento di 9 milioni di dollari del governo di Oslo. La stessa Norvegia, insieme al Gcdt, ne finanzia l'operatività.

L'intera superficie dell'impianto, gestito da NordGen, è di circa mille metri quadri.

Il sistema di sicurezza è imponente, e ogni contenitore con le buste dei semi funziona come la cassetta di sicurezza di una banca (salvo che custodirvi i semi è gratuito). I semi appartengono alla singola banca depositante, l'unica che abbia diritto di accedervi (ma solo ai propri); il database è curato da NordGen.

L'isola ideale

L'isola di Spitsbergen è considerata ideale dagli esperti per la conservazione dei semi grazie all'irrilevante attività tettonica[8] e la presenza di permafrost (terreno ghiacciato da almeno due anni). La posizione a 130 metri sul livello del mare garantisce protezione dall'acqua; il carbone locale fornisce l'energia necessaria per mantenere i semi a -18 °C. Le basse temperature assicurano scarsa attività metabolica, ritardando l'invecchiamento dei semi. Il permafrost che circonda la struttura manterrà la temperatura costante qualora l'impianto energetico dovesse subire un guasto. Se accadesse, infatti, passerebbero almeno alcune settimane prima che la temperatura, nel caveau, salga a -3 °C, cioè quella del sostrato di roccia arenaria[9]. Un tempo sufficiente a intervenire.

Un pezzo di storia dell'umanità

C'è spazio anche per la poesia. Sulla porta d'ingresso della struttura, da cui parte il corridoio che porta al caveau, c'è un'installazione di prismi, specchi e acciaio inossidabile dell'artista norvegese Dyveke Sanne. Obiettivo: permettere di individuare il sito al buio e a distanza e, al contempo, sottolineare la qualità della luce artica.

L'installazione riflette la luce polare nei mesi estivi, mentre in inverno 200 cavi in fibra ottica regalano all'opera d'arte un colore turchese. Il Crop Trust rimarca l'importanza di preservare le sementi del pianeta. «Se l'agricoltura non si adatta ai cambiamenti climatici», scrive, «non potrà farlo neanche l'uomo. Quando le condizioni climatiche mutano occorre creare subito nuove specie e varietà di piante che possano prosperare nel nuovo ecosistema: sia esso più caldo, più freddo, o più umido. Per questo l'accesso a un materiale genetico quanto più vario è fondamentale. Studi recenti indicano ad esempio che la produzione di mais in Africa potrebbe diminuire di oltre il 25% entro il 2030. Se ciò dovesse accadere, ad affrontare una crisi alimentare non sarebbe

8. **irrilevante attività tettonica**: non si verificano in quell'area significativi movimenti della crosta terrestre.

9. **sostrato di roccia arenaria**: base di roccia sedimentaria.

solo l'Africa, ma a cascata tutto il pianeta. Per questo i selezionatori di piante devono sviluppare al più presto nuove varietà resistenti alla siccità e alle alte temperature». Così, l'arca di Noè dei semi, osserva il *Washington Post*, che a Svalbard ha dedicato un video-reportage, contiene un pezzo di storia dell'umanità. L'evoluzione delle piante attraverso i secoli, e il «racconto» dell'interazione con l'uomo attraverso gli incroci. Nel 2005, uno studio propedeutico[10] alla realizzazione del caveau determinò che questo avrebbe potuto conservare la maggior parte dei semi per centinaia di anni.

Alcuni, addirittura, per migliaia di anni. La speranza di tutti, ovviamente, è che non avremo bisogno di farvi ricorso.

10. **propedeutico**: preparatorio.

GUIDA ALLA LETTURA

Il testo, di natura espositiva, racconta la nascita del progetto della "banca dei semi", illustra le caratteristiche del deposito e le modalità di stoccaggio del prezioso contenuto, ma sostiene anche la tesi dell'importanza di avere materiale su cui operare scientificamente per tutelare la biodiversità e sfruttare i caratteri delle piante utili ad affrontare i cambiamenti climatici e le conseguenti crisi agricole.

Sono prevedibili emergenze a breve termine? Sì, se si confermeranno le proiezioni relative alla produzione di mais in Africa, che *potrebbe diminuire di oltre il 25% entro il 2030* con gravi conseguenze planetarie sulla disponibilità del cereale.

Come si potrà operare sui semi depositati? Che cosa significa *sviluppare nuove varietà*?

Da sempre le piante, come gli animali, si evolvono, e l'ambiente seleziona i caratteri privilegiando gli esemplari più adatti alla sopravvivenza: a questo arriva Darwin con gli studi che approdano alla teoria dell'evoluzione.

In natura, quindi, si modificano gli organismi con l'obiettivo della sopravvivenza, ma, in una condizione di emergenza ambientale, potrà essere l'uomo a guidare e ad accelerare i processi utilizzando il materiale genetico della banca dei semi: si potranno ottenere così sementi in grado di germinare in condizioni climatiche diverse da quelle abituali e, in alcuni casi, anche estreme.

LAVORIAMO SUL TESTO

1. Per quale ragione è stata scelta l'isola di Spitsbergen per il progetto?
2. Da chi è partita l'idea del progetto?
3. Perché il luogo viene definito *da fantascienza*?
4. Qual è la caratteristica che rende prezioso il *Phaseolus costaricensis*?
5. Perché sono importanti le basse temperature?
6. A quali finalità risponde l'installazione di Dyveke Sanne sulla porta d'ingresso?
7. I semi vengono conservati per essere riutilizzati o anche manipolati dall'ingegneria genetica?
8. Si può dire che *arca di Noè* e *hard drive* si collochino "agli antipodi"? Per quali motivi?
9. Riunisci le informazioni contenute in T2 e in T3 e scrivi un testo argomentativo di una pagina dal titolo *La voce dei giovani sulla biodiversità* da pubblicare in rete in occasione della prossima Giornata Mondiale per l'Ambiente.
10. Per definire la banca dei semi vengono proposte immagini efficaci tratte da realtà molto diverse. Analizzale nella tabella.

Immagine	Area di riferimento	Significato
Arca di Noè		
Hard drive		
Backup		
Caveau		
Polizza assicurativa		

TESTO ESPOSITIVO

T4 L'isola di plastica

di Alina Polonia, in *www.SapereScienza.it*

L'autrice dell'articolo, geologa e ricercatrice presso l'Istituto di Scienze marine di Bologna, riferisce gli ultimi dati relativi a un'enorme **chiazza di rifiuti plastici** presente da oltre mezzo secolo al largo delle **coste asiatiche**. Le dimensioni del fenomeno e la non biodegradabilità dei materiali sono causa di un altissimo livello di tossicità, destinato a estendersi nel futuro.

Ci sono voluti undici anni di misure, ma alla fine la quantità di plastica che galleggia al centro del Pacifico Settentrionale, la cosiddetta "*Great Pacific Garbage Patch*"[1] è stata determinata con una certa accuratezza.

Si tratta di un'immensa massa di spazzatura che vaga nell'Oceano Pacifico: oltre 21 mila tonnellate di microplastica, in un'area di qualche milione di kmq con una concentrazione massima di oltre un milione di oggetti per kmq. L'accumulo è noto da parecchio tempo, perlomeno dalla fine degli anni '80, e ha un'età di oltre 60 anni. Un gigantesco vortice di correnti superficiali ha concentrato in quest'area i rifiuti formati principalmente da materiali plastici gettati o persi da navi in transito, o scaricati in mare dalle coste del Nord America e dall'Asia. Questa concentrazione, oltre che dall'effetto focalizzante[2] delle correnti, dipende dal fatto che la plastica non è biodegradabile e permane per tempi lunghissimi nell'ambiente. Una lentissima degradazione a opera principalmente della luce del Sole, scompone i frammenti plastici in sottili filamenti caratteristici delle catene di polimeri[3]. Questi residui, non sono metabolizzabili[4] dagli organismi, e finiscono per formare un vero e proprio "brodo" nell'acqua salata dell'oceano.

Effetti tossici

Gli effetti per l'ambiente non sono stati ancora studiati in maniera approfondita e appaiono di difficile valutazione data l'estensione del fenomeno e le scale temporali associate, ma sono probabilmente importanti. Si pensa soprattutto alle alte concentrazioni di PCB[5] (molto tossici e probabilmente cancerogeni[6]) che possono entrare nella catena alimentare visto che i filamenti plastici sono difficilmente distinguibili dal plancton e quindi ingeriti da organismi marini, ma anche alla capacità della microplastica di fornire un supporto alla proliferazione di colonie microbiche di patogeni. Più in generale, è preoccupante la presenza di rifiuti pervasivi e tossici, in un ecosistema fondamentale, durante periodi di decine o centinaia di anni.

◄ DAL TESTO ALLE PAROLE ► p. 660

1. "*Great Pacific Garbage Patch*": "Grande chiazza di rifiuti del Pacifico".
2. **effetto focalizzante**: effetto, in questo caso delle correnti, che indirizza i rifiuti verso un'unica area.
3. **polimeri**: composti chimici, generalmente di natura organica.
4. **metabolizzabili**: degradabili e assimilabili.
5. **PCB**: sigla usata per indicare i policlorobifenili, una classe di composti organici.
6. **cancerogeni**: capaci di provocare l'insorgere del cancro.

Anche nel Mediterraneo?

L'Isola di Plastica, che non è presente solo nell'Oceano Pacifico ma anche in Atlantico e probabilmente in Mediterraneo, non è solo un disastro ambientale incalcolabile ma è la metafora più precisa e terribile del fallimento del nostro modello di sviluppo. È un'isola in mezzo all'oceano, quindi non è di nessuno, e nessuno se ne assume la responsabilità, tanto che i dati scientifici sono frammentari e acquisiti per la maggior parte con il contributo di associazioni ambientaliste come la SEA (Sea Education Association[7]) che ha raccolto i dati dell'ultimo studio pubblicato su «Environmental Science & Technology»[8].

È, infine, la materializzazione del nostro incubo da "apprendisti stregoni" in un Pianeta che pretendiamo di controllare attraverso scorciatoie di comodo, che non prendono in considerazione l'impatto delle nostre azioni sull'ambiente e che, inevitabilmente, ci si ripercuotono contro.

7. **Sea Education Association:** Associazione per l'educazione alla tutela del mare.

8. **«Environmental Science & Technology»:** «Scienza e tecnologia ambientali», titolo di una rivista specialistica.

GUIDA ALLA LETTURA

Questo testo, di natura espositiva, fornisce una serie di dati su un caso di inquinamento ambientale di dimensioni macroscopiche presente sul pianeta da almeno sessant'anni e conosciuto dall'ultimo decennio del secolo scorso. Si tratta di un'isola di plastica nell'Oceano Pacifico settentrionale, un'enorme massa d rifiuti che galleggia sulle acque *in un'area di qualche milione di kmq*. I numeri che definiscono il fenomeno fanno impressione: si calcolano 21mila tonnellate di residui di plastica, una quantità che a fatica si riesce a concepire e visualizzare. I danni presenti e futuri sull'ambiente, benché non ancora studiati con precisione, sono pesantissimi: trattandosi di rifiuti non biodegradabili, la loro permanenza in mare per lungo tempo compromette la catena alimentare, dal momento che i diversi organismi marini ingeriscono i filamenti plastici senza distinguerli dal plancton.

Il fenomeno dell'isola di plastica, che non è esclusivo del Pacifico, ma riguarda anche l'Oceano Atlantico e forse il Mediterraneo, può essere letto secondo l'autrice dell'articolo come un simbolo del fallimento del modello di sviluppo occidentale, incapace di prevedere al suo interno le esigenze di salvaguardia dell'ambiente: un'enorme isola di plastica che galleggia in mezzo all'oceano, frutto tossico delle rotte di migliaia di navi che supportano il nostro bisogno di merci e di divertimento, è infinitamente lontana dalla nostra vista e non direttamente imputabile a una precisa responsabilità individuale. La sua esistenza conferma tuttavia gli effetti collaterali distruttivi di un progresso selvaggio.

LAVORIAMO SUL TESTO

1. Che cos'è la *Great Pacific Garbage Patch?* Quanto misura?
2. Da che cosa è stata prodotta? Da quanto tempo è presente nell'Oceano Pacifico?
3. Chi ne ha studiato natura e dimensioni?
4. In che cosa consiste il suo effetto dannoso?
5. Perché l'isola di plastica può risultare tossica anche per chi vive a grande distanza dall'area del Pacifico dove essa galleggia?
6. Che cosa vuole intendere l'autrice dell'articolo nel momento in cui definisce gli uomini contemporanei *apprendisti stregoni*?
7. I media riportano con una certa frequenza casi di inquinamento ambientale occorsi in varie aree del pianeta. Fai una ricerca in rete su uno di questi eventi che ritieni particolarmente significativo e costruisci un testo espositivo di almeno una pagina in cui racconti quello che è accaduto, ne metti in evidenza le conseguenze e le misure di contenimento adottate.

DAL TESTO ALLE PAROLE

Patogeno L'aggettivo *patogeno* significa "che genera malattie". Nella lingua italiana le parole contenenti il suffisso *-geno* appartengono sia al lessico tecnico-scientifico sia a quello comune. Sono per lo più aggettivi sostantivati in cui *-geno* significa "che genera", "che produce" (*lacrimogeno*, *schiumogeno*, *allucinogeno* ecc.) oppure, al passivo, "che è generato", "di nascita" (*indigeno*, cioè "nativo del posto", *allogeno*, cioè "nato altrove").

Il suffisso *-geno* deriva dal verbo greco *gignomai* ripreso poi dal latino *gigno, -is, genui, genitum, gignere*, "generare".

Allo stesso gruppo di suffissi appartiene *-genico* il cui significato varia a seconda dei casi tra "che dà origine" o "è prodotto", o ancora "che è adatto a essere riprodotto" (*fotogenico*, *telegenico*).

RINFORZIAMO IL LESSICO

1. Associa a ogni termine della colonna di sinistra il significato corretto tra quelli presenti nella colonna di destra.

Fumogeno	Che procura ansia o angoscia
Cancerogeno	Che proviene dall'esterno di un sistema
Ansiogeno	Che scaturisce dall'interno di un sistema
Genocidio	Sostanza o miscela chimica che produce fumo o nebbia
Esogeno	Capace di generare l'insorgere di un cancro
Endogeno	Distruzione sistematica di un gruppo nazionale o etnico
Criogeno	Che genera bassissime temperature
Fotogeno	Che è provocato dalla luce

2. *Schiumogeno*, *indigeno*, *fotogeno*, *lacrimogeno*, *pirogeno*, *ossigeno*: scrivi una frase per ognuno di questi termini.

TESTO REGOLATIVO

T5 Il decalogo dell'ENEA contro lo spreco alimentare

In *www.enea.it*

Lo **spreco alimentare** riguarda non solo il cibo, ma anche la salvaguardia dell'ambiente, perché la produzione degli alimenti non consumati e destinati alla pattumiera richiede risorse in termini di energia e acqua. Per questo l'ENEA – Agenzia nazionale per le nuove tecnologie, l'energia e lo sviluppo economico sostenibile – ha stilato questo **decalogo**. Il Ministero dell'Ambiente ha istituito la Giornata Nazionale contro lo spreco alimentare nel 2013: essa si celebra il 5 febbraio.

1. Valuta il più possibile il quantitativo di cibo che può essere realmente consumato in un pasto medio e aiutati con la lista della spesa: potrà essere utile per evitare avanzi (e i conseguenti sprechi).

2. Quando fai la spesa, controlla la scadenza dei prodotti, pensando a quando utilizzarli, perché il mancato consumo si traduce automaticamente in uno spreco.

3. Fai attenzione alle etichette: scegli prodotti che riportano informazioni su tecnologie o ingredienti che aiutano a limitare lo spreco alimentare. Il latte ad esempio può essere sottoposto a processi (come la pastorizzazione ESL, Extended Shelf Life, o la microfiltrazione[1]) che ne mantengono inalterate tutte le proprietà estendendone notevolmente la "vita sullo scaffale"; alcuni prodotti come biscotti, grissini, fette biscottate vengono arricchiti con aromi di origine vegetale estratti con processi sostenibili[2] che prevengono l'irrancidimento[3] in modo naturale e sicuro.

4. Cerca di scegliere prodotti con indicato il destino della confezione a 'fine vita': così contribuirai a ridurre la quantità di indifferenziata nell'immondizia.

5. Preferisci il biologico, in quanto l'agricoltura bio riduce i consumi energetici di agricoltura e industria alimentare di almeno il 25%, consente di ridurre le emissioni di CO_2 e non inquina le falde acquifere perché non impiega fertilizzanti e fitosanitari di sintesi[4].

6. Nel preparare le vivande con alcuni semplici accorgimenti puoi migliorare la conservazione dei cibi: ad esempio, insalate o verdure vanno condite solo al momento di servirle; così si mantengono più a lungo e possono essere consumate in pasti successivi.

7. Crea nuove pietanze utilizzando gli avanzi di cucina, con fantasia e creatività.

8. In occasione di feste e ricevimenti, valuta se gli avanzi possono essere consumati a breve e invita gli ospiti a portare con loro parte di quello che è avanzato.

9. Informati sui programmi contro lo spreco alimentare della tua città, oppure organizzati per donare il surplus[5] alimentare alle onlus[6] che raccolgono gli avanzi di cibo "buono" e lo redistribuiscono a chi ne ha bisogno.

10. Metti gli avanzi di cibo (insieme agli shopper in bioplastica biodegradabile e compostabile[7]!) nella raccolta dell'umido: si trasformeranno in ottimo compost[8]. Il compost '*fatto in casa*' con la trasformazione dell'organico ha un "valore" sia in termini di minori spese di smaltimento (ogni tonnellata di frazione organica in discarica costa alla comunità circa 200 euro, cioè il 50% delle spese totali per la gestione dei rifiuti), sia in termini di mancato guadagno derivante dalla commercializzazione del compost (che può variare da 20€/ton per i prodotti all'ingrosso a circa 3€ per Kg per prodotti venduti al minuto).

▲ Contenitore per compost con resti alimentari ed erba.

1. **pastorizzazione ESL, Extended Shelf Life, o la microfiltrazione**: trattamenti operati sul latte che, nel primo caso, utilizzano il calore per uccidere gli agenti patogeni e abbattere la carica batterica, nel secondo, utilizzano una filtrazione per lo stesso fine.
2. **sostenibili**: a basso impatto ambientale.
3. **irrancidimento**: processo di alterazione delle sostanze grasse.
4. **fertilizzanti e fitosanitari di sintesi**: prodotti utilizzati per accrescere la resa delle produzioni vegetali e per curare le malattie delle piante. L'espressione "di sintesi" indica la loro origine industriale.
5. **surplus**: eccedenza.
6. **onlus**: acronimo per Organizzazione Non Lucrativa di Utilità Sociale, con cui si denominano gli enti che lavorano nel campo del sociale e della solidarietà senza fini di lucro.
7. **bioplastica biodegradabile e compostabile**: la plastica è biodegradabile quando può essere distrutta da microrganismi in processo naturale di decomposizione, ed è compostabile quando questo processo porta alla produzione di compost.
8. **compost**: sostanza organica che è diventata humus e può essere utilizzata come fertilizzante.

GUIDA ALLA LETTURA

Il decalogo stilato dall'ENEA è un testo regolativo che però non propone norme il cui mancato rispetto comporti una sanzione (come nel caso delle norme di legge) o l'esclusione da un'attività (come accade per chi non segue le regole di un gioco): esso infatti suggerisce comportamenti virtuosi contro uno dei mali della società del benessere, lo spreco alimentare.

Le cifre di questo fenomeno sono allarmanti: secondo un'indagine Eurisko del 2014 ogni anno in Italia vengono buttati 1,19 milioni di tonnellate di alimenti, pari a un costo di 7,65 miliardi di euro; ogni anno in media le famiglie italiane buttano 49 kg di cibo con un costo di 316 euro per famiglia.

Gli sprechi maggiori riguardano la verdura (10,7 kg), la frutta (9,9 kg), il pane (9,1 kg) e la pasta (6,0 kg), mentre minori risultano le quantità sprecate per gli alimenti più costosi: carne (4,5 kg), formaggi (2,1 kg), pesce (1,8 kg), surgelati (1,8 kg) e salumi (1,2 kg).

Sotto accusa soprattutto i giovani, indicati dal 63% degli intervistati come categoria incline allo spreco, assolti gli anziani che solo il 2% ritiene responsabili in questo ambito.

Oltre a contenere suggerimenti ispirati al buon senso, come il n. 1 e il n. 2, il decalogo fornisce notizie sui metodi di conservazione di alcuni cibi, come il latte, la cui industria si avvale di tecniche sempre più innovative per allungare i tempi di conservazione senza pregiudicare la qualità del prodotto. Una particolare attenzione viene riservata anche alle pratiche della coltivazione, con l'invito a preferire le produzioni dell'agricoltura biologica che limita i consumi di energia, per esempio utilizzando concimi prodotti nell'azienda stessa da compostaggio o da allevamento di animali.

L'ultima voce del decalogo introduce il tema della raccolta differenziata dei rifiuti: gli avanzi di cibo possono diventare fertilizzante per aziende o coltivazioni domestiche: così se ne evitano l'acquisto e i costi di smaltimento.

LAVORIAMO SUL TESTO

1. Quali sono i prodotti più soggetti allo spreco alimentare? Perché?
2. Perché è importante che gli aromi aggiunti ai cibi siano di origine naturale? Quali sono gli additivi, cioè le sostanze aggiunte, di origine vegetale per i biscotti?
3. Perché è importante conoscere il destino della confezione dell'alimento? Dove si possono trovare informazioni a questo riguardo?
4. Che cosa comporta aggiungere condimento a insalata e verdure?
5. Perché il nostro stile di vita favorisce lo spreco alimentare?
6. Dal decalogo alla pratica: informati sui programmi contro lo spreco alimentare della tua città/regione e presentali in un testo espositivo di una pagina.
7. Quali sono, secondo te, le motivazioni dell'"ansia da frigo pieno"? Lo spreco alimentare è solo frutto di scarsa attenzione? Scrivi su questo tema un testo argomentativo/espositivo di almeno una pagina.
8. Perché i giovani vengono ritenuti "spreconi"? Lo sono davvero? Scrivi su questo tema un testo argomentativo di almeno una pagina.

VERSO LE COMPETENZE — COMPITI DI REALTÀ

- *Comunicazione nella madrelingua*
- *Competenza digitale*
- *Competenze sociali e civiche*
- *Spirito d'iniziativa e imprenditorialità*

9. Crea o recupera una ricetta che riutilizzi gli avanzi e trascrivila. Potrai unirla a quelle dei tuoi compagni e costruire un "ricettario anti-spreco" da divulgare in rete arricchendolo con immagini e dandogli un titolo particolarmente suggestivo.

   Il tuo lavoro sarà valutato sulla base di questi parametri:

Criteri / Livello di padronanza	Iniziale (1)	Base (2)	Intermedio (3)	Avanzato (4)
Caratteristiche ed effettiva realizzabilità della ricetta				
Originalità della presentazione della ricetta				
Lavoro fra pari				

TESTO ESPOSITIVO

T6 Triplicati in due anni, è boom di orti urbani

di Alessandro Mondo, in «La Stampa» 22 agosto 2014

Gli **orti urbani** sono appezzamenti di terreno coltivati da comunità di cittadini che uniscono la voglia di produrre per sé cibo sano al desiderio di creare e mantenere aree verdi che purificano e abbelliscono le aree urbane. Si tratta di una realtà sempre più diffusa nel nostro Paese, dove questa esperienza si estende su più di tre milioni di metri quadri di terreno nelle città capoluogo e dà vita a un'**agricoltura sana** e **solidale**.

Voglia di verde e di risparmio: ecco perché sempre più italiani coltivano frutta e verdura sotto casa

Pesa la crisi, che morde senza tregua e prosciuga i redditi delle famiglie. Ma anche la domanda di verde, il desiderio di mettersi alla prova, di stare insieme. E in molti casi, la volontà di restituire ruolo e dignità ad aree altrimenti votate al degrado.

▲ Poster americano dell'epoca della Prima guerra mondiale che promuove i *Victory gardens*.

Passato e presente

Sono le promesse del «boom» degli orti urbani in Italia, riedizione aggiornata e perfezionata degli «orti di guerra» fioriti nelle grandi città durante il Ventennio per far sì che, in osservanza all'imperativo del Duce, «non (ci fosse) un lembo di terreno incolto». O, se preferite, dei «victory gardens» degli Stati Uniti e del Regno Unito, dove nel 1945 venivano coltivati 1,5 milioni di aree verdi sopperendo al 10% della richiesta di cibo. Quei tempi sono lontani. Più facile, immediato, e globale, il parallelo con gli orti urbani che in tempi di «austerity» fioriscono anche sui grattacieli di New York: mele nella Grande Mela, ma anche altre varietà di frutta. E soprattutto, erbe e verdure a volontà.

▲ Ragazzi che lavorano al *Victory garden* della loro scuola a New York, 1944 ca.

Il record

In Italia i numeri di un successo, riflesso di quella che per molti è diventata una filosofia di vita, sono certificati dalla Coldiretti[1]: nelle città capoluogo si sono raggiunti i 3,3 milioni di metri quadri di terreno comunale diviso in piccoli appezzamenti e coltivato ad uso domestico o destinato al giardinaggio ricreativo, un record

1. **Coldiretti:** Confederazione Nazionale Coltivatori Diretti, la principale associazione di rappresentanza e tutela degli agricoltori italiani.

che archivia gli 1,1 milioni del 2011. Insomma, coltivazioni triplicate: senza scopo di lucro[2], assegnate in comodato[3] ai richiedenti, con funzione di aiuto per le famiglie in difficoltà e valore didattico.

Senza considerare l'altra faccia della medaglia: quella dei «mini-orti» individuali che da tempo stanno colonizzando balconi e terrazzi di tutte le taglie. Lattughe, piante aromatiche, peperoni, pomodori, zucchine ma anche fave e ceci: un'avanzata che non conosce confini.

I numeri

Quanti sono gli orti urbani nel nostro Paese? Impossibile un censimento puntuale. Secondo la Confederazione italiana agricoltori, dato 2013, sono circa nove milioni (+9% rispetto al 2012) i «city farmer» che curano un orto in giardino, in terrazzo o in uno spazio di proprietà comunale, per un totale di 1,8 milioni di ettari.

A Torino, tra le prime in classifica per diffusione di orti, quelli assegnati individualmente sono 400: nei prossimi tre anni si punta ad arrivare a 2 mila. Anche perché nelle grandi città le aree verdi a uso potenzialmente agricolo sono più di quante si immagini: per restare a Torino, 2 milioni di mq.

▲ Un orto urbano nel quartiere del Pilastro di Bologna.

Da Nord a Sud

In Campania gli orti urbani e sociali di Legambiente sono già realtà da dieci anni. A Milano risultano in piena espansione: dal 2012 a oggi il numero è passato da circa 2 mila a quasi 2.800 appezzamenti. In Liguria fioccano le richieste: nell'ultimo bando lanciato dal Municipio Medio Ponente[4] per dieci aree, dai 65 ai 100 mq, sono arrivate oltre 223 domande. Flash che però non rendono una visione d'insieme. Più facile ragionare sulle percentuali. «Se a livello nazionale praticamente la metà delle amministrazioni comunali dei capoluoghi di provincia nel 2013 hanno messo a disposizione orti ur-

▲ Esempio di orto verticale. Gothenburg, Svezia.

2. **lucro**: guadagno.
3. **comodato**: contratto attraverso cui una parte consegna all'altra un bene mobile o immobile, per esempio un appezzamento di terra, in modo che la seconda lo utilizzi per un certo periodo di tempo, trascorso il quale interviene l'obbligo della restituzione.
4. **Municipio Medio Ponente**: una delle circoscrizioni in cui è divisa la città di Genova.

bani – spiega la Coldiretti –, esiste una forte polarizzazione regionale: la percentuale sale all'81 per cento nelle città del Nord (oltre che a Torino, superfici consistenti sono dedicate anche a Bologna e Parma, entrambe intorno ai 155 mila mq), meno di due città capoluogo su tre nel Centro Italia hanno orti urbani, mentre nel Mezzogiorno sono presenti solo a Napoli, Andria, Barletta, Palermo e Nuoro». L'analisi è sulla base dei dati Istat.

Dall'orto portatile a quello verticale, dall'orto «riciclabile» a quello in terrazzo, da quello rialzato a quello didattico, passando per l'orto urbano, in Italia si mobilitano gli «hobby farmers»: più e meno giovani.

GUIDA ALLA LETTURA

L'articolo riguarda il boom della pratica degli orti urbani, esperienza che in apertura di articolo viene legata a precedenti del secolo scorso: gli orti di guerra italiani e i *victory gardens* angloamericani, nati nel periodo della Seconda guerra mondiale. A richiamare le esperienze della prima metà del Novecento è la condizione di *austerity*, la necessità di ridurre le spese a causa della crisi economica, che ha fatto fiorire orti urbani *anche sui grattacieli di New York*.

Il "ritorno alla terra" in città è una ricchezza per la persona, soprattutto per *le famiglie in difficoltà*, ma anche per la città stessa, che vede aree incolte trasformarsi in aree verdi a costo zero per l'amministrazione.

In Italia il fenomeno è tuttavia più diffuso al Nord che al Centro-Sud, come rilevano i dati che l'articolo propone nella seconda parte. Della *polarizzazione regionale* del fenomeno non viene ipotizzata una causa, forse ravvisabile nella "fame di verde e di natura" delle aree industrializzate del Nord.

LAVORIAMO SUL TESTO

1. Qual è la differenza tra un orto urbano e un orto domestico?
2. Chi concede gli appezzamenti di terreno per gli orti urbani?
3. In che cosa consiste il *desiderio di mettersi alla prova* che spinge a coltivare un orto?
4. Dai una definizione di *city farmer*. Quanti sono in Italia secondo le stime dell'articolo?
5. Sulla base del contenuto dell'articolo si può dire che la domanda di aree per orti superi di molto l'offerta? Rispondi con riferimento al testo.
6. Elabora un motto, cioè una frase efficace, che possa riassumere la filosofia di vita che sta alla base del boom degli orti urbani.
7. Oggi è sempre più diffuso nelle scuole e nelle aziende agrituristiche l'orto didattico, che avvicina i bambini alla conoscenza dei prodotti del territorio e della loro stagionalità. Nel tuo percorso scolastico (scuola dell'infanzia compresa) hai visitato orti/fattorie didattiche? Quali ricordi conservi di quell'esperienza? Il tuo rapporto con la terra è cambiato? Se invece non hai mai fatto un'esperienza del genere, quale rapporto hai con la terra e l'attività della coltivazione? Rispondi in almeno mezza pagina di testo.

▶ Bambini in giardino che annaffiano le piante.

LABORATORIO

T7 Potrebbero scomparire le banane?

di Carlo Petrini, in *www.slowfood.it*

Carlo Petrini, fondatore di **Slow Food**, che da anni si batte per la tutela delle produzioni locali, Ambasciatore Speciale della F.A.O. (*Food and Agriculture Organization*, Organizzazione ONU per il cibo e l'agricoltura) in Europa per il progetto *Fame Zero*, spiega quali rischi si celino dietro la perdita della biodiversità.

L'anno scorso la Fao ha lanciato un allarme: la diffusione di un fungo potrebbe compromettere l'85% della produzione mondiale di banane. Ma che significa? Potrebbero scomparire le banane? Come è possibile?

È possibile perché il mercato mondiale è dominato da una sola varietà, la Cavendish, la banana dolce, morbida e dalla buccia gialla che tutti conosciamo. E perché i sistemi uniformi sono vulnerabili, incapaci di adattarsi agli imprevisti: a un cambiamento climatico, a un nuovo parassita, a un fungo...

Nel mondo esistono tante varietà di banane – lunghe e sottili, corte e tozze, gialle, rosse, arancioni, verdi, perfino blu – ma nessuno le conosce, perché il mercato globale ha bisogno di un prodotto standard, in enormi quantità e capace di sopportare lunghissimi viaggi, per essere disponibile ovunque, in qualsiasi stagione, a prezzi contenuti. E l'agricoltura si adatta a queste esigenze: la coltivazione delle banane destinate all'esportazione si concentra su un'unica tipologia, coltivata in America Latina (principalmente Ecuador) in immensi latifondi (anche di 5000 ettari[1]), con dosi massicce di pesticidi, fungicidi e fertilizzanti chimici di sintesi[2] (i fungicidi sono spruzzati anche 40-50 volte l'anno). Nei campi lavorano coltivatori molto poveri, spesso sottopagati e sottoposti a condizioni di lavoro durissime. I caschi di banane – raccolti ancora acerbi – sono caricati su navi frigorifero (bananiere) e, quando arrivano nei porti di destinazione, sono stoccati in celle di maturazione, dove la buccia (grazie all'uso di etilene[3]) passa dal verde al tipico colore giallo acceso. In questo modo viene programmata artificialmente la maturazione e la distribuzione dei frutti. Questo caso è emblematico di come il mercato globale abbia influenzato l'agricoltura e di come l'agricoltura – trasformata in un'industria sempre più efficiente – abbia dimenticato il delicato equilibrio fra terra, piante, animali e uomini, e abbia relegato ai margini la biodiversità.

In settant'anni (ovvero nell'epoca dell'agricoltura industriale, nata negli anni Cinquanta), abbiamo perso in questo modo il 75% delle varietà vegetali che erano state domesticate[4] e selezionate dai contadini nei precedenti diecimila anni.

1. **ettari**: l'ettaro è l'unità di misura delle superfici agrarie, pari a 10.000 metri quadrati.
2. **pesticidi, fungicidi, fertilizzanti chimici di sintesi**: prodotti chimici industriali per combattere le avversità delle piante (pesticidi e fungicidi) e per aumentare la fertilità del terreno (fertilizzanti).
3. **etilene**: gas inodore e incolore che viene utilizzato per accelerare la maturazione di alcuni frutti.
4. **domesticate**: rese coltivabili dall'uomo.

Quando si estingue una varietà vegetale o una razza animale, è perduta per sempre. E con lei abbiamo perso genetiche importanti (che potrebbero essere utili in futuro per difendere animali e colture da attacchi imprevisti, ad esempio), ma anche un patrimonio culturale, economico e sociale inestimabile. Le razze e le varietà locali sono strettamente legate al territorio e alle comunità, stanno all'interno di particolari paesaggi rurali, sono il frutto di specifiche tecniche di allevamento, coltivazione, trasformazione: una razza bovina, ad esempio, significa cura dei pascoli di montagna, significa latte, burro e formaggi, significa artigianato e a volte perfino architettura (come quella degli antichi calecc, i ricoveri in pietra dove si produce il Bitto storico, in Valtellina). E significa economia: tutela del territorio, turismo, mercato locale [...].

Tutelare la biodiversità significa rispettare le diversità dei territori, dei saperi, delle culture. Significa coltivare tante cose diverse, ma in piccola scala. Significa produrre di meno, ma dare più valore a ciò che si produce e non sprecare. Significa mangiare soprattutto cibo locale. Significa promuovere un sistema in equilibrio, durevole, sostenibile. Significa tutelare i contadini, i pescatori e i pastori che conoscono il fragile equilibrio della natura e operano in armonia con gli ecosistemi.

Senza la biodiversità non è possibile parlare di agricoltura sostenibile, di sovranità alimentare e, dunque, di accesso a un cibo buono, pulito e giusto per tutti.

LAVORIAMO SUL TESTO

1. Completa il seguente testo.
L'articolo si apre con un'informazione: .... Da essa nasce una domanda: ....
L'informazione in risposta, e cioè che .... , chiarisce il tema trattato nell'articolo: ....
Su di essa viene sostenuta la tesi che .... Nel testo è presente una parte espositiva relativa a ....

2. Per quale motivo viene preferita la varietà Cavendish per le banane da commerciare?

3. Chi consuma le varietà diverse da quella commercializzata?

4. Petrini associa la difesa della biodiversità anche a una dimensione di equità, cioè di giustizia, e di solidarietà tra i popoli. Attraverso quali contenuti?

5. Le banane attualmente in commercio vengono presentate come un prodotto legato alla logica della grande industria: quali informazioni inducono il lettore a pensarlo?

In relazione alla coltivazione	
In relazione al raccolto	
In relazione allo stoccaggio	
In relazione alla maturazione	

6. Per quale motivo l'autore invita a coltivare *in piccola scala*?

7. Perché è importante *mangiare soprattutto cibo locale*? Le banane per noi sono cibo locale? Su quale frutta dovremmo orientare la nostra scelta?

8. [...] *una razza bovina, ad esempio, significa cura dei pascoli di montagna*: a che cosa giova, in questo caso, la tutela della biodiversità?

9. L'autore offre un esempio di tradizioni culturali alimentate dalla tutela della biodiversità: individualo e riportalo.

10. Quando e dove nasce l'agricoltura? Quali sono le prime piante domesticate dall'uomo? Fai una ricerca aiutandoti anche con il testo di Geostoria e riporta i risultati in un testo espositivo di una pagina.

3 DIVERSO DA CHI?

Nessun uomo è un'isola, completo in se stesso, scrive il poeta inglese John Donne (1572-1631). Abbiamo bisogno della presenza e del confronto con gli altri, anche se talvolta ci lasciamo prendere dalla paura e rischiamo di cadere in atteggiamenti di chiusura e rifiuto, frutto di pregiudizi più che di fondate ragioni. Nei secoli, e in particolare nel Novecento, una parte dell'umanità ha pensato e agito ritenendo inferiore un'altra parte dell'umanità (e quindi giustificandone la dominazione o l'annientamento): per far ciò si è basata su un concetto che la biologia e la genetica hanno rivelato assolutamente infondato, quello della razza (▶ T1, in questa pagina). Nel genoma umano – la nostra "impronta" – non esistono differenze che giustifichino una classificazione dei popoli; ciò nonostante nel corso della Storia si sono verificate aberrazioni come la *Shoah* del popolo ebraico durante il nazismo o la schiavitù e l'*apartheid* messi in atto nei confronti delle persone di colore (▶ T6, pag. 683).

Oggi le società umane sono portate a mescolarsi: in alcuni Paesi è in atto da tempo una convivenza tra culture diverse, altrove sono i fenomeni migratori a mettere a confronto i popoli. Gli spostamenti non caratterizzano, però, solo la nostra epoca. L'uomo si sposta da sempre. La stessa genetica induce a pensare che discendiamo da un lontano antenato che si sarebbe spinto dall'Africa in diverse zone del mondo. I Greci conobbero ben due colonizzazioni, la seconda delle quali portò la loro civiltà nella penisola italiana meridionale. Costretto a lasciare Roma, il filosofo latino Seneca (prima metà del I secolo d.C.), in esilio in Corsica, ripercorre molti degli spostamenti dei popoli antichi e sottolinea, in modo così attuale che quasi sconcerta, che in fondo il grande Impero romano ha origine da un esule: infatti chi altri era Enea, l'eroe troiano, se non un profugo costretto ad abbandonare la propria città rasa al suolo dal nemico? (▶ T2, pag. 672).

Insieme agli uomini si spostano anche gli oggetti: nei primi decenni del Novecento l'antropologo statunitense Ralph Linton (▶ T3, pag. 675) invita con malcelata ironia l'Americano medio a riflettere sull'origine degli oggetti che usa nella sua quotidianità. Con la stessa ironia, una giovane tunisina cresciuta a Roma, ricorre al linguaggio immediato ed efficace del fumetto per invitare l'Italiano medio ad andare oltre le apparenze concentrandosi sulle somiglianze e non sulle diversità (▶ T4, pag. 678).

Un esempio concreto di politica di integrazione fra le culture è quello che ha realizzato il Canada (▶ T5, pag. 680) all'inizio degli anni Settanta del secolo scorso, tutelando le minoranze presenti sul territorio nazionale. Avviato per accogliere le istanze della popolazione canadese francofona, questo processo si è tradotto nei decenni nell'apertura all'immigrazione e, più recentemente, a decine di migliaia di profughi che giungono ogni anno in territorio canadese dove trovano la possibilità di integrarsi.

TESTO ARGOMENTATIVO

T1 Esistono le razze umane?

di Silvia Saraceni e Giorgio Strumia, in *Biologia*, Zanichelli Editore, 2017

Alla base del razzismo, atteggiamento che impedisce la realizzazione di una società davvero multiculturale, sta un **fuorviante concetto di "razza"**, nonostante la biologia ne abbia sconfessato qualsiasi giustificazione scientifica. La scoperta del Dna, che contiene le informazioni genetiche degli esseri viventi, ha inizialmente avallato l'idea che le presunte razze fossero il prodotto di una condivisone di geni, sulla base dei presupposti comunemente utilizzati per una catalogazione degli esseri umani secondo razze differenti. Diversi studi scientifici condotti nel secolo scorso hanno dimostrato invece che le differenze genetiche fra popolazioni diverse sono di fatto insignificanti e che con ogni probabilità abbiamo tutti un "vecchio" antenato in comune.

La genetica[1], oltre ad avere fornito importantissimi dati per spiegarci come funziona il nostro corpo e come curarlo, ha anche permesso di dimostrare che il concetto di *razza umana* non ha alcuna base scientifica.

Che cosa si intende per razza? All'interno di una razza sono accomunati esseri viventi di una stessa specie legati da caratteristiche simili. Dopo la scoperta del DNA[2] è stato logico credere che le somiglianze fossero determinate da una condivisione di geni[3], ma già prima degli approcci genetici la catalogazione degli esseri umani secondo razze era una procedura piuttosto usuale.

Le differenze fisiche come colore degli occhi, della pelle e dei capelli sono state da sempre considerate elementi fondamentali per caratterizzare le razze umane.

Oltre a essersi rivelata una tesi biologicamente scorretta, l'esistenza di razze differenti all'interno della specie umana ha creato la base e la giustificazione per enormi tragedie. Il nazismo tedesco e lo sterminio degli ebrei, come conseguenza della battaglia per l'affermazione della razza ariana[4], e il razzismo e l'*apartheid*[5] nei confronti degli uomini di colore in diverse parti del mondo ne sono esempi. Benché la storia sia riuscita fortunatamente a sovvertire da sola l'esito di discriminazioni di massa e di terribili ingiustizie, a partire dagli anni Settanta anche la genetica si è cimentata nella ricerca di prove per l'esistenza delle razze umane.

Diversi genetisti e biologi evoluzionisti[6], primo tra tutti l'americano Richard Lewontin[7], decisero di capire se aveva senso parlare di razza. All'inizio degli anni '70 furono effettuati studi sulla variazione dei prodotti, cioè le proteine[8], di 17 geni all'interno di 7 cosiddette razze: i caucasici (gli abitanti affacciati sul Mediterraneo, comprendendo anche i cittadini del nord Europa); gli africani sub-sahariani (tutta l'Africa ad esclusione degli abitanti del nord Africa); i mongolidi; le popolazioni del Sud-est asiatico; gli aborigeni australiani; le popolazioni dell'Oceania (oceanici); i nativi delle Americhe (amerindi).

Analizzando le variazioni a livello delle proteine, si poteva ricostruire se all'interno di una razza ci fossero elementi genici comuni. Secondo questa ipotesi, inoltre, i geni caratteristici di una razza dovevano variare notevolmente dalle altre tipologie di razza.

1. **genetica**: branca della biologia che studia la trasmissione dei caratteri ereditari nelle diverse specie viventi.
2. **DNA**: acronimo per la voce inglese dell'acido desossiribonucleico, macromolecola biologica che contiene le informazioni genetiche indispensabili alla formazione e allo sviluppo degli esseri viventi.
3. **geni**: unità ereditarie fondamentali degli organismi viventi, localizzate nei cromosomi.
4. **razza ariana**: denominazione del XIX secolo per indicare la popolazione che avrebbe introdotto, secondo alcune teorie, nell'India le lingue indeuropee; sotto il regime nazista, la razza che nell'assurda pretesa di Hitler avrebbe dovuto imporsi per purezza e superiorità su tutte le altre.
5. ***apartheid***: politica di segregazione della popolazione di colore attuata in Sudafrica dalla minoranza bianca, abolita nel 1991.
6. **biologi evoluzionisti**: studiano i cambiamenti che si verificano nelle linee di discendenza degli esseri viventi.
7. **Richard Lewontin (1929)**: biologo e genetista statunitense.
8. **proteine**: grandi biomolecole responsabili fra l'altro della replicazione del Dna.

I risultati portarono invece alla conclusione che le differenze geniche tra le varie razze erano soltanto del 7%, mentre c'era una grande variabilità genica all'interno delle singole razze (circa 85%). Questo dimostrava che di fatto tutte le razze derivano da un piccolo gruppo di antenati ancestrali[9] che hanno lasciato ai discendenti una grande porzione di genoma[10] «di base» comune, mentre solo il 7% del genoma è responsabile delle differenze somatiche[11] tra le etnie[12]. Una delle ipotesi più accreditate è che questi antenati siano partiti dall'Africa circa 100.000 anni fa e si siano spostati lungo i continenti, originando una discendenza di uomini con caratteristiche diverse. In questo modo, l'idea di diversità razziale su base genetica veniva meno.

Il concetto di razza è ancora comunemente utilizzato in relazione alle altre specie animali, come ad esempio le razze canine, per indicare diversi sottogruppi distinguibili all'interno della stessa specie. Per la specie umana si parla invece di «popolazioni», intese come gruppi di individui che occupano un'area precisa.

Le ricerche di Lewontin furono ripetute più volte da altri studiosi di genetica delle popolazioni, soprattutto quando, anni dopo, fu possibile avere gli strumenti adatti per analizzare direttamente i geni e non le proteine. Negli anni '80, un illustre genetista italiano, Luigi Cavalli-Sforza, con il suo gruppo scientifico passò a una vera e propria analisi del DNA. Valutando la variabilità di 109 tratti del genoma in sedici popolazioni di cinque continenti, confermò i risultati di Lewontin con poche oscillazioni non significative. La diversità biologica all'interno di ogni popolazione è altissima (più del 90%) e si gioca quindi in larga misura fra individui e in piccola parte fra popolazioni differenti. Se si considerano singoli caratteri, o meglio singoli geni, essi sono sempre presenti in quasi tutte le popolazioni umane, anche se con frequenza diversa. In pratica, nessun gene può essere utilizzato per distinguere una popolazione umana dall'altra. Le popolazioni umane sono difatti geneticamente molto simili le une alle altre, a causa delle frequenti migrazioni che hanno determinato continui rimescolamenti di geni.

▲ Modello di Dna all'interno del Museo Nazionale di Scienze Naturali, Taiwan.

9. **ancestrali**: che derivano dai più lontani progenitori, primordiali.
10. **genoma**: complesso dei geni di una cellula di un organismo vivente.
11. **somatiche**: relative al corpo degli organismi.
12. **etnie**: raggruppamenti umani affini per caratteri fisico-somatici, lingua, cultura, tradizioni.

GUIDA ALLA LETTURA

Contenuto in un libro di biologia per la scuola, il testo, di carattere argomentativo, approfondisce come la genetica, oltre ad ampliare la nostra conoscenza del corpo umano e i modi attraverso cui curarlo, ha consentito di smantellare un concetto che nella Storia ha dato esito a episodi di inaudita ferocia: l'idea di razza, cavalcata purtroppo ancora oggi, non ha ragione di esistere secondo la scienza. I caratteri fisici (colore degli occhi, dei capelli e della pelle) sono stati a lungo considerati il prodotto di una palese appartenenza a razze diverse, i cui presupposti scientifici sono stati messi in discussione a partire dagli anni Settanta del secolo scorso. Lo statunitense Lewontin prese in considerazione sette di quelle allora identificate come razze e studiò la variazione delle proteine, che concorrono alla replicazione del Dna, in diciassette geni, per verificare se all'interno di una stessa razza ci fossero effettivamente elementi comuni. I risultati furono sorprendenti: a fronte di una grande variabilità genica all'interno di una stessa razza, pari all'85%, le differenze fra razze diverse rappresentavano solo il 7%. Era la dimostrazione che in realtà tutte le presunte razze derivano da un lontanissimo (definito *ancestrale* nel testo) antenato comune, forse partito dall'Africa e spostatosi attraverso i continenti, in cui avrebbe appunto lasciato un corredo ereditario comune. Le ricerche di Lewontin sono state avallate negli anni Ottanta da un genetista italiano, Luigi Cavalli-Sforza, i cui studi hanno confermato come la diversità biologica all'interno di una stessa popolazione sia altissima, mentre singoli geni si ripetono con oscillazioni minime anche in popolazioni apparentemente molto diverse fra loro.

La conclusione, che come spesso accade in un testo argomentativo tira le somme di quanto è stato sostenuto, ha un impatto fortissimo non solo dal punto di vista scientifico, ma anche antropologico, sociale e culturale: abbiamo tutti un corredo comune e accampare presunte differenze non ha alcun fondamento.

LAVORIAMO SUL TESTO

1. Su quali elementi si è di consuetudine basata la caratterizzazione delle razze umane?
2. Quanto incide la diversità biologica all'interno di una stessa popolazione?
3. Esistono geni che consentono di distinguere una popolazione umana da un'altra?
4. A quali conclusioni giunsero gli studi di Lewontin?
5. Chi sono gli *antenati ancestrali*?
6. Individua la tesi contenuta nel testo.
7. Individua le argomentazioni a sostegno di tale tesi.
8. Nel testo compare una breve digressione di carattere non scientifico. Quale?
9. Scrivi un testo espositivo che riassuma i dati relativi agli studi di Lewontin e di Cavalli-Sforza.

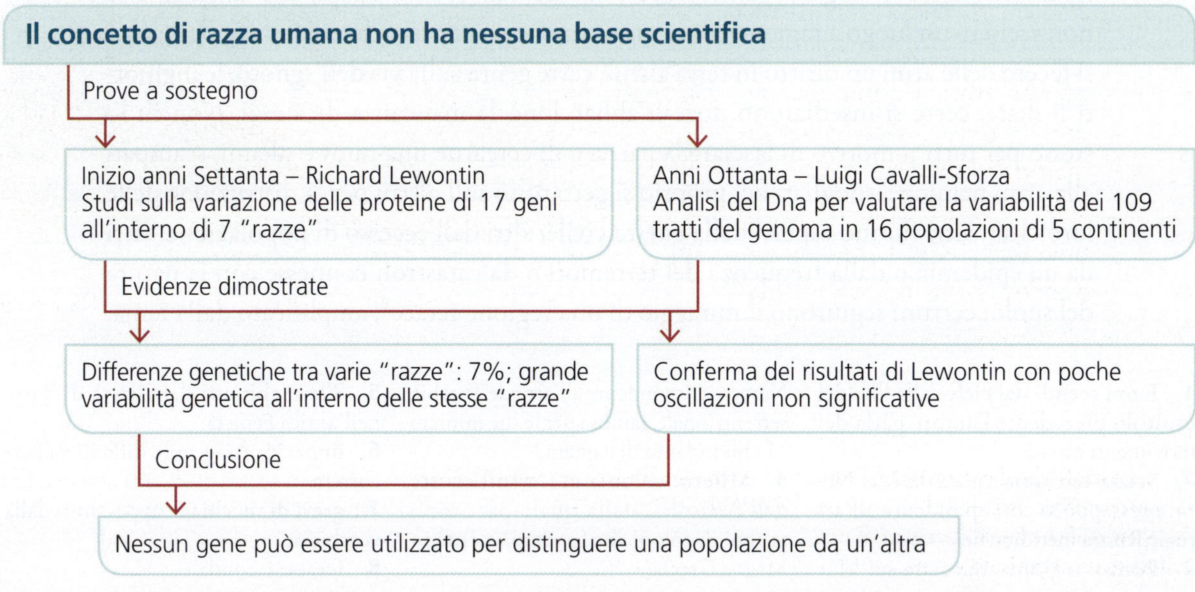

TESTO ARGOMENTATIVO

T2 Consolatio ad Helviam matrem, VII, 1-10

Seneca, in *Consolazione alla madre Elvia*, trad. it. di A. Traina, Rizzoli, Milano, 2001

Seneca (Cordova, ca. 4 a.C.-Roma, 65 d.C.) è un filosofo e intellettuale latino vissuto a Roma negli anni degli imperatori della dinastia giulio-claudia. Precettore di Nerone, poi suo consigliere, infine, dopo l'allontanamento dalla vita politica, caduto in disgrazia e condannato a morte, questo autore ha lasciato un ampio numero di opere. Tra di esse il testo da cui è tratto il passo seguente è la ***Consolatio ad Helviam matrem*** (*Consolazione alla madre Elvia*), una forma letteraria diffusa all'epoca e volta a dare conforto a una persona colpita da un evento doloroso. In questo caso Seneca, condannato dall'imperatore Claudio all'esilio in Corsica, isola in quegli anni particolarmente inospitale, scrive alla propria madre, afflitta per la sua lontananza. Le parole indirizzate alla donna, ma implicitamente anche a se stesso, fanno comprendere che l'esperienza dell'esilio – provvisorio o definitivo a seconda dei casi – dalla terra d'origine è una condizione propria dell'essere umano, come individuo e come membro di un popolo. La storia e il mito ne offrono moltissimi esempi.

E ora scendi dal cielo[1] in terra: vedrai le trasmigrazioni di interi popoli e genti. Che significano le città greche nel cuore di regioni barbare? O la lingua dei Macedoni fra gli Indiani e i Persiani? La Scizia[2] e tutta quella zona di genti selvagge e incivili esibisce stanziamenti greci sulle coste del Ponto[3]: né la durezza di un inverno perpetuo né la natura degli abitanti congeniale all'asprezza del clima ostacolarono l'immigrazione.

In Asia [Minore] c'è una folla di Ateniesi; Mileto[4] ha sparso in ogni direzione settantacinque colonie; tutto il litorale italico bagnato dal Tirreno fu la Magna Grecia. L'Asia rivendica gli Etruschi; i Tirii[5] abitano l'Africa, i Cartaginesi la Spagna; i Greci emigrarono in Gallia, i Galli in Grecia; i Pirenei non impedirono il passaggio dei Germani: per luoghi impervi[6], per luoghi ignoti si aggirò la volubilità degli uomini. Si trascinarono dietro i figli e le mogli e i genitori grevi di vecchiaia[7]. Alcuni dopo una lunga odissea non scelsero un luogo a ragion veduta ma occuparono per stanchezza il più vicino; altri si fecero delle armi un diritto in terra altrui; certe genti, sulla via dell'ignoto, le inghiottì il mare, certe si insediarono dove li abbandonò la mancanza di mezzi. Non fu lo stesso per tutti il motivo di lasciare la patria e di cercarne una nuova: alcuni, scampati alle armi nemiche, spogliati del proprio si gettarono sull'altrui per la distruzione delle loro città; altri furono espulsi dalla guerra civile, altri dall'eccesso di popolazione, altri da un'epidemia o dalla frequenza dei terremoti o da catastrofi connesse con la natura del suolo; certuni seguirono il miraggio di una regione ferace[8], amplificato dalla fama.

1. **E ora scendi dal cielo**: alla fine del capitolo precedente l'autore parla dei movimenti astrali.
2. **Scizia**: territorio a nord del Mar Nero, pressappoco corrispondente all'attuale Russia meridionale.
3. **Ponto**: regione affacciata sul Mar Nero, corrispondente all'attuale Turchia settentrionale, famosa per le sue miniere e l'abbondanza di legname.
4. **Mileto**: colonia greca sulle coste dell'Anatolia, dalla quale partirono gruppi di coloni che fondarono città in Magna Grecia.
5. **Tirii**: abitanti della città di Tiro, nell'antica Fenicia.
6. **impervi**: disagevoli, difficili da percorrere.
7. **grevi di vecchiaia**: appesantiti dalla vecchiaia.
8. **ferace**: feconda.

Ognuno ebbe la sua ragione di emigrare: è chiaro comunque che nulla è rimasto nel luogo natale. Incessante è il viavai del genere umano: ogni giorno qualcosa muta in un mondo così vasto: si gettano le fondamenta di citta nuove, nuove genti si affacciano alla storia cancellando o incorporando le precedenti. Tutte queste trasmigrazioni di popoli che altro sono se non esilii collettivi? Ma perché farla così lunga? A che scopo enumerare Antenore[9], il fondatore di Padova, ed Evandro[10], il re che trasferì gli Arcadi[11] sulla riva del Tevere? O Diomede[12] e gli altri che la guerra di Troia disseminò, i vinti insieme ai vincitori, per le terre altrui? Come se l'impero romano non risalisse a un esule[13], un profugo che aveva perso la patria e si traeva dietro un pugno di superstiti alla ricerca di una terra lontana, sospinto in Italia dalla necessità e dal timore del nemico. Ma poi questo popolo quante colonie mandò in ogni provincia! Dovunque il romano vince, lì abita. Davano volentieri i loro nomi per questo cambiamento di luogo, e il vecchio, lasciati i suoi altari, seguiva al di là dei mari i coloni. Non c'è bisogno di altri esempi, ma ne aggiungerò uno che salta agli occhi: questa stessa isola ha cambiato spesso abitanti. A prescindere dalla storia più antica, oscurata dal tempo, prima i Greci, lasciata la Focide[14], si insediarono nell'isola; se ne andarono non si sa perché, se per l'inclemenza del clima o per l'affacciarsi della potenza italica o per le coste importuose[15]. Certo non fu per la natura selvaggia degli abitanti, se si incunearono tra le popolazioni della Gallia, allora più che mai feroci e incivili. Vi passarono poi i Liguri, vi passarono anche gli Spagnoli, come appare da certe analogie: hanno in comune coi Càntabri[16] i copricapo e le calzature, e anche alcune parole, giacché la lingua nel suo insieme si è alterata in seguito ai contatti coi Greci e coi Liguri. Poi vi furono fondate due colonie di cittadini romani, una da Mario, una da Silla[17]: tante volte è mutata la popolazione di questo scoglio tutto roccia e rovi. Insomma, farai fatica a trovare una terra abitata ancora dagli indigeni: tutto è il risultato di mescolanze e innesti. Uno ha preso il posto di un altro; questo volle avere ciò che quello non voleva più; quello fu espulso da dove aveva scacciato. Così piacque al fato, che niente al mondo avesse una stabile sorte.

▲ Antonio Soares dos Reis, *L'esilio*, scultura in marmo, 1872. Museo Nacional de Soares dos Reis, Porto.

9. **Antenore**: principe troiano parente del re della città, Priamo. Secondo il mito fugge da Troia distrutta e giunto in Italia fonda Padova.
10. **Evandro**: sovrano greco della città di Argo, nel Peloponneso, fonda in Italia la città di Pallante ed è ricordato come alleato di Enea nella guerra contro Turno, re dei Rutuli, nella seconda parte dell'*Eneide* di Virgilio.
11. **Arcadi**: abitanti dell'Arcadia, regione montuosa del Peloponneso.
12. **Diomede**: guerriero greco figlio di Tideo, re di Argo, schierato nell'esercito che assedia per dieci anni la città di Troia
13. **esule**: si tratta di Enea, fuggito da Troia in fiamme.
14. **Focide**: regione della Grecia centrale, famosa per il monte Parnaso, ai piedi del quale, presso la città di Delfi, sorgeva uno dei santuari più famosi di Apollo.
15. **coste importuose**: prive o scarse di porti.
16. **Càntabri**: popolo stanziato nella regione della Cantabria, sulla costa settentrionale della penisola iberica.
17. **Mario e Silla**: generali romani, protagonisti di un'aspra guerra civile per la conquista del potere all'inizio del I secolo a.C.

GUIDA ALLA LETTURA

Quando Seneca scrive questo testo, negli anni Quaranta del I secolo d.C., Roma è un grande impero che si estende su ampie aree di tre continenti (Europa, Asia, Africa) e che ha per cuore il Mediterraneo, chiamato *Mare nostrum* dai Romani. Questo vastissimo territorio, attraversato da una rete di strade costruite nel corso dei secoli per consentire le marce delle legioni, è abitato da popolazioni diverse per storia, cultura e costumi che la dominazione di Roma ha unificato. Questa unificazione è avvenuta attraverso la lingua latina, un sistema di leggi e un modello consolidato di impianto urbanistico costituito dalla presenza in ogni città di un foro, di stabilimenti termali, di un anfiteatro. Seneca, spagnolo di nascita, in esilio in Corsica, non mette in discussione la propria identità di cittadino romano, ma dall'osservatorio defilato in cui si trova considera un aspetto caratterizzante la storia del mondo: il continuo spostamento di gruppi umani da un luogo all'altro. [...] *è chiaro comunque che nulla è rimasto nel luogo natale. Incessante è il viavai del genere umano,* scrive l'autore, e correda la sua riflessione con numerosi esempi tratti dalla storia e dalla letteratura più conosciuta all'epoca, quella dei poemi epici e del mito. L'analisi del filosofo, pur risalente a duemila anni fa, sembra adattarsi perfettamente alle condizioni dell'epoca attuale, caratterizzata da imponenti fenomeni di migrazioni di massa che, alla luce di questo testo, appaiono come una delle infinite varianti di un processo antico quanto l'essere umano.

LAVORIAMO SU TESTO

1. Quali sono secondo Seneca le ragioni che spingono alcuni popoli a lasciare la loro terra d'origine? Individuale nel testo e trascrivile sul tuo quaderno.
2. Quali sono invece le motivazioni che portano a stabilirsi in un nuovo territorio?
3. Per consolare la madre lontana riguardo la propria condizione, Seneca richiama la vicenda di alcuni esuli famosi protagonisti di vicende mitiche. Quali? A che cosa è dovuta la loro fama?
4. Nella seconda parte del testo l'autore prende in considerazione l'avvicendarsi di popoli, nel corso della storia, nell'isola in cui si trova, la Corsica. Di quali popoli parla?
5. Come viene definita la Corsica dallo scrittore latino?
6. Fai una ricerca sulla storia della tua regione, con particolare riferimento ai popoli diversi che l'hanno abitata nel corso dei secoli. Prepara una presentazione multimediale nella quale per ogni popolazione citata darai alcune informazioni relative a usi, costumi ed eventuali eredità lasciate sul territorio.
7. Attraverso le informazioni che potrai raccogliere dai genitori e dai nonni ricostruisci le origini della tua famiglia e in un testo di una pagina racconta da quali luoghi proviene e quali sono stati i principali spostamenti compiuti dai suoi componenti nel corso degli ultimi cento anni.

TESTO ESPOSITIVO-ARGOMENTATIVO

T3 L'Americano medio

Ralph Linton, in «The American Mercury», 40, aprile 1937, cit. in I. Robertson, *Sociology*, New York, Worth Publisher 1977 (trad. it. *Sociologia*, Bologna, Zanichelli, 1988)

Ralph Linton (1893-1953), archeologo e antropologo statunitense, fa riflettere l'**Americano medio**, cresciuto con grande **orgoglio nazionale**, sulla provenienza degli oggetti usati nel quotidiano, eredità di popoli lontani nel tempo e nello spazio.

Non ci sono dubbi sull'americanismo dell'americano medio né sul suo desiderio di conservare ad ogni costo questa preziosa eredità. Tuttavia alcune insidiose idee straniere si sono già insinuate nella sua cultura senza che egli si sia reso conto di quello che stava accadendo. Ecco dunque il nostro insospettabile patriota che indossa il pigiama, un indumento che ha origine nell'India orientale, e dorme sdraiato su un letto costruito secondo un modello originario persiano o dell'Asia Minore. È coperto fino alle orecchie di stoffe non americane: cotone coltivato per la prima volta in India, lino coltivato in Medio Oriente, lana prodotta da un animale originato dell'Asia Minore, oppure seta, che i cinesi hanno inventato e usato per primi. Tutti questi materiali si sono trasformati in tessuti grazie a un procedimento inventato nell'Asia sudoccidentale. Se fa piuttosto freddo può dormire sotto un piumone a trapunta inventato in Scandinavia.

Svegliandosi dà un'occhiata alla sveglia, un'invenzione medievale europea, usa una forte parola latina in forma abbreviata[1], si alza in fretta e si dirige verso il bagno. Qui, se riflette un momento, non può non sentire la presenza di una grande istituzione americana; ne ha sentite di storie sulla qualità e sulla diffusione dei servizi igienici nei paesi stranieri e sa che in nessuno di essi l'uomo medio effettua le sue abluzioni[2] in mezzo a tanto splendore. Ma anche qui trova tracce dell'irritante influenza straniera. Il vetro fu inventato dagli antichi egizi, le piastrelle vetrificate del pavimento e delle pareti nel Medio Oriente, la porcellana in Cina e l'arte di smaltare i metalli dagli artigiani mediterranei dell'età del bronzo. Anche le tubature e la tazza del cesso sono copie appena modificate rispetto agli originali romani. L'unico contributo americano a tutto il complesso è il radiatore[3].

▲ Il protagonista del film *Idiocracy*, regia di Mike Judge, 2006.

1. **una forte parola latina in forma abbreviata**: si tratta probabilmente dell'abbreviazione a.m., *ante meridiem*, cioè "prima del mezzogiorno", usata per indicare le ore della prima parte del giorno.
2. **abluzioni**: lavaggi di una parte o di tutto il corpo.
3. **radiatore**: calorifero.

In questa stanza da bagno l'americano si lava con il sapone inventato dai Galli. Poi si lava i denti, una rivoluzionaria pratica europea che non si propagò in America fino agli ultimi anni del diciottesimo secolo. Quindi si fa la barba, rito masochistico[4] la cui origine risale ai preti dell'antico Egitto e ai Sumeri. Il procedimento è reso meno penoso dal fatto che usa un rasoio di acciaio, una lega di ferro e carbonio inventata in India o in Turkestan, infine si asciuga con un asciugamano turco.

Ritornando nella camera da letto, l'inconsapevole vittima di oscure pratiche straniere prende gli abiti dalla sedia, il cui modello è stato elaborato nel Medio Oriente, e inizia a vestirsi, si mette un abito attillato le cui forme derivano dalle vesti di pelle degli antichi nomadi delle steppe asiatiche e lo allaccia con dei bottoni i cui prototipi comparvero in Europa alla fine dell'età della pietra. Questo vestito è abbastanza adatto per stare all'aperto in un clima freddo, ma non si addice certamente alle estati americane, né alle case con riscaldamento centrale o alle carrozze ferroviarie. Tuttavia idee e abitudini straniere hanno asservito[5] il poveretto, anche se il buon senso gli dice che il vero abito americano di strisce di pelle e i mocassini sarebbero molto più comodi. Si infila ai piedi delle calzature rigide di cuoio confezionate secondo un procedimento inventato nell'antico Egitto e tagliate secondo un modello che risale agli antichi Greci e si assicura che siano accuratamente lucidate, anche questa un'idea greca. Infine si passa attorno al collo una striscia di stoffa dai colori vivaci, che è un vestigio[6] sopravvissuto dello scialle che indossavano i Croati del diciassettesimo secolo. Si dà un'ultima occhiata allo specchio, vecchia invenzione mediterranea, e scende le scale...

Si mette in testa un cappello di feltro, materiale inventato dai nomadi dell'Asia orientale e, se sta per piovere, si mette le soprascarpe di gomma, inventate dagli antichi messicani, e prende l'ombrello, inventato in India. Scatta via per prendere il treno, che è un'invenzione inglese (il treno, naturalmente, non lo scatto). Alla stazione si ferma un

4. masochistico: che trae piacere dalla sofferenza.

5. asservito: reso schiavo.

6. vestigio: qui nel senso di traccia.

◀ Scena tratta dal film *La strana coppia II*, regia di Neil Simon, 1998.

istante per comprare il giornale e lo paga con delle monete inventate nell'antica Lidia. Una volta in carrozza, si sistema sul retro per fumare una sigaretta, invenzione messicana, un sigaro, invenzione brasiliana. Intanto legge le notizie del giorno, stampate con caratteri che derivano dagli antichi Semiti, stampati mediante un procedimento inventato in Germania su materiale inventato in Cina. E, mentre legge l'ultimo editoriale che parla dei disastrosi risultati che l'accettazione delle idee straniere produce sulle nostre istituzioni, non potrà fare a meno di ringraziare un Dio ebreo[7] in una lingua indoeuropea[8] di essere al cento per cento (sistema decimale inventato dai greci) americano (da Amerigo Vespucci, navigatore e geografo italiano).

7. **Dio ebreo**: l'Americano medio è cristiano protestante, quindi crede in un Dio di origine ebraica.

8. **lingua indoeuropea**: l'americano nasce dall'inglese, una lingua germanica che come le lingue neolatine, ovvero derivate dal latino, è ritenuta una lingua indoeuropea.

GUIDA ALLA LETTURA

Il testo ha un apparente contenuto espositivo, ma sottintende una tesi importante: ciò che la società americana, fiera del suo benessere e del suo sviluppo economico, utilizza quotidianamente è il prodotto di una cultura millenaria elaborata lontano, nel bacino del Mediterraneo e in Oriente. I toni sono ironici sin dall'avvio: l'Americano medio si sforza di conservare la *preziosa eredità* che ritiene gli venga dai Padri fondatori, ma, se ben riflette, arriverà alla conclusione che non c'è alcuna eredità da difendere o, meglio, ce n'è una sola, *il radiatore*. Tutto il resto è il prodotto di *idee straniere*, che insidiano *il patriota* anche tra le coperte: egli, infatti, non può attribuirsi la paternità di nessun genere di conforto in camera da letto.

In bagno le cose non vanno meglio: con fine ironia l'autore ci mostra il nostro Americano tipo varcare orgoglioso la soglia di *una grande istituzione americana*, cioè i servizi igienici, che non hanno eguali nel resto del mondo. Eppure anche qui nulla è stato inventato negli Usa. Anzi l'abitudine di lavarsi i denti, apprezzabile per l'igiene personale e le relazioni, si è diffusa in America solo negli *ultimi anni del diciottesimo secolo*.

Per ciò che riguarda il vestiario, paradossalmente sarebbe stato più sensato prendere a modello *il vero abito americano di strisce di pelle*, cioè quello dei nativi indigeni, i Pellerossa, invece dell'*abito attillato* prestito della cultura dei *nomadi delle steppe asiatiche*, ma l'asservimento alle idee straniere ha vinto sul buon senso.

Neppure fuori casa lo attendono invenzioni locali e gli stessi giornali che mettono in guardia contro le idee straniere devono la loro stampa a metodi d'oltreoceano. A coronare, infine, il crollo del "sogno americano" arriva l'ultima indiscutibile verità: l'Americano medio deve il suo essere *americano* a uno straniero che ha dato il nome alla sua terra.

LAVORIAMO SU TESTO

1. Perché l'uso del sostantivo *patriota* si carica di ironia?
2. A quale animale si allude in relazione alla lana?
3. Realizza sul tuo quaderno una tabella e dividi per continente di origine i contributi alla vita dell'Americano medio indicando oggetti, tradizioni e loro provenienza come nell'esempio:
   Europa: piumone.
4. Perché la pratica di lavarsi i denti viene definita *rivoluzionaria*? Ci possono essere legami con la fine del diciottesimo secolo?
5. Per quale motivo non risponde al buon senso la scelta di usare come forme del vestiario quelle dei nomadi delle steppe asiatiche?
6. Perché non è stato copiato il *vero abito americano*?
7. Come viene caratterizzato l'Americano medio sotto il profilo ideologico-culturale?
8. Ricostruisci in un testo espositivo di almeno una pagina le radici storiche dell'Americano medio.

FUMETTO

T4 Sotto il velo

di Takoua Ben Mohamed, in *Sotto il velo*, Becco Giallo, Padova, 2016

Il giornalismo, genere di cui in queste sezioni sono stati riportati molti esempi, ha conosciuto negli ultimi anni anche una nuova forma, quella del *graphic journalism*, ossia reportage per fumetti, creato per la prima volta da Joe Sacco, giornalista e fumettista maltese, per raccontare storie di Paesi in guerra. La **striscia**, nella sua **immediatezza visiva**, risulta particolarmente efficace laddove il messaggio debba aggirare differenze culturali e linguistiche. Ne è un esempio felice la serie *Sotto il velo* della giovane Takoua Ben Mohamed. Nata nel 1991 in Tunisia, ma cresciuta a Roma, dove è diventata *graphic journalist* e sceneggiatrice, Takoua disegna con fine ironia la vita quotidiana di una ragazza musulmana che ha deciso di portare il velo. L'autrice ce la mostra attraverso la descrizione di un piccolo inconveniente comune anche alle coetanee non islamiche.

GUIDA ALLA LETTURA

Articolata in più momenti, come spesso accade nelle vignette di Takoua Ben Mohamed, la striscia ci propone una sequenza narrativa in rigoroso ordine cronologico, da sinistra a destra e poi a scendere: una ragazza, di cui nessun elemento indica l'origine, dorme beatamente, anche se l'orologio posto proprio sopra di lei lascia intuire che il momento del risveglio possa essere vicino; la sveglia suona e la ragazza apre gli occhi; il risveglio riserva però un'imbarazzante sorpresa davanti allo specchio: la capigliatura, arruffata dal sonno, è ingestibile, e quindi ecco l'esclamazione *mo che faccio-ooooo?*; ma la "lampadina" si accende ed ecco l'idea che risolve il problema: i capelli ribelli vengono raccolti e disciplinati sotto un *hijab* indossato per scelta che risolve il problema in pochi secondi.

La vignetta ci mostra dunque un pregio del velo, non guardato da un punto di vista culturale, ma sul piano pratico: esso consente infatti di nascondere una capigliatura ribelle e restituire così ordine all'aspetto. In questo modo, attraverso un'immagine derivata dalla vita quotidiana, la giovane disegnatrice cerca di farci comprendere come sotto il velo ci siano ragazze che vivono gli stessi piccoli problemi di tutte le adolescenti.

L'*hijab* (termine che deriva da una radice verbale che significa "nascondere allo sguardo"), il velo più comune fra le donne musulmane che si porta allacciato sotto la gola per nascondere la testa e le spalle, si conferma il protagonista delle vignette di Takoua anche in questa striscia, dal messaggio chiaro: il velo, spesso bersaglio polemico e oggetto di discriminazione, si può considerare da molti punti di vista. L'importane è avere una sguardo che vada oltre il pregiudizio.

LAVORIAMO SUL TESTO

1. Quali sono i tratti del viso su cui gioca la disegnatrice per sottolineare lo stato d'animo della sua protagonista?
2. Il volto della protagonista è restituito attraverso pochi tratti. Per quale motivo secondo te?
3. Perché, secondo te, la striscia è efficace per una riflessione interculturale? Spiegalo in un testo di circa mezza pagina.
4. Trasforma la striscia di Takona Ben Mohamed in un testo narrativo (con eventuali dialoghi).
5. Disegna una striscia su un pregiudizio che ti sembra sia particolarmente diffuso.
6. Sei un accanito lettore di fumetti o preferisci romanzi e racconti? Secondo te il fumetto può essere messo sullo stesso piano della letteratura? Motiva il tuo punto di vista in un testo di 20 righe.

Ritratto di Takoua Ben Mohamed.

TESTO ESPOSITIVO

T5 Il modello Trudeau, ultimo baluardo del multiculturalismo «Qui siete tutti benvenuti»

di Sara Gandolfi, in *www.corriere.it*, 30 gennaio 2017

In Canada, dove convivono una comunità di lingua inglese e una di lingua francese, oltre a un gran numero di immigrati da diverse parti del mondo, il **multiculturalismo**, cioè la tutela dei diritti delle diverse comunità, è una politica ormai consolidata da una cinquantina d'anni.

Inaugurata nel 1971 dall'allora premier Pierre Trudeau (per la verità anche per questioni di interesse politico), è stata ripresa in tempi recentissimi dal figlio Justin, bandiera del nuovo multiculturalismo canadese. L'articolo mette a fuoco questa politica attraverso le parole del giovane Trudeau e con un corredo di dati sulla diversa provenienza della popolazione canadese.

«Non esiste il canadese modello. Non c'è nulla di più assurdo della definizione "all Canadian[1]". Una società che enfatizza[2] l'uniformità crea intolleranza e odio». Con queste parole, l'8 ottobre 1971, il premier[3] Pierre Trudeau spiegò perché aveva deciso di trasformare un concetto fino ad allora teorico – il multiculturalismo[4] – in «politica ufficiale» del suo governo, e di tutti quelli che seguirono. Era la prima volta che il leader di uno Stato si impegnava formalmente a proteggere e promuovere la diversità, riconoscere i diritti delle popolazioni aborigene[5] e sostenere l'uso del bilinguismo. Non fu una scelta «morale», in realtà: il Partito liberale[6] di Trudeau stava perdendo consensi in Québec[7], minacciato dal crescente sostegno al separatismo[8], e puntava a conquistare il voto delle comunità di «nuovi canadesi» in Ontario e British Columbia[9]. Sta di fatto che la «diversità» è diventato un valore collettivo nel Paese delle Giubbe rosse[10].

«La nostra forza»

Quarantacinque anni dopo, è toccato a un altro Trudeau, il figlio Justin, riportare in auge un principio che con il tempo sembrava essersi appannato. Il 27 giugno scorso, il giovane premier ha messo nero su bianco la filosofia nazionale, con una dichiarazione che sembra la continuazione di quella del padre: «Il multiculturalismo è la nostra forza, sinonimo di Canada quanto lo è la foglia di acero. Qualsiasi sia la nostra religione, il luogo in cui siamo nati, il colore della nostra pelle o la lingua che parliamo, siamo tutti cittadini uguali di questo grande Paese. Le nostre radici raggiungono ogni angolo del pianeta».

1. **"all Canadian"**: letteralmente, "tutto Canadese", ossia Canadese da generazioni.
2. **enfatizza**: dà un rilievo eccessivo, ingigantisce.
3. **premier**: capo del Governo.
4. **multiculturalismo**: il termine indica una politica tesa al riconoscimento dell'identità culturale linguistica e delle diverse identità etniche che convivono in uno stesso Paese.
5. **aborigene**: originarie del luogo in cui vivono.
6. **Partito liberale**: partito politico canadese che ha sempre dimostrato capacità di mediazione fra le componenti del Paese.
7. **Québec**: provincia del Canada.
8. **separatismo**: aspirazione all'indipendenza rispetto a un raggruppamento sociale o a uno Stato di cui si fa parte.
9. **Ontario e British Columbia**: altre due provincie del Canada.
10. **Giubbe rosse**: la regia polizia a cavallo canadese.

Un quinto è nato all'estero

I numeri confermano. Un quinto dei canadesi è nato all'estero. Nelle principali città, da Toronto a Vancouver, quasi metà della popolazione è formata da minoranze. Eppure è difficile trovare sacche di segregazione come quelle presenti in tante periferie europee o statunitensi. La parola d'ordine è: integrazione. Ed è il più grande successo della politica di Ottawa. In un Paese in cui il ministro dell'Immigrazione, Ahmed Hussen, è di origine somala – e garantisce permessi di residenza temporanei a chi viene respinto dagli Usa di Trump – e le partite di hockey vengono trasmesse regolarmente in Punjabi[11] oltre che in francese e in inglese, fino ad oggi nessuno si è mai sentito davvero straniero.

Gli «sponsor» dei profughi

La politica d'inclusione di Trudeau jr ha ricevuto il plauso dell'Economist: «Oggi, nella sua solitaria difesa dei valori liberali, il Canada sembra veramente eroico», ha scritto il settimanale. Una «fortezza di decenza, tolleranza e buon senso» che ogni anno, da un ventennio, apre le porte a 300.000 migranti, circa l'1% della popolazione (nel 2016 sono arrivati anche 46.000 profughi, in gran parte siriani) e offre ai nuovi arrivati una rete di «sponsor privati», cittadini che si prendono la responsabilità di aiutarli durante il loro primo anno nel Paese.

«Sempre più soli»

La distanza che separa il Canada dagli Stati Uniti (ma anche dall'Europa della Brexit e del nazionalpopulismo) non è forse mai stata così ampia. «Siamo i campioni solitari del multiculturalismo tra le democrazie occidentali», dice Stephen Marche, scrittore ed opinionista canadese. «Questa solitudine ci accompagnerà nei mesi e negli anni a venire, forse per sempre». Trudeau lo sa e ne sta facendo il perno della sua politica: «A chi sta fuggendo persecuzione, terrore e guerra... i canadesi vi daranno il benvenuto, a prescindere dalla vostra fede», ha twittato dopo l'altolà di Trump.

11. **Punjabi**: lingua delle regioni del Punjab in India e Pakistan.

▶ Abitanti di Toronto con cartelli che danno il benvenuto ai rifugiati. 22 novembre 2015, Toronto, Canada.

GUIDA ALLA LETTURA

L'articolo, dal taglio espositivo, racconta le tappe della politica multiculturale del Canada. Il primo a inaugurarla fu, nel 1971, il premier Pierre Trudeau, che decise di trasformare il concetto di multiculturalismo in azione politica accogliendo le istanze della minoranza franco-canadese, che da tempo invocava il bilinguismo nelle istituzioni statali e un insegnamento autonomo rispetto ai curricoli scolastici degli anglofoni. Quella di Trudeau non fu solo una scelta di apertura rivelatasi assai lungimirante, ma anche un modo per far riguadagnare terreno al proprio partito: tuttavia, di fatto, egli ha avuto il grande e innegabile merito di fare della *«diversità» un valore collettivo* in Canada. A quarantacinque anni di distanza gli stessi valori sono sottesi all'azione politica del figlio Pierre, di cui l'articolo riporta alcune significative dichiarazioni sul multiculturalismo come uno dei punti di forza del Paese, una sorta di simbolo pari alla foglia d'acero (riportata sulla bandiera canadese). I numeri, riporta la giornalista, lo confermano: un quinto dei Canadesi è nato all'estero, nelle principali città quasi metà della popolazione è formata da minoranze, ogni anno arrivano in Canada circa 300mila migranti e anche migliaia di profughi. Eppure, per effetto di scelte politiche virtuose, è difficile trovare sacche di segregazione come quelle presenti in tante periferie europee o statunitensi.

A suffragare il racconto di uno dei pochi Paesi al mondo dove il diverso non fa paura, l'autrice dell'articolo non riporta solo i dati, peraltro molto significativi, ma anche il giudizio positivo di uno dei più autorevoli quotidiani in lingua inglese e alcune battute dello scrittore canadese Stephen Marche, che su Twitter ha promesso l'accoglienza del Canada a quanti vengano respinti dai vicini Stati Uniti.

LAVORIAMO SU TESTO

1. La definizione del premier Pierre Trudeau, secondo cui non c'è nulla di più assurdo dell'espressione "all Canadian", è valida ancora oggi? Perché?
2. Quali sono nelle parole di Pierre Trudeau le conseguenze di una società che enfatizza l'uniformità?
3. Che cosa significa l'affermazione *le nostre radici raggiungono ogni angolo del pianeta*?
4. Che cosa garantisce il Canada a chi viene respinto dagli Stati Uniti?
5. Quali motivi adduce la giornalista per sottolineare che in Canada fino a oggi *nessuno si è mai sentito davvero straniero*?
6. Completa la tabella con i dati forniti nel testo.

Canadesi nati all'estero	
	46.000
	1% della popolazione
Migranti che arrivano ogni anno	

7. Prova a dare un titolo diverso all'articolo.
8. Osserva lo stile dell'articolo: che registro lessicale prevale? Compaiono espressioni informali? E quale costruzione sintattica? Perché secondo te?
9. Con le informazioni contenute nell'articolo costruisci un testo argomentativo dal titolo: *Multiculturalismo: il modello del Canada*.

▲ Il primo ministro del Canada Justin Trudeau con il suo figlio più piccolo durante la *Pride parade* del 2016 a Vancouver, Canada.

LABORATORIO

T6 L'ultima magia di Mandela

di Emanuela Audisio, in *I mondiali di Repubblica*, Gruppo Espresso, Roma, 2014

Emanuela Audisio, giornalista e scrittrice, ricorda la commovente ultima apparizione pubblica di **Nelson Mandela** (1918-2013), leader del Sudafrica libero e simbolo della lotta contro l'*apartheid*, da sempre convinto che lo sport abbia il potere di cambiare il mondo. L'occasione è la finale del Mondiale di Calcio del 2010 svoltosi in Sudafrica. La partita venne disputata tra Spagna e Olanda l'11 luglio 2010 nello stadio di Johannesburg.

Lo stadio in piedi, lui seduto. Ci sono partite che puoi giocare e vincere in cinque minuti. Anche da fermo, se sei un campione della storia. Madiba[1] ha attraversato il campo. Con il colbacco nero, avvolto in un cappottone, ben coperto da sciarpa e guanti, su una macchinetta elettrica. Come un nonno affettuoso, capace ancora di sorprendere il mondo. Come un vecchio centravanti in pensione, capace di sfondare il razzismo con i suoi gol, e di essere ancora in campo, nella notte della finale, con un gran sorriso, accanto alla moglie Graca Machel. Davanti a regine e principi che lo applaudivano, con stima e ammirazione. Tra le tante star attese e non pervenute, a lui sono bastati pochi minuti per segnare. L'uomo non è rimasto a casa e non è andato a nanna alle 7,30 di sera, come suo solito. Non avrebbe mai fatto giocare la sua Africa senza di lui, nella notte dell'addio. Pazienza il freddo, la malattia, la salute incerta, la sordità, il lutto per la nipotina di 13 anni, morta un mese fa.

Nelson Mandela ha voluto esserci, cosa volete che sia un piccolo sacrificio dopo 27 anni di galera? La famiglia si era lamentata: «La Fifa insiste troppo, il nonno a 92 anni è debole». Ma il nonno, come tutti i simboli abituati a non abbassare la testa davanti alle prepotenze, ha detto: «Ci vado, voglio salutare i miei fans». Gli 85 mila allo stadio e i 3 miliardi nel mondo. Non ha avuto vergogna di esporre il suo corpo, né i suoi capelli bianchi, né la sua fragilità. Ma non era un uomo rannicchiato su di sé, Madiba. Anzi fiero di mostrare il suo Sudafrica libero. Sulla macchinetta elettrica, ma cogli occhi vivi, di chi vuole catturare il momento, e forse anche ballare la waka-waka[2]. Non è stato triste o penoso vederlo così. Certo nel '95 quando premiò

▲ Nelson Mandela nel 1992 all'African National Congress.

1. **Madiba**: il nome con cui Mandela era conosciuto all'interno del clan di appartenenza dell'etnia Xhosa, gruppo etnico Bantu.

2. **waka-waka**: la canzone scelta come inno ufficiale dei Mondiali in Sudafrica.

a Ellis Park la Nazionale di rugby sudafricana, vincitrice della Coppa del Mondo di rugby, era ancora un uomo in forma, che camminava. E nell'aprile del '94 quando l'Anc[3] vinse le elezioni, nel giorno del suo insediamento come presidente, Mandela abbandonò i capi di Stato accorsi a festeggiarlo, per correre all'Ellis Park a vedere la partita tra Sudafrica e Zambia, scendere a fine primo tempo negli spogliatoi e salutare la squadra. Senza la sua presenza il primo mondiale africano sarebbe rimasto orfano del suo papà. Perché è soprattutto grazie a Madiba e ai cinque ragazzi detenuti con lui a Robben Island[4], Alcatraz[5] dell'Africa, che il grande football è arrivato fino a qui. Si chiamavano Lizo Sitoto, Sedick Isaacs, Sipho Tshabalala, Mark Skinners e Anthony Suze. Erano ventenni, neri, tutti prigionieri politici, arrestati con l'accusa di cospirazione. Finirono in catene, senza processo, condannati a 75 anni, a spaccare pietre. Ma quei ragazzi erano troppo giovani per non avere speranze: disegnarono su un pezzo di carta una scacchiera e ci giocarono fino a quando non venne requisita. Quel foglio appallottolato diventò una palla che si trasformò in un gomitolo di stracci che continuò a fare gol notturni e silenziosi. I cinque chiesero ogni giorno per quattro anni il permesso di formare una squadra di calcio e di giocare il fine settimana. Permesso negato. Poi con l'intenzione di stroncarli i carcerieri dissero sì. «Non si tengono in piedi, dopo una settimana non avranno più forze». I cinque tennero in piedi non solo se stessi, ma anche gli altri. Nonostante le privazioni e le torture. Formarono the Makana Football Association, organizzarono partite e tornei. Sempre dentro. Andarono nella biblioteca del carcere, chiesero il regolamento Fifa che divenne la loro Bibbia, studiarono le regole. Invece di piangere, fecero il gioco di squadra. «Il calcio ci ha aiutati a essere parte di qualcosa. Ci dicevano che non eravamo persone, invece con il pallone abbiamo rivendicato la nostra dignità». Proprio come il Sudafrica, anzi come Mzansi (così si chiama il paese nello slang delle township[6]). Che ora dice: «We did it and we can do much more». Ce l'abbiamo fatta e possiamo continuare. Non più clandestini. Per questo Mandela ha fatto invasione di campo. Non per dire addio, ma per dire che l'Africa da quel campo non se ne andrà più.

▲ Il presidente sudafricano stringe la mano al capitano della squadra di rugby dopo la vittoria della Coppa del Mondo, Johannesburg, 24 giugno 1995.

3. **Anc**: acronimo che indica l'African National Congress, il Congresso Nazionale Africano, partito di Mandela impegnato nell'abolizione dell'*apartheid*, al governo dal 1994.
4. **Robben Island**: l'isola in cui si trova il carcere dove Mandela fu imprigionato per 18 anni.
5. **Alcatraz**: isola nella baia di San Francisco, sede di una celebre prigione da cui si riteneva impossibile fuggire, chiusa nel 1963 per gli elevati costi di gestione.
6. **township**: così durante l'*apartheid* si indicavano le periferie nelle quali abitavano esclusivamente cittadini non-bianchi. Un esempio molto noto è quello del sobborgo di Johannesburg, Soweto, che deve il suo nome all'espressione "Township del sud-ovest" (SOuth WEst TOwnship).

LAVORIAMO SUL TESTO

1. *L'ultima magia di Mandela* ti sembra un testo espositivo, argomentativo o misto? Motiva la risposta.
2. Da quale evento prende spunto l'articolo?
3. La presentazione di Mandela si arricchisce di risonanze affettive nelle parole dell'autrice. A quali figure del mondo degli affetti viene associato? Quale pensi sia il motivo di questa scelta?
4. *[...] cosa volete che sia un piccolo sacrificio dopo 27 anni di galera?* Con quale aggettivo qualificheresti questa domanda? Quali effetti vuole ottenere sul lettore?
5. Nelle prime righe l'immagine del campione della storia viene calata nel contesto del gioco del calcio. Come? Che ruolo viene attribuito a Mandela? Perché?
6. *«Ci vado, voglio salutare i miei fans». Gli 85 mila allo stadio e i 3 miliardi nel mondo.* Di quale efficace ambiguità si carica la parola *fans*?
7. Quali aneddoti rivelano la passione di Mandela per lo sport?
8. I Mondiali di Calcio del 2010 sono presentati come un evento eccezionale. Per quale motivo?
9. Perché Mandela ha voluto fortemente i Mondiali in Sudafrica?
10. Un altro aspetto dell'uso dello sport per superare il retaggio dell'*apartheid* emerge nel rapporto tra Mandela e François Pienaar, capitano della Nazionale di rugby sudafricana. La storia di questa amicizia è al centro di *Invictus*, film diretto da Clint Eastwood nel 2009. Dopo la proiezione in aula, che potrà sfruttare, per esempio, le ore di assemblea di classe, scrivine la recensione in una pagina di testo (per la tipologia di testo ▶ pag. 495).
11. *L'attività sportiva consente di costruire ponti e non muri, è un linguaggio universale che ha superato i confini, le razze, le religioni e le ideologie, un modo per incoraggiare il dialogo e la condivisione per arrivare alla pace.* Su questa frase di papa Francesco, assunta come tesi, costruisci un testo argomentativo/espositivo di due pagine servendoti anche dell'esempio rappresentato dal Sudafrica.
12. Fai una ricerca e raccogli informazioni sulla storia del Sudafrica, sul personaggio di Nelson Mandela e sul sistema dell'*apartheid*. Prepara poi una presentazione multimediale con i risultati della tua ricerca da mostrare alla classe. Non superare le 15 slides. Il tuo lavoro sarà valutato sulla base dei seguenti parametri:

Criteri / Livello di padronanza	Iniziale (1)	Base (2)	Intermedio (3)	Avanzato (4)
Focalizzazione sulla propria tesi				
Pertinenza delle informazioni				
Uso degli strumenti digitali				

4 UN MONDO DI PAROLE

Viviamo nella cosiddetta **civiltà delle immagini**, che in molti casi hanno fatto passare in secondo piano il testo, cui per secoli è stato affidato il compito di raccontare l'uomo, le sue vicende e le sue emozioni.

La parola (dal latino tardo medievale *parabola*, a sua volta dal greco *paraballo*, "metto a lato", e dal sostantivo *parabolè*, "similitudine", a indicarne il valore simbolico ma anche l'aspetto creativo) resta però il mezzo cui noi affidiamo tutt'oggi la **comunicazione**: è con le parole che ci mettiamo d'accordo con gli amici per uscire, raccontiamo le nostre esperienze, esprimiamo gioia, dolore, sentimenti. Per questo dobbiamo avere cura di salvaguardarla, anche quando capita di trovarci di fronte a termini di cui non conosciamo il significato, o che ci sembrano astrusi. Rinunciare alla parola e alla sua comprensione significa rinunciare, progressivamente, a tanti pezzetti di mondo, restare esclusi, condannarci a comprendere sempre meno e a non saper esprimere quello che siamo.

La parola è il vero discrimine fra l'animale e l'uomo, segna il punto di approdo di quest'ultimo alla civiltà, come dimostra l'esperta di comunicazione Annamaria Testa (▶ T4, pag. 698) in un saggio che si occupa proprio della parola come strumento comunicativo.

Non importa a quale mezzo siano affidate la scrittura e la lettura. Anche oggi, nell'era della scrittura digitale e degli ebook, queste due potenti invenzioni dell'uomo, anche se veicolate dalla tecnologia, restano la più potente prerogativa della parola. La storia dei supporti di scrittura costituisce un percorso affascinante, ricco di sorprese e curiosità, come racconta l'articolo di Umberto Eco (▶ T3, pag. 693).

La superficialità con cui oggi spesso si affrontano le parole si riflette su una più generale incapacità di comprendere i testi, anche quelli non particolarmente elaborati. L'allarme è di Stefano Bartezzaghi, docente universitario e celebre enigmista, che dalla pagine dell'inserto domenicale di un quotidiano nazionale denuncia come i suoi studenti non siano nemmeno più in grado di comprendere le indicazioni per lo svolgimento dell'esame (▶ T2, pag. 689) e prova a individuare le molteplici cause di un problema, serio, dei nostri giorni.

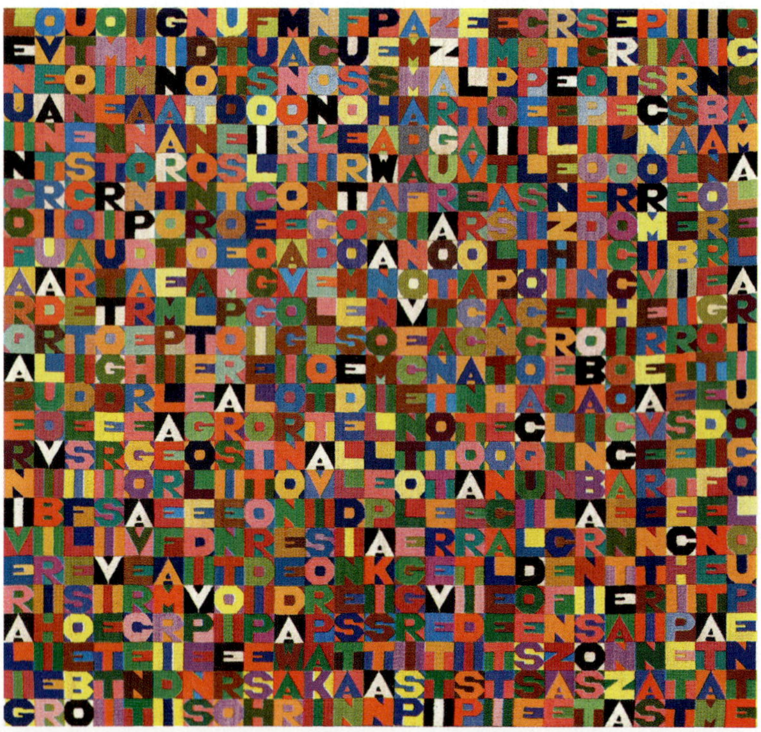

Anche la scarsa frequentazione con la lettura disabitua alla comprensione di un testo. La fatica di fermarsi a leggere, peraltro poi ampiamente ricompensata dalla bellezza e dalle rivelazioni che ogni libro ci regala, è un dato di fatto fra gli Italiani: le statistiche ci vedono fra i fanalini di coda dei lettori a livello europeo (▶ T1, pag. 687), soprattutto per quanto riguarda i più giovani.

◀ Alighiero Boetti, *Senza titolo (Otto Agosto)*, 1981.

TESTO ESPOSITIVO/ARGOMENTATIVO

T1 La grande fuga dai libri. Il 60% degli italiani non legge

di Linda Laura Sabbadini, in «La Stampa», 5 febbraio 2017

Con un ricco corredo di dati statistici l'articolo mette a fuoco la **crisi della lettura in Italia**, soprattutto fra i più giovani, anche attraverso il confronto con il recente passato, ne sintetizza le conseguenze e cerca di indagarne le cause.

Meno di metà della popolazione nel nostro Paese legge libri. E per di più la lettura di libri nel tempo libero è in forte calo. Abbiamo perso 3 milioni e 300 mila lettori dal 2010 ad oggi. È un problema serio che va affrontato. Se ci guardiamo indietro nel tempo ci accorgiamo che una certa evoluzione c'è stata, ma che non abbiamo mai brillato nella lettura di libri. All'inizio degli Anni 60 solo il 16,3% leggeva libri. Non possiamo meravigliarci visto che tre quarti della popolazione aveva al massimo la licenza elementare, e l'8% era ancora analfabeta. Il balzo si ha nella seconda metà degli Anni 80, quando la percentuale di lettori più che raddoppia rispetto al 1965. La lettura si tinge di rosa e le donne diventano maggioranza fra i lettori, ed ancor oggi mantengono il primato. Nel 2016, infatti, solo un terzo degli uomini legge libri contro quasi la metà delle donne.

E gli uomini stanno ancora sotto di molti punti del livello di lettura delle donne di 20 anni fa. Nel ventennio dopo il 1988, rallenta il ritmo di crescita dei lettori di libri.

È crisi tra i giovanissimi

La situazione si aggrava dopo il 2010, da quel momento la percentuale di lettori cala notevolmente. In sei anni svaniscono gli incrementi di lettori di libri realizzatisi nell'arco del decennio precedente. E ciò succede anche e soprattutto tra i giovanissimi che sono coloro che leggono di più. I lettori maschi tra 11 e 14 anni sono diminuiti più del 25%. Metà dei giovanissimi non legge, e se non si legge da giovani difficilmente si leggerà da adulti. Siamo un Paese in cui la lettura non ha mai realmente sfondato, abbiamo livelli più bassi rispetto ad altri Paesi europei, e con grandi differenze territoriali, 20 punti percentuali a svantaggio del Sud e grandi differenze sociali.

Le cause

Ma cosa c'è dietro questi bassi livelli di lettura di libri? I problemi sono di varia natura. La lettura è condizionata dalla capacità di comprendere ed interpretare in modo adeguato il significato di testi scritti. C'è bisogno di una competenza di base cruciale per garantire una effettiva capacità di utilizzo e valutazione delle informazioni. Questa capacità, la cosiddetta «literacy»[1], è molto bassa nella popolazione adulta in Italia, molto più bassa della media Ocse[2]. Quindi, che il titolo di studio sia cresciuto non è stato sufficiente. Lo

1. **«literacy»**: grado di capacità di lettura e scrittura.
2. **Ocse**: acronimo per Organizzazione per la Cooperazione e lo Sviluppo Economico; si tratta di un'organizzazione che si occupa prevalentemente del coordinamento delle politiche locali e internazionali dei Paesi membri.

sosteneva il compianto illustre linguista Tullio De Mauro che dobbiamo «sconfiggere l'analfabetismo di ritorno»[3], battere sulla formazione degli adulti, sulla riduzione delle disuguaglianze, perché la lettura possa riprendere a crescere. Inoltre, una riflessione va fatta sul forte calo della lettura di libri da parte dei giovanissimi negli ultimi anni. Si è diffusa ad una velocità incredibile, soprattutto tra gli adolescenti, la lettura di contenuti sui media digitali, una lettura più breve, più veloce e anche più discontinua e meno impegnativa. Può essere questo uno dei motivi del calo della lettura dei libri di bambini e ragazzi?

La rivoluzione digitale

L'uso di Internet è entrato in concorrenza con la lettura di libri, per lo meno per le fasce giovanili? Possibile, va approfondito, anche perché in una prima fase è successo il contrario, i maggiori fruitori di Internet erano anche i maggiori lettori di libri e più in generale fruitori di cultura. Certo è che la stessa lettura di ebook non decolla più di tanto. Sono solo 4 milioni coloro che hanno letto nell'anno un ebook, il 7% della popolazione.

Leggere libri è elemento fondamentale di crescita culturale delle persone. Un po' tutti dovremmo sapere che se un genitore legge, con molta più probabilità, anche suo figlio leggerà; se in casa ci sono molti libri aumenta la probabilità che i propri figli leggano; se si abituano i bambini a giocare con i libri fin da piccolissimi, anche fin da due anni, con molta probabilità leggeranno da giovani e da grandi. C'è un livello di intervento pubblico, di sensibilizzazione, di potenziamento delle biblioteche, di formazione degli adulti, ma anche uno di tipo privato. Ciascuno di noi può fare molto per investire in questa ricchezza, perché una delle risorse, anche economiche, più durevoli e promettenti del nostro Paese è proprio la cultura.

3. **analfabetismo di ritorno**: fenomeno per cui chi ha acquisito conoscenze di lettura e scrittura finisce per perderle con il tempo per il mancato esercizio.

GUIDA ALLA LETTURA

L'articolo prende le mosse da un allarmante dato statistico di cui si cercano cause e conseguenze: meno della metà degli Italiani legge libri. Il problema, sostiene la giornalista, è serio e va affrontato. Nonostante infatti dall'inizio degli anni Sessanta (quando però l'8 per cento della popolazione era analfabeta e i tre quarti aveva al massimo la licenza elementare) a oggi si siano fatti passi avanti, grazie anche al netto contributo delle donne – la maggioranza fra i lettori –, l'Italia non ha mai *brillato nella lettura di libri*.

Oggi a leggere pochissimo sono i più giovani, che dunque difficilmente diventeranno lettori da adulti. Alla radice della disaffezione per la lettura la giornalista individua il basso livello, rispetto agli altri Paesi Ocse, della *literacy*, competenza di base per la comprensione e codificazione di un testo scritto, che rischia di generare forme di analfabetismo di ritorno. Fra i più giovani invece determinante sembra essere la lettura di contenuti sui media digitali, decisamente più veloce e meno impegnativa di un libro. La lettura ha un ruolo fondamentale nella crescita culturale delle persone e quindi dei cittadini, e la famiglia ha un compito di base nel far sì che i bambini inizino ad accostarsi ai libri fin dai loro primi anni.

LAVORIAMO SUL TESTO

1. Considera l'affermazione con cui si apre l'articolo: si tratta dell'esposizione di un dato o di una tesi?
2. Come è stato l'andamento dei lettori in Italia dall'inizio degli anni Sessanta a oggi?
3. Quale fascia di età oggi legge meno?
4. Chi invece legge di più?
5. Il panorama dei lettori in Italia è uniforme?
6. Qual è la conseguenza della scarsa affezione alla lettura da giovani?
7. La *literacy* si può definire una competenza permanente?
8. Quali sono i vantaggi e gli svantaggi della lettura digitale?
9. L'uso di internet influisce sicuramente in maniera negativa sulla lettura?
10. Quale ruolo la giornalista attribuisce alla famiglia nella formazione di nuovi lettori?
11. Dopo aver letto l'articolo completa la tabella.

Indicatore	Dato
Lettori in Italia	
Lettori persi dal 2010 al momento della stesura dell'articolo	
	16,3%
Popolazione italiana analfabeta a inizio anni Sessanta	
	Doppia rispetto al 1965
	Oltre 25% in meno
	20% in meno
Lettori di un ebook in un anno	

TESTO ARGOMENTATIVO

T2 Italiano, lingua perduta anche dai miei studenti

di Stefano Bartezzaghi, in *www.repubblica.it*, 26 febbraio 2017

Stefano Bartezzaghi, a partire da un problema emerso tra gli allievi dei suoi corsi all'università, esplora le ragioni per cui **appare sempre più difficile**, anche per dei giovani giunti al livello più alto degli studi, **comprendere un testo scritto** che contiene delle semplici istruzioni di tipo pratico. Il problema è legato a un insieme di fattori – imbarazzo, sfiducia, pigrizia, approccio non rigoroso – che rendono il rapporto con il testo scritto un vero e proprio ostacolo.

Da professore universitario, con classi composte perlopiù da studenti del primo anno, ciò che maggiormente mi impressiona non è la scarsa qualità e la scarsissima efficacia dell'espressione scritta della media degli esaminandi. Ancor prima di questo mi stupisce – e a volte scoraggia – quanto per non pochi fra loro sia difficile interpretare correttamente il testo che riporta le modalità d'esame (e che ogni anno mi sforzo di rendere più esauriente e cristallino). Devono soltanto venire a sapere che un certo giorno c'è la prova scritta, gli esiti vengono pubblicati nel sito verso sera, il giorno dopo c'è l'orale e la registrazione, per la prova scritta bisogna avere una penna biro – o anche stilografica –

funzionante e con inchiostro... Eppure a proposito di queste istruzioni – già scritte da me e già lette da loro – ricevo una quantità di domande di "chiarimento" tale da escludere che si tratti del frutto di semplici distrazioni occasionali. Viene naturale aggiungere un corollario[1]: se non capisci in che giorno, a che ora e in che aula devi venire, e a fare cosa, come puoi pretendere di avere appreso la materia d'esame, che non può che essere ben più difficile? Essendo poi la materia d'esame la semiotica (la cosiddetta "scienza dei segni"), lo sconforto raddoppia.

Se non mi faccio capire il problema è soprattutto mio, e siamo d'accordo. Ma un dubbio mi assale sempre più spesso: il dubbio che lo scoglio non consista tanto nella chiarezza con cui stilo[2] le istruzioni, ma nel fatto stesso che siano istruzioni, e scritte.

Chi ha mai più letto un manuale di istruzioni, negli ultimi vent'anni? Mi dico, e non sono sicuro di dirlo per scherzo, che sul sito dell'università dovrei invece postare un tutorial: perdere una mezza giornata con una coppia di studenti di presenza gradevole per riprenderli mentre sono alle prese con i moduli telematici dell'iscrizione, la topologia[3] dell'università, l'orologio... Il precetto "*show, don't tell*" [4] oggi va interpretato alla lettera: non usare il linguaggio verbale, mettici delle figure!

Eppure gli studenti sanno impiegare con disinvoltura dispositivi complessi e si appassionano a serie tv che hanno trame intricatissime, andamenti sussultori, modi di manifestazione ellittici[5] e a volte enigmatici. Sarà che la fruizione di queste è almeno apparentemente passiva: una serie tv non ti chiede nulla; un'istruzione per l'uso chiede invece di essere eseguita; una materia d'esame, di essere ripetuta. "Ogni testo è un test", diceva Edoardo Sanguineti, poeta nonché professore universitario (dicono severo). E qui si va in ansia.

L'incomprensione, dunque, non è sempre funzione della complessità. Il problema nasce soprattutto con il linguaggio scritto. La mia sensazione al proposito è netta: i miei studenti, di fronte a un libro, a un programma d'esame, a un elenco di istruzioni, *non si fidano*. Hanno paura di non aver capito, dubitano della loro intelligenza del testo. Questo può suonare anche abbastanza ironico, visto che sono decenni che a chi scrive viene raccomandata la chiarezza, la linearità, la capacità di rivolgersi – innanzitutto e sempre – ai "non addetti ai lavori". Oggi agli esami universitari non si portano i testi degli studiosi, bensì la loro liofilizzazione[6] in manuali che appianano pazientemente ogni asperità. Ma lo si vede in ogni altra sede: basta paragonare i giornali di oggi a quelli degli anni Settanta, i romanzi, i dialoghi dei film, i testi dei programmi tv, i discorsi dei politici per capire che oggi non c'è frase rivolta a un pubblico che non sia stata depurata al massimo grado possibile dalla propria eventuale opacità. Siamo nell'era della didascalia[7], e del didascalico, eppure ci capiamo sempre meno. Ipotizzo che la semplificazione sia una droga a cui siamo assuefatti: la dose va aumentata, ma non sarà mai sufficiente.

1. **corollario**: aggiunta, conseguenza.
2. **stilo**: dal verbo stilare, "scrivere nella forma richiesta".
3. **topologia**: in questo caso, la collocazione delle aule e dei vari ambienti presenti negli edifici che ospitano l'università.
4. **"*show, don't tell*"**: in italiano "mostra, non dire a parole".
5. **ellittici**: allusivi.
6. **liofilizzazione**: in questo caso semplificazione massima, condensazione dei contenuti.
7. **didascalia**: breve nota informativa che accompagna in genere un'illustrazione.

▲ Stipando la conoscenza nella mente di uno studente.

È vero che la lettura è una fatica, ed è invisa[8] ai pigri. Ma a essere pigra è innanzitutto la macchina del testo, sia esso verbale, audiovisivo, pittorico. È un principio enunciato da Umberto Eco: il testo non fa tutto il lavoro, sta al lettore completarne l'opera. Può farlo o rispettandone i vincoli e i suggerimenti del testo, e allora lo interpreta (se dico "piove", a seconda del contesto posso intendere: "dobbiamo rimandare la nostra gita"); oppure in modo "pulsionale", dando retta alle proprie aspettative e alle proprie tendenze (dico: "piove" per mera[9] constatazione metereologica ma tu pensi che io ti stia chiedendo di darmi un passaggio in macchina e mi accusi di essere il solito tirchio che non accetta di prendere un taxi). In questo caso il lavoro che compio come lettore non si chiama "interpretazione", si chiama "uso". Ermeneutiche[10] paranoiche e teorie del complotto portano al grado massimo e sistematico l'"uso" testuale (in questa accezione di Eco). Ma lo si vede comunemente anche nelle discussioni che si trasformano in dissidi immedicabili quando cominciamo a considerare non più le locuzioni (ciò che viene detto, il merito) ma le intenzioni del locutore: "perché mi hai detto questo? Ecco, ce l'hai con me. Stai cercando il pretesto per litigare!". Accusa che è essa stessa, innanzitutto, un pre-testo, non considera il testo, lo scavalca "all'indietro" e rimonta sino alla persona che lo fa. Altro caso di vita vissuta: un articolo anche elogiativo, ma non prono[11] e non privo di riserve, a proposito di un beniamino delle folle viene letto come una stroncatura, un "attacco". Infatti il vero totem della comunicazione contemporanea non è affatto la chiarezza, ma quella scivolosa saponetta concettuale che viene chiamata "em-patia". Se ci metto empatia[12], posso arrivare quasi a insultarti; se resto distaccato, te la prenderai anche per un complimento. Così il merito delle questioni viene perso per sempre: viene in niente l'installazione di Fabio Cifariello Ciardi, quel musicista che aveva tratto da discorsi di Obama, Bush e Blair la linea melodica del loro eloquio e la faceva eseguire da strumenti musicali. Le parole? Ciao.

"Ascolto", "comprensione", "discernimento". E se avesse ragione papa Bergoglio? Nel suo caso, "discernimento" è un termine tecnico, ma pure sembra di poter dire che il vero nucleo di molte, molte questioni odierne stia proprio lì: nell'incapacità dell'ascolto, della comprensione, della distinzione, a cui si sostituisce una risposta al testo che spesso è un riflesso condizionato, una reazione pavloviana[13].

Si scrive male perché la scrittura ha perso prestigio, cioè fiducia collettiva nella sua funzione. Lo si è detto, e sarà anche vero. Ma non si scrive bene perché si sono fatti tanti dettati: si scrive bene perché si è prima arrivati a leggere bene, non solo nel senso di compitare, ma soprattutto in quello di assimilare un testo scritto – quel nero che si

8. **invisa**: malvista.
9. **mera**: semplice.
10. **Ermeneutiche**: interpretazioni.
11. **prono**: docile, acquiescente, passivo.
12. **empatia**: capacità di immedesimarsi nelle condizioni di un altro, coinvolgimento emotivo.
13. **pavloviana**: propria delle teorie del fisiologo russo I. P. Pavlov (1849-1936) e dei suoi studi sui riflessi condizionati.

distingue dal bianco per dire cose che hanno un senso compiuto. La lettura musicale del testo ha elementi di interpretazione libera, ma ha una base che o è esatta o non lo è. Anche per i testi di qualsiasi altro tipo l'alfabetismo consiste nel saper essere esecutori di testi, prima che interpreti. È questa capacità, che stiamo smarrendo (per pigrizia, eccesso di informazione, assuefazione alla vacuità, ansia, diffidenza)?

Negli anni Cinquanta, Roland Barthes[14] indicava come fine ideale della letteratura il "grado zero della scrittura", in termini di neutralità formale. Nelle scuole, nelle università, nei mass media e nella società in genere, oggi potremmo darci l'obiettivo – o l'utopia – di un "grado zero della lettura" da restaurare. Che poi sarebbe il mondo in cui, seguendo Cesare Zavattini[15], "buongiorno voglia veramente dire buongiorno". E così venga inteso.

14. Roland Barthes: critico letterario francese (1915-1980).

15. Cesare Zavattini: scrittore, giornalista, commediografo del Novecento (1902-1989).

GUIDA ALLA LETTURA

L'avvio del testo riporta un dato tratto dall'esperienza di professore universitario dell'autore: la diffusa incapacità da parte dei suoi studenti di comprendere le indicazioni fornite loro per accedere agli esami. Tale constatazione genera una riflessione sulle difficoltà, riscontrate a più livelli, soprattutto nella popolazione giovanile, di comprendere il significato di un testo, nonostante rispetto al passato si cerchi di semplificarne il più possibile il messaggio e il linguaggio: come dice l'autore, ci si è assuefatti alla semplificazione come a una droga: *la dose va aumentata, ma non sarà mai sufficiente*.

L'articolo approfondisce ulteriormente il problema e giunge a tre conclusioni. La prima: di fronte a un testo spesso si finisce con l'essere condizionati da pregiudizi e aspettative che offuscano, e spesso azzerano del tutto, la comprensione di ciò che viene comunicato. La seconda: per imparare a discernere, e dunque a capire, occorre imparare ad ascoltare e a riflettere senza lasciarsi guidare unicamente dalle proprie emozioni. La terza: si conferma irrinunciabile una buona educazione alla lettura.

LAVORIAMO SUL TESTO

1. Quale problema viene denunciato nel primo capoverso del testo?
2. Quale causa viene individuata alla base del problema? Quale ipotesi di soluzione ha in mente chi scrive? Perché proprio quella soluzione secondo te?
3. Riscrivi con le tue parole e in modo più sintetico (in una frase lunga al massimo 3 righe) il seguente periodo del testo: *Ma lo si vede in ogni altra sede: basta paragonare i giornali di oggi a quelli degli anni Settanta, i romanzi, i dialoghi dei film, i testi dei programmi tv, i discorsi dei politici per capire che oggi non c'è frase rivolta a un pubblico che non sia stata depurata al massimo grado possibile dalla propria eventuale opacità.*
4. Sottolinea nel testo i periodi in cui è contenuta la tesi dell'autore e riformulala con le tue parole.
5. Perché oggi è più facile rispetto a un tempo perdere *il merito delle questioni*?
6. L'autore indica una strategia efficace per imparare a scrivere bene: quale?
7. A quale tipologia di testi puoi ascrivere l'articolo?
8. Ripercorri il tuo rapporto con la scrittura. Quando hai cominciato a scrivere? Scrivi solo per dovere o anche per piacere personale? Che esercizi ti sono stati proposti a scuola per migliorare la tua scrittura? Quali in particolare ti sono sembrati utili? Che cosa dovrebbe fare secondo te la scuola per incentivare la scrittura?

   Rispondi in un testo di almeno una pagina.

VERSO LE COMPETENZE

- *Comunicazione nella madrelingua*
- *Competenza digitale*
- *Competenze sociali e civiche*
- *Spirito d'iniziativa e imprenditorialità*
- *Consapevolezza ed espressione culturale*

9. Immagina di costruire un blog sulla scrittura degli adolescenti: trova un nome accattivante e scrivi l'"editoriale", cioè l'articolo di presentazione del blog.

Scarsa qualità ed efficacia dell'espressione scritta degli esaminandi

Dovuta principalmente a

- Pregiudizi e aspettative che rendono difficile la comprensione di un testo scritto
- Interferenza delle emozioni nella comprensione di un testo scritto
- Assenza di una buona educazione alla lettura

TESTO ESPOSITIVO/ARGOMENTATIVO

T3 Dai faraoni a internet ecco perché i nostri libri sono fragili

di Umberto Eco, in «La Repubblica», 26 gennaio 2017

L'articolo di Umberto Eco, proposto dal quotidiano «La Repubblica» a un anno di distanza dalla morte dello scrittore, tratta dei **materiali scelti** via via **dall'uomo per** la pratica della **scrittura** e di ognuno mette in luce risorse e fragilità. Il risultato è un affascinante percorso, che va dagli obelischi egizi ai moderni ebook, passando attraverso le tavolette sumere e romane, i primi inchiostri vegetali e i preziosi manoscritti delle biblioteche medievali.

Come si inventa la scrittura nasce il problema del supporto dove applicarla. Come ci racconta Platone nel *Fedro*, quando il dio Theuth propone al faraone quello strumento che si chiama scrittura il faraone si inquieta perché pensa che con questo strumento gli uomini perderanno il dono della memoria. Non sapeva che solo grazie alla scrittura avremmo avuto le migliaia di pagine di *Alla ricerca del tempo perduto*[1]. Ma certamente Theuth aveva inventato la scrittura per supplire alla labilità[2] della nostra memoria e per trovare un modo di conservare l'informazione in modo non perituro[3] e non privato (bensì collettivo, in quanto infinitamente riproducibile). Però c'era un terzo requisito che probabilmente Theuth aveva in mente: che si trovasse un supporto che non fosse solo duraturo ma anche facilmente maneggevole.

Il faraone non pare avere compreso il problema nel suo insieme: gli egizi iniziavano a scrivere incidendo su steli[4] e sappiamo quanta fatica costi trasportare un obelisco.

1. ***Alla ricerca del tempo perduto***: titolo di un famoso romanzo dello scrittore francese Marcel Proust, scritto tra il 1909 e il 1922 e conosciuto come uno dei capolavori della letteratura universale.
2. **labilità**: fragilità.
3. **perituro**: destinato a morire (voce corrispondente al participio futuro del verbo latino *pereo*, "morire").
4. **steli**: lastre in pietra o in marmo, spesso con iscrizioni dedicatorie a divinità, a imperatori o a defunti.

▲ Frammento di papiro funerario egizio, II millennio a.C. British Museum, Londra.

Il fatto è che il problema era duplice: uno concerneva la materia del supporto, e riguardava la sua resistenza al tempo, l'altra la forma del supporto, e riguardava la sua trasportabilità e consultabilità. E non era detto che i due problemi si potessero risolvere insieme. Per esempio le tavolette d'argilla su cui incidevano i sumeri erano trasportabili o almeno archiviabili (alcuni testi come il poema di Gilgamesh venivano scritti su più tavolette numerate raccolte in un contenitore), però erano fragili. In compenso, siccome erano piccole credo abbiano incoraggiato l'invenzione di quella stenografia[5] che era in fondo il cuneiforme.

Per ovviare alla fragilità, è stata certamente una bella invenzione la tavoletta cerata, che nasce anche prima dei romani, la quale non solo non è delicata come l'argilla, ma è anche cancellabile e usabile più volte. Naturalmente è buona per gli appunti e non per consegnare ai posteri opere immortali. A quelle si penserà col papiro, probabile invenzione aramaica, usato sin dal III millennio a.C. Siamo già a un sistema di trasmissione dell'informazione che è simile ad alcuni che ancora usiamo, o che almeno usavano i nostri padri: c'è una penna (il calamo, segmento di canna di palude, appuntito di sbieco e spaccato a una estremità) e l'inchiostro (che varia a seconda delle epoche o dei luoghi: per esempio gli egizi, i greci e i romani usavano una soluzione di nerofumo prodotto bruciando resina, sciolto in una soluzione acquosa di gomma a cui si aggiungevano miele e noce di galla[6]).

Il difetto, ma all'epoca non lo si sapeva, era la labilità: basta fare il conto di quanti manoscritti su papiro ci sono arrivati, sia pure tenendo conto del fatto che le biblioteche dell'antichità bruciavano con facilità. I testi in circolazione erano migliaia eppure non ce ne sono pervenuti moltissimi, e in malo stato (se i manoscritti del mar Morto hanno resistito meglio è stato grazie a condizioni climatiche e ambientali eccezionali).

Si tenta di ovviare alla labilità del supporto già in Egitto producendo il cuoio scrittorio usato per testi religiosi: pelli di capra assottigliate e conciate con succo di frutti d'acacia ricchi di tannino[7], e poi tagliato in strisce come quelle del papiro. Il materiale non si putrefaceva ma si essiccava e frantumava col tempo (la maggior parte di queste strisce sono andate perdute).

Dopo il cuoio si è tentato con la pergamena, sempre fatta con pelli di animale (per lo più pecora ma anche vitello o capra) macerate nella calce, quindi tese, rasate, asciugate, levigate, tagliate e rifilate. La pergamena è più flessibile e meno deperibile del cuoio.

5. **stenografia**: forma di scrittura veloce e sintetica che utilizza segni semplici e abbreviazioni al posto delle parole.

6. **noce di galla**: in botanica, escrescenza che si forma sulle foglie, sui rami, sul tronco e sulle radici dei vegetali e da cui si ricavano sostanze usate per tintura o inchiostri.

7. **tannino**: sostanza presente in legni, foglie, cortecce e frutti, usata come conciante per inchiostri.

È verosimile che sia stata inventata a Pergamo[8] tra III e II secolo a.C. Tuttavia per lungo tempo il papiro viene considerato più elegante e ancora sant'Agostino si scusa di avere scritto una lettera su pergamena e non su papiro. Però il papiro era quasi trasparente, non poteva essere scritto su ambedue le pagine del foglio e richiedeva un inchiostro molto leggero, che si cancellava più facilmente. La pergamena poteva essere scritta su ambo le pagine e reggeva inchiostri indelebili.

Su di essa risultavano meglio eventuali miniature. Insomma, che piacesse o meno a sant'Agostino, sino a circa il milletrecento vince la pergamena.

Comunque, papiro o pergamena, se i fogli vengono incollati tra loro a formare un rotolo nasce il *volumen* (di cui troviamo le prime testimonianze nel XIV secolo a.C. e che resiste come sistema di trasporto dell'informazione più di tremila anni, perché in fondo era il modo in cui sino ai nostri anni Ottanta gli architetti trasportavano ancora i loro progetti). Il *volumen* può essere trasportato e riprodotto: diventa pertanto oggetto di mercato nel VI secolo a.C., quando amanuensi specializzati iniziano a metterli in vendita per acquirenti facoltosi. Nascono così l'officina e il mercato del libro.

Manca solo il libro. Esso appare come *codex* tra III e IV secolo d.C. (anche se ne abbiamo rari esempi nei secoli precedenti). La pergamena consente di comporre un libro a fogli ripiegati e poi rilegati. Il *codex* ha questa meravigliosa qualità: se il rotolo permetteva una lettura bidimensionale (dall'alto in basso e da destra a sinistra, o viceversa), esso introduce nella lettura la terza dimensione perché può essere sfogliato ed è così che si possano consultare quasi contemporaneamente la prima e l'ultima parte del testo (il *volumen* non poteva essere "percorso" rapidamente). Non solo il *codex* è ideale per la consultazione, ma facilita la lettura. Si dice che esso sia stato diffuso in ambiente cristiano per differenziare il testo del Nuovo Testamento da quello dell'Antico, soprattutto perché permetteva la consultazione di vangeli sinottici. Rilegato bene e con buona pergamena il *codex* poteva essere trasportato; non parlo dei pesantissimi formati in folio, ma si pensi a libri d'ore miniati, grandi come una nostra agendina. Riprodurli era molto costoso, è ovvio.

Ultima invenzione prima del libro a stampa, nel tardo medioevo, la carta (fatta con stracci) sostituisce la pergamena. E se qualcuno pensa che la carta fosse materiale di supporto più labile della pergamena è perché non ha mai sfogliato un bell'incunabolo[9], che ancora oggi crocchia quando si tenta di sgualcire il foglio.

Purtroppo verso la metà circa dell'Ottocento si è passati dalla carta di stracci alla carta di legno, ben più deperibile. Se la carta non è di altissima qualità, un libro moderno ha una vita media di settant'anni, e dopo inizia a sbriciolarsi. [...] Certamente io sono felice che esistano degli e-book con cui un magistrato che debba consultare di continuo le migliaia di pagine degli atti di un processo possa portarsi dietro l'informazione che gli serve senza dovere usare un tir, così come io sono lieto di aver riversato su una memoria portatile di 250 GB buona parte della letteratura universale e dei testi filosofici, così che mentre lavoro posso recuperare in un istante un canto

8. **Pergamo**: antica città dell'Asia minore.

9. **incunabolo**: nome attribuito ai primi prodotti dell'arte della stampa, dalle origini al 1500, ancora modellati sull'esempio dei manoscritti.

della Divina Commedia o una questione della *Summa Theologica*[10] senza dovermi alzare e tirar giù volumi ingombranti dallo scaffale. Ma so anche che basterebbe, come mi è accaduto l'estate scorsa, un fulmine in giardino per smagnetizzare la mia memoria, che se ci fosse un blackout continuato non potrei più usare quella informazione, che se ho pur registrato sulla mia memoria elettronica tutto il *Don Chisciotte* non posso leggerlo in tal modo a letto, alla luce di una candela, su di una amaca, in barca, nella vasca da bagno, in altalena, mentre un libro mi consente di farlo anche nelle condizioni più disagiate. E se mi cade il computer o l'e-book dal quinto piano sono matematicamente sicuro di aver perso tutto mentre se mi cade un libro al massimo si sfascia, ma il testo di cui è supporto rimane integro. Chi può ancora leggere sui computer oggi in circolazione, un floppy disk degli anni Ottanta? E, se riuscissimo a trovare ancora il lettore adatto, non si sarebbe nel frattempo smagnetizzato? [...] Pertanto, o voi che vi occupate della distribuzione e vendita dei libri, sappiate che a voi è affidata la conservazione della memoria culturale che, almeno per ora, i vari supporti meccanici, magnetici, elettrici ed elettronici non hanno ancora dimostrato di garantire. Il problema è che i supporti moderni sembrano mirare più alla rapida diffusione dell'informazione che alla sua conservazione. Il libro è stato strumento principe della diffusione dell'informazione (pensate al ruolo che ha avuto la Bibbia a stampa per la riforma protestante) ma al tempo stesso anche della sua conservazione.

Sì, ho detto che le biblioteche sono preoccupate del fatto che la carta di legno non dura più di settant'anni. Ma ecco un libro del 1951, quando gli editori francesi di opere scientifiche usavano forse il peggior tipo di carta mai esistito. È vero, se non faccio attenzione a sfogliarlo le pagine si spezzano agli angoli, alcune addirittura si sbriciolano. Non potrei, a causa dell'arrossamento della carta, scannerizzarlo. Eppure, dopo quasi sessant'anni, il libro è ancora consultabile e se esso fosse l'unica copia di quest'opera, in qualche modo, magari ricopiandolo a mano, potrei salvarne il contenuto. Nessuna scienza mi assicura che tra sessant'anni questa chiavetta che porto così facilmente in tasca non si sia smagnetizzata.

Di fronte a questa prospettiva angosciosa, teniamoci cari i libri. E il tenerceli cari non significa che non si possano far circolare a buon prezzo.

▲ Carl Spitzweg, *Un topo di biblioteca*. Collezione George Shafera, Monaco di Baviera.

10. ***Summa Theologica***: titolo di un'opera del filosofo medievale Tommaso d'Aquino.

GUIDA ALLA LETTURA

Partendo dall'origine mitica della scrittura, così come viene raccontata dal filosofo greco Platone, il testo di Eco passa in rassegna i diversi supporti di cui l'uomo si è servito per scrivere nel corso della storia. L'articolo ha dunque prevalente carattere espositivo e solo nell'ultima parte adotta un taglio argomentativo, attraverso il quale comprendiamo la preferenza dell'autore per i libri cartacei rispetto a quelli in formato digitale. La descrizione, rapida ma precisa, dei diversi materiali e forme dei supporti dei testi scritti nei secoli, mette a fuoco uno dei processi che ha contribuito a costruire la civiltà: la lenta e progressiva acquisizione da parte dei gruppi umani di abitudini via via sempre più evolute sia nella pratica della scrittura e della lettura sia in quella della diffusione, del commercio e della conservazione del prodotto della scrittura stessa. Eco conclude la sua breve storia del libro ponendo a confronto la durata dei libri cartacei, relativamente limitata ma certa, con la precarietà dei più moderni formati digitali, suscettibili di improvvisa cancellazione a fronte di un eventuale blackout o dei danni provocati da un semplice temporale estivo.

LAVORIAMO SUL TESTO

1. Come nasce la scrittura secondo il racconto di Platone?
2. Al tempo delle prime civiltà, la scelta di un supporto per la scrittura poneva due problemi. Quali?
3. La scrittura ha tre requisiti. Quali?
4. Raccogli e trascrivi nella tabella le informazioni fornite dal testo sui differenti supporti della scrittura nella storia.

Supporti	Materiale	Origine (momento storico)	Origine (luogo)	Vantaggi	Svantaggi
Stele					
Tavoletta dei Sumeri					
Tavoletta dei Romani					
Papiro					
Pergamena					
Carta					

5. Come venivano prodotti nell'antichità i calami e l'inchiostro?
6. Quali sono le differenze tra il *codex* e il *volumen*?
7. Quali sono secondo Umberto Eco i vantaggi del libri rispetto all'ebook?
8. Che cosa si intende con l'espressione *carta di legno*? Perché le biblioteche sono preoccupate del futuro dei libri?
9. Dal testo si evince che la produzione in serie (*officina*), il mercato dei testi e il libro, così come noi lo intendiamo, nascono in tempi diversi. Spiega questo scarto in un testo lungo al massimo 10 righe.
10. In un testo di mezza pagina descrivi i supporti di lettura di cui ti servi abitualmente. Come leggi più frequentemente? Su carta o in formato digitale? Qual è il motivo della tua scelta?
11. Il mercato degli ebook risulta in calo. Quali ritieni possano esserne le motivazioni? Rispondi in un testo di almeno mezza pagina.

LABORATORIO

T4 Farsi capire

di Annamaria Testa, in *Farsi capire*, Rizzoli, Milano, 2011

Annamaria Testa, pubblicitaria ed esperta di comunicazione, in questo estratto da un suo saggio di grande successo, mette a fuoco in modo sintetico la **nascita del linguaggio** come funzione e le conseguenze che ha avuto sull'essere umano. Nel finale sfiora un'altra grande rivoluzione in fatto di comunicazione, l'introduzione della scrittura e dell'alfabeto.

Fra i quattro e i tre milioni e mezzo di anni fa alcuni australopitechi[1] cominciano a separarsi dalle grandi scimmie e a camminare da bipedi. Questo permette loro di afferrare con le mani e di vedere più lontano. Impiegano un paio di milioni di anni per conquistarsi un minimo di capacità tecniche e la definizione di *Homo habilis*[2].

Circa due milioni di anni fa, in Africa, attorno al Lago Vittoria[3], i nostri antenati sperimentano gli effetti di un cambiamento anatomico importante: il loro collo si allunga e la posizione della laringe – l'organo che permette di produrre suoni – cambia. Grazie all'abbassamento della laringe, unici fra i mammiferi, diventano capaci di emettere una gamma ampia di suoni distinti e costanti. Non solo sono fisiologicamente in grado di parlare, ma cominciano a farlo. Probabilmente, per molte centinaia di migliaia di anni, sono brevi sequenze di suoni che hanno una cadenza ritmica, semplificano la caccia e favoriscono il corteggiamento.

Tutto questo ha conseguenze sia neurologiche[4] che culturali: più o meno un milione di anni fa l'*Homo erectus*[5] ha già un cervello di 800-1100 cm^3 contro i 600 dell'*Homo habilis* ed è capace di costruire ripari e strumenti, vivere in gruppi, dividersi il lavoro e le porzioni di cibo, tutta roba che non si può fare senza mettersi almeno un po' d'accordo e organizzarsi, anche se (per dirla con Tullio De Mauro[6]) «a forza di mugolii, muggiti, latrati[7] e gestualità elaborata», 350.000 anni fa i nostri antenati iniziano a controllare il fuoco per difendersi e cucinare e cominciano, secondo De Mauro e altri, a possedere e usare «codici in cui una stessa parola o frase può indicare ora il crudo ora il cotto, ora l'alimento d'oggi ora quello di ieri».

L'*Homo sapiens* appare forse già 200.000 anni fa, oppure (secondo i primi reperti sicuri) attorno ai 100.000 anni fa. Tra questa data e i 30.000 anni fa si completano i cambiamenti fisiologici che lo mettono definitivamente in grado di parlare. Il suo cervello è diventato più complesso, ha un volume medio di 1500 cm^3 e comprende due aree (quella di Broca e quella di Wernicke) specializzate nelle attività linguistiche.

1. **australopitechi**: genere di primati della famiglia degli ominidi.
2. ***Homo habilis***: specie di ominide apparsa nel Pleistocene. Rispetto all'australopiteco presenta segni di sviluppo fisico e mentale.
3. **Lago Vittoria**: uno dei più grandi laghi africani, nella parte orientale del continente.
4. **neurologiche**: che riguardano il sistema nervoso.
5. ***Homo erectus***: tappa dell'evoluzione umana successiva all'*homo habilis*.
6. **Tullio De Mauro**: (1932-2017) celebre linguista italiano.
7. **mugolii, muggiti, latrati**: indicano suoni simili a quelli degli animali.

Intanto sparisce l'uomo di Neanderthal, contemporaneo e ugualmente organizzato (vive in gruppi, usa utensili, ha una produzione artistica, si prende cura dei vecchi – i reperti ci dicono che un Neanderthal su cinque supera i cinquant'anni, il che è sorprendente date le condizioni di vita dell'epoca e seppellisce i suoi morti) ma molto più scimmiesco nell'aspetto e fisiologicamente incapace, per esempio, di pronunciare le *i*, le *u* e le *o*.

Il possesso di un linguaggio *strutturato e combinatorio*, che va oltre lo scambio di segnali utili a sopravvivere, è caratteristico di tutti gli esseri umani. La funzione linguistica è collegata con diverse funzioni cerebrali, tanto da poter essere definita un organo mentale dal linguista americano Noam Chomsky che, poiché le proprietà strutturali del linguaggio sono egualmente presenti in ogni individuo di ogni cultura, arriva a presupporre l'esistenza di qualcosa che potrebbe essere definito una grammatica universale. Grazie al linguaggio abbiamo acquistato consapevolezza di noi come fonte di espressione: continuiamo a sapere di essere noi, e noi stessi, anche se il nostro corpo e la nostra faccia si modificano nel tempo e se cambiano la nostra esperienza e il mondo, nella misura in cui siamo in grado di dire *io*, di rendere *io* soggetto di azioni e pensieri anche riflessivi e di assegnare a *io* dei ricordi di sé.

Questa coscienza di sé si conferma attraverso il confronto con un *tu* nei cui riguardi *io* può definirsi per somiglianze e differenze. Tarzan[8], che ha sempre frequentato scimmie, diventa consapevole di essere chi è trovandosi di fronte a un *tu*, *Jane* che gli fa decidere di dire io, *Tarzan*.

A questo punto possiamo immaginare che, poiché è cosciente di sé e ha imparato a dire e pensare io, ogni volta che Tarzan comunica con Jane lo faccia ricordando di essere proprio lui, Tarzan com'è, che sta parlando con la ragazza Jane.

E possiamo immaginare che Jane possa capire (o non capire) quanto Tarzan le dice, e contemporaneamente possa capire (o no) anche qualcos'altro di Tarzan come lui pensa e crede di essere.

Parlandoci di tutto ci parliamo anche, e sempre, di noi.

E questa è un'altra differenza che fa la differenza.

Inventando la scrittura abbiamo cominciato a comunicare senza bisogno di trovarci uno di fronte all'altro. Si tratta di una faccenda recente:

▲ *Tarzan l'uomo scimmia*, regia di Joseph Newman, 1959.

8. **Tarzan**: personaggio immaginario inventato dall'americano Edgar Rice Borroughs, cresciuto dalle scimmie. Jane è la sua compagna.

la scrittura per ideogrammi ha, secondo gli ultimi ritrovamenti nella valle dell'Indo, qualcosa come 5500 anni. Il primo alfabeto, nato tra Egitto e Israele, è stato inventato verso la fine del secondo millennio avanti Cristo. Prevede, invece che un segno per ognuna delle parole (tantissime) che possiamo pronunciare, un segno per ognuno dei suoni (pochi) che usiamo per comporre qualsiasi parola.

Poiché imparare un paio di decine di segni è più semplice che impararne migliaia, lettura e scrittura smettono di essere l'oggetto della conoscenza privilegiata di scribi e sacerdoti. Mille anni dopo la sua invenzione, l'alfabeto è diffuso in larghe zone dell'Europa e dell'Asia.

Leggendo e scrivendo abbiamo sviluppato la competenza indispensabile per capire non solo il significato letterale ma anche il *senso* dei testi scritti.

LAVORIAMO SUL TESTO

1. Quale cambiamento anatomico significativo segna una distinzione netta fra i primi ominidi e gli altri mammiferi?
2. Quali sono le principali tappe compiute verso la possibilità di comunicare da parte degli esseri umani?
3. Che cosa accomuna e che cosa differenzia l'uomo di *Neanderthal* e l'*Homo sapiens*?
4. Perché il linguista americano Chomsky presuppone una sorta di *grammatica universale*?
5. Qual è il grande cambiamento introdotto dall'alfabeto?
6. Quale consapevolezza offre all'uomo l'acquisizione del linguaggio?
7. Quali differenze intercorrono fra la comunicazione orale e quella scritta?
8. Da quale stile (lessico, sintassi) è caratterizzato questo testo? Perché secondo te?
9. A quale tipologia appartiene il testo che hai letto? Da quali elementi sei in grado di affermarlo?
10. Aiutandoti anche con altri testi presenti nella sezione (per esempio T3) e facendo eventualmente un'ulteriore ricerca, scrivi un testo espositivo di circa una pagina sull'evoluzione della scrittura.

▶ Ron Embleton, *Artisti delle caverne*.

VERSO LA PROVA INVALSI

TIPOLOGIA TESTUALE: ARTICOLO DI GIORNALE

FOCUS: COMPRENSIONE DEL TESTO

Il contratto del lottatore che si è venduto la gara

di Livia Capponi ■ «La Lettura – Corriere della Sera», 27 dicembre 2015

La frode sportiva ha radici molto antiche: l'articolo di Livia Capponi, esperta di Storia romana, ricercatrice all'Università di Pavia, ci fa conoscere un esempio di accordo *per perdere una gara di lotta*, contenuto in uno dei papiri di Ossirinco, preziosi manoscritti ritrovati nel corso degli scavi archeologici nel sito dell'antica città egiziana sulla riva sinistra del Nilo.

Il primo caso di corruzione sportiva risale al 267, quando ai giochi di Antinoopoli il lottatore Demetrio acconsentì a perdere la gara per 3.800 dracme

È un «contratto per perdere una gara di lotta». Nulla di strano, si dirà, nell'età di calciopoli[1]. In realtà quello che ha scoperto Dominic Rathbone della London University è contenuto in un papiro da Ossirinco (l'odierna El-Bahnasa in Egitto) e risale al 267 d.C., durante la 138ª edizione dei giochi in onore di Antinoo, il favorito dell'imperatore Adriano che durante un viaggio in Egitto nel 130 d.C. era annegato nel Nilo in circostanze misteriose. I giochi si tenevano ad Antinoopoli, la città fondata dall'imperatore sul luogo della disgrazia. Il contratto riguarda la finale di lotta della categoria dei giovani. Demetrio, uno dei due lottatori, acconsente a cedere la vittoria a Nicantinoo in cambio di 3.800 dracme, da pagarsi in anticipo ai suoi agenti. I due concorrenti dovevano essere minorenni, poiché Demetrio è rappresentato da due garanti, probabilmente gli allenatori, Nicantinoo invece dal padre Aquila, sommo sacerdote della città, il quale scrive, o, più probabilmente, detta allo scriba: «Egli – Demetrio – si impegna con mio figlio Nicantinoo, quando gareggerà contro di lui nella gara di lotta dei ragazzi, a cadere tre volte e poi arrendersi». Il contratto prevede che se, nonostante la collaborazione di Demetrio, i giudici avessero deciso di non assegnare il primo premio (una corona d'oro), Demetrio non sarebbe stato perseguito e non avrebbe dovuto restituire i soldi. Se Demetrio invece avesse in qualche modo rotto l'accordo, i suoi agenti avrebbero dovuto pagare una penale di 18 mila dracme a Nicantinoo. Nonostante il tono formale del documento, è chiaro che ci troviamo di fronte a una transazione[2] illegale, dato che l'eventualità che i giudici decidessero di non assegnare il premio è ritenuta indesiderabile e imbarazzante: «Possa questo non accadere!». Sappiamo infatti che i giudici, se sospettavano che la gara fosse truccata, potevano consacrare la corona della vittoria agli dei. È il primo caso di corruzione in una competizione sportiva emerso dai papiri, sebbene abbiamo indizi che si trattasse di una tradizione più antica e diffusa. Pausania[3], nel II secolo d.C., racconta che, con i fondi delle multe imposte agli atleti, a Olimpia erano state innalzate numerose sta-

1. **calciopoli**: espressione modellata su "tangentopoli", l'indagine sulla corruzione nel mondo della politica del 1992, che indica la corruzione nel mondo del calcio.
2. **transazione**: accordo tra due parti.
3. **Pausania**: scrittore e geografo di cultura greca vissuto tra il 110 e il 180 d.C.

tue di bronzo a Zeus, e ricorda vari casi, dal IV secolo a.C. in poi, fra cui quello del padre di un lottatore che aveva corrotto il padre dell'avversario. Un secolo dopo, Filostrato[4] racconta che gli avversari di Nerone nella sua tournée poetico-sportiva in Grecia adottarono la tecnica dei «lottatori che cadono» per non far sfigurare il permaloso sovrano. Lo scrittore accenna poi a un fatto dei suoi giorni: «Un ragazzo vinse nella gara di lotta alle feste Istmiche a Corinto, promettendo all'avversario la cifra di 3.000 dracme. Quando il giorno dopo andarono al ginnasio e il secondo chiese la somma pattuita, il ragazzo disse che non la doveva perché l'altro aveva opposto resistenza. Siccome non si accordavano, andarono nel tempio, dove il ragazzo dichiarò di avere venduto la gara in onore del dio ad alta voce, rompendo il sacro silenzio». Per Filostrato, la degenerazione dello sport era colpa degli allenatori, che tenevano in pugno le carriere dei loro atleti, rovinandone la reputazione e lucrando da scambi illeciti. Nel caso di Nicantinoo, o «vittorioso Antinoo», invece, il ruolo del padre come sommo sacerdote del culto imperiale fa capire che la vittoria era importante non solo economicamente, ma soprattutto per la sua rilevanza politica. Il sommo sacerdote curava l'immagine pubblica dell'imperatore, e spesso era anche il principale sponsor delle gare atletiche, veicolo di propaganda per la sua grande influenza sulle masse. L'ottica era quella tutta romana del *do ut des*. Le comunità locali offrivano doni, templi e giochi che esaltavano l'imperatore come un dio, ma se questi li accettava, poi era tenuto ad esaudire le loro richieste. Questo schema ripetitivo di «petizione e risposta» dimostra come le politiche imperiali siano difficilmente inquadrabili come un pacchetto imposto dall'alto, poiché spesso le decisioni erano misure *ad hoc*[5] stimolate dal basso. Per una città di provincia, una vittoria ai giochi era spesso determinante per ottenere l'appoggio imperiale in questioni ben più scottanti, come l'autonomia locale, il rapporto con gli stranieri, lo status fiscale[6]. Alla morte di Antinoo nel 130, ad esempio, moltissime città greche avevano fatto a gara per creare luoghi di culto in memoria del giovane, per far piacere ad Adriano. L'imperatore, però, avrebbe dovuto prestare ascolto alle loro richieste. [...]

▶ Coppa con raffigurazione di lotta tra ginnasti, ceramica a figure rosse, VI sec. a.C. Museo dell'Agorà, Atene.

4. **Filostrato**: scrittore greco vissuto tra il 170 e il 250 d.C.

5. ***ad hoc***: volte a un certo fine.

6. **status fiscale**: il livello di tributi dovuto all'Impero.

1. Il fatto accade:
a. ☐ nell'Egitto dei faraoni;
b. ☐ nell'Egitto sottomesso ai Romani;
c. ☐ nell'Egitto sottomesso all'impero di Alessandro Magno;
d. ☐ nell'Egitto del tempo di Adriano.

2. I lottatori minorenni ai giochi:
a. ☐ dovevano essere rappresentati da un garante;
b. ☐ dovevano essere rappresentati dal padre;
c. ☐ dovevano essere rappresentati da un sacerdote;
d. ☐ dovevano essere rappresentati dall'allenatore.

3. Dagli accordi consegue che:
a. ☐ Demetrio avrà la somma anche se il premio non sarà assegnato;
b. ☐ Demetrio avrà la somma a meno che i giudici non decidano di non assegnare il premio;
c. ☐ Demetrio avrà il premio se cadrà tre volte e si arrenderà;
d. ☐ Demetrio avrà il premio se si arrenderà.

4. A quale secolo appartiene l'opera che menziona la tecnica dei lottatori che cadono?

....

5. La causa della corruzione sportiva nella gara tra Demetrio e Nicantinoo viene attribuita:
a. ☐ al ruolo rivestito dal padre;
b. ☐ agli allenatori;
c. ☐ alle pressioni dei potenti della città;
d. ☐ alle pressioni dell'imperatore.

6. Sulla base dei contenuti dell'articolo l'espressione latina *do ut des* significa:
a. ☐ quello che ti viene dato va restituito;
b. ☐ dò tanto quanto voglio in restituzione;
c. ☐ si dà per ricevere qualcosa in cambio;
d. ☐ si dà tanto per dare.

7. Che cosa possono fare i giudici in caso di illecito sportivo?

....

....

....

....

8. In che secolo avviene il caso di corruzione alle feste Istmiche?
a. ☐ IV sec. a.C;
b. ☐ I sec. a.C.;
c. ☐ II sec. d.C.;
d. ☐ III sec. d.C.

9. Dall'articolo emerge che nell'antichità:
a. ☐ la violazione delle regole nello sport era piuttosto rara e poco documentata;
b. ☐ la violazione delle regole nello sport era piuttosto frequente tanto da finanziare opere pubbliche;
c. ☐ la violazione delle regole nello sport veniva punita con severità;
d. ☐ la violazione delle regole dello sport era molto frequente.

10. Nell'espressione *moltissime città greche avevano fatto a gara per creare luoghi di culto in memoria del giovane* l'espressione *in memoria* ha funzione di:
a. ☐ complemento di stato in luogo;
b. ☐ complemento di causa;
c. ☐ complemento di fine;
d. ☐ complemento di limitazione.

Referenze iconografiche:
p. 2 – De Agostini Picture Library/ G. Dagli Orti/ Bridgeman Images; p. 22 – Bridgeman Images; p. 23 – Courtesy of the National Library of Ireland; p. 24 – © Chris Ware; p. 26 – Bridgeman Images/ Archivi Alinari; p. 33 – Bridgeman Images; p. 39 – Bridgeman Images/ Archivi Alinari; p. 42 – SPL/ AGF; p. 46 – Sovfoto/ UIG/ Getty Images; Alamy/ IPA; p. 50 – The New York Public Library Digital Collections 1936– 1937; p. 53 – Scala, Firenze; p. 54 – Photo12/ UIG/ Getty Images; p. 56 – Istituto per la Storia e le Memorie del '900 Parri Emilia-Romagna; p. 60 – Webphoto; p. 61 – Foto di Lawrence Lucier/Getty Images; p. 62 – Foto di Bill Stahl Jr./NY Daily News Archive via Getty Images; p. 64 – Foto H. Bock./ AKG / Mondadori Portfolio; meunierd/ Shutterstock; p. 67 – Bridgeman Images; p. 68 – © Christie's Images Ltd - ARTOTHEK/Archivi Alinari; pp. 74-75 – Webphoto; pp. 79-79, 83 Bridgeman Images/ Archivi Alinari; p. 85 – Webphoto; p. 87 – Bridgeman Images/ Archivi Alinari; p. 88 – Webphoto; p. 89 – Bridgeman Images/ Archivi Alinari; p. 90 Webphoto; pp. 93-94, 96 – Bridgeman Images; p. 97 – Alamy/IPA; Webphoto; p. 103 – Bridgeman Images; p. 107 – Christophel/Scala, Firenze; pp. 109, 111 Ufficio stampa RAI/Webphoto; p. 114 – Bridgeman Images/ Archivi Alinari; p. 124 – Sovfoto/ UIG/ Getty Images; p. 127 Bridgeman Images; pp. 131-132 – Scala, Firenze; p. 134 – © Alessandro Sanna; p. 135 – De Agostini Picture Library/ Scala, Firenze; p. 140 – De Agostini Picture Library/ A. Dagli Orti/ Bridgeman Images; p. 146 – Scala, Firenze; p. 148 Musée Fesch, Ajaccio; pp. 153, 157 – Bridgeman Images; p.169 – Foto di Mark Kolbe/Getty Images; p. 177 – Foto di Roberto Serra/ Iguana Press/ Getty Images; p. 184 – © TEODORA FILM/ Webphoto; p. 188 – Photo © Christie's Images/ Bridgeman Images; p. 194 – Ministero della Pubblica Istruzione; p. 195 – Webphoto; p. 196 – De Agostini Picture Library/ F. Ferruzzi/ Archivi Alinari; p. 197 – De Agostini Picture Library/ G. Dagli Orti/ Archivi Alinari; p. 202 – Photo © Christie's Images/ Bridgeman Images; p. 205 – Foto di Alberto Roveri/ Mondadori Portfolio; p. 206 © Leila Marzocchi; p. 209 – Foto di Luciano Movio/ Sintesi/Alamy/IPA; p. 212 – Foto di Louis MONIER/ Gamma-Rapho/ Getty Images; pp. 215 – © GraphicaArtis/ Bridgeman Images; p. 216 – Pictures from History/ Bridgeman Images; p. 219 – The Stapleton Collection/ Bridgeman Images; p. 222 – Bridgeman Images; p. 227 – Museum of Fine Arts, Boston, Massachusetts, USA/ The Hayden Collection - Charles Henry Hayden Fund/ Bridgeman Images; p. 228 – Getty Images; p. 237 – Bridgeman Images; p. 243 – Bridgeman Images; p. 245 – Photo RMN-Grand Palais (Musée du Louvre)/ Thierry Ollivier; p. 249 – The Stapleton Collection/ Bridgeman Images/ Archivi Alinari; p. 251 – Bridgeman Images; p. 257 – **© WARNER BROS**/ Webphoto; p. 258 – **© UNIVERSAL PICTURES**/ Webphoto; Getty Images; p. 259 –Webphoto; Photomovie; p. 265 – Foto di Frederic SOULOY/ Gamma-Rapho/ Getty Images; p. 267 – Photo © Christie's Images/ Bridgeman Images; p. 269 – Bridgeman Images; p. 274 – Willie Osterman, *Déja View. Rivisitazione fotografica della città di Bologna*, Pendragon Editore, 2000; p. 276 – © Moni Ovadia, Saverio Montella; per l'edizione italiana © Coconino Press 2009; p. 279 – akiradesigns/Shutterstock; p. 280 Einaudi Stile Libero; p. 282, 284 De Agostini Picture Library/ Bridgeman Images/Archivi Alinari; p. 283 – De Agostini Picture Library/ L. de Masi/ Bridgeman Images/Archivi Alinari; p. 295 – Peter Willi/ Bridgeman Images; p. 300 – © 2017 The British Library Board/ Scala, Firenze; p. 316 – Bridgeman Images; p. 320 – © COLUMBIA PICTURES/ Webphoto; © ARTISTI ASSOCIATI/Webphoto; © p. 321 – MOVIEMAX/Webphoto; © WARNER BROS/Webphoto; © EAGLE PICTURES/Webphoto; Mickey Adair/ Getty Images; p. 324 – Photo © Osborne Samuel Ltd, London/ Bridgeman Images; p. 331 – © Look and Learn/ Bridgeman Images; p. 336 – Photo © GraphicaArtis/ Bridgeman Images; p. 338 – Photo © Agnew's, London/ Bridgeman Images; p. 346 – Bridgeman Images; p. 349 Webphoto; p. 351 – © Purix Verlag Volker Christen/ Bridgeman Images; p. 353 – Photo © GraphicaArtis/ Bridgeman Images; p. 356 – © Look and Learn / Bridgeman Images; p. 358 – Photo © GraphicaArtis/ Bridgeman Images; p. 361 – De Agostini/ G. Cigolini/ Veneranda Biblioteca Ambrosiana/ Bridgeman Images; p. 362 – Bridgeman Images; p. 365 – De Agostini Picture Library/ Bridgeman Images; p. 368 – Photo © Granger/ Bridgeman Images; p. 370 – Photo © Christie's Images/ Bridgeman Images; p. 372 – Foto di Mario Vedder/ AFP/ Getty Images; p. 374 – Ministere de L'Education Nationale/ Archives Charmet/ Bridgeman Images; p. 376 – © Look and Learn/ Bridgeman Images; p. 382 – © Christie's Images/ Bridgeman Images; p. 384 – Granger, NYC/ Archivi Alinari; p. 386 – Manuel Cohen/ Scala, Firenze; p. 387 – A. Dagli Orti/ Scala, Firenze; Scala, Firenze; p. 389 – Scala, Firenze – su concessione Ministero Beni e Attività Culturali e del Turismo; p. 391 – Bibliothèque Nationale, Paris, France/ Archives Charmet/ Bridgeman Images; p. 393 – © Christie's Images/ Bridgeman Images; p. 394 – Bridgeman Images; p. 396 – Bridgeman Images; p. 398 – Marco Di Lauro/ Stringer/ Getty Images; p. 408 – Foto di Jason Merritt/ Getty Images; Allstar Picture Library/ Alamy/ IPA; Foto di RDA/ Getty Images; p. 409 – Foto di Samir Hussein/ WireImage/ Getty Images; Foto di Sean Gallup/Getty Images; Foto di Gerard Julien/ AFP/ Getty Images; Foto di Andreas Rentz/ Getty Images; p. 415 – Bridgeman Images; p. 412 – © Christie's Images/ Bridgeman Images; p. 417 – doom.ko/ Shutterstock; p. 419 – Photo © Liszt Collection/ Bridgeman Images; p. 420 – Bridgeman Images; p. 422 – Photo © Liszt Collection/ Bridgeman Images; p. 424 – Archives Charmet/ Bridgeman Images; p. 429 – Bridgeman Images; p. 433 – Courtesy Archivio Pippo Rizzo, Palermo; p. 437 – De Agostini Picture Library/ Bridgeman Images; p. 438 – Bridgeman Images; p. 441 – UIG/ Bridgeman Images; p. 451 – Bridgeman Images; p. 452 – Bridgeman Images; p. 454 – Photo © Granger/ Bridgeman Images; Alamy/ IPA; p. 459 – Photo © Centre Pompidou, MNAM-CCI, Dist. RMN-Grand Palais/ Philippe Migeat- RMN distr Alinari; p. 461 – Bridgeman Images; p. 464 – Bridgeman Images; p. 466 – © MEDUSA/Webphoto; p. 470 – © Christie's Images/ Bridgeman Images; p. 475 © Christie's Images/ Bridgeman Images; p. 478 – Photo © Boltin Picture Library/ Bridgeman Images; p. 480 – The Stapleton Collection/ Bridgeman Images; p. 498 – Mondadori Portfolio/Album; p. 500 Gianni De Conno, Premio Bancarella, Edizione 2016 (Pontremoli); p. 503, 505 – Alamy/IPA; p. 514 – Photomovie; p. 521 – © Franco Matticchio; p. 527 – Lindsay Pollock/ PositiveNegative 2015; p. 530 – © Christie's Images/ Bridgeman Images; p. 531 – Foto dell'Archivio Basso Cannarsa; p. 532 – De Agostini Picture Library/ Bridgeman Images; p. 535 – © 2008-2017 Rizzoli Libri S.p.A., Milano; p. 538 Gift of the artist in memory of Ishimoto Shigeru/ Bridgeman Images; p. 539 – Photo © Granger/ Bridgeman Images; p. 541 – Foto di Stu Forster/Getty Images; p. 552 – © Leemage/ Bridgeman Images; p. 553 – Webphoto; p. 555 – Universal History Archive/ UIG/ Bridgeman Images; p. 556 – © Look and Learn / Bridgeman Images; p. 559, 561 – Webphoto; p. 562 – Ufficio stampa RAI/Webphoto; p. 567 – John Takai/123rf; p. 569 – Webphoto; p. 573 – © Chinch Gryniewicz/ Bridgeman Images; p. 578 – Photo © CCI/ Bridgeman Images; p. 584 – Photo © Granger/ Bridgeman Images; : AF archive/ Alamy/IPA; p. 585 – Entertainment Pictures/ Alamy/IPA; Photo 12/ Alamy/IPA; Walt Disney Pictures/ Webphoto; 20th Century Fox/Archive Photos/Getty Images; pp. 587-588 – Granger Historical Picture Archive/ Alamy/IPA; p. 590 – ZUMA Press, Inc./ Alamy/IPA; p. 591 – Ian Nichols/National Geographic Creative/ Bridgeman Images; p. 592 – Photo © Granger / Bridgeman Images; p. 595 – Courtesy of Bohun Gallery, Henley-on-Thames, UK/ Bridgeman Images; p. 596 – © Look and Learn/ Bridgeman Images; p. 597 – © SZ Photo/ Stephan Rumpf/ Bridgeman Images; United Archives GmbH/ Alamy/ IPA; p. 598 – © WARNER BROS/ Webphoto; p. 600 – United Archives GmbH/ Alamy/ IPA; p. 601 gbimages/ Alamy/ IPA; p. 616 – Photo by H. Armstrong Roberts/ Retrofile/ Getty Images; p. 635 – Tomacco/ Shutterstock; p. 649 – Pretty Vectors/ Shutterstock; p. 652 – luisrsphoto/ Shutterstock; p. 653 – Pictures from History/ Bridgeman Images; p. 655 – imageBROKER/ Alamy/ IPA; p. 661 – Anna Hoychuck/ Shutterstock; p. 663 – Photography Archives of the Library of Congress; p. 664 oneSHUTTER oneMEMORY/ Shutterstock; p. 665 – Rawpixel.com/ Shutterstock; p. 673 – De Agostini Picture Library/ G. Dagli Orti/ Bridgeman Images; p. 675 © 20th CENTURY FOX/Webphoto; p. 676 – Moviestore Collection Ltd/ Alamy/IPA; p. 678 © Takoua Ben Mohamed; p. 681 – Foto di Arindam Shivaani/ NurPhoto/ Getty Images; p. 682 – Foto di Andrew Chin/ Getty Images; p. 684 – JEAN-PIERRE MULLER/ AFP/ Getty Images; p. 686 – Christie's Images, London/ Scala, Firenze; p. 688 – Kate Miller/ Shutterstock; p. 691 – Collezione Bettman/ Getty Images; p. 699 – Webphoto; p. 700 – © Look and Learn/ Bridgeman Images; p. 702 – De Agostini Picture Library/ G. Dagli Orti/ Bridgeman Images.

Didascalie delle immagini di apertura:
p. 2 – *Ritratto di J. Ph Tardy-la Carriere*, delegato al Consiglio dei Cinquecento (particolare). Bourg-en-Bresse, Musée De L'Ain.
p. 24 – Chris Ware, *Building Stories*. Pantheon Books, New York, 2012.
p. 140 – Telemaco Signorini, *Nuvole al tramonto*, 1864. Milano, Galleria d'Arte Modena, Museo dell'Ottocento.
p. 234 – William Hogarth, *Un consulto di medici o La compagnia dei becchini* (1736), illustrazione tratta da *Hogart restaurato: l'opera completa del celebrato William Hogarth, incisa da Thomas Cook*, 1812. Collezione privata.
p. 286 – Paul Lehr, illusrazione di copertina de The Fury from Earth, 1971.
p. 382 – Gustave Moreau, La sfinge, 1864. Collezione privata.
p. 452 – Pablo Picasso, *Due ragazze che leggono*, 1934. Collezione privata.
p. 500 – Gianni De Conno, illustrazione per il Premio Bancarella 2016.
p. 526 – Lorena Canottiere, *Verdad*. Conino Press-Fandango, 2016
p. 552 – *Hercule Poirot*, Litografia a colori. Collezione privata.
p. 578 – *Su un pianeta lontano.* Illustrazione di copertina per la rivista francese "Galaxie", febbraio 1968.
p. 616 – H. Armstrong Roberts, Giovane casalinga americana che compila la lista della spesa, 1960ca.
p. 622 – Keith Haring, Senza titolo. New York, The Estate of Keith Haring